WILHELM HAUFF

Sämtliche Märchen
und Novellen

WINKLER VERLAG MÜNCHEN

Nach den Originaldrucken und Handschriften.
Textredaktion und Anmerkungen von
Sibylle von Steinsdorff.

ISBN 3 538 06609 4

MÄRCHEN

MÄRCHEN – ALMANACH AUF DAS JAHR 1826
FÜR SÖHNE UND TÖCHTER GEBILDETER STÄNDE

MÄRCHEN ALS ALMANACH

In einem schönen fernen Reiche, von welchem die Sage lebt, daß die Sonne in seinen ewig grünen Gärten niemals untergehe, herrschte von Anfang an bis heute, die Königin Phantasie. Mit vollen Händen spendete diese, seit vielen Jahrhunderten, die Fülle des Segens über die Ihrigen, und war geliebt, verehrt von allen, die sie kannten. Das Herz der Königin war aber zu groß, als daß sie mit ihren Wohltaten, bei ihrem Lande stehengeblieben wäre; sie selbst, im königlichen Schmuck ihrer ewigen Jugend und Schönheit, stieg herab auf die Erde; denn sie hatte gehört, daß dort Menschen wohnen, die ihr Leben in traurigem Ernst, unter Mühe und Arbeit hinbringen. Diesen hatte sie die schönsten Gaben aus ihrem Reiche mitgebracht, und seit die schöne Königin durch die Fluren der Erde gegangen war, waren die Menschen fröhlich bei der Arbeit, heiter in ihrem Ernst.

Auch ihre Kinder, nicht minder schön und lieblich als die königliche Mutter, sandte sie aus, um die Menschen zu beglücken. Einst kam Märchen, die älteste Tochter der Königin, von der Erde zurück. Die Mutter bemerkte, daß Märchen traurig sei, ja, hie und da wollte es ihr bedünken, als ob sie verweinte Augen hätte.

„Was hast du, liebes Märchen", sprach die *Königin* zu ihr; „du bist seit deiner Reise so traurig und niedergeschlagen, willst du deiner Mutter nicht anvertrauen, was dir fehlt?"

„Ach! liebe Mutter", antwortete *Märchen*: „ich hätte gewiß nicht so lange geschwiegen, wenn ich nicht wüßte, daß mein Kummer auch der deinige ist."

„Sprich immer, meine Tochter", bat die schöne *Königin*, „der Gram ist ein Stein, der den einzelnen niederdrückt, aber zwei tragen ihn leicht aus dem Wege."

„Du willst es", antwortete *Märchen*, „so höre: du weißt, wie gerne ich mit den Menschen umgehe, wie ich freudig auch zu dem Ärmsten vor seine Hütte sitze, um nach der Arbeit ein Stündchen mit ihm zu verplaudern; sie boten mir auch sonst gleich freundlich die Hand zum Gruß, wenn ich kam, und sahen mir lächelnd und zufrieden nach, wenn ich weiterging; aber in diesen Tagen ist es gar nicht mehr so!"

„Armes Märchen!" sprach die *Königin*, und streichelte ihr die Wange, die von einer Träne feucht war; „aber du bildest dir vielleicht dies alles nur ein?"

„Glaube mir, ich fühle es nur zu gut", entgegnete *Märchen*, „sie lieben mich nicht mehr. Überall, wo ich hinkomme, begegnen mir kalte Blicke; nirgends bin ich mehr gern gesehen; selbst die Kinder, die ich doch immer so liebhatte, lachen über mich, und wenden mir altklug den Rücken zu."

Die Königin stützte die Stirne in die Hand, und schwieg sinnend. –

„Und woher soll es denn", fragte die *Königin*, „kommen, Märchen, daß sich die Leute da unten so geändert haben?"

„Sieh, die Menschen haben kluge Wächter aufgestellt, die alles, was aus deinem Reich kommt, o Königin Phantasie! mit scharfem Blicke mustern und prüfen. Wenn nun einer kommt, der nicht nach ihrem Sinne ist, so erheben sie ein großes Geschrei, schlagen ihn tot, oder verleumden ihn doch so sehr bei den Menschen, die ihnen aufs Wort glauben, daß man gar keine Liebe, kein Fünkchen Zutrauen mehr findet. Ach! wie gut haben es meine Brüder, die Träume, fröhlich und leicht hüpfen sie auf die Erde hinab, fragen nichts nach jenen klugen Männern, besuchen die schlummernden Menschen, und weben und malen ihnen, was das Herz beglückt und das Auge erfreut!"

„Deine Brüder sind Leichtfüße", sagte die *Königin*, „und du, mein Liebling, hast keine Ursache sie zu beneiden. Jene Grenzwächter kenne ich übrigens wohl; die Menschen haben so unrecht nicht, sie aufzustellen; es kam so mancher windige Geselle, und tat, als ob er geraden Wegs aus meinem Reiche käme, und doch hatte er höchstens von einem Berge zu uns herübergeschaut." –

„Aber warum lassen sie dies mich, deine eigene Tochter, entgelten", weinte *Märchen*, „ach! wenn du wüßtest, wie sie es mir gemacht haben; sie schalten mich eine alte Jungfer und drohten, mich das nächste Mal gar nicht mehr hereinzulassen." –

„Wie, meine Tochter nicht mehr einzulassen?" rief die *Königin*, und Zorn erhöhte die Röte ihrer Wangen; „aber ich sehe schon, woher dies kommt; die böse Muhme hat uns verleumdet!"

„Die Mode? nicht möglich!" rief *Märchen,* „sie tat ja sonst immer so freundlich."

„Oh! ich kenne sie, die Falsche", antwortete die *Königin,* „aber versuche es, ihr zum Trotze, wieder meine Tochter, wer Gutes tun will, darf nicht rasten."

„Ach Mutter! wenn sie mich dann ganz zurückweisen, oder wenn sie mich verleumden, daß mich die Menschen nicht ansehen oder einsam und verachtet in der Ecke stehen lassen?"

„Wenn die Alten, von der Mode betört, dich geringschätzen, so wende dich an die Kleinen, wahrlich sie sind meine Lieblinge, ihnen sende ich meine lieblichsten Bilder, durch deine Brüder, die *Träume,* ja ich bin schon oft selbst zu ihnen hinabgeschwebt, habe sie geherzt und geküßt und schöne Spiele mit ihnen gespielt; sie kennen mich auch wohl, sie wissen zwar meinen Namen nicht, aber ich habe schon oft bemerkt, wie sie nachts zu meinen Sternen herauflächeln, und morgens, wenn meine glänzenden Lämmer am Himmel ziehen, vor Freuden die Hände zusammenschlagen.

Auch wenn sie größer werden, lieben sie mich noch, ich helfe dann den lieblichen Mädchen bunte Kränze flechten, und die wilden Knaben werden stiller, wenn ich auf hoher Felsenspitze mich zu ihnen setze, aus der Nebelwelt der fernen blauen Berge, hohe Burgen und glänzende Paläste auftauchen lasse, und aus den rötlichen Wolken des Abends kühne Reiterscharen und wunderliche Wallfahrtszüge bilde."

„O die guten Kinder!" rief *Märchen* bewegt aus, „ja es sei! mit ihnen will ich es noch einmal versuchen."

„Ja, du gute Tochter", sprach die *Königin,* „gehe zu ihnen; aber ich will dich auch ein wenig ordentlich ankleiden, daß du den Kleinen gefällst, und die Großen dich nicht zurückstoßen; siehe das Gewand eines *Almanach* will ich dir geben."

„Eines Almanach, Mutter? ach! – ich schäme mich, so vor den Leuten zu prangen."

Die Königin winkte und die Dienerinnen brachten das zierliche Gewand eines Almanach. Es war von glänzenden Farben, und schöne Figuren eingewoben.

Die Zofen flochten dem schönen Märchen das lange Haar; sie banden ihr goldene Sandalen unter die Füße und hingen ihr dann das Gewand um.

Das bescheidene Märchen wagte nicht aufzublicken, die Mutter aber betrachtete sie mit Wohlgefallen und schloß sie in ihre Arme: „Gehe hin", sprach sie zu der Kleinen; „mein Segen sei mit dir. Und wenn sie dich verachten und höhnen, so kehre zurück zu mir, vielleicht daß spätere Geschlechter, getreuer der Natur, ihr Herz dir wieder zuwenden."

Also sprach die *Königin Phantasie*. Märchen aber stieg herab auf die Erde. Mit pochendem Herzen nahte sie dem Ort, wo die klugen Wächter hauseten; sie senkte das Köpfchen zur Erde, sie zog das schöne Gewand enger um sich her, und mit zagendem Schritt nahte sie dem Tor.

„Halt!" rief eine tiefe, rauhe Stimme; „Wache heraus! da kommt ein neuer Almanach!"

Märchen zitterte als sie dies hörte; viele ältliche Männer von finsterem Aussehen stürzten hervor; sie hatten spitzige Federn in der Faust, und hielten sie dem Märchen entgegen. Einer aus der Schar schritt auf sie zu und packte sie mit rauher Hand am Kinn: „Nur auch den Kopf aufgerichtet Herr Almanach", schrie er, „daß man Ihm in den Augen ansiehet, ob Er was Rechtes ist oder nicht?" –

Errötend richtete Märchen das Köpfchen in die Höhe und schlug das dunkle Auge auf –

„Das Märchen!" riefen die Wächter, und lachten aus vollem Hals, „das Märchen! haben wunder gemeint, was da käme! wie kommst du nur in diesen Rock?"

„Die Mutter hat ihn mir angezogen", antwortete *Märchen.*

„So? sie will dich bei uns einschwärzen? Nichts da! hebe dich weg, mach daß du fortkommst", riefen die Wächter untereinander und erhoben die scharfen Federn.

„Aber ich will ja nur zu den Kindern", bat *Märchen;* „dies könnt ihr mir ja doch erlauben?"

„Lauft nicht schon genug solches Gesindel im Land umher?" rief einer der Wächter; „sie schwatzen nur unseren Kindern dummes Zeug vor."

„Laßt uns sehen, was sie diesmal weiß", sprach ein anderer –

„Nun ja", riefen sie, „sag an, was du weißt, aber beeile dich, denn wir haben nicht viele Zeit für dich."

Märchen streckte die Hand aus, und beschrieb mit dem Zeigfinger viele Zeichen in die Luft. Da sah man bunte Gestalten vorüberziehen; Karawanen mit schönen Rossen, geschmückte Reiter, viele Zelte im Sand der Wüste; Vögel und Schiffe auf stürmischen Meeren; stille Wälder und volkreiche Plätze und Straßen; Schlachten und friedliche Nomaden, sie alle schwebten in belebten Bildern, in buntem Gewimmel vorüber.

Märchen hatte in dem Eifer, mit welchem sie die Bilder aufsteigen ließ, nicht bemerkt, wie die Wächter des Tores nach und nach eingeschlafen waren. Eben wollte sie neue Zeichen beschreiben, als ein freundlicher Mann auf sie zutrat und ihre Hand ergriff: „Siehe her, gutes Märchen", sagte er, indem er auf die Schlafenden zeigte, „für diese sind deine bunten Sachen nichts; schlüpfe schnell durch das Tor, sie ahnen dann nicht, daß du im Lande bist, und du kannst friedlich und unbemerkt deine Straße ziehen. Ich will dich zu meinen Kindern führen; in meinem Hause geb ich dir ein stilles, freundliches Plätzchen; dort kannst du wohnen und für dich leben; wenn dann meine Söhne und Töchter gut gelernt haben, dürfen sie mit ihren Gespielen zu dir kommen und dir zuhören. Willst du so?"

„Oh, wie gerne folge ich dir, zu deinen lieben Kleinen; wie will ich mich befleißen, ihnen zuweilen ein heiteres Stündchen zu machen!"

Der gute Mann nickte ihr freundlich zu, und half ihr über die Füße der schlafenden Wächter hinübersteigen. Lächelnd sah sich Märchen um, als sie hinüber war, und schlüpfte dann schnell in das Tor.

DIE KARAWANE

Es zog einmal eine große Karawane durch die Wüste. Auf der ungeheuren Ebene, wo man nichts als Sand und Himmel sieht, hörte man schon in weiter Ferne die Glocken der Kamele und die silbernen Röllchen der Pferde, eine dichte Staubwolke, die ihr vorherging, verkündete ihre Nähe, und wenn ein Luftzug die Wolke teilte, blendeten funkelnde Waffen und helleuchtende Gewänder das Auge. So stellte sich die Karawane einem Manne dar, welcher von der Seite her auf sie zuritt. Er ritt ein schönes arabisches Pferd mit einer Tigerdecke behängt, an dem hochroten Riemenwerk hingen silberne Glöckchen, und auf dem Kopf des Pferdes wehte ein schöner Reiherbusch. Der Reiter sah stattlich aus, und sein Anzug entsprach der Pracht seines Rosses; ein weißer Turban, reich mit Gold gestickt, bedeckte das Haupt; der Rock und die weiten Beinkleider von brennendem Rot, ein gekrümmtes Schwert mit reichem Griff an seiner Seite. Er hatte den Turban tief ins Gesicht gedrückt; dies und die schwarzen Augen, die unter buschigen Brauen hervorblitzten, der lange Bart, der unter der gebogenen Nase herabhing, gaben ihm ein wildes, kühnes Aussehen. Als der Reiter ungefähr auf 50 Schritte dem Vortrab der Karawane nahe war, sprengte er sein Pferd an und war in wenigen Augenblicken an der Spitze des Zuges angelangt. Es war ein so ungewöhnliches Ereignis, einen einzelnen Reiter durch die Wüste ziehen zu sehen, daß die Wächter des Zuges, einen Überfall befürchtend, ihm ihre Lanzen entgegenstreckten. „Was wollt ihr", rief der Reiter, als er sich so kriegerisch empfangen sah, „glaubt ihr, ein einzelner Mann werde eure Karawane angreifen?" Beschämt schwangen die Wächter ihre Lanzen wieder auf, ihr Anführer aber ritt an den Fremden heran und fragte nach seinem Begehr. „Wer ist der Herr der Karawane?" fragte der Reiter. „Sie gehört nicht *einem* Herrn", antwortete der Gefragte, „sondern es sind mehrere Kaufleute, die von Mekka in ihre Heimat ziehen und die wir durch die Wüste geleiten, weil oft allerlei Gesindel die Reisenden beunruhigt." „So führt mich zu den Kaufleuten", begehrte der

Fremde. „Das kann jetzt nicht geschehen", antwortete der Führer, „weil wir ohne Aufhalt weiterziehen müssen, und die Kaufleute wenigstens eine Viertelstunde weiter hinten sind; wollt Ihr aber mit mir weiterreiten, bis wir lagern um Mittagsruhe zu halten, so werde ich Eurem Wunsch willfahren." Der Fremde sagte hierauf nichts; er zog eine lange Pfeife, die er am Sattel festgebunden hatte, hervor, und fing an, in großen Zügen zu rauchen, indem er neben dem Anführer des Vortrabs weiterritt. Dieser wußte nicht, was er aus dem Fremden machen sollte, er wagte es nicht, ihn geradezu nach seinem Namen zu fragen, und so künstlich er auch ein Gespräch anzuknüpfen suchte, der Fremde hatte auf das: „Ihr raucht da einen guten Tabak", oder: „Euer Rapp hat einen braven Schritt", immer nur mit einem kurzen „Ja, ja!" geantwortet. Endlich waren sie auf dem Platz angekommen, wo man Mittagsruhe halten wollte. Der Anführer hatte seine Leute als Wachen ausgestellt, er selbst hielt mit dem Fremden, um die Karawane herankommen zu lassen. Dreißig Kamele, schwer beladen, zogen vorüber, von bewaffneten Anführern geleitet. Nach diesen kamen auf schönen Pferden die fünf Kaufleute, denen die Karawane gehörte. Es waren meistens Männer von vorgerücktem Alter, ernst und gesetzt aussehend, nur einer schien viel jünger als die übrigen, wie auch froher und lebhafter. Eine große Anzahl Kamele und Packpferde schloß den Zug.

Man hatte Zelte aufgeschlagen, und die Kamele und Pferde rings umhergestellt. In der Mitte war ein großes Zelt von blauem Seidenzeug. Dorthin führte der Anführer der Wache den Fremden. Als sie durch den Vorhang des Zeltes getreten waren, sahen sie die fünf Kaufleute auf goldgewirkten Polstern sitzen; schwarze Sklaven reichten ihnen Speisen und Getränke. „Wen bringt Ihr uns da", rief der junge Kaufmann dem Führer zu. Ehe noch der Führer antworten konnte, sprach der Fremde: „Ich heiße Selim Baruch und bin aus Bagdad; ich wurde auf einer Reise nach Mekka von einer Räuberhorde gefangen, und habe mich vor drei Tagen heimlich aus der Gefangenschaft befreit. Der große Prophet ließ mich die Glocken eurer Karawane in weiter Ferne hören, und so kam ich bei euch an. Erlaubt mir, daß ich in eurer Gesellschaft reise, ihr werdet euren Schutz keinem Unwürdigen schenken, und so ihr nach Bagdad kommet, werde ich eure Güte reichlich lohnen, denn ich bin der Neffe des Großveziers." Der älteste der Kaufleute nahm das Wort: „Selim

Baruch", sprach er; „sei willkommen in unserem Schatten. Es macht uns Freude dir beizustehen; vor allem aber setze dich und iß und trinke mit uns."

Selim Baruch setzte sich zu den Kaufleuten, und aß und trank mit ihnen. Nach dem Essen räumten die Sklaven die Geschirre hinweg, und brachten lange Pfeifen und türkischen Sorbet. Die Kaufleute saßen lange schweigend, indem sie die bläulichen Rauchwolken vor sich hinbliesen und zusahen, wie sie sich ringelten und verzogen und endlich in die Luft verschwebten. Der junge Kaufmann brach endlich das Stillschweigen: „So sitzen wir seit drei Tagen", sprach er, „zu Pferd und am Tisch ohne uns durch etwas die Zeit zu vertreiben. Ich verspüre gewaltig Langeweile, denn ich bin gewohnt, nach Tisch Tänzer zu sehen oder Gesang und Musik zu hören. Wißt ihr gar nichts meine Freunde, das uns die Zeit vertreibt?" Die vier älteren Kaufleute rauchten fort und schienen ernsthaft nachzusinnen, der Fremde aber sprach: „Wenn es mir erlaubt ist, will ich euch einen Vorschlag machen. Ich meine auf jedem Lagerplatz könnte einer von uns den andern etwas erzählen. Dies könnte uns schon die Zeit vertreiben." „Selim Baruch, du hast wahr gesprochen", sagte Achmet, der älteste der Kaufleute, „laßt uns den Vorschlag annehmen." „Es freut mich, wenn euch der Vorschlag behagt"; sprach Selim, „damit ihr aber sehet, daß ich nichts Unbilliges verlange, so will ich den Anfang machen."

Vergnügt rückten die fünf Kaufleute näher zusammen und ließen den Fremden in ihre Mitte sitzen. Die Sklaven schenkten die Becher wieder voll, stopften die Pfeifen ihrer Herren frisch und brachten glühende Kohlen zum Anzünden. Selim aber erfrischte seine Stimme mit einem tüchtigen Zuge Sorbet, strich den langen Bart über dem Mund weg und sprach: „So hört denn *die Geschichte von Kalif Storch*."

DIE GESCHICHTE VON KALIF STORCH

[I]

Der Kalif Chasid zu Bagdad saß einmal an einem schönen Nachmittag behaglich auf seinem Sofa; er hatte ein wenig geschlafen, denn es war ein heißer Tag, und sah nun nach seinem Schläfchen recht heiter aus. Er rauchte aus einer langen Pfeife von Rosenholz, trank hie und da ein wenig Kaffee, den ihm ein Sklave einschenkte und strich sich allemal vergnügt den Bart, wenn es ihm geschmeckt hatte. Kurz man sah dem Kalifen an, daß es ihm recht wohl war. Um diese Stunde konnte man gar gut mit ihm reden, weil er da immer recht mild und leutselig war, deswegen besuchte ihn auch sein Großvezier Mansor alle Tage um diese Zeit. An diesem Nachmittag nun kam er auch, sah aber sehr nachdenklich aus, ganz gegen seine Gewohnheit. Der Kalif tat die Pfeife ein wenig aus dem Mund und sprach: „Warum machst du ein so nachdenkliches Gesicht, Großvezier."

Der Großvezier schlug seine Arme kreuzweis über die Brust, verneigte sich vor seinem Herrn, und antwortete: „Herr! ob ich ein nachdenkliches Gesicht mache, weiß ich nicht, aber da drunten am Schloß steht ein Krämer, der hat so schöne Sachen, daß es mich ärgert, nicht viel überflüssiges Geld zu haben."

Der Kalif, der seinem Großvezier schon lange gern eine Freude gemacht hätte, schickte seinen schwarzen Sklaven hinunter, um den Krämer heraufzuholen. Bald kam der Sklave mit dem Krämer zurück. Dieser war ein kleiner dicker Mann, schwarzbraun im Gesicht und in zerlumptem Anzug. Er trug einen Kasten, in welchem er allerhand Waren hatte. Perlen und Ringe, reichbeschlagene Pistolen, Becher und Kämme. Der Kalif und sein Vezier musterten alles durch, und der Kalif kaufte endlich für sich und Mansor schöne Pistolen, für die Frau des Veziers aber einen Kamm. Als der Krämer seinen Kasten schon wieder zumachen wollte, sah der Kalif eine kleine Schublade, und fragte: ob da auch noch Waren seien? Der Krämer zog die Schublade heraus, und zeigte darin eine Dose mit schwärzlichem Pulver und ein Papier mit sonderbarer Schrift, die weder der Kalife noch Mansor lesen konnten. „Ich bekam einmal diese zwei Stücke von einem Kaufmann, der sie in Mekka auf der Straße fand", sagte der Krämer, „ich weiß nicht, was sie enthalten; Euch stehen sie um geringen Preis zu Dienst, ich kann doch nichts damit anfangen." Der Kalif, der in seiner Bibliothek gerne alte Manuskripte hatte, wenn er sie auch nicht lesen konnte, kaufte Schrift und Dose und entließ den Krämer. Der Kalif aber dachte, er möchte gerne wissen, was die Schrift enthalte, und fragte den Vezier, ob er keinen kenne, der es entziffern könnte. „Gnädigster Herr und Gebieter", antwortete dieser, „an der großen Moschee wohnt ein Mann, er heißt *Selim, der Gelehrte,* der versteht alle Sprachen, laß ihn kommen, vielleicht kennt er diese geheimnisvollen Züge."

Der Gelehrte Selim war bald herbeigeholt; „Selim", sprach zu ihm der Kalif; „Selim, man sagt du seiest sehr gelehrt; guck einmal ein wenig in diese Schrift, ob du sie lesen kannst; kannst du sie lesen, so bekommst du ein neues Festkleid von mir, kannst du es nicht, so bekommst du zwölf Backenstreiche und fünfundzwanzig auf die Fußsohlen, weil man dich dann umsonst Selim, den Gelehrten, nennt." Selim verneigte sich und sprach: „Dein Wille geschehe, o Herr!" Lange betrachtete er die Schrift, plötzlich aber rief er aus: „Das ist lateinisch, o Herr, oder ich laß mich hängen." „Sag was drin steht", befahl der Kalif, „wenn es lateinisch ist."

Selim fing an zu übersetzen: „Mensch, der du dieses findest, preise Allah für seine Gnade. Wer von dem Pulver in dieser Dose schnupft, und dazu spricht: Mutabor, der kann sich in jedes Tier verwandeln, und versteht auch die Sprache der Tiere. Will er wieder in seine menschliche Gestalt zurückkehren, so neige er sich dreimal gen Osten, und spreche jenes Wort; aber hüte dich, wenn du verwandelt bist, daß du nicht lachest, sonst verschwindet das Zauberwort gänzlich aus deinem Gedächtnis und du bleibst ein Tier."

Als Selim, der Gelehrte, also gelesen hatte, war der Kalif über die Maßen vergnügt. Er ließ den Gelehrten schwören, niemand etwas von dem Geheimnis zu sagen, schenkte ihm ein schönes Kleid und entließ ihn. Zu seinem Großvezier aber sagte er: „Das heiß ich gut einkaufen, Mansor! wie freue ich mich bis ich ein Tier bin. Morgen früh kommst du zu mir; wir gehen dann miteinander aufs Feld, schnupfen etwas weniges aus meiner Dose und belauschen dann, was in der Luft und im Wasser, im Wald und Feld gesprochen wird!"

II

Kaum hatte am andern Morgen der Kalif Chasid gefrühstückt und sich angekleidet, als schon der Großvezier erschien, ihn, wie er befohlen, auf dem Spaziergang zu begleiten. Der Kalif steckte die Dose mit dem Zauberpulver in den Gürtel, und nachdem er seinem Gefolge befohlen, zurückzubleiben, machte er sich mit dem Großvezier ganz allein auf den Weg. Sie gingen zuerst durch die weiten Gärten des Kalifen, spähten aber vergebens nach etwas Lebendigem, um ihr Kunststück zu probieren. Der Vezier schlug endlich vor, weiter hinaus an einen Teich zu gehen, wo er schon oft viele Tiere, namentlich Störche, gesehen habe, die durch ihr gravitätisches Wesen und ihr Geklapper immer seine Aufmerksamkeit erregt haben.

Der Kalif billigte den Vorschlag seines Veziers, und ging mit ihm dem Teich zu. Als sie dort angekommen waren, sahen sie einen Storchen ernsthaft auf und ab gehen, Frösche suchend, und hie und da etwas vor sich hinklappernd. Zugleich sahen sie auch weit oben in der Luft einen andern Storchen dieser Gegend zuschweben.

„Ich wette meinen Bart, gnädigster Herr", sagte der Großvezier, „wenn nicht diese zwei Langfüßler ein schönes Gespräch miteinander führen werden. Wie wäre es, wenn wir Störche würden?"

„Wohl gesprochen!" antwortete der Kalif. „Aber vorher wollen wir noch einmal betrachten, wie man wieder Mensch wird. – Richtig! dreimal gen Osten geneigt und Mutabor gesagt, so bin ich wieder Kalif und du Vezier. Aber nur ums Himmels willen nicht gelacht, sonst sind wir verloren!"

Während der Kalif also sprach, sah er den andern Storchen über ihrem Haupte schweben, und langsam sich zur Erde lassen. Schnell zog er die Dose aus dem Gürtel, nahm eine gute Prise, bot sie dem Großvezier dar, der gleichfalls schnupfte, und beide riefen: „Mutabor."

Da schrumpften ihre Beine ein, und wurden dünn und rot, die schönen gelben Pantoffel des Kalifen und seines Begleiters wurden unförmliche Storchfüße, die Arme wurden zu Flügeln, der Hals fuhr aus den Achseln und ward eine Elle lang, der Bart war verschwunden und den Körper bedeckten weiche Federn.

„Ihr habt einen hübschen Schnabel, Herr Großvezier", sprach nach langem Erstaunen der Kalif. „Beim Bart des Propheten, so etwas habe ich in meinem Leben nicht gesehen."

„Danke untertänigst", erwiderte der Großvezier, indem er sich bückte, „aber wenn ich es wagen darf zu behaupten, Eure Hoheit sehen als Storch beinahe noch hübscher aus, denn als Kalif. Aber kommt, wenn es Euch gefällig ist, daß wir unsere Kameraden dort belauschen, und erfahren, ob wir wirklich *Storchisch* können?"

Indem war der andere Storch auf der Erde angekommen; er

putzte sich mit dem Schnabel seine Füße, legte seine Federn zurecht, und ging auf den ersten Storchen zu. Die beiden neuen Störche aber beeilten sich in ihre Nähe zu kommen, und vernahmen zu ihrem Erstaunen folgendes Gespräch:

„Guten Morgen, Frau *Langbein,* so früh schon auf der Wiese?"

„Schönen Dank, liebe *Klapperschnabel!* ich habe mir nur ein kleines Frühstück geholt. Ist Euch vielleicht ein Viertelchen Eidechs gefällig, oder ein Froschschenkelein?"

„Danke gehorsamst; habe heute gar keinen Appetit. Ich komme auch wegen etwas ganz anderem auf die Wiese. Ich soll heute vor den Gästen meines Vaters tanzen, und da will ich mich im stillen ein wenig üben."

Zugleich schritt die junge Störchin in wunderlichen Bewegungen durch das Feld. Der Kalif und Mansor sahen ihr verwundert nach; als sie aber in malerischer Stellung auf einem Fuß stand, und mit den Flügeln anmutig dazu wedelte, da konnten sich die beiden nicht mehr halten, ein unaufhaltsames Gelächter brach aus ihren Schnäbeln hervor, von dem sie sich erst nach langer Zeit erholten. Der Kalif faßte sich zuerst wieder: „Das war einmal ein Spaß", rief er, „der nicht mit Gold zu bezahlen ist; schade! daß die dummen Tiere durch unser Gelächter sich haben verscheuchen lassen, sonst hätten sie gewiß auch noch gesungen!"

Aber jetzt fiel es dem Großvezier ein, daß das Lachen während der Verwandlung verboten war. Er teilte seine Angst deswegen dem Kalifen mit. „Potz Mekka und Medina! das wäre ein schlechter Spaß, wenn ich ein Storch bleiben müßte! Besinne dich doch auf das dumme Wort, ich bring es nicht heraus."

„Dreimal gen Osten müssen wir uns bücken, und dazu sprechen: Mu – Mu – Mu –"

Sie stellten sich gegen Osten und bückten sich in einem fort, daß ihre Schnäbel beinahe die Erde berührten; aber, o Jammer! das Zauberwort war ihnen entfallen und sooft sich auch der Kalife bückte, so sehnlich auch sein Vezier Mu – Mu dazu rief, jede Erinnerung daran war verschwunden, und der arme Chasid und sein Vezier waren und blieben Störche. –

III

Traurig wandelten die Verzauberten durch die Felder, sie wußten gar nicht, was sie in ihrem Elend anfangen sollten. Aus ihrer Storchenhaut konnten sie nicht heraus, in die Stadt zurück konnten sie auch nicht um sich zu erkennen zu geben, denn wer hätte einem Storchen geglaubt, daß er der Kalif sei, und wenn man es auch geglaubt hätte, würden die Einwohner von Bagdad einen Storchen zum Kalifen gewollt haben?

So schlichen sie mehrere Tage umher, und ernährten sich kümmerlich von Feldfrüchten, die sie aber wegen ihrer langen Schnäbel nicht gut verspeisen konnten. Zu Eidechsen und Fröschen hatten sie übrigens keinen Appetit denn sie befürchteten, mit solchen Leckerbissen sich den Magen zu verderben. Ihr einziges Vergnügen in dieser traurigen Lage war, daß sie fliegen konnten, und so flogen sie oft auf die Dächer von Bagdad, um zu sehen, was darin vorging.

In den ersten Tagen bemerkten sie große Unruhe und Trauer in den Straßen; aber ungefähr am vierten Tag nach ihrer Verzauberung saßen sie auf dem Palast des Kalifen, da sahen sie unten in der Straße einen prächtigen Aufzug; Trommeln und Pfeifen ertönten, ein Mann in einem goldgestickten Scharlachmantel saß auf einem geschmückten Pferd, umgeben von glänzenden Dienern; halb Bagdad sprang ihm nach, und alle schrien: „Heil Mizra! dem Herrscher von Bagdad!" Da sahen die beiden Störche auf dem Dache des Palastes einander an, und der Kalife Chasid sprach: „Ahnst du jetzt, warum ich verzaubert bin, Großvezier? Dieser Mizra ist der Sohn meines Todfeindes, des mächtigen Zauberers Kaschnur, der mir in einer bösen Stunde Rache schwur. Aber noch gebe ich die Hoffnung nicht auf. Komm mit mir, du treuer Gefährte meines Elends, wir wollen zum Grab des Propheten wandern, vielleicht daß an heiliger Stätte der Zauber gelöst wird."

Sie erhoben sich vom Dach des Palastes, und flogen der Gegend von Medina zu.

Mit dem Fliegen wollte es aber nicht gar gut gehen, denn die beiden Störche hatte noch wenig Übung. „O Herr", ächzte nach ein paar Stunden der Großvezier, „ich halte es, mit Eurer Erlaubnis, nicht mehr lange aus, Ihr fliegt gar zu schnell! Auch ist es schon Abend, und wir täten wohl, ein Unterkommen für die Nacht zu suchen."

Chasid gab der Bitte seines Dieners Gehör; und da er unten im Tale eine Ruine erblickte, die ein Obdach zu gewähren schien, so flogen sie dahin. Der Ort, wo sie sich für diese Nacht niedergelassen hatten, schien ehemals ein Schloß gewesen zu sein. Schöne Säulen ragten unter den Trümmern hervor, mehrere Gemächer, die noch ziemlich erhalten waren, zeugten von der ehemaligen Pracht des Hauses. Chasid und sein Begleiter gingen durch die Gänge umher, um sich ein trockenes Plätzchen zu suchen; plötzlich blieb der Storch Mansor stehen. „Herr und Gebieter", flüsterte er leise, „wenn es nur nicht töricht für einen Großvezier, noch mehr aber für einen Storchen wäre, sich vor Gespenstern zu fürchten! Mir ist ganz unheimlich zumut, denn hier neben hat es ganz vernehmlich geseufzt und gestöhnt." Der Kalif blieb nun auch stehen, und hörte ganz deutlich ein leises Weinen, das eher einem Menschen, als einem Tiere anzugehören schien. Voll Erwartung wollte er der Gegend zugehen, woher die Klagetöne kamen, der Vezier aber packte ihn mit dem Schnabel am Flügel, und bat ihn flehentlich, sich nicht in neue unbekannte Gefahren zu stürzen. Doch vergebens! Der Kalif, dem auch unter dem Storchenflügel ein tapferes Herz schlug, riß sich mit Verlust einiger Federn los, und eilte in einen finstern Gang. Bald war er an einer Türe angelangt, die nur angelehnt schien, und woraus er deutliche Seufzer, mit ein wenig Geheul, vernahm. Er stieß mit dem Schnabel die Türe auf, blieb aber überrascht auf der Schwelle stehen. In dem verfallenen Gemach, das nur durch ein kleines Gitterfenster spärlich erleuchtet war, sah er eine große Nachteule am Boden sitzen. Dicke Tränen rollten ihr aus den großen runden Augen, und mit heiserer Stimme stieß sie ihre Klagen zu dem krummen Schnabel heraus. Als sie aber den Kalifen und seinen Vezier, der indes auch herbeigeschlichen war, erblickte, erhob sie ein lautes Freudengeschrei. Zierlich wischte sie mit dem braungefleckten Flügel die Tränen aus dem Auge, und zu dem großen Erstaunen der beiden, rief sie in gutem menschlichem Arabisch: „Willkommen ihr Störche, ihr seid mir ein gutes Zeichen meiner Errettung, denn durch Störche werde mir ein großes Glück kommen, ist mir einst prophezeit worden!"

Als sich der Kalif von seinem Erstaunen erholt hatte, bückte er sich mit seinem langen Hals, brachte seine dünnen Füße in eine zierliche Stellung, und sprach: „Nachteule! deinen Worten nach, darf ich glauben, eine Leidensgefährtin in dir zu sehen.

Aber ach! Deine Hoffnung, daß durch uns deine Rettung kommen werde, ist vergeblich. Du wirst unsere Hülflosigkeit selbst erkennen, wenn du unsere Geschichte hörst." Die Nachteule bat ihn zu erzählen, der Kalif aber hub an und erzählte, was wir bereits wissen.

IV

Als der Kalif der Eule seine Geschichte vorgetragen hatte, dankte sie ihm und sagte: „Vernimm auch meine Geschichte und höre, wie ich nicht weniger unglücklich bin als du. Mein Vater ist der König von Indien, ich, seine einzige, unglückliche Tochter, heiße Lusa. Jener Zauberer Kaschnur, der euch verzauberte, hat auch mich ins Unglück gestürzt. Er kam eines Tags zu meinem Vater und begehrte mich zur Frau für seinen Sohn Mizra. Mein Vater aber, der ein hitziger Mann ist, ließ ihn die Treppe hinunterwerfen. Der Elende wußte sich unter einer andern Gestalt, wieder in meine Nähe zu schleichen, und als ich einst in meinem Garten Erfrischungen zu mir nehmen wollte, brachte er mir, als Sklave verkleidet, einen Trank bei, der mich in diese abscheuliche Gestalt verwandelte. Vor Schrecken ohnmächtig, brachte er mich hieher und rief mir mit schrecklicher Stimme in die Ohren: ‚Da sollst du bleiben, häßlich, selbst von den Tieren verachtet, bis an dein Ende, oder bis einer aus freiem Willen dich, selbst in dieser schrecklichen Gestalt, zur Gattin begehrt. So räche ich mich an dir und deinem stolzen Vater.'

Seitdem sind viele Monate verflossen. Einsam und traurig lebe ich als Einsiedlerin in diesem Gemäuer, verabscheut von der Welt, selbst den Tieren ein Greuel; die schöne Natur ist vor mir verschlossen, denn ich bin blind am Tage, und nur, wenn der Mond sein bleiches Licht über dies Gemäuer ausgießt, fällt der verhüllende Schleier von meinem Auge."

Die Eule hatte geendet, und wischte sich mit dem Flügel wieder die Augen aus, denn die Erzählung ihrer Leiden hatte ihr Tränen entlockt.

Der Kalif war bei der Erzählung der Prinzessin in tiefes Nachdenken versunken. „Wenn mich nicht alles täuscht", sprach er, „so findet zwischen unserem Unglück ein geheimer Zusammenhang statt; aber wo finde ich den Schlüssel zu diesem Rätsel?" Die Eule antwortete ihm: „O Herr! auch mir ahnet dies;

denn es ist mir einst in meiner frühesten Jugend von einer weisen Frau prophezeit worden, daß ein Storch mir ein großes Glück bringen werde, und ich wüßte vielleicht, wie wir uns retten könnten." Der Kalif war sehr erstaunt und fragte, auf welchem Wege sie meine? „Der Zauberer, der uns beide unglücklich gemacht hat", sagte sie, „kommt alle Monate einmal in diese Ruinen. Nicht weit von diesem Gemach ist ein Saal. Dort pflegt er dann mit vielen Genossen zu schmausen. Schon oft habe ich sie dort belauscht. Sie erzählen dann einander ihre schändlichen Werke, vielleicht daß er dann das Zauberwort, das ihr vergessen habt, ausspricht."

„Oh, teuerste Prinzessin", rief der Kalif, „sag an, *wann* kommt er, und *wo* ist der Saal?"

Die Eule schwieg einen Augenblick, und sprach dann: „Nehmet es nicht ungütig, aber nur unter *einer* Bedingung kann ich Euern Wunsch erfüllen." „Sprich aus! sprich aus!" schrie Chasid, „befiehl, es ist mir jede recht –"

„Nämlich ich möchte auch gerne zugleich frei sein, dies kann aber nur geschehen, wenn einer von euch mir seine Hand reicht."

Die Störche schienen über den Antrag etwas betroffen zu sein, und der Kalif winkte seinem Diener, ein wenig mit ihm hinauszugehen.

„Großvezier", sprach vor der Türe der Kalif, „das ist ein dummer Handel, aber Ihr könntet sie schon nehmen."

„So?" antwortete dieser, „daß mir meine Frau, wenn ich nach Haus komme, die Augen auskratzt. Auch bin ich ein alter Mann, und Ihr seid noch jung und unverheiratet, und könnet eher einer jungen schönen Prinzeß die Hand geben."

„Das ist es eben", seufzte der Kalif, indem er traurig die Flügel hängen ließ, „wer sagt dir denn, daß sie jung und schön ist? Das heißt eine Katze im Sack kaufen!"

Sie redeten einander gegenseitig noch lange zu, endlich aber, als der Kalif sah, daß sein Vezier lieber Storch bleiben, als die Eule heiraten wollte, entschloß er sich, die Bedingung lieber selbst zu erfüllen. Die Eule war hoch erfreut. Sie gestand ihnen, daß sie zu keiner bessern Zeit hätten kommen können, weil wahrscheinlich in dieser Nacht die Zauberer sich versammeln werden.

Sie verließ mit den Störchen das Gemach, um sie in jenen Saal zu führen; sie gingen lange in einem finstern Gang hin, endlich strahlte ihnen aus einer halbverfallenen Mauer ein heller Schein entgegen. Als sie dort angelangt waren, riet ihnen die Eule, sich ganz ruhig zu verhalten. Sie konnten von der Lücke, an welcher sie standen, einen großen Saal übersehen. Er war ringsum mit Säulen geschmückt und prachtvoll verziert. Viele farbige Lampen ersetzten das Licht des Tages. In der Mitte des Saales stand ein runder Tisch, mit vielen und ausgesuchten Speisen besetzt. Rings um den Tisch zog sich ein Sofa, auf welchem 8 Männer saßen. In einem dieser Männer erkannten die Störche jenen Krämer wieder, der ihnen das Zauberpulver verkauft hatte. Sein Nebensitzer forderte ihn auf, ihnen seine neuesten Taten zu erzählen. Er erzählte unter andern auch die Geschichte des Kalifen und seines Veziers.

„Was für ein Wort hast du ihnen denn aufgegeben?" fragte ihn ein anderer Zauberer. „Ein recht schweres lateinisches, es heißt *Mutabor*."

V

Als die Störche an ihrer Mauerlücke dieses hörten, kamen sie vor Freuden beinahe außer sich. Sie liefen auf ihren langen Füßen so schnell dem Tor der Ruine zu, daß die Eule kaum folgen konnte. Dort sprach der Kalif gerührt zu der Eule: „Retterin meines Lebens und des Lebens meines Freundes, nimm zum ewigen Dank für das, was du an uns getan, mich zum Gemahl an." Dann aber wandte er sich nach Osten. Dreimal bückten die Störche ihre langen Hälse der Sonne entgegen, die soeben hinter dem Gebirge heraufstieg; *„Mutabor"*, riefen sie, im Nu waren sie verwandelt, und in der hohen Freude des neugeschenkten Lebens, lagen Herr und Diener lachend und weinend einander in den Armen. Wer beschreibt aber ihr Erstaunen, als sie sich umsahen. Eine schöne Dame, herrlich geschmückt, stand vor ihnen. Lächelnd gab sie dem Kalifen die Hand: „Erkennt Ihr Eure Nachteule nicht mehr?" sagte sie. Sie war es; der Kalif war von ihrer Schönheit und Anmut so entzückt, daß er ausrief: es sei sein größtes Glück, daß er Storch geworden sei.

Die drei zogen nun miteinander auf Bagdad zu. Der Kalif fand in seinen Kleidern nicht nur die Dose mit Zauberpulver, sondern auch seinen Geldbeutel. Er kaufte daher im nächsten Dorfe, was zu ihrer Reise nötig war, und so kamen sie bald an die Tore von Bagdad. Dort aber erregte die Ankunft des Kalifen großes Erstaunen. Man hatte ihn für tot ausgegeben, und das

Volk war daher hoch erfreut, seinen geliebten Herrscher wiederzuhaben.

Um so mehr aber entbrannte ihr Haß gegen den Betrüger Mizra. Sie zogen in den Palast, und nahmen den alten Zauberer und seinen Sohn gefangen. Den Alten schickte der Kalif in dasselbe Gemach der Ruine, das die Prinzessin als Eule bewohnt hatte, und ließ ihn dort aufhängen. Dem Sohn aber, welcher nichts von den Künsten des Vaters verstand, ließ der Kalif die Wahl, ob er sterben oder schnupfen wolle. Als er das letztere wählte, bot ihm der Großvezier die Dose. Eine tüchtige Prise, und das Zauberwort des Kalifen verwandelte ihn in einen Storchen. Der Kalif ließ ihn in ein eisernes Käfigt sperren und in seinem Garten aufstellen.

Lange und vergnügt lebte Kalif Chasid mit seiner Frau, der Prinzessin; seine vergnügtesten Stunden waren immer die, wenn ihn der Großvezier nachmittags besuchte; da sprachen sie dann oft von ihrem Storchenabenteuer, und wenn der Kalif recht heiter war, ließ er sich herab, den Großvezier nachzuahmen, wie er als Storch aussah. Er stieg dann ernsthaft, mit steifen Füßen im Zimmer auf und ab, klapperte, wedelte mit den Armen, wie mit Flügeln und zeigte, wie jener sich vergeblich nach Osten geneigt und Mu – Mu – dazu gerufen habe. Für die Frau Kalifin und ihre Kinder war diese Vorstellung allemal eine große Freude; wenn aber der Kalif gar zu lange klapperte und nickte und Mu – Mu – schrie, dann drohte ihm lächelnd der Vezier: er wolle das, was vor der Türe der Prinzessin *Nachteule* verhandelt worden sei, *der Frau Kalifin* mitteilen.

Als Selim Baruch seine Geschichte geendet hatte, bezeugten sich die Kaufleute sehr zufrieden damit. „Wahrhaftig, der Nachmittag ist uns vergangen, ohne daß wir merkten wie!" sagte einer derselben, indem er die Decke des Zeltes zurückschlug. „Der Abendwind wehet kühl, und wir könnten noch eine gute Strecke Weges zurücklegen." Seine Gefährten waren damit einverstanden, die Zelte wurden abgebrochen, und die Karawane machte sich in der nämlichen Ordnung, in welcher sie herangezogen war, auf den Weg.

Sie ritten beinahe die ganze Nacht hindurch, denn es war schwül am Tage, die Nacht aber war erquicklich und sternhell. Sie kamen endlich an einem bequemen Lagerplatz an, schlugen die Zelte auf und legten sich zur Ruhe. Für den Fremden aber

sorgten die Kaufleute, wie wenn er ihr wertester Gastfreund
wäre. Der eine gab ihm Polster, der andere Decken, ein dritter
gab ihm Sklaven, kurz, er wurde so gut bedient, als ob er zu
Hause wäre. Die heißeren Stunden des Tages waren schon heraufgekommen, als sie sich wieder erhoben, und sie beschlossen
einmütig, hier den Abend abzuwarten. Nachdem sie miteinander gespeist hatten, rückten sie wieder näher zusammen, und der
junge Kaufmann wandte sich an den ältesten und sprach: „Selim
Baruch hat uns gestern einen vergnügten Nachmittag bereitet,
wie wäre es, Achmet, wenn Ihr uns auch etwas erzähltet. Sei es
nun aus Eurem langen Leben, das wohl viele Abenteuer aufzuweisen hat, oder sei es auch ein hübsches Märchen." Achmet
schwieg auf diese Anrede eine Zeitlang, wie wenn er bei sich im
Zweifel wäre, ob er dies oder jenes sagen sollte, oder nicht;
endlich fing er an zu sprechen:

„Liebe Freunde! ihr habt euch auf dieser unserer Reise als
treue Gesellen erprobt, und auch Selim verdient mein Vertrauen; daher will ich euch etwas aus meinem Leben mitteilen,
das ich sonst ungern und nicht jedem erzähle: *Die Geschichte
von dem Gespensterschiff.*"

Die Geschichte von dem Gespensterschiff

Mein Vater hatte einen kleinen Laden in Balsora; er war weder arm noch reich und war einer von jenen Leuten, die nicht
gerne etwas wagen, aus Furcht das wenige zu verlieren, das sie
haben. Er erzog mich schlicht und recht, und brachte es bald so
weit, daß ich ihm an die Hand gehen konnte. Gerade als ich
achtzehn Jahr alt war, als er die erste größere Spekulation
machte, starb er, wahrscheinlich aus Gram, tausend Goldstücke
dem Meere anvertraut zu haben. Ich mußte ihn bald nachher
wegen seines Todes glücklich preisen, denn wenige Wochen hernach, lief die Nachricht ein, daß das Schiff, dem mein Vater seine
Güter mitgegeben hatte, versunken sei. Meinen jugendlichen Mut
konnte aber dieser Unfall nicht beugen. Ich machte alles vollends
zu Geld, was mein Vater hinterlassen hatte, und zog aus, um in
der Fremde mein Glück zu probieren, nur von einem alten Diener meines Vaters begleitet, der sich aus alter Anhänglichkeit
nicht von mir und meinem Schicksal trennen wollte.

Im Hafen von Balsora schifften wir uns mit günstigem Winde

ein. Das Schiff, auf dem ich mich eingemietet hatte, war nach Indien bestimmt. Wir waren schon fünfzehn Tage auf der gewöhnlichen Straße gefahren, als uns der Kapitän einen Sturm verkündete. Er machte ein bedenkliches Gesicht, denn es schien, er kenne in dieser Gegend das Fahrwasser nicht genug, um einem Sturm mit Ruhe begegnen zu können. Er ließ alle Segel einziehen, und wir trieben ganz langsam hin. Die Nacht war angebrochen, war hell und kalt, und der Kapitän glaubte schon, sich in den Anzeichen des Sturmes getäuscht zu haben. Auf einmal schwebte ein Schiff, das wir vorher nicht gesehen hatten, dicht an dem unsrigen vorbei. Wildes Jauchzen und Geschrei erscholl aus dem Verdeck herüber, worüber ich mich zu dieser angstvollen Stunde, vor einem Sturm, nicht wenig wunderte. Aber der Kapitän an meiner Seite wurde blaß, wie der Tod. „Mein Schiff ist verloren", rief er, „dort segelt der Tod!" Ehe ich ihn noch über diesen sonderbaren Ausruf befragen konnte, stürzten schon heulend und schreiend die Matrosen herein: „Habt ihr ihn gesehn?" schrien sie, „jetzt ist's mit uns vorbei."

Der Kapitän aber ließ Trostsprüche aus dem Koran vorlesen, und setzte sich selbst ans Steuerruder. Aber vergebens! Zusehends brauste der Sturm auf, und ehe eine Stunde verging, krachte das Schiff und blieb sitzen. Die Boote wurden ausgesetzt, und kaum hatten sich die letzten Matrosen gerettet, so versank das Schiff vor unsern Augen, und als ein Bettler fuhr ich in die See hinaus. Aber der Jammer hatte noch kein Ende. Fürchterlicher tobte der Sturm, das Boot war nicht mehr zu regieren. Ich hatte meinen alten Diener fest umschlungen und wir versprachen uns, nie voneinander zu weichen. Endlich brach der Tag an; aber mit dem ersten Blick der Morgenröte faßte der Wind das Boot, in welchem wir saßen, und stürzte es um. Ich habe keinen meiner Schiffsleute mehr gesehen. Der Sturz hatte mich betäubt; und als ich aufwachte, befand ich mich in den Armen meines alten treuen Dieners, der sich auf das umgeschlagene Boot gerettet, und mich nachgezogen hatte. Der Sturm hatte sich gelegt. Von unserem Schiff war nichts mehr zu sehen, wohl aber entdeckten wir, nicht weit von uns, ein anderes Schiff, auf das die Wellen uns hintrieben. Als wir näher hinzukamen, erkannte ich das Schiff als dasselbe, das in der Nacht an uns vorbeifuhr, und welches den Kapitän so sehr in Schrecken gesetzt hatte. Ich empfand ein sonderbares Grauen vor diesem Schiffe. Die Äußerung des Kapitäns, die sich so furchtbar bestätigt hatte, das öde Aussehen des Schiffes, auf dem sich, so nahe wir auch herankamen, so laut wir schrien, niemand zeigte, erschreckten mich. Doch es war unser einziges Rettungsmittel, darum priesen wir den Propheten, der uns so wundervoll erhalten hatte.

Am Vorderteil des Schiffes hing ein langes Tau herab. Mit Händen und Füßen ruderten wir darauf zu, um es zu erfassen. Endlich glückte es. Noch einmal erhob ich meine Stimme, aber immer blieb es still auf dem Schiff. Da klimmten wir an dem Tau hinauf, ich als der Jüngste voran. Aber Entsetzen! Welches Schauspiel stellte sich meinem Auge dar, als ich das Verdeck betrat. Der Boden war mit Blut gerötet, 20–30 Leichname in türkischen Kleidern lagen auf dem Boden, am mittleren Mastbaum stand ein Mann, reich gekleidet, den Säbel in der Hand, aber das Gesicht war blaß und verzerrt, durch die Stirne ging ein großer Nagel, der ihn an den Mastbaum heftete, auch er war tot. Schrecken fesselte meine Schritte, ich wagte kaum zu atmen. Endlich war auch mein Begleiter heraufgekommen. Auch ihn überraschte der Anblick des Verdeckes, das gar nichts Lebendiges, sondern nur so viele schreckliche Tote zeigte. Wir wagten es endlich, nachdem wir in der Seelenangst zum Propheten gefleht hatten, weiter vorzuschreiten. Bei jedem Schritte sahen wir uns um, ob nicht etwas Neues, noch Schrecklicheres sich darbiete; aber alles blieb, wie es war; weit und breit nichts Lebendiges, als wir und das Weltmeer. Nicht einmal laut zu sprechen wagten wir, aus Furcht, der tote, am Mast angespießte Kapitano, möchte seine starre Augen nach uns hindrehen, oder einer der Getöteten möchte seinen Kopf umwenden. Endlich waren wir bis an eine Treppe gekommen, die in den Schiffsraum führte. Unwillkürlich machten wir dort halt und sahen einander an, denn keiner wagte es recht, seine Gedanken zu äußern.

„O Herr", sprach mein treuer Diener, „hier ist etwas Schreckliches geschehen. Doch, wenn auch das Schiff da unten voll Mörder steckt, so will ich mich ihnen doch lieber auf Gnade und Ungnade ergeben, als längere Zeit unter diesen Toten zubringen." Ich dachte wie er, wir faßten ein Herz und stiegen voll Erwartung hinunter. Totenstille war aber auch hier, und nur unsere Schritte hallten auf der Treppe. Wir standen an der Türe der Kajüte. Ich legte mein Ohr an die Türe und lauschte, es war nichts zu hören. Ich machte auf. Das Gemach bot einen unordentlichen Anblick dar. Kleider, Waffen und anderes Geräte lag untereinander. Nichts in Ordnung. Die Mannschaft, oder wenigstens der Kapitano, mußte vor kurzem gezecht haben, denn es lag alles noch umher. Wir gingen weiter von Raum zu Raum, von Gemach zu Gemach, überall fanden wir herrliche Vorräte in Seide, Perlen, Zucker usw. Ich war vor Freude über diesen Anblick außer mir, denn da niemand auf dem Schiff war, glaubte ich, alles mir zueignen zu dürfen, Ibrahim aber machte mich aufmerksam darauf, daß wir wahrscheinlich noch sehr weit vom Land seien, wohin wir allein und ohne menschliche Hülfe nicht kommen können.

Wir labten uns an den Speisen und Getränken, die wir in reichlichem Maß vorfanden, und stiegen endlich wieder aufs Verdeck. Aber hier schauderte uns immer die Haut, ob dem schrecklichen Anblick der Leichen. Wir beschlossen, uns davon zu befreien und sie über Bord zu werfen; aber wie schauerlich ward uns zumut, als wir fanden, daß sich keiner aus seiner Lage bewegen ließ. Wie festgebannt lagen sie am Boden, und man hätte den Boden des Verdecks ausheben müssen, um sie zu entfernen, und dazu gebrach es uns an Werkzeugen. Auch der Kapitano ließ sich nicht von seinem Mast losmachen, nicht einmal seinen Säbel konnten wir der starren Hand entwinden. Wir brachten den Tag in trauriger Betrachtung unserer Lage zu, und als es Nacht zu werden anfing, erlaubt ich dem alten Ibrahim, sich schlafen zu legen, ich selbst aber wollte auf dem Verdeck wachen, um nach Rettung auszuspähen. Als aber der Mond heraufkam und ich nach den Gestirnen berechnete, daß es wohl um die eilfte Stunde sei, überfiel mich ein so unwiderstehlicher Schlaf, daß ich unwillkürlich hinter ein Faß, das auf dem Verdeck stand, zurückfiel. Doch war es mehr Betäubung als Schlaf, denn ich hörte deutlich die See an der Seite des Schiffes anschlagen, und die Segel vom Winde knarren und pfeifen. Auf einmal glaubte ich Stimmen und Männertritte auf dem Verdeck zu hören. Ich wollte mich aufrichten, um darnach zu schauen; aber eine unsichtbare Gewalt hielt meine Glieder gefesselt, nicht einmal die Augen konnte ich aufschlagen. Aber immer deutlicher wurden die Stimmen, es war mir, als wenn ein fröhliches Schiffsvolk auf dem Verdeck sich umhertriebe; mitunter glaubte ich, die kräftige Stimme eines Befehlenden zu hören, auch hörte ich Taue und Segel deutlich auf- und abziehen. Nach und nach aber schwanden mir die Sinne, ich verfiel in einen tieferen Schlaf, in dem ich nur noch ein Geräusch von Waffen zu hören glaubte, und erwachte erst, als die Sonne schon hoch stand und mir aufs

Gesicht brannte. Verwundert schaute ich mich um, Sturm, Schiff, die Toten und was ich in dieser Nacht gehört hatte, kam mir wie ein Traum vor, aber als ich aufblickte, fand ich alles wie gestern. Unbeweglich lagen die Toten, unbeweglich war der Kapitano an den Mastbaum geheftet. Ich lachte über meinen Traum und stand auf, um meinen Alten zu suchen.

Dieser saß ganz nachdenklich in der Kajüte. „O Herr!" rief er aus, als ich zu ihm hereintrat, „ich wollte lieber im tiefsten Grund des Meeres liegen als in diesem verhexten Schiff noch eine Nacht zubringen." Ich fragte ihn nach der Ursache seines Kummers, und er antwortete mir: „Als ich einige Stunden geschlafen hatte, wachte ich auf und vernahm, wie man über meinem Haupt hin und her lief. Ich dachte zuerst Ihr wäret es, aber es waren wenigstens zwanzig, die oben umherliefen, auch hörte ich rufen und schreien. Endlich kamen schwere Tritte die Treppe herab. Da wußte ich nichts mehr von mir, nur hie und da kehrte auf einige Augenblicke meine Besinnung zurück, und da sah ich dann denselben Mann, der oben am Mast angenagelt ist, an jenem Tisch dort sitzen, singend und trinkend, aber der, der in einem roten Scharlachkleid nicht weit von ihm am Boden liegt, saß neben ihm und half ihm trinken." Also erzählte mir mein alter Diener.

Ihr könnt es mir glauben, meine Freunde, daß mir gar nicht wohl zumut war; denn es war keine Täuschung, ich hatte ja auch die Toten gar wohl gehöret. In solcher Gesellschaft zu schiffen, war mir greulich. Mein Ibrahim aber versank wieder in tiefes Nachdenken. „Jetzt hab ich's", rief er endlich aus; es fiel ihm nämlich ein Sprüchlein ein, das ihn sein Großvater, ein erfahrener, weitgereister Mann gelehrt hatte, und das gegen jeden Geister- und Zauberspuk helfen sollte; auch behauptete er jenen unnatürlichen Schlaf, der uns befiel, in der nächsten Nacht verhindern zu können, wenn wir nämlich recht eifrig Sprüche aus dem Koran beteten. Der Vorschlag des alten Mannes gefiel mir wohl. In banger Erwartung sahen wir die Nacht herankommen. Neben der Kajüte war ein kleines Kämmerchen, dorthin beschlossen wir uns zurückzuziehen. Wir bohrten mehrere Löcher in die Türe, hinlänglich groß, um durch sie die ganze Kajüte zu überschauen; dann verschlossen wir die Türe, so gut es ging, von innen, und Ibrahim schrieb den Namen des Propheten in alle vier Ecken. So erwarteten wir die Schrecken der Nacht. Es mochte wieder ungefähr eilf Uhr sein, als es mich gewaltig zu schläfern anfing. Mein Gefährte riet mir daher, einige Sprüche des Korans zu beten, was mir auch half. Mit einem Male schien es oben lebhaft zu werden, die Taue knarrten, Schritte gingen über das Verdeck und mehrere Stimmen waren deutlich zu unterscheiden. Mehrere Minuten hatten wir so in gespannter Erwartung gesessen, da hörten wir etwas die Treppe der Kajüte herabkommen. Als dies der Alte hörte, fing er an, seinen Spruch, den ihn sein Großvater gegen Spuk und Zauberei gelehrt hatte, herzusagen:

> „Kommt ihr herab aus der Luft,
> Steigt ihr aus tiefem Meer,
> Schlieft ihr in dunkler Gruft
> Stammt ihr vom Feuer her:
> Allah ist euer Herr und Meister
> Ihm sind gehorsam alle Geister."

Ich muß gestehen, ich glaubte gar nicht recht an diesen Spruch und mir stieg das Haar zu Berg, als die Türe aufflog. Herein trat jener große, stattliche Mann, den ich am Mastbaum angenagelt gesehen hatte. Der Nagel ging ihm auch jetzt mitten durchs Hirn, das Schwert aber hatte er in die Scheide gesteckt, hinter ihm trat noch ein anderer herein, weniger kostbar gekleidet; auch ihn hatte ich oben liegen sehen. Der Kapitano, denn dies war er unverkennbar, hatte ein bleiches Gesicht, einen großen schwarzen Bart, wildrollende Augen, mit denen er sich im ganzen Gemach umsah. Ich konnte ihn ganz deutlich sehen, als er an unserer Türe vorüberging; er aber schien gar nicht auf die Türe zu achten, die uns verbarg. Beide setzten sich an den Tisch, der in der Mitte der Kajüte stand, und sprachen laut und fast schreiend miteinander in einer unbekannten Sprache. Sie wurden immer lauter und eifriger, bis endlich der Kapitano mit geballter Faust auf den Tisch hineinschlug, daß das Zimmer dröhnte. Mit wildem Gelächter sprang der andere auf und winkte dem Kapitano, ihm zu folgen. Dieser stand auf, riß seinen Säbel aus der Scheide und beide verließen das Gemach. Wir atmeten freier als sie weg waren; aber unsere Angst hatte noch lange kein Ende. Immer lauter und lauter ward es auf dem Verdeck. Man hörte eilends hin und her laufen und schreien, lachen und heulen. Endlich ging ein wahrhaft höllischer Lärm los, so daß wir glaubten, das Verdeck mit allen Segeln komme zu uns herab, Waffengeklirr und Geschrei – auf einmal aber tiefe Stille. Als wir es nach vielen Stunden wagten hinaufzugehen, trafen wir alles wie sonst; nicht *einer* lag anders als früher, alle waren steif wie Holz.

So waren wir mehrere Tage auf dem Schiffe, es ging immer nach Osten, wohin zu, nach meiner Berechnung, Land liegen mußte, aber wenn es auch bei Tag viele Meilen zurückgelegt hatte, bei Nacht schien es immer wieder zurückzukehren, denn wir befanden uns immer wieder am nämlichen Fleck, wenn die Sonne aufging. Wir konnten uns dies nicht anders erklären, als daß die Toten jede Nacht mit vollem Winde zurücksegelten. Um nun dies zu verhüten, zogen wir, ehe es Nacht wurde, alle Segel ein und wandten dasselbe Mittel an, wie bei der Türe in der Kajüte; wir schrieben den Namen des Propheten auf Pergament und auch das Sprüchlein des Großvaters dazu, und banden es um die eingezogenen Segel. Ängstlich warteten wir in unserem Kämmerchen den Erfolg ab. Der Spuk schien diesmal noch ärger zu toben, aber siehe, am anderen Morgen waren die Segel noch aufgerollt, wie wir sie verlassen hatten. Wir spannten den Tag über nur so viele Segel auf, als nötig waren, das Schiff sanft fortzutreiben, und so legten wir in fünf Tagen eine gute Strecke zurück.

Endlich am Morgen des sechsten Tages, entdeckten wir in geringer Ferne Land, und wir dankten Allah und seinem Propheten, für unsere wunderbare Rettung. Diesen Tag und die folgende Nacht trieben wir an einer Küste hin, und am siebenten Morgen glaubten wir in geringer Entfernung eine Stadt zu entdecken; wir ließen mit vieler Mühe einen Anker in die See, der alsobald Grund faßte, setzten ein kleines Boot, das auf dem Verdeck stand, aus, und ruderten mit aller Macht der Stadt zu. Nach einer halben Stunde liefen wir in einen Fluß ein, der sich in die See ergoß, und stiegen ans Ufer. Im Stadttor erkundigten wir uns, wie die Stadt heiße, und erfuhren, daß es eine indische Stadt sei, nicht weit von der Gegend, wohin ich zuerst zu schiffen willens war. Wir begaben uns in eine Karawanserei und erfrischten uns von unserer abenteuerlichen Reise. Ich forschte daselbst auch nach einem weisen und verständigen Mann, indem ich dem Wirt zu verstehen gab, daß ich einen solchen haben möchte, der sich ein wenig auf Zauberei verstehe. Er führte mich in eine abgelegene Straße, an ein unscheinbares Haus, pochte an und man ließ mich eintreten, mit der Weisung, ich solle nur nach Muley fragen.

In dem Hause kam mir ein altes Männlein mit grauem Bart und langer Nase entgegen, und fragte nach meinem Begehr. Ich sagte ihm, ich suche den weisen Muley und er antwortete mir, er seie es selbst. Ich fragte ihn nun um Rat, was ich mit den Toten machen solle, und wie ich es angreifen müsse, um sie aus dem Schiff zu bringen? Er antwortete mir: die Leute des Schiffes seien wahrscheinlich wegen irgendeines Frevels auf das Meer verzaubert; er glaube, der Zauber werde sich lösen, wenn man sie ans Land bringe; dies könne aber nicht geschehen, als wenn man die Bretter, auf denen sie liegen, losmache. Mir gehöre, von Gott und Rechts wegen, das Schiff samt allen Gütern, weil ich es gleichsam gefunden habe; doch solle ich alles sehr geheimhalten, und ihm ein kleines Geschenk von meinem Überfluß machen, er wolle dafür mit seinen Sklaven mir behülflich sein, die Toten wegzuschaffen. Ich versprach ihn reichlich zu belohnen, und wir machten uns mit fünf Sklaven, die mit Sägen und Beilen versehen waren, auf den Weg. Unterwegs konnte der Zauberer Muley unseren glücklichen Einfall, die Segel mit den Sprüchen des Korans zu umwinden, nicht genug loben. Er sagte, es sei dies das einzige Mittel gewesen, uns zu retten.

Es war noch ziemlich früh am Tage, als wir beim Schiff ankamen. Wir machten uns alle sogleich ans Werk, und in einer Stunde lagen schon vier in dem Nachen. Einige der Sklaven mußten sie ans Land rudern, um sie dort zu verscharren. Sie erzählten als sie zurückkamen, die Toten haben ihnen die Mühe des Begrabens erspart, indem sie, sowie man sie auf die Erde gelegt habe, in Staub zerfallen seien. Wir fuhren fort, die Toten abzusägen, und bis vor Abend waren alle ans Land gebracht. Es war endlich keiner mehr am Bord als der, welcher am Mast angenagelt war. Umsonst suchten wir den Nagel aus dem Holz zu ziehen, keine Gewalt vermochte ihn, auch nur ein Haarbreit zu verrücken. Ich wußte nicht, was anzufangen war, man konnte doch nicht den Mastbaum abhauen, um ihn ans Land zu führen. Doch aus dieser Verlegenheit half Muley. Er ließ schnell einen Sklaven ans Land rudern, um einen Topf mit Erde zu bringen. Als dieser herbeigeholt war, sprach der Zauberer geheimnisvolle Worte darüber aus, und schüttete die Erde auf das Haupt des Toten. Sogleich schlug dieser die Augen auf, holte tief Atem, und die Wunde des Nagels in seiner Stirne, fing an zu bluten. Wir zogen den Nagel jetzt leicht heraus, und der Verwundete fiel einem der Sklaven in die Arme.

„Wer hat mich hieher geführt?" sprach er, nachdem er sich ein wenig erholt zu haben schien. Muley zeigte auf mich, und ich trat zu ihm. „Dank dir unbekannter Fremdling, du hast mich von langen Qualen errettet. Seit fünfzig Jahren schifft mein Leib durch diese Wogen, und mein Geist war verdammt, jede Nacht in ihn zurückzukehren. Aber jetzt hat mein Haupt die Erde berührt, und ich kann versöhnt zu meinen Vätern gehen." Ich bat ihn, uns doch zu sagen, wie er zu diesem schrecklichen Zustand gekommen sei, und er sprach: „Vor fünfzig Jahren war ich ein mächtiger, angesehener Mann und wohnte in Algier; die Sucht nach Gewinn trieb mich, ein Schiff auszurüsten und Seeraub zu treiben. Ich hatte dieses Geschäft schon einige Zeit fortgeführt, da nahm ich einmal auf Zante einen Derwisch an Bord, der umsonst reisen wollte. Ich und meine Gesellen waren rohe Leute und achteten nicht auf die Heiligkeit des Mannes, vielmehr trieb ich mein Gespött mit ihm. Als er aber einst in heiligem Eifer mir meinen sündigen Lebenswandel verwiesen hatte, übermannte mich nachts in meiner Kajüte, als ich mit meinem Steuermann viel getrunken hatte, der Zorn. Wütend über das, was mir ein Derwisch gesagt hatte, und was ich mir von keinem Sultan hätte sagen lassen, stürzte ich aufs Verdeck und stieß ihm meinen Dolch in die Brust. Sterbend verwünschte er mich und meine Mannschaft, nicht sterben und nicht leben zu können, bis wir unser Haupt auf die Erde legen. Der Derwisch starb, und wir warfen ihn in die See und verlachten seine Drohungen; aber noch in derselben Nacht erfüllten sich seine Worte. Ein Teil meiner Mannschaft empörte sich gegen mich. Mit fürchterlicher Wut wurde gestritten, bis meine Anhänger unterlagen, und ich an den Mast genagelt wurde. Aber auch die Empörer unterlagen ihren Wunden, und bald war mein Schiff nur ein großes Grab. Auch mir brachen die Augen, mein Atem hielt an und ich meinte zu sterben. Aber es war nur eine Erstarrung, die mich gefesselt hielt; in der nächsten Nacht, zur nämlichen Stunde, da wir den Derwisch in die See geworfen, erwachte ich und alle meine Genossen, das Leben war zurückgekehrt, aber wir konnten nichts tun und sprechen, als was wir in jener Nacht gesprochen und getan hatten. So segeln wir seit fünfzig Jahren, können nicht leben, nicht sterben; denn wie konnten wir das Land erreichen. Mit toller Freude segelten wir allemal mit vollen Segeln in den Sturm, weil wir hofften, endlich an einer Klippe zu zerschellen und das müde Haupt, auf dem Grund des Meeres, zur Ruhe zu legen.

Es ist uns nicht gelungen. Jetzt aber werde ich sterben. Noch einmal meinen Dank, unbekannter Retter, wenn Schätze dich lohnen können, so nimm mein Schiff, als Zeichen meiner Dankbarkeit."

Der Kapitano ließ sein Haupt sinken, als er so eben gesprochen hatte, und verschied. Sogleich zerfiel er auch, wie seine Gefährten, in Staub. Wir sammelten diesen in ein Kästchen und begruben ihn am Lande; aus der Stadt nahm ich aber Arbeiter, die mir mein Schiff in guten Zustand setzten. Nachdem ich die Waren, die ich an Bord hatte, gegen andere mit großem Gewinn eingetauscht hatte, mietete ich Matrosen, beschenkte meinen Freund Muley reichlich, und schiffte mich nach meinem Vaterland ein. Ich machte aber einen Umweg, indem ich an vielen Inseln und Ländern landete und meine Waren zu Markt brachte. Der Prophet segnete mein Unternehmen. Nach dreiviertel Jahren lief ich noch einmal so reich, als mich der sterbende Kapitän gemacht hatte, in Balsora ein. Meine Mitbürger waren erstaunt, über meine Reichtümer und mein Glück, und glaubten nicht anders, als ich habe das Diamantental des berühmten Reisenden Sindbad gefunden. Ich ließ sie auf ihrem Glauben, von nun an aber mußten die jungen Leute von Balsora, wenn sie kaum achtzehn Jahre alt waren, in die Welt hinaus, um, gleich mir, ihr Glück zu machen. Ich aber lebte ruhig und im Frieden, und alle fünf Jahre machte ich eine Reise nach Mekka, um dem Herrn, an heiliger Stätte, für seinen Segen zu danken, und für den Kapitano und seine Leute zu bitten, daß er sie in sein Paradies aufnehme. –

Die Reise der Karawane war den anderen Tag ohne Hindernis fürder gegangen, und als man im Lagerplatz sich erholt hatte, begann Selim, der Fremde, zu Muley, dem jüngsten der Kaufleute, also zu sprechen:

„Ihr seid zwar der Jüngste von uns, doch seid Ihr immer fröhlich und wißt für uns gewiß irgendeinen guten Schwank: Tischet ihn auf, daß er uns erquicke, nach der Hitze des Tages." „Wohl möchte ich euch etwas erzählen", antwortete Muley, „das euch Spaß machen könnte, doch der Jugend ziemt Bescheidenheit in allen Dingen; darum müssen meine älteren Reisegefährten den Vorrang haben. Zaleukos ist immer so ernst und verschlossen, sollte er uns nicht erzählen, was sein Leben so ernst machte? vielleicht, daß wir seinen Kummer, wenn er solchen hat, lindern können, denn gerne dienen wir dem Bruder, wenn er auch anderes Glaubens ist."

Der Aufgerufene war ein griechischer Kaufmann, ein Mann in mittleren Jahren, schön und kräftig, aber sehr ernst. Ob er gleich ein Ungläubiger (nicht Muselmann) war, so liebten ihn doch seine Reisegefährten, denn er hatte ihnen, durch sein ganzes Wesen, Achtung und Zutrauen eingeflößt. Er hatte übrigens nur eine Hand, und einige seiner Gefährten vermuteten, daß vielleicht dieser Verlust ihn so ernst stimme.

Zaleukos antwortete auf die zutrauliche Frage Muleys: „Ich bin sehr geehrt durch euer Zutrauen; Kummer habe ich keinen, wenigstens keinen, von welchem ihr, auch mit dem besten Willen, mir helfen könnet. Doch, weil Muley mir meinen Ernst vorzuwerfen scheint, so will ich euch einiges erzählen, was mich rechtfertigen soll, wenn ich ernster bin, als andere Leute. Ihr sehet, daß ich meine linke Hand verloren habe. Sie fehlt mir nicht von Geburt an, sondern ich habe sie in den schrecklichsten Tagen meines Lebens eingebüßt. Ob ich die Schuld davon trage, ob ich unrecht habe, seit jenen Tagen ernster, als es meine Lage mit sich bringt, zu sein, möget ihr beurteilen, wenn ihr vernommen habt: *die Geschichte von der abgehauenen Hand.*"

DIE GESCHICHTE VON DER ABGEHAUENEN HAND

Ich bin in Konstantinopel geboren; mein Vater war ein Dragoman (Dolmetscher) bei der Pforte (dem türkischen Hof), und trieb nebenbei einen ziemlich einträglichen Handel mit wohlriechenden Essenzen und seidenen Stoffen. Er gab mir eine gute Erziehung, indem er mich teils selbst unterrichtete, teils von einem unserer Priester mir Unterricht geben ließ. Er bestimmte mich anfangs, seinen Laden einmal zu übernehmen, als ich aber größere Fähigkeiten zeigte, als er erwartet hatte, bestimmte er mich, auf das Anraten seiner Freunde, zum Arzt; weil ein Arzt, wenn er etwas mehr gelernt hat, als die gewöhnlichen Marktschreier, in Konstantinopel sein Glück machen kann. Es kamen viele Franken in unser Haus, und einer davon überredete meinen Vater, mich in sein Vaterland, nach der Stadt Paris, reisen zu lassen, wo man solche Sachen unentgeltlich und am besten lernen könne. Er selbst aber wolle mich, wenn er zurückreise, umsonst mitnehmen. Mein Vater, der in seiner Jugend auch gereist war, schlug ein, und der Franke sagte mir, ich könne mich in drei Monaten bereit halten. Ich war außer mir vor Freuden, fremde

Länder zu sehen, und konnte den Augenblick nicht erwarten, wo wir uns einschiffen würden. Der Franke hatte endlich seine Geschäfte abgemacht und sich zur Reise bereitet; am Vorabend der Reise, führte mich mein Vater in sein Schlafkämmerlein. Dort sah ich schöne Kleider und Waffen auf dem Tische liegen. Was meine Blicke aber noch mehr anzog, war ein großer Haufe Goldes, denn ich hatte noch nie so viel beieinander gesehen. Mein Vater umarmte mich dort, und sagte: „Siehe mein Sohn, ich habe dir Kleider zu der Reise besorgt. Jene Waffen sind dein, es sind die nämlichen, die mir dein Großvater umhing, als ich in die Fremde auszog. Ich weiß, du kannst sie führen; gebrauche sie aber nie, als wenn du angegriffen wirst; dann aber schlage auch tüchtig drauf. Mein Vermögen ist nicht groß; siehe, ich habe es in drei Teile geteilt, einer davon ist dein, einer davon sei mein Unterhalt und Notpfennig, der dritte aber sei mir ein heiliges unantastbares Gut, er diene *dir* in der Stunde der Not." So sprach mein alter Vater, und Tränen hingen ihm im Auge, vielleicht aus Ahnung, denn ich habe ihn nie wiedergesehen.

Die Reise ging gut vonstatten, wir waren bald im Lande der Franken angelangt; und sechs Tagreisen hernach, kamen wir in die große Stadt Paris. Hier mietete mir mein fränkischer Freund ein Zimmer, und riet mir, mein Geld, das in allem zweitausend Taler betrug, vorsichtig anzuwenden. Ich lebte drei Jahre in dieser Stadt, und lernte, was ein tüchtiger Arzt wissen muß, ich müßte aber lügen, wenn ich sagte, daß ich gerne dort gewesen sei, denn die Sitten dieses Volkes gefielen mir nicht; auch hatte ich nur wenige gute Freunde dort, diese aber waren edle junge Männer.

Die Sehnsucht nach der Heimat, wurde endlich mächtig in mir, in der ganzen Zeit hatte ich nichts von meinem Vater gehört, und ich ergriff daher eine günstige Gelegenheit, nach Hause zu kommen.

Es ging nämlich eine Gesandtschaft aus Frankenland, nach der Hohen Pforte. Ich verdang mich als Wundarzt in das Gefolge des Gesandten, und kam glücklich wieder nach Stambul. Das Haus meines Vaters aber fand ich verschlossen, und die Nachbarn staunten, als sie mich sahen und sagten mir, mein Vater sei vor zwei Monaten gestorben. Jener Priester, der mich in meiner Jugend unterrichtet hatte, brachte mir den Schlüssel, allein und verlassen zog ich in das verödete Haus ein. Ich fand noch alles, wie es mein Vater verlassen hatte, nur das Gold, das er mir zu hinterlassen versprach, fehlte. Ich fragte den Priester darüber, und dieser verneigte sich, und sprach: "Euer Vater ist als ein heiliger Mann gestorben; denn er hat sein Gold der Kirche vermacht." Dies war und blieb mir unbegreiflich; doch was wollte ich machen; ich hatte keine Zeugen gegen den Priester und mußte froh sein, daß er nicht auch das Haus und die Waren meines Vaters als Vermächtnis angesehen hatte. Dies war das erste Unglück, das mich traf. Von jetzt an aber, kam es Schlag auf Schlag. Mein Ruf als Arzt, wollte sich gar nicht ausbreiten, weil ich mich schämte, den Marktschreier zu machen, und überall fehlte mir die Empfehlung meines Vaters, der mich bei den Reichsten und Vornehmsten eingeführt hätte, die jetzt nicht mehr an den armen Zaleukos dachten. Auch die Waren meines Vaters fanden keinen Abgang, denn die Kunden hatten sich nach seinem Tode verlaufen, und neue bekommt man nur langsam. Als ich einst trostlos über meine Lage nachdachte, fiel mir ein, daß ich oft in Franken Männer meines Volkes gesehen hatte, die das Land durchzogen und ihre Waren auf den Märkten der Städte auslegten; ich erinnerte mich, daß man ihnen gerne abkaufte, weil sie aus der Fremde kamen, und daß man bei solchem Handel das Hundertfache erwerben könne. Sogleich war auch mein Entschluß gefaßt. Ich verkaufte mein väterliches Haus, gab einen Teil des gelösten Geldes einem bewährten Freunde zum Aufbewahren, von dem übrigen aber kaufte ich, was man in Franken selten hat, als: Shawls, seidene Zeuge, Salben und Öle, mietete einen Platz auf einem Schiff, und trat so meine zweite Reise nach Franken an. Es schien, als ob das Glück, sobald ich die Schlösser der Dardanellen im Rücken hatte, mir wieder günstig geworden wäre. Unsere Fahrt war kurz und glücklich. Ich durchzog die großen und kleinen Städte der Franken, und fand überall willige Käufer meiner Waren. Mein Freund in Stambul sandte mir immer wieder frische Vorräte, und ich wurde von Tag zu Tag wohlhabender. Als ich endlich so viel erspart hatte, daß ich glaubte, ein größeres Unternehmen wagen zu können, zog ich mit meinen Waren nach Italien. Etwas muß ich aber noch gestehen, was mir auch nicht wenig Geld einbrachte, ich nahm auch meine Arzneikunst zu Hülfe. Wenn ich in eine Stadt kam, ließ ich durch Zettel verkünden, daß ein griechischer Arzt da sei, der schon viele geheilt habe; und wahrlich, mein Balsam und meine Arzneien haben mir manche Zechine eingebracht. So war ich endlich nach der Stadt Florenz, in

Italien, gekommen. Ich nahm mir vor, längere Zeit in dieser Stadt zu bleiben, teils weil sie mir sehr wohl gefiel, teils auch, weil ich mich von den Strapazen meines Umherziehens erholen wollte. Ich mietete mir ein Gewölbe in dem Stadtviertel St. Croce und nicht weit davon ein paar schöne Zimmer, die auf einen Altan führten, in einem Wirtshaus. Sogleich ließ ich auch meine Zettel umhertragen, die mich als Arzt und Kaufmann ankündigten. Ich hatte kaum mein Gewölbe eröffnet, so strömten auch die Käufer herzu, und ob ich gleich ein wenig hohe Preise hatte, so verkaufte ich doch mehr als andere, weil ich gefällig und freundlich gegen meine Kunden war. Ich hatte schon vier Tage vergnügt in Florenz verlebt, als ich eines Abends, da ich schon mein Gewölbe schließen, und nur die Vorräte in meinen Salbenbüchsen, nach meiner Gewohnheit, noch einmal mustern wollte, in einer kleinen Büchse einen Zettel fand, den ich mich nicht erinnerte, hineingetan zu haben. Ich öffnete den Zettel und fand darin eine Einladung: diese Nacht, Punkt zwölf Uhr, auf der Brücke, die man Ponte Vecchio heißt, mich einzufinden. Ich sann lange darüber nach, wer es wohl sein könnte, der mich dorthin einlud, da ich aber keine Seele in Florenz kannte, dachte ich, man werde mich vielleicht heimlich zu irgendeinem Kranken führen wollen, was schon öfter geschehen war. Ich beschloß also, hinzugehen, doch hing ich zur Vorsicht den Säbel um, den mir einst mein Vater geschenkt hatte.

Als es stark gegen Mitternacht ging, machte ich mich auf den Weg, und kam bald auf die Ponte Vecchio. Ich fand die Brücke verlassen und öde, und beschloß zu warten, bis der erscheinen würde, der mich rief. Es war eine kalte Nacht; der Mond schien hell und ich schaute hinab in die Wellen des Arno, die weithin im Mondlicht schimmerten. Auf den Kirchen der Stadt schlug es jetzt zwölf Uhr, ich richtete mich auf, und vor mir stand ein großer Mann, ganz in einen roten Mantel gehüllt, dessen einen Zipfel er vor das Gesicht hielt.

Ich war von Anfang etwas erschrocken, weil er so plötzlich hinter mir stand, faßte mich aber sogleich wieder und sprach: „Wenn Ihr mich habt hieher bestellt, so sagt an, was steht zu Eurem Befehl?" Der Rotmantel wandte sich um, und sagte langsam: „Folge." Da ward mir's doch etwas unheimlich zumut, mit diesem Unbekannten allein zu gehen, ich blieb stehen, und sprach: „Nicht also, lieber Herr, wollet Ihr mir vorerst sagen, wohin; auch könnet Ihr mir Euer Gesicht ein wenig zeigen, daß ich sehe, ob Ihr Gutes mit mir vorhabt." Der Rote aber schien sich nicht darum zu kümmern: „Wenn du nicht willst, Zaleukos, so bleibe", antwortete er und ging weiter. Da entbrannte mein Zorn: „Meinet Ihr", rief ich aus, „ein Mann wie ich, lasse sich von jedem Narren foppen, und ich werde in dieser kalten Nacht umsonst gewartet haben." In drei Sprüngen hatte ich ihn erreicht, packte ihn an seinem Mantel, und schrie noch lauter, indem ich die andere Hand an den Säbel legte; aber der Mantel blieb mir in der Hand, und der Unbekannte war um die nächste Ecke verschwunden. Mein Zorn legte sich nach und nach, ich hatte doch den Mantel, und dieser sollte mir schon den Schlüssel zu diesem wunderlichen Abenteuer geben. Ich hing ihn um, und ging meinen Weg weiter nach Hause. Als ich kaum noch hundert Schritte davon entfernt war, streifte jemand dicht an mir vorüber und flüsterte in fränkischer Sprache: „Nehmt Euch in acht, Graf, heute nacht ist nichts zu machen." Ehe ich mich aber umsehen konnte, war dieser Jemand schon vorbei, und ich sah nur noch einen Schatten an den Häusern hinschweben. Daß dieser Zuruf den Mantel und nicht mich anging, sah ich ein, doch gab er mir kein Licht über die Sache. Am andern Morgen überlegte ich, was zu tun sei. Ich war von Anfang gesonnen, den Mantel ausrufen zu lassen, als hätte ich ihn gefunden, doch da konnte der Unbekannte ihn durch einen Dritten holen lassen, und ich hätte dann keinen Aufschluß über die Sache gehabt. Ich besah, indem ich so nachdachte, den Mantel näher. Er war von schwerem genuesischem Samt, purpurrot, mit astrachanischem Pelz verbrämt und reich mit Gold gestickt. Der prachtvolle Anblick des Mantels brachte mich auf einen Gedanken, den ich auszuführen beschloß. – Ich trug ihn in mein Gewölbe und legte ihn zum Verkauf aus, setzte aber auf ihn einen so hohen Preis, daß ich gewiß war, keinen Käufer zu finden. Mein Zweck dabei war, jeden, der nach dem Pelz fragen würde, scharf ins Auge zu fassen; denn die Gestalt des Unbekannten, die sich mir, nach Verlust des Mantels, wenn auch nur flüchtig, doch bestimmt zeigte, wollte ich aus Tausenden erkennen. Es fanden sich viele Kauflustige zu dem Mantel, dessen außerordentliche Schönheit alle Augen auf sich zog, aber keiner glich entfernt dem Unbekannten, keiner wollte den hohen Preis von zweihundert Zechinen dafür bezahlen. Auffallend war mir dabei, daß, wenn ich einen oder den andern fragte, ob denn sonst kein solcher Mantel in Florenz sei, alle mit Nein antworteten und versicherten, eine so kostbare und geschmackvolle Arbeit nie gesehen zu haben.

Es wollte schon Abend werden, da kam endlich ein junger Mann, der schon oft bei mir gewesen war, und auch heute viel auf den Mantel geboten hatte, warf einen Beutel mit Zechinen auf den Tisch, und rief: „Bei Gott! Zaleukos, ich muß deinen Mantel haben, und sollte ich zum Bettler darüber werden." Zugleich begann er, seine Goldstücke aufzuzählen. Ich kam in große Not, ich hatte den Mantel nur ausgehängt, um vielleicht die Blicke meines Unbekannten darauf zu ziehen, und jetzt kam ein junger Tor, um den ungeheuren Preis zu zahlen. Doch was blieb mir übrig; ich gab nach, denn es tat mir auf der andern Seite der Gedanke wohl, für mein nächtliches Abenteuer so schön entschädigt zu werden. Der Jüngling hing sich den Mantel um und ging; er kehrte aber auf der Schwelle wieder um, indem er ein Papier, das am Mantel befestigt war, losmachte, mir zuwarf, und sagte: „Hier Zaleukos, hängt etwas, das wohl nicht zu dem Mantel gehört." Gleichgültig nahm ich den Zettel, aber siehe da, dort stand geschrieben: „Bringe heute nacht, um die bewußte Stunde, den Mantel auf die Ponte Vecchio, vierhundert Zechinen warten deiner." Ich stand, wie niedergedonnert. So hatte ich also mein Glück selbst verscherzt und meinen Zweck gänzlich verfehlt! doch ich besann mich nicht lange, raffte die zweihundert Zechinen zusammen, sprang dem, der den Mantel gekauft hatte, nach, und sprach: „Nehmt Eure Zechinen wieder, guter Freund, und laßt mir den Mantel, ich kann ihn unmöglich hergeben." Dieser hielt die Sache von Anfang für Spaß, als er aber merkte, daß es Ernst war, geriet er in Zorn über meine Forderung, schalt mich einen Narren, und so kam es endlich zu Schlägen. Doch ich war so glücklich im Handgemeng, ihm den Mantel zu entreißen, und wollte schon mit davoneilen, als der junge Mann die Polizei zu Hülfe rief, und mich mit sich vor Gericht zog. Der Richter war sehr erstaunt über die Anklage, und sprach meinem Gegner den Mantel zu. Ich aber bot dem Jüngling zwanzig, fünfzig, achtzig, ja hundert Zechinen über seine zweihundert, wenn er mir den Mantel ließe. Was meine Bitten nicht vermochten, bewirkte mein Gold. Er nahm meine guten Zechinen, ich aber zog mit dem Mantel triumphierend ab und mußte mir gefallen lassen, daß man mich in ganz Florenz für einen Wahnsinnigen hielt. Doch die Meinung der Leute war mir gleichgültig, ich wußte es ja besser, als sie, daß ich an dem Handel noch gewann.

Mit Ungeduld erwartete ich die Nacht. Um dieselbe Zeit, wie gestern, ging ich, den Mantel unter dem Arm, auf die Ponte Vecchio. Mit dem letzten Glockenschlag kam die Gestalt aus der Nacht heraus, auf mich zu. Es war unverkennbar der Mann von gestern. „Hast du den Mantel?" wurde ich gefragt. „Ja Herr", antwortete ich, „aber er kostete mich bar hundert Zechinen." „Ich weiß es", entgegnete jener. „Schau auf, hier sind vierhundert." Er trat mit mir an das breite Geländer der Brücke, und zählte die Goldstücke hin. Vierhundert waren es; prächtig blitzten sie im Mondschein, ihr Glanz erfreute mein Herz, ach! es ahnete nicht, daß es seine letzte Freude sein werde. Ich steckte mein Geld in die Tasche, und wollte mir nun auch den gütigen Unbekannten recht betrachten; aber er hatte eine Larve vor dem Gesicht, aus der mich dunkle Augen furchtbar anblitzten. „Ich danke Euch Herr, für Eure Güte", sprach ich zu ihm, „was verlangt Ihr jetzt von mir! das sage ich Euch aber vorher, daß es nichts Unrechtes sein darf." „Unnötige Sorge", antwortete er, indem er den Mantel um die Schultern legte. „Ich bedarf Eurer Hülfe als Arzt, doch nicht für einen Lebenden, sondern für einen Toten."

„Wie kann das sein?" rief ich voll Verwunderung.

„Ich kam mit meiner Schwester aus fernen Landen", erzählte er, und winkte mir zugleich, ihm zu folgen. „Ich wohnte hier mit ihr, bei einem Freund meines Hauses. Meine Schwester starb gestern schnell an einer Krankheit, und die Verwandten wollen sie morgen begraben. Nach einer alten Sitte unserer Familie aber, sollen alle in der Gruft der Väter ruhen; viele, die in fremdem Lande starben, ruhen dennoch dort einbalsamiert. Meinen Verwandten gönne ich nun ihren Körper, meinem Vater aber muß ich wenigstens den Kopf seiner Tochter bringen, damit er sie noch einmal sehe." Diese Sitte, die Köpfe geliebter Anverwandten abzuschneiden, kam mir zwar etwas schröcklich vor, doch wagte ich nichts dagegen einzuwenden, aus Furcht, den Unbekannten zu beleidigen. Ich sagte ihm daher, daß ich mit dem Einbalsamieren der Toten wohl umgehen könne, und bat ihn, mich zu der Verstorbenen zu führen. Doch konnte ich mich nicht enthalten, zu fragen: warum denn dies alles so geheimnisvoll und in der Nacht geschehen müsse? Er antwortete mir: daß seine Verwandten, die seine Absicht für grausam halten, bei Tage ihn abhalten würden. Sei aber nur erst einmal der Kopf abgenommen, so können sie wenig mehr darüber sagen. Er hätte mir zwar den Kopf bringen können, aber ein natürliches Gefühl halte ihn ab, ihn selbst abzunehmen.

Wir waren indes bis an ein großes, prachtvolles Haus gekommen. Mein Begleiter zeigte es mir, als das Ziel unseres nächtlichen Spaziergangs. Wir gingen an dem Haupttor des Hauses vorbei, traten in eine kleine Pforte, die der Unbekannte sorgfältig hinter sich zumachte, und stiegen nun im Finstern eine enge Wendeltreppe hinan. Sie führte in einen spärlich erleuchteten Gang, aus welchem wir in ein Zimmer gelangten, das eine Lampe, die an der Decke befestigt war, erleuchtete.

In diesem Gemach stand ein Bett, in welchem der Leichnam lag. Der Unbekannte wandte sein Gesicht ab, und schien Tränen verbergen zu wollen. Er deutete nach dem Bett, befahl mir, mein Geschäft gut und schnell zu verrichten, und ging wieder zur Türe hinaus.

Ich packte meine Messer, die ich als Arzt immer bei mir führte, aus, und näherte mich dem Bett. Nur der Kopf war von der Leiche sichtbar, aber dieser war so schön, daß mich unwillkürlich das innigste Mitleiden ergriff. In langen Flechten hing das dunkle Haar herab, das Gesicht war bleich, die Augen geschlossen. Ich machte zuerst einen Einschnitt in die Haut, nach der Weise der Ärzte, wenn sie ein Glied abschneiden; sodann nahm ich mein schärfstes Messer, und schnitt, mit *einem* Zug, die Kehle durch. Aber welcher Schrecken! die Tote schlug die Augen auf, schloß sie aber gleich wieder, und in einem tiefen Seufzer schien sie jetzt erst ihr Leben auszuhauchen. Zugleich schoß mir ein Strahl heißen Blutes aus der Wunde entgegen. Ich überzeugte mich, daß ich erst die Arme getötet hatte; denn daß sie tot sei, war kein Zweifel, da es von dieser Wunde keine Rettung gab. Ich stand einige Minuten in banger Beklommenheit über das, was geschehen war. Hatte der Rotmantel mich betrogen? oder war die Schwester vielleicht nur scheintot gewesen? das letztere schien mir wahrscheinlicher. Aber ich durfte dem Bruder der Verstorbenen nicht sagen, daß vielleicht ein weniger rascher Schnitt sie erweckt hätte, ohne sie zu töten, darum wollte ich den Kopf vollends ablösen, aber noch einmal stöhnte die Sterbende, streckt sich in schmerzhafter Bewegung aus, und starb; da übermannte mich der Schrecken, und ich stürzte schaudernd aus dem Gemach. Aber draußen im Gang war es finster; denn die Lampe war verlöscht, keine Spur von meinem Begleiter war zu entdecken, und ich mußte aufs ungefähr mich im Finstern an der Wand fortbewegen, um an die Wendeltreppe zu gelangen. Ich fand sie endlich, und kam halb fallend, halb gleitend hinab. Auch unten war kein Mensch. Die Türe fand ich nur angelehnt, und ich atmete freier, als ich auf der Straße war; denn in dem Hause war mir ganz unheimlich geworden. Von Schrecken gespornt, rannte ich in meine Wohnung und begrub mich in die Polster meines Lagers, um das Schreckliche zu vergessen, das ich getan hatte. Aber der Schlaf floh mich, und erst der Morgen ermahnte mich wieder, mich zu fassen. Es war mir wahrscheinlich, daß der Mann, der mich zu dieser verruchten Tat, wie sie mir jetzt erschien, geführt hatte, mich nicht angeben würde. Ich entschloß mich gleich, in mein Gewölbe an mein Geschäft zu gehen, und wo möglich eine sorglose Miene anzunehmen. Aber ach! ein neuer Umstand, den ich jetzt erst bemerkte, vermehrte noch meinen Kummer. Meine Mütze und mein Gürtel, wie auch meine Messer fehlten mir, und ich war ungewiß, ob ich sie in dem Zimmer der Getöteten gelassen oder erst auf meiner Flucht verloren hatte. Leider schien das erste wahrscheinlicher, und man konnte mich also als Mörder entdecken.

Ich öffnete zur gewöhnlichen Zeit mein Gewölbe. Mein Nachbar trat zu mir her, wie er alle Morgen zu tun pflegte, denn er war ein gesprächiger Mann; „Ei, was sagt Ihr zu der schrecklichen Geschichte", hub er an, „die heute nacht vorgefallen ist?" Ich tat, als ob ich von nichts wüßte. „Wie solltet Ihr nicht wissen, von was die ganze Stadt erfüllt ist? Nicht wissen, daß die schönste Blume von Florenz, Bianca, die Tochter des Gouverneurs, in dieser Nacht ermordet wurde. Ach! ich sah sie gestern noch so heiter durch die Straßen fahren mit ihrem Bräutigam, denn heute hätten sie Hochzeit gehabt." Jedes Wort des Nachbars war mir ein Stich ins Herz; und wie oft kehrte meine Marter wieder, denn jeder meiner Kunden erzählte mir die Geschichte, immer einer schrecklicher als der andere, und doch konnte keiner so Schreckliches sagen, als ich selbst gesehen hatte. Um Mittag ungefähr, trat ein Mann vom Gericht in mein Gewölbe und bat mich, die Leute zu entfernen. „Signore Zaleukos", sprach er, indem er die Sachen, die ich vermißt, hervorzog, „gehören diese Sachen Euch zu?" Ich besann mich, ob ich sie nicht gänzlich ableugnen sollte, aber als ich durch die halbgeöffnete Türe meinen Wirt und mehrere Bekannte, die wohl gegen mich zeugen konnten, erblickte, beschloß ich, die Sache nicht noch durch eine Lüge zu verschlimmern, und bekannte mich, zu den vorgezeigten

Dingen. Der Gerichtsmann bat mich, ihm zu folgen, und führte mich in ein großes Gebäude, das ich bald für das Gefängnis erkannte. Dort wies er mir, bis auf weiteres, ein Gemach an.

Meine Lage war schrecklich, als ich so in der Einsamkeit darüber nachdachte. Der Gedanke, gemordet zu haben, wenn auch ohne Willen, kehrte immer wieder; auch konnte ich mir nicht verhehlen, daß der Glanz des Goldes meine Sinne befangen gehalten hatte, sonst hätte ich nicht so blindlings in die Falle gehen können. Zwei Stunden nach meiner Verhaftung, wurde ich aus meinem Gemach geführt. Mehrere Treppen ging es hinab, dann kam man in einen großen Saal. Um einen langen, schwarzbehängten Tisch, saßen dort zwölf Männer, meistens Greise. An den Seiten des Saales zogen sich Bänke herab, angefüllt mit den Vornehmsten von Florenz; auf den Galerien, die in der Höhe angebracht waren, standen, dicht gedrängt, die Zuschauer. Als ich bis vor den schwarzen Tisch getreten war, erhob sich ein Mann mit finsterer, trauriger Miene, es war der Gouverneur. Er sprach zu den Versammelten, daß er als Vater in dieser Sache nicht richten könne, und daß er seine Stelle für diesmal, an den ältesten der Senatoren, abtrete. Der älteste der Senatoren war ein Greis von wenigstens neunzig Jahren; er stand gebückt, und seine Schläfe waren mit dünnem, weißem Haar umhängt, aber feurig brannten noch seine Augen, und seine Stimme war stark und sicher. Er hub an, mich zu fragen: ob ich den Mord gestehe. Ich bat ihn um Gehör, und erzählte unerschrocken und mit vernehmlicher Stimme, was ich getan hatte, und was ich wußte. Ich bemerkte, daß der Gouverneur, während meiner Erzählung, bald blaß bald rot wurde, und als ich geschlossen, fuhr er wütend auf: „Wie, Elender!" rief er mir zu, „so willst du ein Verbrechen, das du aus Habgier begangen, noch einem andern aufbürden?" Der Senator verwies ihm seine Unterbrechung, da er sich freiwillig seines Rechtes begeben habe, auch sei es gar nicht so erwiesen, daß ich aus Habgier gefrevelt, denn nach seiner eigenen Aussage, sei ja der Getöteten nichts gestohlen worden. Ja, er ging noch weiter; er erklärte dem Gouverneur, daß er über das frühere Leben seiner Tochter Rechenschaft geben müsse. Denn nur so könne man schließen, ob ich die Wahrheit gesagt habe oder nicht. Zugleich hob er für heute das Gericht auf, um sich, wie er sagte, aus den Papieren der Verstorbenen, die ihm der Gouverneur übergeben werde, Rat zu holen. Ich wurde wieder in mein Gefängnis zurückgeführt, wo ich einen traurigen Tag verlebte, immer mit dem heißen Wunsch beschäftigt, daß man doch irgendeine Verbindung, zwischen der Toten und dem Rotmantel, entdecken möchte. Voll Hoffnung trat ich den andern Tag in den Gerichtssaal. Es lagen mehrere Briefe auf dem Tisch; der alte Senator fragte mich, ob sie meine Handschrift seien. Ich sah sie an, und fand, daß sie von derselben Hand sein müssen, wie jene beiden Zettel, die ich erhalten habe. Ich äußerte dies den Senatoren, aber man schien nicht darauf zu achten, und antwortete, daß ich beides geschrieben haben könne und müsse, denn der Namenszug unter den Briefen seie unverkennbar, ein Z, der Anfangsbuchstabe meines Namens. Die Briefe aber enthielten Drohungen, an die Verstorbene, und Warnungen vor der Hochzeit, die sie zu vollziehen im Begriff war.

Der Gouverneur schien sonderbare Aufschlüsse, in Hinsicht auf meine Person, gegeben zu haben; denn man behandelte mich an diesem Tage mißtrauischer und strenger. Ich berief mich, zu meiner Rechtfertigung, auf meine Papiere, die sich in meinem Zimmer finden müssen, aber man sagte mir, man habe nachgesucht und nichts gefunden. So schwand mir, am Schlusse dieses Gerichts, alle Hoffnung, und als ich am dritten Tag wieder in den Saal geführt wurde, las man mir das Urteil vor, daß ich eines vorsätzlichen Mordes überwiesen, zum Tode verurteilt sei. Dahin also war es mit mir gekommen; verlassen von allem, was mir auf Erden noch teuer war, fern von meiner Heimat sollte ich unschuldig, in der Blüte meiner Jahre, vom Beile sterben!

Ich saß am Abend dieses schrecklichen Tages, der über mein Schicksal entschieden hatte, in meinem einsamen Kerker, meine Hoffnungen waren dahin, meine Gedanken ernsthaft auf den Tod gerichtet, da tat sich die Türe meines Gefängnisses auf, und ein Mann trat herein, der mich lange schweigend betrachtete. „So finde ich dich wieder, Zaleukos", sagte er; ich hatte ihn bei dem matten Schein meiner Lampe nicht erkannt, aber der Klang seiner Stimme erweckte alte Erinnerungen in mir, es war Valetty, einer jener wenigen Freunde, die ich in der Stadt Paris, während meiner Studien, kannte. Er sagte, daß er zufällig nach Florenz gekommen sei, wo sein Vater als angesehener Mann wohne, er habe von meiner Geschichte gehört, und seie gekommen, um mich noch einmal zu sehen, und von mir selbst zu erfahren, wie ich mich so schwer hätte verschulden können. Ich erzählte ihm die ganze Geschichte. Er schien darüber sehr verwundert, und beschwor mich, ihm, meinem einzigen Freunde, alles zu sagen, und nicht mit einer Lüge von hinnen zu gehen. Ich schwor ihm mit dem teuersten Eid, daß ich wahr gesprochen, und daß keine andere Schuld mich drücke, als daß ich, von dem Glanze des Goldes geblendet, das Unwahrscheinliche der Erzählung des Unbekannten nicht erkannt habe. „So hast du Bianka nicht gekannt?" fragte jener. Ich beteuerte ihm, sie nie gesehen zu haben. Valetty erzählte mir nun, daß ein tiefes Geheimnis auf der Tat liege, daß der Gouverneur meine Verurteilung sehr hastig betrieben habe, und es sei nur ein Gerücht unter die Leute gekommen, daß ich Bianka schon längst gekannt, und, aus Rache über ihre Heirat mit einem andern, sie ermordet habe. Ich bemerkte ihm: daß dies alles ganz auf den Rotmantel passe, daß ich aber seine Teilnahme an der Tat mit nichts beweisen könne. Valetty umarmte mich weinend, und versprach mir, alles zu tun, um wenigstens mein Leben zu retten. Ich hatte wenig Hoffnung, doch wußte ich, daß Valetty ein weiser und der Gesetze kundiger Mann seie, und daß er alles tun werde, mich zu retten. Zwei lange Tage war ich in Ungewißheit: endlich erschien auch Valetty. „Ich bringe Trost, wenn auch einen schmerzlichen. Du wirst leben und frei sein, aber mit Verlust einer Hand." Gerührt dankte ich meinem Freund für mein Leben. Er sagte mir, daß der Gouverneur unerbittlich gewesen sei, die Sache noch einmal untersuchen zu lassen: daß er aber endlich, um nicht ungerecht zu erscheinen, bewilligt habe, wenn man in den Büchern der florentinischen Geschichte einen ähnlichen Fall finde, so solle meine Strafe sich nach der Strafe, die dort ausgesprochen sei, richten. Er und sein Vater haben nun Tag und Nacht in den alten Büchern gelesen, und endlich einen, ganz dem meinigen ähnlichen Fall, gefunden. Dort laute die Strafe: Es soll ihm die linke Hand abgehauen, seine Güter eingezogen, er selbst auf ewig verbannt werden. So laute jetzt auch meine Strafe, und ich solle mich jetzt bereiten, zu der schmerzhaften Stunde, die meiner warte. Ich will euch nicht diese schreckliche Stunde vors Auge führen, wo ich auf offenem Markte meine Hand auf den Block legte, wo mein eigenes Blut, in weiten Bogen mich überströmte!

Valetty nahm mich in sein Haus auf, bis ich genesen war, dann versah er mich edelmütig mit Reisegeld; denn alles, was ich mir so mühsam erworben, war eine Beute des Gerichts geworden. Ich reiste von Florenz nach Sizilien, und von da, mit dem ersten Schiff, das ich fand, nach Konstantinopel. Meine Hoffnung war auf die Summe gerichtet, die ich meinem Freund übergeben hatte, auch bat ich ihn, bei ihm wohnen zu dürfen; aber wie erstaunte ich, als dieser mich fragte, warum ich denn nicht mein Haus beziehe? Er sagte mir, daß ein fremder Mann, unter meinem Namen, ein Haus in dem Quartier der Griechen gekauft habe, derselbe habe auch den Nachbarn gesagt, daß ich bald selbst kommen werde. Ich ging sogleich mit meinem Freunde dahin, und wurde von allen meinen alten Bekannten freudig empfangen. Ein alter Kaufmann gab mir einen Brief, den der Mann, der für mich gekauft hatte, hiergelassen habe.

Ich las ihn: „Zaleukos! zwei Hände stehen bereit, rastlos zu schaffen, daß Du nicht fühlest den Verlust der einen. Das Haus, das Du siehst, und alles, was darin ist, ist Dein, und alle Jahre wird man Dir so viel reichen, daß Du zu den Reichen Deines Volks gehören wirst. Mögest Du dem vergeben, der unglücklicher ist als Du." Ich konnte ahnen, wer es geschrieben, und der Kaufmann sagte mir auf meine Frage: es seie ein Mann gewesen, den er für einen Franken gehalten, er habe einen roten Mantel angehabt. Ich wußte genug, um mir zu gestehen, daß der Unbekannte doch nicht ganz von aller edlen Gesinnung entblößt sein müsse. In meinem neuen Haus fand ich alles aufs beste eingerichtet, auch ein Gewölbe mit Waren, schöner als ich sie je gehabt. Zehn Jahre sind seitdem verstrichen; mehr aus alter Gewohnheit, als weil ich es nötig hätte, setze ich meine Handelsreisen fort, doch habe ich jenes Land, wo ich so unglücklich wurde, nie mehr gesehen. Jedes Jahr erhielt ich seitdem 1000 Goldstücke; aber wenn es mir auch Freude macht, jenen Unglücklichen edel zu wissen, so kann er mir doch den Kummer meiner Seele nicht abkaufen, denn ewig lebt in mir das grauenvolle Bild der ermordeten Bianka.

Zaleukos, der griechische Kaufmann, hatte seine Geschichte geendigt. Mit großer Teilnahme hatten ihm die übrigen zugehört, besonders der Fremde schien sehr davon ergriffen zu sein; er hatte einigemal tief geseufzt, und Muley schien es sogar, als habe er einmal Tränen in den Augen gehabt. Sie besprachen sich noch lange Zeit über diese Geschichte.

„Und haßt Ihr denn den Unbekannten nicht, der Euch so schnöd um ein so edles Glied Eures Körpers, der selbst Euer Leben in Gefahr brachte?" fragte der Fremde.

„Wohl gab es in früherer Zeit Stunden", antwortete der Grieche, „in denen mein Herz ihn vor Gott angeklagt, daß er diesen

Kummer über mich gebracht und mein Leben vergiftet habe, aber ich fand Trost in dem Glauben meiner Väter, und dieser befiehlt mir, meine Feinde zu lieben; auch ist *er* wohl noch unglücklicher als ich."

„Ihr seid ein edler Mann!" rief der Fremde, und drückte gerührt dem Griechen die Hand.

Der Anführer der Wache unterbrach sie aber in ihrem Gespräch. Er trat mit besorgter Miene in das Zelt, und berichtete, daß man sich nicht der Ruhe überlassen dürfe, denn hier sei die Stelle, wo gewöhnlich die Karawanen angegriffen werden, auch glauben seine Wachen, in der Entfernung mehrere Reiter zu sehen.

Die Kaufleute waren sehr bestürzt über diese Nachricht; Selim, der Fremde, aber wunderte sich über ihre Bestürzung, und meinte, daß sie so gut geschützt wären, daß sie einen Trupp räuberischer Araber nicht zu fürchten brauchen.

„Ja, Herr!" entgegnete ihm der Anführer der Wache, „wenn es nur solches Gesindel wäre, könnte man sich ohne Sorgen zur Ruhe legen, aber seit einiger Zeit zeigt sich der furchtbare Orbasan wieder, und da gilt es, auf seiner Hut zu sein."

Der Fremde fragte, wer denn dieser Orbasan seie, und Achmet, der alte Kaufmann, antwortete ihm: „Es gehen allerlei Sagen unter dem Volk über diesen wunderbaren Mann. Die einen halten ihn für ein übermenschliches Wesen, weil er oft mit 5–6 Männern zumal einen Kampf besteht, andere halten ihn für einen tapferen Franken, den das Unglück in diese Gegend verschlagen habe; von allem aber ist nur so viel gewiß, daß er ein verruchter Räuber und Dieb ist."

„Das könnt Ihr aber doch nicht behaupten", entgegnete ihm Lezah, einer der Kaufleute. „Wenn er auch ein Räuber ist, so ist er doch ein edler Mann, und als solcher hat er sich an meinem Bruder bewiesen, wie ich Euch ein Beispiel erzählen könnte. Er hat seinen ganzen Stamm zu geordneten Menschen gemacht, und solange er die Wüste durchstreift, darf kein anderer Stamm es wagen, sich sehen zu lassen. Auch raubt er nicht wie andere, sondern er erhebt nur ein Schutzgeld von den Karawanen, und wer ihm dieses willig bezahlt, der ziehet ungefährdet weiter, denn Orbasan ist der Herr der Wüste."

Also sprachen unter sich die Reisenden im Zelte; die Wachen aber, die um den Lagerplatz ausgestellt waren, begannen unruhig zu werden. Ein ziemlich bedeutender Haufe bewaffneter

Reiter zeigte sich in der Entfernung einer halben Stunde; sie schienen gerade auf das Lager zuzureiten. Einer der Männer von der Wache ging daher in das Zelt, um zu verkünden, daß sie wahrscheinlich angegriffen würden. Die Kaufleute berieten sich untereinander, was zu tun sei, ob man ihnen entgegengehen oder den Angriff abwarten solle. Achmet und die zwei ältern Kaufleute wollten das letztere, der feurige Muley aber und Zaleukos verlangten das erstere, und riefen den Fremden zu ihrem Beistand auf. Dieser aber zog ruhig ein kleines blaues Tuch mit roten Sternen aus seinem Gürtel hervor, band es an eine Lanze, und befahl einem der Sklaven, es auf das Zelt zu stecken; er setze sein Leben zum Pfand, sagte er, die Reiter werden, wenn sie dieses Zeichen sehen, ruhig vorüberziehen. Muley glaubte nicht an den Erfolg, der Sklave aber steckte die Lanze auf das Zelt. Inzwischen hatten alle, die im Lager waren, zu den Waffen gegriffen, und sahen in gespannter Erwartung den Reitern entgegen. Doch diese schienen das Zeichen auf dem Zelte erblickt zu haben, sie beugten plötzlich von ihrer Richtung auf das Lager ab, und zogen in einem großen Bogen auf der Seite hin.

Verwundert standen einige Augenblicke die Reisenden, und sahen bald auf die Reiter bald auf den Fremden. Dieser stand ganz gleichgültig, wie wenn nichts vorgefallen wäre vor dem Zelte, und blickte über die Ebene hin. Endlich brach Muley das Stillschweigen: „Wer bist du, mächtiger Fremdling", rief er aus, „der du die wilden Horden der Wüste durch einen Wink bezähmest?" „Ihr schlagt meine Kunst höher an, als sie ist", antwortete Selim Baruch. „Ich habe mich mit diesem Zeichen versehen, als ich der Gefangenschaft entfloh; was es zu bedeuten hat, weiß ich selbst nicht, nur so viel weiß ich, daß, wer mit diesem Zeichen reiset, unter mächtigem Schutze steht."

Die Kaufleute dankten dem Fremden, und nannten ihn ihren Erretter. Wirklich war auch die Anzahl der Reiter so groß gewesen, daß wohl die Karawane nicht lange hätte Widerstand leisten können.

Mit leichterem Herzen begab man sich jetzt zur Ruhe, und als die Sonne zu sinken begann und der Abendwind über die Sandebene hinstrich, brachen sie auf und zogen weiter.

Am nächsten Tage lagerten sie ungefähr nur noch eine Tagreise von dem Ausgang der Wüste entfernt. Als sich die Reisenden wieder in dem großen Zelt versammelt hatten, nahm Lezah, der Kaufmann, das Wort:

„Ich habe euch gestern gesagt, daß der gefürchtete Orbasan ein edler Mann seie, erlaubt mir, daß ich es euch heute durch die Erzählung der Schicksale meines Bruders beweise. – Mein Vater war Kadi in Akara. Er hatte drei Kinder. Ich war der Älteste, ein Bruder und eine Schwester waren bei weitem jünger als ich. Als ich 20 Jahre alt war, rief mich ein Bruder meines Vaters zu sich. Er setzte mich zum Erben seiner Güter ein, mit der Bedingung, daß ich bis zu seinem Tode bei ihm bleibe. Aber er erreichte ein hohes Alter, so daß ich erst vor zwei Jahren in meine Heimat zurückkehrte, und nichts davon wußte, welch schreckliches Schicksal indes mein Haus betroffen, und wie gütig Allah es gewendet hatte."

Die Errettung Fatmes

Mein Bruder Mustafa und meine Schwester Fatme waren beinahe in gleichem Alter; jener hatte höchstens zwei Jahre voraus. Sie liebten einander innig, und trugen vereint alles bei, was unserem kränklichen Vater die Last seines Alters erleichtern konnte. An Fatmes 16. Geburtstage veranstaltete der Bruder ein Fest. Er ließ alle ihre Gespielinnen einladen, setzte ihnen in dem Garten des Vaters ausgesuchte Speisen vor, und als es Abend wurde, lud er sie ein, auf einer Barke, die er gemietet und festlich geschmückt hatte, ein wenig hinaus in die See zu fahren. Fatme und ihre Gespielinnen willigten mit Freuden ein; denn der Abend war schön, und die Stadt gewährte besonders abends, von dem Meere aus betrachtet, einen herrlichen Anblick. Den Mädchen aber gefiel es so gut auf der Barke, daß sie meinen Bruder bewogen, immer weiter in die See hinauszufahren; Mustafa gab aber ungern nach, weil sich vor einigen Tagen ein Korsar hatte sehen lassen. Nicht weit von der Stadt zieht sich ein Vorgebirge in das Meer; dorthin wollten noch die Mädchen, um von da die Sonne in das Meer sinken zu sehen. Als sie um das Vorgebirg herumruderten, sahen sie in geringer Entfernung eine Barke, die mit Bewaffneten besetzt war. Nichts Gutes ahnend, befahl mein Bruder den Ruderern sein Schiff zu drehen, und dem Lande zuzurudern. Wirklich schien sich auch seine Besorgnis zu bestätigen, denn jene Barke kam jener meines Bruders schnell nach, überfing sie, da sie mehr Ruder hatte, und hielt sich immer zwischen dem Land und unserer Barke. Die Mädchen aber, als sie die Gefahr erkannten, in der sie schwebten, sprangen auf und schrien und klagten; umsonst suchte sie Mustafa zu beruhigen, umsonst stellte er ihnen vor, ruhig zu bleiben, weil sie durch ihr Hin- und Herrennen die Barke in Gefahr bringen, umzuschlagen; es half nichts, und da sie sich endlich bei Annäherung des andern Bootes alle auf die hintere Seite der Barke stürzten, schlug diese um. Indessen aber hatte man vom Land aus die Bewegungen des fremden Bootes beobachtet, und da man schon seit einiger Zeit Besorgnisse wegen Korsaren hegte, hatte dieses Boot Verdacht erregt, und mehrere Barken stießen vom Lande, um den Unsrigen beizustehen. Aber sie kamen nur noch zu rechter Zeit, um die Untersinkenden aufzunehmen. In der Verwirrung war das feindliche Boot entwischt, auf den beiden Barken aber, welche die Geretteten aufgenommen hatten, war man ungewiß, ob alle gerettet seien; man näherte sich gegenseitig, und ach! es fand sich, daß meine Schwester und eine ihrer Gespielinnen fehlte, zugleich entdeckte man aber einen Fremden in einer der Barken, den niemand kannte. Auf die Drohungen Mustafas gestand er, daß er zu dem feindlichen Schiff, das zwei Meilen ostwärts vor Anker liege, gehöre, und daß ihn seine Gefährten auf ihrer eiligen Flucht im Stich gelassen haben, indem er im Begriff gewesen sei, die Mädchen auffischen zu helfen, auch sagte er aus, daß er gesehen habe, wie man zwei derselben in das Schiff gezogen.

Der Schmerz meines alten Vaters war grenzenlos, aber auch Mustafa war bis zum Tod betrübt, denn nicht nur daß seine geliebte Schwester verloren war, und daß er sich anklagte, an ihrem Unglück schuld zu sein – jene Freundin Fatmes die ihr Unglück teilte, war von ihren Eltern ihm zur Gattin zugesagt gewesen, und nur unserem Vater hatte er es noch nicht zu gestehen gewagt, weil ihre Eltern arm und von geringer Abkunft waren. Mein Vater aber war ein strenger Mann; als sein Schmerz sich ein wenig gelegt hatte, ließ er Mustafa vor sich kommen, und sprach zu ihm: „Deine Torheit hat mir den Trost meines Alters und die Freude meiner Augen geraubt. Geh hin, ich verbanne dich auf ewig von meinem Angesicht, ich *fluche* dir und deinen Nachkommen, und nur wenn du mir Fatme wiederbringst, soll dein Haupt rein sein von dem Fluche des Vaters."

Dies hatte mein armer Bruder nicht erwartet; schon vorher hatte er sich entschlossen gehabt, seine Schwester und ihre Freundin aufzusuchen, und wollte sich nur noch den Segen des Vaters dazu erbitten, und jetzt schickte er ihn mit dem Fluch beladen in die Welt. Aber hatte ihn jener Jammer vorher gebeugt, so stählt jetzt die Fülle des Unglücks, das er nicht verdient hatte, seinen Mut.

Er ging zu dem gefangenen Seeräuber, und befragte ihn, wohin die Fahrt seines Schiffes ginge, und erfuhr, daß sie Sklavenhandel treiben, und gewöhnlich in Balsora großen Markt hielten.

Als er wieder nach Hause kam, um sich zur Reise anzuschikken, schien sich der Zorn des Vaters ein wenig gelegt zu haben, denn er sandte ihm einen Beutel mit Gold zur Unterstützung auf der Reise. Mustafa aber nahm weinend von den Eltern Zoraidens, so hieß seine geraubte Braut, Abschied, und machte sich auf den Weg nach Balsora.

Mustafa machte die Reise zu Land, weil von unserer kleinen Stadt aus, nicht gerade ein Schiff nach Balsora ging. Er mußte daher sehr starke Tagreisen machen, um nicht zu lange nach den Seeräubern nach Balsora zu kommen; doch da er ein gutes Roß und kein Gepäck hatte, konnte er hoffen, diese Stadt am Ende des sechsten Tages zu erreichen. Aber am Abend des vierten Tages, als er ganz allein seines Weges ritt, fielen ihn plötzlich drei Männer an. Da er merkte, daß sie gut bewaffnet und stark seien, und daß es weniger auf sein Geld und sein Roß als auf sein Leben angesehen war, so rief er ihnen zu, daß er sich ihnen ergeben wolle. Sie stiegen von ihren Pferden ab, und banden ihm die Füße unter den Bauch seines Tieres zusammen, ihn selbst aber nahmen sie in die Mitte, und trabten, indem einer den Zügel seines Pferdes ergriff, schnell mit ihm davon, ohne jedoch ein Wort zu sprechen.

Mustafa gab sich einer dumpfen Verzweiflung hin, der Fluch seines Vaters schien schon jetzt an dem Unglücklichen in Erfüllung zu gehen, und wie konnte er hoffen, seine Schwester und Zoraiden retten zu können, wenn er, aller Mittel beraubt, nur sein ärmliches Leben zu ihrer Befreiung aufwenden könnte. Mustafa und seine stummen Begleiter mochten wohl eine Stunde geritten sein, als sie in ein kleines Seitental einbogen. Das Tälchen war von hohen Bäumen eingefaßt, ein weicher dunkelgrüner Rasen, ein Bach, der schnell durch seine Mitte hinrollte, luden zur Ruhe ein. Wirklich sah er auch 15-20 Zelte dort aufgeschlagen; an den Pflöcken der Zelte waren Kamele und schöne Pferde angebunden, aus einem der Zelte hervor tönte die lustige Weise einer Zither und zweier schöner Männerstimmen. Meinem Bruder schien es, als ob Leute, die ein so fröhliches Lagerplätzchen sich erwählt hatten, nichts Böses gegen ihn im Sinn haben könnten, und er folgte also ohne Bangigkeit dem Ruf seiner Führer, die, als sie seine Bande gelöst hatten, ihm winkten abzusteigen. Man führte ihn in ein Zelt, das größer als die übrigen und im Innern hübsch, fast zierlich aufgeputzt war. Prächtige goldgestickte Polster, gewirkte Fußteppiche, übergoldete Rauchpfannen hätten anderswo Reichtum und Wohlleben verraten, hier schienen sie nur kühner Raub. Auf einem der Polster saß ein alter, kleiner Mann; sein Gesicht war häßlich, seine Haut schwarzbraun und glänzend und ein widriger Zug von tückischer Schlauheit, um Augen und Mund, machten seinen Anblick verhaßt. Obgleich sich dieser Mann einiges Ansehen zu geben suchte, so merkte doch Mustafa bald, daß nicht für ihn das Zelt so reich geschmückt sei, und die Unterredung seiner Führer schien seine Bemerkung zu bestätigen. „Wo ist *der Starke?*" fragten sie den Kleinen. „Er ist auf der kleinen Jagd", antwortete jener, „aber er hat mir aufgetragen, seine Stelle zu versehen." „Das hat er nicht gescheit gemacht", entgegnete einer der Räuber, „denn es muß sich bald entscheiden, ob dieser Hund sterben oder zahlen soll, und das weiß der Starke besser als du."

Der kleine Mann erhob sich im Gefühl seiner Würde, streckte sich lange aus, um mit der Spitze seiner Hand das Ohr seines Gegners zu erreichen, denn er schien Lust zu haben, sich durch einen Schlag zu rächen, als er aber sah, daß seine Bemühung fruchtlos sei, fing er an zu schimpfen (und wahrlich! die andern blieben ihm nichts schuldig), daß das Zelt von ihrem Streit erdröhnte. Da tat sich auf einmal die Türe des Zeltes auf, und herein trat ein hoher stattlicher Mann, jung und schön wie ein Perserprinz; seine Kleidung und seine Waffen waren, außer einem reichbesetzten Dolch und einem glänzenden Säbel, gering und einfach, aber sein ernstes Auge, sein ganzer Anstand gebot Achtung ohne Furcht einzuflößen.

„Wer ist's, der es wagt in meinem Zelte Streit zu beginnen?" rief er den Erschrockenen zu. Eine Zeitlang herrschte tiefe Stille, endlich erzählte einer von denen die Mustafa hergebracht hatten, wie es gegangen sei. Da schien sich das Gesicht „des Starken", wie sie ihn nannten, vor Zorn zu röten. „Wann hätte ich dich je an meine Stelle gesetzt, Hassan?" schrie er mit furchtbarer Stimme dem Kleinen zu. Dieser zog sich vor Furcht in sich selbst zusammen, daß er noch viel kleiner aussah als zuvor, und schlich sich der Zelttüre zu. Ein hinlänglicher Tritt des Starken machte, daß er in einem großen sonderbaren Sprung zur Zelttüre hinausflog.

Als der Kleine verschwunden war, führten die drei Männer Mustafa vor den Herrn des Zeltes, der sich indes auf die Polster gelegt hatte. „Hier bringen wir den, welchen du uns zu fangen befohlen hast." Jener blickte den Gefangenen lange an, und sprach sodann: „Bassa von Sulieika! Dein eigenes Gewissen wird dir sagen, warum du vor Orbasan stehst." Als mein Bruder dies hörte, warf er sich nieder vor jenem, und antwortete: „O Herr! Du scheinst im Irrtum zu sein, ich bin ein armer Unglücklicher, aber nicht der Bassa, den du suchst!" Alle im Zelt waren über diese Rede erstaunt. Der Herr des Zeltes aber sprach: „Es kann dir wenig helfen, dich zu verstellen, denn ich will dir Leute vorführen, die dich wohl kennen." Er befahl Zuleima vorzuführen. Man brachte ein altes Weib in das Zelt, das auf die Frage, ob sie in meinem Bruder nicht den Bassa von Sulieika erkenne? antwortete: „Jawohl!" und sie schwöre es beim Grab des Propheten, es sei der Bassa und kein anderer. „Siehst du, Erbärmlicher! wie deine List zu Wasser geworden ist", begann zürnend der Starke, „du bist mir zu elend, als daß ich meinen guten Dolch mit deinem Blut besudeln sollte, aber an den Schweif meines Rosses will ich dich binden, morgen wenn die Sonne aufgeht, und durch die Wälder will ich mit dir jagen, bis sie scheidet hinter die Hügel von Sulieika!" Da sank meinem armen Bruder der Mut: „Das ist der Fluch meines harten Vaters, der mich zum schmachvollen Tode treibt", rief er weinend, „und auch du bist verloren süße Schwester, auch du Zoraide!" „Deine Verstellung hilft dir nichts", sprach einer der Räuber, indem er ihm die Hände auf den Rücken band, „mach daß du aus dem Zelt kommst, denn der Starke beißt sich in die Lippen, und blickt nach seinem Dolch. Wenn du noch eine Nacht leben willst, so komm."

Als die Räuber gerade meinen Bruder aus dem Zelt führen wollten, begegneten sie drei andern, die einen Gefangenen vor sich hintrieben. Sie traten mit ihm ein. „Hier bringen wir den Bassa, wie du uns befohlen hast", sprachen sie, und führten den Gefangenen vor das Polster des Starken. Als der Gefangene dorthin geführt wurde, hatte mein Bruder Gelegenheit, ihn zu betrachten, und ihm selbst fiel die Ähnlichkeit auf, die dieser Mann mit ihm hatte, nur war er dunkler im Gesicht, und hatte einen schwärzeren Bart. Der Starke schien sehr erstaunt über die

Erscheinung des zweiten Gefangenen; „Wer von euch ist denn der Rechte?" sprach er, indem er bald meinen Bruder, bald den anderen Mann ansah. „Wenn du den Bassa von Sulieika meinst", antwortete in stolzem Ton der Gefangene, „der bin ich!" Der Starke sah ihn lange mit seinem ernsten, furchtbaren Blick an, dann winkte er schweigend, den Bassa wegzuführen. Als dies geschehen war, ging er auf meinen Bruder zu, zerschnitt seine Bande mit dem Dolch, und winkte ihm, sich zu ihm aufs Polster zu setzen. „Es tut mir leid, Fremdling!" sagte er, „daß ich dich für jenes Ungeheuer hielt, schreibe es aber einer sonderbaren Fügung des Himmels zu, die dich gerade in der Stunde, welche dem Untergang jenes Verruchten geweiht war, in die Hände meiner Brüder führte." Mein Bruder bat ihn um die einzige Gunst, ihn gleich wieder weiterreisen zu lassen, weil jeder Aufschub ihm verderblich werden könne. Der Starke erkundigte sich nach seinen eiligen Geschäften, und als ihm Mustafa alles erzählt hatte, überredete ihn jener, diese Nacht in seinem Zelt zu bleiben, er und sein Roß werden der Ruhe bedürfen, den folgenden Tag aber wolle er ihm einen Weg zeigen, der ihn in anderthalb Tagen nach Balsora bringe. Mein Bruder schlug ein, wurde trefflich bewirtet, und schlief sanft bis zum Morgen in dem Zelt des Räubers.

Als er aufgewacht war, sah er sich ganz allein im Zelt, vor dem Vorhang des Zeltes aber hörte er mehrere Stimmen zusammen sprechen, die dem Herrn des Zeltes, und dem kleinen, schwarzbraunen Mann anzugehören schienen. Er lauschte ein wenig, und hörte zu seinem Schrecken, daß der Kleine dringend den andern aufforderte, den Fremden zu töten, weil er, wenn er freigelassen würde, sie alle verraten könnte.

Mustafa merkte gleich, daß der Kleine ihm gram sei, weil er Ursache war, daß er gestern so übel behandelt wurde; der Starke schien sich einige Augenblicke zu besinnen; „Nein", sprach er, „er ist mein Gastfreund, und das Gastrecht ist mir heilig, auch sieht er mir nicht aus, wie wenn er uns verraten wollte."

Als er so gesprochen, schlug er den Vorhang zurück, und trat ein. „Friede sei mit dir, Mustafa", sprach er, „laß uns den Morgentrunk kosten, und rüste dich dann zum Aufbruch." Er reicht meinem Bruder einen Becher Sorbet, und als sie getrunken hatten, zäumten sie die Pferde auf, und wahrlich! mit leichterem Herzen als er gekommen war, schwang sich Mustafa aufs Pferd. Sie hatten bald die Zelte im Rücken, und schlugen dann einen breiten Pfad ein, der in den Wald führte. Der Starke erzählte meinem Bruder, daß jener Bassa, den sie auf der Jagd gefangen hätten, ihnen versprochen habe, sie ungefährdet in seinem Gebiet zu dulden; vor einigen Wochen aber, habe er einen ihrer tapfersten Männer aufgefangen und nach den schrecklichsten Martern aufhängen lassen. Er habe ihm nun lange auflauern lassen, und heute noch müsse er sterben. Mustafa wagte es nicht, etwas dagegen einzuwenden, denn er war froh, selbst mit heiler Haut davongekommen zu sein.

Am Ausgang des Waldes hielt der Starke sein Pferd an, beschrieb meinem Bruder den Weg, bot ihm die Hand zum Abschied, und sprach: „Mustafa, du bist auf sonderbare Weise der Gastfreund des Räubers Orbasan geworden, ich will dich nicht auffordern, nicht zu verraten, was du gesehen und gehört hast. Du hast ungerechterweise Todesangst ausgestanden, und ich bin dir Vergütung schuldig. Nimm diesen Dolch als Andenken, und so du Hülfe brauchst so sende ihn mir zu, und ich will eilen, dir beizustehen. Diesen Beutel aber kannst du vielleicht zu deiner Reise brauchen." Mein Bruder dankte ihm für seinen Edelmut, er nahm den Dolch, den Beutel aber schlug er aus. Doch Orbasan drückte ihm noch einmal die Hand, ließ den Beutel auf die Erde fallen, und sprengte mit Sturmeseile in den Wald. Als Mustafa sah, daß er ihn doch nicht mehr werde einholen können, stieg er ab, um den Beutel aufzuheben und erschrak über die Größe von seines Gastfreundes Großmut, denn der Beutel enthielt eine Menge Goldes. Er dankte Allah für seine Rettung, empfahl ihm den edlen Räuber in seine Gnade, und zog dann heiteren Mutes weiter auf seinem Wege nach Balsora.

Hier schwieg Lezah und sah Achmet, den alten Kaufmann fragend an. „Nein, wenn es so ist", sprach dieser, „so verbessere ich gerne mein Urteil von Orbasan, denn wahrlich an deinem Bruder hat er schön gehandelt."

„Er hat getan wie ein braver Muselmann", rief Muley, „aber ich hoffe, du hast deine Geschichte damit nicht geschlossen, denn wie mir bedünkt, sind wir alle begierig, weiter zu hören, wie es deinem Bruder erging, und ob er Fatme, deine Schwester, und die schöne Zoraide befreit hat."

„Wenn ich euch nicht damit langweile, erzähle ich gerne weiter", entgegnete Lezah, „denn die Geschichte meines Bruders ist allerdings abenteuerlich und wundervoll."

DIE ERRETTUNG FATMES

Am Mittag des siebenten Tages nach seiner Abreise zog Mustafa in die Tore von Balsora ein. Sobald er in einer Karawanserei abgestiegen war, fragte er, wann der Sklavenmarkt, der alljährlich hier gehalten werde, anfange? Aber er erhielt die Schreckensantwort, daß er zwei Tage zu spät komme. Man bedauerte seine Verspätung, und erzählte ihm, daß er viel verloren habe, denn noch an dem letzten Tage des Marktes seien zwei Sklavinnen angekommen, von so hoher Schönheit, daß sie die Augen aller Käufer auf sich gezogen hätten. Man habe sich ordentlich um sie gerissen und geschlagen, und sie seien freilich auch zu einem so hohen Preis verkauft worden, daß ihn nur ihr jetziger Herr nicht habe scheuen können. Er erkundigte sich näher nach diesen beiden, und es blieb ihm kein Zweifel, daß es die Unglücklichen seien, die er suche. Auch erfuhr er, daß der Mann, der sie beide gekauft habe, vierzig Stunden von Balsora wohne, und Thiuli-Kos heiße, ein vornehmer reicher aber schon ältlicher Mann, der früher Kapudan-Bassa des Großherrn war, jetzt aber sich mit seinen gesammelten Reichtümern zu Ruhe gesetzt habe.

Mustafa wollte von Anfang sich gleich wieder zu Pferd setzen, um dem Thiuli-Kos, der kaum einen Tag Vorsprung haben konnte, nachzueilen. Als er aber bedachte, daß er als einzelner Mann, dem mächtigen Reisenden doch nichts anhaben, noch weniger seine Beute ihm abjagen konnte, sann er auf einen andern Plan und hatte ihn auch bald gefunden. Die Verwechslung mit dem Bassa von Sulieika, die ihm beinahe so gefährlich geworden wäre, brachte ihn auf den Gedanken: unter diesem Namen in das Haus des Thiuli-Kos zu gehen, und so einen Versuch zur Rettung der beiden unglücklichen Mädchen zu wagen. Er mietete daher einige Diener und Pferde, wobei ihm Orbasans Geld trefflich zustatten kam, schaffte sich und seinen Dienern prächtige Kleider an, und machte sich auf den Weg nach dem Schlosse Thiulis. Nach fünf Tagen war er in die Nähe dieses Schlosses gekommen. Es lag in einer schönen Ebene, und war rings von hohen Mauern umschlossen, die nur ganz wenig von den Gebäuden überragt wurden. Als Mustafa dort angekommen war, färbte er Haar und Bart schwarz, sein Gesicht aber bestrich er mit dem Saft einer Pflanze, der ihm eine bräunliche Farbe gab, ganz wie sie jener Bassa gehabt hatte. Er schickte hierauf einen seiner Diener in das Schloß, und ließ, im Namen des Bassa von Sulieika, um ein Nachtlager bitten. Der Diener kam bald wieder, und mit ihm vier schöngekleidete Sklaven, die Mustafas Pferd am Zügel nahmen, und in den Schloßhof führten. Dort halfen sie ihm selbst vom Pferd, und vier andere geleiteten ihn eine breite Marmortreppe hinauf zu Thiuli.

Dieser, ein alter lustiger Geselle, empfing meinen Bruder ehrerbietig, und ließ ihm das Beste, was sein Koch zubereiten konnte, aufsetzen. Nach Tisch brachte Mustafa das Gespräch nach und nach auf die neuen Sklavinnen, und Thiuli rühmte ihre Schönheit und beklagte nur, daß sie immer so traurig seien, doch er glaubte, dieses würde sich bald geben. Mein Bruder war sehr vergnügt über diesen Empfang, und legte sich mit den schönsten Hoffnungen zur Ruhe nieder.

Er mochte ungefähr eine Stunde geschlafen haben, da weckte ihn der Schein einer Lampe, der blendend auf sein Auge fiel. Als er sich aufrichtete, glaubte er noch zu träumen, denn vor ihm stand jener kleine, schwarzbraune Kerl aus Orbasans Zelt, eine Lampe in der Hand, sein breites Maul zu einem widrigen Lächeln verzogen. Mustafa zwickte sich in den Arm, zupfte sich an der Nase, um sich zu überzeugen, ob er denn wache, aber die Erscheinung blieb wie zuvor. „Was willst du an meinem Bette?" rief Mustafa, als er sich von seinem Erstaunen erholt hatte. „Bemühet Euch doch nicht so, Herr!" sprach der Kleine, „ich habe wohl erraten, weswegen Ihr hieher kommt. Auch war mir Euer wertes Gesicht noch wohl erinnerlich, doch wahrlich, wenn ich nicht den Bassa mit eigener Hand hätte erhängen helfen, so hättet Ihr mich vielleicht getäuscht. Jetzt aber bin ich da, um eine Frage zu machen." –

„Vor allem sage wie du hieher kommst", entgegnete ihm Mustafa voll Wut, daß er verraten war. „Das will ich Euch sagen", antwortete jener, „ich konnte mich mit dem Starken nicht länger vertragen, deswegen floh ich; aber du, Mustafa, warst eigentlich die Ursache unseres Streites, und dafür mußt du mir deine Schwester zur Frau geben, und ich will Euch zur Flucht behülflich sein, gibst du sie nicht, so gehe ich zu meinem neuen Herrn, und erzähle ihm etwas von dem *neuen Bassa!*"

Mustafa war vor Schrecken und Wut außer sich, jetzt, wo er sich am sicheren Ziel seiner Wünsche glaubte, sollte dieser Elende kommen, und sie vereiteln; es war nur *ein* Mittel, das seinen Plan retten konnte, er mußte das kleine Ungetüm töten; mit *einem* Sprung fuhr er daher aus dem Bett auf den Kleinen zu, doch dieser, der etwas solches geahnet haben mochte, ließ die

DIE ERRETTUNG FATMES

Lampe fallen, daß sie verlöschte, und entsprang im Dunkeln, indem er mörderisch um Hülfe schrie.

Jetzt war guter Rat teuer; die Mädchen mußte er für den Augenblick aufgeben, und nur auf die eigene Rettung denken, daher ging er an das Fenster, um zu sehen, ob er nicht entspringen konnte. Es war eine ziemliche Tiefe bis zum Boden, und auf der andern Seite stand eine hohe Mauer, die zu übersteigen war. Sinnend stand er an dem Fenster, da hörte er viele Stimmen sich seinem Zimmer nähern, schon waren sie an der Türe, da faßte er verzweiflungsvoll seinen Dolch und seine Kleider, und schwang sich zum Fenster hinaus. Der Fall war hart, aber er fühlte, daß er kein Glied gebrochen hatte, drum sprang er auf und lief der Mauer zu, die den Hof umschloß, stieg, zum Erstaunen seiner Verfolger, hinauf, und befand sich bald im Freien. Er floh bis er an einen kleinen Wald kam, wo er sich erschöpft niederwarf. Hier überlegte er, was zu tun sei. Seine Pferde und seine Diener hatte er müssen im Stiche lassen, aber sein Geld, das er in dem Gürtel trug, hatte er gerettet. Sein erfinderischer Kopf zeigte ihm bald einen andern Weg zur Rettung. Er ging in dem Wald weiter, bis er an ein Dorf kam, wo er um geringen Preis ein Pferd kaufte, das ihn in Bälde in eine Stadt trug. Dort forschte er nach einem Arzt, und man riet ihm einen alten, erfahrenen Mann. Diesen bewog er durch einige Goldstücke, daß er ihm eine Arznei mitteilte, die einen todähnlichen Schlaf herbeiführte, der durch ein anderes Mittel augenblicklich wieder gehoben werden könnte. Als er im Besitz dieses Mittels war, kaufte er sich einen langen, falschen Bart, einen schwarzen Talar und allerlei Büchsen und Kolben, so daß er füglich einen reisenden Arzt vorstellen konnte, lud seine Sachen auf einen Esel, und reiste in das Schloß des Thiuli-Kos zurück. Er durfte gewiß sein, diesmal nicht erkannt zu werden, denn der Bart entstellte ihn so, daß er sich selbst kaum mehr kannte. Bei Thiuli angekommen, ließ er sich als den Arzt Chakamankabudibaba anmelden, und, wie er es sich gedacht hatte geschah es; der prachtvolle Namen empfahl ihn bei dem alten Narren ungemein, so, daß er ihn gleich zur Tafel einlud. Chakamankabudibaba erschien vor Thiuli, und als sie sich kaum eine Stunde besprochen hatten, beschloß der Alte, alle seine Sklavinnen der Kur des weisen Arztes zu unterwerfen. Dieser konnte seine Freude kaum verbergen, daß er jetzt seine geliebte Schwester wiedersehen solle, und folgte mit klopfendem Herzen Thiuli, der ihn ins Serail führte. Sie waren in ein Zimmer gekommen das schön ausgeschmückt war, worin sich aber niemand befand. „Chambaba oder wie du heißt, lieber Arzt" sprach Thiuli-Kos, „betrachte einmal jenes Loch dort in der Mauer, dort wird jede meiner Sklavinnen einen Arm herausstrecken, und du kannst dann untersuchen, ob der Puls krank oder gesund ist." Mustafa mochte einwenden was er wollte, zu sehen bekam er sie nicht; doch willigte Thiuli ein, daß er ihm allemal sagen wolle, wie sie sich sonst gewöhnlich befänden. Thiuli zog nun einen langen Zettel aus dem Gürtel, und begann mit lauter Stimme seine Sklavinnen einzeln beim Namen zu rufen, worauf allemal eine Hand aus der Mauer kam, und der Arzt den Puls untersuchte. Sechs waren schon abgelesen, und sämtlich für gesund erklärt, da las Thiuli als die siebende „Fatme" ab, und eine kleine weiße Hand schlüpfte aus der Mauer. Zitternd vor Freude ergreift Mustafa diese Hand und erklärte sie mit wichtiger Miene für bedeutend krank. Thiuli ward sehr besorgt, und befahl seinem weisen Chakamankabudibaba, schnell eine Arznei für sie zu bereiten. Der Arzt ging hinaus, schrieb auf einen kleinen Zettel: „Fatme! Ich will Dich retten, wenn Du Dich entschließen kannst, eine Arznei zu nehmen, die Dich auf zwei Tage tot macht; doch ich besitze das Mittel, Dich wieder zum Leben zu bringen. Willst Du, so sage nur dieser Trank habe nicht geholfen, und es wird mir ein Zeichen sein, daß Du einwilligst."

Bald kam er in das Zimmer zurück, wo Thiuli seiner harrte. Er brachte ein unschädliches Tränklein mit, fühlte der kranken Fatme noch einmal den Puls, und schob ihr zugleich den Zettel unter ihr Armband, das Tränklein aber reichte er ihr durch die Öffnung in der Mauer. Thiuli schien in großen Sorgen wegen Fatme zu sein, und schob die Untersuchung der übrigen bis auf eine gelegenere Zeit auf. Als er mit Mustafa das Zimmer verlassen hatte, sprach er mit traurigem Ton: „Chadibaba, sage aufrichtig, was hältst du von Fatmes Krankheit?" Chakamankabudibaba antwortete mit einem tiefen Seufzer: „Ach Herr! möge der Prophet dir Trost verleihen, sie hat ein schleichendes Fieber, das ihr wohl den Garaus machen kann." Da entbrannte der Zorn Thiulis: „Was sagst du verfluchter Hund von einem Arzt? Sie, um die ich 2000 Goldstücke gab, soll mir sterben wie eine Kuh? Wisse, daß wenn du sie nicht rettest, so hau ich dir den Kopf ab!" Da merkte mein Bruder, daß er einen dummen Streich gemacht habe, und gab Thiuli wieder Hoffnung. Als sie noch so sprachen, kam ein schwarzer Sklave aus dem Serail, dem Arzt zu sagen: *daß das Tränklein nicht geholfen habe.* „Biete deine ganze Kunst auf Chakamdababelba, oder wie du dich schreibst, ich zahl dir was du willst", schrie Thiuli-Kos, fast heulend vor Angst, so vieles Gold an dem Tod zu verlieren. „Ich will ihr ein Säftlein geben, das sie von aller Not befreit", antwortete der Arzt; „Ja! ja! gib ihr ein Säftlein", schluchzte der alte Thiuli. Frohen Mutes ging Mustafa seinen Schlaftrunk zu holen, und als er ihn dem schwarzen Sklaven gegeben und gezeigt hatte, wieviel man auf einmal nehmen müsse, ging er zu Thiuli, und sagte: er müsse noch einige heilsame Kräuter am See holen, und eilte zum Tor hinaus. An dem See, der nicht weit von dem Schloß entfernt war, zog er seine falschen Kleider aus, und warf sie ins Wasser, daß sie lustig umherschwammen, er selbst aber verbarg sich im Gesträuch, wartete die Nacht ab, und schlich sich dann in den Begräbnisplatz an dem Schlosse Thiulis.

Als Mustafa kaum eine Stunde lang aus dem Schloß abwesend sein mochte, brachte man Thiuli die schreckliche Nachricht, daß seine Sklavin Fatme im Sterben liege. Er schickte hinaus an den See, um schnell den Arzt zu holen, aber bald kehrten seine Boten allein zurück, und erzählten ihm: daß der arme Arzt ins Wasser gefallen und ertrunken sei, seinen schwarzen Talar sehe man mitten im See schwimmen, und hie und da gucke auch sein stattlicher Bart aus den Wellen hervor. Als Thiuli keine Rettung mehr sah, verwünschte er sich und die ganze Welt, raufte sich den Bart aus, und rannte mit dem Kopf gegen die Mauer. Aber alles dies konnte nichts helfen, denn Fatme gab bald, unter den Händen der übrigen Weiber, den Geist auf. Als Thiuli die Nachricht ihres Todes hörte, befahl er schnell einen Sarg zu machen, denn er konnte keinen Toten im Hause leiden, und ließ den Leichnam in das Begräbnishaus tragen. Die Träger brachten den Sarg dorthin, setzten ihn schnell nieder, und entflohen, denn sie hatten unter den übrigen Särgen Stöhnen und Seufzen gehört.

Mustafa, der sich hinter den Särgen verborgen, und von dort aus die Träger des Sarges in die Flucht gejagt hatte, kam hervor und zündete sich eine Lampe an, die er zu diesem Zweck mitgebracht hatte. Dann zog er ein Glas hervor, das die erweckende Arznei enthielt, und hob dann den Deckel von Fatmes Sarg. Aber welches Entsetzen befiel ihn, als sich ihm beim Scheine der Lampe ganz fremde Züge zeigten! Weder meine Schwester noch Zoraide, sondern eine ganz andere, lag in dem Sarg. Er brauchte lange, um sich von dem neuen Schlag des Schicksals zu fassen;

endlich überwog doch Mitleid seinen Zorn. Er öffnete sein Glas, und flößte ihr die Arznei ein. Sie atmete, sie schlug die Augen auf, und schien sich lange zu besinnen, wo sie sei. Endlich erinnerte sie sich des Vorgefallenen, sie stand auf aus dem Sarg und stürzte zu Mustafas Füßen. „Wie kann ich dir danken, gütiges Wesen", rief sie aus, „daß du mich aus meiner schrecklichen Gefangenschaft befreitest!" Mustafa unterbrach ihre Danksagungen mit der Frage: wie es denn geschehen sei, daß sie und nicht Fatme, seine Schwester, gerettet worden sei? Jene sah ihn staunend an: „Jetzt wird mir meine Rettung erst klar, die mir vorher unbegreiflich war", antwortete sie, „wisse, man hieß mich in jenem Schlosse Fatme und mir hast du deinen Zettel und den Rettungstrank gegeben." Mein Bruder forderte die Gerettete auf, ihm von seiner Schwester und Zoraiden Nachricht zu geben, und erfuhr, daß sie sich beide im Schloß befinden, aber nach der Gewohnheit Thiulis, andere Namen bekommen haben, sie heißen jetzt Mirzah und Nurmahal.

Als Fatme, die gerettete Sklavin, sah, daß mein Bruder durch diesen Fehlgriff so niedergeschlagen sei, sprach sie ihm Mut ein, und versprach ihm ein Mittel zu sagen, wie er jene beiden Mädchen dennoch retten könne. Aufgeweckt durch diesen Gedanken, schöpfte Mustafa von neuem Hoffnung, und bat sie dieses Mittel ihm zu nennen, und sie sprach:

„Ich bin zwar erst seit fünf Monaten die Sklavin Thiulis, doch habe ich gleich vom Anfang auf Rettung gesonnen, aber für mich allein war sie zu schwer. In dem innern Hof des Schlosses wirst du einen Brunnen bemerkt haben, der aus zehen Röhren Wasser speit; dieser Brunnen fiel mir auf. Ich erinnerte mich in dem Hause meines Vaters einen ähnlichen gesehen zu haben, dessen Wasser durch eine geräumige Wasserleitung herbeiströmt; um nun zu erfahren, ob dieser Brunnen auch so gebaut sei, rühmte ich eines Tages vor Thiuli seine Pracht, und fragte nach seinem Baumeister. ‚Ich selbst habe ihn gebaut', antwortete er, ‚und das was du hier siehst, ist noch das Geringste; aber das Wasser dazu kommt wenigstens 1000 Schritte weit von einem Bach her, und geht durch eine gewölbte Wasserleitung, die wenigstens mannshoch ist; und alles dies habe ich selbst angegeben.' Als ich dies gehört hatte, wünschte ich mir oft, nur auf einen Augenblick die Stärke eines Mannes zu haben, um einen Stein aus der Seite des Brunnens ausheben zu können, dann könnte ich fliehen, wohin ich wollte. Diese Wasserleitung nun will ich dir zeigen, durch

DIE ERRETTUNG FATMES

sie kannst du nachts in das Schloß gelangen, und jene befreien. Aber du mußt wenigstens noch zwei Männer bei dir haben, um die Sklaven, die das Serail bei Nacht bewachen, zu überwältigen."

So sprach sie; mein Bruder Mustafa aber, obgleich schon zweimal in seinen Hoffnungen getäuscht, faßte noch einmal Mut, und hoffte mit Allahs Hülfe den Plan der Sklavin auszuführen. Er versprach ihr für ihr weiteres Fortkommen in ihre Heimat zu sorgen, wenn sie ihm behülflich sein wollte, ins Schloß zu gelangen. Aber ein Gedanke machte ihm noch Sorge, nämlich der, woher er zwei oder drei treue Gehülfen bekommen könnte. Da fiel ihm Orbasans Dolch ein, und das Versprechen, das ihm jener gegeben hatte, ihm, wo er seiner bedürfe, zu Hülfe zu eilen; und er machte sich daher mit Fatme aus dem Begräbnis auf, um den Räuber aufzusuchen.

In der nämlichen Stadt, wo er sich zum Arzt umgewandelt hatte, kaufte er um sein letztes Geld ein Roß und mietete Fatme bei einer armen Frau in der Vorstadt ein. Er selbst aber eilte dem Gebirge zu, wo er Orbasan zum erstenmal getroffen hatte, und gelangte in drei Tagen dahin. Er fand bald wieder jene Zelte, und trat unverhofft vor Orbasan, der ihn freundlich bewillkommte. Er erzählte ihm seine mißlungenen Versuche, wobei sich der ernsthafte Orbasan nicht enthalten konnte, hie und da ein wenig zu lachen, besonders wenn er sich den Arzt Chakamankabudibaba dachte. Über die Verräterei des Kleinen aber war er wütend; er schwur, ihn mit eigener Hand aufzuhängen, wo er ihn finde. Meinem Bruder aber versprach er, sogleich zur Hülfe bereit zu sein, wenn er sich vorher von der Reise gestärkt haben würde. Mustafa blieb daher diese Nacht wieder in Orbasans Zelt, mit dem ersten Frührot aber brachen sie auf, und Orbasan nahm drei seiner tapfersten Männer wohl beritten und bewaffnet mit sich. Sie ritten stark zu, und kamen nach zwei Tagen in die kleine Stadt, wo Mustafa die gerettete Fatme zurückgelassen hatte. Von da aus reisten sie mit dieser weiter, bis zu dem kleinen Wald, von wo aus man das Schloß Thiulis in geringer Entfernung sehen konnte; dort lagerten sie sich um die Nacht abzuwarten. Sobald es dunkel wurde, schlichen sie sich von Fatme geführt, an den Bach, wo die Wasserleitung anfing, und fanden diese bald. Dort ließen sie Fatme und einen Diener mit den Rossen zurück, und schickten sich an, hinabzusteigen; ehe sie aber hinabstiegen, wiederholte ihnen Fatme noch einmal alles genau, nämlich: daß sie durch den Brunnen in den inneren Schloßhof kämen, dort seien rechts und links in der Ecke zwei Türme, in der sechsten Türe, vom Turme *rechts* gerechnet, befinden sich Fatme und Zoraide, bewacht von zwei schwarzen Sklaven. Mit Waffen und Brecheisen wohl versehen, stiegen Mustafa, Orbasan und zwei andere Männer hinab in die Wasserleitung; sie sanken zwar bis an den Gürtel ins Wasser, aber nichtsdestoweniger gingen sie rüstig vorwärts. Nach einer halben Stunde kamen sie an den Brunnen selbst, und setzten sogleich ihre Brecheisen an. Die Mauer war dick und fest, aber den vereinten Kräften der vier Männer konnte sie nicht lange widerstehen, bald hatten sie eine Öffnung eingebrochen, groß genug, um bequem durchschlüpfen zu können. Orbasan schlüpfte zuerst durch, und half den andern nach; und als sie alle im Hof waren, betrachteten sie die Seite des Schlosses, die vor ihnen lag, um die beschriebene Türe zu erforschen. Aber sie waren nicht einig, welche es sei, denn als sie von dem rechten Turm zum linken zählten, fanden sie eine Türe die zugemauert war, und wußten nun nicht, ob Fatme diese übersprungen oder mitgezählt habe. Aber Orbasan besann sich nicht lange: „Mein gutes Schwert wird mir jede Türe öffnen", rief er aus, ging auf die sechste Türe zu, und die andern folgten ihm. Sie öffneten die Türe, und fanden sechs schwarze Sklaven auf dem Boden liegend und schlafend; sie wollten schon wieder leise sich zurückziehen, weil sie sahen, daß sie die rechte Türe verfehlt hatten, als eine Gestalt in der Ecke sich aufrichtete, und mit wohlbekannter Stimme um Hülfe rief. Es war der Kleine aus Orbasans Lager. Aber ehe noch die Schwarzen recht wußten, wie ihnen geschah, stürzte Orbasan auf den Kleinen zu, riß seinen Gürtel entzwei, verstopfte ihm den Mund, und band ihm die Hände auf den Rücken; dann wandte er sich an die Sklaven, wovon schon einige von Mustafa und den zwei andern halb gebunden waren, und half sie vollends überwältigen. Man setzte den Sklaven den Dolch auf die Brust, und fragte sie, wo Nurmahal und Mirzah wären, und sie gestanden, daß sie im Gemach nebenan seien. Mustafa stürzte in das Gemach, und fand Fatme und Zoraiden, die der Lärm erweckt hatte. Schnell rafften diese ihren Schmuck und ihre Kleider zusammen, und folgten Mustafa; die beiden Räuber schlugen indes Orbasan vor, zu plündern was man fände, doch dieser verbot es ihnen, und sprach: man solle nicht von Orbasan sagen können, daß er nachts in die Häuser steige, um Gold zu stehlen. Mustafa und die Geretteten schlüpften schnell in die Wasserleitung, wohin ihnen Orbasan sogleich zu folgen versprach. Als jene in die Wasserleitung hinabgestiegen waren, nahm Orbasan und einer der Räuber den Kleinen, und führten ihn hinaus in den Hof; dort banden sie ihm eine seidene Schnur, die sie deshalb mitgenommen hatten, um den Hals, und hingen ihn an der höchsten Spitze des Brunnens auf. Nachdem sie so den Verrat des Elenden bestraft hatten, stiegen sie selbst auch hinab in die Wasserleitung, und folgten Mustafa. Mit Tränen dankten die beiden ihrem edelmütigen Retter Orbasan; doch dieser trieb sie eilends zur Flucht an, denn es war sehr wahrscheinlich, daß sie Thiuli-Kos nach allen Seiten verfolgen ließ. Mit tiefer Rührung trennte sich am andern Tage Mustafa und seine Geretteten von Orbasan; wahrlich! sie werden ihn nie vergessen. Fatme aber, die befreite Sklavin, ging verkleidet nach Balsora, um sich dort in ihre Heimat einzuschiffen.

Nach einer kurzen und vergnügten Reise kamen die Meinigen in die Heimat. Meinen alten Vater tötete beinahe die Freude des Wiedersehens; den andern Tag nach ihrer Ankunft veranstaltete er ein großes Fest, an welchem die ganze Stadt teilnahm. Vor einer großen Versammlung von Verwandten und Freunden mußte mein Bruder seine Geschichte erzählen, und einstimmig priesen sie ihn und den edlen Räuber.

Als aber mein Bruder geschlossen hatte, stand mein Vater auf und führte Zoraiden ihm zu. „So lösche ich denn", sprach er mit feierlicher Stimme, „den Fluch von deinem Haupte; nimm diese hin, als die Belohnung, die du dir durch deinen rastlosen Eifer erkämpft hast; nimm meinen väterlichen Segen, und möge es nie unserer Stadt an Männern fehlen, die an brüderlicher Liebe, an Klugheit und Eifer dir gleichen."

Die Karawane hatte das Ende der Wüste erreicht, und fröhlich begrüßten die Reisenden die grünen Matten und die dichtbelaubten Bäume, deren lieblichen Anblick sie viele Tage entbehrt hatten. In einem schönen Tale lag ein Karawanserei, die sie sich zum Nachtlager wählten, und obgleich es wenig Bequemlichkeit und Erfrischung darbot, so war doch die ganze Gesellschaft heiterer und zutraulicher als je; denn der Gedanke, den Gefahren und Beschwerlichkeiten, die eine Reise durch die Wüste mit sich bringt, entronnen zu sein, hatte alle Herzen geöffnet, und die Gemüter zu Scherz und Kurzweil gestimmt.

Muley, der junge, lustige Kaufmann, tanzte einen komischen
Tanz, und sang Lieder dazu, die selbst dem ernsten Griechen
Zaleukos ein Lächeln entlockten. Aber nicht genug, daß er seine
Gefährten durch Tanz und Spiel erheitert hatte, er gab ihnen
auch noch die Geschichte zum besten, die er ihnen versprochen
hatte, und hub, als er von seinen Luftsprüngen sich erholt hatte,
also zu erzählen an: *Die Geschichte von dem kleinen Muck.*

Die Geschichte von dem kleinen Muck

In Nicea, meiner lieben Vaterstadt, wohnte ein Mann, den
man den kleinen Muck hieß. Ich kann mir ihn, ob ich gleich damals noch sehr jung war, noch recht wohl denken, besonders weil
ich einmal von meinem Vater wegen seiner halb totgeprügelt
wurde. Der kleine Muck nämlich war schon ein alter Geselle, als
ich ihn kannte, doch war er nur 3-4 Schuh hoch, dabei hatte er
eine sonderbare Gestalt, denn sein Leib, so klein und zierlich er
war, mußte einen Kopf tragen, viel größer und dicker, als der
Kopf anderer Leute; er wohnte ganz allein in einem großen
Haus, und kochte sich sogar selbst, auch hätte man in der Stadt
nicht gewußt, ob er lebe oder gestorben sei, denn er ging nur
alle 4 Wochen einmal aus, wenn nicht um die Mittagsstunde ein
mächtiger Dampf aus dem Hause aufgestiegen wäre; doch sah
man ihn oft abends auf seinem Dache auf und ab gehen, von der
Straße aus glaubte man aber, nur sein großer Kopf allein laufe
auf dem Dache umher. Ich und meine Kameraden waren böse
Buben, die jedermann gerne neckten und belachten, daher war
es uns allemal ein Festtag, wenn der kleine Muck ausging; wir
versammelten uns an dem bestimmten Tage vor seinem Haus,
und warteten, bis er herauskam; wenn dann die Türe aufging,
und zuerst der große Kopf mit dem noch größeren Turban her-
ausguckte, wenn dann das übrige Körperlein nachfolgte, angetan mit einem abgeschabten Mäntelein, weiten Beinkleidern und
einem breiten Gürtel, an welchem ein langer Dolch hing, so lang,
daß man nicht wußte, ob Muck an dem Dolch, oder der Dolch
an Muck stak, wenn er so heraustrat, da ertönte die Luft von unserem Freudengeschrei, wir warfen unsere Mützen in die Höhe,
und tanzten wie toll um ihn her. Der kleine Muck aber grüßte
uns mit ernsthaftem Kopfnicken, und ging mit langsamen Schritten die Straße hinab, dabei schlurfte er mit den Füßen, denn er

hatte große, weite Pantoffeln an, wie ich sie noch nie gesehen. Wir Knaben liefen hinter ihm her und schrien immer: „Kleiner Muck, kleiner Muck!" Auch hatten wir ein lustiges Verslein, das wir, ihm zu Ehren, hie und da sangen, es hieß:

> „Kleiner Muck, kleiner Muck,
> Wohnst in einem großen Haus,
> Gehst nur all vier Wochen aus,
> Bist ein braver, kleiner Zwerg,
> Hast ein Köpflein wie ein Berg,
> Schau dich einmal um und guck,
> Lauf und fang uns, kleiner Muck."

So hatten wir schon oft unser Kurzweil getrieben, und zu meiner Schande muß ich es gestehen, ich trieb's am ärgsten, denn ich zupfte ihn oft am Mäntelein, und einmal trat ich ihm auch von hinten auf die großen Pantoffel, daß er hinfiel. Dies kam mir nun höchst lächerlich vor, aber das Lachen verging mir, als ich den kleinen Muck auf meines Vaters Haus zugehen sah. Er ging richtig hinein und blieb einige Zeit dort. Ich versteckte mich an der Haustüre, und sah den Muck wieder herauskommen, von meinem Vater begleitet, der ihn ehrerbietig an der Hand hielt, und an der Türe unter vielen Bücklingen sich von ihm verabschiedete. Mir war gar nicht wohl zumut, ich blieb daher lange in meinem Versteck; endlich aber trieb mich der Hunger, den ich ärger fürchtete als Schläge, heraus, und demütig und mit gesenktem Kopf trat ich vor meinen Vater. „Du hast, wie ich höre, den guten Muck geschimpft?" sprach er in sehr ernstem Tone. „Ich will dir die Geschichte dieses Muck erzählen, und du wirst ihn gewiß nicht mehr auslachen; vor- und nachher aber, bekommst du das *Gewöhnliche.*" Das Gewöhnliche aber waren 25 Hiebe, die er nur allzu richtig aufzuzählen pflegte. Er nahm daher sein langes Pfeifenrohr, schraubte die Bernsteinmundspitze ab, und bearbeitete mich ärger als je zuvor.

Als die Fünfundzwanzig voll waren befahl er mir, aufzumerken, und erzählte mir von dem kleinen Muck: „Der Vater des kleinen Muck, der eigentlich Mukrah heißt, war ein angesehener, aber armer Mann, hier in Nicea. Er lebte beinahe so einsiedlerisch als jetzt sein Sohn. Diesen konnte er nicht wohl leiden, weil er sich seiner Zwerggestalt schämte, und ließ ihn daher auch in Unwissenheit aufwachsen. Der kleine Muck war noch in seinem sechszehnten Jahr ein lustiges Kind und der Vater, ein ernster Mann, tadelte ihn immer, daß er, der schon längst *die Kinderschuhe zertreten* haben sollte, noch so dumm und läppisch sei.

Der Alte tat aber einmal einen bösen Fall, an welchem er auch starb, und den kleinen Muck arm und unwissend zurückließ. Die harten Verwandten, denen der Verstorbene mehr schuldig war, als er bezahlen konnte, jagten den armen Kleinen aus dem Hause, und rieten ihm in die Welt hinaus zu gehen, und sein Glück zu suchen. Der kleine Muck antwortete, er sei schon reisefertig, bat sich aber nur noch den Anzug seines Vaters aus, und dieser wurde ihm auch bewilligt. Sein Vater war ein großer starker Mann gewesen, daher paßten die Kleider nicht. Muck aber wußte bald Rat; er schnitt ab was zu lang war, und zog dann die Kleider an. Er schien aber vergessen zu haben, daß er auch in der Weite davon schneiden müsse, daher sein sonderbarer Aufzug, wie er noch heute zu sehen ist; der große Turban, der breite Gürtel, die weiten Hosen, das blaue Mäntelein, alles dies sind Erbstücke seines Vaters, die er seitdem getragen; den langen Damaszenerdolch seines Vaters aber steckte er in den Gürtel, ergriff ein Stöcklein, und wanderte zum Tor hinaus.

Fröhlich wanderte er den ganzen Tag, denn er war ja ausgezogen, um sein Glück zu suchen; wenn er einen Scherben auf der Erde im Sonnenschein glänzen sah, so steckte er ihn gewiß zu sich im Glauben, daß er sich in den schönsten Diamant verwandeln werde; sah er in der Ferne die Kuppel einer Moschee wie Feuer strahlen, sah er einen See wie einen Spiegel blinken, so eilte er voll Freude darauf zu, denn er gedachte, in einem Zauberland angekommen zu sein. Aber ach! jene Trugbilder verschwanden in der Nähe, und nur allzubald erinnerte ihn seine Müdigkeit und sein vor Hunger knurrender Magen, daß er noch im Lande der Sterblichen sich befinde. So war er zwei Tage gereist, unter Hunger und Kummer, und verzweifelte sein Glück zu finden; die Früchte des Feldes waren seine einzige Nahrung, die harte Erde sein Nachtlager. Am Morgen des dritten Tages erblickte er von einer Anhöhe eine große Stadt. Hell leuchtete der Halbmond auf ihren Zinnen, bunte Fahnen schimmerten auf den Dächern, und schienen den kleinen Muck zu sich herzuwinken. Überrascht stand er stille und betrachtete Stadt und Gegend; ‚Ja dort wird Klein-Muck sein Glück finden‘, sprach er zu sich, und machte trotz seiner Müdigkeit einen Luftsprung, ‚*dort* oder *nirgends*.' Er raffte alle seine Kräfte zusammen, und schritt auf die Stadt zu. Aber obgleich sie ganz nahe schien, konnte er sie doch erst gegen Mittag erreichen, denn seine kleinen Glieder versagten ihm beinahe gänzlich ihren Dienst, und er mußte sich oft in den Schatten einer Palme setzen, um auszuruhen. Endlich war er an dem Tor der Stadt angelangt. Er legte sein Mäntelein zurecht, band den Turban schöner um, zog den Gürtel noch breiter an, und steckte den langen Dolch schiefer; dann wischte er den Staub von den Schuhen, ergriff sein Stöcklein, und ging mutig zum Tor hinein.

Er war schon einige Straßen durchwandert, aber nirgends öffnete sich eine Türe, nirgends rief man, wie er sich vorgestellt hatte: ‚Kleiner Muck, komm herein, und iß und trink und laß deine Füßlein ausruhen.'

Er schaute gerade auch wieder recht sehnsüchtig an einem großen schönen Haus hinauf, da öffnete sich ein Fenster, eine alte Frau schaute heraus, und rief mit singender Stimme:

‚Herbei, herbei
Gekocht ist der Brei,
Den Tisch ließ ich decken
Drum laßt es euch schmecken;
Ihr Nachbarn herbei
Gekocht ist der Brei.'

Die Türe des Hauses öffnete sich, und Muck sah viele Hunde und Katzen hineingehen. Er stand einige Augenblicke in Zweifel, ob er der Einladung folgen solle, endlich aber faßte er sich ein Herz, und ging in das Haus. Vor ihm her gingen ein paar junge Kätzlein, und er beschloß ihnen zu folgen, weil sie vielleicht die Küche besser wüßten, als er.

Als Muck die Treppe hinaufgestiegen war, begegnete er jener alten Frau, die zum Fenster herausgeschaut hatte. Sie sah ihn mürrisch an, und fragte nach seinem Begehr. ‚Du hast ja jedermann zu deinem Brei eingeladen', antwortete der kleine Muck, ‚und weil ich so gar hungrig bin, bin ich auch gekommen.' Die Alte lachte laut und sprach: ‚Woher kommst du denn, wunderlicher Gesell? Die ganze Stadt weiß, daß ich für niemand koche, als für meine lieben Katzen, und hie und da lade ich ihnen Gesellschaft aus der Nachbarschaft ein, wie du siehest.' Der kleine Muck erzählte der alten Frau, wie es ihm nach seines Vaters Tod so hart ergangen sei, und bat sie, ihn heute mit ihren Katzen speisen zu lassen. Die Frau, welcher die treuherzige Erzählung des Kleinen wohl gefiel, erlaubte ihm, ihr Gast zu sein, und gab ihm reichlich zu essen und zu trinken. Als er gesättigt und gestärkt war, betrachtete ihn die Frau lange, und sagte dann: ‚Kleiner Muck, bleibe bei mir in meinem Dienste, du hast geringe Mühe und sollst gut gehalten sein.' Der kleine Muck, dem der Katzenbrei geschmeckt hatte, willigte ein, und wurde also der Bediente der Frau Ahavzi. Er hatte einen leichten aber sonderbaren Dienst. Frau Ahavzi hatte nämlich zwei Kater und vier Katzen, diesen mußte der kleine Muck alle Morgen den Pelz kämmen, und mit köstlichen Salben einreiben; wenn die Frau ausging, mußte er auf die Katzen Achtung geben, wenn sie aßen, mußte er ihnen die Schüsseln vorlegen, und nachts mußte er sie auf seidene Polster legen, und sie mit samtenen Decken einhüllen. Auch waren noch einige kleine Hunde im Haus die er bedienen mußte, doch wurden mit diesen nicht so viele Umstände gemacht, wie mit den Katzen, welche Frau Ahavzi wie ihre eigenen Kinder hielt. Übrigens führte Muck ein so einsames Leben, wie in seines Vaters Haus, denn außer der Frau sah er den ganzen Tag nur Hunde und Katzen. Eine Zeitlang ging es dem kleinen Muck ganz gut, er hatte immer zu essen und wenig zu arbeiten, und die alte Frau schien recht zufrieden mit ihm zu sein; aber nach und nach wurden die Katzen unartig; wenn die Alte ausgegangen war, sprangen sie wie besessen in den Zimmern umher, warfen alles durcheinander, und zerbrachen manches schöne Geschirr, das ihnen im Weg stand. Wenn sie aber die Frau die Treppe heraufkommen hörten, verkrochen sie sich auf ihre Polster, und wedelten ihr mit den Schwänzen entgegen, wie wenn nichts geschehen wäre. Die Frau Ahavzi geriet dann in Zorn, wenn sie ihre Zimmer so verwüstet sah, und schob alles auf Muck, er mochte seine Unschuld beteuern wie er wollte, sie glaubte ihren Katzen, die so unschuldig aussahen, mehr als ihrem Diener.

Der kleine Muck war sehr traurig, daß er also auch hier sein Glück nicht gefunden habe, und beschloß bei sich, den Dienst der Frau Ahavzi zu verlassen. Da er aber auf seiner ersten Reise erfahren hatte, wie schlecht man ohne Geld lebt, so beschloß er den Lohn, den ihm seine Gebieterin immer versprochen, aber nie gegeben hatte, sich auf irgendeine Art zu verschaffen. Es befand sich in dem Hause der Frau Ahavzi ein Zimmer, das immer verschlossen war, und dessen Inneres er nie gesehen hatte, doch hatte er die Frau oft darin rumoren gehört, und er hätte oft für sein Leben gern gewußt, was sie dort versteckt habe. Als er nun an sein Reisegeld dachte, fiel ihm ein, daß dort die Schätze der Frau versteckt sein könnten, aber immer war die Türe fest verschlossen, und er konnte daher den Schätzen nie beikommen.

Eines Morgens, als die Frau Ahavzi ausgegangen war, zupfte ihn eines der Hundlein, welches von der Frau immer sehr stiefmütterlich behandelt wurde, dessen Gunst er sich aber durch allerlei Liebesdienste in hohem Grade erworben hatte, an seinen weiten Beinkleidern, und gebärdete sich dabei, wie wenn Muck ihm folgen sollte. Muck, welcher gerne mit den Hunden spielte, folgte ihm, und siehe da, das Hundlein führte ihn in die Schlafkammer der Frau Ahavzi, vor eine kleine Türe die er nie zuvor dort bemerkt hatte. Die Türe war halb offen. Das Hundlein ging hinein, und Muck folgte ihm, und wie freudig war er überrascht, als er sah, daß er sich in dem Gemach befinde, das schon lange das Ziel seiner Wünsche war. Er spähte überall umher, ob er kein Geld finden könnte, fand aber nichts, nur alte Kleider, und wunderlich geformte Geschirre standen umher. Eines dieser Geschirre zog seine besondere Aufmerksamkeit auf sich; es war von Kristall, und schöne Figuren waren darauf ausgeschnitten. Er hob es auf, und drehte es nach allen Seiten; aber, o Schrekken! er hatte nicht bemerkt, daß es einen Deckel hatte, der nur leicht darauf hingesetzt war; der Deckel fiel herab, und zerbrach in tausend Stücken.

Lange stand der kleine Muck vor Schrecken leblos; jetzt war sein Schicksal entschieden, jetzt mußte er entfliehen, sonst schlug ihn die Alte tot. Sogleich war auch seine Reise beschlossen, und nur noch einmal wollte er sich umschauen, ob er nichts von den Habseligkeiten der Frau Ahavzi zu seinem Marsch brauchen könnte; da fielen ihm ein Paar mächtig große Pantoffel ins Auge, sie waren zwar nicht schön, aber seine eigenen konnten keine Reise mehr mitmachen, auch zogen ihn jene wegen ihrer Größe an, denn hatte er diese am Fuß, so mußten ihm hoffentlich alle Leute ansehen, daß er die Kinderschuhe vertreten habe. Er zog also schnell seine Töffelein aus, und fuhr in die großen hinein, ein Spazierstöcklein mit einem schön geschnittenen Löwenkopf schien ihm auch hier allzu müßig in der Ecke zu stehen, er nahm es also mit, und eilte zum Zimmer hinaus. Schnell ging er jetzt auf seine Kammer, zog sein Mäntelein an, setzte den väterlichen

Turban auf, steckte den Dolch in den Gürtel und lief, so schnell
ihn seine Füße trugen, zum Haus und zur Stadt hinaus. Vor der
Stadt lief er, aus Angst vor der Alten, immer weiter fort, bis er
vor Müdigkeit beinahe nicht mehr konnte. So schnell war er in
seinem ganzen Leben nicht gegangen, ja es schien ihm, als könne
er gar nicht aufhören zu rennen, denn eine unsichtbare Gewalt
schien ihn fortzureißen. Endlich bemerkte er, daß es mit den
Pantoffeln eine eigene Bewandtnis haben müsse, denn diese
schossen immer fort, und führten ihn mit sich. Er versuchte auf
allerlei Weise, stillzustehen, aber es wollte nicht gelingen; da
rief er in der höchsten Not, wie man den Pferden zuruft, sich
selbst zu: ‚Oh – oh, halt, oh!‘ Da hielten die Pantoffeln, und
Muck warf sich erschöpft auf die Erde nieder.

Die Pantoffeln freuten ihn ungemein; so hatte er sich denn
doch durch seine Dienste etwas erworben, das ihm in der Welt,
auf seinem Weg das Glück zu suchen, forthelfen konnte. Er
schlief, trotz seiner Freude, vor Erschöpfung ein, denn das Körperlein des kleinen Muck, das einen so schweren Kopf zu tragen
hatte, konnte nicht viel aushalten. Im Traum erschien ihm das
Hundlein, welches ihm im Hause der Frau Ahavzi zu den Pantoffeln verholfen hatte, und sprach zu ihm: ‚Lieber Muck, du
verstehst den Gebrauch der Pantoffeln noch nicht recht; wisse,
daß wenn du dich in ihnen dreimal auf dem Absatz herum-
drehst, so kannst du hinfliegen, wohin du nur willst, und mit
dem Stöcklein kannst du Schätze finden, denn wo Gold vergraben ist, da wird es dreimal auf die Erde schlagen, bei Silber aber
zweimal.‘ So träumte der kleine Muck; als er aber aufwachte,
dachte er über den wunderbaren Traum nach, und beschloß alsbald einen Versuch zu machen. Er zog die Pantoffel an, lupfte
einen Fuß, und begann sich auf dem Absatz umzudrehen. Wer
es aber jemals versucht hat, in einem ungeheuer weiten Pantoffel
dieses Kunststück dreimal hintereinander zu machen, der wird
sich nicht wundern, wenn es dem kleinen Muck nicht gleich
glückte, besonders wenn man bedenkt, daß ihn sein schwerer
Kopf bald auf diese bald auf jene Seite hinüberzog.

Der arme Kleine fiel einigemal tüchtig auf die Nase, doch ließ
er sich nicht abschrecken, den Versuch zu wiederholen, und endlich glückte es. Wie ein Rad fuhr er auf seinem Absatz herum,
wünschte sich in die nächste große Stadt, und – die Pantoffeln
ruderten hinauf in die Lüfte, liefen mit Windeseile durch die
Wolken, und ehe sich der kleine Muck noch besinnen konnte, wie

ihm geschah, befand er sich schon auf einem großen Marktplatz, wo viele Buden aufgeschlagen waren, und unzählige Menschen geschäftig hin und her liefen. Er ging unter den Leuten hin und her, hielt es aber bald für ratsamer, sich in eine einsamere Straße zu begeben, denn auf dem Markt trat ihm bald da einer auf die Pantoffel, daß er beinahe umfiel, bald stieß er mit seinem weit hinausstehenden Dolch einen oder den andern an, daß er mit Mühe den Schlägen entging.

Der kleine Muck bedachte nun ernstlich, was er wohl anfangen könnte, um sich ein Stück Geld zu verdienen; er hatte zwar ein Stäblein, das ihm verborgene Schätze anzeigte, aber wo sollte er gleich einen Platz finden, wo Gold oder Silber vergraben wäre? Auch hätte er sich zur Not für Geld sehen lassen können, aber dazu war er doch zu stolz. Endlich fiel ihm die Schnelligkeit seiner Füße ein, vielleicht, dachte er, können mir meine Pantoffel Unterhalt gewähren, und er beschloß, sich als Schnelläufer zu verdingen. Da er aber hoffen durfte, daß der König dieser Stadt solche Dienste am besten bezahle, so erfragte er den Palast. Unter dem Tor des Palastes stand eine Wache, die ihn fragte, was er hier zu suchen habe. Auf seine Antwort, daß er einen Dienst suche, wies man ihn zum Aufseher der Sklaven. Diesem trug er sein Anliegen vor, und bat ihn, ihm einen Dienst unter den königlichen Boten zu besorgen. Der Aufseher maß ihn mit seinen Augen von Kopf bis zu den Füßen, und sprach: ‚Wie, mit deinen Füßlein, die kaum so lang als eine Spanne sind, willst du königlicher Schnelläufer werden? hebe dich weg, ich bin nicht dazu da, mit jedem Narren Kurzweil zu machen.' Der kleine Muck versicherte ihn aber, daß es ihm vollkommen ernst sei mit seinem Antrag, und daß er es mit dem Schnellsten auf eine Wette ankommen lassen wollte. Dem Aufseher kam die Sache gar lächerlich vor; er befahl ihm, sich bis auf den Abend zu einem Wettlauf bereit zu halten, führte ihn in die Küche, und sorgte dafür, daß ihm gehörig Speis und Trank gereicht wurde; er selbst aber begab sich zum König, und erzählte ihm vom kleinen Muck und seinem Anerbieten. Der König war ein lustiger Herr, daher gefiel es ihm wohl, daß der Aufseher der Sklaven den kleinen Menschen zu einem Spaß behalten habe, er befahl ihm, auf einer großen Wiese hinter dem Schloß Anstalten zu treffen, daß das Wettlaufen mit Bequemlichkeit von seinem ganzen Hofstaat könnte gesehen werden, und empfahl ihm nochmals große Sorgfalt für den Zwerg zu haben. Der König erzählte seinen

Prinzen und Prinzessinnen, was sie diesen Abend für ein Schauspiel haben werden, diese erzählten es wieder ihren Dienern, und als der Abend herankam, war man in gespannter Erwartung, und alles, was Füße hatte, strömte hinaus auf die Wiese, wo Gerüste aufgeschlagen waren, um den großsprecherischen Zwerg laufen zu sehen.

Als der König und seine Söhne und Töchter auf dem Gerüst Platz genommen hatten, trat der kleine Muck heraus auf die Wiese, und machte vor den hohen Herrschaften eine überaus zierliche Verbeugung. Ein allgemeines Freudengeschrei ertönte, als man den Kleinen ansichtig wurde; eine solche Figur hatte man dort noch nie gesehen. Das Körperlein mit dem mächtigen Kopf, das Mäntelein und die weiten Beinkleider, der lange Dolch in dem breiten Gürtel, die kleinen Füßlein in den weiten Pantoffeln – nein! es war zu drollig anzusehen, als daß man nicht hätte laut lachen sollen. Der kleine Muck ließ sich aber durch das Gelächter nicht irremachen; er stellte sich stolz, auf sein Stöcklein gestützt, hin, und erwartete seinen Gegner. Der Aufseher der Sklaven hatte, nach Mucks eigenem Wunsche, den besten Läufer ausgesucht; dieser trat nun heraus, stellte sich neben den Kleinen, und beide harrten auf das Zeichen. Da winkte die Prinzessin Amarza, wie es ausgemacht war, mit ihrem Schleier, und wie zwei Pfeile auf dasselbe Ziel abgeschossen, flogen die beiden Wettläufer über die Wiese hin.

Von Anfang hatte Mucks Gegner einen bedeutenden Vorsprung, aber dieser jagte ihm auf seinem Pantoffelfuhrwerk nach, holte ihn ein, überfing ihn, und stand längst am Ziele, als jener noch, nach Luft schnappend, daherlief. Verwunderung und Staunen fesselte einige Augenblicke die Zuschauer, als aber der König zuerst in die Hände klatschte, da jauchzte die Menge, und alle riefen: ‚Hoch lebe der kleine Muck, der Sieger im Wettlauf!'

Man hatte indes den kleinen Muck herbeigebracht, er warf sich vor dem König nieder, und sprach: ‚Großmächtigster König, ich habe dir hier nur eine kleine Probe meiner Kunst gegeben, wolle nur gestatten, daß man mir eine Stelle unter deinen Läufern gebe'; der König aber antwortete ihm: ‚Nein, du sollst mein Leibläufer sein, und immer um meine Person sein, lieber Muck, jährlich sollst du hundert Goldstücke erhalten als Lohn, und an der Tafel meiner ersten Diener sollst du speisen.'

So glaubte denn Muck, endlich das Glück gefunden zu haben,

das er so lange suchte, und war fröhlich und wohlgemut in seinem Herzen. Auch erfreute er sich der besonderen Gnade des Königes, denn dieser gebrauchte ihn zu seinen schnellsten und geheimsten Sendungen, die er dann mit der größten Genauigkeit und mit unbegreiflicher Schnelle besorgte.

Aber die übrigen Diener des Königes waren ihm gar nicht zugetan, weil sie sich ungern durch einen Zwerg, der nichts verstand als schnell zu laufen, in der Gunst ihres Herren zurückgesetzt sahen. Sie veranstalteten daher manche Verschwörung gegen ihn, um ihn zu stürzen, aber alle schlugen fehl an dem großen Zutrauen, das der König in seinen Geheimen Oberleibläufer (denn zu dieser Würde hatte er es in so kurzer Zeit gebracht) setzte.

Muck, dem diese Bewegungen gegen ihn nicht entgingen, sann nicht auf Rache, dazu hatte er ein zu gutes Herz, nein, auf Mittel dachte er, sich bei seinen Feinden notwendig und beliebt zu machen. Da fiel ihm sein Stäblein, das er in seinem Glück außer acht gelassen hatte, ein; wenn er Schätze finde, dachte er, werden ihm die Herren schon geneigter werden. Er hatte schon oft gehört, daß der Vater des jetzigen Königs viele seiner Schätze vergraben habe, als der Feind sein Land überfallen, man sagte auch, er sei darüber gestorben, ohne daß er sein Geheimnis habe seinem Sohn mitteilen können. Von nun an nahm Muck immer sein Stöcklein mit, in der Hoffnung, einmal an einem Ort vorüberzugehen, wo das Gold des alten Königs vergraben sei. Eines Abends führte ihn der Zufall in einen entlegenen Teil des Schloßgartens, den er wenig besuchte, und plötzlich fühlt er das Stäblein in seiner Hand zucken, und dreimal schlug es gegen den Boden. Nun wußte er schon, was dies zu bedeuten hatte. Er zog daher seinen Dolch heraus, machte ein Zeichen in die umstehenden Bäume, und schlich sich wieder in das Schloß; dort verschaffte er sich einen Spaten, und wartete die Nacht zu seinem Unternehmen ab.

Das Schatzgraben selbst machte übrigens dem kleinen Muck mehr zu schaffen, als er geglaubt hatte.

Seine Arme waren gar schwach, sein Spaten aber groß und schwer; und er mochte wohl schon zwei Stunden gearbeitet haben, ehe er ein paar Fuß tief gegraben hatte. Endlich stieß er auf etwas Hartes, das wie Eisen klang. Er grub jetzt emsiger, und bald hatte er einen großen eisernen Deckel zutage gefördert; er stieg selbst in die Grube hinab, um nachzuspähen, was

wohl der Deckel könnte bedeckt haben, und fand richtig einen
großen Topf mit Goldstücken angefüllt. Aber seine schwachen
Kräfte reichten nicht hin, den Topf zu heben, daher steckte er
in seine Beinkleider und seinen Gürtel soviel er zu tragen vermochte, und auch sein Mäntelein füllte er damit, bedeckte das
übrige wieder sorgfältig, und lud es auf den Rücken. Aber wahrlich, wenn er die Pantoffel nicht an den Füßen gehabt hätte, er
wäre nicht vom Fleck gekommen, so zog ihn die Last des Goldes
nieder. Doch unbemerkt kam er bis auf sein Zimmer, und verwahrte dort sein Gold unter den Polstern seines Sofas.

Als der kleine Muck sich im Besitz so vielen Goldes sah,
glaubte er das Blatt werde sich jetzt wenden, und er werde sich
unter seinen Feinden am Hofe viele Gönner und warme Anhänger erwerben. Aber schon daran konnte man erkennen, daß
der gute Muck keine gar sorgfältige Erziehung genossen haben
mußte, sonst hätte er sich wohl nicht einbilden können, durch
Gold wahre Freunde zu gewinnen. Ach! daß er damals seine
Pantoffel geschmiert, und sich mit seinem Mäntelein voll Gold
aus dem Staub gemacht hätte!

Das Gold, das der kleine Muck von jetzt an mit vollen Händen austeilte, erweckte den Neid der übrigen Hofbedienten. Der
Küchenmeister Ahuli sagte: ‚Er ist ein Falschmünzer‘, der Sklavenaufseher Achmet sagte: ‚Er hat's dem König abgeschwatzt‘,
Archaz der Schatzmeister aber, sein ärgster Feind, der selbst hie
und da einen Griff in des Königs Kasse tun mochte, sagte geradezu: ‚Er hat's gestohlen.‘ Um nun ihrer Sache gewiß zu sein,
verabredeten sie sich, und der Obermundschenk Korchuz stellte
sich eines Tages recht traurig und niedergeschlagen vor den Augen des Königs. Er machte seine traurigen Gebärden so auffallend, daß ihn der König fragte, was ihm fehle. ‚Ach!‘ antwortete er, ‚ich bin traurig, daß ich die Gnade meines Herrn verloren habe.‘ ‚Was fabelst du Freund Korchuz‘, entgegnete ihm
der König, ‚seit wann hätte ich die Sonne meiner Gnade nicht
über dich leuchten lassen?‘ Der Obermundschenk antwortete
ihm, daß er ja den Geheimen Oberleibläufer mit Gold belade,
seinen armen treuen Dienern aber nichts gebe.

Der König war sehr erstaunt über diese Nachricht, ließ sich
die Goldausteilungen des kleinen Muck erzählen, und die Ver-
schworenen brachten ihm leicht den Verdacht bei, daß Muck auf
irgendeine Art das Geld aus der Schatzkammer gestohlen habe.
Sehr lieb war diese Wendung der Sache dem Schatzmeister, der

ohnehin nicht gerne Rechnung ablegte. Der König gab daher den Befehl, heimlich auf alle Schritte des kleinen Muck achtzugeben, um ihn womöglich auf der Tat zu ertappen. Als nun in der Nacht, die auf diesen Unglückstag folgte, der kleine Muck, da er durch seine Freigebigkeit seine Kasse sehr erschöpft sah, den Spaten nahm, und in den Schloßgarten schlich, um dort von seinem geheimen Schatze neuen Vorrat zu holen, folgten ihm von weitem die Wachen, von dem Küchenmeister Ahuli und Archaz, dem Schatzmeister, angeführt, und in dem Augenblick, da er das Gold aus dem Topf in sein Mäntelein legen wollte, fielen sie über ihn her, banden ihn, und führten ihn sogleich vor den König. Dieser, den ohnehin die Unterbrechung seines Schlafes mürrisch gemacht hatte, empfing seinen armen Geheimen Oberleibläufer sehr ungnädig, und stellte sogleich das Verhör über ihn an. Man hatte den Topf vollends aus der Erde gegraben, und mit dem Spaten und dem Mäntelein voll Gold vor die Füße des Königs gesetzt. Der Schatzmeister sagte aus, daß er mit seinen Wachen den Muck überrascht habe, wie er diesen Topf mit Gold gerade in die Erde gegraben habe.

Der König befragte hierauf den Angeklagten, ob es wahr sei, und woher er das Gold, das er vergraben, bekommen habe.

Der kleine Muck, im Gefühl seiner Unschuld, sagte aus, daß er diesen Topf im Garten entdeckt habe, daß er ihn habe nicht *ein-* sondern *aus*graben wollen.

Alle Anwesenden lachten laut über diese Entschuldigung, der König aber, aufs höchste erzürnt über die vermeintliche Frechheit des Kleinen, rief aus: ‚Wie Elender! Du willst deinen König so dumm und schändlich belügen, nachdem du ihn bestohlen hast? Schatzmeister Archaz! ich fordre dich auf, zu sagen, ob du diese Summe Goldes für die nämliche erkennst, die in meinem Schatze fehlt?'

Der Schatzmeister aber antwortete: er sei seiner Sache ganz gewiß, so viel und noch mehr fehle seit einiger Zeit in dem königlichen Schatz, und er könnte einen Eid darauf ablegen, daß dies das Gestohlene sei.

Da befahl der König den kleinen Muck in enge Ketten zu legen, und in den Turm zu führen, dem Schatzmeister aber übergab er das Gold um es wieder in den Schatz zu tragen. Vergnügt über den glücklichen Ausgang der Sache zog dieser ab, und zählte zu Hause die blinkenden Goldstücke; aber das hat dieser schlechte Mann niemals angezeigt, daß unten in dem Topf ein

Zettel lag, der sagte: ‚Der Feind hat mein Land überschwemmt, daher verberge ich hier einen Teil meiner Schätze; wer es auch finden mag, den treffe der Fluch seines Königs, wenn er es nicht sogleich meinem Sohne ausliefert. – König Sadi.'

Der kleine Muck stellte in seinem Kerker traurige Betrachtungen an; er wußte, daß auf Diebstahl an königlichen Sachen, der Tod gesetzt war; und doch mochte er das Geheimnis mit dem Stäbchen dem König nicht verraten, weil er mit Recht fürchtete, dieses und seiner Pantoffel beraubt zu werden. Seine Pantoffel konnten ihm, leider! auch keine Hülfe bringen, denn da er in engen Ketten an die Mauer geschlossen war, konnte er, sosehr er sich quälte, sich nicht auf dem Absatz umdrehen. Als ihm aber am andern Tage sein Tod angekündigt wurde, da gedachte er doch, es sei besser ohne das Zauberstäbchen zu leben, als mit ihm zu sterben, ließ den König um geheimes Gehör bitten, und entdeckte ihm das Geheimnis. Der König maß von Anfang seinem Geständnis keinen Glauben bei; aber der kleine Muck versprach eine Probe, wenn ihm der König zugestünde, daß er nicht getötet werden solle. Der König gab ihm sein Wort darauf, und ließ, von Muck ungesehen, einiges Gold in die Erde graben, und befahl diesem mit seinem Stäbchen zu suchen. In wenigen Augenblicken hatte er es gefunden: denn das Stäbchen schlug deutlich dreimal auf die Erde. Da merkte der König, daß ihn sein Schatzmeister betrogen hatte, und sandte ihm, wie es im Morgenland gebräuchlich ist, *eine seidene Schnur,* damit er sich selbst erdroßle. Zum kleinen Muck aber sprach er: ‚Ich habe dir zwar dein Leben versprochen, aber es scheint mir, als ob du nicht nur allein dieses Geheimnis mit dem Stäbchen besitzest; darum bleibst du in ewiger Gefangenschaft, wenn du nicht gestehst, was für eine Bewandtnis es mit deinem Schnellaufen hat.'

Der kleine Muck, dem die einzige Nacht im Turm alle Lust zu längerer Gefangenschaft benommen hatte, bekannte, daß seine ganze Kunst in den Pantoffeln liege, doch lehrte er den König nicht das Geheimnis, von dem dreimaligen Umdrehen auf dem Absatz. Der König schlüpfte selbst in die Pantoffel, um die Probe zu machen, und jagte wie unsinnig im Garten umher; oft wollte er anhalten, aber er wußte nicht, wie man die Pantoffel zum Stehen brachte, und der kleine Muck, der diese kleine Rache sich nicht versagen konnte, ließ ihn laufen, bis er ohnmächtig niederfiel.

Als der König wieder zur Besinnung zurückgekehrt war, war

er schrecklich aufgebracht über den kleinen Muck, der ihn so
ganz außer Atem hatte laufen lassen: ‚Ich habe dir mein Wort
gegeben, dir Freiheit und Leben zu schenken, aber innerhalb 12
Stunden mußt du mein Land verlassen haben, sonst lasse ich dich
aufknüpfen.‘ Die Pantoffel und das Stäbchen aber ließ er in
seine Schatzkammer legen.

So arm als je wanderte der kleine Muck zum Land hinaus,
seine Torheit verwünschend, die ihm vorgespiegelt hatte, er
könne eine bedeutende Rolle am Hofe spielen. Das Land, aus
dem er gejagt wurde, war zum Glück nicht groß, daher war er
schon nach acht Stunden auf der Grenze, obgleich ihm das Gehen, da er an seine lieben Pantoffel gewöhnt war, sehr sauer
ankam.

Als er über der Grenze war, verließ er die gewöhnliche Stra
ße, um die dichteste Einöde der Wälder aufzusuchen, und dort
nur sich zu leben, denn er war allen Menschen gram. In einem
dichten Walde traf er auf einen Platz, der ihm zu dem Entschluß, den er gefaßt hatte, ganz tauglich schien. Ein klarer Bach,
von großen schattigen Feigenbäumen umgeben, ein weicher Rasen luden ihn ein, hier warf er sich nieder, mit dem Entschluß,
keine Speise mehr zu sich zu nehmen, sondern hier den Tod zu
erwarten. Über traurige Todesbetrachtungen schlief er ein, als er
aber wieder aufwachte, und der Hunger ihn zu quälen anfing,
bedachte er doch, daß der Hungertod eine gefährliche Sache sei,
und sah sich um, ob er nirgends etwas zu essen bekommen
könnte.

Köstliche reife Feigen hingen an dem Baume, unter welchem
er geschlafen hatte, er stieg hinauf, um sich einige zu pflücken,
ließ es sich trefflich schmecken, und ging dann hinunter an den
Bach, um seinen Durst zu löschen. Aber wie groß war sein
Schrecken, als ihm das Wasser seinen Kopf mit zwei gewaltigen
Ohren und einer dicken langen Nase geschmückt zeigte! Bestürzt
griff er mit den Händen nach den Ohren, und wirklich, sie waren über eine halbe Elle lang.

‚Ich verdiene Eselsohren!‘ rief er aus, ‚denn ich habe mein
Glück wie ein Esel mit Füßen getreten.‘ – Er wanderte nun
unter den Bäumen umher, und als er wieder Hunger fühlte,
mußte er noch einmal zu den Feigen seine Zuflucht nehmen, denn
sonst fand er nichts Eßbares an den Bäumen. Als ihm über der
zweiten Portion Feigen einfiel, ob wohl seine Ohren nicht unter
seinem großen Turban Platz hätten, damit er doch nicht gar zu

lächerlich aussehe, fühlte er, daß seine Ohren verschwunden seien. Er lief gleich an den Bach zurück, um sich davon zu überzeugen, und wirklich, es war so, seine Ohren hatten ihre vorige Gestalt, seine lange unförmliche Nase war nicht mehr. Jetzt merkte er aber, wie dies gekommen war; von dem ersten Feigenbaum hatte er die lange Nase und Ohren bekommen, der zweite hatte ihn geheilt; freudig erkannte er, daß sein gütiges Geschick ihm noch einmal ein Mittel in die Hand gebe, glücklich zu sein. Er pflückte daher von jedem Baum soviel er tragen konnte, und ging in das Land zurück, das er vor kurzem verlassen hatte. Dort machte er sich in dem ersten Städtchen durch andere Kleider ganz unkenntlich, und ging dann weiter auf die Stadt zu, die jener König bewohnte, und kam auch bald dort an.

Es war gerade zu einer Jahrszeit, wo reife Früchte noch ziemlich selten waren; der kleine Muck setzte sich daher unter das Tor des Palastes, denn ihm war von früherer Zeit her wohl bekannt, daß hier solche Seltenheiten von dem Küchenmeister für die königliche Tafel eingekauft wurden. Muck hatte noch nicht lange gesessen, als er den Küchenmeister über den Hof herüberschreiten sah. Er musterte die Waren der Verkäufer, die sich am Tor des Palastes eingefunden hatten, endlich fiel sein Blick auch auf Mucks Körbchen. ,Ah! ein seltener Bissen', sagte er, ,der Ihro Majestät gewiß behagen wird; was willst du für den ganzen Korb?' Der kleine Muck bestimmte einen mäßigen Preis, und sie waren bald des Handels einig. Der Küchenmeister übergab den Korb einem Sklaven, und ging weiter; der kleine Muck aber machte sich einstweilen aus dem Staub, weil er befürchtete, wenn sich das Unglück an den Köpfen des Hofes zeige, möchte man ihn als Verkäufer aufsuchen und bestrafen.

Der König war über Tisch sehr heiter gestimmt, und sagte seinem Küchenmeister einmal über das andere Lobsprüche wegen seiner guten Küche und der Sorgfalt, mit der er immer das Seltenste für ihn aussuche; der Küchenmeister aber, welcher wohl wußte, welchen Leckerbissen er noch im Hintergrund habe, schmunzelte gar freundlich, und ließ nur einzelne Worte fallen, als: ,Es ist erst noch nicht aller Tage Abend', oder: ,Ende gut, alles gut', so, daß die Prinzessinnen sehr neugierig wurden, was er wohl noch bringen werde. Als er aber die schönen einladenden Feigen aufsetzen ließ, da entfloh ein allgemeines Ah! dem Munde der Anwesenden. ,Wie reif, wie appetitlich!' rief der König, ,Küchenmeister, du bist ein ganzer Kerl, und verdienst

Unsere ganz besondere Gnade!' Also sprechend teilte der König,
der mit solchen Leckerbissen sehr sparsam zu sein pflegte, mit
eigener Hand die Feigen an seiner Tafel aus. Jeder Prinz und
jede Prinzessin bekam zwei, die Hofdamen und die Veziere und
Agas eine, die übrigen stellte er vor sich hin, und begann mit
großem Behagen sie zu verschlingen.

,Aber lieber Gott, wie siehst du so wunderlich aus, Vater', rief
auf einmal die Prinzessin Amarza. Alle sehen den König erstaunt
an, ungeheure Ohren hingen ihm am Kopf, eine lange Nase zog
sich über sein Kinn herunter; auch sich selbst betrachteten sie
untereinander mit Staunen und Schrecken, alle waren mehr oder
minder mit dem sonderbaren Kopfputz geschmückt.

Man denke sich den Schrecken des Hofes! Man schickte sogleich
nach allen Ärzten der Stadt, sie kamen haufenweise, verord-
neten Pillen und Mixturen, aber die Ohren und die Nasen blieben. Man operierte einen der Prinzen, aber die Ohren wuchsen
nach.

Muck hatte die ganze Geschichte in seinem Versteck, wohin er
sich zurückgezogen hatte, gehört, und erkannte, daß es jetzt Zeit
sei, zu handeln. Er hatte sich schon vorher von dem aus den
Feigen gelösten Geld einen Anzug verschafft, der ihn als Gelehrten darstellen konnte; ein langer Bart aus Ziegenhaaren vollendete die Täuschung. Mit einem Säckchen voll Feigen wanderte
er in den Palast des Königs, und bot als fremder Arzt seine
Hülfe an. Man war von Anfang sehr unglaubig, als aber der
kleine Muck eine Feige einem der Prinzen zu essen gab, und
Ohren und Nase dadurch in den alten Zustand zurückbrachte,
da wollte alles von dem fremden Arzte geheilt sein. Aber der
König nahm ihn schweigend bei der Hand, und führte ihn in sein
Gemach; dort schloß er eine Türe auf, die in die Schatzkammer
führte, und winkte Muck, ihm zu folgen. ,Hier sind meine
Schätze', sprach der König, ,wähle dir was es auch sei, es soll
dir gewährt werden, wenn du mich von diesem schmachvollen
Übel befreist'; das war süße Musik in des kleinen Mucks Ohren; er hatte gleich beim Eintritt seine Pantoffel auf dem Boden
stehen sehen, gleich daneben lag auch sein Stäbchen. Er ging nun
umher in dem Saal, wie wenn er die Schätze des Königs bewundern wollte; kaum aber war er an seine Pantoffel gekommen, so
schlüpfte er eilends hinein, ergriff sein Stäbchen, riß seinen falschen Bart herab, und zeigte dem erstaunten König das wohlbekannte Gesicht seines verstoßenen Mucks. ,Treuloser König',

sprach er, ‚der du treue Dienste mit Undank lohnst, nimm als wohlverdiente Strafe die Mißgestalt die du trägst. Die Ohren laß ich dir zurück, damit sie dich täglich erinnern an den kleinen Muck.' Als er so gesprochen hatte, drehte er sich schnell auf dem Absatz herum, wünschte sich weit hinweg, und ehe noch der König um Hülfe rufen konnte, war der kleine Muck entflohen. Seitdem lebt der Kleine hier in großem Wohlstand aber einsam, denn er verachtet die Menschen. Er ist durch Erfahrung ein weiser Mann geworden, welcher, wenn auch sein Äußeres etwas Auffallendes haben mag, deine Bewunderung mehr als deinen Spott verdient."

So erzählte mir mein Vater; ich bezeugte ihm meine Reue über mein rohes Betragen gegen den guten kleinen Mann, und mein Vater schenkte mir die andere Hälfte der Strafe, die er mir zugedacht hatte. Ich erzählte meinen Kameraden die wunderbaren Schicksale des Kleinen, und wir gewannen ihn so lieb, daß ihn keiner mehr schimpfte. Im Gegenteil, wir ehrten ihn solange er lebte, und haben uns vor ihm immer so tief als vor Kadi und Mufti gebückt. –

Die Reisenden beschlossen einen Rasttag in dieser Karawanserei zu machen, um sich und die Tiere zur weiteren Reise zu stärken. Die gestrige Fröhlichkeit ging auch auf diesen Tag über, und sie ergötzten sich in allerlei Spielen. Nach dem Essen aber riefen sie dem fünften Kaufmann Ali Sizah, auch seine Schuldigkeit gleich den übrigen zu tun, und eine Geschichte zu erzählen. Er antwortete, sein Leben sei zu arm an auffallenden Begebenheiten, als daß er ihnen etwas davon mitteilen möchte, daher wolle er ihnen etwas anderes erzählen, nämlich: *Das Märchen vom falschen Prinzen.*

DAS MÄRCHEN VOM FALSCHEN PRINZEN

Es war einmal ein ehrsamer Schneidergeselle, namens Labakan, der bei einem geschickten Meister in Alessandria sein Handwerk lernte; man konnte nicht sagen, daß Labakan ungeschickt mit der Nadel war, im Gegenteil, er konnte recht feine Arbeit machen; auch tat man ihm unrecht, wenn man ihn geradezu faul schalt; aber ganz richtig war es doch nicht mit dem Gesellen, denn er konnte oft stundenweis in einem fort nähen, daß ihm die Nadel in der Hand glühend ward, und der Faden rauchte, da gab es ihm dann ein Stück, wie keinem andern; ein andermal aber, und dies geschah, leider! öfters, saß er in tiefen Gedanken, sah mit starren Augen vor sich hin, und hatte dabei, in Gesicht und Wesen, etwas so Eigenes, daß sein Meister und die übrigen Gesellen von diesem Zustand nie anders sprachen, als: „Labakan hat wieder sein vornehmes Gesicht."

Am Freitag aber, wenn andere Leute vom Gebet ruhig nach Haus an ihre Arbeit gingen, trat Labakan in einem schönen Kleid, das er sich mit vieler Mühe zusammengespart hatte, aus der Moschee, ging langsam und stolzen Schrittes durch die Plätze und Straßen der Stadt, und wenn ihm einer seiner Kameraden ein „Friede sei mit dir", oder „Wie geht es Freund Labakan" bot, so winkte er gnädig mit der Hand oder nickte, wenn es hoch kam, vornehm mit dem Kopf. Wenn dann sein Meister im Spaß zu ihm sagte: „An dir ist ein Prinz verloren gegangen, Labakan", so freute er sich darüber, und antwortete: „Habt Ihr das auch bemerkt?" oder: „Ich habe es schon lange gedacht!"

So trieb es der ehrsame Schneidergeselle Labakan schon eine geraume Zeit, sein Meister aber duldete seine Narrheit, weil er sonst ein guter Mensch und geschickter Arbeiter war. Aber eines Tages schickte Selim, der Bruder des Sultans, der gerade durch Alessandria reiste, ein Festkleid zu dem Meister, um einiges daran verändern zu lassen, und der Meister gab es Labakan, weil dieser die feinste Arbeit machte. Als abends der Meister und die Gesellen sich hinwegbegeben hatten, um nach des Tages Last sich zu erholen, trieb eine unwiderstehliche Sehnsucht Labakan wieder in die Werkstatt zurück, wo das Kleid des kaiserlichen Bruders hing. Er stand lange sinnend davor, bald den Glanz der Stickerei, bald die schillernden Farben des Sammets und der Seide an dem Kleide bewundernd. Er konnte nicht anders, er mußte es anziehen, und siehe da, es paßte ihm so trefflich, wie wenn es für ihn wäre gemacht worden. „Bin ich nicht so gut ein Prinz, als einer?" fragte er sich, indem er im Zimmer auf und ab schritt. „Hat nicht der Meister selbst schon gesagt, daß ich zum Prinzen geboren sei?" Mit den Kleidern schien der Geselle eine ganz königliche Gesinnung angezogen zu haben; er konnte sich nicht anders denken, als er sei ein unbekannter Königssohn, und als solcher beschloß er, in die Welt zu reisen und einen Ort zu verlassen, wo die Leute bisher so töricht gewesen waren, unter der Hülle seines niedern Standes, nicht seine angeborene Würde zu erkennen. Das prachtvolle Kleid schien ihm von einer gütigen Fee geschickt, er hütete sich daher wohl, ein so teures Geschenk zu verschmähen, steckte seine geringe Barschaft zu sich, und wanderte, begünstigt von dem Dunkel der Nacht, aus Alessandrias Toren.

Der neue Prinz erregte überall auf seiner Wanderschaft Verwunderung, denn das prachtvolle Kleid und sein ernstes, majestätisches Wesen, wollte gar nicht passen für einen Fußgänger. Wenn man ihn darüber befragte, pflegte er mit geheimnisvoller Miene zu antworten: daß das seine eigene Ursachen habe. Als er aber merkte, daß er sich durch seine Fußwanderungen lächerlich mache, kaufte er, um geringen Preis, ein altes Roß, welches sehr für ihn paßte, da es ihn mit seiner gesetzten Ruhe und Sanftmut nie in Verlegenheit brachte, sich als geschickten Reiter zeigen zu müssen, was gar nicht seine Sache war.

Eines Tages, als er Schritt vor Schritt auf seinem Murva, so hatte er sein Roß genannt, seine Straße zog, schloß sich ein Reiter an ihn an, und bat ihn, in seiner Gesellschaft reiten zu dürfen, weil ihm der Weg viel kürzer werde, im Gespräch mit einem andern. Der Reiter war ein fröhlicher, junger Mann, schön und angenehm im Umgang. Er hatte mit Labakan bald ein Gespräch angeknüpft, über Woher und Wohin, und es traf sich, daß auch er, wie der Schneidergeselle, ohne Plan in die Welt hinauszog. Er sagte, er heiße Omar, sei der Neffe Elfi-Beis, des unglücklichen Bassas von Kairo, und reise nun umher, um einen Auftrag, den ihm sein Oheim auf dem Sterbebette erteilt habe, auszurichten. Labakan ließ sich nicht so offenherzig über seine Verhältnisse aus, er gab ihm zu verstehen, daß er von hoher Abkunft sei, und zu seinem Vergnügen reise.

Die beiden jungen Herren fanden Gefallen aneinander, und zogen fürder. Am zweiten Tage ihrer gemeinschaftlichen Reise fragte Labakan seinen Gefährten Omar nach den Aufträgen, die er zu besorgen habe, und erfuhr zu seinem Erstaunen folgendes: Elfi-Bei, der Bassa von Kairo, hatte den Omar seit seiner frühesten Kindheit erzogen, und dieser hatte seine Eltern nie gekannt. Als nun Elfi-Bei von seinen Feinden überfallen, und nach drei unglücklichen Schlachten, tödlich verwundet, fliehen mußte, entdeckte er seinem Zögling, daß er nicht sein Neffe sei, sondern der Sohn eines mächtigen Herrschers, welcher, aus Furcht vor den Prophezeiungen seiner Sterndeuter, den jungen Prinzen von seinem Hofe entfernt habe, mit dem Schwur, ihn erst an seinem zweiundzwanzigsten Geburtstage wiedersehen zu wollen. Elfi-Bei habe ihm den Namen seines Vaters nicht genannt, sondern ihm nur aufs bestimmteste aufgetragen, am fünften Tage des kommenden Monats Ramadan, an welchem Tage er zweiundzwanzig Jahre alt werde, sich an der berühmten Säule El-Serujah, vier Tagreisen östlich von Alessandria, einzufinden; dort soll er den Männern, die an der Säule stehen werden, einen Dolch, den er ihm gab, überreichen, mit den Worten: „Hier bin ich, den ihr suchet"; wenn sie antworten: „Gelobt sei der Prophet, der dich erhielt"; so solle er ihnen folgen, sie werden ihn zu seinem Vater führen.

Der Schneidergeselle Labakan war sehr erstaunt über diese Mitteilung, er betrachtete von jetzt an den Prinzen Omar mit neidischen Augen, erzürnt darüber, daß das Schicksal jenem, obgleich er schon für den Neffen eines mächtigen Bassa galt, noch die Würde eines Fürstensohns verliehen, ihm aber, den es mit allem, was einem Prinzen not tut, ausrüstete, gleichsam zum Hohn eine dunkle Geburt und einen gewöhnlichen Lebensweg verliehen habe. Er stellte Vergleichungen zwischen sich und dem Prinzen an. Er mußte sich gestehen, es sei jener ein Mann von sehr vorteilhafter Gesichtsbildung; schöne lebhafte Augen, eine kühn gebogene Nase, ein sanftes, zuvorkommendes Benehmen, kurz so viele Vorzüge des Äußeren, die jemand empfehlen können, waren jenem eigen. Aber so viele Vorzüge er auch an seinem Begleiter fand, so gestand er sich doch bei diesen Beobachtungen, daß ein Labakan dem fürstlichen Vater wohl noch willkommener sein dürfte, als der wirkliche Prinz.

Diese Betrachtungen verfolgten Labakan den ganzen Tag, mit ihnen schlief er im nächsten Nachtlager ein, aber als er morgens aufwachte, und sein Blick auf den neben ihm schlafenden Omar fiel, der so ruhig schlafen und von seinem gewissen Glücke träumen konnte, da erwachte in ihm der Gedanke, sich durch List oder Gewalt zu erstreben, was ihm das ungünstige Schicksal versagt hatte; der Dolch, das Erkennungszeichen des heimkehrenden Prinzen, sah aus dem Gürtel des Schlafenden hervor, leise zog er ihn hervor, um ihn in die Brust des Eigentümers zu stoßen. Doch vor dem Gedanken des Mordes entsetzte sich die friedfertige Seele des Gesellen, er begnügte sich, den Dolch zu sich zu stecken, das schnellere Pferd des Prinzen für sich aufzäumen zu lassen, und ehe Omar aufwachte, und sich aller seiner Hoffnungen beraubt sah, hatte sein treuloser Gefährte schon einen Vorsprung von mehreren Meilen.

Es war gerade der erste Tag des heiligen Monats Ramadan, an welchem Labakan den Raub an dem Prinzen begangen hatte, und er hatte also noch vier Tage, um zu der Säule El-Serujah, welche ihm wohlbekannt war, zu gelangen. Obgleich die Gegend, worin sich diese Säule befand, höchstens noch zwei Tagreisen entfernt sein konnte, so beeilte er sich doch, hinzukommen, weil er immer fürchtete, von dem wahren Prinzen eingeholt zu werden.

Am Ende des zweiten Tages, erblickte Labakan die Säule El-Serujah. Sie stand auf einer kleinen Anhöhe in einer weiten Ebene, und konnte auf zwei bis drei Stunden gesehen werden. Labakans Herz pochte lauter bei diesem Anblick; obgleich er die letzten zwei Tage hindurch Zeit genug hatte, über die Rolle, die er zu spielen hatte, nachzudenken, so machte ihn doch das böse Gewissen etwas ängstlich, aber der Gedanke, daß er zum Prinzen geboren sei, stärkte ihn wieder, so daß er getrösteter seinem Ziele entgegenging.

Die Gegend um die Säule El-Serujah war unbewohnt und öde, und der neue Prinz wäre wegen seines Unterhalts etwas in Verlegenheit gekommen, wenn er sich nicht auf mehrere Tage versehen hätte. Er lagerte sich also neben seinem Pferd, unter einigen Palmen, und erwartete dort sein ferneres Schicksal.

Gegen die Mitte des andern Tages sah er einen großen Zug mit Pferden und Kamelen über die Ebene her, auf die Säule El-Serujah zu, ziehen. Der Zug hielt am Fuße des Hügels, auf welchem die Säule stand, man schlug prachtvolle Zelte auf, und das Ganze sah aus, wie der Reisezug eines reichen Bassa oder Scheik. Labakan ahnete, daß die vielen Leute, welche er sah, sich seinetwegen hieher bemüht haben, und hätte ihnen gerne schon heute ihren künftigen Gebieter gezeigt, aber er mäßigte seine Begierde, als Prinz aufzutreten, da ja doch der nächste Morgen seine kühnsten Wünsche vollkommen befriedigen mußte.

Die Morgensonne weckte den überglücklichen Schneider zu dem wichtigsten Augenblick seines Lebens, welcher ihn aus einem niederen, unbekannten Sterblichen, an die Seite eines fürstlichen Vaters erheben sollte; zwar fiel ihm, als er sein Pferd aufzäumte, um zu der Säule hinzureiten, wohl auch das Unrechtmäßige seines Schrittes ein, zwar führten ihm seine Gedanken den Schmerz, des in seinen schönen Hoffnungen betrogenen Für-

DAS MÄRCHEN VOM FALSCHEN PRINZEN

stensohnes vor, aber – der Würfel war geworfen, er konnte nicht mehr ungeschehen machen, was geschehen war, und seine Eigenliebe flüsterte ihm zu, daß er stattlich genug aussehe, um dem mächtigsten König sich als Sohn vorzustellen; ermutigt durch diesen Gedanken, schwang er sich auf sein Roß, nahm all seine Tapferkeit zusammen, um es in einen ordentlichen Galopp zu bringen, und in weniger als einer Viertelstunde war er am Fuße des Hügels angelangt. Er stieg ab von seinem Pferd und band es an eine Staude, deren mehrere an dem Hügel wuchsen; hierauf zog er den Dolch des Prinzen Omar hervor, und stieg den Hügel hinan. Am Fuß der Säule standen sechs Männer um einen Greisen von hohem, königlichem Ansehen; ein prachtvoller Kaftan von Goldstoff, mit einem weißen Kaschmirschal umgürtet, der weiße, mit blitzenden Edelsteinen geschmückte Turban, bezeichneten ihn als einen Mann von Reichtum und Würde.

Auf ihn ging Labakan zu, neigte sich tief vor ihm und sprach, indem er ihm den Dolch darreichte: *„Hier bin ich, den Ihr suchet."*

„Gelobt sei der Prophet, der dich erhielt", antwortete der Greis mit Freudentränen, „umarme deinen alten Vater, mein geliebter Sohn, Omar!" Der gute Schneider war sehr gerührt, durch diese feierlichen Worte, und sank, mit einem Gemisch von Freude und Scham, in die Arme des alten Fürsten.

Aber nur einen Augenblick sollte er ungetrübt die Wonne seines neuen Standes genießen; als er sich aus den Armen des fürstlichen Greisen aufrichtete, sah er einen Reiter, über die Ebene her, auf den Hügel zueilen. Der Reiter und sein Roß gewährten einen sonderbaren Anblick; das Roß schien aus Eigensinn oder Müdigkeit nicht vorwärts zu wollen, in einem stolpernden Gang, der weder Schritt noch Trab war, zog es daher, der Reiter aber trieb es mit Händen und Füßen zu schnellerem Laufe an. Nur zu bald erkannte Labakan sein Roß Marva, und den echten Prinzen Omar, aber der böse Geist der Lüge war einmal in ihn gefahren, und er beschloß, wie es auch kommen möge, mit eiserner Stirne seine angemaßten Rechte zu behaupten.

Schon aus der Ferne hatte man den Reiter winken gesehen, jetzt war er, trotz dem schlechten Trab des Rosses Marva, am Fuße des Hügels angekommen, warf sich vom Pferd, und stürzte den Hügel hinan: „Haltet ein", rief er, „wer ihr auch sein möget, haltet ein, und laßt euch nicht von dem schändlichsten Betrüger täuschen; ich heiße Omar, und kein Sterblicher wage es, meinen Namen zu mißbrauchen!"

Auf den Gesichtern der Umstehenden malte sich tiefes Erstaunen über diese Wendung der Dinge; besonders schien der Greis sehr betroffen, indem er bald den einen, bald den andern fragend ansah; Labakan aber sprach mit mühsam errungener Ruhe: „Gnädigster Herr und Vater, laßt Euch nicht irremachen durch diesen Menschen da, es ist, soviel ich weiß, ein wahnsinniger Schneidergeselle aus Alessandria, Labakan geheißen, der mehr unser Mitleid als unsern Zorn verdient."

Bis zur Raserei aber brachten diese Worte den Prinzen; schäumend vor Wut, wollte er auf Labakan eindringen, aber die Umstehenden warfen sich dazwischen und hielten ihn fest, und der Fürst sprach: „Wahrhaftig, mein lieber Sohn, der arme Mensch ist verrückt; man binde ihn, und setze ihn auf eines unserer Drometaren, vielleicht, daß wir dem Unglücklichen Hülfe schaffen können."

Die Wut des Prinzen hatte sich gelegt, weinend rief er dem Fürsten zu: „Mein Herz sagt mir, daß Ihr mein Vater seid, bei dem Andenken meiner Mutter beschwöre ich Euch, hört mich an."

„Ei, Gott bewahre uns", antwortete dieser, „er fängt schon wieder an, irre zu reden, wie doch der Mensch auf so tolle Gedanken kommen kann!" Damit ergriff er Labakans Arm und ließ sich von ihm den Hügel hinuntergeleiten; sie setzten sich beide auf schöne, mit reichen Decken behängte Pferde, und ritten, an der Spitze des Zuges, über die Ebene hin. Dem unglücklichen Prinzen aber fesselte man die Hände, und band ihn auf ein Drometar fest, und zwei Reiter waren ihm immer zur Seite, die ein wachsames Auge auf jede seiner Bewegungen hatten.

Der fürstliche Greis war Saaud, der Sultan der Wechabiten. Er hatte lange ohne Kinder gelebt, endlich wurde ihm ein Prinz geboren, nach dem er sich so lange gesehnt hatte; aber die Sterndeuter, welche er um die Vorbedeutungen des Knabens befragte, taten den Ausspruch: daß er bis ins zweiundzwanzigste Jahr in Gefahr stehe, von einem Feinde verdrängt zu werden; deswegen, um recht sicher zu gehen, hatte der Sultan den Prinzen seinem alten erprobten Freunde Elfi-Bei zum Erziehen gegeben, und zweiundzwanzig schmerzliche Jahre auf seinen Anblick geharrt.

Dieses hatte der Sultan unterwegs seinem (vermeintlichen)

Sohne erzählt, und sich ihm außerordentlich zufrieden mit seiner Gestalt und seinem würdevollen Benehmen gezeigt.

Als sie in das Land des Sultans kamen, wurden sie überall von den Einwohnern mit Freudengeschrei empfangen, denn das Gerücht von der Ankunft des Prinzen hatte sich wie ein Lauffeuer durch alle Städte und Dörfer verbreitet. Auf den Straßen, durch welche sie zogen, waren Bögen von Blumen und Zweigen errichtet, glänzende Teppiche von allen Farben, schmückten die Häuser, und das Volk pries laut Gott und seinen Propheten, der ihnen einen so schönen Prinzen gesandt habe. Alles dies erfüllte das stolze Herz des Schneiders mit Wonne; desto unglücklicher mußte sich aber der echte Omar fühlen, der noch immer gefesselt, in stiller Verzweiflung, dem Zuge folgte. Niemand kümmerte sich um ihn bei dem allgemeinen Jubel, der doch ihm galt; den Namen Omar riefen tausend und wieder tausend Stimmen, aber ihn, der diesen Namen mit Recht trug, ihn beachtete keiner; höchstens fragte einer oder der andere, wen man denn so eng gebunden mit fortführe, und schrecklich tönte in das Ohr des Prinzen, die Antwort seiner Begleiter: *es sei ein wahnsinniger Schneider.*

Der Zug war endlich in die Hauptstadt des Sultans gekommen, wo alles noch glänzender zu ihrem Empfang bereitet war, als in den übrigen Städten. Die Sultanin, eine ältliche, ehrwürdige Frau, erwartete sie mit ihrem ganzen Hofstaat in dem prachtvollsten Saal des Schlosses. Der Boden dieses Saales war mit einem ungeheuern Teppich bedeckt; die Wände waren mit hellblauem Tuch geschmückt, das an goldenen Quasten und Schnüren in großen silbernen Haken hing.

Es war schon dunkel, als der Zug anlangte, daher waren im Saale viele kugelrunde, farbige Lampen angezündet, welche die Nacht zum Tag erhellten. Am klarsten und vielfarbigsten strahlten sie aber im Hintergrund des Saales, wo die Sultanin auf einem Throne saß. Der Thron stand auf vier Stufen, und war von lauterem Golde und mit großen Amethisten ausgelegt. Die vier vornehmsten Emire hielten einen Baldachin von roter Seide über dem Haupte der Sultanin, und der Scheik von Medina fächelte ihr mit einer Windfuchtel von weißen Pfaufedern Kühlung zu.

So erwartete die Sultanin ihren Gemahl und ihren Sohn, auch sie hatte ihn seit seiner Geburt nicht mehr gesehen, aber bedeutsame Träume hatten ihr den Ersehnten gezeigt, daß sie ihn aus

Tausenden erkennen wollte. Jetzt hörte man das Geräusch des nahenden Zuges, Trompeten und Trommeln mischten sich in das Zujauchzen der Menge, der Hufschlag der Rosse tönte im Hof des Palastes, näher und näher rauschten die Tritte der Kommenden, die Türen des Saales flogen auf, und durch die Reihen der niederfallenden Diener eilte der Sultan, an der Hand seines Sohnes, vor den Thron der Mutter.

„Hier", sprach er, „bringe ich dir den, nach welchem du dich so lange gesehnet." –

Die Sultanin aber fiel ihm in die Rede: „Das ist mein Sohn nicht!" rief sie aus, „das sind nicht die Züge, die mir der Prophet im Traume gezeigt hat!"

Gerade, als ihr der Sultan ihren Aberglauben verweisen wollte, sprang die Türe des Saales auf, Prinz Omar stürzte herein, verfolgt von seinen Wächtern, denen er sich mit Anstrengung aller seiner Kraft entrissen hatte, er warf sich atemlos vor dem Throne nieder: „Hier will ich sterben, laß mich töten, grausamer Vater; denn diese Schmach dulde ich nicht länger!" Alles war bestürzt über diese Reden, man drängte sich um den Unglücklichen her, und schon wollten ihn die herbeieilenden Wachen ergreifen, und ihm wieder seine Bande anlegen, als die Sultanin, die in sprachlosem Erstaunen dieses alles mit angesehen hatte, von dem Throne aufsprang: „Haltet ein", rief sie – „dieser und kein anderer ist der Rechte, dieser ist's, den meine Augen nie gesehen, und den mein Herz doch gekannt hat!"

Die Wächter hatten unwillkürlich von Omar abgelassen, aber der Sultan, entflammt von wütendem Zorn, rief ihnen zu, den Wahnsinnigen zu binden: „Ich habe hier zu entscheiden", sprach er mit gebietender Stimme, „und hier richtet man nicht nach den Träumen der Weiber, sondern nach gewissen, untrüglichen Zeichen; dieser hier, (indem er auf Labakan zeigte) ist mein Sohn, denn er hat mir das Wahrzeichen meines Freundes Elfi, *den Dolch*, gebracht."

„Gestohlen hat er ihn", schrie Omar, „mein argloses Vertrauen hat er zum Verrat mißbraucht!" Der Sultan aber hörte nicht auf die Stimme seines Sohnes, denn er war in allen Dingen gewohnt, eigensinnig nur seinem Urteil zu folgen; daher ließ er den unglücklichen Omar mit Gewalt aus dem Saal schleppen, er selbst aber begab sich mit Labakan in sein Gemach, voll Wut über die Sultanin, seine Gemahlin, mit der er doch seit fünfundzwanzig Jahren im Frieden gelebt hatte.

DAS MÄRCHEN VOM FALSCHEN PRINZEN

Die Sultanin aber war voll Kummer über diese Begebenheiten; sie war vollkommen überzeugt, daß ein Betrüger sich des Herzens des Sultans bemächtigt hatte, denn jenen Unglücklichen hatten ihr so viele bedeutsame Träume als ihren Sohn gezeigt. Als sich ihr Schmerz ein wenig gelegt hatte, sann sie auf Mittel, um ihren Gemahl von seinem Unrecht zu überzeugen. Es war dies allerdings schwierig, denn jener, der sich für ihren Sohn ausgab, hatte das Erkennungszeichen, den Dolch, überreicht, und hatte auch, wie sie erfuhr, so viel von Omars früherem Leben von diesem selbst sich erzählen lassen, daß er seine Rolle, ohne sich zu verraten, spielte.

Sie berief die Männer zu sich, die den Sultan zu der Säule El-Serujah begleitet hatten, um sich alles genau erzählen zu lassen, und hielt dann mit ihren vertrautesten Sklavinnen Rat. Sie wählten und verwarfen dies und jenes Mittel; endlich sprach Melechsalah, eine alte, kluge Zirkassierin: „Wenn ich recht gehört habe, verehrte Gebieterin, so nannte der Überbringer des Dolches den, welchen du für deinen Sohn hältst, *Labakan, einen verwirrten Schneider?*" „Ja, so ist es", antwortete die Sultanin, „aber was willst du damit?"

„Was meint Ihr", fuhr jene fort, „wenn dieser Betrüger Eurem Sohn seinen eigenen Namen aufgeheftet hätte? – und wenn dies ist, so gibt es ein herrliches Mittel, den Betrüger zu fangen, das ich Euch ganz im geheim sagen will"; die Sultanin bot ihrer Sklavin das Ohr hin, und diese flüsterte ihr einen Rat zu, der ihr zu behagen schien, denn sie schickte sich an, sogleich zum Sultan zu gehen.

Die Sultanin war eine kluge Frau, welche wohl die schwachen Seiten des Sultans kannte, und sie zu benützen verstand. Sie schien daher ihm nachgeben, und den Sohn anerkennen zu wollen, und bat sich nur eine Bedingung aus; der Sultan, dem sein Aufbrausen gegen seine Frau leid tat, gestand die Bedingung zu, und sie sprach: „Ich möchte gerne den beiden eine Probe ihrer Geschicklichkeit auferlegen; eine andere würde sie vielleicht reiten, fechten, oder Speere werfen lassen, aber das sind Sachen, die ein jeder kann; nein! ich will ihnen etwas geben, wozu Scharfsinn gehört. Es soll nämlich jeder von ihnen einen Kaftan, und ein Paar Beinkleider verfertigen, und da wollen wir einmal sehen, wer die schönsten macht."

Der Sultan lachte und sprach: „Ei, da hast du ja etwas recht Kluges ausgesonnen. Mein Sohn sollte mit deinem wahnsinnigen

Schneider wetteifern, wer den besten Kaftan macht? Nein, das ist nichts." —

Die Sultanin aber berief sich darauf, daß er ihr die Bedingung zum voraus zugesagt habe, und der Sultan, welcher ein Mann von Wort war, gab endlich nach, obgleich er schwur, wenn der wahnsinnige Schneider seinen Kaftan auch noch so schön mache, könne er ihn doch nicht für seinen Sohn erkennen.

Der Sultan ging selbst zu seinem Sohn, und bat ihn, sich in die Grillen seiner Mutter zu schicken, die nun einmal durchaus einen Kaftan von seiner Hand zu sehen wünsche. Dem guten Labakan lachte das Herz vor Freude, wenn es nur an *dem* fehlt, dachte er bei sich, da soll die Frau Sultanin bald Freude an mir erleben.

Man hatte zwei Zimmer eingerichtet, eines für den Prinzen, das andere für den Schneider, dort sollten sie ihre Kunst erproben, und man hatte jedem nur ein hinlängliches Stück Seidenzeug, Schere, Nadel und Faden gegeben.

Der Sultan war sehr begierig, was für ein Ding von Kaftan wohl sein Sohn zutage fördern werde, aber auch der Sultanin pochte unruhig das Herz, ob ihre List wohl gelingen werde, oder nicht. Man hatte den beiden zwei Tage zu ihrem Geschäft ausgesetzt, am dritten ließ der Sultan seine Gemahlin rufen, und als sie erschienen war, schickte er in jene zwei Zimmer, um die beiden Kaftane und ihre Verfertiger holen zu lassen. Triumphierend trat Labakan ein, und breitete seinen Kaftan vor den erstaunten Blicken des Sultans aus. „Siehe her Vater", sprach er, „siehe her verehrte Mutter, ob dies nicht ein Meisterstück von einem Kaftan ist? da laß ich es mit dem geschicktesten Hofschneider auf eine Wette ankommen, ob er einen solchen herausbringt." —

Die Sultanin lächelte, und wandte sich zu Omar: „Und was hast du herausgebracht, mein Sohn?" Unwillig warf dieser den Seidenstoff und die Schere auf den Boden: „Man hat mich gelehrt ein Roß zu bändigen, und einen Säbel zu schwingen, und meine Lanze trifft auf sechzig Gänge ihr Ziel – aber die Künste der Nadel sind mir fremd, sie wären auch unwürdig für einen Zögling Elfi-Beis, des Beherrschers von Kairo."

„O du echter Sohn meines Herrn", rief die Sultanin, „ach! daß ich dich umarmen, dich Sohn nennen dürfte! Verzeihet, mein Gemahl und Gebieter", sprach sie dann, indem sie sich zum Sultan wandte, „daß ich diese List gegen Euch gebraucht habe; sehet Ihr jetzt noch nicht ein, wer Prinz, und wer Schneider ist;

fürwahr, der Kaftan ist köstlich, den Euer Herr Sohn gemacht hat, und ich möchte ihn gerne fragen, bei welchem Meister er gelernt habe?"

Der Sultan saß in tiefen Gedanken, mißtrauisch, bald seine Frau, bald Labakan anschauend, der umsonst sein Erröten und seine Bestürzung, daß er sich so dumm verraten habe, zu bekämpfen suchte. „Auch dieser Beweis genügt nicht", sprach er, „aber ich weiß, Allah sei es gedankt, ein Mittel zu erfahren, ob ich betrogen bin, oder nicht."

Er befahl, sein schnellstes Pferd vorzuführen, schwang sich auf, und ritt in einen Wald, der nicht weit von der Stadt begann. Dort wohnte, nach einer alten Sage, eine gütige Fee, Adolzaide geheißen, welche oft schon den Königen seines Stammes, in der Stunde der Not, mit ihrem Rat beigestanden war; dorthin eilte der Sultan.

In der Mitte des Waldes war ein freier Platz, von hohen Zedern umgeben. Dort wohnte, nach der Sage, die Fee, und selten betrat ein Sterblicher diesen Platz, denn eine gewisse Scheue davor, hatte sich aus alten Zeiten vom Vater auf den Sohn vererbt.

Als der Sultan dort angekommen war, stieg er ab, band sein Pferd an einen Baum, stellte sich in die Mitte des Platzes, und sprach mit lauter Stimme: „Wenn es wahr ist, daß du meinen Vätern gütigen Rat erteiltest, in der Stunde der Not, so verschmähe nicht die Bitte ihres Enkels und rate mir, wo menschlicher Verstand zu kurzsichtig ist."

Er hatte kaum die letzten Worte gesprochen, als sich eine der Zedern öffnete, und eine verschleierte Frau in langen weißen Gewändern hervortrat. „Ich weiß, warum du zu mir kommst, Sultan Saaud, dein Wille ist redlich, darum soll dir auch meine Hülfe werden. Nimm diese zwei Kistchen. Laß jene beiden, welche deine Söhne sein wollen, wählen, ich weiß, daß der, welcher der echte ist, das rechte nicht verfehlen wird." So sprach die Verschleierte und reichte ihm zwei kleine Kistchen von Elfenbein, reich mit Gold und Perlen verziert; auf dem Deckel, welchen der Sultan vergebens zu öffnen versuchte, standen Inschriften von eingesetzten Diamanten. –

Der Sultan besann sich, als er nach Hause ritt, hin und her, was wohl in den Kistchen sein könnte, welche er mit aller Mühe nicht zu eröffnen vermochte, auch die Aufschrift gab ihm kein Licht in der Sache, denn auf dem einen stand: *„Ehre und Ruhm."*

Auf dem andern: „*Glück und Reichtum.*" Der Sultan dachte bei sich, da würde auch ihm die Wahl schwer werden, unter diesen beiden Dingen, die gleich anziehend, gleich lockend seien.

Als er in seinen Palast zurückgekommen war, ließ er die Sultanin rufen, und sagte ihr den Ausspruch der Fee, und eine wunderbare Hoffnung erfüllte sie, daß jener, zu dem ihr Herz sie hinzog, das Kistchen wählen würde, welches seine königliche Abkunft beweisen sollte.

Vor dem Throne des Sultans wurden zwei Tische aufgestellt; auf sie setzte der Sultan, mit eigener Hand, die beiden Kistchen, bestieg dann den Thron, und winkte einem seiner Sklaven, die Pforte des Saales zu öffnen. Eine glänzende Versammlung von Bassas und Emiren des Reiches, die der Sultan berufen hatte, strömte durch die geöffnete Pforte. Sie ließen sich auf prachtvollen Polstern nieder, welche die Wände entlang aufgestellt waren.

Als sie sich alle niedergelassen hatten, winkte der König zum zweitenmal, und Labakan wurde hereingeführt; mit stolzem Schritte ging er durch den Saal, warf sich vor dem Throne nieder, und sprach: „Was befiehlt mein Herr und Vater?"

Der Sultan erhob sich auf seinem Throne und sprach: „Mein Sohn! es sind Zweifel an der Echtheit deiner Ansprüche auf diesen Namen erhoben worden; eines jener Kistchen enthält die Bestätigung deiner echten Geburt, wähle! ich zweifle nicht, du wirst das rechte wählen!"

Labakan erhob sich und trat vor die Kistchen, er erwog lange, was er wählen sollte, endlich sprach er: „Verehrter Vater! was kann es Höheres geben, als das *Glück*, dein Sohn zu sein, was Edleres, als den *Reichtum* deiner Gnade? Ich wähle das Kistchen, das die Aufschrift: ‚*Glück und Reichtum*' zeigt."

„Wir werden nachher erfahren, ob du recht gewählt hast, einstweilen setze dich dort auf das Polster, zum Bassa von Medina", sagte der Sultan, und winkte seinen Sklaven.

Omar wurde hereingeführt; sein Blick war düster, seine Miene traurig, und sein Anblick erregte allgemeine Teilnahme unter den Anwesenden. Er warf sich vor dem Throne nieder, und fragte nach dem Willen des Sultans.

Der Sultan deutete ihm an, daß er eines der Kistchen zu wählen habe, er stand auf und trat vor den Tisch.

Er las aufmerksam beide Inschriften und sprach: „Die letzten Tage haben mich gelehrt, wie unsicher das Glück, wie vergäng-

DAS MÄRCHEN VOM FALSCHEN PRINZEN

lich der Reichtum ist, sie haben mich aber auch gelehrt, daß ein unzerstörbares Gut in der Brust des Tapfern wohnt, *die Ehre,* und daß der leuchtende Stern *des Ruhmes* nicht mit dem Glück zugleich vergeht. Und sollte ich einer Krone entsagen, der Würfel liegt, *Ehre* und *Ruhm* ich wähle euch!" –

Er setzte seine Hand auf das Kistchen, das er erwählt hatte, aber der Sultan befahl ihm einzuhalten, er winkte Labakan gleichfalls vor seinen Tisch zu treten, und auch dieser legte seine Hand auf sein Kistchen.

Der Sultan aber ließ sich ein Becken mit Wasser von dem heiligen Brunnen Zemzem in Mekka bringen, wusch seine Hände zum Gebet, wandte sein Gesicht nach Osten, warf sich nieder und betete: „Gott meiner Väter! der du seit Jahrhunderten unsern Stamm rein und unverfälscht bewahrtest, gib nicht zu, daß ein Unwürdiger den Namen der Abassiden schände, sei mit deinem Schutze meinem echten Sohne nahe in dieser Stunde der Prüfung."

Der Sultan erhob sich und bestieg seinen Thron wieder; allgemeine Erwartung fesselte die Anwesenden, man wagte kaum zu atmen, man hätte ein Mäuschen über den Saal gehen hören, so still und gespannt waren alle, die Hintersten machten lange Hälse, um über die Vordern nach den Kistchen sehen zu können. Jetzt sprach der Sultan: „Öffnet die Kistchen", und diese, die vorher keine Gewalt zu öffnen vermochte, sprangen von selbst auf.

In dem Kistchen, das Omar gewählt hatte, lag auf einem samtenen Kissen eine kleine goldene Krone und ein Szepter; in Labakans Kistchen – eine große Nadel und ein wenig Zwirn! Der Sultan befahl den beiden, ihre Kästchen vor ihn zu bringen. Er nahm das Krönchen von dem Kissen in seine Hand, und wunderbar war es anzusehen: wie er es nahm, wurde es größer und größer, bis es die Größe einer rechten Krone erreicht hatte. Er setzte die Krone seinem Sohn Omar, der vor ihm kniete, auf das Haupt, küßte ihn auf die Stirne und hieß ihn zu seiner Rechten sich niedersetzen. Zu Labakan aber wandte er sich und sprach: „Es ist ein altes Sprüchwort: ‚Der Schuster bleibe bei seinem Leist', es scheint als solltest du bei der Nadel bleiben.

Zwar hast du meine Gnade nicht verdient, aber es hat jemand für dich gebeten, dem ich heute nichts abschlagen kann; drum schenke ich dir dein armseliges Leben, aber wenn ich dir guten Rates bin, so beeile dich daß du aus meinem Land kommst."

Beschämt, vernichtet wie er war, vermochte der arme Schneidergeselle nichts zu erwidern; er warf sich vor dem Prinzen nieder, und Tränen drangen ihm aus den Augen: „Könnt Ihr mir vergeben, Prinz?" sagte er. —

„Treue gegen den Freund, Großmut gegen den Feind ist des Abassiden Stolz", antwortete der Prinz, indem er ihn aufhob, „gehe hin im Frieden." „O du mein echter Sohn!" rief gerührt der alte Sultan, und sank an die Brust des Sohnes, die Emiren und Bassa und alle Großen des Reiches standen auf von ihren Sitzen und riefen „Heil dem neuen Königssohn", und unter dem allgemeinen Jubel schlich sich Labakan, sein Kistchen unter dem Arm, aus dem Saal.

Er ging hinunter in die Ställe des Sultans, zäumte sein Roß Marva auf, und ritt zum Tore hinaus, Alessandria zu. Sein ganzes Prinzenleben kam ihm wie ein Traum vor, und nur das prachtvolle Kistchen, reich mit Perlen und Diamanten geschmückt, erinnerte ihn, daß er doch nicht geträumt habe.

Als er endlich wieder nach Alessandria kam, ritt er vor das Haus seines alten Meisters, stieg ab, band sein Rößlein an die Türe, und trat in die Werkstatt. Der Meister, der ihn nicht gleich kannte, machte ein großes Wesen und fragte, was ihm zu Dienst stehe; als er aber den Gast näher ansah, und seinen alten Labakan erkannte, rief er seine Gesellen und Lehrlinge herbei, und alle stürzten sich wie wütend auf den armen Labakan, der keines solchen Empfangs gewärtig war, stießen und schlugen ihn mit Biegeleisen und Ellenmeß, stachen ihn mit Nadeln, und zwickten ihn mit scharfen Scheren, bis er erschöpft auf einen Haufen alter Kleider niedersank.

Und als er nun so dalag, hielt ihm der Meister eine Strafrede über das gestohlene Kleid; vergebens versicherte Labakan, daß er nur deswegen wiedergekommen sei, um ihm alles zu ersetzen, vergebens bot er ihm den dreifachen Schadenersatz, der Meister und seine Gesellen fielen wieder über ihn her, schlugen ihn weidlich und warfen ihn zur Türe hinaus; zerschlagen und zerfetzt stieg er auf das Roß Marva und ritt in ein Karawanserei. Dort legte er sein müdes zerschlagenes Haupt nieder, und stellte Betrachtungen an über die Leiden der Erde, über das so oft verkannte Verdienst und über die Nichtigkeit und Flüchtigkeit aller Güter. Er schlief mit dem Entschluß ein, aller Größe zu entsagen, und ein ehrsamer Bürger zu werden.

Und den andern Tag gereute ihn sein Entschluß nicht, denn

die schweren Hände des Meisters und seiner Gesellen schienen alle Hoheit aus ihm herausgeprügelt zu haben.

Er verkaufte um einen hohen Preis sein Kistchen an einen Juwelenhändler, kaufte sich ein Haus und richtete eine Werkstatt zu seinem Gewerbe ein. Als er alles gut eingerichtet und auch einen Schild mit der Aufschrift *„Labakan, Kleidermacher"* vor sein Fenster gehängt hatte, setzte er sich, und begann mit jener Nadel und dem Zwirn, die er in dem Kistchen gefunden, den Rock zu flicken, welchen ihm sein Meister so grausam zerfetzt hatte. Er wurde von seinem Geschäft abgerufen, und als er sich wieder an die Arbeit setzen wollte, welch sonderbarer Anblick bot sich ihm dar! Die Nadel nähte emsig fort, ohne von jemand geführt zu werden, sie machte feine, zierliche Stiche, wie sie selbst Labakan in seinen kunstreichsten Augenblicken nicht gemacht hatte!

Wahrlich, auch das geringste Geschenk einer gütigen Fee ist nützlich und von großem Wert! Noch einen anderen Wert hatte aber dies Geschenk, nämlich: das Stückchen Zwirn ging nie aus, die Nadel mochte so fleißig sein, als sie wollte.

Labakan bekam viele Kunden, und war bald der berühmteste Schneider weit und breit; er schnitt die Gewänder zu, und machte den ersten Stich mit der Nadel daran, und flugs arbeitete diese weiter, ohne Unterlaß, bis das Gewand fertig war. Meister Labakan hatte bald die ganze Stadt zu Kunden, denn er arbeitete schön und außerordentlich billig, und nur über *eines* schüttelten die Leute von Alessandria den Kopf, nämlich: daß er ganz ohne Gesellen und bei verschlossenen Türen arbeite.

So war der Spruch des Kistchens, *Glück* und *Reichtum* verheißend, in Erfüllung gegangen; Glück und Reichtum begleiteten, wenn auch in bescheidenem Maße, die Schritte des guten Schneiders, und wenn er von dem Ruhm des jungen Sultans Omar, der in aller Munde lebte, hörte, wenn er hörte, daß dieser Tapfere der Stolz und die Liebe seines Volkes und der Schrecken seiner Feinde sei, da dachte der ehemalige Prinz bei sich: es ist doch besser, daß ich ein Schneider geblieben bin, denn um die Ehre und den Ruhm ist es eine gar gefährliche Sache. So lebte Labakan, zufrieden mit sich, geachtet von seinen Mitbürgern, und wenn die Nadel indes nicht ihre Kraft verloren, so näht sie noch jetzt mit dem ewigen Zwirn der gütigen Fee Adolzaide.

Mit Sonnenaufgang brach die Karawane auf, und gelangte bald nach Birket el Had, oder den Pilgrimsbrunnen, von wo es nur noch 3 Stunden Weges nach Kairo war. Man hatte um diese Zeit die Karawane erwartet, und bald hatten die Kaufleute die Freude, ihre Freunde aus Kairo ihnen entgegenkommen zu sehen. Sie zogen in die Stadt durch das Tor Bebel Falch, denn es wird für eine glückliche Vorbedeutung gehalten, wenn man von Mekka kommt, durch dieses Tor einzuziehen, weil der Prophet hindurchgezogen ist.

Auf dem Markte verabschiedeten sich die vier türkischen Kaufleute von dem Fremden und dem griechischen Kaufmann Zaleukos, und gingen mit ihren Freunden nach Haus. Zaleukos aber zeigte dem Fremden ein gute Karawanserei, und lud ihn ein, mit ihm das Mittagsmahl zu nehmen. Der Fremde sagte zu, und versprach, wenn er nur vorher noch sich umgekleidet habe, zu erscheinen.

Der Grieche hatte alle Anstalten getroffen, den Fremden, welchen er auf der Reise liebgewonnen hatte, gut zu bewirten, und als die Speisen und Getränke in gehöriger Ordnung aufgestellt waren, setzte er sich, seinen Gast zu erwarten.

Langsamen und schweren Schrittes hörte er ihn den Gang, der zu seinem Gemach führte, heraufkommen. Er erhob sich, um ihm freundlich entgegenzugehen, und ihn an der Schwelle zu bewillkommen, aber voll Entsetzen fuhr er zurück, als er die Türe öffnete, denn jener schreckliche Rotmantel trat ihm entgegen; er warf noch einen Blick auf ihn, es war keine Täuschung; dieselbe hohe, gebietende Gestalt, die Larve, aus welcher ihn die dunkeln Augen anblitzten, der rote Mantel mit der goldenen Stickerei, war ihm nur allzu wohl bekannt aus den schrecklichsten Stunden seines Lebens.

Widerstreitende Gefühle wogten in Zaleukos' Brust; er hatte sich mit diesem Bild seiner Erinnerung längst ausgesöhnt und ihm vergeben, und doch riß sein Anblick alle seine Wunden wieder auf; alle jene qualvollen Stunden der Todesangst, jener Gram, der die Blüte seines Lebens vergiftete, zogen, im Flug eines Augenblicks, an seiner Seele vorüber.

„Was willst du, Schrecklicher!" rief der Grieche aus, als die Erscheinung noch immer regungslos auf der Schwelle stand, „weiche schnell von hinnen, daß ich dir nicht fluche!"

„Zaleukos!" sprach eine bekannte Stimme unter der Larve hervor, „Zaleukos! so empfängst du deinen Gastfreund?" Der

Sprechende nahm die Larve ab, schlug den Mantel zurück; es war Selim Baruch, der Fremde.

Aber Zaleukos schien noch nicht beruhigt; ihm graute vor dem Fremden, denn nur zu deutlich hatte er in ihm den Unbekannten von der Ponte Vecchio erkannt; aber die alte Gewohnheit der Gastfreundschaft siegte, er winkte schweigend dem Fremden, sich zu ihm ans Mahl zu setzen.

„Ich errate deine Gedanken", nahm dieser das Wort, als sie sich gesetzt hatten, „deine Augen sehen fragend auf mich; – ich hätte schweigen, und mich deinen Blicken nie mehr zeigen können, aber ich bin dir Rechenschaft schuldig, und darum wagte ich es auch auf die Gefahr hin, daß du mir fluchest, vor dir in meiner alten Gestalt zu erscheinen. Du sagtest einst zu mir: ‚*Der Glaube meiner Väter befiehlt mir ihn zu lieben, auch ist er wohl unglücklicher als ich*', glaube dieses, mein Freund, und höre meine Rechtfertigung.

Ich muß weit ausholen, um mich dir ganz verständlich zu machen. Ich bin in Alexandrien von christlichen Eltern geboren. Mein Vater, der jüngere Sohn eines alten berühmten französischen Hauses, war Konsul seines Landes in Alexandrien. Ich wurde von meinem zehnten Jahr an in Frankreich bei einem Bruder meiner Mutter erzogen, und verließ erst einige Jahre nach dem Ausbruch der Revolution mein Vaterland, um mit meinem Oheim, der in dem Lande seiner Ahnen nicht mehr sicher war, über dem Meer bei meinen Eltern eine Zuflucht zu suchen. Voll Hoffnung, die Ruhe und den Frieden, den uns das empörte Volk der Franzosen entrissen, im elterlichen Hause wiederzufinden, landeten wir. Aber ach! ich fand nicht alles in meines Vaters Hause, wie es sein sollte; die äußeren Stürme der bewegten Zeit waren zwar noch nicht bis hieher gelangt, desto unerwarteter hatte das Unglück mein Haus im innersten Herzen heimgesucht. Mein Bruder, ein junger, hoffnungsvoller Mann, erster Sekretär meines Vaters, hatte sich erst seit kurzem mit einem jungen Mädchen, der Tochter eines florentinischen Edelmannes, der in unserer Nachbarschaft wohnte, verheiratet; zwei Tage vor unserer Ankunft war diese auf einmal verschwunden, ohne daß weder unsere Familie noch ihr Vater die geringste Spur von ihr auffinden konnten. Man glaubte endlich, sie habe sich auf einem Spaziergang zu weit gewagt, und seie in Räuberhände gefallen. Beinahe tröstlicher wäre dieser Gedanke für meinen armen Bruder gewesen, als die Wahrheit, die uns nur zu bald kund wurde. Die

Treulose hatte sich mit einem jungen Neapolitaner, den sie im Hause ihres Vaters kennengelernt hatte – eingeschifft. Mein Bruder, aufs äußerste empört über diesen Schritt, bot alles auf, die Schuldige zur Strafe zu ziehen; doch vergebens; seine Versuche, die in Neapel und Florenz Aufsehen erregt hatten, dienten nur dazu, sein und unser aller Unglück zu vollenden. Der florentinische Edelmann reiste in sein Vaterland zurück, zwar mit dem Vorgeben, meinem Bruder Recht zu verschaffen, der Tat nach aber, um uns zu verderben. Er schlug in Florenz alle jene Untersuchungen, welche mein Bruder angeknüpft hatte, nieder, und wußte seinen Einfluß, den er auf alle Art sich verschafft hatte, so gut zu benützen, daß mein Vater und mein Bruder ihrer Regierung verdächtig gemacht, und, durch die schändlichsten Mittel gefangen, nach Frankreich geführt, und dort vom Beil des Henkers getötet wurden. Meine arme Mutter verfiel in Wahnsinn, und erst nach zehn langen Monaten erlöste sie der Tod von ihrem schrecklichen Zustand, der aber in den letzten Tagen zu vollem, klarem Bewußtsein geworden war. So stand ich jetzt ganz allein in der Welt, aber nur *ein* Gedanke beschäftigte meine Seele, nur *ein* Gedanke ließ mich meine Trauer vergessen, es war jene mächtige Flamme, die meine Mutter in ihrer letzten Stunde in mir angefacht hatte.

In den letzten Stunden war, wie ich dir sagte, ihr Bewußtsein zurückgekehrt, sie ließ mich rufen, und sprach mit Ruhe von unserem Schicksal und ihrem Ende. Dann aber ließ sie alle aus dem Zimmer gehen, richtete sich mit feierlicher Miene von ihrem ärmlichen Lager auf, und sagte, ich könne mir ihren Segen erwerben, wenn ich ihr schwöre, etwas auszuführen, das sie mir auftragen würde. Ergriffen von den Worten der sterbenden Mutter, gelobte ich mit einem Eide, zu tun, wie sie mir sagen werde. Sie brach nun in Verwünschungen gegen den Florentiner und seine Tochter aus, und legte mir mit den fürchterlichsten Drohungen ihres Fluches auf, mein unglückliches Haus an ihm zu rächen. Sie starb in meinen Armen. Jener Gedanke der Rache hatte schon lange in meiner Seele geschlummert; jetzt erwachte er mit aller Macht. Ich sammelte den Rest meines väterlichen Vermögens, und schwur mir, alles an meine Rache zu setzen, oder selbst mit unterzugehen.

Bald war ich in Florenz, wo ich mich so geheim als möglich aufhielt; mein Plan war aber um viel erschwert worden, durch die Lage, in welcher sich meine Feinde befanden. Der alte Florentiner war Gouverneur geworden, und hatte so alle Mittel in der Hand, sobald er das geringste ahnete, mich zu verderben. Ein Zufall kam mir zu Hülfe. Eines Abends sah ich einen Menschen in bekannter Livree durch die Straßen gehen; sein unsicherer Gang, sein finsterer Blick und das halblaut herausgestoßene ‚Santo sacramento' und ‚Maledetto diavolo' ließ mich den alten Pietro, einen Diener des Florentiners, den ich schon in Alexandria gekannt hatte, erkennen. Ich war nicht in Zweifel, daß er über seinen Herrn in Zorn geraten sei, und beschloß, seine Stimmung zu benützen. Er schien sehr überrascht, mich hier zu sehen, klagte mir sein Leiden, daß er seinem Herrn, seit er Gouverneur geworden, nichts mehr recht machen könne, und mein Gold, unterstützt von seinem Zorn, brachte ihn bald auf meine Seite. Das Schwierigste war jetzt beseitigt; ich hatte einen Mann in meinem Solde, der mir zu jeder Stunde die Türe meines Feindes öffnete: und nun reifte mein Racheplan immer schneller heran. Das Leben des alten Florentiners schien mir ein zu geringes Gewicht, dem Untergang meines Hauses gegenüber, zu haben. Sein Liebstes mußte er gemordet sehen, und dies war Bianka, seine Tochter. Hatte ja sie so schändlich an meinem Bruder gefrevelt, war ja sie doch die Hauptursache unseres Unglücks. Gar erwünscht kam sogar meinem rachedurstenden Herzen die Nachricht, daß gerade in dieser Zeit Bianka zum zweitenmal sich vermählen wollte, es war beschlossen, sie *mußte* sterben. Aber mir selbst graute vor der Tat, und auch Pietro traute ich zu wenig Kraft zu; darum spähten wir umher nach einem Mann, der das Geschäft vollbringen könnte. Unter den Florentinern wagte ich keinen zu dingen, denn gegen den Gouverneur würde keiner etwas solches unternommen haben. Da fiel Pietro der Plan ein, den ich nachher ausgeführt habe, zugleich schlug er dich als Fremden und Arzt als den Tauglichsten vor. Den Verlauf der Sache weißt du. Nur an deiner übergroßen Vorsicht und Ehrlichkeit schien mein Unternehmen zu scheitern. Daher der Zufall mit dem Mantel.

Pietro öffnete uns das Pförtchen an dem Palast des Gouverneurs, er hätte uns auch ebenso heimlich wieder hinausgeleitet, wenn wir nicht durch den schrecklichen Anblick, der sich uns durch die Türspalte darbot, erschreckt, entflohen wären. Von Schrecken und Reue gejagt, war ich über 200 Schritte fortgerannt, bis ich auf den Stufen einer Kirche niedersank. Dort erst sammelte ich mich wieder, und mein erster Gedanke warst du und dein schreckliches Schicksal, wenn man dich in dem Hause fände.

Ich schlich an den Palast, aber weder von Pietro noch von dir konnte ich eine Spur entdecken; das Pförtchen aber war offen, so konnte ich wenigstens hoffen, daß du die Gelegenheit zur Flucht benützt haben könntest.

Als aber der Tag anbrach, ließ mich die Angst vor der Entdeckung und ein unabweisbares Gefühl von Reue nicht mehr in den Mauern von Florenz. Ich eilte nach Rom. Aber denke dir meine Bestürzung, als man dort nach einigen Tagen überall diese Geschichte erzählte, mit dem Beisatz, man habe den Mörder, einen griechischen Arzt, gefangen. Ich kehrte in banger Besorgnis nach Florenz zurück; denn schien mir meine Rache schon vorher zu stark, so verfluchte ich sie jetzt, denn sie war mir durch dein Leben allzu teuer erkauft. Ich kam an demselben Tage an, der dich der Hand beraubte. Ich schweige von dem, was ich fühlte, als ich dich das Schafott besteigen und so heldenmütig leiden sah. Aber damals als dein Blut in Strömen aufspritzte, war der Entschluß fest in mir, dir deine übrigen Lebenstage zu versüßen. Was weiter geschehen ist, weißt du, nur das bleibt mir noch zu sagen übrig, warum ich diese Reise mit dir machte.

Als eine schwere Last drückte mich der Gedanke, daß du mir noch immer nicht vergeben habest; darum entschloß ich mich, viele Tage mit dir zu leben, und dir endlich Rechenschaft abzulegen von dem, was ich mit dir getan."

Schweigend hatte der Grieche seinen Gast angehört, mit sanftem Blick bot er ihm, als er geendet hatte, seine Rechte. „Ich wußte wohl, daß du unglücklicher sein müßtest als ich, denn jene grausame Tat wird, wie eine dunkle Wolke, ewig deine Tage verfinstern; ich vergebe dir von Herzen. Aber erlaube mir noch eine Frage: wie kommst du unter dieser Gestalt in die Wüste? was fingst du an, nachdem du in Konstantinopel mir das Haus gekauft hattest?"

„Ich ging nach Alexandria zurück", antwortete der Gefragte; „Haß gegen alle Menschen tobte in meiner Brust; brennender Haß besonders gegen jene Nationen, die man die gebildeten nennt. Glaube mir, unter meinen Moslemiten war mir wohler! Kaum war ich einige Monate in Alexandria, als jene Landung meiner Landsleute erfolgte.

Ich sah in ihnen nur die Henker meines Vaters und meines Bruders; darum sammelte ich einige gleichgesinnte junge Leute

meiner Bekanntschaft und schloß mich jenen tapfern Mameluk-
ken an, die so oft der Schrecken des französischen Heeres wurden. Als der Feldzug beendigt war, konnte ich mich nicht entschließen, zu den Künsten des Friedens zurückzukehren. Ich lebte
mit meiner kleinen Anzahl gleichdenkender Freunde ein unstetes, flüchtiges, dem Kampf und der Jagd geweihtes Leben; ich
lebe zufrieden unter diesen Leuten, die mich wie ihren Fürsten
ehren, denn wenn meine Asiaten auch nicht so gebildet sind, wie
Eure Europäer, so sind sie doch weit entfernt von Neid und
Verleumdung, von Selbstsucht und Ehrgeiz."

Zaleukos dankte dem Fremden für seine Mitteilung, aber er
barg ihm nicht, daß er es für seinen Stand, für seine Bildung an-
gemessener fände, wenn er in christlichen, in europäischen Ländern leben und wirken würde. Er faßte seine Hand und bat
ihn, mit ihm zu ziehen, bei ihm zu leben und zu sterben.

Gerührt sah ihn der Gastfreund an: „Daraus erkenne ich",
sagte er, „daß du mir ganz vergeben hast, daß du mich liebst.
Nimm meinen innigsten Dank dafür." Er sprang auf, und stand
in seiner ganzen Größe vor dem Griechen, dem vor dem kriegerischen Anstand, den dunkel blitzenden Augen, der tiefen geheimnisvollen Stimme seines Gastes beinahe graute. „Dein Vorschlag ist schön", sprach jener weiter, „er möchte für jeden
andern lockend sein – ich kann ihn nicht benutzen. Schon steht
mein Roß gesattelt, schon erwarten mich meine Diener; lebe
wohl, Zaleukos!"

Die Freunde, die das Schicksal so wunderbar zusammenge-
führt, umarmten sich zum Abschied. „Und wie nenne ich dich?
wie heißt mein Gastfreund, der auf ewig in meinem Gedächtnis
leben wird?" fragte der Grieche.

Der Fremde sah ihn lange an, drückte ihm noch einmal die
Hand und sprach: „Man nennt mich den *Herrn der Wüste*; ich
bin der Räuber *Orbasan*."

MÄRCHEN – ALMANACH FÜR SÖHNE UND TÖCHTER GEBILDETER STÄNDE AUF DAS JAHR 1827

DER SCHEIK VON ALESSANDRIA UND SEINE SKLAVEN

Der Scheik von Alessandria, Ali Banu, war ein sonderbarer Mann; wenn er morgens durch die Straßen der Stadt ging, angetan mit einem Turban aus den köstlichsten Kaschmirs gewunden, mit dem Festkleide und dem reichen Gürtel, der fünfzig Kamele wert war, wenn er einherging, langsamen, gravitätischen Schrittes, seine Stirne in finstere Falten gelegt, seine Augenbrauen zusammengezogen, die Augen niedergeschlagen und alle fünf Schritte gedankenvoll seinen langen, schwarzen Bart streichend, wenn er so hinging nach der Moschee, um, wie es seine Würde forderte, den Gläubigen Vorlesungen über den Koran zu halten: da blieben die Leute auf der Straße stehen, schauten ihm nach und sprachen zueinander:

„Es ist doch ein schöner, stattlicher Mann." „Und reich, ein reicher Herr", setzte wohl ein anderer hinzu; „sehr reich; hat er nicht ein Schloß am Hafen von Stambul? hat er nicht Güter und Felder, und viele tausend Stück Vieh und viele Sklaven?" „Ja", sprach ein dritter, „und der Tartar, der letzthin von Stambul her, vom Großherrn selbst, den der Prophet segnen möge, an ihn geschickt kam, der sagte mir, daß unser Scheik sehr in Ansehen stehe beim Reis-Effendi, beim Kapidschi-Baschi, bei allen, ja beim Sultan selbst." „Ja", rief ein vierter, „seine Schritte sind gesegnet; er ist ein reicher, vornehmer Herr, aber – aber. Ihr wißt, was ich meine!" – „Ja, ja!" murmelten dann die anderen dazwischen, „es ist wahr, er hat auch sein Teil zu tragen, möchten nicht mit ihm tauschen, ist ein reicher, vornehmer Herr, aber, aber!" – –

Ali Banu hatte ein herrliches Haus auf dem schönsten Platz von Alessandria; vor dem Hause war eine weite Terrasse mit Marmor ummauert, beschattet von Palmbäumen; dort saß er oft abends und rauchte seine Wasserpfeife. In ehrerbietiger Entfernung harrten dann zwölf reichgekleidete Sklaven seines Winkes, der eine trug seinen Betel, der andere hielt seinen Sonnenschirm, ein dritter hatte Gefäße von gediegenem Golde mit köstlichem Sorbet angefüllt, ein vierter trug einen Wedel von Pfauenfedern, um die Fliegen aus der Nähe des Herrn zu verscheuchen, andere waren Sänger und trugen Lauten und Blasinstrumente, um ihn zu ergötzen mit Musik, wenn er es verlangte, und der gelehrteste von allen trug mehrere Rollen, um ihm vorzulesen.

Aber sie harreten vergeblich auf seinen Wink, er verlangte nicht Musik noch Gesang, er wollte keine Sprüche oder Gedichte weiser Dichter der Vorzeit hören, er wollte keinen Sorbet zu sich nehmen, noch Betel kauen, ja selbst der mit dem Fächer aus Pfauenfedern hatte vergebliche Arbeit; denn der Herr bemerkte es nicht, wenn ihn eine Fliege summend umschwärmte.

Da blieben oft die Vorübergehenden stehen, staunten über die Pracht des Hauses, über die reichgekleideten Sklaven und über die Bequemlichkeit, womit alles versehen war: aber wenn sie dann den Scheik ansahen, wie er so ernst und düster unter den Palmen saß, sein Auge nirgends hinwandte, als auf die bläulichen Wölkchen seiner Wasserpfeife – da schüttelten sie die Köpfe und sprachen: „Wahrlich, der reiche Mann ist ein armer Mann, er, der viel hat, ist ärmer, als der nichts hat; denn der Prophet hat ihm den Verstand nicht gegeben, es zu genießen."

So sprachen die Leute, lachten über ihn und gingen weiter.

Eines Abends, als der Scheik wiederum vor der Türe seines Hauses unter den Palmen saß, umgeben von allem Glanz der Erde, und traurig und einsam seine Wasserpfeife rauchte, standen nicht ferne davon einige junge Leute, betrachteten ihn und lachten.

„Wahrlich", sprach der eine, „das ist ein törichter Mann, der Scheik Ali Banu; hätte ich seine Schätze, ich wollte sie anders anwenden. Alle Tage wollte ich leben herrlich und in Freuden; meine Freunde müßten bei mir speisen in den großen Gemächern des Hauses, und Jubel und Lachen müßten diese traurigen Hallen füllen."

„Ja", erwiderte ein anderer, „das wäre nicht so übel, aber viele Freunde zehren ein Gut auf, und wäre es so groß als das des Sultans, den der Prophet segne; aber säße ich abends so unter den Palmen auf dem schönen Platze hier, da müßten mir die

Sklaven dort singen und musizieren, meine Tänzer müßten kommen und tanzen und springen, und allerlei wunderliche Stücke aufführen; dazu rauchte ich recht vornehm die Wasserpfeife, ließe mir den köstlichen Sorbet reichen, und ergötzte mich an all diesem wie ein König von Bagdad."

„Der Scheik", sprach ein dritter dieser jungen Leute, der ein Schreiber war, „der Scheik soll ein gelehrter und weiser Mann sein, und wirklich, seine Vorlesungen über den Koran zeugen von Belesenheit in allen Dichtern und Schriften der Weisheit; aber ist auch sein Leben so eingerichtet, wie es einem vernünftigen Mann geziemt? Dort steht ein Sklave mit einem ganzen Arm voll Rollen; ich gäbe mein Festkleid dafür, nur eine davon lesen zu dürfen, denn es sind gewiß seltene Sachen; aber *er*? Er sitzt, und raucht, und läßt Bücher – Bücher sein. Wäre ich der Scheik Ali-Banu, der Kerl müßte mir vorlesen, bis er keinen Atem mehr hätte, oder bis die Nacht heraufkäme; und auch dann noch müßte er mir lesen, bis ich entschlummert wäre."

„Ha! Ihr wißt mir recht, wie man sich ein köstliches Leben einrichtet", lachte der vierte; „essen und trinken, singen und tanzen, Sprüche lesen und Gedichte hören von armseligen Dichtern! Nein, ich würde es ganz anders machen. Er hat die herrlichsten Pferde und Kamele und Geld die Menge. Da würde ich an seiner Stelle reisen, reisen bis an der Welt Ende, und selbst zu den Moskowitern, selbst zu den Franken. Kein Weg wäre mir zu weit, um die Herrlichkeiten der Welt zu sehen; so würde ich tun, wäre ich jener Mann dort."

„Die Jugend ist eine schöne Zeit, und das Alter, wo man fröhlich ist", sprach ein alter Mann von unscheinbarem Aussehen, der neben ihnen stand und ihre Reden gehört hatte; „aber erlaubt mir, daß ich es sage, die Jugend ist auch töricht und schwatzt hie und da in den Tag hinein, ohne zu wissen, was sie tut."

„Was wollt Ihr damit sagen, Alter!" fragten verwundert die jungen Leute; „meinet Ihr uns damit? Was geht es Euch an, daß wir die Lebensart des Scheik tadeln?"

„Wenn einer etwas besser weiß, als der andere, so berichte er seinen Irrtum, so will es der Prophet", erwiderte der alte Mann; „der Scheik, es ist wahr, ist gesegnet mit Schätzen, und hat alles, wornach das Herz verlangt, aber er hat Ursache, ernst und traurig zu sein. Meinet ihr, er sei immer so gewesen? Nein, ich habe ihn noch vor fünfzehn Jahren gesehen, da war er munter und rüstig wie die Gazelle, und lebte fröhlich und genoß sein Leben. Damals hatte er einen Sohn, die Freude seiner Tage, schön und gebildet, und wer ihn sah und sprechen hörte, mußte den Scheik beneiden um diesen Schatz, denn er war erst zehen Jahre alt, und doch war er schon so gelehrt, wie ein anderer kaum im achtzehnten."

„Und der ist ihm gestorben? Der arme Scheik!" rief der junge Schreiber.

„Es wäre tröstlich für ihn, zu wissen, daß er heimgegangen in die Wohnungen des Propheten, wo er besser lebte als hier in Alessandria; aber das, was er erfahren mußte, ist viel schlimmer. Es war damals die Zeit, wo die Franken wie hungrige Wölfe herüberkamen in unser Land, und Krieg mit uns führten. Sie hatten Alessandria überwältigt, und zogen von da aus weiter, und immer weiter und bekriegten die Mamelucken. Der Scheik war ein kluger Mann und wußte sich gut mit ihnen zu vertragen; aber, sei es, weil sie lüstern waren nach seinen Schätzen, sei es, weil er sich seiner gläubigen Brüder annahm, ich weiß es nicht genau; kurz, sie kamen eines Tages in sein Haus und beschuldigten ihn, die Mamelucken heimlich mit Waffen, Pferden und Lebensmitteln unterstützt zu haben. Er mochte seine Unschuld beweisen wie er wollte, es half nichts, denn die Franken sind ein rohes, hartherziges Volk, wenn es darauf ankommt, Geld zu erpressen. Sie nahmen also seinen jungen Sohn, Kairam geheißen, als Geisel in ihr Lager. Er bot ihnen viel Gold für ihn, aber sie gaben ihn nicht los, und wollten ihn zu noch höherem Gebot steigern. Da kam ihnen auf einmal von ihrem Bassa, oder was er war, der Befehl sich einzuschiffen; niemand in Alessandria wußte ein Wort davon, und – plötzlich waren sie auf der hohen See und den kleinen Kairam, Ali Banus Sohn, schleppten sie wohl mit sich, denn man hat nie wieder etwas von ihm gehört."

„O der arme Mann! wie hat ihn doch Allah geschlagen!" riefen einmütig die jungen Leute, und schauten mitleidig hin nach dem Scheik, der umgeben von Herrlichkeit, traurend und einsam unter den Palmen saß.

„Sein Weib, das er sehr geliebt hat, starb ihm aus Kummer um ihren Sohn; er selbst aber kaufte sich ein Schiff, rüstete es aus und bewog den fränkischen Arzt, der dort unten am Brunnen wohnt, mit ihm nach Frankistan zu reisen, um den verlorenen Sohn aufzusuchen. Sie schifften sich ein, und waren lange Zeit auf dem Meere, und kamen endlich in das Land jener

Giaurs, jener Ungläubigen, die in Alessandria gewesen waren. Aber dort soll es gerade schrecklich zugegangen sein. Sie hatten ihren Sultan umgebracht, und die Pascha, und die Reichen und Armen schlugen einander die Köpfe ab, und es war keine Ordnung im Lande. Vergeblich suchten sie in jeder Stadt nach dem kleinen Kairam, niemand wollte von ihm wissen, und der fränkische Doktor riet endlich dem Scheik, sich einzuschiffen, weil sie sonst wohl selbst um ihre Köpfe kommen könnten.

So kamen sie wieder zurück, und seit seiner Ankunft hat der Scheik gelebt wie an diesem Tage, denn er trauert um seinen Sohn; und er hat recht. Muß er nicht, wenn er ißt und trinkt, denken, jetzt muß vielleicht mein armer Kairam hungern und dürsten? Und wenn er sich bekleidet mit reichen Shawls und Festkleidern, wie es sein Amt und seine Würde will, muß er nicht denken, jetzt hat er wohl nicht, womit er seine Blöße deckt? Und wenn er umgeben ist von Sängern und Tänzern und Vorlesern, seinen Sklaven, denkt er da nicht, jetzt muß wohl mein armer Sohn seinem fränkischen Gebieter Sprünge vormachen und musizieren, wie er es haben will? Und was ihm den größten Kummer macht, er glaubt, der kleine Kairam werde, so weit vom Land seiner Väter und mitten unter Ungläubigen, die seiner spotten, abtrünnig werden vom Glauben seiner Väter und er werde ihn einst nicht umarmen können in den Gärten des Paradieses!

Darum ist er auch so mild gegen seine Sklaven, und gibt große Summen an die Armen; denn er denkt, Allah werde es vergelten und das Herz seiner fränkischen Herren rühren, daß sie seinen Sohn mild behandeln. Auch gibt er jedesmal, wenn der Tag kömmt, an welchem ihm sein Sohn entrissen wurde, zwölf Sklaven frei."

„Davon habe ich auch schon gehört", entgegnete der Schreiber, „aber man trägt sich mit wunderlichen Reden; von seinem Sohn wurde dabei nichts erwähnt, wohl aber sagte man, er sei ein sonderbarer Mann, und ganz besonders erpicht auf Erzählungen; da soll er jedes Jahr unter seinen Sklaven einen Wettstreit anstellen, und wer am besten erzählt, den gibt er frei."

„Verlasset Euch nicht auf das Gerede der Leute", sagte der alte Mann; „es ist so, wie ich es sage, und ich weiß es genau; möglich ist, daß er sich an diesem schweren Tage aufheitern will und sich Geschichten erzählen läßt; doch gibt er sie frei um seines Sohnes willen. Doch, der Abend wird kühl und ich muß weitergehen. Schalem aleikum, Friede sei mit euch, ihr jungen Herren, und denket in Zukunft besser von dem guten Scheik."

Die jungen Leute dankten dem Alten für seine Nachrichten, schauten noch einmal nach dem trauernden Vater, und gingen die Straße hinab, indem sie zueinander sprachen: „Ich möchte doch nicht der Scheik Ali Banu sein."

Nicht lange Zeit, nachdem diese jungen Leute mit dem alten Mann über den Scheik Ali Banu gesprochen hatten, traf es sich, daß sie um die Zeit des Morgengebets wieder diese Straße gingen. Da fiel ihnen der alte Mann und seine Erzählung ein, und sie beklagten zusammen den Scheik und blickten nach seinem Hause. Aber wie staunten sie, als sie dort alles aufs herrlichste ausgeschmückt fanden! Von dem Dache, wo geputzte Sklavinnen spazierengingen, wehten Wimpeln und Fahnen, die Halle des Hauses war mit köstlichen Teppichen belegt, Seidenstoff schloß sich an diese an, der über die breiten Stufen der Treppe gelegt war, und selbst auf der Straße war noch schönes feines Tuch ausgebreitet, wovon sich mancher wünschen mochte zu einem Festkleid oder zu einer Decke für die Füße.

„Ei, wie hat sich doch der Scheik geändert in den wenigen Tagen", sprach der junge Schreiber; „will er ein Fest geben? Will er seine Sänger und Tänzer anstrengen? Seht mir diese Teppiche! hat sie *einer* so schön in ganz Alessandria! und dieses Tuch auf dem gemeinen Boden, wahrlich, es ist schade dafür!"

„Weißt du, was ich denke?" sprach ein anderer; „er empfängt sicherlich einen hohen Gast; denn das sind Zubereitungen, wie man sie macht, wenn ein Herrscher von großen Ländern, oder ein Effendi des Großherrn ein Haus mit seinem Besuche segnet. Wer mag wohl heute hieher kommen?"

„Siehe da, geht dort unten nicht unser Alter von letzthin? Ei, der weiß ja alles, und muß auch darüber Aufschluß geben können. Heda! Alter Herr! wollet Ihr nicht ein wenig zu uns treten?" So riefen sie, der alte Mann aber bemerkte ihre Winke und kam zu ihnen; denn er erkannte sie als die jungen Leute, mit welchen er vor einigen Tagen gesprochen. Sie machten ihn aufmerksam auf die Zurüstungen im Hause des Scheik und fragten ihn, ob er nicht wisse, welch hoher Gast wohl erwartet werde?

„Ihr glaubt wohl", erwiderte er, „Ali Banu feiere ein großes Freudenfest, oder ein Besuch eines großen Mannes beehre sein Haus? Dem ist nicht also; aber heute ist der zwölfte Tag des

Monats Ramadan, wie ihr wisset, und an diesem Tag wurde sein Sohn ins Lager geführt."

„Aber beim Bart des Propheten!" rief einer der jungen Leute; „das sieht ja alles aus, wie Hochzeit und Festlichkeiten, und doch ist es sein berühmter Trauertag, wie reimt Ihr das zusammen? Gesteht, der Scheik ist denn doch etwas zerrüttet im Verstand."

„Urteilet Ihr noch immer so schnell, mein junger Freund?" fragte der Alte lächelnd. „Auch diesmal war Euer Pfeil wohl spitzig und scharf, die Sehne Eures Bogens straff angezogen, und doch habt Ihr weitab vom Ziele geschossen. Wisset, daß heute der Scheik seinen Sohn erwartet."

„So ist er gefunden?" riefen die Jünglinge und freuten sich.

„Nein, und er wird sich wohl lange nicht finden; aber wisset: vor acht oder zehen Jahren, als der Scheik auch einmal mit Trauern und Klagen diesen Tag beging, auch Sklaven freigab, und viele Arme speisete und tränkte, da traf es sich, daß er auch einem Derwisch, der müde und matt im Schatten jenes Hauses lag, Speise und Trank reichen ließ. Der Derwisch aber war ein heiliger Mann und erfahren in Prophezeiungen und im Sterndeuten. Der trat, als er gestärkt war durch die milde Hand des Scheiks, zu ihm und sprach: ‚Ich kenne die Ursache deines Kummers, ist nicht heute der zwölfte Ramadan, und hast du nicht an diesem Tage deinen Sohn verloren? Aber sei getrost, dieser Tag der Trauer wird dir zum Festtag werden, denn wisse, an diesem Tag wird einst dein Sohn zurückkehren.' So sprach der Derwisch. Es wäre Sünde für jeden Muselmann, an der Rede eines solchen Mannes zu zweifeln; der Gram Alis wurde zwar dadurch nicht gemildert, aber doch harrt er an diesem Tage immer auf die Rückkehr seines Sohnes, und schmückt sein Haus und seine Halle und die Treppen, als könne jener zu jeder Stunde anlangen."

„Wunderbar!" erwiderte der Schreiber; „aber zusehen möchte ich doch, wie alles so herrlich bereitet ist, wie er selbst in dieser Herrlichkeit trauert, und hauptsächlich möchte ich zuhören, wie er sich von seinen Sklaven erzählen läßt."

„Nichts leichter als dies", antwortete der Alte. „Der Aufseher der Sklaven jenes Hauses ist mein Freund seit langen Jahren, und gönnt mir an diesem Tage immer ein Plätzchen in dem Saal, wo man unter der Menge der Diener und Freunde des Scheiks den einzelnen nicht bemerkt. Ich will mit ihm reden, daß er euch einläßt; ihr seid ja nur zu vier, und da kann es schon gehen;

kommet um die neunte Stunde auf diesen Platz, und ich will euch Antwort geben."

So sprach der Alte; die jungen Leute aber dankten ihm und entfernten sich, voll Begierde zu sehen, wie sich dies alles begeben würde.

Sie kamen zur bestimmten Stunde auf den Platz vor dem Hause des Scheik, und trafen da den Alten, der ihnen sagte, daß der Aufseher der Sklaven erlaubt habe, sie einzuführen. Er ging voran, doch nicht durch die reichgeschmückten Treppen und Tore, sondern durch ein Seitenpförtchen, das er sorgfältig wieder verschloß. Dann führte er sie durch mehrere Gänge, bis sie in den großen Saal kamen. Hier war ein großes Gedränge von allen Seiten; da waren reichgekleidete Männer, angesehene Herren der Stadt und Freunde des Scheik, die gekommen waren, ihn in seinem Schmerz zu trösten. Da waren Sklaven aller Art und aller Nationen. Aber alle sahen kummervoll aus; denn sie liebten ihren Herrn, und trauerten mit ihm. Am Ende des Saales auf einem reichen Diwan saßen die vornehmsten Freunde Alis, und wurden von den Sklaven bedient. Neben ihnen auf dem Boden saß der Scheik; denn die Trauer um seinen Sohn erlaubte ihm nicht, auf den Teppich der Freude zu sitzen. Er hatte sein Haupt in die Hand gestützt und schien wenig auf die Tröstungen zu hören, die ihm seine Freunde zuflüsterten. Ihm gegenüber saßen einige alte und junge Männer in Sklaventracht. Der Alte belehrte seine jungen Freunde, daß dies die Sklaven seien, die Ali Banu an diesem Tage freigebe. Es waren unter ihnen auch einige Franken, und der Alte machte besonders auf einen von ihnen aufmerksam, der von ausgezeichneter Schönheit und noch sehr jung war. Der Scheik hatte ihn erst einige Tage zuvor einem Sklavenhändler von Tunis um eine große Summe abgekauft, und gab ihn dennoch jetzt schon frei, weil er glaubte, je mehr Franken er in ihr Vaterland zurückschicke, desto früher werde der Prophet seinen Sohn erlösen.

Nachdem man überall Erfrischungen umhergereicht hatte, gab der Scheik dem Aufseher der Sklaven ein Zeichen. Dieser stand auf, und es ward tiefe Stille im Saal. Er trat vor die Sklaven, welche freigelassen werden sollten, und sprach mit vernehmlicher Stimme: „Ihr Männer, die ihr heute frei sein werdet durch die Gnade meines Herrn Ali Banu, des Scheik von Alessandria, tuet nun wie es Sitte ist an diesem Tage in seinem Hause, und hebet an zu erzählen."

Sie flüsterten untereinander. Dann aber nahm ein alter Sklave das Wort, und fing an zu erzählen:

Der Zwerg Nase

Herr! diejenigen tun sehr unrecht, welche glauben, es habe nur zu Zeiten Haruns Al-Raschid, des Beherrschers von Bagdad, Feen und Zauberer gegeben, oder die gar behaupten, jene Berichte von dem Treiben der Genien und ihrer Fürsten, welche man von den Erzählern auf den Märkten der Stadt hört, seien unwahr. Noch heute gibt es Feen, und es ist nicht so lange her, daß ich selbst Zeuge einer Begebenheit war, wo offenbar die Genien im Spiel waren, wie ich Euch berichten werde.

In einer bedeutenden Stadt meines lieben Vaterlandes, Deutschlands, lebte vor vielen Jahren ein Schuster mit seiner Frau, schlicht und recht. Er saß bei Tag an der Ecke der Straße und flickte Schuhe und Pantoffel, und machte wohl auch neue, wenn ihm einer welche anvertrauen mochte; doch mußte er dann das Leder erst einkaufen, denn er war arm und hatte keine Vorräte. Seine Frau verkaufte Gemüse und Früchte, die sie in einem kleinen Gärtchen vor dem Tore pflanzte, und viele Leute kauften gerne bei ihr, weil sie reinlich und sauber gekleidet war, und ihr Gemüse auf gefällige Art auszubreiten und zu legen wußte.

Die beiden Leutchen hatten einen schönen Knaben, angenehm von Gesicht, wohlgestaltet, und für das Alter von acht Jahren schon ziemlich groß. Er pflegte gewöhnlich bei der Mutter auf dem Gemüsemarkt zu sitzen, und den Weibern oder Köchen, die viel bei der Schustersfrau eingekauft hatten, trug er wohl auch einen Teil der Früchte nach Hause, und selten kam er von einem solchen Gang zurück, ohne eine schöne Blume, oder ein Stückchen Geld, oder Kuchen; denn die Herrschaften dieser Köche sahen es gerne, wenn man den schönen Knaben mit nach Hause brachte, und beschenkten ihn immer reichlich.

Eines Tages saß die Frau des Schusters wieder wie gewöhnlich auf dem Markte, sie hatte vor sich einige Körbe mit Kohl und anderem Gemüse, allerlei Kräuter und Sämereien, auch in einem kleineren Körbchen frühe Birnen, Äpfel und Aprikosen. Der kleine Jakob, so hieß der Knabe, saß neben ihr und rief mit heller Stimme die Waren aus: „Hieher ihr Herren, seht, welch schöner Kohl, wie wohlriechend diese Kräuter; frühe Birnen, ihr

DER ZWERG NASE

Frauen, frühe Äpfel und Aprikosen, wer kauft? meine Mutter gibt es wohlfeil." So rief der Knabe. Da kam ein altes Weib über den Markt her; sie sah etwas zerrissen und zerlumpt aus, hatte ein kleines, spitziges Gesicht, vom Alter ganz eingefurcht, rote Augen, und eine spitzige, gebogene Nase, die gegen das Kinn hinabstrebte; sie ging an einem langen Stock, und doch konnte man nicht sagen, wie sie ging; denn sie hinkte und rutschte und wankte, es war, als habe sie Räder in den Beinen, und könne alle Augenblicke umstülpen und mit der spitzigen Nase aufs Pflaster fallen.

Die Frau des Schusters betrachtete dieses Weib aufmerksam. Es waren jetzt doch schon sechzehn Jahre, daß sie täglich auf dem Markte saß, und nie hatte sie diese sonderbare Gestalt bemerkt. Aber sie erschrak unwillkürlich, als die Alte auf sie zuhinkte und an ihren Körben stillestand.

„Seid Ihr Hanne, die Gemüsehändlerin?" fragte das alte Weib mit unangenehmer, krächzender Stimme, indem sie beständig den Kopf hin und her schüttelte.

„Ja, die bin ich", antwortete die Schustersfrau; „ist Euch etwas gefällig?"

„Wollen sehen, wollen sehen! Kräutlein schauen, Kräutlein schauen; ob du hast, was ich brauche?" antwortete die Alte, beugte sich nieder vor den Körben, und fuhr mit ein Paar dunkelbraunen, häßlichen Händen in den Kräuterkorb hinein, packte die Kräutlein, die so schön und zierlich ausgebreitet waren, mit ihren langen Spinnenfingern, brachte sie dann eines um das andere hinauf an die lange Nase und beroch sie hin und her. Der Frau des Schusters wollte es fast das Herz abdrücken, wie sie das alte Weib also mit ihren seltenen Kräutern hantieren sah; aber sie wagte nichts zu sagen; denn es war das Recht des Käufers, die Ware zu prüfen, und überdies empfand sie ein sonderbares Grauen vor dem Weibe. Als jene den ganzen Korb durchgemustert hatte, murmelte sie: „Schlechtes Zeug, schlechtes Kraut, nichts von allem, was ich will, war viel besser vor fünfzig Jahren; schlechtes Zeug! schlechtes Zeug!"

Solche Reden verdrossen nun den kleinen Jakob. „Höre, du bist ein unverschämtes, altes Weib", rief er unmutig, „erst fährst du mit deinen garstigen braunen Fingern in die schönen Kräuter hinein, und drückst sie zusammen, dann hältst du sie an deine lange Nase, daß sie niemand mehr kaufen mag, wer zugesehen, und jetzt schimpfst du noch unsere Ware schlechtes Zeug, und doch kauft selbst der Koch des Herzogs alles bei uns!"

Das alte Weib schielte den mutigen Knaben an, lachte widerlich und sprach mit heiserer Stimme: „Söhnchen, Söhnchen! also gefällt dir meine Nase, meine schöne lange Nase, sollst auch eine haben, mitten im Gesicht bis übers Kinn herab." Während sie so sprach, rutschte sie an den anderen Korb, in welchem Kohl ausgelegt war. Sie nahm die herrlichsten, weißen Kohlhäupter in die Hand, drückte sie zusammen, daß sie ächzten, warf sie dann wieder unordentlich in den Korb und sprach auch hier: „Schlechte Ware, schlechter Kohl!"

„Wackle nur nicht so garstig mit dem Kopf hin und her", rief der Kleine ängstlich, „dein Hals ist ja so dünne wie ein Kohlstengel, der könnte leicht abbrechen, und dann fiele dein Kopf hinein in den Korb; wer wollte dann noch kaufen!"

„Gefallen sie dir nicht, die dünnen Hälse?" murmelte die Alte lachend. „Sollst gar keinen haben, Kopf muß in den Schultern stecken, daß er nicht herabfällt vom kleinen Körperlein."

„Schwatzt doch nicht so unnützes Zeug mit dem Kleinen da", sagte endlich die Frau des Schusters, im Unmut über das lange Prüfen, Mustern und Beriechen, „wenn Ihr etwas kaufen wollt, so sputet Euch, Ihr verscheucht mir ja die andern Kunden."

„Gut, es sei wie du sagst", rief die Alte mit grimmigem Blick, „ich will dir diese sechs Kohlhäupter abkaufen; aber siehe, ich muß mich auf den Stab stützen und kann nichts tragen, erlaube deinem Söhnlein, daß es mir die Ware nach Hause bringt, ich will es dafür belohnen."

Der Kleine wollte nicht mitgehen und weinte; denn ihm graute vor der häßlichen Frau, aber die Mutter befahl es ihm ernstlich, weil sie es doch für eine Sünde hielt, der alten schwächlichen Frau diese Last allein aufzubürden; halb weinend tat er, wie sie befohlen, raffte die Kohlhäupter in ein Tuch zusammen, und folgte dem alten Weibe über den Markt hin.

Es ging nicht sehr schnell bei ihr, und sie brauchte beinahe drei Viertelstunden, bis sie in einen ganz entlegenen Teil der Stadt kam, und endlich vor einem kleinen baufälligen Hause stillhielt. Dort zog sie einen alten, rostigen Haken aus der Tasche, fuhr damit geschickt in ein kleines Loch in der Türe, und plötzlich sprang diese krachend auf. Aber wie war der kleine Jakob überrascht, als er eintrat! Das Innere des Hauses war prachtvoll ausgeschmückt, von Marmor war die Decke und die Wände, die Gerätschaften vom schönsten Ebenholz, mit Gold und geschliffenen Steinen eingelegt, der Boden aber war von

Glas und so glatt, daß der Kleine einigemal ausgleitete und umfiel. Die Alte aber zog ein silbernes Pfeifchen aus der Tasche, und pfiff eine Weise darauf, die gellend durch das Haus tönte. Da kamen sogleich einige Meerschweinchen die Treppe herab; dem Jakob wollte es aber ganz sonderbar dünken, daß sie aufrecht auf zwei Beinen gingen, Nußschalen statt Schuhen an den Pfoten trugen, menschliche Kleider angelegt und sogar Hüte nach der neuesten Mode auf die Köpfe gesetzt hatten. „Wo habt ihr meine Pantoffeln, schlechtes Gesindel?" rief die Alte, und schlug mit dem Stock nach ihnen, daß sie jammernd in die Höhe sprangen; „wie lange soll ich noch so dastehen?"

Sie sprangen schnell die Treppe hinauf, und kamen wieder mit ein Paar Schalen von Kokosnuß mit Leder gefüttert, welche sie der Alten geschickt an die Füße steckten.

Jetzt war alles Hinken und Rutschen vorbei. Sie warf den Stab von sich und gleitete mit großer Schnelligkeit über den Glasboden hin, indem sie den kleinen Jakob an der Hand mit fortzog. Endlich hielt sie in einem Zimmer stille, das mit allerlei Gerätschaften ausgeputzt, beinahe einer Küche glich, obgleich die Tische von Mahagoniholz, und die Sofas, mit reichen Teppichen behängt, mehr zu einem Prunkgemach paßten. „Setze dich, Söhnchen", sagte die Alte recht freundlich, indem sie ihn in die Ecke eines Sofas drückte, und einen Tisch also vor ihn hinstellte, daß er nicht mehr hervorkommen konnte. „Setze dich, du hast gar schwer zu tragen gehabt, die Menschenköpfe sind nicht so leicht, nicht so leicht."

„Aber Frau, was sprechet Ihr so wunderlich", rief der Kleine, „müde bin ich zwar, aber es waren ja Kohlköpfe, die ich getragen, Ihr habt sie meiner Mutter abgekauft."

„Ei, das weißt du falsch", lachte das Weib, deckte den Deckel des Korbes auf, und brachte einen Menschenkopf hervor, den sie am Schopf gefaßt hatte. Der Kleine war vor Schrecken außer sich; er konnte nicht fassen, wie dies alles zuging, aber er dachte an seine Mutter; wenn jemand von diesen Menschenköpfen etwas erfahren würde, dachte er bei sich, da würde man gewiß meine Mutter dafür anklagen.

„Muß dir nun auch etwas geben zum Lohn, daß du so artig bist", murmelte die Alte, „gedulde dich nur ein Weilchen, will dir ein Süppchen einbrocken, an das du dein Leben lang denken wirst." So sprach sie und pfiff wieder. Da kamen zuerst viele Meerschweinchen in menschlichen Kleidern; sie hatten Küchenschürzen umgebunden, und im Gürtel Rührlöffel und Tranchiermesser, nach diesen kam eine Menge Eichhörnchen hereingehüpft; sie hatten weite türkische Beinkleider an, gingen aufrecht, und auf dem Kopf trugen sie grüne Mützchen von Samt. Diese schienen die Küchenjungen zu sein; denn sie kletterten mit großer Geschwindigkeit an den Wänden hinauf, und brachten Pfannen und Schüsseln, Eier und Butter, Kräuter und Mehl herab und trugen es auf den Herd; dort aber fuhr die alte Frau auf ihren Pantoffeln von Kokosschalen beständig hin und her, und der Kleine sah, daß sie es sich recht angelegen sein lasse, ihm etwas Gutes zu kochen. Jetzt knisterte das Feuer höher empor, jetzt rauchte und sott es in der Pfanne, ein angenehmer Geruch verbreitete sich im Zimmer, die Alte aber rannte auf und ab, die Eichhörnchen und Meerschweine ihr nach, und sooft sie am Herde vorbeikam, guckte sie mit ihrer langen Nase in den Topf. Endlich fing es an zu sprudeln und zu zischen, Dampf stieg aus dem Topf hervor, und der Schaum floß herab ins Feuer. Da nahm sie ihn weg, goß davon in eine silberne Schale, und setzte sie dem kleinen Jakob vor.

„So, Söhnchen, so", sprach sie, „iß nur dieses Süppchen, dann hast du alles, was dir an mir so gefallen. Sollst auch ein geschickter Koch werden, daß du doch etwas bist, aber Kräutlein, nein das Kräutlein sollst du nimmer finden, warum hat es deine Mutter nicht in ihrem Korb gehabt?" Der Kleine verstand nicht recht, was sie sprach, desto aufmerksamer behandelte er die Suppe, die ihm ganz trefflich schmeckte. Seine Mutter hatte ihm manche schmackhafte Speise bereitet, aber so gut war ihm noch nichts geworden. Der Duft von feinen Kräutern und Gewürzen stieg aus der Suppe auf, dabei war sie süß und säuerlich zugleich und sehr stark. Während er noch die letzten Tropfen der köstlichen Speise austrank, zündeten die Meerschweinchen arabischen Weihrauch an, der in bläulichen Wolken durch das Zimmer schwebte, dichter und immer dichter wurden diese Wolken und sanken herab, der Geruch des Weihrauches wirkte betäubend auf den Kleinen, er mochte sich zurufen, sooft er wollte, daß er zu seiner Mutter zurückkehren müsse; wenn er sich ermannte, sank er immer wieder von neuem in den Schlummer zurück, und schlief endlich wirklich auf dem Sofa des alten Weibes ein.

Sonderbare Träume kamen über ihn. Es war ihm, als ziehe ihm die Alte seine Kleider aus und umhülle ihn dafür mit einem Eichhörnchensbalg. Jetzt konnte er Sprünge machen und klettern wie ein Eichhörnchen; er ging mit den übrigen Eichhörnchen und Meerschweinen, die sehr artige, gesittete Leute waren, um, und hatte mit ihnen den Dienst bei der alten Frau. Zuerst wurde er nur zu den Diensten eines Schuhputzers gebraucht, d. h. er mußte die Kokosnüsse, welche die Frau statt der Pantoffeln trug, mit Öl salben, und durch Reiben glänzend machen. Da er nun in seines Vaters Hause zu ähnlichen Geschäften oft angehalten worden war, so ging es ihm flink von der Hand; etwa nach einem Jahre, träumte er weiter, wurde er zu einem feineren Geschäft gebraucht; er mußte nämlich mit noch einigen Eichhörnchen Sonnenstäubchen fangen, und wenn sie genug hatten, solche durch das feinste Haarsieb sieben. Die Frau hielt nämlich die Sonnenstäubchen für das Allerfeinste, und weil sie nicht gut beißen konnte, denn sie hatte keinen Zahn mehr, so ließ sie sich ihr Brot aus Sonnenstäubchen zubereiten.

Wiederum nach einem Jahr wurde er zu den Dienern versetzt, die das Trinkwasser für die Alte sammelten. Man denke nicht, daß sie sich hiezu etwa eine Zisterne hätte graben lassen, oder ein Faß in den Hof stellte, um das Regenwasser darin aufzufangen; da ging es viel feiner zu; die Eichhörnchen, und Jakob mit ihnen, mußten mit Haselnußschalen den Tau aus den Rosen schöpfen, und das war das Trinkwasser der Alten. Da sie nun bedeutend viel trank, so hatten die Wasserträger schwere Arbeit. Nach einem Jahr wurde er zum inneren Dienst des Hauses bestellt; er hatte nämlich das Amt, die Böden reinzumachen; da nun diese von Glas waren, worin man jeden Hauch sah, war es keine geringe Arbeit. Sie mußten sie bürsten und altes Tuch an die Füße schnallen, und auf diesem künstlich im Zimmer umherfahren. Im vierten Jahr ward er endlich zur Küche versetzt. Es war dies ein Ehrenamt, zu welchem man nur nach langer Prüfung gelangen konnte. Jakob diente dort vom Küchenjungen aufwärts bis zum ersten Pastetenmacher, und erreichte eine so ungemeine Geschicklichkeit und Erfahrung in allem, was die Küche betrifft, daß er sich oft über sich selbst wundern mußte; die schwierigsten Sachen, Pasteten von zweihunderterlei Essenzen, Kräutersuppen von allen Kräutlein der Erde zusammengesetzt, alles lernte er, alles verstand er schnell und kräftig zu machen.

So waren etwa sieben Jahre im Dienste des alten Weibes vergangen, da befahl sie ihm eines Tages, indem sie die Kokosschuhe auszog, Korb und Krückenstock zur Hand nahm, um auszugehen, er solle ein Hühnlein rupfen, mit Kräutern füllen, und solches schön bräunlich und gelb rösten, bis sie wiederkäme. Er tat dies nach den Regeln der Kunst. Er drehte dem Hühnlein den Kragen um, brühte es in heißem Wasser, zog ihm geschickt die Federn aus, schabte ihm nachher die Haut, daß sie glatt und fein wurde, und nahm ihm die Eingeweide heraus. Sodann fing er an, die Kräuter zu sammeln, womit er das Hühnlein füllen sollte. In der Kräuterkammer gewahrte er aber diesmal ein Wandschränkchen, dessen Türe halb geöffnet war, und das er sonst nie bemerkt hatte. Er ging neugierig näher, um zu sehen, was es enthalte und siehe da, es standen viele Körbchen darinnen, von welchen ein starker, angenehmer Geruch ausging. Er öffnete eines dieser Körbchen und fand darin Kräutlein von ganz besonderer Gestalt und Farbe. Die Stengel und Blätter waren blaugrün, und trugen oben eine kleine Blume von brennendem Rot mit Gelb verbrämt; er betrachtete sinnend diese Blume, beroch sie und sie strömte denselben starken Geruch aus, von dem einst jene Suppe, die ihm die Alte gekocht, geduftet hatte. Aber so stark war der Geruch, daß er zu niesen anfing, immer heftiger niesen mußte, und – am Ende niesend erwachte.

Da lag er auf dem Sofa des alten Weibes und blickte verwundert umher. „Nein, wie man aber so lebhaft träumen kann!" sprach er zu sich; „hätte ich jetzt doch schwören wollen, daß ich ein schnödes Eichhörnchen, ein Kamerade von Meerschweinen und anderem Ungeziefer, dabei aber ein großer Koch geworden sei. Wie wird die Mutter lachen, wenn ich ihr alles erzähle! Aber wird sie nicht auch schmälen, daß ich in einem fremden Hause einschlafe, statt ihr zu helfen auf dem Markte?" Mit diesen Gedanken raffte er sich auf, um hinwegzugehen; noch waren seine Glieder vom Schlafe ganz steif; besonders sein Nacken, denn er konnte den Kopf nicht recht hin und her bewegen; er mußte auch selbst über sich lächeln, daß er so schlaftrunken war, denn alle Augenblicke, ehe er es sich versah, stieß er mit der Nase an einen Schrank oder an die Wand, oder schlug sie, wenn er sich schnell umwandte, an einen Türpfosten. Die Eichhörnchen und Meerschweinchen liefen winselnd um ihn her, als wollten sie ihn begleiten, er lud sie auch wirklich ein, als er auf der Schwelle war, denn es waren niedliche Tierchen, aber sie fuhren auf ihren Nußschalen schnell ins Haus zurück, und er hörte sie nur noch in der Ferne heulen.

Es war ein ziemlich entlegener Teil der Stadt, wohin ihn die

Alte geführt hatte, und er konnte sich kaum aus den engen Gassen herausfinden, auch war dort ein großes Gedränge; denn es mußte sich, wie ihm dünkte, gerade in der Nähe ein Zwerg sehen lassen; überall hörte er rufen: „Ei, sehet den häßlichen Zwerg! wo kommt der Zwerg her? Ei, was hat er doch für eine lange Nase, und wie ihm der Kopf in den Schultern steckt, und die braunen, häßlichen Hände!" Zu einer andern Zeit wäre er wohl auch nachgelaufen, denn er sah für sein Leben gern Riesen oder Zwerge, oder seltsame, fremde Trachten, aber so mußte er sich sputen, um zur Mutter zu kommen.

Es war ihm ganz ängstlich zumut, als er auf den Markt kam. Die Mutter saß noch da und hatte noch ziemlich viele Früchte im Korb, lange konnte er also nicht geschlafen haben, aber doch kam es ihm von weitem schon vor, als sei sie sehr traurig; denn sie rief die Vorübergehenden nicht an, einzukaufen, sondern hatte den Kopf in die Hand gestützt, und als er näher kam, glaubte er auch, sie sei bleicher als sonst. Er zauderte, was er tun sollte; endlich faßte er sich ein Herz, schlich sich hinter sie hin, legte traulich seine Hand auf ihren Arm und sprach: „Mütterchen, was fehlt dir? bist du böse auf mich?"

Die Frau wandte sich um nach ihm, fuhr aber mit einem Schrei des Entsetzens zurück: „Was willst du von mir, häßlicher Zwerg!" rief sie, „fort, fort! ich kann dergleichen Possenspiel nicht leiden."

„Aber Mutter, was hast du denn?" fragte Jakob ganz erschrocken; „dir ist gewiß nicht wohl; warum willst du denn deinen Sohn von dir jagen?"

„Ich habe dir schon gesagt, gehe deines Weges!" entgegnete Frau Hanne zürnend. „Bei mir verdienst du kein Geld durch deine Gaukeleien, häßliche Mißgeburt."

„Wahrhaftig, Gott hat ihr das Licht des Verstandes geraubt", sprach der Kleine bekümmert zu sich; „was fange ich nur an, um sie nach Haus zu bringen? Lieb Mütterchen, so sei doch nur vernünftig; sieh mich doch nur recht an; ich bin ja dein Sohn, dein Jakob."

„Nein, jetzt wird mir der Spaß zu unverschämt", rief Hanne ihrer Nachbarin zu, „seht nur den häßlichen Zwerg da, da steht er und vertreibt mir gewiß alle Käufer, und mit meinem Unglück wagt er zu spotten. Spricht zu mir: ‚Ich bin ja dein Sohn, dein Jakob', der Unverschämte!"

Da erhoben sich die Nachbarinnen und fingen an zu schimpfen, so arg sie konnten, und Marktweiber, wisset ihr wohl, verstehen es, und schalten ihn, daß er des Unglückes der armen Hanne spotte, der vor sieben Jahren ihr bildschöner Knabe gestohlen worden sei, und drohten insgesamt über ihn herzufallen und ihn zu zerkratzen, wenn er nicht alsobald ginge.

Der arme Jakob wußte nicht, was er von diesem allem denken sollte. War er doch, wie er glaubte, heute frühe, wie gewöhnlich, mit der Mutter auf den Markt gegangen, hatte ihr die Früchte aufstellen helfen, war nachher mit dem alten Weib in ihr Haus gekommen, hatte ein Süppchen verzehrt, ein kleines Schläfchen gemacht, und war jetzt wieder da; und doch sprachen die Mutter und die Nachbarinnen von sieben Jahren! und sie nannten ihn einen garstigen Zwerg! was war denn nun mit ihm vorgegangen?

– Als er sah, daß die Mutter gar nichts mehr von ihm hören wollte, traten ihm die Tränen in die Augen, und er ging traurend die Straße hinab nach der Bude, wo sein Vater den Tag über Schuhe flickte. Ich will doch sehen, dachte er bei sich, ob er mich auch nicht kennen will; unter die Türe will ich mich stellen und mit ihm sprechen. Als er an der Bude des Schusters angekommen war, stellte er sich unter die Türe und schaute hinein. Der Meister war so emsig mit seiner Arbeit beschäftigt, daß er ihn gar nicht sah; als er aber einmal zufällig einen Blick nach der Türe warf, ließ er Schuhe, Draht und Pfriem auf die Erde fallen und rief mit Entsetzen: „Um Gottes willen, was ist das, was ist das!"

„Guten Abend, Meister!" sprach der Kleine, indem er vollends in den Laden trat, „wie geht es Euch?"

„Schlecht, schlecht, kleiner Herr!" antwortete der Vater zu Jakobs großer Verwunderung; denn er schien ihn auch nicht zu kennen. „Das Geschäft will mir nicht recht von der Hand. Bin so allein und werde jetzt alt, und doch ist mir ein Geselle zu teuer."

„Aber habt Ihr denn kein Söhnlein, das Euch nach und nach an die Hand gehen könnte bei der Arbeit?" forschte der Kleine weiter.

„Ich hatte einen, er hieß Jakob, und müßte jetzt ein schlanker, gewandter Bursche von zwanzig Jahren sein, der mir tüchtig unter die Arme greifen könnte. Ha! das müßte ein Leben sein; schon als er zwölf Jahre alt war, zeigte er sich so anstellig und geschickt, und verstand schon manches vom Handwerk, und hübsch und angenehm war er auch, der hätte mir eine Kundschaft hergelockt, daß ich bald nicht mehr geflickt, sondern nichts als Neues geliefert hätte! Aber so geht's in der Welt."

„Wo ist denn aber Euer Sohn?" fragte Jakob mit zitternder Stimme seinen Vater.

„Das weiß Gott", antwortete er; „vor sieben Jahren, ja so lange ist's jetzt her, wurde er uns vom Markt weg gestohlen."

„Vor *sieben Jahren*?!" rief Jakob mit Entsetzen.

„Ja, kleiner Herr, vor sieben Jahren; ich weiß noch wie heute, wie mein Weib nach Hause kam, heulend und schreiend, das Kind sei den ganzen Tag nicht zurückgekommen, sie habe überall geforscht und gesucht, und es nicht gefunden. Ich habe es immer gedacht und gesagt, daß es so kommen würde, der Jakob war ein schönes Kind, das muß man sagen, da war nun meine Frau stolz auf ihn, und sah es gerne, wenn ihn die Leute lobten, und schickte ihn oft mit Gemüse und dergleichen in vornehme Häuser. Das war schon recht; er wurde allemal reichlich beschenkt; ,aber', sagte ich, ,gib acht! Die Stadt ist groß; viele schlechte Leute wohnen da, gib mir auf den Jakob acht!' Und so war es, wie ich sagte. Kommt einmal ein altes, häßliches Weib auf den Markt, feilscht um Früchte und Gemüse, und kauft am Ende so viel, daß sie es nicht selbst tragen kann. Mein Weib, die mitleidige Seele, gibt ihr den Jungen mit und – hat ihn zur Stunde nicht mehr gesehen."

„Und das ist jetzt sieben Jahre, sagt Ihr?"

„Sieben Jahre wird es im Frühling. Wir ließen ihn ausrufen, wir gingen von Haus zu Haus und fragten; manche hatten den hübschen Jungen gekannt und liebgewonnen, und suchten jetzt mit uns, alles vergeblich. Auch die Frau, welche das Gemüse gekauft hatte, wollte niemand kennen; aber ein steinaltes Weib, die schon neunzig Jahre gelebt hatte, sagte, es könne wohl die böse Fee Kräuterweis gewesen sein, die alle fünfzig Jahre einmal in die Stadt komme, um sich allerlei einzukaufen."

So sprach Jakobs Vater und klopfte dabei seine Schuhe weidlich, und zog den Draht mit beiden Fäusten weit hinaus. Dem Kleinen aber wurde es nach und nach klar, was mit ihm vorgegangen, daß er nämlich nicht geträumt, sondern daß er sieben Jahre bei der bösen Fee als Eichhörnchen gedient habe. Zorn und Gram erfüllte sein Herz so sehr, daß es beinahe zersprengen wollte. Sieben Jahre seiner Jugend hatte ihm die Alte gestohlen, und was hatte er für Ersatz dafür? Daß er Pantoffel von Kokosnüssen blankputzen, daß er ein Zimmer mit gläsernem Fußboden reinmachen konnte? Daß er von den Meerschweinchen alle Geheimnisse der Küche gelernt hatte? Er stand eine gute

Weile so da und dachte über sein Schicksal nach, da fragte ihn endlich sein Vater: „Ist Euch vielleicht etwas von meiner Arbeit gefällig, junger Herr? etwa ein Paar neue Pantoffel, oder", setzte er lächelnd hinzu, „vielleicht ein Futteral für Eure Nase?"

„Was wollt Ihr nur mit meiner Nase?" sagte Jakob, „warum sollte ich denn ein Futteral dazu brauchen?"

„Nun", entgegnete der Schuster, „jeder nach seinem Geschmack; aber das muß ich Euch sagen, hätte *ich* diese schreckliche Nase, ein Futteral ließ ich mir darüber machen von rosenfarbigem Glanzleder. Schaut, da habe ich ein schönes Stückchen zur Hand; freilich würde man eine Elle wenigstens dazu brauchen. Aber wie gut wäret Ihr verwahrt, kleiner Herr; so, weiß ich gewiß, stoßt Ihr Euch an jedem Türpfosten, an jedem Wagen, dem Ihr ausweichen wollet."

Der Kleine stand stumm vor Schrecken; er betastete seine Nase, sie war dick und wohl zwei Hände lang! So hatte also die Alte auch seine Gestalt verwandelt! Darum kannte ihn also die Mutter nicht? Darum schalt man ihn einen häßlichen Zwerg?!

„Meister!" sprach er halb weinend zu dem Schuster, „habt Ihr keinen Spiegel bei der Hand, worin ich mich beschauen könnte?"

„Junger Herr", erwiderte der Vater mit Ernst, „Ihr habt nicht gerade eine Gestalt empfangen, die Euch eitel machen könnte, und Ihr habt nicht Ursache, alle Stunden in den Spiegel zu gucken. Gewöhnt es Euch ab, es ist besonders bei Euch eine lächerliche Gewohnheit."

„Ach, so laßt mich doch in den Spiegel schauen", rief der Kleine, „gewiß, es ist nicht aus Eitelkeit!"

„Lasset mich in Ruhe, ich hab keinen im Vermögen; meine Frau hat ein Spiegelchen, ich weiß aber nicht, wo sie es verborgen. Müßt Ihr aber durchaus in den Spiegel gucken, nun, über der Straße hin wohnt Urban, der Barbier, der hat einen Spiegel, zweimal so groß als Euer Kopf; gucket dort hinein, und indessen guten Morgen."

Mit diesen Worten schob ihn der Vater ganz gelinde zur Bude hinaus, schloß die Türe hinter ihm zu, und setzte sich wieder zur Arbeit. Der Kleine aber ging sehr niedergeschlagen über die Straße zu Urban, dem Barbier, den er noch aus früheren Zeiten wohl kannte. „Guten Morgen, Urban", sprach er zu ihm, „ich komme, Euch um eine Gefälligkeit zu bitten, seid so gut und lasset mich ein wenig in Euren Spiegel schauen."

„Mit Vergnügen, dort steht er", rief der Barbier lachend, und

seine Kunden, denen er den Bart scheren sollte, lachten weidlich
mit. „Ihr seid ein hübsches Bürschchen, schlank und fein, ein
Hälschen wie ein Schwan, Händchen wie eine Königin, und ein
Stumpfnäschen, man kann es nicht schöner sehen. Ein wenig eitel seid Ihr darauf, das ist wahr; aber beschauet Euch immer,
man soll nicht von mir sagen, ich habe Euch aus Neid nicht in
meinen Spiegel schauen lassen."

So sprach der Barbier, und wieherndes Gelächter füllte die
Baderstube. Der Kleine aber war indes vor den Spiegel getreten
und hatte sich beschaut. Tränen traten ihm in die Augen. „Ja, so
konntest du freilich deinen Jakob nicht wiedererkennen, liebe
Mutter", sprach er zu sich, „so war er nicht anzuschauen in den
Tagen der Freude, wo du gerne mit ihm prangtest vor den Leuten!" Seine Augen waren klein geworden, wie die der Schweine,
seine Nase war ungeheuer, und hing über Mund und Kinn herunter, der Hals schien gänzlich weggenommen worden zu sein;
denn sein Kopf stak tief in den Schultern, und nur mit den größten Schmerzen konnte er ihn rechts und links bewegen; sein Körper war noch so groß als vor sieben Jahren, da er zwölf Jahre
alt war, aber wenn andere vom zwölften bis ins zwanzigste in
die Höhe wachsen, so wuchs er in die Breite, der Rücken und die
Brust waren weit ausgebogen, und waren anzusehen wie ein
kleiner, aber sehr dick gefüllter Sack; dieser dicke Oberleib saß
auf kleinen, schwachen Beinchen, die dieser Last nicht gewachsen
schienen, aber um so größer waren die Arme, die ihm am Leib
herabhingen, sie hatten die Größe, wie die eines wohlgewachse-
nen Mannes, seine Hände waren grob und braungelb, seine Finger lang und spinnenartig, und wenn er sie recht ausstreckte,
konnte er damit auf den Boden reichen, ohne daß er sich bückte.
So sah er aus, der kleine Jakob, zum mißgestalteten Zwerg war
er geworden.

Jetzt gedachte er auch jenes Morgens, an welchem das alte
Weib an die Körbe seiner Mutter getreten war. Alles was er damals an ihr getadelt hatte, die lange Nase, die häßlichen Finger,
alles hatte sie ihm angetan, und nur den langen, zitternden Hals
hatte sie gänzlich weggelassen.

„Nun, habt Ihr Euch jetzt genug beschaut, mein Prinz?" sagte
der Barbier, indem er zu ihm trat und ihn lachend betrachtete.
„Wahrlich, wenn man sich dergleichen träumen lassen wollte, so
komisch könnte es einem im Traume nicht vorkommen. Doch ich
will Euch einen Vorschlag machen, kleiner Mann. Mein Barbier-

zimmer ist zwar sehr besucht, aber doch seit neuerer Zeit nicht so, wie ich wünsche. Das kommt daher, weil mein Nachbar, der Barbier Schaum, irgendwo einen Riesen aufgefunden hat, der ihm die Kunden ins Haus lockt. Nun, ein Riese zu werden ist gerade keine Kunst, aber so ein Männchen wie Ihr, ja, das ist schon ein ander Ding. Tretet bei mir in Dienste, kleiner Mann, Ihr sollt Wohnung, Essen, Trinken, Kleider, alles sollt Ihr haben; dafür stellt Ihr Euch morgens unter meine Türe und ladet die Leute ein hereinzukommen; Ihr schlaget den Seifenschaum, reichet den Kunden das Handtuch, und seid versichert, wir stehen uns beide gut dabei; ich bekomme mehr Kunden, als jener mit dem Riesen, und jeder gibt Euch gerne noch ein Trinkgeld."

Der Kleine war in seinem Innern empört über den Vorschlag, als Lockvogel für einen Barbier zu dienen. Aber mußte er sich nicht diesen Schimpf geduldig gefallen lassen? Er sagte dem Barbier daher ganz ruhig, daß er nicht Zeit habe zu dergleichen Diensten, und ging weiter.

Hatte das böse alte Weib seine Gestalt unterdrückt, so hatte sie doch seinem Geist nichts anhaben können, das fühlte er wohl; denn er dachte und fühlte nicht mehr, wie er vor sieben Jahren getan, nein, er glaubte in diesem Zeitraum weiser, verständiger geworden zu sein; er trauerte nicht um seine verlorne Schönheit, nicht über diese häßliche Gestalt, sondern nur darüber, daß er wie ein Hund von der Türe seines Vaters gejagt werde. Darum beschloß er, noch einen Versuch bei seiner Mutter zu machen.

Er trat zu ihr auf den Markt und bat sie, ihm ruhig zuzuhören. Er erinnerte sie an jenen Tag, an welchem er mit dem alten Weibe gegangen, er erinnerte sie an alle einzelnen Vorfälle seiner Kindheit, erzählte ihr dann, wie er sieben Jahre als Eichhörnchen gedient habe, bei der Fee, und wie sie ihn verwandelte, weil er sie damals getadelt. Die Frau des Schusters wußte nicht, was sie denken sollte. Alles traf zu, was er ihr von seiner Kindheit erzählte, aber wenn er davon sprach, daß er sieben Jahre lang ein Eichhörnchen gewesen sei, da sprach sie: „Es ist unmöglich und es gibt keine Feen", und wenn sie ihn ansah, so verabscheute sie den häßlichen Zwerg, und glaubte nicht, daß dies ihr Sohn sein könne. Endlich hielt sie es fürs beste, mit ihrem Mann darüber zu sprechen. Sie raffte also ihre Körbe zusammen, und hieß ihn mitgehen. So kamen sie zu der Bude des Schusters.

„Sieh einmal", sprach sie zu diesem, „der Mensch da will unser verlorner Jakob sein. Er hat mir alles erzählt, wie er uns vor sieben Jahren gestohlen wurde, und wie er von einer Fee bezaubert worden sei." –

„So?" unterbrach sie der Schuster mit Zorn; „hat er dir dies erzählt? Warte, du Range! *ich* habe ihm alles erzählt, noch vor einer Stunde, und jetzt geht er hin, dich so zu foppen! Bezaubert bist du worden, mein Söhnchen? Warte doch, ich will dich wieder entzaubern." Dabei nahm er ein Bündel Riemen, die er eben zugeschnitten hatte, sprang auf den Kleinen zu, und schlug ihn auf den hohen Rücken und auf die langen Arme, daß der Kleine vor Schmerz aufschrie und weinend davonlief.

In jener Stadt gibt es, wie überall, wenige mitleidige Seelen, die einen Unglücklichen, der zugleich etwas Lächerliches an sich trägt, unterstützten. Daher kam es, daß der unglückliche Zwerg den ganzen Tag ohne Speise und Trank blieb, und abends die Treppen einer Kirche, so hart und kalt sie waren, zum Nachtlager wählen mußte.

Als ihn aber am nächsten Morgen die ersten Strahlen der Sonne erweckten, da dachte er ernstlich darüber nach, wie er sein Leben fristen könne, da ihn Vater und Mutter verstoßen. Er fühlte sich zu stolz, um als Aushängeschild eines Barbiers zu dienen, er wollte nicht zu einem Possenreißer sich verdingen, und sich um Geld sehen lassen; was sollte er anfangen? Da fiel ihm mit einemmal bei, daß er als Eichhörnchen große Fortschritte in der Kochkunst gemacht habe; er glaubte nicht mit Unrecht, hoffen zu dürfen, daß er es mit manchem Koch aufnehmen könne; er beschloß, seine Kunst zu benützen.

Sobald es daher lebhafter wurde auf den Straßen, und der Morgen ganz heraufgekommen war, trat er zuerst in die Kirche und verrichtete sein Gebet. Dann trat er seinen Weg an. Der Herzog, der Herr des Landes, o Herr! war ein bekannter Schlemmer und Lecker, der eine gute Tafel liebte, und seine Köche in allen Weltteilen aufsuchte. Zu seinem Palast begab sich der Kleine. Als er an die äußerste Pforte kam, fragten die Türhüter nach seinem Begehr und hatten ihren Spott mit ihm; er aber verlangte nach dem Oberküchenmeister. Sie lachten und führten ihn durch die Vorhöfe, und wo er hinkam, blieben die Diener stehen, schauten nach ihm, lachten weidlich und schlossen sich an, so daß nach und nach ein ungeheurer Zug von Dienern aller Art sich die Treppe des Palastes hinaufbewegte; die Stallknechte warfen ihre Striegel weg, die Läufer liefen was sie konnten, die Teppichbreiter vergaßen, die Teppiche auszuklopfen, alles drängte und trieb sich, es war ein Gewühl, als sei der Feind vor den Toren, und das Geschrei: „Ein Zwerg! ein Zwerg! habt ihr den Zwerg gesehen!" füllte die Lüfte.

Da erschien der Aufseher des Hauses mit grimmigem Gesicht, eine ungeheure Peitsche in der Hand, in der Türe. „Um des Himmels willen, ihr Hunde, was macht ihr solchen Lärm! wisset ihr nicht, daß der Herr noch schläft?" und dabei schwang er die Geißel, und ließ sie unsanft auf den Rücken einiger Stallknechte und Türhüter niederfallen. „Ach Herr!" riefen sie, „seht Ihr denn nicht? Da bringen wir einen Zwerg, einen Zwerg, wie Ihr noch keinen gesehen." Der Aufseher des Palastes zwang sich mit Mühe, nicht laut aufzulachen, als er des Kleinen ansichtig wurde; denn er fürchtete, durch Lachen seiner Würde zu schaden. Er trieb daher mit der Peitsche die übrigen hinweg, führte den Kleinen ins Haus und fragte nach seinem Begehr. Als er hörte, jener wolle zum Küchenmeister, erwiderte er: „Du irrst dich, mein Söhnchen, zu mir, dem Aufseher des Hauses, willst du; du willst Leibzwerg werden beim Herzog; ist es nicht also?"

„Nein, Herr!" antwortete der Zwerg; „ich bin ein geschickter Koch, und erfahren in allerlei seltenen Speisen; wollet mich zum Oberküchenmeister bringen; vielleicht kann er meine Kunst brauchen."

„Jeder nach seinem Willen, kleiner Mann; übrigens bist du doch ein unbesonnener Junge. In die Küche! Als Leibzwerg hättest du keine Arbeit gehabt, und Essen und Trinken nach Herzenslust, und schöne Kleider. Doch, wir wollen sehen, deine Kunst wird schwerlich so weit reichen, als ein Mundkoch des Herren nötig hat, und zum Küchenjungen bist du zu gut." Bei diesen Worten nahm ihn der Aufseher des Palastes bei der Hand, und führte ihn in die Gemächer des Oberküchenmeisters.

„Gnädiger Herr!" sprach dort der Zwerg und verbeugte sich so tief, daß er mit der Nase den Fußteppich berührte; „brauchet Ihr keinen geschickten Koch?"

Der Oberküchenmeister betrachtete ihn vom Kopf bis zu den Füßen, brach dann in lautes Lachen aus und sprach: „Wie?" rief er, „du ein Koch? meinst du, unsere Herde seien so niedrig, daß du nur auf einen hinaufschauen kannst, wenn du dich auf die Zehen stellst, und den Kopf recht aus den Schultern herausarbeitest? Oh, lieber Kleiner! wer dich zu mir geschickt hat, um dich als Koch zu verdingen, der hat dich zum Narren gehabt." So sprach der Oberküchenmeister und lachte weidlich, und mit ihm lachte der Aufseher des Palastes, und alle Diener, die im Zimmer waren.

Der Zwerg aber ließ sich nicht aus der Fassung bringen. „Was liegt an einem Ei oder zweien, an ein wenig Sirup und Wein, an Mehl und Gewürze, in einem Hause, wo man dessen genug hat?" sprach er. „Gebet mir irgendeine leckerhafte Speise zu bereiten auf, schaffet mir, was ich dazu brauche, und sie soll vor Euren Augen schnell bereitet sein, und Ihr sollet sagen müssen, er ist ein Koch nach Regel und Recht." Solche und ähnliche Reden führte der Kleine, und es war wunderlich anzuschauen, wie es dabei aus seinen kleinen Äuglein hervorblitzte, wie seine lange Nase sich hin und her schlängelte und seine dünnen Spinnenfinger seine Rede begleiteten. „Wohlan!" rief der Küchenmeister, und nahm den Aufseher des Palastes unter dem Arme, „wohlan, es sei um des Spaßes willen; lasset uns zur Küche gehen." Sie gingen durch mehrere Säle und Gänge, und kamen endlich in die Küche. Es war dies ein großes, weitläufiges Gebäude, herrlich eingerichtet; auf zwanzig Herden brannten beständig Feuer, ein klares Wasser, das zugleich zum Fischebehälter diente, floß mitten durch sie, in Schränken von Marmor und köstlichem Holz waren die Vorräte aufgestellt, die man immer zur Hand haben mußte, und zur Rechten und Linken waren zehen Säle, in welchen alles aufgespeichert war, was man in allen Ländern von Frankistan, und selbst im Morgenlande Köstliches und Leckeres für den Gaumen erfunden. Küchenbedienten aller Art liefen umher, und rasselten und hantierten mit Kesseln und Pfannen, mit Gabeln und Schaumlöffeln; als aber der Oberküchenmeister in die Küche eintrat, blieben sie alle regungslos stehen, und nur das Feuer hörte man noch knistern, und das Bächlein rieseln.

„Was hat der Herr heute zum Frühstück befohlen?" fragte der Meister den ersten Frühstückmacher, einen alten Koch.

„Herr! die dänische Suppe hat er geruht zu befehlen, und rote Hamburger Klößchen."

„Gut", sprach der Küchenmeister weiter, „hast du gehört, was der Herr speisen will? getraust du dich, diese schwierigen Speisen zu bereiten? Die Klößchen bringst du auf keinen Fall heraus, das ist ein Geheimnis."

„Nichts leichter als dies", erwiderte zu allgemeinem Erstaunen der Zwerg; denn er hatte diese Speisen als Eichhörnchen oft gemacht, „nichts leichter, man gebe mir zu der Suppe die und die Kräuter, dies und jenes Gewürz, Fett von einem wilden Schwein,

Wurzeln und Eier; zu den Klößchen aber", sprach er leiser, daß es nur der Küchenmeister und der Frühstückmacher hören konnten, „zu den Klößchen brauche ich viererlei Fleisch, etwas Wein, Entenschmalz, Ingwer und ein gewisses Kraut, das man Magentrost heißt."

„Ha! bei St. Benedikt! bei welchem Zauberer hast du gelernt?" rief der Koch mit Staunen; „alles bis auf ein Haar hat er gesagt, und das Kräutlein Magentrost haben wir selbst nicht gewußt; ja, das muß es noch angenehmer machen. O du Wunder von einem Koch!"

„Das hätte ich nicht gedacht", sagte der Oberküchenmeister, „doch lassen wir ihn die Probe machen; gebt ihm die Sachen, die er verlangt, Geschirr und alles, und lasset ihn das Frühstück bereiten."

Man tat, wie er befohlen, und rüstete alles auf dem Herde zu; aber da fand es sich, daß der Zwerg kaum mit der Nase bis an den Herd reichen konnte. Man setzte daher ein paar Stühle zusammen, legte eine Marmorplatte darüber, und lud den kleinen Wundermann ein, sein Kunststück zu beginnen. In einem großen Kreise standen die Köche, Küchenjungen, Diener und allerlei Volk umher, und sahen zu und staunten, wie ihm alles so flink und fertig von der Hand ging, wie er alles so reinlich und niedlich bereitete. Als er mit der Zubereitung fertig war, befahl er, beide Schüsseln ans Feuer zu setzen und genau so lange kochen zu lassen, bis er rufen werde; dann fing er an zu zählen eins, zwei, drei, und so fort, und gerade, als er fünfhundert gezählt hatte, rief er „Halt!" die Töpfe wurden weggesetzt, und der Kleine lud den Küchenmeister ein, zu kosten.

Der Mundkoch ließ sich von einem Küchenjungen einen goldenen Löffel reichen, spülte ihn im Bach und überreichte ihn dem Oberküchenmeister; dieser trat mit feierlicher Miene an den Herd, nahm von den Speisen, kostete, drückte die Augen zu, schnalzte vor Vergnügen mit der Zunge und sprach dann: „Köstlich, bei des Herzogs Leben, köstlich! wollet Ihr nicht auch ein Löffelein zu Euch nehmen, Aufseher des Palastes?" Dieser verbeugte sich, nahm den Löffel, versuchte, und war vor Vergnügen und Lust außer sich. „Eure Kunst in Ehren, lieber Frühstückmacher, Ihr seid ein erfahrner Koch, aber so herrlich habt Ihr weder die Suppe noch die Hamburger Klöße machen können!" Auch der Koch versuchte jetzt, schüttelte dann dem Zwerg ehrfurchtsvoll die Hand und sagte: „Kleiner! du bist Meister in der Kunst, ja das Kräutlein Magentrost, das gibt allem einen ganz eigenen Reiz."

In diesem Augenblick kam der Kammerdiener des Herzogs in die Küche und berichtete, daß der Herr das Frühstück verlange. Die Speisen wurden nun auf silberne Platten gelegt und dem Herzog zugeschickt; der Oberküchenmeister aber nahm den Kleinen in sein Zimmer und unterhielt sich mit ihm. Kaum waren sie aber halb so lange da, als man ein Paternoster spricht (es ist dies das Gebet der Franken, o Herr, und dauert nicht halb so lange, als das Gebet der Gläubigen) so kam schon ein Bote und rief den Oberküchenmeister zum Herrn. Er kleidete sich schnell in sein Festkleid und folgte dem Boten.

Der Herzog sah sehr vergnügt aus. Er hatte alles aufgezehrt, was auf den silbernen Platten gewesen war, und wischte sich eben den Bart ab, als der Oberküchenmeister zu ihm eintrat. „Höre Küchenmeister", sprach er, „ich bin mit deinen Köchen bisher immer sehr zufrieden gewesen; aber sage mir, wer hat heute mein Frühstück bereitet? So köstlich war es nie, seit ich auf dem Thron meiner Väter sitze; sage an, wie er heißt, der Koch, daß wir ihm einige Dukaten zum Geschenk schicken."

„Herr! das ist eine wunderbare Geschichte", antwortete der Oberküchenmeister, und erzählte, wie man ihm heute frühe einen Zwerg gebracht, der durchaus Koch werden wollte, und wie sich dies alles begeben. Der Herzog verwunderte sich höchlich, ließ den Zwerg vor sich rufen, und fragte ihn aus, wer er sei und woher er komme. Da konnte nun der arme Jakob freilich nicht sagen, daß er verzaubert worden sei und früher als Eichhörnchen gedient habe; doch blieb er bei der Wahrheit, indem er erzählte, er sei jetzt ohne Vater und Mutter, und habe bei einer alten Frau kochen gelernt. Der Herzog fragte nicht weiter, sondern ergötzte sich an der sonderbaren Gestalt seines neuen Koches.

„Willst du bei mir bleiben", sprach er, „so will ich dir jährlich fünfzig Dukaten, ein Festkleid und noch überdies zwei Paar Beinkleider reichen lassen. Dafür mußt du aber täglich mein Frühstück selbst bereiten, mußt angeben, wie das Mittagessen gemacht werden soll, und überhaupt dich meiner Küche annehmen. Da jeder in meinem Palast seinen eigenen Namen von mir empfängt, so sollst du *Nase* heißen, und die Würde eines Unterküchenmeisters bekleiden."

Der Zwerg *Nase* fiel nieder vor dem mächtigen Herzog in Frankenland, küßte ihm die Füße und versprach, ihm treu zu dienen.

So war nun der Kleine fürs erste versorgt, und er machte seinem Amt Ehre; denn man kann sagen, daß der Herzog ein ganz anderer Mann war, während der Zwerg Nase sich in seinem Hause aufhielt. Sonst hatte es ihm oft beliebt, die Schüsseln oder Platten, die man ihm auftrug, den Köchen an den Kopf zu werfen; ja, dem Oberküchenmeister selbst warf er im Zorn einmal einen gebackenen Kalbsfuß, der nicht weich genug geworden war, so heftig an die Stirne, daß er umfiel und drei Tage zu Bette liegen mußte. Der Herzog machte zwar, was er im Zorn getan, durch einige Hände voll Dukaten wieder gut, aber dennoch war nie ein Koch ohne Zittern und Zagen mit den Speisen zu ihm gekommen. Seit der Zwerg im Hause war, schien alles wie durch Zauber umgewandelt; der Herr aß jetzt statt dreimal des Tages fünfmal, um sich an der Kunst seines kleinsten Dieners recht zu laben, und dennoch verzog er nie eine Miene zum Unmut; nein, er fand alles neu, trefflich, war leutselig und angenehm, und wurde von Tag zu Tag fetter.

Oft ließ er mitten unter der Tafel den Küchenmeister und den Zwerg Nase rufen, setzte den einen rechts, den andern links zu sich, und schob ihnen mit seinen eigenen Fingern einige Bissen der köstlichen Speisen in den Mund, eine Gnade, welche sie beide wohl zu schätzen wußten.

Der Zwerg war das Wunder der Stadt. Man erbat sich flehentlich Erlaubnis vom Oberküchenmeister, den Zwerg kochen zu sehen, und einige der vornehmsten Männer hatten es so weit gebracht beim Herzog, daß ihre Diener in der Küche beim Zwerg Unterrichtsstunden genießen durften, was nicht wenig Geld eintrug; denn jeder zahlte täglich einen halben Dukaten. Und um die übrigen Köche bei guter Laune zu erhalten, und sie nicht neidisch auf ihn zu machen, überließ ihnen Nase dieses Geld, das die Herren für den Unterricht ihrer Köche zahlen mußten.

So lebte Nase beinahe zwei Jahre in äußerlichem Wohlleben und Ehre, und nur der Gedanke an seine Eltern betrübte ihn; so lebte er, ohne etwas Merkwürdiges zu erfahren, bis sich folgender Vorfall ereignete. Der Zwerg Nase war besonders geschickt und glücklich in seinen Einkäufen. Daher ging er, sooft es ihm die Zeit erlaubte, immer selbst auf den Markt, um Geflügel und Früchte einzukaufen. Eines Morgens ging er auch auf den Gänsemarkt, und forschte nach schweren fetten Gänsen, wie sie der Herr liebte. Er war musternd schon einigemal auf und ab gegangen; seine Gestalt, weit entfernt, hier Lachen und Spott zu erregen, gebot Ehrfurcht; denn man erkannte ihn als den berühmten Mundkoch des Herzogs, und jede Gänsefrau fühlte sich glücklich, wenn er ihr die Nase zuwandte.

Da sah er ganz am Ende einer Reihe in einer Ecke eine Frau sitzen, die auch Gänse feil hatte, aber nicht wie die übrigen ihre Ware anpries und nach Käufern schrie. Zu dieser trat er, und maß und wog ihre Gänse. Sie waren wie er sie wünschte, und er kaufte drei samt dem Käfigt, lud sie auf seine breite Schulter, und trat den Rückweg an. Da kam es ihm sonderbar vor, daß nur zwei von diesen Gänsen schnatterten und schrieen, wie rechte Gänse zu tun pflegen, die dritte aber ganz still und in sich gekehrt dasaß, und Seufzer ausstieß und ächzte wie ein Mensch. „Die ist halb krank", sprach er vor sich hin, „ich muß eilen, daß ich sie umbringe und zurichte." Aber die Gans antwortete ganz deutlich und laut:

„Stichst du mich,
So beiß ich dich;
Drückst du mir die Kehle ab,
Bring ich dich ins frühe Grab."

Ganz erschrocken setzte der Zwerg Nase seinen Käfigt nieder, und die Gans sah ihn mit schönen, klugen Augen an und seufzte. „Ei der Tausend!" rief Nase. „Sie kann sprechen, Jungfer Gans? Das hätte ich nicht gedacht. Na, sei Sie nur nicht ängstlich! Man weiß zu leben, und wird einem so seltenen Vogel nicht zu Leibe gehen. Aber ich wollte wetten, Sie ist nicht von jeher in diesen Federn gewesen; war ich ja selbst einmal ein schnödes Eichhörnchen."

„Du hast recht", erwiderte die Gans, „wenn du sagst, ich sei nicht in dieser schmachvollen Hülle geboren worden. Ach, an meiner Wiege wurde es mir nicht gesungen, daß Mimi, des großen Wetterbocks Tochter, in der Küche eines Herzogs getötet werden soll!"

„Sei Sie doch ruhig, liebe Jungfer Mimi", tröstete der Zwerg; „so wahr ich ein ehrlicher Kerl und Unterküchenmeister Seiner Durchlaucht bin, es soll Ihr keiner an die Kehle. Ich will Ihr in meinen eigenen Gemächern einen Stall anweisen, Futter soll Sie genug haben, und meine freie Zeit werde ich Ihrer Unterhaltung widmen, den übrigen Küchenmenschen werde ich sagen, daß ich eine Gans mit allerlei besonderen Kräutern für den Herzog mäste, und sobald sich Gelegenheit findet, setze ich Sie in Freiheit."

Die Gans dankte ihm mit Tränen, der Zwerg aber tat, wie er versprochen, schlachtete die zwei anderen Gänse, für Mimi aber baute er einen eigenen Stall unter dem Vorwande, sie für den Herzog ganz besonders zuzurichten. Er gab ihr auch kein gewöhnliches Gänsefutter, sondern versah sie mit Backwerk und süßen Speisen. Sooft er freie Zeit hatte, ging er hin, sich mit ihr zu unterhalten und sie zu trösten. Sie erzählten sich auch gegenseitig ihre Geschichten, und Nase erfuhr auf diesem Wege, daß die Gans eine Tochter des Zauberers Wetterbock sei, der auf der Insel Gotland lebe. Er sei in Streit geraten mit einer alten Fee, die ihn durch Ränke und List überwunden, und sie zur Rache in eine Gans verwandelt und weit hinweg bis hieher gebracht habe. Als der Zwerg Nase ihr seine Geschichte ebenfalls erzählt hatte, sprach sie: „Ich bin nicht unerfahren in diesen Sachen; mein Vater hat mir und meinen Schwestern einige Anleitung gegeben, soviel er nämlich davon mitteilen durfte. Die Geschichte mit dem Streit am Kräuterkorb, deine plötzliche Verwandlung, als du an jenem Kräutlein rochst, auch einige Worte der Alten, die du mir sagtest, beweisen mir, daß du auf Kräuter bezaubert bist, das heißt: wenn du das Kraut auffindest, das sich die Fee bei deiner Verzauberung gedacht hat, so kannst du erlöst werden." Es war dies ein geringer Trost für den Kleinen; denn wo sollte er das Kraut auffinden? Doch dankte er ihr und schöpfte einige Hoffnung.

Um diese Zeit bekam der Herzog einen Besuch von einem benachbarten Fürsten, seinem Freunde. Er ließ daher seinen Zwerg Nase vor sich kommen und sprach zu ihm: „Jetzt ist die Zeit gekommen, wo du zeigen mußt, ob du mir treu dienst und Meister deiner Kunst bist. Dieser Fürst, der bei mir zu Besuch ist, speist bekanntlich, außer mir, am besten, und ist ein großer Kenner einer feinen Küche, und ein weiser Mann. Sorge nun dafür, daß meine Tafel täglich also besorgt werde, daß er immer mehr in Erstaunen gerät. Dabei darfst du, bei meiner Ungnade, solange er da ist, keine Speise zweimal bringen. Dafür kannst du dir von meinem Schatzmeister alles reichen lassen, was du nur brauchst; und wenn du Gold und Diamanten in Schmalz backen mußt, so tu es; ich will lieber ein armer Mann werden, als erröten vor ihm."

So sprach der Herzog; der Zwerg aber sagte, indem er sich anständig verbeugte: „Es sei, wie du sagst, o Herr! so es Gott gefällt, werde ich alles so machen, daß es diesem Fürsten der Gutschmecker wohlgefällt."

Der kleine Koch suchte nun seine ganze Kunst hervor. Er schonte die Schätze seines Herrn nicht, noch weniger aber sich selbst; denn man sah ihn den ganzen Tag in eine Wolke von Rauch und Feuer eingehüllt, und seine Stimme hallte beständig durch das Gewölbe der Küche; denn er befahl als Herrscher den Küchenjungen und niederen Köchen. Herr! ich könnte es machen wie die Kameltreiber von Aleppo, wenn sie in ihren Geschichten, die sie den Reisenden erzählen, die Menschen herrlich speisen lassen. Sie führen eine ganze Stunde lang all die Gerichte an, die aufgetragen worden sind, und erwecken dadurch große Sehnsucht und noch größeren Hunger in ihren Zuhörern, so daß diese unwillkürlich die Vorräte öffnen und eine Mahlzeit halten, und den Kameltreibern reichlich mitteilen; doch ich nicht also.

Der fremde Fürst war schon 14 Tage beim Herzog und lebte herrlich und in Freuden. Sie speisten des Tages nicht weniger als fünfmal, und der Herzog war zufrieden mit der Kunst des Zwerges; denn er sah Zufriedenheit auf der Stirne seines Gastes. Am fünfzehenten Tag aber begab es sich, daß der Herzog den Zwerg zur Tafel rufen ließ, ihn seinem Gast, dem Fürsten, vorstellte, und diesen fragte, wie er mit dem Zwerg zufrieden sei.

„Du bist ein wunderbarer Koch", antwortete der fremde Fürst, „und weißt, was anständig essen heißt. Du hast in der ganzen Zeit, daß ich hier bin, nicht eine einzige Speise wiederholt und alles trefflich bereitet; aber sage mir doch, warum bringst du so lange nicht die Königin der Speisen, die Pastete Souzeraine?"

Der Zwerg war sehr erschrocken; denn er hatte von dieser Pastetenkönigin nie gehört, doch faßte er sich und antwortete: „O Herr! noch lange, hoffte ich, sollte dein Angesicht leuchten an diesem Hoflager, darum wartete ich mit dieser Speise; denn mit was sollte dich denn der Koch begrüßen am Tage des Scheidens, als mit der Königin der Pasteten?"

„So?" entgegnete der Herzog lachend, „und bei mir wolltest du wohl warten bis an meinen Tod, um mich dann noch zu begrüßen; denn auch mir hast du die Pastete noch nie vorgesetzt. Doch, denke auf einen andern Scheidegruß; denn morgen mußt du die Pastete auf die Tafel setzen."

„Es sei wie du sagst, Herr!" antwortete der Zwerg und ging. Aber er ging nicht vergnügt; denn der Tag seiner Schande und seines Unglücks war gekommen. Er wußte nicht, wie er die Pastete machen sollte. Er ging daher in seine Kammer und weinte über sein Schicksal. Da trat die Gans Mimi, die in seinem Gemach umhergehen durfte, zu ihm und fragte ihn nach der Ursache seines Jammers. „Stille deine Tränen", antwortete sie, als sie von der Pastete Souzeraine gehört, „dieses Gericht kam oft auf meines Vaters Tisch, und ich weiß ungefähr, was man dazu braucht, du nimmst dies und jenes, so und so viel, und wenn es auch nicht durchaus alles ist, was eigentlich dazu nötig, die Herren werden keinen so feinen Geschmack haben." So sprach Mimi; der Zwerg aber sprang auf vor Freuden, segnete den Tag, an welchem er die Gans gekauft hatte, und schickte sich an, die Königin der Pasteten zuzurichten. Er machte zuerst einen kleinen Versuch, und siehe, es schmeckte trefflich, und der Oberküchenmeister, dem er davon zu kosten gab, pries aufs neue seine ausgebreitete Kunst.

Den andern Tag setzte er die Pastete in größerer Form auf, und schickte sie, warm, wie sie aus dem Ofen kam, nachdem er sie mit Blumenkränzen geschmückt hatte, auf die Tafel; er selbst aber zog sein bestes Festkleid an und ging in den Speisesaal. Als er eintrat, war der Obervorschneider gerade damit beschäftigt, die Pastete zu zerschneiden, und auf einem silbernen Schäufelein dem Herzog und seinem Gaste hinzureichen. Der Herzog tat einen tüchtigen Biß hinein, schlug die Augen auf zur Decke und sprach, nachdem er geschluckt hatte: „Ah! ah! ah! mit Recht nennt man dies die Königin der Pasteten, aber mein Zwerg ist auch der König aller Köche, nicht also, lieber Freund?"

Der Gast nahm einige kleine Bissen zu sich, kostete und prüfte aufmerksam, und lächelte dabei höhnisch und geheimnisvoll. „Das Ding ist recht artig gemacht", antwortete er, indem er den Teller hinwegrückte, „aber die Souzeraine ist es denn doch nicht ganz; das habe ich mir wohl gedacht."

Da runzelte der Herzog vor Unmut die Stirne und errötete vor Beschämung: „Hund von einem Zwerg!" rief er, „wie wagst du es, deinem Herrn dies anzutun? Soll ich dir deinen großen Kopf abhacken lassen, zur Strafe für deine schlechte Kocherei?"

„Ach Herr! um des Himmels willen, ich habe das Gericht doch zubereitet nach den Regeln der Kunst, es kann gewiß nichts fehlen!" so sprach der Zwerg und zitterte.

„Es ist eine Lüge, du Bube!" erwiderte der Herzog und stieß ihn mit dem Fuße von sich, „mein Gast würde sonst nicht sagen, es fehlt etwas. Dich selbst will ich zerhacken und backen lassen in eine Pastete!"

„Habt Mitleiden!" rief der Kleine und rutschte auf den Knien zu dem Gast, dessen Füße er umfaßte; „saget, was fehlt an dieser Speise, daß sie Eurem Gaumen nicht zusagt? Lasset mich nicht sterben wegen einer Handvoll Fleisch und Mehl!"

„Das wird dir wenig helfen, mein lieber Nase", antwortete der Fremde mit Lachen; „das habe ich mir schon gestern gedacht, daß du diese Speise nicht machen kannst wie mein Koch. Wisse, es fehlt ein Kräutlein, das man hierzulande gar nicht kennt, das Kraut Niesmitlust, ohne dieses bleibt die Pastete ohne Würze, und dein Herr wird sie nie essen wie ich."

Da geriet der Herrscher in Frankistan in Wut. „Und doch werde ich sie essen", rief er mit funkelnden Augen; „denn ich schwöre auf meine fürstliche Ehre, entweder zeige ich Euch morgen die Pastete, wie Ihr sie verlanget, oder – den Kopf dieses Burschen aufgespießt auf dem Tor meines Palastes. Gehe, du Hund, noch einmal geb ich dir vierundzwanzig Stunden Zeit."

So rief der Herzog; der Zwerg aber ging wieder weinend in sein Kämmerlein und klagte der Gans sein Schicksal, und daß er sterben müsse; denn von dem Kraut habe er nie gehört. „Ist es nur dies", sprach sie, „da kann ich dir schon helfen; denn mein Vater lehrte mich alle Kräuter kennen. Wohl wärest du vielleicht zu einer andern Zeit des Todes gewesen, aber glücklicherweise ist es gerade Neumond, und um diese Zeit blüht das Kräutlein. Doch, sage an, sind alte Kastanienbäume in der Nähe des Palastes?"

„O ja!" erwiderte Nase mit leichterem Herzen; „am See, zweihundert Schritte vom Haus, steht eine ganze Gruppe; doch warum diese?"

„Nur am Fuße alter Kastanien blüht das Kräutlein", sagte Mimi, „darum laß uns keine Zeit versäumen und suchen, was du brauchst; nimm mich auf deinen Arm und setze mich im Freien nieder; ich will dir suchen."

Er tat, wie sie gesagt, und ging mit ihr zur Pforte des Palastes. Dort aber streckte der Türhüter sein Gewehr vor und sprach: „Mein guter Nase, mit dir ist's vorbei; aus dem Hause darfst du nicht, ich habe den strengsten Befehl darüber."

„Aber in den Garten kann ich doch wohl gehen?" erwiderte der Zwerg. „Sei so gut, und schicke einen deiner Gesellen zum Aufseher des Palastes und frage, ob ich nicht in den Garten gehen und Kräuter suchen dürfte?" Der Türhüter tat also und es wurde erlaubt; denn der Garten hatte hohe Mauern, und es war an kein Entkommen daraus zu denken. Als aber Nase mit der

Gans Mimi ins Freie gekommen war, setzte er sie behutsam nieder, und sie ging schnell vor ihm her dem See zu, wo die Kastanien standen. Er folgte ihr nur mit beklommenem Herzen; denn es war ja seine letzte, einzige Hoffnung; fand sie das Kräutlein nicht, so stand sein Entschluß fest, er stürzte sich dann lieber in den See, als daß er sich köpfen ließ. Die Gans suchte aber vergebens, sie wandelte unter allen Kastanien, sie wandte mit dem Schnabel jedes Gräschen um, es wollte sich nichts zeigen, und sie fing aus Mitleid und Angst an zu weinen; denn schon wurde der Abend dunkler, und die Gegenstände umher schwerer zu erkennen.

Da fielen die Blicke des Zwergs über den See hin, und plötzlich rief er: „Siehe, siehe, dort über dem See steht noch ein großer, alter Baum; laß uns dort hingehen und suchen, vielleicht blüht dort mein Glück." Die Gans hüpfte und flog voran, und er lief nach, so schnell seine kleinen Beine konnten; der Kastanienbaum warf einen großen Schatten, und es war dunkel umher, fast war nichts mehr zu erkennen; aber da blieb plötzlich die Gans stillestehen, schlug vor Freuden mit den Flügeln, fuhr dann schnell mit dem Kopf ins hohe Gras, und pflückte etwas ab, das sie dem erstaunten Nase zierlich mit dem Schnabel überreichte und sprach: „Das ist das Kräutlein, und hier wächst eine Menge davon, so daß es dir nie daran fehlen kann."

Der Zwerg betrachtete das Kraut sinnend; ein süßer Duft strömte ihm daraus entgegen, der ihn unwillkürlich an die Szene seiner Verwandlung erinnerte; die Stengel, die Blätter waren bläulichgrün, sie trugen eine brennend rote Blume mit gelbem Rande.

„Gelobt sei Gott!" rief er endlich aus; „welches Wunder! Wisse, ich glaube, es ist dies dasselbe Kraut, das mich aus einem Eichhörnchen in diese schändliche Gestalt umwandelte; soll ich den Versuch machen?"

„Noch nicht", bat die Gans. „Nimm von diesem Kraut eine Handvoll mit dir, laß uns auf dein Zimmer gehen, und dein Geld und was du sonst hast, zusammenraffen und dann wollen wir die Kraft des Krautes versuchen."

Sie taten also und gingen auf seine Kammer zurück, und das Herz des Zwerges pochte hörbar vor Erwartung. Nachdem er fünfzig oder sechzig Dukaten, die er erspart hatte, einige Kleider und Schuhe zusammen in einen Bündel geknüpft hatte, sprach er: „So es Gott gefällig ist, werde ich dieser Bürde los werden", streckte seine Nase tief in die Kräuter und zog ihren Duft ein.

Da zog und knackte es in allen seinen Gliedern, er fühlte, wie sich sein Kopf aus den Schultern hob, er schielte herab auf seine Nase, und sah sie kleiner und kleiner werden, sein Rücken und seine Brust fingen an, sich zu ebnen, und seine Beine wurden länger.

Die Gans sah mit Erstaunen diesem allem zu. „Ha! was du groß, was du schön bist!" rief sie, „Gott sei gedankt, es ist nichts mehr an dir von allem, wie du vorher warst!" Da freute sich Jakob sehr, und er faltete die Hände und betete. Aber seine Freude ließ ihn nicht vergessen, welchen Dank er der Gans Mimi schuldig sei; zwar drängte ihn sein Herz, zu seinen Eltern zu gehen, doch besiegte er aus Dankbarkeit diesen Wunsch und sprach: „Wem anders, als dir, habe ich es zu danken, daß ich mir selbst wiedergeschenkt bin? Ohne dich hätte ich dieses Kraut nimmer gefunden, hätte also ewig in jener Gestalt bleiben, oder vielleicht gar unter dem Beile des Henkers sterben müssen. Wohlan, ich will es dir vergelten. Ich will dich zu deinem Vater bringen; er der so erfahren ist in jedem Zauber, wird dich leicht entzaubern können!" Die Gans vergoß Freudentränen, und nahm sein Anerbieten an. Jakob kam glücklich und unerkannt mit der Gans aus dem Palast, und machte sich auf den Weg nach dem Meeresstrand, Mimis Heimat zu.

Was soll ich noch weiter erzählen, daß sie ihre Reise glücklich vollendeten, daß Wetterbock seine Tochter entzauberte, und den Jakob mit Geschenken beladen entließ; daß er in seine Vaterstadt zurückkam, und daß seine Eltern in dem schönen jungen Mann mit Vergnügen ihren verlorenen Sohn erkannten, daß er von den Geschenken, die er von Wetterbock mitbrachte, sich einen Laden kaufte, und reich und glücklich wurde?

Nur so viel will ich noch sagen, daß nach seiner Entfernung aus dem Palast des Herzogs große Unruhe entstand; denn als am andern Tag der Herzog seinen Schwur erfüllen, und dem Zwerg, wenn er die Kräuter nicht gefunden hätte, den Kopf abschlagen lassen wollte, war er nirgends zu finden; der Fürst aber behauptete, der Herzog habe ihn heimlich entkommen lassen, um sich nicht seines besten Kochs zu berauben, und klagte ihn an, daß er wortbrüchig sei. Dadurch entstand denn ein großer Krieg zwischen beiden Fürsten, der in der Geschichte unter dem Namen „Kräuterkrieg" wohlbekannt ist; es wurde manche Schlacht geschlagen, aber am Ende doch Friede gemacht, und diesen Frieden nennt man bei uns den „Pastetenfrieden", weil beim Versöhnungsfest durch den Koch des Fürsten die Souzeraine, die Königin der Pasteten, zubereitet wurde, welche sich der Herr Herzog trefflich schmecken ließ.

So führen oft die kleinsten Ursachen zu großen Folgen; und dies, o Herr, ist die Geschichte des Zwerges Nase.

So erzählte der Sklave aus Frankistan; nachdem er geendet hatte, ließ der Scheik Ali Banu ihm und den andern Sklaven Früchte reichen, sich zu erfrischen, und unterhielt sich, während sie aßen, mit seinen Freunden. Die jungen Männer aber, die der Alte eingeführt hatte, waren voll Lobes über den Scheik, sein Haus und alle seine Einrichtungen. „Wahrlich", sprach der junge Schreiber, „es gibt keinen angenehmern Zeitvertreib, als Geschichten anzuhören. Ich könnte tagelang so hinsitzen, die Beine untergeschlagen, einen Arm aufs Kissen gestützt, die Stirne in die Hand gelegt, und, wenn es ginge, des Scheiks große Wasserpfeife in der Hand und Geschichten anhören – so ungefähr stelle ich mir das Leben vor in den Gärten Mahomeds."

„Solange Ihr jung seid und arbeiten könnt", sprach der Alte, „kann ein solcher träger Wunsch nicht Euer Ernst sein. Aber das gebe ich Euch zu, daß ein eigener Reiz darin liegt, etwas erzählen zu hören. So alt ich bin, und ich gehe nun ins siebenundsiebenzigste Jahr, so viel ich in meinem Leben schon gehört habe, so verschmähe ich es doch nicht, wenn an der Ecke ein Geschichtserzähler sitzt und um ihn in großem Kreis die Zuhörer, mich ebenfalls hinzuzusetzen und zuzuhören. Man träumt sich ja in die Begebenheiten hinein, die erzählt werden, man lebt mit diesen Menschen, mit diesen wundervollen Geistern, mit Feen und dergleichen Leuten, die uns nicht alle Tage begegnen, und hat nachher, wenn man einsam ist, Stoff, sich alles zu wiederholen, wie der Wanderer, der sich gut versehen hat, wenn er durch die Wüste reist."

„Ich habe nie so darüber nachgedacht", erwiderte ein anderer der jungen Leute, „worin der Reiz solcher Geschichten eigentlich liegt. Aber mir geht es wie Euch. Schon als Kind konnte man mich, wenn ich ungeduldig war, durch eine Geschichte zum Schweigen bringen. Es war mir anfangs gleichgültig, von was es handelte, wenn es nur erzählt war, wenn nur etwas geschah; wie oft habe ich, ohne zu ermüden, jene Fabeln angehört, die weise

Männer erfunden, und in welche sie einen Kern ihrer Weisheit gelegt haben: vom Fuchs und vom törichten Raben, vom Fuchs und vom Wolf, viele Dutzend Geschichten vom Löwen und den übrigen Tieren. Als ich älter wurde, und mehr unter die Menschen kam, genügten mir jene kurzen Geschichten nicht mehr; sie mußten schon länger sein, mußten von Menschen und ihren wunderbaren Schicksalen handeln."

„Ja, ich entsinne mich noch wohl dieser Zeit", unterbrach ihn einer seiner Freunde. „Du warst es, der uns diesen Drang nach Erzählungen aller Art beibrachte. Einer eurer Sklaven wußte so viel zu erzählen, als ein Kameltreiber von Mekka nach Medina spricht; wann er fertig war mit seiner Arbeit, mußte er sich zu uns setzen auf den Grasboden vor dem Hause, und da baten wir so lange, bis er zu erzählen anfing, und das ging fort und fort, bis die Nacht heraufkam."

„Und erschloß sich uns", entgegnete der Schreiber, „erschloß sich uns da nicht ein neues, niegekanntes Reich, das Land der Genien und Feen, bebaut mit allen Wundern der Pflanzenwelt, mit reichen Palästen von Smaragden und Rubinen, mit riesenhaften Sklaven bevölkert, die erschienen, wenn man einen Ring hin und wider dreht, oder die Wunderlampe reibt, oder das Wort Salomos ausspricht, und in goldenen Schalen herrliche Speisen bringen. Wir fühlten uns unwillkürlich in jenes Land versetzt, wir machten mit Sindbad seine wunderbaren Fahrten, wir gingen mit Harun Al-Raschid, dem weisen Beherrscher der Gläubigen, abends spazieren, wir kannten Giaffar, seinen Vezier, so gut als uns selbst, kurz, wir lebten in jenen Geschichten, wie man nachts in Träumen lebt, und es gab keine schönere Tageszeit für uns, als den Abend, wo wir uns einfanden auf dem Rasenplatz und der alte Sklave uns erzählte. Aber sage uns, Alter, worin liegt es denn eigentlich, daß wir damals so gerne erzählen hörten, daß es noch jetzt für uns keine angenehmere Unterhaltung gibt?"

Die Bewegung, die im Zimmer entstand und die Aufforderung zur Aufmerksamkeit, die der Sklavenaufseher gab, verhinderte den Alten, zu antworten. Die jungen Leute wußten nicht, ob sie sich freuen sollten, daß sie eine neue Geschichte anhören durften, oder ungehalten sein darüber, daß ihr anziehendes Gespräch mit dem Alten unterbrochen worden war; aber ein zweiter Sklave erhob sich bereits und begann:

ABNER, DER JUDE, DER NICHTS GESEHEN HAT

Herr, ich bin aus Mogador, am Strande des großen Meers, und als der großmächtigste Kaiser Muley Ismael über Fez und Marokko herrschte, hat sich die Geschichte zugetragen, die du vielleicht nicht ungerne hören wirst. Es ist die Geschichte von Abner, dem Juden, der nichts gesehen hat.

Juden, wie du weißt, gibt es überall, und sie sind überall Juden: pfiffig, mit Falkenaugen für den kleinsten Vorteil begabt, verschlagen, desto verschlagener, je mehr sie mißhandelt werden, ihrer Verschlagenheit sich bewußt, und sich etwas darauf einbildend. Daß aber doch zuweilen ein Jude durch seine Pfiffe zu Schaden kommt, bewies Abner, als er eines Abends zum Tore von Marokko hinaus spazieren ging.

Er schreitet einher, mit der spitzen Mütze auf dem Kopf, in den bescheidenen, nicht übermäßig reinlichen Mantel gehüllt, nimmt von Zeit zu Zeit eine verstohlene Prise aus der goldenen Dose, die er nicht gerne sehen läßt, streichelt sich den Knebelbart, und, trotz der umherrollenden Augen, welche ewige Furcht und Besorgnis und die Begierde, etwas zu erspähen, womit etwas zu machen wäre, keinen Augenblick ruhen läßt, leuchtet Zufriedenheit aus seiner beweglichen Miene; er muß diesen Tag gute Geschäfte gemacht haben; und so ist es auch. Er ist Arzt, ist Kaufmann, ist alles, was Geld einträgt; er hat heute einen Sklaven mit einem heimlichen Fehler verkauft, wohlfeil eine Kamelladung Gummi gekauft, und einem reichen, kranken Mann den letzten Trank, nicht vor seiner Genesung, sondern vor seinem Hintritt bereitet.

Eben war er auf seinem Spaziergang aus einem kleinen Gehölz von Palmen und Datteln getreten, da hörte er lautes Geschrei herbeilaufender Menschen hinter sich; es war ein Haufe kaiserlicher Stallknechte, den Oberstallmeister an der Spitze, die nach allen Seiten unruhige Blicke umherwarfen, wie Menschen, die etwas Verlorenes eifrig suchen.

„Philister", rief ihm keuchend der Oberstallmeister zu, „hast du nicht ein kaiserlich Pferd mit Sattel und Zeug vorüberrennen sehen?"

Abner antwortete: „Der beste Galoppläufer, den es gibt; zierlich klein ist sein Huf, seine Hufeisen sind von vierzehnlötigem Silber, sein Haar leuchtet golden, gleich dem großen Sabbatleuchter in der Schule, fünfzehn Fäuste ist er hoch, sein

Schweif ist dreiundeinenhalben Fuß lang, und die Stangen seines Gebisses sind von dreiundzwanzigkarätigem Golde."

„Er ist's!" rief der Oberstallmeister. „Er ist's!" rief der Chor der Stallknechte. „Es ist der Emir", rief ein alter Bereuter, „ich habe es dem Prinzen Abdallah zehnmal gesagt, er solle den Emir in der Trense reiten, ich kenne den Emir, ich habe es vorausgesagt, daß er ihn abwerfen würde, und sollte ich seine Rückenschmerzen mit dem Kopfe bezahlen müssen, ich habe es vorausgesagt. — Aber schnell, wohinzu ist er gelaufen?"

„Habe ich doch gar kein Pferd gesehen", erwiderte Abner lächelnd; „wie kann ich sagen, wohin es gelaufen ist, des Kaisers Pferd?"

Erstaunt über diesen Widerspruch wollten die Herren vom Stalle eben weiter in Abner dringen, da kam ein anderes Ereignis dazwischen.

Durch einen sonderbaren Zufall, wie es deren so viele gibt, war gerade zu dieser Zeit auch der Leibschoßhund der Kaiserin entlaufen. Ein Haufe schwarzer Sklaven kam herbeigerannt, und sie schrieen schon von weitem: „Habt ihr den Schoßhund der Kaiserin nicht gesehen?"

„Es ist kein Hund, den ihr suchet, meine Herrn", sagte Abner, „es ist eine Hündin."

„Allerdings", rief der erste Eunuch hocherfreut, „Aline, wo bist du?"

„Ein kleiner Wachtelhund", fuhr Abner fort, „der vor kurzem Junge geworfen, langes Behänge, Federschwanz, hinkt auf dem rechten vordern Bein."

„Sie ist's, wie sie leibt und lebt!" rief der Chor der Schwarzen, „es ist Aline; die Kaiserin ist in Krämpfe verfallen, sobald sie vermißt wurde; Aline, wo bist du? was soll aus uns werden, wenn wir ohne dich ins Harem zurückkehren? Sprich geschwind, wohin hast du sie laufen sehen?"

„Ich habe gar keinen Hund gesehen, weiß ich doch nicht einmal, daß meine Kaiserin, welche Gott erhalte, einen Wachtelhund besitzt."

Da ergrimmten die Leute vom Stalle und vom Harem über Abners Unverschämtheit, wie sie es nannten, über kaiserliches Eigentum seinen Scherz zu treiben, und zweifelten keinen Augenblick, so unwahrscheinlich dies auch war, daß er Hund und Pferd gestohlen habe. Während die andern ihre Nachforschungen fortsetzten, packten der Stallmeister und der erste Eunuch den Juden, und führten den halb pfiffig, halb ängstlich Lächelnden vor das Angesicht des Kaisers.

Aufgebracht berief Muley Ismael, als er den Hergang vernommen, den gewöhnlichen Rat des Palastes, und führte, in Betracht der Wichtigkeit des Gegenstandes, selbst den Vorsitz. Zur Eröffnung der Sache wurde dem Angeschuldigten ein halbes Hundert Streiche auf die Fußsohlen zuerkannt. Abner mochte schreien oder winseln, seine Unschuld beteuern oder versprechen, alles zu erzählen, wie es sich zugetragen, Sprüche aus der Schrift oder dem Talmud anführen, mochte rufen: „Die Ungnade des Königs ist wie das Brüllen eines jungen Löwen, aber seine Gnade ist Tau auf dem Grase"; oder: „Laß nicht zuschlagen deine Hand, wenn dir Augen und Ohren verschlossen sind." – Muley Ismael winkte, und schwur bei des Propheten Bart und seinem eigenen, der Philister solle die Schmerzen des Prinzen Abdallah und die Krämpfe der Kaiserin mit dem Kopfe bezahlen, wenn die Flüchtigen nicht wieder beigebracht würden.

Noch erschallte der Palast des Kaisers von Marok von dem Schmerzgeschrei des Patienten, als die Nachricht einlief, Hund und Pferd seien wiedergefunden. Alinen überraschte man in der Gesellschaft einiger Möpse, sehr anständiger Leute, die sich aber für sie, als Hofdame, durchaus nicht schickte, und Emir hatte, nachdem er sich müde gelaufen, das duftende Gras auf den grünen Wiesen am Bache Tara wohlschmeckender gefunden, als den kaiserlichen Hafer; gleich dem ermüdeten fürstlichen Jäger, der auf der Parforcejagd verirrt, über dem schwarzen Brot und der Butter in der Hütte des Landmanns aller Leckereien seiner Tafel vergißt.

Muley Ismael verlangte nun von Abner eine Erklärung seines Betragens, und dieser sah sich nun, wiewohl etwas spät, imstande, sich zu verantworten, was er, nachdem er vor Sr. Hoheit Thron dreimal die Erde mit der Stirne berührte, in folgenden Worten tat:

„Großmächtigster Kaiser, König der Könige, Herr des Westen, Stern der Gerechtigkeit, Spiegel der Wahrheit, Abgrund der Weisheit, der du so glänzend bist wie Gold, so strahlend wie der Diamant, so hart wie das Eisen, höre mich, weil es deinem Sklaven vergönnt ist, vor deinem strahlenden Angesichte seine Stimme zu erheben. Ich schwöre bei dem Gott meiner Väter, bei Moses und den Propheten, daß ich dein heiliges Pferd, und meiner gnädigen Kaiserin liebenswürdigen Hund mit meines

Leibes Augen nicht gesehen habe. Höre aber, wie sich die Sache begeben:

Ich spazierte, um mich von des Tages Last und Arbeit zu erholen, nichts denkend in dem kleinen Gehölze, wo ich die Ehre gehabt habe, Sr. Herrlichkeit, dem Oberstallmeister, und Sr. Wachsamkeit, dem schwarzen Aufseher deines gesegneten Harems zu begegnen; da gewahrte ich im feinen Sande zwischen den Palmen die Spuren eines Tieres; ich, dem die Spuren der Tiere überaus gut bekannt sind, erkenne sie alsbald für die Fußstapfen eines kleinen Hundes; feine, langgezogene Furchen liefen über die kleinen Unebenheiten des Sandbodens zwischen diesen Spuren hin: ‚es ist eine Hündin‘, sprach ich zu mir selbst, ‚und sie hat hängende Zitzen, und hat Junge geworfen vor so und so langer Zeit‘; andere Spuren neben den Vordertatzen, wo der Sand leicht weggefegt zu sein schien, sagten mir, daß das Tier mit schönen, weit herabhängenden Ohren begabt sei; und da ich bemerkt, wie in längeren Zwischenräumen der Sand bedeutender aufgewühlt war, dachte ich: einen schönen, langbehaarten Schwanz hat die Kleine, und er muß anzusehen sein als ein Federbusch, und es hat ihr beliebt, zuweilen den Sand damit zu peitschen, auch entging mir nicht, daß eine Pfote sich beständig weniger tief in den Sand eindrückte; leider konnte mir da nicht verborgen bleiben, daß die Hündin meiner gnädigsten Frau, wenn es erlaubt ist, es auszusprechen, etwas hinke.

Was das Roß deiner Hoheit betrifft, so wisse, daß ich, als ich in einem Gange des Gehölzes zwischen Gebüschen hinwandelte, auf die Spuren eines Pferdes aufmerksam wurde. Kaum hatte ich den edlen, kleinen Huf, den feinen und doch starken Strahl bemerkt, so sagte ich in meinem Herzen: da ist gewesen ein Roß von der Race Tschenner, die da ist die vornehmste von allen. Ist es ja noch nicht vier Monate, hat mein gnädigster Kaiser einem Fürsten in Frankenland eine ganze Kuppel von dieser Race verkauft, und mein Bruder Ruben ist dabeigewesen, wie sie sind handelseinig geworden, und mein gnädigster Kaiser hat dabei gewonnen so und so viel. Als ich sah, wie die Spuren so weit und so gleichmäßig voneinander entfernt waren, mußte ich denken: das galoppiert schön, vornehm; und ist bloß mein Kaiser wert, solch ein Tier zu besitzen, und ich gedachte des Streitrosses, von dem geschrieben steht bei Hiob: ‚Es strampfet auf den Boden und ist freudig mit Kraft, und zeucht aus, den Geharnischten entgegen; es spottet der Furcht und erschricket nicht, und fleucht vor dem Schwert nicht, wenngleich wider es klinget der Köcher, und glänzen beide, Spieß und Lanzen.' Und ich bückte mich, da ich etwas glänzen sah auf dem Boden, wie ich immer tue, und siehe es war ein Marmelstein, darauf hatte das Hufeisen des eilenden Rosses einen Strich gezogen, und ich erkannte, daß es Hufeisen haben mußte von vierzehnlötigem Silber; muß ich doch den Strich kennen von jeglichem Metall, sei es echt oder unecht. Der Baumgang, in dem ich spazierte, war sieben Fuß weit, und hie und da sah ich den Staub von den Palmen gestreift: ‚Der Gaul hat mit dem Schweif gefochten', sprach ich, ‚und er ist lang drei und einen halben Fuß'; unter Bäumen, deren Krone etwa fünf Fuß vom Boden anfing, sah ich frisch abgestreifte Blätter; Sr. Schnelligkeit Rücken mußte sie abgestreift haben; da haben wir ein Pferd von fünfzehn Fäusten; siehe da, unter denselben Bäumen kleine Büschel goldglänzender Haare, und siehe da, es ist ein Goldfuchs! Eben trat ich aus dem Gebüsche, da fiel an einer Felswand ein Goldstrich in mein Auge; ‚Diesen Strich solltest du kennen', sprach ich, und was war's? Ein Probierstein war eingesprengt in dem Gestein, und ein haarfeiner Goldstrich darauf, wie ihn das Männchen mit dem Pfeilbündel auf den Füchsen der sieben vereinigten Provinzen von Holland nicht feiner, nicht reiner ziehen kann. Der Strich mußte von den Gebißstangen des flüchtigen Rosses rühren, die es im Vorbeispringen gegen dieses Gestein gerieben. Kennt man ja doch deine erhabene Prachtliebe, König der Könige, weiß man ja doch, daß sich das geringste deiner Rosse schämen würde, auf einen andern als einen goldenen Zaum zu beißen.

Also hat es sich begeben, und wenn –"

„Nun, bei Mekka und Medina", rief Muley Ismael, „das heiße ich Augen; solche Augen könnten dir nicht schaden, Oberjägermeister, sie würden dir eine Kuppel Schweißhunde ersparen; du, Polizeiminister, könntest damit weiter sehen, als alle deine Schergen und Aufpasser. Nun, Philister, wir wollen dich in Betracht deines ungemeinen Scharfsinns, der uns wohl gefallen hat, gnädig behandeln; die fünfzig Prügel, die du richtig erhalten, sind fünfzig Zechinen wert, sie ersparen dir fünfzig; denn du zahlst jetzt bloß noch fünfzig bar; zieh deinen Beutel, und enthalte dich für die Zukunft Unseres kaiserlichen Eigentums zu spotten; Wir bleiben dir übrigens in Gnaden gewogen."

Der ganze Hof bewunderte Abners Scharfsinn, denn Se. Majestät hatte geschworen, er sei ein geschickter Bursche; aber dies

bezahlte ihm seine Schmerzen nicht, tröstete ihn nicht für seine
teuren Zechinen. Während er stöhnend und seufzend eine nach
der andern aus dem Beutel führte, jede noch zum Abschiede auf
der Fingerspitze wog, höhnte ihn noch Schnuri, der kaiserliche
Spaßmacher, fragte ihn, ob seine Zechinen alle auf dem Steine
sich bewährten, auf dem der Goldfuchs des Prinzen Abdallah
sein Gebiß probiert habe. „Deine Weisheit hat heute Ruhm ge-
erntet", sprach er, „ich wollte aber noch fünfzig Zechinen wetten, es wäre dir lieber, du hättest geschwiegen. Aber wie spricht
der Prophet? ,Ein entschlüpftes Wort holt kein Wagen ein, und
wenn er mit vier flüchtigen Rossen bespannt wäre.' Auch kein
Windspiel holt es ein, Herr Abner, auch wenn es nicht hinkt."

Nicht lange nach diesem für Abner schmerzlichen Ereignis
ging er wieder einmal in einem der grünen Täler zwischen den
Vorbergen des Atlas spazieren. Da wurde er, gerade wie damals,
von einem einherstürmenden Haufen Gewaffneter eingeholt, und
der Anführer schrie ihn an:

„He! guter Freund, hast du nicht Goro, den schwarzen Leib-
schützen des Kaisers vorbeilaufen sehen? Er ist entflohen; er
muß diesen Weg genommen haben ins Gebirg."

„Kann nicht dienen, Herr General", antwortete Abner.

„Ach! bist du nicht der pfiffige Jude, der den Fuchsen und den
Hund nicht gesehen hat? Mach nur keine Umstände; hier muß
der Sklave vorbeigekommen sein; riechst du vielleicht noch den
Duft seines Schweißes in der Luft? siehst du noch die Spuren seines flüchtigen Fußes im hohen Grase? Sprich, der Sklave muß
herbei; er ist einzig im Sperlingschießen mit dem Blaserohr, und
dies ist Sr. Majestät Lieblingszeitvertreib. Sprich! oder ich lasse
dich sogleich krummfesseln."

„Kann ich doch nicht sagen, ich habe gesehen, was ich doch
nicht hab gesehen."

„Jude, zum letzten Male: wohin ist der Sklave gelaufen?
denk an deine Fußsohlen, denk an deine Zechinen!"

„O weh geschrien! Nun, wenn Ihr absolut haben wollt, daß
ich soll gesehen haben den Sperlingschützen, so lauft dorthin; ist
er dort nicht, so ist er anderswo."

„Du hast ihn also gesehen?" brüllte ihn der Soldat an.

„Ja denn, Herr Offizier, weil Ihr es so haben wollt."

Die Soldaten verfolgten eilig die angewiesene Richtung. Abner
aber ging, innerlich über seine List zufrieden, nach Hause. Kaum
aber war er vierundzwanzig Stunden älter geworden, so drang

ein Haufe von der Wache des Palastes in sein Haus und verunreinigte es; denn es war Sabbat, und schleppte ihn vor das Angesicht des Kaisers von Marok.

„Hund von einem Juden", schnaubte ihn der Kaiser an, „du wagst es, kaiserliche Bediente, die einen flüchtigen Sklaven verfolgen, auf falsche Spur ins Gebirge zu schicken, während der Flüchtling der Meeresküste zueilt, und beinahe auf einem spanischen Schiffe entkommen wäre? Greift ihn, Soldaten! Hundert auf die Sohlen! hundert Zechinen aus dem Beutel! Um wieviel die Sohlen schwellen unter den Hieben, um soviel soll der Beutel einschnurren!"

Du weißt es, o Herr, im Reiche Fez und Marokko liebt man schnelle Gerechtigkeit, und so wurde der arme Abner geprügelt und besteuert, ohne daß man ihn zuvor um seine Einwilligung befragt hätte. Er aber verfluchte sein Geschick, das ihn dazu verdammte, daß seine Sohlen und sein Beutel es hart empfinden sollten, sooft Se. Majestät geruhten, etwas zu verlieren. Als er aber brummend und seufzend unter dem Gelächter des rohen Hofvolks aus dem Saale hinkte, sprach zu ihm Schnuri, der Spaßmacher:

„Gib dich zufrieden, Abner, undankbarer Abner, ist es nicht Ehre genug für dich, daß jeder Verlust, den unser gnädiger Kaiser, den Gott erhalte, erleidet, auch dir empfindlichen Kummer verursachen muß? Versprichst du mir aber ein gut Trinkgeld, so komme ich jedesmal eine Stunde, bevor der Herr des Westen etwas verliert, an deine Bude in der Judengasse und spreche: ‚Gehe nicht aus deiner Hütte, Abner, du weißt schon warum; schließe dich ein in dein Kämmerlein bis zu Sonnenuntergang, beides unter Schloß und Riegel.'"

Dies, o Herr, ist die Geschichte von Abner, der nichts gesehen hat.

Als der Sklave geschwiegen hatte, und es wieder stille im Saale geworden war, erinnerte der junge Schreiber den Alten, daß sie den Faden ihrer Unterhaltung abgebrochen hatten, und bat, ihnen nun zu erklären, worin denn eigentlich der mächtige Reiz des Märchens liege?

„Das will ich euch jetzt sagen", erwiderte der Alte; „der menschliche Geist ist noch leichter und beweglicher als das Wasser, das doch in alle Formen sich schmiegt, und nach und nach auch die dichtesten Gegenstände durchdringt. Er ist leicht und frei wie die Luft, und wird wie diese, je höher er sich von der Erde hebt, desto leichter und reiner. Daher ist ein Drang in jedem Menschen, sich hinauf über das Gewöhnliche zu erheben, und sich in höheren Räumen leichter und freier zu bewegen, sei es auch nur in Träumen. Ihr selbst, mein junger Freund, sagtet: ‚Wir lebten in jenen Geschichten, wir dachten und fühlten mit jenen Menschen‘, und daher kommt der Reiz, den sie für Euch hatten. Indem Ihr den Erzählungen des Sklaven zuhörtet, die nur Dichtungen waren, die einst ein anderer erfand, habt Ihr selbst auch *mitgedichtet*, Ihr bliebet nicht stehen bei den Gegenständen um Euch her, bei Euren gewöhnlichen Gedanken, nein, Ihr erlebtet alles mit, Ihr waret es selbst, dem dies und jenes Wunderbare begegnete, so sehr nahmet Ihr teil an dem Mann, von dem man Euch erzählte. So erhob sich Euer Geist am Faden einer solchen Geschichte über die Gegenwart, die Euch nicht so schön, nicht so anziehend dünkte, so bewegte sich dieser Geist in fremden, höheren Räumen freier und ungebundener, das Märchen wurde Euch zur Wirklichkeit, oder wenn Ihr lieber wollet, die Wirklichkeit wurde zum Märchen, weil Euer Dichten und Sein im Märchen lebte."

„Ganz verstehe ich Euch nicht", erwiderte der junge Kaufmann, „aber Ihr habt recht mit dem, was Ihr saget, wir lebten im Märchen, oder das Märchen in uns. Sie ist mir noch wohl erinnerlich, jene schöne Zeit; wenn wir Muße dazu hatten, träumten wir wachend; wir stellten uns vor, an wüste, unwirtbare Inseln verschlagen zu sein, wir berieten uns, was wir beginnen sollten, um unser Leben zu fristen, und oft haben wir im dichten Weidengebüsch uns Hütten gebaut, haben von elenden Früchten ein kärgliches Mahl gehalten, obgleich wir hundert Schritte weit zu Hause das Beste hätten haben können, ja, es gab Zeiten, wo wir auf die Erscheinung einer gütigen Fee oder eines wunderbaren Zwerges warteten, die zu uns treten und sagen würden: ‚Die Erde wird sich alsobald auftun, wollet dann nur gefälligst herabsteigen in meinen Palast von Bergkristall, und euch belieben lassen, was meine Diener, die Meerkatzen, euch auftischen!‘"

Die jungen Leute lachten, gaben aber ihrem Freunde zu, daß er wahr gesprochen habe. „Noch jetzt", fuhr ein anderer fort, „noch jetzt beschleicht mich hie und da dieser Zauber; ich würde mich zum Beispiel nicht wenig ärgern über die dumme Fabel, wenn mein Bruder zur Türe hereingestürzt käme und sagte: ‚Weißt du schon das Unglück von unserem Nachbar, dem dicken

DER SCHEIK VON ALESSANDRIA UND SEINE SKLAVEN

Bäcker? Er hat Händel gehabt mit einem Zauberer, und dieser hat ihn aus Rache in einen Bären verwandelt, und jetzt liegt er in seiner Kammer und heult entsetzlich'; ich würde mich ärgern und ihn einen Lügner schelten. Aber wie anders, wenn mir erzählt würde, der dicke Nachbar hab eine weite Reise in ein fernes, unbekanntes Land unternommen, sei dort einem Zauberer in die Hände gefallen, der ihn in einen Bären verwandelte. Ich würde mich nach und nach in die Geschichte versetzt fühlen, würde mit dem dicken Nachbar reisen, Wunderbares erleben, und es würde mich nicht sehr überraschen, wenn er in ein Fell gesteckt würde und auf allen vieren gehen müßte."

So sprachen die jungen Leute; da gab der Scheik wiederum das Zeichen und alle setzten sich nieder. Der Aufseher der Sklaven aber trat zu den Freigelassenen und forderte sie auf, weiter fortzufahren. Einer unter ihnen zeigte sich bereit, stand auf, und hub an folgendermaßen zu erzählen:

[In der Originalausgabe des Märchenalmanachs von 1827 folgt an dieser Stelle die Geschichte „Der arme Stephan" von Gustav Adolf Schöll.]

Der Sklave hatte geendet, und seine Erzählung erhielt den Beifall des Scheik und seiner Freunde. Aber auch durch diese Erzählung wollte sich die Stirne des Scheik nicht entwölken lassen, er war und blieb ernst und tiefsinnig wie zuvor, und die jungen Leute bemitleideten ihn.

„Und doch", sprach der junge Kaufmann, „und doch kann ich nicht begreifen, wie der Scheik sich an einem solchen Tage Märchen erzählen lassen mag, und zwar von seinen Sklaven. Ich, für meinen Teil, hätte ich einen solchen Kummer, so würde ich lieber hinausreiten in den Wald, und mich setzen, wo es recht dunkel und einsam ist; aber auf keinen Fall dieses Geräusch von Bekannten und Unbekannten um mich versammeln."

„Der Weise", antwortete der alte Mann, „der Weise läßt sich von seinem Kummer nie so überwältigen, daß er ihm völlig unterliegt. Er wird ernst, er wird tiefsinnig sein, er wird aber nicht laut klagen oder verzweifeln. Warum also, wenn es in deinem Innern dunkel und traurig aussieht, warum noch überdies die Schatten dunkler Zedern suchen? Ihr Schatten fällt durch das Auge in dein Herz und macht es noch dunkler. An die Sonne mußt du gehen, in den warmen, lichten Tag, für was du trauerst,

DER SCHEIK VON ALESSANDRIA UND SEINE SKLAVEN

und mit der Klarheit des Tages, mit der Wärme des Lichtes wird dir die Gewißheit aufgehen, daß Allahs Liebe über dir ist, erwärmend und ewig wie seine Sonne."

„Ihr habt wahr gesprochen", setzte der Schreiber hinzu, „und geziemt es nicht einem weisen Mann, dem seine Umgebungen zu Gebot stehen, daß er an einem solchen Tage die Schatten des Grams so weit als möglich entferne? Soll er zum Getränke seine Zuflucht nehmen, oder Opium speisen, um den Schmerz zu vergessen? Ich bleibe dabei, es ist die anständigste Unterhaltung in Leid und Freude, sich erzählen zu lassen, und der Scheik hat ganz recht."

„Gut", erwiderte der junge Kaufmann; „aber hat er nicht Vorleser, nicht Freunde genug; warum müssen es gerade diese Sklaven sein, die erzählen?"

„Diese Sklaven, lieber Herr!" sagte der Alte, „sind vermutlich durch allerlei Unglück in Sklaverei geraten, und sind nicht gerade so ungebildete Leute, wie Ihr wohl gesehen habt, von welchen man sich nicht könnte erzählen lassen. Überdies stammen sie von allerlei Ländern und Völkern, und es ist zu erwarten, daß sie bei sich zu Hause irgend etwas Merkwürdiges gehört oder gesehen, das sie nun zu erzählen wissen. Einen noch schöneren Grund, den mir einst ein Freund des Scheik sagte, will ich Euch wiedergeben: Diese Leute waren bis jetzt in seinem Hause als Sklaven, hatten sie auch keine schwere Arbeit zu verrichten, so war es doch immer Arbeit, zu der sie gezwungen waren, und mächtig der Unterschied zwischen ihnen und freien Leuten. Sie durften sich, wie es Sitte ist, dem Scheik nicht anders, als mit den Zeichen der Unterwürfigkeit nähern. Sie durften nicht zu ihm reden, außer er fragte sie, und ihre Rede mußte kurz sein. Heute sind sie frei; und ihr erstes Geschäft als freie Leute ist, in großer Gesellschaft und vor ihrem bisherigen Herrn lange und offen sprechen zu dürfen. Sie fühlen sich nicht wenig geehrt dadurch, und ihre unverhoffte Freilassung wird ihnen dadurch nur um so werter."

„Siehe", unterbrach ihn der Schreiber, „dort steht der vierte Sklave auf; der Aufseher hat ihm wohl schon das Zeichen gegeben, lasset uns niedersitzen und hören."

„Herr!" fing der vierte der Sklaven zu erzählen an; „als ich noch in Stambul verweilte, begab sich daselbst folgende sonderbare Geschichte."

[An dieser Stelle folgt in der Originalausgabe des Märchenalmanachs von 1827 die Geschichte „Der gebackene Kopf" von James Justinian Morier.]

Der Scheik äußerte seinen Beifall über diese Erzählung. Er hatte, was in Jahren nicht geschehen war, einigemal gelächelt, und seine Freunde nahmen dies als eine gute Vorbedeutung. Dieser Eindruck war den jungen Männern und dem Alten nicht entgangen. Auch sie freuten sich darüber, daß der Scheik, auf eine halbe Stunde wenigstens, zerstreut wurde; denn sie ehrten seinen Kummer und die Trauer um sein Unglück, sie fühlten ihre Brust beengt, wenn sie ihn so ernst und stille seinem Gram nachhängen sahen, und gehobener, freudiger waren sie, als die Wolke seiner Stirne auf Augenblicke vorüberzog.

„Ich kann mir wohl denken", sagte der Schreiber, „daß diese Erzählung günstigen Eindruck auf ihn machen mußte; es liegt so viel Sonderbares, Komisches darin, daß selbst der heilige Derwisch auf dem Berge Libanon, der in seinem Leben noch nie gelacht hat, laut auflachen müßte."

„Und doch", sprach der Alte lächelnd, „und doch ist weder Fee noch Zauberer darin erschienen; kein Schloß von Kristall, keine Genien, die wunderbare Speisen bringen, kein Vogel Rock, noch ein Zauberpferd –"

„Ihr beschämt uns", rief der junge Kaufmann, „weil wir mit so vielem Eifer von jenen Märchen unserer Kindheit sprachen, die uns noch jetzt so wunderbar anziehen, weil wir jene Momente aufzählten, wo uns das Märchen so mit sich hinwegriß, daß wir darin zu leben wähnten, weil wir dies so hoch anschlugen, wollet Ihr uns beschämen, und auf feine Art zurechtweisen; nicht so?"

„Mitnichten! es sei ferne von mir, eure Liebe zum Märchen zu tadeln; es zeugt von einem unverdorbenen Gemüt, daß ihr euch noch so recht gemütlich in den Gang des Märchens versetzen konntet, daß ihr nicht wie andere vornehm darauf, als auf ein Kinderspiel, herabsehet, daß ihr euch nicht langweilet, und lieber ein Roß zureiten, oder auf dem Sofa behaglich einschlummern, oder halb träumend die Wasserpfeife rauchen wolltet, statt dergleichen euer Ohr zu schenken. Es sei ferne von mir, euch darum zu tadeln; aber das freut mich, daß auch eine andere Art von Erzählung euch fesselt und ergötzt, eine andere Art als die, welche man gewöhnlich Märchen nennt."

„Wie verstehet Ihr dies? erklärt uns deutlicher, was Ihr meinet? eine andere Art als das Märchen?" sprachen die Jünglinge unter sich.

„Ich denke, man muß einen gewissen Unterschied machen zwischen *Märchen* und Erzählungen, die man im gemeinen Leben *Geschichten* nennt. Wenn ich euch sage, ich will euch ein *Märchen* erzählen, so werdet ihr zum voraus darauf rechnen, daß es eine Begebenheit ist, die von dem gewöhnlichen Gang des Lebens abschweift, und sich in einem Gebiet bewegt, das nicht mehr durchaus irdischer Natur ist. Oder, um deutlicher zu sein, ihr werdet bei dem Märchen auf die Erscheinung anderer Wesen, als allein sterblicher Menschen, rechnen können; es greifen in das Schicksal der Person, von welcher das Märchen handelt, fremde Mächte, wie Feen und Zauberer, Genien und Geisterfürsten ein; die ganze Erzählung nimmt eine außergewöhnliche, wunderbare Gestalt an, und ist ungefähr anzuschauen, wie die Gewebe unserer Teppiche, oder viele Gemälde unserer besten Meister, welche die Franken Arabesken nennen. Es ist dem echten Muselmann verboten, den Menschen, das Geschöpf Allahs, sündigerweise wiederzuschöpfen in Farben und Gemälden, daher sieht man auf jenen Geweben wunderbar verschlungene Bäume und Zweige mit Menschenköpfen, Menschen, die in einen Fisch oder Strauch ausgehen, kurz Figuren, die an das gewöhnliche Leben erinnern, und dennoch ungewöhnlich sind; ihr versteht mich doch?"

„Ich glaube Eure Meinung zu erraten", sagte der Schreiber, „doch, fahret weiter fort."

„Von dieser Art ist nun das Märchen; fabelhaft, ungewöhnlich, überraschend; weil es dem gewöhnlichen Leben fremd ist, wird es oft in fremde Länder, oder in ferne, längst vergangene Zeiten verschoben. Jedes Land, jedes Volk hat solche Märchen, die Türken so gut als die Perser, die Chinesen wie die Mongolen; selbst in Frankenland soll es viele geben, wenigstens erzählte mir einst ein gelehrter Giaur davon; doch sind sie nicht so schön als die unsrigen; denn statt schöner Feien, die in prachtvollen Palästen wohnen, haben sie zauberhafte Weiber, die sie Hexen nennen, heimtückisches, häßliches Volk, das in elenden Hütten wohnt, und statt in einem Muschelwagen, von Greifen gezogen, durch die blauen Lüfte zu fahren, reiten sie auf einem Besen durch den Nebel. Sie haben auch Gnomen und Erdgeister, das sind kleine, verwachsene Kerlchen, die allerlei Spuk machen. Das sind nun die Märchen; ganz anders ist es aber mit den

Erzählungen, die man gemeinhin Geschichten nennt. Diese bleiben ganz ordentlich auf der Erde, tragen sich im gewöhnlichen Leben zu, und wunderbar ist an ihnen meistens nur die Verkettung der Schicksale eines Menschen, der nicht durch Zauber, Verwünschung oder Feenspuk, wie im Märchen, sondern durch sich selbst, oder die sonderbare Fügung der Umstände reich oder arm, glücklich oder unglücklich wird."

„Richtig", erwiderte einer der jungen Leute; „solche reine Geschichten finden sich auch in den herrlichen Erzählungen der Scheherazade, die man ‚Tausendundeine Nacht' nennt. Die meisten Begebenheiten des Königs Harun Al-Raschid und seines Veziers sind dieser Art. Sie gehen verkleidet aus, und sehen diesen oder jenen höchst sonderbaren Vorfall, der sich nachher ganz natürlich auflöst."

„Und dennoch werdet ihr gestehen müssen", fuhr der Alte fort, „daß jene Geschichten nicht der schlechteste Teil der ‚Tausendundeine Nacht' sind. Und doch, wie verschieden sind sie in ihren Ursachen, in ihrem Gang, in ihrem ganzen Wesen von den Märchen eines Prinzen Biribinker, oder der drei Derwische mit einem Aug, oder des Fischers, der den Kasten, verschlossen mit dem Siegel Salomos, aus dem Meer zieht! Aber am Ende ist es dennoch eine Grundursache, die beiden ihren eigentümlichen Reiz gibt; nämlich das, daß wir etwas Auffallendes, Außergewöhnliches *mit*erleben. Bei dem Märchen liegt dieses Außergewöhnliche in jener Einmischung eines fabelhaften Zaubers in das gewöhnliche Menschenleben, bei den Geschichten geschieht etwas zwar nach *natürlichen* Gesetzen, aber auf überraschende, ungewöhnliche Weise."

„Sonderbar!" rief der Schreiber; „sonderbar, daß uns dann dieser natürliche Gang der Dinge ebenso anzieht, wie der *über*natürliche im Märchen; worin mag dies doch liegen?"

„Das liegt in der Schilderung des einzelnen Menschen", antwortete der Alte; „im Märchen häuft sich das Wunderbare so sehr, der Mensch handelt so wenig mehr aus eigenem Trieb, daß die einzelnen Figuren und ihr Charakter nur flüchtig gezeichnet werden können. Anders bei der gewöhnlichen Erzählung, wo die Art, *wie* jeder seinem Charakter gemäß spricht und handelt, die Hauptsache und das Anziehende ist. So die Geschichte von dem gebackenen Kopf, die wir soeben gehört haben. Der Gang der Erzählung wäre im ganzen nicht auffallend, nicht überraschend, wäre er nicht verwickelt durch den Charakter der Handelnden.

Wie köstlich zum Beispiel ist die Figur des Schneiders. Man glaubt den alten, gekrümmten Mantelflicker vor sich zu sehen. Er soll zum erstenmal in seinem Leben einen tüchtigen *Schnitt* machen, ihm und seinem Weibe lacht schon zum voraus das Herz, und sie traktieren sich mit recht schwarzem Kaffee. Welches Gegenstück zu dieser behäglichen Ruhe ist dann jene Szene, wo sie den Pack begierig öffnen, und den greulichen Kopf erblicken. Und nachher, glaubt man ihn nicht zu sehen und zu hören, wie er auf dem Minarett umherschleicht, die Gläubigen mit meckernder Stimme zum Gebet ruft, und bei Erblickung des Sklaven plötzlich wie vom Donner gerührt, verstummt? Dann der Barbier! Sehet ihr ihn nicht vor euch, den alten Sünder, der, während er die Seife anrührt, viel schwatzt, und gerne verbotenen Wein trinkt? Sehet ihr ihn nicht, wie er dem sonderbaren Kunden das Barbierschüsselchen unterhält und – den kalten Schädel berührt? nicht minder gut, wenn auch nur angedeutet, ist der Sohn des Bäckers, der verschmitzte Junge und der Bratenmacher Yanaki! Ist nicht das Ganze eine ununterbrochene Reihe komischer Szenen, scheint nicht der Gang der Geschichte, so ungewöhnlich er ist, sich ganz natürlich zu fügen? und warum? weil die einzelnen Figuren richtig gezeichnet sind, und aus ihrem ganzen Wesen alles so kommen muß, wie es wirklich geschieht."

„Wahrlich, Ihr habt recht!" erwiderte der junge Kaufmann, „ich habe mir nie Zeit genommen, so recht darüber nachzudenken, habe alles nur so gesehen und an mir vorübergehen lassen, habe mich an dem einen ergötzt, das andere langweilig gefunden, ohne gerade zu wissen, warum; aber Ihr gebt uns da einen Schlüssel, der uns das Geheimnis öffnet, einen Probierstein, worauf wir die Probe machen und richtig urteilen können."

„Tuet das immer", antwortete der Alte, „und euer Genuß wird sich vergrößern, wenn ihr nachdenken lernet über das, was ihr gehört; doch siehe, dort erhebt sich wieder ein neuer, um zu erzählen."

So war es; und der fünfte Sklave begann:

Der Affe als Mensch

Herr! ich bin ein Deutscher von Geburt, und habe mich in Euren Landen zu kurz aufgehalten, als daß ich ein persisches Märchen, oder eine ergötzliche Geschichte von Sultanen und

Vezieren erzählen könnte. Ihr müßt mir daher schon erlauben, daß ich etwas aus meinem Vaterland erzähle, was Euch vielleicht auch einigen Spaß macht. Leider sind unsere Geschichten nicht immer so vornehm wie die Euern, das heißt, sie handeln nicht von Sultanen oder unseren Königen, nicht von Vezieren und Paschas, was man bei uns Justiz- und Finanzminister, auch Geheimeräte und dergleichen nennt, sondern sie leben, wenn sie nicht von Soldaten handeln, gewöhnlich ganz bescheiden und unter den Bürgern.

Im südlichen Teil von Deutschland liegt das Städtchen Grünwiesel, wo ich geboren und erzogen bin. Es ist ein Städtchen, wie sie alle sind. In der Mitte ein kleiner Marktplatz mit einem Brunnen, an der Seite ein kleines, altes Rathaus, umher auf dem Markt das Haus des Friedensrichters und der angesehensten Kaufleute, und in ein paar engen Straßen wohnen die übrigen Menschen. Alles kennt sich, jedermann weiß, wie es da und dort zugeht, und wenn der Oberpfarrer, oder der Bürgermeister, oder der Arzt ein Gericht mehr auf der Tafel hat, so weiß es schon am Mittagessen die ganze Stadt. Nachmittags kommen dann die Frauen zueinander in die Visite, wie man es nennt, besprechen sich bei starkem Kaffee und süßem Kuchen über diese große Begebenheit, und der Schluß ist, daß der Oberpfarrer wahrscheinlich in die Lotterie gesetzt und unchristlich viel gewonnen habe, daß der Bürgermeister sich „schmieren" lasse, oder daß der Doktor vom Apotheker einige Goldstücke bekommen habe, um recht teure Rezepte zu verschreiben. Ihr könnt Euch denken, Herr, wie unangenehm es für eine so wohleingerichtete Stadt, wie Grünwiesel, sein mußte, als ein Mann dorthin zog, von dem niemand wußte, woher er kam, was er wollte, von was er lebte? Der Bürgermeister hatte zwar seinen Paß gesehen, ein Papier, das bei uns jedermann haben muß –

„Ist es denn so unsicher auf den Straßen", unterbrach den Sklaven der Scheik, „daß ihr einen Ferman eures Sultan haben müsset, um die Räuber in Respekt zu setzen?"

„Nein, Herr", entgegnete jener, „diese Papiere halten keinen Dieb von uns ab, sondern es ist nur der Ordnung wegen, daß man überall weiß, wen man vor sich hat." Nun, der Bürgermeister hatte den Paß untersucht, und in einer Kaffeegesellschaft bei Doktors geäußert, der Paß sei zwar ganz richtig visiert von Berlin bis nach Grünwiesel, aber es stecke doch was dahinter; denn der Mann sehe etwas verdächtig aus. Der Bürgermeister hatte das

DER AFFE ALS MENSCH

größte Ansehen in der Stadt, kein Wunder, daß von da an der Fremde als eine verdächtige Person angesehen wurde. Und sein Lebenswandel konnte meine Landsleute nicht von dieser Meinung abbringen. Der fremde Mann mietete sich für einige Goldstücke ein ganzes Haus, das bisher öde gestanden, ließ einen ganzen Wagen voll sonderbarer Gerätschaften, als Öfen, Kunstherde, große Tiegel und dergleichen hineinschaffen, und lebte von da an ganz für sich allein. Ja, er kochte sich sogar selbst, und es kam keine menschliche Seele in sein Haus, als ein alter Mann aus Grünwiesel, der ihm seine Einkäufe in Brot, Fleisch und Gemüse besorgen mußte; doch, auch dieser durfte nur in die Flur des Hauses kommen, und dort nahm der fremde Mann das Gekaufte in Empfang.

Ich war ein Knabe von zehen Jahren, als der Mann in meiner Vaterstadt einzog, und ich kann mir noch heute, als wäre es gestern geschehen, die Unruhe denken, die dieser Mann im Städtchen verursachte. Er kam nachmittags nicht, wie andere Männer, auf die Kugelbahn, er kam abends nicht ins Wirtshaus, um, wie die übrigen, bei einer Pfeife Tabak über die Zeitung zu sprechen. Umsonst lud ihn nach der Reihe der Bürgermeister, der Friedensrichter, der Doktor und der Oberpfarrer zum Essen oder Kaffee ein, er ließ sich immer entschuldigen. Daher hielten ihn einige für verrückt, andere für einen Juden, eine dritte Partie behauptete steif und fest, er sei ein Zauberer oder Hexenmeister. Ich wurde achtzehn, zwanzig Jahre alt, und noch immer hieß der Mann in der Stadt „der fremde Herr".

Es begab sich aber eines Tages, daß Leute mit fremden Tieren in die Stadt kamen. Es ist dies hergelaufenes Gesindel, das ein Kamel hat, welches sich verbeugen kann, einen Bären, der tanzt, einige Hunde und Affen, die in menschlichen Kleidern komisch genug aussehen und allerlei Künste machen. Diese Leute durchziehen gewöhnlich die Stadt, halten an den Kreuzstraßen und Plätzen, machen mit einer kleinen Trommel und einer Pfeife eine übeltönende Musik, lassen ihre Truppe tanzen und springen, und sammeln dann in den Häusern Geld ein. Die Truppe aber, die diesmal sich in Grünwiesel sehen ließ, zeichnete sich durch einen ungeheuren Orang-Utan aus, der beinahe Menschengröße hatte, auf zwei Beinen ging, und allerlei artige Künste zu machen verstand. Diese Hunds- und Affenkomödie kam auch vor das Haus des fremden Herrn; er erschien, als die Trommel und Pfeife ertönte, von Anfang ganz unwillig hinter den dunkeln, vom

Alter angelaufenen Fenstern; bald aber wurde er freundlicher, schaute zu jedermanns Verwundern zum Fenster heraus, und lachte herzlich über die Künste des Orang-Utans; ja, er gab für den Spaß ein so großes Silberstück, daß die ganze Stadt davon sprach.

Am andern Morgen zog die Tierbande weiter; das Kamel mußte viele Körbe tragen, in welchen die Hunde und Affen ganz bequem saßen, die Tiertreiber aber und der große Affe gingen hinter dem Kamel. Kaum aber waren sie einige Stunden zum Tore hinaus, so schickte der fremde Herr auf die Post, verlangte zu großer Verwunderung des Postmeisters einen Wagen und Extrapost, und fuhr zu demselben Tor hinaus, den Weg hin, den die Tiere genommen hatten. Das ganze Städtchen ärgerte sich, daß man nicht erfahren konnte, wohin er gereist sei. Es war schon Nacht, als der fremde Herr wieder im Wagen vor dem Tor ankam; es saß aber noch eine Person im Wagen, die den Hut tief ins Gesicht gedrückt, und um Mund und Ohren ein seidenes Tuch gebunden hatte. Der Torschreiber hielt es für seine Pflicht, den andern Fremden anzureden und um seinen Paß zu bitten; er antwortete aber sehr grob, indem er in einer ganz unverständlichen Sprache brummte.

„Es ist mein Neffe", sagte der fremde Mann freundlich zum Torschreiber, indem er ihm einige Silbermünzen in die Hand drückte, „es ist mein Neffe, und versteht bis dato noch wenig Deutsch; er hat soeben in seiner Mundart ein wenig geflucht, daß wir hier aufgehalten werden."

„Ei, wenn es Dero Neffe ist", antwortete der Torschreiber, „so kann er wohl ohne Paß hereinkommen; er wird wohl ohne Zweifel bei Ihnen wohnen?"

„Allerdings", sagte der Fremde; „und hält sich wahrscheinlich längere Zeit hier auf."

Der Torschreiber hatte keine weitere Einwendung mehr, und der fremde Herr und sein Neffe fuhren ins Städtchen. Der Bürgermeister und die ganze Stadt war übrigens nicht sehr zufrieden mit dem Torschreiber. Er hätte doch wenigstens einige Worte von der Sprache des Neffen sich merken sollen; daraus hätte man dann leicht erfahren, was für ein Landeskind er und der Herr Oncle wäre. Der Torschreiber versicherte aber, daß es weder französisch noch italienisch sei, wohl aber habe es so breit geklungen wie englisch, und wenn er nicht irre, so habe der junge Herr gesagt: „God damn!" So half der Torschreiber sich selbst

DER AFFE ALS MENSCH

aus der Not, und dem jungen Mann zu einem Namen; denn man sprach jetzt nur von dem jungen Engländer im Städtchen.

Aber auch der junge Engländer wurde nicht sichtbar, weder auf der Kugelbahn, noch im Bierkeller; wohl aber gab er den Leuten auf andere Weise viel zu schaffen. — Es begab sich nämlich oft, daß in dem sonst so stillen Hause des Fremden ein schreckliches Geschrei und ein Lärm ausging, daß die Leute haufenweise vor dem Hause stehenblieben, und hinaufsahen. Man sah dann den jungen Engländer, angetan mit einem roten Frack und grünen Beinkleidern, mit struppigtem Haar und schrecklicher Miene, unglaublich schnell an den Fenstern hin und her, durch alle Zimmer laufen; der alte Fremde lief ihm in einem roten Schlafrock, eine Hetzpeitsche in der Hand, nach, verfehlte ihn oft, aber einigemal kam es doch der Menge auf der Straße vor, als müsse er den Jungen erreicht haben; denn man hörte klägliche Angsttöne und klatschende Peitschenhiebe die Menge. An dieser grausamen Behandlung des fremden jungen Mannes nahmen die Frauen des Städtchens so lebhaften Anteil, daß sie endlich den Bürgermeister bewogen, einen Schritt in der Sache zu tun. Er schrieb dem fremden Herrn ein Billett, worin er ihm die unglimpfliche Behandlung seines Neffen in ziemlich derben Ausdrücken vorwarf und ihm drohte, wenn noch ferner solche Szenen vorfielen, den jungen Mann unter seinen besonderen Schutz zu nehmen.

Wer war aber mehr erstaunt als der Bürgermeister, wie er den Fremden selbst, zum erstenmal seit zehn Jahren, bei sich eintreten sah. Der alte Herr entschuldigte sein Verfahren mit dem besonderen Auftrag der Eltern des Jünglings, die ihm solchen zu erziehen gegeben; er sei sonst ein kluger, anstelliger Junge, äußerte er, aber die Sprachen erlerne er sehr schwer; er wünsche so sehnlich, seinem Neffen das Deutsche recht geläufig beizubringen, um sich nachher die Freiheit zu nehmen, ihn in die Gesellschaften von Grünwiesel einzuführen, und dennoch gehe demselben diese Sprache so schwer ein, daß man oft nichts Besseres tun könne, als ihn gehörig durchzupeitschen. Der Bürgermeister fand sich durch diese Mitteilung völlig befriedigt, riet dem Alten zur Mäßigung, und erzählte abends im Bierkeller, daß er selten einen so unterrichteten, artigen Mann gefunden, als den Fremden. „Es ist nur schade", setzte er hinzu, „daß er so wenig in Gesellschaft kommt; doch, ich denke, wenn der Neffe nur erst ein wenig Deutsch spricht, besucht er meine Cercles öfter."

Durch diesen einzigen Vorfall war die Meinung des Städtchens völlig umgeändert. Man hielt den Fremden für einen artigen Mann, sehnte sich nach seiner näheren Bekanntschaft und fand es ganz in der Ordnung, wenn hie und da in dem öden Hause ein gräßliches Geschrei aufging. „Er gibt dem Neffen Unterricht in der deutschen Sprachlehre", sagten die Grünwieseler, und blieben nicht mehr stehen. Nach einem Vierteljahr ungefähr schien der Unterricht im Deutschen beendigt; denn der Alte ging jetzt um eine Stufe weiter vor. Es lebte ein alter, gebrechlicher Franzose in der Stadt, der den jungen Leuten Unterricht im Tanzen gab; diesen ließ der Fremde zu sich rufen, und sagte ihm, daß er seinen Neffen im Tanzen unterrichten lassen wolle. Er gab ihm zu verstehen, daß derselbe zwar sehr gelehrig, aber, was das Tanzen betreffe, etwas eigensinnig sei; er habe nämlich früher bei einem anderen Meister tanzen gelernt, und zwar nach so sonderbaren Touren, daß er sich nicht füglich in der Gesellschaft produzieren könne; der Neffe halte sich aber eben deswegen für einen großen Tänzer, obgleich sein Tanz nicht die entfernteste Ähnlichkeit mit Walzer oder Galopp (Tänze, die man in meinem Vaterlande tanzt, o Herr!) nicht einmal Ähnlichkeit mit Ekossaise oder Française habe. Er versprach übrigens einen Taler für die Stunde, und der Tanzmeister war mit Vergnügen bereit, den Unterricht des eigensinnigen Zöglings zu übernehmen.

Es gab, wie der Franzose unterderhand versicherte, auf der Welt nichts so Sonderbares, als diese Tanzstunden. Der Neffe, ein ziemlich großer, schlanker, junger Mann, der nur etwas sehr kurze Beine hatte, erschien in einem roten Frack, schön frisiert, in grünen, weiten Beinkleidern und glacierten Handschuhen. Er sprach wenig und mit fremdem Accent, war von Anfang ziemlich artig und anstellig; dann verfiel er aber oft plötzlich in fratzenhafte Sprünge, tanzte die kühnsten Touren, wobei er Entrechats machte, daß dem Tanzmeister Hören und Sehen verging; wollte er ihn zurechtweisen, so zog er die zierlichen Tanzschuhe von den Füßen, warf sie dem Franzosen an den Kopf, und setzte nun auf allen vieren im Zimmer umher. Bei diesem Lärm fuhr dann der alte Herr plötzlich in einem weiten, roten Schlafrock, eine Mütze von Goldpapier auf dem Kopf, aus seinem Zimmer heraus, und ließ die Hetzpeitsche ziemlich unsanft auf den Rükken des Neffen niederfallen. Der Neffe fing dann an schrecklich zu heulen, sprang auf Tische und hohe Kommode, ja selbst an den Kreuzstöcken der Fenster hinauf, und sprach eine fremde seltsame Sprache. Der Alte im roten Schlafrock aber ließ sich nicht irremachen, faßte ihn am Bein, riß ihn herab, bleute ihn durch, und zog ihm mittelst einer Schnalle die Halsbinde fester an, worauf er immer wieder artig und manierlich wurde, und die Tanzstunde ohne Störung weiterging.

Als aber der Tanzmeister seinen Zögling so weit gebracht hatte, daß man Musik zu der Stunde nehmen konnte, da war der Neffe wie umgewandelt. Ein Stadtmusikant wurde gemietet, der im Saal des öden Hauses auf einen Tisch sich setzen mußte. Der Tanzmeister stellte dann die Dame vor, indem ihn der alte Herr einen Frauenrock von Seide und einen ostindischen Shawl anziehen ließ; der Neffe forderte ihn auf, und fing nun an mit ihm zu tanzen und zu walzen; er war aber ein unermüdlicher, rasender Tänzer, er ließ den Meister nicht aus seinen langen Armen, ob er ächzte und schrie, er mußte tanzen bis er ermattet umsank, oder bis dem Stadtmusikus der Arm lahm wurde an der Geige. Den Tanzmeister brachten diese Unterrichtsstunden beinahe unter den Boden, aber der Taler, den er jedesmal richtig ausbezahlt bekam, der gute Wein, den der Alte aufwartete, machten, daß er immer wiederkam, wenn er auch den Tag zuvor sich fest vorgenommen hatte, nicht mehr in das öde Haus zu gehen.

Die Leute in Grünwiesel sahen aber die Sache ganz anders an, als der Franzose. Sie fanden, daß der junge Mann viele Anlage zum Gesellschaftlichen habe, und die Frauenzimmer im Städtchen freuten sich, bei dem großen Mangel an Herren, einen so flinken Tänzer für den nächsten Winter zu bekommen.

Eines Morgens berichteten die Mägde, die vom Markte heimkehrten, ihren Herrschaften ein wunderbares Ereignis. Vor dem öden Hause sei ein prächtiger Glaswagen gestanden, mit schönen Pferden bespannt, und ein Bedienter in reicher Livree habe den Schlag gehalten. Da sei die Türe des öden Hauses aufgegangen, und zwei schön gekleidete Herren herausgetreten, wovon der eine der alte Fremde, und der andere wahrscheinlich der junge Herr gewesen, der so schwer Deutsch gelernt, und so rasend tanze. Die beiden seien in den Wagen gestiegen, der Bediente hinten aufs Brett gesprungen, und der Wagen, man stelle sich vor! sei geradezu auf Bürgermeisters Haus zugefahren.

Als die Frauen solches von ihren Mägden erzählen hörten, rissen sie eilends die Küchenschürzen und die etwas unsauberen Hauben ab, und versetzten sich in Staat. „Es ist nichts gewisser", sagten sie zu ihrer Familie, indem alles umherrannte, um das Besuchzimmer, das zugleich zu sonstigem Gebrauch diente, aufzuräumen, „es ist nichts gewisser, als daß der Fremde jetzt seinen Neffen in die Welt einführt. Der alte Narr war zwar seit zehen Jahren nicht so artig, einen Fuß in unser Haus zu setzen, aber es sei ihm wegen des Neffen verziehen, der ein charmanter Mensch sein soll." So sprachen sie, und ermahnten ihre Söhne und Töchter, recht manierlich auszusehen, wenn die Fremden kämen, sich gerade zu halten, und sich auch einer besseren Aussprache zu bedienen als gewöhnlich. Und die klugen Frauen im Städtchen hatten nicht unrecht geraten; denn nach der Reihe fuhr der alte Herr mit seinem Neffen umher, sich und ihn in die Gewogenheit der Familien zu empfehlen.

Man war überall ganz erfüllt von den beiden Fremden, und bedauerte, nicht schon früher diese angenehme Bekanntschaft gemacht zu haben. Der alte Herr zeigte sich als einen würdigen, sehr vernünftigen Mann, der zwar bei allem, was er sagte, ein wenig lächelte, so daß man nicht gewiß war, ob es ihm ernst sei oder nicht, aber er sprach über das Wetter, über die Gegend, über das Sommervergnügen auf dem Keller am Berge so klug und durchdacht, daß jedermann davon bezaubert war. Aber der Neffe! Er bezauberte alles, er gewann alle Herzen für sich. Man konnte zwar, was sein Äußeres betraf, sein Gesicht nicht schön nennen; der untere Teil, besonders die Kinnlade, stand allzusehr hervor, und der Teint war sehr bräunlich, auch machte er zuweilen allerlei sonderbare Grimassen, drückte die Augen zu und fletschte mit den Zähnen; aber dennoch fand man den Schnitt seiner Züge ungemein interessant. Es konnte nichts Beweglicheres, Gewandteres geben als seine Gestalt. Die Kleider hingen ihm zwar etwas sonderbar am Leib, aber es stand ihm alles trefflich; er fuhr mit großer Lebendigkeit im Zimmer umher, warf sich hier in einen Sofa, dort in einen Lehnstuhl, und streckte die Beine von sich; aber was man bei einem andern jungen Mann höchst gemein und unschicklich gefunden hätte, galt bei dem Neffen für Genialität. „Er ist ein Engländer", sagte man, „so sind sie alle; ein Engländer kann sich aufs Kanapee legen und einschlafen, während zehen Damen keinen Platz haben und umherstehen müssen, einem Engländer kann man so etwas nicht übelnehmen." Gegen den alten Herrn, seinen Oheim, war er sehr fügsam; denn wenn er anfing, im Zimmer umherzuhüpfen, oder, wie er gerne tat, die Füße auf den Sessel hinaufzuziehen, so reichte ein ernsthafter Blick hin, ihn zur Ordnung zu bringen. Und wie konnte man ihm so etwas übelnehmen, als vollends der Oncle in jedem Haus zu der Dame sagte: „Mein Neffe ist noch ein wenig roh und ungebildet, aber ich verspreche mir viel von der Gesellschaft, die wird ihn gehörig formen und bilden, und ich empfehle ihn namentlich Ihnen aufs angelegenste."

So war der Neffe also in die Welt eingeführt, und ganz Grünwiesel sprach an diesem und den folgenden Tagen von nichts anderem, als von diesem Ereignis. Der alte Herr blieb aber hiebei nicht stehen; er schien seine Denk- und Lebensart gänzlich geändert zu haben. Nachmittags ging er mit dem Neffen hinaus in den Felsenkeller am Berge, wo die vornehmeren Herren von Grünwiesel Bier tranken, und sich am Kugelschieben ergötzten. Der Neffe zeigte sich dort als einen flinken Meister im Spiel; denn er warf nie unter fünf oder sechs; hie und da schien zwar ein sonderbarer Geist über ihn zu kommen; es konnte ihm einfallen, daß er pfeilschnell mit der Kugel hinaus- und unter die Kegel hineinfuhr, und dort allerhand tollen Rumor anrichtete, oder, wenn er den Kranz oder den König geworfen, stand er plötzlich auf seinem schön frisierten Haar und streckte die Beine in die Höhe, oder wenn ein Wagen vorbeifuhr, saß er, ehe man sich dessen versah, oben auf dem Kutschenhimmel und machte Grimassen herab, fuhr ein Stückchen weit mit, und kam dann wieder zur Gesellschaft gesprungen.

Der alte Herr pflegte dann bei solchen Szenen den Bürgermeister und die anderen Männer sehr um Entschuldigung zu bitten wegen der Ungezogenheit seines Neffen; sie aber lachten, schrieben es seiner Jugend zu, behaupteten, in diesem Alter selbst so leichtfüßig gewesen zu sein, und liebten den jungen Springinsfeld, wie sie ihn nannten, ungemein.

Es gab aber auch Zeiten, wo sie sich nicht wenig über ihn ärgerten, und dennoch nichts zu sagen wagten, weil der junge Engländer allgemein als ein Muster von Bildung und Verstand galt. Der alte Herr pflegte nämlich mit seinem Neffen auch abends in den Goldenen Hirsch, das Wirtshaus des Städtchens, zu kommen. Obgleich der Neffe noch ein ganz junger Mensch war, tat er doch schon ganz wie ein Alter, setzte sich hinter sein Glas, tat eine ungeheure Brille auf, zog eine gewaltige Pfeife heraus, zündete sie an und dampfte unter allen am ärgsten. Wurde nun über die Zeitungen, über Krieg und Frieden gesprochen, gab der Doktor die Meinung, der Bürgermeister jene, waren die anderen

Herren ganz erstaunt über so tiefe politische Kenntnisse, so konnte es dem Neffen plötzlich einfallen, ganz anderer Meinung zu sein; er schlug dann mit der Hand, von welcher er nie die Handschuhe ablegte, auf den Tisch, und gab dem Bürgermeister und dem Doktor nicht undeutlich zu verstehen, daß sie von diesem allem nichts genau wüßten, daß er diese Sachen ganz anders gehört habe und tiefere Einsicht besitze. Er gab dann in einem sonderbaren gebrochenen Deutsch seine Meinung preis, die alle, zum großen Ärgernis des Bürgermeisters, ganz trefflich fanden; denn er mußte als Engländer natürlich alles besser wissen.

Setzten sich dann der Bürgermeister und der Doktor in ihrem Zorn, den sie nicht laut werden lassen durften, zu einer Partie Schach, so rückte der Neffe hinzu, schaute dem Bürgermeister mit seiner großen Brille über die Schulter herein und tadelte diesen oder jenen Zug, sagte dem Doktor, so und so müsse er ziehen, so daß beide Männer heimlich ganz grimmig wurden. Bot ihm dann der Bürgermeister ärgerlich eine Partie an, um ihn gehörig matt zu machen, denn er hielt sich für einen zweiten Philidor, so schnallte der alte Herr dem Neffen die Halsbinde fester zu, worauf dieser ganz artig und manierlich wurde, und den Bürgermeister matt machte.

Man hatte bisher in Grünwiesel beinahe jeden Abend Karte gespielt, die Partie um einen halben Kreuzer; das fand nun der Neffe erbärmlich; setzte Kronentaler und Dukaten, behauptete, kein einziger spiele so fein wie er, söhnte aber die beleidigten Herrn gewöhnlich dadurch wieder aus, daß er ungeheure Summen an sie verlor. Sie machten sich auch gar kein Gewissen daraus, ihm recht viel Geld abzunehmen; denn „er ist ja ein Engländer, also von Hause aus reich", sagten sie, und schoben die Dukaten in die Tasche.

So kam der Neffe des fremden Herrn in kurzer Zeit bei Stadt und Umgegend in ungemeines Ansehen. Man konnte sich seit Menschengedenken nicht erinnern, einen jungen Mann dieser Art in Grünwiesel gesehen zu haben, und es war die sonderbarste Erscheinung, die man je bemerkt. Man konnte nicht sagen, daß der Neffe irgend etwas gelernt hätte, als etwa tanzen. Latein und Griechisch waren ihm, wie man zu sagen pflegt, böhmische Dörfer. Bei einem Gesellschaftsspiel in Bürgermeisters Hause sollte er etwas schreiben, und es fand sich, daß er nicht einmal seinen Namen schreiben konnte; in der Geographie machte er die auffallendsten Schnitzer; denn es kam ihm nicht darauf an, eine deutsche Stadt nach Frankreich, oder eine dänische nach Polen zu versetzen, er hatte nichts gelesen, nichts studiert, und der Oberpfarrer schüttelte oft bedenklich den Kopf über die rohe Unwissenheit des jungen Mannes; aber dennoch fand man alles trefflich, was er tat oder sagte; denn er war so unverschämt, immer recht haben zu wollen, und das Ende jeder seiner Reden war, „Ich verstehe das besser."

So kam der Winter heran, und jetzt erst trat der Neffe mit noch größerer Glorie auf. Man fand jede Gesellschaft langweilig, wo nicht er zugegen war, man gähnte, wenn ein vernünftiger Mann etwas sagte, wenn aber der Neffe selbst das törichste Zeug in schlechtem Deutsch vorbrachte, war alles Ohr. Es fand sich jetzt, daß der treffliche junge Mann auch ein Dichter war; denn nicht leicht verging ein Abend, an welchem er nicht einiges Papier aus der Tasche zog und der Gesellschaft einige Sonette vorlas. Es gab zwar einige Leute, die von dem einen Teil dieser Dichtungen behaupteten, sie seien schlecht und ohne Sinn, einen andern Teil wollten sie schon irgendwo gedruckt gelesen haben; aber der Neffe ließ sich nicht irremachen, er las und las, machte dann auf die Schönheiten seiner Verse aufmerksam, und jedesmal erfolgte rauschender Beifall.

Sein Triumph waren aber die Grünwieseler Bälle. Es konnte niemand anhaltender, schneller tanzen als er, keiner machte so kühne und ungemein zierliche Sprünge wie er. Dabei kleidete ihn sein Oncle immer aufs prächtigste nach dem neuesten Geschmack, und obgleich ihm die Kleider nicht recht am Leib sitzen wollten, fand man dennoch, daß ihn alles allerliebst kleide. Die Männer fanden sich zwar bei diesen Tänzen etwas beleidigt durch die neue Art, womit er auftrat. Sonst hatte immer der Bürgermeister in eigener Person den Ball eröffnet, die vornehmsten jungen Leute hatten das Recht, die übrigen Tänze anzuordnen, aber seit der fremde junge Herr erschien, war dies alles ganz anders. Ohne viel zu fragen nahm er die nächste beste Dame bei der Hand, stellte sich mit ihr obenan, machte alles, wie es ihm gefiel, und war Herr und Meister und Ballkönig. Weil aber die Frauen diese Manieren ganz trefflich und angenehm fanden, so durften die Männer nichts dagegen einwenden, und der Neffe blieb bei seiner selbstgewählten Würde.

Das größte Vergnügen schien ein solcher Ball dem alten Herrn zu gewähren; er verwandte kein Auge von seinem Neffen, lächelte immer in sich hinein, und wenn alle Welt herbeiströmte, um ihm über den anständigen, wohlerzogenen Jüngling Lobsprüche zu erteilen, so konnte er sich vor Freude gar nicht fassen, er brach dann in ein lustiges Gelächter aus, und bezeugte sich wie närrisch; die Grünwieseler schrieben diese sonderbaren Ausbrüche der Freude seiner großen Liebe zu dem Neffen zu, und fanden es ganz in der Ordnung. Doch hie und da mußte er auch sein väterliches Ansehen gegen den Neffen anwenden. Denn mitten in den zierlichsten Tänzen konnte es dem jungen Mann einfallen, mit einem kühnen Sprung auf die Tribüne, wo die Stadtmusikanten saßen, zu setzen, dem Organisten den Contrebaß aus der Hand zu reißen, und schrecklich darauf umherzukratzen; oder er wechselte auf einmal, und tanzte auf den Händen, indem er die Beine in die Höhe streckte. Dann pflegte ihn der Oncle auf die Seite zu nehmen, machte ihm dort ernstliche Vorwürfe und zog ihm die Halsbinde fester an, daß er wieder ganz gesittet wurde.

So betrug sich nun der Neffe in Gesellschaft und auf Bällen. Wie es aber mit den Sitten zu geschehen pflegt, die schlechten verbreiten sich immer leichter als die guten, und eine neue, auffallende Mode, wenn sie auch höchst lächerlich sein sollte, hat etwas Ansteckendes an sich für junge Leute, die noch nicht über sich selbst und die Welt nachgedacht haben. So war es auch in Grünwiesel mit dem Neffen und seinen sonderbaren Sitten. Als nämlich die junge Welt sah, wie derselbe mit seinem linkischen Wesen, mit seinem rohen Lachen und Schwatzen, mit seinen groben Antworten gegen Ältere, eher geschätzt als getadelt werde, daß man dies alles sogar sehr geistreich finde, so dachten sie bei sich: es ist mir ein leichtes, auch solch ein geistreicher Schlingel zu werden. Sie waren sonst fleißige, geschickte junge Leute gewesen; jetzt dachten sie: zu was hilft Gelehrsamkeit, wenn man mit Unwissenheit besser fortkömmt; sie ließen die Bücher liegen, und trieben sich überall umher auf Plätzen und Straßen. Sonst waren sie artig gewesen und höflich gegen jedermann, hatten gewartet, bis man sie fragte, und anständig und bescheiden geantwortet; jetzt standen sie in die Reihe der Männer, schwatzten mit, gaben ihre Meinung preis, und lachten selbst dem Bürgermeister unter die Nase, wenn er etwas sagte und behaupteten, alles viel besser zu wissen.

Sonst hatten die jungen Grünwieseler Abscheu gehegt gegen rohes und gemeines Wesen. Jetzt sangen sie allerlei schlechte Lieder, rauchten aus ungeheuren Pfeifen Tabak, und trieben sich in gemeinen Kneipen umher; auch kauften sie sich, obgleich sie ganz gut sahen, große Brillen, setzten solche auf die Nase, und glaubten nun gemachte Leute zu sein; denn sie sahen ja aus wie der berühmte Neffe. Zu Hause, oder wenn sie auf Besuch waren, lagen sie mit Stiefel und Sporen aufs Kanapee, schaukelten sich auf dem Stuhl in guter Gesellschaft, oder stützten die Wangen in beide Fäuste, die Ellbogen aber auf den Tisch, was nun überaus reizend anzusehen war. Umsonst sagten ihnen ihre Mütter und Freunde, wie töricht, wie unschicklich dies alles sei, sie beriefen sich auf das glänzende Beispiel des Neffen. Umsonst stellte man ihnen vor, daß man dem Neffen, als einem jungen Engländer, eine gewisse Nationalroheit verzeihen müsse, die jungen Grünwieseler behaupteten, ebensogut als der beste Engländer das Recht zu haben, auf geistreiche Weise ungezogen zu sein; kurz, es war ein Jammer, wie durch das böse Beispiel des Neffen die Sitten und guten Gewohnheiten in Grünwiesel völlig untergingen.

Aber die Freude der jungen Leute an ihrem rohen, ungebundenen Leben dauerte nicht lange; denn folgender Vorfall veränderte auf einmal die ganze Szene. Die Wintervergnügungen sollte ein großes Konzert beschließen, das teils von den Stadtmusikanten, teils von geschickten Musikfreunden in Grünwiesel aufgeführt werden sollte. Der Bürgermeister spielte das Violoncell, der Doktor das Fagott ganz vortrefflich, der Apotheker, obgleich er keinen rechten Ansatz hatte, blies die Flöte, einige Jungfrauen aus Grünwiesel hatten Arien einstudiert, und alles war trefflich vorbereitet. Da äußerte der alte Fremde, daß zwar das Konzert auf diese Art trefflich werden würde, es fehle aber offenbar an einem Duett, und ein Duett müsse in jedem ordentlichen Konzert notwendigerweise vorkommen. Man war etwas betreten über diese Äußerung; die Tochter des Bürgermeisters sang zwar wie eine Nachtigall, aber wo einen Herrn herbekommen, der mit ihr ein Duett singen könnte? Man wollte endlich auf den alten Organisten verfallen, der einst einen trefflichen Baß gesungen hatte: der Fremde aber behauptete, dies alles sei nicht nötig, indem sein Neffe ganz ausgezeichnet singe. Man war nicht wenig erstaunt über diese neue treffliche Eigenschaft des jungen Mannes; er mußte zur Probe etwas singen, und einige sonderbare Manieren abgerechnet, die man für englisch hielt, sang er wie ein Engel. Man studierte also in aller Eile das Duett ein, und der Abend erschien endlich, an welchem die Ohren der Grünwieseler durch das Konzert erquickt werden sollten.

Der alte Fremde konnte leider dem Triumph seines Neffen nicht beiwohnen, weil er krank war; er gab aber dem Bürgermeister, der ihn eine Stunde zuvor noch besuchte, einige Maßregeln über seinen Neffen auf: „Es ist eine gute Seele, mein Neffe", sagte er, „aber hie und da verfällt er in allerlei sonderbare Gedanken und fängt dann tolles Zeug an; es ist mir eben deswegen leid, daß ich dem Konzert nicht beiwohnen kann; denn vor mir nimmt er sich gewaltig in acht, er weiß wohl warum! Ich muß übrigens zu seiner Ehre sagen, daß dies nicht geistiger Mutwillen ist, sondern es ist körperlich, es liegt in seiner ganzen Natur; wollten Sie nun, Herr Bürgermeister, wenn er etwa in solche Gedanken verfiele, daß er sich auf ein Notenpult setzte, oder daß er durchaus den Contrebaß streichen wollte oder dergleichen, wollten Sie ihm dann nur seine hohe Halsbinde etwas lockerer machen, oder, wenn es auch dann nicht besser wird, ihm solche ganz ausziehen, Sie werden sehen, wie artig und manierlich er dann wird."

Der Bürgermeister dankte dem Kranken für sein Zutrauen und versprach, im Fall der Not also zu tun, wie er ihm geraten.

Der Konzertsaal war gedrängt voll; denn ganz Grünwiesel und die Umgegend hatte sich eingefunden. Alle Jäger, Pfarrer, Amtleute, Landwirte und dergleichen aus dem Umkreis von drei Stunden waren mit zahlreicher Familie herbeigeströmt, um den seltenen Genuß mit den Grünwieselern zu teilen. Die Stadtmusikanten hielten sich vortrefflich, nach ihnen trat der Bürgermeister auf, der das Violoncell spielte, begleitet vom Apotheker, der die Flöte blies; nach diesen sang der Organist eine Baßarie mit allgemeinem Beifall, und auch der Doktor wurde nicht wenig beklatscht, als er auf dem Fagott sich hören ließ.

Die erste Abteilung des Konzertes war vorbei, und jedermann war nun auf die zweite gespannt, in welcher der junge Fremde mit des Bürgermeisters Tochter ein Duett vortragen sollte. Der Neffe war in einem glänzenden Anzug erschienen, und hatte schon längst die Aufmerksamkeit aller Anwesenden auf sich gezogen. Er hatte sich nämlich, ohne viel zu fragen, in den prächtigen Lehnstuhl gelegt, der für eine Gräfin aus der Nachbarschaft hergesetzt worden war; er streckte die Beine weit von sich, schaute jedermann durch ein ungeheures Perspektiv an, das er noch außer seiner großen Brille gebrauchte, und spielte mit einem großen Fleischerhund, den er, trotz des Verbotes, Hunde mitzunehmen, in die Gesellschaft eingeführt hatte. Die Gräfin, für welche der Lehnstuhl bereitet war, erschien, aber wer keine Miene machte, aufzustehen und ihr den Platz einzuräumen, war der Neffe; er setzte sich im Gegenteil noch bequemer hinein und niemand wagte es, dem jungen Mann etwas darüber zu sagen; die vornehme Dame aber mußte auf einem ganz gemeinen Strohsessel mitten unter die übrigen Frauen des Städtchens sitzen, und soll sich nicht wenig geärgert haben.

Während des herrlichen Spieles des Bürgermeisters, während des Organisten trefflicher Baßarie, ja sogar während der Doktor auf dem Fagott phantasierte, und alles den Atem anhielt und lauschte, ließ der Neffe den Hund das Schnupftuch apportieren, oder schwatzte ganz laut mit seinen Nachbarn, so daß jedermann, der ihn nicht kannte, über die absonderlichen Sitten des jungen Herrn sich wunderte.

Kein Wunder daher, daß alles sehr begierig war, wie er sein Duett vortragen würde; die zweite Abteilung begann; die Stadtmusikanten hatten etwas weniges aufgespielt, und nun trat der Bürgermeister mit seiner Tochter zu dem jungen Mann, überreichte ihm ein Notenblatt und sprach: „Mosjöh! wäre es Ihnen jetzt gefällig, das Duetto zu singen?" Der junge Mann lachte, fletschte mit den Zähnen, sprang auf, und die beiden andern folgten ihm an das Notenpult, und die ganze Gesellschaft war voll Erwartung. Der Organist schlug den Takt und winkte dem Neffen, anzufangen. Dieser schaute durch seine großen Brillengläser in die Noten und stieß greuliche, jämmerliche Töne aus. Der Organist aber schrie ihm zu: „Zwei Töne tiefer, Wertester, C müssen Sie singen, C!"

Statt aber C zu singen, zog der Neffe einen seiner Schuhe ab, und warf ihn dem Organisten an den Kopf, daß der Puder weit umherflog. Als dies der Bürgermeister sah, dachte er: ha! jetzt hat er wieder seine körperlichen Zufälle, sprang hinzu, packte ihn am Hals und band ihm das Tuch etwas leichter; aber dadurch wurde es nur noch schlimmer mit dem jungen Mann; er sprach nicht mehr Deutsch, sondern eine ganz sonderbare Sprache, die niemand verstand, und machte große Sprünge; der Bürgermeister war in Verzweiflung über diese unangenehme Störung, er faßte daher den Entschluß, dem jungen Mann, dem etwas ganz Besonderes zugestoßen sein mußte, das Halstuch vollends abzulösen. Aber kaum hatte er dies getan, so blieb er vor Schrekken wie erstarrt stehen; denn statt menschlicher Haut und Farbe umgab den Hals des jungen Menschen ein dunkelbraunes Fell, und alsobald setzte derselbe auch seine Sprünge noch höher und sonderbarer fort, fuhr sich mit den glacierten Handschuhen in die Haare, zog diese ab, und, o Wunder! diese schönen Haare waren eine Perücke, die er dem Bürgermeister ins Gesicht warf, und sein Kopf erschien jetzt mit demselben braunen Fell bewachsen.

Er setzte über Tische und Bänke, warf die Notenpulte um, zertrat Geigen und Klarinette, und erschien wie ein Rasender. „Fangt ihn, fangt ihn", rief der Bürgermeister ganz außer sich, „er ist von Sinnen, fangt ihn." Das war aber eine schwierige Sache, denn er hatte die Handschuhe abgezogen und zeigte Nägel an den Händen, mit welchen er den Leuten ins Gesicht fuhr und sie jämmerlich kratzte. Endlich gelang es einem mutigen Jäger, seiner habhaft zu werden; er preßte ihm die langen Arme zusammen, daß er nur noch mit den Füßen zappelte, und mit heiserer Stimme lachte und schrie. Die Leute sammelten sich umher, und betrachteten den sonderbaren jungen Herrn, der jetzt gar nicht mehr aussah wie ein Mensch; aber ein gelehrter Herr aus der Nachbarschaft, der ein großes Naturalienkabinett und allerlei ausgestopfte Tiere besaß, trat näher, betrachtete ihn genau, und rief dann voll Verwunderung: „Mein Gott, verehrte Herren und Damen, wie bringen Sie nur dies Tier in honette Gesellschaft, das ist ja ein Affe, der Homo Troglodytes Linnaei, ich gebe sogleich sechs Taler für ihn, wenn Sie mir ihn ablassen, und bälge ihn aus für mein Kabinett."

Wer beschreibt das Erstaunen der Grünwieseler, als sie dies hörten! „Was, ein Affe? ein Orang-Utan in unserer Gesellschaft? Der junge Fremde ein ganz gewöhnlicher Affe?" riefen sie, und sahen einander ganz dumm vor Verwunderung an. Man wollte nicht glauben, man traute seinen Ohren nicht, die Männer untersuchten das Tier genauer, aber es war und blieb ein ganz natürlicher Affe.

„Aber wie ist dies möglich!" rief die Frau Bürgermeisterin, „hat er mir nicht oft seine Gedichte vorgelesen? hat er nicht, wie ein anderer Mensch, bei mir zu Mittag gespeist?"

„Was?" eiferte die Frau Doktorin; „wie? hat er nicht oft und viel den Kaffee bei mir getrunken, und mit meinem Mann gelehrt gesprochen und geraucht?"

„Wie! ist es möglich!" riefen die Männer; „hat er nicht mit uns am Felsenkeller Kugeln geschoben und über Politik gestritten, wie unsereiner?"

„Und wie?" klagten sie alle, „hat er nicht sogar vorgetanzt auf unsern Bällen? Ein Affe! ein Affe? es ist ein Wunder, es ist Zauberei!"

„Ja, es ist Zauberei und teuflischer Spuk", sagte der Bürgermeister, indem er das Halstuch des Neffen oder Affen herbeibrachte; „seht, in diesem Tuch steckte der ganze Zauber, der ihn in unsern Augen liebenswürdig machte; da ist ein breiter Streifen elastischen Pergaments, mit allerlei wunderlichen Zeichen beschrieben; ich glaube gar, es ist Lateinisch; kann es niemand lesen?"

Der Oberpfarrer, ein gelehrter Mann, der oft an den Affen eine Partie Schach verloren hatte, trat hinzu, betrachtete das Pergament und sprach: „Mitnichten! es sind nur lateinische Buchstaben, es heißt:

,Der . Affe . sehr . possierlich . ist .
Zumal . wann . er . vom . Apfel . frißt.'

Ja, ja, es ist höllischer Betrug, eine Art von Zauberei", fuhr er fort, „und es muß exemplarisch bestraft werden."

Der Bürgermeister war derselben Meinung, und machte sich sogleich auf den Weg zu dem Fremden, der ein Zauberer sein mußte, und sechs Stadtsoldaten trugen den Affen; denn der Fremde sollte sogleich ins Verhör genommen werden.

Sie kamen, umgeben von einer ungeheuren Anzahl Menschen, an das öde Haus; denn jedermann wollte sehen, wie sich die Sache weiter begeben würde. Man pochte an das Haus, man zog die Glocke, aber vergeblich, es zeigte sich niemand. Da ließ der Bürgermeister in seiner Wut die Türe einschlagen, und begab sich hierauf in die Zimmer des Fremden. Aber dort war nichts zu sehen, als allerlei alter Hausrat; der fremde Mann war nicht zu finden. Auf seinem Arbeitstisch aber lag ein großer versiegelter Brief, an den Bürgermeister überschrieben, den dieser auch sogleich öffnete. Er las:

„Meine lieben Grünwieseler!

Wenn Ihr dies leset, bin ich nicht mehr in Eurem Städtchen, und Ihr werdet dann längst erfahren haben, wes Standes und Vaterlandes mein lieber Neffe ist. Nehmet den Scherz, den ich mir mit Euch erlaubte, als eine gute Lehre auf, einen Fremden, der für sich leben will, nicht in Eure Gesellschaft zu nötigen. Ich selbst fühlte mich zu gut, um Euer ewiges Klatschen, um Eure schlechten Sitten und Euer lächerliches Wesen zu teilen. Darum erzog ich einen jungen Orang-Utan, den Ihr, als meinen Stellvertreter, so liebgewonnen habt. Lebet wohl und benützet diese Lehre nach Kräften."

Die Grünwieseler schämten sich nicht wenig vor dem ganzen Land; ihr Trost war, daß dies alles mit unnatürlichen Dingen zugegangen sei. Am meisten schämten sich aber die jungen Leute in Grünwiesel, weil sie die schlechten Gewohnheiten und Sitten des Affen nachgeahmt hatten. Sie stemmten von jetzt an keinen Ellbogen mehr auf, sie schaukelten nicht mit dem Sessel, sie schwiegen, bis sie gefragt wurden, sie legten die Brillen ab, und waren artig und gesittet wie zuvor; und wenn je einer wieder in solche schlechte, lächerliche Sitten verfiel, so sagten die Grünwieseler: „Es ist ein Affe." Der Affe aber, welcher so lange die Rolle eines jungen Herrn gespielt hatte, wurde dem gelehrten Mann, der ein Naturalienkabinett besaß, überantwortet; dieser läßt ihn in seinem Hof umhergehen, füttert ihn, und zeigt ihn als Seltenheit jedem Fremden, wo er noch bis auf den heutigen Tag zu sehen ist.

Es entstand ein Gelächter im Saal, als der Sklave geendet hatte, und auch die jungen Männer lachten mit. „Es muß doch sonderbare Leute geben unter diesen Franken, und wahrhaftig, da bin ich lieber beim Scheik und Mufti in Alessandria, als in Gesellschaft des Oberpfarrers, des Bürgermeisters und ihrer törichten Frauen in Grünwiesel!"

„Da hast du gewiß recht gesprochen", erwiderte der junge Kaufmann; „in Frankistan möchte ich nicht tot sein. Die Franken sind ein rohes, wildes, barbarisches Volk, und für einen gebildeten Türken oder Perser müßte es schrecklich sein, dort zu leben."

„Das werdet ihr bald hören", versprach der Alte; „soviel mir der Sklavenaufseher sagte, wird der schöne, junge Mann dort vieles von Frankistan erzählen; denn er war lange dort, und ist doch seiner Geburt nach ein Muselmann."

„Wie, jener, der zuletzt sitzt in der Reihe? Wahrlich, es ist eine Sünde, daß der Herr Scheik diesen losgibt! Es ist der schönste Sklave im ganzen Land; schaut nur dieses mutige Gesicht, dieses kühne Auge, diese schöne Gestalt. Er kann ihm ja leichte Geschäfte geben, er kann ihn zum Fliegenwedeler machen, oder zum Pfeifenträger; es ist ein Spaß, ein solches Amt zu versehen, und wahrlich, ein solcher Sklave ist die Zierde von einem ganzen Haus. Und erst drei Tage hat er ihn, und gibt ihn weg? es ist Torheit, es ist Sünde!"

„Tadelt ihn doch nicht, ihn, der weiser ist als ganz Ägypten!" sprach der Alte mit Nachdruck; „sagte ich euch nicht schon, daß er ihn losläßt, weil er glaubt, den Segen Allahs dadurch zu verdienen. Ihr sagt, er ist schön und wohlgebildet, und ihr sprecht die Wahrheit! Aber der Sohn des Scheik, den der Prophet in sein Vaterhaus zurückbringen möge, der Sohn des Scheik war ein schöner Knabe, und muß jetzt auch groß sein und wohlgebildet. Soll er also das Gold sparen, und einen wohlfeilen, verwachsenen Sklaven hingeben in der Hoffnung, seinen Sohn dafür zu bekommen? Wer etwas tun will in der Welt, der tue es lieber gar nicht, oder − recht!"

„Und sehet, des Scheiks Augen sind immer auf diesen Sklaven geheftet; ich bemerkte es schon den ganzen Abend. Während der Erzählungen streifte oft sein Blick dorthin, und verweilte auf den edeln Zügen des Freigelassenen. Es muß ihn doch ein wenig schmerzen, ihn freizugeben."

„Denke nicht also von dem Mann! meinst du, tausend Tomans schmerzen ihn, der jeden Tag das Dreifache einnimmt?" sagte der alte Mann; „aber wenn sein Blick mit Kummer auf dem Jüngling weilt, so denkt er wohl an seinen Sohn, der in der Fremde schmachtet, er denkt wohl, ob dort vielleicht ein barmherziger Mann wohne, der ihn loskaufe und zurückschicke zum Vater."

„Ihr mögt recht haben", erwiderte der junge Kaufmann, „und ich schäme mich, daß ich von den Leuten nur immer das Gemeinere und Unedle denke, während Ihr lieber eine schöne Gesinnung unterlegt. Und doch sind die Menschen in der Regel schlecht, habt Ihr dies nicht auch gefunden, Alter?"

„Gerade weil ich dies nicht gefunden habe, denke ich gerne gut von den Menschen", antwortete dieser; „es ging mir gerade wie euch; ich lebte so in den Tag hinein, hörte viel Schlimmes von den Menschen, mußte selbst an mir viel Schlechtes erfahren und fing an, die Menschen alle für schlechte Geschöpfe zu halten. Doch, da fiel mir bei, daß Allah, der so gerecht ist als weise, nicht dulden könnte, daß ein so verworfenes Geschlecht auf dieser schönen Erde hause. Ich dachte nach über das, was ich gesehen, was ich erlebt hatte, und siehe − ich hatte nur das Böse gezählt, und das Gute vergessen. Ich hatte nicht achtgegeben, wenn einer eine Handlung der Barmherzigkeit übte, ich hatte es natürlich gefunden, wenn ganze Familien tugendhaft lebten und gerecht waren; sooft ich aber Böses, Schlechtes hörte, hatte ich es wohl angemerkt in meinem Gedächtnis. Da fing ich an, mit ganz anderen Augen um mich zu schauen; es freute mich, wenn ich das Gute nicht so sparsam keimen sah, wie ich anfangs dachte, ich bemerkte das Böse weniger, oder es fiel mir nicht so sehr auf, und so lernte ich die Menschen lieben, lernte Gutes von ihnen denken, und habe mich in langen Jahren seltener geirrt, wenn ich von einem Gutes sprach, als wenn ich ihn für geizig, oder gemein, oder gottlos hielt."

Der Alte wurde bei diesen Worten von dem Aufseher der Sklaven unterbrochen, der zu ihm trat und sprach: „Mein Herr, der Scheik von Alessandria, Ali Banu, hat Euch mit Wohlgefallen in seinem Saale bemerkt und ladet Euch ein, zu ihm zu treten und Euch neben ihn zu setzen."

Die jungen Leute waren nicht wenig erstaunt über die Ehre, die dem Alten widerfahren sollte, den sie für einen Bettler gehalten, und als dieser hingegangen war, sich zu dem Scheik zu setzen, hielten sie den Sklavenaufseher zurück, und der Schreiber fragte ihn: „Beim Bart des Propheten beschwöre ich dich, sage uns, wer ist dieser alte Mann, mit dem wir sprachen, und den der Scheik also ehrt?"

„Wie!" rief der Aufseher der Sklaven, und schlug vor Verwunderung die Hände zusammen; „diesen Mann kennet ihr nicht?"

„Nein, wir wissen nicht, wer er ist."

„Aber ich sah euch doch schon einigemal mit ihm auf der Straße sprechen, und mein Herr, der Scheik, hat dies auch bemerkt und erst letzthin gesagt: ‚Das müssen wackere junge Leute sein, die dieser Mann eines Gespräches würdigt.'"

„Aber so sage doch, wer es ist!" rief der junge Kaufmann in höchster Ungeduld.

„Gehet, ihr wollet mich nur zum Narren haben", antwortete der Sklavenaufseher. „In diesen Saal kommt sonst niemand, wer nicht ausdrücklich eingeladen ist, und heute ließ der Alte dem Scheik sagen, er werde einige junge Männer in seinen Saal mitbringen, wenn es ihm nicht ungelegen sei, und Ali Banu ließ ihm sagen, er habe über sein Haus zu gebieten!"

„Lasse uns nicht länger in Ungewißheit; so wahr ich lebe, ich weiß nicht, wer dieser Mann ist, wir lernten ihn zufällig kennen und sprachen mit ihm."

„Nun, dann dürfet ihr euch glücklich preisen; denn ihr habt mit einem gelehrten, berühmten Mann gesprochen, und alle Anwesenden ehren und bewundern euch deshalb; es ist niemand anderes, als Mustafa, der gelehrte Derwisch."

„Mustafa! der weise Mustafa, der den Sohn des Scheik erzogen hat? Der viele gelehrte Bücher schrieb, der große Reisen machte in alle Weltteile! mit Mustafa haben wir gesprochen? und gesprochen, als wär er unsereiner, so ganz ohne alle Ehrerbietung?" So sprachen die jungen Männer untereinander, und waren sehr beschämt; denn der Derwisch Mustafa galt damals für den weisesten und gelehrtesten Mann im ganzen Morgenland.

„Tröstet euch darüber", antwortete der Sklavenaufseher, „seid froh, daß ihr ihn nicht kanntet; er kann es nicht leiden, wenn man ihn lobt, und hättet ihr ihn ein einziges Mal die Sonne der Gelehrsamkeit oder das Gestirn der Weisheit genannt, wie es gebräuchlich ist bei Männern dieser Art, er hätte euch von Stund an verlassen. Doch, ich muß jetzt zurück zu den Leuten, die heute erzählen. Der, der jetzt kommt, ist tief hinten in Frankistan gebürtig, wollen sehen, was er weiß."

So sprach der Sklavenaufseher; der aber, an welchen jetzt die Reihe zu erzählen kam, stand auf und sprach:

„Herr! ich bin aus einem Lande, das weit gegen Mitternacht liegt, Norwegen genannt; wo die Sonne nicht, wie in deinem gesegneten Vaterlande, Feigen und Zitronen kocht; wo sie nur wenige Monde über die grüne Erde scheint, und ihr im Flug sparsame Blüten und Früchte entlockt. Du sollst, wenn es dir angenehm ist, ein paar Märchen hören, wie man sie bei uns in den warmen Stuben erzählt, wenn das Nordlicht über die Schneefelder flimmert."

[An dieser Stelle folgen in der Originalausgabe 1827 die Märchen „Das Fest der Unterirdischen" und „Schneeweißchen und Rosenrot" von Wilhelm Grimm.]

Noch waren die jungen Männer im Gespräch über diese Märchen, und über den Alten, den Derwisch Mustafa; sie fühlten sich nicht wenig geehrt, daß ein so alter und berühmter Mann sie seiner Aufmerksamkeit gewürdigt, und sogar öfters mit ihnen gesprochen und gestritten hatte. Da kam plötzlich der Aufseher der Sklaven zu ihnen und lud sie ein, ihm zum Scheik zu folgen, der sie sprechen wolle. Den Jünglingen pochte das Herz. Noch nie hatten sie mit einem so vornehmen Mann gesprochen, nicht einmal allein, viel weniger in so großer Gesellschaft. Doch, sie faßten sich, um nicht als Toren zu erscheinen, und folgten dem Aufseher der Sklaven zum Scheik. Ali Banu saß auf einem reichen Polster und nahm Sorbet zu sich. Zu seiner Rechten saß der Alte, sein dürftiges Kleid ruhte auf herrlichen Polstern, seine ärmlichen Sandalen hatte er auf einen reichen Teppich von persischer Arbeit gestellt, aber sein schöner Kopf, sein Auge voll Würde und Weisheit zeigte an, daß er würdig sei, neben einem Mann, wie der Scheik, zu sitzen.

Der Scheik war sehr ernst, und der Alte schien ihm Trost und Mut zuzusprechen; die Jünglinge glaubten auch in ihrem Ruf vor das Angesicht des Scheik eine List des Alten zu entdecken, der wahrscheinlich den trauernden Vater durch ein Gespräch mit ihnen zerstreuen wollte.

„Willkommen ihr jungen Männer", sprach der Scheik, „willkommen in dem Hause Ali Banus. Mein alter Freund hier hat sich meinen Dank verdient, daß er euch hier einführte, doch zürne ich ihm ein wenig, daß er mich nicht früher mit euch bekannt machte. Wer von euch ist denn der junge Schreiber?"

„Ich, o Herr! und zu Euren Diensten!" sprach der junge Schreiber, indem er die Arme über der Brust kreuzte, und sich tief verbeugte.

„Ihr hört also sehr gerne Geschichten, und leset gerne Bücher mit schönen Versen und Denksprüchen."

Der junge Mann erschrak und errötete; denn ihm fiel bei, wie er damals den Scheik bei dem Alten getadelt und gesagt hatte, an seiner Stelle würde er sich erzählen oder aus Büchern vorlesen lassen. Er war dem schwatzhaften Alten, der dem Scheik gewiß alles verraten hatte, in diesem Augenblick recht gram, warf ihm einen bösen Blick zu und sprach dann: „O Herr! allerdings kenne ich für meinen Teil keine angenehmere Beschäftigung, als mit dergleichen den Tag zuzubringen. Es bildet den Geist und vertreibt die Zeit. Aber jeder nach seiner Weise, ich tadle darum gewiß keinen, der nicht –"

„Schon gut, schon gut", unterbrach ihn der Scheik lachend, und winkte den zweiten herbei. „Wer bist denn du?" fragte er ihn.

„Herr, ich bin meines Amtes der Gehülfe eines Arztes, und habe selbst schon einige Kranke geheilt."

„Richtig", erwiderte der Scheik, „und Ihr seid es auch, der das

Wohlleben liebet; Ihr möchtet gerne mit guten Freunden hie und da tafeln und guter Dinge sein? Nicht wahr, ich habe es erraten?"

Der junge Mann war beschämt, er fühlte, daß er verraten war, und daß der Alte auch von ihm dem Scheik gebeichtet haben mußte. Er faßte sich aber ein Herz und antwortete: „O ja, Herr, ich rechne es unter des Lebens Glückseligkeiten, hie und da mit guten Freunden fröhlich sein zu können. Mein Beutel reicht nun zwar nicht weiter hin, als meine Freunde mit Wassermelonen oder dergleichen wohlfeilen Sachen zu bewirten; doch sind wir auch dabei fröhlich, und es läßt sich denken, daß wir es noch um ein gutes Teil mehr wären, wenn ich mehr Geld hätte."

Dem Scheik gefiel diese beherzte Antwort, und er konnte sich nicht enthalten, darüber zu lachen. „Welcher ist denn der junge Kaufmann?" fragte er weiter.

Der junge Kaufmann verbeugte sich mit freiem Anstand vor dem Scheik; denn er war ein Mensch von guter Erziehung; der Scheik aber sprach: „Und Ihr? Ihr habt Freude an Musik und Tanz? Ihr höret es gerne, wenn gute Künstler etwas spielen und singen, und sehet gerne Tänzer künstliche Tänze ausführen?"

Der junge Kaufmann antwortete: „Ich sehe wohl, o Herr, daß jener alte Mann um Euch zu belustigen unsere Torheiten insgesamt verraten hat. Wenn es ihm gelang, Euch dadurch aufzuheitern, so habe ich gerne zu Eurem Scherz gedient. Was aber Musik und Tanz betrifft, so gestehe ich, es gibt nicht leicht etwas, was mein Herz also vergnügt. Doch glaubet nicht, daß ich deswegen Euch tadle, o Herr, wenn Ihr nicht ebenfalls –"

„Genug, nicht weiter!" rief der Scheik, lächelnd mit der Hand abwehrend; „jeder nach seiner Weise, wollet Ihr sagen; aber dort steht ja noch einer; das ist wohl der, welcher so gerne reisen möchte? Wer seid denn Ihr, junger Herr?"

„Ich bin ein Maler, o Herr", antwortete der junge Mann; „ich male Landschaften teils an die Wände der Säle, teils auf Leinwand. Fremde Länder zu sehen ist allerdings mein Wunsch, denn man sieht dort allerlei schöne Gegenden, die man wieder anbringen kann; und was man sieht und abzeichnet, ist doch in der Regel immer schöner, als was man nur so selbst erfindet."

Der Scheik betrachtete jetzt die schönen, jungen Leute, und sein Blick wurde ernst und düster. „Ich hatte einst auch einen lieben Sohn", sagte er, „und er müßte nun auch so herangewachsen sein wie ihr. Da solltet ihr seine Genossen und Begleiter sein, und jeder eurer Wünsche würde von selbst befriedigt werden. Mit jenem würde er lesen, mit diesem Musik hören, mit dem andern würde er gute Freunde einladen, und fröhlich und guter Dinge sein, und mit dem Maler ließe ich ihn ausziehen in schöne Gegenden, und wäre dann gewiß, daß er immer wieder zu mir zurückkehrte. So hat es aber Allah nicht gewollt, und ich füge mich in seinen Willen ohne Murren. Doch, es steht in meiner Macht, eure Wünsche dennoch zu erfüllen, und ihr sollet freudigen Herzens von Ali Banu gehen. Ihr, mein gelehrter Freund", fuhr er fort, indem er sich zu dem Schreiber wandte, „wohnet von jetzt an in meinem Hause, und seid über meine Bücher gesetzt. Ihr könnet noch dazu anschaffen, was Ihr wollet und für gut haltet, und Euer einziges Geschäft sei, mir, wenn Ihr etwas recht Schönes gelesen habt, zu erzählen. Ihr, der Ihr eine gute Tafel unter Freunden liebet, Ihr sollet der Aufseher über meine Vergnügungen sein. Ich selbst zwar lebe einsam und ohne Freude, aber es ist meine Pflicht, und mein Amt bringt es mit sich, hie und da viele Gäste einzuladen. Dort sollet Ihr an meiner Stelle alles besorgen, und könnet von Euren Freunden dazu einladen, wen Ihr nur wollet; versteht sich, auf etwas Besseres, als Wassermelonen. Den jungen Kaufmann da darf ich freilich seinem Geschäft nicht entziehen, das ihm Geld und Ehre bringt; aber alle Abende stehen Euch, mein junger Freund, Tänzer, Sänger und Musikanten zu Dienste, so viel Ihr wollet. Lasset Euch aufspielen und tanzen nach Herzenslust. Und Ihr", sprach er zu dem Maler, „Ihr sollet fremde Länder sehen, und das Auge durch Erfahrung schärfen. Mein Schatzmeister wird Euch zu der ersten Reise, die Ihr morgen antreten könnet, tausend Goldstücke reichen, nebst zwei Pferden und einem Sklaven. Reiset, wohin Euch das Herz treibt, und wenn Ihr etwas Schönes sehet, so malet es für mich."

Die jungen Leute waren außer sich vor Erstaunen, sprachlos vor Freude und Dank. Sie wollten den Boden vor den Füßen des gütigen Mannes küssen, aber er ließ es nicht zu. „Wenn ihr einem zu danken habt", sprach er, „so ist es diesem weisen Mann hier, der mir von euch erzählte. Auch mir hat er dadurch Vergnügen gemacht, vier so muntere junge Leute eurer Art kennenzulernen."

Der Derwisch Mustafa aber wehrte den Dank der Jünglinge ab. „Sehet", sprach er, „wie man nie voreilig urteilen muß; habe ich euch zuviel von diesem edeln Mann gesagt?"

„Lasset uns nun noch den letzten meiner Sklaven, die heute frei sind, erzählen hören", unterbrach ihn Ali Banu, und die Jünglinge begaben sich an ihre Plätze.

Jener junge Sklave, der die Aufmerksamkeit aller durch seinen Wuchs, durch seine Schönheit und seinen mutigen Blick in so hohem Grade auf sich gezogen hatte, stand jetzt auf, verbeugte sich vor dem Scheik, und fing mit wohltönender Stimme also zu sprechen an:

Die Geschichte Almansors

O Herr! die Männer, die vor mir gesprochen haben, erzählten mancherlei wunderbare Geschichten, die sie gehört hatten in fremden Ländern; ich muß mit Beschämung gestehen, daß ich keine einzige Erzählung weiß, die Eurer Aufmerksamkeit würdig wäre. Doch, wenn es Euch nicht langweilt, will ich Euch die wunderbaren Schicksale eines meiner Freunde vortragen.

Auf jenem algierischen Kaperschiff, von welchem mich Eure milde Hand befreit hat, war ein junger Mann in meinem Alter, der mir nicht für das Sklavenkleid geboren schien, das er trug. Die übrigen Unglücklichen auf dem Schiffe waren entweder rohe Menschen, mit denen ich nicht leben mochte, oder Leute, deren Sprache ich nicht verstand; darum fand ich mich zu der Zeit, wo wir ein Stündchen frei hatten, gerne zu dem jungen Mann. Er nannte sich Almansor, und war seiner Aussprache nach ein Ägyptier. Wir unterhielten uns recht angenehm miteinander, und kamen eines Tages auch darauf, uns unsere Geschichte zu erzählen, da dann die meines Freundes allerdings bei weitem merkwürdiger war, als die meinige.

Almansors Vater war ein vornehmer Mann in einer ägyptischen Stadt, deren Namen er mir nicht nannte. Er lebte die Tage seiner Kindheit vergnügt und froh, und umgeben von allem Glanz und Bequemlichkeit der Erde. Aber er wurde dabei doch nicht weichlich erzogen, und sein Geist wurde frühzeitig ausgebildet; denn sein Vater war ein weiser Mann, der ihm Lehren der Tugend gab, und überdies hatte er zum Lehrer einen berühmten Gelehrten, der ihn in allem unterrichtete, was ein junger Mensch wissen muß. Almansor war etwa zehn Jahre alt, als die Franken über das Meer her in das Land kamen, und Krieg mit seinem Volke führten.

Der Vater des Knaben mußte aber den Franken nicht sehr günstig gewesen sein; denn eines Tages, als er eben zum Morgengebet gehen wollte, kamen sie und verlangten zuerst seine Frau als Geisel seiner treuen Gesinnungen gegen das Frankenvolk, und als er sie nicht geben wollte, schleppten sie seinen Sohn mit Gewalt ins Lager.

Als der junge Sklave also erzählte, verhüllte der Scheik sein Angesicht, und es entstand ein Murren des Unwillens im Saal. „Wie", riefen die Freunde des Scheik, „wie kann der junge Mann dort so töricht handeln, und durch solche Geschichten die Wunden Ali Banus aufreißen, statt sie zu mildern, wie kann er ihm seinen Schmerz erneuern, statt ihn zu zerstreuen?" Der Sklavenaufseher selbst war voll Zorn über den unverschämten Jüngling, und gebot ihm zu schweigen. Der junge Sklave aber war sehr erstaunt über dies alles und fragte den Scheik, ob denn in seiner Erzählung etwas liege, das sein Mißfallen erregt habe? Der Scheik richtete sich bei diesen Worten auf und sprach: „Seid doch ruhig, ihr Freunde; wie kann denn dieser Jüngling etwas von meinem betrübten Schicksal wissen, da er nur kaum drei Tage unter diesem Dache ist! Kann es denn bei den Greueln, die diese Franken verübten, nicht ein ähnliches Geschick wie das meine geben, kann nicht vielleicht selbst jener Almansor – doch, erzähle immer weiter, mein junger Freund!"

Der junge Sklave verbeugte sich und fuhr fort:

Der junge Almansor wurde also in das fränkische Lager geführt. Es erging ihm dort im ganzen gut; denn einer der Feldherrn ließ ihn in sein Zelt kommen, und hatte seine Freude an den Antworten des Knaben, die ihm ein Dragoman übersetzen mußte, er sorgte für ihn, daß ihm an Speise und Kleidung nichts abginge; aber die Sehnsucht nach Vater und Mutter machte dennoch den Knaben höchst unglücklich. Er weinte viele Tage lang, aber seine Tränen rührten diese Männer nicht. Das Lager wurde aufgebrochen, und Almansor glaubte jetzt wieder zurückkehren zu dürfen; aber es war nicht so; das Heer zog hin und her, führte Krieg mit den Mamelucken, und den jungen Almansor schleppten sie immer mit sich. Wenn er dann die Hauptleute und Feldherrn anflehte, ihn doch wieder heimkehren zu lassen, so verweigerten sie es und sagten, er müsse ein Unterpfand von seines Vaters Treue sein. So war er viele Tage lang auf dem Marsch.

DIE GESCHICHTE ALMANSORS

Auf einmal aber entstand eine Bewegung im Heer, die dem Knaben nicht entging; man sprach von Einpacken, von Zurückziehen, vom Einschiffen und Almansor war außer sich vor Freude; denn jetzt, wenn die Franken in ihr Land zurückkehrten, jetzt mußte er ja frei werden. Man zog mit Roß und Wagen rückwärts gegen die Küste, und endlich war man so weit, daß man die Schiffe vor Anker liegen sah. Die Soldaten schifften sich ein, aber es wurde Nacht, bis nur ein kleiner Teil eingeschifft war. So gerne Almansor gewacht hätte, weil er jede Stunde glaubte freigelassen zu werden, so verfiel er doch endlich in einen tiefen Schlaf, und er glaubt, die Franken haben ihm etwas unter das Wasser gemischt, um ihn einzuschläfern. Denn als er aufwachte, schien der helle Tag in eine kleine Kammer, worin er nicht gewesen war, als er einschlief. Er sprang auf von seinem Lager, aber als er auf den Boden kam, fiel er um; denn der Boden schwankte hin und wider, und es schien alles sich zu bewegen, und im Kreis um ihn her zu tanzen. Er raffte sich wieder auf, hielt sich an den Wänden fest, um aus dem Gemach zu kommen, worin er sich befand.

Ein sonderbares Brausen und Zischen war um ihn her; er wußte nicht, ob er träume oder wache; denn er hatte nie Ähnliches gesehen oder gehört. Endlich erreichte er eine kleine Treppe, mit Mühe klemmte er hinauf, und welcher Schrecken befiel ihn! Ringsumher war nichts als Himmel und Meer, er befand sich auf einem Schiffe. Da fing er kläglich an zu weinen. Er wollte zurückgebracht werden, er wollte ins Meer sich stürzen und hinüberschwimmen nach seiner Heimat; aber die Franken hielten ihn fest, und einer der Befehlshaber ließ ihn zu sich kommen, versprach ihm, wenn er gehorsam sei, solle er bald wieder in seine Heimat kommen und stellte ihm vor, daß es nicht mehr möglich gewesen wäre, ihn vom Land aus nach Hause zu bringen, dort aber hätte er, wenn man ihn zurückgelassen, elendiglich umkommen müssen.

Wer aber nicht Wort hielt, waren die Franken; denn das Schiff segelte viele Tage lang weiter, und als es endlich landete, war man nicht an Ägyptens Küste, sondern in Frankistan! Almansor hatte während der langen Fahrt und schon im Lager einiges von der Sprache der Franken verstehen und sprechen gelernt, was ihm in diesem Lande, wo niemand seine Sprache kannte, sehr gut zustatten kam. Er wurde viele Tage lang durch das Land in das Innere geführt, und überall strömte das Volk zusammen, um ihn zu sehen; denn seine Begleiter sagten aus, er wäre der Sohn des Königs von Ägypten, der ihn zu seiner Ausbildung nach Frankistan schicke.

So sagten aber diese Soldaten nur, um das Volk glauben zu machen, sie haben Ägypten besiegt, und stehen in tiefem Frieden mit diesem Land. Nachdem die Reise zu Land mehrere Tage gedauert hatte, kamen sie in eine große Stadt, dem Ziel ihrer Reise. Dort wurde er einem Arzt übergeben, der ihn in sein Haus nahm, und in allen Sitten und Gebräuchen von Frankistan unterwies.

Er mußte vor allem fränkische Kleider anlegen, die sehr enge und knapp waren, und bei weitem nicht so schön wie seine ägyptischen. Dann durfte er nicht mehr seine Verbeugung mit gekreuzten Armen machen; sondern wollte er jemand seine Ehrerbietung bezeugen, so mußte er mit der einen Hand die ungeheure Mütze von schwarzem Filz, die alle Männer trugen, und die man auch ihm aufgesetzt hatte, vom Kopf reißen, mit der einen Hand mußte er auf die Seite fahren und mit dem rechten Fuß auskratzen. Er durfte auch nicht mehr mit übergeschlagenen Beinen sitzen, wie es angenehme Sitte ist im Morgenland, sondern auf hochbeinige Stühle mußte er sich setzen, und die Füße herabhängen lassen auf den Boden. Das Essen machte ihm auch nicht geringe Schwierigkeit; denn alles, was er zum Mund bringen wollte, mußte er zuvor auf eine Gabel von Eisen stecken.

Der Doktor aber war ein strenger, böser Mann, der den Knaben plagte; denn, wenn er sich jemals vergaß und zu einem Besuch sagte: „Salem aleikum!" so schlug er ihn mit dem Stock; denn er sollte sagen: „Votre serviteur." Er durfte auch nicht mehr in seiner Sprache denken, oder sprechen, oder schreiben, höchstens durfte er darin träumen, und er hätte vielleicht seine Sprache gänzlich verlernt, wenn nicht ein Mann in jener Stadt gelebt hätte, der ihm von großem Nutzen war.

Es war dies ein alter, aber sehr gelehrter Mann, der viele morgenländische Sprachen verstand, Arabisch, Persisch, Koptisch, sogar Chinesisch, von jedem etwas; er galt in jenem Land für ein Wunder von Gelehrsamkeit, und man gab ihm viel Geld, daß er diese Sprachen andere Leute lehrte. Dieser Mann ließ nun den jungen Almansor alle Wochen einigemal zu sich kommen, bewirtete ihn mit seltenen Früchten und dergleichen, und dem Jüngling war es dann, als wäre er zu Haus. Denn der alte Herr war gar ein sonderbarer Mann. Er hatte Almansor Kleider machen lassen, wie sie vornehme Leute in Ägypten tragen. Diese

Kleider bewahrte er in seinem Hause in einem besonderen Zimmer auf. Kam nun Almansor, so schickte er ihn mit einem Bedienten, in jenes Zimmer, und ließ ihn ganz nach seiner Landessitte ankleiden. Von da an ging es dann nach „Kleinarabien"; so nannte man einen Saal im Hause des Gelehrten.

Dieser Saal war mit allerlei künstlich aufgezogenen Bäumen, als Palmen, Bambus, junge Zedern und dergleichen, und mit Blumen ausgeschmückt, die nur im Morgenland wachsen. Persische Teppiche lagen auf dem Fußboden, und an den Wänden waren Polster, nirgends aber ein fränkischer Stuhl oder Tisch. Auf einem dieser Polster saß der alte Professor; er sah aber ganz anders aus, als gewöhnlich; um den Kopf hatte er einen feinen türkischen Shawl als Turban gewunden, er hatte einen grauen Bart umgeknüpft, der ihm bis zum Gürtel reichte und aussah, wie ein natürlicher, ehrwürdiger Bart eines gewichtigen Mannes. Dazu trug er einen Talar, den er aus einem brokatnen Schlafrock hatte machen lassen, weite türkische Beinkleider, gelbe Pantoffeln und, so friedlich er sonst war, an diesen Tagen hatte er einen türkischen Säbel umgeschnallt, und im Gürtel stak ein Dolch mit falschen Steinen besetzt. Dazu rauchte er aus einer zwei Ellen langen Pfeife und ließ sich von seinen Leuten bedienen, die ebenfalls persisch gekleidet waren, und wovon die Hälfte Gesicht und Hände schwarz gefärbt hatte.

Von Anfang wollte dies alles dem jungen Almansor gar verwunderlich bedünken, aber bald sah er ein, daß solche Stunden, wenn er in die Gedanken des Alten sich fügte, sehr nützlich für ihn seien. Durfte er beim Doktor kein ägyptisches Wort sprechen, so war hier die fränkische Sprache sehr verboten. Almansor mußte beim Eintreten den Friedensgruß sprechen, den der alte Perser sehr feierlich erwiderte; dann winkte er dem Jüngling sich neben ihn zu setzen, und begann Persisch, Arabisch, Koptisch und alle Sprachen untereinander zu sprechen, und nannte dies eine gelehrte morgenländische Unterhaltung. Neben ihm stand ein Bedienter, oder, was sie an diesem Tage vorstellten, ein Sklave, der ein großes Buch hielt; das Buch war aber ein Wörterbuch, und wenn dem Alten die Worte ausgingen, winkte er dem Sklaven, schlug flugs auf, was er sagen wollte, und fuhr dann zu sprechen fort.

Die Sklaven aber brachten in türkischem Geschirr Sorbet und dergleichen, und wollte Almansor dem Alten ein großes Vergnügen machen, so mußte er sagen, es sei alles bei ihm angeordnet, wie im Morgenland. Almansor las sehr schön Persisch, und das war der Hauptvorteil für den Alten. Er hatte viele persische Manuskripte, aus diesen ließ er sich von dem Jüngling vorlesen, las aufmerksam nach, und merkte sich auf diese Art die richtige Aussprache.

Das waren die Freudentage des armen Almansor; denn nie entließ ihn der alte Professor unbeschenkt, und oft trug er sogar kostbare Gaben an Geld oder Leinenzeug oder anderen notwendigen Dingen davon, die ihm der Doktor nicht geben wollte. So lebte Almansor einige Jahre in der Hauptstadt des Frankenlandes, und nie wurde seine Sehnsucht nach der Heimat geringer. Als er aber etwa fünfzehn Jahre alt war, begab sich ein Vorfall, der auf sein Schicksal großen Einfluß hatte.

Die Franken nämlich wählten ihren ersten Feldherrn, denselben, mit welchem Almansor so oft in Ägypten gesprochen hatte, zu ihrem König und Beherrscher. Almansor wußte zwar und erkannte es an den großen Festlichkeiten, daß etwas dergleichen in dieser großen Stadt geschehe, doch konnte er sich nicht denken, daß der König derselbe sei, den er in Ägypten gesehen; denn jener Feldherr war noch ein sehr junger Mann. Eines Tages aber ging Almansor über eine jener Brücken, die über den breiten Fluß führen, der die Stadt durchströmt; da gewahrte er in dem einfachen Kleid eines Soldaten einen Mann, der am Brückengeländer lehnte, und in die Wellen sah. Die Züge dieses Mannes fielen ihm auf, und er erinnerte sich, ihn schon gesehen zu haben. Er ging also schnell die Kammern seiner Erinnerung durch, und als er an die Pforte der Kammer von Ägypten kam, da eröffnete sich ihm plötzlich das Verständnis, daß dieser Mann jener Feldherr der Franken sei, mit welchem er oft im Lager gesprochen, und der immer gütig für ihn gesorgt hatte; er wußte seinen rechten Namen nicht genau, er faßte sich daher ein Herz, trat zu ihm, nannte ihn, wie ihn die Soldaten unter sich nannten und sprach, indem er nach seiner Landessitte die Arme über der Brust kreuzte: „Salem aleikum, Petit-Caporal!!"

Der Mann sah sich erstaunt um, blickte den jungen Menschen mit scharfen Augen an, dachte über ihn nach und sagte dann: „Himmel, ist es möglich! du hier, Almansor? Was macht dein Vater? Wie geht es in Ägypten? Was führt dich zu uns hieher?"

Da konnte sich Almansor nicht länger halten, er fing an bitterlich zu weinen und sagte zu dem Mann: „So weißt du also nicht, was die Hunde, deine Landsleute, mit mir gemacht haben, Petit-Caporal, du weißt nicht, daß ich das Land meiner Väter nicht mehr gesehen habe seit vielen Jahren?"

„Ich will nicht hoffen", sagte der Mann, und seine Stirne wurde finster, „ich will nicht hoffen, daß man dich mit hinwegschleppte."

„Ach, freilich", antwortete Almansor; „an jenem Tag wo eure Soldaten sich einschifften, sah ich mein Vaterland zum letztenmal; sie nahmen mich mit sich hinweg, und ein Hauptmann, den mein Elend rührte, zahlt ein Kostgeld für mich bei einem verwünschten Doktor, der mich schlägt und halb Hungers sterben läßt. Aber höre, Petit-Caporal", fuhr er ganz treuherzig fort, „es ist gut, daß ich dich hier traf, du mußt mir helfen."

Der Mann, zu welchem er dies sprach, lächelte und fragte, auf welche Weise er denn helfen sollte?

„Siehe", sagte Almansor, „es wäre unbillig, wollte ich von dir etwas verlangen, du warst von jeher so gütig gegen mich, aber ich weiß, du bist auch ein armer Mensch, und wenn du auch Feldherr warst, gingst du nie so schön gekleidet, wie die anderen; auch jetzt mußt du, nach deinem Rock und Hut zu urteilen, nicht in den besten Umständen sein. Aber da haben ja die Franken letzthin einen Sultan gewählt, und ohne Zweifel kennst du Leute, die sich ihm nahen dürfen, etwa seinen Janitscharen-Aga, oder den Reis-Effendi, oder seinen Kapudan-Pascha, nicht?"

„Nun ja", antwortete der Mann, „aber wie weiter?"

„Bei diesen könntest du ein gutes Wort für mich einlegen, Petit-Caporal, daß sie den Sultan der Franken bitten, er möchte mich freilassen; dann brauche ich auch etwas Geld zur Reise übers Meer, vor allem aber mußt du mir versprechen, weder dem Doktor, noch dem arabischen Professor etwas davon zu sagen."

„Wer ist denn der arabische Professor?" fragte jener.

„Ach, das ist ein sonderbarer Mann, doch, von diesem erzähle ich dir ein andermal. Wenn es die beiden hörten, dürfte ich nicht mehr aus Frankistan weg. Aber willst du für mich sprechen bei den Agas? Sage es mir aufrichtig!"

„Komm mit mir", sagte der Mann, „vielleicht kann ich dir jetzt gleich nützlich sein."

„Jetzt?" rief der Jüngling mit Schrecken; „jetzt um keinen Preis, da würde mich der Doktor prügeln; ich muß eilen, daß ich nach Hause komme."

„Was trägst du denn in diesem Korb?" fragte jener, indem er

ihn zurückhielt. Almansor errötete und wollte es anfangs nicht zeigen, endlich aber sagte er: „Siehe, Petit-Caporal, ich muß hier Dienste tun, wie der geringste Sklave meines Vaters. Der Doktor ist ein geiziger Mann, und schickt mich alle Tage von unserem Hause eine Stunde weit auf den Gemüse- und Fischmarkt, da muß ich dann unter den schmutzigen Marktweibern einkaufen, weil es dort um einige Kupfermünzen wohlfeiler ist, als in unserem Stadtteil. Siehe, wegen dieses schlechten Herings, wegen dieser Handvoll Salat, wegen dieses Stückchens Butter muß ich alle Tage zwei Stunden gehen. Ach, wenn es mein Vater wüßte!"

Der Mann, zu welchem Almansor dies sprach, war gerührt über die Not des Knaben und antwortete: „Komm nur mit mir und sei getrost; der Doktor soll dir nichts anhaben dürfen, wenn er auch heute weder Hering noch Salat verspeist. Sei getrosten Mutes und komm." Er nahm bei diesen Worten Almansor bei der Hand und führte ihn mit sich, und obgleich diesem das Herz pochte, wenn er an den Doktor dachte, so lag doch so viele Zuversicht in den Worten und Mienen des Mannes, daß er sich entschloß ihm zu folgen. Er ging also, sein Körbchen am Arm, neben dem Soldaten viele Straßen durch, und wunderbar wollte es ihm bedünken, daß alle Leute die Hüte vor ihnen abnahmen, und stehenblieben und ihnen nachschauten. Er äußerte dies auch gegen seinen Begleiter, dieser aber lachte und sagte nichts darüber.

Sie gelangten endlich an ein prachtvolles Schloß, auf welches der Mann zuging. „Wohnst du hier, Petit-Caporal?" fragte Almansor.

„Hier ist meine Wohnung", entgegnete jener, „und ich will dich zu meiner Frau führen."

„Ei, da wohnst du schön!" fuhr Almansor fort, „gewiß hat dir der Sultan hier freie Wohnung gegeben?"

„Diese Wohnung habe ich vom Kaiser, du hast recht", antwortete sein Begleiter und führte ihn in das Schloß. Dort stiegen sie eine breite Treppe hinan, und in einem schönen Saal hieß er ihn seinen Korb absetzen, und trat dann mit ihm in ein prachtvolles Gemach, wo eine Frau auf einem Diwan saß. Der Mann sprach mit ihr in einer fremden Sprache, worauf sie beide nicht wenig lachten, und die Frau fragte dann Almansor in fränkischer Sprache vieles über Ägypten. Endlich sagte Petit-Caporal zu dem Jüngling: „Weißt du, was das beste ist? ich will dich

DIE GESCHICHTE ALMANSORS

gleich selbst zum Kaiser führen, und bei ihm für dich sprechen."

Almansor erschrak sehr, aber er gedachte an sein Elend und seine Heimat: „Dem Unglücklichen", sprach er zu den beiden, „dem Unglücklichen verleiht Allah einen hohen Mut in der Stunde der Not, er wird auch mich armen Knaben nicht verlassen. Ich will es tun, ich will zu ihm gehen. Aber sage, Caporal, muß ich vor ihm niederfallen, muß ich die Stirne mit dem Boden berühren, was muß ich tun?"

Die beiden lachten von neuem und versicherten, dies alles sei nicht nötig.

„Sieht er schrecklich und majestätisch aus, der Sultan?" fragte er weiter, „hat er einen langen Bart? Macht er feurige Augen? Sage, wie sieht er aus?"

Sein Begleiter lachte von neuem und sprach dann: „Ich will dir ihn lieber gar nicht beschreiben, Almansor, du selbst sollst erraten, welcher es ist. Nur das will ich dir als Kennzeichen angeben: Alle im Saal des Kaisers werden, wenn er da ist, die Hüte ehrerbietig abnehmen, der, welcher den Hut auf dem Kopf behält, der ist der Kaiser." Bei diesen Worten nahm er ihn bei der Hand, und ging mit ihm nach dem Saal des Kaisers. Je näher er kam, desto lauter pochte ihm das Herz, und die Kniee fingen ihm an zu zittern, als sie sich der Türe näherten. Ein Bedienter öffnete die Türe, und da standen in einem Halbkreis wenigstens dreißig Männer, alle prächtig gekleidet, und mit Gold und Sternen überdeckt, wie es Sitte ist im Lande der Franken bei den vornehmsten Agas und Bassas der Könige, und Almansor dachte, sein Begleiter, der so unscheinbar gekleidet war, müsse der Geringsten einer sein unter diesen. Sie hatten alle das Haupt entblößt, und Almansor fing nun an nach dem zu suchen, der den Hut auf dem Kopf hätte; denn dieser mußte der Kaiser sein. Aber vergebens war sein Suchen, alle hatten den Hut in der Hand, und der Kaiser mußte also nicht unter ihnen sein; da fiel sein Blick zufällig auf seinen Begleiter und siehe – dieser hatte den Hut auf dem Kopf sitzen!

Der Jüngling war erstaunt, betroffen. Er sah seinen Begleiter lange an und sagte dann, indem er selbst seinen Hut abnahm: „Salem aleikum, Petit-Caporal! Soviel ich weiß, bin ich selbst nicht der Sultan der Franken, also kommt es mir nicht zu, mein Haupt zu bedecken; doch, du bist der, der den Hut trägt – Petit-Caporal, bist denn du der Kaiser?"

„Du hast's erraten", antwortete jener, „und überdies bin ich dein Freund. Schreibe dein Unglück nicht mir, sondern einer unglücklichen Verwirrung der Umstände zu, und sei versichert, daß du mit dem ersten Schiff in dein Vaterland zurücksegelst. Gehe jetzt wieder hinein zu meiner Frau, erzähle ihr vom arabischen Professor und was du weißt. Die Heringe und den Salat will ich dem Doktor schicken, du aber bleibst für deinen Aufenthalt in meinem Palast."

So sprach der Mann, der Kaiser war; Almansor aber fiel vor ihm nieder, küßte seine Hand und bat ihn um Verzeihung, daß er ihn nicht erkannt habe, er habe es ihm gewiß nicht angesehen, daß er Kaiser sei.

„Du hast recht", erwiderte jener lachend, „wenn man nur wenige Tage Kaiser ist, kann man es nicht an der Stirne geschrieben haben." So sprach er und winkte ihm, sich zu entfernen.

Seit diesem Tage lebte Almansor glücklich und in Freuden. Den arabischen Professor, von welchem er dem Kaiser erzählte, durfte er noch einigemal besuchen, den Doktor aber sah er nicht mehr. Nach einigen Wochen ließ ihn der Kaiser zu sich rufen und kündigte ihm an, daß ein Schiff vor Anker liege, mit dem er ihn nach Ägypten senden wolle. Almansor war außer sich vor Freude, wenige Tage reichten hin, um ihn auszurüsten, und mit einem Herzen voll Dankes und mit Schätzen und Geschenken reich beladen, reiste er vom Kaiser ab ans Meer und schiffte sich ein.

Aber Allah wollte ihn noch länger prüfen, wollte seinen Mut im Unglück noch länger stählen, und ließ ihn die Küste seiner Heimat noch nicht sehen. Ein anderes fränkisches Volk, die Engländer, führten damals Krieg mit dem Kaiser auf der See. Sie nahmen ihm alle Schiffe weg, die sie besiegen konnten, und so kam es, daß am sechsten Tage der Reise das Schiff, auf welchem sich Almansor befand, von englischen Schiffen umgeben und beschossen wurde; es mußte sich ergeben, und die ganze Mannschaft wurde auf ein kleineres Schiff gebracht, das mit den andern weitersegelte. Doch, auf der See ist es nicht weniger unsicher als in der Wüste, wo unversehens die Räuber auf die Karawanen fallen, und totschlagen und plündern. Ein Kaper von Tunis überfiel das kleine Schiff, das der Sturm von den größeren Schiffen getrennt hatte und – es wurde genommen, und alle Mannschaft nach Algier geführt und verkauft.

Almansor kam zwar nicht in so harte Sklaverei als die Christen, weil er ein rechtgläubiger Muselmann war, aber dennoch

war jetzt wieder alle Hoffnung verschwunden, die Heimat und
den Vater wiederzusehen. Dort lebte er bei einem reichen Mann
fünf Jahre, und mußte die Blumen begießen und den Garten
bauen. Da starb der reiche Mann ohne nahe Erben, seine Besitzungen wurden zerrissen, seine Sklaven geteilt, und Almansor
fiel in die Hände eines Sklavenmäklers. Dieser rüstete um diese
Zeit ein Schiff aus, um seine Sklaven anderwärts teurer zu verkaufen. Der Zufall wollte, daß ich selbst ein Sklave dieses Händlers war, und auf dasselbe Schiff kam, wo auch Almansor sich
befand. Dort lernten wir uns kennen, und dort erzählte er mir
seine wunderbaren Schicksale. Doch – als wir landeten, war ich
Zeuge der wunderbarsten Fügung Allahs; es war die Küste seines Vaterlandes, an welche wir aus dem Boot stiegen, es war der
Markt seiner Vaterstadt, wo wir öffentlich ausgeboten wurden,
und, o Herr! daß ich es kurz sage, es war sein eigener, sein teurer
Vater, der ihn kaufte!

Der Scheik Ali Banu war in tiefes Nachdenken versunken über
diese Erzählung; sie hatte ihn unwillkürlich mit sich fortgerissen,
seine Brust hob sich, sein Auge glühte, und er war oft nahe daran, seinen jungen Sklaven zu unterbrechen; aber das Ende der
Erzählung schien ihn nicht zu befriedigen.

„Er könnte jetzt einundzwanzig Jahre haben, sagst du?" so
fing er an zu fragen.

„Herr, er ist in meinem Alter, ein- bis zweiundzwanzig
Jahre."

„Und welche Stadt nannte er seine Geburtsstadt? das hast du
uns noch nicht gesagt."

„Wenn ich nicht irre", antwortete jener, „so war es Alessandria!"

„Alessandria!!" rief der Scheik; „es ist mein Sohn; wo ist er,
wo ist er geblieben, sagtest du nicht, daß er Kairam hieß? Hat
er dunkle Augen und braunes Haar?"

„Er hat es, und in traulichen Stunden nannte er sich Kairam
und nicht Almansor."

„Aber, Allah! Allah! sage mir doch, sein Vater hätte ihn vor
deinen Augen gekauft, sagst du; sagte er, es sei sein Vater? Also
ist er doch nicht mein Sohn."

Der Sklave antwortete: „Er sprach zu mir: ,Allah sei gepriesen nach so langem Unglück, das ist der Marktplatz meiner Vaterstadt'; nach einer Weile aber kam ein vornehmer Mann um die Ecke, da rief er: ‚O was für ein teures Geschenk des Himmels sind die Augen! Ich sehe noch einmal meinen ehrwürdigen Vater!' Der Mann aber trat zu uns, betrachtete diesen und jenen, und kaufte endlich den, dem dies alles begegnet ist, da rief er Allah an, sprach ein heißes Dankgebet und flüsterte mir zu: ‚Jetzt gehe ich wieder ein in die Hallen meines Glückes; es ist mein eigener Vater, der mich gekauft hat.'"

„Es ist also doch nicht mein Sohn, mein Kairam!" sagte der Scheik, von Schmerz bewegt.

Da konnte sich der Jüngling nicht mehr zurückhalten, Tränen der Freude entstürzten seinen Augen, er warf sich nieder vor dem Scheik und rief: „Und dennoch ist es Euer Sohn, Kairam Almansor; denn Ihr seid es, der ihn gekauft hat."

„Allah, Allah! ein Wunder, ein großes Wunder!" riefen die Anwesenden und drängten sich herbei; der Scheik aber stand sprachlos und staunte den Jüngling an, der sein schönes Antlitz zu ihm aufhob. „Mein Freund Mustafa!" sprach er zu dem alten Derwisch, „vor meinen Augen hängt ein Schleier von Tränen, daß ich nicht sehen kann, ob die Züge seiner Mutter, die mein Kairam trug, auf seinem Gesicht eingegraben sind, trete du her und schaue ihn an."

Der Alte trat herzu, sah ihn lange an, legte seine Hand auf die Stirne des jungen Mannes und sprach: „Kairam! wie hieß der Spruch, den ich dir am Tage des Unglücks mitgab ins Lager der Franken?"

„Mein teurer Lehrer!" antwortete der Jüngling, indem er die Hand des Alten an seine Lippen zog, „er hieß: *So einer Allah liebt und ein gut Gewissen hat, ist er auch in der Wüste des Elendes nicht allein; denn er hat zwei Gefährten, die ihm tröstend zur Seite gehen.*"

Da hob der Alte seine Augen dankend auf zum Himmel, zog den Jüngling herauf an seine Brust und gab ihn dem Scheik und sprach: „Nimm ihn hin; so gewiß du zehen Jahre um ihn trauertest, so gewiß ist es dein Sohn Kairam."

Der Scheik war außer sich vor Freude und Entzücken, er betrachtete immer von neuem wieder die Züge des Wiedergefundenen, und unleugbar fand er das Bild seines Sohnes wieder, wie er ihn verloren hatte. Und alle Anwesenden teilten seine Freude; denn sie liebten den Scheik, und jedem unter ihnen war es, als wäre ihm heute ein Sohn geschenkt worden.

Jetzt füllte wieder Gesang und Jubel diese Halle, wie in den

Tagen des Glückes und der Freude. Noch einmal mußte der Jüngling, und noch ausführlicher, seine Geschichte erzählen, und alle priesen den arabischen Professor und den Kaiser und jeden, der sich Kairams angenommen hatte. Man war beisammen bis in die Nacht, und als man aufbrach, beschenkte der Scheik jeden seiner Freunde reichlich, auf daß er immer dieses Freudentages gedenke.

Die vier jungen Männer aber stellte er seinem Sohn vor und lud sie ein, ihn immer zu besuchen, und es war ausgemachte Sache, daß er mit dem Schreiber lesen, mit dem Maler kleine Reisen machen sollte, daß der Kaufmann Gesang und Tanz mit ihm teile, und der andere alle Vergnügungen für sie bereiten solle. Auch sie wurden reich beschenkt, und traten freudig aus dem Hause des Scheiks.

„Wem haben wir dies alles zu verdanken", sprachen sie untereinander, „wem anders als dem Alten? Wer hätte dies damals gedacht, als wir vor diesem Hause standen, und über den Scheik loszogen?"

„Und wie leicht hätte es uns einfallen können, die Lehren des alten Mannes zu überhören", sagte ein anderer, „oder ihn ganz zu verspotten; denn er sah doch recht zerrissen und ärmlich aus, und wer konnte denken, daß dies der weise Mustafa sei?"

„Und wunderbar! war es nicht hier, wo wir unsere Wünsche laut werden ließen?" sprach der Schreiber. „Da wollte der eine reisen, der andere singen und tanzen, der dritte gute Gesellschaft haben und ich – Geschichten lesen und hören, und sind nicht alle unsere Wünsche in Erfüllung gegangen? Darf ich nicht alle Bücher des Scheik lesen und kaufen, was ich will?"

„Und darf ich nicht seine Tafel zurichten und seine schönsten Vergnügen anordnen, und selbst dabeisein?" sagte der andere.

„Und ich? sooft mich mein Herz gelüstet, Gesang und Saitenspiel zu hören, oder einen Tanz zu sehen, darf ich nicht hingehen, und mir seine Sklaven ausbitten?"

„Und ich!" rief der Maler; „vor diesem Tage war ich arm und konnte keinen Fuß aus dieser Stadt setzen, und jetzt kann ich reisen, wohin ich will!"

„Ja", sprachen sie alle, „es war doch gut, daß wir dem Alten folgten, wer weiß, was aus uns geworden wäre."

So sprachen sie, und gingen freudig und glücklich nach Hause.

MÄRCHEN - ALMANACH FÜR SÖHNE UND TÖCHTER GEBILDETER STÄNDE AUF DAS JAHR 1828

DAS WIRTSHAUS IM SPESSART

Vor vielen Jahren, als im Spessart die Wege noch schlecht und nicht so häufig als jetzt befahren waren, zogen zwei junge Bursche durch diesen Wald. Der eine mochte achtzehn Jahre alt sein und war ein Zirkelschmidt, der andere, ein Goldarbeiter, konnte nach seinem Aussehen, kaum sechzehn Jahre haben, und tat wohl jetzt eben seine erste Reise in die Welt. Der Abend war schon heraufgekommen und die Schatten der riesengroßen Fichten und Buchen verfinsterten den schmalen Weg, auf dem die beiden wanderten. Der Zirkelschmidt schritt wacker vorwärts und pfiff ein Lied, schwatzte auch zuweilen mit Munter, seinem Hund, und schien sich nicht viel darum zu kümmern, daß die Nacht nicht mehr fern, desto ferner aber die nächste Herberge sei; aber Felix, der Goldarbeiter, sah sich oft ängstlich um. Wenn der Wind durch die Bäume rauschte, so war es ihm, als höre er Tritte hinter sich; wenn das Gesträuch am Wege hin und her wankte und sich teilte, glaubte er Gesichter hinter den Büschen lauern zu sehen.

Der junge Goldschmidt war sonst nicht abergläubisch oder mutlos. In Würzburg, wo er gelernt hatte, galt er unter seinen Kameraden für einen unerschrockenen Burschen, dem das Herz am rechten Fleck sitze; aber heute war ihm doch sonderbar zumut. Man hatte ihm vom Spessart so mancherlei erzählt; eine große Räuberbande sollte dort ihr Wesen treiben, viele Reisende waren in den letzten Wochen geplündert worden, ja man sprach sogar von einigen greulichen Mordgeschichten, die vor nicht langer Zeit dort vorgefallen seien. Da war ihm nun doch etwas bange für sein Leben, denn sie waren ja nur zu zwei und konnten gegen bewaffnete Räuber gar wenig ausrichten. Oft gereute es ihn, daß er dem Zirkelschmidt gefolgt war, noch eine Station zu gehen, statt am Eingang des Waldes über Nacht zu bleiben:

„Und wenn ich heute nacht totgeschlagen werde und ums Leben komme und alles, was ich bei mir habe, so ist's nur deine Schuld, Zirkelschmidt, denn du hast mich in den schrecklichen Wald hereingeschwätzt."

„Sei kein Hasenfuß", erwiderte der andere, „ein rechter Handwerksbursche soll eigentlich sich gar nicht fürchten. Und was meinst du denn? Meinst du die Herren Räuber im Spessart werden uns die Ehre antun uns zu überfallen und totzuschlagen? Warum sollten sie sich diese Mühe geben? etwa wegen meines Sonntagsrocks, den ich im Ranzen habe, oder wegen des Zehrpfennigs von einem Taler? Da muß man schon mit vieren fahren, in Gold und Seide gekleidet sein, wenn sie es der Mühe wert finden, einen totzuschlagen."

„Halt! hörst du nicht etwas pfeifen im Wald?" rief Felix ängstlich.

„Das war der Wind, der um die Bäume pfeift, geh nur rasch vorwärts, lange kann es nicht mehr dauern."

„Ja du hast gut reden wegen des Totschlagens", fuhr der Goldarbeiter fort. „Dich fragen sie was du hast, durchsuchen dich und nehmen dir allenfalls den Sonntagsrock und den Gulden und dreißig Kreuzer. Aber mich, mich schlagen sie gleich anfangs tot; nur weil ich Gold und Geschmeide mit mir führe."

„Ei warum sollten sie dich totschlagen deswegen? Kämen jetzt vier oder fünf dort aus dem Busch, mit geladenen Büchsen, die sie auf uns anlegen, und fragten ganz höflich: ‚Ihr Herren, was habt ihr bei euch', und ‚Machet es euch bequem, wir wollen's euch tragen helfen', und was dergleichen anmutige Redensarten sind; da wärest du wohl kein Tor, machtest dein Ränzchen auf und legtest die gelbe Weste, den blauen Rock, zwei Hemder, und alle Halsbänder und Armbänder und Kämme, und was du sonst noch hast, höflich auf die Erde, und bedanktest dich fürs Leben, das sie dir schenkten?"

„So? meinst du", entgegnete Felix sehr eifrig, „den Schmuck für meine Frau Pate, die vornehme Gräfin, soll ich hergeben? eher mein Leben; eher laß ich mich in kleine Stücke zerschneiden. Hat sie nicht Mutterstelle an mir vertreten und seit meinem zehnten Jahr mich aufziehen lassen, hat sie nicht die Lehre für mich bezahlt und Kleider und alles? Und jetzt da ich sie besuchen darf, und etwas mitbringe von meiner eigenen Arbeit, das sie beim Meister bestellt hat, jetzt da ich ihr an dem schönen Geschmeide zeigen könnte, was ich gelernt habe, jetzt soll ich das alles hergeben und die gelbe Weste dazu, die ich auch von ihr habe? nein, lieber sterben, als daß ich den schlechten Menschen meiner Frau Pate Geschmeide gebe!"

„Sei kein Narr!" rief der Zirkelschmidt; „wenn sie dich totschlagen, bekommt die Frau Gräfin den Schmuck dennoch nicht; drum ist es besser, du gibst ihn her und erhältst dein Leben."

Felix antwortete nicht; die Nacht war jetzt ganz heraufgekommen und bei dem ungewissen Schein des Neumonds konnte man kaum auf fünf Schritte vor sich sehen; er wurde immer ängstlicher, hielt sich näher an seinen Kameraden, und war mit sich uneinig, ob er seine Reden und Beweise billigen sollte oder nicht. Noch eine Stunde beinahe waren sie so fortgegangen, da erblickten sie in der Ferne ein Licht. Der junge Goldschmidt meinte aber, man dürfe nicht trauen, vielleicht könnte es ein Räuberhaus sein, aber der Zirkelschmidt belehrte ihn, daß die Räuber ihre Häuser oder Höhlen unter der Erde haben, und dies müsse das Wirtshaus sein, das ihnen ein Mann am Eingang des Waldes beschrieben.

Es war ein langes, aber niedriges Haus, ein Karren stand davor und nebenan im Stall hörte man Pferde wiehern. Der Zirkelschmidt winkt seinem Gesellen an ein Fenster, dessen Laden geöffnet waren. Sie konnten, wenn sie sich auf die Zehen stellten, die Stube übersehen. Am Ofen in einem Armstuhl schlief ein Mann, der seiner Kleidung nach ein Fuhrmann, und wohl auch der Herr des Karren vor der Türe sein konnte. An der andern Seite des Ofens saßen ein Weib und ein Mädchen und spannen; hinter dem Tisch an der Wand saß ein Mensch, der ein Glas Wein vor sich, den Kopf in die Hände gestützt hatte, so daß sie sein Gesicht nicht sehen konnten. Der Zirkelschmidt aber wollte aus seiner Kleidung bemerken, daß er ein vornehmer Herr sein müsse.

Als sie so noch auf der Lauer standen, schlug ein Hund im Hause an; Munter, des Zirkelschmidts Hund, antwortete, und eine Magd erschien in der Türe und schaute nach den Fremden heraus.

Man versprach ihnen Nachtessen und Betten geben zu können; sie traten ein, und legten die schweren Bündel, Stock und Hut in die Ecken und setzten sich zu dem Herrn am Tische. Dieser richtete sich bei ihrem Gruße auf, und sie erblickten einen feinen jungen Mann, der ihnen freundlich für ihren Gruß dankte.

„Ihr seid spät auf der Bahn", sagte er; „habt ihr euch nicht gefürchtet, in so dunkler Nacht durch den Spessart zu reisen? Ich für meinen Teil habe lieber mein Pferd in dieser Schenke eingestellt, als daß ich nur noch eine Stunde weitergeritten wäre."

„Da habt Ihr allerdings recht gehabt, Herr!" erwiderte der Zirkelschmidt. „Der Hufschlag eines schönen Pferdes ist Musik in den Ohren dieses Gesindels und lockt sie auf eine Stunde weit; aber wenn ein paar arme Bursche wie wir durch den Wald schleichen, Leute, welchen die Räuber eher selbst etwas schenken könnten, da heben sie keinen Fuß auf!"

„Das ist wohl wahr", entgegnete der Fuhrmann, der durch die Ankunft der Fremden erweckt, auch an den Tisch getreten war; „einem armen Mann können sie nicht viel anhaben seines Geldes willen; aber man hat Beispiele, daß sie arme Leute nur aus Mordlust niederstießen, oder sie zwangen, unter die Bande zu treten und als Räuber zu dienen."

„Nun, wenn es so aussieht mit diesen Leuten im Wald", bemerkte der junge Goldschmidt, „so wird uns wahrhaftig auch dieses Haus wenig Schutz gewähren. Wir sind nur zu vier, und mit dem Hausknecht fünf; wenn es ihnen einfällt zu zehen uns zu überfallen, was können wir gegen sie? und überdies", setzte er leise flüsternd hinzu, „wer steht uns dafür, daß diese Wirtsleute ehrlich sind?"

„Da hat es gute Wege", erwiderte der Fuhrmann. „Ich kenne diese Wirtschaft seit mehr als zehen Jahren und habe nie etwas Unrechtes darin verspürt. Der Mann ist selten zu Hause, man sagt, er treibe Weinhandel, die Frau aber ist eine stille Frau, die niemand Böses will; nein, dieser tut Ihr unrecht, Herr!"

„Und doch", nahm der junge vornehme Herr das Wort, „doch möchte ich nicht so ganz verwerfen was er gesagt. Erinnert euch an die Gerüchte von jenen Leuten, die in diesem Wald auf einmal spurlos verschwunden sind. Mehrere davon hatten vorher gesagt, sie werden in diesem Wirtshaus übernachten, und als man nach zwei oder drei Wochen nichts von ihnen vernahm, ihrem Weg nachforschte und auch hier im Wirtshause nachfragte, da soll nun keiner gesehen worden sein; verdächtig ist es doch."

„Weiß Gott!" rief der Zirkelschmidt, „da handelten wir ja vernünftiger, wenn wir unter dem nächsten besten Baum unser Nachtlager nähmen, als hier in diesen vier Wänden, wo an kein Entspringen zu denken ist, wenn sie einmal die Türe besetzt haben; denn die Fenster sind vergittert."

Sie waren alle durch diese Reden nachdenklich geworden. Es

schien gar nicht unwahrscheinlich, daß die Schenke im Wald, sei es gezwungen oder freiwillig, im Einverständnis mit den Räubern war. Die Nacht schien ihnen daher gefährlich; denn wie manche Sage hatten sie gehört von Wanderern, die man im Schlaf überfallen und gemordet hatte; und sollte es auch nicht an ihr Leben gehen, so war doch ein Teil der Gäste in der Waldschenke von so beschränkten Mitteln, daß ihnen ein Raub an einem Teil ihrer Habe sehr empfindlich gewesen wäre. Sie schauten verdrüßlich und düster in ihre Gläser. Der junge Herr wünschte auf seinem Roß durch ein sicheres, offenes Tal zu traben, der Zirkelschmidt wünschte sich zwölf seiner handfesten Kameraden mit Knütteln bewaffnet als Leibgarde, Felix, der Goldarbeiter, trug Bange, mehr um den Schmuck seiner Wohltäterin, als um sein Leben; der Fuhrmann aber, der einigemal den Rauch seiner Pfeife nachdenklich vor sich hin geblasen, sprach leise: „Ihr Herren! im Schlaf wenigstens sollen sie uns nicht überfallen. Ich für meinen Teil will, wenn nur noch einer mit mir hält, die ganze Nacht wach bleiben."

„Das will ich auch" — „ich auch", riefen die drei übrigen. „Schlafen könnte ich doch nicht", setzte der junge Herr hinzu.

„Nun so wollen wir etwas treiben, daß wir wach bleiben", sagte der Fuhrmann; „ich denke weil wir doch gerade zu vier sind, könnten wir Karten spielen, das hält wach und vertreibt die Zeit."

„Ich spiele niemals Karten", erwiderte der junge Herr, „darum kann *ich* wenigstens nicht mithalten."

„Und ich kenne die Karten gar nicht", setzte Felix hinzu.

„Was können wir denn aber anfangen, wenn wir nicht spielen", sprach der Zirkelschmidt; „singen? Das geht nicht und würde nur das Gesindel herbeilocken; einander Rätsel und Sprüche aufgeben zum Erraten? Das dauert auch nicht lange. Wisset ihr was? wie wäre es, wenn wir uns etwas erzählten? Lustig oder ernsthaft, wahr oder erdacht, es hält doch wach und vertreibt die Zeit so gut wie Kartenspiel."

„Ich bin's zufrieden, wenn Ihr anfangen wollet", sagte der junge Herr lächelnd. „Ihr Herren vom Handwerk kommet in allen Ländern herum und könnet schon etwas erzählen; hat doch jede Stadt ihre eigenen Sagen und Geschichten."

„Ja, ja, man hört manches", erwiderte der Zirkelschmidt, „dafür studieren Herren wie Ihr fleißig in den Büchern, wo gar wundervolle Sachen geschrieben stehen; da wüßtet Ihr noch Klügeres und Schöneres zu erzählen, als ein schlichter Handwerksbursche wie unsereiner. Mich müßte alles trügen, oder Ihr seid ein Student, ein Gelehrter."

„Ein Gelehrter nicht", lächelte der junge Herr, „wohl aber ein Student und will in den Ferien nach der Heimat reisen; doch was in unsern Büchern steht, eignet sich weniger zum Erzählen, als was Ihr hie und dort gehört. Drum hebet immer an, wenn anders diese da gerne zuhören."

„Noch höher als Kartenspiel", erwiderte der Fuhrmann, „gilt bei mir, wenn einer eine schöne Geschichte erzählt. Oft fahre ich auf der Landstraße lieber im elendesten Schritt und horche einem zu, der neben mir hergeht und etwas Schönes erzählt; manchen habe ich schon im schlechten Wetter auf den Karren genommen, unter der Bedingung, daß er etwas erzähle, und einen Kameraden von mir habe ich, glaube ich, nur deswegen so lieb, weil er Geschichten weiß, die sieben Stunden lang und länger dauern."

„So geht es auch mir", setzte der junge Goldarbeiter hinzu, „erzählen höre ich für mein Leben gerne, und mein Meister in Würzburg mußte mir die Bücher ordentlich verbieten, daß ich nicht zu viel Geschichten las, und die Arbeit darüber vernachlässigte. Drum gib nur etwas Schönes preis, Zirkelschmidt, ich weiß, du könntest erzählen von jetzt an bis es Tag wird, ehe dein Vorrat ausginge."

Der Zirkelschmidt trank, um sich zu seinem Vortrag zu stärken und hub alsdann also an:

Die Sage vom Hirschgulden

In Oberschwaben stehen noch heutzutage die Mauern einer Burg, die einst die stattlichste der Gegend war, Hohenzollern. Sie erhebt sich auf einem runden steilen Berg und von ihrer schroffen Höhe sieht man weit und frei ins Land. So weit und noch viel weiter als man diese Burg im Land umher sehen kann, ward das tapfere Geschlecht der Zollern gefürchtet, und ihren Namen kannte und ehrte man in allen deutschen Landen. Nun lebte vor vielen hundert Jahren, ich glaube das Schießpulver war noch nicht einmal erfunden, auf dieser Feste ein Zollern, der von Natur ein sonderbarer Mensch war. Man konnte nicht sagen, daß er seine Untertanen hart gedrückt oder mit seinen Nachbarn in

Fehde gelebt hätte, aber dennoch traute ihm niemand über den Weg, ob seinem finsteren Auge, seiner krausen Stirne und seinem einsilbigen, mürrischen Wesen. Es gab wenige Leute außer dem Schloßgesinde, die ihn je hatten ordentlich sprechen hören, wie andere Menschen, denn wenn er durch das Tal ritt, einer ihm begegnete und schnell die Mütze abnahm, sich hinstellte und sagte: „Guten Abend, Herr Graf, heute macht es schön Wetter", so antwortete er „Dummes Zeug" oder „Weiß schon". Hatte aber einer etwas nicht recht gemacht, für ihn oder seine Rosse, begegnete ihm ein Bauer im Hohlweg mit dem Karren, daß er auf seinem Rappen nicht schnell genug vorüberkommen konnte, so entlud sich sein Ingrimm in einem Donner von Flüchen; doch hat man nie gehört, daß er bei solchen Gelegenheiten einen Bauern geschlagen hätte. In der Gegend aber hieß man ihn „das böse Wetter von Zollern".

„Das böse Wetter von Zollern" hatte eine Frau, die der Widerpart von ihm, und so mild und freundlich war, wie ein Maitag. Oft hat sie Leute, die ihr Eheherr durch harte Reden beleidigt hatte, durch freundliche Worte und ihre gütigen Blicke wieder mit ihm ausgesöhnt; den Armen aber tat sie Gutes wo sie konnte, und ließ es sich nicht verdrießen sogar im heißen Sommer oder im schrecklichsten Schneegestöber den steilen Berg herabzugehen, um arme Leute, oder kranke Kinder zu besuchen. Begegnete ihr auf solchen Wegen der Graf, so sagte er mürrisch „Weiß schon, dummes Zeug" und ritt weiter.

Manch andere Frau hätte dieses mürrische Wesen abgeschreckt oder eingeschüchtert; die eine hätte gedacht, was gehen mich die armen Leute an, wenn mein Herr sie für dummes Zeug hält; die andere hätte vielleicht aus Stolz oder Unmut ihre Liebe gegen einen so mürrischen Gemahl erkalten lassen; doch nicht also Frau Hedwig von Zollern. Die liebte ihn nach wie vor, suchte mit ihrer schönen weißen Hand die Falten von seiner braunen Stirne zu streichen, und liebte und ehrte ihn; als aber nach Jahr und Tag der Himmel ein junges Gräflein zum Angebinde bescherte, liebte sie ihren Gatten nicht minder, indem sie ihrem Söhnlein dennoch alle Pflichten einer zärtlichen Mutter erzeigte. Drei Jahre lang vergingen, und der Graf von Zollern sah seinen Sohn nur alle Sonntage nach Tische, wo er ihm von der Amme dargereicht wurde. Er blickte ihn dann unverwandt an, brummte etwas in den Bart und gab ihn der Amme zurück. Als jedoch der Kleine „Vater" sagen konnte, schenkte der Graf der Amme einen Gulden – dem Kind machte er kein fröhlicher Gesicht.

An seinem dritten Geburtstag aber ließ der Graf seinem Sohn die ersten Höslein anziehen, und kleidete ihn prächtig in Samt und Seide; dann befahl er seinen Rappen und ein anderes schönes Roß vorzuführen, nahm den Kleinen auf den Arm und fing an mit klirrenden Sporen die Wendeltreppe hinabzusteigen. Frau Hedwig erstaunte, als sie dies sah. Sie war sonst gewohnt nicht zu fragen wo aus, und wann heim? wenn er ausritt, aber diesmal öffnete die Sorge um ihr Kind ihre Lippen. „Wolltet Ihr ausreiten, Herr Graf?" sprach sie – Er gab keine Antwort, „wozu denn den Kleinen?" fragte sie weiter; „Kuno wird mit mir spazierengehen."

„Weiß schon", entgegnete das böse Wetter von Zollern, und ging weiter; und als er im Hof stand, nahm er den Knaben bei einem Füßlein, hob ihn schnell in den Sattel, band ihn mit einem Tuch fest, schwang sich selbst auf den Rappen und trabte zum Burgtore hinaus, indem er den Zügel vom Rosse seines Söhnleins in die Hand nahm.

Dem Kleinen schien es anfangs großes Vergnügen zu gewähren, mit dem Vater den Berg hinabzureiten. Er klopfte in die Hände, er lachte und schüttelte sein Rößlein an den Mähnen, damit es schneller laufen sollte, und der Graf hatte seine Freude daran, rief auch einigemal: „Kannst ein wackerer Bursche werden."

Als sie aber in der Ebene angekommen waren und der Graf statt Schritt Trab anschlug, da vergingen dem Kleinen die Sinne; er bat anfangs ganz bescheiden sein Vater möchte langsamer reiten, als es aber immer schneller ging, und der heftige Wind dem armen Kuno beinahe den Atem nahm, da fing er an, still zu weinen, wurde immer ungeduldiger und schrie am Ende aus Leibeskräften.

„Weiß schon! dummes Zeug!" fing jetzt sein Vater an. „Heult der Junge beim ersten Ritt! schweig oder – – –" Doch den Augenblick als er mit einem Fluche sein Söhnlein aufmuntern wollte, bäumte sich sein Roß; der Zügel des andern entfiel seiner Hand, er arbeitet sich ab, Meister seines Tieres zu werden, und als er es zur Ruhe gebracht hatte und sich ängstlich nach seinem Kind umsah, erblickte er dessen Pferd, wie es ledig und ohne den kleinen Reiter der Burg zulief.

So ein harter finsterer Mann der Graf von Zollern sonst war, so überwand doch dieser Anblick sein Herz; er glaubte nicht anders, als sein Kind liege zerschmettert am Weg, er raufte sich den Bart und jammerte. Aber nirgends, so weit er zurückritt, sah er eine Spur von dem Knaben; schon stellte er sich vor, das scheu gewordene Roß habe ihn in einen Wassergraben geschleudert, der neben dem Wege lag. Da hörte er von einer Kinderstimme hinter sich seinen Namen rufen und als er sich flugs umwandte – sieh da saß ein altes Weib unweit der Straße unter einem Baum und wiegte den Kleinen auf ihren Knieen.

„Wie kömmst du zu dem Knaben, alte Hexe?" schrie der Graf in großem Zorn; „sogleich bringe ihn heran zu mir."

„Nicht so rasch, nicht so rasch Euer Gnaden!" lachte die alte, häßliche Frau, „könntet sonst auch ein Unglück nehmen auf Eurem stolzen Roß! wie ich zu dem Junkerlein kam, fraget Ihr? Nun, sein Pferd ging durch, und er hing nur noch mit einem Füßchen angebunden und das Haar streifte fast am Boden, da habe ich ihn aufgefangen in meiner Schürze."

„Weiß schon!" rief der Herr von Zollern unmutig, „gib ihn jetzt her; ich kann nicht wohl absteigen, das Roß ist wild und könnte ihn schlagen."

„Schenket mir einen Hirschgulden!" erwiderte die Frau demütig bittend.

„Dummes Zeug!" schrie der Graf und warf ihr einige Pfennige unter den Baum.

„Nein! einen Hirschgulden könnte ich gut brauchen", fuhr sie fort.

„Was Hirschgulden! bist selbst keinen Hirschgulden wert", eiferte der Graf, „schnell das Kind her, oder ich hetze die Hunde auf dich!"

„So? bin ich keinen Hirschgulden wert", antwortete jene mit höhnischem Lächeln; „na! man wird ja sehen, *was von Eurem Erbe einen Hirschgulden* wert ist; aber da die Pfennige behaltet für Euch." Indem sie dies sagte, warf sie die drei kleinen Kupferstücke dem Grafen zu, und so gut konnte die Alte werfen, daß alle drei ganz gerade in den kleinen Lederbeutel fielen, den der Graf noch in der Hand hielt.

Der Graf wußte einige Minuten vor Staunen über diese wunderbare Geschicklichkeit kein Wort hervorzubringen, endlich aber löste sich sein Staunen in Wut auf. Er faßte seine Büchse, spannte den Hahn und zielte dann auf die Alte. Diese herzte und küßte ganz ruhig den kleinen Grafen, indem sie ihn so vor

DIE SAGE VOM HIRSCHGULDEN

sich hin hielt, daß ihn die Kugel zuerst hätte treffen müssen. „Bist ein guter frommer Junge", sprach sie, „bleibe nur so und es wird dir nicht fehlen." Dann ließ sie ihn los, dräute dem Grafen mit dem Finger: „Zollern, Zollern, den Hirschgulden bleibt Ihr mir noch schuldig", rief sie und schlich, unbekümmert um die Schimpfworte des Grafen an einem Buchsbaumstäbchen in den Wald. Konrad der Knappe aber stieg zitternd von seinem Roß, hob das Herrlein in den Sattel, schwang sich hinter ihn auf und ritt seinem Gebieter nach, den Schloßberg hinauf.

Es war dies das erste und das letzte Mal gewesen, daß das böse Wetter von Zollern sein Söhnlein mitnahm zum Spazierenreiten; denn er hielt ihn, weil er geweint und geschrieen, als die Pferde im Trab gingen, für einen weichlichen Jungen, aus dem nicht viel Gutes zu machen sei, sah ihn nur mit Unlust an, und sooft der Knabe, der seinen Vater herzlich liebte, schmeichelnd und freundlich zu seinen Knien kam, winkte er ihm fortzugehen und rief „Weiß schon! Dummes Zeug". Frau Hedwig hatte alle böse Launen ihres Gemahls gerne getragen, aber dieses unfreundliche Benehmen gegen das unschuldige Kind kränkte sie tief; sie erkrankte mehrere Male aus Schrecken, wenn der finstere Graf den Kleinen wegen irgendeines geringen Fehlers hart abgestraft hatte, und starb endlich in ihren besten Jahren, von ihrem Gesinde und der ganzen Umgegend, am schmerzlichsten aber von ihrem Sohn beweint.

Von jetzt an wandte sich der Sinn des Grafen nur noch mehr von dem Kleinen ab; er gab ihn seiner Amme und dem Hauskapellan zur Erziehung und sah nicht viel nach ihm um, besonders da er bald darauf wieder ein reiches Fräulein heiratete, die ihm nach Jahresfrist Zwillinge, zwei junge Gräflein, schenkte.

Kunos liebster Spaziergang war zu dem alten Weiblein, die ihm einst das Leben gerettet hatte. Sie erzählte ihm immer vieles von seiner verstorbenen Mutter, und wieviel Gutes diese an ihr getan habe. Die Knechte und Mägde warnten ihn oft, er solle nicht so viel zu der Frau Feldheimerin, so hieß die Alte, gehen, weil sie nichts mehr und nichts weniger als eine Hexe sei, aber der Kleine fürchtete sich nicht, denn der Schloßkaplan hatte ihn gelehrt, daß es keine Hexen gebe, und daß die Sage, daß gewisse Frauen zaubern können, und auf der Ofengabel durch die Luft und auf den Brocken reiten, erlogen sei. Zwar sah er bei der Frau Feldheimerin allerlei Dinge, die er nicht begreifen konnte; des Kunststückchens mit den drei Pfennigen, die sie seinem

Vater so geschickt in den Beutel geworfen, erinnerte er sich noch ganz wohl, auch konnte sie allerlei künstliche Salben und Tränklein bereiten, womit sie Menschen und Vieh heilte, aber das war nicht wahr was man ihr nachsagte, daß sie eine Wetterpfanne habe, und wenn sie diese über das Feuer hänge, komme ein schreckliches Donnerwetter. Sie lehrte den kleinen Grafen mancherlei was ihm nützlich war, zum Beispiel allerlei Mittel für kranke Pferde, einen Trank gegen die Hundswut, eine Lockspeise für Fische, und viele andere nützliche Sachen. Die Frau Feldheimerin war auch bald seine einzige Gesellschaft, denn seine Amme starb und seine Stiefmutter kümmerte sich nicht um ihn.

Als seine Brüder nach und nach heranwuchsen, hatte Kuno ein noch traurigeres Leben als zuvor, sie hatten das Glück, beim ersten Ritt nicht vom Pferd zu stürzen, und das böse Wetter von Zollern hielt sie daher für ganz vernünftige und taugliche Jungen, liebte sie ausschließlich, ritt alle Tag mit ihnen aus und lehrte sie alles was er selbst verstand. Da lernten sie aber nicht viel Gutes; Lesen und Schreiben konnte er selbst nicht und seine beiden trefflichen Söhne sollten sich auch nicht die Zeit damit verderben; aber schon in ihrem zehnten Jahr konnten sie so gräßlich fluchen als ihr Vater, fingen mit jedem Händel an, vertrugen sich unter sich selbst so schlecht wie ein Hund und Kater, und nur wenn sie gegen Kuno einen Streich verüben wollten, verbanden sie sich und wurden Freunde.

Ihrer Mutter machte dies nicht viel Kummer, denn sie hielt es für gesund und kräftig, wenn sich die Jungen balgten, aber dem alten Grafen sagte es eines Tags ein Diener, und er antwortete zwar „Weiß schon, dummes Zeug", nahm sich aber dennoch vor für die Zukunft auf ein Mittel zu sinnen, daß sich seine Söhne nicht gegenseitig totschlügen; denn die Drohung der Frau Feldheimerin, die er in seinem Herzen für eine ausgemachte Hexe hielt: „Na, man wird ja sehen, was von Eurem Erbe einen Hirschgulden wert ist" – lag ihm noch immer in seinem Sinn. Eines Tages, da er in der Umgegend seines Schlosses jagte, fielen ihm zwei Berge ins Auge, die ihrer Form wegen wie zu Schlössern geschaffen schienen, und sogleich beschloß er auch dort zu bauen. Er baute auf dem einen das Schloß Schalksberg, das er nach dem kleinern der Zwillinge so nannte, weil dieser wegen allerlei böser Streiche längst von ihm den Namen „kleiner Schalk" erhalten hatte, das andere Schloß, das er baute, wollte er anfänglich Hirschguldenberg nennen, um die Hexe zu verhöhnen, weil sie sein Erbe nicht einmal eines Hirschguldens wert achtete, er ließ es aber bei dem einfacheren Hirschberg bewenden, und so heißen die beiden Berge noch bis auf den heutigen Tag, und wer die Alb bereist, kann sie sich zeigen lassen.

Das böse Wetter von Zollern hatte anfänglich im Sinn, seinem ältesten Sohn Zollern, dem kleinen Schalk Schalksberg und dem andern Hirschberg im Testament zu vermachen; aber seine Frau ruhte nicht eher bis er es änderte: „Der dumme Kuno", so nannte sie den armen Knaben, weil er nicht so wild und ausgelassen war wie ihre Söhne, „der dumme Kuno ist ohnedies reich genug durch das was er von seiner Mutter erbte, und er soll auch noch das schöne, reiche Zollern haben? und meine Söhne sollen nichts bekommen als jeder eine Burg, zu welcher nichts gehört als Wald?"

Vergebens stellte ihr der Graf vor, daß man Kuno billigerweise das Erstgeburtsrecht nicht rauben dürfe, sie weinte und zankte so lange, bis das böse Wetter, das sonst niemand sich fügte, des lieben Friedens willen nachgab und im Testament dem kleinen Schalk Schalksberg, Wolf, dem größeren Zwillingsbruder, Zollern und Kuno Hirschberg mit dem Städtchen Balingen verschrieb. Bald darauf nachdem er also verfügt hatte, fiel er auch in eine schwere Krankheit. Zu dem Arzt, der ihm sagte, daß er sterben müsse, sagte er, „Ich weiß schon" und dem Schloßkaplan, der ihn ermahnte, sich zu einem frommen Ende vorzubereiten, antwortete er „Dummes Zeug", fluchte und raste fort, und starb wie er gelebt hatte, roh und als ein großer Sünder.

Aber sein Leichnam war noch nicht beigesetzt, so kam die Frau Gräfin schon mit dem Testament herbei, sagte zu Kuno, ihrem Stiefsohn, spöttisch, er möchte jetzt seine Gelehrsamkeit beweisen und selbst nachlesen was im Testament stehe, nämlich, daß er in Zollern nichts mehr zu tun habe, und freute sich mit ihren Söhnen über das schöne Vermögen und die beiden Schlösser, die sie ihm, dem Erstgebornen, entrissen hatten.

Kuno fügte sich ohne Murren in den Willen des Verstorbenen, aber mit Tränen nahm er Abschied von der Burg wo er geboren worden, wo seine gute Mutter begraben lag, und wo der gute Schloßkaplan und nahe dabei seine einzige alte Freundin, Frau Feldheimerin, wohnte. Das Schloß Hirschberg war zwar ein schönes, stattliches Gebäude, aber es war ihm doch zu einsam und öde, und er wäre bald krank vor Sehnsucht nach Hohenzollern geworden.

Die Gräfin und die Zwillingsbrüder, die jetzt achtzehn Jahre alt waren, saßen eines Abends auf dem Söller und schauten den Schloßberg hinab; da gewahrten sie einen stattlichen Ritter, der zu Pferde heraufritt, und dem eine prachtvolle Sänfte von zwei Maultieren getragen und mehrere Knechte folgten; sie rieten lange hin und her wer es wohl sein möchte, da rief endlich der kleine Schalk: „Ei, das ist ja niemand anders als unser Herr Bruder von Hirschberg." —

„Der dumme Kuno?" sprach die Frau Gräfin verwundert; „ei der wird uns die Ehre antun, uns zu sich einzuladen und die schöne Sänfte hat er für mich mitgebracht, um mich abzuholen nach Hirschberg; nein, so viel Güte und Lebensart hätte ich meinem Herrn Sohn, dem dummen Kuno, nicht zugetraut; eine Höflichkeit ist der andern wert, lasset uns hinabsteigen an das Schloßtor ihn zu empfangen; macht auch freundliche Gesichter, vielleicht schenkt er uns in Hirschberg etwas, dir ein Pferd und dir einen Harnisch, und den Schmuck seiner Mutter hätte ich schon lange gerne gehabt."

„Geschenkt mag ich nichts von dem dummen Kuno", so antwortete Wolf, „und kein gutes Gesicht mach ich ihm auch nicht. Aber unserem seligen Herrn Vater könnte er meinetwegen bald folgen, dann würden wir Hirschberg erben und alles, und Euch, Frau Mutter, wollten wir den Schmuck um billigen Preis ablassen."

„So, du Range!" eiferte die Mutter, „abkaufen soll ich euch den Schmuck? Ist das der Dank dafür, daß ich euch Zollern verschafft habe? Kleiner Schalk, nicht wahr ich soll den Schmuck umsonst haben?"

„Umsonst ist der Tod, Frau Mutter!" erwiderte der Sohn lachend, „und wenn es wahr ist, daß der Schmuck soviel wert ist als manches Schloß, so werden wir wohl nicht die Toren sein, ihn Euch um den Hals zu hängen. Sobald Kuno die Augen schließt reiten wir hinunter, teilen ab, und meinen Part an Schmuck verkaufe ich. Gebt Ihr dann mehr als der Jude, Frau Mutter, so sollt Ihr ihn haben."

Sie waren unter diesem Gespräch bis unter das Schloßtor gekommen, und mit Mühe zwang sich die Frau Gräfin ihren Grimm über den Schmuck zu unterdrücken, denn soeben ritt Graf Kuno über die Zugbrücke. Als er seine Stiefmutter und seine Brüder ansichtig wurde, hielt er sein Pferd an, stieg ab und grüßte sie höflich. Denn obgleich sie ihm viel Leids angetan, bedachte er doch, daß es seine Brüder seien und daß diese böse Frau sein Vater geliebt hatte.

„Ei, das ist ja schön, daß der Herr Sohn uns auch besucht", sagte die Frau Gräfin mit süßer Stimme und huldreichem Lächeln. „Wie geht es denn auf Hirschberg? Kann man sich dort angewöhnen? Und gar eine Sänfte hat man sich angeschafft? Ei und wie prächtig, es dürfte sich keine Kaiserin daran schämen; nun wird wohl auch die Hausfrau nicht mehr lange fehlen, daß sie darin im Lande umherreist."

„Habe bis jetzt noch nicht daran gedacht, gnädige Frau Mutter", erwiderte Kuno, „will mir deswegen andere Gesellschaft zur Unterhaltung ins Haus nehmen und bin deswegen mit der Sänfte hieher gereist."

„Ei, Ihr seid gar gütig und besorgt", unterbrach ihn die Dame, indem sie sich verneigte und lächelte.

„Denn er kommt doch nicht mehr gut zu Pferde fort", sprach Kuno ganz ruhig weiter – „der Vater Joseph nämlich, der Schloßkaplan. Ich will ihn zu mir nehmen, er ist mein alter Lehrer, und wir haben es so abgemacht als ich Zollern verließ. Will auch unten am Berg die alte Frau Feldheimerin mitnehmen. Lieber Gott! sie ist jetzt steinalt und hat mir einst das Leben gerettet als ich zum erstenmal ausritt mit meinem seligen Vater; habe ja Zimmer genug in Hirschberg und dort soll sie absterben." Er sprach es und ging durch den Hof, um den Pater Schloßkapellan zu holen.

Aber der Junker Wolf biß vor Grimm die Lippen zusammen, die Frau Gräfin wurde gelb vor Ärger und der kleine Schalk lachte laut auf: „Was gebt ihr für meinen Gaul, den ich von ihm geschenkt kriege?" sagte er; „Bruder Wolf, gib mir deinen Harnisch, den er dir gegeben, dafür. Ha! ha! ha! den Pater und die alte Hexe will er zu sich nehmen? Das ist ein schönes Paar; da kann er nun vormittags Griechisch lernen beim Kapellan und nachmittags Unterricht im Hexen nehmen bei der Frau Feldheimerin. Ei! was macht doch der dumme Kuno für Streiche."

„Er ist ein ganz gemeiner Mensch!" erwiderte die Frau Gräfin, „und du solltest nicht darüber lachen, kleiner Schalk; das ist eine Schande für die ganze Familie und man muß sich ja schämen vor der ganzen Umgegend, wenn es heißt, der Graf von Zollern hat die alte Hexe, die Feldheimerin, abgeholt in einer prachtvollen Sänfte und Maulesel dabei, und läßt sie bei sich wohnen. Das hat er von seiner Mutter; die war auch immer so gemein mit Kranken und schlechtem Gesindel; ach sein Vater würde sich im Sarg wenden, wüßte er es."

„Ja", setzte der kleine Schalk hinzu, „der Vater würde noch in der Gruft sagen: ‚Weiß schon, dummes Zeug.'"

„Wahrhaftig! da kommt er mit dem alten Mann und schämt sich nicht ihn selbst unter dem Arm zu führen", rief die Frau Gräfin mit Entsetzen, „kommt, ich will ihm nicht mehr begegnen."

Sie entfernten sich, und Kuno geleitete seinen alten Lehrer bis an die Brücke und half ihm selbst in die Sänfte; unten aber am Berg hielt er vor der Hütte der Frau Feldheimerin und fand sie schon fertig, mit einem Bündel voll Gläschen und Töpfchen und Tränklein und anderem Geräte nebst ihrem Buchsbaumstöcklein, einzusteigen. –

Es kam übrigens nicht also, wie die Frau Gräfin von Zollern in ihrem bösen Sinn hatte voraussehen wollen. In der ganzen Umgegend wunderte man sich nicht über Ritter Kuno; man fand es schön und löblich, daß er die letzten Tage der alten Frau Feldheimerin aufheitern wollte, man pries ihn als einen frommen Herrn, weil er den alten Pater Joseph in sein Schloß aufgenommen hatte. Die einzigen, die ihm gram waren und auf ihn schmähten, waren seine Brüder, und die Gräfin; aber nur zu ihrem eigenen Schaden, denn man nahm allgemein ein Ärgernis an so unnatürlichen Brüdern, und zur Wiedervergeltung ging die Sage, daß sie mit ihrer Mutter schlecht und in beständigem Hader leben und unter sich selbst sich alles mögliche zuleide tun. Graf Kuno von Zollern-Hirschberg machte mehrere Versuche, seine Brüder mit sich auszusöhnen, denn es war ihm unerträglich, wenn sie oft an seiner Feste vorbeiritten, aber nie einsprachen, wenn sie ihm in Wald und Feld begegneten, und ihn kälter begrüßten als einen Landfremden. Aber seine Versuche schlugen meistens fehl und er wurde noch überdies von ihnen verhöhnt. Eines Tages fiel ihm noch ein Mittel ein, wie er vielleicht ihre Herzen gewinnen könnte, denn er wußte sie waren geizig und habgierig. Es lag ein Teich zwischen den drei Schlössern beinahe in der Mitte, jedoch so, daß er noch in Kunos Revier gehörte. In diesem Teich befanden sich aber die besten Hechte und Karpfen der ganzen Umgegend, und es war für die Brüder, die gerne fischten, ein nicht geringer Verdruß, daß ihr Vater vergessen hatte, den Teich auf ihr Teil zu schreiben. Sie waren zu stolz, um ohne Vorwissen ihres Bruders dort zu fischen, und doch mochten

DIE SAGE VOM HIRSCHGULDEN

sie ihm auch kein gutes Wort geben, daß er es ihnen erlauben möchte. Nun kannte er aber seine Brüder, daß ihnen der Teich am Herzen liege, er lud sie daher eines Tages ein mit ihm dort zusammenzukommen.

Es war ein schöner Frühlingsmorgen, als beinahe in demselben Augenblick die drei Brüder von drei Burgen dort zusammenkamen. „Ei! sieh da", rief der kleine Schalk, „das trifft sich ordentlich! ich bin mit Schlag 7 Uhr in Schalksberg weggeritten."

„Ich auch – und ich" – antworteten die Brüder vom Hirschberg und von Zollern.

„Nun da muß der Teich hier gerade in der Mitte liegen", fuhr der Kleine fort. „Es ist ein schönes Wasser."

„Ja, und eben darum habe ich euch hieher beschieden. Ich weiß ihr seid beide große Freunde vom Fischen, und ob ich gleich auch zuweilen gerne die Angel auswerfe, so hat doch der Weiher Fische genug für drei Schlösser, und an seinen Ufern ist Platz genug für unserer drei, selbst wenn wir alle auf einmal zu angeln kämen; darum will ich von heute an, daß dieses Wasser Gemeingut für uns sei, und jeder von euch soll gleiche Rechte daran haben wie ich."

„Ei, der Herr Bruder ist ja gewaltig gnädig gesinnt", sprach der kleine Schalk mit höhnischem Lächeln, „gibt uns wahrhaftig sechs Morgen Wasser und ein paar hundert Fischlein! Nu – und was werden wir dagegen geben müssen, denn umsonst ist der Tod!"

„Umsonst sollt ihr ihn haben", sagte Kuno gerührt, „ach! ich möchte euch ja nur zuweilen an diesem Teich sehen und sprechen; sind wir doch *eines* Vaters Söhne."

„Nein!" erwiderte der vom Schalksberg, „das ginge schon nicht, denn es ist nichts Einfältigeres als in Gesellschaft zu fischen, es verjagt immer einer dem andern die Fische; wollen wir aber Tage ausmachen, etwa Montag und Donnerstag du, Kuno, Dienstag und Freitag Wolf, Mittwoch und Sonnabend ich – so ist es mir ganz recht."

„Mir nicht einmal dann", rief der finstre Wolf. „Geschenkt will ich nichts haben und will auch mit niemand teilen; du hast recht, Kuno, daß du uns den Weiher anbietest, denn wir haben eigentlich alle drei gleichen Anteil daran, aber lasset uns darum würfeln, wer ihn in Zukunft besitzen soll; werde ich glücklicher sein als ihr, so könnt ihr immer bei mir anfragen, ob ihr fischen dürfet."

„Ich würfle nie", entgegnete Kuno, traurig über die Verstocktheit seiner Brüder.

„Ja freilich", lachte der kleine Schalk, „er ist ja gar fromm und gottesfürchtig, der Herr Bruder, und hält das Würfelspiel für eine Todsünde; aber ich will euch was anderes vorschlagen, woran sich der frömmste Klausner nicht schämen dürfte. Wir wollen uns Angelschnüre und Haken holen, und wer diesen Morgen bis die Glocke in Zollern 12 Uhr schlägt die meisten Fische angelt, soll den Weiher eigen haben."

„Ich bin eigentlich ein Tor", sagte Kuno, „um das noch zu kämpfen, was mir mit Recht als Erbe zugehört; aber damit ihr sehet, daß es mir mit der Teilung ernst war, will ich mein Fischgeräte holen."

Sie ritten heim, jeder nach seinem Schloß; die Zwillinge schickten in aller Eile ihre Diener aus, ließen alle alten Steine aufheben um Würmer zur Lockspeise für die Fische im Teich zu finden, Kuno aber nahm sein gewöhnliches Angelzeug und die Speise, die ihn einst Frau Feldheimerin zubereiten gelehrt, und war der erste, der wieder auf dem Platz erschien. Er ließ, als die beiden Zwillinge kamen, diese die besten und bequemsten Stellen auserwählen und warf dann selbst seine Angel aus. Da war es als ob die Fische in ihm den Herrn dieses Teiches erkannt hätten; ganze Züge von Karpfen und Hechten zogen heran und wimmelten um seine Angel; die ältesten und größten drängten die kleinen weg, jeden Augenblick zog er einen heraus, und wenn er die Angel wieder ins Wasser warf, sperrten schon zwanzig, dreißig die Mäuler auf, um an den spitzigen Haken anzubeißen. Es hatte noch nicht zwei Stunden gedauert, so lag der Boden um ihn her voll der schönsten Fische; da hörte er auf zu fischen und ging zu seinen Brüdern um zu sehen, was für Geschäfte sie machten. Der kleine Schalk hatte einen kleinen Karpfen und zwei elende Weißfische, Wolf drei Barben und zwei kleine Gründlinge, und beide schauten trübselig in den Teich, denn sie konnten die ungeheure Menge, die Kuno gefangen, gar wohl von ihrem Platz aus bemerken. Als Kuno an seinen Bruder Wolf herankam, sprang dieser halb wütend auf, zerriß die Angelschnur, brach die Rute in Stücke und warf sie in den Teich. „Ich wollte, es wären tausend Haken, die ich hineinwerfe, statt dem einen, und an jedem müßte eine von diesen Kreaturen zappeln", rief er, „aber mit rechten Dingen geht es nimmer zu, es ist Zauberspiel und Hexenwerk, wie solltest du denn, dummer

Kuno, mehr Fische fangen in einer Stunde, als ich in einem Jahr?«

»Ja, ja, jetzt erinnere ich mich«, fuhr der kleine Schalk fort, »bei der Frau Feldheimerin, bei der schnöden Hexe hat er das Fischen gelernt, und wir waren Toren mit ihm zu fischen, er wird doch bald Hexenmeister werden.«

»Ihr schlechten Menschen!« entgegnete Kuno unmutig. »Diesen Morgen habe ich hinlänglich Zeit gehabt euren Geiz, eure Unverschämtheit und eure Roheit einzusehen. Gehet jetzt und kommt nie wieder hieher, und glaubt mir, es wäre für eure Seelen besser, wenn ihr nur halb so fromm und gut wäret, als jene Frau, die ihr eine Hexe scheltet.«

»Nein, eine eigentliche Hexe ist sie nicht!« sagte der Schalk spöttisch lachend. »Solche Weiber können wahrsagen, aber Frau Feldheimerin ist sowenig eine Wahrsagerin, als eine Gans ein Schwan werden kann; hat sie doch dem Vater gesagt: Von seinem Erbe werde man einen guten Teil um einen Hirschgulden kaufen können, das heißt, er werde ganz verlumpen, und doch hat bei seinem Tod alles sein gehört, so weit man von der Zinne von Zollern sehen kann! Geh, geh, Frau Feldheimerin ist nichts als ein törichtes altes Weib und du – der dumme Kuno.«

Nach diesen Worten entfernte sich der Kleine eilig, denn er fürchtete den starken Arm seines Bruders, und Wolf folgte ihm, indem er alle Flüche hersagte, die er von seinem Vater gelernt hatte.

In tiefster Seele betrübt ging Kuno nach Hause, denn er sah jetzt deutlich, daß seine Brüder nie mehr mit ihm sich vertragen wollten. Er nahm sich auch ihre harten Worte so sehr zu Herzen, daß er des andern Tages sehr krank wurde, und nur der Trost des würdigen Pater Joseph und die kräftigen Tränklein der Frau Feldheimerin retteten ihn vom Tode.

Als aber seine Brüder erfuhren, daß ihr Bruder Kuno schwer darniederliege, hielten sie ein fröhliches Bankett, und im Weinmut sagten sie sich zu, wenn der dumme Kuno sterbe, so solle der, welcher es zuerst erfahre, alle Kanonen lösen um es dem andern anzuzeigen, und wer zuerst kanoniere, solle das beste Faß Wein aus Kunos Keller vorweg nehmen dürfen. Wolf ließ nun von da an immer einen Diener in der Nähe von Hirschberg Wache halten, und der kleine Schalk bestach sogar einen Diener Kunos mit vielem Geld, damit er es ihm schnell anzeige, wenn sein Herr in den letzten Zügen liege.

Dieser Knecht aber war seinem milden und frommen Herrn mehr zugetan als dem bösen Grafen von Schalksberg; er fragte also eines Abends Frau Feldheimerin teilnehmend nach dem Befinden seines Herrn, und als diese sagte, daß es ganz gut mit ihm stehe, erzählte er ihr den Anschlag der beiden Brüder und daß sie Freudenschüsse tun wollen auf des Grafen Kunos Tod. Darüber ergrimmte die Alte sehr; sie erzählte es flugs wieder dem Grafen, und als dieser an eine so große Lieblosigkeit seiner Brüder nicht glauben wollte, so riet sie ihm, er solle die Probe machen und aussprengen lassen, er sei tot, so werde man bald hören ob sie kanonieren, ob nicht. Der Graf ließ den Diener, den sein Bruder bestochen, vor sich kommen, befragte ihn nochmals und befahl ihm nach Schalksberg zu reiten und sein nahes Ende zu verkünden.

Als nun der Knecht eilends den Hirschberg herabritt, sah ihn der Diener des Grafen Wolf von Zollern, hielt ihn an und fragte, wohin er so eilends zu reiten willens sei. „Ach", sagte dieser, „mein armer Herr wird diesen Abend nicht überleben, sie haben ihn alle aufgegeben."

„So? ist's um diese Zeit?" rief jener, lief nach seinem Pferd, schwang sich auf und jagte so eilends nach Zollern und den Schloßberg hinan, daß sein Pferd am Tor niederfiel und er selbst nur noch „Graf Kuno stirbt" rufen konnte, ehe er ohnmächtig wurde. Da donnerten die Kanonen von Hohenzollern herab, Graf Wolf freute sich mit seiner Mutter über das gute Faß Wein und das Erbe, den Teich, über den Schmuck und den starken Widerhall, den seine Kanonen gaben. Aber was er für Widerhall gehalten, waren die Kanonen von Schalksberg und Wolf sagte lächelnd zu seiner Mutter: „So hat der Kleine auch einen Spion gehabt, und wir müssen auch den Wein gleich teilen wie das übrige Erbe." Dann aber saß er zu Pferd, denn er argwohnte, der kleine Schalk möchte ihm zuvorkommen und vielleicht einige Kostbarkeiten des Verstorbenen wegnehmen, ehe er käme.

Aber am Fischteich begegneten sich die beiden Brüder und jeder errötete vor dem andern, weil beide zuerst nach Hirschberg hatten kommen wollen. Von Kuno sprachen sie kein Wort, als sie zusammen ihren Weg fortsetzten, sondern sie berieten sich brüderlich, wie man es in Zukunft halten wolle, und wem Hirschberg gehören solle. Wie sie aber über die Zugbrücke und in den Schloßhof ritten, da schaute ihr Bruder wohlbehalten und gesund zum Fenster heraus, aber Zorn und Unmut sprühten aus seinen

Blicken. Die Brüder erschraken sehr, als sie ihn sahen, hielten ihn anfänglich für ein Gespenst und bekreuzten sich, als sie aber sahen, daß er noch Fleisch und Blut habe, rief Wolf: „Ei, so wollt ich doch! Dummes Zeug, ich glaubte du wärest gestorben."

„Nun, aufgeschoben ist nicht aufgehoben", sagte der Kleine, der mit giftigen Blicken nach seinem Bruder hinaufschaute.

Dieser aber sprach mit donnernder Stimme: „Von dieser Stunde an sind alle Bande der Verwandtschaft zwischen uns los und ledig. Ich habe eure Freudenschüsse wohl vernommen, aber sehet zu, auch ich habe fünf Feldschlangen hier auf dem Hof stehen, und habe sie euch zu Ehren scharf laden lassen. Machet, daß ihr aus dem Bereich meiner Kugeln kommt oder ihr sollt erfahren wie man auf Hirschberg schießt." Sie ließen es sich nicht zweimal sagen, denn sie sahen ihm an, wie ernst es ihm war; sie gaben also ihren Pferden die Sporen und hielten einen Wettlauf den Berg hinunter, und ihr Bruder schoß eine Stückkugel hinter ihnen her, die über ihren Köpfen wegsauste, daß sie beide zugleich eine tiefe und höfliche Verbeugung machten; er wollte sie aber nur schrecken und nicht verwunden. „Warum hast du denn geschossen?" fragte der kleine Schalk unmutig; „du Tor, ich schoß nur weil ich dich hörte."

„Im Gegenteil, frag nur die Mutter!" erwiderte Wolf, „du warst es, der zuerst schoß und du hast diese Schande über uns gebracht, kleiner Dachs."

Der Kleine blieb ihm keinen Ehrentitel schuldig, und als sie am Fischteich angekommen waren, gaben sie sich gegenseitig noch die vom alten Wetter von Zollern geerbten Flüche zum besten und trennten sich in Haß und Unlust.

Tags darauf aber machte Kuno sein Testament und Frau Feldheimerin sagte zum Pater: „Ich wollte was wetten, er hat keinen guten Brief für die Kanoniere geschrieben." Aber so neugierig sie war, und sooft sie in ihren Liebling drang, er sagte ihr nicht was im Testament stehe, und sie erfuhr es auch nimmer, denn ein Jahr nachher verschied die gute Frau, und ihre Salben und Tränklein halfen ihr nichts, denn sie starb an keiner Krankheit, sondern am 98. Jahr, das auch einen ganz gesunden Menschen endlich unter den Boden bringen kann. Graf Kuno ließ sie bestatten, als ob sie nicht eine arme Frau, sondern seine Mutter gewesen wäre, und es kam ihm nachher noch viel einsamer vor auf seinem Schloß, besonders da der Pater Joseph der Frau Feldheimerin bald folgte.

Doch diese Einsamkeit fühlte er nicht sehr lange; der gute Kuno starb schon in seinem 28. Jahr, und böse Leute behaupten an Gift, das ihm der kleine Schalk beigebracht hatte.

Wie dem aber auch sei, einige Stunden nach seinem Tod vernahm man wieder den Donner der Kanonen, und in Zollern und Schalksberg tat man 25 Schüsse. „Diesmal hat er doch daran glauben müssen", sagte der Schalk, als sie unterwegs zusammentrafen.

„Ja", antwortete Wolf, „und wenn er noch einmal aufersteht und zum Fenster herausschimpft, wie damals, so hab ich eine Büchse bei mir, die ihn höflich und stumm machen soll."

Als sie den Schloßberg hinanritten, gesellte sich ein Reiter mit Gefolge zu ihnen, den sie nicht kannten. Sie glaubten, er sei vielleicht ein Freund ihres Bruders und komme um ihn beisetzen zu helfen. Daher gebärdeten sie sich kläglich, priesen vor ihm den Verstorbenen, beklagten sein frühes Hinscheiden, und der kleine Schalk preßte sich sogar einige Krokodilstränen aus. Der Ritter antwortete ihnen aber nicht, sondern ritt still und stumm an ihrer Seite den Hirschberg hinauf. „So, jetzt wollen wir es uns bequem machen, und Wein herbei, Kellermeister, vom besten!" rief Wolf, als er abstieg. Sie gingen die Wendeltreppen hinauf und in den Saal, auch dahin folgte ihnen der stumme Reiter, und als sich die Zwillinge ganz breit an den Tisch gesetzt hatten, zog jener ein Silberstück aus dem Wams, warf es auf den Schiefertisch, daß es umherrollte und klingelte, und sprach: „So, und da habt ihr jetzt euer Erbe und es wird just recht sein, ein Hirschgulden." Da sahen sich die beiden Brüder verwundert an, lachten und fragten ihn was er damit sagen wolle?

Der Ritter aber zog ein Pergament hervor, mit hinlänglichen Siegeln, darin hatte der dumme Kuno alle Feindseligkeiten aufgezeichnet, die ihm die Brüder bei seinen Lebzeiten bewiesen, und am Ende hatte er verordnet und bekannt, daß sein ganzes Erbe, Hab und Gut, außer dem Schmuck seiner seligen Frau Mutter, auf den Fall seines Todes an Württemberg verkauft sei, und zwar – *um einen elenden Hirschgulden!* Um den Schmuck aber solle man in der Stadt Balingen ein Armenhaus erbauen.

Da erstaunten nun die Brüder abermals, lachten aber nicht dazu, sondern bissen die Zähne zusammen; denn sie konnten gegen Württemberg nichts ausrichten, und so hatten sie das schöne Gut, Wald, Feld, die Stadt Balingen, und selbst – den Fischteich verloren, und nichts geerbt, als einen schlechten Hirschgulden. Den steckte Wolf trotzig in sein Wams, sagte nicht ja und nicht nein, warf sein Barett auf den Kopf, und ging trotzig und ohne Gruß an dem württembergischen Kommissär vorbei, schwang sich auf sein Roß und ritt nach Zollern.

Als ihn aber den andern Morgen seine Mutter mit Vorwürfen plagte, daß sie Gut und Schmuck verscherzt haben, ritt er hinüber zum Schalk auf der Schalksburg: „Wollen wir unser Erbe verspielen oder vertrinken?" fragte er ihn.

„Vertrinken ist besser", sagte der Schalk, „dann haben beide gewonnen. Wir wollen nach Balingen reiten und uns den Leuten zum Trotz dort sehen lassen, wenn wir auch gleich das Städtlein schmählich verloren."

„Und im ‚Lamm' schenkt man Roten, der Kaiser trinkt ihn nicht besser", setzte Wolf hinzu.

So ritten sie miteinander nach Balingen ins „Lamm" und fragten, was die Maß Roter koste, und tranken sich zu, bis der Hirschgulden voll war. Dann stand Wolf auf, zog das Silberstück mit dem springenden Hirsch aus dem Wams, warf ihn auf den Tisch und sprach: „Da habt Ihr Euern Gulden, so wird's richtig sein."

Der Wirt aber nahm den Gulden, besah ihn links, besah ihn rechts, und sagte lächelnd: „Ja, wenn es kein Hirschgulden wär, aber gestern nacht kam der Bote von Stuttgart, und heute früh hat man es ausgetrommelt im Namen des Grafen von Württemberg, dem jetzt das Städtlein eigen; *die* sind abgeschätzt, und gebt mir nur anderes Geld."

Da sahen sich die beiden Brüder erbleichend an: „Zahl aus", sagte der eine. „Hast du keine Münze?" sagte der andere, und kurz, sie mußten den Gulden schuldig bleiben im „Lamm" in Balingen. Sie zogen schweigend und nachdenkend ihren Weg, als sie aber an den Kreuzweg kamen, wo es rechts nach Zollern, und links nach Schalksberg ging, da sagte der Schalk: „Wie nun? jetzt haben wir sogar weniger geerbt als gar nichts; und der Wein war überdies schlecht."

„Jawohl", erwiderte sein Bruder. „Aber was die Feldheimerin sagte, ist doch eingetroffen: ‚Seht zu, wieviel von seinem Erbe übrigbleiben wird, um einen Hirschgulden!' Jetzt haben wir nicht einmal ein Maß Wein dafür kaufen können."

„Weiß schon!" antwortete der von der Schalksburg.

„Dummes Zeug!" sagte der Zollern, und ritt zerfallen mit sich und der Welt seinem Schloß zu. –

„Das ist die Sage von dem Hirschgulden", endete der Zirkelschmidt, „und wahr soll sie sein. Der Wirt in Dürrwangen, das nicht weit von den drei Schlössern liegt, hat sie meinem guten Freund erzählt, der oft als Wegweiser über die Schwäbische Alb ging und immer in Dürrwangen einkehrte."

Die Gäste gaben dem Zirkelschmidt Beifall. „Was man doch nicht alles hört in der Welt", rief der Fuhrmann; „wahrhaftig jetzt erst freut es mich, daß wir die Zeit nicht mit Kartenspielen verdarbten, so ist es wahrlich besser; und gemerkt habe ich mir die Geschichte, daß ich sie morgen meinen Kameraden erzählen kann, ohne ein Wort zu fehlen."

„Mir fiel da, während Ihr so erzähltet, etwas ein", sagte der Student.

„O erzählet, erzählet!" baten der Zirkelschmidt und Felix.

„Gut", antwortete jener, „ob die Reihe jetzt an mich kömmt oder später, ist gleichviel; ich muß ja doch heimgeben, was ich gehört. Das was ich erzählen will soll sich wirklich einmal begeben haben."

Er setzt sich zurecht und wollt eben anheben zu erzählen, als die Wirtin den Spinnrocken beiseite setzte und zu den Gästen an den Tisch trat. „Jetzt, ihr Herren, ist es Zeit zu Bette zu gehen", sagte sie; „es hat neun Uhr geschlagen, und morgen ist auch ein Tag."

„Ei, so gehe zu Bette", rief der Student, „setze noch eine Flasche Wein für uns hieher, und dann wollen wir dich nicht länger abhalten."

„Mitnichten", entgegnete sie grämlich, „solange noch Gäste in der Wirtsstube sitzen, kann Wirtin und Dienstboten nicht weggehen. Und kurz und gut, ihr Herren, machet, daß ihr auf eure Kammern kommet; mir wird die Zeit lange, und länger als neun Uhr darf in meinem Hause nicht gezecht werden."

„Was fällt Euch ein, Frau Wirtin", sprach der Zirkelschmidt staunend; „was schadet es denn Euch ob wir hier sitzen, wenn Ihr auch längst schlafet; wir sind rechtliche Leute, und werden Euch nichts hinwegtragen, noch ohne Bezahlung fortgehen. Aber so lasse ich mir in keinem Wirtshaus ausbieten."

Die Frau rollte zornig die Augen: „Meint Ihr, ich werde wegen jedem Lumpen von Handwerksburschen, wegen jedem Straßenläufer, der mir zwölf Kreuzer zu verdienen gibt, meine Hausordnung ändern? Ich sag Euch jetzt zum letztenmal, daß ich den Unfug nicht leide!"

Noch einmal wollte der Zirkelschmidt etwas entgegnen, aber der Student sah ihn bedeutend an, und winkte mit den Augen den übrigen: „Gut", sprach er, „wenn es denn die Frau Wirtin nicht haben will, so laßt uns auf unsere Kammern gehen. Aber Lichter möchten wir gerne haben, um den Weg zu finden."

„Damit kann ich nicht dienen", entgegnete sie finster, „die andern werden schon den Weg im Dunkeln finden, und für Euch ist dies Stümpchen hier hinlänglich; mehr habe ich nicht im Hause."

Schweigend nahm der junge Herr das Licht, und stand auf. Die andern folgten ihm und die Handwerksbursche nahmen ihre Bündel, um sie in der Kammer bei sich niederzulegen. Sie gingen dem Studenten nach, der ihnen die Treppe hinan leuchtete.

Als sie oben angekommen waren, bat sie der Student leise aufzutreten, schloß sein Zimmer auf, und winkte ihnen herein. „Jetzt ist kein Zweifel mehr", sagte er, „sie will uns verraten; habt ihr nicht bemerkt wie ängstlich sie uns zu Bette zu bringen suchte, wie sie uns alle Mittel abschnitt, wach und beisammen zu bleiben. Sie meint wahrscheinlich, wir werden uns jetzt niederlegen und dann werde sie um so leichteres Spiel haben."

„Aber meint Ihr nicht wir könnten noch entkommen?" fragte Felix; „im Wald kann man doch eher auf Rettung denken als hier im Zimmer."

„Die Fenster sind auch hier vergittert", rief der Student, indem er vergebens versuchte, einen der Eisenstäbe des Gitters loszumachen. „Uns bleibt nur *ein* Ausweg, wenn wir entweichen wollen, durch die Haustüre; aber ich glaube nicht, daß sie uns fortlassen werden."

„Es käme auf den Versuch an", sprach der Fuhrmann: „ich will einmal probieren, ob ich bis in den Hof kommen kann. Ist dies möglich, so kehre ich zurück und hole euch nach." Die übrigen billigten diesen Vorschlag, der Fuhrmann legte die Schuhe ab, und schlich auf den Zehen nach der Treppe; ängstlich lauschten seine Genossen oben im Zimmer; schon war er die eine Hälfte der Treppe glücklich und unbemerkt hinabgestiegen; aber als er sich dort um einen Pfeiler wandte, richtete sich plötzlich eine ungeheure Dogge vor ihm in die Höhe, legte ihre Tatzen auf seine Schultern und wies ihm, gerade seinem Gesicht gegenüber, zwei Reihen langer, scharfer Zähne. Er wagte weder vor- noch rückwärts auszuweichen; denn bei der geringsten Bewegung schnappte der entsetzliche Hund nach seiner Kehle. Zugleich fing er an zu heulen und zu bellen, und alsobald erschien der Hausknecht und die Frau mit Lichtern.

„Wohin, was wollt Ihr?" rief die Frau.

„Ich habe noch etwas in meinem Karren zu holen", antwortete der Fuhrmann, am ganzen Leibe zitternd; denn als die Türe aufgegangen war, hatte er mehrere braune, verdächtige Gesichter, Männer mit Büchsen in der Hand, im Zimmer bemerkt.

„Das hättet Ihr alles auch vorher abmachen können", sagte die Wirtin mürrisch. „Fassan, daher! schließ die Hoftüre zu, Jakob, und leuchte dem Mann an seinen Karren." Der Hund zog seine greuliche Schnauze und seine Tatzen von der Schulter des Fuhrmanns zurück und lagerte sich wieder quer über die Treppe, der Hausknecht aber hatte das Hoftor zugeschlossen, und leuchtete dem Fuhrmann. An ein Entkommen war nicht zu denken. Aber als er nachsann, was er denn eigentlich aus dem Karren holen sollte, fiel ihm ein Pfund Wachslichter ein, die er in die nächste Stadt überbringen sollte. „Das Stümpchen Licht oben kann kaum noch eine Viertelstunde dauern", sagte er zu sich; „und Licht müssen wir dennoch haben!" Er nahm also zwei Wachskerzen aus dem Wagen, verbarg sie in dem Ärmel, und holte dann zum Schein seinen Mantel aus dem Karren, womit er sich, wie er dem Hausknecht sagte, heute nacht bedecken wolle.

Glücklich kam er wieder auf dem Zimmer an. Er erzählte von dem großen Hund, der als Wache an der Treppe liege; von den Männern, die er flüchtig gesehen, von allen Anstalten, die man gemacht, um sich ihrer zu versichern, und schloß damit, daß er seufzend sagte: „Wir werden diese Nacht nicht überleben."

„Das glaube ich nicht", erwiderte der Student; „für so töricht kann ich diese Leute nicht halten, daß sie wegen des geringen Vorteils, den sie von uns hätten, vier Menschen ans Leben gehen sollten. Aber verteidigen dürfen wir uns nicht. Ich für meinen Teil werde wohl am meisten verlieren; mein Pferd ist schon in ihren Händen, es kostete mich fünfzig Dukaten noch vor vier Wochen; meine Börse, meine Kleider gebe ich willig hin; denn mein Leben ist mir am Ende doch lieber als alles dies."

„Ihr habt gut reden", erwiderte der Fuhrmann; „solche Sachen, wie Ihr sie verlieren könnt, ersetzt Ihr Euch leicht wieder; aber ich bin der Bote von Aschaffenburg, und habe allerlei Güter auf meinem Karren und im Stall zwei schöne Rosse, meinen einzigen Reichtum."

„Ich kann unmöglich glauben, daß sie Euch ein Leides tun

werden", bemerkte der Goldschmidt; „einen Boten zu berauben, würde schon viel Geschrei und Lärmen ins Land machen. Aber dafür bin ich auch, was der Herr dort sagt; lieber will ich gleich alles hergeben, was ich habe, und mit einem Eid versprechen, nichts zu sagen, ja niemals zu klagen, als mich gegen Leute, die Büchsen und Pistolen haben, um meine geringe Habe wehren."

Der Fuhrmann hatte während dieser Reden seine Wachskerzen hervorgezogen. Er klebte sie auf den Tisch und zündete sie an. „So laßt uns in Gottes Namen erwarten, was über uns kommen wird", sprach er; „wir wollen uns wieder zusammen niedersetzen, und durch Sprechen den Schlaf abhalten."

„Das wollen wir", antwortete der Student; „und weil vorhin die Reihe an mir stehengeblieben war, will ich euch etwas erzählen."

Das kalte Herz

Ein Märchen

Erste Abteilung

Wer durch Schwaben reist, der sollte nie vergessen, auch ein wenig in den Schwarzwald hineinzuschauen; nicht der Bäume wegen, obgleich man nicht überall solch unermeßliche Menge herrlich aufgeschossener Tannen findet, sondern wegen der Leute, die sich von den andern Menschen ringsumher merkwürdig unterscheiden. Sie sind größer als gewöhnliche Menschen, breitschultrig, von starken Gliedern, und es ist als ob der stärkende Duft, der morgens durch die Tannen strömt, ihnen von Jugend auf einen freieren Atem, ein klareres Auge und einen festeren, wenn auch rauheren Mut, als den Bewohnern der Stromtäler und Ebenen gegeben hätte. Und nicht nur durch Haltung und Wuchs, auch durch ihre Sitten und Trachten sondern sie sich von den Leuten, die außerhalb des Waldes wohnen, streng ab. Am schönsten kleiden sich die Bewohner des badenschen Schwarzwaldes; die Männer lassen den Bart wachsen, wie er von Natur dem Mann ums Kinn gegeben ist, ihre schwarzen Wämser, ihre ungeheuren, enggefalteten Pluderhosen, ihre roten Strümpfe und die spitzen Hüte, von einer weiten Scheibe umgeben, verleihen ihnen etwas Fremdartiges, aber etwas Ernstes, Ehrwürdiges.

Dort beschäftigen sich die Leute gewöhnlich mit Glasmachen; auch verfertigen sie Uhren und tragen sie in der halben Welt umher.

Auf der andern Seite des Waldes wohnt ein Teil desselben Stammes, aber ihre Arbeiten haben ihnen andere Sitten und Gewohnheiten gegeben, als den Glasmachern. Sie handeln mit ihrem Wald; sie fällen und behauen ihre Tannen, flößen sie durch die Nagold in den Neckar, und von dem obern Neckar den Rhein hinab, bis weit hinein nach Holland, und am Meer kennt man die Schwarzwälder und ihre langen Flöße; sie halten an jeder Stadt, die am Strom liegt, an, und erwarten stolz, ob man ihnen Balken und Bretter abkaufen werde; ihre stärksten und längsten Balken aber verhandeln sie um schweres Geld an die Mynheers, welche Schiffe daraus bauen. Diese Menschen nun sind an ein rauhes, wanderndes Leben gewöhnt. Ihre Freude ist, auf ihrem Holz die Ströme hinabzufahren, ihr Leid, am Ufer wieder heraufzuwandeln. Darum ist auch ihr Prachtanzug so verschieden von dem der Glasmänner im andern Teil des Schwarzwaldes. Sie tragen Wämser von dunkler Leinwand, einen handbreiten grünen Hosenträger über die breite Brust, Beinkleider von schwarzem Leder, aus deren Tasche ein Zollstab von Messing wie ein Ehrenzeichen hervorschaut; ihr Stolz und ihre Freude aber sind ihre Stiefeln, die größten wahrscheinlich, welche auf irgendeinem Teil der Erde Mode sind; denn sie können zwei Spannen weit über das Knie hinaufgezogen werden, und die „Flözer" können damit in drei Schuh tiefem Wasser umherwandeln, ohne sich die Füße naß zu machen.

Noch vor kurzer Zeit glaubten die Bewohner dieses Waldes an Waldgeister, und erst in neuerer Zeit hat man ihnen diesen törichten Aberglauben benehmen können. Sonderbar ist es aber, daß auch die Waldgeister, die der Sage nach im Schwarzwalde hausen, in diese verschiedenen Trachten sich geteilt haben. So hat man versichert, daß das „Glasmännlein", ein gutes Geistchen von 3½ Fuß Höhe, sich nie anders zeige, als in einem spitzen Hütlein mit großem Rand, mit Wams und Pluderhöschen und roten Strümpfchen. Der „Holländer-Michel" aber, der auf der andern Seite des Waldes umgeht, soll ein riesengroßer, breitschultriger Kerl in der Kleidung der Flözer sein, und mehrere, die ihn gesehen haben, wollen versichern, daß sie die Kälber nicht aus ihrem Beutel bezahlen möchten, deren Felle man zu seinen Stiefeln brauchen würde. „So groß, daß ein gewöhnlicher

Mann bis an den Hals hineinstehen könnte", sagten sie, und wollten nichts übertrieben haben.

Mit diesen Waldgeistern soll einmal ein junger Schwarzwälder eine sonderbare Geschichte gehabt haben, die ich erzählen will: Es lebte nämlich im Schwarzwald eine Witwe, Frau Barbara Munkin; ihr Gatte war Kohlenbrenner gewesen, und nach seinem Tod hielt sie ihren 16jährigen Knaben nach und nach zu demselben Geschäft an.

Der junge Peter Munk, ein schlauer Bursche, ließ es sich gefallen, weil er es bei seinem Vater auch nicht anders gesehen hatte, die ganze Woche über am rauchenden Meiler zu sitzen, oder schwarz und berußt und den Leuten ein Abscheu hinab in die Städte zu fahren und seine Kohlen zu verkaufen. Aber ein Köhler hat viel Zeit zum Nachdenken über sich und andere, und wenn Peter Munk an seinem Meiler saß, stimmten die dunkeln Bäume umher und die tiefe Waldesstille sein Herz zu Tränen und unbewußter Sehnsucht. Es betrübte ihn etwas, es ärgerte ihn etwas, er wußte nicht recht was. Endlich merkte er sich ab was ihn ärgerte, und das war – sein Stand. „Ein schwarzer, einsamer Kohlenbrenner!" sagte er sich, „es ist ein elend Leben. Wie angesehen sind die Glasmänner, die Uhrenmacher, selbst die Musikanten am Sonntag abends! Und wenn Peter Munk, rein gewaschen und geputzt, in des Vaters Ehrenwams mit silbernen Knöpfen und mit nagelneuen roten Strümpfen erscheint, und wenn dann einer hinter mir her geht und denkt, wer ist wohl der schlanke Bursche? und lobt bei sich die Strümpfe und meinen stattlichen Gang – sieh, wenn er vorübergeht und schaut sich um, sagt er gewiß, ‚Ach es ist *nur* der Köhler-Munk-Peter.'"

Auch die Flözer auf der andern Seite waren ein Gegenstand seines Neides. Wenn diese Waldriesen herüberkamen, mit stattlichen Kleidern, und an Knöpfen, Schnallen und Ketten einen halben Zentner Silber auf dem Leib trugen, wenn sie mit ausgespreizten Beinen und vornehmen Gesichtern dem Tanz zuschauten, holländisch fluchten und wie die vornehmsten Mynheers aus ellenlangen kölnischen Pfeifen rauchten, da stellte er sich als das vollendetste Bild eines glücklichen Menschen solch einen Flözer vor. Und wenn diese Glücklichen dann erst in die Taschen fuhren, ganze Hände voll großer Taler herauslangten und um Sechsbätzner würfelten, fünf Gulden hin, zehen her, so wollten ihm die Sinne vergehen, und er schlich trübselig nach seiner Hütte; denn an manchem Feiertagabend hatte er einen oder den

andern dieser „Holzherren" mehr verspielen sehen, als der arme
Vater Munk in einem Jahr verdiente. Es waren vorzüglich drei
dieser Männer, von welchen er nicht wußte, welchen er am meisten bewundern sollte. Der eine war ein dicker, großer Mann,
mit rotem Gesicht, und galt für den reichsten Mann in der Runde. Man hieß ihn den dicken Ezechiel. Er reiste alle Jahre zweimal mit Bauholz nach Amsterdam, und hatte das Glück es immer um so viel teurer als andere zu verkaufen, daß er, wenn die
übrigen zu Fuß heimgingen, stattlich herauffahren konnte. Der
andere war der längste und magerste Mensch im ganzen Wald,
man nannte ihn den langen Schlurker, und diesen beneidete Munk
wegen seiner ausnehmenden Kühnheit; er widersprach den angesehensten Leuten, brauchte, wenn man noch so gedrängt im
Wirtshaus saß, mehr Platz als vier der Dicksten, denn er stützte
entweder beide Ellbogen auf den Tisch oder zog eines seiner langen Beine zu sich auf die Bank, und doch wagte ihm keiner zu
widersprechen, denn er hat unmenschlich viel Geld. Der dritte
aber war ein schöner, junger Mann, der am besten tanzte weit
und breit, und daher den Namen Tanzbodenkönig hatte. Er war
ein armer Mensch gewesen, und hatte bei einem Holzherren als
Knecht gedient; da wurde er auf einmal steinreich; die einen
sagten er habe unter einer alten Tanne einen Topf voll Geld gefunden, die andern behaupteten, er habe unweit Bingen im Rhein
mit der Stechstange, womit die Flözer zuweilen nach den Fischen stechen, einen Pack mit Goldstücken heraufgefischt, und
der Pack gehöre zu dem großen Nibelungenhort, der dort vergraben liegt, kurz, er war auf einmal reich geworden, und wurde von jung und alt angesehen wie ein Prinz.

An diese drei Männer dachte Kohlen-Munk-Peter oft, wenn er
einsam im Tannenwald saß. Zwar hatten alle drei einen Hauptfehler, der sie bei den Leuten verhaßt machte, es war dies ihr
unmenschlicher Geiz, ihre Gefühllosigkeit gegen Schuldner und
Arme, denn die Schwarzwälder sind ein gutmütiges Völklein;
aber man weiß wie es mit solchen Dingen geht; waren sie auch
wegen ihres Geizes verhaßt, so standen sie doch wegen ihres Geldes in Ansehen; denn wer konnte Taler wegwerfen, wie sie, als
ob man das Geld von den Tannen schüttelte?

„So geht es nicht mehr weiter", sagte Peter eines Tages
schmerzlich betrübt zu sich, denn tags zuvor war Feiertag gewesen, und alles Volk in der Schenke; „wenn ich nicht bald auf
den grünen Zweig komme, so tu ich mir etwas zuleid; wär ich

doch nur so angesehen und reich, wie der dicke Ezechiel, oder so kühn und so gewaltig wie der lange Schlurker, oder so berühmt, und könnte den Musikanten Taler statt Kreuzer zuwerfen, wie der Tanzbodenkönig! Wo nur der Bursche das Geld her hat?" Allerlei Mittel ging er durch, wie man sich Geld erwerben könne, aber keines wollte ihm gefallen; endlich fielen ihm auch die Sagen von Leuten bei, die vor alten Zeiten durch den „Holländer-Michel" und durch das „Glasmännlein" reich geworden waren. Solang sein Vater noch lebte, kamen oft andere arme Leute zum Besuch, und da wurde lang und breit von reichen Menschen gesprochen, und wie sie reich geworden; da spielte nun oft das Glasmännlein eine Rolle; ja, wenn er recht nachsann, konnte er sich beinahe noch des Versleins erinnern, das man am Tannenbühl in der Mitte des Waldes sprechen mußte, wenn es erscheinen sollte. Es fing an:

„Schatzhauser im grünen Tannenwald,
Bist schon viel' hundert Jahre alt,
Dir gehört all' Land wo Tannen stehn –"

Aber er mochte sein Gedächtnis anstrengen wie er wollte, weiter konnte er sich keines Verses mehr entsinnen. Er dachte oft, ob er nicht diesen oder jenen alten Mann fragen sollte, wie das Sprüchlein heiße; aber immer hielt ihn eine gewisse Scheu seine Gedanken zu verraten ab, auch schloß er, es müsse die Sage vom Glasmännlein nicht sehr bekannt sein und den Spruch müssen nur wenige wissen, denn es gab nicht viele reiche Leute im Wald, und – warum hatten denn nicht sein Vater und die andern armen Leute ihr Glück versucht? Er brachte endlich einmal seine Mutter auf das Männlein zu sprechen, und diese erzählte ihm was er schon wußte, kannte auch nur noch die erste Zeile von dem Spruch, und sagte ihm endlich, nur Leuten, die an einem Sonntag zwischen eilf und zwei Uhr geboren seien, zeige sich das Geistchen. Er selbst würde wohl dazu passen, wenn er nur das Sprüchlein wüßte, denn er sei Sonntag mittags zwölf Uhr geboren.

Als dies der Kohlen-Munk-Peter hörte, war er vor Freude und vor Begierde, dies Abenteuer zu unternehmen, beinahe außer sich. Es schien ihm hinlänglich, einen Teil des Sprüchleins zu wissen und am Sonntag geboren zu sein, und Glasmännlein mußte sich ihm zeigen. Als er daher eines Tages seine Kohlen verkauft hatte, zündete er keinen neuen Meiler an, sondern zog seines

Vaters Staatswams und neue rote Strümpfe an, setzte den Sonntagshut auf, faßte seinen fünf Fuß hohen Schwarzdornstock in die Hand und nahm von der Mutter Abschied: „Ich muß aufs Amt in die Stadt, denn wir werden bald spielen müssen wer Soldat wird, und da will ich dem Amtmann nur noch einmal einschärfen, daß Ihr Witwe seid, und ich Euer einziger Sohn." Die Mutter lobte seinen Entschluß, er aber machte sich auf nach dem Tannenbühl. Der Tannenbühl liegt auf der höchsten Höhe des Schwarzwaldes, und auf zwei Stunden im Umkreis stand damals kein Dorf, ja nicht einmal eine Hütte, denn die abergläubischen Leute meinten es sei dort „unsicher". Man schlug auch, so hoch und prachtvoll dort die Tannen standen, ungern Holz in jenem Revier, denn oft waren den Holzhauern, wenn sie dort arbeiteten, die Äxte vom Stiel gesprungen und in den Fuß gefahren, oder die Bäume waren schnell umgestürzt und hatten die Männer mit umgerissen und beschädigt oder gar getötet; auch hätte man die schönsten Bäume von dorther nur zu Brennholz brauchen können, denn die Floßherren nahmen nie einen Stamm aus dem Tannenbühl unter ein Floß auf, weil die Sage ging, daß Mann und Holz verunglücke, wenn ein Tannenbühler mit im Wasser sei. Daher kam es, daß im Tannenbühl die Bäume so dicht und so hoch standen, daß es am hellen Tag beinahe Nacht war, und Peter Munk wurde es ganz schaurig dort zumut; denn er hörte keine Stimme, keinen Tritt als den seinigen, keine Axt; selbst die Vögel schienen diese dichte Tannennacht zu vermeiden.

Kohlen-Munk-Peter hatte jetzt den höchsten Punkt des Tannenbühls erreicht, und stand vor einer Tanne von ungeheurem Umfang, um die ein holländischer Schiffsherr an Ort und Stelle viele hundert Gulden gegeben hätte. Hier, dachte er, wird wohl der Schatzhauser wohnen, zog seinen großen Sonntagshut, machte vor dem Baum eine tiefe Verbeugung, räusperte sich und sprach mit zitternder Stimme: „Wünsche glückseligen Abend, Herr Glasmann." Aber es erfolgte keine Antwort, und alles umher war so still wie zuvor. Vielleicht muß ich doch das Verslein sprechen, dachte er weiter und murmelte:

„Schatzhauser im grünen Tannenwald,
Bist schon viel' hundert Jahre alt
Dir gehört all' Land wo Tannen stehn –"

Indem er diese Worte sprach, sah er zu seinem großen Schrekken eine ganz kleine, sonderbare Gestalt hinter der dicken Tanne hervorschauen; es war ihm, als habe er das Glasmännlein gesehen, wie man ihn beschrieben, das schwarze Wämschen, die roten Strümpfchen, das Hütchen, alles war so, selbst das blasse, aber feine und kluge Gesichtchen, wovon man erzählte, glaubte er gesehen zu haben. Aber, ach, so schnell es hervorgeschaut hatte, das Glasmännlein, so schnell war es auch wieder verschwunden! „Herr Glasmann", rief nach einigem Zögern Peter Munk, „seid so gütig und haltet mich nicht für Narren. – Herr Glasmann, wenn Ihr meint, ich habe Euch nicht gesehen, so täuschet Ihr Euch sehr, ich sah Euch wohl hinter dem Baum hervorgukken." – Immer keine Antwort, nur zuweilen glaubte er ein leises, heiseres Kichern hinter dem Baum zu vernehmen. Endlich überwand seine Ungeduld die Furcht, die ihn bis jetzt noch abgehalten hatte: „Warte du kleiner Bursche", rief er, „dich will ich bald haben", sprang mit einem Satz hinter die Tanne, aber da war kein Schatzhauser im grünen Tannenwald, und nur ein kleines zierliches Eichhörnchen jagte an dem Baum hinauf.

Peter Munk schüttelte den Kopf; er sah ein, daß er die Beschwörung bis auf einen gewissen Grad gebracht habe, und daß ihm vielleicht nur noch ein Reim zu dem Sprüchlein fehle, so könne er das Glasmännlein hervorlocken; aber er sann hin, er sann her, und fand nichts. Das Eichhörnchen zeigte sich an den untersten Ästen der Tanne und schien ihn aufzumuntern oder zu verspotten. Es putzte sich, es rollte den schönen Schweif, es schaute ihn mit klugen Augen an, aber endlich fürchtete er sich doch beinahe mit diesem Tier allein zu sein, denn bald schien das Eichhörnchen einen Menschenkopf zu haben und einen dreispitzigen Hut zu tragen, bald war es ganz wie ein anderes Eichhörnchen, und hatte nur an den Hinterfüßen rote Strümpfe und schwarze Schuhe. Kurz es war ein lustiges Tier, aber dennoch graute Kohlen-Peter, denn er meinte *es gehe nicht mit rechten Dingen zu.*

Mit schnelleren Schritten, als er gekommen war, zog Peter wieder ab. Das Dunkel des Tannenwaldes schien immer schwärzer zu werden, die Bäume standen immer dichter, und ihm fing an so zu grauen, daß er im Trab davonjagte und erst als er in der Ferne Hunde bellen hörte und bald darauf zwischen den Bäumen den Rauch einer Hütte erblickte, wurde er wieder ruhiger. Aber als er näher kam und die Tracht der Leute in der Hütte erblickte, fand er, daß er aus Angst gerade die entgegengesetzte Richtung genommen, und statt zu den Glasleuten zu den

Flözern gekommen sei. Die Leute, die in der Hütte wohnten, waren Holzfäller; ein alter Mann, sein Sohn, der Hauswirt, und einige erwachsene Enkel. Sie nahmen Kohlen-Munk-Peter, der um ein Nachtlager bat, gut auf, ohne nach seinem Namen und Wohnort zu fragen, gaben ihm Apfelwein zu trinken, und abends wurde ein großer Auerhahn, die beste Schwarzwaldspeise, aufgesetzt.

Nach dem Nachtessen setzten sich die Hausfrau und ihre Töchter mit ihren Kunkeln um den großen Lichtspan, den die Jungen mit dem feinsten Tannenharz unterhielten, der Großvater, der Gast und der Hauswirt rauchten und schauten den Weibern zu, die Bursche aber waren beschäftigt, Löffel und Gabeln aus Holz zu schnitzeln. Draußen im Wald heulte der Sturm und raste in den Tannen, man hörte da und dort sehr heftige Schläge, und es schien oft, als ob ganze Bäume abgeknickt würden und zusammenkrachten. Die furchtlosen Jungen wollten hinaus in den Wald laufen, und dieses furchtbar-schöne Schauspiel mit ansehen, ihr Großvater aber hielt sie mit strengem Wort und Blick zurück. „Ich will keinem raten, daß er jetzt von der Tür geht", rief er ihnen zu; „bei Gott, der kommt nimmermehr wieder; denn der Holländer-Michel haut sich heute nacht ein neues ‚G'stair' (Floßgelenke) im Wald."

Die Kleinen staunten ihn an; sie mochten von dem Holländer-Michel schon gehört haben, aber sie baten jetzt den Ehni einmal recht schön, von jenem zu erzählen. Auch Peter Munk, der vom Holländer-Michel auf der andern Seite des Waldes nur undeutlich hatte sprechen gehört, stimmte mit ein und fragte den Alten, wer und wo er sei. „Er ist der Herr dieses Waldes, und nach dem zu schließen, daß Ihr in Eurem Alter dies noch nicht erfahren, müßt Ihr drüben über dem Tannenbühl oder wohl gar noch weiter zu Hause sein. Vom Holländer-Michel will ich Euch aber erzählen was ich weiß, und wie die Sage von ihm geht. Vor etwa hundert Jahren, so erzählte es wenigstens mein Ehni, war weit und breit kein ehrlicher Volk auf Erden, als die Schwarzwälder. Jetzt, seit so viel Geld im Land ist, sind die Menschen unredlich und schlecht. Die jungen Burschen tanzen und johlen am Sonntag und fluchen, daß es ein Schrecken ist; damals war es aber anders, und wenn er jetzt zum Fenster dort hereinschaute, so sag ich's, und hab es oft gesagt, der Holländer-Michel ist schuld an all dieser Verderbnis. Es lebte also vor hundert Jahr und drüber ein reicher Holzherr, der viel Gesind hatte; er handelte bis weit in den Rhein hinab, und sein Geschäft war gesegnet, denn er war ein frommer Mann. Kommt eines Abends ein Mann an seine Türe, dergleichen er noch nie gesehen. Seine Kleidung war wie der Schwarzwälder Bursche, aber er war einen guten Kopf höher als alle, und man hatte noch nie geglaubt, daß es einen solchen Riesen geben könne. Dieser bittet um Arbeit bei dem Holzherrn, und der Holzherr, der ihm ansah, daß er stark und zu großen Lasten tüchtig sei, rechnet mit ihm seinen Lohn, und sie schlagen ein. Der Michel war ein Arbeiter, wie selbiger Holzherr noch keinen gehabt. Beim Baumschlagen galt er für drei, und wenn sechs am einen End schleppten, trug er allein das andere. Als er aber ein halb Jahr Holz geschlagen, trat er eines Tags vor seinen Herrn, und begehrte von ihm: ,Hab jetzt lange genug hier Holz gehackt, und so möcht ich auch sehen, wohin meine Stämme kommen, und wie wär es, wenn Ihr mich auch mal auf den Floß ließet?'

Der Holzherr antwortete: ,Ich will dir nicht im Weg sein, Michel, wenn du ein wenig hinaus willst in die Welt, und zwar beim Holzfällen brauche ich starke Leute wie du bist, auf dem Floß aber kommt es auf Geschicklichkeit an, aber es sei für diesmal.'

Und so war es; der Floß, mit dem er abgehen sollte, hatte 8 Glaich (Glieder), und waren im letzten von den größten Zimmerbalken. Aber was geschah? Am Abend zuvor bringt der lange Michel noch acht Balken ans Wasser, so dick und lang, als man keinen je sah, und jeden trug er so leicht auf der Schulter, wie eine Flözerstange, so daß sich alles entsetzte. Wo er sie gehauen, weiß bis heute noch niemand. Dem Holzherrn lachte das Herz, als er dies sah, denn er berechnete, was diese Balken kosten könnten; Michel aber sagte: ,So, die sind für mich zum Fahren, auf den kleinen Spänen dort kann ich nicht fortkommen'; sein Herr wollte ihm zum Dank ein Paar Flözerstiefeln schenken, aber er warf sie auf die Seite, und brachte ein Paar hervor, wie es sonst noch keine gab; mein Großvater hat versichert, sie haben hundert Pfund gewogen und seien 5 Fuß lang gewesen.

Der Floß fuhr ab, und hatte der Michel früher die Holzhauer in Verwunderung gesetzt, so staunten jetzt die Flözer; denn statt daß der Floß, wie man wegen der ungeheuren Balken geglaubt hatte, langsamer auf dem Fluß ging, flog er, sobald sie in den Neckar kamen, wie ein Pfeil; machte der Neckar eine Wendung, und hatten sonst die Flözer Mühe gehabt, den Floß in der Mitte zu halten und nicht auf Kies oder Sand zu stoßen, so sprang jetzt Michel allemal ins Wasser, rückte mit einem Zug den Floß links oder rechts, so daß er ohne Gefahr vorüberglitt, und kam dann eine gerade Stelle, so lief er aufs erste G'stair (Gelenk) vor, ließ alle ihre Stangen beisetzen, steckte seinen ungeheuren Weberbaum ins Kies, und mit *einem* Druck flog der Floß dahin, daß das Land und Bäume und Dörfer vorbeizujagen schienen. So waren sie in der Hälfte der Zeit, die man sonst brauchte, nach Köln am Rhein gekommen, wo sie sonst ihre Ladung verkauft hatten; aber hier sprach Michel: ‚Ihr seid mir rechte Kaufleute, und versteht euren Nutzen! Meinet ihr denn die Kölner brauchen all dies Holz, das aus dem Schwarzwald kömmt, für sich? Nein, um den halben Wert kaufen sie es euch ab, und verhandeln es teuer nach Holland. Lasset uns die kleinen Balken hier verkaufen, und mit den großen nach Holland gehen; was wir über den gewöhnlichen Preis lösen, ist unser eigener Profit.'

So sprach der arglistige Michel, und die andern waren es zufrieden; die einen, weil sie gerne nach Holland gezogen wären, es zu sehen, die andern des Geldes wegen. Nur ein einziger war redlich und mahnte sie ab, das Gut ihres Herrn der Gefahr auszusetzen, oder ihn um den höheren Preis zu betrügen, aber sie hörten nicht auf ihn und vergaßen seine Worte, aber der Holländer-Michel vergaß sie nicht. Sie fuhren auch mit dem Holz den Rhein hinab, Michel leitete den Floß und brachte sie schnell bis nach Rotterdam. Dort bot man ihnen das Vierfache von dem früheren Preis, und besonders die ungeheuren Balken des Michel wurden mit schwerem Geld bezahlt. Als die Schwarzwälder so viel Geld sahen, wußten sie sich vor Freude nicht zu fassen. Michel teilte ab; einen Teil dem Holzherrn, die drei andern unter die Männer. Und nun setzten sie sich mit Matrosen und anderem schlechtem Gesindel in die Wirtshäuser, verschlemmten und verspielten ihr Geld, den braven Mann aber, der ihnen abgeraten, verkaufte der Holländer-Michel an einen Seelenverkäufer, und man hat nichts mehr von ihm gehört. Von da an war den Burschen im Schwarzwald Holland das Paradies, und Holländer-Michel ihr König; die Holzherren erfuhren lange nichts von dem Handel, und unvermerkt kam Geld, Flüche, schlechte Sitten, Trunk und Spiel aus Holland herauf.

Der Holländer-Michel war aber, als die Geschichte herauskam, nirgends zu finden, aber tot ist er auch nicht; seit hundert Jahren treibt er seinen Spuk im Wald, und man sagt, daß er schon vielen behülflich gewesen sei, reich zu werden aber – auf Kosten ihrer armen Seele, und mehr will ich nicht sagen. Aber soviel ist gewiß, daß er noch jetzt in solchen Sturmnächten im Tannenbühl, wo man nicht hauen soll, überall die schönsten Tannen aussucht, und mein Vater hat ihn eine vier Schuh dicke umbrechen sehen, wie ein Rohr. Mit diesen beschenkt er die, welche sich vom Rechten abwenden, und zu ihm gehen; um Mitternacht bringen sie dann die G'stair ins Wasser, und er rudert mit ihnen nach Holland. Aber wäre ich Herr und König in Holland, ich ließe ihn mit Kartätschen in den Boden schmettern, denn alle Schiffe, die von dem Holländer-Michel auch nur *einen* Balken haben, müssen untergehen. Daher kommt es, daß man so viel von Schiffbrüchen hört; wie könnte denn sonst ein schönes, starkes Schiff, so groß als eine Kirche, zu Grund gehen auf dem Wasser? Aber sooft Holländer-Michel in einer Sturmnacht im Schwarzwald eine Tanne fällt, springt eine seiner alten aus den Fugen des Schiffes; das Wasser dringt ein, und das Schiff ist mit Mann und Maus verloren. Das ist die Sage vom Holländer-Michel, und wahr ist es, alles Böse im Schwarzwald schreibt sich von ihm her; oh! er kann einen reich machen!" setzte der Greis geheimnisvoll hinzu, „aber ich möchte nichts von ihm haben; ich möchte um keinen Preis in der Haut des dicken Ezechiel, und des langes Schlurkers stecken; auch der Tanzbodenkönig soll sich ihm ergeben haben!"

Der Sturm hatte sich während der Erzählung des Alten gelegt; die Mädchen zündeten schüchtern die Lampen an, und gingen weg; die Männer aber legten Peter Munk einen Sack voll Laub als Kopfkissen auf die Ofenbank, und wünschten ihm gute Nacht.

Kohlen-Munk-Peter hatte noch nie so schwere Träume gehabt, wie in dieser Nacht; bald glaubte er der finstere riesige Holländer-Michel reiße die Stubenfenster auf, und reiche mit seinem ungeheuer langen Arm einen Beutel voll Goldstücke herein, die er untereinander schüttelte, daß es hell und lieblich klang; bald sah er wieder das kleine, freundliche Glasmännlein auf einer ungeheuren, grünen Flasche im Zimmer umherreiten, und er meinte das heisere Lachen wieder zu hören, wie im Tannenbühl; dann brummte es ihm wieder ins linke Ohr:

„In Holland gibt's Gold,
Könnet's haben, wenn Ihr wollt
Um geringen Sold
Gold, Gold."

Dann hörte er wieder in sein rechtes Ohr das Liedchen vom Schatzhauser im grünen Tannenwald, und eine zarte Stimme flüsterte: „Dummer Kohlen-Peter, dummer Peter Munk kannst kein Sprüchlein reimen auf ‚stehen', und bist doch am Sonntag geboren Schlag zwölf Uhr. Reime, dummer Peter reime!"
Er ächzte, er stöhnte im Schlaf, er mühte sich ab, einen Reim zu finden, aber da er in seinem Leben noch keinen gemacht hatte, war seine Mühe im Traum vergebens. Als er aber mit dem ersten Frührot erwachte, kam ihm doch sein Traum sonderbar vor; er setzte sich mit verschränkten Armen hinter den Tisch, und dachte über die Einflüsterungen nach, die ihm noch immer im Ohr lagen: „Reime, dummer Kohlen-Munk-Peter, reime", sprach er zu sich, und pochte mit dem Finger an seine Stirne, aber es wollte kein Reim hervorkommen. Als er noch so dasaß, und trübe vor sich hinschaute, und an den Reim auf „stehen" dachte, da zogen drei Bursche vor dem Haus vorbei in den Wald, und einer sang im Vorübergehen:

„Am Berge tat ich stehen
Und schaute in das Tal,
Da hab ich sie gesehen
Zum allerletztenmal."

Das fuhr wie ein leuchtender Blitz durch Peters Ohr, und hastig raffte er sich auf, stürzte aus dem Haus, weil er meinte, nicht recht gehört zu haben, sprang den drei Burschen nach, und packte den Sänger hastig und unsanft beim Arm: „Halt Freund!" rief er, „was habt Ihr da auf ‚stehen' gereimt, tut mir die Liebe und sprecht, was Ihr gesungen."
„Was ficht's dich an, Bursche?" entgegnete der Schwarzwälder. „Ich kann singen was ich will, und laß gleich meinen Arm los, oder –"
„Nein, sagen sollst du, was du gesungen hast!" schrie Peter beinahe außer sich und packte ihn noch fester an; die zwei andern aber, als sie dies sahen, zögerten nicht lange, sondern fielen mit derben Fäusten über den armen Peter her, und walkten ihn derb, bis er vor Schmerzen das Gewand des dritten ließ, und er-

schöpft in die Kniee sank. „Jetzt hast du dein Teil", sprachen sie
lachend, „und merk dir, toller Bursche, daß du Leute, wie wir
sind, nimmer anfällst auf offenem Wege."

„Ach, ich will es mir gewißlich merken!" erwiderte Kohlen-
Peter seufzend; „aber so ich die Schläge habe, seid so gut und
saget deutlich, was jener gesungen."

Da lachten sie aufs neue, und spotteten ihn aus; aber der das
Lied gesungen, sagte es ihm vor, und lachend und singend zogen
sie weiter.

„Also ,sehen'", sprach der arme Geschlagene, indem er sich
mühsam aufrichtete; „,sehen' und ,stehen', jetzt, Glasmännlein,
wollen wir wieder ein Wort zusammen sprechen." Er ging in die
Hütte, holte seinen Hut und den langen Stock, nahm Abschied von
den Bewohnern der Hütte, und trat seinen Rückweg nach dem
Tannenbühl an. Er ging langsam und sinnend seine Straße, denn
er mußte ja seinen Vers ersinnen; endlich, als er schon in dem Bereich des Tannenbühls ging, und die Tannen höher und dichter
wurden, hatte er auch seinen Vers gefunden, und machte vor Freuden einen Sprung in die Höhe. Da trat ein riesengroßer Mann in
Flözerkleidung, und eine Stange, so lang wie ein Mastbaum in
der Hand, hinter den Tannen hervor. Peter Munk sank beinahe
in die Kniee, als er jenen langsamen Schrittes neben sich wandeln
sah; denn er dachte, das ist der Holländer-Michel, und kein anderer. Noch immer schwieg die furchtbare Gestalt, und Peter
schielte zuweilen furchtsam nach ihm hin. Er war wohl einen
Kopf größer, als der längste Mann, den Peter je gesehen, sein Gesicht war nicht mehr jung, doch auch nicht alt, aber voll Furchen
und Falten; er trug ein Wams von Leinwand, und die ungeheuren Stiefeln, über die Lederbeinkleider heraufgezogen, waren
Peter aus der Sage wohlbekannt.

„Peter Munk, was tust du im Tannenbühl?" fragte der Wald-
könig endlich mit tiefer, dröhnender Stimme.

„Guten Morgen, Landsmann", antwortete Peter, indem er sich
unerschrocken zeigen wollte, aber heftig zitterte, „ich will durch
den Tannenbühl nach Haus zurück."

„Peter Munk", erwiderte jener, und warf einen stechenden
furchtbaren Blick nach ihm herüber, „dein Weg geht nicht durch
diesen Hain."

„Nun, so gerade just nicht", sagte jener, „aber es macht heute
warm, da dachte ich, es wird hier kühler sein."

„Lüge nicht, du, Kohlen-Peter!" rief Holländer-Michel mit

donnernder Stimme, „oder ich schlag dich mit der Stange zu
Boden; meinst, ich hab dich nicht betteln sehen bei dem Kleinen?" setzte er sanft hinzu. „Geh, geh, das war ein dummer
Streich, und gut ist es, daß du das Sprüchlein nicht wußtest; er
ist ein Knauser, der kleine Kerl, und gibt nicht viel, und wem
er gibt, der wird seines Lebens nicht froh. – Peter du bist ein
armer Tropf, und dauerst mich in der Seele; so ein munterer,
schöner Bursche, der in der Welt was anfangen könnte, und
sollst Kohlen brennen! Wenn andere große Taler oder Dukaten
aus dem Ärmel schütteln, kannst du kaum ein paar Sechser aufwenden; 's ist ein ärmlich Leben."

„Wahr ist's; und recht habt Ihr; ein elendes Leben."

„Na, mir soll's nicht drauf ankommen", fuhr der schreckliche
Michel fort; „hab schon manchem braven Kerl aus der Not geholfen, und du wärst nicht der erste. Sag einmal, wieviel hundert Taler brauchst du fürs erste?"

Bei diesen Worten schüttelte er das Geld in seiner ungeheuren
Tasche untereinander, und es klang wieder wie diese Nacht im
Traum. Aber Peters Herz zuckte ängstlich und schmerzhaft bei
diesen Worten, es wurde ihm kalt und warm, und der Holländer-Michel sah nicht aus, wie wenn er aus Mitleid Geld wegschenkte, ohne etwas dafür zu verlangen. Es fielen ihm die geheimnisvollen Worte des alten Mannes über die reichen Menschen
ein, und von unerklärlicher Angst und Bangigkeit gejagt, rief er:
„Schön Dank, Herr! aber mit Euch will ich nichts zu schaffen haben, und ich kenn Euch schon", und lief was er laufen konnte. –
Aber der Waldgeist schritt mit ungeheuren Schritten neben ihm
her, und murmelte dumpf und drohend: „Wirst's noch bereuen,
Peter, wirst noch zu mir kommen; auf deiner Stirne steht's geschrieben, in deinem Auge ist's zu lesen; du entgehst mir nicht.
– Lauf nicht so schnell, höre nur noch ein vernünftig Wort, dort
ist schon meine Grenze." Aber als Peter dies hörte, und unweit
vor ihm einen kleinen Graben sah, beeilte er sich nur noch mehr,
über die Grenze zu kommen, so daß Michel am Ende schneller
laufen mußte und unter Flüchen und Drohungen ihn verfolgte.
Der junge Mann setzte mit einem verzweifelten Sprung über
den Graben, denn er sah, wie der Waldgeist mit seiner Stange
ausholte, und sie auf ihn niederschmettern lassen wollte; er kam
glücklich jenseits an, und die Stange zersplitterte in der Luft, wie
an einer unsichtbaren Mauer, und ein langes Stück fiel zu Peter
herüber.

Triumphierend hob er es auf, um es dem groben Holländer-
Michel zuzuwerfen, aber in diesem Augenblick fühlte er das
Stück Holz in seiner Hand sich bewegen, und zu seinem Entset-
zen sah er, daß es eine ungeheure Schlange sei, was er in der
Hand hielt, die sich schon mit geifernder Zunge und blitzenden
Augen an ihm hinaufbäumte. Er ließ sie los, aber sie hatte sich
schon fest um seinen Arm gewickelt und kam mit schwankendem
Kopf seinem Gesicht immer näher; da rauschte auf einmal ein
ungeheurer Auerhahn nieder, packte den Kopf der Schlange mit
dem Schnabel, erhob sich mit ihr in die Lüfte, und Holländer-
Michel, der dies alles von dem Graben aus gesehen hatte, heulte
und schrie und raste, als die Schlange von einem Gewaltigern
entführt ward.

Erschöpft und zitternd setzte Peter seinen Weg fort; der Pfad
wurde steiler, die Gegend wilder, und bald fand er sich wieder
an der ungeheuren Tanne. Er machte wieder wie gestern seine
Verbeugungen gegen das unsichtbare Glasmännlein, und hub
dann an:

> „Schatzhauser im grünen Tannenwald
> Bist schon viel' hundert Jahre alt,
> Dein ist all' Land wo Tannen stehn,
> Läßt dich nur Sonntagskindern sehn."

„Hast's zwar nicht ganz getroffen, aber weil du es bist, Kohlen-Munk-Peter, so soll es so hingehen", sprach eine zarte, feine
Stimme neben ihm. Erstaunt sah er sich um, und unter einer
schönen Tanne saß ein kleines, altes Männlein, in schwarzem
Wams und roten Strümpfen, und den großen Hut auf dem Kopf.
Er hatte ein feines, freundliches Gesichtchen, und ein Bärtchen
so zart wie aus Spinnweben; er rauchte, was sonderbar anzusehen war, aus einer Pfeife von blauem Glas und als Peter näher
trat, sah er zu seinem Erstaunen, daß auch Kleider, Schuhe und
Hut des Kleinen aus gefärbtem Glas bestanden; aber es war geschmeidig, als ob es noch heiß wäre, denn es schmiegte sich wie
ein Tuch nach jeder Bewegung des Männleins.

„Du hast dem Flegel begegnet, dem Holländer-Michel?" sagte
der Kleine, indem er zwischen jedem Wort sonderbar hüstelte;
„er hat dich recht ängstigen wollen, aber seinen Kunstprügel habe
ich ihm abgejagt, den soll er nimmer wiederkriegen."

„Ja, Herr Schatzhauser", erwiderte Peter mit einer tiefen Verbeugung, „es war mir recht bange. Aber Ihr seid wohl der Herr Auerhahn gewesen, der die Schlange totgebissen; da bedanke ich mich schönstens. – Ich komme aber, um mich Rats zu erholen bei Euch; es geht mir gar schlecht und hinderlich; ein Kohlenbrenner bringt es nicht weit; und da ich noch jung bin, dächte ich doch, es könnte noch was Besseres aus mir werden; und wenn ich oft andere sehe, wie weit die es in kurzer Zeit gebracht haben; wenn ich nur den Ezechiel nehme und den Tanzbodenkönig; die haben Geld wie Heu."

„Peter", sagte der Kleine sehr ernst, und blies den Rauch aus seiner Pfeife weit hinweg; „Peter, sag mir nichts von *diesen*. Was haben sie davon, wenn sie hier ein paar Jahre dem Schein nach glücklich, und dann nachher desto unglücklicher sind? Du mußt dein Handwerk nicht verachten; dein Vater und Großvater waren Ehrenleute und haben es auch getrieben, Peter Munk! ich will nicht hoffen, daß es Liebe zum Müßiggang ist, was dich zu mir führt."

Peter erschrak vor dem Ernst des Männleins und errötete: „Nein", sagte er, „Müßiggang, weiß ich wohl, Herr Schatzhauser im Tannenwald, Müßiggang ist aller Laster Anfang, aber das könnet Ihr mir nicht übelnehmen, wenn mir ein anderer Stand besser gefällt, als der meinige. Ein Kohlenbrenner ist halt so gar etwas Geringes auf der Welt, und die Glasleute und Flözer und Uhrmacher und alle sind angesehener."

„Hochmut kommt oft vor dem Fall", erwiderte der kleine Herr vom Tannenwald etwas freundlicher; „ihr seid ein sonderbar Geschlecht, ihr Menschen! Selten ist einer mit dem Stand ganz zufrieden, in dem er geboren und erzogen ist, und was gilt's, wenn du ein Glasmann wärest, möchtest du gern ein Holzherr sein, und wärest du Holzherr, so stünde dir des Försters Dienst, oder des Amtmanns Wohnung an. Aber es sei; wenn du versprichst, brav zu arbeiten, so will ich dir zu etwas Besserem verhelfen, Peter. Ich pflege jedem Sonntagskind, das sich zu mir zu finden weiß, drei Wünsche zu gewähren; die ersten zwei sind frei; den dritten kann ich verweigern, wenn er töricht ist. So wünsche dir also jetzt etwas; aber – Peter, etwas Gutes und Nützliches."

„Heisa! Ihr seid ein treffliches Glasmännlein, und mit Recht nennt man Euch Schatzhauser, denn bei Euch sind die Schätze zu Hause. Nu – und also darf ich wünschen, wornach mein

Herz begehrt, so will ich denn fürs erste, daß ich noch besser tanzen könne, als der Tanzbodenkönig, und jedesmal noch einmal soviel Geld ins Wirtshaus bringe als er."

„Du Tor!" erwiderte der Kleine zürnend. „Welch ein erbärmlicher Wunsch ist dies, gut tanzen zu können, und Geld zum Spiel zu haben. Schämst du dich nicht, dummer Peter, dich selbst so um dein Glück zu betrügen? Was nützt es dir und deiner armen Mutter, wenn du tanzen kannst? Was nützt dir dein Geld, das nach deinem Wunsch nur für das Wirtshaus ist, und wie das des elenden Tanzbodenkönigs dort bleibt. Dann hast du wieder die ganze Woche nichts, und darbst wie zuvor. Noch *einen* Wunsch gebe ich dir frei, aber sieh dich vor, daß du vernünftiger wünschest."

Peter kraute sich hinter den Ohren, und sprach nach einigem Zögern: „Nun so wünsche ich mir die schönste und reichste Glashütte im ganzen Schwarzwald, mit allem Zugehör, und Geld, sie zu leiten."

„Sonst nichts?" fragte der Kleine mit besorglicher Miene. „Peter, sonst nichts?"

„Nu – Ihr könnet noch ein Pferd dazutun, und ein Wägelchen –"

„Oh, du dummer Kohlen-Munk-Peter!" rief der Kleine, und warf seine gläserne Pfeife im Unmut an eine dicke Tanne, daß sie in hundert Stücke sprang, „Pferde, Wägelchen? Verstand, sag ich dir, Verstand, gesunden Menschenverstand und Einsicht hättest du wünschen sollen, aber nicht Pferdchen und Wägelchen. Nun, werde nur nicht so traurig, wir wollen sehen, daß es auch so nicht zu deinem Schaden ist; denn der zweite Wunsch war im ganzen nicht töricht; eine gute Glashütte nährt auch ihren Mann und Meister, nur hättest du Einsicht und Verstand dazu mitnehmen können, Wagen und Pferde wären dann wohl von selbst gekommen."

„Aber, Herr Schatzhauser", erwiderte Peter, „ich habe ja noch einen Wunsch übrig; da könnte ich ja Verstand wünschen, wenn er mir so überaus nötig ist, wie Ihr meinet."

„Nichts da; du wirst noch in manche Verlegenheit kommen, wo du froh sein wirst, wenn du noch einen Wunsch frei hast; und nun mache dich auf den Weg nach Hause. Hier sind", sprach der kleine Tannengeist, indem er ein kleines Beutelein aus der Tasche zog, „hier sind zweitausend Gulden, und damit genug, und komm mir nicht wieder um Geld zu fordern, denn dann müßte ich dich an die höchste Tanne aufhängen; so hab ich's gehalten, seit ich in dem Wald wohne. Vor drei Tagen aber ist der alte Winkfritz gestorben, der die große Glashütte gehabt hat im Unterwald. Dorthin gehe morgen frühe, und mach ein Bot auf das Gewerbe, wie es recht ist. Halt dich wohl, sei fleißig und ich will dich zuweilen besuchen, und dir mit Rat und Tat an die Hand gehen, weil du dir doch keinen Verstand erbeten; aber, und das sag ich dir ernstlich, dein erster Wunsch war böse; nimm dich in acht vor dem Wirtshauslaufen; Peter! 's hat noch bei keinem lange gut getan." Das Männlein hatte, während es dies sprach, eine neue Pfeife vom schönsten Beinglas hervorgezogen, sie mit gedörrten Tannenzapfen gestopft, und in den kleinen, zahnlosen Mund gesteckt. Dann zog er ein ungeheures Brennglas hervor, trat in die Sonne, und zündete seine Pfeife an. Als er damit fertig war, bot er dem Peter freundlich die Hand, gab ihm noch ein paar gute Lehren auf den Weg, rauchte und blies immer schneller, und verschwand endlich in einer Rauchwolke, die nach echtem holländischen Tabak roch, und langsam sich kräuselnd in den Tannenwipfeln verschwebte.

Als Peter nach Haus kam, fand er seine Mutter sehr in Sorgen um ihn, denn die gute Frau glaubte nicht anders, als ihr Sohn sei zum Soldaten ausgehoben worden. Er aber war fröhlich und guter Dinge, und erzählte ihr, wie er im Wald einen guten Freund getroffen, der ihm Geld vorgeschossen habe, um ein anderes Geschäft, als Kohlenbrennen, anzufangen. Obgleich seine Mutter schon seit dreißig Jahren in der Köhlerhütte wohnte, und an den Anblick berußter Leute so gewöhnt war, als jede Müllerin an das Mehlgesicht ihres Mannes, so war sie doch eitel genug, sobald ihr Peter ein glänzenderes Los zeigte, ihren früheren Stand zu verachten, und sprach: „Ja, als Mutter eines Mannes, der eine Glashütte besitzt, bin ich doch was anderes, als Nachbarin Grete und Bete, und setze mich in Zukunft vornehin in der Kirche, wo rechte Leute sitzen." Ihr Sohn aber wurde mit den Erben der Glashütte bald handelseinig; er behielt die Arbeiter, die er vorfand, bei sich, und ließ nun Tag und Nacht Glas machen. Anfangs gefiel ihm das Handwerk wohl; er pflegte gemächlich in die Glashütte hinabzusteigen, ging dort mit vornehmen Schritten, die Hände in die Taschen gesteckt, hin und her, guckte dahin, guckte dorthin, sprach dies und jenes, worüber seine Arbeiter oft nicht wenig lachten, und seine größte Freude war das Glas blasen zu sehen, und oft machte er sich selbst an die Arbeit, und formte aus der noch weichen Masse die sonderbarsten Figuren. Bald aber war ihm die Arbeit entleidet, und er kam zuerst nur noch eine Stunde des Tages in die Hütte, dann nur alle zwei Tage, endlich die Woche nur einmal, und seine Gesellen machten was sie wollten. Das alles kam aber nur vom Wirtshauslaufen; den Sonntag, nachdem er vom Tannenbühl zurückgekommen war, ging er ins Wirtshaus, und wer schon auf dem Tanzboden sprang, war der Tanzbodenkönig, und der dicke Ezechiel saß auch schon hinter der Maßkanne, und knöchelte um Kronentaler. Da fuhr Peter schnell in die Tasche, zu sehen, ob ihm das Glasmännlein Wort gehalten, und siehe, seine Tasche strotzte von Silber und Gold; auch in seinen Beinen zuckte und drückte es, wie wenn sie tanzen und springen wollten, und als der erste Tanz zu Ende war, stellte er sich mit seiner Tänzerin obenan, neben den Tanzbodenkönig, und sprang dieser drei Schuh hoch, so flog Peter vier, und machte dieser wunderliche und zierliche Schritte, so verschlang und drehte Peter seine Füße, daß alle Zuschauer vor Lust und Verwunderung beinahe außer sich kamen. Als man aber auf dem Tanzboden vernahm, daß Peter eine Glashütte gekauft habe, als man sah, daß er, sooft er an den Musikanten vorbeitanzte, ihnen einen Sechsbätzner zuwarf, da war des Staunens kein Ende; die einen glaubten, er habe einen Schatz im Wald gefunden, die andern meinten, er habe eine Erbschaft getan, aber alle verehrten ihn jetzt, und hielten ihn für einen gemachten Mann, nur weil er Geld hatte. Verspielte er doch noch an demselben Abend zwanzig Gulden, und nichtsdestominder rasselte und klang es in seiner Tasche, wie wenn noch hundert Taler darin wären.

Als Peter sah, wie angesehen er war, wußte er sich vor Freude und Stolz nicht zu fassen. Er warf das Geld mit vollen Händen weg, und teilte es den Armen reichlich mit, wußte er doch, wie ihn selbst einst die Armut gedrückt hatte. Des Tanzbodenkönigs Künste wurden vor den übernatürlichen Künsten des neuen Tänzers zuschanden, und Peter führte jetzt den Namen Tanzkaiser. Die unternehmendsten Spieler am Sonntag wagten nicht so viel wie er, aber sie verloren auch nicht so viel. Und je mehr er verlor, desto mehr gewann er; das verhielt sich aber ganz so, wie er es vom kleinen Glasmännlein verlangt hatte; er hatte sich gewünscht, immer so viel Geld in der Tasche zu haben, wie der dicke Ezechiel, und gerade dieser war es, an welchen er sein Geld verspielte; und wenn er zwanzig, dreißig Gulden auf einmal verlor, so hatte er sie alsobald wieder in der Tasche, wenn sie Ezechiel einstrich. Nach und nach brachte er es aber im Schlemmen und Spielen weiter, als die schlechtesten Gesellen im Schwarzwald, und man nannte ihn öfter Spiel-Peter, als Tanzkaiser, denn er spielte jetzt auch beinahe an allen Werktagen. Darüber kam aber seine Glashütte nach und nach in Verfall, und daran war Peters Unverstand schuld. Glas ließ er machen, soviel man immer machen konnte, aber er hatte mit der Hütte nicht zugleich das Geheimnis gekauft, wohin man es am besten verschleißen könne. Er wußte am Ende mit der Menge Glas nichts anzufangen, und verkaufte es um den halben Preis an herumziehende Händler, nur um seine Arbeiter bezahlen zu können.

Eines Abends ging er auch wieder vom Wirtshaus heim, und dachte trotz des vielen Weines, den er getrunken, um sich fröhlich zu machen, mit Schrecken und Gram an den Verfall seines Vermögens; da bemerkte er auf einmal, daß jemand neben ihm gehe, er sah sich um, und siehe da – es war das Glasmännlein. Da geriet er in Zorn und Eifer, vermaß sich hoch und teuer, und schwur, der Kleine sei an all seinem Unglück schuld; „Was tu ich nun mit Pferd und Wägelchen?" rief er, „was nutzt mich die Hütte und all mein Glas? Selbst als ich noch ein elender Köhlersbursch war, lebte ich froher, und hatte keine Sorgen; jetzt weiß ich nicht, wenn der Amtmann kommt, und meine Habe schätzt, und mir vergantet der Schulden wegen!"

„So?" entgegnete das Glasmännlein; „so? ich also soll schuld daran sein, wenn du unglücklich bist? Ist dies der Dank für meine Wohltaten? Wer hieß dich auch so töricht wünschen? Ein Glasmann wolltest du sein, und wußtest nicht wohin dein Glas verkaufen? Sagte ich dir nicht, du solltest behutsam wünschen? Verstand, Peter, Klugheit hat dir gefehlt."

„Was Verstand und Klugheit!" rief jener, „ich bin ein so kluger Bursche als irgendeiner, und will es dir zeigen, Glasmännlein", und bei diesen Worten faßte er das Männlein unsanft am Kragen und schrie: „Hab ich dich jetzt, Schatzhauser im grünen Tannenwald? Und den dritten Wunsch will ich jetzt tun, den sollst du mir gewähren; und so will ich hier auf der Stelle zweimalhunderttausend harte Taler, und ein Haus und – o weh!" schrie er und schüttelte die Hand, denn das Waldmännchen hatte sich in glühendes Glas verwandelt und brannte in seiner Hand wie sprühendes Feuer. Aber von dem Männlein war nichts mehr zu sehen.

Mehrere Tage lang erinnerte ihn seine geschwollene Hand an seine Undankbarkeit und Torheit; dann aber übertäubte er sein Gewissen und sprach: „Und wenn sie mir die Glashütte und alles verkaufen, so bleibt mir doch noch immer der dicke Ezechiel; solange der Geld hat am Sonntag, kann es mir nicht fehlen."

Ja Peter! Aber wenn er keines hat? Und so geschah es eines Tages und war ein wunderliches Rechenexempel. Denn eines Sonntags kam er angefahren ans Wirtshaus, und die Leute streckten die Köpfe durch die Fenster, und der eine sagte: „Da kommt der Spiel-Peter", und der andere: „Ja der Tanzkaiser, der reiche Glasmann", und ein dritter schüttelte den Kopf und sprach: „Mit dem Reichtum kann man es machen, man sagt allerlei von seinen Schulden, und in der Stadt hat einer gesagt, der Amtmann werde nicht mehr lang säumen zum Auspfänden." Indessen grüßte der reiche Peter die Gäste am Fenster vornehm und gravitätisch, stieg vom Wagen und schrie: „Sonnenwirt, guten Abend, ist der dicke Ezechiel schon da?" Und eine tiefe Stimme rief: „Nur herein Peter! Dein Platz ist dir aufbehalten, wir sind schon da und bei den Karten." So trat Peter Munk in die Wirtsstube, und fuhr gleich in die Tasche, und merkte, daß Ezechiel gut versehen sein müsse, denn seine Tasche war bis oben angefüllt.

Er setzte sich hinter den Tisch zu den andern, und spielte und gewann und verlor hin und her, und so spielten sie, bis andere ehrliche Leute, als es Abend wurde, nach Hause gingen, und spielten bei Licht, bis zwei andere Spieler sagten: „Jetzt ist's genug, und wir müssen heim zu Frau und Kind." Aber Spiel-Peter forderte den dicken Ezechiel auf zu bleiben; dieser wollte lange nicht, endlich aber rief er: „Gut, jetzt will ich mein Geld zählen und dann wollen wir knöcheln, den Satz um 5 Gulden, denn niederer ist es doch nur Kinderspiel." Er zog den Beutel und zählte, und fand hundert Gulden bar, und Spiel-Peter wußte nun wieviel er selbst habe und brauchte es nicht erst zu zählen. Aber hatte Ezechiel vorher gewonnen, so verlor er jetzt Satz für Satz, und fluchte greulich dabei. Warf er einen Pasch, gleich warf Spiel-Peter auch einen, und immer zwei Augen höher. Da setzte er endlich die letzten fünf Gulden auf den Tisch und rief: „Noch einmal, und wenn ich auch den noch verliere, so höre ich doch nicht auf, dann leihst du mir von deinem Gewinn, Peter, ein ehrlicher Kerl hilft dem andern!"

„Soviel du willst, und wenn es hundert Gulden sein sollten", sprach der Tanzkaiser, fröhlich über seinen Gewinn, und der dicke Ezechiel schüttelte die Würfel und warf 15. „Pasch!" rief er, „jetzt wollen wir sehen!" Peter aber warf 18, und eine heisere bekannte Stimme hinter ihm sprach: „So, das war der *letzte.*"

Er sah sich um, und riesengroß stand der Holländer-Michel hinter ihm; erschrocken ließ er das Geld fallen, das er schon eingezogen hatte. Aber der dicke Ezechiel sah den Waldmann nicht, sondern verlangte, der Spiel-Peter solle ihm 10 Gulden vorstrecken zum Spiel; halb im Traum fuhr dieser mit der Hand in die Tasche, aber da war kein Geld, er suchte in der andern Tasche, aber auch da fand sich nichts, er kehrte den Rock um, aber es fiel kein roter Heller heraus, und jetzt erst gedachte er seines eigenen ersten Wunsches, immer soviel Geld zu haben, als der dicke Ezechiel. Wie Rauch war alles verschwunden.

Der Wirt und Ezechiel sahen ihn staunend an, als er immer suchte und sein Geld nicht finden konnte, sie wollten ihm nicht glauben, daß er keines mehr habe, aber als sie endlich selbst in seinen Taschen suchten, wurden sie zornig und schwuren, der Spiel-Peter sei ein böser Zauberer, und habe all das gewonnene Geld und sein eigenes nach Hause gewünscht. Peter verteidigte sich standhaft, aber der Schein war gegen ihn; Ezechiel sagte, er wolle die schreckliche Geschichte allen Leuten im Schwarzwald erzählen, und der Wirt versprach ihm, morgen mit dem frühesten in die Stadt zu gehen, und Peter Munk als Zauberer anzuklagen, und er wolle es erleben, setzte er hinzu, daß man ihn verbrenne. Dann fielen sie wütend über ihn her, rissen ihm das Wams vom Leib und warfen ihn zur Türe hinaus.

Kein Stern schien am Himmel, als Peter trübselig seiner Wohnung zuschlich, aber dennoch konnte er eine dunkle Gestalt erkennen, die neben ihm her schritt und endlich sprach: „Mit dir ist's aus, Peter Munk, all deine Herrlichkeit ist zu Ende, und das hätt ich dir schon damals sagen können, als du nichts von mir hören wolltest, und zu dem dummen Glaszwerg liefst. Da siehst du jetzt, was man davon hat, wenn man meinen Rat verachtet. Aber versuch es einmal mit mir, ich habe Mitleiden mit deinem Schicksal; noch keinen hat es gereut, der sich an mich wandte, und wenn du den Weg nicht scheust, morgen den ganzen Tag bin ich am Tannenbühl zu sprechen, wenn du mich rufst." Peter merkte wohl, wer so zu ihm spreche, aber es kam ihn ein Grauen an; er antwortete nichts, sondern lief seinem Haus zu.

Bei diesen Worten wurde der Erzähler durch ein Geräusch vor der Schenke unterbrochen. Man hörte einen Wagen anfahren, mehrere Stimmen riefen nach Licht, es wurde heftig an das Hoftor gepocht, und dazwischen heulten mehrere Hunde. Die Kammer, die man dem Fuhrmann und den Handwerksburschen angewiesen hatte, ging nach der Straße hinaus; die vier Gäste sprangen auf und liefen dorthin, um zu sehen, was vorgefallen sei. Soviel sie bei dem Schein einer Laterne sehen konnten, stand ein großer Reisewagen vor der Schenke; soeben war ein großer Mann beschäftigt, zwei verschleierte Frauen aus dem Wagen zu heben, und einen Kutscher in Livree sah man die Pferde abspannen, ein Bedienter aber schnallte den Koffer los. „Diesen sei Gott gnädig", seufzte der Fuhrmann; „wenn diese mit heiler Haut aus dieser Schenke kommen, so ist mir für meinen Karren auch nicht mehr bange."

„Stille!" flüsterte der Student. „Mir ahnet, daß man eigentlich nicht uns, sondern dieser Dame auflauert; wahrscheinlich waren sie unten schon von ihrer Reise unterrichtet; wenn man sie nur warnen könnte! doch halt! es ist im ganzen Wirtshaus kein anständiges Zimmer für die Damen, als das neben dem meinigen. Dorthin wird man sie führen. Bleibet ihr ruhig in dieser Kammer, ich will die Bedienten zu unterrichten suchen."

Der junge Mann schlich sich auf sein Zimmer; löschte die Kerzen aus, und ließ nur das Licht brennen, das ihm die Wirtin gegeben. Dann lauschte er an der Türe.

Bald kam die Wirtin mit den Damen die Treppe herauf, und führte sie mit freundlichen, sanften Worten in das Zimmer nebenan. Sie redete ihren Gästen zu, sich bald niederzulegen, weil sie von der Reise erschöpft sein werden; dann ging sie wieder hinab. Bald darauf hörte der Student schwere männliche Tritte die Treppe heraufkommen; er öffnete behutsam die Türe, und erblickte durch eine kleine Spalte den großen Mann, welcher die Damen aus dem Wagen gehoben; er trug ein Jagdkleid, und hatte einen Hirschfänger an der Seite, und war wohl der Reisestallmeister, oder Begleiter der fremden Damen. Als der Student bemerkte, daß dieser allein heraufgekommen war, öffnete er schnell die Türe, und winkte dem Mann, zu ihm einzutreten. Verwundert trat dieser näher, und ehe er noch fragen konnte, was man von ihm wolle, flüsterte ihm jener zu: „Mein Herr! Sie sind heute nacht in eine Räuberschenke geraten."

Der Mann erschrak; der Student zog ihn aber vollends in

seine Türe, und erzählte ihm, wie verdächtig es in diesem Hause aussehe.

Der Jäger wurde sehr besorgt, als er dies hörte; er belehrte den jungen Mann, daß die Damen, eine Gräfin und ihre Kammerfrau, anfänglich die ganze Nacht durch haben fahren wollen; aber etwa eine halbe Stunde von dieser Schenke sei ihnen ein Reuter begegnet, der sie angerufen und gefragt habe, wohin sie reisen wollten; als er vernommen, daß sie gesonnen seien, die ganze Nacht durch den Spessart zu reisen, habe er ihnen abgeraten, indem es gegenwärtig sehr unsicher sei. „Wenn Ihnen am Rat eines redlichen Mannes etwas liegt", habe er hinzugesetzt, „so stehen Sie ab von diesem Gedanken; es liegt nicht weit von hier eine Schenke; so schlecht und unbequem sie sein mag, so übernachten Sie lieber daselbst, als daß Sie sich in dieser dunkeln Nacht unnötig der Gefahr preisgeben." Der Mann, der ihnen dies geraten, habe sehr ehrlich und rechtlich ausgesehen, und die Gräfin habe in der Angst vor einem Räuberanfall befohlen, an dieser Schenke stillezuhalten.

Der Jäger hielt es für seine Pflicht, die Damen von der Gefahr, worin sie schwebten, zu unterrichten. Er ging in das andere Zimmer, und bald darauf öffnete er die Türe, welche von dem Zimmer der Gräfin in das des Studenten führte; die Gräfin, eine Dame von etwa vierzig Jahren, trat vor Schrecken bleich zu dem Studenten heraus, und ließ sich alles noch einmal von ihm wiederholen. Dann beriet man sich, was in dieser mißlichen Lage zu tun sei, und beschloß, so behutsam als möglich die zwei Bedienten, den Fuhrmann und die Handwerksbursche herbeizuholen, um im Fall eines Angriffs, wenigstens gemeinsame Sache machen zu können.

Als dieses bald darauf geschehen war, wurde das Zimmer der Gräfin gegen die Hausflur hin verschlossen, und mit Kommoden und Stühlen verrammelt. Sie setzte sich mit ihrer Kammerfrau aufs Bette, und die zwei Bedienten hielten bei ihr Wache. Die früheren Gäste aber und der Jäger setzten sich im Zimmer des Studenten um den Tisch, und beschlossen, die Gefahr zu erwarten. Es mochte jetzt etwa zehn Uhr sein, im Hause war alles ruhig und still, und noch machte man keine Miene, die Gäste zu stören. Da sprach der Zirkelschmidt: „Um wach zu bleiben, wäre es wohl das beste, wir machten es wieder wie zuvor; wir erzählten nämlich, was wir von allerlei Geschichten wissen, und wenn der Herr Jäger nichts dagegen hat, so könnten wir weiter fortfahren." Der Jäger aber hatte nicht nur nichts dagegen einzuwenden, sondern um seine Bereitwilligkeit zu zeigen, versprach er, selbst etwas zu erzählen. Er hub an:

Saids Schicksale

Zur Zeit Harun Al-Raschids, des Beherrschers von Bagdad, lebte ein Mann in Balsora, mit Namen Benezar. Er hatte gerade so viel Vermögen, um für sich bequem und ruhig leben zu können, ohne ein Geschäft oder einen Handel zu treiben; auch als ihm ein Sohn geboren wurde, ging er von dieser Weise nicht ab. „Warum soll ich in meinem Alter noch schachern und handeln", sprach er zu seinen Nachbarn, „um vielleicht Said, meinem Sohn, tausend Goldstücke mehr hinterlassen zu können, wenn es gut geht, und geht es schlecht, tausend weniger? Wo zwei speisen, wird auch ein dritter satt, sagt das Sprichwort, und wenn er nur sonst ein guter Junge wird, soll es ihm an nichts fehlen." So sprach Benezar, und hielt Wort; denn er ließ auch seinen Sohn nicht zum Handel oder einem Gewerbe erziehen, doch unterließ er nicht, die Bücher der Weisheit mit ihm zu lesen, und da nach seiner Ansicht einen jungen Mann, außer Gelehrsamkeit und Ehrfurcht vor dem Alter, nichts mehr zierte, als ein gewandter Arm und Mut, so ließ er ihn frühe in den Waffen unterweisen, und Said galt bald unter seinen Altersgenossen, ja selbst unter älteren Jünglingen für einen gewaltigen Kämpfer, und im Reiten und Schwimmen tat es ihm keiner zuvor.

Als er achtzehn Jahre alt war, schickte ihn sein Vater nach Mekka, zum Grab des Propheten, um an Ort und Stelle sein Gebet und seine religiösen Übungen zu verrichten, wie es Sitte und Gebot erfordern. Ehe er abreiste, ließ ihn sein Vater noch einmal vor sich kommen, lobte seine Aufführung, gab ihm gute Lehren, versah ihn mit Geld, und sprach dann: „Noch etwas, mein Sohn Said! Ich bin ein Mann, der über die Vorurteile des Pöbels erhaben ist. Ich höre zwar gern Geschichten von Feien und Zauberern erzählen, weil mir die Zeit dabei angenehm vergeht, doch bin ich weit entfernt, daran zu glauben, wie so viele unwissende Menschen tun, daß diese Genien, oder wer sie sonst sein mögen, Einfluß auf das Leben und Treiben der Menschen haben. Deine Mutter aber, sie ist jetzt zwölf Jahre tot, deine Mutter glaubte so fest daran, als an den Koran; ja sie hat mir in einer einsamen

Stunde, nachdem ich ihr geschworen, es niemand als ihrem Kind zu entdecken, vertraut, daß sie selbst von ihrer Geburt an mit einer Fee in Berührung gestanden habe. Ich habe sie deswegen ausgelacht, und doch muß ich gestehen, daß bei deiner Geburt, Said, einige Dinge vorfielen, die mich selbst in Erstaunen setzten. Es hatte den ganzen Tag geregnet und gedonnert, und der Himmel war so schwarz, daß man nichts lesen konnte ohne Licht. Aber um vier Uhr nachmittags sagte man mir an, es sei mir ein Knäblein geboren. Ich eilte nach den Gemächern deiner Mutter, um meinen Erstgebornen zu sehen und zu segnen, aber alle ihre Zofen standen vor der Türe, und auf meine Fragen antworteten sie, daß jetzt niemand in das Zimmer treten dürfe, Zemira, deine Mutter, habe alle hinausgehen heißen, weil sie allein sein wolle. Ich pochte an die Türe, aber umsonst, sie blieb verschlossen.

Während ich so halb unwillig unter den Zofen vor der Türe stand, klärte sich der Himmel so plötzlich auf, wie ich es nie gesehen hatte, und das Wunderbarste war, daß nur über unserer lieben Stadt Balsora eine reine, blaue Himmelswölbung erschien, ringsum aber lagen die Wolken schwarz aufgerollt, und Blitze zuckten und schlängelten sich in diesem Umkreis. Während ich noch dieses Schauspiel neugierig betrachtete, flog die Türe meiner Gattin auf; ich aber ließ die Mägde noch außen harren, und trat allein in das Gemach, deine Mutter zu fragen, warum sie sich eingeschlossen habe. Als ich eintrat, quoll mir ein so betäubender Geruch von Rosen, Nelken und Hyazinthen entgegen, daß ich beinahe verwirrt wurde. Deine Mutter brachte mir dich dar, und deutete zugleich auf ein silbernes Pfeifchen, das du um den Hals an einer goldenen Kette, so fein wie Seide, trugst: ‚Die gütige Frau, von welcher ich dir einst erzählte, ist dagewesen‘, sprach deine Mutter, ‚sie hat deinem Knaben dieses Angebinde gegeben.‘ ‚Das war also die Hexe, die das Wetter schön machte, und diesen Rosen- und Nelkenduft hinterließ?‘ sprach ich lachend und ungläubig. ‚Aber sie hätte etwas Besseres bescheren können, als dieses Pfeifchen. Etwa einen Beutel voll Gold, ein Pferd oder dergleichen.‘ Deine Mutter beschwor mich, nicht zu spotten, weil die Feen leicht erzürnt ihren Segen in Unsegen verwandeln.

Ich tat es ihr zu Gefallen, und schwieg, weil sie krank war, wir sprachen auch nicht mehr von dem sonderbaren Vorfall, bis sechs Jahre nachher, als sie fühlte, daß sie, so jung sie noch war, sterben müsse. Da gab sie mir das Pfeifchen, trug mir auf, es einst, wenn du zwanzig Jahre alt seiest, dir zu geben, denn keine

Stunde zuvor dürfe ich dich von mir lassen. Sie starb. Hier ist nun das Geschenk", fuhr Benezar fort, indem er ein silbernes Pfeifchen an einer langen goldenen Kette aus einem Kästchen hervorsuchte, „und ich gebe es dir in deinem achtzehnten, statt in deinem zwanzigsten Jahr, weil du abreisest, und ich vielleicht, ehe du heimkehrst, zu meinen Vätern versammelt werde. Ich sehe keinen vernünftigen Grund, warum du noch zwei Jahre hierbleiben sollst, wie es deine besorgte Mutter wünschte. Du bist ein guter und gescheiter Junge, führst die Waffen so gut, als einer von 24 Jahren, daher kann ich dich heute ebensogut für mündig erklären, als wärest du schon zwanzig. Und nun ziehe im Frieden, und denke in Glück und Unglück, vor welchem der Himmel dich bewahren wolle, an deinen Vater."

So sprach Benezar von Balsora, als er seinen Sohn entließ. Said nahm bewegt von ihm Abschied, hing die Kette um den Hals, steckte das Pfeifchen in den Gürtel, schwang sich aufs Pferd, und ritt nach dem Ort, wo sich die Karawane nach Mekka versammelte. In kurzer Zeit waren an 80 Kamele und viele hundert Reiter beisammen; die Karawane setzte sich in Marsch, und Said ritt aus dem Tor von Balsora, seiner Vaterstadt, die er in langer Zeit nicht mehr sehen sollte.

Das Neue einer solchen Reise, und die mancherlei niegesehenen Gegenstände, die sich ihm aufdrängten, zerstreuten ihn anfangs; als man sich aber der Wüste näherte, und die Gegend immer öder und einsamer wurde, da fing er an, über manches nachzudenken, und unter anderem auch über die Worte, womit ihn Benezar, sein Vater, entlassen hatte.

Er zog das Pfeifchen hervor, beschaute es hin und her, und setzte es endlich an den Mund, um einen Versuch zu machen, ob es vielleicht einen recht hellen und schönen Ton von sich gebe; aber siehe, es tönte nicht; er blähte die Backen auf, und blies aus Leibeskräften, aber er konnte keinen Ton hervorbringen, und unwillig über das nutzlose Geschenk, steckte er das Pfeifchen wieder in den Gürtel. Aber bald richteten sich alle seine Gedanken wieder auf die geheimnisvollen Worte seiner Mutter; er hatte von Feen manches gehört, aber nie hatte er erfahren, daß dieser oder jener Nachbar in Balsora mit einem übernatürlichen Genius in Verbindung gestanden sei, sondern man hatte die Sagen von diesen Geistern immer in weit entfernte Länder und alte Zeiten versetzt, und so glaubte er, es gebe heutzutage keine solche Erscheinungen mehr, oder die Feien haben aufgehört, die

Menschen zu besuchen und an ihren Schicksalen teilzunehmen. Obgleich er aber also dachte, so war er doch immer wieder von neuem versucht, an irgend etwas Geheimnisvolles und Übernatürliches zu glauben, was mit seiner Mutter vorgegangen sein könnte, und so kam es, daß er beinahe einen ganzen Tag wie ein Träumender zu Pferde saß, und weder an den Gesprächen der Reisenden teilnahm, noch auf ihren Gesang oder ihr Gelächter achtete.

Said war ein sehr schöner Jüngling; sein Auge war mutig und kühn, sein Mund voll Anmut, und so jung er war, so hatte er in seinem ganzen Wesen schon eine gewisse Würde, die man in diesem Alter nicht so oft trifft, und der Anstand, womit er leicht, aber sicher, und in vollem kriegerischen Schmuck zu Pferd saß, zog die Blicke manches der Reisenden auf sich. Ein alter Mann, der an seiner Seite ritt, fand Wohlgefallen an ihm, und versuchte durch manche Fragen auch seinen Geist zu prüfen. Said, welchem Ehrfurcht gegen das Alter eingeprägt worden war, antwortete bescheiden, aber klug und umsichtig, so daß der Alte eine große Freude an ihm hatte. Da aber der Geist des jungen Mannes schon den ganzen Tag nur mit *einem* Gegenstand beschäftigt war, so geschah es, daß man bald auf das geheimnisvolle Reich der Feen zu sprechen kam, und endlich fragte Said den Alten geradezu, ob er glaube, daß es Feen, gute oder böse Geister geben könne, welche den Menschen beschützen oder verfolgen.

Der alte Mann strich sich den Bart, neigte seinen Kopf hin und her, und sprach dann: „Leugnen läßt es sich nicht, daß es solche Geschichten gegeben hat, obgleich ich bis heute weder einen Geisterzwerg, noch einen Genius als Riese, weder einen Zauberer, noch eine Fee gesehen habe." Der Alte hub dann an, und erzählte dem jungen Mann so viele und wunderbare Geschichten, daß ihm der Kopf schwindelte, und er nicht anders dachte, als alles, was bei seiner Geburt vorgegangen, die Änderung des Wetters, der süße Rosen- und Hyazinthenduft, sei von großer und glücklicher Vorbedeutung, er selbst stehe unter dem besonderen Schutz einer mächtigen, gütigen Fee, und das Pfeifchen sei zu nichts Geringerem ihm geschenkt worden, als der Fee im Fall der Not zu pfeifen. Er träumte die ganze Nacht von Schlössern, Zauberpferden, Genien und dergleichen, und lebte in einem wahren Feenreich.

Doch leider mußte er schon am folgenden Tag die Erfahrung machen, wie nichtig all seine Träume, im Schlafen oder Wachen seien. Die Karawane war schon den größten Teil des Tages im gemächlichen Schritt fortgezogen, Said immer an der Seite seines alten Gefährten, als man dunkle Schatten am fernsten Ende der Wüste bemerkte; die einen hielten es für Sandhügel, die andern für Wolken, wieder andere für eine neue Karawane, aber der Alte, der schon mehrere Reisen gemacht hatte, rief mit lauter Stimme, sich vorzusehen, denn es sei eine Horde räuberischer Araber im Anzug. Die Männer griffen zu den Waffen, die Weiber und die Waren wurden in die Mitte genommen, und alles war auf einen Angriff gefaßt. Die dunkle Masse bewegte sich langsam über die Ebene her, und war anzusehen, wie eine große Schar Störche, wenn sie in ferne Länder ausziehen. Nach und nach kamen sie schneller heran, und kaum hatte man Männer und Lanzen unterschieden, als sie auch schon mit Windeseile herangekommen waren, und auf die Karawane einstürmten.

Die Männer wehrten sich tapfer, aber die Räuber waren über 400 Mann stark, umschwärmten sie von allen Seiten, töteten viele aus der Ferne her, und machten dann einen Angriff mit der Lanze. In diesem furchtbaren Augenblick fiel Said, der immer unter den Vordersten wacker gestritten hatte, sein Pfeifchen ein, er zog es schnell hervor, setzte es an den Mund, blies und – ließ es schmerzlich wieder sinken, denn es gab auch nicht den leisesten Ton von sich. Wütend über diese grausame Enttäuschung zielte er, und schoß einen Araber, der sich durch seine prachtvolle Kleidung auszeichnete, durch die Brust; jener wankte und fiel vom Pferd.

„Allah! was habt Ihr gemacht, junger Mensch!" rief der Alte an seiner Seite, „jetzt sind wir alle verloren." Und so schien es auch; denn kaum sahen die Räuber diesen Mann fallen, als sie ein schreckliches Geschrei erhuben, und mit solcher Wut eindrangen, daß die wenigen noch unverwundeten Männer bald zersprengt wurden. Said sah sich in einem Augenblick von fünf oder sechs umschwärmt. Er führte seine Lanze so gewandt, daß keiner sich heranzunahen wagte; endlich hielt einer an, legte einen Pfeil auf, zielte, und wollte eben die Sehne schnellen lassen, als ihm ein anderer winkte. Der junge Mann machte sich auf einen neuen Angriff gefaßt, aber ehe er sich dessen versah, hatte ihm einer der Araber eine Schlinge über den Kopf geworfen, und so sehr er sich mühte, das Seil zu zerreißen, so war doch alles umsonst, die Schlinge wurde fester und immer fester angezogen, und Said war gefangen.

Die Karawane war endlich entweder ganz aufgerieben oder gefangen worden, und die Araber, welche nicht zu *einem* Stamm gehörten, teilten jetzt die Gefangenen und die übrige Beute, und zogen dann, der eine Teil nach Süden, der andere nach Osten. Neben Said ritten vier Bewaffnete, welche ihn oft mit bitterem Grimm anschauten, und Verwünschungen über ihn ausstießen; er merkte, daß es ein vornehmer Mann, vielleicht sogar ein Prinz gewesen sei, welchen er getötet hatte. Die Sklaverei, welcher er entgegensah, war noch härter als der Tod, darum wünschte er sich im stillen Glück, den Grimm der ganzen Horde auf sich gezogen zu haben, denn er glaubte nicht anders, als in ihrem Lager getötet zu werden. Die Bewaffneten bewachten alle seine Bewegungen, und sooft er sich umschaute, drohten sie ihm mit ihren Spießen; einmal aber, als das Pferd des einen strauchelte, wandte er den Kopf schnell um, und erblickte zu seiner Freude den Alten, seinen Reisegefährten, welchen er unter den Toten geglaubt hatte.

Endlich sah man in der Ferne Bäume und Zelte, als sie näher kamen, strömte ihnen ein ganzer Schwall von Kindern und Weibern entgegen, aber kaum hatten diese einige Worte mit den Räubern gewechselt, als sie in ein schreckliches Geheul ausbrachen, und alle nach Said hinblickten, die Arme gegen ihn aufhoben, und Verwünschungen ausstießen. „Jener ist es", schrieen sie, „der den großen Almansor erschlagen hat, den tapfersten aller Männer; er muß sterben, wir wollen sein Fleisch dem Schakal der Wüste zur Beute geben." Dann drangen sie mit Holzstücken, Erdschollen, und was sie zur Hand hatten, so furchtbar auf Said ein, daß sich die Räuber selbst ins Mittel legen mußten: „Hinweg ihr Unmündigen, fort ihr Weiber", riefen sie, und trieben die Menge mit den Lanzen auseinander; „er hat den großen Almansor erschlagen im Gefecht, und er muß sterben, aber nicht von der Hand eines Weibes, sondern vom Schwert der Tapfern."

Als sie unter den Zelten auf einem freien Platz angelangt waren, machten sie halt; die Gefangenen wurden je zwei und zwei zusammengebunden, die Beute in die Zelte gebracht, Said aber wurde einzeln gefesselt, und in ein großes Zelt geführt. Dort saß ein alter, prachtvoll gekleideter Mann, dessen ernste, stolze Miene verkündete, daß er das Oberhaupt dieser Horde sei. Die Männer, welche Said führten, traten traurig und mit gesenktem Haupt vor ihn hin. „Das Geheul der Weiber sagt mir, was geschehen ist", sprach der majestätische Mann, indem er die Räuber der Reihe nach anblickte, „eure Mienen bestätigen es – Almansor ist gefallen."

„Almansor ist gefallen", antworteten die Männer, „aber hier, Selim, Beherrscher der Wüste, ist sein Mörder, und wir bringen ihn, damit du ihn richtest; welche Todesart soll er sterben? Sollen wir ihn aus der Ferne mit Pfeilen erschießen, sollen wir ihn durch eine Gasse von Lanzen jagen, oder willst du, daß er an einem Strick aufgehängt oder von Pferden zerrissen werde?"

„Wer bist du?" fragte Selim düster auf den Gefangenen blickend, der zum Tod bereit, aber mutig vor ihm stand.

Said beantwortete seine Frage kurz und offen.

„Hast du meinen Sohn meuchlings umgebracht? hast du ihn von hinten mit einem Pfeil oder einer Lanze durchbohrt?"

„Nein Herr!" antwortete Said; „ich habe ihn in offenem Kampf beim Angriff auf unsere Reihen von vorne getötet, weil er schon acht meiner Genossen vor meinen Augen erschlagen hatte."

„Ist es also, wie er sprach?" fragte Selim die Männer, die ihn gefangen hatten.

„Ja Herr, er hat Almansor in offenem Kampf getötet", sprach einer von den Gefragten.

„Dann hat er nicht mehr und nicht minder getan, als wir selbst getan haben würden", versetzte Selim, „er hat seinen Feind, der ihm Freiheit und Leben rauben wollte, bekämpft und erschlagen; drum löset schnell seine Bande!"

Die Männer sahen ihn staunend an, und gingen nur zaudernd und mit Widerwillen ans Werk. „So soll der Mörder deines Sohnes, des tapfern Almansor, nicht sterben", fragte einer, indem er wütende Blicke auf Said warf: „hätten wir ihn lieber gleich umgebracht!"

„Er soll nicht sterben!" rief Selim, „und ich nehme ihn sogar in mein eigenes Zelt auf, ich nehme ihn als meinen gerechten Anteil an der Beute, er sei mein Diener."

Said fand keine Worte, dem Alten zu danken, die Männer aber verließen murrend das Zelt, und als sie den Weibern und Kindern, die draußen versammelt waren, und auf Saids Hinrichtung warteten, den Entschluß des alten Selim mitteilten, erhoben sie ein schreckliches Geheul und Geschrei, und riefen, sie werden Almansors Tod an seinem Mörder rächen, weil sein eigener Vater die Blutrache nicht üben wolle.

Die übrigen Gefangenen wurden an die Horden verteilt,

einige entließ man, um Lösegeld für die reicheren einzutreiben, andere wurden zu den Herden als Hirten geschickt, und manche, die vorher von zehen Sklaven sich bedienen ließen, mußten die niedrigsten Dienste in diesem Lager versehen. Nicht so Said. War es sein mutiges, heldenmäßiges Aussehen, oder der geheimnisvolle Zauber einer gütigen Fee, was den alten Selim für den Jüngling einnahm? Man wußte es nicht zu sagen, aber Said lebte in seinem Zelt mehr als Sohn, denn als Diener. Aber die unbegreifliche Zuneigung des alten Mannes zog ihm die Feindschaft der übrigen Diener zu; er begegnete überall nur feindlichen Blicken, und wenn er allein durchs Lager ging, so hörte er ringsumher Schimpfworte und Verwünschungen ausstoßen, ja, einigemal flogen Pfeile an seiner Brust vorüber, die offenbar ihm gegolten hatten, und daß sie ihn nicht trafen, schrieb er nur dem Pfeifchen zu, das er noch immer auf der Brust trug, und welchem er diesen Schutz zuschrieb. Oft beklagte er sich bei Selim über diese Angriffe auf sein Leben, aber vergebens suchte dieser die Meuchelmörder ausfindig zu machen, denn die ganze Horde schien gegen den begünstigten Fremdling verbunden zu sein. Da sprach eines Tages Selim zu ihm: „Ich hatte gehofft, du werdest mir vielleicht den Sohn ersetzen, der durch deine Hand umgekommen ist; an dir und mir liegt nicht die Schuld, daß es nicht sein konnte; alle sind gegen dich erbittert, und ich selbst kann dich in Zukunft nicht mehr schützen, denn was hilft es dir oder mir, wenn sie dich heimlich getötet haben, den Schuldigen zur Strafe zu ziehen. Darum, wenn die Männer von ihrem Streifzug heimkehren, werde ich sagen, dein Vater habe mir Lösegeld geschickt, und ich werde dich durch einige treue Männer durch die Wüste geleiten lassen."

„Aber kann ich irgendeinem außer dir trauen?" fragte Said bestürzt; „werden sie mich nicht unterwegs töten?"

„Davor schützt dich der Eid, den sie mir schwören müssen, und den noch keiner gebrochen hat", erwiderte Selim mit großer Ruhe. Einige Tage nachher kehrten die Männer ins Lager zurück, und Selim hielt sein Versprechen. Er schenkte dem Jüngling Waffen, Kleider und ein Pferd, versammelte die streitbaren Männer, wählte fünf zur Begleitung Saids aus, ließ sie einen furchtbaren Eid ablegen, daß sie ihn nicht töten wollen, und entließ ihn dann mit Tränen.

Die fünf Männer ritten finster und schweigend mit Said durch die Wüste; der Jüngling sah, wie ungern sie den Auftrag erfüllten, und es machte ihm nicht wenig Besorgnis, daß zwei von ihnen bei jenem Kampf zugegen waren, wo er Almansor tötete. Als sie etwa acht Stunden zurückgelegt hatten, hörte Said, daß sie untereinander flüsterten, und bemerkte, daß ihre Mienen noch düsterer wurden, als vorher. Er strengte sich an, aufzuhorchen, und vernahm, daß sie sich in einer Sprache unterhielten, die nur von dieser Horde, und immer nur bei geheimnisvollen oder gefährlichen Unternehmungen gesprochen wurde; Selim, der den Plan gehabt hatte, den jungen Mann auf immer in seinem Zelt zu behalten, hatte sich manche Stunde damit abgegeben, ihn diese geheimnisvollen Worte zu lehren; aber es war nichts Erfreuliches, was er jetzt vernahm.

„Hier ist die Stelle", sprach einer, „hier griffen wir die Karawane an, und hier fiel der tapferste Mann von der Hand eines Knaben."

„Der Wind hat die Spuren seines Pferdes verweht", fuhr ein anderer fort, „aber ich habe sie nicht vergessen."

„Und zu unserer Schande soll der noch leben und frei sein, der Hand an ihn legte? Wann hat man je gehört, daß ein Vater den Tod seines einzigen Sohnes nicht rächte? Aber Selim wird alt und kindisch."

„Und wenn es der Vater unterläßt", sagte ein vierter, „so ist es Freundespflicht, den gefallnen Freund zu rächen. Hier an dieser Stelle sollten wir ihn niederhauen. So ist es Recht und Brauch seit den ältesten Zeiten."

„Aber wir haben dem Alten geschworen", rief ein fünfter, „wir dürfen ihn nicht töten, unser Eid darf nicht gebrochen werden."

„Es ist wahr", sprachen die andern, „wir haben geschworen, und der Mörder darf frei ausgehen aus den Händen seiner Feinde."

„Halt!" rief einer, der Finsterste unter allen. „Der alte Selim ist ein kluger Kopf, aber doch nicht so klug, als man glaubt; haben wir ihm geschworen, diesen Burschen da- oder dorthin zu bringen? Nein, er nahm uns nur den Schwur auf sein Leben ab, und dieses wollen wir ihm schenken. Aber die brennende Sonne und die scharfen Zähne des Schakals werden unsere Rache übernehmen. Hier an dieser Stelle wollen wir ihn gebunden liegen lassen." So sprach der Räuber, aber schon seit einigen Minuten hatte sich Said auf das Äußerste gefaßt gemacht, und indem jener noch die letzten Worte sprach, riß er sein Pferd auf die Seite, trieb es mit einem tüchtigen Hieb an, und flog wie ein Vogel über die Ebene hin. Die fünf Männer staunten einen Augenblick, aber wohlbewandert in solchen Verfolgungen, teilten sie sich, jagten rechts und links nach, und weil sie die Art und Weise, wie man in der Wüste reiten muß, besser kannten, hatten zwei von ihnen den Flüchtling bald überholt, wandten sich gegen ihn um, und als er auf die Seite floh, fand er auch dort zwei Gegner, und den fünften in seinem Rücken. Der Eid, ihn nicht zu töten, hielt sie ab, ihre Waffen zu gebrauchen; sie warfen ihm auch jetzt wieder von hinten eine Schlinge über den Kopf, zogen ihn vom Pferd, schlugen unbarmherzig auf ihn los, banden ihn dann an Händen und Füßen, und legten ihn in den glühenden Sand der Wüste.

Said flehte sie um Barmherzigkeit an, er versprach ihnen schreiend ein großes Lösegeld, aber lachend schwangen sie sich auf und jagten davon. Noch einige Augenblicke lauschte er auf die leichten Tritte ihrer Rosse, dann aber gab er sich verloren. Er dachte an seinen Vater, an den Gram des alten Mannes, wenn sein Sohn nicht mehr heimkehre; er dachte an sein eigenes Elend, und daß er so frühe sterben müsse, denn nichts war ihm gewisser, als daß er in dem heißen Sand den martervollen Tod des Verschmachtens sterben müsse, oder daß er von einem Schakal zerrissen werde. Die Sonne stieg immer höher, und brannte glühend auf seiner Stirne; mit unendlicher Mühe gelang es ihm, endlich sich aufzuwälzen; aber es gab ihm wenig Erleichterung. Das Pfeifchen an der Kette war durch diese Anstrengung aus seinem Kleid gefallen. Er mühte sich so lange, bis er es mit dem Mund erfassen konnte; endlich berührten es seine Lippen, er versuchte zu blasen, aber auch in dieser schrecklichen Not versagte es den Dienst. Verzweiflungsvoll ließ er den Kopf zurücksinken, und endlich beraubte ihn die stechende Sonne der Sinne; er fiel in eine tiefe Betäubung.

Nach vielen Stunden erwachte Said an einem Geräusch in seiner Nähe, er fühlte zugleich, daß seine Schulter gepackt wurde, und er stieß einen Schrei des Entsetzens aus, denn er glaubte nicht anders, als ein Schakal sei herangekommen, ihn zu zerreißen. Jetzt wurde er auch an den Beinen angefaßt, aber er fühlte, daß es nicht die Krallen eines Raubtiers seien, die ihn umfaßten, sondern die Hände eines Mannes, der sich sorgsam mit ihm beschäftigte, und mit zwei oder drei andern sprach. „Er lebt", flüsterten sie, „aber er hält uns für Feinde."

Endlich schlug Said die Augen auf, und erblickte über sich das Gesicht eines kleinen, dicken Mannes mit kleinen Augen und langem Bart. Dieser sprach ihm freundlich zu, half ihm sich aufzurichten, reichte ihm Speise und Trank, und erzählte ihm, während er sich stärkte, er sei ein Kaufmann aus Bagdad, heiße Kalum-Beck und handle mit Shawls und feinen Schleiern für die Frauen. Er habe eine Handelsreise gemacht, sei jetzt auf der Rückkehr nach Hause begriffen, und habe ihn elend und halbtot im Sand liegen sehen. Sein prachtvoller Anzug und die blitzenden Steine seines Dolches haben ihn aufmerksam gemacht; er habe alles angewandt, ihn zu beleben, und es sei ihm also gelungen. Der Jüngling dankte ihm für sein Leben, denn er sah wohl ein, daß er ohne die Dazwischenkunft dieses Mannes, elend hätte sterben müssen; und da er weder Mittel hatte, sich selbst fortzuhelfen, noch willens war, zu Fuß und allein durch die Wüste zu wandern, so nahm er dankbar einen Sitz auf einem der schwer beladenen Kamele des Kaufmanns an, und beschloß fürs erste mit nach Bagdad zu ziehen, vielleicht könnte er dort sich an eine Gesellschaft, die nach Balsora reisete, anschließen.

Unterwegs erzählte der Kaufmann seinem Reisegefährten manches von dem trefflichen Beherrscher der Gläubigen Harun Al-Raschid. Er erzählte ihm von seiner Gerechtigkeitsliebe und seinem Scharfsinn, wie er die wunderbarsten Prozesse auf einfache und bewundernswürdige Weise zu schlichten weiß; unter anderem führte er die Geschichte von dem Seiler, die Geschichte von dem Topf mit Oliven an, Geschichten, die jedes Kind weiß, die aber Said sehr bewunderte. „Unser Herr, der Beherrscher der Gläubigen", fuhr der Kaufmann fort, „unser Herr ist ein wunderbarer Mann. Wenn Ihr meinet, er schlafe, wie andere gemeine Leute, so täuschet Ihr Euch sehr. Zwei, drei Stunden in der Morgendämmerung ist alles. Ich muß das wissen, denn Messour, sein erster Kämmerer, ist mein Vetter, und obgleich er so verschwiegen ist, wie das Grab, was die Geheimnisse seines Herrn anbelangt, so läßt er doch der guten Verwandtschaft zulieb hin und wieder einen Wink fallen, wenn er sieht, daß einer aus Neugierde beinahe vom Verstand kommen könnte. Statt nun wie andere Menschen zu schlafen, schleicht der Kalif nachts durch die Straßen von Bagdad, und selten verstreicht eine Woche, worin er nicht ein Abenteuer aufstößt; denn Ihr müßt wissen, wie ja auch aus der Geschichte mit dem Oliventopf erhellt, die so wahr ist, als das Wort des Propheten, daß er nicht mit der Wache und zu

Pferd in vollem Putz und mit hundert Fackelträgern seine Runde macht, wie er wohl tun könnte, wenn er wollte, sondern angezogen, bald als Kaufmann, bald als Schiffer, bald als Soldat, bald als Mufti geht er umher, und schaut, ob alles recht und in Ordnung sei.

Daher kommt es aber auch, daß man in keiner Stadt nachts so höflich gegen jeden Narren ist, auf den man stößt, wie in Bagdad; denn es könnte ebensogut der Kalif, wie ein schmutziger Araber aus der Wüste sein, und es wächst Holz genug, um allen Menschen in und um Bagdad die Bastonade zu geben."

So sprach der Kaufmann, und Said, so sehr ihn hin und wieder die Sehnsucht nach seinem Vater quälte, freute sich doch, Bagdad und den berühmten Harun Al-Raschid zu sehen.

Nach zehen Tagen kamen sie in Bagdad an, und Said staunte und bewunderte die Herrlichkeit dieser Stadt, die damals gerade in ihrem höchsten Glanz war. Der Kaufmann lud ihn ein, mit in sein Haus zu kommen, und Said nahm es gerne an, denn jetzt erst unter dem Gewühl der Menschen fiel es ihm ein, daß hier wahrscheinlich außer der Luft und dem Wasser des Tigris und einem Nachtlager auf den Stufen einer Moschee nichts umsonst zu haben sein werde.

Den Tag nach seiner Ankunft, als er sich eben angekleidet hatte, und sich gestand, daß er in diesem prachtvollen kriegerischen Aufzug sich in Bagdad wohl sehen lassen könne, und vielleicht manchen Blick auf sich ziehe, trat der Kaufmann in sein Zimmer. Er betrachtete den schönen Jüngling mit schelmischem Lächeln, strich sich den Bart, und sprach dann: „Das ist alles recht schön, junger Herr! aber was soll denn nun aus Euch werden. Ihr seid, kommt es mir vor, ein großer Träumer, und denket nicht an den folgenden Tag; oder habt Ihr so viel Geld bei Euch, um dem Kleid gemäß zu leben, das Ihr traget?"

„Lieber Herr Kalum-Beck", sprach der Jüngling verlegen und errötend, „Geld habe ich freilich nicht, aber vielleicht strecket Ihr mir etwas vor, womit ich heimreisen kann; mein Vater wird es gewiß richtig erstatten."

„Dein Vater, Bursche?" rief der Kaufmann laut lachend. „Ich glaube, die Sonne hat dir das Hirn verbrannt. Meinst du, ich glaube dir so aufs Wort das ganze Märchen, das du mir in der Wüste erzähltest, daß dein Vater ein reicher Mann in Aleppo sei, du sein einziger Sohn, und den Anfall der Araber, und dein Leben in ihrer Horde, und dies und jenes. Schon damals ärgerte ich mich über deine freche Lügen und deine Unverschämtheit. Ich weiß, daß in Aleppo alle reichen Leute Kaufleute sind, habe schon mit allen gehandelt, und müßte von einem Benezar gehört haben, und wenn er nur sechstausend Tomans im Vermögen hätte. Es ist also entweder erlogen, daß du aus Aleppo bist, oder dein Vater ist ein armer Schlucker, dessen hergelaufenem Jungen ich keine Kupfermünze leihen mag. Sodann der Überfall in der Wüste! Wann hat man gehört, seit der weise Kalif Harun die Handelswege durch die Wüste gesichert hat, daß es Räuber gewagt haben, eine Karawane zu plündern, und sogar Menschen hinwegzuführen? Auch müßte es bekanntgeworden sein, aber auf meinem ganzen Weg, und auch hier in Bagdad, wo Menschen aus allen Gegenden der Welt zusammenkommen, hat man nichts davon gesprochen. Das ist die zweite Lüge, junger, unverschämter Mensch!"

Bleich vor Zorn und Unmut wollte Said dem kleinen bösen Mann in die Rede fallen, jener aber schrie stärker als er, und focht dazu mit den Armen. „Und die dritte Lüge, du frecher Lügner, ist die Geschichte im Lager Selims. Selims Name ist wohlbekannt unter allen, die jemals einen Araber gesehen haben, aber Selim ist bekannt als der schrecklichste und grausamste Räuber, und du wagst zu erzählen, du habest seinen Sohn getötet, und seiest nicht sogleich in Stücke gehauen worden; ja du treibest die Frechheit so weit, daß du das Unglaubliche sagst, Selim habe dich gegen seine Horde beschützt, in sein eigenes Zelt aufgenommen, und ohne Lösegeld entlassen, statt daß er dich aufgehängt hätte an den nächsten besten Baum, er, der oft Reisende gehängt hat, nur um zu sehen, welche Gesichter sie machen, wenn sie aufgehängt sind. O du abscheulicher Lügner!"

„Und ich kann nichts weiter sagen", rief der Jüngling, „als daß alles wahr ist bei meiner Seele und beim Bart des Propheten!"

„Was! bei deiner Seele willst du schwören?" schrie der Kaufmann, „bei deiner schwarzen, lügenhaften Seele? wer soll da glauben? Und beim Bart des Propheten, du, der du selbst keinen Bart hast? wer soll da trauen?"

„Ich habe freilich keine Zeugen", fuhr Said fort, „aber habt Ihr mich nicht gefesselt und elend gefunden?"

„Das beweist mir gar nichts", sprach jener, „du bist gekleidet wie ein stattlicher Räuber, und leicht hast du einen angefallen, der stärker war, als du, dich überwand und band."

„Den einzelnen, oder sogar zwei möchte ich sehen", entgegnete Said, „die mich niederstrecken und binden, wenn sie mir nicht von hinten eine Schlinge über den Kopf werfen. Ihr mögt in Eurem Bazar freilich nicht wissen, was ein einzelner vermag, wenn er in den Waffen geübt ist. Aber Ihr habt mir das Leben gerettet, und ich danke Euch. Was wollt Ihr denn aber jetzt mit mir beginnen? Wenn Ihr mich nicht unterstützet, so muß ich betteln, und ich mag keinen meinesgleichen um eine Gnade anflehen; an den Kalifen will ich mich wenden."

„So?" sprach der Kaufmann höhnisch lächelnd. „An niemand anders wollt Ihr Euch wenden, als an unsern allergnädigsten Herrn? das heiße ich vornehm betteln! Ei, ei! Bedenket aber, junger, vornehmer Herr, daß der Weg zum Kalifen an meinem Vetter Messour vorbeigeht, und daß es mich ein Wort kostet, den Oberkämmerer darauf aufmerksam zu machen, wie trefflich Ihr lügen könnt. – Aber mich dauert deine Jugend, Said. Du kannst dich bessern, es kann noch etwas aus dir werden. Ich will dich in mein Gewölbe im Bazar nehmen, dort sollst du mir ein Jahr lang dienen, und ist dies vorbei, und willst du nicht bei mir bleiben, so zahle ich dir deinen Lohn aus, und lasse dich gehen, wohin du willst, nach Aleppo oder Medina, nach Stambul oder nach Balsora, meinetwegen zu den Ungläubigen. Bis Mittag gebe ich dir Bedenkzeit; willst du, so ist es gut, willst du nicht, so berechne ich dir nach billigem Anschlag die Reisekosten, die du mir machtest, und den Platz auf dem Kamel, mache mich mit deinen Kleidern und allem was du hast bezahlt, und werfe dich auf die Straße; dann kannst du beim Kalifen oder beim Mufti, an der Moschee oder im Bazar betteln."

Mit diesen Worten verließ der böse Mann den unglücklichen Jüngling. Said blickte ihm voll Verachtung nach. Er war so empört über die Schlechtigkeit dieses Menschen, der ihn absichtlich mitgenommen, und in sein Haus gelockt hatte, damit er ihn in seine Gewalt bekäme. Er versuchte, ob er nicht entfliehen könnte, aber sein Zimmer war vergittert, und die Türe verschlossen. Endlich, nachdem sein Sinn sich lange dagegen gesträubt hatte, beschloß er fürs erste den Vorschlag des Kaufmanns anzunehmen, und ihm in seinem Gewölbe zu dienen. Er sah ein, daß ihm nichts Besseres zu tun übrigbleibe; denn wenn er auch entfloh, so konnte er ohne Geld doch nicht bis Aleppo kommen. Aber er nahm sich vor, sobald als möglich den Kalifen selbst um Schutz anzuflehen.

Den folgenden Tag führte Kalum-Beck seinen neuen Diener in sein Gewölbe im Bazar. Er zeigte Said alle Shawls und Schleier und andere Waren, womit er handelte, und wies ihm seinen besonderen Dienst an. Dieser bestand darin, daß Said, angekleidet wie ein Kaufmannsdiener, und nicht mehr im kriegerischen Schmuck, in der einen Hand einen Shawl, in der andern einen prachtvollen Schleier, unter der Türe des Gewölbes stand, die vorübergehenden Männer oder Frauen anrief, seine Waren vorzeigte, ihren Preis nannte, und die Leute zum Kaufen einlud; und jetzt konnte sich Said auch erklären, warum ihn Kalum-Beck zu diesem Geschäft bestimmt habe. Er war ein kleiner, häßlicher Alter, und wenn er selbst unter dem Laden stund und anrief, so sagte mancher Nachbar, oder auch einer der Vorübergehenden ein witziges Wort über ihn, oder die Knaben spotteten seiner, und die Frauen nannten ihn eine Vogelscheuche; aber jedermann sah gerne den jungen, schlanken Said, der mit Anstand die Kunden anrief, und Shawl und Schleier geschickt und zierlich zu halten wußte.

Als Kalum-Beck sah, daß sein Laden im Bazar an Kunden zunahm, seitdem Said unter der Türe stand, wurde er freundlicher gegen den jungen Mann, speiste ihn besser, als zuvor, und war darauf bedacht, ihn in seiner Kleidung immer schön und stattlich zu halten. Aber Said wurde durch solche Beweise der milderen Gesinnungen seines Herrn wenig gerührt, und sann den ganzen Tag, und selbst in seinen Träumen auf gute Art und Weise, um in seine Vaterstadt zurückzukehren. Eines Tages war im Gewölbe vieles gekauft worden, und alle Packknechte, welche die Waren nach Hause trugen, waren schon versandt, als eine Frau eintrat, und noch einiges kaufte. Sie hatte bald gewählt, und verlangte dann jemand, der ihr gegen ein Trinkgeld die Waren nach Hause trage. „In einer halben Stunde kann ich Euch alles schicken", antwortete Kalum-Beck, „nur so lange müßt Ihr Euch gedulden, oder irgendeinen anderen Packer nehmen."

„Seid Ihr ein Kaufmann, und wollet Euren Kunden fremde Packer mitgeben?" rief die Frau. „Kann nicht ein solcher Bursche im Gedräng mit meinem Pack davonlaufen? Und an wen soll ich mich dann wenden? Nein, Eure Pflicht ist es nach Marktrecht mir meinen Pack nach Hause tragen zu lassen, und an Euch kann und will ich mich halten."

„Aber nur eine halbe Stunde wartet, werte Frau!" sprach der

Kaufmann, sich immer ängstlicher drehend; „alle meine Packknechte sind verschickt –"

„Das ist ein schlechtes Gewölbe, das nicht immer einige Knechte übrig hat", entgegnete das böse Weib. „Aber dort steht ja noch solch ein junger Müßiggänger, komm, junger Bursche, nimm meinen Pack, und trag ihn mir nach."

„Halt, halt!" schrie Kalum-Beck, „das ist mein Aushängeschild, mein Ausrufer, mein Magnet! der darf die Schwelle nicht verlassen!"

„Was da!" erwiderte die alte Dame, und steckte Said ohne weiteres ihren Pack unter den Arm; „das ist ein schlechter Kaufmann und elende Waren, die sich nicht selbst loben, und erst noch solch einen müßigen Bengel zum Schild brauchen. Geh, geh Bursche, du sollst heute ein Trinkgeld verdienen."

„So lauf im Namen Arimans und aller bösen Geister", murmelte Kalum-Beck seinem Magnet zu; „und siehe zu, daß du bald wiederkommst; die alte Hexe könnte mich ins Geschrei bringen auf dem ganzen Bazar, wollte ich mich länger weigern."

Said folgte der Frau, die leichteren Schrittes, als man ihrem Alter zutrauen sollte, durch den Markt und die Straßen eilte. Sie stand endlich vor einem prachtvollen Hause still, pochte an, die Flügeltüren sprangen auf, und sie stieg eine Marmortreppe hinan, und winkte Said zu folgen. Sie gelangten endlich in einen hohen, weiten Saal, der mehr Pracht und Herrlichkeit enthielt, als Said jemals geschaut hatte. Dort setzte sich die alte Frau erschöpft auf ein Polster, winkte dem jungen Mann, seinen Pack niederzulegen, reichte ihm ein kleines Silberstück, und hieß ihn gehen.

Er war schon an der Türe, als eine helle, feine Stimme „Said" rief; verwundert, daß man ihn hier kenne, schaute er sich um, und eine wunderschöne Dame, umgeben von vielen Sklaven und Dienerinnen, saß statt der Alten auf dem Polster. Said, ganz stumm vor Verwunderung, kreuzte seine Arme, und machte eine tiefe Verbeugung.

„Said, mein lieber Junge", sprach die Dame. „So sehr ich die Unfälle bedaure, die dich nach Bagdad führten, so war doch dies der einzige, vom Schicksal bestimmte Ort, wo sich, wenn du vor dem zwanzigsten Jahr dein Vaterhaus verließest, dein Schicksal lösen würde. Said, hast du noch dein Pfeifchen?"

„Wohl hab ich es noch", rief er freudig, indem er die goldene

Kette hervorzog; „und Ihr seid vielleicht die gütige Fee, die mir dieses Angebinde gab, als ich geboren wurde?"

„Ich war die Freundin deiner Mutter", antwortete die Fee, „und bin auch deine Freundin, solange du gut bleibst. Ach! daß dein Vater, der leichtsinnige Mann, meinen Rat befolgt hätte! du würdest vielen Leiden entgangen sein."

„Nun, es hat wohl so kommen müssen!" erwiderte Said. „Aber gnädigste Fee, lasset einen tüchtigen Nordostwind an Euren Wolkenwagen spannen, nehmt mich auf, und führet mich in ein paar Minuten nach Aleppo zu meinem Vater; ich will dann die sechs Monate bis zu meinem zwanzigsten Jahr geduldig dort ausharren."

Die Fee lächelte. „Du hast eine gute Weise mit uns zu sprechen", antwortete sie, „aber armer Said! es ist nicht möglich; ich vermag jetzt, wo du außer deinem Vaterhause bist, nichts Wunderbares für dich zu tun. Nicht einmal aus der Gewalt des elenden Kalum-Beck vermag ich dich zu befreien! er steht unter dem Schutz deiner mächtigen Feindin."

„Also nicht nur eine gütige Freundin habe ich?" fragte Said, „auch eine Feindin? Nun, ich glaube ihren Einfluß schon öfter erfahren zu haben. Aber mit Rat dürfet Ihr mich doch unterstützen? Soll ich nicht zum Kalifen gehen, und ihn um Schutz bitten? er ist ein weiser Mann, er wird mich gegen Kalum-Beck beschützen."

„Ja, Harun ist ein weiser Mann!" erwiderte die Fee. „Aber leider ist er auch nur ein Mensch. Er traut seinem Großkämmerer Messour so viel als sich selbst, und er hat recht, denn er hat Messour erprobt, und treu gefunden. Messour aber traut deinem Freund Kalum-Beck auch wie sich selbst, und darin hat er unrecht, denn Kalum ist ein schlechter Mensch, wenn er schon Messours Verwandter ist. Kalum ist zugleich ein verschlagener Kopf, und hat, sobald er hieher kam, seinem Vetter Großkämmerer eine Fabel über dich erdichtet und angeheftet, und dieser hat sie wieder dem Kalifen erzählt, so daß du, kämest du auch gleich jetzt in den Palast Haruns, schlecht empfangen werden würdest, denn er traute dir nicht. Aber es gibt andere Mittel und Wege, sich ihm zu nahen, und es steht in den Sternen geschrieben, daß du seine Gnade erwerben sollst."

„Das ist freilich schlimm", sagte Said wehmütig. „Da werde ich schon noch einige Zeit der Ladenhüter des elenden Kalum-Beck sein müssen. Aber *eine* Gnade, verehrte Frau! könnet Ihr mir doch gewähren. Ich bin zum Waffenwerk erzogen, und meine höchste Freude ist ein Kampfspiel, wo recht tüchtig gefochten wird mit Lanze, Bogen und stumpfem Schwert. Nun halten die edelsten Jünglinge dieser Stadt alle Wochen ein solches Kampfspiel. Aber nur Leute im höchsten Schmuck, und überdies nur *freie* Männer dürfen in die Schranken reiten, namentlich aber kein Diener aus dem Bazar. Wenn Ihr nun bewirken könntet, daß ich alle Wochen ein Pferd, Kleider, Waffen haben könnte, und daß man mein Gesicht nicht so leicht erkennte –"

„Das ist ein Wunsch, wie ihn ein edler junger Mann wohl wagen darf", sprach die Fee; „der Vater deiner Mutter war der tapferste Mann in Syrien, und sein Geist scheint sich auf dich vererbt zu haben. Merke dir dies Haus; du sollst jede Woche hier ein Pferd und zwei berittene Knappen, ferner Waffen und Kleider finden, und ein Waschwasser für dein Gesicht, das dich für alle Augen unkenntlich machen soll. Und nun, Said, lebe wohl! Harre aus und sei klug und tugendhaft. In sechs Monaten wird dein Pfeifchen tönen, und Zulimas Ohr wird für seine Töne offen sein."

Der Jüngling schied von seiner wunderbaren Beschützerin mit Dank und Verehrung; er merkte sich das Haus und die Straße genau, und ging dann nach dem Bazar zurück.

Als Said in den Bazar zurückkehrte, kam er gerade noch zu rechter Zeit, um seinen Herrn und Meister Kalum-Beck zu unterstützen und zu retten. Ein großes Gedränge war um den Laden, Knaben tanzten um den Kaufmann her, und verhöhnten ihn, und die Alten lachten. Er selbst stand vor Wut zitternd und in großer Verlegenheit vor dem Laden, in der einen Hand einen Shawl, in der andern den Schleier. Diese sonderbare Szene kam aber von einem Vorfall her, der sich nach Saids Abwesenheit ereignet hatte. Kalum hatte sich statt seines schönen Dieners unter die Türe gestellt und ausgerufen, aber niemand mochte bei dem alten, häßlichen Burschen kaufen. Da gingen zwei Männer den Bazar herab, und wollten für ihre Frauen Geschenke kaufen. Sie waren suchend schon einigemal auf und nieder gegangen, und eben jetzt sah man sie mit umherirrenden Blicken wieder herabgehen.

Kalum-Beck, der dies bemerkte, wollte es sich zu Nutzen machen und rief: „Hier, meine Herren, hier! was suchet ihr, schöne Schleier, schöne Ware?"

„Guter Alter", erwiderte einer, „deine Waren mögen recht gut sein, aber unsere Frauen sind wunderlich, und es ist Sitte in der Stadt geworden, die Schleier bei niemand zu kaufen, als bei dem schönen Ladendiener Said; wir gehen schon eine halbe Stunde umher, ihn zu suchen, und finden ihn nicht; aber kannst du uns sagen, wo wir ihn etwa treffen, so kaufen wir dir ein andermal ab."

„Allahit Allah!" rief Kalum-Beck freundlich grinsend, „euch hat der Prophet vor die rechte Türe geführt. Zum schönen Ladendiener wollet ihr, um Schleier zu kaufen? Nun, tretet nur ein, hier ist sein Gewölbe."

Der eine dieser Männer lachte über Kalums kleine und häßliche Gestalt und seine Behauptung, daß er der schöne Ladendiener sei, der andere aber glaubte, Kalum wolle sich über ihn lustig machen, blieb ihm nichts schuldig, sondern schimpfte ihn weidlich. Dadurch kam Kalum-Beck außer sich; er rief seine Nachbarn zu Zeugen auf, daß man keinen andern Laden als den seinigen das Gewölbe des schönen Ladendieners nenne; aber die Nachbarn, welche ihn wegen des Zulaufs, den er seit einiger Zeit hatte, beneideten, wollten hievon nichts wissen, und die beiden Männer gingen nun dem alten Lügner, wie sie ihn nannten, ernstlich zu Leib; Kalum verteidigte sich mehr durch Geschrei und Schimpfworte, als durch seine Faust, und so lockte er eine Menge Menschen vor sein Gewölbe; die halbe Stadt kannte ihn als einen geizigen, gemeinen Filz, alle Umstehenden gönnten ihm die Püffe, die er bekam, und schon packte ihn einer der beiden Männer am Bart, als eben dieser am Arm gefaßt, und mit einem einzigen Ruck zu Boden geworfen wurde, so daß sein Turban herabfiel, und seine Pantoffeln weit hinwegflogen.

Die Menge, welche es wahrscheinlich gerne gesehen hätte, wenn Kalum-Beck mißhandelt worden wäre, murrte laut, der Gefährte des Niedergeworfenen sah sich nach dem um, der es gewagt hatte, seinen Freund niederzuwerfen, als er aber einen hohen, kräftigen Jüngling mit blitzenden Augen und mutiger Miene vor sich stehen sah, wagte er es nicht, ihn anzugreifen, da überdies Kalum, dem seine Rettung wie ein Wunder erschien, auf den jungen Mann deutete und schrie: „Nun! was wollt ihr dann mehr, da steht er ja, ihr Herren, das ist Said, der schöne Ladendiener." Die Leute umher lachten, weil sie wußten, daß Kalum-Beck vorhin unrecht geschehen war. Der niedergeworfene Mann stand beschämt auf, und hinkte mit seinem Genossen weiter, ohne weder Shawl, noch Schleier zu kaufen.

„O du Stern aller Ladendiener, du Krone des Bazar!" rief Kalum, als er seinen Diener in den Laden führte; „wahrlich, das heiße ich zu rechter Zeit kommen, das nenne ich die Hand ins Mittel legen; lag doch der Bursche auf dem Boden, als ob er nie auf den Beinen gestanden wäre, und ich – ich hätte keinen Barbier mehr gebraucht, um mir den Bart kämmen und salben zu lassen, wenn du nur zwei Minuten später kamst; womit kann ich es dir vergelten?"

Es war nur das schnelle Gefühl des Mitleids gewesen, was Saids Hand und Herz regiert hatte, jetzt, als dieses Gefühl sich legte, reute es ihn fast, daß er die gute Züchtigung dem bösen Mann erspart hatte; ein Dutzend Barthaare weniger, dachte er, hätten ihn auf 12 Tage sanft und geschmeidig gemacht; er suchte aber dennoch die günstige Stimmung des Kaufmanns zu benutzen, und erbat sich von ihm zum Dank die Gunst, alle Wochen einmal einen Abend für sich benützen zu dürfen zu einem Spaziergang, oder zu was es auch sei. Kalum gab es zu; denn er wußte wohl, daß sein gezwungener Diener zu vernünftig sei, um ohne Geld und gute Kleider zu entfliehen.

Bald hatte Said erreicht was er wollte. Am nächsten Mittwoch, dem Tag, wo sich die jungen Leute aus den vornehmsten Ständen auf einem öffentlichen Platz der Stadt versammelten, um ihre kriegerischen Übungen zu halten, sagte er Kalum, er wolle diesen Abend für sich benützen, und als dieser es erlaubt hatte, ging er in die Straße, wo die Fee wohnte, pochte an, und sogleich sprang die Pforte auf. Die Diener schienen auf seine Ankunft schon vorbereitet gewesen zu sein, denn ohne ihn erst nach seinem Begehren zu fragen, führten sie ihn die Treppe hinan in ein schönes Gemach; dort reichten sie ihm zuerst das Waschwasser, das ihn unkenntlich machen sollte. Er benetzte sein Gesicht damit, schaute dann in einen Metallspiegel, und kannte sich beinahe selbst nicht mehr, denn er war jetzt von der Sonne gebräunt, trug einen schönen schwarzen Bart, und sah zum mindesten zehen Jahre älter aus, als er in der Tat zählte.

Hierauf führten sie ihn in ein zweites Gemach, wo er eine vollständige und prachtvolle Kleidung fand, an welcher sich der Kalif von Bagdad selbst nicht hätte schämen dürfen, an dem Tag, wo er in vollem Glanze seiner Herrlichkeit sein Heer musterte. Außer einem Turban vom feinsten Gewebe mit einer Agraffe von Diamanten und hohen Reiherfedern, einem Kleid von schwerem rotem Seidenzeug mit silbernen Blumen durchwirkt, fand Said einen Brustpanzer von silbernen Ringen, der so fein gearbeitet war, daß er sich nach jeder Bewegung des Körpers schmiegte, und doch zugleich so fest, daß ihn weder die Lanze, noch das Schwert durchdringen konnten. Eine Damaszenerklinge in reich verzierter Scheide, mit einem Griff, dessen Steine Said unschätzbar deuchten, vollendete seinen kriegerischen Schmuck. Als er völlig gerüstet wieder aus der Türe trat, überreichte ihm einer der Diener ein seidenes Tuch, und sagte ihm, daß die Gebieterin des Hauses ihm dieses Tuch schicke; wenn er damit sein Gesicht abwische, so werde der Bart und die braune Farbe verschwinden.

In dem Hof des Hauses standen drei schöne Pferde; das schönste bestieg Said, die beiden andern seine Diener, und dann trabte er freudig dem Platze zu, wo die Kampfspiele gehalten werden sollten. Durch den Glanz seiner Kleider und die Pracht seiner Waffen zog er aller Augen auf sich, und ein allgemeines Geflüster des Staunens entstand, als er in den Ring, welchen die Menge umgab, einritt. Es war eine glänzende Versammlung der tapfersten und edelsten Jünglinge Bagdads; selbst die Brüder des Kalifen sah man ihre Rosse tummeln und die Lanzen schwingen. Als Said heranritt, und niemand ihn zu kennen schien, ritt der Sohn des Großwesirs mit einigen Freunden auf ihn zu, grüßte ihn ehrerbietig, lud ihn ein, an ihren Spielen teilzunehmen, und fragte ihn nach seinem Namen und seinem Vaterland. Said gab vor, er heiße Almansor, und komme von Kairo, sei auf einer Reise begriffen, und habe von der Tapferkeit und Geschicklichkeit der jungen Edeln von Bagdad so vieles gehört, daß er nicht gesäumt habe, sie zu sehen, und kennenzulernen. Den jungen Leuten gefiel der Anstand und das mutige Wesen Said-Almansors, sie ließen ihm eine Lanze reichen, und seine Partie wählen, denn die ganze Gesellschaft hatte sich in zwei Partien geteilt, um einzeln und in Scharen gegeneinander zu fechten.

Aber hatte schon Saids Äußeres die Aufmerksamkeit auf ihn gelenkt, so staunte man jetzt noch mehr über seine ungewöhnliche Geschicklichkeit und Behendigkeit. Sein Pferd war schneller als ein Vogel, und sein Schwert schwirrte noch behender umher. Er warf die Lanze so leicht, weit und sicher, als wäre sie ein Pfeil, den er von einem sicheren Bogen abgeschnellt hätte. Die Tapfersten seiner Gegenpartie besiegte er, und am Schluß der Spiele war er so allgemein als Sieger anerkannt, daß einer der Brüder des Kalifen, und der Sohn des Großwesirs, die auf Saids

Seite gekämpft hatten, ihn baten, auch mit ihnen zu streiten. Ali, der Bruder des Kalifen wurde von ihm besiegt, aber der Sohn des Großwesirs widerstand ihm so tapfer, daß sie es nach langem Kampf für besser hielten, die Entscheidung für das nächste Mal aufzusparen.

Den Tag nach diesen Spielen sprach man in ganz Bagdad von nichts, als dem schönen, reichen und tapferen Fremdling; alle, die ihn gesehen hatten, ja selbst die von ihm besiegt waren, waren entzückt von seinen edeln Sitten, und sogar vor seinen eigenen Ohren im Gewölbe Kalum-Becks wurde über ihn gesprochen, und man beklagte nur, daß niemand wisse, wo er wohne. Das nächste Mal fand er im Hause der Fee ein noch schöneres Kleid, und noch köstlicheren Waffenschmuck. Diesmal hatte sich halb Bagdad zugedrängt, selbst der Kalif sah von einem Balkon herab dem Schauspiel zu; auch er bewunderte den Fremdling Almansor, und hing ihm, als die Spiele geendet hatten, eine große Denkmünze von Gold an einer goldenen Kette um den Hals, um ihm seine Bewunderung zu bezeigen. Es konnte nicht anders kommen, als daß dieser zweite, noch glänzendere Sieg den Neid der jungen Leute von Bagdad aufregte. „Ein Fremdling", sprachen sie untereinander, „soll hieher kommen nach Bagdad, uns Ruhm, Ehre und Sieg zu entreißen? Er soll sich an andern Orten damit brüsten können, daß unter der Blüte von Bagdads Jünglingen keiner gewesen sei, der es entfernt hätte mit ihm aufnehmen können?" So sprachen sie, und beschlossen beim nächsten Kampfspiel, als wäre es aus Zufall geschehen, zu fünf oder sechs über ihn herzufallen.

Saids scharfen Blicken entgingen diese Zeichen des Unmuts nicht; er sah, wie sie in der Ecke zusammen standen, flüsterten, und mit bösen Mienen auf ihn deuteten; er ahnete, daß außer dem Bruder des Kalifen und dem Sohn des Großwesir keiner sehr freundlich gegen ihn gesinnt sein möchte, und diese selbst wurden ihm durch ihre Fragen lästig, wo sie ihn aufsuchen könnten, womit er sich beschäftige, was ihm in Bagdad wohlgefallen habe, und dergleichen.

Es war ein sonderbarer Zufall, daß derjenige der jungen Männer, welcher Said-Almansor mit den grimmigsten Blicken betrachtete, und am feindseligsten gegen ihn gesinnt schien, niemand anders war, als der Mann, den er vor einiger Zeit bei Kalum-Becks Bude niedergeworfen hatte, als er gerade im Begriff war, dem unglücklichen Kaufmann den Bart auszureißen.

Dieser Mann betrachtete ihn immer aufmerksam und neidisch, Said hatte ihn zwar schon einigemal besiegt, aber dies war kein hinlänglicher Grund zu solcher Feindseligkeit, und Said fürchtete schon, jener möchte ihn an seinem Wuchs oder an der Stimme als Kalum-Becks Ladendiener erkannt haben, eine Entdeckung, die ihn dem Spott und der Rache dieser Leute aussetzen würde. Der Anschlag, welchen seine Neider auf ihn gemacht hatten, scheiterte sowohl an seiner Vorsicht und Tapferkeit, als auch an der Freundschaft, womit ihm der Bruder des Kalifen und der Sohn des Großwesir zugetan waren. Als diese sahen, daß er von wenigstens sechs umringt sei, die ihn vom Pferd zu werfen, oder zu entwaffnen suchten, sprengten sie herbei, jagten den ganzen Trupp auseinander, und drohten den jungen Leuten, welche so verräterisch gehandelt hatten, sie aus der Kampfbahn zu stoßen. Mehr denn vier Monate hatte Said auf diese Weise zum Erstaunen Bagdads seine Tapferkeit erprobt, als er eines Abends, beim Nachhausegehen von dem Kampfplatz einige Stimmen vernahm, die ihm bekannt schienen. Vor ihm gingen vier Männer, die sich langsamen Schrittes über etwas zu beraten schienen. Als Said leise näher trat, hörte er, daß sie den Dialekt der Horde Selims in der Wüste sprechen, und ahnete, daß die vier Männer auf irgendeine Räuberei ausgehen. Sein erstes Gefühl war, sich von diesen vieren zurückzuziehen, als er aber bedachte, daß er irgend etwas Böses verhindern könnte, schlich er sich noch näher herzu, diese Männer zu behorchen.

„Der Türsteher hat ausdrücklich gesagt, die Straße rechts vom Bazar", sprach der eine, „dort werde und müsse er heute nacht mit dem Großwesir durchkommen."

„Gut", antwortete ein anderer. „Den Großwesir fürchte ich nicht; er ist alt und wohl kein sonderlicher Held, aber der Kalif soll ein gutes Schwert führen, und ich traue ihm nicht; es schleichen ihm gewiß zehn oder zwölf von der Leibwache nach."

„Keine Seele", entgegnete ihm ein dritter. „Wenn man ihn je gesehen und erkannt hat bei Nacht, war er immer nur allein mit dem Wesir oder mit dem Oberkämmerling. Heute nacht muß er unser sein, aber es darf ihm kein Leid geschehen."

„Ich denke, das beste ist", sprach der erste, „wir werfen ihm eine Schlinge über den Kopf; töten dürfen wir ihn nicht, denn für seinen Leichnam würden sie ein geringes Lösegeld geben, und überdies wären wir nicht sicher, es zu bekommen."

„Also eine Stunde vor Mitternacht!" sagten sie zusammen und schieden, der eine hierhin, der andere dorthin.

Said war über diesen Anschlag nicht wenig erschrocken. Er beschloß, sogleich zum Palast des Kalifen zu eilen, und ihn von der Gefahr, die ihm drohte, zu unterrichten. Aber als er schon durch mehrere Straßen gelaufen war, fielen ihm die Worte der Fee bei, die ihm gesagt hatte, wie schlecht er bei dem Kalifen angeschrieben sei; er bedachte, daß man vielleicht seine Angabe verlachen, oder als einen Versuch, bei dem Beherrscher von Bagdad sich einzuschmeicheln, ansehen könnte, und so hielt er seine Schritte an, und achtete es für das beste, sich auf sein gutes Schwert zu verlassen, und den Kalifen persönlich aus den Händen der Räuber zu retten.

Er ging daher nicht in Kalum-Becks Haus zurück, sondern setzte sich auf die Stufen einer Moschee, und wartete dort bis die Nacht völlig angebrochen war; dann ging er am Bazar vorbei in jene Straße, welche die Räuber bezeichnet hatten, und verbarg sich hinter dem Vorsprung eines Hauses. Er mochte ungefähr eine Stunde dort gestanden sein, als er zwei Männer langsam die Straße herabkommen hörte, anfänglich glaubte er, es sei der Kalif und der Großwesir, aber einer der Männer klatschte in die Hand, und sogleich eilten zwei andere sehr leise die Straße herauf vom Bazar her. Sie flüsterten eine Weile und teilten sich dann; drei versteckten sich nicht weit von ihm, und einer ging in der Straße auf und ab. Die Nacht war sehr finster, aber stille, und so mußte sich Said auf sein scharfes Ohr beinahe ganz allein verlassen.

Wieder war etwa eine halbe Stunde vergangen, als man gegen den Bazar hin Schritte vernahm. Der Räuber mochte sie auch gehört haben; er schlich an Said vorüber dem Bazar zu. Die Schritte kamen näher, und schon konnte Said einige dunkle Gestalten erkennen, als der Räuber in die Hand klatschte, und in demselben Augenblick stürzten die drei aus dem Hinterhalt hervor. Die Angegriffenen mußten übrigens bewaffnet sein, denn er vernahm den Klang von aneinandergeschlagenen Schwertern. Sogleich zog er seine Damaszenerklinge und stürzte sich mit dem Ruf: „Nieder mit den Feinden des großen Harun!" auf die Räuber, streckte mit dem ersten Hieb einen zu Boden, und drang dann auf zwei andere ein, die eben im Begriff waren, einen Mann, um welchen sie einen Strick geworfen hatten, zu entwaffnen. Er hieb blindlings auf den Strick ein, um ihn zu zerschneiden, aber er traf dabei einen der Räuber so heftig über den Arm, daß er ihm die Hand abschlug; der Räuber stürzte mit fürchterlichem Geschrei auf die Knie. Jetzt wandte sich der vierte, der mit einem andern Mann gefochten hatte, gegen Said, der noch mit dem dritten im Kampf war, aber der Mann, um welchen man die Schlinge geworfen hatte, sah sich nicht sobald frei, als er seinen Dolch zog, und ihn dem Angreifenden von der Seite in die Brust stieß. Als dies der noch Übriggebliebene sah, warf er seinen Säbel weg und floh.

Said blieb nicht lange in Ungewißheit wen er gerettet habe; denn der größere der beiden Männer trat zu ihm und sprach: »Das eine ist so sonderbar wie das andere, dieser Angriff auf mein Leben oder meine Freiheit, wie die unbegreifliche Hilfe und Rettung. Wie wußtet Ihr wer ich bin? Habt Ihr von dem Anschlag dieser Menschen gewußt?«

»Beherrscher der Gläubigen«, antwortete Said, »denn ich zweifle nicht, daß du es bist. Ich ging heute abend durch die Straße El Malek hinter einigen Männern, deren fremden und geheimnisvollen Dialekt ich einst gelernt habe. Sie sprachen davon, dich gefangenzunehmen, und den würdigen Mann, deinen Wesir zu töten. Weil es nun zu spät war, dich zu warnen, beschloß ich, an den Platz zu gehen, wo sie dir auflauern wollten, um dir beizustehen.«

»Danke dir«, sprach Harun, »an dieser Stätte ist übrigens nicht gut weilen; nimm diesen Ring, und komm damit morgen in meinen Palast; wir wollen dann mehr über dich und deine Hülfe reden, und sehen, wie ich dich am besten belohnen kann. Komm Wesir, hier ist nicht gut weilen, sie können wiederkommen.«

Er sprach es, und wollte den Großwesir fortziehen, nachdem er dem Jüngling einen Ring an den Finger gesteckt hatte, dieser aber bat ihn noch ein wenig zu verweilen, wandte sich um, und reichte dem überraschten Jüngling einen schweren Beutel: »Junger Mann«, sprach er, »mein Herr, der Kalif, kann dich zu allem machen, wozu er will, selbst zu meinem Nachfolger, ich selbst kann wenig tun, und was ich tun kann, geschieht heute besser als morgen; drum nimm diesen Beutel. Das soll meinen Dank übrigens nicht abkaufen. Sooft du irgendeinen Wunsch hast, komm getrost zu mir.«

Ganz trunken vor Glück eilte Said nach Hause. Aber hier wurde er übel empfangen; Kalum-Beck wurde über sein langes Ausbleiben zuerst unwillig, und dann besorgt, denn er dachte, er könnte leicht den schönen Aushängeschild seines Gewölbes verlieren. Er empfing ihn mit Schmähworten und tobte und raste wie ein Wahnsinniger. Aber Said, der einen Blick in den Beutel getan und gefunden hatte, daß er lauter Goldstücke enthalte, bedachte, daß er jetzt nach seiner Heimat reisen könne, auch ohne die Gnade des Kalifen, die gewiß nicht geringer war, als der Dank seines Wesirs, und so blieb er ihm kein Wort schuldig, sondern erklärte ihm rund und deutlich, daß er keine Stunde länger bei ihm bleiben werde. Von Anfang erschrak Kalum-Beck hierüber sehr, dann aber lachte er höhnisch, und sprach: „Du Lump und Landläufer, du ärmlicher Wicht! wohin willst du denn deine Zuflucht nehmen, wenn ich meine Hand von dir abziehe? Wo willst du ein Mittagessen bekommen, und wo ein Nachtlager?"

„Das soll Euch nicht kümmern, Herr Kalum-Beck", antwortete Said trotzig, „gehabt Euch wohl, mich sehet Ihr nicht wieder."

Er sprach es, und lief zur Türe hinaus, und Kalum-Beck schaute ihm sprachlos vor Staunen nach. Den andern Morgen aber, nachdem er sich den Fall recht überlegt hatte, schickte er seine Packknechte aus, und ließ überall nach dem Flüchtling spähen. Lange suchten sie umsonst, endlich aber kam einer zurück, und sagte, er habe Said, den Ladendiener, aus einer Moschee kommen, und in ein Karawanserei gehen sehen. Er sei aber ganz verändert, trage ein schönes Kleid, einen Dolch und Säbel, und einen prachtvollen Turban.

Als Kalum-Beck dies hörte, schwur er und rief: „Bestohlen hat er mich, und sich dafür gekleidet. O ich geschlagener Mann!" Dann lief er zum Aufseher der Polizei und da man wußte, daß er ein Verwandter von Messour, dem Oberkämmerling sei, so wurde es ihm nicht schwer, einige Polizeidiener von ihm zu erlangen, um Said zu verhaften. Said saß vor einem Karawanserei und besprach sich ganz ruhig mit einem Kaufmann, den er da gefunden, über eine Reise nach Aleppo seiner Vaterstadt; da fielen plötzlich einige Männer über ihn her, und banden ihm, trotz seiner Gegenwehr, die Hände auf den Rücken. Er fragte sie, was sie zu dieser Gewalttat berechtige, und sie antworteten, es geschehe im Namen der Polizei und seines rechtmäßigen Gebieters Kalum-Beck. Zugleich trat der kleine, häßliche Mann herzu, verhöhnte und verspottete Said, griff in seine Tasche, und zog zum Staunen der Umstehenden und mit Triumphgeschrei einen großen Beutel mit Gold heraus.

„Sehet! das alles hat er mir nach und nach gestohlen, der schlechte Mensch!" rief er, und die Leute sahen mit Abscheu auf den Gefangenen, und riefen: „Wie! noch so jung, so schön, und doch so schlecht! Zum Gericht, zum Gericht, damit er die Bastonade erhalte." So schleppten sie ihn fort, und ein ungeheurer Zug Menschen aus allen Ständen schloß sich an, sie riefen: „Sehet das ist der schöne Ladendiener vom Bazar – er hat seinen Herrn bestohlen und ist enflohen – zweihundert Goldstücke hat er gestohlen."

Der Aufseher der Polizei empfing den Gefangenen mit finsterer Miene; Said wollte sprechen, aber der Beamte gebot ihm zu schweigen und verhörte nur den kleinen Kaufmann. Er zeigte ihm den Beutel, und fragte ihn, ob ihm dieses Gold gestohlen worden sei; Kalum-Beck beschwor es; aber sein Meineid verhalf ihm zwar zu dem Gold, doch nicht zu dem schönen Ladendiener, der ihm tausend Goldstücke wert war, denn der Richter sprach: „Nach einem Gesetz, das mein großmächtigster Herr, der Kalif erst vor wenigen Tagen geschärft hat, wird jeder Diebstahl, der hundert Goldstücke übersteigt, und auf dem Bazar begangen wird, mit ewiger Verbannung auf eine wüste Insel bestraft. Dieser Dieb kommt gerade zu rechter Zeit, er macht die Zahl von zwanzig solcher Bursche voll; morgen werden sie auf eine Barke gepackt, und in die See geführt."

Said war in Verzweiflung, er beschwor den Beamten, ihn anzuhören, ihn nur ein Wort mit dem Kalifen sprechen zu lassen, aber er fand keine Gnade. Kalum-Beck, der jetzt seinen Schwur bereute, sprach ebenfalls für ihn, aber der Richter antwortete: „Du hast dein Gold, und kannst zufrieden sein, gehe nach Hause, und verhalte dich ruhig, sonst strafe ich dich für jeden Widerspruch um 10 Goldstücke." Kalum schwieg bestürzt, der Richter aber winkte, und der unglückliche Said wurde abgeführt.

Man brachte ihn in ein finsteres und feuchtes Gefängnis; neunzehen elende Menschen lagen dort auf Stroh umher, und empfingen ihn als ihren Leidensgefährten mit rohem Gelächter und Verwünschungen gegen den Richter und den Kalifen. So schrecklich sein Schicksal vor ihm lag, so fürchterlich der Gedanke war, auf eine wüste Insel verbannt zu werden, so fand er doch noch einigen Trost darin, schon am folgenden Tag aus diesem schrecklichen Gefängnis erlöst zu werden. Aber er täuschte sich sehr, als er glaubte, sein Zustand auf dem Schiff werde besser sein. In den untersten Raum, wo man nicht aufrecht stehen konnte, wurden die zwanzig Verbrecher hinabgeworfen, und dort stießen und schlugen sie sich um die besten Plätze.

Die Anker wurden gelichtet, und Said weinte bittere Tränen, als das Schiff, das ihn von seinem Vaterland entführen sollte, sich zu bewegen anfing. Nur einmal des Tages teilte man ihnen ein wenig Brot und Früchte und einen Trunk süßen Wassers aus, und so dunkel war es in dem Schiffsraum, daß man immer Lichter herabbringen mußte, wenn die Gefangenen speisen sollten. Beinahe alle zwei drei Tage fand man einen Toten unter ihnen, so ungesund war die Luft in diesem Wasserkerker, und Said wurde nur durch seine Jugend und seine feste Gesundheit erhalten.

Vierzehn Tage waren sie schon auf dem Wasser, als eines Tages die Wellen heftiger rauschten, und ein ungewöhnliches Treiben und Rennen auf dem Schiff entstand.

Said ahnete, daß ein Sturm im Anzug sei; es war ihm sogar angenehm, denn er hoffte dann zu sterben.

Heftiger wurde das Schiff hin und her geworfen, und endlich saß es mit schrecklichem Krachen fest. Geschrei und Geheul scholl von dem Verdeck herab, und mischte sich mit dem Brausen des Sturmes. Endlich wurde es wieder stille, aber zu gleicher Zeit entdeckte auch einer der Gefangenen, daß das Wasser in das Schiff eindringe. Sie pochten an der Falltüre nach oben, aber man antwortete ihnen nicht. Als daher das Wasser immer heftiger eindrang, drängten sie sich mit vereinigten Kräften gegen die Türe, und sprengten sie auf.

Sie stiegen die Treppe hinan, aber oben fanden sie keinen Menschen mehr. Die ganze Schiffsmannschaft hatte sich in Böten gerettet. Jetzt gerieten die meisten Gefangenen in Verzweiflung; denn der Sturm wütete immer heftiger, das Schiff krachte und senkte sich. Noch einige Stunden saßen sie auf dem Verdeck, und hielten ihre letzte Mahlzeit von den Vorräten, die sie im Schiff gefunden, dann erneuerte sich auf einmal der Sturm, das Schiff wurde von der Klippe, worauf es festsaß, hinweggerissen, und brach zusammen.

Said hatte sich am Mast angeklammert, und hielt ihn, als das Schiff geborsten war, noch immer fest. Die Wellen warfen ihn hin und her, aber er hielt sich, mit den Füßen rudernd, immer wieder oben. So schwamm er in immerwährender Todesgefahr eine halbe Stunde, da fiel die Kette mit dem Pfeifchen wieder aus seinem Kleid, und noch einmal wollte er versuchen, ob es nicht töne? Mit der einen Hand klammerte er sich fest, mit der andern setzte er es an seinen Mund, blies, ein heller, klarer Ton erscholl, und augenblicklich legte sich der Sturm, und die Wellen glätteten sich, als hätte man Öl darauf ausgegossen. Kaum hatte er sich mit leichterem Atem umgesehen, ob er nicht irgendwo Land erspähen könnte, als der Mast unter ihm sich auf eine sonderbare Weise auszudehnen und zu bewegen anfing, und zu seinem nicht geringen Schrecken nahm er wahr, daß er nicht mehr auf Holz, sondern auf einem ungeheuren Delphin reite; nach einigen Augenblicken aber kehrte seine Fassung zurück, und da er sah, daß der Delphin zwar schnell, aber ruhig und gelassen seine Bahn fortschwimme, schrieb er seine wunderbare Rettung dem silbernen Pfeifchen und der gütigen Fee zu, und rief seinen feurigsten Dank in die Lüfte.

Pfeilschnell trug ihn sein wunderbares Pferd durch die Wogen, und noch ehe es Abend wurde, sah er Land, und erkannte einen breiten Fluß, in welchen der Delphin auch sogleich einbog. Stromaufwärts ging es langsamer, und um nicht verschmachten zu müssen, nahm Said, der sich aus alten Zaubergeschichten erinnerte wie man zaubern müsse, das Pfeifchen heraus, pfiff laut und herzhaft und wünschte sich dann ein gutes Mahl. Sogleich hielt der Fisch stille, und hervor aus dem Wasser tauchte ein Tisch, so wenig naß, als ob er acht Tage an der Sonne gestanden wäre, und reich besetzt mit köstlichen Speisen. Said griff weidlich zu, denn seine Kost während seiner Gefangenschaft war schmal und elend gewesen, und als er sich hinlänglich gesättigt hatte, sagte er Dank, der Tisch tauchte nieder, er aber stauchte den Delphin in die Seite, und sogleich schwamm dieser weiter den Fluß hinauf.

Die Sonne fing schon an zu sinken, als Said in dunkler Ferne eine große Stadt erblickte, deren Minaretts ihm Ähnlichkeit mit denen von Bagdad zu haben schienen. Der Gedanke an Bagdad war ihm nicht sehr angenehm, aber sein Vertrauen auf die gütige Fee war so groß, daß er fest glaubte, sie werde ihn nicht wieder in die Hände des schändlichen Kalum-Beck fallen lassen. Zur Seite etwa eine Meile von der Stadt und nahe am Fluß erblickte er ein prachtvolles Landhaus, und zu seiner großen Verwunderung lenkte der Fisch nach diesem Hause hin.

Auf dem Dach des Hauses standen mehrere schön gekleidete Männer, und am Ufer sah Said eine große Menge Diener, und alle schauten nach ihm, und schlugen vor Verwunderung die Hände zusammen. An einer Marmortreppe, die vom Wasser nach dem Lustschloß hinaufführte, hielt der Delphin an, und kaum hatte Said einen Fuß auf die Treppe gesetzt, so war auch schon der Fisch spurlos verschwunden. Zugleich eilten einige Diener die Treppe hinab, und baten im Namen ihres Herrn, zu ihm hinaufzukommen, und boten ihm trockene Kleider an. Er kleidete sich schnell um, und folgte dann den Dienern auf das Dach, wo er drei Männer fand, von welchen der größte und schönste ihm freundlich und huldreich entgegenkam. „Wer bist du, wunderbarer Fremdling", sprach er, „der du die Fische des Meeres zähmst, und sie links und rechts leitest, wie der beste Reiter sein Streitroß? Bist du ein Zauberer oder ein Mensch wie wir?"

„Herr!" antwortete Said, „mir ist es in den letzten Wochen schlecht ergangen, wenn Ihr aber Vergnügen daran findet, so will ich Euch erzählen." Und nun hub er an, und erzählte den drei Männern seine Geschichte, von dem Augenblick an, wo er seines Vaters Haus verlassen hatte, bis zu seiner wunderbaren Rettung. Oft wurde er von ihnen mit Zeichen des Staunens und der Verwunderung unterbrochen, als er aber geendet hatte, sprach der Herr des Hauses, der ihn so freundlich empfangen hatte: „Ich traue deinen Worten, Said! Aber du erzähltest uns, daß du im Wettkampf eine Kette gewonnen, und daß dir der Kalif einen Ring geschenkt; kannst du wohl diese uns zeigen?"

„Hier auf meinem Herzen habe ich beide verwahrt", sprach der Jüngling, „und nur mit meinem Leben hätte ich so teure Geschenke hergegeben, denn ich achte es für die ruhmvollste und schönste Tat, daß ich den großen Kalifen aus den Händen seiner Mörder befreite." Zugleich zog er Kette und Ring hervor, und übergab beides den Männern.

„Beim Bart des Propheten, er ist's, es ist *mein* Ring!" rief der hohe schöne Mann. „Großwesir, laß uns ihn umarmen, denn hier steht unser Retter." Said war es wie ein Traum, als diese zwei ihn umschlangen, aber alsobald warf er sich nieder und sprach: „Verzeihe, Beherrscher der Gläubigen, daß ich so vor dir gesprochen habe, denn du bist kein anderer, als Harun Al-Raschid, der große Kalif von Bagdad."

„Der bin ich, und dein Freund!" antwortete Harun, „und von dieser Stunde an sollen sich alle deine trüben Schicksale wenden. Folge mir nach Bagdad, bleibe in meiner Umgebung und sei einer meiner vertrautesten Beamten, denn wahrlich du hast in jener Nacht gezeigt, daß dir Harun nicht gleichgültig sei, und nicht jeden meiner treuesten Diener möchte ich auf gleiche Probe stellen!"

Said dankte dem Kalifen; er versprach ihm auf immer bei ihm zu bleiben, wenn er zuvor eine Reise zu seinem Vater der in großen Sorgen um ihn sein müsse, gemacht haben werde, und der Kalif fand dies gerecht und billig. Sie setzten sich bald zu Pferd, und kamen noch vor Sonnenuntergang in Bagdad an. Der Kalif ließ Said eine lange Reihe prachtvoll geschmückter Zimmer in seinem Palast anweisen, und versprach ihm noch überdies, ein eigenes Haus für ihn erbauen zu lassen.

Auf die erste Kunde von diesem Ereignis eilten die alten Waffenbrüder Saids, der Bruder des Kalifen, und der Sohn des Großwesirs herbei; sie umarmten ihn als Retter dieser teuren Männer und baten ihn, er möchte ihr Freund werden; aber sprachlos wurden sie vor Erstaunen, als er sagte: „Euer Freund bin ich längst", als er die Kette, die er als Kampfpreis erhalten, hervorzog, und sie an dieses und jenes erinnerte. Sie hatten ihn immer nur schwärzlichbraun und mit langem Bart gesehen, und erst als er erzählte, wie und warum er sich entstellt habe, als er zu seiner Rechtfertigung stumpfe Waffen herbeibringen ließ, mit ihnen focht, und ihnen den Beweis gab, daß er Almansor, der Tapfere sei, erst dann umarmten sie ihn mit Jubel von neuem, und priesen sich glücklich, einen solchen Freund zu haben.

Den folgenden Tag, als eben Said mit dem Großwesir bei Harun saß, trat Messour, der Oberkämmerer, herein und sprach: „Beherrscher der Gläubigen, so es anders sein kann, möchte ich dich um eine Gnade bitten."

„Ich will zuvor hören", antwortete Harun.

„Draußen steht mein lieber, leiblicher Vetter Kalum-Beck, ein berühmter Kaufmann auf dem Bazar", sprach er. „Der hat einen sonderbaren Handel mit einem Mann aus Aleppo, dessen Sohn bei Kalum-Beck diente, nachher gestohlen hat, dann entlaufen ist, und niemand weiß wohin. Nun will aber der Vater seinen Sohn von Kalum haben, und dieser hat ihn doch nicht; er wünscht daher und bittet um die Gnade, du möchtest, kraft deiner großen Erleuchtung und Weisheit sprechen zwischen dem Mann aus Aleppo und ihm."

„Ich will richten", erwiderte der Kalif. „In einer halben Stunde möge dein Herr Vetter mit seinem Gegner in den Gerichtssaal treten."

Als Messour dankend gegangen war, sprach Harun: „Das ist niemand anders, als dein Vater, Said, und da ich nun glücklicherweise alles wie es ist, erfahren habe, will ich richten wie Salomo. Du, Said, verbirgst dich hinter den Vorhang meines Thrones, bis ich dich rufe, und du, Großwesir, läßt mir sogleich den schlechten und voreiligen Polizeirichter holen; ich werde ihn im Verhör brauchen."

Sie taten beide wie er befohlen. Saids Herz pochte stärker, als er seinen Vater bleich und abgehärmt, mit wankenden Schritten in den Gerichtssaal treten sah, und Kalum-Becks feines zuversichtliches Lächeln, womit er zu seinem Vetter Oberkämmerer flüsterte, machte ihn so grimmig, daß er gerne hinter dem Vorhang hervor auf ihn losgestürzt wäre. Denn seine größten Leiden und Kümmernisse hatte er diesem schlechten Menschen zu danken.

Es waren viele Menschen im Saal, die den Kalifen Recht sprechend hören wollten. Der Großwesir gebot, nachdem der Herrscher von Bagdad auf seinem Thron Platz genommen hatte, Stille, und fragte, wer hier als Kläger vor seinem Herrn erscheine.

Kalum-Beck trat mit frecher Stirne vor und sprach:

„Vor einigen Tagen stand ich unter der Türe meines Gewölbes im Bazar, als ein Ausrufer, einen Beutel in der Hand, und diesen Mann hier neben sich, durch die Buden schritt, und rief: ,Einen Beutel Gold dem, der Auskunft geben kann von Said aus Aleppo.' Dieser Said war in meinen Diensten gewesen und ich rief daher: ,Hieher Freund! ich kann den Beutel verdienen.' Dieser Mann, der jetzt so feindlich gegen mich ist, kam freundlich und fragt, was ich wüßte? Ich antwortete: ,Ihr seid wohl Benezar, sein Vater?' und als er dies freudig bejahte, erzählte ich ihm, wie ich den jungen Menschen in der Wüste gefunden, gerettet und gepflegt und nach Bagdad gebracht habe. In der Freude seines Herzens schenkte er mir den Beutel. Aber hört diesen unsinnigen Menschen, wie ich ihm nun weiter erzählte, daß sein Sohn bei mir gedient habe, daß er schlechte Streiche macht, gestohlen habe, und davongegangen sei, will er es nicht glauben, hadert schon seit einigen Tagen mit mir, fodert seinen Sohn und sein Geld zurück, und beides kann ich nicht geben, denn das Geld gebührt mir für die Nachricht, die ich ihm gab, und seinen ungeratenen Burschen kann ich nicht herbeischaffen."

Jetzt sprach auch Benezar; er schilderte seinen Sohn, wie edel und tugendhaft er sei, und daß er nie habe so schlecht sein können, zu stehlen. Er forderte den Kalifen auf, streng zu untersuchen.

„Ich hoffe", sprach Harun, „du hast, wie es Pflicht ist, den Diebstahl angezeigt, Kalum-Beck?"

„Ei freilich!" rief jener lächelnd. „Vor den Polizeirichter habe ich ihn geführt."

„Man bringe den Polizeirichter!" befahl der Kalife.

Zum allgemeinen Erstaunen erschien dieser sogleich, wie durch Zauberei herbeigebracht. Der Kalife fragte ihn, ob er sich dieses Handels erinnere, und dieser gestand den Fall zu.

„Hast du den jungen Mann verhört, hat er den Diebstahl eingestanden?" fragte Harun.

„Nein, er war sogar so verstockt, daß er niemand, als Euch selbst gestehen wollte!" erwiderte der Richter.

„Aber ich erinnere mich nicht, ihn gesehen zu haben", sagte der Kalif.

„Ei warum auch! da müßte ich alle Tage einen ganzen Pack solches Gesindel zu Euch schicken, die Euch sprechen wollen."

„Du weißt, daß mein Ohr für jeden offen ist", antwortete Harun, „aber wahrscheinlich waren die Beweise über den Diebstahl so klar, daß es nicht nötig war, den jungen Menschen vor mein Angesicht zu bringen. Du hattest wohl Zeugen, daß das Geld, das dir gestohlen wurde, dein gehörte, Kalum?"

„Zeugen?" fragte dieser erbleichend, „nein, Zeugen hatte ich nicht, und Ihr wisset ja, Beherrscher der Gläubigen, daß ein Goldstück aussieht wie das andere. Woher konnte ich denn Zeugen nehmen, daß *diese* hundert Stück in meiner Kasse fehlen?"

„An was erkanntest du denn, daß jene Summe gerade dir gehöre?" fragte der Kalife.

„An dem Beutel, in welchem sie war", erwiderte Kalum.

„Hast du den Beutel hier?" forschte jener weiter.

„Hier ist er", sprach der Kaufmann, zog einen Beutel hervor, und reichte ihn dem Großwesir, damit er ihn dem Kalifen gebe.

Doch dieser rief mit verstelltem Erstaunen: „Beim Bart des Propheten! der Beutel soll dein sein, du Hund? Mein gehörte dieser Beutel, und ich gab ihn mit hundert Goldstücken gefüllt einem braven jungen Mann, der mich aus einer großen Gefahr befreite."

„Kannst du darauf schwören?" fragte der Kalife.

„So gewiß als ich einst ins Paradies kommen will", antwortete der Wesir, „denn meine Tochter hat ihn selbst verfertigt."

„Ei! ei!" rief Harun, „so wurdest du also falsch berichtet, Polizeirichter? Warum hast du denn geglaubt, daß der Beutel diesem Kaufmann gehöre?"

„Er hat geschworen", antwortete der Polizeirichter furchtsam.

„So hast du *falsch* geschworen?" donnerte der Kalife den Kaufmann an, der erbleichend und zitternd vor ihm stand.

„Allah, Allah!" rief jener. „Ich will gewiß nichts gegen den Herrn Großwesir sagen, er ist ein glaubwürdiger Mann, aber ach! der Beutel gehörte doch mein, und der nichtswürdige Said hat ihn gestohlen. Tausend Toman wollte ich geben, wenn er jetzt zur Stelle wäre."

„Was hast du denn mit diesem Said angefangen?" fragte der Kalife. „Sag an wohin man schicken muß, damit er vor mir Bekenntnis ablege!"

„Ich habe ihn auf eine wüste Insel geschickt", sprach der Polizeirichter.

„O Said! mein Sohn, mein Sohn!" rief der unglückliche Vater, und weinte.

„So hat er also das Verbrechen bekannt?" fragte Harun.

Der Polizeirichter erbleichte; er rollte seine Augen hin und her, und endlich sprach er: „Wenn ich mich noch recht erinnern kann — ja."

„Du weißt es also nicht gewiß?" fuhr der Kalif mit schrecklicher Stimme fort, „so wollen wir ihn selbst fragen. Tritt hervor, Said, und du, Kalum-Beck, zahlst vor allem tausend Goldstücke, weil er jetzt hier zur Stelle ist."

Kalum und der Polizeirichter glaubten ein Gespenst zu sehen; sie stürzten nieder und riefen: „Gnade, Gnade!" Benezar, vor Freuden halb ohnmächtig eilte in die Arme seines verlorenen Sohnes. Aber mit eiserner Strenge fragte jetzt der Kalife: „Polizeirichter; hier steht Said; hat er gestanden?"

„Nein, nein!" heulte der Polizeirichter, „ich habe nur Kalums Zeugnis gehört, weil er ein angesehener Mann ist."

„Habe ich dich darum als Richter über alle bestellt, daß du nur den Vornehmen hörest?" rief Harun Al-Raschid mit edlem Zorn. „Auf zehen Jahre verbanne ich dich auf eine wüste Insel, mitten im Meere, da kannst du über Gerechtigkeit nachdenken, und du, elender Mensch, der du Sterbende erweckst, nicht um sie zu retten, sondern um sie zu deinen Sklaven zu machen, du zahlst, wie schon gesagt, tausend Tomans, weil du sie versprochen, wenn Said käme um für dich zu zeugen."

Kalum freute sich so wohlfeil aus dem bösen Handel zu kommen, und wollte eben dem gütigen Kalifen danken, doch dieser fuhr fort: „Für den falschen Eid wegen der hundert Goldstücke bekommst du hundert Hiebe auf die Fußsohlen. Ferner hat Said zu wählen, ob er dein ganzes Gewölbe, und dich als Lastträger nehmen will, oder ob er mit 10 Goldstücken für jeden Tag, welchen er dir diente, zufrieden ist?"

„Lasset den Elenden laufen, Kalife!" rief der Jüngling, „ich will nichts, das sein gehörte."

„Nein", antwortete Harun, „ich will, daß du entschädiget werdest. Ich wähle statt deiner die 10 Goldstücke für den Tag, und du magst berechnen, wieviel Tage du in seinen Klauen warst. Jetzt fort mit diesen Elenden."

Sie wurden abgeführt, und der Kalife führte Benezar und Said in einen andern Saal, dort erzählte er ihm selbst seine wunderbare Rettung durch Said, und wurde nur zuweilen durch das Geheul Kalum-Becks unterbrochen, dem man soeben im Hof seine hundert vollwichtigen Goldstücke auf die Fußsohlen zählte.

Der Kalife lud Benezar ein, mit Said, bei ihm in Bagdad zu leben. Er sagte es zu, und reiste nur noch einmal nach Hause um sein großes Vermögen abzuholen. Said aber lebte in dem Palast, den ihm der dankbare Kalife erbaut hatte, wie ein Fürst. Der Bruder des Kalifen und der Sohn des Großwesirs waren seine Gesellschafter, und es war in Bagdad zum Sprichwort geworden: „Ich möchte so gut und so glücklich sein, als Said, der Sohn Benezars."

„Bei solcher Unterhaltung käme mir kein Schlaf in die Augen, wenn ich auch zwei, drei und mehrere Nächte wach bleiben müßte", sagte der Zirkelschmidt, als der Jäger geendigt hatte. „Und oft schon habe ich dies bewährt befunden. So war ich in früherer Zeit als Geselle bei einem Glockengießer. Der Meister war ein reicher Mann, und kein Geizhals; aber eben darum wunderten wir uns nicht wenig, als wir einmal eine große Arbeit hatten, und er, ganz gegen seine Gewohnheit, so knickerig als möglich erschien. Es wurde in die neue Kirche eine Glocke gegossen, und wir Jungen und Gesellen mußten die ganze Nacht am Herd sitzen, und das Feuer hüten. Wir glaubten nicht anders, als der Meister werde sein Mutterfäßchen anstechen, und uns den besten Wein vorsetzen. Aber nicht also. Er ließ nur alle Stunden einen Umtrunk tun, und fing an von seiner Wanderschaft, von seinem Leben allerlei Geschichten zu erzählen, dann kam es an den Obergesellen, und so nach der Reihe und keiner von uns wurde schläfrig, denn begierig horchten wir alle zu. Ehe wir uns dessen versahen, war es Tag. Da erkannten wir die List des Meisters, daß er uns durch Reden habe wach halten wollen. Denn als die Glocke fertig war, schonte er seinen Wein nicht, und holte ein, was er weislich in jener Nacht versäumte."

„Das war ein vernünftiger Mann", erwiderte der Student; „für den Schlaf, das ist gewiß, hilft nichts als Reden. Darum möchte ich diese Nacht nicht einsam bleiben, weil ich mich gegen eilf Uhr hin des Schlafes nicht erwehren könnte."

„Das haben auch die Bauersleute wohl bedacht", sagte der Jäger; „wenn die Frauen und Mädchen in den langen Winterabenden bei Licht spinnen, so bleiben sie nicht einsam zu Hause, weil sie da wohl mitten unter der Arbeit einschliefen, sondern sie kommen zusammen in den sogenannten Lichtstuben, setzen sich in großer Gesellschaft zur Arbeit und erzählen."

„Ja", fiel der Fuhrmann ein, „da geht es oft recht greulich zu, daß man sich ordentlich fürchten möchte, denn sie erzählen von feurigen Geistern, die auf der Wiese gehen, von Kobolden, die nachts in den Kammern poltern, und von Gespenstern, die Menschen und Vieh ängstigen."

„Da haben sie nun freilich nicht die beste Unterhaltung", entgegnete der Student. „Mir, ich gestehe es, ist nichts so verhaßt, als Gespenstergeschichten."

„Ei, da denke ich gerade das Gegenteil", rief der Zirkelschmidt. „Mir ist es recht behaglich bei einer rechten Schauergeschichte. Es ist gerade wie beim Regenwetter, wenn man unter dem Dach schläft. Man hört die Tropfen tick, tack, tick, tack auf die Ziegel herunterrauschen, und fühlt sich recht warm im Trockenen. So, wenn man bei Licht und in Gesellschaft von Gespenstern hört, fühlt man sich sicher und behaglich."

„Aber nachher?" sagte der Student. „Wenn einer zugehört hat, der dem lächerlichen Glauben an Gespenster ergeben ist, wird er sich nicht grauen, wenn er allein ist, und im Dunkeln? wird er nicht an alles das Schauerliche denken, was er gehört? Ich kann mich noch heute über diese Gespenstergeschichten ärgern, wenn ich an meine Kindheit denke. Ich war ein munterer, aufgeweckter Junge, und mochte vielleicht etwas unruhiger sein, als meiner Amme lieb war. Da wußte sie nun kein anderes Mittel mich zum Schweigen zu bringen, als sie machte mich fürchten. Sie erzählte mir allerlei schauerliche Geschichten von Hexen und bösen Geistern, die im Hause spuken sollten, und wenn eine Katze auf dem Boden ihr Wesen trieb, flüsterte sie mir ängstlich zu: ‚Hörst du, Söhnchen? jetzt geht er wieder Treppe auf, Treppe ab, der tote Mann. Er trägt seinen Kopf unter dem Arm, aber seine Augen glänzen doch wie Laternen, Krallen hat er statt der Finger und wenn er einen im Dunkeln erwischt, dreht er ihm den Hals um.'"

Die Männer lachten über diese Geschichten, aber der Student fuhr fort: „Ich war zu jung, als daß ich hätte einsehen können, dies alles sei unwahr und erfunden. Ich fürchtete mich nicht vor dem größten Jagdhund, warf jeden meiner Gespielen in den Sand, aber wenn ich ins Dunkle kam, drückte ich vor Angst die Augen zu, denn ich glaubte, jetzt werde der tote Mann heranschleichen. Es ging so weit, daß ich nicht mehr allein, und ohne Licht aus der Türe gehen wollte, wenn es dunkel war, und wie manchmal hat mich mein Vater nachher gezüchtigt, als er diese Unart bemerkte. Aber lange Zeit konnte ich diese kindische Furcht nicht loswerden, und allein meine törichte Amme trug die Schuld."

„Ja das ist ein großer Fehler", bemerkte der Jäger, „wenn man die kindlichen Gedanken mit solchem Aberwitz füllt. Ich kann Sie versichern, daß ich brave, beherzte Männer gekannt habe, Jäger, die sich sonst vor drei Feinden nicht fürchteten – wenn sie nachts im Wald aufs Wild lauern sollten, oder auf Wilddiebe, da gebrach es ihnen oft plötzlich an Mut; denn sie sahen einen Baum für ein schreckliches Gespenst, einen Busch für eine Hexe, und ein paar Glühwürmer für die Augen eines Ungetüms an, das im Dunkeln auf sie laure."

„Und nicht nur für Kinder", entgegnete der Student, „halte ich Unterhaltungen dieser Art für höchst schädlich und töricht, sondern auch für jeden; denn welcher vernünftige Mensch wird sich über das Treiben und Wesen von Dingen unterhalten, die eigentlich nur im Hirn eines Toren wirklich sind. Dort spukt es, sonst nirgends. Doch am allerschädlichsten sind diese Geschichten unter dem Landvolk. Dort glaubt man fest und unabweichlich an Torheiten dieser Art, und dieser Glaube wird in den Spinnstuben und in der Schenke genährt, wo sie sich enge zusammensetzen, und mit furchtsamer Stimme die allergreulichsten Geschichten erzählen."

„Ja Herr!" erwiderte der Fuhrmann. „Ihr möget nicht unrecht haben; schon manches Unglück ist durch solche Geschichten entstanden, ist ja doch sogar meine eigene Schwester dadurch elendiglich ums Leben gekommen."

„Wie das? an solchen Geschichten!" riefen die Männer erstaunt.

„Jawohl an solchen Geschichten", sprach jener weiter. „In dem Dorf, wo unser Vater wohnte, ist auch die Sitte, daß die Frauen und Mädchen in den Winterabenden zum Spinnen sich zusammensetzen. Die jungen Bursche kommen dann auch, und erzählen mancherlei. So kam es eines Abends, daß man von Gespenstern und Erscheinungen sprach, und die jungen Bursche erzählten von einem alten Krämer, der schon vor zehen Jahren gestorben sei, aber im Grab keine Ruhe finde. Jede Nacht werfe er die Erde von sich ab, steige aus dem Grab, schleiche langsam und hustend, wie er im Leben getan, nach seinem Laden, und wäge dort Zucker und Kaffee ab, indem er vor sich hin murmle:

,Drei Vierling, drei Vierling um Mitternacht
Haben bei Tag ein Pfund gemacht.'

Viele behaupteten, ihn gesehen zu haben, und die Mädchen und Weiber fingen an, sich zu fürchten. Meine Schwester aber, ein Mädchen von sechszehen Jahren, wollte klüger sein, als die andern, und sagte: ,Das glaube ich alles nicht; wer einmal tot ist, kommt nicht wieder!' Sie sagte es, aber leider ohne Überzeugung, denn sie hatte sich oft schon gefürchtet. Da sagte einer von den jungen Leuten: ,Wenn du dies glaubst, so wirst du dich auch nicht vor ihm fürchten; sein Grab ist nur zwei Schritte von Käthchens, die letzthin gestorben. Wage es einmal, gehe hin auf den Kirchhof, brich von Käthchens Grab eine Blume und bringe sie uns, so wollen wir glauben, daß du dich vor dem Krämer nicht fürchtest!'

Meine Schwester schämte sich, von den andern verlacht zu werden, darum sagte sie: ,Oh! das ist mir ein leichtes; was wollt ihr denn für eine Blume?'

,Es blüht im ganzen Dorf keine weiße Rose, als dort; drum bring uns einen Strauß von diesen', antwortete eine ihrer Freundinnen. Sie stand auf und ging, und alle Männer lobten ihren Mut, aber die Frauen schüttelten den Kopf, und sagten: ,Wenn es nur gut abläuft!' Meine Schwester ging dem Kirchhof zu; der Mond schien hell, und sie fing an zu schaudern, als es zwölf Uhr schlug und sie die Kirchhofpforte öffnete.

Sie stieg über manchen Grabhügel weg, den sie kannte, und ihr Herz wurde bange und immer banger, je näher sie zu Käthchens weißen Rosen, und zum Grab des gespenstigen Krämers kam.

Jetzt war sie da; zitternd kniete sie nieder, und knickte die Blumen ab. Da glaubte sie ganz in der Nähe ein Geräusch zu vernehmen; sie sah sich um; zwei Schritte von ihr flog die Erde von einem Grab hinweg, und langsam richtete sich eine Gestalt daraus empor. Es war ein alter, bleicher Mann, mit einer weißen Schlafmütze auf dem Kopf. Meine Schwester erschrak; sie schaute noch einmal hin, um sich zu überzeugen, ob sie recht gesehen; als aber der im Grabe mit näselnder Stimme anfing zu sprechen: ‚Guten Abend Jungfer; woher so spät?' da erfaßte sie ein Grauen des Todes; sie raffte sich auf, sprang über die Gräber hin nach jenem Hause, erzählte beinahe atemlos, was sie gesehen, und wurde so schwach, daß man sie nach Hause tragen mußte. Was nützte es uns, daß wir am andern Tage erfuhren, daß es der Totengräber gewesen sei, der dort ein Grab gemacht, und zu meiner armen Schwester gesprochen habe; sie verfiel noch ehe sie dies erfahren konnte, in ein hitziges Fieber, an welchem sie nach drei Tagen starb. Die Rosen zu ihrem Totenkranz hatte sie sich selbst gebrochen."

Der Fuhrmann schwieg, und eine Träne hing in seinen Augen, die andern aber sahen teilnehmend auf ihn.

„So hat das arme Kind auch an diesem Köhlerglauben sterben müssen", sagte der junge Goldarbeiter; „mir fällt da eine Sage bei, die ich euch wohl erzählen möchte, und die leider mit einem solchen Trauerfall zusammenhängt:"

Die Höhle von Steenfoll

Eine schottländische Sage

Auf einer der Felseninseln Schottlands lebten vor vielen Jahren zwei Fischer in glücklicher Eintracht. Sie waren beide unverheuratet, hatten auch sonst keine Angehörigen, und ihre gemeinsame Arbeit, obgleich verschieden angewendet, nährte sie beide. Im Alter kamen sie einander ziemlich nahe, aber von Person und an Gemütsart glichen sie einander nicht mehr, als ein Adler und ein Seekalb. –

Kaspar Strumpf war ein kurzer, dicker Mensch, mit einem breiten, fetten Vollmondsgesicht, und gutmütig lachenden Augen, denen Gram und Sorge fremd zu sein schienen. Er war nicht nur fett, sondern auch schläfrig und faul, und ihm fielen daher die Arbeiten des Hauses, Kochen und Backen, das Stricken der Netze zum eigenen Fischfang und zum Verkaufe, auch ein großer Teil der Bestellung ihres kleinen Feldes anheim. Ganz das Gegenteil war sein Gefährte: lang und hager, mit kühner Habichtsnase und scharfen Augen, war er als der tätigste und glücklichste Fischer, der unternehmendste Kletterer nach Vögeln und Daunen, der fleißigste Feldarbeiter auf den Inseln, und dabei als der geldgierigste Händler auf dem Markte zu Kirchwall bekannt; aber da seine Waren gut und sein Wandel frei von Betrug war, so handelte jeder gern mit ihm, und Wilm Falke (so nannten ihn seine Landsleute), und Kaspar Strumpf, mit welchem ersterer trotz seiner Habsucht gerne seinen schwer errungenen Gewinn teilte, hatten nicht nur eine gute Nahrung, sondern waren auch auf gutem Wege, einen gewissen Grad von Wohlhabenheit zu erlangen. Aber Wohlhabenheit allein war es nicht, was Falkes habsüchtigem Gemüte zusagte; er wollte reich, *sehr* reich werden, und da er bald einsehen lernte, daß auf dem gewöhnlichen Wege des Fleißes das Reichwerden nicht sehr schnell vor sich ging, so verfiel er zuletzt auf den Gedanken, er müßte seinen Reichtum durch irgendeinen außerordentlichen Glückszufall erlangen, und da nun dieser Gedanke einmal von seinem heftig wollenden Geiste Besitz genommen, fand er für nichts anderes Raum darin, und er fing an, mit Kaspar Strumpf davon, als von einer gewissen Sache zu reden. Dieser, dem alles was Falke sagte, für Evangelium galt, erzählte es seinen Nachbarn, und bald verbreitete sich das Gerücht, Wilm Falke hätte sich entweder wirklich dem Bösen für Gold verschrieben, oder hätte doch ein Anerbieten dazu von dem Fürsten der Unterwelt bekommen.

Anfangs zwar verlachte Falke diese Gerüchte, aber allmählich gefiel er sich in dem Gedanken, daß irgendein Geist ihm einmal einen Schatz verraten könne, und er widersprach nicht länger, wenn ihn seine Landsleute damit aufzogen. Er trieb zwar noch immer sein Geschäft fort, aber mit weniger Eifer, und verlor oft einen großen Teil der Zeit, die er sonst mit Fischfang oder andern nützlichen Arbeiten zuzubringen pflegte, in zwecklosem Suchen irgendeines Abenteuers, wodurch er plötzlich reich werden sollte. Auch wollte es sein Unglück, daß, als er eines Tages am einsamen Ufer stand, und in unbestimmter Hoffnung auf das bewegte Meer hinausblickte, als solle ihm von dorther sein großes Glück kommen, eine große Welle unter einer Menge losgerissenen Mooses und Gesteins, eine gelbe Kugel – eine Kugel von Gold – zu seinen Füßen rollte.

Wilm stand wie bezaubert; so waren denn seine Hoffnungen nicht leere Träume gewesen, das Meer hatte ihm Gold, schönes reines Gold geschenkt, wahrscheinlich die Überreste einer schweren Barre, welche die Wellen auf dem Meeresgrund bis zur Größe einer Flintenkugel abgerieben. Und nun stand es klar vor seiner Seele, daß vor Jahresfrist hier irgendwo an dieser Küste ein reich beladenes Schiff gescheitert sein müsse, und daß er dazu ersehen sei, die im Schoße des Meeres begrabenen Schätze zu heben. Dies ward von nun an sein einziges Streben: seinen Fund sorgfältig, selbst vor seinem Freunde verbergend, damit nicht auch andere seiner Entdeckung auf die Spur kämen, versäumte er alles andere, und brachte Tage und Nächte an dieser Küste zu, wo er nicht sein Netz nach Fischen, sondern eine eigens dazu verfertigte Schaufel – nach Gold auswarf. Aber er fand nichts, als Armut; denn er selbst verdiente nichts mehr, und Kaspars schläfrige Bemühungen reichten nicht hin, sie beide zu ernähren. Im Suchen größerer Schätze verschwand nicht nur das gefundene Gold, sondern allmählich auch das ganze Eigentum der Junggesellen. Aber so wie Strumpf früher stillschweigend von Falke den besten Teil seiner Nahrung hatte erwerben lassen, so ertrug er es auch jetzt schweigend und ohne Murren, daß die zwecklose Tätigkeit desselben sie ihm jetzt entzog; und gerade dieses sanftmütige Dulden seines Freundes war es, was jenen nur noch mehr anspornte, sein rastloses Suchen nach Reichtum weiter fortzusetzen. Was ihn aber noch tätiger machte war, daß, sooft er sich zur Ruhe niederlegte, und seine Augen sich zum Schlummer schlossen, etwas ihm ein Wort ins Ohr raunte, das er zwar sehr deutlich zu vernehmen glaubte, und das ihm jedesmal dasselbe schien, das er aber niemals behalten konnte. Zwar wußte er nicht, was dieser Umstand, so sonderbar er auch war, mit seinem jetzigen Streben zu tun haben könne; aber auf ein Gemüt, wie Wilm Falkes, mußte alles wirken, und auch dieses geheimnisvolle Flüstern half, ihn in dem Glauben bestärken, daß ihm ein großes Glück bestimmt sei, das er nur in einem Goldhaufen zu finden hoffte.

Eines Tages überraschte ihn ein Sturm am Ufer, wo er den Goldbarren gefunden hatte, und die Heftigkeit desselben trieb ihn an, in einer nahen Höhle Zuflucht zu suchen. Diese Höhle, welche die Einwohner die Höhle von Steenfoll nennen, besteht aus einem langen unterirdischen Gange, welcher sich mit zwei Mündungen gegen das Meer öffnet, und den Wellen einen freien Durchgang läßt, die sich beständig mit lautem Brüllen schäumend durch denselben hinarbeiten. Diese Höhle war nur an *einer* Stelle zugänglich, und zwar durch eine Spalte von oben her, welche aber selten von jemand anderem, als mutwilligen Knaben, betreten ward, indem zu den eigenen Gefahren des Ortes sich noch der Ruf eines Geisterspuks gesellte. Mit Mühe ließ Wilm sich in denselben hinab, und nahm ungefähr 12 Fuß tief von der Oberfläche auf einem vorspringenden Stein, und unter einem überhängenden Felsenstück Platz, wo er mit den brausenden Wellen unter seinen Füßen, und dem wütenden Sturm über seinem Haupte in seinen gewöhnlichen Gedankenzug verfiel, nämlich von dem gescheiterten Schiffe, und was für ein Schiff es wohl gewesen sein mochte; denn trotz allen seinen Erkundigungen hatte er selbst von den ältesten Einwohnern von keinem an dieser Stelle gescheiterten Fahrzeuge Nachricht erhalten können. Wie lange er so gesessen, wußte er selber nicht; als er aber endlich aus seinen Träumereien erwachte, entdeckte er, daß der Sturm vorüber war; und er wollte eben wieder emporsteigen, als eine Stimme sich aus der Tiefe vernehmen ließ und das Wort *Car-mil-han* ganz deutlich in sein Ohr drang. Erschrocken fuhr er in die Höhe, und blickte in den leeren Abgrund hinab. „Großer Gott!" schrie er, „das ist das Wort, das mich in meinem Schlafe verfolgt, was, ums Himmels willen, mag es bedeuten?!" – „Carmilhan!" seufzte es noch einmal aus der Höhle herauf, als er schon mit einem Fuß die Spalte verlassen hatte, und er floh wie ein gescheuchtes Reh seiner Hütte zu.

Wilm war indessen keine Memme; die Sache war ihm nur unerwartet gekommen, und sein Geldgeiz war auch überdies zu mächtig in ihm, als daß ihn irgendein Anschein von Gefahr hätte abschrecken können, auf seinem gefahrvollen Pfade fortzuwandern. Einst als er spät in der Nacht beim Mondschein der Höhle von Steenfoll gegenüber mit seiner Schaufel nach Schätzen fischte, blieb dieselbe auf einmal an etwas hängen. Er zog aus Leibes-

kräften, aber die Masse blieb unbeweglich. Inzwischen erhob sich
der Wind, dunkle Wolken überzogen den Himmel, heftig schaukelte das Boot und drohte umzuschlagen; aber Wilm ließ sich
nichts irren: er zog und zog bis der Widerstand aufhörte, und
da er kein Gewicht fühlte, glaubte er, sein Seil wäre gebrochen.
Aber gerade als die Wolken sich über dem Monde zusammenziehen wollten, erschien eine runde, schwarze Masse auf der
Oberfläche, und es erklang das ihn verfolgende Wort *Carmilhan!* Hastig wollte er nach ihr greifen, aber ebensoschnell als er
den Arm darnach ausstreckte, verschwand sie in der Dunkelheit
der Nacht, und der eben losbrechende Sturm zwang ihn, unter
den nahen Felsen Zuflucht zu suchen. Hier schlief er vor Ermüdung ein, um im Schlafe, von einer ungezügelten Einbildungskraft gepeinigt, aufs neue die Qualen zu erdulden, die ihm sein
rastloses Streben nach Reichtum am Tage erleiden ließ. Die ersten Strahlen der aufgehenden Sonne fielen auf den jetzt ruhigen Spiegel des Meeres, als Falke erwachte. Eben wollte er wieder hinaus an die gewohnte Arbeit, als er von ferne etwas auf
sich zukommen sah. Er erkannte es bald für ein Boot, und in
demselben eine menschliche Gestalt; was aber sein größtes Erstaunen erregte, war, daß das Fahrzeug sich ohne Segel oder
Ruder fortbewegte, und zwar mit dem Schnabel gegen das Ufer
gekehrt, und ohne daß die darin sitzende Gestalt sich im geringsten um das Steuer zu bekümmern schien, wenn es ja eins hatte.
Das Boot kam immer näher, und hielt endlich neben Wilms
Fahrzeug stille. Die Person in demselben zeigte sich jetzt als ein
kleines, verschrumpftes altes Männchen, das in gelbe Leinwand
gekleidet und mit roter in der Höhe stehender Nachtmütze, mit
geschlossenen Augen, und unbeweglich wie ein getrockneter
Leichnam dasaß. Nachdem er es vergebens angerufen und gestoßen hatte, wollte er eben einen Strick an das Boot befestigen und es wegführen, als das Männchen die Augen aufschlug,
und sich zu bewegen anfing, auf eine Weise, welche selbst den
kühnen Fischer mit Grausen erfüllte.

„Wo bin ich?" fragte es nach einem tiefen Seufzer auf holländisch. Falke, welcher von den holländischen Heringsfängern
etwas von ihrer Sprache gelernt hatte, nannte ihm den Namen der
Insel, und fragte, wer er denn sei, und was ihn hierher gebracht.

„Ich komme, um nach dem Carmilhan zu sehen."

„Dem Carmilhan? um Gottes willen! was ist das?" rief der
begierige Schiffer.

„Ich gebe keine Antwort auf Fragen, die man mir auf diese Weise tut", erwiderte das Männchen mit sichtbarer Angst.
„Nun", schrie Falke, „was ist der Carmilhan?" –
„Der Carmilhan ist jetzt nichts, aber einst war es ein schönes Schiff, mit mehr Gold beladen, als je ein anderes Fahrzeug getragen."
„Wo ging es zu Grunde, und wann?"
„Es war vor 100 Jahren; wo, weiß ich nicht genau; ich komme um die Stelle aufzusuchen, und das verlorene Gold aufzufischen; willst du mir helfen, so wollen wir den Fund miteinander teilen."
„Mit ganzem Herzen, sag mir nur, was muß ich tun?"
„Was du tun mußt, erfordert Mut; du mußt dich gerade vor Mitternacht in die wildeste und einsamste Gegend auf der Insel begeben, begleitet von einer Kuh, die du dort schlachten, und dich von jemand in ihre frische Haut wickeln lassen mußt. Dein Begleiter muß dich dann niederlegen und allein lassen, und ehe es ein Uhr schlägt, weißt du, wo die Schätze des Carmilhan liegen."
„Auf diese Weise fiel des alten Engrol Sohn mit Leib und Seele ins Verderben!" rief Wilm mit Entsetzen. „Du bist der böse Geist", fuhr er fort, indem er hastig davonruderte, „geh zur Hölle! ich mag nichts mit dir zu tun haben."
Das Männchen knirschte, schimpfte und fluchte ihm nach; aber der Fischer, welcher zu beiden Rudern gegriffen hatte, war ihm bald außer Gehör, und nachdem er um einen Felsen gebogen, auch aus dem Gesichte. Aber die Entdeckung, daß der böse Geist sich seinen Geiz zunutze zu machen und mit Gold in seine Schlingen zu verlocken suchte, heilte den verblendeten Fischer nicht, im Gegenteil, er meinte die Mitteilung des gelben Männchens benutzen zu können, ohne sich dem Bösen zu überliefern; und indem er fortfuhr, an der öden Küste nach Gold zu fischen, vernachlässigte er den Wohlstand, den ihm die reichen Fischzüge in andern Gegenden des Meeres darboten, sowie alle anderen Mittel, auf die er ehemals seinen Fleiß verwendet, und versank von Tag zu Tage nebst seinem Gefährten in tiefere Armut, bis es endlich oft an den notwendigsten Lebensbedürfnissen zu fehlen anfing. Aber obgleich dieser Verfall gänzlich Falkes Halsstarrigkeit und falscher Begierde zugeschrieben werden mußte, und die Ernährung beider jetzt Kaspar Strumpf allein anheimfiel, so machte ihm doch dieser niemals den geringsten Vorwurf; ja er

bezeugte ihm immer noch dieselbe Unterwürfigkeit, dasselbe Vertrauen in seinen bessern Verstand, als zur Zeit, wo ihm seine Unternehmungen allezeit geglückt waren; dieser Umstand vermehrte Falkes Leiden um ein großes, aber trieb ihn, noch mehr nach Gold zu suchen, weil er dadurch hoffte, auch seinen Freund für sein gegenwärtiges Entbehren schadlos halten zu können. Dabei verfolgte ihn das teuflische Geflüster des Wortes Carmilhan noch immer in seinem Schlummer; kurz Not, getäuschte Erwartung und Geiz trieben ihn zuletzt zu einer Art von Wahnsinn, so daß er wirklich beschloß, das zu tun, was ihm das Männchen angeraten, obgleich er, nach der alten Sage, wohl wußte, daß er sich damit den Mächten der Finsternis übergab.

Alle Gegenvorstellungen Kaspars waren vergebens: Falke ward nur um so heftiger, je mehr jener ihn anflehte, von seinem verzweifelten Vorhaben abzustehen – und der gute schwache Mensch willigte endlich ein, ihn zu begleiten, und ihm seinen Plan ausführen zu helfen. Beider Herzen zogen sich schmerzhaft zusammen, als sie einen Strick um die Hörner einer schönen Kuh, ihr letztes Eigentum, legten, die sie vom Kalbe aufgezogen, und die sie sich immer zu verkaufen geweigert hatten, weil sie's nicht übers Herz bringen konnten, sie in fremden Händen zu sehen. Aber der böse Geist, welcher sich Wilms bemeisterte, erstickte jetzt alle bessere Gefühle in ihm, und Kaspar wußte ihm in nichts zu widerstehen. Es war im September, und die langen Nächte des langen schottländischen Winters hatten angefangen. Die Nachtwolken wälzten sich schwer vor dem rauhen Abendwinde, und türmten sich wie Eisberge im Maelstrom, tiefer Schatten füllte die Schluchten zwischen dem Gebirge und den feuchten Torfsümpfen, und die trüben Bette der Ströme blickten schwarz und furchtbar wie Höllenschlünde. Falke ging voran und Strumpf folgte, schaudernd über seine eigene Kühnheit, und Tränen füllten sein schweres Auge, sooft er das arme Tier ansah, welches so vertrauungsvoll und bewußtlos seinem baldigen Tode entgegenging, der ihm von der Hand werden sollte, die ihm bisher seine Nahrung gereicht. Mit Mühe erreichten sie das enge sumpfige Bergtal, welches hier und da mit Moos und Heidekraut bewachsen, mit großen Steinen übersäet war, und von einer wilden Gebirgskette umgeben lag, die sich in grauen Nebel verlor, und wohin der Fuß eines Menschen sich selten verstieg. Sie näherten sich auf wankendem Boden einem großen Stein, welcher in der Mitte stand, und von welchem ein verscheuchter Adler krächzend in die Höhe flog. Die arme Kuh brüllte dumpf, als erkenne sie die Schrecknisse des Ortes, und ihr bevorstehendes Schicksal, Kaspar wandte sich weg, um sich die schnellfließenden Tränen abzuwischen; er blickte hinab durch die Felsenöffnung, durch welche sie heraufgekommen waren, von wo aus man die ferne Brandung des Meeres hörte; und dann hinauf nach den Berggipfeln, auf welche sich ein kohlschwarzes Gewölk gelagert hatte, aus welchem man von Zeit zu Zeit ein dumpfes Murmeln vernahm. Als er sich wieder nach Wilm umsah, hatte dieser bereits die arme Kuh an den Stein gebunden, und stand mit aufgehobener Axt im Begriff, das gute Tier zu fällen.

Dies war zuviel für seinen Entschluß, sich in den Willen seines Freundes zu fügen: mit gerungenen Händen stürzte er sich auf die Knie: „Um Gottes willen, Wilm Falke!" schrie er mit der Stimme der Verzweiflung, „schone dich, schone die Kuh! schone dich und mich! schone deine Seele! – Schone dein Leben! Und mußt du Gott so versuchen, so warte bis morgen, und opfere lieber ein anderes Tier, als unsere liebe Kuh!"

„Kaspar, bist du toll?!" schrie Wilm wie ein Wahnsinniger, indem er noch immer die Axt in die Höhe geschwungen hielt. „Soll ich die Kuh schonen und verhungern?"

„Du sollst nicht verhungern", antwortete Kaspar entschlossen; „solange ich Hände habe, sollst du nicht verhungern; ich will vom Morgen bis in die Nacht für dich arbeiten; nur bring dich nicht um deiner Seele Seligkeit, und laß mir das arme Tier leben!"

„Dann nimm die Axt, und spalte mir den Kopf", schrie Falke mit verzweifeltem Tone – „ich gehe nicht von diesem Fleck, bis ich habe, was ich verlange. – Kannst du die Schätze des Carmilhan für mich heben? Können deine Hände mehr erwerben als die elendesten Bedürfnisse des Lebens? – Aber sie können meinen Jammer enden – komm, und laß mich das Opfer sein!"

„Wilm, töte die Kuh, töte mich! es liegt mir nichts daran, es ist mir ja nur um deine Seligkeit zu tun. Ach! dies ist ja der Piktenaltar, und das Opfer, das du bringen willst, gehört der Finsternis."

„Ich weiß von nichts dergleichen", rief Falke wild lachend, wie einer der entschlossen ist, nichts wissen zu wollen, was ihn von seinem Vorsatz abbringen könnte. „Kaspar, du bist toll und machst mich toll – aber da", fuhr er fort, indem er das Beil von sich warf und das Messer vom Steine aufnahm, wie wenn er sich durchstoßen wollte, „da, behalte die Kuh statt meiner!"

Kaspar war in einem Augenblick bei ihm, riß ihm das Mordwerkzeug aus der Hand, er faßte das Beil, schwang es hoch um den Kopf und ließ es mit solcher Gewalt auf des geliebten Tieres Kopf fallen, daß es ohne zu zucken und tot zu seines Herrn Füße niederstürzte.

Ein Blitz, begleitet von einem Donnerschlage, folgte dieser raschen Handlung, und Falke starrte seinen Freund mit den Augen an, womit ein Mann ein Kind anstaunen würde, das sich das zu tun getrauet, was er selbst nicht gewagt. Strumpf schien aber weder von dem Donner erschreckt, noch durch das starre Erstaunen seines Gefährten außer Fassung gebracht, sondern fiel ohne ein Wort zu reden über die Kuh her, und fing an ihr die Haut abzuziehen. Als Wilm sich ein wenig erholt hatte, half er ihm in diesem Geschäfte, aber mit so sichtbarem Widerwillen, als er vorher begierig gewesen war, das Opfer vollendet zu sehen. Während dieser Arbeit hatte sich das Gewitter zusammengezogen, der Donner brüllte laut im Gebirge, und furchtbare Blitze schlängelten sich um den Stein und über das Moos der Schlucht hin, während der Wind, welcher diese Höhe noch nicht erreicht hatte, die untern Täler und das Gestade mit wildem Heulen erfüllte; und als die Haut endlich abgezogen war, fanden beide Fischer sich schon bis auf die Haut durchnäßt. Sie breiteten jene auf dem Boden aus, und Kaspar wickelte und band Falken, so wie dieser es ihn geheißen, in derselben fest ein. Dann erst, als dies geschehen war, brach der arme Mensch das lange Stillschweigen, und indem er mitleidig auf seinen betörten Freund hinabblickte, fragte er mit zitternder Stimme: „Kann ich noch etwas für dich tun, Wilm?"

„Nichts mehr", erwiderte der andere, „lebe wohl!"

„Leb wohl", erwiderte Kaspar, „Gott sei mit dir, und vergebe dir, wie ich es tue!"

Dies waren die letzten Worte, welche Wilm von ihm hörte, denn im nächsten Augenblick war er in der, immer zunehmenden Dunkelheit verschwunden; und in demselben Augenblicke brach auch einer der fürchterlichsten Gewitterstürme, die Wilm nur je gehört hatte, aus. Er fing an mit einem Blitze, welcher Falken nicht nur die Berge und Felsen in seiner unmittelbaren Nähe, sondern auch das Tal unter ihm, mit dem schäumenden Meere, und den in der Bucht zerstreut liegenden Felseninseln zeigte, zwischen welchen er die Erscheinung eines großen fremdartigen und entmasteten Schiffes zu erblicken glaubte, welches auch im Augenblick wieder in der schwärzesten Dunkelheit verschwand. Die Donnerschläge wurden ganz betäubend; eine Masse Felsenstücke rollte vom Gebirge herab, und drohte ihn zu erschlagen; der Regen ergoß sich in solcher Menge, daß er in einem Augenblick das enge Sumpftal mit einer hohen Flut überströmte, welche bald bis zu Wilms Schultern hinaufreichte, denn glücklicherweise hatte ihn Kaspar mit dem obern Teile des Körpers auf eine Erhöhung gelegt, sonst hätte er auf einmal ertrinken müssen. Das Wasser stieg immer höher, und je mehr Wilm sich anstrengte, sich aus seiner gefahrvollen Lage zu befreien, desto fester umgab ihn die Haut. Umsonst rief er nach Kaspar; Kaspar war weit weg. Gott in seiner Not anzurufen, wagte er nicht, und ein Schauder ergriff ihn, wenn er die Mächte anflehen wollte, deren Gewalt er sich hingegeben fühlte.

Schon drang ihm das Wasser in die Ohren, schon berührte es den Rand der Lippen: „Gott ich bin verloren!" schrie er, indem er einen Strom über sein Gesicht hinstürzen fühlte – aber in demselben Augenblick drang ein Schall, wie von einem nahen Wasserfall, schwach in sein Gehör, und sogleich war auch sein Mund wieder unbedeckt. Die Flut hatte sich durch das Gestein Bahn gebrochen; und da auch zu gleicher Zeit der Regen etwas nachließ, und das tiefe Dunkel des Himmels sich etwas verzog, so ließ auch seine Verzweiflung nach, und es schien ihm ein Strahl der Hoffnung zurückzukehren. Aber obgleich er sich, wie von einem Todeskampfe erschöpft fühlte und sehnlich wünschte, aus seiner Gefangenschaft erlöst zu sein, so war doch der Zweck seines verzweifelten Strebens noch nicht erreicht, und mit der verschwundenen unmittelbaren Lebensgefahr kam auch die Habsucht mit all ihren Furien in seine Brust zurück; aber überzeugt, daß er in seiner Lage ausharren müsse, um sein Ziel zu erreichen, hielt er sich ruhig, und fiel vor Kälte und Ermüdung in einen festen Schlaf.

Er mochte ungefähr 2 Stunden geschlafen haben, als ihn ein kalter Wind, der ihm übers Gesicht fuhr, und ein Rauschen, wie von herannahenden Meereswogen, aus seiner glücklichen Selbstvergessenheit aufrüttelte. Der Himmel hatte sich aufs neue verfinstert; ein Blitz, wie der, welcher den ersten Sturm herbeigeführt, erhellte noch einmal die Gegend umher, und er glaubte abermals, das fremde Schiff zu erblicken, das jetzt dicht vor der

Steenfollklippe auf einer hohen Welle zu hängen, und dann jählings in den Abgrund zu schießen schien. Er starrte noch immer nach dem Phantom, denn ein unaufhörliches Blitzen hielt jetzt das Meer erleuchtet, als sich auf einmal eine berghohe Wasserhose aus dem Tale erhob, und ihn mit solcher Gewalt gegen einen Felsen schleuderte, daß ihm alle Sinne vergingen. Als er wieder zu sich selbst kam, hatte sich das Wetter verzogen, der Himmel war heiter, aber das Wetterleuchten dauerte noch immer fort. Er lag dicht am Fuße des Gebirges, welches dieses Tal umschloß, und er fühlte sich so zerschlagen, daß er sich kaum zu rühren vermochte. Er hörte das stillere Brausen der Brandung, und mitten drinnen eine feierliche Musik, wie Kirchengesang. Diese Töne waren anfangs so schwach, daß er sie für Täuschung hielt; aber sie ließen sich immer wieder aufs neue vernehmen, und jedesmal deutlicher und näher, und es schien ihm zuletzt, als könne er darin die Melodie eines Psalms unterscheiden, die er im vorigen Sommer an Bord eines holländischen Heringfängers gehört hatte.

Endlich unterschied er sogar Stimmen, und es deuchte ihm, als vernehme er sogar die Worte jenes Liedes; die Stimmen waren jetzt in dem Tale, und als er sich mit Mühe zu einem Stein hingeschoben, auf den er den Kopf legte, erblickte er wirklich einen Zug von menschlichen Gestalten, von welchen diese Musik ausging, und der sich gerade auf ihn zu bewegte. Kummer und Angst lag auf den Gesichtern der Leute, deren Kleider von Wasser zu triefen schienen. Jetzt waren sie dicht bei ihm, und ihr Gesang schwieg. An ihrer Spitze waren mehrere Musikanten, dann mehrere Seeleute, und hinter diesen kam ein großer starker Mann in altväterlicher, reich mit Gold besetzter Tracht, mit einem Schwert an der Seite, und einem langen dicken Spanischen Rohr mit goldenen Knöpfen in der Hand. Ihm zur Seite ging ein Negerknabe, welcher seinem Herrn von Zeit zu Zeit eine lange Pfeife reichte, aus der er einige feierliche Züge tat, und dann weiterschritt. Er blieb kerzengerade vor Wilm stehen, und ihm zu beiden Seiten stellten sich andere, minder prächtig gekleidete Männer, welche alle Pfeifen in den Händen hatten, die aber nicht so kostbar schienen, als die Pfeife, welche dem dicken Manne nachgetragen wurde. Hinter diesen traten andere Personen auf, worunter mehrere Frauenspersonen, von denen einige Kinder in den Armen oder an der Hand hatten, alle in kostbarer, aber fremdartiger Kleidung; ein Haufen holländischer

Matrosen schloß den Zug, deren jeder den Mund voll Tabak, und zwischen den Zähnen ein braunes Pfeifchen hatte, das sie in düsterer Stille rauchten.

Der Fischer blickte mit Grausen auf diese sonderbare Versammlung; aber die Erwartung dessen, das da kommen werde, hielt seinen Mut aufrecht. Lange standen sie so um ihn her, und der Rauch ihrer Pfeifen erhob sich wie eine Wolke über sie, zwischen welcher die Sterne hindurchblinkten. Der Kreis zog sich immer enger um Wilm her, das Rauchen ward immer heftiger, und dicker die Wolke, die aus Mund und Pfeifen hervorstieg. Falke war ein kühner, verwegener Mann; er hatte sich auf Außerordentliches vorbereitet – aber als er diese unbegreifliche Menge immer näher auf ihn eindringen sah, als wolle sie ihn mit ihrer Masse erdrücken, da entsank ihm der Mut, dicker Schweiß trat ihm vor die Stirne, und er glaubte vor Angst vergehen zu müssen. Aber man denke sich erst sein Schrecken, als er von ungefähr die Augen wandte, und dicht an seinem Kopf das gelbe Männchen steif und aufrecht sitzen sah, als wie er es zum erstenmal erblickt, nur daß es jetzt, als wie zum Spotte der ganzen Versammlung auch eine Pfeife im Munde hatte. In der Todesangst, die ihn jetzt ergriff, rief er zu der Hauptperson gewendet: „Im Namen dessen, dem Ihr dienet, wer seid Ihr? und was verlangt Ihr von mir?" Der große Mann rauchte drei Züge, feierlicher als je, gab dann die Pfeife seinem Diener, und antwortete mit schreckhafter Kälte:

„Ich bin Aldret Franz van der Swelder, Befehlshaber des Schiffes Carmilhan von Amsterdam, welches auf dem Heimwege von Batavia mit Mann und Maus an dieser Felsenküste zu Grunde ging: dies sind meine Offiziere, dies meine Passagiere, und jenes meine braven Seeleute, welche alle mit mir ertranken. Warum hast du uns aus unsern tiefen Wohnungen im Meere hervorgerufen? Warum störtest du unsere Ruhe?"

„Ich möchte wissen, wo die Schätze des Carmilhan liegen."

„Am Boden des Meeres."

„Wo?"

„In der Höhle von Steenfoll."

„Wie soll ich sie bekommen?"

„Eine Gans taucht in den Schlund nach einem Hering, sind die Schätze des Carmilhan nicht ebensoviel wert?"

„Wieviel davon werd ich bekommen?"

„Mehr als du je verzehren wirst." Das gelbe Männchen grinste und die ganze Versammlung lachte laut auf. „Bist du zu Ende?" fragte der Hauptmann weiter.

„Ich bin's. Gehab dich wohl!"

„Leb wohl, bis aufs Wiedersehen", erwiderte der Holländer, und wandte sich zum Gehen, die Musikanten traten aufs neue an die Spitze, und der ganze Zug entfernte sich in derselben Ordnung, in welcher er gekommen war, und mit demselben feierlichen Gesang, welcher mit der Entfernung immer leiser und undeutlicher wurde, bis er sich, nach einiger Zeit gänzlich im Geräusche der Brandung verlor. Jetzt strengte Wilm seine letzten Kräfte an, sich aus seinen Banden zu befreien, und es gelang ihm endlich einen Arm loszubekommen, womit er die ihn umwindenden Stricke löste, und sich endlich ganz aus der Haut wikkelte. Ohne sich umzusehen, eilte er nach seiner Hütte, und fand den armen Kaspar Strumpf in starrer Bewußtlosigkeit am Boden liegen. Mit Mühe brachte er ihn wieder zu sich selbst, und der gute Mensch weinte vor Freude, als er den verloren geglaubten Jugendfreund wieder vor sich sah. Aber dieser beglückende Strahl verschwand schnell wieder, als er von diesem vernahm, welch verzweifeltes Unternehmen er jetzt vorhatte.

„Ich wollte mich lieber in die Hölle stürzen, als diese nackten Wände und dieses Elend länger ansehen. – Folge mir oder nicht, ich gehe." Mit diesen Worten faßte Wilm eine Fackel, ein Feuerzeug und ein Seil, und eilte davon. Kaspar eilte ihm nach, so schnell er's vermochte, und fand ihn schon auf dem Felsstück stehen, auf welchem er vormals gegen dem Sturme Schutz gefunden, und bereit, sich an dem Stricke in den schwarzen brausenden Schlund hinabzulassen. Als er fand, daß alle seine Vorstellungen nichts über den rasenden Menschen vermochten, bereitete er sich, ihm nachzusteigen, aber Falke befahl ihm zu bleiben und den Strick zu halten. Mit furchtbarer Anstrengung, wozu nur die blindeste Habsucht den Mut und die Stärke geben konnte, kletterte Falke in die Höhle hinab, und kam endlich auf ein vorspringendes Felsenstück zu stehen, unter welchem die Wogen schwarz, und mit weißem Schaume bekräuselt brausend dahineilten. Er blickte begierig umher, und sah endlich etwas gerade unter ihm im Wasser schimmern. Er legte die Fackel nieder, stürzte sich hinab, und erfaßte etwas Schweres, das er auch heraufbrachte. Es war ein eisernes Kästchen voller Goldstücke. Er verkündigte seinem Gefährten, was er gefunden, wollte aber durchaus nicht auf sein Flehen hören, sich damit zu begnügen und wieder heraufzusteigen. Falke meinte, dies wäre nur die erste Frucht seiner langen Bemühungen. Er stürzte sich noch einmal hinab – es erscholl ein lautes Gelächter aus dem Meere und Wilm Falke ward nie wieder gesehen. Kaspar ging allein nach Hause, aber als ein anderer Mensch. Die seltsamen Erschütterungen, die sein schwacher Kopf und sein empfindsames Herz erlitten, zerrütteten ihm die Sinne. Er ließ alles um sich her verfallen, und wanderte Tag und Nacht gedankenlos vor sich starrend umher, von allen seinen vorigen Bekannten bedauert und vermieden. Ein Fischer will Wilm Falke in einer stürmischen Nacht, mitten unter der Mannschaft des Carmilhan am Ufer erkannt haben und in derselben Nacht verschwand auch Kaspar Strumpf.

Man suchte ihn allenthalben, allein nirgends hat man eine Spur von ihm finden können. Aber die Sage geht, daß er oft nebst Falke mitten unter der Mannschaft des Zauberschiffes gesehen worden sei, welches seitdem zu regelmäßigen Zeiten an der Höhle von Steenfoll erschien.

„Mitternacht ist längst vorüber", sagte der Student, als der junge Goldarbeiter seine Erzählung geendigt hatte, „jetzt hat es wohl keine Gefahr mehr, und ich für meinen Teil bin so schläfrig, daß ich allen raten möchte, niederzulegen und getrost einzuschlafen."

„Vor zwei Uhr morgens möcht ich doch nicht trauen", entgegnete der Jäger; „das Sprichwort sagt, von elf bis zwei Uhr ist Diebes Zeit."

„Das glaube ich auch", bemerkte der Zirkelschmidt; „denn wenn man uns etwas anhaben will, ist wohl keine Zeit gelegener als die nach Mitternacht. Drum meine ich, der Studiosus könnte an seiner Erzählung fortfahren, die er noch nicht ganz vollendet hat."

„Ich sträube mich nicht", sagte dieser, „obgleich unser Nachbar, der Herr Jäger, den Anfang nicht gehört hat."

„Ich muß ihn mir hinzudenken, fanget nur an", rief der Jäger.

„Nun denn", wollte eben der Student beginnen, als sie durch das Anschlagen eines Hundes unterbrochen wurden, alle hielten den Atem an und horchten; zugleich stürzte einer der Bedienten aus dem Zimmer der Gräfin und rief, daß wohl zehen bis zwölf bewaffnete Männer von der Seite her auf die Schenke zukommen.

Der Jäger griff nach seiner Büchse, der Student nach seinem Pistol, die Handwerksbursche nach ihren Stöcken und der Fuhrmann zog ein langes Messer aus der Tasche. So standen sie und sahen ratlos einander an.

„Laßt uns an die Treppe gehen!" rief der Student, „zwei oder drei dieser Schurken sollen doch zuvor ihren Tod finden, ehe wir überwältigt werden." Zugleich gab er dem Zirkelschmidt sein zweites Pistol und riet, daß sie nur einer nach dem andern schießen wollten. Sie stellten sich an die Treppe; der Student und der Jäger nahmen gerade ihre ganze Breite ein; seitwärts neben dem Jäger stand der mutige Zirkelschmidt und beugte sich über das Geländer, indem er die Mündung seiner Pistole auf die Mitte der Treppe hielt. Der Goldarbeiter und der Fuhrmann standen hinter ihnen, bereit, wenn es zu einem Kampf Mann gegen Mann kommen sollte, das Ihrige zu tun. So standen sie einige Minuten in stummer Erwartung: endlich hörte man die Haustüre aufgehen, sie glaubten auch das Flüstern mehrerer Stimmen zu vernehmen.

Jetzt hörte man Tritte vieler Menschen der Treppe nahen, man kam die Treppe herauf, und auf der ersten Hälfte zeigten sich drei Männer, die wohl nicht auf den Empfang gefaßt waren, der ihnen bereitet war. Denn als sie sich um die Pfeiler der Treppe wandten, schrie der Jäger mit starker Stimme: „Halt! noch einen Schritt weiter, und ihr seid des Todes. Spannet die Hahnen, Freunde, und gut gezielt!"

Die Räuber erschraken, zogen sich eilig zurück, und berieten sich mit den übrigen. Nach einiger Weile kam einer davon zurück, und sprach: „Ihr Herren! es wäre Torheit von euch umsonst euer Leben aufopfern zu wollen, denn wir sind unserer genug, um euch völlig aufzureiben; aber ziehet euch zurück, es soll keinem das geringste zuleide geschehen; wir wollen keines Groschen Wert von euch nehmen."

„Was wollt ihr denn sonst?" rief der Student. „Meint ihr, wir werden solchem Gesindel trauen? Nimmermehr! wollt ihr etwas holen, in Gottes Namen so kommet, aber den ersten, der sich um die Ecke wagt, brenne ich auf die Stirne, daß er auf ewig keine Kopfschmerzen mehr haben soll!"

„Gebt uns die Dame heraus, gutwillig", antwortete der Räuber. „Es soll ihr nichts geschehen, wir wollen sie an einen sichern und bequemen Ort führen, ihre Leute können zurückreiten und den Herrn Grafen bitten, er möge sie mit zwanzigtausend Gulden auslösen."

„Solche Vorschläge sollen wir uns machen lassen?" entgegnete der Jäger knirschend vor Wut und spannte den Hahn. „Ich zähle drei und wenn du da unten nicht bei drei hinweg bist, so drücke ich los, eins, zwei –"

„Halt!" schrie der Räuber mit donnernder Stimme: „ist das Sitte, auf einen wehrlosen Mann zu schießen, der mit euch friedlich unterhandelt? Törichter Bursche, du kannst mich totschießen und dann hast du erst keine große Heldentat getan; aber hier stehen zwanzig meiner Kameraden, die mich rächen werden. Was nützt es dann deiner Frau Gräfin, wenn ihr tot oder verstümmelt auf der Flur lieget? Glaube mir, wenn sie freiwillig mitgeht, soll sie mit Achtung behandelt werden, aber wenn du, bis ich drei zähle nicht den Hahnen in Ruhe setzt, so soll es ihr übel ergehen. Hahnen in Ruh eins, zwei, drei!"

„Mit diesen Hunden ist nicht zu spaßen", flüsterte der Jäger, indem er den Befehl des Räubers befolgte; „wahrhaftig an meinem Leben liegt nichts, aber wenn ich einen niederschieße, könnten sie meine Dame um so härter behandeln. Ich will die Gräfin um Rat fragen. Gebt uns", fuhr er mit lauter Stimme fort, „gebt uns eine halbe Stunde Waffenstillstand, um die Gräfin vorzubereiten, sie würde, wenn sie es so plötzlich erfährt, den Tod davon haben."

„Zugestanden", antwortete der Räuber und ließ zugleich den Ausgang der Treppe mit sechs Männern besetzen.

Bestürzt und verwirrt folgten die unglücklichen Reisenden dem Jäger in das Zimmer der Gräfin; es lag dieses so nahe, und so laut hatte man verhandelt, daß ihr kein Wort entgangen war. Sie war bleich und zitterte heftig, aber dennoch schien sie fest entschlossen, sich in ihr Schicksal zu ergeben: „Warum soll ich nutzlos das Leben so vieler braver Leute aufs Spiel setzen?" sagte sie; „warum euch zu einer vergeblichen Verteidigung auffordern, euch, die ihr mich gar nicht kennet? nein, ich sehe, daß keine andere Rettung ist, als den Elenden zu folgen."

Man war allgemein von dem Mut und dem Unglück der Dame ergriffen; der Jäger weinte, und schwur, daß er diese Schmach nicht überleben könne. Der Student aber schmähte auf sich und seine Größe von sechs Fuß. „Wäre ich nur um einen halben Kopf kleiner", rief er, „und hätte ich keinen Bart, so wüßte ich wohl, was ich zu tun hätte, ich ließe mir von der Frau Gräfin Kleider geben, und diese Elenden sollten spät genug erfahren, welchen Mißgriff sie getan."

Auch auf Felix hatte das Unglück dieser Frau großen Eindruck gemacht. Ihr ganzes Wesen kam ihm so rührend und bekannt vor, es war ihm, als sei es seine frühe verstorbene Mutter, die sich in dieser schrecklichen Lage befände. Er fühlte sich so gehoben, so mutig, daß er gerne sein Leben für das ihrige gegeben hätte. Doch als der Student jene Worte sprach, da blitzte auf einmal ein Gedanke in seiner Seele auf; er vergaß alle Angst, alle Rücksichten, und er dachte nur an die Rettung dieser Frau. „Ist es nur dies", sprach er, indem er schüchtern und errötend hervortrat, „gehört nur ein kleiner Körper, ein bartloses Kinn und ein mutiges Herz dazu, die gnädige Frau zu retten, so bin ich vielleicht auch nicht zu schlecht dazu; ziehet in Gottes Namen meinen Rock an, setzet meinen Hut auf Euer schönes Haar, und nehmet meinen Bündel auf den Rücken und – ziehet als Felix, der Goldarbeiter, Eure Straße."

Alle waren erstaunt über den Mut des Jünglings, der Jäger aber fiel ihm freudig um den Hals: „Goldjunge", rief er, „das wolltest du tun? wolltest dich in meiner gnädigen Frau Kleider stecken lassen und sie retten? Das hat dir Gott eingegeben; aber allein sollst du nicht gehen, ich will mich mit gefangen geben, will bei dir bleiben an deiner Seite, als dein bester Freund und solange *ich* lebe, sollen sie dir nichts anhaben dürfen." „Auch ich ziehe mit dir, so wahr ich lebe!" rief der Student.

Es kostete lange Überredung, um die Gräfin zu diesem Vorschlag zu überreden. Sie konnte den Gedanken nicht ertragen, daß ein fremder Mensch für sie sich aufopfern sollte; sie dachte sich im Fall einer späteren Entdeckung die Rache der Räuber, die ganz auf den Unglücklichen fallen würde, schrecklich. Aber endlich siegten teils die Bitten des jungen Menschen, teils die Überzeugung, im Fall sie gerettet würde, allem aufbieten zu können, um ihren Retter wieder zu befreien. Sie willigte ein. Der Jäger und die übrigen Reisenden begleiteten Felix in das Zimmer des Studenten, wo er sich schnell einige Kleider der Gräfin überwarf. Der Jäger setzte ihm noch zum Überfluß einige falsche Haarlocken der Kammerfrau und einen Damenhut auf, und alle versicherten, daß man ihn nicht erkennen würde. Selbst der Zirkelschmidt schwur, daß wenn er ihm auf der Straße begegnete, würde er flink den Hut abziehen und nicht ahnen, daß er vor seinem mutigen Kameraden sein Kompliment mache.

Die Gräfin hatte sich indessen mit Hülfe ihrer Kammerfrau aus dem Ränzchen des jungen Goldarbeiters mit Kleidern versehen. Der Hut, tief in die Stirn gedrückt, der Reisestock in der Hand, das etwas leichter gewordene Bündel auf dem Rücken machten sie völlig unkenntlich und die Reisenden würden zu jeder andern Zeit über diese komische Maskerade nicht wenig gelacht haben. Der neue Handwerksbursche dankte Felix mit Tränen, und versprach die schleunigste Hülfe.

„Nur noch eine Bitte habe ich", antwortete Felix, „in diesem Ränzchen, das Sie auf dem Rücken tragen, befindet sich eine kleine Schachtel; verwahren Sie diese sorgfältig, wenn sie verlorenginge, wäre ich auf immer und ewig unglücklich; ich muß sie meiner Pflegmutter bringen und –"

„Gottfried, der Jäger, weiß mein Schloß", entgegnete sie, „es soll Euch alles unbeschädigt wieder zurückgestellt werden, denn ich hoffe, Ihr kommet dann selbst, edler junger Mann, um den Dank meines Gatten und den meinigen zu empfangen."

Ehe noch Felix darauf antworten konnte, ertönten von der Treppe her die rauhen Stimmen der Räuber; sie riefen, die Frist sei verflossen und alles zur Abfahrt der Gräfin bereit. Der Jäger ging zu ihnen hinab, und erklärte ihnen, daß er die Dame nicht verlassen werde, und lieber mit ihnen gehe, wohin es auch sei, ehe er ohne seine Gebieterin vor seinem Herrn erschiene. Auch der Student erklärte, diese Dame begleiten zu wollen. Sie beratschlagten sich über diesen Fall, und gestanden es endlich zu, unter der Bedingung, daß der Jäger sogleich seine Waffen abgebe. Zugleich befahlen sie, daß die übrigen Reisenden sich ruhig verhalten sollen, wann die Gräfin hinweggeführt werde.

Felix ließ den Schleier nieder, der über seinen Hut gebreitet war, setzte sich in eine Ecke, die Stirne in die Hand gestützt und in dieser Stellung eines tief Betrübten, erwartete er die Räuber. Die Reisenden hatten sich in das andere Zimmer zurückgezogen, doch so, daß sie, was vorging, überschauen konnten; der Jäger saß anscheinend traurig, aber auf alles lauernd in der andern Ecke des Zimmers, das die Gräfin bewohnt hatte. Nachdem sie einige Minuten so gesessen, ging die Türe auf, und ein schöner, stattlich gekleideter Mann von etwa sechsunddreißig Jahren trat in das Zimmer. Er trug eine Art von militärischer Uniform, einen Orden auf der Brust, einen langen Säbel an der Seite, und in der Hand hielt er einen Hut, von welchem schöne Federn herabwallten. Zwei seiner Leute hatten gleich nach seinem Eintritt die Türe besetzt.

Er ging mit einer tiefen Verbeugung auf Felix zu; er schien vor einer Dame dieses Ranges etwas in Verlegenheit zu sein, er setzte mehreremal an, bis es ihm gelang, geordnet zu sprechen. „Gnädige Frau", sagte er, „es gibt Fälle, worein man sich in Geduld schicken muß. Ein solcher ist der Ihrige. Glauben Sie nicht, daß ich den Respekt vor einer so ausgezeichneten Dame auch nur auf einen Augenblick aus den Augen setzen werde; Sie werden alle Bequemlichkeit haben, Sie werden über nichts klagen können, als vielleicht über den Schrecken, den Sie diesen Abend gehabt." Hier hielt er inne, als erwartete er eine Antwort, als aber Felix beharrlich schwieg, fuhr er fort. „Sehen Sie in mir keinen gemeinen Dieb, keinen Kehlenabschneider. Ich bin ein unglücklicher Mann, den widrige Verhältnisse zu diesem Leben zwangen. Wir wollen uns auf immer aus dieser Gegend entfernen; aber wir brauchen Reisegeld. Es wäre uns ein leichtes gewesen, Kaufleute oder Postwagen zu überfallen, aber dann hätten wir vielleicht mehrere Leute auf immer ins Unglück gestürzt. Der Herr Graf, Ihr Gemahl hat vor sechs Wochen eine Erbschaft von fünfmalhunderttausend Talern gemacht. Wir erbitten uns zwanzigtausend Gulden von diesem Überfluß, gewiß eine gerechte und bescheidene Forderung. Sie werden daher die Gnade haben, jetzt sogleich einen offenen Brief an Ihren Gemahl zu schreiben, worin Sie ihm schreiben, daß wir Sie zurückgehalten, daß er die Zahlung so bald als möglich leiste, widrigenfalls – Sie verstehen mich, wir müßten dann etwas härter mit Ihnen selbst verfahren. Die Zahlung wird nicht angenommen, wenn sie nicht unter dem Siegel der strengsten Verschwiegenheit von einem einzelnen Mann hiehergebracht wird."

Diese Szene wurde mit der gespanntesten Aufmerksamkeit von allen Gästen der Waldschenke, am ängstlichsten wohl von der Gräfin beobachtet. Sie glaubte jeden Augenblick, der Jüngling, der sich für sie geopfert, könnte sich verraten. Sie war fest entschlossen, ihn um einen großen Preis loszukaufen, aber ebenso fest stand ihr Gedanke, um keinen Preis der Welt auch nur einen Schritt weit mit den Räubern zu gehen. Sie hatte in der Rocktasche des Goldarbeiters ein Messer gefunden. Sie hielt es geöffnet krampfhaft in der Hand, bereit sich lieber zu töten, als eine solche Schmach zu erdulden. Jedoch nicht minder ängstlich war Felix selbst. Zwar stärkte und tröstete ihn der Gedanke, daß es eine männliche und würdige Tat sei, einer bedrängten, hülflosen Frau auf diese Weise beizustehen. Aber er fürchtete sich durch jede Bewegung, durch seine Stimme zu verraten. Seine Angst steigerte sich, als der Räuber von einem Briefe sprach, den er schreiben sollte.

Wie sollte er schreiben? welche Titel dem Grafen geben, welche Form dem Briefe, ohne sich zu verraten?

Seine Angst stieg aber aufs höchste, als der Anführer der Räuber, Papier und Feder vor ihn hinlegte, ihn bat, den Schleier zurückzuschlagen und zu schreiben.

Felix wußte nicht, wie hübsch ihm die Tracht paßte, in welche er gekleidet war; hätte er es gewußt, er würde sich vor einer Entdeckung nicht im mindesten gefürchtet haben. Denn als er endlich notgedrungen den Schleier zurückschlug, schien der Herr in Uniform, betroffen von der Schönheit der Dame und ihren etwas männlichen, mutigen Zügen, sie nur noch ehrfurchtsvoller zu betrachten. Dem klaren Blick des jungen Goldschmidts entging dies nicht; getrost, daß wenigstens in diesem gefährlichen Augenblick keine Entdeckung zu fürchten sei, ergriff er die Feder und schrieb an seinen vermeintlichen Gemahl, nach einer Form, wie er sie einst in einem alten Buche gelesen; er schrieb:

„Mein Herr und Gemahl!

Ich unglückliche Frau bin auf meiner Reise mitten in der Nacht plötzlich angehalten worden, und zwar von Leuten, welchen ich keine gute Absicht zutrauen kann. Sie werden mich so lange zurückhalten, bis Sie, Herr Graf, die Summe von 20 000 Gulden für mich niedergelegt haben.

Die Bedingung ist dabei, daß Sie nicht im mindesten über die Sache sich bei der Obrigkeit beschweren, noch ihre Hilfe nachsuchen, daß Sie das Geld durch einen einzelnen Mann in die Waldschenke im Spessart schicken; widrigenfalls ist mir mit längerer und harter Gefangenschaft gedroht.

Es fleht Sie um schleunige Hilfe an, Ihre unglückliche
Gemahlin.

Er reichte den merkwürdigen Brief dem Anführer der Räuber, der ihn durchlas und billigte. „Es kommt nun ganz auf Ihre Bestimmung an", fuhr er fort, „ob Sie Ihre Kammerfrau oder Ihren Jäger zur Begleitung wählen werden. Die eine dieser Personen werde ich mit dem Briefe an Ihren Herrn Gemahl zurückschicken."

„Der Jäger und dieser Herr hier werden mich begleiten", antwortete Felix.

„Gut", entgegnete jener, indem er an die Türe ging, und die Kammerfrau herbeirief, „so unterrichten Sie diese Frau, was sie zu tun habe."

Die Kammerfrau erschien mit Zittern und Beben. Auch Felix erblaßt, wenn er bedachte, wie leicht er sich auch jetzt wieder verraten könnte. Doch ein unbegreiflicher Mut, der ihn in jenen gefährlichen Augenblicken stärkte, gab ihm auch jetzt wieder seine Reden ein. „Ich habe dir nichts weiter aufzutragen", sprach er, „als daß du den Grafen bittest, mich so bald als möglich aus dieser unglücklichen Lage zu reißen." –

„Und", fuhr der Räuber fort, „daß Sie dem Herrn Grafen aufs genaueste und ausdrücklichste empfehlen, daß er alles verschweige und nichts gegen uns unternehme bis seine Gemahlin in seinen Händen ist. Unsere Kundschafter würden uns bald genug davon unterrichten und ich möchte dann für nichts stehen."

Die zitternde Kammerfrau versprach alles. Es wurde ihr noch befohlen, einige Kleidungsstücke und Linnenzeug für die Frau Gräfin in einen Bündel zu packen, weil man sich nicht mit vielem Gepäcke beladen könne, und als dies geschehen war, foderte der Anführer der Räuber die Dame mit einer Verbeugung auf, ihm zu folgen. Felix stand auf, der Jäger und der Student folgten ihm und alle drei stiegen begleitet von dem Anführer der Räuber die Treppe hinab.

Vor der Waldschenke standen viele Pferde; eines wurde dem Jäger angewiesen, ein anderes, ein schönes, kleines Tier mit einem Damensattel versehen, stand für die Gräfin bereit, ein drittes gab man dem Studenten. Der Hauptmann hob den jungen Goldschmidt in den Sattel, schnallte ihn fest, und bestieg dann selbst sein Roß. Er stellte sich zur Rechten der Dame auf, zur Linken hielt einer der Räuber; auf gleiche Weise waren auch der Jäger und der Student umgeben. Nachdem sich auch die übrige Bande zu Pferd gesetzt hatte, gab der Anführer mit einer helltönenden Pfeife das Zeichen zum Aufbruch und bald war die ganze Schar im Walde verschwunden.

Die Gesellschaft, die im obern Zimmer versammelt war, erholte sich nach diesem Auftritt allmählich von ihrem Schrecken. Sie wären, wie es nach großem Unglück oder plötzlicher Gefahr zu geschehen pflegt, vielleicht sogar heiter gewesen, hätte sie nicht der Gedanke an ihre drei Gefährten beschäftigt, die man vor ihren Augen hinweggeführt hatte. Sie brachen in Bewunderung des jungen Goldschmidts aus, und die Gräfin vergoß Tränen der Rührung, wenn sie bedachte, daß sie einem Menschen so unendlich viel zu verdanken habe, dem sie nie zuvor Gutes getan, den sie nicht einmal kannte. Ein Trost war es für alle, daß der heldenmütige Jäger und der wackere Student ihn begleitet hatten, konnten sie ihn doch trösten, wenn sich der junge Mann unglücklich fühlte, ja der Gedanke lag nicht gar zu ferne, daß der verschlagene Weidmann vielleicht Mittel zu ihrer Flucht finden könnte. Sie berieten sich noch miteinander, was zu tun sei. Die Gräfin beschloß, da ja sie kein Schwur gegen den Räuber binde, sogleich zu ihrem Gemahl zurückzureisen und allem aufzubieten, den Aufenthalt der Gefangenen zu entdecken, sie zu befreien; der Fuhrmann versprach nach Aschaffenburg zu reiten und die Gerichte zu Verfolgung der Räuber aufzurufen. Der Zirkelschmidt aber wollte seine Reise fortsetzen.

Die Reisenden wurden in dieser Nacht nicht mehr beunruhigt; Totenstille herrschte in der Waldschenke, die noch vor kurzem der Schauplatz so schrecklicher Szenen gewesen war. Als aber am Morgen die Bedienten der Gräfin zu dem Wirt hinabgingen, um alles zur Abfahrt fertigzumachen, kehrten sie schnell zurück, und berichteten, daß sie die Wirtin und ihr Gesinde in elendem Zustande gefunden hätten. Sie liegen gebunden in der Schenke und flehen um Beistand.

Die Reisenden sahen sich bei dieser Nachricht erstaunt an. „Wie?" rief der Zirkelschmidt; „so sollten diese Leute dennoch unschuldig sein? so hätten wir ihnen unrecht getan, und sie standen nicht in Einverständnis mit den Räubern?"

„Ich lasse mich aufhängen statt ihrer", erwiderte der Fuhrmann, „wenn wir nicht dennoch recht hatten. Dies alles ist nur Betrug, um nicht überwiesen werden zu können. Erinnert ihr euch nicht der verdächtigen Mienen dieser Wirtschaft? Erinnert ihr euch nicht wie ich hinabgehen wollte, wie mich der abgerichtete Hund nicht losließ, wie die Wirtin und der Hausknecht sogleich erschienen und mürrisch fragten, was ich denn noch zu tun hätte? Doch sie sind unser, wenigstens der Frau Gräfin, Glück. Hätte es in der Schenke weniger verdächtig ausgesehen, hätte uns die Wirtin nicht so mißtrauisch gemacht, wir wären nicht zusammengestanden, wären nicht wach geblieben. Die Räuber hätten uns überfallen im Schlafe, hätten zum wenigsten unsere Türe bewacht, und diese Verwechslung des braven jungen Burschen wäre nimmer möglich geworden."

Sie stimmten mit der Meinung des Fuhrmanns alle überein, und beschlossen auch die Wirtin und ihr Gesinde bei der Obrigkeit anzugeben. Doch, um sie desto sicherer zu machen, wollten sie sich jetzt nichts merken lassen. Die Bedienten und der Fuhrmann gingen daher hinab in das Schenkzimmer, lösten die Bande der Diebeshehler auf, und bezeugten sich so mitleidig und bedauernd als möglich. Um ihre Gäste noch mehr zu versöhnen, machte die Wirtin nur eine kleine Rechnung für jeden und lud sie ein, recht bald wiederzukommen.

Der Fuhrmann zahlte seine Zeche, nahm von seinen Leidensgenossen Abschied und fuhr seine Straße. Nach diesem machten sich die beiden Handwerksbursche auf den Weg. So leicht der Bündel des Goldschmidts war, so drückte er doch die zarte Dame nicht wenig. Aber noch viel schwerer wurde ihr ums Herz, als unter der Haustüre die Wirtin ihre verbrecherische Hand hinstreckte, um Abschied zu nehmen: „Ei, was seid Ihr doch für ein junges Blut", rief sie beim Anblick des zarten Jungen, „noch so jung und schon in die Welt hinaus! Ihr seid gewiß ein verdorbenes Kräutlein, das der Meister aus der Werkstatt jagte. Nun, was geht es mich an, schenket mir die Ehre bei der Heimkehr, glückliche Reise!"

Die Gräfin wagte vor Angst und Beben nicht zu antworten, sie fürchtete, sich durch ihre zarte Stimme zu verraten. Der Zirkelschmidt merkte es, nahm seinen Gefährten unter den Arm, sagte der Wirtin, Ade! und stimmte ein lustiges Lied an, während er dem Wald zuschritt.

„Jetzt erst bin ich in Sicherheit!" rief die Gräfin, als sie etwa hundert Schritte entfernt waren. „Noch immer glaubte ich, die Frau werde mich erkennen und durch ihre Knechte festnehmen. Oh, wie will ich euch allen danken! kommet auch Ihr auf mein Schloß, Ihr müßt doch Euern Reisegenossen bei mir wieder abholen."

Der Zirkelschmidt sagte zu, und während sie noch sprachen, kam der Wagen der Gräfin ihnen nachgefahren; schnell wurde die Türe geöffnet, die Dame schlüpfte hinein; grüßte den jungen Handwerksburschen noch einmal, und der Wagen fuhr weiter.

Um dieselbe Zeit hatten die Räuber und ihre Gefangenen den Lagerplatz der Bande erreicht. Sie waren durch eine ungebahnte

Waldstraße im schnellsten Trab weggeritten; mit ihren Gefangenen wechselten sie kein Wort, auch unter sich flüsterten sie nur zuweilen, wenn die Richtung des Weges sich veränderte. Vor einer tiefen Waldschlucht machte man endlich halt. Die Räuber saßen ab, und ihr Anführer hob den Goldarbeiter vom Pferd, indem er sich über den harten und eiligen Ritt entschuldigte, und fragte, ob doch die „gnädige Frau" nicht gar zu sehr angegriffen sei.

Felix antwortete ihm so zierlich als möglich, daß er sich nach Ruhe sehne, und der Hauptmann bot ihm den Arm, ihn in die Schlucht zu führen. – Es ging einen steilen Abhang hinab; der Fußpfad, welcher hinabführte, war so schmal und abschüssig, daß der Anführer oft seine Dame unterstützen mußte, um sie vor der Gefahr hinabzustürzen zu bewahren. Endlich langte man unten an. Felix sah vor sich beim matten Schein des anbrechenden Morgens ein enges kleines Tal von höchstens hundert Schritten im Umfang, das tief in einem Kessel hoch hinanstrebender Felsen lag. Etwa sechs bis acht kleine Hütten waren in dieser Schlucht aus Brettern und abgehauenen Bäumen aufgebaut. Einige schmutzige Weiber schauten neugierig aus diesen Höhlen hervor, und ein Rudel von zwölf großen Hunden und ihren unzähligen Jungen umsprang heulend und bellend die Angekommenen. Der Hauptmann führte die vermeintliche Gräfin in die beste dieser Hütten und sagte ihr, diese sei ausschließlich zu ihrem Gebrauch bestimmt; auch erlaubte er auf Felix' Verlangen, daß der Jäger und der Student zu ihm gelassen wurden.

Die Hütte war mit Rehfellen und Matten ausgelegt, die zugleich zum Fußboden und Sitze dienen mußten. Einige Krüge und Schüsseln aus Holz geschnitzt, eine alte Jagdflinte, und in der hintersten Ecke ein Lager, aus ein paar Brettern gezimmert und mit wollenen Decken bekleidet, welchem man den Namen eines Bettes nicht geben konnte, waren die einzigen Geräte dieses gräflichen Palastes. Jetzt erst, allein gelassen in dieser elenden Hütte, hatten die drei Gefangenen Zeit, über ihre sonderbare Lage nachzudenken. Felix, der zwar seine edelmütige Handlung keinen Augenblick bereute, aber doch für seine Zukunft im Fall einer Entdeckung bange war, wollte sich in lauten Klagen Luft machen; der Jäger aber rückte ihm schnell näher und flüsterte ihm zu: „Sei um Gottes willen stille, lieber Junge; glaubst du denn nicht, daß man uns behorcht?" „Aus jedem Wort, aus dem Ton deiner Sprache könnten sie Verdacht schöpfen", setzte der Student hinzu. Dem armen Felix blieb nichts übrig, als stille zu weinen.

„Glaubt mir, Herr Jäger", sagte er, „ich weine nicht aus Angst vor diesen Räubern oder aus Furcht vor dieser elenden Hütte, nein, es ist ein ganz anderer Kummer, der mich drückt! Wie leicht kann die Gräfin vergessen, was ich ihr schnell noch sagte, und dann hält man mich für einen Dieb, und ich bin elend auf immer!"

„Aber was ist es denn, das dich so ängstigt?" fragte der Jäger, verwundert über das Benehmen des jungen Menschen, der sich bisher so mutig und stark betragen hatte.

„Höret zu, und Ihr werdet mir recht geben", antwortete Felix. „Mein Vater war ein geschickter Goldarbeiter in Nürnberg, und meine Mutter hatte früher bei einer vornehmen Frau gedient als Kammerfrau, und als sie meinen Vater heuratete, wurde sie von der Gräfin, welcher sie gedient hatte, trefflich ausgestattet. Diese blieb meinen Eltern immer gewogen, und als ich auf die Welt kam, wurde sie meine Pate und beschenkte mich reichlich. Aber als meine Eltern bald nacheinander an einer Seuche starben, und ich ganz allein und verlassen in der Welt stand und ins Waisenhaus gebracht werden sollte, da vernahm die Frau Pate unser Unglück, nahm sich meiner an und gab mich in ein Erziehungshaus; und als ich alt genug war, schrieb sie mir, ob ich nicht des Vaters Gewerbe lernen wollte. Ich war froh darüber und sagte zu, und so gab sie mich meinem Meister in Würzburg in die Lehre. Ich hatte Geschick zur Arbeit und brachte es bald so weit, daß mir der Lehrbrief ausgestellt wurde, und ich auf die Wanderschaft mich rüsten konnte. Dies schrieb ich der Frau Pate, und flugs antwortete sie, daß sie das Geld zur Wanderschaft gebe. Dabei schickte sie prachtvolle Steine mit und verlangte, ich solle sie fassen zu einem schönen Geschmeide, ich solle dann solches als Probe meiner Geschicklichkeit selbst überbringen und das Reisegeld in Empfang nehmen. Meine Frau Pate habe ich in meinem Leben nicht gesehen, und ihr könnet denken, wie ich mich auf sie freute. Tag und Nacht arbeitete ich an dem Schmuck, er wurde so schön und zierlich, daß selbst der Meister darüber erstaunte. Als er fertig war, packte ich alles sorgfältig auf den Boden meines Ränzels, nahm Abschied vom Meister und wanderte meine Straße nach dem Schlosse der Frau Pate. Da kamen", fuhr er in Tränen ausbrechend fort, „diese schändlichen Menschen und zerstörten all meine Hoffnung.

Denn wenn Eure Frau Gräfin den Schmuck verliert oder vergißt was ich ihr sagte, und das schlechte Ränzchen wegwirft, wie soll ich dann vor meine gnädige Frau Pate treten? mit was soll ich mich ausweisen? woher die Steine ersetzen? und das Reisegeld ist dann auch verloren, und ich erscheine als ein undankbarer Mensch, der anvertrautes Gut so leichtsinnig weggegeben. Und am Ende – wird man mir glauben, wenn ich den wunderbaren Vorfall erzähle?"

„Über das letztere seid getrost!" erwiderte der Jäger. „Ich glaube nicht, daß bei der Gräfin Euer Schmuck verlorengehen kann; und wenn auch, so wird sie sicherlich ihn ihrem Retter wiedererstatten und ein Zeugnis über diese Vorfälle ausstellen. – Wir verlassen Euch jetzt auf einige Stunden, denn wahrhaftig wir brauchen Schlaf, und nach den Anstrengungen dieser Nacht werdet Ihr ihn auch nötig haben. Nachher laßt uns im Gespräch unser Unglück auf Augenblicke vergessen, oder besser noch auf unsere Flucht denken."

Sie gingen; Felix blieb allein zurück und versuchte dem Rat des Jägers zu folgen.

Als nach einigen Stunden der Jäger mit dem Studenten zurückkam, fand er seinen jungen Freund gestärkter und munterer, als zuvor. Er erzählte dem Goldschmidt, daß ihm der Hauptmann alle Sorgfalt für die Dame empfohlen habe, und in wenigen Minuten werde eines der Weiber, die sie unter den Hütten gesehen hatten, der gnädigen Gräfin Kaffee bringen und ihre Dienste zur Aufwartung anbieten. Sie beschlossen, um ungestört zu sein, diese Gefälligkeit nicht anzunehmen, und als das alte, häßliche Zigeunerweib kam, das Frühstück vorsetzte und mit grinzender Freundlichkeit fragte, ob sie nicht sonst noch zu Diensten sein könnte, winkte ihr Felix zu gehen und als sie noch zauderte, scheuchte sie der Jäger aus der Hütte. Der Student erzählte dann weiter, was sie sonst noch von dem Lager der Räuber gesehen. „Die Hütte, die Ihr bewohnt, schönste Frau Gräfin", sprach er, „scheint ursprünglich für den Hauptmann bestimmt. Sie ist nicht so geräumig, aber schöner als die übrigen. Außer dieser sind noch sechs andere da, in welchen die Weiber und Kinder wohnen, denn von den Räubern sind selten mehr als sechs zu Hause. Einer steht nicht weit von dieser Hütte Wache, der andere unten am Weg in der Höhe, und ein dritter hat den Lauerposten oben am Eingang in die Schlucht. Von zwei Stunden zu zwei Stunden werden sie von den drei übrigen abgelöst.

Jeder hat überdies zwei große Hunde neben sich liegen, und sie alle sind so wachsam, daß man keinen Fuß aus der Hütte setzen kann, ohne daß sie anschlagen. Ich habe keine Hoffnung, daß wir uns durchstehlen können."

„Machet mich nicht traurig, ich bin nach dem Schlummer mutiger geworden", entgegnete Felix; „gebet nicht alle Hoffnung auf, und fürchtet ihr Verrat, so lasset uns lieber jetzt von etwas anderem reden und nicht lange voraus schon kummervoll sein. Herr Student, in der Schenke habt Ihr angefangen etwas zu erzählen, fahret jetzt fort, denn wir haben Zeit zum Plaudern."

„Kann ich mich doch kaum erinnern was es war", antwortete der junge Mann.

„Ihr erzählet die Sage *von dem kalten Herz,* und seid stehengeblieben, wie der Wirt und der andere Spieler den Kohlen-Peter aus der Türe werfen."

„Gut, jetzt entsinne ich mich wieder", entgegnete er, „nun, wenn ihr weiter hören wollet, will ich fortfahren":

Das kalte Herz

Zweite Abteilung

Als Peter am Montagmorgen in seine Glashütte ging, da waren nicht nur seine Arbeiter da, sondern auch andere Leute, die man nicht gerne sieht, nämlich der Amtmann und drei Gerichtsdiener. Der Amtmann wünschte Petern einen guten Morgen, fragte wie er geschlafen, und zog dann ein langes Register heraus, und darauf waren Peters Gläubiger verzeichnet. „Könnt Ihr zahlen oder nicht?" fragte der Amtmann mit strengem Blick, „und macht es nur kurz, denn ich habe nicht viel Zeit zu versäumen, und in den Turm ist es drei gute Stunden." Da verzagte Peter, gestand, daß er nichts mehr habe, und überließ es dem Amtmann, Haus und Hof, Hütte und Stall, Wagen und Pferde zu schätzen; und als die Gerichtsdiener und der Amtmann umhergingen und prüften und schätzten, dachte er, bis zum Tannenbühl ist's nicht weit, hat mir der *Kleine* nichts geholfen, so will ich es einmal mit dem *Großen* versuchen. Er lief dem Tannenbühl zu, so schnell, als ob die Gerichtsdiener ihm auf den Fersen wären, es war ihm, als er an dem Platz vorbeirannte, wo er das Glasmännlein zuerst gesprochen, als halte ihn eine unsichtbare Hand auf, aber er riß sich los und lief weiter, bis an die Grenze, die er sich früher wohl gemerkt hatte, und kaum hatte er, beinahe atemlos, „Holländer-Michel, Herr Holländer-Michel" gerufen, als auch schon der riesengroße Flözer mit seiner Stange vor ihm stand.

„Kommst du?" sprach dieser lachend; „haben sie dir die Haut abziehen und deinen Gläubigern verkaufen wollen? Nu, sei ruhig; dein ganzer Jammer kommt, wie gesagt, von dem kleinen Glasmännlein, von dem Separatisten und Frömmler her. Wenn man schenkt, muß man gleich recht schenken, und nicht wie dieser Knauser. Doch komm", fuhr er fort, und wandte sich gegen den Wald, „folge mir in mein Haus, dort wollen wir sehen, ob wir *handelseinig* werden."

Handelseinig? dachte Peter. Was kann er denn von mir verlangen, was kann ich an ihn verhandeln? Soll ich ihm etwa dienen, oder was will er? Sie gingen zuerst über einen steilen Waldsteig hinan, und standen dann mit einemmal an einer dunkeln, tiefen, abschüssigen Schlucht; Holländer-Michel sprang den Felsen hinab, wie wenn es eine sanfte Marmortreppe wäre; aber bald wäre Peter in Ohnmacht gesunken, denn als jener unten angekommen war, machte er sich so groß wie ein Kirchturm und reichte ihm einen Arm, so lange als ein Weberbaum, und eine Hand daran, so breit als der Tisch im Wirtshaus, und rief mit einer Stimme, die heraufschallte wie eine tiefe Totenglocke: „Setz dich nur auf meine Hand und halte dich an den Fingern, so wirst du nicht fallen." Peter tat zitternd, wie jener befohlen, nahm Platz auf der Hand, und hielt sich am Daumen des Riesen.

Es ging weit und tief hinab, aber dennoch ward es zu Peters Verwunderung nicht dunkler, im Gegenteil, die Tageshelle schien sogar zuzunehmen in der Schlucht, aber er konnte sie lange in den Augen nicht ertragen. Der Holländer-Michel hatte sich, je weiter Peter herabkam, wieder kleiner gemacht, und stand nun in seiner früheren Gestalt vor einem Haus, so gering oder gut, als es reiche Bauern auf dem Schwarzwald haben. Die Stube, worein Peter geführt wurde, unterschied sich durch nichts von den Stuben anderer Leute, als dadurch, daß sie einsam schien.

Die hölzerne Wanduhr, der ungeheure Kachelofen, die breiten Bänke, die Gerätschaften auf den Gesimsen, waren hier wie überall. Michel wies ihm einen Platz hinter dem großen Tisch an, ging dann hinaus, und kam bald mit einem Krug Wein und Gläsern wieder. Er goß ein und nun schwatzten sie, und Holländer-Michel erzählte von den Freuden der Welt, von fremden Ländern, schönen Städten und Flüssen, daß Peter, am Ende große Sehnsucht darnach bekommend, dies auch offen dem Holländer erzählte.

„Wenn du im ganzen Körper Mut und Kraft etwas zu unternehmen hattest, da konnten ein paar Schläge des dummen Herzens dich zittern machen; und dann die Kränkungen der Ehre, das Unglück, für was soll sich ein vernünftiger Kerl um dergleichen bekümmern? hast du's im Kopf empfunden, als dich letzthin einer einen Betrüger und schlechten Kerl nannte? hat es dir im Magen wehe getan, als der Amtmann kam, dich aus dem Haus zu werfen? Was? sag an, was hat dir wehe getan?"

„Mein Herz", sprach Peter, indem er die Hand auf die pochende Brust preßte, denn es war ihm, als ob sein Herz sich ängstlich hin und her wendete.

„Du hast, nimm mir es nicht übel, du hast viele hundert Gulden an schlechte Bettler und anderes Gesindel weggeworfen; was hat es dich genützt? Sie haben dir dafür Segen und einen gesunden Leib gewünscht; ja bist du deswegen gesünder geworden? Um die Hälfte des verschleuderten Geldes hättest du einen Arzt gehalten. Segen, ja ein schöner Segen, wenn man ausgepfändet und ausgestoßen wird! Und was war es, das dich getrieben, in die Tasche zu fahren, sooft ein Bettelmann seinen zerlumpten Hut hinstreckte? – Dein Herz, auch wieder dein Herz, und weder deine Augen, noch deine Zunge, deine Arme noch deine Beine, sondern dein Herz. Du hast dir es, wie man richtig sagt, zu sehr zu Herzen genommen."

„Aber wie kann man sich denn angewöhnen, daß es nicht mehr so ist? Ich gebe mir jetzt alle Mühe, es zu unterdrücken, und dennoch pocht mein Herz und tut mir wehe."

„*Du* freilich", rief jener mit Lachen, „du armer Schelm, kannst nichts dagegen tun; aber gib mir das kaum pochende Ding und du wirst sehen, wie gut du es dann hast."

„Euch, mein Herz?" schrie Peter mit Entsetzen. „Da müßte ich ja sterben auf der Stelle! Nimmermehr!"

„Ja, wenn dir einer eurer Herrn Chirurgen das Herz aus dem Leib operieren wollte, da müßtest du wohl sterben; bei mir ist dies ein anderes Ding; doch komm herein und überzeuge dich selbst." Er stand bei diesen Worten auf, öffnete eine Kammertüre und führte Peter hinein. Sein Herz zog sich krampfhaft zusammen, als er über die Schwelle trat, aber er achtete es nicht, denn der Anblick, der sich ihm bot, war sonderbar und überraschend. Auf mehreren Gesimsen von Holz standen Gläser, mit durchsichtiger Flüssigkeit gefüllt, und in jedem dieser Gläser lag ein Herz, auch waren an den Gläsern Zettel angeklebt und Namen darauf geschrieben, die Peter neugierig las; da war das Herz des Amtmanns in F.; das Herz des dicken Ezechiel, das Herz des Tanzbodenkönigs, das Herz des Oberförsters; da waren sechs Herzen von Kornwucherern, acht von Werboffizieren, drei von Geldmäklern – kurz es war eine Sammlung der angesehensten Herzen in der Umgegend von zwanzig Stunden.

„Schau!" sprach Holländer-Michel, „diese alle haben des Lebens Ängsten und Sorgen weggeworfen, keines dieser Herzen schlägt mehr ängstlich und besorgt und ihre ehemaligen Besitzer befinden sich wohl dabei, daß sie den unruhigen Gast aus dem Hause haben."

„Aber was tragen sie denn jetzt dafür in der Brust?" fragte Peter, den dies alles, was er gesehen, beinahe schwindeln machte.

„Dies", antwortete jener, und reichte ihm aus einem Schubfach – ein *steinernes Herz*.

„So?" erwiderte er, und konnte sich eines Schauers, der ihm über die Haut ging, nicht erwehren. „Ein Herz von Marmelstein? Aber, horch einmal, Herr Holländer-Michel, das muß doch gar kalt sein in der Brust."

„Freilich, aber ganz angenehm kühl; warum soll denn ein Herz warm sein? im Winter nützt dich die Wärme nichts, da hilft ein guter Kirschgeist mehr als ein warmes Herz, und im Sommer, wenn alles schwül und heiß ist – du glaubst nicht, wie dann solch ein Herz abkühlt; und wie gesagt, weder Angst noch Schrecken, weder törichtes Mitleiden noch anderer Jammer pocht an solch ein Herz."

„Und das ist alles, was Ihr mir geben könnet", fragte Peter unmutig; „ich hoff auf Geld, und Ihr wollet mir einen Stein geben!"

„Nu, ich denke an hunderttausend Gulden hättest du fürs erste genug; wenn du es geschickt umtreibst, kannst du bald ein Millionär werden."

„Hunderttausend?" rief der arme Köhler freudig, „nun so poche doch nicht so ungestüm in meiner Brust, wir werden bald fertig sein miteinander. Gut, Michel; gebt mir den Stein und das Geld und die Unruh könnet Ihr aus dem Gehäuse nehmen."

„Ich dachte es doch, daß du ein vernünftiger Bursche seist", antwortete der Holländer freundlich lächelnd, „komm, laß uns noch eins trinken, und dann will ich das Geld auszahlen."

So setzten sie sich wieder in die Stube zum Wein, tranken und tranken wieder, bis Peter in einen tiefen Schlaf verfiel.

Kohlen-Munk-Peter erwachte beim fröhlichen Schmettern eines Posthorns und siehe da, er saß in einem schönen Wagen, fuhr auf einer breiten Straße dahin, und als er sich aus dem Wagen bog, sah er in blauer Ferne hinter sich den Schwarzwald liegen. Anfänglich wollte er gar nicht glauben, daß er es selbst sei, der in diesem Wagen sitze; denn auch seine Kleider waren gar nicht mehr dieselben, die er gestern getragen, aber er erinnerte sich doch an alles so deutlich, daß er endlich sein Nachsinnen aufgab und rief: „Der Kohlen-Munk-Peter bin ich, das ist ausgemacht, und kein anderer." Er wunderte sich über sich selbst, daß er gar nicht wehmütig werden konnte, als er jetzt zum erstenmal aus der stillen Heimat, aus den Wäldern, wo er so lange gelebt, auszog; selbst nicht, als er an seine Mutter dachte, die jetzt wohl hülflos und im Elend saß, konnte er eine Träne aus dem Auge pressen oder nur seufzen: denn es war ihm alles so gleichgültig. „Ach freilich", sagte er dann, „Tränen und Seufzer, Heimweh und Wehmut kommen ja aus dem Herzen, und Dank dem Holländer-Michel – das meine ist kalt und von Stein."

Er legte seine Hand auf die Brust, und es war ganz ruhig dort, und rührte sich nichts. „Wenn er mit den Hunderttausenden so gut Wort hielt, wie mit dem Herz, so soll es mich freuen", sprach er und fing an seinen Wagen zu untersuchen. Er fand Kleidungsstücke von aller Art, wie er sie nur wünschen konnte, aber kein Geld; endlich stieß er auf eine Tasche und fand viele tausend Taler in Gold und Scheinen, auf Handlungshäuser in allen großen Städten. Jetzt hab ich's, wie ich's wollte, dachte er, setzte sich bequem in die Ecke des Wagens, und fuhr in die weite Welt.

Er fuhr zwei Jahre in der Welt umher, und schaute aus seinem Wagen links und rechts an den Häusern hinauf, schaute, wenn er anhielt, nichts als den Schild seines Wirtshauses an, lief dann in der Stadt umher, und ließ sich die schönsten Merkwürdigkeiten zeigen; aber es freute ihn nichts, kein Bild, kein Haus, keine Musik, kein Tanz, sein Herz von Stein nahm an nichts Anteil und seine Augen, seine Ohren waren abgestumpft für alles Schöne. Nichts war ihm mehr geblieben, als die Freude an Essen und Trinken und der Schlaf, und so lebte er, indem er ohne Zweck durch die Welt reiste, zu seiner Unterhaltung speiste und aus Langerweile schlief. Hie und da erinnerte er sich zwar, daß er fröhlicher, glücklicher gewesen sei, als er noch arm war und arbeiten mußte, um sein Leben zu fristen. Da hatte ihn jede schöne Aussicht ins Tal, Musik und Gesang hatten ihn ergötzt, da hatte er sich stundenlang auf die einfache Kost, die ihm die Mutter zu dem Meiler bringen sollte, gefreut; wenn er so über die Vergangenheit nachdachte, so kam es ihm ganz sonderbar vor, daß er jetzt nicht einmal lachen konnte, und sonst hatte er über den kleinsten Scherz gelacht; wenn andere lachten, so verzog er nur aus Höflichkeit den Mund, aber sein Herz – lächelte nicht mit. Er fühlte dann, daß er zwar überaus ruhig sei – aber zufrieden fühlte er sich doch nicht. Es war nicht Heimweh oder Wehmut, sondern Öde, Überdruß, freudenloses Leben, was ihn endlich wieder zur Heimat trieb.

Als er von Straßburg herüberfuhr und den dunkeln Wald seiner Heimat erblickte, als er zum erstenmal wieder jene kräftigen Gestalten, jene freundlichen, treuen Gesichter der Schwarzwälder sah, als sein Ohr die heimatlichen Klänge, stark, tief, aber wohltönend vernahm, da fühlte er schnell an sein Herz, denn sein Blut wallte stärker, und er glaubte, er müsse sich freuen, und müsse weinen zugleich, aber – wie konnte er nur so töricht sein, er hatte ja ein Herz von Stein; und Steine sind tot und lächeln und weinen nicht.

Sein erster Gang war zum Holländer-Michel, der ihn mit alter Freundlichkeit aufnahm. „Michel", sagte er zu ihm, „gereist bin ich nun, und habe alles gesehen, ist aber alles dummes Zeug und ich hatte nur Langeweile. Überhaupt, Euer steinernes Ding, das ich in der Brust trage, schützt mich zwar vor manchem; ich erzürne mich nie, bin nie traurig, aber ich freue mich auch nie, und es ist mir, als wenn ich nur halb lebte. Könnet Ihr das Steinherz nicht ein wenig beweglicher machen, oder – gebt mir lieber mein altes Herz; ich hatte mich in fünfundzwanzig Jahren daran gewöhnt, und wenn es zuweilen auch einen dummen Streich machte, so war es doch munter und ein fröhliches Herz."

Der Waldgeist lachte grimmig und bitter: „Wenn du einmal tot bist, Peter Munk", antwortete er, „dann soll es dir nicht fehlen, dann sollst du dein weiches, rührbares Herz wiederhaben und du kannst dann fühlen was kommt, Freud oder Leid; aber hier oben kann es nicht mehr dein werden! Doch, Peter!

gereist bist du wohl, aber, so wie du lebtest, konnte es dich nichts nützen. Setze dich jetzt hier irgendwo im Wald, bau ein Haus, heirate, treibe dein Vermögen um, es hat dir nur an Arbeit gefehlt, weil du müßig warst hattest du Langeweile, und schiebst jetzt alles auf dieses unschuldige Herz." Peter sah ein, daß Michel recht habe, was den Müßiggang beträfe, und nahm sich vor, reich und immer reicher zu werden; Michel schenkte ihm noch einmal hunderttausend Gulden und entließ ihn als seinen guten Freund.

Bald vernahm man im Schwarzwald die Märe, der Kohlen-Munk-Peter oder Spiel-Peter sei wieder da, und noch viel reicher, als zuvor. Es ging auch jetzt wie immer; als er am Bettelstab war, wurde er in der „Sonne" zur Türe hinausgeworfen, und als er jetzt an einem Sonntagnachmittag seinen ersten Einzug dort hielt, schüttelten sie ihm die Hand, lobten sein Pferd, fragten nach seiner Reise, und als er wieder mit dem dicken Ezechiel um harte Taler spielte, stand er in der Achtung so hoch, als je. Er trieb jetzt aber nicht mehr das Glashandwerk, sondern den Holzhandel, aber nur zum Schein. Sein Hauptgeschäft war mit Korn und Geld zu handeln. Der halbe Schwarzwald wurde ihm nach und nach schuldig, aber er lieh Geld nur auf zehen Prozente aus, oder verkaufte Korn an die Armen, die nicht gleich zahlen konnten, um den dreifachen Wert. Mit dem Amtmann stand er jetzt in enger Freundschaft, und wenn einer Herrn Peter Munk nicht auf den Tag bezahlte, so ritt der Amtmann mit seinen Schergen heraus, schätzte Haus und Hof, verkaufte es flugs, und trieb Vater, Mutter und Kind in den Wald. Anfangs machte dies dem reichen Peter einige Unlust, denn die armen Ausgepfändeten belagerten dann haufenweise seine Türe, die Männer flehten um Nachsicht, die Weiber suchten das steinerne Herz zu erweichen und die Kinder winselten um ein Stücklein Brot; aber als er sich ein paar tüchtige Fleischerhunde angeschafft hatte, hörte diese Katzenmusik, wie er es nannte, bald auf; er pfiff und hetzte, und die Bettelleute flogen schreiend auseinander. Am meisten Beschwerde machte ihm das „alte Weib". Das war aber niemand anders als Frau Munkin, Peters Mutter. Sie war in Not und Elend geraten, als man ihr Haus und Hof verkauft hatte, und ihr Sohn, als er reich zurückgekehrt war, hatte nicht mehr nach ihr umgesehen; da kam sie nun zuweilen, alt, schwach und gebrechlich an einem Stock vor das Haus; hinein wagte sie sich nimmer, denn er hatte sie einmal weggejagt, aber es tat ihr wehe, von den Guttaten anderer Menschen leben zu müssen, da der eigene Sohn ihr ein sorgenloses Alter hätte bereiten können. Aber das kalte Herz wurde nimmer gerührt von dem Anblicke der bleichen, wohlbekannten Züge, von den bittenden Blicken, von der welken, ausgestreckten Hand, von der hinfälligen Gestalt; mürrisch zog er, wenn sie sonnabends an die Türe pochte, einen Sechsbätzner heraus, schlug ihn in ein Papier und ließ ihn hinausreichen durch einen Knecht. Er vernahm ihre zitternde Stimme, wenn sie dankte und wünschte, es möge ihm wohlgehen auf Erden, er hörte sie hüstelnd von der Türe schleichen, aber er dachte weiter nicht mehr daran, als daß er wieder sechs Batzen umsonst ausgegeben.

Endlich kam Peter auch auf den Gedanken zu heuraten. Er wußte, daß im ganzen Schwarzwald jeder Vater ihm gerne seine Tochter geben werde; aber er war schwierig in seiner Wahl, denn er wollte, daß man auch hierin sein Glück und seinen Verstand preisen sollte; daher ritt er umher, im ganzen Wald, schaute hier, schaute dort, und keine der schönen Schwarzwälderinnen deuchte ihm schön genug. Endlich, nachdem er auf allen Tanzböden umsonst nach der Schönsten ausgeschaut hatte, hörte er eines Tages, die Schönste und Tugendsamste im ganzen Wald sei eines armen Holzhauers Tochter. Sie lebe still und für sich, besorge geschickt und emsig ihres Vaters Haus, und lasse sich nie auf dem Tanzboden sehen, nicht einmal zu Pfingsten oder Kirmes. Als Peter von diesem Wunder des Schwarzwalds hörte, beschloß er, um sie zu werben, und ritt nach der Hütte, die man ihm bezeichnet hatte. Der Vater der schönen Lisbeth empfing den vornehmen Herrn mit Staunen, und er staunte noch mehr, als er hörte, es sei dies der reiche Herr Peter und er wolle sein Schwiegersohn werden. Er besann sich auch nicht lange, denn er meinte, all seine Sorge und Armut werde nun ein Ende haben, sagte zu, ohne die schöne Lisbeth zu fragen, und das gute Kind war so folgsam, daß sie ohne Widerrede Frau Peter Munkin wurde.

Aber es wurde der Armen nicht so gut, als sie sich geträumt hatte. Sie glaubte ihr Hauswesen wohl zu verstehen, aber sie konnte Herrn Peter nichts zu Dank machen, sie hatte Mitleiden mit armen Leuten, und da ihr Eheherr reich war, dachte sie, es sei keine Sünde, einem armen Bettelweib einen Pfennig, oder einem alten Mann einen Schnaps zu reichen; aber als Herr Peter dies eines Tages merkte, sprach er mit zürnenden Blicken und rauher Stimme:

„Warum verschleuderst du mein Vermögen an Lumpen und Straßenläufer? Hast du was mitgebracht ins Haus, das du wegschenken könntest? Mit deines Vaters Bettelstab kann man keine Suppe wärmen, und wirfst das Geld aus, wie eine Fürstin? Noch einmal laß dich betreten, so sollst du meine Hand fühlen!" Die schöne Lisbeth weinte in ihrer Kammer über den harten Sinn ihres Mannes, und sie wünschte oft lieber heim zu sein, in ihres Vaters ärmlicher Hütte, als bei dem reichen, aber geizigen, hartherzigen Peter zu hausen. Ach, hätte sie gewußt, daß er ein Herz von Marmor habe, und weder sie noch irgendeinen Menschen lieben könnte, so hätte sie sich wohl nicht gewundert. Sooft sie aber jetzt unter der Türe saß, und es ging ein Bettelmann vorüber, und zog den Hut, und hub an seinen Spruch, so drückte sie die Augen zu, das Elend nicht zu schauen, sie ballte die Hand fester, damit sie nicht unwillkürlich in die Tasche fahre, ein Kreuzerlein herauszulangen. So kam es, daß die schöne Lisbeth im ganzen Wald verschrieen wurde, und es hieß, sie sei noch geiziger als Peter Munk. Aber eines Tages saß Frau Lisbeth wieder vor dem Haus und spann und murmelte ein Liedchen dazu; denn sie war munter, weil es schön Wetter und Herr Peter ausgeritten war über Feld. Da kömmt ein altes Männlein des Weges daher, der trägt einen großen, schweren Sack, und sie hört ihn schon von weitem keuchen. Teilnehmend sieht ihm Frau Lisbeth zu und denkt, einem so alten kleinen Mann sollte man nicht mehr so schwer aufladen.

Indes keucht und wankt das Männlein heran, und als es gegenüber von Frau Lisbeth war, brach es unter dem Sack beinahe zusammen. „Ach habt die Barmherzigkeit, Frau, und reichet mir nur einen Trunk Wasser", sprach das Männlein, „ich kann nicht weiter, muß elend verschmachten."

„Aber Ihr solltet in Eurem Alter nicht mehr so schwer tragen", sagte Frau Lisbeth.

„Ja, wenn ich nicht Boten gehen müßte, der Armut halber und um mein Leben zu fristen", antwortete er, „ach so eine reiche Frau, wie Ihr, weiß nicht, wie wehe Armut tut, und wie wohl ein frischer Trunk bei solcher Hitze."

Als sie dies hörte, eilte sie ins Haus, nahm einen Krug vom Gesims und füllte ihn mit Wasser; doch als sie zurückkehrte, und nur noch wenige Schritte von ihm war, und das Männlein sah, wie es so elend und verkümmert auf dem Sack saß, da fühlte sie inniges Mitleid, bedachte, daß ja ihr Mann nicht zu Hause sei, und so stellte sie den Wasserkrug beiseite, nahm einen Becher und füllte ihn mit Wein, legte ein gutes Roggenbrot darauf, und brachte es dem Alten. „So, und ein Schluck Wein mag Euch besser frommen, als Wasser, da Ihr schon so gar alt seid", sprach sie, „aber trinket nicht zu hastig, und esset auch Brot dazu."

Das alte Männlein sah sie staunend an, bis große Tränen in seinen alten Augen standen, er trank und sprach dann:

„Ich bin alt geworden, aber ich hab wenige Menschen gesehen, die so mitleidig wären, und ihre Gaben so schön und herzig zu spenden wußten, wie Ihr, Frau Lisbeth. Aber es wird Euch dafür auch recht wohl gehen auf Erden; solch ein Herz bleibt nicht unbelohnt."

„Nein und den Lohn soll sie zur Stelle haben", schrie eine schreckliche Stimme, und als sie sich umsahen, war es Herr Peter mit blutrotem Gesicht.

„Und sogar meinen Ehrenwein gießest du aus an Bettelleute und meinen Mundbecher gibst du an die Lippen der Straßenläufer? Da, nimm deinen Lohn!" Frau Lisbeth stürzte zu seinen Füßen, und bat um Verzeihung, aber das steinerne Herz kannte kein Mitleid, er drehte die Peitsche um, die er in der Hand hielt, und schlug sie mit dem Handgriff von Ebenholz so heftig vor die schöne Stirne, daß sie leblos dem alten Mann in die Arme sank. Als er dies sah, war es doch als reuete ihn die Tat auf der Stelle; er bückte sich herab zu schauen, ob noch Leben in ihr sei, aber das Männlein sprach mit wohlbekannter Stimme: „Gib dir keine Mühe, Kohlen-Peter; es war die schönste und lieblichste Blume im Schwarzwald, aber du hast sie zertreten und nie mehr wird sie wieder blühen."

Da wich alles Blut aus Peters Wangen und er sprach: „Also Ihr seid es, Herr Schatzhauser? Nun, was geschehen ist, ist geschehen, und es hat wohl so kommen müssen. Ich hoffe aber, Ihr werdet mich nicht bei dem Gericht anzeigen als Mörder."

„Elender!" erwiderte das Glasmännlein. „Was würde es mir frommen, wenn ich deine sterbliche Hülle an den Galgen brächte? Nicht irdische Gerichte sind es, die du zu fürchten hast, sondern andere und strengere; denn du hast deine Seele an den Bösen verkauft."

„Und hab ich mein Herz verkauft", schrie Peter, „so ist niemand daran schuld, als du, und deine betrügerische Schätze; du tückischer Geist hast mich ins Verderben geführt, mich getrieben daß ich bei einem andern Hülfe suchte, und auf dir liegt die ganze Verantwortung." Aber kaum hatte er dies gesagt, so wuchs und schwoll das Glasmännlein und wurde hoch und breit, und seine Augen sollen so groß gewesen sein, wie Suppenteller und sein Mund war wie ein geheizter Backofen und Flammen blitzten daraus hervor. Peter warf sich auf die Knie, und sein steinernes Herz schützte ihn nicht, daß nicht seine Glieder zitterten, wie eine .Espe. Mit Geierskrallen packte ihn der Waldgeist im Nacken, drehte ihn um, wie ein Wirbelwind dürres Laub, und warf ihn dann zu Boden, daß ihm alle Rippen knackten. „Erdenwurm!" rief er mit einer Stimme, die wie der Donner rollte, „ich könnte dich zerschmettern, wenn ich wollte, denn du hast gegen den Herrn des Waldes gefrevelt. Aber um dieses toten Weibes willen, die mich gespeist und getränkt hat, gebe ich dir acht Tage Frist; bekehrst du dich zum nicht Guten, so komme ich und zermalme dein Gebein und du fahrst hin in deinen Sünden."

Es war schon Abend, als einige Männer, die vorbeigingen, den reichen Peter Munk an der Erde liegen sahen. Sie wandten ihn hin und her, und suchten, ob noch Atem in ihm sei, aber lange war ihr Suchen vergebens. Endlich ging einer in das Haus und brachte Wasser herbei, und besprengte ihn. Da holte Peter tief Atem, stöhnte und schlug die Augen auf, schaute lange um sich her, und fragte dann nach Frau Lisbeth, aber keiner hatte sie gesehen. Er dankte den Männern für ihre Hülfe, schlich in sein Haus und schaute sich um, aber Frau Lisbeth war weder im Keller noch auf dem Boden, und das was er für einen schrecklichen Traum gehalten, war bittere Wahrheit. Wie er nun so ganz allein war, da kamen ihm sonderbare Gedanken; er fürchtete sich vor nichts, denn sein Herz war ja kalt, aber wenn er an den Tod seiner Frau dachte – kam ihm sein eigenes Hinscheiden in den Sinn, und wie belastet er dahinfahren werde, schwer belastet mit Tränen der Armen, mit tausend ihrer Flüche, die sein Herz nicht erweichen konnten, mit dem Jammer der Elenden, auf die er seinen Hund gehetzt, belastet mit der stillen Verzweiflung seiner Mutter, mit dem Blut der schönen, guten Lisbeth; und konnte er doch nicht einmal dem alten Mann, ihrem Vater Rechenschaft geben, wann er käme und fragte: „Wo ist meine Tochter, dein Weib?" Wie wollte er einem andern Frage stehen, dem alle Wälder, alle Seen, alle Berge gehören, und – die Leben der Menschen?

Es quält ihn auch nachts im Traume, und alle Augenblicke wachte er auf an einer süßen Stimme, die ihm zurief: „Peter, schaff dir ein wärmeres Herz!" und wenn er erwacht war, schloß er doch schnell wieder die Augen, denn der Stimme nach mußte es Frau Lisbeth sein, die ihm diese Warnung zurief. Den andern Tag ging er ins Wirtshaus, um seine Gedanken zu zerstreuen und dort traf er den dicken Ezechiel. Er setzte sich zu ihm, sie sprachen dies und jenes, vom schönen Wetter, vom Krieg, von den Steuern und endlich auch vom Tod, und wie da und dort einer so schnell gestorben sei. Da fragte Peter den Dicken, was er denn vom Tod halte, und wie es nachher sein werde? Ezechiel antwortete ihm, daß man den Leib begrabe, die Seele aber fahre entweder auf zum Himmel oder hinab in die Hölle.

„Also begrabt man das Herz auch?" fragte Peter gespannt.

„Ei freilich, das wird auch begraben."

„Wenn aber einer sein Herz nicht mehr hat?" fuhr Peter fort.

Ezechiel sah ihn bei diesen Worten schrecklich an: „Was willst du damit sagen? willst du mich foppen? Meinst du, ich habe kein Herz?"

„Oh, Herz genug, so fest wie Stein", erwiderte Peter.

Ezechiel sah ihn verwundert an; schaute sich um, ob es niemand gehört habe, und sprach dann: „Woher weißt du es? Oder pocht vielleicht das deinige auch nicht mehr!"

„Pocht nicht mehr wenigstens nicht hier in meiner Brust", antwortete Peter Munk. „Aber sag mir, da du jetzt weißt, was ich meine, wie wird es gehen mit *unseren* Herzen?"

„Was kümmert dich dies Gesell!?" fragte Ezechiel lachend. „Hast ja auf Erden vollauf zu leben und damit genug. Das ist ja gerade das Bequeme in unsern kalten Herzen, daß uns keine Furcht befällt, vor solchen Gedanken."

„Wohl wahr, aber man denkt doch daran, und wenn ich auch jetzt keine Furcht mehr kenne, so weiß ich doch wohl noch, wie sehr ich mich vor der Hölle gefürchtet, als ich noch ein kleiner unschuldiger Knabe war."

„Nun – gut wird es uns gerade nicht gehen", sagte Ezechiel. „Hab mal einen Schulmeister darüber befragt, der sagte mir, daß nach dem Tod die Herzen gewogen werden, wie schwer sie sich versündiget hätten. Die leichten steigen auf, die schweren sinken hinab, und ich denke, unsere Steine werden ein gutes Gewicht haben."

„Ach freilich", erwiderte Peter, „und es ist mir oft selbst unbequem, daß mein Herz so teilnahmslos und ganz gleichgültig ist, wenn ich an solche Dinge denke."

So sprachen sie; aber in der nächsten Nacht hörte er fünf- oder sechsmal die bekannte Stimme in sein Ohr lispeln: „Peter, schaff dir ein wärmeres Herz!" Er empfand keine Reue, daß er sie getötet, aber wenn er dem Gesinde sagte, seine Frau sei verreist, so dachte er immer dabei, wohin mag sie wohl gereist sein? Sechs Tage hatte er es so getrieben, und immer hörte er nachts diese Stimme und immer dachte er an den Waldgeist und seine schreckliche Drohung; aber am siebenten Morgen sprang er auf von seinem Lager, und rief: „Nun ja, will sehen, ob ich mir ein wärmeres schaffen kann, denn der gleichgültige Stein in meiner Brust macht mir das Leben nur langweilig und öde." Er zog schnell seinen Sonntagsstaat an, und setzte sich auf sein Pferd und ritt dem Tannenbühl zu.

Im Tannenbühl, wo die Bäume dichter standen, saß er ab, band sein Pferd an, und ging schnellen Schrittes dem Gipfel des Hügels zu, und als er vor der dicken Tanne stand, hub er seinen Spruch an:

„Schatzhauser im grünen Tannenwald
Bist viele hundert Jahre alt
Dein ist all' Land, wo Tannen stehen,
Läßt dich nur Sonntagskindern sehen."

Da kam das Glasmännlein hervor, aber nicht freundlich und traulich, wie sonst, sondern düster und traurig; es hatte ein Röcklein an von schwarzem Glas und ein langer Trauerflor flatterte herab vom Hut und Peter wußte wohl, um wen es traure.

„Was willst du von mir, Peter Munk?" fragte es mit dumpfer Stimme.

„Ich hab noch einen Wunsch, Herr Schatzhauser", antwortete Peter, mit niedergeschlagenen Augen.

„Können Steinherzen noch wünschen?" sagte jener; „du hast alles, was du für deinen schlechten Sinn bedarfst, und ich werde schwerlich deinen Wunsch erfüllen."

„Aber Ihr habt mir doch drei Wünsche zugesagt; einen hab ich immer noch übrig."

„Doch kann ich ihn versagen, wenn er töricht ist", fuhr der Waldgeist fort; „aber wohlan, ich will hören, was du willst?"

„So nehmet mir den toten Stein heraus und gebet mir mein lebendiges Herz", sprach Peter.

„Hab ich den Handel mit dir gemacht?" fragte das Glasmännlein; „bin ich der Holländer-Michel, der Reichtum und kalte Herzen schenkt? Dort, bei ihm mußt du dein Herz suchen!"

„Ach, er gibt es nimmer zurück", antwortete Peter.

„Du dauerst mich, so schlecht du auch bist", sprach das Männlein nach einigem Nachdenken. „Aber weil dein Wunsch nicht töricht ist, so kann ich dir wenigstens meine Hülfe nicht abschlagen. So höre. Dein Herz kannst du mit keiner Gewalt mehr bekommen, wohl aber durch List, und es wird vielleicht nicht schwer halten; denn Michel bleibt doch nur der dumme Michel, obgleich er sich ungemein klug dünkt. So gehe denn geraden Weges zu ihm hin, und tue, wie ich dir heiße." Und nun unterrichtete er ihn in allem, und gab ihm ein Kreuzlein aus reinem Glas: „Am Leben kann er dir nicht schaden, und er wird dich freilassen, wenn du ihm dies vorhalten und dazu beten wirst. Und hast du denn, was du verlangt hast, erhalten, so komm wieder zu mir an diesen Ort."

Peter Munk nahm das Kreuzlein, prägte sich alle Worte ins Gedächtnis, und ging weiter nach Holländer-Michels Behausung. Er rief dreimal seinen Namen und alsobald stand der Riese vor ihm. „Du hast dein Weib erschlagen?" fragte er ihn, mit schrecklichem Lachen, „hätt es auch so gemacht, sie hat dein Vermögen an das Bettelvolk gebracht. Aber du wirst auf einige Zeit außer Landes gehen müssen, denn es wird Lärm machen, wenn man sie nicht findet; und du brauchst wohl Geld, und kommst, um es zu holen?"

„Du hast's erraten", erwiderte Peter, „und nur recht viel diesmal, denn nach Amerika ist's weit."

Michel ging voran, und brachte ihn in seine Hütte, dort schloß er eine Truhe auf, worin viel Geld lag und langte ganze Rollen Gold heraus. Während er es so auf den Tisch hinzählte, sprach Peter: „Du bist doch ein loser Vogel, Michel, daß du mich belogen hast, ich hätte einen Stein in der Brust, und du habest mein Herz!"

„Und ist es denn nicht so?" fragte Michel staunend; „fühlst du denn dein Herz? ist es nicht kalt, wie Eis? Hast du Furcht oder Gram, kann dich etwas reuen?"

„Du hast mein Herz nur stillestehen lassen, aber ich hab es noch wie sonst in meiner Brust und Ezechiel auch, der hat es mir gesagt, daß du uns angelogen hast; du bist nicht der Mann dazu, der einem das Herz so unbemerkt und ohne Gefahr aus der Brust reißen könnte! da müßtest du zaubern können."

„Aber ich versichere dich", rief Michel unmutig, „du und Ezechiel und alle reichen Leute, die es mit mir gehalten, haben solche kalte Herzen wie du, und ihre rechten Herzen habe ich hier in meiner Kammer."

„Ei, wie dir das Lügen von der Zunge geht!" lachte Peter. „Das mach du einem andern weis. Meinst du, ich hab auf meinen Reisen nicht solche Kunststücke zu Dutzenden gesehen? Aus Wachs nachgeahmt sind deine Herzen hier in der Kammer. Du bist ein reicher Kerl, das geb ich zu; aber zaubern kannst du nicht."

Da ergrimmte der Riese, und riß die Kammertüre auf. „Komm herein, und lies die Zettel alle und jenes dort, schau, das ist Peter Munks Herz; siehst du, wie es zuckt? kann man das auch aus Wachs machen?"

„Und doch ist es aus Wachs", antwortete Peter. „So schlägt ein rechtes Herz nicht, ich habe das meinige noch in der Brust. Nein, zaubern kannst du nicht!"

„Aber ich will es dir beweisen!" rief jener ärgerlich; „du sollst es selbst fühlen, daß dies dein Herz ist." Er nahm es, riß Peters Wams auf, und nahm einen Stein aus seiner Brust, und zeigte ihn vor. Dann nahm er das Herz, hauchte es an, und setzte es behutsam an seine Stelle und alsobald fühlte Peter, wie es pochte, und er konnte sich wieder darüber freuen.

„Wie ist es dir jetzt?" fragte Michel lächelnd.

„Wahrhaftig, du hast doch recht gehabt", antwortete Peter, indem er behutsam sein Kreuzlein aus der Tasche zog. „Hätt ich doch nicht geglaubt, daß man dergleichen tun könne!"

„Nicht wahr? und zaubern kann ich, das siehst du; aber komm, jetzt will ich dir den Stein wieder hineinsetzen."

„Gemach, Herr Michel!" rief Peter, trat einen Schritt zurück, und hielt ihm das Kreuzlein entgegen. „Mit Speck fängt man Mäuse und diesmal bist du der Betrogene." Und zugleich fing er an zu beten, was ihm nur beifiel.

Da wurde Michel kleiner und immer kleiner, fiel nieder und wand sich hin und her wie ein Wurm und ächzte und stöhnte, und alle Herzen umher fingen an zu zucken und zu pochen, daß es tönte, wie in der Werkstatt eines Uhrmachers. Peter aber fürchtete sich, es wurde ihm ganz unheimlich zumut, er rannte

zur Kammer und zum Haus hinaus, und klimmte, von Angst
getrieben, die Felsenwand hinan; denn er hörte, daß Michel sich
aufraffte, stampfte und tobte, und ihm schreckliche Flüche nach-
schickte. Als er oben war, lief er dem Tannenbühl zu; ein
schreckliches Wetter zog auf, Blitze fielen links und rechts an ihm
nieder, und zerschmetterten die Bäume, aber er kam wohlbehalten in dem Revier des Glasmännleins an.

Sein Herz pochte freudig, und nur darum, *weil es pochte.*
Dann aber sah er mit Entsetzen auf sein Leben zurück, wie auf
das Gewitter, das hinter ihm rechts und links den schönen Wald
zersplitterte. Er dachte an Frau Lisbeth, sein schönes, gutes Weib,
das er aus Geiz gemordet, er kam sich selbst wie der Auswurf
der Menschen vor, und er weinte heftig, als er an Glasmännleins Hügel kam.

Schatzhauser saß schon unter dem Tannenbaum und rauchte
aus seiner kleinen Pfeife, doch sah er munterer aus, als zuvor.
„Warum weinst du, Kohlen-Peter?" fragte er, „hast du dein
Herz nicht erhalten? liegt noch das kalte in deiner Brust?"

„Ach Herr!" seufzte Peter; „als ich noch das kalte Steinherz
trug, da weinte ich nie, meine Augen waren so trocken, als das
Land im Juli; jetzt aber will es mir beinahe das alte Herz zerbrechen, was ich getan! Meine Schuldner hab ich ins Elend gejagt, auf Arme und Kranke die Hunde gehetzt, und, Ihr wißt
es ja selbst – wie meine Peitsche auf ihre schöne Stirne fiel!"

„Peter! Du warst ein großer Sünder!" sprach das Männlein.
„Das Geld und der Müßiggang haben dich verderbt, bis dein
Herz zu Stein wurde, nicht Freud, nicht Leid, keine Reue, kein
Mitleid mehr kannte. Aber Reue versöhnt, und wenn ich nur
wüßte, daß dir dein Leben recht leid tut, so könnte ich schon
noch was für dich tun."

„Will nichts mehr", antwortete Peter und ließ traurig sein
Haupt sinken. „Mit mir ist es aus; kann mich mein Lebtag nicht
mehr freuen; was soll ich so allein auf der Welt tun? Meine
Mutter verzeiht mir nimmer, was ich ihr getan und vielleicht hab
ich sie unter den Boden gebracht, ich Ungeheuer! Und Lisbeth,
meine Frau! Schlaget mich lieber auch tot, Herr Schatzhauser,
dann hat mein elend Leben mit einmal ein Ende."

„Gut", erwiderte das Männlein, „wenn du nicht anders willst,
so kannst du es haben; meine Axt hab ich bei der Hand." Er
nahm ganz ruhig sein Pfeiflein aus dem Mund, klopfte es aus
und steckte es ein. Dann stand er langsam auf und ging hinter

die Tannen. Peter aber setzte sich weinend ins Gras, sein Leben war ihm nichts mehr und er erwartete geduldig den Todesstreich. Nach einiger Zeit hörte er leise Tritte hinter sich und dachte: jetzt wird er kommen.

„Schau dich noch einmal um, Peter Munk!" rief das Männlein. Er wischte sich die Tränen aus den Augen, und schaute sich um, und sah – seine Mutter und Lisbeth seine Frau, die ihn freundlich anblickten. Da sprang er freudig auf: „So bist du nicht tot, Lisbeth; und auch Ihr seid da, Mutter und habt mir vergeben?"

„Sie wollen dir verzeihen", sprach das Glasmännlein, „weil du wahre Reue fühlst und alles soll vergessen sein. Zieh jetzt heim in deines Vaters Hütte, und sei ein Köhler wie zuvor; bist du brav und bieder, so wirst du dein Handwerk ehren und deine Nachbarn werden dich mehr lieben und achten, als wenn du zehen Tonnen Goldes hättest." So sprach das Glasmännlein und nahm Abschied von ihnen.

Die drei lobten und segneten ihn und gingen heim.

Das prachtvolle Haus des reichen Peters stand nicht mehr; der Blitz hatte es angezündet und mit all seinen Schätzen niedergebrannt; aber nach der väterlichen Hütte war es nicht weit; dorthin ging jetzt ihr Weg und der große Verlust bekümmerte sie nicht.

Aber wie staunten sie, als sie an die Hütte kamen! Sie war zu einem schönen Bauernhaus geworden, und alles darin war einfach, aber gut und reinlich.

„Das hat das gute Glasmännlein getan!" rief Peter.

„Wie schön!" sagte Frau Lisbeth, „und hier ist mir viel heimischer, als in dem großen Haus mit dem vielen Gesinde."

Von jetzt an wurde Peter Munk ein fleißiger und wackerer Mann. Er war zufrieden mit dem, was er hatte, trieb sein Handwerk unverdrossen und so kam es, daß er durch eigene Kraft wohlhabend wurde, und angesehen und beliebt im ganzen Wald. Er zankte nie mehr mit Frau Lisbeth, ehrte seine Mutter und gab den Armen, die an seine Türe pochten. Als nach Jahr und Tag Frau Lisbeth von einem schönen Knaben genas, ging Peter nach dem Tannenbühl und sagte sein Sprüchlein. Aber das Glasmännlein zeigte sich nicht. „Herr Schatzhauser", rief er laut, „hört mich doch; ich will ja nichts anderes, als Euch zu Gevatter bitten bei meinem Söhnlein!" Aber er gab keine Antwort; nur ein kurzer Windstoß sauste durch die Tannen, und warf einige

Tannzapfen herab ins Gras. „So will ich dies zum Andenken mitnehmen, weil Ihr Euch doch nicht sehen lassen wollet", rief Peter, steckte die Zapfen in die Tasche, und ging nach Hause; aber als er zu Hause das Sonntagswams auszog, und seine Mutter die Taschen umwandte, und das Wams in den Kasten legen wollte, da fielen vier stattliche Geldrollen heraus, und als man sie öffnete, waren es lauter gute, neue badische Taler, und kein einziger falscher darunter. Und das war das Patengeschenk des Männleins im Tannenwald für den kleinen Peter.

So lebten sie still und unverdrossen fort, und noch oft nachher, als Peter Munk schon graue Haare hatte, sagte er: „Es ist doch besser zufrieden sein mit wenigem, als Gold und Güter haben, und ein *kaltes Herz.*"

Es mochten schon etwa fünf Tage vergangen sein, während Felix, der Jäger und der Student noch immer unter den Räubern gefangen saßen. Sie wurden zwar von dem Hautpmann und seinen Untergebenen gut behandelt, aber dennoch sehnten sie sich nach Befreiung, denn je mehr die Zeit fortrückte, desto höher stieg auch ihre Angst vor Entdeckung. Am Abend des fünften Tages erklärte der Jäger seinen Leidensgenossen, daß er entschlossen sei, in dieser Nacht loszubrechen, und wenn es ihn auch das Leben kosten sollte. Er munterte seine Gefährten zum gleichen Entschluß auf, und zeigte ihnen, wie sie ihre Flucht ins Werk setzen könnten. „Den, der uns zunächst steht, nehme ich auf mich; es ist Notwehr, und Not kennt kein Gebot, er muß sterben."

„Sterben?" rief Felix entsetzt; „Ihr wollt ihn totschlagen?"

„Das bin ich fest entschlossen, wenn es darauf ankommt, zwei Menschenleben zu retten. Wisset, daß ich die Räuber mit besorglicher Miene habe flüstern hören, im Wald werde nach ihnen gestreift, und die alten Weiber verrieten in ihrem Zorn die böse Absicht der Bande, sie schimpften auf uns und gaben zu verstehen, wenn die Räuber angegriffen würden, so müssen wir ohne Gnade sterben."

„Gott im Himmel!" rief der Jüngling entsetzt, und verbarg sein Gesicht in die Hände.

„Noch haben sie uns das Messer nicht an die Kehle gesetzt", fuhr der Jäger fort; „drum laßt uns ihnen zuvorkommen. Wenn es dunkel ist, schleiche ich auf die nächste Wache zu; sie wird anrufen; ich werde ihm zuflüstern, die Gräfin sei plötzlich sehr krank geworden, und indem er sich umsieht, stoße ich ihn nieder. Dann hole ich Euch ab, junger Mann, und der zweite kann uns ebensowenig entgehen; und beim dritten haben wir zu zwei leichtes Spiel." –

Der Jäger sah bei diesen Worten so schrecklich aus, daß Felix sich vor ihm fürchtete. Er wollte ihn bereden, von diesem blutigen Gedanken abzustehen, als die Türe der Hütte leise aufging und schnell eine Gestalt hereinschlüpfte. Es war der Hauptmann. Behutsam schloß er wieder zu, und winkte den beiden Gefangenen, sich ruhig zu verhalten. Er setzte sich neben Felix nieder und sprach:

„Frau Gräfin, Ihr seid in einer schlimmen Lage. Euer Herr Gemahl hat nicht Wort gehalten, er hat nicht nur das Lösegeld nicht geschickt, sondern er hat auch die Regierungen umher aufgeboten, bewaffnete Mannschaft streift von allen Seiten durch den Wald, um mich und meine Leute aufzuheben. Ich habe Eurem Gemahl gedroht, Euch zu töten, wenn er Miene mache, uns anzugreifen; doch es muß ihm entweder an Eurem Leben wenig liegen, oder er traut unsern Schwüren nicht. Euer Leben ist in unserer Hand, ist nach unsern Gesetzen verwirkt. Was wollet Ihr dagegen einwenden?"

Bestürzt sahen die Gefangenen vor sich nieder, sie wußten nicht zu antworten, denn Felix erkannte wohl, daß ihn das Geständnis über seine Verkleidung nur noch mehr in Gefahr setzen könnte.

„Es ist mir unmöglich", fuhr der Hauptmann fort, „eine Dame, die meine vollkommene Achtung hat, also in Gefahr zu setzen. Darum will ich Euch einen Vorschlag zur Rettung machen, es ist der einzige Ausweg, der Euch übrigbleibt: *Ich will mit Euch entfliehen.*"

Erstaunt, überrascht blickten ihn beide an; er aber sprach weiter: „Die Mehrzahl meiner Gesellen ist entschlossen, sich nach Italien zu ziehen und unter einer weitverbreiteten Bande Dienste zu nehmen. Mir für meinen Teil behagt es nicht, unter einem andern zu dienen, und darum werde ich keine gemeinschaftliche Sache mit ihnen machen. Wenn Ihr mir nun Euer Wort geben wolltet, Frau Gräfin, für mich gutzusprechen, Eure mächtigen Verbindungen zu meinem Schutze anzuwenden, so kann ich Euch noch frei machen, ehe es zu spät ist."

Felix schwieg verlegen; sein redliches Herz sträubte sich, den Mann, der ihm das Leben retten wollte, geflissentlich einer

Gefahr auszusetzen, vor welcher er ihn nachher nicht schützen könnte. Als er noch immer schwieg, fuhr der Hauptmann fort: „Man sucht gegenwärtig überall Soldaten; ich will mit dem geringsten Dienst zufrieden sein. Ich weiß, daß Ihr viel vermöget, aber ich will ja nichts weiter, als Euer Versprechen, etwas für mich in dieser Sache zu tun."

„Nun denn", antwortete Felix mit niedergeschlagenen Augen, „ich verspreche Euch, was *ich* tun kann, was in *meinen* Kräften steht, anzuwenden, um Euch nützlich zu sein. Liegt doch, wie es Euch auch ergehe, ein Trost für mich darin, daß Ihr diesem Räuberleben Euch selbst und freiwillig entzogen habt."

Gerührt küßte der Hauptmann die Hand dieser gütigen Dame, flüsterte ihr noch zu, sich zwei Stunden nach Anbruch der Nacht bereit zu halten, und verließ dann, ebenso vorsichtig, wie er gekommen war, die Hütte. Die Gefangenen atmeten freier, als er hinweggegangen war. „Wahrlich!" rief der Jäger, „dem hat Gott das Herz gelenkt! wie wunderbar sollen wir errettet werden! Hätte ich mir träumen lassen, daß in der Welt noch etwas dergleichen geschehen könnte, und daß mir ein solches Abenteuer begegnen sollte?"

„Wunderbar, allerdings!" erwiderte Felix, „aber habe ich auch recht getan, diesen Mann zu betrügen? Was kann ihm mein Schutz frommen? saget selbst Jäger, heißt es ihn nicht an den Galgen locken, wenn ich ihm nicht gestehe, wer ich bin?"

„Ei, wie mögt Ihr solche Skrupel haben, lieber Junge!" entgegnete der Student, „nachdem Ihr Eure Rolle so meisterhaft gespielt! Nein, darüber dürft Ihr Euch nicht ängstigen, das ist nichts anderes, als erlaubte Notwehr. Hat er doch den Frevel begangen, eine angesehene Frau schändlicherweise von der Straße entführen zu wollen, und wäret Ihr nicht gewesen, wer weiß, wie es um das Leben der Gräfin stünde. Nein, Ihr habt nicht unrecht getan; übrigens glaube ich, er wird bei den Gerichten sich einen Stein im Brett gewinnen, wenn er, das Haupt dieses Gesindels, sich selbst ausliefert."

Dieser letztere Gedanke tröstete den jungen Goldschmidt. Freudig bewegt und doch wieder voll banger Besorgnis über das Gelingen des Planes durchlebten sie die nächsten Stunden. Es war schon dunkel, als der Hauptmann auf einen Augenblick in die Hütte trat, einen Bündel Kleider niederlegte und sprach: „Frau Gräfin, um unsere Flucht zu erleichtern, müßt Ihr notwendig diese Männerkleidung anlegen. Machet Euch fertig. In einer

Stunde treten wir den Marsch an." Nach diesen Worten verließ er die Gefangenen und der Jäger hatte Mühe, nicht laut zu lachen. „Das wäre nun die zweite Verkleidung", rief er, „und ich wollte schwören, diese steht Euch noch besser, als die erste!"

Sie öffneten den Bündel und fanden ein hübsches Jagdkleid mit allem Zubehör, das Felix trefflich paßte. Nachdem er sich gerüstet, wollte der Jäger die Kleider der Gräfin in einen Winkel der Hütte werfen, Felix gab es aber nicht zu; er legte sie zu einem kleinen Bündel zusammen, und äußerte, er wolle die Gräfin bitten, sie ihm zu schenken, und sie dann sein ganzes Leben hindurch zum Andenken an diese merkwürdigen Tage aufbewahren.

Endlich kam der Hauptmann. Er war vollständig bewaffnet und brachte dem Jäger die Büchse, die man ihm abgenommen, und ein Pulverhorn. Auch dem Studenten gab er eine Flinte, und Felix reichte er einen Hirschfänger, mit der Bitte, ihn auf den Fall der Not umzuhängen. Es war ein Glück für die drei, daß es sehr dunkel war, denn leicht hätten die leuchtenden Blicke, womit Felix diese Waffe empfing, dem Räuber seinen wahren Stand verraten können. Als sie behutsam aus der Hütte getreten waren, bemerkte der Jäger, daß der gewöhnliche Posten an der Hütte diesmal nicht besetzt sei. So war es möglich, daß sie unbemerkt an den Hütten vorbeischleichen konnten, doch schlug der Hauptmann nicht den gewöhnlichen Pfad ein, der aus der Schlucht in den Wald hinaufführte, sondern er näherte sich einem Felsen, der ganz senkrecht, und wie es schien, unzugänglich vor ihnen lag. Als sie dort angekommen waren, machte der Hauptmann auf eine Strickleiter aufmerksam, die an dem Felsen herabgespannt war. Er warf seine Büchse auf den Rücken und stieg zuerst hinan, dann rief er der Gräfin zu, ihm zu folgen, und bot ihr die Hand zur Hülfe, der Jäger stieg zuletzt herauf. Hinter diesem Felsen zeigte sich ein Fußpfad, den sie einschlugen und rasch vorwärts gingen.

„Dieser Fußpfad", sprach der Hauptmann, „führt nach der Aschaffenburger Straße. Dorthin wollen wir uns begeben, denn ich habe genau erfahren, daß Ihr Gemahl, der Graf, sich gegenwärtig dort aufhält."

Schweigend zogen sie weiter; der Räuber immer voran, die drei andern dicht hinter ihm. Nach drei Stunden hielten sie an; der Hauptmann lud Felix ein, sich auf einen Baumstamm zu setzen, um auszuruhen. Er zog Brot, eine Feldflasche mit altem

Wein hervor, und bot es den Ermüdeten an. „Ich glaube, wir werden, ehe eine Stunde vergeht, auf den Kordon stoßen, den das Militär durch den Wald gezogen hat. In diesem Fall bitte ich Sie mit dem Anführer der Soldaten zu sprechen, und gute Behandlung für mich zu verlangen."

Felix sagte auch dies zu, obwohl er sich von seiner Fürsprache geringen Erfolg versprach. Sie ruhten noch eine halbe Stunde, und brachen dann auf. Sie mochten etwa wieder eine Stunde gegangen sein und näherten sich schon der Landstraße, der Tag fing an heraufzukommen und die Dämmerung verbreitete sich schon im Wald, als ihre Schritte plötzlich durch ein lautes „Halt! Steht!" gefesselt wurden. Sie hielten, und fünf Soldaten rückten gegen sie vor, und bedeuteten ihnen, sie müßten folgen und vor dem kommandierenden Major sich über ihre Reise ausweisen. Als sie noch etwa fünfzig Schritte gegangen waren, sahen sie links und rechts im Gebüsch Gewehre blitzen, eine große Schar schien den Wald besetzt zu haben. Der Major saß mit mehreren Offizieren und andern Männern unter einer Eiche. Als die Gefangenen vor ihn gebracht wurden, und er eben anfangen wollte, sie zu examinieren über das „Woher" und „Wohin", sprang einer der Männer auf und rief: „Mein Gott, was sehe ich, das ist ja Gottfried, unser Jäger!" „Jawohl, Herr Amtmann!" antwortete der Jäger mit freudiger Stimme, „da bin ich, und wunderbar gerettet aus der Hand des schlechten Gesindels."

Die Offiziere erstaunten, ihn hier zu sehen; der Jäger aber bat den Major und den Amtmann, mit ihm auf die Seite zu treten, und erzählte in kurzen Worten, wie sie errettet worden, und wer der dritte sei, welcher ihn und den jungen Goldschmidt begleitete.

Erfreut über diese Nachricht traf der Major sogleich seine Maßregeln, den wichtigen Gefangenen weitertransportieren zu lassen, den jungen Goldschmidt aber führte er zu seinen Kameraden, stellte ihn als den heldenmütigen Jüngling vor, der die Gräfin durch seinen Mut und seine Geistesgegenwart gerettet habe, und alle schüttelten Felix freudig die Hand, lobten ihn und konnten nicht satt werden, sich von ihm und dem Jäger ihre Schicksale erzählen zu lassen.

Indessen war es völlig Tag geworden. Der Major beschloß, die Befreiten selbst bis in die Stadt zu begleiten; er ging mit ihnen und dem Amtmann der Gräfin in das nächste Dorf, wo sein Wagen stand, und dort mußte sich Felix zu ihm in den Wagen setzen, der Jäger, der Student, der Amtmann und viele andere Leute ritten vor und hinter ihnen, und so zogen sie im Triumph der Stadt zu. Wie ein Lauffeuer hatte sich das Gerücht von dem Überfall in der Waldschenke, von der Aufopferung des jungen Goldarbeiters in der Gegend verbreitet, und ebenso reißend ging jetzt die Sage von seiner Befreiung von Mund zu Mund. Es war daher nicht zu verwundern, daß in der Stadt, wohin sie zogen, die Straßen gedrängt voll Menschen standen, die den jungen Helden sehen wollten. Alles drängte sich zu, als der Wagen langsam hereinfuhr: „Das ist er", riefen sie, „seht ihr ihn dort im Wagen neben dem Offizier; es lebe der brave Goldschmidtsjunge!" und ein tausendstimmiges „Hoch!" füllte die Lüfte.

Felix war beschämt, gerührt von der rauschenden Freude der Menge. Aber noch ein rührenderer Anblick stand ihm auf dem Rathause der Stadt bevor. Ein Mann von mittleren Jahren, in reichen Kleidern, empfing ihn an der Treppe und umarmte ihn mit Tränen in den Augen. „Wie kann ich dir vergelten, mein Sohn", rief er; „du hast mir viel gegeben, als ich nahe daran war, unendlich viel zu verlieren! du hast mir die Gattin, meinen Kindern die Mutter gerettet, denn ihr zartes Leben hätte die Schrecken einer solchen Gefangenschaft nicht ertragen." Es war der Gemahl der Gräfin, der diese Worte sprach. Sosehr sich Felix sträuben mochte, einen Lohn für seine Aufopferung zu bestimmen, so unerbittlich schien der Graf darauf bestehen zu wollen. Da fiel dem Jüngling das unglückliche Schicksal des Räuberhauptmanns ein; er erzählte wie er ihn gerettet, wie diese Rettung eigentlich der Gräfin gegolten habe. Der Graf, gerührt nicht sowohl von der Handlung des Hauptmanns, als von dem neuen Beweis einer edlen Uneigennützigkeit, den Felix durch die Wahl seiner Bitte ablegte, versprach das Seinige zu tun, um den Räuber zu retten.

Noch an demselben Tag aber führte der Graf, begleitet von dem wackern Jäger, den jungen Goldschmidt nach seinem Schlosse, wo die Gräfin, noch immer besorgt um das Schicksal des jungen Mannes, der sich für sie geopfert, sehnsuchtsvoll auf Nachrichten wartete. Wer beschreibt ihre Freude, als ihr Gemahl den Retter an der Hand, in ihr Zimmer trat. Sie fand kein Ende, ihn zu befragen, ihm zu danken; sie ließ ihre Kinder herbeibringen und zeigte ihnen den hochherzigen Jüngling, dem ihre Mutter so unendlich viel verdanke, und die Kleinen faßten seine

Hände, und der zarte Sinn ihres kindlichen Dankes, ihre Versicherungen, daß er ihnen nach Vater und Mutter auf der ganzen Erde der Liebste sei, waren ihm die schönste Entschädigung für manchen Kummer, für die schlaflosen Nächte in der Hütte der Räuber.

Als die ersten Momente dieses frohen Wiedersehens vorüber waren, winkte die Gräfin einem Diener, welcher bald darauf jene Kleider und das wohlbekannte Ränzchen herbeibrachte, welche Felix der Gräfin in der Waldschenke überlassen hatte. „Hier ist alles", sprach sie mit gütigem Lächeln, „was Ihr mir in jenen furchtbaren Augenblicken gegeben; es ist der Zauber, womit Ihr mich umhüllt habt, um meine Verfolger mit Blindheit zu schlagen. Es steht Euch wieder zu Diensten, doch will ich Euch den Vorschlag machen, diese Kleider, die ich zum Andenken an Euch aufbewahren möchte, mir zu überlassen, und zum Tausch dafür die Summe anzunehmen, welche die Räuber zum Lösegeld für mich bestimmten."

Felix erschrak über die Größe dieses Geschenkes; sein edler Sinn sträubte sich, einen Lohn für das anzunehmen, was er aus freiem Willen getan. „Gnädige Gräfin!" sprach er bewegt, „ich kann dies nicht annehmen. Die Kleider sollen Euer sein, wie Ihr es befehlet; jedoch die Summe, von der Ihr sprechet, kann ich nicht annehmen. Doch, weil ich weiß, daß Ihr mich durch irgend etwas belohnen wollet, so erhaltet mir Eure Gnade, statt anderen Lohnes, und sollte ich in den Fall kommen, Eurer Hülfe zu bedürfen, so dürft Ihr darauf rechnen, daß ich Euch darum bitten werde." Noch lange drang man in den jungen Mann, aber nichts konnte seinen Sinn ändern. Die Gräfin und ihr Gemahl gaben endlich nach, und schon wollte der Diener die Kleider und das Ränzchen wieder wegtragen, als Felix sich an das Geschmeide erinnerte, das er im Gefühl so vieler freudigen Szenen ganz vergessen hatte.

„Halt!" rief er; „nur etwas müßt Ihr mir noch aus meinem Ränzchen zu nehmen erlauben, gnädige Frau, das übrige ist dann ganz und völlig Euer."

„Schaltet nach Belieben", sprach sie; „obgleich ich gerne alles zu Eurem Gedächtnis behalten hätte, so nehmet nur, was Ihr etwa davon nicht entbehren wollet. Doch, wenn man fragen darf, was liegt Euch denn so sehr am Herzen, daß Ihr es mir nicht überlassen möget?"

Der Jüngling hatte während dieser Worte sein Ränzchen geöffnet und ein Kästchen von rotem Saffian herausgenommen. „Was mein ist, könnet Ihr alles haben", erwiderte er lächelnd, „doch dies gehört meiner lieben Frau Pate; ich habe es selbst gefertigt, und muß es ihr bringen. Es ist ein Schmuck, gnädige Frau", fuhr er fort, indem er das Kästchen öffnete und ihr hinbot; „ein Schmuck, an welchem ich mich selbst versucht habe."

Sie nahm das Kästchen; aber nachdem sie kaum einen Blick darauf geworfen, fuhr sie betroffen zurück.

„Wie! diese Steine!" rief sie; „und für Eure Pate sind sie bestimmt, sagtet Ihr?"

„Jawohl", antwortete Felix, „meine Frau Pate hat mir die Steine geschickt, ich habe sie gefaßt, und bin auf dem Wege, sie selbst zu überbringen."

Gerührt sah ihn die Gräfin an; Tränen drangen aus ihren Augen: „So bist du Felix Perner aus Nürnberg?" rief sie.

„Jawohl! aber woher wißt Ihr so schnell meinen Namen?" fragte der Jüngling, und sah sie bestürzt an.

„O wundervolle Fügung des Himmels!" sprach sie gerührt zu ihrem staunenden Gemahl, „das ist ja Felix, unser Patchen, der Sohn unserer Kammerfrau Sabine! Felix! ich bin es ja, zu der du kommen wolltest; so hast du deine Pate gerettet, ohne es zu wissen."

„Wie? seid denn Ihr die Gräfin Sandau, die so viel an mir und meiner Mutter getan? und dies ist das Schloß Mayenburg, wohin ich wandern wollte? Wie danke ich dem gütigen Geschick, das mich so wunderbar mit Euch zusammentreffen ließ; so hab ich Euch doch durch die Tat, wenn auch in geringem Maß, meine große Dankbarkeit bezeugen können!"

„Du hast mehr an mir getan", erwiderte sie, „als ich je an dir hätte tun können; doch solange ich lebe, will ich dir zu zeigen suchen, wie unendlich viel wir alle dir schuldig sind. Mein Gatte soll dein Vater, meine Kinder deine Geschwister, ich selbst will deine treue Mutter sein, und dieser Schmuck, der dich zu mir führte in der Stunde der höchsten Not, soll meine beste Zierde werden, denn er wird mich immer an dich und deinen Edelmut erinnern."

So sprach die Gräfin und hielt Wort. Sie unterstützte den glücklichen Felix auf seinen Wanderungen reichlich. Als er zurückkam, als ein geschickter Arbeiter in seiner Kunst, kaufte sie ihm in Nürnberg ein Haus, richtete es vollständig ein, und ein nicht geringer Schmuck in seinem besten Zimmer waren schön gemalte Bilder, welche die Szenen in der Waldschenke und Felix' Leben unter den Räubern vorstellten.

Dort lebte Felix als ein geschickter Goldarbeiter, der Ruhm seiner Kunst verband sich mit der wunderbaren Sage von seinem Heldenmut, und verschaffte ihm Kunden im ganzen Reiche. Viele Fremde, wenn sie durch die schöne Stadt Nürnberg kamen, ließen sich in die Werkstatt des berühmten Meister Felix führen, um ihn zu sehen, zu bewundern, wohl auch ein schönes Geschmeide bei ihm zu bestellen. Die angenehmsten Besuche waren ihm aber der Jäger, der Zirkelschmidt, der Student und der Fuhrmann. Sooft der letztere von Würzburg nach Fürth fuhr, sprach er bei Felix ein; der Jäger brachte ihm beinahe alle Jahre Geschenke von der Gräfin, der Zirkelschmidt aber ließ sich, nachdem er in allen Ländern umhergewandert war, bei Meister Felix nieder. Eines Tages besuchte sie auch der Student. Er war indessen ein bedeutender Mann im Staat geworden, schämte sich aber nicht, bei Meister Felix und dem Zirkelschmidt ein Abendessen zu verzehren. Sie erinnerten sich an alle Szenen der Waldschenke und der ehemalige Student erzählte, er habe den Räuberhauptmann in Italien wiedergesehen; er habe sich gänzlich gebessert, und diene als braver Soldat dem König von Neapel.

Felix freute sich, als er dies hörte. Ohne diesen Mann wäre er zwar vielleicht nicht in jene gefährliche Lage gekommen, aber ohne ihn hätte er sich auch nicht aus Räuberhand befreien können. Und so geschah es, daß der wackre Meister Goldschmidt nur friedliche und freundliche Erinnerungen hatte, wenn er zurückdachte an

das Wirtshaus im Spessart.

NOVELLEN

VERTRAULICHES SCHREIBEN
AN HERRN W. A. SPÖTTLICH

Vizebataillons-Chirurgen a. D. und Mautbeamten
in Tempelhof bei Berlin

Sie werden mich verbinden, verehrter Herr! wenn Sie diese Vorrede lesen, welche ich einer kleinen Sammlung von Novellen vordrucken lasse; ich ergreife nämlich diesen Weg einiges mit Ihnen zu besprechen, teils weil mir nach sechs unbeantwortet gebliebenen Briefen das Porto bis Tempelhof zu teuer deuchte, teils aber auch, weil Sie vielleicht nicht begreifen, warum ich diese Novellen gerade so geschrieben habe und nicht anders.

Sie werden nämlich nach Ihrer bekannten Weise, wenn Sie „Novellen" auf dem Titel lesen, die kleinen Augen noch ein wenig zudrücken, auf geheimnisvolle Weise lächeln und, sollte er gerade zugegen sein, Herrn Amtmann Kohlhaupt versichern: „Ich kenne den Mann, es ist alles erlogen was er schreibt"; und doch würden Sie sich gerade bei diesen Novellen sehr irren. Die besten und berühmtesten Novellendichter Lopez de Vega, Boccaz, Goethe, Calderon, Tieck, Scott, Cervantes und auch ein Tempelhofer haben freilich aus einem unerschöpflichen Schatz der Phantasie ihre Dichtungen hervorgebracht, und die unverwelklichen Blumensträuße, die sie gebunden, waren nicht in Nachbars Garten gepflückt, sondern sie stammten aus dem ewig grünen Paradies der Poesie, wozu nach der Sage Feen ihren Lieblingen den unsichtbaren Schlüssel in die Wiege legen. Daher kömmt es auch, daß durch eine geheimnisvolle Kraft alles was sie gelogen haben zur schönsten Wahrheit geworden ist.

Geringere Sterbliche, welchen jene magische Springwurzel, die nicht nur die unsichtbaren Wege der Phantasie erschließt, sondern auch die festen und undurchdringlichen Pforten der menschlichen Brust aufreißt, nicht zuteil wurde, müssen zu allerlei Notbehelf ihre Zuflucht nehmen, wenn sie – Novellen schreiben wollen. Denn das eben ist das Ärgerliche an der Sache, daß oft ihre Wahrheit als schlecht erfundene Lüge erscheint, während die Dichtung jener Feenkinder für treue, unverfälschte Wahrheit gilt.

So bleibt oft uns geringen Burschen nichts übrig, als nach einer Novelle zu *spionieren*. Kaffeehäuser, Restaurationen, italienische Keller u. dgl. sind für diesen Zweck nicht sehr zu empfehlen. Gewöhnlich trifft man dort nur Männer, und Sie wissen selbst wie schlecht die Restaurationsmenschen erzählen. Da wird nur dies oder jenes Faktum schnell und flüchtig hingeworfen; reine Nebenbemerkungen, nichts Malerisches; ich möchte sagen, sie geben ihren Geschichten kein Fleisch und wie oft habe ich mich geärgert, wenn man von einer Hinrichtung sprach, und dieser oder jener nur hinwarf „geköpft", „hingerichtet", statt daß man, wie bei ordentlichen Erzählungen gebräuchlich, den armen Sünder, seinen Beichtvater, den roten Mantel des Scharfrichters, sein „blinkendes Schwert" sieht, ja selbst die Luft pfeifen hört, wenn sein nerviger Arm den Streich führt.

Es gibt gewisse Weinstuben, wo sich ältere Herren versammeln und nicht gerne einen „jungen", einen „fremden" unter sich sehen. Diese pflegen schon besser zu erzählen; dadurch, daß sie diesen oder jenen Straßenraub, die geheimnisvolle, unerklärliche Flucht eines vornehmen Herren, einen plötzlichen Sterbefall, wobei man „allerlei gemunkelt" habe, schon fünfzigmal erzählten, haben ihre Geschichten einen Schmuck, ein stattliches Kleid bekommen und schreiten ehrbar fürder, während die Geschichten der Restaurationsmenschen wie Schatten hingleiten. Solche Herren haben auch eine Art von historischer Gründlichkeit und es gereicht mir immer zu hoher Freude, wenn einer spricht: „Da bringen Sie mich auf einen sonderbaren Vorfall", sich noch eine halbe Flasche geben läßt und dann anhebt: „In den siebziger Jahrgängen lebte in meiner Vaterstadt ein Kavalier von geheimnisvollem Wesen." Solche Herren trifft man allenthalben und Sie werden von mehreren unserer neueren Novellisten stark benützt. Der bekannte ** versicherte mich, daß er einen ganzen Band seiner Novellen solchen alten Nachtfaltern verdanke, und erst aus diesem Geständnis konnte ich mir erklären, warum seine Novellen so steif und trocken waren; sie kamen mir nachher allesamt vor wie alte, verwelkte Junggesellen, die sich ihre Liebesabenteuer erzählen, welche sämtlich anfangen: „Zu meiner Zeit."

Die ergiebigste Quelle aber für Novellisten unserer Art sind Frauen, die das fünfundsechzigste hinter sich haben. Die Welt nennt Medisance, was eigentlich nur eine treffliche Weise zu erzählen ist: junge Mädchen von sechzehn, achtzehn pflegen mit solchen Frauen gut zu stehen und sich wohl in acht zu nehmen, daß sie ihnen keine Blöße geben, die sie in den Mund der alten Novellistinnen bringen könnte; Frauen von dreißig und ihre Hausfreunde gehen lieber eine Ecke weiter, um nicht ihren Gesichtskreis zu passieren, oder wenn sie der Zufall mit der Jugendfreundin ihrer seligen Großmutter zusammenführt, pflegen sie das gute Aussehen der Alten zu preisen und hören geduldig ein beißendes Lob der alten Zeiten an, das regelmäßig ein sanftes Exordium, drei Teile über Hauswesen, Kleidung und Kinderzucht, eine Nutzanwendung, nebst einem frommen Amen enthält. Solche ältere Frauen pflegen gegen jüngere Männer, die ihnen einige Aufmerksamkeit schenken, einen gewissen geheimnisvoll-zutraulichen Ton anzunehmen. Sie haben für junge Mädchen und schöne Frauen, die jetzt dieselbe Stufe in der Gesellschaft bekleiden, welche sie einst selbst behauptet hatten, feine und bezeichnende Spitznamen, und erzählen den Herren, die ihnen ein Ohr leihen, allerlei „kuriose Sachen" von dem „Eichhörnlein und seiner Mutter", auch, „wie es in diesem oder jenem Haus zugeht", „galante Abenteuer von jenem ältlichen, gesetzten Herrn, der nicht immer so gewesen", und sind sie nur erst in dem abenteuerlichen Gebiet geheimer Hofgeschichten und schlechter Ehen, so spinnen sie mit zitternder Stimme, feinem Lächeln und den teuersten Versicherungen Geschichten aus, die man (natürlich mit veränderten Namen) sogleich in jeden Almanach könnte drucken lassen.

Niemand weiß so trefflich wie sie das Kostüm, das Gespräch, die Sitten „vor fünfzig Jahren" wiederzugeben; ich glaubte einst bei einer solchen Unterhaltung die Reifröcke rauschen, die hohen Stelzschuhe klappern, die französischen Brocken schnurren zu hören, die ganze Erzählung roch nach Ambra und Puder, wie die alten Damen selbst. Und so frisch und lebhaft ist ihr Gedächtnis und Mienenspiel, daß ich einmal, als mir eine dieser Damen von einer längst verstorbenen Frau Ministerin erzählte und ihren Gang und ihren schnarrenden Ton nachahmte, unwillkürlich mich erinnerte, daß ich diese Frau als Kind gekannt, daß sie mir mit derselben schnarrenden Stimme ein Zuckerbrot geschenkt habe. Mehrere Novellen, die ich aufgeschrieben, beziehen sich auf geheime Familiengeschichten oder sonderbare, abenteuerliche Vorfälle, deren wahre Ursachen wenig ins Publikum kamen, und ich kann versichern, daß ich sie alle teils in Berlin, teils in Hannover, Kassel, Karlsruhe, selbst in Dresden eben von solchen alten Frauen, den Chroniken ihrer Umgebung, gehört und oft wörtlich wiedererzählt habe.

Nur so ist es möglich, daß wir, auch ohne jenen Schlüssel zum Feenreich, gegenwärtig in Deutschland eine so bedeutende Menge Novellen zutage fördern. Die „wundervolle Märchenwelt" findet kein empfängliches Publikum mehr, die lyrische Poesie scheint nur noch von wenigen geheiligten Lippen tönen zu wollen und vom alten Drama sind uns, sagt man, nur die Dramaturgen geblieben. In einer solchen miserablen Zeit, Verehrter! ist die Novelle ein ganz bequemes Ding. Den Titel haben wir, wie eine Maske, von den großen Novellisten entlehnt, und Gott und seine lieben Kritiker mögen wissen, ob die nachstehenden Geschichten wirkliche und gerechte Novellen sind.

Ich habe, mein werter Herr! dies alles gesagt, um Ihnen darzutun, wie ich eigentlich dazu kam, Novellen zu schreiben, wie man beim Novellenschreiben zu Werk gehe, und – daß alles *getreue* Wahrheit sei, wenn auch keine poetische, was ich niedergeschrieben. Sie werden sich noch der guten Frau von Welkerlohn erinnern, die immer ein Kleid von verblichenem gelbem Sammet trug, das nur eine weiche Fortsetzung ihrer harten, gelben Züge schien? Von ihr habe ich die Geschichte: „Othello" betitelt. Sie war viel zu diskret, um Namen und die Residenz zu nennen, wo diese sonderbaren Szenen vorfielen, aber wenn ich bedenke, daß sie zur selben Zeit Hofdame in Scheerau war, als Jean Paul dort lebte, so kann ich nicht anders glauben, als die Geschichte sei an jenem Hofe vorgefallen. Die zweite Novelle habe ich aus dem Mund der alten Gräfin Nelkenroth; man hält sie allgemein für eine böse Frau, aber ich kann versichern, daß ich sie über Josephens Schicksal Tränen vergießen sah; man will zwar behaupten, daß sie oft in Gesellschaft weinerliche Geschichten erzähle, weil ihr vor 20 Jahren ein Maler versicherte, sie habe etwas von einer „mater dolorosa"; aber soviel ist gewiß, daß sie mehrere Personen des Stücks gekannt haben will, und die Frau, bei welcher Herr v. Fröben in S. gewohnt hat, erzählte mir manche Sonderbarkeiten von ihm. Ich und viele Leute in S., welchen ich die Geschichte wiedererzählte, gaben sich vergebliche Mühe über Herrn v. Fröben und die Personen, mit welchen er in Berührung kam, etwas Näheres zu erfragen. Wir erfuhren nur, daß das „Bild der Dame" nach dem Gemälde in der Boisseréeschen Galerie von Strixner lithographiert worden sei. In Ostende, wo ich durch mehrere Briefe nachforschte, konnte ich nichts erfahren, als daß allerdings ein englisches Schiff, die „Luna", Kapitän Wardwood, im August Passagiere nach Portugal an Bord genommen habe, und daß sich im Register des Hafendirektors ein „Don Pedro de Montanjo", nebst Nichte und Dienerschaft befinde. Am Rhein, wo ich mich nach Herrn von Faltner und seiner Familie erkundigte, und erzählte, warum ich nachfrage, erklärte man mir alles für Erfindung, denn es gebe am ganzen Rhein hinab nur gesittete Landwirte, die mit ihren Frauen wie die Engel im Himmel leben.

Sie sehen, ich habe keine Mühe gescheut, die Geschichten, die ich erzähle, so glaubwürdig als möglich zu machen. Es gibt freilich Leute, die mir, dieser historischen Wahrheit wegen, gram sind, und behaupten, der echte Dichter müsse keine Straße, keine Stadt, keine bekannten Namen und Gegenstände nennen, alles und jedes müsse rein erdichtet sein, nicht durch äußern Schmuck, sondern von innen Wahrheit gewinnen, und wie Mahomeds Sarg, müsse es in der schönen, lieben, blauen Luft zwischen Himmel und Erde schweben. Andere halten es vielleicht auch für *„eine rechtswidrige Täuschung des Publikums"*, und können mich darüber belangen wollen, daß ich behaupte, dies und jenes habe sich da und dort zugetragen, und ich könne doch keine stadtgerichtlichen Zeugnisse beibringen. Aber ist denn hier von echter Poesie, von echten Dichtern die Rede? Man lege doch nicht an die Erzählungen einiger alten Damen diesen erhabenen Maßstab! Goethe erzählt in „Dichtung und Wahrheit", er habe in der Frankfurter Stadtmauer eine Türe und einen wunderschönen Garten gesehen. Noch heute laufen alle Fremde hin (ich selbst war dort) und beschauen die Mauer und wundern sich, daß man nicht wenigstens die Reparatur schauen könne, wenngleich das Loch nur geträumt und nie in der Mauer war. Solchen poetischen Frevel gegen ein gesetztes Publikum mag man einem Goethe vorrücken, armen Menschen *ohne* den Kammerherrenschlüssel der Poesie, der die Mauern aufschließt, wenn sie auch keine Türen haben, muß man solche Freiheiten zugut halten.

Darum lesen Sie, verehrter Herr! diese Geschichten, so abenteuerlich sie sein mögen, als reine, treue *Wahrheit;* es wird Sie weniger ärgern, als wenn Sie *Dichtungen* vor sich zu haben meinten, und Ihr scharfes Auge ein wirres Gewebe unwahrscheinlicher Lügen fände.

W. H.

DIE BETTLERIN
VOM PONT DES ARTS

> Ach! wie lang ist's, daß ich walle,
> Suchend auf der Erde Flur!
> Titan, deine Strahlen alle
> Sandt ich nach der teuren Spur;
> Keiner hat mir noch verkündet
> Von dem lieben Angesicht,
> Und der Tag, der alles findet,
> Die Verlorne fand er nicht.
>
> Schiller

I

Wer im Jahr 1824 abends hie und da in den Gasthof „Zum König von England" in Stuttgart kam, oder nachmittags zwischen 2 und 3 Uhr in den Anlagen auf dem breiten Weg promenierte, muß sich, wenn anders sein Gedächtnis nicht zu kurz ist, noch einiger Gestalten erinnern, die damals jedes Auge auf sich zogen. Es waren nämlich zwei Männer, die ganz und gar nicht unter die gewöhnlichen Stuttgarter Trinkgäste oder Anlagenspaziergänger paßten, sondern eher auf den Prado zu Madrid oder in ein Café zu Lissabon oder Sevilla zu gehören schienen. Denket euch einen ältlichen, großen, hageren Mann mit schwärzlich grauen Haaren, tiefen, brennenden Augen, von dunkelbrauner Farbe, mit einer kühngebogenen Nase und feinem, eingepreßtem Mund. Er geht langsam, stolz und aufrecht. Zu seinen schwarzseidenen Unterkleidern und Strümpfen, zu den großen Rosen auf den Schuhen und den breiten Schnallen am Kniegürtel, zu dem langen, dünnen Degen an der Seite, zu dem hohen, etwas zugespitzten Hut mit breitem Rande, schief an die Stirne gedrückt, wünschet ihr, wenn euch nur einigermaßen Phantasie innewohnt, ein kurzes geschlitztes Wams und einen spanischen Mantel, statt des schwarzen Frackes, den der Alte umgelegt hat.

Und der Diener, der ihm ebenso stolzen Schrittes folgt, erinnert er nicht durch das spitzbübische, dummdreiste Gesicht, durch die fremdartige, grelle Kleidung, durch das ungenierte Wesen, womit er um sich schaut, alles angafft und doch nichts bewundert, an jene Diener im spanischen Lustspiel, die ihrem Herrn, wie ein Schatten treu, an Bildung tief unter ihm, an Stolz neben ihm, an List und Schlauheit über ihm stehen? Unter dem Arm trägt er seines Gebieters Sonnenschirm und Regenmantel, in der Hand eine silberne Büchse mit Zigarren und eine Lunte.

Wer blieb nicht stehen, wenn diese beiden langsam durch die Promenade wandelten, um ihnen nachzusehen? Es war aber bekanntlich niemand anders als Don Pedro di San Montanjo Ligez, der Haushofmeister des Prinzen von P., der sich zu jener Zeit in Stuttgart aufhielt, und Diego sein Diener.

Wie es oft zu gehen pflegt, daß nur ein kleines, geringes Ereignis dazu gehört, einen Menschen berühmt und auffallend zu machen, so geschah dies auch mit dem jungen Fröben, der schon seit einem halben Jahr (so lange mochte er sich wohl in Stuttgart aufhalten) alle Tage Schlag zwei Uhr durch das Schloßportal in die Anlagen trat, dreimal um den See und fünfmal den breiten Weg auf und nieder ging, an allen den glänzenden Equipagen, schönen Fräulein, an einer Masse von Direktoren, Räten und Lieutenants vorüberkam und von niemand beachtet wurde, denn er sah ja aus wie ein ganz gewöhnlicher Mensch von etwa 28–30 Jahren. Seitdem er aber eines Nachmittags im breiten Weg auf Don Pedro gestoßen, solcher ihn gar freundlich gegrüßt, seinen Arm traulich in den seinigen geschoben hatte und mit ihm einigemal, eifrig sprechend, auf und ab spaziert war, seitdem betrachtete man ihn neugierig, sogar mit einer gewissen Achtung; denn der stolze Spanier, der sonst mit niemand sprach, hatte ihn mit auffallender Ästimation behandelt.

Die schönsten Fräulein fanden jetzt, daß er gar kein übles Gesicht habe, ja es liege sogar etwas Interessantes, überaus Anziehendes darin, was man in den Anlagen eben nicht häufig sehe; die Direktoren und allerlei Räte fragten: wer der junge Mann wohl sein könnte? und nur einige Lieutenants konnten Auskunft geben, daß er hie und da im Museum beef theak speise, seit einem halben Jahre in der Schloßstraße wohne, und einen schönen Mecklenburger reite, so ihm eigen angehörig. Sie setzten noch vieles über die Vortrefflichkeit dieses Pferdes hinzu, wie es gebaut, von welcher Farbe, wie alt es sei, was es wohl kosten könnte, und kamen so auf Pferde überhaupt zu sprechen, was sehr lehrreich zu hören gewesen sein soll.

Den jungen Fröben aber sah man seit dieser Zeit öfter in Gesellschaft Don Pedros, und gewöhnlich fand er sich abends im „König von England" ein, wo er, etwas entfernt von anderen Gästen, bei dem Señor saß und mit ihm sprach. Diego aber stand hinter dem Stuhl seines Herrn und bediente beide fleißig mit Xeres und Zigarren. Niemand konnte eigentlich begreifen, wie die beiden Herren zusammengekommen oder welches Interesse sie aneinander fanden? Man riet hin und her, machte kühne Konjekturen, und am Ende hätte doch der junge Mann selbst den besten Aufschluß darüber geben können, wenn ihn nur einer gefragt hätte.

2

Und war es denn nicht die schöne Galerie der Brüder Boisserée und Bertram, wo sie sich zuerst fanden und erkannten? Diese gastfreien Männer hatten dem jungen Manne erlaubt, ihre Bilder so oft zu besuchen, als er immer wollte; und er tat dies, wenn er nur immer in der Mittagsstunde, wo die Galerie geöffnet wurde, kommen konnte. Es mochte regnen oder schneien, das Wetter mochte zu den herrlichsten Ausflügen in die Gegend locken, er kam; er sah oft recht krank aus und kam dennoch. Man würde aber unbilligerweise den Kunstsinn des Herrn von Fröben zu hoch anschlagen, wenn man etwa glaubte, er habe die herrlichen Bilder der alten Niederländer studiert oder nachgezeichnet. Nein, er kam leise in die Türe, grüßte schweigend und ging in ein entferntes Zimmer, vor *ein* Bild, das er lange betrachtete und ebenso stille verließ er wieder die Galerie. Die Eigentümer dachten zu zart, als daß sie ihn über seine wunderliche Vorliebe für das Bild befragt hätten; aber auch ihnen mußte es natürlich aufgefallen sein, denn oft wenn er herausging, konnte er nur schlecht die Tränen verbergen, die ihm im Auge quollen.

Großen historischen oder bedeutenden Kunstwert hatte das Bildchen nicht. Es stellte eine Dame in halb spanischer, halb altdeutscher Tracht vor. Ein freundliches blühendes Gesicht mit klaren, liebevollen, Augen, mit feinem, zierlichem Mund und zartem, rundem Kinn trat sehr lebendig aus dem Hintergrund hervor. Die schöne Stirne umzog reiches Haar und ein kleiner Hut, mit weißen buschigten Federn geschmückt, der etwas schalkhaft zur Seite saß. Das Gewand, das nur den schönen zierlichen Hals frei ließ, war mit schweren goldenen Ketten umhängt und zeugte ebensosehr von der Sittsamkeit als dem hohen Stand der Dame.

Am Ende ist er wohl in das Bild verliebt, dachte man, wie Kalaf in das der Prinzessin Turandot, obschon mit ungleich geringerer Hoffnung, denn das Bild ist wohl dreihundert Jahre alt und das Original nicht mehr unter den Lebenden.

Nach einiger Zeit schien aber Fröben nicht mehr der einzige Anbeter des Bildes zu sein. Der Prinz von P. hatte eines Tages mit seinem Gefolge die Galerie besucht. Don Pedro, der Haushofmeister, hatte die umherschreitende Schar der Zuschauer verlassen und besah sich die Gemälde, einsam von Zimmer zu Zimmer wandelnd; doch wie vom Blitz gerührt, mit einem Ausruf des Erstaunens war er vor dem Bild jener Dame stehen geblieben. Als der Prinz die Galerie verließ, suchte man den Haushofmeister lange vergebens. Endlich fand man ihn, mit überschlagenen Armen, die feurigen Augen halb zugedrückt, den Mund eingepreßt, in tiefer Betrachtung vor dem Bilde.

Man erinnerte ihn, daß der Prinz bereits die Treppe hinabsteige, doch der alte Mann schien in diesem Augenblicke nur für *eines* Sinn zu haben. Er fragte: wie dies Bild hiehergekommen sei? Man sagte ihm, daß es von einem berühmten Meister vor mehreren hundert Jahren gefertiget und durch Zufall in die Hände der jetzigen Eigentümer gekommen sei.

„O Gott, nein!" antwortete er, „das Bild ist neu, nicht hundert Jahre alt; woher, sagen Sie, woher? o ich beschwöre Sie, wo kann ich sie finden?"

Der Mann war alt und sah zu ehrwürdig aus, als daß man diesen Ausbruch des Gefühls hätte lächerlich finden können; doch als er dieselbe Behauptung wieder hörte, daß das Bild alt und wahrscheinlich von Lucas Cranach selbst gemalt sei, da schüttelte er bedenklich den Kopf.

„Meine Herren", sprach er, und legte beteurend die Hand aufs Herz: „meine Herren, Don Pedro di San Montanjo Ligez hält Sie für ehrenwerte Leute. Sie sind nicht Gemäldeverkäufer und wollen mir dies Bild nicht als alt verkaufen, ich darf durch Ihre Güte diese Bilder sehen, und Sie genießen die Achtung dieser

Provinz. Aber es müßte mich alles täuschen oder – ich kenne die Dame, die jenes Bild vorstellt." Mit diesen Worten schritt er, ehrerbietig grüßend, aus dem Zimmer.

„Wahrhaftig!" sagte einer der Eigentümer der Galerie, „wenn wir nicht so genau wüßten, von wem dieses Bild gemalt ist, und wann und wie es in unsern Besitz kam und welche lange Reihe von Jahren es vorher in C. hing, man wäre versucht, an dieser Dame irre zu werden. Scheint nicht selbst den jungen Fröben irgendeine Erinnerung beinahe täglich vor dieses Bild zu treiben, und dieser alte Don, blitzte nicht ein jugendliches Feuer aus seinen Augen, als er gestand, daß er die Donna kenne, die hier gemalt ist? Sonderbar, wie oft die Einbildung ganz vernünftigen Menschen mitspielt; und mich müßte alles täuschen, wenn der Portugiese zum letztenmal hier gewesen wäre."

3

Und es traf ein; kaum war die Galerie am folgenden Vormittag geöffnet worden, trat auch schon Don Pedro di San Montanjo Ligez festen, erhabenen Schrittes ein, strich an der langen Bilderreihe vorüber nach jenem Zimmer hin, wo die Dame mit dem Federhute aufgestellt war. Es verdroß ihn, daß der Platz vor dem Bilde schon besetzt war, daß er es nicht allein und einsam, Zug für Zug mustern konnte, wie er so gerne getan hätte. Ein junger Mann stand davor, blickte es lange an, trat an ein Fenster, sah hinaus nach dem Flug der Wolken und trat dann wieder zu dem Bilde. Es verdroß den alten Herrn etwas; doch – er mußte sich gedulden.

Er machte sich an andern Bildern zu schaffen, aber erfüllt von dem Gedanken an die Dame drehte er alle Augenblicke den Kopf um, zu sehen, ob der junge Herr noch immer nicht gewichen sei, aber er stand wie eine Mauer, er schien in Betrachtung versunken. Der Spanier hustete, um ihn aus den langen Träumen zu wecken; jener träumte fort, er scharrte etwas weniges mit dem Fuß auf dem Boden, der junge Mann sah sich um, aber sein schönes Auge streifte flüchtig an dem alten Herrn vorüber und haftete dann von neuem auf dem Gemälde.

„San Pedro! San Jago di Capostella!" murmelte der Alte, „welch langweiliger, alberner Dilettante!" Unmutig verließ er das Zimmer und die Galerie, denn er fühlte, heute sei ihm schon aller Genuß benommen durch Verdruß und Ärger. Hätte er doch lieber gewartet! den Tag nachher war die Galerie geschlossen und so mußte er sich achtundvierzig lange Stunden gedulden, bis er wieder zu dem Gemälde gehen konnte, das ihn in so hohem Grade interessierte. Noch ehe die Glocken der Stiftskirche völlig zwölf Uhr geschlagen, stieg er mit anständiger Eile die Treppe hinan, hinein in die Galerie, dem wohlbekannten Zimmer zu und, getroffen! er war der erste, war allein, konnte einsam betrachten.

Er schaute die Dame lange mit unverwandten Blicken an, sein Auge füllte nach und nach eine Träne, er fuhr mit der Hand über die grauen Wimpern; „o Laura!" flüsterte er leise. Da tönte ganz vernehmlich ein Seufzer an seine Ohren, er wandte sich erschrocken um, der junge Mann von vorgestern stand wieder hier und blickte auf das Bild. Verdrüßlich, sich unterbrochen zu sehen, nickte er mit dem Haupt ein flüchtiges Kompliment, der junge Mann dankte etwas freundlicher, aber nicht minder stolz als der Spanier. Auch diesmal wollte der letztere den überflüssigen Nachbar abwarten; aber vergeblich, er sah zu seinem Schrecken, wie jener sogar einen Stuhl nahm, sich einige Schritte vom Gemälde niedersetzte, um es mit gehöriger Muße und Bequemlichkeit zu betrachten.

„Der Geck", murmelte Don Pedro, „ich glaube gar, er will mein graues Haar verhöhnen." Er verließ, noch unmutiger als ehegestern, das Gemach.

Im Vorsaal stieß er auf einen der Eigentümer der Galerie; er sagte ihm herzlichen Dank für den Genuß, den ihm die Sammlung bereitete, konnte sich aber nicht enthalten, über den jungen Ruhestörer sich etwas zu beklagen. „Herr B.", sagte er, „Sie haben vielleicht bemerkt, daß vorzüglich *eines* Ihrer Bilder mich anzog; es interessiert mich unendlich, es hat eine Bedeutung für mich die – die ich Ihnen nicht ausdrücken kann. Ich kam, sooft Sie es vergönnten, um das Bild zu sehen, freute mich recht, es ungestört zu sehen, weil doch gewöhnlich die Menge nicht lange dort verweilt, und – denken Sie sich, da hat es mir ein junger böser Mensch abgelauscht, und kömmt sooft ich komme und bleibt, *mir zum Trotze* bleibt er stundenlang vor diesem Bilde, das ihn doch gar nichts angeht!"

Herr B. lächelte; denn recht wohl konnte er sich denken, wer den alten Herrn gestört haben mochte. „Das letztere möchte ich denn doch nicht behaupten", antwortete er; „das Bild scheint den jungen Mann ebenfalls nahe anzugehen, denn es ist nicht das erstemal, daß er es so lange betrachtet."

„Wieso? wer ist der Mensch?"

„Es ist ein Herr von Fröben", fuhr jener fort, „der sich seit fünf, sechs Monaten hier aufhält, und seit er das erstemal jenes Bild gesehen, eben jene Dame mit dem Federhut, das auch Sie besuchen, kömmt er alle Tage regelmäßig zu dieser Stunde, um das Bild zu betrachten. Sie sehen also zum wenigsten, daß er Interesse an dem Bilde nehmen muß, da er es schon so lange besucht."

„Herr! sechs Monate?" rief der Alte. „Nein, *dem* habe ich bitter Unrecht getan in meinem Herzen, Gott mag es mir verzeihen; ich glaube gar, ich habe ihn unhöflich behandelt im Unmut. Und ist ein Kavalier, sagen Sie? Nein, man soll von Pedro de Ligez nicht sagen können, daß er einen fremden Mann unhöflich behandelte. Ich bitte, sagen Sie ihm – doch, lassen Sie das, ich werde ihn wieder treffen und mit ihm sprechen."

4

Als er den andern Tag sich wieder einfand und Fröben schon vor dem Gemälde traf, trat er auch hinzu mit recht freundlichem Gesicht; als aber der junge Mann ehrerbietig auf die Seite wich um dem alten Herrn den bessern Platz einzuräumen, verbeugt' sich dieser höflich grüßend und sprach: „Wenn ich nicht irre, Señor, so hab ich Sie schon mehrere Male vor diesem Gemälde verweilen sehen. – Da geht es Ihnen wohl gleich mir; auch mir ist dieses Bild sehr interessant und ich kann es nie genug betrachten."

Fröben war überrascht durch diese Anrede; auch ihm waren die Besuche des Alten vor dem Bilde aufgefallen, er hatte erfahren, wer jener sei, und nach der steifen, kalten Begrüßung von gestern war er dieser freundlichen Anrede nicht gewärtig. „Ich gestehe, mein Herr!" erwiderte er nach einigem Zögern, „dieses Bild zieht mich vor allen andern an; denn – weil – es liegt etwas in diesem Gemälde, das für mich von Bedeutung ist." – Der Alte sah ihn fragend an, als genüge ihm diese Antwort nicht völlig, und Fröben fuhr gefaßter fort: „Es ist wunderbar mit Kunstwerken, besonders mit Gemälden. Es gehen an einem Bilde oft Tausende vorüber, finden die Zeichnung richtig, geben dem Kolorit ihren Beifall, aber es spricht sie nicht tiefer an, während einem einzelnen aus solch einem Bilde eine tiefere Bedeutung aufgeht; er bleibt gefesselt stehen, kann sich kaum losreißen von dem Anblick, er kehrt wieder und immer wieder, von neuem zu betrachten."

„Sie können recht haben", sagte der Alte nachdenkend, indem er auf das Gemälde schaute, „aber – ich denke, es ließe sich dies nur von größeren Kompositionen sagen, von Gemälden, in welche der Maler eine tiefere Idee legte. Es gehen viele vorüber, bis die Bedeutung endlich *einem* aufgeht, der dann den tiefen Sinn des Künstlers bewundert. Aber – sollte man dies von solchen Köpfen behaupten können?" –

Der junge Mann errötete. „Und warum nicht?" fragte er lächelnd, „die schönen Formen dieses Gesichtes, die edle Stirne, dieses sinnende Auge, dieser holde Mund, hat sie der Künstler nicht mit tiefem Geiste geschaffen, liegt nicht etwas so Anziehendes in diesen Zügen, daß –"

„O bitte, bitte", unterbrach ihn der Alte gütig abwehrend; „es war allerdings eine recht hübsche Person, die dem Künstler gesessen, die Familie hat schöne Frauen."

„Wie? welche Familie?" rief der Jüngling erstaunt, er zweifelte an dem gesunden Verstand des Alten und doch schienen ihn seine Worte aufs höchste zu spannen. „Dies Bild ist wohl reine Phantasie, mein Herr! ist zum wenigsten mehrere hundert Jahre alt!"

„Also glauben Sie das Märchen auch?" flüsterte der Alte; „unter uns gesagt, diesmal hat die Eigentümer ihr scharfer Blick doch irregeleitet; ich kenne ja die Dame."

„Um Gottes willen, Sie kennen sie? wo ist sie jetzt? wie heißt sie", sprach Fröben heftig bewegt, indem er die Hand des Portugiesen faßte.

„Sage ich lieber ich *habe* sie gekannt", antwortete dieser mit zitternder Stimme, indem er das feuchte Auge zu der Dame aufschlug. „Ja, ich habe sie gekannt in Valencia vor zwanzig Jahren; eine lange Zeit! Es ist ja aber niemand anders als Donna Laura Tortosi."

„Zwanzig Jahre!" wiederholte der junge Mann traurig und niedergeschlagen. „Zwanzig Jahre, nein, sie ist es nicht!"

„Sie ist es nicht?" fuhr Don Pedro hitzig auf; „nicht, sagen Sie? So können Sie glauben, ein Maler habe diese Züge aus seinem Hirn zusammengepinselt? Doch, ich will nicht ungerecht

sein, es war wohl ein tüchtiger Mann, der sie malte, denn seine
Farben sind wahr und treu, treu und frisch wie das blühende
Leben. Aber glauben Sie, daß ein solcher Künstler aus seiner
Phantasie nicht ein ganz anderes Bild erschafft? Finden Sie nicht,
ohne die Familie Tortosi zu kennen, daß diese Dame offenbar
Familienähnlichkeit haben müsse, Familienzüge, bestimmt und
klar von der Natur ausgesprochen; Züge, wie man sie nie in Gemälden der Phantasie, sondern nur bei guten Portraits findet?
Es ist ein Portrait, sag ich ihnen, Señor! und bei Gott kein anderes, als das der Donna Laura, wie ich sie vor zwanzig Jahren
gesehen in dem lieblichen Valencia."

„Mein verehrter Herr!" erwiderte ihm Fröben. „Es gibt Ähnlichkeiten, täuschende Ähnlichkeiten. Man glaubt oft einen
Freund sprechend getroffen zu sehen, nur in sonderbarem, veraltetem Kostüm, und wenn man fragt, ist es sein Urahn aus dem
Dreißigjährigen Kriege, oder überdies gar noch ein Fremder. Ich
gebe auch zu, daß dieses Bild sogenannte Familienzüge trage,
daß es der liebenswürdigen Donna Laura gleiche, aber dieses
Bild, *dieses* ist alt und soviel weiß man wenigstens aus Registern und Kirchenbüchern, daß es in der Magdalenenkirche zu C.
schon seit 150 Jahren hing, durch zufällige Stiftung, nicht auf
Bestellung, in die Kirche kam, und nach allen Anzeichen von
dem deutschen Maler Lucas Cranach gefertigt wurde."

„So hole der lebendige Satan meine Augen!" rief Don Pedro
ärgerlich, indem er aufsprang und seinen Hut nahm. „Ein Blendwerk der Hölle ist's, sie will mich in meinen alten Tagen noch
einmal durch dies Gemälde in Wehmut und Gram versenken."
Tränen standen dem alten Mann in den Augen, als er mit hastigen, dröhnenden Schritten die Galerie verließ.

5

Aber dennoch war er auch jetzt nicht zum letztenmal dagewesen. Fröben und er sahen sich noch oft vor dem Bilde und der
Alte gewann den jungen Mann durch sein bescheidenes aber bestimmtes Urteil, durch seine liebenswürdige Offenheit, durch sein
ganzes Wesen, das feine Erziehung, treffliche Kenntnisse, und
einen, für diese Jahre seltenen Takt verriet, immer lieber. Der
Alte war fremd in dieser Stadt, er fühlte sich einsam, dennoch
war er der Welt nicht so sehr abgestorben, daß er nicht hin und

wieder einen Menschen hätte sprechen mögen. So kam es, daß er sich unvermerkt näher an den jungen Fröben anschloß; zog ihn ja dieser auch dadurch so unbeschreiblich an, daß er ein teures Gefühl mit ihm teilte, nämlich die Liebe zu jenem Bilde.

So kam es, daß er den jungen Mann auf dem Spaziergang gerne begleitete, daß er ihn oft einlud, ihm abends Gesellschaft zu leisten. Eines Abends, als der Speisesaal im „König von England" ungewöhnlich gefüllt war und rings um die beiden fremde Gäste saßen, so daß sie sich im traulichen Gespräche gehindert fühlten, sprach Don Pedro zu seinem jungen Freund: „Señor, wenn Ihr anders diesen Abend nicht einer Dame versprochen habt, vor ihrem Gitter mit der Laute zu erscheinen, oder wenn Euch nicht sonst ein Versprechen hindert, so möchte ich Euch einladen, eine Flasche echten Pietro Ximenes mit mir auszustechen auf meinem Gemach."

„Sie ehren mich unendlich", antwortete Fröben, „mich bindet kein Versprechen, denn ich kenne hier keine Dame, auch ist es hiesigen Orts nicht Sitte, abends die Laute zu schlagen auf der Straße, oder sich mit der Geliebten am Fenster zu unterhalten. Mit Vergnügen werde ich Sie begleiten."

„Gut; so geduldet Euch hier noch eine Minute, bis ich mit Diego die Zurichtung gemacht; ich werde Euch rufen lassen."

Der Alte hatte diese Einladung mit einer Art von Feierlichkeit gesprochen, die Fröben sonderbar auffiel. Jetzt erst entsann er sich auch, daß er noch nie auf Don Pedros Zimmer gewesen, denn immer hatten sie sich in dem allgemeinen Speisesaal des Gasthofs getroffen. Doch aus allem zusammen glaubte er schließen zu müssen, daß es eine besondere Höflichkeit sei, die ihm der Portugiese durch diese Einführung bei sich erzeigen wolle. Nach einer Viertelstunde erschien Diego mit zwei silbernen Armleuchtern, neigte sich ehrerbietig vor dem jungen Mann und forderte ihn auf, ihm zu folgen. Fröben folgte ihm und bemerkte, als er durch den Saal ging, daß alle Trinkgäste neugierig ihm nachschauten, und die Köpfe zusammensteckten. Im ersten Stock machte Diego eine Flügeltüre auf und winkte dem Gast einzutreten. Überrascht blieb dieser auf der Schwelle stehen. Sein alter Freund hatte den Frack abgelegt, ein schwarzes geschlitztes Wams mit roten Buffen angezogen, einen langen Degen mit goldenem Griff umgeschnallt und ein dunkelroter Mantillo fiel ihm über die Schultern. Feierlich schritt er seinem Gast entgegen, und streckte seine dürre Hand aus den reichen Manschetten hervor, ihn zu begrüßen: „Seid mir herzlich willkommen Don Fröbenio", sprach er, „stoßet Euch nicht an diesem prunklosen Gemach; auf Reisen, wie Ihr wißt, fügt sich nicht alles wie zu Hause. Weicher allerdings geht es sich in meinem Saale zu Lissabon und meine Diwans sind echt maurische Arbeit; doch setzet Euch immer zu mir auf dies schmale Ding, Sofa genannt; ist doch der Wein des Herrn Schwaderer echt und gut; setzt Euch."

Er führte unter diesen Worten den jungen Mann zu einem Sofa; der Tisch vor diesem war mit Konfitüren und Wein besetzt; Diego schenkte ein und brachte Zündstock und Zigarren.

„Schon lange", hub dann Don Pedro an, „schon lange hätte ich gerne einmal so recht vertraulich zu Euch gesprochen, Don Fröbenio, wenn Ihr anders mein Vertrauen nicht geringachtet. Sehet, wenn wir uns oft zur Mittagsstunde vor Lauras Bildnis trafen, da habe ich Euch, wenn Ihr so recht versunken waret in Anschauung, aufmerksam betrachtet und, vergebt mir, wenn meine alten Augen einen Diebstahl an Euren Augen begingen, ich bemerkte, daß der Gegenstand dieses Gemäldes noch höheres Interesse für Euch haben müsse, und eine tiefere Bedeutung, als Ihr mir bisher gestanden."

Fröben errötete; der Alte sah ihn so scharf und durchdringend an, als wollte er im innersten Grund seiner Seele lesen. „Es ist wahr", antwortete er, „dieses Bild hat eine tiefe Bedeutung für mich, und Sie haben recht gesehen, wenn Sie glauben, es sei nicht das *Kunstwerk*, was mich interessiere, sondern der *Gegenstand* des Gemäldes. Ach, es erinnert mich an den sonderbarsten aber glücklichsten Moment meines Lebens! Sie werden lächeln, wenn ich Ihnen sage, daß ich einst ein Mädchen sah, das mit diesem Bild täuschende Ähnlichkeit hatte; ich sah sie nur einmal und nie wieder, und darum gehört es zu meinem Glück, wenigstens ihre holden Züge in diesem Gemälde wieder aufzusuchen."

„O Gott! das ist ja auch *mein* Fall!" rief Don Pedro.

„Doch lachen werden Sie", fuhr Fröben fort, „wenn ich gestehe, daß ich nur von einem Teil des Gesichtes dieser Dame sprechen kann. Ich weiß nicht, ist sie blond oder braun, ist ihre Stirne hoch oder nieder, ist ihr Auge blau oder dunkel, ich weiß es nicht! Aber diese zierliche Nase, dieser liebliche Mund, diese zarten Wangen, dieses weiche Kinn finde ich auf dem geliebten Bilde, wie ich es im Leben geschaut!"

„Sonderbar! – und diese Formen, die sich dem Gedächtnis weniger tief einzudrücken pflegen, als Auge, Stirn und Haar, diese sollten, nachdem Ihr nur *einmal* sie gesehen, so lebhaft in Eurer Seele stehen?"

„O Don Pedro!" sprach der Jüngling bewegt, „einen Mund, den man *einmal* geküßt hat, einen *solchen* Mund vergißt man so leicht nicht wieder. Doch, ich will erzählen, wie es mir damit ergangen." –

„Halt ein, kein Wort!" unterbrach ihn der Spanier. „Ihr würdet mich für sehr schlecht erzogen halten müssen, wollte ich einem Kavalier sein Geheimnis entlocken, ohne ihm das meine zuvor als Pfand gegeben zu haben. Ich will Euch erzählen von der Dame, die ich in jenem sonderbaren Bild erkannte und wenn Ihr mich dann Eures Vertrauens würdig achtet, so möget Ihr mir mit Eurer Geschichte vergelten. Doch, Ihr trinket ja gar nicht; es ist echter spanischer Wein und ihn müßt Ihr trinken, wenn Ihr mit mir Valencia besuchen wollt."

Sie tranken von dem begeisternden Pietro Ximenes und der Alte hub an:

6

„Señor; ich bin in Granada geboren. Mein Vater kommandierte ein Regiment, und er und meine Mutter stammten aus den ältesten Familien dieses Königreichs. Ich wurde im Christentum und allen Wissenschaften erzogen, die einen Edelmann zieren, und mein Vater bestimmte mich, als ich zwanzig Jahre alt und gut gewachsen war, zum Soldaten. Aber er war ein Mann streng und ohne Rücksicht im Dienste, und weil er die Zärtlichkeit meiner Mutter für mich kannte und fürchtete, sie möchte ihn oft verhindern, mich meine Pflicht gehörig vollbringen zu machen, beschloß er, mich zu einem andern Regiment zu schicken und seine Wahl fiel auf Pampeluna, wo mein Oheim kommandierte. Ich lernte dort den Dienst sorgfältig und genau, und brachte es in den folgenden zehn Jahren bis zum Kapitän. Als ich dreißig alt war, wurde mein Oheim nach Valencia versetzt. Er hatte Einfluß und wußte zu bewirken, daß ich ihm schon nach einem halben Jahr als Adjutant folgen konnte. Als ich aber in Valencia ankam, hatte sich in meines Oheims Hauswesen vieles geändert. Er war schon längst, noch in Pampeluna, Witwer geworden. In Valencia lernte er eine reiche Witwe kennen und hatte sie einige Wochen früher als ich bei ihm eintraf geheiratet. Sie können denken, wie ich überrascht war, als er mir eine ältliche Dame vorstellte und sie seine Gemahlin nannte; meine Überraschung stieg aber und gewann an Freude, als er auch ein Mädchen, schön wie der Tag, herbeiführte und sie seine Tochter Laura, meine Cousine nannte. Ich hatte bis zu jenem Tage nicht geliebt, und meine Kameraden hatten mich oft deshalb Pedro el pedro (den steinernen Pedro) genannt; aber dieser Stein zerschmolz wie Wachs von den feurigen Blicken Lauras.

Ihr habt sie gesehen, Don Fröbenio, jenes Bild gibt ihre himmlischen Züge wieder, wenn es anders einem irdischen Künstler möglich ist, die wundervollen Werke der Natur zu erreichen. Ach, geradeso trug sie ihr Haar, so mutig wie auf jenem Gemälde hatte sie das Hütchen mit den wallenden Federn aufgesetzt, und wenn sie ihr dunkles Auge unter den langen Wimpern aufschlug, so war es, als ob die Pforten des Himmels sich öffneten und ein leuchtender Engel freundlich herabgrüße.

Meine Liebe, Señor, war eine freudige; ich konnte ja täglich um sie sein; jene Schranken, die in meinem Vaterlande gewöhnlich die Liebenden trennen und die Liebe schmerzlich, ängstlich, gramvoll und verschlagen machen, jene Schranken trennten uns nicht. Und wenn ich in die Zukunft sah, wie lachend erschien sie mir! Mein Oheim liebte mich wie seinen Sohn; verstand ich seine Winke recht, so schien es ihm nicht unangenehm, wenn ich mich um seine Tochter bewerbe; und von meinem Vater konnte ich kein Hindernis erwarten, denn Laura stammte aus edlem Blute und der Reichtum ihrer Mutter war bekannt. Wie mächtig meine Liebe war, könnt Ihr schon daraus sehen, daß ich *da* liebte, wo es so gänzlich ohne Not und Jammer abging. Denn gewöhnlich entsteht die Liebe aus der angenehmen Bemerkung, daß man der Geliebten vielleicht nicht mißfallen habe; wie Feuer unter den Dächern fortschleicht und durch eine Mauer aufgehalten plötzlich verzehrend nieder in das Haus und prasselnd auf zum Himmel schlägt, so die Liebe. Die kleine Neigung wächst. Die unüberwindlich scheinenden Hindernisse spornen an; man glaubt eine Glut zu fühlen, die nur im Arm der Geliebten sich abkühlen kann. Man spricht die Dame am Gitter, man schickt ihr Briefe durch die Zofe, man malt im Traume und Wachen ihr Bild, ihre Gestalt so reizend sich vor, denn bisher sah man sie nicht anders als im Schleier und der verhüllenden Mantilla. Endlich, sei es durch List oder Gewalt, fallen die Schranken. Man fliegt herbei, führt die Errungene zur Kirche und – besiehet sich nachher den

Schatz etwas genauer. Wie auf dem schönen Wiesengrund, der nur ein Teppich ist über ein sumpfig Moorland gedeckt, wenn du wie auf fester Erde ausschreitest, deine Füße einsinken und Quellen aus der Tiefe rieseln; so hier. Alle Augenblicke zeigt sich eine neue Laune bei der Dame, alle Tage lüftet sie Schleier und Mantilla ihres Herzens freier und am Ende stündest du lieber wieder an dem Gitter, Liebesklagen zu singen, um – nie wiederzukehren."

7

„Bei Gott, Ihr seid ein scharfer Kritiker", erwiderte Fröben errötend; „es liegt in dem, was Ihr saget, etwas Wahres, aber ganz so? nein, da müßte ja jener Götterfunke, der zündend ins Herz schlägt, jener selige Augenblick, wo die Hälfte einer Minute zum Verständnis hinreicht, müßte lügen und doch glaube ich an seine himmlische Abkunft. Oh! ist es mir denn besser ergangen?"

„Ich verstehe, was Ihr sagen wollt"; sprach Don Pedro; „jener Moment ist himmlisch schön, aber beruht gar oft auf bitterer Täuschung. Höret weiter; mich reizten, mich hinderten keine Schranken und dennoch liebte ich so warm als irgendein junger Kavalier in Spanien. Das einzige Hindernis konnte Lauras Herz sein, und – ihr Auge hatte mir ja schon oft gestanden, daß es dem meinigen gerne begegne. Alle jene kleinen Beweise meiner Zärtlichkeit, wie man sie in diesem Zustand gibt, nahm Donna Laura gütig auf und nach einem Vierteljahre erlaubte sie mir, ihr meine Liebe zu gestehen. Die Eltern hatten die Sache längst bemerkt; mein Oheim gab mir seine Einwilligung und sagte, er habe für mich wegen guter Dienste, die ich geleistet, beim König um ein Majorspatent nachgesucht. Mit der Nachricht meines Steigens solle ich dem Vater meine Liebe gestehen und ihn um Einwilligung bitten. Ich gelobte es; ach! warum habe ich's getan? Sollte man nicht immer einen Dämon hinter sich glauben, der uns das Glück wie ein schönes Spielzeug gibt, nur um es plötzlich zu zerschlagen?

Ich hatte bald nach der Gewißheit meines Glückes mit einem Hauptmann aus einem Schweizerregiment Bekanntschaft gemacht, den ich liebgewann und täglich in mein Haus führte. Es war ein schöner blonder Jüngling, mit klaren blauen Augen, von weißer Haut und roten Wangen. Er hätte zu weich für einen Soldaten ausgesehen, wenn nicht berühmte Waffentaten, die er ausgeführt, in aller Munde lebten. Um so gefährlicher war er für die Frauen. Seine ganze Erscheinung war so neu in diesem Lande, wo die Sonne die Gesichter dunkel färbt, wo unter schwarzem Haar schwarze Augen blitzen; und wenn er von den Eisbergen, von dem ewigen Schnee seiner Heimat erzählte, so lauschte man gerne auf seine Rede und manche Dame mochte schon den Versuch gemacht haben, das Eis seines Herzens zu zerschmelzen.

Eines Morgens kam ein Freund zu mir, der um meine Liebe zu Laura wußte, und gab mir in allerlei geheimnisvollen Reden zu verstehen, ich möchte entweder auf der Hut sein, oder ohne das Majorspatent meine Base heiraten, indem sonst noch manches sich ereignen könnte, was mir nicht angenehm wäre. Ich war betreten, forschte näher und erfuhr, daß Donna Laura bei einer verheirateten Freundin hie und da mit einem Mann zusammenkomme, der in einen Mantel verhüllt ins Haus schleiche. Ich entließ den Freund und dankte ihm. Ich glaubte nichts davon, aber ein Stachel von Eifersucht und Mißtrauen war in mir zurückgeblieben. Ich dachte nach über Lauras Betragen gegen mich, ich fand es unverändert; sie war hold, gütig gegen mich wie zuvor, ließ sich die Hand, wohl auch den schönen Mund küssen – aber dabei blieb es auch; denn jetzt erst fiel mir auf, wie kalt sie immer bei meiner Umarmung war, sie drückte mir die Hand nicht wieder, wenn ich sie drückte, sie gab mir keinen Kuß zurück.

Zweifel quälten mich; der Freund kam wieder; schürte durch bestimmtere Nachrichten das Feuer mächtiger an, und ich beschloß bei mir, die Schritte meiner Dame aufmerksamer zu bewachen. Wir speisten gewöhnlich zusammen, der Oheim, die Tante, meine schöne Base und ich. Am Abend des Tages, als mein Freund zum zweitenmal mich gewarnt, fragte die Tante bei Tische ihre Tochter, ob sie ihr Gesllschaft leisten werde auf dem Balkon?

Sie antwortete, sie habe ihrer Freundin einen Besuch zugesagt. Unwillkürlich mochte ich sie dabei schärfer angesehen haben, denn sie schlug die Augen nieder und errötete. Sie ging eine Stunde ehe die Nacht einbrach zu jener Dame. Als es dunkel wurde schlich ich mich an jenes Haus und hielt Wache; rasende Eifersucht kam über mich, als ich die Straße herauf, nahe an die Häuser gedrückt, eine verhüllte Gestalt schleichen sah. Ich stellte mich vor die Haustüre, die Gestalt kam näher und wollte mich sanft auf die Seite schieben. Aber ich faßte sie am Gewand und sprach: ‚Señor, wer Ihr auch seid, in diesem Augenblick glaube ich einen Mann von Ehre vor mir zu haben und bei Eurer Ehre fordere ich Euch auf, steht mir Rede.'

Bei dem ersten Ton meiner Stimme sah ich ihn zusammenschrecken; er besann sich eine kleine Weile und entgegnete dann: ‚Was soll es?'

‚Schwört mir bei Eurer Ehre', fuhr ich fort, ‚daß Ihr nicht wegen Donna Laura de Tortosi in dieses Haus geht.'

‚Wer erkühnt sich, mir über meine Schritte Rechenschaft abzufordern?' rief er mit dumpfer verstellter Stimme. An seiner Aussprache merkte ich, daß er ein Fremder sein müsse; eine düstere Ahnung ging in meiner Seele auf; ‚Der Kapitän de San Montanjo wagt es', antwortete ich und riß ihm, ehe er sich dessen versah, den Mantel vom Gesicht – es war mein Freund Tannensee, der Schweizer.

Er stand da, wie ein Verbrecher, keines Wortes mächtig. Aber ich hatte meinen Degen blankgezogen, und sprachlos vor Wut deutete ich ihm an, dasselbe zu tun. ‚Ich habe keine Waffen bei mir, als einen Dolch', erwiderte er. Schon war ich willens ihm ohne Zögern den Degen in den Leib zu rennen; aber als er so regungslos auf alles gefaßt vor mir stand, konnte ich das Schreckliche nicht vollbringen. Ich behielt noch soviel Fassung, daß ich ihn bestimmte am andern Morgen vor dem Tor der Stadt mir Rechenschaft zu geben. Die Türe hielt ich besetzt; er sagte zu und ging.

Noch lange hielt ich Wache, bis endlich die Sänfte für Laura gebracht wurde, bis ich sie einsteigen sah; dann folgte ich ihr langsam nach Hause. Die Qualen der Eifersucht ließen mich keinen Schlaf auf meinem Lager finden, und so hörte ich, wie sich um Mitternacht Schritte meiner Türe näherten. Man pochte an; verwundert warf ich meinen Mantel um und schloß auf; es war die alte Dienerin Lauras, die mir einen Brief übergab und eilends wieder davonging.

Señor! Gott möge Euch vor einem ähnlichen Brief in Gnaden bewahren! Sie gestand mir, daß sie den Schweizer längst geliebt habe, als sie mich noch gar nicht kannte. Daß sie aus Furcht vor dem Zorn ihrer Mutter, die alle Fremden hasse, ihn immer zurückgehalten, um sie zu werben; daß sie, von den Drohungen meiner Tante genötigt, meine Anträge sich habe gefallen lassen. Sie nahm alle Schuld auf sich, sie schwur mit den heiligsten

Eiden, daß Tannensee mir oft habe alles gestehen wollen, und nur durch ihr Flehen, durch ihre Furcht, nachher strenger verwahrt zu werden, sich habe zurückhalten lassen. Sie deutete mir ein schreckliches Geheimnis an, das die Ehre der Familie beflecken werde, wenn ich ihr und dem Hauptmann nicht zur Flucht verhelfe. Sie beschwor mich, von meinem Streit abzustehen, denn wenn er falle, so bleibe ihr, *seiner Gattin*, nichts übrig, als sich das Leben zu nehmen. Sie schloß damit, meine Großmut anzurufen, sie werde mich ewig *achten*, aber niemals *lieben*.

Ihr werdet gestehen, daß ein solcher Brief gleich kaltem Wasser alle Flammen der Liebe löschen kann; er löschte sogar zum Teil meinen Zorn. Aber vergeben konnte ich es meiner Ehre nicht, daß ich betrogen war, darum stellte ich mich zur bestimmten Stunde auf dem Kampfplatz ein. Der Kapitän mochte tief fühlen, wie sehr er mich beleidigt; obgleich er ein besserer Fechter war als ich, verteidigte er sich nur, und nicht seine Schuld ist es, daß ich meine Hand, hier zwischen Daumen und Zeigfinger in seinen Degen rannte, so daß ich außerstand war, weiterzufechten. Ich gab ihm, während ich verbunden wurde, Lauras Brief. Er las, er bat mich flehend, ihm zu vergeben; ich tat es mit schwerem Herzen.

Die Geschichte meiner Liebe ist zu Ende, Don Fröbenio, denn fünf Tage darauf war Donna Laura mit dem Schweizer verschwunden."

„Und mit Ihrer Hülfe?" fragte Fröben.

„Ich half so gut es ging. Freilich war der Schmerz meiner Tante groß; aber in diesen Umständen war es besser, sie sah ihre Tochter nie wieder, als daß Unehre über das Haus kam."

„Edler Mann! wie unendlich viel muß Sie dies gekostet haben! wahrhaftig es war eine harte Prüfung."

„Das war es", antwortete der Alte mit düsterem Lächeln. „Anfangs glaubte ich diese Wunde werde nie vernarben; die Zeit tut viel, mein Freund! Ich habe sie nie wiedergesehen, nie von ihnen gehört, nur einmal nannten die Zeitungen den Obrist Tannensee als einen tapfern Mann, der unter den Truppen Napoleons in der Schlacht von Brienne dem Feinde langen Widerstand getan habe. Ob es derselbe ist, ob Laura noch lebt, weiß ich nicht zu sagen.

Als ich aber in diese Stadt kam, jene Galerie besuchte, und nach zwanzig langen Jahren meine Laura wieder erblickte, ganz so, wie sie war in den Tagen ihrer Jugend, da brachen die alten

Wunden wieder auf und – nun Ihr wisset, daß ich sie täglich besuche."

8

Mit umständlicher Gravität, wie es dem Haushofmeister eines p...schen Prinzen, einem Mann aus altkastilischem Geschlechte geziemte, hatte Don Pedro di San Montanjo Ligez seine Geschichte vorgetragen. Als er geendet, trank er einigen Xeres, lüftete den Hut, strich sich über Stirne und Kinn und sagte zu dem jungen Mann an seiner Seite: „Was ich wenigen Menschen vertraut, habe ich Euch umständlich erzählt, Don Fröbenio, nicht um Euch zu locken, mir mit gleichem Vertrauen zu erwidern, obgleich Euer Geheimnis so sicher in meiner Brust ruhte, als der Staub der Könige von Spanien in Eldorado – obgleich ich gespannt bin zu wissen, inwiefern Euch jene Dame interessiert; - aber Neugier ziemt dem Alter nicht, und damit gut."

Fröben dankte dem Alten für seine Mitteilung. „Mit Vergnügen werde ich Ihnen meinen kleinen Roman zum besten geben", sagte er lächelnd, „er betrifft keiner Dame Geheimnisse und endet schon da, wo andere anfangen. Aber wenn Sie erlauben, werde ich morgen erzählen, denn für heute möchte es wohl zu spät sein."

„Ganz nach Eurer Bequemlichkeit", erwiderte der Don, seine Hand drückend; „Euer Vertrauen werde ich zu ehren wissen."

So schieden sie; der Spanier begleitete den jungen Mann höflich bis an die Schwelle seines Vorsaals und Diego leuchtete ihm bis in die Straße. Nach seiner Gewohnheit ging Fröben den Tag nachher in die Galerie; er stand lange vor dem Bilde, und wirklich dachte er an diesem Tage mehr an den Alten, denn an die gemalte Dame; aber er wartete über eine Stunde – der Alte kam nicht. Er ging mit dem Schlag zwei Uhr in die Anlagen, ging langsamen Schrittes um den See, vorbei an schönen Equipagen, noch schöneren Damen, vorbei an unzähligen Direktoren und Lieutenants, zog oft sein Fernglas und schaute die lange Promenade hinab, aber die ehrwürdige Gestalt seines alten Freundes wollte sich nicht zeigen; umsonst schaute er nach den dünnen schwarzen Beinen, nach dem spitzen Hut, umsonst nach Diego in den bunten Kleidern, mit Sonnenschirm und Regenmantel, er war nicht zu sehen.

„Sollte er krank geworden sein?" fragte er sich, und unwillkürlich ging er nach dem Schloßplatz hin, und nach dem Gasthof „Zum König von England", um Don Pedro zu besuchen. „Fort ist die ganze Wirtschaft, auf und davon"; antwortete auf seine Frage der Oberkellner. „Gestern abend noch bekam der Prinz Depeschen und heute vormittag sind Seine Hoheit nebst Gefolge in sechs Wagen nach W. abgereist; der Haushofmeister, er fuhr im zweiten, hat für Sie eine Karte hier gelassen."

Begierig griff Fröben nach diesem letzten Freundeszeichen. Es war nur Don Pedro di San Montanjo Ligez, Major Rio di S. A. etc. darauf zu lesen. Verdrüßlich wollte Fröben diesen kalten Abschied einstecken, da gewahrte er auf der Rückseite noch einige Worte mit der Bleifeder geschrieben, er las: „Lebt wohl, teurer Don Fröbenio; Eure Geschichte müßt Ihr mir schuldig bleiben; grüßet und küsset Donna Laura."

Er lächelte über den Auftrag des alten Herrn, und doch, als er in den nächsten Tagen wieder vor dem Bilde stand, war er wehmütiger als je, denn es war in seinem Leben eine Lücke entstanden durch Don Pedros Abreise. Er hatte sich so gerne mit dem guten Alten unterhalten, er hatte seit langer Zeit zum erstenmal wieder in einem genaueren Verhältnis mit Menschen gelebt und deutlicher als je fühlte er jetzt, daß nur der Einsame, der Hoffnungslose ganz unglücklich ist. Wäre das Bild nicht gewesen, das ihn mit seinem eigentümlichen Zauber zurückhielt, schon längst hätte er Stuttgart verlassen, das sonst keine Reize für ihn hatte. Als ihm daher eines Tages die Herren Boisserée die treue Kopie jenes lieben Bildes, ein lithographiertes Blatt zeigten und ihn damit beschenkten, nahm er es als einen Wink des Schicksals auf, verabschiedete sich von dem Urbild, packte die Kopie sorgfältig ein und verließ diese Stadt so stille als er sie betreten hatte.

9

Sein Aufenthalt in Stuttgart hatte nur dem Bilde gegolten, das er in jener Galerie gefunden. Er war, als er die Hauptstadt Württembergs berührte, auf einer Reise nach dem Rhein begriffen und dahin zog er nun weiter. Er gestand sich selbst, daß ihn die letzten Monate beinahe allzu weich gemacht hatten. Er fühlte nicht ohne Beschämung und leises Schaudern, daß sein Trübsinn, sein ganzes Dichten und Trachten schon nahe an Narrheit gestreift hatten. Er war zwar unabhängig, hatte dieses Jahr noch zu Reisen bestimmt, ohne sich irgendeinen festen Plan, ein Ziel zu setzen; er wollte diese lange Unterbrechung seiner Reise auf die angenehme Lage der Stadt, auf die herrlichen Umgebungen schieben. Aber hatte er denn wirklich jene Stadt so angenehm gefunden? hatte er Menschen aufgesucht, kennengelernt? hatte er sie nicht vielmehr gemieden, weil sie seine Einsamkeit, die ihm so lieb geworden, störten? hatte er die herrlichen Umgebungen genossen? „Nein", sagte er lächelnd zu sich, „man wäre versucht, an Zauberei zu glauben! Ich habe mich betragen wie ein Tor! habe mich eingeschlossen in mein Zimmer um zu lesen. Und habe ich denn wirklich gelesen? stand nicht *ihr* Bild auf jeder Seite? gingen meine Schritte weiter als zu *ihr* oder um einmal allein unter dem Gewühl der Menge auf und ab zu gehen? Ist es nicht schon Raserei, auf so langen Wegen einem Schatten nachzujagen, jedes Mädchengesicht aufmerksam zu betrachten, ob ich nicht den holden Mund der unbekannten Geliebten wiedererkenne?"

So schalt sich der junge Mann, glaubte recht feste Vorsätze zu fassen und – wie oft, wenn sein Pferd langsamer bergan geschritten war, vergaß er oben es anzutreiben, weil seine Seele auf anderen Wegen schweifte; wie oft, wenn er abends sein Gepäck öffnete und ihm die Rolle in die Hände fiel, entfaltete er unwillkürlich das Bild der Geliebten und vergaß sich zur Ruhe zu legen.

Aber die reizenden Gebirgsgegenden am Neckar, die herrlichen Fluren von Mannheim, Worms, Mainz verfehlten auch auf ihn den eigentümlichen Eindruck nicht. Sie zerstreuten ihn, sie füllten seine Seele mit neuen, freundlichen Bildern. Und als er eines Morgens von Bingen aufbrach, stand nur *ein* Bild vor seinem Auge, ein Bild, das er noch heute erblicken sollte. Fröben hatte mit einem Landsmann Frankreich und England bereist, und aus dem Gesellschafter war ihm nach und nach ein Freund erwachsen. Zwar mußte er, wenn er über ihre Freundschaft nachdachte, sich selbst gestehen, daß Übereinstimmung der Charaktere sie nicht zusammenführte; doch oft pflegt es ja zu geschehen, daß gerade das Ungleiche sich heißer liebt als das Ähnliche. Der Baron von Faldner war etwas roh, ungebildet, selbst jene Reise, das bewegte Leben zweier Hauptstädte, wie Paris und London, hatte nur seine Außenseite etwas abschleifen und mildern können. Er war einer jener Menschen, die, weil sie durch fremde oder eigene Schuld gewählte Lektüre, feinere, tiefere Kenntnisse und die bildende Hand der Wissenschaften verschmähten, zu der Überzeugung kamen, sie seien praktische Menschen, d. h. Leute, die in sich selbst alles tragen, um was sich andere, es zu erlernen, abmühen; die einen natürlichen Begriff von Ackerbau, Viehzucht, Wirtschaft und dergleichen haben, und sich nun für geborene Landwirte, für praktische Haushälter ansehen, die auf dem natürlichsten Wege das zu erreichen glauben, was die Masse in Büchern sucht. Dieser Egoismus machte ihn glücklich, denn er sah nicht, auf welchen schwachen Stützen sein Wissen beruhte; noch glücklicher wäre er wohl gewesen, wenn diese Eigenliebe bei den Geschäften stehengeblieben wäre; aber er trug sie mit sich, wohin er ging, erteilte Rat, ohne welchen anzunehmen, hielt sich, was man ihm nicht gerade nachsagte, für einen „klugen Kopf", und ward durch dieses alles ein unangenehmer Gesellschafter und zu Hause vielleicht ein kleiner Tyrann, aus dem einfachen Grund, weil er „klug war und immer recht hatte".

„Ob er wohl sein Sprüchwort noch an sich hat", fragte sich Fröben lächelnd, „das unabwendbare: ‚Das habe ich ja gleich gesagt!' Wie oft, wenn er am wenigsten daran dachte, daß etwas gerade so geschehen werde, wie oft faßte er mich da bei der Hand und schrie, ‚Freund Fröben, sag an, hab ich es nicht schon vor vier Wochen gesagt, daß es so kommen würde? warum habt Ihr mir nicht gefolgt?' Und wenn ich ihm sonnenklar bewies, daß er zufällig gerade das Gegenteil behauptet habe, so ließ er sich unter keiner Bedingung davon abbringen und grollte drei, vier Tage lang."

Fröben hoffte, Erfahrung und die schöne Natur um ihn her werden seinen Freund weiser gemacht haben. An einer der reizendsten Stellen des Rheintals, in der Nähe von Kaub lag sein Gut und je näher der Reisende herabkam, desto freudiger schlug sein Herz über alle diese Herrlichkeit der Berge und des majestätischen Flusses, um so öfter sagte er zu sich, „Nein! er *muß* sich geändert haben, in diesen Umgebungen kann man nur hingebend, nur freundlich und teilnehmend sein, und im Genuß dieser Aussicht muß man vergessen, wenn man auch wirklich recht hat, was bei ihm leider der seltene Fall ist."

10

Gegen Abend langte er auf dem Gute an; er gab sein Pferd vor dem Hause einem Diener, fragte nach seinem Herrn und wurde in den Garten gewiesen. Dort erkannte er schon von weitem Gestalt und Stimme seines Freundes. Er schien in diesem Augenblick mit einem alten Mann, der an einem Baum mit Graben beschäftigt war, heftig zu streiten: „Und wenn Ihr es auch hundert Jahre nach dem alten Schlendrian gemacht habt, statt fünfzig, so *muß* der Baum doch so herausgenommen werden, wie ich sagte. Nur frisch daran, Alter; es kömmt bei allem nur darauf an, daß man klug darüber nachdenkt." Der Arbeiter setzte seufzend die Mütze auf, betrachtete noch einmal mit wehmütigem Blick den schönen Apfelbaum und stieß dann schnell, wie es schien unmutig, den Spaten in die Erde, um zu graben. Der Baron aber pfiff ein Liedchen, wandte sich um und vor ihm stand ein Mensch, der ihn freundlich anlächelte und ihm die Hand entgegenstreckte. Er sah ihn verwundert an; „Was steht zu Dienst?" fragte er kurz und schnell.

„Kennst du mich nicht mehr, Faldner?" erwiderte der Fremde; „solltest du bei deiner Baumschule London und Paris so ganz vergessen haben?"

„Ist's möglich, mein Fröben!" rief jener und eilte den Freund zu umarmen; „aber, mein Gott, wie hast du dich verändert, du bist so bleich und mager; das kömmt von dem vielen Sitzen und Arbeiten; daß du auch gar keinen Rat befolgst, ich habe dir ja doch immer gesagt, es tauge nicht für dich."

„Freund!" entgegnete Fröben, den dieser Empfang unwillkürlich an seine Gedanken unterwegs erinnerte; „Freund, denke doch ein wenig nach; hast du mir nicht immer gesagt, ich tauge nicht zum Landwirt, nicht zum Forstmann und dergleichen und ich müßte eine juridische oder diplomatische Laufbahn einschlagen?"

„Ach, du guter Fröben", sagte jener zweideutig lächelnd, „so laborierst du noch immer an einem kurzen Gedächtnis? sagte ich nicht schon damals –"

„Bitte, du hast recht, streiten wir nicht!" unterbrach ihn sein Gast, „laß uns lieber Vernünftigeres reden; wie es dir erging, seit wir uns nicht sahen, wie du lebst?"

Der Baron ließ Wein in eine Laube setzen und erzählte von seinem Leben und Treiben. Seine Erzählung bestand beinahe in nichts als in Klagen über schlechte Zeit und die Torheit der Menschen. Er gab nicht undeutlich zu verstehen, daß er es in den wenigen Jahren, mit seinem hellen Kopf und den Kenntnissen, die er auf Reisen gesammelt, in der Landwirtschaft weit gebracht habe. Aber bald hatten ihm seine Nachbarn unberufen dies oder jenes abgeraten, bald hatte er unbegreifliche Widerspenstigkeit unter seinen Arbeitern selbst gefunden, die alles besser wissen wollten als er und in ihrer Verblendung sich auf lange Erfahrung stützten. Kurz, er lebte, wie er gestand, ein Leben voll ewiger Sorgen und Mühen, voll Hader und Zorn, und einige Prozesse wegen Grenzstreitigkeiten verbitterten ihm noch die wenigen frohen Stunden, die ihm die Besorgung seines Gutes übrigließ. Armer Freund! dachte Fröben unter dieser Erzählung; „so reitest du noch dasselbe Steckenpferd und es geht wie der wildeste Renner mit dir durch, ohne daß du es zügeln kannst?"

Doch die Reihe zu erzählen kam auch an den Gast und er konnte seinem Freund in wenigen Worten sagen, daß er an einigen Höfen bei Gesandtschaften eingeteilt gewesen sei, daß er sich überall schlecht unterhalten, einen langen Urlaub genommen habe und jetzt wieder ein wenig in der Welt umherziehe.

„Du Glücklicher!" rief Faldner. „Wie beneide ich dir deine Verhältnisse; heute hier, morgen dort; kennst keine Fesseln und kannst reisen wohin und wie lange du willst. Es ist etwas Schönes um das Reisen! ich wollte, ich könnte auch noch einmal so frei hinaus in die Welt!"

„Nun, was hindert dich denn?" rief Fröben lachend; „deine große Wirtschaft doch nicht? die kannst du alle Tage einem Pächter geben, läßt dein Pferd satteln und ziehest mit mir!"

„Ach, das verstehst du nicht, Bester!" erwiderte der Baron verlegen lächelnd, „einmal, was die Wirtschaft betrifft, da kann ich keinen Tag abwesend sein, ohne daß alles quer geht, denn ich bin doch die Seele des Ganzen. Und dann – ich habe einen dummen Streich gemacht – doch laß das gut sein; es geht einmal nicht mehr mit dem Reisen."

In diesem Augenblicke kam ein Bedienter in die Laube, berichtete, daß die „gnädige Frau zurückgekommen sei und anfragen lasse, wo man den Tee servieren solle?"

„Ich denke oben im Zimmer", sagte er, leicht errötend und der Diener entfernte sich.

„Wie, du bist verheiratet?" fragte Fröben erstaunt; „und das erfahre ich jetzt erst! Nun ich wünsche Glück; aber sage mir doch

– ich hätte mir ja eher des Himmels Einfall träumen lassen als diese Neuigkeit; und seit wann?"

„Seit sechs Monaten", erwiderte der Baron kleinlaut und ohne seinen Gast anzusehen; „doch wie kann dich dies so in Erstaunen setzen? Du kannst dir denken, bei meiner großen Wirtschaft, da ich alles selbst besorge, so" –

„Je nun! ich finde es ganz natürlich und angemessen; aber wenn ich zurückdenke, wie du dich früher über das Heiraten äußertest, da dachte ich nie daran, daß dir je ein Mädchen recht sein würde."

„Nein, verzeihe!" sagte Faldner, „ich sagte ja immer und schon damals –"

„Nun ja, du sagtest ja immer und schon damals", rief der junge Mann lächelnd, „und schon damals und immer sagte *ich*, daß du nach *deinen* Prätentionen keine finden würdest, denn diese gingen auf ein Ideal, das ich nicht haben möchte und wohl auch nicht zu finden war. Doch noch einmal meinen herzlichen Glückwunsch. Da aber eine Dame im Hause ist, die uns zum Tee ladet, so kann ich doch wahrlich nicht so in Reisekleidern erscheinen; gedulde dich nur ein wenig, ich werde bald wieder bei dir sein. Auf Wiedersehen!"

Er verließ die Laube und der Baron sah ihm mit trüben Blicken nach; „Er hat nicht unrecht", flüsterte er.

Doch in demselben Augenblick trat eine hohe weibliche Gestalt in die Laube; „Wer ging soeben von dir?" fragte sie schnell und hastig; „wer sprach dies *auf Wiedersehen*?"

Der Baron stand auf und sah seine Frau verwundert an; er bemerkte, wie die sonst so zarte Farbe ihrer Wangen in ein glühendes Rot übergegangen waren. „Nein! das ist nicht auszuhalten", rief er heftig; „Josephe! wie oft muß ich dir sagen, daß Hufeland Leuten von deiner Konstitution jede allzu rasche Bewegung streng untersagt; wie du jetzt glühst! du bist gewiß wieder eine Strecke zu Fuß gegangen und hast dich erhitzt und gehst jetzt gegen alle Vernunft noch in den Garten hinab, wo es schon kühl ist. Immer und ewig muß ich dir alles wiederholen, wie einem Kind; schäme dich!"

„Ach, ich habe dich ja nur abholen wollen", sagte Josephe mit zitternder Stimme; „werde nur nicht gleich so böse; ich bin gewiß den ganzen Weg gefahren und bin auch gar nicht erhitzt. Sei doch gut."

„Deine Wangen widersprechen", fuhr er mürrisch fort. „Muß

ich denn auch dir immer predigen? Und den Shawl hast du auch nicht umgelegt, wie ich dir sagte, wenn du abends noch herab in den Garten gehst; wozu werfe ich denn das Geld zum Fenster hinaus für dergleichen Dinge, wenn man sie nicht einmal brauchen mag? O Gott! ich möchte oft rasend werden. Auch nicht das geringste tust du mir zu Gefallen; dein ewiger Eigensinn bringt mich noch um. O ich möchte oft –"

„Bitte, verzeihe mir, Franz!" bat sie wehmütig, indem sie große Tränen im Auge zerdrückte; „ich habe dich den ganzen Tag nicht gesehen und wollte dich hier überraschen; ach, ich dachte ja nicht mehr an das Tuch und an den Abend. Vergib mir, willst du deinem Weib vergeben?"

„Ist ja schon gut, laß mich doch in Ruhe, du weißt, ich liebe solche Szenen nicht; und gar vollends Tränen! gewöhne dir doch um Gottes willen die fatale Weichlichkeit ab, über jeden Bettel zu weinen. – Wir haben einen Gast, Fröben, von dem ich dir schon erzählte, er reiste mit mir. Führe dich vernünftig auf, Josephe, hörst du? Laß es an nichts fehlen, daß ich nicht auch noch die Sorgen der Haushaltung auf mir haben muß. Im Salon wird der Tee getrunken."

Er ging schweigend ihr voran die Allee entlang nach dem Schlosse. Trübe folgte ihm Josephe; eine Frage schwebt auf ihren Lippen, aber so gern sie gesprochen hätte, sie verschloß diese Frage wieder tief in ihre Brust.

11

Als der Baron spät in der Nacht seinen Gast auf sein Zimmer begleitete, konnte sich dieser nicht enthalten, ihm zu seiner Wahl Glück zu wünschen. „Wahrhaftig, Franz!" sagte er, indem er ihm feurig die Hand drückte, „ein solches Weib hat dir gefehlt. Du warst ein Glückskind von jeher, aber das hätte ich mir nicht träumen lassen, daß du bei deinen sonderbaren Maximen und Forderungen ein solch liebenswürdiges, herrliches Kind heimführen werdest."

„Ja, ja, ich bin mit ihr zufrieden", erwiderte der Baron trokken, indem er seine Kerze heller aufstörte; „man kann ja nicht alles haben, an diesen Gedanken muß man sich freilich gewöhnen auf dieser unvollkommenen Welt."

„Mensch! ich will nicht hoffen, daß du undankbar gegen so

vieles Schöne bist. Ich habe viele Frauen gesehen, aber weiß Gott, keine von solch untadelhafter Schönheit wie dein Weib. Diese Augen! welch rührender Ausdruck! Glaubt man nicht liebliche Träume auf ihrer schönen Stirn zu lesen? Und diese zarte, schlanke Gestalt! Und ich weiß nicht, ob ich ihren feinen Takt, ihr richtiges Urteil, ihren gebildeten Geist nicht noch mehr bewundern soll."

„Du bist ja ganz bezaubert", lächelte Faldner; „doch von jeher hast du zuviel gelesen und weniger aufs Praktische gesehen; ich sagte es ja immer. – Mit den Weibern ist es ein eigenes Ding", fuhr er seufzend fort. „Glaube mir, in der Wirtschaft ist oft eine, die es versteht und die Sache flink umtreibt, besser als ein sogenannter gebildeter Geist. Gute Nacht; sei froh, daß du noch frei bist und – wähle nicht zu rasch."

Unmutig sah ihm Fröben nach, als er das Zimmer verlassen hatte, „Ich glaube, der Unmensch ist auch jetzt nicht mit seinem Lose zufrieden; hat einen Engel gewählt und schafft sich durch seine lächerlichen Prätentionen eine Hölle im Hause. Das arme Weib!"

Es war ihm nicht entgangen, wie ängstlich sie bei allem, was sie tat und sagte, an seinen Blicken hing, wie er ihr oft ein grimmiges Auge zeigte, wenn sie nach seinen Begriffen einen Fehler begangen, wie er ihr oft mit der Hand winkte, die Lippen zusammenbiß und stöhnte, wenn er glaubte, von dem Gast nicht gesehen zu werden. Und mit welcher Engelsgeduld trug sie dies alles! Sie hatte tiefen, wunderbaren Eindruck auf ihn gemacht. Das reiche blonde Haar, das um eine freie Stirne fiel, ließ blaue Augen, rote Wangen, vielleicht auch ein Näschen erwarten, das durch seine zierliche Keckheit Blondinen mehr als Brünetten ziert. Aber von diesem allem nichts. Unter den blonden Wimpern ruhete wie das Mondlicht hinter dünnen Wolken ein braunes Auge, das nicht durch Glut oder große Lebendigkeit, sondern durch ein gewisses Etwas von sinnender Schwermut überraschte, das Fröben bei schönen Frauen, so selten er es fand, so unendlich liebte. Ihre Nase näherte sich dem griechischen Stamm, die Wangen waren gewöhnlich bleich, nur von einem leisen Schatten von Rot unterlaufen, und das einzige, was in ihrem Gesichte blühte, waren statt der Rosen der Wangen die Lippen, bei deren Anblick man sich des Gedankens an zarte, rote Kirschen nicht erwehren konnte.

„Und diese herrliche Gestalt", fuhr Fröben in seinen Gedanken weiter fort, „so zart, so hoch und wenn sie über das Zimmer geht beinahe schwebend! Schwebend? Als ob ich nicht gesehen hätte, daß sie recht schwer zu tragen hat, daß diese Lippen so manches Wort des Grams verschließen, daß diese Augen nur auf die Einsamkeit warten, um über den rohen Gatten zu weinen! Nein! es ist unmöglich", fuhr er nach einigem Sinnen fort, „sie *kann* ihn nicht aus Liebe geheiratet haben. Die Welt, die hinter diesem Auge liegt, ist zu groß für Faldners Verstand, das Herz seines Weibes zu zart für den rohen Druck ihres Haustyrannen. Ich bedaure sie!"

Er war während dieser Worte an einen Schrank getreten, worin die Diener sein Reisegeräte niedergelegt hatten. Er schloß ihn auf, sein erster Blick fiel auf die wohlbekannte Rolle und er errötete. „Bin ich dir nicht ungetreu gewesen, diesen Abend?" fragte er. „Hat nicht ein anderes Bild sich in mein Herz geschlichen? Ja und ertappe ich mich nicht auf Reflexionen über das Weib meines Freundes, die mir nicht ziemen, die ihr auf jeden Fall nicht nützen können?" Er entrollte das Bild der Geliebten und blieb betroffen stehen. Wie ein Gedanke, der bisher in ihm schlummerte und verworren träumte, erwachte es jetzt mit einemmal in ihm, daß Frau von Faldner wunderbare Ähnlichkeit mit diesem Bilde habe. Zwar waren ihre Haare, ihre Augen, ihre Stirne gänzlich verschieden von denen des Bildes, aber überraschende Ähnlichkeit glaubte er in Nase, Mund und Kinn, ja sogar in der Haltung des zierlichen Halses zu finden. „Und diese Stimme!" rief er, „klang mir diese Stimme nicht gleich anfangs so bekannt? Wie ist mir denn? Wäre es möglich, daß die Gattin meines Freundes jenes Mädchen wäre, die ich nur *einmal*, nur halb gesehen und ewig liebe und von jenem Augenblick an vergebens suche? Diese Gestalt – ja auch sie war groß, und als ich den Mantel umschlang, als sie an meinem Herzen ruhte, fühlte ich eine feine, schlanke Taille. Und begegnete ich nicht heute abend so oft ihrem Auge, das prüfend auf mir ruhte? Sollte auch *sie* mich wiedererkennen? Doch – ich Tor! wie könnte Faldner bei seinem Mißtrauen, bei seinen strengen Grundsätzen über Adel und unbescholtenen Ruf eine – unbekannte Bettlerin geheiratet haben?"

Er sah wieder prüfend auf das Bild herab, er glaubte in diesem Augenblick Gewißheit zu haben, im nächsten zweifelte er wieder. Er klagte sein treuloses Gedächtnis an. Hatte nicht dieses Gemälde sich so ganz mit seinen früheren Erinnerungen vermischt, daß er die Unbekannte sich nicht mehr anders dachte, als wie dieses Bild? Und nun, da er auf eine neue auffallende Ähnlichkeit gestoßen, stand er nicht vor einem Labyrinth von Zweifeln? Er warf das Gemälde auf die Seite und verbarg seine heiße Stirn in die Kissen seines Bettes. Er wünschte sich tiefen Schlaf herbei, damit er diesen Zweifeln entgehe, daß ihm das wahre Bild mit siegender Kraft in seinen Träumen aufgehe.

12

Als Fröben am andern Morgen in den Salon trat, wo er frühstücken sollte, war sein rastloser Freund schon ausgeritten, um eine Dammarbeit an der Grenze seines Gutes zu besichtigen. Der Diener, der ihm diese Nachricht gab, setzte mit wichtiger Miene hinzu, daß sein Herr wohl kaum vor Mittag zurückkommen dürfte, weil er noch seine neue Dampfmühle, einige Schläge im Wald, eine neue Gartenanlage, nebst vielem andern besichtigen müsse. „Und die gnädige Frau?" fragte der Gast.

„War schon vor einer Stunde im Garten, um Bohnen abzubrechen, und wird jetzt bald zum Frühstück hier sein."

Fröben ging im Saal umher und musterte in Gedanken den vergangenen Abend. Wie anders erscheinen alle Bilder in der Morgenbeleuchtung, als sie uns im Duft des Abends erschienen! Auch mit den verworrenen Gedanken, die gestern in ihm auf und ab schwebten, ging es ihm so; er lächelte über sich selbst, über die Zweifel, die ihm seine rege Phantasie aufgeweckt hatte. „Der Baron", sprach er zu sich, „ist am Ende doch ein guter Mensch; freilich, viele Eigenheiten, einige Roheit, die aber mehr im Äußern liegt. Aber wer länger mit ihm umgeht, gewöhnt sich daran, weiß sich darein zu finden. Und Josephe? wie vorschnell man oft urteilt! Wie oft glaubte ich rührenden Kummer, tiefe Seelenleiden, Resignation in den Augen, in den Mienen einer Frau zu lesen, ließ mich vom Teufel blenden sie recht zart trösten und aufrichten zu wollen, und am Ende lag der ganze Zauber in meiner Einbildung; es war dann näher betrachtet eine ganz gewöhnliche Frau, die mit den sinnenden Augen, worin ich Wehmut sah, ängstlich die Augen an ihrem Strickstrumpf zählte, oder hinter der ‚von Gram umwölkten' Stirne bedachte, was sie auf den Abend kochen lassen sollte." Er verfolgte diese Gedanken, um sich selbst mit Ironie zu strafen, um die zartere Empfindung, jene Nachklänge von gestern zu verdrängen, die ihm heute töricht, überspannt erschienen. In diese Gedanken versunken, war er an den Spiegel getreten und hatte die Besuchkarten überlesen, die dort angesteckt waren. Da fiel ihm eine in die Hand, welche Faldners eigene Verlobung ankündigte. Er las die zierlich gestochenen Worte: *„Freiherr F. von Faldner mit seiner Braut Josephe von Tannensee."*

„Von Tannensee?" wie ein Blitz erleuchtete ihm dieser Name jene dunkle Ähnlichkeit, die er zwischen der Gattin seines Freundes und seinem lieben Bilde gefunden. „Wie? wäre sie vielleicht die Tochter jener Laura, die einst mein guter Don Pedro geliebt? Welche Freude für ihn, wenn es so wäre, wenn ich ihm von der Verlorenen Nachricht geben könnte. Fand er nicht in jenem wunderbaren Bilde die täuschendste Ähnlichkeit mit seiner Cousine? Kann nicht die Tochter der Mutter gleichen?"

Er verbarg die Karte schnell, als er die Türe gehen hörte; er sah sich um und – Josephe schwebte herein. War es das zierliche Morgenkleid, das ihre zarte Gestalt umschloß, war ihr die Beleuchtung des Tages günstiger als das Kerzenlicht? Sie kam ihm in diesem Augenblick noch unendlich reizender vor als gestern. Ihre Locken flatterten noch kunstlos um die Stirne, der frische Morgen hatte ein feines Rot auf ihre Wangen gehaucht, sie lächelte zu ihrem Morgengruß so freundlich, und doch mußte er sich schon in diesem Augenblick einen Toren schelten, denn ihre Augen erschienen ihm trübe und verweint.

13

Sie lud ihn ein, sich zu ihr zum Frühstück zu setzen. Sie erzählte ihm, daß Faldner schon mit Tagesanbruch weggeritten sei und ihr seine Entschuldigung aufgetragen habe; sie beschrieb die mancherlei Geschäfte, die er heute vornehme und die ihn bis zum Mittag zurückhalten werden; „Er hat ein Leben voll Sorgen und Mühen", sagte sie, „aber ich glaube, daß diese Geschäftigkeit ihm zum Bedürfnis geworden ist."

„Und ist dies nur in *diesen* Tagen so?" fragte Fröben; „ist jetzt gerade besonders viel zu tun auf den Gütern?"

„Das nicht", erwiderte sie, „es geht alles seinen gewöhnlichen Gang, er ist so seit ich ihn kenne. Er ist rastlos in seinen Arbeiten. Diesen Frühling und Sommer verging kein Tag, an welchem er nicht auf dem Gut beschäftigt gewesen wäre."

„Da werden Sie sich doch oft recht einsam fühlen", sagte der junge Mann, „so ganz allein auf dem Lande und Faldner den ganzen Tag entfernt."

„Einsam?" erwiderte sie mit zitterndem Ton und beugte sich nach einem Tischchen an der Seite; und Fröben sah im Spiegel, wie ihre Lippen schmerzlich zuckten, „einsam? nein; besucht ja doch die Erinnerung die Einsamen und –" setzte sie hinzu, indem sie zu lächeln suchte, „glauben Sie denn, die Hausfrau habe in einer so großen Wirtschaft nicht auch recht viel zu tun und zu sorgen? Da ist man nicht einsam oder – man darf es nicht sein."

Man *darf* es nicht sein? Du Arme! dachte Fröben, verbietet dir dein Herz die Träume der Erinnerung, die dich in der Einsamkeit besuchen, oder verbietet dir der harte Freund, einsam zu sein? Es lag etwas im Ton, womit sie jene Worte sagte, das ihrem Lächeln zu widersprechen schien.

„Und doch", fuhr er fort, um seinen Empfindungen und ihren Worten eine andere Richtung zu geben, „und doch scheinen gerade die Frauen von der Natur ausdrücklich zur Stille und Einsamkeit bestimmt zu sein; wenigstens war bei jenen Völkern, die im allgemeinen die herrlichsten Männer aufzuweisen hatten, die Frau am meisten auf ihr Frauengemach beschränkt, so bei Römern und Griechen, so selbst in unserem Mittelalter."

„Daß *Sie* diese Beispiele anführen könnten, hätte ich nicht gedacht", entgegnete Josephe, indem ihr Auge wie prüfend auf seinen Zügen verweilte. „Glauben Sie mir, Fröben, jede Frau, auch die geringste, merkt dem Mann, ehe sie noch über seine Verhältnisse unterrichtet ist, recht bald an, ob er viel im Kreise der Frauen lebte oder nicht. Und unbestreitbar liegt in solchen Kreisen etwas, das jenen feinen Takt, jenes zarte Gefühl verleiht, immer im Gespräche auszuwählen, was gerade für Frauen taugt, was uns am meisten anspricht; ein Grad der Bildung, der eigentlich keinem Mann fehlen sollte. Sie werden mir dies um so weniger bestreiten", setzte sie hinzu, „als Sie offenbar einen Teil Ihrer Bildung meinem Geschlecht verdanken."

„Es liegt etwas Wahres darin", bemerkte der junge Mann, „und namentlich das letztere will ich zugeben, daß Frauen, weniger auf meine Denkungsart, als auf die Art, das Gedachte auszudrükken, Einfluß hatten. Meine Verhältnisse nötigten mich in der letzten Zeit viel in der großen Welt, namentlich in Damenzirkeln zu leben. Aber eben in diesen Zirkeln wird mir erst recht klar, wie wenig eigentlich die Frauen, oder um mich anders auszudrücken, wie wenige Frauen in dieses großartige Leben und Treiben passen."

„Und warum?"

„Ich will es sagen, auch auf die Gefahr hin, daß Sie mir böse werden. Es ist ein schöner Zug der neueren Zeit, daß man in den größeren Zirkeln eingesehen hat, daß das Spiel eigentlich nur eine Schulkrankheit, oder ein modischer Deckmantel für Geistesarmut sei. Man hat daher Whist, Boston, Pharo und dergleichen den älteren Herren und einigen Damen überlassen, die nun einmal die Konversation nicht machen können. In Frankreich freilich spielen in Gesellschaft Herren von zwanzig bis dreißig Jahren; es sind aber nur die armseligen Wichte, die sich nach einem englischen Dandy gebildet haben oder die selbst fühlen, daß ihnen der Witz abgeht, den sie im Gespräch notwendig haben müßten. Seitdem man nun, seien die Zirkel groß oder klein, die sogenannte Konversation macht, das heißt, sich um das Kamin oder in Deutschland um den Sofa pflanzt, Tee dazu trinkt und ungemein geistreiche Gespräche führt, sind die Frauen offenbar aus ihrem rechten Geleise gekommen."

„Bitte, Sie sind doch gar zu strenge, wie sollten denn –"

„Lassen Sie mich ausreden", fuhr Fröben eifrig fort, indem er, ohne es zu wissen, die Hand der schönen Frau in seine Hände nahm. „Eine Dame der sogenannten guten Gesellschaft empfängt jede Woche Abendbesuche bei sich; sechsmal in der Woche gibt sie solche heim. In solchen Gesellschaften tanzt höchstens das junge Volk einigemal, außer es wäre auf großen Bällen, die schon seltener vorkommen. Der übrige Kreis, Herren und Damen, unterhält sich. Es gibt nun ungemein gebildete, wirklich geistreiche Männer, die im Männerkreise stumm und langweilig, vor Damen ungemein witzig und sprachselig sind, und einen Reichtum sozialer Bildung, allgemeiner Kenntnisse entfalten, die jeden staunen machen. Es ist nicht Eitelkeit, was diese Männer glänzend oder beredt macht, es ist das Gefühl, daß das Interessantere ihres Wissens sich mehr für Frauen als für Männer eignet, die mehr systematisch sind, die ihre Forderungen höher spannen."

„Gut, ich kann mir solche Männer denken, aber weiter."

„Durch solche Männer bekommt das Gespräch Gestaltung, Hintergrund, Leben; Frauen, besonders geistreiche Frauen, werden sich unter sich bei weitem nicht so lebendig unterhalten, als dies geschieht, wenn auch nur *ein* Mann gleichsam als Zeuge oder Schiedsrichter dabeisitzt. Indem nun durch solche Männer allerlei Witziges, Interessantes auf die Bahn gebracht wird, werden die Frauen unnatürlich gesteigert. Um doch ein Wort mitzusprechen, um als geistreich gebildet zu erscheinen, müssen sie alles aufbieten, gleichsam alle Hahnen ihres Geistes aufdrehen, um ihren reichlichen Anteil zu der allgemeinen Gesprächflut zu geben, in welcher sich die Gesellschaft badet. Doch, verzeihen Sie, dieser Fonds ist gewöhnlich bald erschöpft; denken Sie sich, einen ganzen Winter sieben Abende geistreich sein zu müssen, welche Qual!"

„Aber nein, Sie machen es auch zu arg, Sie übertreiben –"

„Gewiß nicht; ich sage nur was ich gesehen, selbst erlebt habe. Seit in neuerer Zeit solche Konversation zur Mode geworden ist, werden die Mädchen ganz anders erzogen als früher; die armen Geschöpfe! was müssen sie jetzt nicht alles lernen vom zehnten bis ins fünfzehnte Jahr. Geschichte, Geographie, Botanik, Physik, ja sogenannte höhere Zeichenkunst und Malerei, Ästhetik, Literaturgeschichte, von Gesang, Musik und Tanzen gar nichts zu erwähnen. Diese Fächer lernt der Mann gewöhnlich erst nach seinem achtzehnten, zwanzigsten Jahre recht verstehen; er lernt sie nach und nach, also gründlicher; er lernt manches durch sich selbst, weiß es also auch besser anzuwenden, und tritt er im dreiundzwanzigsten oder später noch in diese Kreise, so trägt er, wenn er nur halbwegs einige Lebensklugheit und Gewandtheit hat, eine große Sicherheit in sich selbst. Aber das Mädchen? ich bitte Sie! wenn ein solches Unglückskind im fünfzehnten Jahr, vollgepfropft mit den verschiedenartigsten Kenntnissen und Kunststücken in die große Welt tritt, wie wunderlich muß ihm da alles zuerst erscheinen! Sie wird, obgleich ihr oft ihr einsames Zimmer lieber wäre, ohne Gnade in alle Zirkel mitgeschleppt, muß glänzen, muß plappern, muß die Kenntnisse auskramen und – wie bald wird sie damit zu Rande sein! Sie lächeln? hören Sie weiter. Sie hat jetzt keine Zeit mehr ihre Schulkenntnisse zu erweitern; es werden bald noch höhere Ansprüche an sie gemacht. Sie muß so gut wie die Älteren über Kunstgegenstände, über Literatur mitsprechen können. Sie sammelt also den Tag über alle möglichen Kunstausdrücke, liest Journale um ein Urteil über das neueste Buch zu bekommen, und jeder Abend ist eigentlich ein Examen, eine Schulprüfung für sie, wo sie das auf geschickte Art anbringen muß, was sie gelernt hat. Daß einem Mann von wahrer Bildung, von wahren Kenntnissen, vor solchem Geplauder, vor solcher Halbbildung graut, können Sie sich denken; er wird diese Unsitte zuerst lächerlich, nachher gefährlich finden, er wird diese Überbildung verfluchen, welche die Frauen aus ihrem stillen Kreise herausreißt und sie zu Halbmännern macht, während die Männer Halbweiber werden, indem sie sich gewöhnen, alles nach Frauenart zu besprechen und zu beklatschen; er wird für edlere Frauen jene häusliche Stille zurückwünschen, jene Einsamkeit, wo sie zu Hause sind und auf jeden Fall herrlicher *brillieren* als in einem jener geistreichen Zirkel!"

„Es liegt etwas Wahres in dem, was Sie hier sagten", erwiderte Frau von Faldner; „ganz kann ich nicht darüber urteilen, weil ich nie das Glück, oder das Unglück hatte in jenen Zirkeln zu leben. Aber mir scheint auch dort, wie überall, das minder Gute nur aus der Übertreibung hervorzugehen. Es ist wahr, was Sie sagen, daß uns Frauen ein engerer Kreis angewiesen ist, jene Häuslichkeit, die einmal unser Beruf ist. Wir werden ohne wahren Halt sein, wir werden uns in ein unsicheres Feld begeben, wenn wir diesen Kreis gänzlich verlassen. Aber wollen Sie uns die Freude einer geistreichen Unterhaltung mit Männern gänzlich rauben? Es ist wahr, solche sieben Abende in der Woche müssen zum Unnatürlichen, zu Überbildung oder zur Erschöpfung führen; aber ließe sich denn hier nicht ein Mittelweg denken?"

„Ich habe mich vielleicht zu stark ausgedrückt, ich wollte –"

„Lassen Sie auch mich ausreden", sagte sie, ihn sanft zurückdrängend; „Sie sagten selbst, daß Frauen unter sich seltener ein sogenanntes geistreiches Gespräch lange fortführen. Ich weiß nur allzuwohl, wie peinlich in einer Frauengesellschaft eine sogenannte geistreiche Dame ist, welcher alles frivol erscheint, was nicht allgemein, nicht interessant ist. Wir fühlen uns beengt, ängstlich, und wollen am Ende mit unserem bißchen Wissen lieber vor einem Mann erröten als vor einer Frau. Gewöhnlich wird, wenn nur Frauen zusammen sind oder Mädchen, die Wirtschaft, das Hauswesen, die Nachbarschaft, vielleicht auch Neuigkeiten oder gar Moden abgehandelt; aber sollen wir denn ganz auf diesen Kreis beschränkt sein? Soll denn, was allgemein interessant und bildend ist, uns ganz fremd bleiben?"

„Gott! Sie verkennen mich, wollte ich denn *dies* sagen?"

„Es ist wahr", fuhr sie eifriger fort, „es ist wahr, die Männer besitzen jene tiefe, geregeltere Bildung, jene geordnete Klarheit, die jede Halbbildung oder gar den Schein von Wissen ausschließt oder geringachtet. Aber wie gerne lauschen wir Frauen auf ein Gespräch der Männer, das an Gegenstände grenzt, die uns nicht so ganz ferne liegen. Zum Beispiel über ein interessantes Buch, das wir gelesen, über Bilder, die wir gesehen. Wir lernen gewiß recht viel, wenn wir dabei zuhören oder gar mitsprechen dürfen; unser Urteil, das wir im stillen machten, bildet sich aus und wird richtiger, und jeder gebildeten Frau muß eine solche Unterhaltung angenehm sein. Auch glaube ich kaum, daß die Männer uns dies verargen werden, wenn wir nur", setzte sie lächelnd hinzu, „nicht selbst glänzen, den bescheidenen Kreis nicht verlassen wollen, der uns einmal angewiesen ist."

14

Wie schön war sie in diesem Augenblick; das Gespräch hatte ihre Wangen mit höherem Rot übergossen, ihre Augen leuchteten und das Lächeln, womit sie schloß, hatte etwas so Zauberisches, Gewinnendes an sich, daß Fröben nicht wußte, ob er mehr die Schönheit dieser Frau, oder ihren Geist und die einfach schöne Weise sich auszudrücken bewundern sollte.

„Gewiß", sagte er, in ihren Anblick verloren, „gewiß, wir müßten sehr ungerecht sein, wenn wir solche zarte und gerechte Ansprüche nicht achten wollten; denn *die* Frau müßte ich für recht unglücklich halten, die bei einem gebildeten Geist, bei einer Freude an Lektüre und gebildeter Unterhaltung keine solche Anklänge in ihrer Umgebung fände; wahrlich, so ganz auf sich beschränkt, müßte sie sich für sehr unglücklich halten."

Josephe errötete und eine düstere Wolke zog über ihre schöne Stirne; sie seufzte unwillkürlich und mit Schrecken nahm Fröben wahr, daß ja eine solche Frau, wie er sie eben beschrieben, an seiner Seite sitze. Ja, ohne es zu wollen, hatte er ihren eigenen Gram verraten. Denn konnte ihr roher Gatte jenen zarten Forderungen entsprechen? Er, der in seiner Frau nur seine erste Schaffnerin sah, der jedes Geistige, was dem Menschen interessant oder wünschenswert dünkt, als unpraktisch geringschätzte; konnte er diese Ansprüche auf den Genuß einer gebildeten Unterhaltung befriedigen? War nicht zu befürchten, daß er ihr solche sogar geflissentlich entzog?

Noch ehe Fröben so viel Fassung gewonnen hatte, seinem Satz eine allgemeinere Wendung zu geben und das ganze Gespräch von diesem Gegenstand abzuwenden, sagte Josephe, ohne ihn seinen Verstoß fühlen zu lassen: „Wir Frauen auf dem Lande genießen diese Freude freilich seltener; übrigens sind wir dennoch nicht so allein, als es dem Fremden vielleicht scheinen möchte; man besucht einander um so öfter; sehen Sie nur, welche Masse von Besuchen dort am Spiegel hängt."

Fröben sah hin und jene Karte fiel ihm bei. „Ach ja", sagte er, indem er sie hervorzog, „da habe ich vorhin einen kleinen Diebstahl begangen"; er zog sie hervor und zeigte sie. „Können Sie glauben, daß ich bis gestern nicht einmal wußte, daß mein Freund verheiratet sei? Und Ihren Namen erfuhr ich erst vorhin durch diese Karte. Sie heißen Tannensee?"

„Ja", antwortete sie lächelnd, „und diesen unberühmten Namen tauschte ich gegen den schönen von Faldner um."

„Unberühmt? wenn Ihr Vater der Obrist von Tannensee war, so war Ihr Name wohl nicht unberühmt."

Sie errötete; „Ach, mein guter Vater!" rief sie, „ja man erzählte mir wohl von ihm, daß er für einen braven Offizier des Kaisers gegolten habe und – sie haben ihn als General begraben. Ich habe ihn nicht gekannt, nur einmal, als er aus dem Feldzug zurückkam, sah ich ihn und nachher nicht wieder; es sind schon 13 Jahre, seit er tot ist."

„Und war er nicht ein Schweizer?" fragte Fröben weiter.

Sie sah ihn staunend an; „Wenn ich nicht irre, sagte mir meine Mutter, daß Verwandte von ihm in der Schweiz leben."

„Und Ihre Mutter, heißt sie nicht Laura und stammt aus einem spanischen Geschlecht?"

Sie erbleichte, sie zitterte bei diesen Worten. „Ja, sie hieß Laura", antwortete sie – „aber mein Gott, was wissen Sie denn von uns, woher? – aus einem spanischen Geschlechte?" fuhr sie gefaßter fort; „nein, da irren Sie, meine Mutter sprach deutsch und war eine Deutsche."

„Wie? so ist Ihre Mutter tot?"

„Seit drei Jahren", erwiderte sie wehmütig.

„Oh, schelten Sie mich nicht, wenn ich weiter frage; hatte sie nicht schwarze Haare, und, wie Sie, braune Augen? Hatte sie nicht viele Ähnlichkeit mit Ihnen?"

„Sie kannten meine Mutter?!" rief sie ängstlich und zitterte heftiger.

„Nein; aber hören Sie einen sonderbaren Zufall", erwiderte Fröben; „es müßte mich alles täuschen, wenn ich nicht einen trefflichen Verwandten Ihrer Mutter kennengelernt hätte." Und nun erzählte er ihr von Don Pedro. Er beschrieb ihr, wie sie sich vor dem Bilde gefunden, er ließ die Kopie von seinem Zimmer bringen und zeigte sie; er sagte ihr, wie sie genauer bekannt geworden und wie ihm Don Pedro seine Geschichte erzählte. Aber die letztere wiederholte er mit großer Schonung; er datierte sogar, aus einem gewissen Zartgefühl jene Vorfälle und Lauras Flucht um ein ganzes Jahr zurück und schloß endlich damit, daß er, wenn Josephe ihre Mutter nicht eine Deutsche nennen würde, bestimmt glaubte, Mutter Laura und jene Donna Laura Tortosi des Spaniers, der Schweizerhauptmann Tannensee und ihr Vater, der Obrist, seien dieselben Personen.

Josephe war nachdenklich geworden; sinnend legte sie die Stirne in die Hand; sie schien ihm, als er geendet hatte, nicht sogleich antworten zu können.

„O zürnen Sie mir nicht", sagte Fröben, „wenn ich mich hinreißen ließ, dem wunderlichen Spiel des Zufalls diese Deutung zu geben."

„Oh, wie könnte ich denn Ihnen zürnen", sagte sie bewegt, und Tränen drängten sich aus den schönen Augen. „Es ist ja nur mein schweres Schicksal, das auch dieses Dunkel wieder herbeiführt. Wie könnte ich auch wähnen, jemals *ganz* glücklich zu sein?"

„Mein Gott, was habe ich gemacht!" rief Fröben, als er sah, wie ihre Tränen heftiger strömten. „Es ist ja alles nur eine törichte Vermutung von mir. Ihre Mutter war ja eine Deutsche, Ihre Verwandten und Sie werden ja dies alles besser wissen –"

15

„Meine Verwandten?" sagte sie unter Tränen; „ach, das ist ja gerade mein Unglück, daß ich keine habe. Wie glücklich sind die, welche auf viele Geschlechter zurücksehen können, die mit den Banden der Verwandtschaft an gute Menschen gebunden sind; wie angenehm sind die Worte Oncle, Tante; sie sind gleichsam ein zweiter Vater, eine zweite Mutter, und welcher Zauber liegt vollends in dem Namen Bruder! Wahrlich, wenn ich fähig wäre, einen Menschen zu beneiden, ich hätte oft dies oder jenes

Mädchen beneidet, die einen Bruder hatte, es war ihr inniger, natürlichster, aufrichtigster Freund und Beschützer."

Fröben rückte ängstlich hin und her; er hatte hier, ohne es zu wollen, eine Saite in Josephens Brust getroffen, die schmerzlich nachklang; es standen ihm Aufschlüsse bevor, vor welchen ihm unwillkürlich bangte. Er schwieg als sie ihre Tränen trocknete und sie fuhr fort:

„Das Schicksal hat mich manchmal recht sonderbar geprüft. Ich war das einzige Kind meiner Eltern und so entbehrte ich schon jene große Wohltat, Geschwister zu haben; wir wohnten unter fremden Menschen, und so hatte ich auch keine Verwandte. Mein Vater schien mit den Seinigen in der Schweiz nicht im besten Einverständnis zu leben, denn meine Mutter erzählte mir oft, daß sie ihm grollen, weil er *sie* geheiratet habe und nicht ein reiches Fräulein in der Schweiz, das man ihm aufdringen wollte. Auch meinen Vater sah ich nur wenig; er war bei der Armee und Sie wissen, wie unruhig unter dem Kaiser die Zeiten waren. So blieb mir nichts als meine gute Mutter; und wahrlich, sie ersetzte mir alle Verwandte. Als sie starb, freilich da stand ich sehr verlassen in der großen Welt; denn da war unter Millionen niemand, zu dem ich hätte gehen und sagen können, ‚nun sind sie tot, die mich ernährten und beschützten, seid ihr jetzt meine Eltern‘."

„Und Ihre Mutter hieß also nicht Tortosi", sagte Fröben.

„Ich nannte sie nicht anders als Mutter, und nie hat sie über ihre früheren Verhältnisse mit mir gesprochen; ach, als ich größer wurde, war sie ja immer so krank! Mein Vater nannte sie nur Laura, und in den wenigen Papieren, die man nach ihrem Tode fand und mir übergab, wird sie Laura von Tortheim genannt."

„Ei nun!" rief Fröben heiter; „das ist ja so klar wie der Tag; Laura hieß Ihre Mutter, Tortheim ist nichts anders als Tortosi, das die lieben Flüchtlinge veränderten, Tannensee hieß jener Kapitän in Valencia, er ist Ihr Vater, der Obrist Tannensee und noch mehr, sagen Sie nicht selbst, daß dieses Bild Ihrer Mutter Laura vollkommen gleiche, und erkannte nicht mein werter Don Pedro in dem Urbild seine Donna Laura? Jetzt sind Sie nicht mehr einsam, *einen* trefflichen Vetter haben Sie wenigstens, Don Pedro di San Montanjo Ligez! Ach, wie wird sich mein Freund über die berühmte Verwandtschaft freuen!"

„O Gott, mein Mann!" rief sie schmerzlich und verhüllte das Gesicht in ihr Tuch.

Unbegreiflich war es Fröben, wie sie dies alles so ganz anders ansehen könne, als er; er sah ja in diesem allem nichts als die Freude Don Pedros, eine Tochter seiner Laura zu finden. Er war reich, unverheiratet, trug noch immer den alten Enthusiasmus für seine schöne Cousine in sich, also auch eine schöne Erbschaft kombinierte Fröben aus diesem wunderbaren Verhältnis. Er ergriff Josephens Hand, zog sie herab von ihren Augen; sie weinte heftig.

„O Sie kennen Faldner schlecht", sagte sie, „wenn Sie meinen, daß ihn diese Vermutungen freudig überraschen werden! Sie kennen sein Mißtrauen nicht. Alles soll ja nur seinen ganz gewöhnlichen Gang gehen, alles recht schicklich und ordentlich sein, und alles Außergewöhnliche haßt er aus tiefster Seele. Ich mußte es ja", fuhr sie nicht ohne Bitterkeit fort, „ich mußte es ja als eine Gnade ansehen, daß mich der reiche, angesehene Mann heiratete, daß er mit den wenigen Dokumenten zufrieden war, die ich ihm über meine Familie geben konnte. Muß ich es denn", rief sie heftiger weinend, „muß ich es denn nicht noch alle Tage hören, daß er mit den angesehensten Familien sich hätte verbinden, daß er dieses oder jenes reiche Fräulein hätte heiraten können? Sagt er es mir nicht sooft als er mir zürnt, daß mein Adel neu sei, daß man von dem Geschlecht meiner Mutter gar nichts wisse, und daß sogar einige Tannensee in der Schweiz das *von* abgelegt haben und Kaufleute geworden seien?"

Jetzt erst ging dem jungen Mann ein schreckliches Licht auf. Also in ein Haus des Unglücks, in eine unglückselige Ehe bin ich gekommen, sprach er zu sich. Ach, nicht aus Liebe hat sie ihn geheiratet, sondern aus Not, weil sie allein stand; und Faldner, so kenne ich ihn, hat sie genommen, weil sie schön war, weil er mit ihr glänzen konnte. Das unglückliche Weib! und der Barbar macht ihr Vorwürfe über ihr Unglück, läßt sie sogar fühlen, was sie ihm verdanke? Ein gemischtes Gefühl von Unmut über seinen Freund, von Mitleid und Achtung gegen die schöne unglückliche Frau zog ihn zu ihr hin; er küßte ihre Hand, er bemühte sich, ihr Mut und Vertrauen einzuflößen. „Sehen Sie dies alles als nicht gesagt an", flüsterte er; „ich sehe, es macht Ihnen Kummer; was nützt es denn Faldner; verschweigen wir ihm die törichten Mutmaßungen, die ich hatte, die ja ohnedies zu nichts führen können." –

Josephe sah ihn bei diesen Worten groß an; ihre Tränen verlöschten in den weit geöffneten Augen und Fröben glaubte eine

Art von Stolz in ihren Mienen zu lesen. „Mein Herr", sagte sie und ihre Gestalt schien sich höher aufzurichten. „Ich kann unmöglich glauben, daß, was Sie sagten, Ihr Ernst sein kann; auf jeden Fall werden Sie wissen, daß die Gattin des Baron von Faldner kein Geheimnis mit Ihnen teilt, das nicht ihr Gatte wissen dürfte."
Unter diesen Worten hatte sie das Teegeschirr unsanft von sich gerückt, war aufgestanden und – nach einer kurzen Verbeugung verließ sie den erstaunten Gast. Fröben wollte ihr nach, wollte abbitten, was er getan, wollte alles auf einmal gutmachen, aber sie war schon in der Türe verschwunden, ehe er nur Fassung genug hatte, sich vom Sofa aufzuraffen. Unmutig ging er hinab in den Garten; er wußte nicht sollte er sich selbst grollen oder der Empfindlichkeit der Dame, die ihm in diesem Augenblick übergroß erschien. Doch, wie es in solchen Fällen zu geschehen pflegt, sein aufgeregtes Blut wallte nach und nach ruhiger und sein Geist gewann Raum, über sich selbst nachzusinnen. Und hier fand er nun manches, was Josephen zur Entschuldigung diente. „Sie liebt ihn nicht", sagte er zu sich, „er behandelt sie vielleicht roh, zeigt sich mehr als Herr, denn als Gatte. Sie wurde weich, als ich mit ihr über höhere Genüsse des Lebens sprach, ich sah, wie sie erschrak, als sie sich gegen mich verraten hatte, als sie aussprach, welcher Mangel selbst mitten im äußeren Glück sie drücke. Und mußte sie sich nicht ängstlich berührt fühlen, daß sie diesen Mangel einem Freund ihres Gatten verriet? Und weiter; als ich ihr alles, alles sagte, als ich mit einer gewissen Bestimmtheit von ihrer Abstammung sprach, als ich, vielleicht etwas unzart, Saiten berührte, die sonst niemand bei ihr antastete, mußte sie nicht dadurch schon außer sich selbst geraten? Und als sie vollends den Argwohn, die Zweifelsucht des Barons bedachte, wurde sie nicht immer ängstlicher, immer verlegener und ich", fuhr er fort, indem er sich vor die Stirne schlug, „ich konnte ihr zumuten, ein Geheimnis mit ihr zu teilen, das sie ihrem nächsten Freund, ihrem Gatten nicht verraten dürfte? Mußte sie nicht fürchten, wenn sie es verheimlichte, ganz in meiner Hand zu sein; mußte ihr nicht das ganze Anerbieten sonderbar, unzart vorkommen?" Wie hoch, wie edel erschien ihm jetzt erst der Charakter dieser Frau; wo nahm sie bei dieser Jugend, denn sie konnte höchstens neunzehn zählen, solche Stärke, solche Umsicht, solche ungewöhnliche Bildung, solche feine geselligen Formen her? Er fühlte, vielleicht zum erstenmal in seinem Leben,

daß den Frauen etwas von Feinheit, Schlauheit, Kraft, Überwindung, kurz, daß ihnen ein Geheimnis innewohne, dem der Mann, selbst der stolze, gewichtige nicht gewachsen sei.

16

Der Baron von Faldner war zum Mittagessen zurückgekommen und Josephe hatte ihn mit ihrer gewohnten Anmut, vielleicht ein wenig ernster als gewöhnlich, empfangen. Aber hastig riß er sich aus ihrer Umarmung. „Ist es nicht um toll zu werden, Fröben", rief er ohne seine Frau weiter zu beachten. „Mit horrenden Kosten lasse ich mir eine Dampfmaschine aus England kommen, lasse sie, auf die Gefahr hin, daß alles zugrunde gehe, ausschwärzen, du kennst ja die Gesetze hierüber. Und jetzt da ich meine, im trockenen zu sein, da ich schon 80, ja 100 Prozent berechnete, jetzt geht sie nicht!"

„Franz!" rief Josephe erbleichend.

„Sie geht nicht?" rief ihr Fröben nach.

„Sie geht nicht", wiederholte der unglückliche Landwirt. „Die Fugen greifen nicht ein, das Räderwerk steht, es muß irgend etwas verlorengegangen sein. Ich ließ, wie du weißt, Josephe, ich ließ sie mich ja alles kosten, mit teurem Gelde ließ ich einen Mechanikus aus Mainz kommen; ich legte ihm die Zeichnungen vor. ‚Nichts leichter als dies', sagte der Hund, und jetzt, da ich ihm A zu A, B zu B gebe, denn es ist alles numeriert und beschrieben, jetzt kann es kein Teufel zusammensetzen; oh! es ist um rasend zu werden!!"

Man setzte sich verstimmt zu Tische. Der Baron verbiß seinen inneren Grimm über die fehlgeschlagene Hoffnung und den wahrscheinlichen Verlust des Kapitals, er trank viel Wein und exaltierte sich zu schlechten Scherzen. Josephe war noch bleicher als gewöhnlich; sie besorgte still ihr Amt als Hausfrau und nur Fröben wußte einigermaßen ihre Gefühle zu deuten, denn sie vermied es, ihn anzusehen. Ihm quoll der Bissen im Munde; er sah den Unmut einer getäuschten Hoffnung in den Mienen seines Freundes, er sah den Mut, die Entschlossenheit und doch wieder die unverkennbare Angst auf den Mienen der schönen Frau, es war ihm zuweilen als sei mit ihm erst Unglück über dieses Haus hereingebrochen. Das Gespräch schlich während der Tafel nur mühsam und stockend hin, doch als das Dessert aufgetragen war und die Diener auf Josephes Wink sich entfernt hatten, holte Josephe einigemal mühesam Atem, ihre Wangen färbten sich röter und sie sprach:

„Du hast heut frühe eine recht sonderbare Unterhaltung zwischen mir und deinem Freunde versäumt. Schon oft, wie du weißt, klagten wir über Mangel an Verwandtschaft von meiner Seite, jetzt scheint mir auf einmal ein neues Licht aufzugehen, denn er bringt uns ja viele und angesehene Verwandte ins Haus."

Verwundert und fragend sah Faldner seinen Freund an; dieser war im ersten Augenblicke etwas betroffen, doch hier galt es mit Umsicht zu handeln. Wunderbar fühlte er in diesem Augenblick das Übergewicht eines Mannes von Welt über die niedere, beinahe rohe Denkungsart eines Baron Faldner und mit mehr Gelassenheit, mit weiser Benützung der Umstände erzählte er die sonderbare Geschichte des Bildes und seiner Bekanntschaft mit Don Pedro.

Gegen alle Erwartung wurde der Baron zusehends heiterer während der Erzählung, „Ei – sonderbar", waren die einzigen Worte, die ihm hie und da entschlüpften, und als Fröben geendet hatte, rief er: „Was ist klarer als dies. Donna Laura Tortosi und Laura von Tortheim, der Schweizer Kapitän Tannensee und dein Vater sind dieselben. Und reich sagst du, lieber Fröben, reich ist der Haushofmeister? begütert, unverheiratet und hegt noch die alte Vorliebe für seine Dulcinea von Valencia? ei der Tausend Josephchen, da könnte es ja noch eine reiche Erbschaft von Piastern geben!"

Josephe hatte wohl diese Äußerung nicht erwartet; der Gast sah ihr an, daß sie dieses gemeine Wort lieber ohne Zeugen gehört hätte; aber eine drückende Last schien sich dennoch ihrem Busen zu entladen, sie drückte die Hand ihres Gatten, vielleicht nur weil er ihr diesmal weniger Bitteres gesagt hatte als sonst und ziemlich aufgeheitert sagte sie: „Mir selbst scheint in dem sonderbaren Zusammentreffen unseres Freundes mit dem Spanier eine eigene Fügung des Schicksals zu liegen; ja ich glaube sogar, daß es spanische Lieder waren, die hie und da meine Mutter, wenn sie einsam war, zur Laute sang. Ja vielleicht kömmt es eben daher, daß ich nicht in Eurem Glauben erzogen wurde, obgleich mein Vater, wie ich bestimmt weiß, reformierten Glaubens war. Nun das beste ist, unser Freund schreibt an Don Pedro."

„Ja, tu mir den Gefallen!" sagte Faldner, „schreibe an den alten Don, seine Laura habest du nicht gefunden, aber offenbar seine Tochter; es könnte doch zu etwas führen, du verstehst mich schon; wem will er auch seinen Mammon vermachen, als dir, du Goldkind? Ich habe es ja immer gesagt und auch zur Gräfin Landskron sagt ich es, als ich um dich anhielt, wenn sie auch nicht viel, eigentlich gar nichts hat, mit ihr kommt Segen in mein Haus. Und haben wir da nicht den Segen. Wie hoch, sagtest du, daß du den Spanier schätzest?"

17

Der Baron hatte frische Flaschen befohlen und Josephe stand bei den letzten Worten auf und entfernte sich. Unbegreiflich war Fröben, wie unzart sein Freund mit dem holden, edlen Wesen verfuhr, er fühlte, wie sie sich vor ihm der Gemeinheit ihres Gatten schäme, er fühlte es und antwortete daher ziemlich unmutig: „Was weiß ich; meinst du denn ich frage die Leute, mit denen ich umgehe, wie ein Engländer, wieviel wiegst du?"

„Ach, ich kenne ja deine sonderbaren Grillen über diesen Punkt", lachte der Baron, „dir ist ein armseliger Geselle, wenn er nur das sogenannte Sentiment und Savoir vivre besitzt, so gut als einer der zweimalhunderttausend Pfund Renten hat; aber ernstlich, mit dem Don müssen wir ins reine kommen und ich rechne ganz auf dich."

„Ja doch; du kannst gänzlich auf mich rechnen. Aber wie war es denn mit der Gräfin Landskron. Du sagtest mir ja noch nicht einmal wie du deine Frau kennenlerntest."

„Nun, das ist eigentlich eine kurze Geschichte", erwiderte Faldner, indem er sich und dem Freunde von neuem Wein in das Glas goß; „du kennst meinen praktischen Sinn, meinen richtigen Takt in dergleichen Dingen. Es stand mir die Wahl frei unter den Töchtern des Landes; reiche, bemittelte, schöne, hübsche, alles stand mir zu Gebot. Aber ich dachte: nicht alles ist Gold was glänzt, und suchte mir eine tüchtige Hausfrau. So kam ich durch Zufall auch auf das Gut der Gräfin Landskron. Josephe war damals noch als Fräulein von Tannensee ihre Gesellschaftsdame. Das emsige, geschäftige Kind gefiel mir; Tee eingießen, Äpfel schälen, Bohnen brechen, die Blumen begießen, kurz alles wußte sie so zierlich und nett zu machen, daß ich dachte, diese oder keine wird eine gute Hausfrau werden. Ich sprach mit der Gräfin darüber. Zwar schreckten mich anfangs die kurzgefaßten

Nachrichten wieder ab, die uns die Landskron über Josephens Verhältnisse geben konnte. Sie sagte mir, daß sie Josephens Mutter gekannt habe und nach ihrem Tode das Mädchen zu sich genommen habe; Vermögen hatte sie nicht, aber die Gräfin gab eine anständige Ausstattung. Das Kopulationszeugnis ihrer Eltern, ihr Taufschein war richtig – nun, man ist ja in der Liebe gewöhnlich ein Narr und so nahm ich sie zu mir."

„Und bist gewiß unendlich glücklich mit diesem holden Wesen."

„Nun, nun, das geht so; praktisch ist sie nun einmal gar nicht und ich muß ihr die dummen Bücher ordentlich konfiszieren, nur daß ich sie an Haus und Garten gewöhne; denn wie will man am Ende hier auf dem Lande auskommen, wenn die Hausfrau sich vornehm in den Sofa setzt, Romane und Almanachs liest, empfindelt, wozu sie ohnedies großen Hang hat, und weder Küche noch Garten besorgt?"

„Aber mein Gott, dazu könntest du ja Mägde halten!" bemerkt Fröben, den der Wein und das Gespräch noch wärmer und unmutiger gemacht hatten.

„Mägde?" fragt Faldner lachend und sah ihn groß an, „Mägde! Da sieht man wieder den Theoretiker! Freund davon verstehst du nichts! Würden mir nicht die Mägde hinterrücks den halben Garten, die schönen Gemüse, Obst und Salat verkaufen? Und vollends in der Küche. Woher nur Holz und Butter genug nehmen, wenn alles den Mägden anvertraut ist! Nein die Frau muß da schalten und walten und leider! bin ich da mit Josephen schlecht gefahren; doch, komm, stoß an; der Don soll alles gutmachen."

Fröben, sosehr sein Herz, sein zärterer Sinn durch alles, was er hier sah und hörte, verletzt wurde, wagte nichts entgegenzureden. Er folgte dem Hausherrn, als dieser jetzt aufstand, hielt seine Umarmung geduldig aus, und nahm sogar, mehr um Josephen so bald nach diesem Vorfall nicht zu sehen, als aus Freude an des Barons Gesellschaft, seine Einladung an, ihn nach der neuen Dampfmühle zu begleiten. Die Pferde wurden vorgeführt, die Männer schwangen sich auf und schon wollte Fröben um die Ecke biegen, als er noch einen Blick zurückwarf und Josephens Gestalt im Fenster erblickte; sie zog ihr Tuch von dem Auge, sie blickte ihnen wehmütig nach, sie grüßte mit der zierlichen Hand. „Deine Frau winkt uns noch, um Abschied zu nehmen", rief er Faldner zu; aber dieser lachte ihn aus; „Was meinst du denn?"

sagte er im Weiterreiten. „Glaubst du, ich habe sie so zart und weich gewöhnt, daß wir auf einen Nachmittag mit Küssen und Drücken, mit Grüßen und Nastuchwedeln Abschied nehmen? Gott bewahre mich, dadurch verwöhnt man die Weiber und, wenn es dir einmal begegnen sollte, daß du auch heiratest, so mache es um Gottes willen wie ich. Kein Wort von einer Reise oder einem Spazierritt vorher. Das Pferd wird vorgeführt – ‚wohin, mein Lieber?' fragte sie dann das erste- oder zweitemal. Keine Antwort, sondern die Handschuh angezogen. ‚Aber wirst du mich denn so allein lassen?' fragt sie weiter und streichelt dir die Wangen; du nimmst getrost die Reitpeitsche und sagst: ‚Ja, will heute abend noch auf das Vorwerk, es ist dies und das zu tun. Adje! und wenn ich bis 9 Uhr nicht zu Hause bin, brauchst du mit der Suppe nicht zu warten.' Sie erschrickt, du achtest es nicht; sie will nach, du winkst ihr mit der Reitgerte zurück; sie stürzt ans Fenster, hängt sich und das Tränentüchlein heraus und ruft ‚Adje!' und wedelt hin und her mit dem weißen Fahnen. Laß wehen und achte nicht darauf. Drück dem Gaul die Sporen in den Leib und davon; ich kann dir schwören, das setzt die Weiber in Respekt. Das drittemal fragte die meine nicht mehr und gottlob, das Gewinsel hat ein Ende!"

Der Baron hatte während dieser trefflichen Rede in größter Gemütsruhe eine Pfeife gestopft, Feuer angeschlagen und dampfte jetzt, indem er seine Felder und Wälder überschaute, ohne eine Antwort seines Gastes zu erwarten; aber dieser preßte die Lippen zusammen und noch stärker preßte die Rede des rohen Mannes sein volles Herz. O du Hund von einem Menschen, sprach er bei sich, schlechter noch als ein Hund, denn der Herr hat dir ja Vernunft gegeben. Wie man ein Pferd zureitet oder einen Baum in bessere Erde setzt hast du gelernt, aber eine schöne Seele zu behandeln, ein liebendes Herz zu verstehen liegt außer deinen Grenzen. Wie sie ihm nachsah, so voll Wehmut, denn er hatte ja nicht von ihr Abschied genommen, so voll Engelsgeduld, sie hatte ihm ja seine rohen Worte schon wieder vergeben; mit einem Blick so voll von Liebe! Von Liebe? *kann* sie ihn denn lieben? Wird nicht ihr zarter Sinn tausendmal von ihm beleidigt? Sieht sie denn nicht, wie er seinem Jagdhund mehr Zärtlichkeit beweist als ihr? Oder wie? fuhr er in seinem Hinträumen fort, sollte sie, weil sie einmal sein Weib geworden ist, Zärtlichkeit für den fühlen, den sie an Geist so weit überragt und den sie dennoch – fürchtet? Oder sollte es immer und ewig das Los dieser armen Wesen sein, daß unter Hunderten nur *eine* wahrhaft lieben darf, daß die andern, von der Natur zu einem herrlichen Gefäß zärtlicher, hoher Liebe ausgerüstet, erwachsen, blühen, verwelken ohne wahre Liebe zu kennen? Doch, dieser Gedanke wäre mir noch erträglicher als der, daß sie ihn wirklich lieben könnte! Nein, es kann, es darf nicht sein. Unwillkürlich hatte er bei den letzten Worten durch eine rasche Bewegung seinem Pferde die Sporen gegeben, es raffte sich auf und flog dahin. „Ho ho, Junge! Du willst mit mir in die Wette reiten?" rief ihm der Baron nach, und steckte die Pfeife bei. „Zweihundert Schritte gebe ich dir vor und hole dich dennoch ein." Kunstgerecht berechnete er dann den Zwischenraum, und als er dachte, Fröben habe die vorgegebenen Schritte zurückgelegt, ließ er sein Pferd weit ausstreichen und gelangte zu seinem nicht geringen Triumph in demselben Moment mit dem Freunde vor der Dampfmühle an.

18

Der Mechanikus, ein bescheidener Mann, der aber allgemein den Ruf großer Geschicklichkeit genoß, empfing sie an der Türe. „Noch immer nicht weiter?" fragte Faldner, indem sein Gesicht sich verfinsterte; „wahrhaftig entweder ist mein Korrespondent in London ein Schurke und verdient gehangen zu werden, oder Ihr, Meister Fröhlich, versteht zwar Taschenuhren zusammenzudrechseln, aber keine Dampfmühle aufzuschlagen, wie Ihr mir vorgespiegelt."

Der Mann schien tiefgekränkt durch die Worte des Barons, eine hohe Röte überflog sein Gesicht und ein bitteres Wort schwebte auf seinen Lippen, aber er unterdrückte es und fuhr mit der Hand über sein schlichtes Haar, als wollte er seinen innern Unmut wie seine Haare glätten. „Halten zu Gnaden, Herr Baron", antwortete er; „wenn man mir Aufriß und Berechnung einer Maschine vorlegt und dazu Räderwerk und Schrauben so genau verzeichnet sind, so will ich eine Maschine zusammensetzen, wenn ich sie auch nie zuvor gesehen. Aber dann muß ich freies Spiel haben und dann steh ich auch davor, daß alles recht wird, aber so –"

„Nun, daß ich selbst ein wenig mitgeholfen, meint Ihr? darauf soll also alles geschoben werden? Ihr sagt selbst, daß Ihr in

Eurem Leben noch keine solche Maschine gesehen und ich habe eine gesehen, zwei, drei, in Frankreich und England, und weiß recht gut, daß die größeren Räder in der Mitte des Zylinders eingreifen und die kleineren oben angebracht sind –"

„Aber, mein Gott, erlauben Euer Gnaden", entgegnete der Künstler ungeduldig, „diese, *Ihre* Dampfmühle ist nun einmal nach anderer Struktur, das kann man ja schon an der Zeichnung sehen. –"

„Zeichnung hin, Zeichnung her, Dampfmaschinen sind Dampfmaschinen und eine sieht aus wie die andere. Betrogen bin ich, von allen Seiten angeführt, das Geld zum Fenster hinausgeworfen."

Fröben hatte indessen die Zeichnungen zur Hand genommen und sie durchgesehen. Er fand, daß die Struktur dieser Mühle sehr einfach und schön, und wenn die bezeichneten Räder und Schrauben paßten, sehr leicht aufzuschlagen sei. Er hatte in früheren Zeiten Mathematik und Physik gründlich studiert, er hatte zugleich mit dem Freunde die berühmtesten Maschinenwerke gesehen und kennengelernt, kam aber, weil er sich selten darüber äußerte, bei dem Herrn von Faldner, der sich mit seinen Kenntnissen ungemein viel wußte, in den Verdacht, wenig oder nichts von Maschinenwesen zu verstehen. Er wandte sich nun, als Faldners Unmut noch größer zu werden drohte, an den Mechanikus, fragte nach diesen und jenen Stücken, die auf der Zeichnung angegeben waren, und als jener sie vorwies, als man sah, wie richtig sie ineinander passen, sagte er zu Faldner: „Ich wollte wetten, du bist durchaus nicht betrogen, denn so gut hier F und H in P passen, du siehst, es sind die Hauptzüge, wodurch die Stampfmühle mit der Ölpresse in Verbindung gesetzt wird, so gut muß sich auch das übrige fügen."

„Ach, Sie hat unser Herrgott hergesandt", rief der Mechanikus freudig, „wie Sie doch dies gleich so wegbekamen! Ja das F ist der Hauptzug, H hier greift in das Stangenwerk ein, hier wird das Rad KL befestigt."

„Die Maschine ist sehr einfach", fuhr Fröben fort, „und der ganze Irrtum meines Freundes kommt daher, daß er die Struktur größerer Werke vor Augen hat, die freilich anders aussehen. Du wirst dich übrigens erinnern, daß wir in Devonshire bei Sir Henry Smith eine Ölmühle sahen, die beinahe ganz nach diesem Plan gebaut war."

Der Baron verbarg sein Staunen hinter einem ironischen

Lächeln, womit er bald den Freund, bald den Mechanikus ansah; „machet, was ihr wollt?, sagte er gleichgültig, „ich gebe die ganze Geschichte verloren; vernünftiger wäre es gewesen, ich hätte einen englischen Mechaniker mitkommen lassen. Versuche immer dein Heil an dem heillosen Schraubenwerk, ich denke, wenn ich dich in einigen Stunden abhole, wirst du dieses Maschinen-Abc schon satt haben, denn darin, ich weiß es ja, bist du doch nur ein Abc-Schütze." Pfeifend verließ er das Gebäude, setzte sich auf und ritt in den Wald.

Fröben aber ließ sogleich wieder auseinanderlegen, was nach des Barons eigenmächtigem Plan bisher zusammengefügt war. Die Nummern wurden geordnet, und er wurde unter diesem Geschäft nach und nach heiterer, denn es zerstreute die düsteren Bilder in seiner Seele und nicht ohne Lächeln bemerkte er, wie ihn der Mechanikus mit leuchtenden Blicken betrachtete, wie ihn seine Gesellen und Jungen gleich einem Altmeister ihrer Kunst ehrfurchtsvoll ansahen. Freude und Leben war in die Werkstätte gekommen, wo man diesen Morgen nur die Befehle, die Flüche des Barons, die Bitten und Gegenreden des Meisters gehört hatte; bald war alles in Ordnung gebracht, und als der Baron abends aus dem Wald zurückkam, seinen Gast abzuholen, erstaunte er und schien sich im ersten Augenblick nicht einmal über das sichtbare Fortschreiten des Werkes zu freuen. Er hatte erwartet, alles in Bestürzung und Konfusion zu treffen, aber der Mechanikus überreichte ihm lächelnd die Zeichnung, führte ihn an den Zylinder und zeigte ihm, indem er bald auf das Papier, bald auf das Werk hindeutete, mit stolzer Freude, was sie bis jetzt schon geleistet haben. „Wenn es so fortgeht", setzte der Mechanikus hinzu, „und wenn der fremde Herr dort uns auch morgen so trefflich an die Hand geht, so garantiere ich, daß wir noch vor Sonntag fertig werden."

„Tolles Zeug!" war alles, was der Baron antwortete, indem er die Zeichnung zurückgab, und Fröben war ungewiß, ob es Flüche oder Danksagungen seien, was sein Freund hin und wieder murmelte, als sie zusammen nach dem Schloß zurückritten.

19

Der glückliche Fortgang des Maschinenbaues, vielleicht auch die schimmernde Aussicht auf Don Pedros spanische Quadrupel, hatte den Baron in den nächsten Tagen fröhlicher gestimmt. Fröben hatte an den Spanier nach W. geschrieben, und sein Gastfreund nahm ihm das Versprechen ab, so lange bei ihm zu verweilen, bis aus W. eine Antwort angelangt sei. Auch gegen Josephe betrug er sich etwas menschlicher und er hatte ihr, wahrscheinlich mehr aus Rücksicht auf den Freund als auf sie, sogar erlaubt, daß sie ihre Haushaltungsgeschäfte abkürzen und vormittags oder abends, wenn ihn selbst Geschäfte abhielten, sich von Fröben vorlesen lassen oder Spaziergänge mit ihm machen dürfe. Und sie lebte in diesen wenigen Tagen zusehends auf. Ihre Haltung wurde kräftiger, ihre Wangen rötete ein Schimmer von stillem Vergnügen, und in manchen Augenblicken, wenn ein holdes Lächeln um ihre Lippen zog, wenn jene feinen Grübchen in den Wangen erschienen, gestand sich Fröben, daß er selten eine schönere Frau gesehen habe, ja ihr Anblick verwirrte ihn oft so ganz, daß er ein geliebtes Bild seiner Träume verwirklicht glaubte, daß halbversunkene Erinnerungen wieder in ihm auftauchten, daß sogar ihm ihre Stimme, wenn sie bewegt, gerührt war, so bekannt deuchte, als hätte er sie nicht hier zum erstenmal gehört. Seltener zog er in jenen Tagen das Bild hervor, das er sonst stundenlang betrachtet hatte, und wenn es ihm zufällig in die Hände fiel, wenn er es aufrollte, wenn er in das Auge der unbekannten Geliebten sah, so fühlte er sich beschämt, er glaubte, ihrem leblosen Gemälde diese Vernachlässigung abbitten zu müssen. „Doch", sprach er dann zu sich, als müßte er sich entschuldigen, „ist es denn Unrecht, der armen Freundin einige Tage ihres freudelosen Lebens angenehmer zu machen? Und wie wenig gehört dazu, dieses holde Wesen zu erfreuen, sie glücklicher zu stimmen! Ein schönes Buch mit ihr zu lesen, mit ihr zu sprechen, sie auf einem Spaziergang an ihre Lieblingsplätzchen zu begleiten – dies ist ja alles, was sie braucht, um heiter und froh zu sein. Welchen Himmel könnte Faldner in seinem Hause haben, wenn er nur zuweilen die eine oder andere dieser kleinen Freuden mit ihr teilte!"

Der junge Mann fühlte sich übrigens, ohne daß er es sich selbst recht gestand, angenehm berührt, geschmeichelt von Josephens Anhänglichkeit an ihn. Schien ihr nicht jeder Morgen, jeder Abend ein neues Fest zu sein? Wenn er herabkam zum Frühstück hatte sie schon alles zierlich und nett bereitet; bald wählte sie den Saal, der eine herrliche Aussicht auf den fernen Rhein öffnete, bald die Terrasse, von wo sie das ländliche Gemälde der

Arbeiter in den Feldern und an den Weinbergen vor sich hatten, so nah um alles wie ein treues Tableau zu betrachten und doch ferne genug, um im stillen Genuß des Morgens nicht gestört zu sein, bald hatte sie eine Laube im Garten ausgesucht, wo die Welt ringsum von dichten Platanen abgeschlossen und nur der frischen Morgenluft oder dem Frührot der Zutritt gestattet war. So erschien sie immer neu und überraschend, und wenn der Freund herzutrat, wie freudig stand sie auf, wie hold bot sie ihm die Hand zum Gruß, wie lebhaft wußte sie, wenn er noch ganz in ihren Anblick versunken ohne Worte war, das Gespräch anzuknüpfen, dies und jenes zu erzählen, durch Laune und feine Beobachtung allem, was sie sagte, ein eigenes Gewand, einen eigentümlichen Reiz zu geben! Und wenn sie dann nachher schnell und emsig das Geräte des Frühstücks auf die Seite räumte, wenn er sein Buch hervorzog, wenn sie mit der Arbeit, die sie selten beiseite legte, ihm sich gegenübersetzte und erwartungsvoll an seinen Lippen hing, da war es ihm oft als müsse er alles, die ganze Welt vergessen, und einen kleinen kurzen seligen Augenblick träumte er, er sei ein glücklicher Gatte und sitze hier an der Seite eines geliebten Weibes.

20

Es gereichte Josephen in den Augen ihres Freundes zu keinem geringen Ruhm, daß sie gerade jenen Dichter zu ihrem Liebling erwählt hatte, der auch ihn vor allen anzog. Zwar mußte er ihr oft bei Vorlesungen aus Jean Pauls herrlichen Dichtungen zu Hülfe kommen, um dieses oder jenes dunklere Gleichnis zu erklären; aber sie faßte schnell, ihr natürlicher Takt und ihr zarter Sinn, der so ganz in dem Dichter lebte, ließ sie manches erraten, ehe ihr noch der Freund Gewißheit gegeben hatte.

„Es liegt doch", sagte sie eines Tages, „eine Welt voll Gedanken in diesem ‚Hesperus'! jede menschliche Empfindung bei Freude und Schmerz, bei Liebe und Gram liegt zergliedert vor uns da; er weiß uns, indem wir den süßen Duft einer Blume einsaugen, ihre innersten Teile, ihre zarten Blätter, ihre feinsten Staubfäden zu beschreiben, ohne daß er sie zerstört, entblättert. Denn das, glaube ich, ist ja das große, tiefe Geheimnis dieses Meisters, daß er jede tiefere Empfindung nicht beschreibt, sondern andeutet, und doch wieder nicht flüchtig andeutet, sondern wie durch das feine Mikroskop eines Gleichnisses uns einen tiefen Blick in die Menschenseele tun läßt, wo Gedanke an Gedanke aufsteigt und das Auge, überrascht aber entzückt über die wundervolle Schöpfung, in eine Träne übergeht."

„Sie haben", erwiderte der Gastfreund, „wie es mir scheint, in diesen Worten sein Geheimnis wirklich ausgesprochen. Mir ist sonst, ich gestehe es offen, nichts so in der innersten Seele zuwider, als das sichtbare Abmühen eines Autors, dem Leser recht klar und deutlich zu machen, was sein Held, oder die Heldin, oder eine dritte, vierte Person da oder dort empfunden oder gedacht. Aber unser Dichter! wie herrlich, wie reich ist auch hierin seine Erfindung, wir leben, wir denken, wir weinen unwillkürlich mit Victor, und Klothildens bleichere Wangen, ihre klagelose Trauer trifft uns tiefer als jede Beschreibung es sagen kann, und im warmen, weichen Glück der Liebenden möchten wir ein Strahl der Abendsonne sein, der in der Laube um ihre Umarmung *spielt,* jene Nachtigall, die ihnen die fromme Feier ihrer Seligkeit mit ihrer glockenhellen Stimme einläutete."

„Es ist sonderbar", bemerkte Josephe, „der Faden dieses Romans, was man sein Gerippe nennt, würde uns bei einem andern nicht im mindesten interessant, vielleicht sogar gesucht, langweilig dünken. Sechs verlorene, vertauschte, wiedergefundene Söhne, statt daß z. B. Walter Scott gewöhnlich nur *einen* hat und sogar der Verfasser des ‚Walladmor' in seiner Parodie mit zweien sich begnügt. Eine junge Dame, die zu ihrer Qual von ihrem Bruder geliebt wird, selbst aber seinen Freund liebt; ein kleiner simpler Hof in Duodez, ein Pfarrhaus voll Ratten und Kinder und ein Edelsitz, wo Unedle wohnen; denken Sie sich diese gewöhnlichen Dinge in einer Reihenfolge, so haben Sie einen unserer gewöhnlicheren Romane von verlorenen Söhnen etc. und nicht einmal einen rechten Jammer, um mich so auszudrücken, als etwa Le Beauts Ermordung durch den Hofjunker oder das tragische Ende des Lords im fünften Akt. Aber welch ein Leben, welch eine Welt wird aus dieser Geschichte, wenn ihr jener Dichter seinen Blumenmantel umhängt! welche geistreiche Luft, höher und reiner als jede irdische, kömmt uns aus der verehrenden Liebe Victors und Klothildens zu ihrem Lehrer Emanuel, welche Wehmut aus den Täuschungen eines kalten Lebens, wenn Victor und jenes liebenswürdige Wesen sich verkennen, nicht finden; welche Wonne endlich, wenn ihre Seelen unter dem nächtlichen, gestirnten Himmel im Schmerz der Trennung sich aufschließen und überströmen in Liebe?!"

„Ja", rief der junge Mann, „unser Dichter ist wie ein großer Musiker. Er hat ein ausgespieltes, altes, längst gehörtes Thema vor sich; aber indem er den Gang des alten Liedchens beibehält, führt er die Gedanken auf eine Weise aus, die uns so überraschend, so neu erscheint, daß wir das Thema vergessen und nur auf die Wendungen horchen, in die er übergeht, in welchen er die Himmelsleiter der Töne wie ein Engel auf- und abgeht und uns einen geöffneten seligen Himmel im Traume zeigt, während wir vielleicht, wie Jakob in der Wirklichkeit, auf recht hartem Lager liegen. Dann ist er bald weich, wie eine Flöte, durchdringend wie die Hoboe, bald voll, rührend wie das Waldhorn aus der Ferne, bald braust er daher wie mit den mächtigsten tiefsten Bässen, majestätisch, erhaben, bald nur sanft lispelnd wie die Äolsharfe, oder in Wehmut aufgelöst, wie die Töne der Harmonika."

„Wie danke ich es ihm", sagte Josephe weich, „daß er versöhnt, daß er die Wunden unserer Wehmut heilt. Es hätte ja in seiner Macht gestanden Klothilden untergehen zu lassen im Schmerz unerwiderter Liebe, vor ihrem Tode hätte ihr Victor noch zugerufen: ‚Ich liebte dich ja über alles', und sie wäre lächelnd eingeschlafen. Denken Sie sich den ungeheuern Schmerz, die Bitterkeit gegen das Geschick, wenn wir diese Menschen so hätten untergehen sehen, ohne Hoffnung, ohne Trost! Aber es wäre ja nicht möglich gewesen; Victor hätte nicht so lange geliebt, hätte sich an Joachime oder die Fürstin hingegeben, denn ein Mann kann ja ohne erwiderte Liebe nicht lange lieben!"

„Glauben Sie das wirklich?" erwiderte Fröben wehmütig lächelnd; „o wie wenig müssen Sie uns kennen, wie klein müssen Sie von uns denken, wenn wir nicht einmal den Mut besäßen, dieses kurze Leben hindurch treu zu lieben auch ohne geliebt zu werden!"

„Ich halte es bei Frauen für möglich", sagte die schöne Frau; „Liebe ohne Gegenliebe ist ein tiefes Unglück, und Frauen sind ja mehr dazu gemacht stille Leiden zu tragen, ein Erdenleben lang, als ihr. Der Mann würde einen solchen Gram von sich werfen, oder der glühende Kummer müßte ihn verzehren!"

„Beides nicht – ich lebe ja noch und liebe", sagte Fröben, zerstreut vor sich hinblickend.

„Sie lieben!!" rief Josephe, und mit so eigenem Ton, daß der junge Mann erschreckt aufblickte; sie schlug die Augen nieder, als ihr sein Blick begegnete, eine tiefe Röte überflog ihr Gesicht und ging ebenso schnell wieder in tiefe Blässe über.

„Ja", sagte er, indem es ihm mit Mühe gelang es scherzhaft zu sagen; „der Fall, den Sie setzten ist der meinige, und noch liebe ich, vielleicht ruhiger, aber nicht minder innig als am ersten Tag, ich liebe sogar beinahe ohne Hoffnung, denn die Dame meines Herzens weiß nicht um meine Liebe, und dennoch, wie Sie sehen, hat mich der Kummer noch nicht getötet."

„Und darf man wissen", sagte sie zutraulich, aber wie es Fröben schien, mit zitternder Stimme, „darf man wissen, wer die Glückliche ist –"

„Ach, sehen Sie, das ist gerade das Unglück, ich weiß ja nicht wer sie ist, noch wo sie sich aufhält, und liebe dennoch; ja Sie werden mich für einen zweiten Don Quijote halten, wenn ich gestehe, daß ich sie nur einigemal flüchtig sah, mich nur noch einiger Partien ihres Gesichtes erinnern kann und dennoch in der Welt umherstreife um sie zu finden, weil es mir zu Hause keine Ruhe läßt."

„Sonderbar!" bemerkte Josephe, indem sie ihn nachdenklich ansah; „sonderbar; es ist wahr, ich kann mir einen solchen Fall denken, aber dennoch machen Sie eine seltene Ausnahme, lieber Fröben; wissen Sie denn, ob Sie geliebt werden? ob das Mädchen Ihnen treu ist –"

„Nichts weiß ich von diesem allem", erwiderte er ernst und mit verschlossenem Gram, „ich weiß nichts, als daß ich glücklich wäre, wenn ich jenes Wesen mein nennen könnte, und weiß nur allzugut, daß ich vielleicht auf immer verzichten muß und nie ganz glücklich werde!"

Je seltener sonst der junge Mann über diese Gefühle sich aussprach, desto mächtiger kamen in diesem Augenblick alle Schmerzen der Erinnerung an gramvolle Stunden, und eine Wehmut über ihn, der er sich nicht gewachsen fühlte. Er stand schnell auf und ging aus der Laube dem Schlosse zu. Aber Josephe sah ihm mit Blicken voll unendlicher Liebe nach, Träne um Träne löste sich aus den zuckenden Wimpern, und erst als sie wie ein Quell auf ihre schöne Hand herabfielen, erweckten sie Josephen aus ihren Träumen. Und beschämt, als hätte sie sich bei einer geheimen Schuld belauscht, errötete sie und preßte ihr Tuch vor diese verräterischen Augen.

21

Die Vorhersagung des alten Mechanikus war eingetroffen, denn mit dem letzten Tag der Woche waren auch die Maschinen der Dampfmühle fertig aufgestellt. Der Baron, so unmutig er anfangs gewesen war, hatte in der Freude seines Herzens, als der erste Versuch glücklich gelungen war, den Alten und seine Gesellen reichlich beschenkt entlassen und auf Sonntag alle seine Nachbarn in der Umgegend eingeladen, um mit einem kleinen Feste seine Mühle einzuweihen. So glücklich und heiter er an diesem Tage war, so fröhlich und jovial er seine zahlreichen Gäste empfing, so entging es doch Fröbens beobachtenden Blicken nicht, daß er die arme Josephe mit hunderterlei Aufträgen und Anordnungen plagte, daß sie ihm nichts zu Dank machen konnte. Bald sollte sie in der Küche sein, um das Gesinde anzutreiben und selbst mitzuhelfen, bald besserte er dies oder jenes an ihrem Putz, bald wollte er vor Ungeduld verzweifeln, wenn sie nicht schnell genug die Treppe herabflog um mit ihm am Portal die Ankommenden zu empfangen, bald wollte er die Tafel so oder anders gestellt haben, bald wollte er den Kaffee im Garten, bald im Salon trinken. Mit Engelsgeduld und einer Resignation, die dem Freunde unbegreiflich war, ertrug sie alle diese Unbilden. Sie war überall, sorgte für alles und wußte sogar einen Augenblick zu finden um den Gastfreund zu fragen, warum er gerade heute so trübe sei, ihn aufzumuntern, an der allgemeinen Fröhlichkeit teilzunehmen.

Allgemein entzückte die Schönheit, die behende Aufmerksamkeit der Hausfrau; die Männer priesen den Baron glücklich, einen solchen Schatz im Hause zu haben, und mehrere der älteren Damen sagten ihm unverhohlen ihre Bewunderung über die seltenen Talente zur Wirtschaft, über die Einsicht und Ordnung einer so jungen Frau. „Siehst du", flüsterte der Glückliche Fröben zu, „siehst du, was eine Zucht wie die meinige Wunder wirkt? Ich bin im ganzen heute recht zufrieden mit ihr, aber wenn ich nicht im geheimen überall selbst nachhülfe, wie stünde es dann um die wirtschaftliche Ehre der Hausfrau! aber es macht sich, ich sagte es ja immer, es macht sich." Die allgemeine Fröhlichkeit und der Wein steigerten Faldner immer höher, und es war endlich hohe Zeit, die Tafel aufzuheben, denn er und einige Herren aus der Nachbarschaft erlaubten sich schon Scherze und Anspielungen, welche jedes zartere Ohr beleidigten.

Man fuhr nach der neuen Dampfmühle, man weihte sie unter Scherz und Lachen förmlich ein, man ging wieder zurück, und erstaunte aufs neue über die geschmackvollen und doch so bequemen Anordnungen, welche Josephe indessen im Garten getroffen hatte. Sie hatte es gewagt, nach ihrer eigenen Erfindung schnell eine große geräumige Laube errichten zu lassen; alle möglichen Erfrischungen erwarteten dort die Gäste und ihr allgemeines Lob bewirkte ein Wunder, der Baron wurde nicht einmal ungehalten, daß man junge Eschen und Tannen aus seinem Wald zu der Laube verwendet, daß man seinen eigenen Plan, ein Zelt aus Brettern und Teppichen aufzuschlagen, nicht befolgt hatte. Er küßte seine Frau auf die Stirne und dankte ihr für die angenehme Überraschung.

Man setzte sich in bunten Reihen umher. Die Männer sprachen den alten Weinen des Hausherrn fleißig zu und bald hatte eine allgemeine Fröhlichkeit die Gesellschaft erfaßt. Man spielte witzige, geistreiche Spiele, und als die mutwillige Laune der Männer noch höher stieg, wurden sogar Pfänderspiele nicht verschmäht. So kam es, daß bei ihrer Auflösung auch Fröben sein Pfand mit einer Strafe lösen sollte und Josephe, welcher die Bestimmung dieser Strafe aufgelegt war, befahl ihm, eine *wahre* Geschichte aus seinem Leben zu erzählen. Man gab ihrer Wahl allgemeinen Beifall, der Baron schlug vor Freuden über seine kluge Frau in die Hände, und als Fröben zauderte und sich besann, rief er: „Nun, soll ich etwas für dich erzählen aus deinem Leben; etwa die pikante Geschichte von dem *Mädchen vom Pont des Arts?*"

Fröben errötete und sah ihn mißbilligend an; aber die Gesellschaft, die hier vielleicht ein lustiges Geheimnis ahnete, rief: „Die Geschichte von dem Mädchen, die Geschichte vom Pont des Arts", und vielleicht nur um der Indiskretion seines Freundes zu entgehen, den der Wein schon etwas über die gewöhnlichen Grenzen hinausgerückt hatte, bequemte er sich zu erzählen; der Baron aber versprach der Gesellschaft, sobald der Erzähler von der genauen Wahrheit abweichen würde, wolle er Noten zu der Geschichte geben, denn er sei selbst dabeigewesen.

22

„Ich weiß nicht", hub Fröben an, „ob der Gesellschaft bekannt ist, daß ich vor mehreren Jahren mit unserem Faldner reiste, namentlich in Paris mit ihm einige Zeit zusammen lebte, ja *ein* Haus mit ihm bewohnte? Wir hatten so ziemlich gemeinschaftliche Studien, besuchten dieselben Zirkel, machten gegenseitig unsere früheren Bekannten mit dem Freunde bekannt und lebten auf diese Weise unzertrennlich. Wir hatten einen gemeinschaftlichen Freund, den ebenso liebenswürdigen als gelehrten Doktor M., einen Landsmann, der in der Rue Taranne wohnte, die bekanntlich in die Rue St. Dominique führt und auf dem linken Ufer der Seine liegt. Unser gewöhnlicher Abendspaziergang war durch die Champs-Elysées über die schöne Brücke ins Marsfeld und von da durch Faubourg St. Germain in die Wohnung unseres Freundes, wo wir oft noch bis tief in der Nacht vom Vaterlande, von Frankreich, von dem, was wir gesehen, von allem möglichen plauderten. Wir wohnten, um dies noch hinzuzusetzen, am Place des Victoires, ziemlich entfernt von der Rue Taranne und wählten zum Rückweg gewöhnlich Pont des Arts, um das Louvre zu durchschneiden und uns einen Umweg durch die Seitenstraßen zu ersparen. Eines Abends, es mochte nach eilf Uhr sein, es hatte etwas geregnet, und der Wind wehte besonders in der Nähe des Flusses sehr kalt und schneidend, gingen wir auch vom Quai Malaquais über den Pont des Arts dem Louvre zu. Der Pont des Arts ist nur für Fußgänger zugänglich und so kam es, daß um diese Zeit nicht mehr viel Leben um und an der Brücke war. Wir gingen, die Mäntel fester um uns ziehend, stillschweigend über die Brücke; schon wollte ich die Brückenstufen auf der andern Seite hinabeilen, als ein überraschender Anblick mich festhielt.

An die Brücke gelehnt, stand eine schlanke, ziemlich hohe weibliche Gestalt. Ein schwarzes Hütchen war tief ins Gesicht geknüpft und zum Überfluß noch mit einem grünen Schleier versehen; ein schwarzer Mantel von Seide fiel um den Leib, und der Wind, der die Gewänder in diesem Augenblick fester anschmiegte, verriet eine ungemein zarte jugendliche Taille, aus dem Mantel ragte eine kleine Hand hervor, die einen Teller hielt, vor *ihr* aber stand ein kleines Laternchen, dessen Licht unruhig flackerte, sein Schein fiel auf einen zierlichen Fuß. Es wohnt vielleicht nirgends so sehr als in jener Stadt das tiefste

Elend neben dem höchsten Glanz und Wohlleben, aber dennoch sieht man verhältnismäßig wenige Bettler. Sie drängen sich selten unverschämt herzu, und nie wird man sehen, daß sie dem Fremden nachlaufen, ihn mit Bitten verfolgen. Alte Männer oder Blinde sitzen oder knieen an den Ecken der Straßen, den Hut ruhig vor sich hinhaltend, und überlassen es dem Vorübergehenden, ob er ihren bittenden Blick beachten will.

Am schauerlichsten, wenigstens für mein Gefühl, waren immer jene verschämten Bettler, die nachts mit verhülltem Haupt, eine brennende Kerze vor sich, regungslos, fast schon wie erstorben in einer Ecke stehen; viele meiner Bekannten in Paris hatten mich versichert, daß man darauf rechnen könne, daß dies meistens Leute aus besseren Ständen seien, die durch Unglück so tief herabgekommen sind, daß sie entweder Arbeit suchen müssen, oder sind sie zu verschämt, vielleicht zu schwach, um für Brot zu arbeiten, so ergreifen sie diesen letzten Ausweg, ehe sie, wie so viele Unglückliche, ihr Leben in der Seine der Vergessenheit übergeben.

Von dieser Klasse der Bettelnden war die weibliche Gestalt an dem Pont des Arts, deren Anblick mich unwiderstehlich fesselte. Ich sah sie näher an; ihre Glieder schienen vor Frost noch heftiger zu zittern als das Flämmchen in der Laterne, aber sie schwieg und ließ ihr Elend und den kalten Nachtwind für sich reden. Ich suchte in der Tasche nach kleinem Gelde, aber es wollte sich kein Sou, sogar kein einzelner Franc finden. Ich wandte mich an Faldner und bat ihn um Münze; aber unmutig durch mein Zögern der schneidenden Kälte ausgesetzt zu sein, rief er mir in unserer Sprache zu: ‚So laß doch das Bettelvolk und spute dich, daß wir zu Bette kommen, mich friert!' ‚Nur ein paar Sous, Bester!' bat ich; aber er packte mich am Mantel und wollte mich wegziehen.

Da rief die Verhüllte mit zitternder aber wohltönender Stimme und zu unserer Verwunderung auf gut deutsch: ‚O meine Herren! sein Sie barmherzig!' Diese Stimme, diese Worte und unsere Sprache hatten etwas so Rührendes für mich, daß ich nochmal um einige Münze bat; er lachte, ‚Nun wohlan, da hast du ein paar Francs', sagte er, ‚versuche dein Heil mit der Jungfer, aber mich laß aus dem Zug treten'. Er drückte mir das Geld in die Hand und ging lachend weiter. Ich war in diesem Augenblick wirklich verlegen, was ich tun sollte; sie mußte ja gehört haben, was Faldner sagte, und beleidigen mag ich am wenigsten einen Unglücklichen. Ich trat unschlüssig näher. ‚Mein Kind', sagte ich, ‚Sie haben hier einen schlechten Standpunkt gewählt, hier werden heute abend nicht mehr viele Menschen vorübergehen.' Sie antwortete nicht gleich; ‚Wenn nur', flüsterte sie nach einer Weile kaum hörbar, ‚diese wenigen Gefühl für Unglück haben.' Diese Antwort überraschte mich, sie war so ungesucht und doch so treffend. Die edle Haltung des Mädchens, der Ton, womit sie jene Worte gesagt, verrieten Bildung. ‚Wir sind Landsleute', fuhr ich fort, ‚darf ich Sie nicht bitten, daß Sie mir sagen, ob ich vielleicht mehr für Sie tun kann, als so im Vorübergehen zu geschehen pflegt?' ‚Wir sind sehr arm', antwortete sie, wie mir schien, etwas mutiger, ‚und meine Mutter ist krank und ohne Hülfe.' Ohne weitere Überlegung, nur von dem unbestimmten Gefühl, daß mich *das* Mädchen sehr anzog, getrieben, sagte ich: ‚Führen Sie mich zur ihr.' Sie schwieg, der Vorschlag schien sie zu überraschen. ‚Halten Sie dies für nichts anders', fuhr ich fort, ‚als für meinen redlichen Willen, Ihnen zu helfen, wenn ich kann.' ‚So kommen Sie', erwiderte die Verschleierte, hob ihr Laternchen auf, löschte es aus und verbarg es samt dem Teller unter dem Mantel." –

23

„Wie?" rief der Baron laut lachend, als Fröben schwieg, „weiter willst du nicht erzählen? willst es auch heute wieder machen, wie du es mir schon damals machtest? Nämlich bis hieher, meine Herren und Damen, hat er ganz nach reiner historischer Wahrheit erzählt. Er glaubte mich vielleicht weit weg, und ich stand keine zehn Schritte von der erbaulichen Samariterszene unter dem Portal des Palais und sah ihm zu; ob der Dialog wirklich so vor sich gegangen, weiß ich nicht, denn der schändliche Wind verwehte die Worte, aber ich sah, wie die Dame ihr Lämpchen auslöschte, und mit ihm zurück über die Brücke ging. Die Nacht war mir zu kalt, um ihm bei seinem galanten Abenteuer zu folgen, aber am Ende, ich wollte wetten, sah er weder eine kranke Mama noch dergleichen, sondern die Dame vom Pont des Arts hatte das alte Sirenenlied nur auf andere Weise gesungen!"

Er belachte seinen eigenen Witz, und die Männer stimmten ein in das rohe Gelächter, die Damen aber sahen vor sich nieder und Josephe schien mit den Worten ihres Gatten so unzufrieden als mit der sonderbaren Erzählung ihres Freundes, denn bleich wie der Tod hielt sie ihre Tasse in den Händen, daß sie klirrte, und sandte dem jungen Mann nur *einen* Blick zu, für den er in diesem Augenblick keine andere als eine tief beschämende Deutung wußte. „Ich glaube zwar", sprach er, mit starker Stimme das Gelächter der Männer unterbrechend, „mein Pfand gelöst zu haben, aber mein eigener Vorteil will, daß ich eine Deutung dieses Vorfalls nicht zulasse, die mein Freund ihm unterzulegen scheint; Sie erlauben mir daher, daß ich fortfahre, und bei meinem Leben", setzte er hinzu, indem er errötete und sein Auge höher leuchtete, „ich will Ihnen die reine Wahrheit sagen.

Das Mädchen bog über die Brücke ein, woher ich gekommen war. Während ich schweigend mehr hinter als neben ihr ging, hatte ich Zeit, sie zu betrachten. Ihre Gestalt, soweit sie der Mantel sehen ließ, ihre ganze Haltung, besonders aber ihre Stimme war sehr jugendlich. Ihr Gang schnell aber leicht und schwebend. Sie hatte meinen Arm abgelehnt, als ich ihn zur Führung angeboten. Am Ende der Brücke bog sie nach der Rue Mazarine ein. ‚Ist Ihre Mutter schon lange krank?' fragte ich, indem ich wieder an ihre Seite trat und versuchte durch den Schleier etwas von ihren Zügen zu erspähen. ‚Seit zwei Jahren', antwortete sie seufzend, ‚aber seit acht Tagen ist sie recht elend geworden.' – ‚Waren Sie schon öfter an jenem Ort?' ‚Wo?' fragte sie. ‚Auf der Brücke.' ‚Diesen Abend zum erstenmal', erwiderte sie. ‚Dann haben Sie sich keinen guten Platz gesucht, andere Passagen sind frequenter.' Doch schon indem ich dies sagte, bereute ich es gesagt zu haben, denn es mußte sie ja verletzen. Mit unterdrücktem Weinen flüsterte sie, ‚Ach, ich bin ja hier so unbekannt und – ich schämte mich so ins Gedränge zu gehen.'

Wie grenzenlos mußte das Elend sein, das dieses Geschöpf zwang, zu betteln. Zwar wollten auch mir, ich gestehe es, einigemal solche Gedanken kommen, wie sie Faldner hatte, aber immer verschwanden sie wieder, weil sie widersinnig, unnatürlich waren; wenn sie zu jener verworfenen Klasse von Mädchen gehörte, warum sollte sie sich verhüllt an einen einsamen Ort stellen? Warum geflissentlich eine Gestalt verbergen, die, soviel die Umrisse flüchtig zeigten, gewiß zu den schöneren zu zählen war? Nein, es war gewiß wirkliches Elend und jene zarte Verschämtheit vor unverschuldeter Armut da, die das Unglück so unbeschreiblich rührend macht.

‚Hat Ihre Mutter einen Arzt?' fragte ich wieder nach einiger

Weile. ‚Sie hatte einen; aber als wir keine Arznei mehr kaufen konnten, wollte er sie ins Spital des Incurables bringen lassen, und – das konnte ich nicht ertragen. Ach Gott, meine arme Mutter ins Spital!' Wieviel tiefer Schmerz lag in den letzten Worten dieses Mädchens!

Sie weinte, sie führte ihr Tuch unter dem Schleier ans Auge und Laterne und Teller, die sie in der andern Hand trug, verhinderten sie, den Mantel zusammenzuhalten; der Wind wehte ihn weit auseinander und ich sah, daß ich mich nicht betrogen hatte; sie war von feiner, schlanker Taille, sie trug ein einfaches, soviel mein flüchtiger Blick bemerkte, sehr reinliches Kleid. Sie haschte nach dem Mantel, und indem ich ihr behülflich war, ihn wieder umzulegen, fühlte ich ihre weiche, zarte Hand.

Wir waren schon durch die Straßen Mazarine, St. Germain, École de Médecine und von dort durch einige kleine Seitenstraßen gegangen, als sie auf einmal stehenblieb und klagte, sie habe den Weg verfehlt. Ich fragte sie, in welcher Gegend sie wohne, und sie gab St. Séverin an. Ich war in Verlegenheit, denn diese Straße wußte ich selbst nicht zu finden. Machte es Angst oder Kälte, ich sah sie heftiger zittern. Ich sah mich um; ich bemerkte noch Licht in einem Souterrain, wo Eau de vie verkauft wurde, ich bat sie, zu warten, stieg hinab und erkundigte mich. Man wies mich zurecht und ich glaubte, mich hinfinden zu können. Als ich heraufkam, hörte ich in der Nähe laut reden; ich sah beim schwachen Schein einer Laterne, wie sich das Mädchen heftig gegen zwei Männer wehrte, von denen der eine ihre Hand, der andere den Mantel gefaßt hatte; sie lachten, sie sprachen ihr zu, ich ahnete was vorging, sprang herzu und riß dem einen die Hand weg, die er gefaßt hatte; sprachlos, weinend klammerte sie sich fest an meinen Arm.

‚Meine Herren', sagte ich, ‚ihr sehet, ihr seid hier im Irrtum, ihr werdet im Augenblick den Mantel von Mademoiselle loslassen!'

‚Ach, Verzeihung, mein Herr!' erwiderte der, welcher ihren Mantel gefaßt hatte; ‚ich sehe, Sie haben ältere Rechte auf Mademoiselle!' und lachend zogen sie weiter.

Wir gingen weiter, das arme Kind zitterte heftig, sie hielt noch immer meinen Arm fest, sie war nahe daran, niederzusinken.

‚Nur Mut!' sagte ich zu ihr, ‚St. Séverin ist nicht ferne, Sie werden bald zu Hause sein!' Sie antwortete nicht, sie weinte noch immer. Als wir in der Straße waren, die nach der Beschreibung St. Séverin sein mußte, blieb sie wieder stehen. ‚Nein, Sie dürfen nicht weiter mit mir gehen, mein Herr!' sagte sie, ‚es darf nicht sein.' ‚Aber warum denn nicht, da Sie mich so weit mitgenommen haben; ich bitte, trauen Sie mir keine schlechten Absichten zu!' Ich hatte bei diesen Worten, ohne es zu wissen, ihre Hand ergriffen und vielleicht gedrückt; sie entzog sie mir hastig und sagte: ‚Vergeben Sie, daß ich die Unschicklichkeit beging, Sie so weit mitzuführen; bitte, verlassen Sie mich jetzt.' Ich fühlte, daß der Auftritt vorhin sie tief verletzt hatte, daß er ihr vielleicht gegen mich selbst Mißtrauen einflößte, und eben dies rührte mich unbeschreiblich; ich nahm das Silber, das mir Faldner gegeben, und wollte es ihr hinreichen; aber der Gedanke, wie wenig diese kleine Gabe ihr helfen könne, zog meine Hand zurück, und ich gab ihr das wenige Gold, das ich bei mir trug.

Ihre Hand zuckte, als sie es nahm; sie schien es für Silber zu halten, dankte mir aber mit zitternder, rührender Stimme und wollte gehen.

‚Noch ein Wort', sagte ich und hielt sie auf, ‚ich hoffe, Ihre Mutter wird gesund werden, aber es könnte ihr doch noch an etwas gebrechen, und Sie, mein Kind, sind nicht für solche Abendgänge wie der heutige gemacht. Wollen Sie nicht heute über acht Tage um dieselbe Zeit vor der École de Médecine sein, daß ich mich nach Ihrer Mutter erkundigen kann?' Sie schien unschlüssig, endlich sagte sie ‚ja'. ‚Und setzen Sie doch den Hut mit dem grünen Schleier wieder auf, daß ich Sie erkenne', fügte ich hinzu; sie bejahte es, dankte noch einmal, ging eilend die Straße hin und war schnell in der Nacht verschwunden.

24

Als ich am Morgen nach dieser Begebenheit erwachte, schien es mir, als hätte mir von diesem allem nur geträumt. Aber Faldner, der bald herbeikam und mich nach seiner zarten Manier zu schrauben anfing, riß mich aus meinem Zweifel. Die Sache schien mir, so recht deutlich am Morgenlicht betrachtet, doch allzu fabelhaft, als daß ich sie dem ungläubigen Freund hätte erzählen mögen. Man ist in neuerer Zeit zu jenem Grad der Sittenverfeinerung gekommen, die schon ins Gebiet der Unsittlichkeit hinüberstreift; man will in manchen Fällen lieber wild, etwas liederlich und schlecht erscheinen, man gibt lieber eine Zweideutigkeit zu, nur um nicht als ein Tor, als ein Sonderling, als ein Mensch von schwachem Verstand und beschränkten Lebensansichten zu gelten.

Im Innern kränkte mich aber noch mehr, als Faldners Schraubereien, ein Etwas, eine Unruhe, was ich nicht zu deuten wußte. Ich machte mir Vorwürfe, daß ich nicht einmal ihr Gesicht gesehen hatte. ‚Wozu‘, sagte ich mir, ‚wozu diese übertriebene Diskretion. Wenn ich ein paar Napoleons hingebe, so kann ich doch um die Gunst bitten, den Schleier etwas zu lüften?‘ Und doch, wenn ich mir das ganze Betragen des Mädchens, das, so einfach es war, doch von Gemeinheit auch nicht im geringsten etwas an sich hatte, zurückrief, wenn ich bedachte, wie mich ihre edle Haltung, der gebildete Ton ihrer Antworten anzog, so mußte ich mich, halb zu meinem Ärger, rechtfertigen. Es liegt etwas in der menschlichen Stimme, das uns, ehe wir Züge und Auge, ehe wir den Stand der Sprechenden kennen, den Ton angibt, in welchem wir mit ihm sprechen müssen. Wie unendlich, nicht sowohl in der Form als im Klang der Sprache, unterscheidet sich der Gebildete vom Ungebildeten, und des Mädchens Töne waren so weich und zart, ihre kurzen Antworten oft so aus der tiefsten Seele gesprochen! Den ganzen Tag konnte ich diese Gedanken nicht loswerden, sogar abends, in eine glänzende Gesellschaft von Damen begleitete mich das arme Mädchen mit dem schwarzen Hütchen, dem grünen Schleier und dem unscheinbaren Mantel.

In den nächsten Tagen ärgerte ich mich über meine Torheit, welche schuld war, daß ich das Mädchen erst nach acht Tagen wiedersehen konnte; ich zählte die Stunden ab bis zu dem nächsten Freitag, und es war, als hätte jene Hauptstadt der Welt, wie sie ihre Bewohner nennen, nichts Reizendes mehr in sich, als die Bettlerin vom Pont des Arts. Endlich, endlich erschien der Freitag. Ich brauchte alle mögliche List, um mich auf diesen Abend von Faldner und den übrigen Freunden loszumachen, und trat, als es dunkel wurde, meinen Weg an. Ich hatte über eine Stunde zu gehen, und Zeit genug über meinen Gang nachzudenken. ‚Heute‘, sagte ich zu mir, ‚heute wirst du ins reine kommen, was du von dieser Person zu denken hast; du wirst ihr anbieten, mit ihr zu gehen, geht sie, so hast du dich schon das erstemal betrogen. Auch das Gesicht muß sie heute zeigen.‘

Ich war so eilends gegangen, daß es noch nicht einmal zehn

Uhr war, als ich auf den Place de l'École de Médecine anlangte, und – auf eilf Uhr hatte ich sie ja erst bestimmt. Ich trat noch in einen Café, durchblätterte gedankenlos eine Schar von Zeitungen –; endlich schlug es eilf Uhr.

Auf dem Platz waren wenige Menschen, und so weit ich mein Auge anstrengte, kein grüner Schleier zu sehen. Ich hielt mich immer auf der Seite der Arzneischule, weil dort mehrere Laternen brannten. Die Momente solchen Erwartens sind peinlich. Wenn sie an deinem Gold genug hätte und gar nicht käme? wenn sie deine Gutherzigkeit verlachte! dachte ich, als ich den Platz wohl schon zehnmal auf und ab gegangen war. Es schlug halb zwölf, schon fing ich an über meine eigene Torheit zu murren, da wehte im Schein einer Laterne etwa dreißig Schritte von mir, etwas Grünes; mein Herz pochte ungestümer, ich eilte hin – sie war es. ,Guten Abend', sagte ich, indem ich ihr die Hand bot, ,schön, daß Sie doch Wort halten; schon glaubte ich, Sie werden nimmer kommen.' Sie verbeugte sich ohne meine Hand zu fassen, und ging an meiner Seite hin; sie schien sehr gerührt: ,Mein Herr, mein edler Landsmann', sprach sie mit bewegter Stimme, ,ich mußte ja Wort halten, um Ihnen zu danken. Ich komme heute gewiß nicht, um Ihre Güte aufs neue in Anspruch zu nehmen. Ach, wie reich, wie freigebig haben Sie uns beschenkt. Kann Sie der innige Dank einer Tochter, können die Gebete und Segenswünsche meiner kranken Mutter Sie entschädigen?'

,Sprechen wir nicht davon', erwiderte ich; ,wie geht es Ihrer Mutter?' ,Ich glaube wieder Hoffnung schöpfen zu dürfen', antwortete sie, ,der Arzt spricht zwar nichts Bestimmtes aus, aber sie selbst fühlt sich kräftiger. O wie danke ich Ihnen. Von Ihrem Geschenk konnte ich ihr wieder kräftige Speisen bereiten, und glauben Sie mir, der Gedanke, daß es noch so gute Menschen gibt, hat sie beinahe ebensosehr gestärkt.'

,Was sagte Ihre Mutter, als Sie zu Hause kamen?' ,Sie war sehr in Sorgen um mich, weil es schon so spät war', erwiderte sie, ,ach, sie hatte so ungern mir die Erlaubnis zu diesem Gang gegeben, und malte sich jetzt irgendein Unglück vor, das mir begegnet sei. Ich erzählte ihr alles, aber als ich mein Tuch öffnete, und die Gaben, die ich gesammelt hatte, hervorzog und Gold dabei war, Gold unter den Kupfer- und Silberstücken, da erstaunte sie, und –' sie stockte und schien nicht weiterreden zu können; ich dachte mir, die Mutter habe sie arger Dinge beschuldigt, und forschte weiter, aber mit rührender Offenheit gestand sie, ,Die

Mutter habe gesagt, der großmütige Landsmann müsse entweder ein Engel oder ein Prinz gewesen sein.'

,Weder das eine noch das andere', sagte ich ihr; ,aber wie weit haben Sie ausgereicht? haben Sie noch Geld?'

,O wir haben noch', erwiderte sie mutig, wie es scheinen sollte, aber mir entging nicht, daß sie vielleicht unwillkürlich dabei seufzte.

,Und was haben Sie noch?' sagte ich etwas bestimmter und dringender.

,Wir haben eine Rechnung in der Apotheke davon bezahlt, und einen Monat am Hauszins, und der Mutter habe ich davon gekocht, es ist aber immer noch übriggeblieben.'

Wie ärmlich mußten sie wohnen, wenn sie von diesem Gelde eine Apothekerrechnung, einen Monat Hauszins bezahlen, und acht Tage lang kochen konnten! ,Ich will aber genau wissen', fuhr ich fort, ,was und wieviel Sie noch haben.'

,Mein Herr!' sagte sie, indem sie beleidigt einen Schritt zurücktrat.

,Mein gutes Kind, das verstehen Sie nicht', erwiderte ich, indem ich ihr näher trat; ,oder Sie wollen es sich aus übertriebenem Zartgefühl nicht gestehen; ich frage Sie ernstlich, wenn Sie mit den paar Franken zu Rande sind, haben Sie Hülfe zu erwarten?'

,Nein', sagte sie schüchtern und weich; ,keine.'

,Denken Sie an Ihre Mutter und verschmähen Sie meine Hülfe nicht!' Ich hatte ihr bei diesen Worten meine Hand geboten; sie ergriff sie hastig, drückte sie an ihr Herz und pries meine Güte.

,Nun wohlan, so kommen Sie', fuhr ich fort, indem ich ihren Arm in den meinigen legte; ,ich kam leider nicht gerade von Hause, als ich hieher kam, und hatte mich nicht versehen; Sie werden daher die Güte haben, mich einige Straßen zu begleiten bis in meine Wohnung, daß ich Ihnen für die Mutter etwas mitgebe.' Sie ließ sich schweigend weiterführen, und so angenehm mir der Gedanke war, sie noch ferner unterstützen zu können, so war doch mein Gefühl beinahe beleidigt, als sie so ganz ohne Sträuben mitging, nachts in die Wohnung eines Mannes; aber wie ganz anders kam es als ich dachte. Wir mochten wohl etwa zwei- oder dreihundert Schritte fortgegangen sein, da stand sie stille und entzog mir ihren Arm. ,Nein, es kann, es darf nicht sein', rief sie in Tränen ausbrechend. ,Was betrübt dich auf einmal?' fragte ich verwundert, ,was darf nicht sein?'

‚Nein, ich gehe nicht mit, ich darf nicht mit Ihnen gehen.'

‚Aber mein Gott', erwiderte ich, indem ich mich etwas aufgebracht stellte; ‚Sie haben doch wahrhaftig sehr wenig Vertrauen zu mir; wenn nicht Ihre Mutter wäre, gewiß ich ginge jetzt von Ihnen, denn Sie kränken mich.'

Sie nahm meine Hand, sie drückte sie bewegt. ‚Habe ich Sie denn beleidigt?' rief sie, ‚o Gott weiß, das wollte ich nicht; verzeihen Sie einem armen unerfahrenen Mädchen; Sie sind so großmütig, und ich sollte Sie beleidigen?'

‚Nun denn so komm', sagte ich, indem ich sie weiterzog, ‚es ist keine Zeit zu verlieren, es ist spät und der Weg ist weit.' Aber sie blieb stehen, weinte und flüsterte: ‚Nein, um keinen Preis gehe ich weiter.'

‚Aber vor wem fürchtest du dich denn? Es kennt dich ja kein Mensch, es sieht dich ja keine Seele; du kannst getrost mit mir kommen.'

‚Ich bitte Sie um Gottes willen, lassen Sie mich. Nein, nein, es darf nicht sein, dringen Sie nicht weiter in mich.' Sie zitterte; ich fühlte wohl, wenn ich ihr die Not der Mutter noch einmal recht dringend vorstellte, so ging sie mit, aber die Angst des Mädchens rührt mich tief.

‚Gut, so bleiben Sie hier', sprach ich; ‚aber sagen Sie mir, können Sie vielleicht arbeiten?'

‚O ja, mein Herr', erwiderte sie, ihre Tränen trocknend.

‚Könnten Sie vielleicht meine feinere Wäsche besorgen?'

‚Nein', antwortete sie sehr bestimmt. ‚Dazu sind wir nicht eingerichtet.'

‚Hier ist ein weißes Tuch', fuhr ich fort; ‚können Sie mir vielleicht ein halb Dutzend besorgen und fertig machen?'

Sie besah das Tuch und sagte: ‚Mit Vergnügen, und recht fein will ich es nähen!' Zu meiner eigenen Beschämung mußte ich jetzt dennoch Geld hervorziehen, obgleich ich es vorhin verleugnet hatte.

‚Kaufen Sie sechs solcher Tücher', fuhr ich fort, ‚und können Sie wohl drei davon bis Sonntag abend fertig machen?' Sie versprach es; ich gab ihr noch etwas für die Mutter, und sagte ihr, daß ich heute darauf nicht eingerichtet sei, aber Sonntag mehr tun könne. Sie dankte innig; es schien sie zu freuen, daß ich ihr Arbeit gegeben, denn noch einmal plauderte sie davon, wie schön sie die Tücher machen wolle, ja wenn ich nicht irre, so fragte sie mich sogar, ob sie nicht einen englischen Saum einnähen dürfe?

Ich sagte ihr alles zu, aber als sie nun Abschied nehmen wollte, hielt ich sie noch fest. ‚Eines müssen Sie mir übrigens noch zu Gefallen tun‘, sprach ich, ‚Sie können es gewiß und leicht.‘

‚Und was?‘ fragte sie; ‚wie gerne will ich alles für Sie tun.‘

‚Lassen Sie mich diesen neidischen Schleier aufheben, und Ihr Gesicht sehen, daß ich doch *eine* Erinnerung an diesen Abend habe.‘

Sie wich mir aus und hielt ihren Schleier fester; ‚Bitte, lassen Sie das‘, erwiderte sie, und schien ein wenig mit sich selbst zu kämpfen; ‚Sie haben ja die schöne Erinnerung an Ihre Wohltaten; die Mutter hat mir streng verboten, den Schleier zu lüften, und ich versichere Sie‘, setzte sie hinzu, ‚ich bin häßlich wie die Nacht, Sie würden nur erschrecken!‘

Aber dieser Widerstand reizte mich nur noch mehr; ein wirklich häßliches Mädchen, dachte ich, spricht nicht so von ihrer Häßlichkeit, ich wollte den Schleier fassen, aber wie ein Aal war sie entwischt; ‚Dimanche! à revoir!‘ rief sie; und eilte davon. Erstaunt blickte ich ihr nach, etwa fünfzig Schritte von mir blieb sie stehen, winkte mir mit meinem weißen Tuch, und rief mit ihrer silberhellen Stimme: ‚Gute Nacht.‘

25

In den nächsten Tagen beschäftigte mich der Gedanke, welchem Stand das Mädchen wohl angehören könnte. Je lebhafter ich mir ihre gebildete Sprache, ihren zarten Sinn zurückrief, desto höher steigerte ich sie in meinen Gedanken. Darüber wenigstens mußte sie mir Gewißheit geben, nahm ich mir vor, und beschloß mich nicht wieder so abspeisen zu lassen, wie mit dem Schleier. Der Sonntag kam; du wirst dich noch jenes Nachmittags erinnern Faldner, wo wir mit den Freunden in Montmorency im Garten des großen Dichters saßen. Ihr wolltet spät in der Nacht zu Hause fahren, und ich trieb immer zu einer frühen Rückfahrt, und als ihr dennoch bliebet, da machte ich mich trotz eures Scheltens davon. Freilich glaubtest du damals nicht, was ich vorgab, ich könne die Nachtluft nicht vertragen, aber daß ich zu einem Rendezvous mit der Bettlerin vom Pont des Arts eile, konntest du auch nicht denken? Sie war diesmal die erste auf dem Platz, und weil sie mir die Tücher zu bringen hatte, war sie schon bange geworden, ich könnte sie verfehlt haben, und glauben, sie werde nicht Wort halten. Mit beinahe kindischer Freude, und wie es mir schien, noch größerem Zutrauen als früher, plauderte sie, indem sie mir beim Schein einer Straßenlaterne die Tücher zeigte.

Sie schien es gerne zu hören, daß ich ihre feine Arbeit lobte. ‚Sehen Sie, auch Ihren Namen habe ich hereingezeichnet‘, sagte sie, indem sie das zierliche E. v. F. in der Ecke vorwies. Dann wollte sie mir eine Menge Silbergeld als Überschuß zurückgeben, und nur meine bestimmte Erklärung, daß sie mich dadurch beleidige, konnte sie bewegen es als Arbeitslohn anzunehmen.

Ich bestellte aufs neue wieder Arbeit, weil ich sah, daß dem zarten Sinn des Mädchens ein solcher Weg meiner Gaben mehr zusagte, und diesmal waren es Jabots und Manschetten, die ich bestellte. Ihre Mutter war nicht kränker geworden, konnte aber das Bett noch nicht verlassen; doch schon dieser Mittelzustand erschien ihr tröstlich. Als die Mutter abgehandelt war, wagte ich es, sie geradehin zu fragen, wie denn eigentlich ihre Verhältnisse seien.

Die Geschichte, die sie mir in wenigen Worten preisgab, ist in Frankreich so alltäglich, daß sie beinahe jedem Armen zum Aushängeschild dienen muß. Ihr Vater war Offizier in der großen Armee gewesen, war nach der ersten Restauration der Bourbons auf halben Sold gesetzt worden, hatte nachher während der hundert Tage wieder Partei ergriffen, und war bei Mont St. Jean mit den Garden gefallen. Er mochte ziemlich unvorsichtig gehandelt haben, denn seine Witwe verlor die Pension, und lebte von da an ärmlich und elend. In den zwei letzten Jahren fristeten sie ihr Leben meist vom Verkauf ihrer geringen Habe, und waren jetzt eben an jenen äußersten Grad des Elends gekommen, wo dem Armen nichts übrigbleibt, als aus der Welt zu gehen.

Ich fragte das Mädchen, ob sie nicht ihr Verhältnis hätte bessern können, wenn sie etwa ihre Mutter auf andere Weise zu unterstützen gesucht hätte.

‚Sie meinen, wenn ich einen Dienst genommen hätte?‘ erwiderte sie ohne alle Empfindlichkeit; ‚sehen Sie, das war nicht möglich. Vor der Krankheit der Mutter war ich viel zu jung, kaum vierzehn Jahre vorüber, und dann wurde sie auf einmal so elend, daß sie das Bett nicht verlassen konnte; da brauchte sie also immer jemand um sich, und konnte ich denn ihre Pflege einer Fremden überlassen? ja wenn sie gesund geblieben wäre, da hätte ich mit Freuden alle unsere früheren Verhältnisse verleugnet, wäre etwa in einen Putzladen gegangen oder als Gouvernante in ein anständiges Haus, denn ich habe manches gelernt, mein Herr! aber so ging es ja nicht!'

Auch diesmal bat ich vergeblich den Schleier zu lüften. Die Andeutungen, die sie über ihr Alter gegeben, reizten mich, ich gestehe es, nur noch mehr, das Gesicht dieses Mädchens zu sehen, die wenig über sechzehn Jahre haben konnte; aber sie bat mich so dringend davon abzulassen, ihre Mutter habe ihr so triftige Gründe angegeben, daß es nimmer geschehen könne.

Wir trafen uns von da an alle drei Tage. Ich hatte immer einige kleine Arbeiten für sie, und pünktlich war sie damit fertig. Je fester ich in dem Betragen blieb, das ich einmal gegen sie angenommen, je strenger ich mich immer in den Grenzen des Anstandes hielt, desto zutraulicher und offener wurde das gute Mädchen. Sie gestand mir sogar, daß sie zu Hause die drei Tage über immer an den nächsten Abend denke; und ging es mir denn anders? Tag und Nacht beschäftigte ich mich mit diesem sonderbaren Wesen, das mir durch seinen gebildeten Geist, durch sein liebenswürdiges Zartgefühl, durch sein eigentümliches Verhältnis zu mir, immer interessanter wurde.

Der Frühling war indessen völlig heraufgekommen, und die Zeit war da, die ich mit Faldner schon längst zu einer Reise nach England festgesetzt hatte. Mancher hält es vielleicht für töricht, was ich ausspreche, aber wahr ist es, daß ich an diese Reise nur mit Widerwillen dachte; Paris an sich hatte nichts Interessantes mehr für mich; aber jenes Mädchen hatte alle meine Sinne so gefangen genommen, daß ich einer längeren Trennung nur mit Wehmut entgegensah. Ausweichen konnte ich nicht, ohne mich lächerlich zu machen, denn es war sonst kein bündiger Grund vorhanden, die Reise aufzuschieben; ich schämte mich sogar vor mir selbst, und stellte mir die ganze Torheit meines Treibens vor; ich beschloß die Abreise, aber gewiß hat sich wohl keiner je so wenig auf England gefreut als ich.

26

Acht Tage zuvor sagte ich es dem Mädchen, sie erschrak, sie weinte. Ich bat sie ihre Mutter zu fragen, ob ich sie nicht besuchen dürfe, sie sagte es zu. Das nächste Mal aber brachte sie mir sehr betrübt die Antwort, daß mich ihre Mutter bitten lasse, diesen Besuch aufzugeben, der für ihren Gemütszustand allzu angreifend sein würde. Ich hatte jenen Besuch eigentlich nur darum nachgesucht, um mein Mädchen bei Tag und ohne Schleier zu sehen; ich verlangte dies also aufs neue wieder; aber sie bat mich, am Abend vor meiner Abreise noch einmal zu kommen, sie wolle ihre Mutter so lang bestürmen, bis sie die Erlaubnis erhalte, den Schleier aufzuheben. Unvergeßlich wird mir immer dieser Abend sein. Sie kam, und meine erste Frage war, ob die Mutter es erlaubt habe; sie sagte ja, und hob von selbst den Schleier auf. Der Mond schien helle, und zitternd, begierig blickte ich unter den Hut. Aber die Erlaubnis schien nur teilweise gegeben zu sein, denn meine Schöne trug sogenannte Venezianeraugen, die den obern Teil ihres Gesichtes verhüllten. Doch wie schön, wie reizend waren die Partien, welche frei waren! eine feine, zierliche Nase, schöngeformte blühende Wangen, ein kleiner, lieblicher Mund, ein Kinn wie aus Wachs geformt, und ein schlanker blendend weißer Hals. Über die Augen konnte ich nicht recht ins reine kommen, aber sie schienen mir dunkel und feurig.

Sie errötete, als ich sie lange, entzückt betrachtete; ‚Werden Sie mir nicht böse‘, flüsterte sie, ‚daß ich diese Halbmaske vornahm; die Mutter wollte es von Anfang ganz abschlagen, nachher gestattete sie es nur unter dieser Bedingung; ich war selbst recht ärgerlich darüber, aber sie sagte mir einige Gründe, die mir einleuchteten.‘

‚Und was sind diese Gründe?‘ fragte ich.

‚Ach mein Herr!‘ erwiderte sie wehmütig, ‚Sie werden ewig in unserem Herzen leben, aber Sie selbst sollen uns ganz vergessen; Sie sollen mich nie, nie wieder sehen, oder wenn Sie mich auch sehen, nicht erkennen!‘

‚Und meinen Sie denn, ich werde Ihre schönen Züge nicht wiedererkennen, wenn ich auch Ihre Augen, Ihre Stirne nicht sehen darf?‘

‚Die Mutter meint‘, antwortete sie, ‚das sei nicht wohl möglich; denn, wenn man ein Gesicht nur zur Hälfte gesehen, sei das Wiedererkennen schwer.‘

‚Und warum soll ich dich denn nicht wiedersehen, nicht wiedererkennen?‘

Sie weinte bei dieser Frage, sie drückte meine Hand und sagte: ‚Es darf ja nicht sein! was kann Ihnen denn daran liegen, ein unglückliches Mädchen wiederzuerkennen; und – nein die Mutter hat recht; es ist besser so!‘

Ich sagte ihr, daß meine Reise nicht lange dauern werde; daß ich vielleicht schon nach zwei Monaten wieder in Paris sein könne, daß ich sie wiederzusehen hoffe. Sie weinte heftiger und verneinte es. Ich drang in sie, mir zu sagen, warum sie glaube, ich werde sie nicht mehr sehen.

‚Mir ahnt', erwiderte sie, ,ich sehe Sie heute zum letztenmal; ich glaube meine Mutter wird nicht lange mehr leben, der Arzt sagte es mir gestern und dann ist ja alles vorbei! und wenn sie auch länger lebt, in London werden Sie ein so armes Geschöpf, wie ich bin, lange vergessen.'

Ihr Schmerz machte mich unendlich weich; ich sprach ihr Mut ein; ich gelobte ihr, sie gewiß nicht zu vergessen; ich nahm ihr das Versprechen ab, immer den Ersten und Fünfzehnten eines jeden Monats auf diesen Platz zu kommen, damit ich sie wieder finden könnte; sie sagte es unter Tränen lächelnd zu, als ob sie wenig Hoffnung hätte. ‚Nun so lebe wohl auf Wiedersehen', sagte ich, indem ich sie in meine Arme schloß und einen kleinen, einfachen Ring an ihre Hand steckte, ‚lebe wohl und denke an mich und vergiß nicht den Ersten und Fünfzehnten.'

‚Wie könnte ich Sie vergessen!' rief sie, indem sie weinend zu mir aufblickte. ‚Aber ich werde Sie nimmer wiedersehen; Sie nehmen Abschied auf immer.'

Ich konnte mich nicht enthalten, ihren schönen Mund zu küssen; sie errötete, ließ es aber geduldig geschehen; ich steckte ihr einen Tresorschein in die kleine Hand, sie sah mich noch einmal recht aufmerksam an und drückte sich heftiger an mich. ‚Auf Wiedersehen', sprach ich, indem ich mich sanft aus ihren Armen wand. Der letzte Moment des Abschieds schien ihr Mut zu geben; sie zog mich noch einmal an ihr Herz, ich fühlte einen heißen Kuß auf meinen Lippen, ‚Auf immer! Lebe wohl auf immer', rief sie schmerzlich, riß sich los und eilte über den Platz hin.

Ich habe sie nicht wiedergesehen! Nach einem Aufenthalt von drei Monaten kehrte ich von London nach Paris zurück; ich ging am 15. auf den Platz de l'École de Médecine, ich wartete über eine Stunde, mein Mädchen erschien nicht. Noch oft am 1. und 15. wiederholte ich diese Gänge, wie oft ging ich durch die Straße St. Séverin, blickte an den Häusern hinauf, fragte wohl auch nach einer armen, deutschen Frau und ihrer Tochter, aber ich habe nie wieder etwas von ihnen erfahren, und das reizende Wesen hatte recht, als sie mir beim Abschied zurief: ‚*Auf immer.*'"

27

Der junge Mann hatte seine Erzählung mit einem Feuer vorgetragen, das ihr große Wahrheit verlieh und wenigstens auf den weiblichen Teil der Gesellschaft tiefen Eindruck zu machen schien. Josephe weint heftig und auch die andern Fräulein und Frauen wischten sich hin und wieder die Augen. Die Männer waren ernster geworden, und schienen mit großem Interesse zuzuhören, nur der Baron lächelte hin und wieder seltsam, stieß bei dieser oder jener Stelle seinen Nachbar an und flüsterte ihm seine Bemerkungen zu. Jetzt, als Fröben geschlossen hatte, brach er in lautes Gelächter aus; „Das heiße ich mir sich gut aus der Affaire ziehen!" rief er, „ich hab es ja immer gesagt, mein Freund ist ein Schlaukopf. Seht nur, wie er die Damen zu rühren wußte, der Schelm! wahrhaftig meine Frau heult, als habe ihr der Pfarrer die Absolution versagt. Das ist köstlich, auf Ehre! Dichtung und Wahrheit! ja das hast du deinem Goethe abgelauscht, Dichtung und Wahrheit, es ist ein herrlicher Spaß."

Fröben fühlte sich durch diese Worte aufs neue verletzt: „Ich sagte dir schon", sagte er unmutig, „daß ich die Dichtung oder *Er*dichtung gänzlich beiseite ließ und nur die Wahrheit sagte; ich hoffe, du wirst es als solche ansehen."

„Gott soll mich bewahren!" lachte der Baron. „Wahrheit! das Mädchen hast du dir unterhalten, Bester, das ist die ganze Geschichte, und aus deinen Abendbesuchen bei ihr hast du uns einen kleinen Roman gemacht. Aber gut erzählt, gut erzählt, das lasse ich gelten."

Der junge Mann errötete vor Zorn; er sah, wie Josephe ihren Gatten starr und ängstlich ansah; er glaubte zu sehen, daß auch sie vielleicht seinen Argwohn teile und schlecht von ihm denke; die Achtung dieser Frau wenigstens wollte er sich durch diese gemeinen Scherze nicht nehmen lassen. „Ich bitte, schweigen wir davon", rief er, „ich habe nie in meinem Leben Ursache gehabt, irgend etwas zu bemänteln oder zu entstellen, kann es aber auch nicht dulden, wenn andere mir dieses Geschäft abnehmen wollen. Ich sage dir zum letztenmal, Faldner, daß sich, auf mein Wort, alles so verhält, wie ich es erzählte."

„Nun dann sei es Gott geklagt", erwiderte jener, indem er die Hände zusammenschlug; „dann hast du aus lauter übertriebenem Edelsinn und theoretischer Zartheit ein paar hundert Francs an ein listiges Freudenmädchen weggeworfen, das dich durch ein gewöhnliches Histörchen von Elend und kranker Mutter köderte; hast nichts davon gehabt als einen armseligen Kuß! Armer Teufel! in Paris sich von einer Metze so zum Narren halten zu lassen."

Noch mehr als die vorige Beschuldigung reizte den jungen Mann dieses spöttische Mitleid und das Gelächter der Gesellschaft auf, die auf seine Kosten den schlechten Witz des Barons applaudierte. Er wollte eben aufs tiefste gekränkt die Gesellschaft verlassen, als ein sonderbarer, schrecklicher Anblick ihn zurückhielt. Josephe war, bleich wie eine Leiche, langsam aufgestanden; sie schien ihrem Gatten etwas erwidern zu wollen, aber in demselben Moment sank sie ohnmächtig, wie tot zusammen. Bestürzt sprang man auf, alles rannte durcheinander, die Frauen richteten die Ohnmächtige auf, die Männer fragten sich verwirrt, wie dies denn so plötzlich gekommen sei, Fröben hatte der Schrecken beinahe selbst ohnmächtig gemacht und der Baron murmelte Flüche über die zarten Nerven der Weiber, schalt auf die grenzenlose Dezenz, auf die ängstliche Beobachtung des Anstandes, wovon man ohnmächtig werde, suchte bald die Gesellschaft zu beruhigen, bald rannte er wieder zu seiner Frau; alles sprach, riet, schrie zusammen und keiner hörte, keiner verstand den andern.

Josephe kam nach einigen Minuten wieder zu sich; sie verlangte nach ihrem Zimmer, man brachte sie dahin und die Mädchen und Frauen drängten sich neugierig und geschäftig nach; sie gaben hunderterlei Mittel an, die wider die Ohnmacht zu gebrauchen, sie erzählten, wie ihnen da oder dort dasselbe begegnet, sie wurden darüber einig, daß die große Anstrengung der Frau von Faldner, die vielen Sorgen und Geschäfte an diesem Tage diesen Zufall notwendig habe herbeiführen müssen, und die Sorge, der Baron möchte sich vielleicht blamieren, da er ohnedies schon recht unanständig gewesen, habe die Sache noch beschleunigt.

Der Baron suchte indessen unter den Männern die vorige Ordnung wieder herzustellen. Er ließ fleißig einschenken, trank diesem oder jenem tapfer zu, und suchte sich und seine Gäste mit allerlei Trostgründen zu beruhigen. „Es kömmt von nichts", rief er, „als von dem Unwesen der neuern Zeit; jede Frau von Stande hat heutzutage schwache Nerven, und wenn sie die nicht hat, so gilt sie nicht für vornehm; ohnmächtig werden gehört zum guten Ton; der Teufel hat diese verrückten Einrichtungen erfunden. Und auch daher kömmt es, daß man nichts mehr beim rechten Namen nennen darf. Alles soll so überaus zart, dezent, fein, manierlich hergehen, daß man darüber aus der Haut fahren möchte. Da hat sie sich jetzt alteriert, daß ich einigen Scherz riskierte, was doch die Würze der Gesellschaft ist; daß ich über dergleichen zarte, feingefühlige Geschichten nicht außer mir kam vor Rührung und Schmerz und mir einige praktische Konjekturen erlaubte. Was da! unter Freunden muß dergleichen erlaubt sein! Und ich hätte dich für gescheuter gehalten, Freund Fröben, als daß du nur dergleichen übelnehmen könntest."

Aber der, an den der Baron den letztern Teil seiner Rede richtete, war längst nicht mehr unter den Gästen, Fröben war auf sein Zimmer gegangen im Unmut, im Groll auf sich und die Welt. Noch konnte er sich diesen sonderbaren Auftritt nicht ganz enträtseln, seine Seele halb noch aufgeregt von dem Zorn über die Roheit des Freundes, halb ergriffen von dem Schrecken über den Unfall der Freundin war noch zu voll, zu stürmisch bewegt, um ruhigeren Gedanken und der Überlegung Raum zu geben. „Wird auch sie mir nicht glauben", sprach er kummervoll zu sich, „wird auch sie den schnöden Worten ihres Gatten mehr Gewicht geben, als der einfachen ungeschmückten Wahrheit, die ich erzählte? Was bedeuteten jene seltsamen Blicke, womit sie mich während meiner Erzählung zuweilen ansah? wie konnte sie diese Begebenheit so tief ergreifen, daß sie erbleichte, zitterte? sollte es denn wirklich wahr sein, daß sie mir gut ist, daß sie innigen Anteil an mir nimmt, daß sie verletzt wurde von dem Hohn des Freundes, der mich so tief in ihren Augen herabsetzen mußte? Und was wollte sie denn als sie aufstand, als sie sprechen wollte? wollte sie den unschicklichen Reden Faldners Einhalt tun oder wollte sie mich sogar verteidigen?"

Er war unter diesen Worten heftig im Zimmer auf und ab gegangen, sein Blick fiel jetzt auf die Rolle, die jenes Bild enthielt, er rollte es auf, er sah es bitter lächelnd an. „Und wie konnte ich mich auch von einem Gefühl der Beschämung hinreißen lassen, mein Herz Menschen aufzuschließen, die es doch nicht verstehen, von Dingen zu reden, die solch überaus vornehmen Leuten so fremd sind; das Schlechte, das Gemeine ist ihnen ja lieber, scheint ihnen natürlicher als das Außerordentliche; wie konnte ich von deinen lieben Wangen, von deinen süßen Lippen zu diesen Puppen sprechen? O du armes, armes Kind; wie viel edler bist du in deinem Elend als diese Fuchsjäger und ihr

Gelichter, die wahren Jammer und verschämte Armut nur vom Hörensagen kennen und jede Tugend, die sich über das Gemeine erhebt als Märchen verlachen! Wo du jetzt sein magst? und ob du des Freundes noch gedenkst und jener Abende, die ihn so glücklich machten!"

Seine Augen gingen über, als er das Bild betrachtete, als er bedachte, welch bitteres Unrecht die Menschen heute diesem armen Wesen angetan. Er wollte seine Tränen unterdrücken, aber sie strömten nur noch heftiger. Es gab eine Stelle in der Brust des jungen Mannes, wohin, wie in ein tiefes Grab, sich alle Wehmut, alle zurückgedrängten Tränen des Grames still und auf lange versammelten; aber Momente, wie dieser, wo die Schmerzen der Erinnerung und seine Hoffnungslosigkeit so schwer über ihn kamen, sprengten die Decke dieses Grabes und ließen den langverhaltenen Kummer um so mächtiger überströmen, je mehr sein gebrochener Mut in Wehmut überging.

28

Fröben überdachte am andern Morgen die Vorfälle des gestrigen Tages, und war mit sich uneinig, ob er nicht lieber jetzt gleich ein Haus verlassen sollte, wo ihn ein längerer Aufenthalt vielleicht noch öfter solchen Unannehmlichkeiten aussetzte, als die Türe aufging und der Baron niedergeschlagen und beschämt hereintrat. „Du bist gestern abend nicht zu Tisch gekommen, du hast dich heute noch nicht sehen lassen", hub er an, indem er näher kam, „du zürnst mir; aber sei vernünftig und vergib mir; siehe es ging mir wunderlich; ich hatte den Tag über zuviel Wein getrunken, war erhitzt und du kennst meine schwache Seite, da kann ich das Necken nicht lassen. Ich bin gestraft genug, daß der schöne Tag so elend endete und daß mein Haus jetzt vier Wochen lang das Gespräch der Umgegend sein wird. Verbittere mir nicht vollends das Leben und sei mir wieder freundlich wie zuvor."

„Lasse lieber die ganze Geschichte ruhen", entgegnete Fröben finster, indem er ihm die Hand bot; „ich liebe es nicht, über dergleichen mich noch weiter auszusprechen; aber morgen will ich fort, weiter; hier bleibe ich nicht länger."

„Sei doch kein Narr!" rief Faldner, der dies nicht erwartet hatte und ernstlich erschrak; „wegen einer solchen Szene gleich aufbrechen zu wollen! ich sagte es ja immer, daß du ein solcher Hitzkopf bist. Nein, daraus wird nichts; und hast du mir nicht versprochen zu warten, bis Briefe da sind vom Don in W.? Nein, du darfst mir nicht schon wieder weggehen, und wegen der Gesellschaft hast du dich nicht zu schämen, sie alle, besonders die Frauen, schalten mich tüchtig aus, sie gaben dir völlig recht und sagten, ich sei an allem schuld."

„Wie geht es deiner Frau?" fragte Fröben, um diesen Erinnerungen auszuweichen.

„Ganz hergestellt, es war nur so ein kleiner Schrecken, weil sie fürchtete, wir werden ernstlich aneinandergeraten; sie wartet mit dem Frühstück auf dich; komm jetzt mit herunter und sei vernünftig und nimm Raison an. Ich muß ausreiten, nimm es mir nicht übel, die Mühle kömmt heute in Gang. Du bist also wieder ganz, wie zuvor?"

„Nun ja doch!" sagte der junge Mann ärgerlich; „laß doch einmal die ganze Geschichte ruhen." Er folgte mit sonderbaren Gefühlen, die er selbst nicht recht zu deuten wußte, dem Baron, der vergnügt über die schnelle Versöhnung seines Freundes ihm voraneilte, seiner Frau schnell berichtete, was er ausgerichtet habe und dann das Schloß verließ, um seine Mühle in Gang zu bringen.

Hatte sich denn heute auf einmal alles so ganz anders gestaltet, oder war nur er selbst anders geworden; Josephens Züge, ihr ganzes Wesen schien Fröben verändert, als er bei ihr eintrat. Eine stille Wehmut, eine weiche Trauer schien über ihr Antlitz ausgegossen und doch war ihr Lächeln so hold, so traulich, als sie ihn willkommen hieß. Sie schrieb ihr gesteriges Übel allzu großer Anstrengung zu und schien überhaupt von dem ganzen Vorfall nicht gerne zu sprechen. Aber Fröben, dem an der guten Meinung seiner Freundin so viel lag, konnte es nicht ertragen, daß sie beinahe geflissentlich seine Erzählung gar nicht berührte: „Nein", rief er, „ich lasse Sie nicht so entschlüpfen, gnädige Frau! An dem Urteil der andern über mich lag mir wenig; was kümmert es mich, ob solche Alltagsmenschen mich nach ihrem gemeinen Maßstab messen! Aber wahrhaftig, es würde mich unendlich schmerzen, wenn auch Sie mich falsch beurteilten, wenn auch Sie Gedanken Raum gäben, die mich in Ihren Augen so tief herabsetzen müssen, wenn auch Sie die Wahrheit jener Erzählung bezweifelten, die ich freilich solchen Ohren nie hätte preisgeben sollen. O ich beschwöre Sie, sagen Sie recht aufrichtig, was Sie von mir und jener Geschichte denken?"

Sie sah ihn lange an; ihr schönes großes Auge füllte sich mit Tränen, sie drückte seine Hand: „O Fröben; was *ich* davon denke?" sagte sie, „und wenn die ganze Welt an der Wahrheit zweifeln würde, ich wüßte dennoch gewiß, daß Sie wahr gesprochen! Sie wissen ja nicht, wie gut ich Sie kenne!"
Er errötete freudig und küßte ihre Hand; „Wie gütig sind Sie, daß Sie mich nicht verkennen. Und gewiß, ich habe alles, alles genau nach der Wahrheit erzählt."
„Und dieses Mädchen", fuhr sie fort, „ist wohl dieselbe, von welcher Sie mir letzthin sagten? Erinnern Sie sich nicht, als wir von Victor und Klothilde sprachen, daß Sie mir gestanden, Sie lieben hoffnungslos? Ist es dieselbe?"
„Sie ist es", erwiderte er traurig. „Nein, Sie werden mich wegen dieser Torheit nicht auslachen; Sie fühlen zu tief, als daß Sie dies lächerlich finden könnten. Ich weiß alles, was man dagegen sagen kann, ich schalt mich selbst oft genug einen Toren, einen Phantasten, der einem Schatten nachjage; ich weiß ja nicht einmal ob sie mich liebt –"
„Sie liebt Sie!" rief Josephe unwillkürlich aus; doch über ihre eigenen Worte errötend setzte sie hinzu: „Sie muß Sie lieben; glauben Sie denn, soviel Edelmut müsse nicht tiefen Eindruck auf ein Mädchenherz von siebzehn Jahren machen und in allen ihren Äußerungen, die Sie uns erzählten, liegt, es müßte mich alles trügen, oder es liegt gewiß ein bedeutender Grad von Liebe darin."
Der junge Mann schien mit Entzücken auf ihre Worte zu lauschen; „Wie oft rief ich mir dies selbst zu", sprach er, „wenn ich so ganz ohne Trost war und traurig in die Vergangenheit blickte; aber wozu denn? vielleicht nur um mich noch unglücklicher zu machen! Ich habe oft mit mir selbst gekämpft, habe im Gewühl der Menschen Zerstreuung, im Drang der Geschäfte Betäubung gesucht, es wollte mir nie gelingen. Immer schwebte mir jenes holde unglückliche Wesen vor; mein einziger Wunsch war, sie nur noch einmal zu sehen. Es ist noch jetzt mein Wunsch, ich darf es Ihnen gestehen, denn Sie wissen mein Gefühl zu würdigen; auch diese Reise unternahm ich nur, weil meine Sehnsucht mich hinaustrieb, sie zu suchen, sie noch einmal zu sehen. Und wie ich denn so recht über diesen Wunsch nachdenke, so finde ich mich sogar oft auf dem Gedanken, sie auf immer zu besitzen! – Sie blicken weg, Josephe? O ich verstehe; Sie denken, ein Geschöpf, das so tief im Elend war, dessen Verhältnisse so zweideutig sind,

dürfe ich nie wählen; Sie denken an das Urteil der Menschen; an alles dies habe auch ich recht oft gedacht, aber so wahr ich lebe, wenn ich sie so wiederfände, wie ich sie verlassen, ich würde niemand als mein Herz fragen. Würden Sie mich denn so strenge beurteilen, Josephe?"

Sie antwortete ihm nicht; noch immer abgewandt, ihre Stirne in die Hand gestützt, bot sie ihm ein Buch hin und bat ihn vorzulesen. Er ergriff es zögernd, er sah sie fragend an; es war das einzige Mal, daß er sich in ihr Betragen nicht recht zu finden wußte; aber sie winkte ihm zu lesen und er folgte, wiewohl er gerne noch länger sein Herz hätte sprechen lassen. Er las von Anfang zerstreut; aber nach und nach zog ihn der Gegenstand an, entführte seine Gedanken mehr und mehr dem vorigen Gespräch, und riß ihn endlich hin, so, daß er im Fluß der Rede nicht bemerkte, wie die schöne Frau ihm ein Angesicht voll Wehmut zuwandte, daß ihre Blicke voll Zärtlichkeit an ihm hingen, daß ihr Auge sich oft mit Tränen füllen wollte, die sie nur mühsam wieder unterdrückte. Spät erst endete er und Josephe hatte sich so weit gefaßt, daß sie mit Ruhe über das Gelesene sprechen konnte, aber dennoch schien es dem jungen Mann, als ob ihre Stimme hie und da zittere, als ob die frühere gütige Vertraulichkeit, die sie dem Freund ihres Gatten bewiesen, gewichen sei; er hätte sich unglücklich gefühlt, wenn nicht jener leuchtende Strahl eines wärmeren Gefühles, der aus ihrem Auge hervorbrach, ihn an seiner Beobachtung irregemacht hätte.

29

Da der Baron erst bis Abend zurückkehren wollte, Josephe sich aber nach dieser Vorlesung in ihre Zimmer zurückgezogen hatte, so beschloß Fröben, um diesen quälenden Gedanken auf einige Stunden wenigstens zu entgehen, die heiße Mittagszeit vor der Tafel zu verschlafen. In jener Laube, die ihm durch so manche schöne Stunde, die er mit der liebenswürdigen Frau hier zugebracht, wert geworden war, legte er sich auf die Moosbank und entschlief bald. Seine Sorgen hatte er zurückgelassen, sie folgten ihm nicht durch das Tor der Träume; nur liebliche Erinnerungen verschmolzen und mischten sich zu neuen reizenden Bildern; das Mädchen aus der St.-Séverin-Straße mit ihrer schmelzenden Stimme schwebte zu ihm her, und erzählte ihm von ihrer

Mutter; er schalt sie, daß sie so lange auf sich habe warten lassen, da er doch ja den Ersten und Fünfzehnten gekommen sei; er wollte sie küssen zur Strafe, sie sträubte sich, er hob den Schleier auf, er hob das schöne Gesichtchen am Kinn empor, und siehe – es war Don Pedro, der sich in des Mädchens Gewänder gesteckt hatte, und Diego sein Diener wollte sich totlachen über den herrlichen Spaß. – Dann war er wieder mit einem kühnen Sprung der träumenden Phantasie in Stuttgart in jener Gemäldesammlung. Man hatte sie anders geordnet, er durchsuchte vergebens alle Säle nach dem teuren Bilde; es war nicht zu finden, er weinte, er fing an zu rufen, und laut zu klagen; da kam der Galeriediener herbei und bat ihn stille zu sein, und die Bilder nicht zu wecken, die jetzt alle schlafen. Auf einmal sah er in einer Ecke das Bild hängen, aber nicht als Brustbild wie früher, sondern in Lebensgröße; es sah ihn neckend, mit schelmischen Blicken an; es trat lebendig aus dem Rahmen und umarmte den Unglücklichen; er fühlte einen heißen, langen Kuß auf seinen Lippen. Wie es zu geschehen pflegt, daß man im Traum zu erwachen glaubt, und träumend sich sagt, man habe ja nur geträumt, so schien es auch jetzt dem jungen Mann zu gehen. Er glaubte, von dem langen Kuß erweckt die Augen zu öffnen, und siehe, auf ihn niedergebeugt hatte sich ein blühendes, rosiges Gesicht, das ihm bekannt schien. Vor Lust des süßen Atems, der liebewarmen Küsse, die er einsog, schloß er wieder die Augen; er hörte ein Geräusch, er schlug sie noch einmal auf und sah eine Gestalt in schwarzem Mantel, schwarzem Hütchen mit grünem Schleier entschweben; als sie eben um eine Ecke biegen wollte, kehrte sie ihm noch einmal das Gesicht zu; es waren die Züge des geliebten Mädchens, und neidisch wie damals hatte sie auch jetzt die Halbmaske vorgenommen. „Ach, es ist ja doch nur ein Traum!" sagte er lächelnd zu sich, indem er die Augen wieder schließen wollte; aber das Gefühl erwacht zu sein, das Säuseln des Windes in den Blättern der Laube, das Plätschern des Springbrunnens, war zu deutlich, als daß er davon nicht völlig wach und munter geworden wäre. Das sonderbare, lebhafte Traumbild stand noch vor seiner Seele; er blickte nach der Ecke, wo sie verschwunden war, er sah die Stelle an, wo sie gestanden, sich über ihn hingebeugt hatte, er glaubte die Küsse des geliebten Mädchens noch auf den Lippen zu fühlen. „So weit also ist es mit dir gekommen", sprach er erschreckend zu sich, „daß du sogar im Wachen träumst, daß du sie bei gesunden Sinnen um dich siehst! Zu welchem Wahnwitz soll dies noch führen? Nein, daß man so deutlich träumen könne, hätte ich nie geglaubt. Es ist eine Krankheit des Gehirns, ein Fieber der Phantasie; ja es fehlt nicht viel, so möchte ich sogar behaupten Traumbilder können Fußstapfen hinterlassen; denn diese Tritte hier im Sande sind nicht von meinem Fuß." Sein Blick fiel auf die Bank, wo er gelegen, er sah ein zierlich gefaltetes Papier, und nahm es verwundert auf. Es war ohne Aufschrift, es hatte ganz die Form eines Billet doux; er zauderte einen Augenblick, ob er es öffnen dürfe; aber neugierig, wer sich hier wohl in solcher Form schreiben könnte, entfaltete er das Papier – ein Ring fiel ihm entgegen. Er hielt ihn in der Hand und durchflog den Brief, er las:

„Oft bin ich Dir nahe, Du mein edler Retter und Wohltäter; ich umschwebe Dich mit jener unendlichen Liebe, die meine Dankbarkeit anfachte, die selbst mit meinem Leben nicht verglühen wird. Ich weiß, Dein großmütiges Herz schlägt noch immer für mich, Du hast Länder durchstreift, um mich zu suchen, zu finden; doch umsonst bemühst Du Dich – vergiß ein so unglückliches Geschöpf; was wolltest Du auch mit mir? Wenn auch mein höchstes Glück in dem Gedanken liegt, ganz Dir anzugehören, so kann es ja doch nimmermehr sein! Auf immer! sagte ich Dir schon damals, ja auf immer liebe ich Dich, aber – das Schicksal will, daß wir getrennt seien auf immer, daß nie an Deiner Seite, vielleicht nur in Deiner gütigen Erinnerung leben darf
Die Bettlerin vom *Pont des Arts.*"

Der junge Mann glaubte noch immer oder aufs neue zu träumen; er sah sich mißtrauisch um, ob seine Phantasie ihn denn so ganz verführt habe, daß er in einer Traumwelt lebe; aber alle Gegenstände um ihn her, die wohlbekannte Laube, die Bank, die Bäume, das Schloß in der Ferne, alles stand noch wie zuvor, er sah, er wachte, er träumte nicht. Und diese Zeilen waren also wirklich vorhanden, waren nicht ein Traumbild seiner Phantasie? „Hat man vielleicht einen Scherz mit mir machen wollen?" fragte er sich dann; „ja gewiß; es kömmt wohl alles von Josephe; vielleicht war auch jene Erscheinung nur eine Maske?" Indem er das Papier zusammenrollte, fühlte er den Ring, der in dem Briefchen verborgen war, in seiner Hand. Neugierig zog er ihn hervor, betrachtete ihn und erblaßte. Nein, das wenigstens war keine Täuschung, es war derselbe Ring, den er dem Mädchen in jener Nacht gegeben, als er auf immer von ihr Abschied nahm. Sosehr er im ersten Augenblick versucht war, hier an übernatürliche

Dinge zu glauben, so erfüllte ihn doch der Gedanke, daß er ein
Zeichen von dem geliebten Wesen habe, daß sie ihm nahe sei,
mit so hohem Entzücken, daß er nicht mehr an die Worte des
Briefes dachte, er zweifelte keinen Augenblick, daß er sie finden
werde, er drückte den Ring an die Lippen, er stürzte aus der
Laube in den Garten, und seine Blicke streiften auf allen Wegen,
in allen Büschen nach der teuren Gestalt. Aber er spähte vergebens; er fragte die Arbeiter im Garten, die Diener im Schlosse,
ob sie keine Fremde gesehen haben; man hatte sie nicht bemerkt.
Bestürzt, beinahe keiner Überlegung fähig, kam er zu Tische;
umsonst forschte Faldner nach dem Grund seiner verstörten
Blicke, umsonst fragte ihn Josephe, ob er denn vielleicht von
gestern her noch so trübe gesinnt sei; „Es ist mir etwas begegnet",
antwortete er, „das ich ein Wunder nennen müßte, wenn nicht
meine Vernunft sich gegen Aberglauben sträubte."

30

Dieser sonderbare Vorfall und die Worte des Briefchens, das
er wohl zehnmal des Tages überlas, hatten den jungen Mann
ganz tiefsinnig gemacht. Er fing an nachzusinnen, ob es denn
möglich sei, daß überirdische Wesen in das Leben der Sterblichen
eingreifen können. Wie oft hatte er über jene Schwärmer gelacht,
die an Erscheinungen, an Boten aus einer andern Welt, an
Schutzgeister, die den Menschen umschweben, wie an ein Evangelium glaubten. Wie oft hatte er ihnen sogar die physische Un-
möglichkeit dargetan, daß körperlose Wesen dennoch sichtbar
erscheinen, daß sie dies oder jenes verrichten können. Aber was
ihm selbst begegnet war, wie sollte er es deuten? Oft nahm er
sich vor, alles zu vergessen, gar nicht mehr daran zu denken, und
im nächsten Augenblick quälte er sich ab, seine Erinnerung recht
lebhaft vor das Auge treten zu lassen; deutlicher als je, erschienen dann wieder ihre Züge, er hatte sie ja gesehen, als sie sich an
der Ecke noch einmal umwandte; er hatte den holden Mund,
diese rosigen Wangen, dieses Kinn, diesen schlanken Hals wieder gesehen! Er holte jenes Bild herbei, er verglich Zug um Zug,
er deckte die Hand auf Auge und Stirne der Dame, und es war
das holde Gesichtchen, wie es unter der Halbmaske hervor-
schaute!

Er hatte sich, weil Josephe am nächsten Morgen im Hause allzusehr beschäftigt war, um ihn zu unterhalten, wieder in die Laube gesetzt. Er las, und während des Lesens beschäftigte ihn immer der Gedanke, ob sie ihm wohl wieder erscheinen werde. Die Hitze des Mittags wirkte betäubend auf ihn; mit Mühe suchte er sich wach zu halten, er las eifriger und angestrengter, aber nach und nach sank sein Haupt zurück, das Buch entfiel seinen Händen, er schlief.

Beinahe um dieselbe Zeit wie gestern erwachte er, aber keine Gestalt mit grünem Schleier war weit und breit zu sehen; er lächelte über sich selbst, daß er sie erwartet habe, er stand traurig und unzufrieden auf, um ins Schloß zu gehen, da erblickte er neben sich ein weißes Tuch, das er sich nicht erinnern konnte hingelegt zu haben; er sah es an, es mußte wohl dennoch sein gehören, denn in der Ecke war sein Namenszug eingenäht. „Wie kömmt dies Tuch hieher?" rief er bewegt, als er bei genauerer Besichtigung entdeckte, daß es eines jener Tücher sei, die ihm das Mädchen hatte fertigen müssen, und die er wie Heiligtümer sorgfältig verschloß. „Soll dies aufs neue ein Zeichen sein?" Er entfaltete das Tuch, und suchte, ob nicht vielleicht wieder einige Zeilen eingelegt seien? Es war leer; aber in einer andern Ecke des Tuches entdeckte er noch einige Lettern, die wie sein Name eingenäht waren; zierlich und nett standen dort die Worte: *„Auf immer!"* „Also dennoch hier gewesen", rief der junge Mann unmutig, „und ich konnte ihre liebliche Erscheinung schnöderweise verschlafen? Warum gibt sie mir wohl ein neues Zeichen? warum diese traurigen Worte wiederholen, die mich schon damals und erst gestern wieder so unglücklich machten?" Auch heute befragte er nach der Reihe die Domestiken, ob nicht eine fremde Person im Garten gewesen sei? sie verneinten es einstimmig, und der alte Gärtner sagte, seit drei Stunden sei gar niemand durch den Garten gegangen, als nur die gnädige Frau. „Und wie war sie angezogen?" fragte Fröben, auf sonderbare Weise überrascht; „Ach Herr, da fragt Ihr mich zuviel", antwortete der Alte; „sie ist halt angezogen gewesen in vornehmen Kleidern, aber wie, das weiß ich nicht zu beschreiben; als sie vor mir vorbeiging, nickte sie freundlich und sagte: ‚Guten Abend, Jakob.' "

Der junge Mann führte den Alten beiseite; „Ich beschwöre dich", flüsterte er; „trug sie einen grünen Schleier, hatte sie nicht eine große schwarze Brille auf?"

Der alte Gärtner sah ihn mißtrauisch und kopfschüttelnd an. „Eine schwarze Brille?" fragte er, „die gnädige Frau eine große schwarze Brille? ei du Herrgott, wo denken Sie hin, sie hat so scharfe, klare Augen wie eine Gemse, und soll eine Brille auf der Nase tragen, mit Respekt zu melden, eine große schwarze Brille, wie sie die alten Weiber in der Kirche auf die Nase klemmen, daß es feiner schnarrt, wenn sie singen? Nein, gnädiger Herr, solche schlechte Gedanken müssen Sie sich aus dem Kopf schlagen, das ist nichts; und nehmen Sie es nicht ungütig, aber eine Mütze sollten Sie doch aufsetzen bei dieser Hitze, es ist von wegen des Sonnenstichs." So sprach der Alte, und ging kopfschüttelnd weiter; den übrigen Dienstboten aber deutete er mit sehr verdächtiger Bewegung des Zeigfingers ans Hirn an, daß es mit dem jungen Herrn Gast hier oben nicht recht richtig sein müsse.

31

Auch jetzt kam Fröben zu keinem andern Resultat, als daß das Betragen jenes Mädchens, das er so innig liebte, unbegreiflich sei. Und dieses rätselhafte Spiel mit seinem Schmerz, mit seiner Sehnsucht, beschäftigte ihn so ganz ausschließlich, daß ihm vieles entging, was ihm sonst wohl hätte auffallen müssen. Josephe kam mit verweinten Augen zu Tische; der Baron war verstimmt und einsilbig, und schien seinem inneren Unmut, der ihm um die Stirne lag und deutlich aus den Augen sprach, hie und da durch einen Fluch über die schlechte Küche und die noch schlechtere Haushaltung Luft machen zu müssen. Die unglückliche Frau ließ alles still und geduldig über sich ergehen; sie schickte zuweilen, als wolle sie Hülfe oder Trost suchen, einen flüchtigen Blick nach Fröben hinüber; ach, sie bemerkte nicht, wie ihr Gatte diese Blicke belauerte, wie seine Stirne sich röter färbte, wenn er ihre Augen auf diesem Wege traf.

An Fröbens Auge und Ohr ging dies vorüber als etwas, an das er sich schon gewöhnt hatte; er gab sich nicht einmal die Mühe, Josephe um die Ursache dieses Aufbrausens zu befragen. Es fiel ihm nicht auf, daß sie zurückhaltender gegen ihn war in Beisein Faldners, er schrieb es der gewöhnlichen Geschäftigkeit seines Freundes zu, daß ihn dieser in den nächsten Tagen nötigte, mit ihm da- und dorthin auf das Gut zu gehen und in Wald und Feld oft einen großen Teil des Tages mit Messungen und Berechnungen hinzubringen. Als er aber eines Morgens, als ihn Faldner schon gestiefelt und gespornt erwartete, eine kleine Unpäßlichkeit vorschützte, um diesen unangenehmen Feldbesuchen zu entgehen, als er arglos hinwarf, daß er doch Josephen auch einmal wieder vorlesen müsse, da wollte es ihm doch auffallend dünken, daß der Baron unmutig rief: „Nein, sie soll mir nichts mehr lesen, gar nichts mehr. Es geht ohnedies seit einiger Zeit alles konträr. Das könnte ich vollends brauchen, wenn sie den ganzen Morgen mit Lesen zubrächte, und solche Romanideen im Kopfe trüge, wie ich schon welche habe spuken sehen. Lies dir in Gottes Namen selbst vor, lieber Fröben, und nimm mir nicht übel, wenn ich mein Weib anders placiere. Du gehst in den Garten nach dem Frühstück, Josephe, es soll heute Gemüse ausgestochen werden, nachher bist du so gütig und gehst zu Pastors, du bist dort seit lange einen Besuch schuldig." Mit diesen Worten nahm er seine Reitpeitsche vom Tische und schritt davon.

„Was soll denn das? was hat er denn heute", fragte Fröben staunend die junge Frau, die kaum ihre Tränen zurückzuhalten vermochte.

„O er ist so ziemlich wie sonst", erwiderte sie ohne aufzublikken; „Ihre Anwesenheit hat ihn einige Zeitlang aus dem gewöhnlichen Gleise gebracht; Sie sehen, er ist jetzt wieder nun wie zuvor."

„Aber mein Gott", rief er unmutig, „so schicken Sie doch eine Magd in den Garten!"

„Ich darf nicht", sagte sie bestimmt; „ich muß selbst zusehen; er will es ja haben."

„Und den Beusch bei Pastors – ?"

„Muß ich machen, Sie haben es ja gehört, daß ich ihn machen *muß*; lassen wir das, es ist einmal so. Aber Sie", fuhr Josephe fort, „Sie, mein Freund, scheinen mir seit einigen Tagen verändert, gar nicht mehr so munter, so zutraulich wie früher. Sollten Sie sich vielleicht nicht mehr hier gefallen? Sollte mein Mann, sollte vielleicht ich Ursache Ihrer Verstimmung sein?"

Fröben fühlte sich verlegen; er war auf dem Punkt der Freundin jene sonderbaren Vorfälle im Garten zu gestehen, aber der Gedanke sich vor der klugen jungen Frau eine Blöße zu geben, hielt ihn zurück. „Sie wissen", sagte er ausweichend, „daß ich in den letzten Tagen Briefe aus S. bekam. Und wenn ich verstimmt erscheine, so tragen diese Briefe allein die Schuld." Sie sah ihn zweifelhaft an; eine Antwort schien auf ihren Lippen zu schweben, aber wie wenn sie den Mangel an Vertrauen in dem Blicke des jungen Mannes gelesen, und sich dadurch gekränkt gefühlt hätte, zuckten ihre schönen Lippen, und drängten die Antwort zurück; sie zog schweigend die Glocke, befahl ihrer Zofe ihr Hut und Schirm zu bringen, und ging dann, ohne ihn zu diesem Gang einzuladen in den Garten an die Arbeit.

Als der junge Mann einige Stunden nachher ebenfalls in den Garten hinabstieg und nach Josephe fragte, hieß es, sie sei zu Pastors gegangen. Er eilte der Laube zu, er setzte sich mit pochendem Herz nieder. Heute hatte er sich vorgenommen nicht einzuschlafen. „Ich will doch sehen", sagte er zu sich, „ob dieses Wesen, das mich so geheimnisvoll umschwebt, noch ein drittes Zeichen für mich hat? Ich will mich wie zum Schlummer niederlegen, und so wahr ich lebe, wenn es wieder erscheint, will ich es haschen und schauen, welcher Natur es sei." Er las bis der Mittag herangekommen war; dann legte er sich nieder, und schloß die Augen. Oft wollte sich der Schlummer wirklich über ihn herabsenken, aber Erwartung, Unruhe und sein fester Wille, der die Mohnkörner von ihm ferne hielt, ließen ihn wach bleiben. Er mochte wohl eine halbe Stunde so gelegen haben, als die Zweige der Laube rauschten. Er öffnete die Augen kaum ein wenig und sah, wie zwei weiße Hände die Zweige behutsam teilten, vermutlich um eine Aussicht auf den Schlummernden zu öffnen. Dann knisterten leise, leise Schritte im Sand. Er blickte verstohlen nach dem Eingang der Laube und sein Herz wollte zerspringen voll freudiger Ungeduld, als er sein Mädchen sah im schwarzen Mantel und Hut, den grünen Schleier zurückgeschlagen, die schwarzen Maskenaugen vor den obern Teil des schönen Gesichtes gebunden.

32

Sie nahte auf den Zehenspitzen. Er sah, wie auf ihrem Gesicht ein höheres Rot aufstieg, als sie näher trat. Sie betrachtete den Schläfer lange; sie seufzte tief und schien Tränen abzutrocknen. Dann trat sie nahe heran; sie beugte sich über ihn herab, ihr Atem berührte ihn wie ein Himmelsbote, der die Nähe ihrer süßen Lippen ansagte, sie senkte sich tiefer und ihr Mund legte sich auf den seinigen so sanft wie das Morgenrot sich auf den Hügel senkt.

Da hielt er sich nicht länger; schnell schlang er seinen Arm um ihren Leib und mit einem kurzen Angstschrei sank sie in die

Knie. Er sprang erschrocken auf, er glaubte sie ohnmächtig, aber sie war nur sprachlos und zitterte heftig; er hob sie auf, er zog sie, erfüllt von der Wonne des Wiedersehens, an seine Seite auf die Bank nieder, er bedeckte ihren Mund mit glühenden Küssen, er drückte sie fest an sich: "Oh, so habe ich dich wieder, endlich, endlich wieder, du geliebtes Wesen!" rief er; "du bist kein Trugbild, du lebst, ich halte dich in meinen Armen wie damals und liebe dich wie damals und bin glücklich, selig, denn du liebst ja auch mich!" Eine hohe Glut bedeckte ihre Wangen, sie sprach nicht, sie suchte vergebens sich aus seinen Armen zu winden. "Nein, jetzt lasse ich dich nicht mehr", sprach er, und Tränen, Tränen des Glücks hingen in seinen Wimpern; "jetzt halte ich dich fest und keine Welt darf dich von mir reißen. Und komm, hinweg mit dieser neidischen Maske, ganz will ich dein schönes Antlitz schauen, ach, es lebte ja immer in meinen Träumen!" Sie schien mit der letzten Kraft seine Hand von der Halbmaske abhalten zu wollen, sie atmete schwer, sie rang mit ihm, aber die trunkene Lust des jungen Mannes, nach so langer Entbehrung sich so unaussprechlich glücklich zu wissen, gewährte ihm einen leichten Sieg. Er hielt ihre Arme mit der einen Hand, zitternd stieß er mit der andern den Hut zurück, band die Maske los und erblickte – die Gattin seines Freundes.

"Josephe!" rief er, wie in einen Abgrund niedergeschmettert, und seine Gedanken drehten sich im Ringe, "Josephe?"

Bleich, erstarrt, tränenlos saß sie neben ihm und sagte wehmütig lächelnd: "Ja, Josephe."

"*Sie* haben mich also getäuscht?" sagte er bitter, indem alle Hoffnung, alle Seligkeit des vorigen Augenblicks an ihm vorüberflog; "o dieses Possenspiel konnten Sie uns ersparen. Doch", fuhr er fort, indem ein Gedanke ihn durchblitzte; "um Gottes willen, wo haben Sie den Ring her, woher das Tuch?"

Sie errötete von neuem, sie brach in Tränen aus, sie verbarg ihr Haupt an seiner Brust. "Nein", rief er, "Antwort muß ich haben; es ist mein Ring, das Tuch – ich beschwöre Sie, wie kam beides in Ihre Hände, woher haben Sie den Ring?"

"*Von dir!*" flüsterte sie, indem sie sich beschämt fester an ihn drückte.

Da fiel ein Lichtstrahl in Fröbens Seele; noch blendete ihn dies zu helle Licht, aber er hob sanft ihr Haupt in die Höhe und sah sie an mit Blicken voll Verwunderung und Liebe. "Du bist es? träume ich denn wieder?" sprach er, nachdem er sie lange angeblickt; „sagtest du nicht, du seiest mein süßes Mädchen? O Gott, welcher Schleier lag denn auf meinen Augen? ja, das sind ja deine holden Wangen, das ist ja dein reizender Mund, der mich heute nicht zum erstenmal küßte!"

Eine hohe Glut bedeckte ihre Wangen. Sie sah ihn voll Wonne und Entzücken an. „Was wäre aus mir geworden, ohne dich, du edler Mann", rief sie, indem sich in Tränen der Schimmer ihrer Augen brach; „ich bringe dir den Segen meiner guten Mutter, du hast ihre letzten Tage leicht gemacht und die Decke des Elends gelüftet, die so schwer auf ihrer kranken Brust lag. Oh! wie kann ich dir danken? was wäre ich geworden ohne dich! Doch –" fuhr sie fort, indem sie mit ihren Händen das Gesicht bedeckte, „was *bin* ich denn geworden? das Weib eines andern, deines Freundes Weib!"

Er sah, wie ein unendlicher Schmerz ihren Busen hob und senkte, wie durch die zarten Finger ihre Tränen gleich Quellen herabrieselten. Er fühlte, wie innig sie ihn liebe, und kein Gedanke an einen Vorwurf, daß sie einem andern als ihm gehören könnte, kam in seine Seele. „Es ist so", sagte er traurig, indem er sie fester an sich drückte, als könne er sie dennoch nicht verlieren; „es ist so! wir wollen denken, es sollte so sein, es habe so kommen müssen, weil wir vielleicht zu glücklich gewesen wären. Doch in diesem Moment bist du mein, wirf alles von dir, alle Gedanken, alle Pflichten; denke, du kommst herüber über den Platz der Arzneischule und ich erwarte dich; o komm, umarme mich so wie damals, ach, nur noch ein einziges Mal!"

In Erinnerung verloren, hing sie an seinem Hals; hinter ihren düsteren Blicken schien der Gedanke an die Wirklichkeit sich zu verlieren; heller und heller, freundlicher und immer freundlicher schien die Erinnerung aufzutauchen; ein holdes Lächeln zog um ihren Mund und senkte sich auf ihren Wangen in zarte Grübchen. „Und kanntest du mich denn nicht?" fragte sie lächelnd; „Und du kanntest mich nicht?" fragte er, sie voll Zärtlichkeit betrachtend. „Ach!" antwortete sie, „ich hatte mir damals deine Züge recht abgelauscht und tief in mein Herz geschrieben, aber wahrlich, dich hätte ich nimmer erkannt. Es mochte wohl auch daher kommen, daß ich dich nur immer bei Nacht sah, in den Mantel gewickelt, den Hut tief in der Stirne, und wie konnt ich auch denken – Freilich, als du am ersten Abend Faldner zuriefst: ‚Auf Wiedersehen', da kam mir der Ton so bekannt vor, als hätte ich ihn schon gehört; aber ich lachte mich immer selbst aus über die törichten Vermutungen. Nachher war es mir hie und da, als müßtest du *der* sein, den ich meinte; doch zweifelte ich immer wieder; aber als du am Sonntag nur erst Pont des Arts genannt hattest, da ging auf einmal eine eigene Sonne auf deinem Gesicht auf; du schienest ganz in Erinnerung zu leben und mit den ersten Worten ward es mir klar, daß du, du es bist! Aber freilich, mich konntest du nicht wiedererkennen, nicht wahr, ich bin recht bleich geworden?"

„Josephe", erwiderte er; „wo waren meine Sinne? wo mein Auge, mein Ohr, daß ich dich nicht erkannte? Gleich bei deinem ersten Anblick flog ein freudiger Schreck durch meine Seele, du glichst so ganz jenem Bilde, das ich, durch einen wahrhaften Kreislauf der Dinge, als dir ähnlich gefunden und geliebt hatte; aber die Entdeckung über das Geschlecht deiner Mutter führte mich in eine Irrbahn; ich sah in dir nur noch die ähnliche Tochter der schönen Laura, und oft, während ich neben dir saß, streifte mein Geist ferne, weithin nach – dir!"

„O Gott!" rief Josephe, „ist es denn wahr, ist es möglich? kannst du mich denn noch lieben?"

„Ob ich es kann? – aber darf ich denn? Gott im Himmel, du heißt ja Frau von Faldner; sage mir nur um des Himmels willen, wie fügte sich dies alles? Wie hast du auch nicht ein einziges Mal mehr mich erwarten mögen?"

33

Sie stillte ihre Tränen, sie faßte sich mit Mühe, um zu sprechen. „Siehe", sagte sie, „es war als ob ein feindliches Geschick alles nur so geordnet hätte, um mich recht unglücklich zu machen. Als du weg warst, hatte ich keine Freude mehr. Jene Abende mit dir waren mir so unendlich viel gewesen. Siehe, schon von dem ersten Moment an, als du in der lieben Muttersprache deinen Begleiter um Geld batest, von da an schlug mein Herz für dich; und als du mit so unendlichem Edelmut, mit so viel Zartsinn für uns sorgtest, ach, da hätte ich dich oft an mein Herz schließen und dir gestehen mögen, daß ich dich wie ein höheres Geschöpf anbete. Ich weiß nicht, was mir für dich zu tun zu schwer gewesen wäre; und wie groß, wie edel hast du dich gegen mich benommen! Du gingst, ich weinte lange, denn ein schmerzliches Gefühl sagte mir, daß es auf immer geschieden sei; acht Tage, nachdem du abgereist warst, starb meine arme Mutter sehr schnell. Was du mir damals noch gegeben, reichte hin, meine Mutter zu beerdigen und ihr Andenken nicht in Unehre geraten zu lassen. Eine Dame, es war die Gräfin Landskron, die in unserer Nachbarschaft wohnte und von uns Armen hörte, ließ mich zu sich kommen. Sie prüfte mich in allem, sie durchschaute die Papiere meiner Mutter, die ich ihr geben mußte, genau; sie schien zufrieden und nahm mich als Gesellschaftsfräulein an. Wir reisten; ich will dir nicht beschreiben, wie mein Herz blutete, als ich dieses Paris verlassen mußte; es fehlten noch 14 Tage, bis die Zeit um war, die du zu deiner Rückkehr bestimmtest; dann wäre ich am Ersten auf den Platz gegangen, hätte dich noch einmal gesprochen, noch einmal von dir Abschied genommen! Es sollte nicht so sein, und als wir aus der St.-Séverin-Straße über den wohlbekannten Platz der École de Médecine hinfuhren, da wollte mein Herz brechen, und ich sagte zu mir: ‚Auf immer!' Eduard! ich habe nie wieder von dir gehört, dein Name war mir unbekannt, du mußtest ja die Bettlerin längst vergessen haben; ich lebte von der Gnade fremder Leute, ich hatte manches Bittere zu tragen, ich trug es, es war ja nicht das Schmerzlichste! Als aber die Gräfin in diese Gegend auf ihr Gut zog, als Faldner sich um mich bewarb, als ich merkte, daß sie es gutmütig für eine gute Versorgung halte, vielleicht auch meiner überdrüssig war – nun – ich war ja nur ein einziges Mal glücklich gewesen, konnte nimmer hoffen es wieder zu werden, das übrige war ja so gleichgültig – da wurde ich seine Frau." –

„Armes Kind! an diesen Faldner, warum denn gerade du mit so weicher Seele, mit so zartem Sinn, mit so viel gültigem Anspruch auf ein, zum mindesten edleres Los, warum gerade du seine Frau? Doch es ist so; Josephe, ich kann, ich darf keinen Tag mehr hier sein; ich habe ihn, bei allem, was er Rohes haben mag, einst Freund genannt, bin jetzt sein Gastfreund, und wenn auch alles nicht wäre, wir dürfen ja nicht zusammen glücklich sein!" Es lag ein unendlicher Schmerz in seinen Worten; er küßte die Augen der schönen Frau, nur um durch den Gram, der in ihnen wohnte, nicht noch weicher zu werden. „O nur noch einen Tag", flüsterte sie zärtlich; „hab dich ja jetzt eben erst gefunden und du denkst schon zu entfliehen; nur noch einen Morgen wie dieser. Siehe, wenn du weg bist, da verschließt sich wieder die Türe meines Glücks auf immer; ich werde Hartes ertragen müssen, und da muß ich doch ein wenig Erinnerung mir aufsparen, von der ich zehren kann in der endelosen Wüste."

„Höre, ich will Faldner alles gestehen", sprach nach einigem Sinnen der junge Mann. „Ich will ihm alles vormalen, daß es ihn selbst rühren muß; er liebt dich doch nicht, du ihn nicht und bist unglücklich; er soll dich *mir* abtreten. Mein Haus liegt nicht so schön, wie dieses Schloß; meine Güter kannst du vom Belvedere auf dem Dache übersehen, du verließest hier großen Wohlstand, aber wenn du einzögest in mein Haus, wollte ich dir meine Hände als Teppich unterlegen, auf den Händen wollte ich dich tragen, du solltest die Königin sein in meinem Hause, und ich dein erster, treuer Diener!"

Sie blickte schmerzlich zum Himmel auf, sie weinte heftiger. „Ach ja, wenn ich eine Ketzerin wäre und deines Glaubens, dann ginge es wohl, aber wir sind ja gut katholisch getraut worden, und das scheidet nur der Tod! O du großer Gott, wie unglücklich machen oft diese Gesetze! Welch eine Seligkeit mit dir, bei dir zu sein; immer für dich zu sorgen, an deinen Blicken zu hängen, und alle Tage dir durch zärtliche Liebe ein Tausendteil von dem heimzugeben, was du an meiner lieben Mutter und an mir getan."

„Also dennoch auf immer", erwiderte er traurig; „also nur noch morgen, und dann für immer scheiden?"

„Für immer", hauchte sie kaum hörbar, indem sie ihn fester an ihre Lippen schloß.

„Hier also findet man dich, du niederträchtige Metze!" schrie in diesem Augenblick ein dritter, der neben dieser Gruppe stand. Sie sprangen erschreckt auf; zitternd vor Zorn, knirschend vor Wut, stand der Baron, in der einen Hand ein Papier, in der andern die Reitpeitsche haltend, die er eben aufhob, um sie über den schönen Nacken der Unglücklichen herabschwirren zu lassen. Fröben fiel ihm in den Arm, entwand ihm mit Mühe die Peitsche und warf sie weit hinweg. „Ich bitte dich", sagte er zu dem Wütenden; „nur hier keine Szene; deine Leute sind im Garten, du schändest dich und dein Haus durch einen solchen Auftritt."

„Was?" schrie jener, „ist mein Haus nicht schon genug geschändet durch diese niederträchtige Person, durch dieses Bettlerpack, das ich in meinem Haus hatte? Meinst du, ich kenne deine Handschrift nicht", fuhr er fort, indem er ihr das Papier hinstreckte; „das ist ja ein süßes Briefchen an den Herrn Galan hier, an den Romanhelden. Also eine Dirne mußte ich heiraten, die du unterhieltst, und als du ihrer satt warest, sollte der ehrliche Faldner sie zur gnädigen Frau machen; dann kommt man nach sechs Monaten so zufällig zu Besuch, um den Hörnern des Gemahls noch einige Enden anzusetzen. Das sollst *du* mir bezahlen, Schandbube; aber dieses Bettelweib mag immer wieder mit Teller und Laterne sich am Pont des Arts aufstellen, oder von deinem Sündenlohn leben. Meine Knechte sollen sie mit Hetzpeitschen vom Hof jagen!"

34

Der Mann von gediegener Bildung hat in solchen Momenten ein entschiedenes Übergewicht über den Rohen, der von Wut zur Unbesonnenheit hingerissen, unsicher ist, was er beginnen soll? Ein Blick auf Josephe, die bleich, zitternd, sprachlos auf der Moosbank saß, überzeugte Fröben was hier zu tun sei. Er bot ihr den Arm und führte sie aus der Laube nach dem Schlosse. Wütend sah ihnen der Baron nach; er war im Begriff seine Knechte zusammenzurufen, um seine Drohung zu erfüllen, aber die Furcht, seine Schande noch größer zu machen, hielt ihn ab. Er rannte hinauf in den Saal, wo Josephe auf dem Sofa lag, ihr weinendes Gesicht in den Kissen verbarg, wo Fröben, wie gedankenlos am Fenster stand und hinausstarrte. Scheltend und fluchend rannte jener in dem Saal umher; er verfluchte sich, daß er sein Leben an eine solche Dirne gehängt habe, „Es müßte keine Gerechtigkeit mehr im Lande sein, wenn ich sie mir nicht vom Halse schaffte", rief er; „sie hat Taufschein und alles fälschlich angegeben; sie hat sich für ebenbürtig ausgegeben, die Bettlerin, diese Ehe ist null und nichtig!"

„Das wird allerdings das Vernünftigste sein", unterbrach ihn Fröben; „es kommt nur darauf an, wie du es angreifst, um dich nicht noch mehr zu blamieren –"

„Ha, mein Herr!" schrie der Baron in wildem Zorn, „Sie spotten noch über mich, nachdem Sie durch Ihre grenzenlose Frechheit all diese Schande über mich brachten? Folgen Sie mir, zu *unserer* Scheidung brauchen wir weiter keine Assisen, die kann sogleich abgemacht werden. Folgen Sie!"

Josephe, die diese Worte verstand, sprang auf; sie warf sich vor dem Wütenden nieder, sie beschwor ihn, alles nur über sie ergehen zu lassen; denn sein Freund sei ja ganz unschuldig; sie wies hin auf den Zettel in seiner Hand, den sie erkannte; sie schwor, daß Fröben erst heute erfahren, wer sie sei. Aber der junge Mann selbst unterbrach ihre Fürbitten, er hob sie auf und führte sie zum Sofa zurück. „Ich bin gewohnt", sagte er kaltblütig zum Baron, „bei solchen Gängen zuerst meine Arrangements zu treffen, und du wirst wohl tun, es auch nicht zu unterlassen. Vor allem geht deine Frau jetzt aus dem Schloß, denn hier will ich sie nicht mehr wissen, wenn ich nicht da bin, sie vor deinen Mißhandlungen zu schützen."

„Du handelst ja hier wie in deinem Eigentum", erwiderte der Baron vor Zorn lachend; „doch Madame war ja schon vorher dein Eigentum, ich hätte es beinahe vergessen; wohin soll denn der süße Engel gebracht werden? In ein Armenhaus, in ein Spital, oder an den nächsten besten Zaun, um ihr Gewerbe fortzusetzen?"

Fröben hörte nicht auf ihn; er wandte sich zu Josephe; „Wohnt die Gräfin noch in der Nähe", fragte er sie, „glauben Sie wohl für die nächsten Tage einen Aufenthalt dort zu finden?"

„Ich will zu ihr gehen", flüsterte sie.

„Gut; Faldner wird die Gnade haben Sie hinfahren zu lassen, dort erwarten Sie das Weitere, ob er einsieht, wie Unrecht er uns beiden getan, oder ob er darauf beharrt, sich von Ihnen zu trennen."

35

Josephe war zu der Gräfin abgefahren; der Freund hatte ihr geraten, bei ihrer Ankunft nur einen Besuch von einigen Tagen vorzugeben, indessen wolle er ihr über die Stimmung seines Freundes Nachricht geben, und wenn es möglich wäre, ihn bereden sich mit ihr zu versöhnen. „Nein", rief sie leidenschaftlich, indem sie von der Terrasse an den Wagen hinabstieg, „in diese Tür kehre ich nie mehr zurück, auf ewig wende ich diesen Mauern den Rücken. Glauben Sie, eine Frau vermag viel zu ertragen, ich habe lange dulden müssen, und das Herz wollte mir oft zerspringen, aber heute hat er mich zu tief beleidigt, als daß ich ihm vergeben könnte. Und sollte ich wieder zurückkehren müssen auf den Pont des Arts, die Menschen um ein paar Sous anzuflehen, ich will es lieber tun, als noch länger solche niedrige Behandlung von diesem rohen Menschen mir gefallen lassen.

Mein Vater war ein tapferer Soldat und ein geachteter Offizier Frankreichs, seine Tochter darf sich nicht bis zur Magd eines Faldners entwürdigen."

Der junge Mann hatte nach ihrer Abreise einige Briefe geschrieben, und war gerade mit Ordnen seines kleinen Gepäcks beschäftigt, als Faldner in das Zimmer trat. Fröben sah ihn verwundert an und erwartete neue Angriffe und Ausbrüche seines Zorns. Jener aber sagte: „Ich glaube, je mehr ich diese unglücklichen Zeilen lese, die ich heute mittag auf deinem Zimmer fand, immer mehr, daß du eigentlich doch unschuldig an der miserablen Historie bist, nämlich daß du vorher nichts wußtest und die Person nicht kanntest; daß ich mein Weib in deinen Armen traf, verzeihe ich dir, denn jene Person hatte aufgehört mein zu sein, als sie den törichten Brief an dich schrieb."

„Es ist mir wegen unseres alten Verhältnisses erwünscht", antwortete Fröben, „wenn du die Sache so ansiehst. Hauptsächlich auch, weil ich dadurch Gelegenheit bekomme, vernünftig und ruhig mit dir über Josephe zu sprechen. Fürs erste mein heiliges Wort, daß zwischen ihr und mir bis heute mittag nie, auch früher nicht, etwas vorging, was im geringsten ihrer Ehre nachteilig wäre; daß sie arm war, daß sie einmal genötigt war die Hülfe der Menschen anzurufen –"

„Nein, sag lieber daß sie bettelte", rief Faldner hitzig, „und nachts auf den Straßen und Brücken der liederlichen Hauptstadt umherzog um Geld zu verdienen; ich hätte ja schon damals das Vergnügen ihrer nähern Bekanntschaft haben können, ich war ja bei der rührenden Szene auf Pont des Arts. Nein, wenn ich dir auch alles glaubte, ich bin dennoch beschimpft; die Familie Faldner und eine Bettlerin."

„Ihr Vater und ihre Mutter waren von gutem Hause –"

„Fabeln, Dichtung! daß ich mich *so* fangen ließ; ebensogut hätte ich die Kellnerin aus der Schenke heiraten können, wenn sie ein Bierglas im Wappen führte und ein falsches Zeugnis ihrer Geburt brachte!"

„Das ist in meinen Augen das Geringste bei der Sache, die Hauptsache ist, daß du sie gleich von Anfang wie eine Magd behandeltest und nicht wie deine Frau; sie konnte dich nie lieben; ihr paßt nicht füreinander."

„Das ist das rechte Wort", entgegnete der Baron, „wir passen nicht zusammen; der Freiherr von Faldner und eine Bettlerin können nie zusammenpassen. Und jetzt freut es mich erst recht, daß ich meinem Kopf folgte und sie so behandelte, die Dirne hat es nicht besser verdient. Ich hab es ja gleich gesagt, sie hat so etwas Gemeines an sich."

Diese Roheit empörte den jungen Mann, er wollte ihm etwas Bitteres entgegnen, aber er bezwang sich, um Josephen nützlich zu sein. Er redete mit dem Baron ab, was hierin zu tun sei, und sie kamen darin überein, daß sie die ganze Sache vor die bürgerlichen Gerichte bringen und gegenseitige Abneigung als Grund zur Trennung angeben sollten. Freilich konnte bei ihren Glaubensverhältnissen keiner der beiden Teile hoffen, in einer neuen Verbindung Trost zu finden, aber Josephen, wenn sie auch mit Schrecken in eine hülflose Zukunft blickte, schien kein Los so schwer, daß es nicht gegen die unwürdige Behandlung, die sie in Faldners Hause erduldete, erträglich geschienen hätte, und der Baron, wenn ihn auch in manchen einsamen Stunden Reue anwandelte, suchte Zerstreuung in seinen Geschäften und Trost in den Gedanken, daß ja niemand seine Schande erfahren habe, eine Bettlerin von zweideutigem Charakter zur Frau von Faldner gemacht zu haben.

36

Einige Wochen nach diesem Vorfall ging Fröben in Mainz, wohin er sich, um doch in Josephens Nähe zu sein, zurückgezogen hatte, auf der Rheinbrücke abends hin und wieder. Er gedachte der sonderbaren Verkettung des Schicksals, er dachte an mancherlei Auswege, die ihn und die geliebte Frau vielleicht noch glücklich machen könnten; da fuhr ein Reisewagen über die Brücke her, dessen wunderlicher Bau die Aufmerksamkeit des jungen Mannes schon von weitem auf sich zog. Bald aber haftete sein Auge nur noch an dem Bedienten, der auf dem Bock saß; dieses braungelbe heitere Gesicht, das neugierig um sich schaute, schien ihm ebenso bekannt, als die grellen Farben der Livree! Als der Wagen, der sich auf der Brücke nur im Schritt weiterbewegen durfte, näher herankam, bemerkte auch der Diener den jungen Mann und rief: „San Jago di Capostella! das ist er ja selbst", er riß das Wagenfenster auf, das ihn von dem Innern des Wagens trennte, und sprach eifrig hinein. Alsobald wurde auf der Seite des Wagens ein Fenster niedergelassen und heraus fuhr das wohlbekannte Gesicht Don Pedros di San Montanjo Ligez. Der

Wagen hielt; der junge Mann sprang freudig herzu, um den Schlag zu öffnen und der alte Herr sank in seine Arme. „Wo ist sie, wo habt Ihr sie, die Tochter meiner Laura? O um der heiligen Jungfrau willen, habt Ihr sie hier? sagt an, junger Herr! wo ist sie?"

Der junge Mann schwieg betreten; er führte den Alten auf der Brücke weiter und sagte ihm dann, daß sie nicht weit von dieser Stadt sich aufhalte und morgen wolle er ihn zu ihr führen.

Der Spanier hatte Freudentränen im Auge. „Wie danke ich Euch für die Nachrichten, die Ihr mir gegeben!" sprach er. „Sobald ich Urlaub bekommen hatte, setzte ich mich mit Diego in den Wagen und ließ mich von W. bis hier täglich sechs Meilen fahren, denn länger hielt ich es nicht aus. Und lebt sie glücklich? sieht sie ihrer Mutter ähnlich, und was erzählt sie von Laura Tortosi?" Fröben versprach auf seinem Zimmer alle seine Fragen zu beantworten. Er ließ, nachdem sich der Spanier ein wenig ausgeruht und umgekleidet hatte, Xeres bringen, schenkte ein, Diego reichte, wie damals, die Zigarren und als Don Pedro recht bequem saß, fing der junge Mann seine Erzählung an. Mit steigendem Interesse hörte ihn der Spanier an; zu großem Ärgernis Diegos ließ er seit zwanzig Jahren zum erstenmal die Zigarre ausgehen, und als der junge Mann an jene empörende Szene zwischen Faldner und der unglücklichen Frau kam, da konnte er sich nicht mehr halten; sein altes, südliches Blut kochte auf; er drückte den Hut tief in die Stirne, wickelte den linken Arm in den Mantel und rief mit blitzenden Augen: „Meinen langen Stoßdegen her, Diego, den mach ich kalt, so wahr ich ein guter Christ und spanischer Edelmann bin; ich stech ihn nieder und hätte er ein Kruzifix vor der Brust, ich bring ihn um, ohne Absolution und ohne alle Sakramente schick ich ihn zur Hölle, so tu ich. Bring mir mein Schwert, Diego."

Aber Fröben zog den zitternden, vom Zorn erschöpften Alten zu sich nieder; er suchte ihm begreiflich zu machen, wie dies alles nicht nötig sei, denn Josephe sei schon aus der Gewalt des rohen Menschen befreit und lebe getrennt von ihm. Er holte, um ihn noch mehr zu besänftigen, jenes Bild herbei und entfaltete es vor den staunenden Blicken Pedros. Entzückt betrachtete es der Don; „Ja, sie ist es", rief er, alles übrige vergessend, „meine arme, unglückliche Laura!" und weinend umarmte er den jungen Mann, nannte ihn seinen lieben Sohn und dankte ihm mit gebrochener

Stimme für alles, was er an der unglücklichen Mutter und ihrer armen Tochter getan.

Am andern Morgen brach er mit Fröben nach dem Gut der Gräfin auf. Es war ein rührender Anblick, wie der alte Mann die schöne jugendliche Gestalt Josephens umschlungen hielt, wie er ihre Züge aufmerksam betrachtete, wie seine strengen Züge immer weicher wurden, wie er sie dann gerührt auf Auge und Mund küßte. „Ja, du bist Lauras Tochter!" rief er; „dein Vater hat dir nichts gegeben als sein blondes Haar, aber das sind ihre lieben Augen, das ist ihr Mund, das sind die schönen Züge der Tortosi! Sei meine Tochter, liebes Kind; ich habe keine Verwandten und bin reich; durch Verwandtschaft, mein Herz und einen zwanzigjährigen Gram gehörst du mir näher an als irgend jemand auf der Erde!" Ihre Blicke, die über seine Schultern weg auf Fröben fielen, schienen diese letztere Behauptung nicht gerade zu bestätigen, aber sie küßte gerührt seine Hand, und nannte ihn ihren Oheim, ihren zweiten Vater.

Die Freude des Wiedersehens dauerte übrigens nur wenige Tage. Don Pedro erklärte sehr bestimmt, daß ihn seine Geschäfte nach Portugal rufen und zugleich schien er gar nicht einzusehen, was Josephen abhalten könnte, ihm dahin zu folgen; er hegte zu strenge Grundsätze über die Artikel seiner Kirche, als daß er den Gedanken für möglich gehalten hätte, Fröben könne Josephe, die getrennte Gattin eines andern, zur Frau begehren. Es ist uns nicht bekannt geworden, was die Liebenden über diesen strittigen Punkt verhandelten; nur soviel ist gewiß, daß Fröben einigemal darauf hindeutete, sie solle zum evangelischen Glauben zurückkehren, daß sie jedoch, zwar mit unendlichem Schmerz aber sehr bestimmt, diesen Vorschlag abwies. Oft soll ihr der junge Mann, in Verzweiflung über die herannahende Trennung, vorgeschlagen haben, sie solle Don Pedro ziehen lassen, sie solle für sich leben, in Deutschland bleiben, er wolle, wenn er nicht ihr Gatte werden könne, auf immer als Freund um sie sein. Aber auch dies lehnte sie ab; sie gestand ihm offen, daß sie sich zu schwach fühle, ein solches Verhältnis mit Ehren hinauszuführen und stolzer gemacht durch ihr Unglück, bebte sie zurück vor dem Gedanken an eine unwürdige Verbindung mit einem Mann, den sie so hoch achtete, als sie ihn liebte. Allein mit sich gestand sie sich wohl, daß ein noch edelmütigerer Gedanke ihre Schritte lenke. „Sollte er", sagte sie zu sich, „die Blüte des Lebens an ein unglückliches Geschöpf verlieren, das ihm nur Freundin sein darf? Soll er den hohen Genuß häuslicher Freuden, das Glück, Kinder und Enkel um sich zu versammeln, wegen meiner aufgeben? Nein, er hat mich schon einmal verloren und die Zeit wird auch jetzt seinen Schmerz lindern, er wird ein unglückliches Wesen vergessen, das ewig an ihn denken, ihn lieben, für ihn beten wird."

So schienen denn jene prophetischen Worte Josephens, „Auf immer!" in Erfüllung zu gehen. Don Pedro verließ mit seiner neuen Verwandtin das Gut der Gräfin, um durch Holland auf die See zu gehen. Fröben, den vielleicht nur der Gedanke, Josephen bald nach Portugal nachzufolgen, und dort ihr Freund zu sein, aufrecht erhielt, geleitete die Geliebte auf der Reise durch Deutschland und Holland; und sooft sie ihn bat durch längeres Begleiten die Tage der Trennung nicht noch schwerer zu machen, bat er mit Tränen im Auge: „Nur bis ans Meer und dann auf immer."

37

Im August dieses Jahres wurde in Ostende ein englisches Schiff klar, das nach Portugal Schiffsgut und Passagiere brachte. Es war ein schöner Morgen, die Nebel hatten sich gesenkt und die Tage schienen für die Fahrt günstig werden zu wollen. Es war um neun Uhr morgens als ein Kanonenschuß von dem Engländer herüberschallte, zum Zeichen, daß die Passagiere sich an die Küste begeben sollen. Zu gleicher Zeit ruderte eine Schaluppe heran, und warf ihr Brett aus, um die Reisenden einzunehmen. Vom Land her kamen viele Personen mit Gepäck, gingen über das Brett und bald war die Schaluppe voll und die erste Ladung wurde an Bord gebracht. Ehe noch die Schaluppe zum zweitenmal anlegte, sah man vier Personen sich dem Strand nähern, die sich durch Gang, Haltung und Kleidung von den übrigen ärmlicheren Passagieren unterschieden. Ein hoher, ältlicher Mann ging stolzen Schrittes voraus; er hatte einen breitgekrempten Hut auf, und den Mantel so kunstreich und bequem um die Schultern geschlagen, daß ein Schiffer, der ihn kommen sah, ausrief: „Ich laß mich fressen, wenn es kein Spanier ist"; hinter jenem kam ein jüngerer Herr, der eine schöne, schlankgebaute Dame führte. Der junge Herr war sehr bleich, schien einen großen Kummer niederzukämpfen, um durch Zureden einen noch größeren bei der Dame zu beschwichtigen. Ihr schönes Gesicht war um Auge und Stirne von heftigem Weinen gerötet, der Mund schmerzlich eingepreßt und die Wangen und untern Teile des Gesichtes sehr bleich. Sie ging schwankend, auf den Arm des jungen Mannes gestützt; ein Hütchen mit wallenden Straußfedern, ein wallendes Kleid von schwerem schwarzen Seidenzeug, um Hals und Busen reiche Goldketten, schienen nicht zur Reise zu passen, und man konnte daher glauben, daß sie den jungen Mann an Bord begleite; hinter beiden ging ein Diener in bunten Kleidern; er trug einen großen Sonnenschirm unter dem Arm und hatte ein spanisches Netz über seine dunklen Haare gezogen.

Als sie so weit herabgekommen waren, wo der Sand von der vorigen Flut noch feucht war, an die Stelle, wo man das Brett aus der Schaluppe anwarf, blieben sie stehen, und das schöne junge Paar sah nach dem Schiff, dann sahen sie sich an und die Dame legte ihr Haupt auf die Schulter des Mannes, daß die Straußfedern um sein Gesicht spielten und seine stillen Tränen den Augen der Neugierigen verbargen. Der alte Herr stand nicht weit davon, wickelte sich, finster auf die See blickend, tief in seinen Mantel und sein Auge blinkte, man wußte nicht ob von einer Träne oder dem Widerschein der glänzenden Wellen. Jetzt kam die Schaluppe plätschernd ans Ufer; das Brett wurde ausgeworfen und ein donnernder Schuß vom Schiffe schreckte das Paar aus seiner Umarmung. Der alte Herr trat heran, bot dem jungen Mann die Hand, schüttelte sie kräftig und stieg dann schnell über das Brett, sein Diener folgte, nachdem auch er dem Jüngling herzlich die Hand geboten. Jetzt umarmten sich die jungen Leute noch einmal; *er* wandte sich zuerst los und führte die Dame nach dem Brett. „Auf immer!" flüsterte sie mit wehmütigem Lächeln, „Auf immer!" antwortete der junge Mann, indem er sie bebend, mit Tränen ansah. Noch einen Händedruck und sie wandte sich das Brett hinanzusteigen. Schon stand sie oben, der Oberbootsmann, ein breiter Engländer, wartete am Brett, streckte seine breite Hand aus um die schöne Dame zu empfangen, und hatte schon einige gutgemeinte Trostgründe in Bereitschaft. Da wandte sie von dem unendlichen Meer ihr dunkles Auge noch einmal zurück nach dem jungen Mann. Ihre hohe, herrliche Gestalt schwebte kühn auf dem schmalen Brett, ihr schlanker Hals war nach dem Land zurückgebogen, die schwankenden Federn des Hutes schienen hinüber zu grüßen. Er breitete die Arme aus, in seinen Zügen mischte sich die Seligkeit der Liebe, mit dem Schmerz der Trennung. Da schien sie ihrer selbst nicht mehr mächtig zu sein; sie sprang über das Brett und hinab auf das Land, und ehe der Bootsmann seine Hände vor Verwunderung zusammenschlagen konnte, hing sie schon an seinem Hals, an seinen Lippen. „Nein, ich kann nicht über das Meer", rief sie, „ich will bleiben; ich will alles tun, was du willst, will diese Fesseln eines Glaubens von mir werfen, der mich hindert, meinem bessern Gefühl zu folgen; du bist mein Vaterland, meine Familie, mein alles; ich bleibe!"

„Josephe, meine Josephe!" rief der junge Mann, indem er sie mit stürmischem Entzücken an sein Herz drückte; „mein, mein auf immer? Ein Gott hat dein Herz gelenkt, o ich wäre untergegangen unter der Qual dieser Trennung!" Sie hielten sich noch umschlungen, als der alte Herr mit hastigen Schritten über Bord und das Brett herabstieg und zu der Gruppe trat: „Kinder", sagte er, „einmal Abschied zu nehmen wäre genug gewesen; komm, Josephe, es hilft ja doch nichts, sie werden gleich zum drittenmal schießen."

„Laßt sie mit Stückkugeln schießen, Don Pedro", rief der junge Mann mit freudig verklärten Zügen, „sie bleibt hier, sie bleibt bei mir."

„Was höre ich", erwiderte jener sehr ernst; „ich will nicht hoffen, daß dies so ist, wie der Kavalier sagt; du wirst deinem Verwandten folgen, Josephe!"

„Nein!" rief sie mutig, „als ich dort oben auf dem Rand der Schaluppe stand und hinaussah auf die Fluten, die mich von ihm trennen sollten, da stand fest in mir, was ich zu tun habe; meine Mutter hat mir den Weg gezeigt; sie ist einst dem Mann ihres Herzens in die weite Welt gefolgt, hat Vater und Mutter verlassen aus Liebe; ich weiß, was auch ich zu tun habe; hier steht der, dem meine arme Mutter ihre letzten süßen Stunden, dem ich Leben, Ehre, alles verdanke und ich sollte ihn verlassen? grüßet die Gräber meiner Ahnen in Valencia, Don Pedro, und saget ihnen, daß es noch eine aus dem Stamm der Tortosi gibt, der die Liebe höher gilt als das Leben."

Don Pedro wurde weich: „So folge deinem Herzen, vielleicht es ratet dir besser als ein alter Mann; ich weiß dich zum mindesten glücklich in den Armen dieses edlen Mannes und sein hoher Sinn bürgt mir dafür, daß ihm unsere Ehre nicht minder hoch als die seine gilt. Aber Don Fröbenio, was werden Sie zu Ihren stolzen Verwandten sagen, wenn Sie dieses Kind des Elends vorstellen? Gott! werden Sie auch den Mut haben, den Spott der Welt zu ertragen?"

„Fahret wohl, Don Pedro", sagte der junge Mann mit mutigem Gesicht, indem er jenem die eine Hand zum Abschied bot und mit der andern die Geliebte umschlang; „seid getrost und verzaget nicht an mir. Ich werde sie der Welt zeigen und wenn man mich fragt, ‚Wer war sie denn?' so werde ich nicht ohne freudigen Stolz antworten, es war: ‚Die Bettlerin vom Pont des Arts.'"

OTHELLO

Wie? Wann? und Wo? Die Götter bleiben stumm!
Du halte dich ans *Weil,* und frage nicht *Warum?*
Goethe

I

Das Theater war gedrängt voll, ein neu angeworbener Sänger gab den Don Juan. Das Parterre wogte von oben gesehen wie die unruhige See, und die Federn und Schleier der Damen tauchten wie schimmernde Fische aus den dunkeln Massen. Die Ranglogen waren reicher als je, denn mit dem Anfang der Wintersaison war eine kleine Trauer eingefallen und heute zum erstenmal drangen wieder die schimmernden Farben der reichen Turbans, der wehenden Büsche, der bunten Shawls an das Licht hervor. Wie glänzend sich aber auch der reiche Kranz von Damen um das Amphitheater zog, das Diadem dieses Kreises schien ein herrliches, liebliches Bild zu sein, das aus der fürstlichen Loge freundlich und hold die Welt um und unter sich überschaute. Man war versucht zu wünschen, dieses schöne Kind möchte nicht so hochgeboren sein, denn diese frische Farbe, diese heitere Stirne, diese kindlich reinen, milden Augen, dieser holde Mund war zur Liebe – nicht zur Verehrung aus der Ferne geschaffen. Und wunderbar, wie wenn Prinzessin Sophie diesen frevelhaften Gedanken geahnet hätte – auch ihr Anzug entsprach diesem Bilde einfacher natürlicher Schönheit; sie schien jeden Schmuck, den die Kunst verleiht, dem stolzen Damenkreis überlassen zu haben.

„Sehen Sie, wie lebendig, wie heiter sie ist", sprach in einer der ersten Ranglogen ein fremder Herr zu dem russischen Gesandten, der neben ihm stand, und beschaute die Prinzessin durch das Opernglas; „wenn sie lächelt, wenn sie das sprechende Auge ein klein wenig zudrückt und dann mit unbeschreiblichem Reiz wieder aufschlägt, wenn sie mit der kleinen niedlichen Hand dazu agiert – man sollte glauben, aus so weiter Ferne ihre witzigen Reden, ihre naiven Fragen vernehmen zu können."

„Es ist erstaunlich!" entgegnete der Gesandte.

„Und dennoch sollte dieser Himmel von Freudigkeit nur Maske sein? Sie sollte fühlen, schmerzlich fühlen, sie sollte unglücklich lieben und doch so blühend, so heiter sein? Gnädige Frau!" wandte sich der Fremde zu der Gemahlin des Gesandten, „gestehen Sie, Sie wollen mich mystifizieren, weil ich einiges Interesse an diesem Götterkinde genommen habe."

„Mon Dieu! Baron", sagte diese, mit dem Kopfe wackelnd, „Sie glauben noch immer nicht? auf Ehre, es ist wahr, wie ich Ihnen sagte; sie liebt, sie liebt unter ihrem Stande, ich weiß es von einer Dame, der nichts dergleichen entgeht. Und wie? meinen Sie, eine Prinzeß, die von Jugend auf zur Repräsentation erzogen ist, werde nicht Tournüre genug haben, um ein so unschickliches Verhältnis den Augen der Welt zu verbergen?"

„Ich kann es nicht begreifen", flüsterte der Fremde, indem er wieder sinnend nach ihr hin sah; „ich kann es nicht fassen; diese Heiterkeit, dieser beinahe mutwillige Scherz – und stille, unglückliche Liebe? Gnädige Frau, ich kann es nicht begreifen!"

„Ja, warum soll sie denn nicht munter sein, Baron? Sie ahnet wohl nicht, daß jemand etwas von ihrer meschanten Aufführung weiß, der Amoroso ist in der Nähe –"

„Ist in der Nähe? o bitte, Madame! zeigen Sie mir den Glücklichen, wer ist er?"

„Was verlangen Sie! Das wäre ja gegen alle Diskretion, die ich der Oberhofmarschallin schuldig bin; mein Freund, daraus wird nichts. Sie können zwar in Warschau wiedererzählen, was Sie hier gesehen und gehört haben, aber Namen? nein, Namen zu nennen in solchen Affären ist sehr unschicklich; mein Mann kann dergleichen nicht leiden."

Die Ouvertüre war ihrem Ende nahe, die Töne brausten stärker aus dem Orchester herauf, die Blicke der Zuschauer waren fest auf den Vorhang gerichtet, um den neuen Don Juan bald zu sehen, doch der Fremde in der Loge der russischen Gesandtschaft hatte kein Ohr für Mozarts Töne, kein Auge für das Stück, er sah nur das liebliche, herrliche Kind, das ihm um so interessanter war, als diese schönen Augen, diese süßen freundlichen Lippen heimliche Liebe kennen sollten. Ihre Umgebungen, einige ältere und jüngere Damen, hatten zu sprechen aufgehört; sie lauschten auf die Musik; Sophiens Augen gleiteten durch das gefüllte Haus, sie schienen etwas zu vermissen, zu suchen. „Ob sie wohl nach dem Geliebten ihre Blicke aussendet?" dachte der

Fremde; „ob sie die Reihen mustert, ihn zu sehen, ihn mit einem verstohlenen Lächeln, mit einem leisen Beugen des Hauptes, mit einem jener tausend Zeichen zu begrüßen, welche stille Liebe erfindet, womit sie ihre Lieblinge beglückt, bezaubert?" Eine schnelle, leichte Röte flog jetzt über Sophiens Züge, sie rückte den Stuhl mehr seitwärts, sie sah einigemal nach der Türe ihrer Loge; die Türe ging auf, ein großer, schöner junger Mann trat ein und näherte sich einer der älteren Damen, es war die Herzogin F., die Mutter der Prinzessin. Sophie spielte gleichgültig mit der Brille, die sie in der Hand hielt, aber der Fremde war Kenner genug, um in ihrem Auge zu lesen, daß *dieser* und kein anderer der Glückliche sei.

Noch konnte er sein Gesicht nicht sehen; aber die Gestalt, die Bewegungen des jungen Mannes hatten etwas Bekanntes für ihn; die Fürstin zog ihre Tochter ins Gespräch, sie blickte freundlich auf, sie schien etwas Pikantes erwidert zu haben, denn die Mutter lächelte, der junge Mann wandte sich um und – „Mein Gott! Graf Zronievsky!" rief der Fremde so laut, so ängstlich, daß der Gesandte an seiner Seite heftig erschrak, und seine Gemahlin den Gast krampfhaft an der Hand faßte und neben sich auf den Stuhl niederriß.

„Ums Himmels willen, was machen Sie für Skandal", rief die erzürnte Dame; „die Leute schauen rechts und links nach uns her, wer wird denn so mörderlich schreien? es ist nur gut, daß sie da unten gerade ebenso mörderlich gegeigt und trompetet haben, sonst hätte jedermann Ihren Zronievsky hören müssen. Was wollen Sie nur von dem Grafen? Sie wissen ja doch, daß wir vermeiden, ihn zu kennen!"

„Kein Wort weiß ich", erwiderte der Fremde; „wie kann ich auch wissen, wen Sie kennen und wen nicht, da ich erst seit drei Stunden hier bin. Warum vermeiden Sie es, ihn zu sehen?"

„Nun seine Verhältnisse zu unserer Regierung können Ihnen nicht unbekannt sein", sprach der Gesandte; „er ist verwiesen und es ist mir höchst fatal, daß er gerade hier und immer nur hier sein will. Er hat sich unverschämterweise bei Hofe präsentieren lassen und so sehe ich ihn auf jedem Schritt und Tritt, und doch wollen es die Verhältnisse, daß ich ihn ignoriere. Überdies macht mir der fatale Mensch sonst noch genug zu schaffen; man will höheren Orts wissen, wovon er lebe und so glänzend lebe, da doch seine Güter konfisziert sind; und ich weiß es nicht herauszubringen. Sie kennen ihn, Baron?"

Der Fremde hatte diese Reden nur halb gehört; er sah unverwandt nach der fürstlichen Loge, er sah, wie Zronievsky mit der Fürstin und den andern Damen sprach, wie nur sein feuriges Auge hin und wieder nach Sophien hingleitete, wie sie begierig diesen Strahl auffing und zurückgab. Der Vorhang flog auf, der Graf trat zurück und verschwand aus der Loge, Leporello hub seine Klagen an.

„Sie kennen ihn, Baron?" flüsterte der Gesandte; „wissen Sie mir Näheres über seine Verhältnisse –"

„Ich habe mit ihm unter den polnischen Lanciers gedient."

„Ist wahr; er hat in der französischen Armee gedient; sahen Sie sich oft? kennen Sie seine Ressourcen?"

„Ich habe ihn nur gesehen", warf der Fremde leicht hin, „wenn es der Dienst mit sich brachte; ich weiß nichts von ihm, als daß er ein braver Soldat und ein sehr unterrichteter Offizier ist."

Der Gesandte schwieg; sei es, daß er diesen Worten glaubte, sei es, daß er zu vorsichtig war, seinem Gast durch weitere Fragen Mißtrauen zu zeigen. Auch der Fremde bezeugte keine Lust, das Gespräch weiter fortzusetzen; die Oper schien ihn ganz in Anspruch zu nehmen; und dennoch war es ein ganz anderer Gegenstand, der seine Seele unablässig beschäftigte. „Also hieher hat dich dein unglückliches Geschick endlich getrieben?" sagte er zu sich, „armer Zronievsky! als Knabe wolltest du dem Kościuszko helfen und dein Vaterland befreien; Freiheit und Kościuszko sind verklungen und verschwunden! Als Jüngling warst du für den Ruhm der Waffen, für die Ehre der Adler, denen du folgtest, begeistert, man hat sie zerschlagen; du hattest dein Herz so lange vor Liebe bewahrt, sie findet dich endlich als Mann, und siehe – die Geliebte steht so furchtbar hoch, daß du vergessen oder untergehen mußt!"

Das Geschick seines Freundes, denn dies war ihm Graf Zronievsky gewesen, stimmte den Fremden ernst und trübe, er versank in jenes Hinbrüten, das die Welt und alle ihre Verhältnisse vergißt, und der Gesandte mußte ihn, als der erste Akt der Oper zu Ende war, durch mehrere Fragen aus seinem Sinnen aufwecken, das nicht einmal durch das Klatschen und Bravorufen des Parterres unterbrochen worden war.

„Die Herzogin hat nach Ihnen gefragt", sagte der Gesandte; „sie behauptet, Ihre Familie zu kennen; kommen Sie, wischen Sie diesen Ernst, diese Melancholie von Ihrer Stirne; ich will Sie in die Loge führen und präsentieren."

Der Fremde errötete; sein Herz pochte, er wußte selbst nicht warum; erst als er den Korridor mit dem Gesandten hinging, als er sich der fürstlichen Loge näherte, fühlte er, daß es die Freude sei, was sein Blut in Bewegung brachte, die Freude, jenem lieblichen Wesen nahe zu sein, dessen stille Liebe ihn so sehr anzog.

2

Die Herzogin empfing den Fremden mit ausgezeichneter Güte. Sie selbst präsentierte ihn der Prinzessin Sophie, und der Name Larun schien in den Ohren des schönen Kindes bekannt zu klingen; sie errötete flüchtig und sagte, sie glaube gehört zu haben, daß er früher in der französischen Armee diente. Es war dem Baron nur zu gewiß, daß ihr niemand anders als Zronievsky dies gesagt haben konnte, es war ihm um so gewisser, als ihr Auge mit einer gewissen Teilnahme auf ihm, wie auf einem Bekannten ruhte, als sie gerne die Rede an ihn zu richten schien.

„Sie sind fremd hier", sagte die Herzogin, „Sie sind keinen Tag in diesen Mauern, Sie können also noch von niemand bestochen sein; ich fordere Sie auf, sein Sie Schiedsrichter; kann es nicht in der Natur geheimnisvolle Kräfte geben, die – die, wie soll ich mich nur ausdrücken, die, wenn wir sie frevelhaft hervorrufen, uns Unheil bringen können?"

„Sie sind nicht unparteiisch, Mutter", rief die Prinzessin lebhaft, „Sie haben schon durch Ihre Frage, wie Sie sie stellten, die Sinne des Barons gefangengenommen. Sagen Sie einmal, wenn zufällig im Zwischenraum von vielen Jahren von einem Hause nach und nach sechs Dachziegel gefallen wären, und einige Leute getötet hätten, würden Sie nicht mehr an diesem Hause vorübergehen?"

„Warum nicht? es müßten nur in diesen Ziegeln geheimnisvolle Kräfte liegen, welche –"

„Wie mutwillig!" unterbrach ihn die Herzogin, „Sie wollen mich mit meinen geheimnisvollen Kräften nach Hause schicken; aber nur Geduld; das Gleichnis, das Sophie vorbrachte, paßt doch nicht ganz –"

„Nun, wir wollen gleich sehen, wem der Baron recht gibt", rief jene; „die Sache ist so: wir haben hier eine sehr hübsche Oper, man gibt alles mögliche, Altes und Neues durcheinander, nur *eines* nicht, die schönste, herrlichste Oper, die ich kenne; auf fremdem Boden mußte ich sie zum ersten Mal hören, das erste was ich tat, als ich hieher kam, war, daß ich bat, man möchte sie hier geben, und nie wird mir mein Wunsch erfüllt! und nicht etwa, weil sie zu schwer ist, sie geben schwerere Stücke, nein, der Grund ist eigentlich lächerlich."

„Und wie heißt die Oper?" fragte der Fremde.

„Es ist ‚Othello'!"

„‚Othello'? gewiß, ein herrliches Kunstwerk; auch mich spricht selten eine Musik so an wie diese, und ich fühle mich auf lange Tage feierlich, ich möchte sagen heilig bewegt, wenn ich Desdemonas Schwanengesang zur Harfe singen gehört habe."

„Hören Sie es? er kommt von Petersburg, von Warschau, von Berlin, Gott weiß woher – ich habe ihn nie gesehen, und dennoch schätzt er ‚Othello' so hoch. Wir müssen ihn einmal wieder sehen. Und warum soll er nicht wieder gegeben werden? Wegen eines Märchens, das heutzutage niemand mehr glaubt."

„Freveln Sie nicht", rief die Fürstin, „es sind mir Tatsachen bekannt, die mich schaudern machen, wenn ich nur daran denke; doch wir sprechen unserem Schiedsrichter in Rätseln; stellen Sie sich einmal vor, ob es nicht schrecklich wäre, wenn es jedesmal, sooft ‚Othello' gegeben würde, brennte."

„Auch wieder ein Gleichnis", fiel Sophie ein. „Doch, es ist noch viel toller, das Märchen selbst!"

„Nein, es soll einmal brennen", fuhr die Mutter fort. „‚Othello' wurde zuerst als Drama nach Shakespeare gegeben, schon vor fünfzig Jahren; die Sage ging, man weiß nicht woher und warum, daß, sooft ‚Othello' gegeben wurde, ein gewisses Evenement erfolgte; nun also unser Brennen; es brannte jedesmal nach ‚Othello'. Man machte den Versuch, man gab lange Zeit ‚Othello' nicht; es kam eine neue geistreiche Übersetzung auf, er wird gegeben – jener unglückliche Fall ereignet sich wieder. Ich weiß noch wie heute, als ‚Othello', zur Oper verwandelt, zum ersten Mal gegeben wurde; wir lachten lange vorher, daß wir den unglücklichen Mohren um sein Opfer gebracht haben, indem er jetzt musikalisch geworden – Desdemona war gefallen, wenige Tage nachher hatte der Schwarze auch sein zweites Opfer. Der Fall trat nachher noch einmal ein, und darum hat man ‚Othello' nie wieder gegeben; es ist töricht, aber wahr. Was sagen Sie dazu, Baron? aber aufrichtig, was halten Sie von unserem Streit?"

„Durchlaucht haben vollkommen recht", antwortete Larun in

einem Ton, der zwischen Ernst und Ironie die Mitte hielt; „wenn Sie erlauben, werde ich durch ein Beispiel aus meinem eigenen Leben Ihre Behauptung bestätigen. Ich hatte eine unverheiratete Tante, eine unangenehme, mystische Person; wir Kinder hießen sie nur die Federntante, weil sie große, schwarze Federn auf dem Hut zu tragen pflegte. Wie bei Ihrem ‚Othello‘, so ging auch in unserer Familie eine Sage, sooft die Federntante kam, mußte nachher eines oder das andere krank werden. Es wurde darüber gescherzt und gelacht, aber die Krankheit stellte sich immer ein, und wir waren den Spuk schon so gewöhnt, daß, sooft die Federntante zu Besuch in den Hof fuhr, alle Zurüstungen für die kommende Krankheit gemacht, und selbst der Doktor geholt wurde."

„Eine köstliche Figur, Ihre Federntante", rief die Prinzessin lachend; „ich kann mir sie denken, wie sie den Kopf mit dem Federnhut aus dem Wagen streckt, wie die Kinder laufen als käme die Pest, weil keines krank werden will, und wie ein Reitknecht zur Stadt sprengen muß um den Doktor zu holen, weil die Federntante erschienen sei. Da hatten Sie ja wahrhaftig eine lebendige Weiße Frau in Ihrer Familie!"

„Still von diesen Dingen", unterbrach sie die Fürstin ernst, beinahe unmutig; „man sollte nicht von Dingen so leichthin reden, die man nicht leugnen kann, und deren Natur dennoch nie erklärt werden wird. So ist nun einmal auch mein ‚Othello‘", setzte sie freundlicher hinzu. „Und Sie werden ihn nicht zu sehen bekommen, Baron, und müssen Ihr Lieblingsstück schon woanders aufsuchen."

„Und Sie sollen ihn dennoch sehen", flüsterte Sophie zu ihm hin, „ich muß mein Desdemona-Lied noch einmal hören, so recht sehen und hören auf der Bühne, und sollte ich selbst darüber zum Opfer werden!"

„Sie selbst?" fragte der Fremde betroffen; „ich höre ja, der gespenstische Mohr soll nur *brennen*, nicht *töten*?"

„Ach, das war ja nur das Gleichnis der Mutter!" flüsterte sie noch viel leiser, „die Sage ist noch viel schauriger, noch viel gefährlicher."

Der Kapellmeister pochte, die Introduktion des zweiten Akts begann, und der Fremde stand auf, die fürstliche Loge zu verlassen. Die Herzogin hatte ihn gütig entlassen, aber vergebens sah er sich nach dem Gesandten um, er war wohl längst in seine Loge zurückgekehrt. Unschlüssig, ob er rechts oder links

gehen müsse, stand er im Korridor, als eine warme Hand sich
in die seinige legte; er blickte auf, es war der Graf Zronievsky.

3

„So habe ich doch recht gesehen?" rief der Graf, „mein Major,
mein tapferer Major! wie lebt alles wieder in mir auf! ich werfe
diese unglücklichen dreizehn Jahre von mir; ich bin der frohe
Lancier wie sonst! vive Poniatowsky, vive l'emp –"
„Um Gottes willen, Graf!" fiel ihm der Fremde in das Wort;
„bedenken Sie, wo Sie sind. Und warum diese Schatten herauf-
beschwören? sie sind hinab mit ihrer Zeit, lasset die Toten
ruhen."
„*Ruhen?*" entgegnete jener; „das ist ja gerade, was ich nicht
kann; o daß ich unter jenen Toten wäre, wie sanft, wie geduldig
wollte ich ruhen. Sie schlafen, meine tapfern Polen, und keine
Stimme, wie mächtig sie auch rufe, schreckt sie auf. Warum darf
ich allein nicht rasten?"

Ein düsteres, unstetes Feuer brannte in den Augen des schönen
Mannes; seine Lippen schlossen sich schmerzlich; sein Freund betrachtete ihn mit besorgter Teilnahme, er sah hier nicht mehr den
fröhlichen, heldenmütigen Jüngling, wie er ihn an der Spitze des
Regimentes in den Tages des Glückes gesehen; das zutrauliche,
gewinnende Lächeln, das ihn sonst so angezogen, war einem
grämlichen, bittern Zuge gewichen, das Auge, das sonst voll stolzer Zuversicht, voll freudigen Mutes, frei und offen um sich
blickte, schien mißtrauisch jeden Gegenstand prüfen, durchboh-
ren zu wollen, das matte Rot, das seine Wangen bedeckte, war
nur der Abglanz jener Jugendblüte, die ihm in den Salons von
Paris den Namen des *schönen Polen* erworben hatte, und dennoch, auch nach dieser großen Veränderung, welche Zeit und Unglück hervorgebracht hatten, mußte man gestehen, daß Prinzessin Sophie sehr zu entschuldigen sei.

„Sie sehen mich an, Major?" sagte jener nach einigem Stillschweigen, „Sie betrachten mich, als wollten Sie die alten Zeiten
aus meinen Zügen herausfinden? Geben Sie sich nicht vergebliche
Mühe; es ist so manches anders geworden, sollte nicht der Mensch
mit dem Geschick sich ändern?"

„Ich finde Sie nicht sehr verändert", erwiderte der Fremde,

„ich erkannte Sie bei dem ersten Anblick wieder. Aber eines finde ich nicht mehr wie früher, aus diesen Augen ist ein gewisses Zutrauen verschwunden, das mich sonst so oft beglückte. Alexander Zronievsky scheint mir nicht mehr zu trauen. Und doch", setzte er lächelnd hinzu, „und dennoch war mein Geist immer bei ihm, ich weiß sogar die tiefsten Gedanken seines Herzens."

„Meines armen Herzens!" entgegnete der Graf wehmütig; „ich wüßte kaum, ob ich noch ein Herz habe, wenn es nicht manchmal vor Unmut pochte! Welche Gedanken wollen Sie aufgespürt haben, als die unwandelbare Freundschaft für Sie, Major? Schelten Sie nicht mein Auge, weil es nicht mehr fröhlich ist; ich habe mich in mich selbst zurückgezogen, ich habe mein Vertrauen in meine Rechte gelegt, ihr Druck wird Ihnen sagen, daß ich noch immer der alte bin."

„Ich danke; aber wie, ich sollte mich nicht auf die Gedanken Ihres Herzens verstehen? Sie sagen, es pocht nur vor Unmut; was hat denn ein gewisses Fürstenkind getan, daß Ihr Herz so gar unmutig pocht?"

Der Graf erblaßte; er preßte des Fremden Hand fest in der seinigen: „Um Gottes willen, schweigen Sie; nie mehr eine Silbe über diesen Punkt! Ich weiß, ich verstehe, was Sie meinen, ich will sogar zugeben, daß Sie recht gesehen haben; der Teufel hat Ihre Augen gemacht, Major! Doch warum bitte ich einen Ehrenmann, wie Sie, zu schweigen? Es hat noch keiner vom achten Regiment seinen Kameraden verraten."

„Sie haben recht, und kein Wort mehr darüber; doch nur dies eine noch; vom achten verratet keiner den Kameraden, ob aber der gute Kamerad sich selber nicht verrät?"

„Kommen Sie hier in diese Treppe", flüsterte der Graf, denn es nahten sich mehrere Personen; „Jesus Maria, sollte außer Ihnen jemand etwas ahnen?"

„Wenn Sie Vertrauen um Vertrauen geben werden, wohlan so will ich beichten."

„O foltern Sie mich nicht, Major! Ich will nachher sagen, was Sie haben wollen, nur geschwind, ob jemand außer Ihnen –"

Der Major von Larun erzählte, er sei heute in dieser Stadt angekommen, seine Depeschen seien bei dem Gesandten bald in Richtigkeit gewesen, man habe ihn in die Oper mitgenommen, und dort, wie er entzückt die Prinzessin aus der Ferne betrachtet, habe ihm die Gesandtin gesagt, daß Sophie in ein Verhältnis unter ihrem Stande verwickelt sei. „Sie traten ein in die fürstliche Loge, *ein* Blick überzeugte mich, daß niemand als Sie der Geliebte sein können."

„Und die Gesandtin?" rief der Graf mit zitternder Stimme.

„Sie hat es bestätigt. Wenn ich nicht irre, sprach sie auch von einer Oberhofmarschallin, von welcher sie die Nachricht habe."

Der Graf schwieg, einige Minuten vor sich hin starrend; er schien mit sich zu ringen, er blickte einige Male den Fremden scheu von der Seite an – „Major!" sprach er endlich mit klangloser, matter Stimme; „können Sie mir hundert Napoleon leihen?"

Der Major war überrascht von dieser Frage; er hatte erwartet, sein Freund werde etwas weniges über sein Unglück jammern, wie bei dergleichen Szenen gebräuchlich, er konnte sich daher nicht gleich in diese Frage finden, und sah den Grafen staunend an.

„Ich bin ein Flüchtling", fuhr dieser fort; „ich glaubte endlich eine stille Stätte gefunden zu haben, wo ich ein klein wenig rasten könnte, da muß ich lieben – muß geliebt werden, Major, *wie* geliebt werden!" Er hatte Tränen in den Augen, doch er bezwang sich und fuhr mit fester Stimme fort: „Es ist eine sonderbare Bitte, die ich hier nach so langem Wiedersehen an Sie tue, doch ich erröte nicht zu bitten. Kamerad, gedenken Sie des letzten ruhmvollen Tages im Norden, gedenken Sie des Tages von Mosjaisk?"

„Ich gedenke!" sagte der Fremde, indem sein Auge glänzte, und seine Wangen sich höher färbten.

„Und gedenken Sie, wie die russische Batterie an der Redoute auffuhr, wie ihre Kartätschen in unsere Reihen sausten und der Verräter Piolzky zum Rückzug blasen ließ?"

„Ha!" fiel der Fremde mit dröhnender Stimme ein, „und wie Sie ihn herabschossen, Oberst, daß er keine Ader mehr zuckte, wie die Husaren rechts abschwenkten, wie *Sie* ,Vorwärts!' riefen, ,vorwärts Lanciers vom achten', und die Kanonen in fünf Minuten unser waren!" –

„Gedenken Sie?" flüsterte der Graf mit Wehmut; „wohlan! ich kommandiere wieder vor der Front. Es gilt einen Kameraden herauszuhauen, werdet Ihr ihn retten? En avant, Major! vorwärts tapfrer Lancier, wirst du ihn retten, Kamerad?"

„Ich will ihn retten", rief der Freund, und der Graf Zronievsky schlug seinen Arm um ihn, preßte ihn heftig an seine Brust und eilte dann von ihm weg, den Korridor entlang.

4

„Gut, daß ich Sie treffe", rief der Graf Zronievsky, als er am nächsten Morgen dem Major auf der Straße begegnete, „ich wollte eben zu Ihnen, und Sie um eine kleine Gefälligkeit ansprechen –"

„Die ich Ihnen schon gestern zusagte", erwiderte jener, „wollen Sie mich in mein Hotel begleiten? es liegt längst für Sie bereit." –

„Um Gottes willen jetzt nichts von Geld", fiel der Graf ein, „Sie töten mich durch diese Prosa; ich bin göttlich gelaunt, selig, überirdisch gestimmt. O Freund, ich habe es dem Engel gesagt, daß man uns bemerkt, ich habe ihr gesagt, daß ich fliehen werde, denn in ihrer Nähe zu sein, sie nicht zu sprechen, nicht anzubeten, ist mir unmöglich."

„Und darf ich wissen, was sie sagte?"

„Sie ist ruhig darüber, sie ist größer als diese schlechten Menschen; ,Was ist es auch', sagte sie, ,man kann uns gewiß nichts Böses nachsagen, und wenn man auch unser Verhältnis entdeckte, so will ich mir gerne einmal einen dummen Streich vergeben lassen; wo lebt ein Mensch, der nicht einmal einen beginge?'"

„Eine gesunde Philosophie", bemerkte der Major; „man kann nicht vernünftiger über solche Verhältnisse denken; denn gerade die sind meist am schlechtesten beraten, die glauben, sie können alle Menschen blenden. Doch ist mir noch eine Frage erlaubt? wie es scheint, so sehen Sie Ihre Dame *allein*? denn was Sie mir erzählten, wurde schwerlich gestern im ,Don Juan' verhandelt."

„Wir sehen uns", flüsterte jener, „ja wir sehen uns, aber wo darf ich nicht sagen, und so wahr ich lebe, das sollen auch jene Menschen nicht ausspähen. Aber lange, ich sehe es selbst ein, lange Zeit kann es nicht mehr dauern. Drum bin ich immer auf dem Sprung, Kamerad, und Ihre Hülfe soll mich retten, wenn indes meine Gelder nicht flüssig werden. ,Doch gilt es morgen, so laß uns heut noch schlürfen die Neige der köstlichen Zeit'; ich will noch glücklich, selig sein, weil es ja doch bald ein Ende haben muß."

„Und wozu kann ich Ihnen dienen?" fragte der Major, „wenn ich nicht irre, wollten Sie mich aufsuchen."

„Richtig, das war es, warum ich kommen wollte", entgegnete jener nach einigem Nachsinnen. „Sophie weiß, daß Sie mein Freund sind, ich habe ihr schon früher von Ihnen erzählt, hauptsächlich die Geschichte von der Beresinabrücke, wo Sie mich zu sich auf den Rappen nahmen. Sie hat gestern mit Ihnen gesprochen und von ‚Othello', nicht wahr? Die Fürstin will nicht zugeben, daß er aufgeführt werde, wegen irgendeinem Märchen, das ich nicht mehr weiß –"

„Sie waren sehr geheimnisvoll damit", unterbrach ihn der Freund, „und wie mir schien, wird es die Fürstin auch nicht zugeben?"

„Und doch; ich habe sie durch ein Wort dahin gebracht. Die Prinzessin bat und flehte und das kann ich nun einmal nicht sehen, ohne daß ich ihr zu Hülfe komme; ich nahm also eine etwas ernste Miene an und sagte: ‚Sonderbar ist es doch, wenn so etwas ins Publikum kommt, ist es wie der Wind in den Gesandtschaften, und kam es einmal so weit, so darf man nicht dafür sorgen, daß es in acht Tagen als Chronique scandaleuse an allen Höfen erzählt wird.' Die Fürstin gab mir recht; sie sagte, wiewohl mit sehr bekümmerter und verlegener Miene zu, daß das Stück gegeben werden solle; doch, als sie wegging, rief sie mir noch zu: sie gebe das Spiel dennoch nicht verloren, denn wenn auch ‚Othello' schon auf dem Zettel stehe, lasse sie die Desdemona krank werden."

„Das haben Sie gut gemacht!" rief der Major lachend, „also die Furcht vor der Chronique scandaleuse hat die Gespensterfurcht und das Grauen vor den Geheimnissen der Natur überwunden?"

„Jawohl, Sophie ist außer sich vor Freuden, daß sie ihren Willen hat. Ich bin gerade auf dem Weg zum Regisseur der Oper; ich soll ihm vierhundert Taler bringen, daß die Aufführung auch in pekuniärer Hinsicht keiner Schwierigkeit unterworfen sein möchte, und Sie müssen mich zu ihm begleiten."

„Aber wird es nicht auffallen, wenn Sie im Namen der Prinzessin diese Summe überbringen?"

„Dafür ist gesorgt; wir bringen es als Kollekt von einigen Kunstfreunden; stellen Sie einen Dilettanten oder Enthusiasten vor, oder was in unseren Kram paßt. Er wohnt nicht weit von hier, und ist ein alter ehrlicher Kauz, den wir schon gewinnen wollen. Nur hier um die Ecke, Freund; sehen Sie dort das kleine grüne Haus mit dem Erker."

5

Der Regisseur der Oper war ein kleiner hagerer Mann, er war früher als Sänger berühmt gewesen, und ruhte jetzt im Alter auf seinen Lorbeeren. Er empfing die Freunde mit einer gewissen künstlerischen Hoheit und Würde, welche nur durch seine sonderbare Kleidung etwas gestört wurde; er trug nämlich eine schwarze Florentiner Mütze, welche er nur ablegte, wenn er zum Ausgehen die Perücke auf die Glatze setzte. Auffallend stachen gegen diese bequeme Hauskleidung des Alten ein moderner enge anliegender Frack und weite faltenreiche Beinkleider ab; sie zeigten, daß der Herr Regisseur trotz der sechzig Jährchen, die er haben mochte, dennoch für die Eitelkeit der Welt nicht abgestorben sei; an den Füßen trug er weite, ausgetretene Pelzschuhe, auf denen er künstlich im Zimmer herumfuhr ohne sichtbar die Beine aufzuheben; es kam den Freunden vor, als fahre er auf Schlittschuhen.

„Ist mir bereits angezeigt worden, der allerhöchste Wunsch", sagte der Regisseur als ihn der Graf mit dem Zweck ihres Besuches bekannt machte, „weiß bereits um die Sache; an mir soll es nicht fehlen, mein einziger Zweck ist ja die allerhöchsten Ohren auf ergötzliche Weise zu delektieren, aber – aber, ich werde denn doch submissest wagen müssen, einige Gegenvorstellungen zu exhibitieren."

„Wie? Sie wollen diese Oper nicht geben?" rief der Graf.

„Gott soll mich behüten, das wäre ja ein offenbares Mordattentat auf die allerhöchste Familie! Nein, nein! wenn mein Wort in der Sache noch etwas gilt wird dieses unglückliche Stück nie gegeben."

„Hätte ich doch nie gedacht", entgegnete der Graf, „daß ein Mann wie Sie von Pöbelwahn befangen wäre. Mit Staunen und Bewunderung vernahm ich schon in meiner frühesten Jugend in fernen Landen Ihren gefeierten Namen; Sie wurden die Krone der Sänger genannt, ich brannte vor Begierde diesen Mann einmal zu sehen. Ich bitte, verkleinern Sie dieses ehrwürdige Bild nicht durch solchen Aberwitz."

Der Alte schien sich geschmeichelt zu fühlen, ein anmutiges Lächeln zog über seine verwitterten Züge, er steckte die Hände in die Taschen und fuhr auf seinen Pelzschuhen einigemal im Zimmer auf und ab; „Allzu gütig, allzuviel Ehre!" rief er; „ja wir waren unserer Zeit etwas, wir waren ein tüchtiger Tenor!

jetzt hat es freilich ein Ende. *Aberglaube,* belieben Sie zu sagen; ich würde mich schämen irgendeinem Aberglauben nachzuhängen; aber wo Tatsachen sind, kann von Aberglauben nicht die Rede sein."

„Tatsachen?" riefen die Freunde mit *einer* Stimme.

„O ja, verehrte Messieurs, Tatsachen. Sie scheinen nicht aus hiesiger Stadt und Gegend zu sein, daß Sie solche nicht wissen?" –

„Ich habe allerdings von einem solchen Märchen gehört", sagte der Major; „es soll, wenn ich nicht irre, jedesmal nach ‚Othello' brennen, und –"

„Brennen? daß mir Gott verzeih, ich wollte lieber, daß es allemal brennt; Feuer kann man doch löschen, man hat Brandassekuranzen, man kann endlich noch solch einen Brandschaden zur Not ertragen; aber sterben? nein, das ist ein weit gefährlicherer Kasus."

„Sterben? sagen Sie, wer soll sterben?"

„Nun, das ist kein Geheimnis", erwiderte der Regisseur; „sooft ‚Othello' gegeben wird, muß acht Tage nachher jemand aus der fürstlichen Familie sterben."

Die Freunde fuhren erschrocken von ihren Sitzen auf, denn der prophetische, richtende Ton, womit der Alte dies sagte, hatte etwas Greuliches an sich; doch sogleich setzten sie sich wieder und brachen über ihren eigenen Schrecken in ein lustiges Gelächter aus, das übrigens den Sänger nicht aus der Fassung brachte.

„Sie lachen?" sprach er; „ich muß es mir gefallen lassen; wenn es Sie übrigens nicht geniert, will ich Sie die Theaterchronik inspizieren lassen, die seit 120 Jahren der jedesmalige Souffleur schreibt."

„Die Theaterchronik her, Alter, lassen Sie uns inspizieren", rief der Graf, dem die Sache Spaß zu machen schien und der Regisseur rutschte mit außerordentlicher Schnelligkeit in seine Kammer und brachte einen in Leder und Messing gebundenen Folianten hervor.

Er setzte eine große in Bein gefaßte Brille auf und blätterte in der Chronik. „Bemerken Sie", sagte er, „wegen des Nachfolgenden, erstlich; hier steht: ‚Anno 1740 den 8. Dez. ist die Aktrice Charlotte Fandauerin in hiesigem Theater erstickt worden. Man führte das Trauerspiel ›Othello, der Mohr von Venedig‹ von Shakespeare auf.'"

„Wie?" unterbrach ihn der Major, „anno 1740 sollte man hier Shakespeares ‚Othello' gegeben haben und doch war es, wenn ich nicht irre, Schröder, der zuerst und viel später das erste Shakespearesche Stück in Deutschland aufführen ließ?"

„Bitte um Vergebung", erwiderte der Alte. „Der Herzog sah auf einer Reise durch England in London diesen ‚Othello' geben, ließ ihn, weil er ihm außerordentlich gefiel, übersetzen und nachher hier öfter aufführen. Meine Chronik fährt aber also fort:

‚Obgedachte Charlotte Fandauerin hat die Desdemona gegeben und ist durch die Bettdecke, womit sie in dem Stücke selbst getötet werden soll, elendiglich umgekommen. Gott sei ihrer armen Seele gnädig!' Diesen Mord erzählt man sich hier folgendermaßen: die Fandauer soll sehr schön gewesen sein; bei Hof ging es damals unter dem Herzog Nepomuk sehr lasziv zu; die Fandauer wurde des Herzogs Geliebte. Sie aber soll sich nicht blindlings und unvorsichtig ihm übergeben haben; sie war abgeschreckt durch das Beispiel so vieler, die er nach einigen Monaten oder Jährchen verstieß und elendiglich herumlaufen ließ. Sie soll also ein schreckliches Bündnis mit ihm gemacht und erst nachdem er es beschworen sich ihm ergeben haben. Aber wie bei den andern, so war es auch bei der Fandauer. Er hatte sie bald satt und wollte sie auf gelinde Art entfernen. Sie aber drohte ihm das Bündnis, das er mit ihr gemacht, drucken und in ganz Europa verbreiten zu lassen, sie zeigte ihm auch, daß sie diese Schrift schon in vielen fremden Städten niedergelegt habe, wo sie auf ihren ersten Wink verbreitet würde.

Der Herzog war ein grausamer Herr und sein Zorn kannte keine Grenzen. Er soll ihr auf verschiedenen Wegen durch Gift haben beikommen wollen, aber sie aß nichts als was sie selbst gekocht hatte. Er gab daher einem Schauspieler eine große Summe Geld, und ließ den ‚Othello' aufführen. Sie werden sich erinnern, daß in dem Shakespeareschen Trauerspiel die Desdemona von dem Mohren im Bette erstickt wird. Der Akteur machte seine Sache nur allzu natürlich, denn die Fandauerin ist nicht mehr erwacht."

Der Graf schauderte; „und dies soll wahr sein?" rief er aus.

„Fragen Sie von älteren Personen in der Stadt wen Sie wollen, Sie werden es überall so erzählen hören. Es wurde nachher von den Gerichten eine Untersuchung gegen den Mörder anhängig gemacht, aber der Herzog schlug sie nieder, nahm den Akteur vom Theater in seine Dienste und erklärte, die Fandauerin habe durch Zufall der Schlag gerührt. Aber acht Tage darauf starb ihm sein einziges Söhnlein, ein Prinz von zwölf Jahren."

„Zufall!" sagte der Major.

„Nennen Sie es immerhin so", versetzte der Alte und blätterte weiter. „Doch hören Sie; ›Othello‹ wurde zwei Jahre lang nicht mehr gegeben, denn wegen der Einnerung an jenen Mord mochte der Herzog dieses Trauerspiel nicht leiden. Aber nach zwei Jahren, in diesem Buch steht jedes Lustspiel aufgezeichnet, nach zwei Jahren war er so ruchlos, es wieder aufführen zu lassen. Hier steht's: ,den 28. Sept. (1742) ›Othello, der Mohr von Venedig‹' und hier am Rande ist bemerkt: ,*Sonderbarlich*! am 5. Oktober ist Prinzessin Auguste verstorben. Gerade auch acht Tage nach ›Othello‹, wie vor zwei Jahren der höchstselige Prinz Friedrich.' Zufall, meine werten Herren?"

„Allerdings Zufall!" riefen jene.

„Weiter! Den 6. Februar 1748, ,Othello, der Mohr von Venedig'. Ob es wohl wieder eintrifft? Sehen Sie her, meine Herren! das hat der Souffleur hingeschrieben, bemerken Sie gefälligst, es ist dieselbe Hand, die hier in Margine bemerkt: ,Entsetzlich! die Fandauerin spukt wieder, Prinz Alexander den 14. plötzlich gestorben. Acht Tage nach ›Othello‹.'" Der Alte hielt inne und sah seine Gäste fragend an, sie schwiegen, er blätterte weiter und las: „,den 16. Januar 1775, zum Benefiz der Mlle. Koller: – ›Othello, der Mohr von Venedig‹. Richtig wieder! Arme Prinzessin Elisabeth, hast du müssen so schnell versterben? † 24. Jan. 1775.'"

„Possen!" unterbrach ihn der Major; „ich gebe zu, es ist so; es soll einigemal der Eigensinn des Zufalls es wirklich so gefügt haben: geben Sie mir aber nur *einen* vernünftigen Grund an zwischen Ursache und Wirkung, wenn Sie diese Höchstseligen am ,Othello' versterben lassen wollen!"

„Herr!" antwortete der alte Mann mit tiefem Ernst, „das kann ich nicht; aber ich erinnere an die Worte jenes großen Geistes, von dem auch dieser unglückselige Othello abstammt, ,Es gibt viele Dinge zwischen Himmel und Erde, wovon sich die Philosophen nichts träumen lassen!'"

„Ich kenne das", sagte der Graf; „aber ich wette, Shakespeare hätte nie diesen Spruch von sich gegeben, hätte er gewußt, wieviel Lächerlichkeit sich hinter ihm verbirgt!"

„Es ist möglich", erwiderte der Sänger; „hören Sie aber weiter. Ich komme jetzt an ein etwas neueres Beispiel, dessen ich mich erinnern kann, an *den Herzog selbst*."

„Wie", unterbrach ihn der Major; „eben *jener*, der die Aktrice ermorden ließ . . . ?"

„Derselbe; ‚Othello' war vielleicht zwanzig Jahre nicht mehr gegeben worden, da kamen, ich weiß es noch wie heute, fremde Herrschaften zum Besuch. Unser Schauspiel gefiel ihnen, und sonderbarerweise wünschte eine der fremden fürstlichen Damen ‚Othello' zu sehen. Der Herzog ging ungern daran, nicht aus Angst vor den greulichen Umständen, die diesem Stück zu folgen pflegten, denn er war ein Freigeist und glaubte an nichts dergleichen; aber er war jetzt alt; die Sünden und Frevel seiner Jugend fielen ihm schwer aufs Herz, und er hatte Abscheu vor diesem Trauerspiel. Aber sei es, daß er der Dame nichts abschlagen mochte, sei es, daß er sich vor dem Publikum schämte, das Stück mußte über Hals und Kopf einstudiert werden, es wurde auf seinem Lustschloß gegeben. Sehen Sie, hier steht es: ‚›Othello‹, den 16. Oktober 1793 auf dem Lustschloß H... aufgeführt.'"

„Nun, Alter! und was folgte, geschwind!" riefen die Freunde ungeduldig.

„Acht Tage nachher, den 24. Okt. 1793, ist der Herzog gestorben."

„Nicht möglich", sagte der Major nach einigem Stillschweigen; „lassen Sie Ihre Chronik sehen; wo steht denn etwas vom Herzog? hier ist nichts in Margine bemerkt."

„Nein", sagte der Alte, und brachte zwei Bücher herbei; „aber hier seine Lebensgeschichte, hier seine Trauerrede, wollen Sie gefälligst nachsehen?"

Der Graf nahm ein kleines schwarzes Buch in die Hand und las: „Beschreibung der solennen Beisetzung des am 24. Oktober 1793 höchstselig verstorbenen Herzogs und Herrn – dummes Zeug!" rief er und sprang auf; „das könnte mich um den Verstand bringen. Zufall! Zufall! und nichts anders! Nun – und wissen Sie noch ein solches Histörchen?"

„Ich könnte Ihnen noch einige anführen", erwiderte der Alte mit Ruhe, „doch Sie langweilen sich bei dieser sonderbaren Unterhaltung; nur aus der neuesten Zeit noch einen Fall. Rossini schrieb seine herrliche Oper ‚Othello', worin er, was man bezweifelt hatte, zeigte, daß er es verstehe, auch die tieferen tragischen Saiten der menschlichen Brust anzuschlagen. Er wurde hier höheren Orts nicht *verlangt*, daher wurde er auch nicht fürs Theater einstudiert. Die Kapelle aber unternahm es, diese Oper für sich zu studieren, es wurden einige Szenen in Konzerten ausgeführt und diese wenigen Proben entzündeten im Publikum einen so raschen Eifer für die Oper, daß man allgemein in Zei-

tungen, an Wirtstafeln, in Singtees und dergleichen von nichts als
‚Othello' sprach, nichts als ‚Othello' verlangte. Von den grauenvollen Begebenheiten, die das Schauspiel ‚Othello' begleitet hatten, war gar nicht die Rede; es schien, man denke sich unter der
Oper einen ganz andern ‚Othello'. Endlich bekam der damalige
Regisseur (ich war noch auf dem Theater und machte den
Othello), er bekam den Auftrag, sage ich, die Oper in die Szene
zu setzen. Das Haus war zum Ersticken voll, Hof und Adel war
da, das Orchester strengte sich übermenschlich an, die Sängerinnen ließen nichts zu wünschen übrig, aber ich weiß nicht – uns
alle wehte ein unheimlicher Geist an, als Desdemona ihr Lied
zur Harfe spielte, als sie sich zum Schlafengehen rüstete, als der
Mörder, der abscheuliche Mohr sich nahte. Es war dasselbe Haus,
es waren dieselben Bretter, es war dieselbe Szene wie damals, wo
ein liebliches Geschöpf in derselben Rolle so greulich ihr Leben
endete. Ich muß gestehen, trotz der Teufelsnatur meines Othello
befiel mich ein leichtes Zittern, als der Mord geschah, ich blickte
ängstlich nach der fürstlichen Loge, wo so viele blühende, kräftige Gestalten auf unser Spiel herübersahen, wirst du wohl durch
die Töne, die deinen Tod begleiten, dich besänftigen lassen, blutdürstiges Gespenst der Gemordeten? dachte ich. Es war so; fünf,
sechs Tage hörte man nichts von einer Krankheit im Schlosse;
man lachte, daß es nur der Einkleidung in eine Oper bedurfte,
um jenen Geist gleichsam irrezumachen; der siebente Tag verging ruhig, am achten wurde Prinz Ferdinand auf der Jagd erschossen."

„Ich habe davon gehört", sagte der Major, „aber es war Zufall; die Büchse seines Nachbars ging los und –"

„Sage ich denn, das Gespenst bringe die Höchstseligen selbst
um, drücke ihnen eigenhändig die Kehle zu? Ich spreche ja nur
von einem unerklärlichen geheimnisvollen Zusammenhang."

„Und haben Sie uns nicht noch zu guter Letzt ein Märchen
erzählt; wo steht denn geschrieben, daß acht Tage vor jener
Jagd ‚Othello' gegeben wurde?"

„Hier!" erwiderte der Regisseur kaltblütig, indem er auf eine
Stelle in seiner Chronik wies; der Graf las :„‚Othello', Oper von
Rossini, den 12. März" und auf dem Rande stand dreimal unterstrichen: *„den 20. fiel Prinz Ferdinand auf der Jagd."*

Die Männer sahen einander schweigend einige Augenblicke an;
sie schienen lächeln zu wollen und doch hatte sie der Ernst des
alten Mannes, das sonderbare Zusammentreffen jener furchtbaren

Ereignisse tiefer ergriffen, als sie sich selbst gestehen mochten. Der Major blätterte in der Chronik und pfiff vor sich hin, der Graf schien über etwas nachzusinnen, er hatte Stirne und Augen fest in die Hand gestützt. Endlich sprang er auf; „Und dies alles kann Ihnen dennoch nicht helfen", rief er, „die Oper muß gegeben werden. Der Hof, die Gesandten wissen es schon, man würde sich blamieren, wollte man durch diese Zufälle sich stören lassen. Hier sind vierhundert Taler, mein Herr! Es sind einige Freunde und Liebhaber der Kunst, welche sie Ihnen zustellen, um Ihren Othello recht glänzend auftreten zu lassen. Kaufen Sie davon was Sie wollen", setzte er lächelnd hinzu, „lassen Sie Geisterbanner, Beschwörer kommen, kaufen Sie einen ganzen Hexenapparat, kurz, was nur immer nötig ist, um das Gespenst zu vertreiben – nur geben Sie uns ‚Othello'."

„Meine Herren", sagte der Alte, „es ist möglich, daß ich in meiner Jugend selbst über dergleichen gelacht und gescherzt hätte; das Alter hat mich ruhiger gemacht, ich habe gelernt, daß es Dinge gibt, die man nicht geradehin verwerfen muß. Ich danke für Ihr Geschenk, ich werde es auf eine würdige Weise anzuwenden wissen. Aber nur auf den strengsten Befehl werde ich ‚Othello' geben lassen. Ach Gott und Herr!" rief er kläglich, „wenn ja der Fall wieder einträte, wenn das liebe, herzige Kind, Prinzessin Sophie des Teufels wäre!"

„Sein Sie still", rief der Graf erblassend, „wahrhaftig Ihre wahnsinnigen Geschichten sind ansteckend, man könnte sich am hellen Tage fürchten! Adieu! Vergessen Sie nicht, daß ‚Othello' auf jeden Fall gegeben wird; machen Sie mir keine Kunstgriffe mit Katarrh und Fieber, mit krank werden lassen und eingetretenen Hindernissen. Beim Teufel, wenn Sie keine Desdemona hergeben, werde ich das Gespenst der Erwürgten heraufrufen, daß es diesmal selbst eine Gastrolle übernimmt."

Der Alte kreuzigte sich und fuhr ungeduldig auf seinen Schuhen umher; „Welche Ruchlosigkeit", jammerte er; „wenn sie nun erschiene wie der steinerne Gast? Lassen Sie solche Reden, ich bitte Sie, wer weiß wie nahe jedem sein eigenes Verderben ist."

Lachend stiegen die beiden die Treppe hinab und noch lange diente der musikalische Prophet mit der Florentiner Mütze und den Pelzschlittschuhen ihrem Witz zur Zielscheibe.

6

Es gab Stunden, worin der Major sich durchaus nicht in den Grafen seinen alten Waffenbruder finden konnte. War er sonst fröhlich, lebhaft, von Witz und Laune strahlend, konnte er sonst die Gesellschaft durch treffende Anekdoten, durch Erzählungen aus seinem Leben unterhalten, wußte er sonst jeden, mochte er noch so gering sein, auf eine sinnige feine Weise zu verbinden, so daß er der Liebling aller, von vielen angebetet wurde; so war er in andern Momenten gerade das Gegenteil. Er fing an trocken und stumm zu werden, seine Augen senkten sich, sein Mund preßte sich ein. Nach und nach ward er finster, spielte mit seinen Fingern, antwortete mürrisch und ungestüm. Der Major hatte ihm schon abgemerkt, daß dies die Zeit war, wo er aus der Gesellschaft entfernt werden müsse, denn jetzt fehlten noch wenige Minuten so zog er mit leicht aufgeregter Empfindlichkeit jedes unschuldige Wort auf sich, und fing an zu wüten und zu rasen.

Der Major war viel um ihn, er hatte aus früherer Zeit eine gewisse Gewalt und Herrschaft über ihn, die er jetzt geltend machte, um ihn vor diesen Ausbrüchen der Leidenschaft in Gesellschaft zu bewahren, desto greulicher brachen sie in seinen Zimmern aus; er tobte, er fluchte in allen Sprachen, er klagte sich an, er weinte. „Bin ich nicht ein elender, verworfener Mensch?" sprach er einst in einem solchen Anfall; „meine Pflichten mit Füßen zu treten, die treueste Liebe von mir zu stoßen, ein Herz zu martern, das mir so innig anhängt! Leichtsinnig schweife ich in der Welt umher, habe mein Glück verscherzt, weil ich in meinem Unsinn glaubte ein Kościuszko zu sein, und bin nichts als ein Schwachkopf, den man wegwarf! Und so viele Liebe, diese Aufopferung, diese Treue so zu vergelten!"

Der Major nahm zu allerlei Trostmitteln seine Zuflucht. „Sie sagen ja selbst, daß die Prinzessin Sie zuerst geliebt hat; konnte sie je eine andere Liebe, eine andere Treue von Ihnen erwarten, als die, welche die Verhältnisse erlauben?"

„Ha, woran mahnen Sie mich!" rief der Unglückliche, „wie klagen mich Ihre Entschuldigungen selbst an! Auch *sie*, auch *sie* betört! Wie kindlich, wie unschuldig war sie, als ich Verruchter kam, als ich sie sah mit dem lieblichen Schmelz der Unschuld in den Augen! Da fing mein Leichtsinn wieder an; ich vergaß alle guten Vorsätze, ich vergaß, wem ich allein gehören dürfte; ich stürzte mich in einen Strudel von Lust, ich begrub mein Gewissen in Vergessenheit!" Er fing an zu weinen, die Erinnerung schien seine Wut zu besänftigen. „Und konnte ich", flüsterte er, „konnte ich so von ihr gehen? Ich fühlte, ich sah es an jeder ihrer Bewegungen, ich las es in ihrem Auge, sie liebte mich; sollte ich fliehen, als ich sah, wie diese Morgenröte der Liebe in ihren Wangen aufging, wie der erste, leuchtende Strahl des Verständnisses aus ihrem Auge brach, auf mich niederfiel, mich aufzufordern schien, ihn zu erwidern?"

„Ich beklage Sie", sprach der Freund, und drückte seine Hand; „wo lebt ein Mann, der so süßer Versuchung widerstanden wäre?"

„Und als ich ihr sagen durfte, wie ich sie verehre, als sie mir mit stolzer Freude gestand, wie sie mich liebe, als jenes traute, entzückende Spiel der Liebe begann, wo ein Blick, ein flüchtiger Druck der Hand mehr sagt, als Worte auszudrücken vermögen, wo man tagelang nur in der freudigen Erwartung eines Abends, einer Stunde, einer einsamen Minute lebte, wo man in der Erinnerung dieses seligen Augenblickes schwelgte, bis der Abend wieder erschien, bis ich aus dem Taumelkelch ihrer süßen Augen aufs neue Vergessenheit trank! Wie reich wußte sie zu geben, wieviel Liebe wußte sie in *ein* Wort, in *einen* Blick zu legen, und ich sollte fliehen?"

„Und wer verlangt dies", sagte der Freund gerührt. „Es wäre grausam gewesen, eine so schöne Liebe, die alle Verhältnisse zum Opfer brachte, zurückzustoßen. Nur Vorsicht hätte ich gewünscht, ich denke, noch ist nicht alles verloren!"

Er schien nicht darauf zu hören; seine Tränen strömten heftiger, sein glänzendes Auge schien tiefer in die Vergangenheit zu tauchen. „Und als sie mir mit holdem Erröten sagte, wie ich zu ihr gelangen könne, als sie erlaubte, ihre fürstliche Stirne zu küssen, als der süße Mund, dessen Wünsche einem Volk Befehle waren, *mein* gehörte, und die Hoheit einer Fürstin unterging im traulichen Flüstern der Liebe – da, da sollte ich sie lassen?"

„Wie glücklich sind Sie! gerade in dem Geheimnis dieses Verhältnisses muß ein eigener Reiz liegen; und warum wollen Sie diese Liebe so tief verdammen? Fassen Sie sich. Das Urteil der Welt kann Ihnen gleichgültig sein, wenn Sie glücklich sind. Denn im ganzen trägt ja wahrhaftig dies Verhältnis nichts so Schwarzes, Schuldiges an sich, wie Sie es selbst sich vorstellen!"

Der Graf hatte ihm zugehört; seine Augen rollten, seine Wangen färbten sich dunkler, er knirschte mit den Zähnen; „Nicht so mild müssen Sie mich beurteilen", sagte er mit dumpfer Stimme, „ich verdiene es nicht. Ich bin ein Frevler, vor dem Sie zurückschaudern sollten. Oh – daß ich Vergessenheit erkaufen könnte, daß ich Jahre auslöschen könnte aus meinem Gedächtnis. – Ich will vergessen, ich muß vergessen, ich werde wahnsinnig, wenn ich nicht vergesse; schaffen Sie Wein, Kamerad! ich will trinken, mich dürstet, es wütet eine Flamme in mir, ich will mein Gedächtnis, meine Schuld ersäufen."

Der Major war ein besonnener Mann; er dachte ziemlich ruhig über diese verzweiflungsvollen Ausbrüche der Reue und Selbstanklage; „Er ist leichtsinnig, so habe ich ihn von jeher gekannt", sagte er zu sich; „solche Menschen kommen leicht von einem Extrem ins andere. Er sieht jetzt große Schuld in seiner Liebe, weil sie der Geliebten in ihren Verhältnissen schaden kann, und im nächsten Augenblick berauscht ihn wieder die Wonne der Erinnerung." Der Wein kam, der Major goß ein; der Graf stürzte schnell einige Gläser hinunter; er ging mit schnellen Schritten schweigend im Zimmer auf und nieder, blieb vor dem Freunde stehen, trank und ging wieder. Dieser mochte seine stillen Empfindungen nicht unterbrechen, er trank und beobachtete über das Glas hin aufmerksam die Mienen, die Bewegungen seines Freundes.

„Major!" rief dieser endlich, und warf sich auf den Stuhl nieder; „welches Gefühl halten Sie für das schrecklichste?"

Dieser schlürfte bedächtig den Wein in kleinen Zügen, er schien nachzusinnen, und sagte dann: „Ohne Zweifel, das, was das freudigste Gefühl gibt, muß auch das traurigste werden. – Ehre, gekränkte Ehre."

Der Graf lachte grimmig. „Lassen Sie sich die Taler wiedergeben, Kamerad, die Sie einem schlechten Psychologen für seinen Unterricht gaben. Gekränkte Ehre?! Also tiefer steigt Ihre Kunst nicht hinab in die Seele? Die gekränkte Ehre fühlt sich doch selbst noch; es lebt doch ein Gefühl in des Gekränkten Brust, das ihn hoch erhebt über die Kränkung, er kann die Scharte auswetzen am Beleidiger; er hat noch die Möglichkeit seine Ehre wieder fleckenlos und rein zu waschen, aber – tiefer, Herr Bruder", rief er, indem er die Hand des Majors krampfhaft faßte, „tiefer hinab in die Seele; welches Gefühl ist noch schrecklicher?"

„Von *einem* habe ich gehört", erwiderte jener, „das aber Männer, wie wir nicht kennen – es heißt Selbstverachtung."

Der Graf erbleichte und zitterte, er stand schweigend auf, und sah den Freund lange an. „Getroffen, Kamerad", sagte er, „das sitzt noch tiefer. Männer, wie wir, *pflegen* es nicht zu kennen, es heißt Selbstverachtung. Aber der Teufel legt auch gar feine Schlingen auf die Erde, ehe man sich versieht ist man gefangen. Kennen Sie die Qual des Wankelmutes, Major?"

„Gottlob, ich habe sie nie erfahren; mein Weg ging immer geradeaus aufs Ziel!"

„Geradeaus aufs Ziel? wer auch so glücklich wäre! Erinnern Sie sich noch des Morgens, als wir aus den Toren von Warschau ritten? Unsere Gefühle, unsere Sinne gehörten jenem großen Geiste, der sie gefangen hielt, aber wem gehörten die *Herzen* der polnischen Lanciers? Unsere Trompeten ließen jene Arien aus den ‚Krakauern' ertönen, jene Gesänge, die uns als Knaben bis zur Wut für das Vaterland begeistert hatten; diese wohlbekannten Klänge pochten wieder an die Pforte unserer Brust, Kamerad, wem gehörten unsere Herzen?"

„Dem Vaterland!" sagte der Major gerührt; „ja, damals, *damals* war ich freilich wankelmütig!"

„Wohl Ihnen, daß Sie es sonst nie waren; der Teufel weiß das recht hübsch zu machen; er läßt uns hier empfinden, glücklich werden, und dort spiegelt er noch höhere Wonne, noch größeres Glück uns vor!"

„Möglich; aber der Mann hat Kraft *dem* treu zu bleiben, was er gewählt hat."

„Das ist es", rief der Graf wie niedergedonnert durch dies *eine* Wort; „das ist es, und daraus – die Selbstverachtung; und warum besser scheinen als ich bin. Kamerad, Sie sind ein Mann von Ehre, fliehen Sie mich wie die Pest, ich bin ein Ehrloser, ein Ehrvergessener, Sie sind ein Mann von Kraft, verachten Sie mich, ich muß mich selbst verachten, wissen Sie, ich bin –"

„Halt, ruhig!" unterbrach ihn der Freund, „es pochte an der Türe – herein!"

7

„Bedaure, bedaure unendlich", sprach der Regisseur der Oper und rutschte mit tiefen Verbeugungen ins Zimmer, „ich unterbreche Hochdieselben?"

„Was bringen Sie uns?" erwiderte der Major schneller gefaßt

als der unglückliche Freund; „setzen Sie sich und verschmähen Sie nicht unsern Wein; was führt Sie zu uns?"

„Die traurige Gewißheit, daß ‚Othello' doch gegeben wird. Es hilft nichts; alles Bitten ist umsonst. Ich will Ihnen nur gestehen, ich ließ die Oper einüben, hatte aber unsere Primadonna schon dahin gebracht, daß sie mir feierlich gelobte, heiser zu werden; da führt der Satan gestern abend die Sängerin Fanutti in die Stadt; sie kommt vom .... ner Theater, bittet die allerhöchste Theaterdirektion um Gastrollen, und – stellen Sie sich vor, man sagt ihr auf nächsten Sonntag ‚Othello' zu. Ich habe beinahe geweint, wie es mir angezeigt wurde; jetzt hilft kein Gott mehr dagegen, und doch habe ich schreckliche Ahnungen!"

„Alter Herr!" rief der Graf, der indessen Zeit gehabt hatte sich zu sammeln. „Geben Sie doch einmal Ihren Köhlerglauben auf; ich kann Sie versichern, es soll keiner der allerhöchsten Personen ein Haar gekrümmt werden; ich gehe hinaus auf den Kirchhof, lasse mir das Grab der erwürgten Desdemona zeigen, mache ihr meine Aufwartung, und bitte sie diesmal ein Auge zuzudrücken und *mich* zu erwürgen. Freilich hat sie dann nur einen Grafen und kein fürstliches Blut; doch einer meiner Vorfahren hat auch eine Krone getragen!"

„Freveln Sie nicht so erschrecklich", entgegnete der Alte; „wie leicht kann Sie das Unglück mit hinabziehen! Mit solchen Dingen ist nicht zu scherzen. Überdies habe ich heute nacht im Traum einen großen Trauerzug mit Fackeln gesehen, wie man Fürsten zu begraben pflegt."

„Schreckliche Visionen, guter Herr!" lachte der Major. „Haben Sie vielleicht vorher ein Gläschen zuviel getrunken? Und was ist natürlicher, als daß Sie solches Zeug träumen, da Sie den ganzen Tag mit Todesgedanken umgehen!"

Der Alte ließ sich nicht aus seinem Ernst herausschwatzen. „Gerade *Sie*, verehrter Herr, sollten nicht Spott damit treiben", sagte er. „Ich habe Sie nie gesehen, bis zu jener Stunde, wo Sie mich mit dem Herrn Grafen besuchten, und doch gingen wir beide heute nacht miteinander dem Sarge nach, Sie weinten heftig."

„Immer köstlicher! wie lebhaft Sie träumen; darum mußte ich hieher kommen, um mit Ihnen, lieber Mann, im Traume spazierenzugehen!"

„Brechen wir ab", erwiderte jener, „was kommen muß wird kommen, und wir würden vielleicht viel darum geben, hätten wir alles nur geträumt. Ich komme aber hauptsächlich zu Ihnen, um Sie zur Probe einzuladen. Sie haben sich so generös gegen uns bewiesen, daß ich mir ein Vergnügen daraus mache, Ihnen unser Personal, namentlich die neue Sängerin zu zeigen."

Die Freunde nahmen freudig den Vorschlag an. Der Graf schien wie immer seine Heftigkeit zu bereuen, und diese Zerstreuung kam ihm erwünscht; auf dem Major hatten jene Ausbrüche einer Selbstanklage schwer und drückend gelegen; auch er nahm daher mit Dank diesen Ausweg an, um einer nähern Erklärung seines Freundes, die er eher fürchtete als wünschte, zu entfliehen.

8

Und wirklich schien auch seit jener Stunde der Graf diese Saite nicht mehr berühren zu wollen; er schien wohl hin und wieder düster, ja die Augenblicke des tiefen Grames kehrten wieder, aber nicht mit ihnen das Geständnis einer großen Schuld, das damals schon auf seinen Lippen schwebte; er war verschlossener als sonst. Der Major sah ihn sogar einige Tage beinahe gar nicht; die Geschäfte, die ihn in diese Stadt gerufen hatten, ließen ihm wenige Stunden übrig, und diese pflegte gerade der Graf dem Theater zu widmen; denn sei es aus Lust an der Sache selbst, oder um im Sinne der Geliebten zu handeln, und ihre Lieblingsoper recht glänzend erscheinen zu lassen, war er in jeder Probe gegenwärtig; sein richtiger Takt, seine ausgebreiteten Reisen, sein feiner in der Welt gebildeter Geschmack verbesserten unmerklich manches, was dem Auge und Ohr selbst eines so scharfen Kritikers wie der Regisseur war, entgangen wäre; **und der alte Mann vergaß oft stundenlang die schwarzen Ahnungen die seine Seele quälten,** so sehr wußte Graf Zronievsky sein Interesse zu fesseln.

So war „Othello" zu einer Vollkommenheit fortgeschritten, die man anfangs nicht für möglich gehalten hätte; die Oper war durch die sonderbaren Umstände, welche ihre Aufführung bisher verhindert hatte, nicht nur dem Publikum, sondern selbst den Sängern neu geworden; kein Wunder, daß sie ihr möglichstes taten, um so großen Erwartungen zu entsprechen, kein Wunder, daß man mit freudiger Erwartung dem Tag entgegensah, der den Mohren von Venedig auf die Bretter rufen sollte.

Es kam aber noch zweierlei hinzu, das Interesse des Publikums zu fesseln. Der Sängerin Fanutti war ein großer Ruf vorausgegangen, man war neugierig, wie sie sich vom Theater ausnehme, wie sie Desdemona geben werde, eine Rolle, zu der man außer schönem Gesang, auch ein höheres, tragisches Spiel verlangte. Hiezu kam das leise Gerücht von den sonderbaren Vorfällen, die jedesmal „Othello" begleitet hatten; die ältern Leute erzählten, die jüngeren sprachen es nach, zweifelten, vergrößerten, so daß ein großer Teil des Publikums glaubte, der Teufel selbst werde eine Gastrolle im „Othello" übernehmen.

Der Major von Larun hatte Gelegenheit, an manchen Orten über diese Dinge sprechen zu hören; am auffallendsten war ihm, daß man bei Hof, wo er noch einige Abende zubrachte, kein Wort mehr über „Othello" sprach; nur Prinzessin Sophie sagte einmal flüchtig und lächelnd zu ihm, „‚Othello' hätten wir denn doch herausgeschlagen, Ihrer Krankheitstante, Baron, und der diplomatischen Drohung des Grafen haben wir es zu danken; wie freue ich mich auf Sonntag, auf mein Desdemona-Liedchen, wahrlich, wenn ich einmal sterbe, es soll mein Schwanengesang werden."

Gibt es Ahnungen? dachte der Major bei diesen flüchtig hingeworfenen Worten, die ihm unwillkürlich schwer und bedeutungsvoll klangen; die Sage von der gespenstigen Desdemona, die Furcht des alten Regisseur, seine Träume vom Trauergeleite und dieser Schwanengesang! Er sah der holden, lieblichen Erscheinung nach, wie sie froh und freundlich durch die Säle gleitete, wie sie, gleich dem Mädchen aus der Fremde, jedem eine schöne Gabe, ein Lächeln oder ein freundliches Wort darreichte – wenn der Zufall es wieder wollte, dachte er, wenn sie stürbe! Er verlachte sich im nächsten Augenblicke selbst, er konnte nicht begreifen, wie ein solcher Gedanke in seine vorurteilsfreie Seele kommen könne – er suchte mit Gewalt dieses lächerliche Phantom aus seiner Erinnerung zu verdrängen – umsonst! dieser Gedanke kehrte immer wieder, überraschte ihn mitten unter den fremdartigsten Reden und Gegenständen und immer noch glaubte er, eine süße Stimme flüstern zu hören, „wenn ich sterbe – sei es mein Schwanengesang".

Der Sonntag kam, und mit ihm ein sonderbarer Vorfall. Der Major war nachmittags mit dem Grafen und mehreren Offizieren ausgeritten. Auf dem Heimweg überfiel sie ein Regen, der sie bis auf die Haut durchnäßte. Die Wohnung des Grafen lag dem Tore zunächst, er bat daher den Major, sich bei ihm umzukleiden; einen Hut des Freundes auf dem Kopf, in einen seiner Überröcke gehüllt, trat der Major aus dem Hause, um in seine eigene Wohnung zu eilen. Er mochte einige Straßen gegangen sein und immer war es ihm, als schleiche jemand allen seinen Tritten nach. Er blieb stehen, sah sich um, und dicht hinter ihm stand ein hagerer, großer Mann in einem abgetragenen Rock. „Dies an Sie, Herr!" sagte er mit dumpfer Stimme und durchdringendem Blick, drückte dem Erstaunten ein kleines Billett in die Hand und sprang um die nächste Ecke. Der Major konnte nicht begreifen, woher ihm, in der völlig fremden Stadt, solche geheimnisvolle Botschaft kommen sollte? Er betrachtete das Billett von allen Seiten, es war feines glänzendes Papier in eine Schleife künstlich zusammengeschlungen, mit einer schönen Kamee gesiegelt. Keine Aufschrift. Vielleicht will man sich einen Scherz mit dir machen, dachte er und öffnete es sorglos noch auf der Straße; er las und wurde aufmerksam, er las weiter und erblaßte, er steckte das Papier in die Tasche und eilte seiner Wohnung, seinem Zimmer zu.

Es war schon Dämmerung gewesen auf der Straße, er glaubte nicht recht gelesen zu haben, er rief nach Licht. Aber auch beim hellen Schein der Kerzen blieben die unseligen Worte fest und drohend stehen:

„Elender! du kannst dein Weib, deine kleinen Würmer im Elend schmachten lassen, während du vor der Welt in Glanz und Pracht auftrittst? Was willst du in dieser Stadt? willst du ein ehrwürdiges Fürstenhaus beschimpfen, seine Tochter so unglücklich machen, als du dein Weib gemacht hast? Fliehe; in der Stunde, wo du dieses liest, weiß Pr. Sph. das schändliche Geheimnis deines Betrugs."

Der Major war keinen Augenblick im Zweifel, daß diese Zeilen an den Grafen gerichtet, daß sie durch Zufall, vielleicht weil er in des Freundes Kleidern über die Straße gegangen, in seine Hände geraten seien. Jetzt wurden ihm auf einmal jene Ausbrüche der Verzweiflung klar; es war Reue, Selbstverachtung, die in einzelnen Momenten die glänzende Hülle durchbrochen, womit er sein trügerisches Spiel bedeckt hatte. Laruns Blicke fielen auf die Zeilen, die er noch immer in der Hand hielt; jene Chiffern Pr. Sph. konnten nichts anderes bedeuten, als den Namen des holden, jetzt so unglückseligen Geschöpfes, das jener gewissenlose Verräter in sein Netz gezogen hatte. Der Major war ein Mann von kaltem, berechnendem Blick, von starkem konsequentem Geiste; er hatte sich selten oder nie von einem Gegenstand überraschen oder außer Fassung setzen lassen, aber in diesem Augenblick war er nicht mehr Herr über sich; Wut, Grimm, Verachtung kämpften wechselweise in seiner Seele. Er suchte sich zu bezwingen, die Sache von einem milderen Gesichtspunkt anzusehen, den Grafen durch seinen Charakter, seinen grenzenlosen Leichtsinn zu entschuldigen; aber der Gedanke an Sophie, der Blick auf „das Weib und die armen kleinen Würmer" des Elenden, verjagten jede mildernde Gesinnung, brausten wie ein Sturm durch seine Seele; ja, es gab Augenblicke, wo seine Hand krampfhaft nach der Wand hinzuckte, um die Pistolen herunterzureißen, und den schlechten Mann noch in dieser Stunde zu züchtigen. Doch die Verachtung gegen ihn bewirkte, was mildere Stimmen in seiner Brust nicht bewirken konnten; „Er muß fort, noch diese Stunde", rief er; „die Unglückliche, die er betörte, darf um keinen Preis erfahren, welchem Elenden sie ihre erste Liebe schenkte. Sie soll ihn beweinen, vergessen; ihn verachten zu müssen, könnte sie töten." Er warf diese Gedanken schnell aufs Papier; raffte eine große Summe, mehr als er entbehren konnte, zusammen, legte den unglücklichen Brief bei und schickte alles durch seinen Diener an den Grafen.

Es war die Stunde in die Oper zu fahren; wie gerne hätte der Major heute keinen Menschen mehr gesehen, und doch glaubte er es der Prinzessin schuldig zu sein, sie vor der gedrohten Warnung zu bewahren. Er sann hin und her, wie er dies möglich machen könne, es blieb ihm nichts übrig, als sie zu beschwören, keinen Brief von fremden Händen anzunehmen. Er warf den Mantel um und wollte eben das Zimmer verlassen, als sein Diener zurückkam, er hatte das Paket an den Grafen noch in der Hand. „Seine Exzellenz sind soeben abgereist", sagte er und legte das Paket auf den Tisch.

„Abgereist?" rief der Major. „Nicht möglich!"

„Vor der Türe ist sein Jäger, er hat einen Brief an Sie; soll ich ihn hereinbringen?"

Der Major winkte, der Diener führte den Jäger herein, der ihm weinend einen Brief übergab. Er riß ihn auf. „Leben Sie wohl auf ewig! Der Brief, der, wie ich soeben erfahre, vor einer Stunde in Ihre Hände kam, wird meine Abreise sans Adieu entschuldigen. Wird mein Kamerad von sechs Feldzügen einer geliebten Dame den Schmerz ersparen, meinen Namen in allen

Blättern aufrufen zu hören? Wird er die wenigen Posten decken, die ich nicht mehr bezahlen kann?"

„Wann ist Euer Herr abgereist?"

„Vor einer Viertelstunde, Herr Major!"

„Wußtet Ihr um seine Reise?"

„Nein, Herr Major! Ich glaube, Seine Exzellenz wußten es heute nachmittag selbst noch nicht; denn Sie wollten heute abend ins Theater fahren. Um fünf Uhr ging der Herr Graf zu Fuß aus, und ließ mich folgen. Da begegnete ihm an der reformierten Kirche ein großer, hagerer Mann, der bei seinem Anblick sehr erschrak. Er ging auf meinen Herrn zu und fragte, ob er der Graf Zronievsky sei? mein Herr bejahte es; darauf fragte er, ob er vor einer Viertelstunde ein Billett empfangen? der Herr Graf verneinte es. Nun sprach der fremde Mann eine Weile heimlich mit meinem Herrn; er muß ihm keine gute Nachrichten gegeben haben, denn der Herr Graf wurde blaß und zitterte; er kehrte um nach Hause; schickte den Kutscher nach Postpferden, ich mußte schnell zwei Koffer packen; der Reisewagen mußte vorfahren. Der Herr Graf verwies mich mit den Rechnungen und allem an Sie und fuhr die Straße hinab zum Südertor hinaus. Er nahm vorher noch Abschied von mir, ich glaube für immer."

Der Major hatte schweigend den Bericht des Jägers angehört; er befahl ihm, den nächsten Morgen wiederzukommen, und fuhr ins Theater. Die Ouvertüre hatte schon begonnen, als er in die Loge trat, er warf sich auf einen Stuhl nieder, von wo er die fürstliche Loge beobachten konnte. In allem Schmuck ihrer natürlichen Schönheit und Anmut saß Prinzessin Sophie neben ihrer Mutter. Ihr Auge schien vor Freude zu strahlen, eine heitere Ruhe lag auf ihrer Stirne, um den feingeschnittenen Mund wehte ein holdes Lächeln, vielleicht der Nachklang eines heiteren Scherzes – sie hatte ja jetzt ihren Willen durchgesetzt, „Othello" war es, der den Saal und die Logen des Hauses gefüllt hatte. Jetzt nahm sie die Lorgnette vor das Auge, wie letzthin schien sie eifrig im Hause noch etwas zu suchen – argloses Herz! du schlägst vergebens dem Geliebten entgegen; deine liebevollen Blicke werden ihn nicht mehr finden, dein Ohr lauscht vergebens, ob nicht sein Schritt im Korridor erschallt, du beugst umsonst den schönen Nacken zurück, die Türe will sich nicht öffnen, seine hohe gebietende Gestalt wird sich dir nicht mehr nahen.

Sie senkte das Glas; ein Wölkchen von getäuschter Erwartung

und Trauer lagerte sich unter den blonden Locken, die schönen Bogen der Brau'n zogen sich zusammen und ließen ein kaum merkliches Fältchen des Unmuts sehen. Die feinen seidenen Wimpern senkten sich wie eine durchsichtige Gardine herab, sie schien zu sinnen, sie zeichnete mit der Lorgnette auf die Brüstung der Loge. – Sind es vielleicht seine Chiffern, die sie in Gedanken versunken vor sich hinschreibt? wie bald wird sie vielleicht dem Namen fluchen, der jetzt ihre Seele füllt!

Dem Major traten unwillkürlich Tränen in die Augen, als er Sophie betrachtete; „Noch ahnet sie nicht, was ihrer wartet", dachte er, „aber nie, nie soll sie erfahren, wie elend der war, den sie liebte." Der Gedanke an diesen Elenden bemächtigte sich seiner aufs neue; er drückte die Augen zu, verfluchte die menschliche Natur, die durch Leichtsinn und Schwäche aus einem erhabenen Geist, aus einem tapfern Mann einen ehrvergessenen, treulosen Betrüger machen könne.

Der Major hat oft gestanden, daß einer der schrecklichsten Augenblicke in seinem Leben der gewesen sei, wo er im ersten Zwischenakt „Othellos" in die fürstliche Loge trat. Es war ihm zumut, als habe er selbst an Sophien gefrevelt, als sei *er* es, der ihr Herz brechen müsse. Der Gedanke war ihm unerträglich, sie arglos, glücklich, erwartungsvoll vor sich zu sehen und doch zu wissen, welch namenloses Unglück ihrer warte. Er trat ein; ihre Blicke begegneten ihm sogleich, sie hatte wohl oft nach der Türe gesehen. Mit hastiger Ungeduld übersah sie einen Prinzen und zwei Generale, die sich ihr nahen wollten, sie winkte den Major heran; „Haben wir jetzt unsern ‚Othello‘!" sagte sie; „sind Sie nicht auch glücklich, erwartungsvoll? – doch *einen* unserer ‚Othello‘-Verschworenen sehe ich nicht", flüsterte sie leiser, indem sie leicht errötete; „*der Graf* ist sicherlich hinter den Kulissen, um recht warmen Dank zu verdienen, wenn er alles recht schön machen läßt?"

„Verzeihen Euer Hoheit", erwiderte der Major, mühsam nach Fassung ringend; „der Graf läßt sich entschuldigen, er ist schnell auf einige Tage verreist."

Sophie erbleichte; „Verreist, also nicht in der Oper? Wohin riefen ihn denn so schnell seine Geschäfte? O das ist gewiß ein Scherz, den sie beide zusammmen machen", rief sie, „glauben Sie denn, er werde nur so schnell weggehen, ohne sich zu beurlauben? Nein, nein; das gibt irgendeinen hübschen Spaß. Jetzt weiß ich auch, woher mir ein gewisses Briefchen zukam."

Der Major erschrak, daß er sich an den nächsten Stuhl halten mußte. „Ein Briefchen!" fragte er mit bebender Stimme, eine schreckliche Ahnung stieg in ihm auf.

„Ja, ein zierliches Billettchen", sagte sie und ließ neckend das Ende eines Papiers unter dem breiten Bracelet hervorsehen, das ihren schönen Arm umschloß. „Ein Briefchen, das man recht geheimnisvoll mir zugesteckt hat. Ich sehe es Ihnen an den Augen an, Sie sind im Komplott. Ich habe noch keine Gelegenheit gefunden, es zu öffnen, denn einen solchen Scherz muß man nicht öffentlich machen, aber sobald ich in mein Boudoir komme –"

„Durchlaucht! ich bitte um Gottes willen, geben Sie mir das Billett", sagte der Major, von den schrecklichsten Qualen gefoltert; „es ist gar nicht einmal an Sie, es ist in ganz unrechte Hände gekommen."

„So? um so besser; das gebe ich um keine Welt heraus, das soll mir Aufschluß geben über die Geheimnisse gewisser Leute! an eine Dame war es also auf jeden Fall; es ist wirklich hübsch, daß es gerade in meine Hände kam."

Der Major wollte noch einmal bitten, beschwören, aber der Prinz fuhr mit seinem Kopf dazwischen, die beiden Generale fielen mit Fragen und Neuigkeiten herein, er mußte sich zurückziehen. Verfolgt von schrecklichen Qualen ging er zu seiner Loge zurück, er preßte seine Augen in die Hand, um die Unglückliche nicht zu sehen, und immer wieder mußte er von neuem hinschauen, mußte von neuem die Qualen der Angst, die Gewißheit des nahenden Unglücks mit seinen Blicken einsaugen.

Die Diamanten am Schlosse ihres Armbandes spielten in tausend Lichtern, ihre Strahlen zuckten zu ihm herüber, sie drangen wie tausend Pfeile in sein Herz. „Welchen Jammer verschließen jene Diamanten! wenn sie im einsamen Gemach diese Bänder öffnet, öffnet sie nicht zugleich die Pforte eines grauenvollen Frevels? Ihr Puls schlägt an diese unseligen Zeilen, wie ihr Herz für den Geliebten pocht; wird es nicht stille stehen, wenn das Siegel springt und das ahnungslose Auge auf eine furchtbare Kunde fällt?"

Desdemona stimmte ihre Harfe; ihre wehmütigen Akkorde zogen flüsternd durch das Haus, sie erhob ihre Stimme, sie sang – ihren Schwanengesang. Wie wunderbar, wie mächtig ergriffen diese melancholische Klänge jedes Herz; so einfach, so kindlich ist dieses Lied und doch von so hohem tragischem Effekt! Man fühlt sich bange und beengt, man ahnt, welch grauenvolles

Schicksal ihrer warte, man glaubt den Mörder in der Ferne schleichen zu hören, man fühlt die unabwendbare Macht des Schicksals näher und näher kommen, es umrauscht sie wie die Fittiche des Todes. Sie ahnet es nicht; sanft, arglos wie ein süßes Kind sitzt sie an der Harfe, nur die Schwermut zittert in weichen Klängen aus ihrer Brust hervor, aus diesem vollen, liebewarmen Herzen, für das der Stahl schon gezückt ist. Sie flüstert Liebesgrüße in die Ferne nach ihm, der sie zermalmen wird; ihre Sehnsucht scheint ihn in ihre Arme zu rufen, er wird kommen – sie zu morden; sie betet für ihn, Desdemona segnet *ihn* – der ihr den Fluch gibt.

Der Major teilte seine Blicke zwischen der Sängerin und Sophien. Sie lauschte in Wehmut versunken auf das Lieblingslied, eine Träne hing in ihren Wimpern, sie weinte unbewußt über ihr *eigenes Geschick*, die Akkorde der Harfe verschwebten, Sophie sah sinnend, träumend vor sich hin. „Wenn ich einst sterbe, soll es mein Schwanengesang sein", klang es in der Erinnerung des Majors; „wahrlich! sie hat wahrgesagt", sprach er zu sich, „es war der Schwanengesang ihres Glückes." Othello trat auf. Sophiens Aufmerksamkeit war jetzt nicht mehr auf die Oper gerichtet, sie sah herab auf ihr Armband, sie spielte mit dem Schloß; ein heiteres Lächeln verdrängte ihre Wehmut, ihre Blicke streiften nach der Loge des Majors herüber – er strengte angstvoll seine Blicke an – Gott im Himmel, sie schiebt das unglückselige Papier hervor und verbirgt es in ihr Tuch – er glaubt zu sehen, wie sie heimlich das Siegel bricht, – verzweiflungsvoll stürzt er aus seiner Loge den Korridor entlang. Er weiß nicht warum, es treibt ihn mit unsichtbarer Gewalt der fürstlichen Loge zu, er ist nur noch einige Schritte entfernt – da hört er ein Geräusch in dem Haus, man kommt aus der Loge, Bedienten und Kammerfrauen eilen ängstlich an ihm vorüber, eine schreckliche Ahnung sagt ihm schon vorher, was es bedeute, er fragt, er erhält die Antwort: „Prinzessin Sophie ist plötzlich in Ohnmacht gesunken!"

9

Düster, zerrissen in seinem Innern, saß einige Tage nach diesem Vorfall der Major Larun in seinem Zimmer. Seine Stirne ruhte in der Hand, sein Gesicht war bleich, seine Augen halb geschlossen, der sonst so starke Mann zerdrückte manche Träne, die sich über seine Wimpern stehlen wollte. Er dachte an das schreckliche Geschick, in dessen innerstes Gewebe ihn der Zufall geworfen; er sah alle diese feinen Fäden, die wenigen Augen außer ihm sichtbar, so lose sich anknüpften; er sah, wie sie weitergesponnen, wie sie verknüpft und gedoppelt zu einem nur zu festen Netz um ein zartes, unglückliches Herz sich schlangen. Unbesiegbare Bitterkeit mischte sich in diese trüben Erinnerungen; sein alter Waffenfreund, ein so glänzendes Meteor am Horizont der Ehre, ein so braver Soldat und jetzt ein Elender, Ehrenvergessener der, ohne nur entfernt einen andern Ausgang erwarten zu können, mit allen Künsten der Liebe die unbewachten Sinne eines kaum zur Jungfrau erblühten Kindes betörte! In diese Gedanken mischte sich das Bild dieses so unendlich leidenden Engels, mischte sich die Angst vor einer Szene, welcher er in der nächsten Stunde entgegengehen sollte. Eine angesehene Dame, die Oberhofmeisterin der Prinzessin Sophie hatte ihn diesen Nachmittag zu sich rufen lassen. Sie entdeckte ihm ohne Hehl, daß Sophie von einer schweren Krankheit befallen sei, daß die Ärzte wenig Hoffnung geben, denn sie nennen ihre Krankheit einen Nervenschlag. Sie sagte ihm weiter, die Prinzessin habe ihr *alles* gesagt, sie habe ihr kein Wort dieses strafbaren Verhältnisses verschwiegen. Sie wisse, daß in der Residenz nur *ein* Mensch lebe, der jenen Grafen Zronievsky näher gekannt habe, dies sei der Baron von Larun. Mit einer Angst, einem Verlangen, das an Verzweiflung grenze, dringe die Unglückliche darauf, mit ihm ohne Zeugen zu sprechen. Die Oberhofmeisterin wußte wohl, wie sehr dies gegen die Vorschriften laufe, welche die Etikette ihr auferlegen, aber der Anblick des jammernden Kindes, das nur noch dies eine Geschäft auf der Erde abmachen zu wollen schien, erhob sie über die Schranken ihrer Verhältnisse, sie wagte es, dem Major den Vorschlag zu machen, diesen Abend unter ihrer Begleitung heimlich zu der Kranken zu gehen.

Der Major hatte nicht nein gesagt. Er wußte, daß er ihr nichts Tröstliches sagen könne, er fühlte aber, wie in einem so tiefen Gram das Verlangen nach Mitteilung unüberwindlich werden müsse.

Aber was sollte er ihr sagen? mußt er nicht befürchten von ihrem Anblick, von den trüben Erinnerungen der letzten Tage so bestürmt zu werden, daß sein lauter Schmerz sie noch unglücklicher machte? Er war noch in diese Gedanken versunken als ihm gemeldet wurde, daß man ihn erwarte; die alte Oberhofmeisterin hielt in ihrem Wagen vor dem Hause; er setzte sich schweigend neben ihre Seite.

„Sie werden die Prinzessin sehr schlecht finden", sagte diese Dame mit Tränen; „ich gebe alle Hoffnung auf. Ich kann mir nicht denken, daß in der Unterredung mit Ihnen, Herr Baron, noch etwas Rettendes liegen könne. Werden *Sie* ihr keinen Trost geben können, so verlischt sie uns, wie eine Lampe, die kein Öl mehr hat, um ihre Flamme zu nähren; und wollten Sie ihr Trost, Hoffnung geben, so sind diese Gefühle in ihren Verhältnissen von so unnatürlicher Art, daß ich beinahe wünschen müßte, sie möge eher sterben als ihrem Hause Schande machen."

„Also werde ich ihr den Tod bringen müssen", sagte der Major bitter lächelnd; – – „weiß man in der Familie um diese Geschichten? Was denkt man von der Krankheit?"

„Wie ich Ihnen sagte, Herr Baron; die Familie, der Hof und die Stadt weiß nicht anders, als daß sie sich erkältet haben muß; die törichten Leute bringen auch noch die fatale Oper ins Spiel, und lassen sie am ‚Othello' sterben. Was wir beide *wissen*, weiß sonst niemand; es gibt einige Damen, die dieses Verhältnis früher ahneten, aber nicht genau wußten."

„Und doch fürchte ich", entgegnete der Major, indem er seinen durchdringenden Blick auf die Dame an seiner Seite heftete, „ich fürchte, sie stirbt an einem sehr gewagten Bubenstück. Man hat dieses Verhältnis geahnet, nachgespürt, es wurde zur Gewißheit; man suchte eine Trennung herbeizuführen, man spürte die Verhältnisse des Grafen aus –"

„Glauben Sie?" sagte die Oberhofmeisterin blaß und mit bebenden Lippen, indem sie umsonst versuchte, den Blick des Majors auszuhalten.

„Man forschte diese Verhältnisse aus", fuhr der Major fort; „man suchte ihn von hier wegzuschrecken, indem man ihm drohte, der Prinzessin zu sagen, daß er verheiratet sei. Bis hieher war der Plan nicht übel; es gehörte einem solchen Elenden, daß man nicht gelinder mit ihm verfuhr. Aber man ging weiter; man wollte auch die unglückliche Dame schnell von ihrer Liebe heilen, man machte sie mit dem Geheimnis des Grafen bekannt, man glaubte, sie werde alles über Nacht vergessen. Und hier war der Plan auf die Nerven eines Dragoners berechnet, aber nicht auf das Herz dieses zarten Kindes."

„Ich muß bitten, zu bedenken", entgegnete die Oberhof-

meisterin mit ihrer früheren Kälte, aber mit stechenden Blicken –
„daß dieses *zarte* Kind eine Prinzessin des fürstlichen Hauses
ist, daß sie erzogen wurde, um mit Anstand über solche Mißverhältnisse
wegzusehen. Sollte wirklich irgendein solcher Plan vorhanden
gewesen sein, so kann ich die Handelnden nicht tadeln,
sie haben wahrhaftig geschickt operiert –"

„Sie haben ihren Zweck erreicht; sie wird sterben", unterbrach
sie der Major.

„*Ich* hätte meinen Zweck erreicht? mein Herr ich muß
bitten –"

„*Sie?*" sagte Larun mit gleichgültiger Stimme; „von Ihnen,
gnädige Frau, sprach ich nicht, ich sagte: sie, die Handelnden, die
Operierenden."

Die alte Dame biß sich in die Lippen und schwieg. Wenige
Augenblicke nachher waren sie an einer Seitenpforte des Palais
angelangt. Ein alter Diener führte sie durch ein Labyrinth von
Korridors und Treppen. Endlich wurden die Gänge breiter, die
Beleuchtung auf elegantere Art angebracht, der Major bemerkte,
daß sie in den bewohnteren Flügel des Schlosses gelangt seien.
Der Alte winkte in eine Seitentüre. Der Weg ging jetzt durch
mehrere Gemächer, bis in einem Salon, der wohl zu den Appartements
der Prinzessin gehören mochte, die Oberhofmeisterin
dem Major zuflüsterte, er möchte einstweilen in einem Fauteuil
sich gedulden, bis sie ihn rufen lasse.

Nach einer tödlich langen Viertelstunde erschien sie wieder.
Sie sagte ihm, daß nach dem ausdrücklichen Willen der Kranken
er allein mit ihr sein werde; sie selbst wolle sich als Garde de
Dame an die Türe setzen, wo sie gewiß nichts hören könne, wenn
man nicht gar zu laut spreche. Übrigens dürfe er nicht länger als
eine Viertelstunde bleiben. Der Major trat ein. Das prachtvolle
Gemach mit seinen schimmernden Tapeten und goldenen Leisten,
die reiche Draperie der Gardinen, die bunten Farben des türkischen
Fußteppichs taten seinem Auge wehe, denn das Gemüt
will ein leidendes Herz, einen kranken Körper nicht mit den
Flittern der Hoheit umgeben sehen. Und wie groß war der Kontrast
zwischen diesem Glanz der Umgebung und diesem zarten,
lieblichen Kind, das in einem einfachen weißen Gewand auf
einer prachtvollen Ottomane lag.

Der Eindruck, den ihre Züge, ihre Gestalt, ihr ganzes Wesen
zum erstenmal auf ihn gemacht hatten, kehrte auch jetzt wieder
in die Seele des Majors. Es war ihre einfache, ungeschmückte

Schönheit, ihre stille Größe, verborgen hinter dem Zauber kindlicher Liebenswürdigkeit, was ihn angezogen hatte. Wohl blendete ihn damals der Glanz der frischen, jugendlichen Farben, die lebhaft strahlenden Augen, jenes gewinnende huldvolle Lächeln, das ihre feinen rosigen Lippen umschwebte. Ein Nachtfrost hatte diese Blüten abgestreift; aber gab ihr nicht diese durchsichtige Blässe, diese stille Trauer in dem sinnigen Auge, dieser wehmütige Zug um den Mund, der nie mehr scherzte, eine noch erhabenere Schönheit, einen noch gefährlicheren Zauber? Der Major stand einige Schritte von ihr stille, und betrachtete sie mit tiefer Rührung. Sie winkte ihm nach einem Tabouret, das zu ihren Füßen stand, sie sprach, ihre Stimme hatte zwar jenes helle Metall verloren, das sonst ihre heiteren Scherze, ihr fröhliches Lachen ertönen ließ, aber diese weichen, rührenden Töne drangen tiefer. „Es wäre töricht von mir, Herr Baron", sprach sie, „wollte ich Sie lange in Ungewißheit lassen, warum ich Sie rufen ließ. Ich weiß, daß der Graf Sie, als seinen besten Freund, von einem Verhältnis unterrichtet hat, das nie hätte bestehen sollen. – Erinnern Sie sich noch des Abends in ‚Othello'? Ich sagte Ihnen von einem Billett, das ich bekommen habe, ich erinnere mich, daß Sie mir es wiederholt abforderten; warum haben Sie das getan?"

„Warum, fragen Ew. Durchlaucht? weil ich den Inhalt ahnete, zu wissen glaubte."

„Also doch!" rief sie und eine Träne drang aus ihrem schönen Auge; „also doch! Ich hielt Sie, seit dem ersten Augenblick, wo ich Sie sah, für einen Mann von Ehre; wenn Sie die Verhältnisse des Grafen wußten, warum haben Sie ihn nicht bälder entfernt, warum mir nicht den Schmerz erspart ihn verachten zu müssen?"

„Ich kann, bei allem, was mir heilig ist, bei meiner Ehre schwören", entgegnete der Major, „daß ich kaum eine Stunde bevor ich zu Eurer Durchlaucht in die Loge trat, diese Verhältnisse durch ein Papier erfahren habe, das durch Zufall statt in des Grafen Hände, in die meinigen kam. Als ich den Grafen darüber zur Rede stellen wollte, hatte er schon Nachricht davon bekommen und war abgereist. Ich ahnete aus gewissen Winken, die jenes Briefchen enthielt, daß auch *Sie* nicht verschont bleiben werden, umsonst versuchte ich das unglückliche Blättchen Ewr. Durchlaucht abzuschwatzen."

„Sie glauben also an diese Erfindung?" sagte Sophie, indem ihre Tränen heftiger strömten; „ach, es ist ja nur ein Kunstgriff *gewisser Leute,* die ihn von uns entfernen wollten. Lesen Sie dieses Billett, es ist dasselbe, das ich erhielt; gestehen Sie selbst, es ist Verleumdung!"

Der Major las:

„Der Graf v. Z. ist verheiratet; seine Gemahlin lebt in Avignon; drei kleine Kinder weinen um ihren Vater. – Sollte eine erlauchte Dame so wenig Ehrgefühl, so wenig Mitleid besitzen, ihn diesen Banden noch länger zu entziehen?"

Es war dieselbe Handschrift, dasselbe Siegel, wie jenes Billett, das er selbst bekommen hatte. Er sah noch immer in diese Zeilen; er wagte nicht aufzuschauen, er wußte nicht zu antworten; denn seine strengen Begriffe von Wahrheit erlaubten ihm nicht, gegen seine Überzeugung zu sprechen, das tiefe Mitleid mit ihrem Schmerz ließ ihn ihre Hoffnung nicht so grausam niederschlagen.

„Sehen Sie", fuhr sie fort als er noch immer schwieg, „wie ich dieses Briefchen arglos, neugierig erbrach, so überraschten mich jene schrecklichen Worte *Gatte, Vater* wie eine Stimme des Gerichtes. Die Sinne schwanden mir; ich wurde recht krank und elend; aber sooft ich nur eine Stunde mich leichter fühle, steigt meine Hoffnung wieder; ich glaube, Zronievsky kann doch nicht so gar schlecht gewesen sein, er kann mich nicht so schrecklich betrogen haben. Lächeln Sie doch, Major, sein Sie freundlich. – Ich erlaube Ihnen, Sie dürfen mich verspotten, weil ich mich durch diese Zeilen so ganz außer Fassung bringen ließ – aber nicht wahr, Sie meinen selbst es ist eine Lüge, es ist Verleumdung?"

Der Major war außer sich; was sollte er ihr sagen? Sie hing so erwartungsvoll an seinen Lippen, es war als sollte *ein* Wort von ihm sie ins Leben rufen – ihr Auge strahlte wieder, jenes holde Lächeln erschien wieder auf ihren lieblichen Zügen – sie lauschte, wie auf die Botschaft eines guten Engels.

Er antwortete nicht, er sah finster auf den Boden; da verschwand allmählich die frohe Hoffnung aus ihren Zügen, das Auge senkte sich, der kleine Mund preßte sich schmerzlich zusammen, das zarte Rot, das noch einmal ihre Wangen gefärbt hatte, floh, sie senkte ihre Stirne in die schöne Hand, sie verbarg ihre weinenden Augen.

„Ich sehe", sagte sie, „Sie sind zu edel, mir mit Hoffnungen zu schmeicheln, die nach wenigen Tagen wieder verschwinden müßten. Ich danke Ihnen, auch für diese schreckliche Gewißheit. Sie ist immer besser als das ungewisse Schweben zwischen Schmerz und Freude; und nun, mein Freund, nehmen Sie dort das Kästchen, suchen Sie es ihm zuzustellen, es enthält manches, was mir teuer war – doch nein, lassen Sie es mir noch einige Tage, ich schicke es Ihnen, wenn ich es nicht mehr brauche.

Es ist mir, als werde ich nicht mehr lange leben", fuhr sie nach einigen Augenblicken fort; „ich bin gewiß nicht abergläubisch, aber warum muß ich gerade nach diesem fatalen ‚Othello' krank werden?"

„Ich hätte nicht gedacht, daß dieser Gedanke nur einen Augenblick Ew. Durchlaucht Sorge machen könnte!" sagte der Major.

„Sie haben recht, es ist töricht von mir; aber in der Nacht, als man mich krank aus der Oper brachte, träumte ich, ich werde sterben. Eine ernste, finstere junge Dame kam mit einem Plumeau von roter Seide auf mich zu, deckte ihn über mich her und preßte ihn immer stärker auf mich, daß ich beinahe erstickte. Dann kam plötzlich mein Großoheim, der Herzog Nepomuk, geradeso wie er gemalt in der Galerie hängt, und befreite mich von dem beengenden Druck und das Sonderbarste ist –"

„Nun?" fragte der Baron lächelnd, „was fing denn der gemalte Herzog mit Desdemona an?"

Die Prinzessin staunte; „Woher wissen Sie denn, daß die Dame Desdemona ist? ich beschwöre Sie, woher wissen Sie dies?"

Der Major schwieg einen Augenblick verlegen. „Was ist natürlicher", antwortete er dann, „als daß Sie von Desdemona träumen? Sie hatten sie ja am Abende zuvor in einem roten Bette verscheiden sehen."

„Sonderbar, daß *Sie* auch gleich auf den Gedanken kamen! Das Sonderbarste aber ist, ich wachte auf, als der Herzog mich befreite, ich wachte in der Tat auf und sah – wie jene Dame mit dem Plumeau unter dem Arm langsam zur Türe hinausging. Seit dieser Nacht träume ich immer dasselbe, immer beengender war ihr Druck, immer später kommt mir der Herzog zu Hülfe, aber immer sehe ich sie deutlich aus dem Zimmer schweben! Und als ich gestern abend mir die Harfe bringen ließ und mein liebes *Desdemona-Liedchen* spielte, da – spotten Sie immer über mich! da ging die Türe auf und jene Dame sah ins Zimmer und nickte mir zu."

Sie hatte dieses halb scherzend, halb in Ernst erzählt; sie wurde ernster: „Nicht wahr, Major", sagte sie, „wenn ich sterbe, gedenken Sie auch meiner? Das Andenken eines solchen Mannes ist mir wert." – „Prinzessin!" rief der Major, indem er vergebens seine Wehmut zu bezwingen suchte, „entfernen Sie doch diese Gedanken, die unmöglich zu Ihrer Genesung heilsam sein können!"

Die Oberhofmeisterin erschien in der Türe und gab ein Zeichen, daß die Audienz zu Ende sein müsse. Sophie reichte dem Major die Hand zum Kusse, er hat nie mit tieferen Empfindungen von Schmerz, Liebe und Ehrfurcht die Hand eines Mädchens geküßt. Er erhob sein Auge noch einmal zu ihr auf, er begegnete ihren Blicken, die voll Wehmut auf ihm ruhten. Die Oberhofmeisterin trat mit einer Amtsmiene näher; der Major stand auf; wie schwer wurde es ihm, mit kalten gesellschaftlichen Formen sich von einem Wesen zu trennen, das ihm in wenigen Minuten so teuer geworden war.

„Ich hoffe", sagte er, „Euer Durchlaucht bei der nächsten Cour ganz hergestellt wiederzusehen?"

„Sie hoffen, Major?" entgegnete sie schmerzlich lächelnd; „leben Sie wohl, ich habe *zu hoffen* aufgehört."

10

Die Residenz war einige Tage mit nichts anderem als der Krankheit der geliebten Prinzessin beschäftigt; man sagte sie bald sehr krank, bald gab man wieder Hoffnung; ein Schwanken, das für alle, die sie näher kannten, schrecklich war. An einem Morgen, sehr frühe, brachte ein Diener dem Major ein Kästchen. Ein Blick auf dieses wohlbekannte Behältnis und auf die Trauerkleider des Dieners überzeugten ihn, daß die Prinzessin nicht mehr seie. Es war ihm, als sei dieses liebliche Wesen ihm, *ihm allein* gestorben. Er hatte viel verloren auf der Erde und doch hatte kein Verlust so empfindlich, so tief seine Seele berührt als dieser. Es war ihm, als habe er nur noch *ein* Geschäft auf der Erde, das Vermächtnis der Verstorbenen an seinen Ort zu befördern; er würde diese Stadt, die so drückende Erinnerungen für ihn hatte, sogleich verlassen haben, hätte ihn nicht das Verlangen zurückgehalten, ihre sterblichen Reste beisetzen zu sehen. Als die feierlichen Klänge aller Glocken, als die Trauertöne der Musik und die lange Reihen der Fackelträger verkündeten, daß Sophie zu der Gruft ihrer Ahnen geführt werde, da verließ er zum erstenmal wieder sein Haus und schloß sich dem Zuge an. Er hörte nicht auf das Geflüster der Menschen, die sich über die

Ursachen ihrer Krankheit, ihres Todes besprachen; er hatte nur *einen* Gedanken, nur jener Augenblick, wo ihr Auge noch einmal auf ihm geruht hatte, wo seine Lippen ihre Hand berührten, stand vor seiner Seele. Man nahm die Insignien ihrer hohen Geburt von der Bahre, man senkte sie langsam hinab zum Staub ihrer Ahnen. Die Menge verlor sich, die Begleiter löschten ihre Fackeln aus und verließen die Halle; der Major warf noch einen Blick nach der Stelle, wo sie verschwunden war, und ging.

Vor ihm ging mit unsicheren, schleppenden Schritten ein alter Mann, der heftig weinte. Als der Major an seiner Seite war, sah jener sich um, es war der Regisseur der Oper. Der Alte trat näher zu ihm, sah ihn lange an, schien sich auf etwas zu besinnen und sprach dann: „Möchten Sie nicht, Herr Baron, wir hätten nur geträumt und jenes liebliche Kind, das man begraben hat, wäre noch am Leben?"

„Woran mahnen Sie mich!" rief der Major mit unwillkürlichem Grauen; „ja, bei Gott, es ist so wie Sie träumten; sie ist begraben und wir beide gehen nebeneinander von ihrem Grab."

„Drum soll der Mensch nie mit dem Schicksal scherzen", sagte der Alte mit trübem Ernst. „Ist es nicht heute *eilf* Tage, daß wir ‚Othello' gaben? Am *achten* ist sie gestorben."

„Zufall, Zufall!" rief der Major. „Wollen Sie Ihren Wahnsinn auch jetzt noch fortsetzen? weiß ich nicht nur zu gut, an was sie starb? Wohl hat ein Dolch ihre Seele, wie Desdemonas Brust durchstoßen; ein Elender, schwärzer als Ihr Othello, hat ihr Herz gebrochen; aber dennoch ist es Aberglauben, Wahnsinn – wenn Sie diesen Tod und Ihre Oper zusammenreimen!"

„Unser Streit macht sie nicht wieder lebendig", sagte der Alte mit Tränen. „Glauben Sie was Sie wollen, Verehrter! ich werde es, wie ich es weiß, in meiner Opernchronik notifizieren. Es hat so kommen müssen!"

„Nein!" erwiderte der Major beinahe wütend, „nein, es hat nicht so kommen müssen; *ein* Wort von mir hätte sie vielleicht gerettet. Bringen Sie mir um Gottes willen Ihren ‚Othello' nicht ins Spiel; es ist Zufall, Alter, ich *will* es haben, es ist Zufall."

„Es gibt, mit Ihrer Erlaubnis, keinen Zufall; es gibt nur Schikkung. Doch ich habe die Ehre, mich zu empfehlen, denn hier ist meine Behausung. Glauben Sie übrigens was Sie wollen", setzte der Alte hinzu, indem er die kalte Hand des Majors in der seinigen preßte, „das Faktum ist da, sie starb – *acht Tage nach* ‚*Othello*'."

JUD SÜSS

> Ein ernstes Spiel wird euch vorübergehen,
> Der Vorhang hebt sich über einer Welt,
> Die längst hinab ist in der Zeiten Strom,
> Und Kämpfe, längst schon ausgekämpfte, werden
> Vor euren Augen stürmisch sich erneun.
>
> L. Uhland

I

Das Karneval war nie in Stuttgart mit so großem Glanz und Pomp gefeiert worden, als im Jahr 1737. Wenn ein Fremder in diese ungeheuern Säle trat, die zu diesem Zwecke aufgebaut und prachtvoll dekoriert waren, wenn er die Tausende von glänzenden und fröhlichen Masken überschaute, das Lachen und Singen der Menge hörte, wie es die zahlreichen Fanfaren der Musikchöre übertönte, da glaubte er wohl nicht in Württemberg zu sein, in diesem strengen, ernsten Württemberg, streng geworden durch einen eifrigen, oft asketischen Protestantismus, der Lustbarkeiten dieser Art als Überbleibsel einer andern Religionspartei haßte; ernst, beinahe finster und trübe durch die bedenkliche Lage, durch Elend und Armut, worein es die systematischen Kunstgriffe eines allgewaltigen Ministers gebracht hatte.

Der prachtvollste dieser Freudentage war wohl der zwölfte Februar, an welchem der Stifter und Erfinder *dieser* Lustbarkeiten und so vieles andern, was nicht gerade zur Lust reizte, der Jud Süß, Kabinettsminister und Finanzdirektor, seinen Geburtstag feierte. Der Herzog hatte ihm Geschenke aller Art am Morgen dieses Tages zugesandt; das Angenehmste aber für den Kabinettsminister war wohl ein Edikt, welches das Datum dieses Freudentages trug, ein Edikt, das ihn auf *ewig* von aller Verantwortung wegen Vergangenheit und Zukunft freisprach. Jene unzähligen Kreaturen jeden Standes, Glaubens und Alters, die er an die Stelle besserer Männer gepflanzt hatte, belagerten seine Treppen und Vorzimmer, um ihm Glück zu wünschen, und manchen ehrliebenden biedern Beamten trieb an diesem Tage die Furcht, durch Trotz seine Familie unglücklich zu machen, zum Handkuß in das Haus des Juden.

Dieselben Motive füllten auch abends die Karnevalssäle. Seinen Anhängern und Freunden war es ein Freudenfest, das sie noch oft zu begehen gedachten; Männer, die ihn im stillen haßten und öffentlich verehren mußten, hüllten sich zähneknirschend in ihre Dominos und zogen mit Weib und Kindern zu der prachtvollen Versammlung der Torheit, überzeugt, daß ihre Namen gar wohl ins Register eingetragen und die Lücken schwer geahnet würden; das Volk aber sah diese Tage als Traumstunden an, wo sie im Rausch der Sinne ihr drückendes Elend vergessen könnten; sie berechneten nicht, daß die hohen Eintrittsgelder nur eine neue indirekte Steuer waren, die sie dem Juden entrichteten.

Der Glanzpunkt dieses Abends war der Moment, als die Flügeltüren aufflogen, eine erwartungsvolle Stille über der Versammlung lag, und endlich ein Mann von etwa vierzig Jahren, mit auffallenden, markierten Zügen, mit glänzenden, funkelnden Augen, die lebhaft und lauernd durch die Reihen liefen, in den Saal trat. Er trug einen weißen Domino, einen weißen Hut mit purpurroten Federn, auf welchen er die schwarze Maske nachlässig gesteckt hatte; es war nichts Prachtvolles an ihm, als ein ungewöhnlich großer Solitär, welcher am Hals die purpurrote Bajute von Seidenflor, die über den Domino hinabfiel, zusammenhielt. Er führte eine schlanke, zartgebaute Dame, die, in ein mit Gold und Steinen überladenes orientalisches Kostüm gekleidet, aller Augen auf sich zog.

„Der Herr Finanzdirektor, der Herr Minister", flüsterte die Menge, als er vornehm grüßend durch die Reihen ging, die sich ihm willig öffneten; und als er in der Mitte des Hauptsaales angekommen war, begrüßten ihn Trompeten und Pauken, und ein nicht unbeträchtlicher Teil der Masken klatschte ihm Beifall, während man andere wie von einem unzüchtigen Schauspiele sich abwenden sah. Aber allgemein schien die Teilnahme, womit man die schöne Orientalin betrachtete, die mit dem Minister gekommen war. Seine Lebensweise war zu bekannt, als daß nicht die meisten unter der Larve der reich geschmückten Dame eine seiner Freundinnen geahnet hätten, nur darüber schien man uneinig, welcher von diesen solche Auszeichnung zuteil geworden sei; die eine schien zu klein für diese Figur, die andere zu korpulent für diese zierliche Taille, die dritte zu schwerfällig, um so leicht und beinahe schwebend über den Boden zu gleiten, und einer vierten, bei welcher man endlich stillestehen wollte, konnte nicht dieses glänzend schwarze Haar, das in reichen Locken um den stolzen Nacken fiel, nicht dieses herrliche, dunkle Auge gehören, das man aus der Maske hervorleuchten sah.

Die Menge pflegt, wenn ihre Neugier nicht sogleich befriedigt wird, bei Gelegenheiten von so glänzender und rauschender Art, wie dieser Karneval war, nicht lange bei *einem* Gegenstand stille zu stehen. „Wenn sie die Maske abnimmt, wird man ja sehen", sprach man, ohne der Dame noch längere Aufmerksamkeit zu schenken, als nötig war, um zu bemerken, wie sie zum Menuett antrat. Aber drei junge Männer, die müßig hinter den Reihen der Tanzenden standen, schienen diese Erscheinung noch immer unablässig zu verfolgen.

„Wer sie nur sein mag!" rief der eine ungeduldig; „ich wollte gern dem verzweifelten Juden fünfzig Eintrittskarten abkaufen, wenn er mir sagte, woher dieses Mädchen kommt, das er wie eine Fürstin in den Saal führte."

„Herr Bruder!" erwiderte der zweite, indem er unter dem Sprechen kein Auge von der Orientalin abwandte, „Herr Bruder, parole d'honneur! diese Widersprüche kann ich nicht vereinigen, und wenn ich bei Cartesius selbst die Logik samt dem Cogito, ergo sum studiert hätte; eine so ungewöhnlich feine Gestalt, diese Haltung, diese nach den neuesten und vornehmsten Regeln abgemessene Bewegung, diese Art, das Handgelenk rund und spielend zu bewegen, wie ich sie nur in den bedeutendsten Zirkeln zu Wien und Paris sah, dieser Anstand, womit sie den Nacken trägt –"

„Gott verdamm mich, du hast recht, Herr Bruder", unterbrach ihn der dritte, „dieses alles und – mit Süß auf den Ball zu kommen! Nein, ein solcher Kontrast ist mir in meinem Leben nicht vorgekommen!"

„Aus unserer Bekanntschaft", fuhr der erste fort, „aus unsern Kreisen kann sie nicht sein; denn wenn es auch wahr ist, was man flüstert, daß schon mancher elende Kerl von einem Vater seine Tochter mit einer Bittschrift zum Juden schickte, so laut läßt keiner seine Schande werden, daß er sein leibliches Kind mit dieser Mazette auf den Ball schickt!"

„Bitte dich ums Himmels willen, Herr Bruder, nicht so laut, er hat überall seine Spione, und uns ist er ohnedies nicht grün; denk an deine Familie, willst du dich unglücklich machen? Aber wahr ist's, es kann kein Mädchen aus bessern Ständen sein, und doch ist ihr Wesen für eine Bürgerstochter zu anständig. Doch halt, wer ist der Sarazene, der dort auf uns zukommt? Die Farbe seines Turbans ist ja dieselbe, wie ihn die Charmante des Juden hat!"

Die jungen Männer wandten sich um und sahen einen schlanken, schöngewachsenen Mann, der, als Sarazene gekleidet, sich durch die einfache Pracht seines Kostüms, wie durch Gang und Haltung vor gemeineren Masken auszeichnete. Auch er schien die jungen Männer ins Auge gefaßt zu haben, denn er ging langsam an sie heran und zögerte, an ihnen vorüberzuschreiten.

„Was ist deine Parole", fragte der eine der jungen Männer, der in der Maske einen Freund zu erkennen glaubte; „hast du nur dein ‚Allah' zum Feldgeschrei, oder weißt du sonst noch ein Sprüchlein?

„Gaudeamus igitur juvenes dum sumus", erwiderte der Sarazene, indem er stille stand.

„Er ist's, er ist's", riefen zwei dieser jungen Herrn, und schüttelten die Hand des Sarazenen; „gut, daß wir die Parole gaben, ich hätte sonst kein Erkennungszeichen für dich gehabt, denn ich war meiner Sache so gewiß, du seiest als Bauer hier, daß ich mit dem Kapitän eine Flasche gewettet habe, du müßtest ein Bauer sein!"

„Laßt uns ans Büffet treten", sagte der zweite, „ich habe dir hier jemand vorzustellen, Bruder Gustav, der sich auf deine Bekanntschaft freut, und du weißt, in Larven erkennt man sich schlecht."

„Freund", erwiderte Gustav, „ich nehme die Larve nicht ab, ich habe Gründe; so angenehm mir die Bekanntschaft dieses Herrn wäre, so muß ich sie doch bis auf morgen versparen."

„Und wenn es nun Pinassa wäre, nach welchem du so oft gefragt?" antwortete jener.

„Pinassa? mit dem du dich geschlagen? Nein, das ändert die Sache, den will ich sehen und begrüßen; aber – meine Maske nehme ich nur auf zwei Augenblicke und im fernsten Winkel des Speisesaals ab."

„Wir sind's zufrieden, Bruder Sarazene", antwortete der Kapitän. „Aber laß uns nur erst an die zweite Flasche kommen, dann sollst du auch die Gründe beichten, warum du dein Angesicht nicht leuchten lassen willst vor den Freunden!"

2

In dem Speisesaal, welchen sie wählten, waren nur wenige Menschen, denn man verkaufte hier nur ausgesuchte Weine, feine Früchte und warme Getränke, während die größeren Trinkstuben, wo Landwein, Bier und derbere Speisen zu haben waren, die größere Menge an sich zogen. In einer Ecke des Zimmers war ein Tischchen leer, wo der Sarazene, wenn er dem übrigen Teil des Saales den Rücken kehrte, ohne Gefahr erkannt zu werden die Maske abnehmen konnte. Sie wählten diesen Platz, und als die vollen Römer vor ihnen standen, legten die zwei jungen Krieger die Masken ab und der Kapitän begann: „Herr Bruder, ich habe die Ehre, dir hier den unvergleichlichen Kavalier Pinassa vorzustellen, den berühmtesten Fechter seiner Zeit; denn es gelang ihm, durch eine unbesiegliche Terz-Quart-Terz, *mich*, bedenke *mich*, den Senior des Amizistenordens, in Leipzigs unvergeßlichem Rosenthal hors de combat zu machen. Er hat gleich mir die Musen verlassen, hat gesungen: ‚Will mir Minerva nicht, so mag Bellona raten‘, und hat den alten Hieber und sein ungeheures Stichblatt, worauf er sein Frühstück zu verzehren pflegte, mit dem Paradedegen eines herzoglich württembergischen Lieutenants vertauscht."

„Der Tausch ist nicht übel, Herr von Pinassa, und mein Vaterland kann sich dazu Glück wünschen", sagte der Sarazene, indem er sich vor dem neuen Lieutenant verbeugte. „Wollet Ihr einmal in unsern Dienst treten, so war diese Laufbahn die angenehmste. Der Zivilist hat zu dieser Zeit wenig Aussicht, wenn er nicht ein Amt für fünftausend Gulden, oder für sein Gewissen und ehrlichen Namen beim Juden kaufen will. Doch diese dünnen Bretterwände haben Ohren – stille davon, es ist doch nicht zu ändern. Wie anders sind Eure Verhältnisse! Der Herzog ist ein tapferer Herr, dem ich einen Staat von zweimal hunderttausend Kriegern gönnen möchte; für uns – ist er zu groß. Der Krieg ist sein Vergnügen, ein Regiment im Waffenglanz seine Freude; leider fällt für uns andere selten eine müßige Stunde ab, und daher kommt es, daß diese Juden und Judenchristen das Szepter führen. Er gilt für einen großen General, er hat mit Prinz Eugen schöne Waffentaten verrichtet, und ein schlanker junger Mann, mit einer Narbe auf der Stirne, Mut in den Blikken, wie Ihr, Herr von Pinassa, ist ihm jederzeit in seinem Heere willkommen."

„Was der Sarazene altklug sprechen kann über Juden und Christen!" sprach der Kapitän. „Doch öffne dein Visier und zeige deine Farben, mein Kamerad soll nun auch wissen, mit wem er spricht; das ist der umsichtige, rechtskundige, fürtreffliche Herr juris utriusque Doctor Lanbek, leiblicher Sohn des berühmten Landschaftskonsulenten Lanbek, welchem er als Aktuarius substituiert ist; ein trefflicher Junge, parole d'honneur! wenn er sich nicht neuerer Zeit hin und wieder durch sonderbare Melancholie prostituierte, noch trefflicher, wenn ihm der Herr auch einen Sinn für das schöne Geschlecht eingepflanzt hätte."

Lanbek nahm bei diesen Worten die Maske ab und zeigte dem neuen Bekannten ein errötendes Gesicht von hoher Schönheit. Unter dem Turban stahlen sich gelbe Locken hervor und umwallten kunstlos und ungepudert die Stirne. Eine kühn gebogene Nase und dunkle, tiefblaue Augen gaben seinem Gesicht einen Ausdruck von unternehmender Kraft und einen tiefen Ernst, der mit den weichen Haaren und ihrer sanften Farbe in überraschendem Widerspruche war. Doch das Strenge dieser Züge und dieser Augen milderte ein angenehmer Zug um den Mund, als er antwortete: „Ich öffne mein Visier und zeige Euch ein Gesicht, das Euch recht herzlich bei uns willkommen heißt. Ich trinke auf Euer Wohl dieses Glas, dann aber werdet Ihr entschuldigen, wenn ich aufbreche."

„Pro poena trinkst du zwei", rief der Kapitän mit komischem Pathos, indem er einen ungeheuern Hausschlüssel aus der Tasche nahm und ihn als Szepter gegen den Sarazenen senkte; „hast du so wenig Ehrfurcht vor deinem Senior, daß du dich erfrechst, in loco Gläser zu trinken, ohne daß sie dir ordentlich vom Präses diktiert sind? O tempora, o mores! Wo ist Zucht und Sitte dieser Füchse hin? Pinassa! zu unserer Zeit war es doch anders!"

Die jungen Männer lachten über diese klägliche Reminiszenz des ehemaligen Amizistenseniors; der Kapitän aber faßte Lanbek schärfer ins Auge und sagte: „Herr Bruder! nimm mir's nicht übel, aber in dir steckte schon lang etwas, wie ein Fieber, und heute abend ist die Krisis; ich setze meine verlorene Flasche, davon geht nichts ab, aber ich wette zehn neue; sei ehrlich Gustav – du warst heute abend schon als Bauer hier, und dein Alter weiß nichts vom Sarazenen."

Gustav errötete, reichte dem Freunde die Hand und winkte ihm ein Ja zu.

„Alle Tausend!" rief der Kapitän, „Junge, was treibst du?

Wer hätte das hinter dem stillen Aktuarius gesucht? auf dem Karneval das Kostüm zu ändern! Und so ängstlich, so geheimnisvoll, so abgebrochen; willst du etwa dem Juden zu Leibe gehen?"

Der Gefragte errötete noch tiefer und nahm schnell die Maske vor; ehe er noch antworten konnte, sagte Reelzingen: „Herr Bruder, du bringst mich auf die rechte Fährte. Wo habt ihr beide, du und die Orientalin, die der Finanzdirektor führte, das Zeug zu euren Turbanen gekauft? Gustav, Gustav! –" setzte er, mit einem Finger drohend, hinzu – „du wohnst dem Juden gegenüber, ich wette, du weißt, wer die stolze Donna ist, die er führt."

„Was weiß ich!" murmelte Lanbek unter seiner Larve.

„Nicht von der Stelle, bis du es sagst", rief der Kapitän; „und wenn du auf deinem Trotz beharrst, so schleiche ich mich an die Orientalin und flüstere ihr ins Ohr, der Sarazene habe mich in sein Geheimnis eingeweiht."

„Das wirst du nicht tun, wenn ich dich ernstlich bitte, es zu unterlassen", erwiderte der junge Mann, wie es schien, sehr ernst; „wenn ich übrigens Vermutungen trauen darf, so ist es Lea Oppenheimer, des Ministers Schwester. Und nun adieu! wenn ihr mir im Saal begegnen solltet, kennt ihr mich nicht, und Reelzingen, wenn mein Vater fragt –"

„So weiß ich nichts von dir, versteht sich", erwiderte dieser. Der Sarazene erhob sich und ging. Die Freunde aber sahen einander an, und keiner schien zu wissen, ob er recht gehört habe oder wie er dies alles deuten solle? „Hat denn der Jude eine Schwester?" fragte Pinassa.

„Man sprach vor einiger Zeit davon, daß er eine Schwester zu sich genommen habe, doch hielt man sie für noch ganz jung, weil sie sich nirgends sehen läßt", erwiderte Reelzingen nachdenklich; „und wie er errötete!" setzte er hinzu. „Herr Bruder, du wirst sehen, da läßt auch einmal wieder der Satan einen vernünftigen Jungen einen dummen Streich machen!"

3

Lanbek irrte, als er die Freunde verlassen hatte, in den Sälen umher; seine Blicke gleiteten unruhig über die Menge hin, sein Gesicht glühte unter der Larve, und mühsam mußte er oft nach Atem suchen, so drückend war die Luft in dem Saale, und so schwer lag Erwartung, Sehnsucht und Angst auf seinem Herzen. Dichter und stürmischer drängte sich die Menge, als er in die Mitte des zweiten Saales kam; mit Mühe schob er sich noch eine Zeitlang durch, aber endlich riß ihn unwillkürlich der Strom fort, der sich nach einer Seite hindrängte, und ehe er sich dessen versah, stand er an einem Spieltisch, wo Süß mit einigen seiner Finanzräte Karten spielte. Große Haufen Goldes lagen auf dem Tische, und die neugierige Menge beobachtete den berühmtesten Mann ihres Landes und teilte sich flüsternd und murmelnd Bemerkungen mit über die ungeheuern Summen, die er, ohne eine Miene zu verändern, hingab oder gewann.

Gustav hatte den Gewaltigen noch nie so in der Nähe beobachtet, wie jetzt, da er, festgehalten durch die Menge, die wie eine Mauer um ihn stand, zum unwillkürlichen Beobachter wurde. Er gestand sich, daß das Gesicht dieses Mannes von Natur schön und edel geformt sei, daß sogar seine Stirne, sein Auge durch Gewohnheit zu herrschen etwas Imponierendes bekommen haben; aber feindliche, abstoßende Falten lagen zwischen den Augbraunen da, wo sich die freie Stirne an die schön geformte Nase anschließen wollte, das Bärtchen auf der Oberlippe konnte einen hämischen Zug um den Mund nicht verbergen; und wahrhaft greulich schien dem jungen Mann ein heiseres, gezwungenes Lachen, womit der jüdische Minister Gewinn oder Verlust begleitete.

Während die Herren, von der Menge umlagert, spielten, und auf irgend etwas zu warten schienen, trat ein Mann in der Kleidung eines Bauern aus der Steinlach aus den Reihen der Neugierigen; ein alter Hut auf dem Kopf, eine grobe blaue Jacke, eine rote Weste mit großen Knöpfen von Zinn, Beinkleider von gelbem Leder und schwarze Strümpfe machten sein unscheinbares Kostüm aus; aber er trug eine sehr feine, gutgemalte Larve. Er stützte sich nach Art der Landleute mit der Hand auf den fünf Fuß hohen Knotenstock, legte sein Kinn auf die Hand und sprach in gut nachgeahmtem Dialekt des Steinlachtals:

„Viel Geld habt Ihr da liegen, Herr! und habt alles selbst verdient?"

Der Minister sah sich um, und bemühte sich über diese Maskenfreiheit zu lächeln. Vielleicht mochte ihm diese Gelegenheit erwünscht kommen, um sich ein populäres Ansehen zu geben, denn er antwortete sehr freundlich: „Guten Abend, Landsmann."

„Euer Landsmann bin ich gerade nicht", erwiderte der Bauer

mit großer Ruhe; „so wie ich tragen sich gewöhnlich die Mausche nicht." Ein unterdrücktes Lachen flog durch die Reihen der Zuschauer. Der Minister schien es aber nicht zu bemerken, denn er fuhr ganz leutselig fort:

„Du bist witzig, mein Freund."

„Gott bewahr mich, daß ich Euer Freund sei, Herr Süß", entgegnete der Bauer. „Wär ich Euer Freund, so ging ich wohl nicht in dem schlechten Rock und durchlöcherten Hut; Ihr macht ja Eure Freunde reich."

„Nun, dann muß ganz Württemberg mein Freund sein, denn ich mache es reich", sagte Süß, und begleitete seine Rede mit heiserem, unangenehmem Lachen.

„Ihr seid ein Allerweltsgoldmacher", entgegnete der Bauer. „Wie schön diese Dukaten sind! wieviel Schweißtropfen armer Leute gehen wohl auf ein solches Goldstück?"

„Du bist ein kapitaler Kerl!" rief Süß, ganz ruhig weiterspielend.

Als der Bauer zu einer neuen Rede ansetzen wollte, zog eine neue Gestalt die Aufmerksamkeit auf sich. Es war ein Mann, dessen Kostüm beinahe ebenso war wie des Bauers, nur hatte er einen langen, spitzen Bart am Kinn und trug einen Tressenrock. Der Bauer sah ihn eine Zeitlang verwundert an, schüttelte ihm dann die Hand und rief. „Ei Hans! wo kommst du her, und so schmuck und stattlich! gar nicht mehr wie unsereiner!"

„Das macht", erwiderte Hans, indem er aus einer silbernen Dose schnupfte, „ich bin bei einem fürnehmen Herrn in Dienst getreten."

„Wer ist denn dein Herr?" fragte der Bauer.

„Ein Schinder, aber ein fürnehmer. Meinst du, er schindet gemeines Vieh, Pferde, Hunde und dergleichen? Nein, ein Leuteschinder ist er, und noch überdies ein Kartenfabrikant."

„Ein Kartenfabrikant?" rief der Bauer.

„Jawohl, denn alle Karten im Lande muß man von *ihm* kaufen, er stempelt sie; er ist aber auch ein Gerber."

„Wie das?"

„Nun, alle Gerber im Lande müssen die Häute gegerbt von ihm kaufen; er ist aber auch ein Prägestock."

„Wie! ein Prägestock?"

„Ja, er macht alles Geld, was im Lande ist."

„Das ist erlogen", sagte der Bauer, „du willst sagen, er macht alles zu Geld, was im Land ist; aber darum ist er noch kein

Prägestock. Es gibt nur *einen* Prägestock in Württemberg, der dem Land seinen Namenszug aufgedrückt hat."

Die Menge hatte bisher nur ihren Beifall gemurmelt, aber bei der letzten Anspielung auf die Münze brach sie in lautes Gelächter aus; die Stirne des Gewaltigen verfinsterte sich etwas, aber noch immer spielte er ruhig weiter.

„Aber warum hast du dir den Bart so spitzig wachsen lassen?" fragte der Bauer weiter, „das sieht ja ganz jüdisch aus."

„Es ist halt so Mode", erwiderte Hans, „seit die Juden Meister im Lande sind; bald will ich vollends ganz jüdisch werden."

Als Hans diese letzten Worte sprach, rief eine vernehmliche Stimme aus dem dicksten Haufen: „Warte noch ein paar Wochen, Hans, dann kannst du gut katholisch werden!"

Wem je der schreckliche Anblick wurde, wie in einer volkreichen Straße, durch Unvorsichtigkeit oder Bedacht entzündet, eine Tonne Pulvers aufspringt, dem bot sich kaum eine so seltsame Szene dar, als die, welche diese wenigen geheimnisvollen Worte hervorbrachten. Der Minister, bleich wie eine Leiche, springt vom Sessel auf, er wirft die Karten mit wütendem Blick auf den Tisch: „Wer sagt dies? greift ihn im Namen des Herzogs!" ruft er und stürzt, wie von einer unsichtbaren Macht getrieben, auf die Menge; seine Genossen, nicht weniger bestürzt aber besonnener, ergreifen seinen Arm und ziehen ihn zurück, suchen ihn zu beschwichtigen – sein dunkles Auge will sich durch die Menge bohren, um den Gegenstand seiner Wut zu fassen, die Masken murmeln unwillig und drängen sich; doch als der gefürchtete Mann seine Hand nach dem Bauer ausstreckt und ruft: „So sollst du mir für ihn haften", da ist er plötzlich von einer drohenden Menge umringt; „Maskenfreiheit, Jude!" hört man in dumpfen, gefährlichen Tönen, der Bauer und sein Geselle sind in einem Augenblicke von ihm getrennt, verschwunden, und so schnell als er vorhin umringt war, ist er wieder verlassen, denn die Menge zerstiebt, von geheimer Furcht gejagt, nach allen Seiten.

Das Gedränge riß Gustav Lanbek mit sich hinweg; seine Gedanken verwirrten sich, es war ihm noch nicht möglich sich klar vorzustellen, was diesen seltsamen Auftritt verursacht haben könnte. So stand er einige Augenblicke in seinen Gedanken verloren, als er plötzlich seine Hand von einer andern ergriffen fühlte; er sah sich um, die Orientalin stand vor ihm.

4

„Wo stammt die Rose her auf deinem Hut, Maske?" fragte die Orientalin mit zitternder Stimme.

„Vom See Tiberias", war die Antwort des Sarazenen.

„Schnell! folgen Sie mir!" rief die Dame und schlüpfte durchs Gedränge. Er folgte, mit Mühe sich durch die Massen schiebend, und nur ihr Turban zeigte ihm hin und wieder den Weg; sein Herz pochte lauter, sein Ohr trug noch die letzten Laute dieser süßen Stimme und sein Auge sah keinen andern Gegenstand mehr als sie. In einer dunkleren Ecke des zweiten Saales hielt sie an und wandte sich um.

„Gustav, ich beschwöre Sie, was ist mit meinem Bruder vorgefallen? die Menschen flüstern allenthalben seinen Namen; ich weiß nicht, was sie sagen, aber ich denke es ist nichts Gutes; hat er Streit gehabt? Ach, ich weiß wohl, diese Menschen hassen unser Volk."

Der junge Mann war in peinlicher Verlegenheit. Sollte er mit einem Mal den arglosen Wahn dieses liebenswürdigen Geschöpfs zerstören? sollte er ihr sagen, daß auf ihrem Bruder der Fluch der Württemberger ruhe, daß sie für alle Menschen beten und nur ihn aus dem Gebet ausschließen, daß es zur Sitte geworden sei, zu bitten: „Herr erlöse uns von allem Übel und von dem Juden Süß?" „Lea", antwortete er sehr befangen, „Ihr Bruder wurde von einigen Masken im Spiel gestört und hatte einen Wortwechsel der vielleicht gerade an diesem Ort auffiel, ängstigen Sie sich nicht."

„Was bin ich doch für ein törichtes Mädchen!" sagte sie, „ich habe so schwere Träume, und dann bin ich den Tag über so traurig und niedergeschlagen. Und so reizbar bin ich, daß mich alles erschreckt, daß ich immer gleich an meinen Bruder denke und glaube, es könnte ihm Unglück zugestoßen sein."

„Lea", flüsterte der junge Mann, um diese Gedanken zu zerstreuen, „erinnerst du dich, was du verspachst, wenn wir uns auf dem Karneval träfen? wolltest du mir nicht einmal eine einsame Stunde schenken, wo wir recht viel plaudern könnten?"

„Ich will", sagte sie nach einigem Zögern; „Sara, meine Amme, steht am Ausgang und wird mich begleiten. Doch wo?"

„Dafür ist gesorgt", erwiderte er; „folge mir, verliere mich nicht aus dem Auge; am Eingang rechts."

Der erfinderische Sinn des jüdischen Ministers hatte, als er das Karneval in Stuttgart arrangierte und diese Säle schnell aus

Holz aufrichten ließ, dafür gesorgt, daß wie in großen Häusern und Schlössern an diese Säle auch kleinere Zimmer stoßen möchten, wo kleine Zirkel ein Abendessen verzehren konnten, ohne gerade im allgemeinen Speisesaal ihr Inkognito abzulegen. Der Aktuarius hatte durch eine dritte Hand und hinlängliche Bezahlung sich den Schlüssel zu einem dieser Zimmer zu verschaffen gewußt, eine kleine Kollation stand dort bereit, und Lea freute sich über diese Artigkeit des jungen Christen, der sein möglichstes getan hatte, den Sinn einer in der Küche erfahrnen Dame zu befriedigen, obgleich das Zimmerchen, das nur einen Tisch und wenige Stühle von leichtem Holz enthielt, wenig Bequemlichkeit bot.

„Wie bin ich froh, endlich die lästige Larve ablegen zu können", sagte sie, als sie mit ihrer Amme eintrat; sie sah sich nach einem Spiegel um, und als sie nur leere Bretterwände erblickte, setzte sie lächelnd hinzu: „Sie müssen mir schon statt eines Spiegels dienen, Gustav, und sagen, ob diese drängende Menge mir den Haarputz nicht verdorben hat?"

Entzückt und mit leuchtenden Blicken betrachtete der junge Mann das schöne Mädchen. Man konnte ihr Gesicht die Vollendung orientalischer Züge nennen. Dieses Ebenmaß in den feingeschnittenen Zügen, diese wundervollen dunkeln Augen, beschattet von langen seidenen Wimpern, diese kühn gewölbten, glänzendschwarzen Braunen und die dunkeln Locken, die in so angenehmem Kontrast um die weiße Stirne und den schönen Hals fielen, und den Vereinigungspunkt dieser lieblichen Züge, zarte rote Lippen und die zierlichsten weißen Zähne noch mehr hervorhoben; der Turban, der sich durch ihre Locken schlang, die reichen Perlen, die den Hals umspielten, das reizende und doch so züchtige Kostüm einer türkischen Dame – sie wirkten, verbunden mit diesen Zügen, eine solche Täuschung, daß der junge Mann eine jener herrlichen Erscheinungen zu sehen glaubte, wie sie Tasso beschreibt, wie sie die ergriffene Phantasie der Reisenden bei ihrer Heimkehr malte.

„Wahrlich", rief er, „du gleichst der Zauberin Armida, und so denke ich mir die Töchter deines Stammes, als ihr noch Kanaan bewohntet. So war Rebekka und die Tochter Jephthas."

„Wie oft schon habe ich dies gesagt", bemerkte Sara, „wenn ich mein Kind, meine Lea in ihrer Pracht anblickte; die Poschen und Reifröcke, die hohen Absatzschuhe und alle Modewaren stehen ihr bei weitem nicht wie diese Tracht."

„Du hast recht, gute Sara", erwiderte der junge Mann; „doch setze dich hier an den Tisch; du hast zu lange unter Christen gelebt, um vor diesem Punsch und diesem Backwerke zurückzuschaudern; unterhalte dich gut mit diesen Dingen."
Sara, welche den Sinn und die Weise des Nachbars kannte, sträubte sich nicht lange und erbarmte sich über die Kunstprodukte der Zuckerbäcker; der junge Mann aber setzte sich einige Schritte von ihr neben die schöne Lea. „Und nun aufrichtig, Mädchen", sagte er, „du hast Kummer, du hast gestern kaum das Weinen unterdrückt, und auch heute wieder ist eine Wolke auf dieser Stirne, die ich so gern zerstreuen möchte. Oder glaubst du etwa nicht, ungläubiges Kind, daß ich dein Freund bin und gerne alles tun möchte, um dich aufzuheitern?"
„Ich weiß es ja, oh, ich sehe es ja immer, und auch heute wieder", sagte sie, mühsam ihre Tränen bekämpfend, „und es macht mich ja so glücklich. Als Sie mich das erste Mal an unserem Gartenzaun grüßten, als Sie nachher, es war anfangs Oktobers, mit mir über den Zaun hinüber sprachen, und nachher und immer so freundlich und traulich waren, gar nicht wie andere Christen gegen uns, da wußte ich ja wohl, daß Sie es gut mit mir meinen, und – es ist ja mein einziges, mein stilles Glück!" Sie sagte es, und einzelne Tränen stahlen sich aus den schönen Augen, indem sie sich bemühte, ihn freundlich und lächelnd anzusehen.
„Aber dennoch –?" fragte Gustav.
„Aber dennoch bin ich nicht glücklich, nicht ganz glücklich. In Frankfurt hatte ich meine Gespielinnen, hatte meine eigene Welt, wollte nichts von der übrigen. Ich dachte nicht nach über unsere Verhältnisse, es kränkte mich nicht, daß uns die Christen nicht achteten, ich saß in meinem Stübchen unter Freunden, und wollte nichts von allem, was draußen war. Mein Bruder ließ mich zu sich nach Stuttgart bringen. Man sagte mir, er sei ein großer Herr geworden, er regiere ein Land, in seinem Hause sei es herrlich und voll Freude, und die Christen leben mit ihm wie wir unter uns; ich gestehe, es freute mich, wenn meine Freundinnen meine Zukunft so glänzend ausmalten; welches Mädchen hätte sich an meiner Stelle nicht gefreut?"
Tränen unterbrachen sie aufs neue, und der junge Mann, voll Mitleid mit ihrem Kummer, fühlte daß es besser sei ihre Tränen einige Augenblicke strömen zu lassen. Es gibt ein Gefühl in der menschlichen Brust, das wehmütiger macht als jeder andere Kummer, ich möchte es Mitleiden mit uns selbst heißen, es übermannt

uns, wenn wir am Grabe zerstörter Hoffnungen in die Tage zurückgehen, wo diese Hoffnungen noch blühten, wenn wir die fröhlichen Gedanken zurückrufen, mit welchen wir einer heiteren Zukunft entgegengingen; wahrlich, dieser bittere Kontrast hat wohl schon stärkere Herzen in Wehmut aufgelöst als das Herz der schönen Jüdin.

„Ich habe alles anders gefunden", fuhr Lea nach einer Weile fort; „in meines Bruders Hause bin ich einsamer als in meiner Kindheit. Ich darf nicht kommen, wenn er Bälle und große Tafeln gibt. Die Musik tönt in mein einsames Zimmer, man schickt mir Kuchen und süße Weine wie einem Kinde, das noch nicht alt genug ist, um in Gesellschaft zu gehen. Und wenn ich meinen Bruder bitte, mich doch auch einmal, nur in seinem Hause wenigstens, teilnehmen zu lassen, so schlägt er es entweder ganz kalt ab, oder wenn er gerade in sonderbarer Laune war, erschreckte er mich durch seine Antwort."

„Was antwortete er denn?" fragte der Jüngling gespannt.

„Er sieht mich dann lange und seufzend an, seine Augen werden trüber, seine Züge düster und melancholisch, und er antwortet, ich dürfe nicht auch verlorengehen; ich solle unablässig zu dem Gott unserer Väter beten, daß er mich fromm und rein erhalte, auf daß meine Seele ein reines Opfer werde für *seine* Seele."

„Törichter Aberglaube!" rief der junge Mann unmutig; „darum also sollst du, armes Kind, allen Freuden des Lebens entsagen, damit *er* –"

„Hat er sich denn so arg versündigt?" fragte Lea, als ihr Freund, wie bei einer unbesonnenen Rede, schnell abbrach; „*was* soll ich denn büßen? Solche hingeworfene Worte machen mich so unglücklich; es ist mir, als schwebe irgendein Unglück über meinem Bruder, als sei nicht alles recht, was er tut. Niemand steht mir darüber Rede, auch Saras Worte kann ich nicht deuten, denn wenn ich sie darüber befrage, weicht sie aus oder nennt ihn geheimnisvoll den Rächer unsers Volkes."

„Sie ist nicht klug", erwiderte der junge Mann befangen; „dein Bruder hat, wie es überall geht, eine mächtige Gegenpartei; manche seiner Finanzoperationen werden getadelt; aber wegen seiner darfst du ruhig schlafen", setzte er bitter lachend hinzu, „der Herzog hat ihm heute einen Freibrief geschenkt, der ihn vor jeder Gefahr und Verantwortung sichert."

„O wie danke ich dies dem guten Herzog!" sagte sie aufgehei-

tert, indem sie die dunkeln Locken aus der weißen Stirne strich;
„so hat er also gar niemand zu fürchten? die Christen können
ihn nicht verfolgen? – Sie antworten nicht? Gestehen Sie nur,
Gustav, Sie sind meinem armen Bruder gram?"

„Deinem *armen* Bruder? – wenn er arm wäre, könnte ich ihn
vielleicht um seines Verstandes willen ehren! Aber was geht uns
dein Bruder an?" fuhr Lanbek düster lächelnd fort. „Ich liebe
dich, und hättest du alle bösen Engel zu Brüdern; aber *eines*
versprich mir, Lea; die Hand darauf."

Sie sah ihn erwartungsvoll und zärtlich an, indem sie ihre
Hand in die seinige legte.

„Bitte deinen Bruder niemals wieder", fuhr er fort, „dich zu
seinen Zirkeln zuzulassen. Mag er nun Gründe haben, welche er
will, es ist gut, wenn du nicht dort bist; soviel kann ich dich versichern",
setzte er mit blitzenden Augen hinzu, „wenn ich wüßte,
daß du ein einziges Mal dort gewesen, kein Wort mehr würde
ich mit dir sprechen!"

Befangen und mit Tränen im Auge wollte sie eben um Aufschluß
über dieses neue Rätsel bitten, als ein lauter Zank im
Nebenzimmer die Liebenden aufstörte. Mehrere Männer schienen
mit der Polizei sich zu streiten, man hatte die Türe des Kabinetts
gesprengt, und über diesen Eingriff in die Rechte des Karnevals
wurde schnell und mit Heftigkeit gestritten.

„Mein Gott! das ist meines Vaters Stimme", rief der junge
Lanbek, „schleiche dich mit Sara in den Saal, Mädchen; nehmet
den Schlüssel dieser Türe zu euch, vielleicht können wir später
uns wieder sehen." Er drückte der überraschten Lea schnell einen
Kuß auf die Stirne, nahm seine Maske vor, und noch ehe sie sich
über diesen schnellen Wechsel besinnen konnte, war der Aktuarius
schon aus der Türe gestürzt. Im Korridor, den er jetzt betrat,
stand schon eine dichte Menschenmasse um die geöffnete
Türe des Nebenzimmers versammelt. Deutlicher vernahm er die
gewichtige, tiefe Stimme seines Vaters; er stieß und drängte sich
wie ein Wütender durch und kam endlich in das Gemach. Fünf
alte Herren, die ihm als ehrenwerte Männer und Freunde seines
Vaters wohlbekannt waren, standen um den alten Landschaftskonsulenten
Lanbek; die einen zankten, die andern suchten zu
beruhigen. Es war damals eine gefährliche Sache mit der Polizei in
Streit zu geraten; sie stand unter dem besondern Schutz des jüdischen
Ministers und man erzählte sich mehrere Beispiele, daß
biedere, ruhige Bürger und Beamte, vielleicht nur weil sie einem

Diener dieser geheimen Polizei widersprochen oder Gewalttätigkeit verhindert hatten, mehrere Wochen lang ins Gefängnis geworfen und nachher mit der kahlen Entschuldigung es sei aus Versehen geschehen, entlassen worden waren. Doch der alte Lanbek schien keine Furcht vor diesen Menschen zu kennen; er bestand darauf, daß die Häscher das Zimmer sogleich verlassen müßten, und es wäre vielleicht noch zu schlimmern Händeln als einem Wortwechsel gekommen, wenn nicht in diesem Augenblick ein ganz anderer Gegenstand die Aufmerksamkeit des Anführers der Häscher auf sich gezogen hätte. Der junge Lanbek hatte sich beinahe bis an die Seite seines Vaters vorgedrängt, bereit, wenn es zu Tätlichkeiten kommen sollte, den alten Herrn kräftig zu unterstützen. Er hatte eben seine Maske fester gebunden, damit sie ihm im Handgemenge nicht verlorengehen möchte, als ihn der Polizeidiener erblickte und mit lauter Stimme, indem er auf ihn deutete, rief: „Im Namen des Herzogs, diesen greift, den Türken dort, der ist der Rechte."

Die Überraschung und sechs Arme, die sich plötzlich um ihn schlangen, machten ihn wehrlos. So nahe seinem Vater, der ihn hätte retten können, wagte er doch nicht, sich auch nur durch einen Laut zu erkennen zu geben, weil er den Zorn seines Vaters noch mehr fürchtete, als die Gewalt des Juden.

Die alten Herrn waren stumm vor Staunen über diesen Vorfall, der Anführer der Häscher wurde, als er seinen Zweck erreicht hatte, artiger und entschuldigte sich, worauf jene kalt und abgemessen dankten. Willenlos ließ sich der junge Mann dahinführen. Die Menge, die sich vor der Türe versammelt hatte, teilte sich, aber manche schauten ihm neugierig in die Augen, um zu erraten, wer es sein möchte, den man hier mitten aus der öffentlichen Lust herausriß. Gustav hörte, als er weiter hingeführt wurde, einen schwachen Schrei; er sah sich um, und beim schwachen Schein der Lampen glaubte er den Turban der schönen Orientalin gesehen zu haben. Schmerzlich bewegt ging er weiter, und erst als die kalte Winternacht schneidend auf ihn zuwehte, erwachte er aus seiner Betäubung und übersah nicht ohne Besorgnis die Folgen, die seine Gefangennehmung haben könnte.

5

Die Polizeidiener hatten den Sarazenen, wahrscheinlich aus Rücksicht auf seine feine und reiche Kleidung in das Offizierszimmer der Hauptwache gebracht. Der wachhabende Offizier wies ihm mit einer mürrischen Verbeugung eine Bank, die in der fernsten Ecke des Zimmers stand, zu seiner Schlafstätte an, und ermüdet von dem langen Umherirren auf dem Ball, fand der junge Mann dieses Lager nicht zu hart, um nicht bald einzuschlafen.

Trommeln weckten ihn am nächsten Morgen; schlaftrunken sah er sich in dem öden Gemach um, blickte bald auf sein hartes Lager, bald auf seine Kleidung, und nach einer geraumen Weile erst konnte er sich besinnen, wo er sei und wie er hieher gekommen. Er trat ans Fenster, noch war alles still auf dem Platze vor der Hauptwache, und nur die Kompanie, die gerade vor seinem Fenster zur Ablösung aufzog, unterbrach die Stille des trüben Februarmorgens. Indem die Trommeln auf der Straße schwiegen, hörte er von der Stiftskirche acht Uhr schlagen, und der Ton dieser Glocke rief ihm alles Unangenehme und Besorgliche seiner Lage zurück. Bald wird er nach dir fragen, dachte er, und wie unangenehm wird es ihn überraschen, wenn er hört, ich sei in dieser Nacht nicht zu Hause gekommen! – Im Hause des alten Landschaftskonsulenten Lanbek ging alles einen so geordneten Gang, daß dieses Ereignis allerdings sehr störend erscheinen mußte. Zu dieser Stunde pflegte der alte Herr seit vielen Jahren sein Frühstück zu nehmen; mit dem ersten Glockenschlag erschien dann, zugleich mit dem Diener, der den Kaffee auftrug, sein Sohn; man besprach sich über Tagesneuigkeiten, über den Gang der Geschäfte, und zu jener Zeit ließ es der allgewaltige Minister nicht an Stoff zu solchen Gesprächen fehlen. Das Gespräch war regelmäßig mit dem Frühstück zu Ende; der Aktuarius küßte dem Alten die Hand und ging dann einen Tag wie den andern ein Viertel vor neun Uhr nach seiner Kanzlei. Diese langjährige Sitte des Hauses rief sich Gustav in diesen Augenblicken zurück. „Jetzt wird Johann die Tassen bringen", sagte er zu sich, „jetzt wird er erwartungsvoll nach der Türe sehen, weil ich noch nicht eingetreten bin, jetzt wird er mich rufen lassen; – daß ich doch dem guten alten Herrn solchen Ärger bereiten mußte!" Er warf unwillig seinen Turban weg, stützte die Stirne in die Hand und beschloß, den Offizier, sobald er wieder erscheinen würde, um die Ursache seiner Verhaftung zu fragen.

Die Trommeln ertönten wieder, die Abgelösten zogen weiter, er hörte die Gewehre zusammenstellen und bald darauf trat ein Offizier in das halbdunkle Gemach. Er warf einen flüchtigen Blick nach seinem Gefangenen in der Ecke, legte Hut und Degen auf den Tisch und setzte sich nieder. Lanbek, der jenen nicht zuerst anreden mochte, bewegte sich, um anzudeuten, daß er nicht mehr schlafe. „Bon jour, mein Herr!" sagte der Offizier, als er ihn sah, „wollen Sie vielleicht mein Dejeuner mit mir teilen?"

Die Stimme schien Gustav bekannt; er stand auf, trat höflich grüßend näher, und mit einem Ausruf des Staunens standen sich die beiden jungen Männer gegenüber. „Parole d'honneur, Herr Bruder!" rief der Kapitän von Reelzingen, *„dich* hätte ich hier nicht gesucht! wie kömmst du in Arrest? Weiß Gott, Blankenberg hatte nicht unrecht, als er prätendierte, du werdest irgend etwas contra rationem riskieren."

„Ich möchte dich fragen, Kapitän", entgegnete der junge Mann, „warum ich hier sitze? mir hat kein Mensch den Grund angegeben, warum man mich gefangennehme; du hast die Wache, Reelzingen; bitte dich, du mußt doch wissen –"

„Dieu me garde! ich?" rief der Kapitän lachend; „meinst du, er habe mich mit seiner besondern Ästimation beehrt und in seine Confidence gezogen? Nein, Herr Bruder! als ich ablöste, sagte mir der Lieutenant von gestern: ‚Oben sitzt einer, den sie vom Karneval auf ausdrücklichen Befehl hergebracht haben.' Er pflegt es gewöhnlich so zu machen."

„Wer pflegt es so zu machen?" fragte Lanbek erblassend.

„Wer?" erwiderte jener leise flüsternd, „dein Schwager in spe, der Jude."

„Wie?" fuhr jener errötend fort, „du glaubst er selbst? Ich hoffte bisher, es sei vielleicht eine Verwechslung vorgefallen; du hast wohl von dem Auftritte gehört, der, bald nachdem ich euch verlassen hatte, mit dem Juden vorfiel, man rief etwas von katholisch werden, und da fuhr der Finanzdirektor auf –"

„Was sagst du?" unterbrach ihn der Kapitän mit ernster Miene, indem er näher zu dem Freund trat und seine Hand faßte. „Das war es also? uns hat man es anders erzählt; wie ging es zu? was hat man gerufen?"

Den Aktuarius befremdete der Ernst, den er auf den Zügen des sonst so fröhlichen und sorglosen Freundes las, nicht wenig; er erzählte den Vorfall, wie er ihn mit angesehen hatte, und sah, wie sich die Neugierde des Freundes mehr und mehr steigerte, wie seine Blicke feuriger wurden; als er aber beschrieb, wie Süß nach jenem geheimnisvollen Ausruf wütend geworden und aufgesprungen sei, da fühlte er die Hand des Kapitäns auf sonderbare Weise in der seinigen zucken. „Was bewegt dich so sehr?" fragte Gustav befremdet; „wie nimmst du nur an solchen Karnevalsscherzen, die am Ende auf irgendeine Torheit hinauslaufen, solchen Anteil? Wenn ich nicht wüßte, daß du evangelisch bist, ich glaubte, mein Bericht habe dich beleidigt."

„Herr Bruder!" erwiderte der Kapitän, indem er seinen Ernst hinter einem gleichgültigen Lächeln zu verbergen suchte, „du kennst mich ja, mich interessiert alles auf der Welt und ich bin erstaunlich neugierig; überdies ist manches ernster als man glaubt, und im Scherz liegt oft Bedeutung."

„Wie verstehst du das?" sagte der Aktuarius verwundert; „was macht dich so nachdenklich? Hast du wieder Schulden? kann ich dir vielleicht mit etwas dienen?"

„Bruderherz", entgegnete der Soldat, „du mußt in den letzten Wochen gewaltig verliebt gewesen sein, sonst wäre deinem klaren Blick manches nicht entgangen, was selbst an meinem leichten Sinn nicht vorüberschlüpfte. Sag einmal, was spricht der Papa von diesen Zeiten? Sprichst du den Obrist von Röder nie bei ihm? Waren nicht am Freitag abend die Prälaten in eurem Hause?"

„Du sprichst in Rätseln, Kapitän!" antwortete der junge Mann staunend. „Was soll mein Vater mit einem Obrist von der Leibschwadron und mit Prälaten?"

„Freund, mach es kurz!" sagte Reelzingen; „halte mich in solchen Dingen nicht für leichtsinnig; ich will mich nicht in euer Vertrauen eindrängen, aber ich kann dir sagen, daß ich dennoch schon ziemlich viel weiß, und – parole d'honneur!" setzte er hinzu, „ich denke darüber, wie es einem Edelmann und meinem Portepee geziemt."

„Was geht mich dein alter Adelsbrief und dein neues Portepee an?" erwiderte unmutig der Aktuar; „und wie kömmst du dazu, dich mit diesen Dingen gegen mich breitzumachen? Ich sage dir, daß ich von allem, was du da so geheimnisvoll schwatzt, keine Silbe verstehe, und kann dir mein Wort darauf geben, und damit genug, Herr von Reelzingen!"

„O mon Dieu!" rief jener lächelnd, „Herr Bruder, wir sind nicht mehr in Leipzig, dies Zimmer ist nicht der göttliche Ratskeller, sondern eine Wachstube; wir sind keine Musen mehr, sondern du bist herzoglicher Aktuar und ich – Soldat, aber Freunde sind wir noch in Not und Tod, und darum sei vernünftig und brause nicht mehr auf wie vorhin. Ich glaube dir ja aufs Wort, daß du nichts weißt, aber gut wäre es von deinem Vater gewesen, wenn er dich präveniert hätte, deine Amour mit der Jüdin ist überdies jetzt ganz und gar nicht an der Zeit, wir alle bitten dich, laß deine Charmante, mit der du doch niemals eine vernünftige und ehrenvolle Liaison treffen kannst –"

„Was wißt ihr denn von diesem Verhältnis?" unterbrach ihn der junge Mann düster und erbittert, „ich dächte, ehe ich euch hierüber um Rat gefragt, könntet ihr billigerweise mit eurer Mahnung warten."

Der feurige junge Soldat, um seinem Freunde zu nützen, wollte eben in derselben Sprache etwas erwidern, als man an der Türe pochte. Der Kapitän schloß auf, und einer seiner Sergeanten winkte ihm herauszutreten. Gustav hörte sie einige Worte wechseln, und sah den Freund bald darauf mit verstörter Miene wieder zurückkehren: „Du bekömmst einen sonderbaren Besuch", flüsterte er ihm zu, „er wird gleich selbst eintreten und ich darf nicht zugegen sein."

„Wer doch? mein Vater?" fragte Gustav bestürzt.

„Er kömmt", sagte der Kapitän, indem er eilends Hut und Degen vom Tische nahm, „*der Jud Süß!*"

6

Vor der Türe des Offizierszimmers hatten seine Diener dem Minister den spanischen Mantel abgenommen, und er trat jetzt ein, stattlich geschmückt und vornehm gekleidet, wie es einem Günstling des Glücks und eines Herzogs in damaliger Zeit zukam. Er trug einen roten Rock mit goldenen Trotteln und Quasten besetzt, die goldgestickten Aufschläge seines Rocks gingen bis zum Ellbogen zurück und die Weste von Goldbrokat reichte herab bis an das Knie. Ein kurzer breiter Degen mit reich besetztem Griff hing an seiner Seite, ein mächtiger Stock unterstützte seine Hand, und auf den reichen hellbraunen Locken, die bis tief in den Nacken herabfielen, saß ein Hütchen von feinem schwarzem Wachstuch, mit Gold und weißen Federn verbrämt. Die Züge dieses merkwürdigen Mannes waren, in der Nähe betrachtet, zwar etwas zu kühn geschnitten, um schön und anmutig zu heißen, aber sie waren edler als sein Gewerbe und ungewöhnlich; sein dunkelbraunes Auge, das frei und stolz um sich blickte, konnte sogar für schön gelten; die ganze Erscheinung imponierte und sie hätte sogar etwas Würdiges und Erhabenes gehabt, wäre es nicht ein hämischer, feindlicher Zug um die stolz aufgeworfenen Lippen gewesen, was diesen Eindruck störte und manchen, der ihm begegnete, mit unheimlichem Grauen füllte.

Der Kapitän stand fest und aufgerichtet an der Türe, den Hut in der einen, den Degengriff in der andern Hand, als der Minister Süß eintrat. Dieser nahm sein Hütchen ab, musterte, auf seinen Stock gestützt, den Soldaten mit scharfem Blick, und sagte dann kurz und mit leiser Stimme: „Wie ist der Name?"

„Hans von Reelzingen, Kapitän im zweiten Grenadierbataillon, dritte Kompanie."

„Man hat studiert?" fuhr der Jude etwas artiger fort.

„Die Jurisprudenz in Leipzig", antwortete der Kapitän mit militärischer Kürze.

„Wie lange dient der Herr Kapitän?"

„Ein Jahr und zwei Monate; zuerst bei –"

„Schon gut", unterbrach ihn der Minister mit einer gnädigen Bewegung der Hand; „können abtreten."

Der Kapitän Reelzingen verbarg seinen Verdruß über das stolze Wesen des Emporkömmlings unter einer tiefen Verbeugung und trat ab. Dem Aktuarius aber, obgleich er keine Menschenfurcht kannte, pochte das Herz, als er nun mit dem Manne allein war, vor dem ein ganzes Land mit abergläubischer Furcht zitterte. Er errötete unwillkürlich, als jener ihn lange und prüfend ansah, und ihm Gelegenheit gab, auch seine Züge zu mustern und hin und wieder etwas zu finden, das ihn an die schöne Lea erinnerte. Der Minister setzte sich endlich in den Armstuhl, den die Offiziere der Garnison zur Bequemlichkeit dieses Zimmers gestiftet hatten, und winkte dem Sarazenen herablassend, sich auf einer Bank, die unfern stand, niederzulassen.

„Junger Mann", sprach er, „wenn Euch Eure eigene Ruhe und Wohlfahrt lieb ist, so antwortet mir auf das, was ich Euch fragen werde, offen und ehrlich; denn Ihr könnet leichtlich denken, daß es mir nicht schwer werden kann, Euch jeder Lüge, die Ihr waget, zu überweisen."

„Ich bin Herzoglich Württembergischer Aktuar", erwiderte der junge Mann, „und der Eid den ich als Christ und Bürger –"

„Laissez cela", fiel ihm der Jude ins Wort, „Ihr wäret nicht der erste, der seinen Eid gebrochen. Wer waren gestern, frag ich, die beiden Masken, die sich an meinem Tisch zur Belustigung des Publikums unterhielten? Ihr wißt es, Ihr standet zunächst bei mir."

„Das ist mir nicht bekannt, Ew. Exzellenz", sagte Gustav mit fester Stimme.

„Nicht bekannt?" rief der Minister. „Bedenket wohl, was Ihr gesagt, ich stehe hier als Euer Richter; habt Ihr keinen an der Stimme gekannt?"

„Keinen."

„Keinen?" fuhr jener heftiger fort. „Und Euren Vater solltet Ihr nicht an der Stimme kennen?"

„*Meinen Vater!*" rief der junge Mann erblassend; doch besonnen setzte er nach einer Weile hinzu: „Ihr irrt Euch, Herr Finanzdirektor, oder vielmehr Ihr seid schlecht berichtet; mein Vater ist ein ruhiger, gesetzter Mann, und sein Charakter, sein Amt, seine Jahre verbieten ihm das Publikum auf einem Maskenball zu amüsieren."

„Sie *sollten* es ihm verbieten", erwiderte jener mit blitzenden Augen, „und ich werde Mittel finden es ihm zu verbieten. Ich weiß recht wohl, daß ich diesen Herren von der Landschaft ein Dorn im Auge bin, und zwar aus dem einzigen Grund, weil die Herren nicht rechnen können; verständen sie das Einmaleins so gut wie ich, sie würden sehen, was dem Lande frommt. Noch ist aber nicht aller Tage Abend, und ich will diesen Rebellen zeigen, wer *sie* sind und wer ich bin!"

„Herr Finanzdirektor!" rief der junge Mann mit der Röte des Unmutes auf den Wangen.

„Herr Aktuarius?" erwiderte Süß mit spöttischem Lächeln.

„Mein Vater ist ein Ehrenmann", fuhr Gustav fort, ohne sich von der stolzen Miene des Gewaltigen einschüchtern zu lassen; „Sie sprechen von Rebellen? Wie können Sie sagen, daß mein Vater dem Herzog nicht immer treu gedient hat? Wie können Sie wagen, ihn einen Rebellen zu schimpfen?"

„Wagen?" lachte Süß. „Hier ist von keiner Wagnis die Rede, Herr Aktuarius, aber Rebell ist jeder, der nur dem Land und nicht dem Herzog dient; er ist des Herzogs Diener, aber er dient ihm schlecht; doch das soll nicht lange mehr so bleiben. Das mögt Ihr übrigens dem Herrn Landschaftskonsulenten, Eurem Vater, sagen, daß ich recht wohl weiß, was die beiden Masken wollten, und daß sie es mit dem Dritten abgekartet hatten; ich konnte ihn gestern nacht so gut wie Euch verhaften lassen, und wenn ich es *nicht* tat, so verdankt er diese Schonung nur Euch."

„Mir?" antwortete der junge Mann staunend; „mir? und ist dies etwa auch Schonung, daß ich, ohne ein Verbrechen begangen zu haben, diese Nacht in diesem Zimmer zubringen durfte?"

„Nein!" fuhr jener gütig lächelnd fort, „dies war nur zur Abkühlung auf Euer Rendezvous veranstaltet." Er weidete sich einige Augenblicke an der Verlegenheit des Jünglings und fuhr dann fort: „Das gute Kind, wie hat sie mich gefleht und auf den Knien gebeten, Euch zu retten! sie glaubte nicht anders, als Ihr seiet wegen irgendeines Kapitalverbrechens gefangen. Wie? und habt Ihr mir gar nichts zu sagen, Herr Lanbek?"

„Ihr kanntet mich nicht", erwiderte Gustav, „und es ist mir nun wohl begreiflich, warum Ihr so hart mit mir verfuhret; aber Leas Charakter hätte Euch wohl dafür bürgen können, daß nichts Strafbares in diesem Verhältnis liege."

„Wirklich? Mort de ma vie!" rief der Minister; „nichts Strafbares? meinen Sie, wenn ich etwas Strafbares in diesem Verhältnis ahnete, Sie hätten es mit einer Nacht auf der Wache abgebüßt? Bei den Gebeinen meiner Väter! wenn ich – auf Neuffen oder Asperg, gibt es Keller und Kasematten, wo kein Mond und keine Sonne scheint, da hätte ich den Herrn Sarazenen sitzen lassen, bis er sein Schwabenalter erreicht hätte. Oder meint Ihr etwa in Eurem christlichen Hochmut, einem Israeliten gelte die Ehre seiner Familie nicht ebenso hoch als einem Nazarener?"

Der junge Mann erschrak vor dieser Drohung, denn er bedachte, daß es dem Allgewaltigen ein leichtes gewesen wäre, ihn spurlos von der Erde verschwinden zu lassen, aber sein mutiger Sinn lehnte sich auf gegen den Übermut dieses Mannes, der seine Privatsache zu einer öffentlichen machte, und zur Wahrung seines Hausrechtes mit den Festungen des Landes drohte: „Exzellenz", sagte er mit Blicken, vor welchen der Minister die Augen niederschlug; „wie Sie über Ihre eigene Ehre denken, weiß ich nicht, doch scheint es mir nicht sehr ehrenvoll zu sein, solche Drohungen auszustoßen. Mein Vater ist zwar nur ein geringer Mann in Vergleich mit einem so gewaltigen und hohen Herrn; aber der Landschaftskonsulent Lanbek weiß, wo man in Deutschland Gerechtigkeit findet. Wien ist nicht so fern von Stuttgart, und Euern Gnadenbrief von gestern hat der Kaiser nicht unterzeichnet; was aber die Ehre Eurer Schwester betrifft, so kann ich Euch versichern, daß sie mir nicht minder teuer ist, als meine eigene."

„Ihr habt hübsche Anlagen zu einem Landschaftskonsulenten", sagte der Jude ruhig lächelnd; „übrigens im Vertrauen gesagt, auf den Kaiser müßt Ihr nicht zu sehr pochen; wegen eines württembergischen Schreibers fängt man in Wien mit uns keine Händel an. Aber Ihr gefallt mir, mein Schatz; ich habe Eure Arbeiten loben hören, und Köpfe wie der Eure kann man zu etwas Besserem brauchen, als Akten zu heften und Faszikel zu binden; Ihr seid Expeditionsrat mit sechshundert Gulden Besoldung, und es freut mich, daß ich der erste bin, der Euch hierzu gratuliert."

Der junge Mann sprang von seiner Bank auf und wollte reden, aber Überraschung und Schrecken schloß ihm den Mund. Hundert Gedanken kreuzten sich in seinem Kopf. Es war nicht die Freude, vier Stufen, durch welche man sich sonst lange und mühevoll schleppte, nun in einem Augenblicke übersprungen zu haben, was seine Seele füllte, es war der schreckliche Gedanke, vor der Welt für einen Günstling dieses Mannes zu gelten, vor seinem Vater, vor allen guten Männern gebrandmarkt dazustehen.

„Exzellenz!" sprach er befangen, „ich darf, ich kann diese Gnade nicht annehmen! Bedenken Sie, was wird man sagen, so viele ältere, verdiente Männer –"

„Was da! ich habe Euch Platz gemacht", antwortete der Jude in befehlendem Ton, „ich habe Euch zum Rat ernannt und Ihr seid es. Keinen Dank, keine übergroße Delikatesse, ich liebe das nicht. – Nun", fuhr er gütig, beinahe zärtlich fort, „und wie steht Ihr mit meiner Lea? Ihr habt mir ja das stille, blöde Kind ganz verzaubert. Fürchtet Euch nicht vor mir, junger Herr, ich bin nicht der Mann, der gerade so sehr auf Reichtum sieht; Eure Familie gehört unter die ältesten und angesehensten Bürgerfamilien, und das gilt mir in diesem Fall so viel oder mehr als Reichtum. Euer Vater wird Euch zwar nicht viel mitgeben, aber mit mir sollt Ihr zufrieden sein, fürstlich will ich meine Lea ausstatten."

Die Felsenkeller von Neuffen und die tiefen Kasematten von Asperg wären in diesem Augenblick dem jungen Manne willkommener gewesen als diese Versicherung; er dachte an seinen stolzen Vater, an seine angesehene Familie, und so groß war die Furcht vor Schande, so tief eingewurzelt damals noch die

Vorurteile gegen jene unglücklichen Kinder Abrahams, daß sie sogar seine zärtlichen Gefühle für die schöne Tochter Israels in diesem schrecklichen Augenblick übermannten. „Herr Minister!" sprach er zögernd, „Lea kann keinen wärmeren Freund als mich haben; aber ich fürchte, daß Sie dieses Gefühl falsch deuten, mit einem andern verwechseln, das – ich möchte nicht, daß Sie mich falsch verstehen, und Lea wird Ihnen nie gesagt haben, daß ich jemals davon gesprochen hätte –"

Der stolze Mann errötete, warf seine Lippen auf, drückte die Augen beinahe zu und an seiner Stirne begann eine Ader hoch anzuschwellen. „Was ist das?" sagte er streng, „wie soll ich diese Redensart deuten?"

„Herr Minister", erwiderte Gustav gefaßter, „bedenken Sie doch den Unterschied der Religion."

„Habt Ihr diesen bedacht, Herr! als Ihr meiner Schwester diese Liebeleien in den Kopf setztet? Aber ich kann Euch darüber trösten, Lea wird Euch in dieser Hinsicht kein Hindernis geben. Ihr schweigt?" fuhr er heftiger fort, „soll ich mit Eurem Vater darüber reden, junger Mensch? War etwa meine Schwester gut genug dazu, Eure müßigen Stunden auszufüllen, zur Gattin aber wollt Ihr sie nicht? Wehe Euch, wenn Ihr so dächtet, dich und deinen ganzen Stamm würde ich verderben! Euer Vater ist gestern eines schweren Verbrechens schuldig worden, es steht in meiner Hand, ihn zur Verantwortung zu ziehen; in Eure Hand lege ich nun das Schicksal Eures Vater; entweder – Ihr macht Eure Unvorsichtigkeit gegen mein Haus gut und heiratet meine Schwester, oder ich erkläre Euch öffentlich für einen Schurken und lasse den Herrn Konsulenten in Ketten legen. Vier Wochen gebe ich Euch Bedenkzeit; mein Haus steht Euch offen, Ihr könnt Eure Braut besuchen, sooft Ihr wollt; vier Wochen, versteht Ihr mich? Jetzt seid Ihr frei, und morgen, Herr Expeditionsrat, werdet Ihr Euer Amt antreten."

Nach diesen Worten verbeugte er sich kurz und verließ stolzen Schrittes das Zimmer; dem Kapitän, den er im Vorzimmer traf, befahl er, Kleider für den Herrn Expeditionsrat herbeischaffen zu lassen und ihm seine Freiheit anzukündigen.

Staunend über diesen ganzen Vorfall, besonders über die letzten Worte des Ministers, trat Reelzingen in sein Zimmer. Er fand den Freund bleich und verstört, die Arme über die Brust gekreuzt, das Haupt kraftlos auf die Brust herabgesunken. „Nun, sag mir ums Himmels willen", fing der Kapitän an, indem er vor

Gustav stehenblieb, „was wollte er bei dir? warum ließ er dich verhaften? was hat sein Besuch zu bedeuten?"

„Er kam, um mir zu gratulieren", antwortete er mit sonderbarem Lächeln.

„Zu gratulieren? wozu? daß du eine Nacht auf der Wache zubrachtest?"

„Nein, weil ich in dieser Nacht Expeditionsrat geworden bin."

„Du?" rief der Kapitän lachend. „Gottlob, daß du so heiter bist und scherzen kannst; als ich hereintrat und dich sah, glaubte ich dich nicht so spaßhaft zu finden; aber im Ernst, Freund, was wollte der Jude?"

„Ich sagte es ja, und es ist Ernst; zum Rat hat er mich gemacht. Ist das nicht ein schönes Avancement?"

Der Kapitän sah ihn mit zweifelhaften Blicken lange an; endlich sagte er gerührt: „Nein du kannst nicht auch zum Schurken werden, Gustav; Gott weiß, wie dies zusammenhängen mag! Aber siehe, wenn ich dich nicht so lange und so genau kennte – glaube mir, die Welt wird dich hart beurteilen; doch nein, du lächelst, gestehe, es ist alles Scherz; Expeditionsrat! ebensogut könntest du seine Schwester heiraten."

„Ei, das wird ja auch geschehen", sagte Lanbek düster lächelnd; „in vier Wochen, meint mein Schwager, soll die Hochzeit sein."

„Tod und Hölle!" fuhr der Kapitän auf, „mach mich nicht rasend mit diesen Antworten. Wahrhaftig, mit solchen Dingen ist nicht zu spaßen."

„Wer sagt dir denn, daß ich spaße?" erwiderte Lanbek, indem er langsam aufstand; „es ist alles so wie ich sagte, auf Ehre."

Dem Kapitän schwamm eine Träne im Auge, als er den Freund, den er geliebt hatte, also sprechen hörte; doch nur einen Augenblick gab er diesen weichern Empfindungen nach, dann trat er heftig auf den Boden, setzte seinen Hut auf und rief: „So sei der Tag verflucht, an welchem ich dich zum ersten Mal sah und Bruder nannte. Geh, hilf deinem Juden dem armen Land das Fell vollends vom Leib ziehen, schinde dir auch ein Stück herunter und mach dich reich. O Lanbek, Lanbek! Aber mein Portepee, ja ein Jahr meines Lebens wollte ich verhandeln, um einem meiner Kameraden die Wache abzukaufen; ich selbst will die Exekution kommandieren, wenn man dich und den Juden zum Galgen führt."

„So hoch werde ich mich wohl nicht poussieren", erwiderte Gustav ruhig und ernst, „aber meiner Leiche kannst du folgen, wenn sie mich morgen um Mitternacht neben der Kirchhofsmauer einscharren."

Der Kapitän sah ihn erschrocken an; er mochte tiefen Ernst auf der Stirne des jungen Mannes lesen, denn er wiederholte diesen Blick und begegnete Gustavs Auge. „Willst du mich fünf Minuten lang anhören, Reelzingen?" fragte er; „du wirst dann über die Uneigennützigkeit dieses Ministers staunen. Sonst war doch der Preis einer Amtei zweitausend, und ein Expeditionsrat galt seine dreitausend Gulden unter Brüdern; aber ich Glückskind bekomme ihn umsonst, rein pour rien! denn das Glück meines Lebens, die Ruhe meiner Familie, der heitere Frieden meines Vaters – daß diese bei dem Handel verlorengehen, ist ja geringzuachten. Doch höre."

Staunend vernahm der Kapitän diese Worte; aufmerksam setzte er sich neben Gustav nieder. Je höher der Glaube an seinen Freund während seiner Erzählung stieg, desto ängstlicher wurde er für ihn und seine Familie besorgt. Er schloß ihn in seine Arme, er versucht es, ihm Trost einzusprechen, obgleich er selbst an diese Trostgründe nicht glaubte. „Der Jude ist ein feiner Spieler", sagte er, „deine besten Tarocks hat er dir abgejagt und das Spiel scheint in seiner Hand zu liegen; aber – er könnte sich verrechnet haben, wir wollen sehen, wie er beschlagen ist, wenn wir – Spadi anspielen."

7

Wir führen unsere Leser aus dem Offizierszimmer der Hauptwache in Stuttgart nach dem Hause des Landschaftskonsulenten Lanbek. In einem weiten, geräumigen Zimmer, dessen Hausrat nicht überladen und prächtig, aber solid und stattlich ist, finden wir einen ältlichen Mann von mehr als mittlerer Größe. Sein Gesicht und seine Gestalt beweisen, daß er, als er in den Fünfzigen stand, wohlbeleibt gewesen sein mochte, jetzt, zehn Jahre später, hatten sich Falten um Mund und Stirne gelegt, und der weite Schlafrock von feinem grünen Tuch, mit Pelz verbrämt, war für eine reichliche Fülle gefertigt und schlug jetzt weite Falten um den Leib; aber die rötlichen Wangen, die klaren grauen Augen, der feste Schritt, womit er im Zimmer auf und ab ging, ließen, noch ehe man seine volle, sonore Stimme vernahm, ahnen, daß der alte Konsulent an Geist und Körper noch frisch und rüstig sei.

In der Vertiefung des breiten Fensters saßen zwei schöne Mädchen von achtzehn bis zwanzig Jahren, die dem Alten, sooft er ihnen den Rücken wandte, besorglich und ängstlich nachschauten, wohl auch untereinander flüsterten, solange sie von ihm nicht gesehen wurden. Die eine war bemüht, des Vaters ungeheure Allongeperücke in Ordnung zu bringen, und trotz dem Kummer, der aus ihren Blicken sprach, schien sie doch Freude an dem schönen Kontrast zu finden, welchen die schwarzen Locken dieses Haargebäudes mit ihren zarten, weißen Händchen bildeten. Die dunkelblauen Augen der andern jungen Dame schienen mehr mit der Straße als mit der feinen Arbeit, an welcher sie nähte, beschäftigt, doch waren ihre Züge zu ernst, als daß man es müßiger Neugier hätte zuschreiben dürfen.

Sie hatten mehrere Minuten lang geschwiegen, denn die Mädchen waren viel zu streng erzogen, als daß sie den Vater, der seinen Gedanken nachhing, mit Fragen belästigt hätten; plötzlich sprang die junge Nätherin auf, ließ ihre schöne Arbeit zu Boden fallen, beugte den schlanken Hals näher ans Fenster und sah gespannt nach der Straße. Der Vater sah diese Bewegung, hielt seine Schritte an, blickte aufmerksam nach seiner Tochter und fragte nur mit Blicken; Käthchen, die jüngere Schwester, vollendete schnell noch eine Stirnlocke der Perücke, setzte dann das Prachtwerk behutsam auf eine Kommode und kam eben noch zeitig an, um mit Hedwig zu rufen: „Er ist's, er hat heraufgesehen, Vater; er geht sehr schnell; sieh doch, was er für einen sonderbaren Rock anhat!"

„Das ist Blankenbergs Jagdkleid", sagte Hedwig leise zu ihrer Schwester.

„Geh doch, was weißt du von Blankenbergs Garderobe?" erwiderte die Jüngere, bedeutungsvoll lächelnd.

„Er hat Gustav schon oft in diesem Kleid besucht", antwortete sie, indem eine dunkle Röte über ihre Wangen flog.

Die Ankunft Gustavs verhinderte seine jüngere Schwester, Hedwig nach ihrer Gewohnheit noch länger zu quälen. Der Vater sah noch ernster aus als vorhin, er hatte sich in seinen Lehnstuhl gesetzt, und die strengen Augen auf die Türe geheftet; bang und ängstlich pochte den Schwestern das Herz, als jetzt die Türe aufging und ihr Bruder hereintrat. – Nach dem ersten „guten Morgen" trat für alle drei Partieen eine peinliche Pause ein; endlich trat der Sohn bescheiden zum Vater. „Sie haben mich wohl diesen Morgen vermißt, Vater?" fragte er. „Es ist allerdings ein seltner Fall in unserm Hause, und Sie wurden vielleicht besorgt um mich."

„Das nicht", antwortete der Alte sehr ernst; „du bist alt genug, um nicht verlorenzugehen; aber zweierlei ist mir aufgefallen, nämlich daß man dich nur eine Stunde auf dem Karneval sah, und daß du diese Nacht und ihre Lustbarkeiten so unregelmäßig lang bis morgens neun Uhr ausdehnst; du solltest schon seit einer halben Stunde in deiner Kanzlei sein."

„Ich bin heute dort entschuldigt", sagte Gustav lächelnd; „ich habe aber auch seit heute früh ein Uhr so schrecklich geschwärmt und so unordentlich gelebt, daß es kein Wunder ist, wenn man so spät zu Hause kömmt; ratet einmal, ihr Mädchen, wo ich gewesen bin."

Die Schwestern sahen ihn unwillig an, denn sie befürchteten mit Recht, dieser leichtfertige Ton möchte dem alten Herrn mißfallen. „Wie können wir dies wissen?" erwiderte Hedwig; „ich habe nie darnach gefragt, wo du dich mit deinen Kameraden umtreibst; doch heute, Bruder, bist du mir ein Rätsel."

„Und in einem Lustschloß bin ich gewesen", fuhr der junge Mann fort, „wo weder ihr beiden, noch Papa jemals waren; ihr erratet es doch nie – auf der Wache."

„Auf der Wache!" riefen die Schwestern entsetzt.

„Das ist mir sehr unangenehm, Gustav", setzte der Landschaftskonsulent hinzu; „meines Wissens bist du der erste Lanbek, den man auf die Wache setzte."

„Mir ist es doppelt unangenehm", antwortete sein Sohn, indem er den Vater fest anblickte, „weil es im Grunde eine Namensverwechslung zu sein scheint; denn meines Wissens bin nicht ich jener Lanbek, der die Szene an dem Tisch des Juden aufführte."

Der Alte sah ihn bleich und betroffen an. „Gehet ins Nebenzimmer, Mädchen!" rief er, und als sich die Schwestern staunend, aber schnell und gehorsam zurückgezogen hatten, faßte er die Hand seines Sohnes, zog ihn auf einen Stuhl neben sich nieder und fragte hastig, aber mit leiser Stimme: „Was ist das? woher weißt du? wer sagte dir davon?"

„Er selbst", antwortete der Sohn. „Der Jude?" fragte der Alte, „wie ist dies möglich?"

„Er war bei mir auf der Wache; ich sehe, wie Sie staunen, Vater, aber bereiten Sie sich auf noch wunderlichere Dinge vor."
Der junge Mann hielt es für das beste, seinem Vater so viel als

möglich zu entdecken; er erzählte ihm also, wie aufgebracht der Minister auf den Konsulenten und seine Partei sei, wie der Sohn ihm widersprochen, wie der Minister, statt in heftigeren Zorn zu geraten, ihn plötzlich zum Expeditionsrat ernannt habe. Nur Leas erwähnte er mit keiner Silbe, der Kapitän hatte ihm dies geraten, und er beschloß davon zu schweigen, bis er seine Maßregeln getroffen hätte oder die Entdeckung des unglücklichen Verhältnisses unvermeidlich wäre.

„Ich sehe, was ich sehe", sprach der Konsulent nach einigem Nachdenken. „Meinst du, wenn er uns nicht gefürchtet hätte, er würde mich geschont und dich dafür ergriffen haben, um mich gleichsam durch seine Gnade zu beschämen? Er hat mich gefürchtet, und er hat alle Ursache dazu. Ich bin ihm zu populär, und auch du wirst ihm nach und nach zu bekannt mit den hiesigen Bürgern weil du jetzt statt meiner die Armenprozesse führst. Der Expeditionsrat ist – *eine Falle*, die er uns beiden legen wollte, der kluge Fuchs."

„Wie verstehen Sie dies, Papa?" fragte Gustav, dem es leichter ums Herz wurde, seit er ahnete, wie sein Vater die Sache aufnehme.

„Sieh Freund", sprach der Alte zutraulicher, als er je getan, „du wirst das Opfer dieser Kabale, aber so wahr ich dein Vater bin, du sollst es nicht lange sein. Dieser Jude denkt aber also: Verwehre ich dir, diese Stelle anzunehmen, weil du dadurch in übeln Geruch kommen könntest, so macht er es zu seiner Ehrensache, beklagt sich beim Herrn und ergreift die einzige Gelegenheit, die sich bot, mich zu zwingen auch *mein* Amt aufzugeben. Er kennt mich, er weiß, daß er sowenig als der Herzog mich absetzen kann, er weiß auch, wer der alte Lanbek ist, nämlich – sein Feind. Nehmen wir die Stelle an, kalkulierte er weiter, so werden wir verdächtig bei allen, die das Bessere wollen. Der Vater, Konsulent der Landschaft, würde man denken, der Sohn – Expeditionsrat; gekauft hat ihm der Alte die Stelle nicht, und der Süß gibt bekanntlich nichts ohne großen Gewinn an Geld oder geheimem Einfluß, folglich – sind wir übergetreten zu dem Gewaltigen. So glaubt er, werden die Leute urteilen, und er hat es recht klug gemacht, aber er kennt mich nicht ganz; noch weiß ich, gottlob! ein Mittel, uns das Vertrauen der Bessern zu erhalten, und du – wirst und bleibst Expeditionsrat; ändern sich die Verhältnisse, so wirst du wieder Aktuarius, und die Menschen erkennen dann deine Unschuld."

„Aber Vater!" sagte der junge Mann zaudernd, „*Ihr* Ruf ist felsenfest, aber der meinige? wie lange wird es noch anstehen, bis die Verhältnisse sich ändern!"

„Sohn!" erwiderte der Alte nicht ohne Rührung, „du siehst, wie dieses schöne Land bis in sein innerstes Mark zerrüttet ist; meinst du, es könne immer so fortgehen? – Glaube mir, ehe der Frühling ins Land kommt, *muß* es anders werden; schlechter kann es nimmer werden, aber besser. Darum glaube mir und vertraue auf Gott!"

8

Während der alte Lanbek noch so sprach und seinem Sohn Mut einzureden suchte, wurde die Hausglocke heftig angezogen, und bald darauf trat ein Offizier in das Zimmer, dem der Konsulent freundlich entgegeneilte. Wenn man das dunkelrote Gesicht, die freien, mutigen Züge und das kleine, aber scharfblickende Auge dieses Mannes sah, so konnte man die Sage von kühner Entschlossenheit und beinahe fabelhafter Tapferkeit, die er unter dem Herzog Alexander und dem Prinzen Eugenius bewiesen haben sollte, glaublich finden.

„Mein Sohn, der vormalige Aktuarius Lanbek", sprach der Alte, „der Obrist von Röder, den du wenigstens dem Namen nach kennen wirst."

„Wie sollte ich nicht", erwiderte Gustav, indem er sich verbeugte; „wenn unsere Truppen von Malplaquet und Peterwardein erzählen, so hört man diesen Namen immer unter die ersten und glänzendsten zählen."

„Zuviel Ehre für einen alten Mann, der nur seine Schuldigkeit getan", antwortete der Obrist; „aber Konsulent, was sagt Ihr dazu, daß der Jude jetzt auch uns ins Handwerk greift? Ich komme zu Euch eigentlich nur, um zu fragen: soll ich, oder soll ich nicht?"

„Wie soll ich das verstehen?" fragte der Konsulent staunend; „Röder, nur jetzt keinen übereilten Streich!"

„Das ist es eben!" rief jener, auf den Boden stampfend, „meine Ehre und die Ehre des ganzen Korps ist gekränkt; einen meiner talentvollsten Offiziere sollte ich nach Fug und Recht kassieren lassen um dieses Hundes willen, und tu ich's, so bin ich morgen selbst außer Dienst."

„Aber so sprecht doch, Obrist!" sagte der Alte, indem er seinem Sohn winkte, Stühle zu setzen, „setzt Euch, Ihr seid noch in der ersten Hitze."

„Mein Regiment hat gestern und heute den Dienst", fuhr jener eifrig fort; „da bringt man nun gestern nacht von der Redoute weg einen Menschen auf unsere Wache mit dem ausdrücklichen Befehl vom Juden, ihn wohl zu bewachen, aber keinen weitern Rapport abzustatten; heute früh zieht der Kapitän Reelzingen auf, findet einen Gefangenen im Offizierszimmer, von welchem nichts im Rapport steht, und denkt Euch – nach einer halben Stunde kömmt der Minister selbst, schickt den Kapitän aus dem Zimmer, verhört auf unserer Wache den Gefangenen insgeheim, entläßt ihn dann und *befiehlt* dem Kapitän noch einmal, keinen Rapport abzustatten und – nimmt ihm das Ehrenwort ab – er einem Offizier auf der Wache – nimmt ihm das Wort ab, den Namen des Gefangenen nicht zu nennen; dahin also ist es gekommen, daß jeder Schreiber oder gar ein hergelaufener Jude uns kommandiert? Nach Kriegsrecht muß ich den Kapitän kassieren lassen; meine Ehre fordert, daß ich es nicht dulde, denn ich hatte den Dienst, und ich muß mich rühren, sollte es mich auch meine Stelle kosten."

Die beiden Lanbek hatten sich während der heftigen Rede des Obristen bedeutungsvolle Blicke zugeworfen. „Der Jude ist listiger als wir dachten", sagte, als jener geendet hatte, der Vater; „also auch auf den Obrist war es abgesehen, auch für ihn war die Falle aufgestellt! Wer meint Ihr wohl, daß der Gefangene war? da, seht ihn, mein leiblicher Sohn saß heute nacht auf Eurer Wache!"

Der Obrist fuhr staunend zurück, und so groß war der Unmut über den Eingriff in seine militärischen Rechte, daß er sich nicht enthalten konnte, einen unwilligen, finstern Blick auf den jungen Mann zu werfen. Als aber der alte Lanbek fortfuhr und ihm erzählte, wie er selbst eigentlich die Ursache dieses Vorfalls gewesen und wie alles andere so sonderbar gekommen sei, als er ihm den arglistigen Plan des Ministers näher auseinandersetzte, da sprang Herr von Röder von seinem Stuhl auf. „Wohlan, Alter!" sagte er mit bewegter Stimme zu dem Konsulenten, „daß er *mich* verfolgt und haßt, hat am Ende nichts zu bedeuten, und daran ist nur der General Römchingen schuld, der mich nie leiden konnte, aber über *dir* soll er den Hals brechen, oder ich will nicht selig werden! Herr Aktuarius, die Stelle müßt Ihr annehmen, das ist jetzt keine Frage mehr, denn Euer Vater darf jetzt nicht von seinem Amt kommen, oder Verfassung und Religion stehen auf dem Spiel. Aber zum Herzog will ich gehen, will sprechen, und sollt es mich mein Leben kosten."

„Das werdet Ihr *nicht* tun, Obrist!" sagte der Alte mit Nachdruck und Ernst; „leset diesen Brief, den man uns aus Würzburg schickt und sagt mir dann, ob Ihr noch waget zum Herzog zu gehen und zu sprechen." Der Obrist nahm aus seiner Hand ein Schreiben und fing an zu lesen; doch je weiter er las, desto bestürzter wurden seine Züge, bis er staunend, aber mit zornsprühenden Augen den Alten anblickte und die Arme sinken ließ.

„Vater!" sprach der junge Mann, der betroffen bald den Alten, bald den Obristen betrachtete, „Vater, Sie machen mich hier zum Zeugen eines Auftrittes, bei welchem ich vielleicht besser nicht zugegen gewesen wäre. Ich soll aber gezwungenerweise eine Rolle übernehmen, die mir nicht zusagt. Ich bin zum Expeditionsrat ernannt, und weiß nicht warum; ich darf die Stelle nicht ablehnen, obgleich sie mich vor der Welt zum Schurken macht, und weiß nicht warum; es gehen Dinge vor im Staat und in meines Vaters Hause, man verhehlt sie mir, und ich weiß wieder nicht warum. Herr Obrist von Röder, Sie überreden mich, eine Stelle nicht auszuschlagen, die meines Vaters Namen beschimpft, von Ihnen glaube ich Gründe verlangen zu können, warum ich es nicht tun soll?"

„Gott weiß, er hat recht!" rief Röder, indem er den jungen Mann nachdenkend betrachtete; „ich weiß auch nicht, Alter, warum Ihr ihm nicht längst den Schlüssel gegeben habt. Wenn Ihr ihm übrigens die Augen nicht öffnen wollt, so will ich ihm diesen Dienst tun, weil ich weiß, wie drückend es ist, ein wichtiges Geheimnis halb zu erraten und halb zu ahnen."

„Es sei", sagte der Vater, „setzet Euch wieder, wenn ich dich, mein Sohn, bis jetzt nicht mit Dingen dieser Art vertraut gemacht habe, so geschah es nur aus Furcht, für einen allzu stolzen Vater zu gelten, denn wir hatten uns das Wort gegeben, nur erprobten und ausgezeichneten Männern uns anzuvertrauen. Ich darf dir nicht erst sagen, was in drei Jahren, seit Alexander regiert, aus Württemberg geworden ist. Man soll von einem Lanbek nicht sagen können, daß er gegen seinen Herrn gemurrt hätte; er ist ein tapferer Mann und nach Prinz Eugenius vielleicht der erste Feldherr seiner Zeit, aber das Feldregiment taugt wohl im Lager und vor dem Feind, nicht so in der Kanzlei. Er sieht die Regierung des *Ländchens*, wie er sagt, etwas zu heldenmäßig an, das heißt, er sieht darüber hinweg und läßt andere dafür sorgen."

„Dieses Ländchen!" rief der Obrist bitter, „dieses schöne Württemberg! es heißt wohl ein alter Spruch, daß, wenn man auch sich alle Mühe gebe, dieses Land doch nicht könne zugrunde gerichtet werden; aber nous verrons! wenn es *so* fortgeht, wenn man es durch den Verkauf der Ämter, durch Verhöhnung der Besseren, durch Erhebung der niederträchtigsten Bursche geflissentlich verderbt, wenn man seine Kräfte bis aufs Mark aussaugt –"

„Kurz, mein Freund", fuhr der Alte fort, „es *kann* nicht so fortgehen. Nach und nach kann es nicht besser werden, denn schon jetzt sitzen bei uns in der Landschaft fünf Schurken, die nicht einmal der Gott-sei-bei-uns für sich repräsentieren ließe, alle Ämter sind verkauft, oder für Süßsche Kreaturen käuflich; also kann es nur schlechter werden. Aber es sind zwei Partieen, die da sagen: ‚Es muß anders werden.' Die eine Partie ist Süß, der schnöde Jude, der General Römchingen, der feinste von diesen Burschen, Hallwachs, dein neuer Kollege, Metz und noch einige von der Landschaft. Wir wissen, was sie wollen, und es ist nichts Geringeres, als die Stände und den Landtag völlig aufzuheben."

„Und, Gott sei geklagt", sagte Herr von Röder, „den Herzog haben sie von seiner edelmütigen Seite gepackt, er ist alles zufrieden. Das Land sei aufgebracht über die Stände, sagen sie ihm, man murre über die Landschaft, und nun hat er sich entschlossen, das Institut wie ein Korps Invaliden aufzulösen, dem Lande die jährlichen Kosten der Stände edelmütig zu schenken und allein zu regieren."

„Wie? verstehe ich recht?" rief der junge Lanbek, „also unser letzter Schutz gegen den übeln Willen oder gegen die unrichtige Ansicht eines Herrn will man uns rauben? **auf die Verfassung** ist es abgesehen? doch das ist nicht möglich, Alexander hat sie ja beschworen, und mit welchen Mitteln will er dies wagen? meinen Sie wirklich, Herr Obrist, der württembergische Soldat werde seine eigenen Rechte unterdrücken?"

„Hier sind die Hunde", erwiderte der Obrist, indem er auf den Brief zeigte, „die man bei diesem Treibjagen hetzen will."

„Nur ruhig", sprach der Landschaftskonsulent, „höre mich ganz. Der Herzog ist aufs abscheulichste getäuscht; er glaubt fest, daß es ihm nur ein Wort koste, so werden die Stände nicht mehr sein, und alle Herzen werden ihm zufliegen. So haben es der Jude und Römchingen ihm vorgeschwatzt; aber sie kennen uns besser und wissen, daß Gewalt zu einem solchen Schritt gehört. Hier ist ein Brief an den Erzbischof von Würzburg, den der General Römchingen geschrieben: man wolle zum Besten des Landes einige Änderungen vornehmen, man könne sich aber auf die Truppen im Lande nicht verlassen, daher solle der Bischof bewirken, daß die Truppen des fränkischen Kreises an einem bestimmten Tag an unserer Grenze seien. Auch an einige Reichsstände in Oberschwaben hat er ähnliche Schreiben erlassen."

„Und im Namen des Herzogs?" fragte der junge Mann.

„Nein, sie lassen ihn nur so durchblicken. Aber eine andere Lockspeise haben sie dem Bischof hingeworfen; man sagt nicht umsonst, daß unser alter Reformator Brenz seit einigen Nächten aus seinem Grab aufstehe und die Kanzel besteige – katholisch wollen sie uns machen. Du staunst? du willst nicht glauben? Auch ich glaube, daß sie es nicht aus Religiosität tun wollen, sondern entweder soll es den Bischof und die Oberschwaben enger für die Sache verbinden, oder meinen sie dem Herzog gefällig zu sein, wenn sie in vierundzwanzig Stunden den Glauben reformieren, wie sie das alte Recht reformieren wollen."

„Es kann, es darf nicht sein!" rief der junge Mann; „die Grundpfeiler unseres Glückes und unserer Zufriedenheit mit *einem* Schlag umstürzen? es ist nicht möglich, der Herzog kann es nicht dulden."

„Er weiß und denkt nicht, daß sie dies alles vorhaben", sagte der Obrist, „sein Ruhm ist ihm zu teuer, als daß er ihn auf diese Weise beflecken möchte; aber wenn es geschehen ist, ohne daß die Schuld auf ihn fällt, dann, fürchte ich, wird er das Alte nicht wiederherstellen. Zu welchem Zweck, glaubt Ihr denn, habe der Jude dem Herzog das Edikt von gestern abgeschwatzt, worin er für Vergangenheit und Zukunft von aller Verantwortlichkeit freigesprochen wird? das soll ihn schützen in dem kaum denkbaren Fall, wenn der Herzog über die treuen und ergebenen Herren Räte erbost würde, die ihm die unumschränkte Macht zu Füßen legen und in der Stiftskirche einen Krummstab aufpflanzen."

„Und gegen diese wollt ihr kämpfen?" fragte Gustav besorgt und zweifelhaft.

„Kämpfen oder zusammen untergehen", sprach der Alte. „Wer mit uns verbunden ist, mußt du jetzt nicht wissen, es genügt dir zu erfahren, daß es die trefflichsten des Adels und die wackersten der Bürger sind. Wir wollten den Kaiser um Schutz anflehen, aber die Umstände sind ungünstig, die Zeit ist zu kurz, um durch alle Umwege zu ihm zu gelangen, und überdies hat der Herzog einen gewaltigen Stein im Brett seit den letzten Kriegen; man würde uns abweisen. Uns bleibt nichts übrig als –"

„Wir müssen", rief der Obrist mutig und entschlossen, „das praevenire müssen wir spielen; St. Joseph, den 19. März haben sie sich zum Ziel gesteckt; aber einige Tage zuvor müssen wir die Feinde des Landes gefangennehmen, die treuen Truppen nach Stuttgart ziehen, das Landvolk zu unserer Hülfe aufrufen, und wenn es gelungen ist, dem Herzog von neuem huldigen und ihm zeigen, an welchem furchtbaren Abgrund er und wir gestanden. Und dann – er ist ein tapferer Soldat und ein Mann von Ehre, dann wird er erröten vor der Schande, zu welcher ihn jene Elenden verführen wollten."

„Aber der Herzog", fragte der junge Mann, „wo soll er sein und bleiben, während ihr diese furchtbare Gegenmine auffliegen lasset?"

„Das ist es ja gerade, was uns zur Eile zwingt", erwiderte der Obrist; „sie haben ihn überredet, im nächsten Monate die Festungen Kehl und Philippsburg zu bereisen, und hinter seinem Rücken wollen sie reformieren. Den 11. will er abreisen; schon sind die Adjutanten ernannt, die ihn begleiten sollen, und, wenn ich es sagen darf, mit solchem Gepränge, und so viel und laut wird von dieser Reise gesprochen, daß ich fürchte, die ganze Fahrt ist nur Maske und der Herzog wird nicht über die Grenze gehen."

„Du kennst jetzt unsere Plane", sprach der alte Herr zu seinem Sohn. „Sei klug und vorsichtig. *Ein* Wort zuviel kann *alles* verraten. Darum, wie es unter uns gebräuchlich ist, lege deine Hand in die deines Vaters und dieses tapfern Mannes, und schwöre uns zu schweigen."

„Ich schwöre", sagte Lanbek mit fester Stimme, aber bleich und mit starrem Auge; und sein Vater und der Obrist zogen ihn an ihre Brust und begrüßten ihn als einen der Ihrigen.

9

Ein drückender, trüber Nebel lag über Stuttgart und gab den Bergen umher und der Stadt ein trauriges, ödes Ansehen; geradeso lag auch ein trüber, ängstlicher Ernst auf den Gesichtern, die man auf den Straßen sah, und es war, als hätte ein Unglück, das man nicht vergessen konnte, oder ein neuer Schlag, den man fürchtete, alle Herzen wie die sonst so lieblichen Berge umflort und in Trauer gehüllt. Am Abend eines solchen Tages schlich der junge Lanbek durch die feuchten Gänge des Gartens. Sein Gesicht war bleich, sein Auge trübe, sein Mund heftig zusammengepreßt, seine hohe Gestalt trug er nicht mehr so leicht und aufgerichtet wie zuvor, und es schien, als sei er in den letzten acht Tagen um ebenso viele Jahre älter geworden. Was er vorausgesehen hatte, war eingetroffen; niemand, der die Lanbeks auch nur dem Rufe nach kannte, konnte die schnelle Erhebung des jungen Mannes begreifen oder rechtfertigen. Die Günstlinge und Kreaturen des mächtigen Juden traten ihm mit jener lästigen Traulichkeit, mit jener rohen Freude entgegen, wie etwa Diebe und falsche Spieler einem neuen Genossen ihre Schlechtigkeit beweisen, und des jungen Lanbeks Gefühl bei solchen neuen, werten Bekanntschaften läßt sich am besten mit den unangenehmen und wehmütigen Empfindungen eines Mannes vergleichen, den das Unglück in *einen* Kerker mit dem Auswurf der Menschen warf, und der sich von Räubern und gemeinen Weibern als ihresgleichen begrüßen lassen muß. Die gnädigen Blicke, die ihm der Minister hin und wieder öffentlich, beinahe zum Hohn, zuwarf, bezeichneten ihn als einen neuen Günstling. Jetzt erst sah er, wie viele gute Menschen ihm sonst wohlgewollt hatten; denn so manches bekannte Gesicht, das sonst dem Sohne des alten Lanbek einen guten Tag gelächelt hatte, erschien jetzt finster, und selbst wackere Bürgersleute und jene biederen, ehrlichen Weingärtner, die sich bei ihm und dem Alten so oft Rats erholt hatten, wandten jetzt die Augen ab und gingen vorüber, ohne den Hut zu rücken.

Der Gedanke an Lea erhöhte noch sein Unglück. Er wußte genau, wie unglücklich sein alter Vater, er selbst und die Seinigen werden könnten, wenn der verzweifelte Schlag, den sie führen wollten, mißlang; und doch, so groß der Frevel war, den jener fürchterliche Mann auf sich geladen hatte, dennoch graute ihm, wenn er sich die Folgen überlegte, die sein Sturz nach sich ziehen würde. Was sollte aus der armen Lea werden, wenn der Bruder vielleicht monatelang gefangen saß? Konnte der Herzog, ein so strenger Herr, Vergehungen und Pläne wie die des Juden vergeben, selbst wenn er ihm durch jenes Edikt Straflosigkeit zugesichert hatte?

Und dann durchzuckte ihn wieder die Erinnerung an jene schreckliche Drohung, die Süß gegen ihn ausgestoßen, als er das Verhältnis des jungen Mannes zu seiner Schwester berührte. Alle Angst vor seinem alten Vater, vor der Schande, die eine solche Verbindung, wenn sie auch nur besprochen würde, brächte, kam über ihn. Es gab Augenblicke, wo er seine Torheit, mit der schönen Jüdin auch nur ein Wort gewechselt zu haben, verwünschte, wo er entschlossen war, den Garten zu verlassen, sie nie wieder zu sehen, seinem Vater alles zu sagen, ehe es zu spät wäre; aber wenn er sich dann das schöne Oval ihres Hauptes, die reinen, unschuldigen und doch so interessanten Züge und jenes Auge dachte, das so gerne und mit so unnennbarem Ausdruck auf seinen eigenen Zügen ruhte, da war es, ich weiß nicht ob Eitelkeit, Torheit, Liebe oder gar der Einfluß jenes wunderbaren Zaubers, der sich aus Rahels Tagen unter den Töchtern Israels erhalten haben soll – es zog ihn ein unwiderstehliches Etwas nach jener Seite hin, wo ihn, seit die Dämmerung des ersten Märzabends finsterer geworden war, die schöne Lea erwartete.

„Endlich, endlich", sagte Lea mit Tränen, indem sie ihre weiße Hand durch die Staketen bot, welche die beiden Gärten trennten. „Wenn nicht der Frühling indes hätte kommen müssen, wahrhaftig ich hätte gedacht, es sei schon ein Vierteljahr vorüber. Ich bin recht ungehalten; wozu denn auch in den Garten gehen bei dieser schlimmen Jahrszeit, wenn Ihr frei und offen durch die Haustüre kommen dürft? wisset nur, Herr Nachbar, ich bin sehr unzufrieden."

„Lea", erwiderte er, indem er die schöne Hand an seine Lippen zog, „verkenne mich nicht, Mädchen! ich konnte wahrhaftig nicht kommen, Kind! Zu dir durfte ich nicht kommen, und in die Zirkel deines Bruders gehe ich nicht; und wenn ich wüßte, daß du ein einziges Mal da warst, würde ich dich nicht mehr sprechen." Trotz der Dunkelheit glaubte der junge Mann dennoch eine hohe Röte auf Leas Wangen aufsteigen zu sehen. Er sah sie zweifelhaft an; sie schlug die Augen nieder und antwortete: „Du hast recht, ich darf nicht in die Zirkel meines Bruders gehen."

„So bist du da gewesen? ja, du bist dort gewesen!" rief

Lanbek unmutig; „gestehe nur, ich kann jetzt doch schon alles in deinen Augen lesen."

„Höre mich an", erwiderte sie, indem sie bewegt seine Hand drückte, „die Amme hat dir gesagt, was nach dem Karneval vorging, und wie ich ihn bat und flehte, dich freizulassen. Seit jener Zeit hat sich sein Betragen ganz geändert; er ist freundlicher, behandelt mich, wie wenn ich auf einmal um fünf Jahre älter geworden wäre, und läßt mich zuweilen sogar mit sich ausfahren. Vor einigen Tagen befahl er mir, mich so schön als möglich anzukleiden, legte mir ein schönes Halsband in die Hand, und abends führte er mich die Treppe herab in seine eigenen Zimmer. Da waren nur wenige, die ich kannte, die meisten Herrn und Damen waren mir fremd. Man spielte und tanzte, und von Anfang gefiel es mir sehr wohl, nachher freilich nicht, denn –"

„Denn?" fragte Lanbek gespannt.

„Kurz, es gefiel mir nicht und ich werde nicht mehr hingehen."

„Ich wollte, du wärest nie dort gewesen", sagte der junge Mann.

„Ach, konnte ich denn wissen, daß die Gesellschaft nicht für mich passen würde?" erwiderte Lea traurig; „und überdies sagte mein Bruder ausdrücklich, es werde meinen Herrn Bräutigam freuen, wenn ich auch unter die Leute komme."

„Wen hat er gesagt, *wen* werde es freuen?" rief Lanbek.

„Nun dich", antwortete Lea; „überhaupt, Lanbek, ich weiß gar nicht, wie ich dich verstehen soll; du bist so kalt, so gespannt; gerade jetzt, da wir offen und ohne Hindernis reden können, bist du so ängstlich, beinahe stumm; statt ins Haus zu uns zu kommen, bestellst du mich heimlich in den Garten, ich weiß doch nicht, vor wem man sich so sehr zu fürchten hat, wenn man einmal in einem solchen Verhältnis steht?"

„In welchem Verhältnis?" fragte Lanbek.

„Nun, wie fragst du doch wieder so sonderbar! Du hast bei meinem Bruder um mich angehalten, und er sagte dir zu, im Fall ich wollte und der Herzog durch ein Reskript das Hindernis wegen der Religion zwischen uns aufhöbe. Ich bin nur froh, daß du nicht Katholik bist, da wäre es nicht möglich, aber ihr Protestanten habt ja kein kirchliches Oberhaupt und seid doch eigentlich so gut Ketzer wie wir Juden."

„Lea! um Gottes willen, frevle nicht!" rief der junge Mann mit Entsetzen. „Wer hat dir diese Dinge gesagt? O Gott, wie soll ich dir diesen furchtbaren Irrtum benehmen?"

„Ach, geh doch!" erwiderte Lea. „Daß ich es wagte, mein verhaßtes Volk neben euch zu stellen, bringt dich auf. Aber sei nicht bange; mein Bruder, sagen die Leute, kann alles, er wird uns gewiß helfen, denn was er sagt, ist dem Herzog recht. Doch eine Bitte habe ich, Gustav; willst du mich nicht bei den Deinigen einführen? Du hast zwei liebenswürdige Schwestern; ich habe sie schon einigemal vom Fenster aus gesehen; wie freut es mich, einst so nahe mit ihnen verbunden zu sein! Bitte, laß mich sie kennenlernen."

Der unglückliche junge Mann war unfähig auch nur *ein* Wort zu erwidern; seine Gedanken, sein Herz wollten stille stehn. Er blickte wie einer, der durch einen plötzlichen Schrecken aller Sinne beraubt ist, mit weiten, trockenen Augen nach dem Mädchen hin, das, wenn auch nicht in diesem Augenblick, doch bald vielleicht noch unglücklicher werden mußte als er, und das jetzt lächelnd, träumend, sorglos wie ein Kind an einem furchtbaren Abgrund sich Blumen zu seinem Kranze pflückte.

„Was fehlt dir, Gustav?" sprach sie ängstlich, als er noch immer schwieg. „Deine Hand zittert in der meinigen; bist du krank? du bist so verändert." Doch – noch ehe er antworten konnte, sprach eine tiefe Stimme neben Lea: „Bon soir, Herr Expeditionsrat; Sie unterhalten sich hier im Dunkeln mit Dero Braut? Es ist ein kühler Abend; warum spazieren Sie nicht lieber herauf ins warme Zimmer? Sie wissen ja, daß mein Haus Ihnen jederzeit offensteht."

„Mit wem sprichst du hier, Gustav?" sagte der alte Lanbek, der beinahe in demselben Augenblick herantrat; „deine Schwestern behaupten, du unterhaltest dich hier unten mit einem Frauenzimmer."

„Es ist der Minister", antwortete Gustav beinahe atemlos.

„Gehorsamer Diener", sprach der Alte trocken; „ich habe zwar nicht das Vergnügen Ew. Exzellenz zu sehen in dieser Dunkelheit, aber ich nehme Gelegenheit, meinen gehorsamsten Dank von wegen der Erhebung meines Sohnes abzustatten; bin auch sehr charmiert, daß Sie so treue Nachbarschaft mit meinem Gustav halten."

„Man irrt sich", erwiderte Süß, heiser lachend, „wenn man glaubt, ich bemühe mich, mit dem Herrn Sohn im Dunkeln über den Zaun herüber zu parlieren, ich kam nur um meine Schwester abzuholen, weil es etwas kühles Wetter ist und die Nachtluft ihr schaden könnte."

„Mit Ihrer Schwester?" sagte der Alte streng; „Bursche, wie soll ich das verstehen, sprich!"

„Echauffieren sich doch der Herr Landschaftskonsulent nicht so sehr!" erwiderte der Jude; „Jugend hat nicht Tugend, und er macht ja nur meiner Lea in allen Ehren die Cour."

„Schandbube!" rief der alte Mann, indem er seine Hand um den Arm seines Sohnes schlang und ihn hinwegzog, „geh auf dein Zimmer; ich will ein Wort mit dir sprechen; und *Sie*, Jungfer Süßin, daß Sie sich nimmer einfallen läßt, mit dem Sohn eines ehrlichen Christen, mit *meinem* Sohn ein Wort zu sprechen, und wäre Ihr Bruder König von Jerusalem, es würde meinem Hause dennoch keine Ehre sein." Mit schwankenden, unsichern Schritten führte er seinen Sohn hinweg. Lea weinte laut, aber der Minister lachte höhnisch; „Parole d'honneur!" rief er, „das war eine schöne Szene; vergessen Sie übrigens nicht, Herr Expeditionsrat, daß Sie nur noch vierzehn Tage Frist zu Ihrer Werbung haben; bis dahin und von dort an werde ich mein Wort halten."

10

Die an Furcht grenzende Achtung des jungen Lanbek hieß ihn geduldig und ohne Murren dem Vater folgen, und langjährige Erfahrungen über den Charakter des Alten verboten ihm in diesem Augenblick, wo der Schein so auffallend gegen ihn war, sich zu entschuldigen. Der Landschaftskonsulent warf sich in seinem Zimmer in einen Armsessel und verhüllte sein Gesicht. Besorgt und ängstlich stand Gustav neben ihm und wagte nicht zu reden; aber die beiden schönen Schwestern des jungen Mannes flogen herbei, als sie die Schwäche des Vaters sahen, fragten zärtlich, was ihm fehle, suchten seine Hände vom Gesicht herabzuziehen und benetzten sie mit ihren Tränen. – „Das ist der Bube", rief er nach einiger Zeit, indem sein Zorn über seine körperliche Schwäche siegte; „*der* ist es, der das Haus eures Vaters, unsern alten guten Namen, euch, ihr unschuldigen Kinder, mit Elend, Schmach und Schande bedeckt; der Judas, der Vatermörder – denn heute hat er den Nagel in meinen Sarg geschlagen."

„Vater! um Gottes willen! Gustav!" riefen die Mädchen bebend, indem sie ihren bleichen Bruder scheu anblickten und sich an den alten Lanbek schmiegten.

„Ich weiß", sagte der unglückliche junge Mann, „ich weiß, daß der Schein gegen mich –"

„Willst du schweigen!" fuhr der Konsulent mit glühenden Augen und einer drohenden Gebärde auf. „Schein? meinst du, du könnest meine alten Augen auch wieder blenden wie damals nach dem Karneval? nicht wahr, es wäre weit bequemer, wenn sich diese beiden Augen schon ganz geschlossen, wenn sie den alten Lanbek so tief verscharrt hätten, daß keine Kunde von der Schande seines Namens mehr zu ihm dringt. Aber verrechnet hast du dich, Elender! Enterben will ich dich; hier stehen meine lieben Kinder, du aber sollst ausgestoßen sein, meines ehrlichen Namens beraubt, verflucht –"

„Vater!" riefen seine drei Kinder mit *einer* Stimme, die Töchter stürzten sich auf ihn, und zum ersten Mal wagte es Hedwig, ihre Lippen auf die geheiligten Lippen des Vaters zu legen, indem sie ihm den zum Fluch geöffneten Mund mit Küssen verschloß. Die jüngere hatte sich unwillkürlich vor Gustav gestellt, seine Hand ergriffen, als wolle sie ihn verteidigen, der junge Mann aber riß sich kräftig los; nie so als in diesem Augenblick glich sein Gesicht, sein drohendes Auge den Zügen seines Vaters, und die beengte Brust weit vorwerfend, sprach er: „Ich habe alles ertragen, was möglicherweise ein Sohn von seinem Vater ertragen darf, ich habe aber noch andere Pflichten, meine eigene Ehre muß ich wahren, und wäre es mein eigener Vater, der sie antastet. Es hätte Ihnen genügen können, wenn ich bei allem, was mir heilig ist, versichere, daß ich nicht das bin, wofür Sie mich halten. Wenn Sie keinen Glauben mehr an mich haben, wenn *Sie* mich aufgeben, dann bleibt nichts mehr übrig. Lebet wohl – ich will euch nur noch *eine* Schande machen."

„Du bleibst!" rief ihm der Alte, mehr ängstlich und bebend als befehlend nach. „Meinst du, dies sei der Weg, einen gekränkten Vater zu versöhnen? hast du so sehr Eile mir voranzugehen, und einen Weg einzuschlagen, wo ich dich nie mehr träfe? Denn ich habe redlich und nach meinem Gewissen gelebt, dich aber und deine Absicht verstand ich wohl."

„Aber Vater", sprach seine jüngste Tochter mit sanfter Stimme, „wir hatten ja alle Gustav immer so lieb, und Sie selbst sagten so oft, wie tüchtig er sei; was kann er denn so Schreckliches verbrochen haben, daß Sie so hart mit ihm verfahren?"

„Das verstehst du nicht, oder ja, du kannst es verstehen: des Juden Schwester liebt er, und mit ihr und seinem Herrn Schwager

Süß hat er sich am Gartenzaun unterhalten. Jetzt sprich! kannst du dich entschuldigen? O ich Tor, der ich mir einbildete, man habe ihn, um mir eine Falle zu legen, erhoben und angestellt! seine jüdische Charmante hat ihn zum Expeditionsrat gemacht!"

„Der Vater will mich nicht verstehen", sprach der junge Mann, mit Tränen in den Augen, „darum will ich zu euch sprechen. Euch, lieben Schwestern, will ich redlich erzählen, wie die Umstände sich verhalten, und ich glaube nicht, daß ihr mich verdammen werdet." Die Mädchen setzten sich traurig nieder, der Alte stützte seine gefurchte Stirne auf die Hand und horchte aufmerksam zu. Gustav erzählte, anfangs errötend und dann oft von Wehmut unterbrochen, wie er Lea kennengelernt habe, wie gut und kindlich sie gewesen sei, wie gerne sie mit ihm gesprochen habe, weil sie sonst niemand hatte, mit dem sie sprechen konnte. Er wiederholte dann das Gespräch mit dem jüdischen Minister und dessen arglistige Anträge; er versicherte, daß er nie dem Gedanken an eine Verbindung mit Lea Raum gegeben habe, und daß er diesen Abend dem Minister es selbst gesagt haben würde, wäre nicht der Vater so plötzlich dazwischengekommen.

„Du hast sehr gefehlt, Gustav", sagte Hedwig, seine ältere Schwester, ein ruhiges und vernünftiges Mädchen. „Da du nie, auch nur entfernt, an eine Verbindung mit diesem Mädchen denken konntest, so war es deine Pflicht als redlicher Mann, dich gar nicht mit ihr einzulassen. Auch darin hast du sehr gefehlt, daß du nicht gleich damals schon deinem Vater alles anvertraut hast; aber so hast du jetzt deine ganze Familie unglücklich und zum Gespött der Leute gemacht; denn meinst du, der Süß werde nicht halten, was er gedroht? ach! er wird sich an Papa, an dir, an uns allen rächen."

„Geh, bitte den Vater um Verzeihung!" sprach das schöne Käthchen weinend. „Du mußt ihm nicht noch Vorwürfe machen, Hedwig, er ist unglücklich genug. Komm, Gustav", fuhr sie fort, indem sie seine Hand ergriff und ihn zu dem Vater führte, „bitte, daß er dir vergibt; ja, wir werden recht unglücklich werden, der böse Mann wird uns verderben, wie er das Land verdorben hat, aber dann lasset doch wenigstens Frieden unter *uns* sein. Wenn wir uns nur noch haben, so haben wir viel, wenn er uns alles übrige nimmt."

Der Alte blickte seinen Sohn lange, doch nicht unwillig an. „Du hast gehandelt wie ein eitler junger Mensch, und die Aufmerksamkeit, die dir diese Jüdin schenkte, hat dich verblendet. Du hast, ich fühle es für dich, vielleicht schon seit geraumer Zeit, gewiß aber diesen Abend dafür gebüßt. Katharina hat recht; ich will dir nicht länger grollen; wir müssen uns jetzt gegen einen furchtbaren Feind waffnen. Glaubst du, daß er Wort halten wird mit den vierzehn Tagen Frist, die er dir nachrief?"

„Ich glaube und hoffe es", antwortete der junge Mann. „Um jene Zeit muß sich mehr entscheiden als nur das Schicksal unseres Hauses", fuhr der Alte fort; „Römchingen und Süß – oder wir; wer verliert, bezahlt die Zeche. Jetzt gelobe mir aber, Gustav, die Jüdin nie mehr, weder im Garten noch sonstwo aufzusuchen, und unter dieser Bedingung will ich deine Torheit verzeihen."

Gustav versprach es mit bebenden Lippen und verließ dann das Zimmer, um seine Bewegung zu verbergen. Noch lange und mit unendlicher Wehmut dachte er dort über das unglückliche Geschöpf nach, dessen Herz ihm gehörte und das er nicht lieben durfte. Er teilte zwar alle strengen religiösen Ansichten seiner Zeit, aber er schauderte über dem Fluch, der einen heimatlosen Menschenstamm bis ins tausendste Glied verfolgte und jeden mit ins Verderben zu ziehen schien, der sich auch den Edelsten unter ihnen auf die natürlichste Weise näherte. Er fand zwar keine Entschuldigung für sich selbst und seine verbotene Neigung zu einem Mädchen, das nicht auch seinen Glauben teilte, aber er gewann einigen Trost, indem er sein eigenes Schicksal einer höheren Fügung unterordnete.

Sein Vater und die Schwestern unterhielten sich noch lange über ihn und diese Vorfälle, und die Erinnerung an so manche schöne Tugend des jungen Mannes versöhnte nach und nach den Alten, so daß er selbst das Geheimhalten jener Vorschläge des Ministers einigermaßen entschuldigte. Als aber spät abends die beiden Schwestern allein waren, sagte Käthchen: „Wahr ist es doch, Gustav hat zwar gefehlt, aber an seiner Stelle hätte jeder andere auch gefehlt. Ich habe sie einmal am Fenster und einmal im Garten gesehen; so schön und anmutig sah ich in meinem ganzen Leben nichts; was sind alle Gesichter in Stuttgart, was ist selbst die schöne Marie, von der man so viel Wunder macht, gegen dieses herrliche Gesicht! nein, Hedwig, ich hätte mich ganz in sie verlieben können."

„Wie magst du nur so töricht schwatzen!" erwiderte Hedwig unwillig; „mag sie sein wie sie will, sie ist und bleibt doch nur eine Jüdin."

11

Nicht die unglückliche Liebe ihres Bruders allein war es, was in den folgenden Tagen die schönen Töchter des Landschaftskonsulenten Lanbek ängstigte; nein, es war das sonderbare und drückende Verhältnis, das zwischen Vater und Sohn zu herrschen schien, was die vier schönen blauen Augen im stillen so manche Träne kostete. Man konnte nicht sagen, daß sie sich finster angeblickt, mürrisch gefragt oder kalt geantwortet hätten; aber dennoch sah man ihnen beiden an, daß Gram und Sorgen sie beschäftigten, und die Mädchen wurden immer wieder in ihren Vermutungen über den Grund dieses Grämens irregeleitet, wenn sie zuweilen den alten Mann und seinen Sohn in einer Fensternische beisammenstehen und zutraulicher, aber auch ernster als je zusammen flüstern sahen. Endlich wurden sie sogar für drei Abende in der Woche förmlich aus dem großen Familienzimmer, das winters allen zum Aufenthalt diente, verwiesen, und, was ihres Wissens nie geschehen war, Papas kleines Bibliothekzimmer wurde ihnen für solche Abende besonders geheizt, und ihnen die Erlaubnis gegeben, sich an den trefflichen Juristen und Philosophen zu amüsieren.

Freilich bedachten bei solchem Exil weder Vater noch Sohn, daß man von der Bibliothek im obern Stock in das Studierzimmer, von diesem in das Gastzimmer und von dem Gastzimmer in die sogenannte Rumpelkammer kommen könne, von welcher eine viereckige Öffnung, mit einem kleinen Deckel versehen, in das Wohnzimmer hinabging, um Luft oder Wärme in dieses Gemach zu leiten; sie bedachten auch nicht, daß weibliche Neugierde wohl noch stärkere Schranken durchbrochen haben würde, als diese, die zwischen jener Kammer und der Bibliothek lagen. Einige Abende hatte übrigens doch ein noch mächtigeres Gefühl als Neugierde die Mädchen in der Bibliothek zurückgehalten, nämlich Furcht. Hedwig behauptete, schon öfters oben in jener Kammer Fußtritte und ein schreckliches Stöhnen gehört zu haben, und dem schönen Käthchen graute dort hinzugehen, weil jenes Gemach nur eine dünne Wand aus Holz und Backsteinen von den Zimmern des gefürchteten Juden Süß trennte.

Eines Abends jedoch, als man die Mädchen schon längst weggeschickt hatte, sah Käthchen, die sich bis auf die Mitte der Treppe hinabgeschlichen hatte, drei Männer bei ihrem Vater eintreten, die ihre Neugierde aufs Höchste trieben. Der erste, der sich langsam und schnaubend die untere Treppe heraufschob und auf der Hausflur einige Minuten stehenblieb, um Atem zu sammeln, war niemand Geringeres als der lutherische Prälat Klinger. Seine schneeweiße Perücke, seine Prälatenkette, die gerade auf dem Magen ruhte, und seine alten, verwitterten Züge flößten dem Mädchen ungemeine Ehrfurcht ein; ihm folgte hastigen Schrittes der Obrist und Stallmeister von Röder, ein Mann, den man für sehr klug und tapfer, aber zugleich auch in seinen Sitten für sehr unheilig hielt, und über den dritten hätte sie beinahe laut aufgelacht, es war der fröhliche Kapitän Reelzingen, der so drollige Geschichten und Schnurren zu erzählen wußte, und sie schon auf manchem Ball beinahe zum Lachen gebracht hatte. Heute hatte er sein Gesicht in ganz ehrbare Falten gelegt und sah gerade aus wie damals, als er ihr auf parole d'honneur schwur, daß er sie vraiment liebe. Sie sah ihm lächelnd nach, bis sein ungeheurer Degen in der Türe verschwunden war, und eilte dann in das Bibliothekzimmer, wo sie die blonde Hedwig traf, welche die Augen fest zugeschlossen hatte, um nicht über ein Gespenst zu erschrecken, wenn etwa zufällig eines in der Bibliothek auf und ab wandelte. „Heute *müssen* wir hinuntergucken!" erklärte Käthchen, „und komm nur jetzt gleich mit; denke dir, die Leute kommen hier zusammen wie beim Karneval. Hast du je sonst den Prälaten Klinger und den Kapitän Reelzingen in *einem* Zimmer gesehen, und dazu den Obrist Röder und –" setzte sie hinzu, als die Schwester zauderte – „ich müßte mich sehr irren, wenn ich nicht, als die Türe einmal aufging, auch Blankenberg gesehen hätte."

Dieser letzte Name entschied; Käthchen nahm das Licht und ging mit pochendem Herzen voran, Hedwig folgte ihr, so nahe als möglich an die mutigere Schwester gedrängt, und als jene die verhängnisvolle Kammertüre aufschloß, hielt sie sich fest an ihrem Kleide. Die Öffnung war gerade über dem Ofen des Wohnzimmers, das einen Stock tiefer lag, angebracht, und Käthchen konnte, als sie die Klappe aufzog, selbst wenn sie sich auf die Kniee legte und den Kopf tief herabbeugte, doch nicht mehr als vier oder fünf der versammelten Männer sehen; auch Hedwig beugte sich jetzt herab und versuchte es, noch tiefer zu blicken als ihre Schwester, aber verdrießlich stand sie wieder auf und sagte: „Nichts als den breiten Rücken des Prälaten, einige Perücken und die Uniform des Obristen kann ich sehen; weißt du denn gewiß, daß Blankenberg zugegen ist?"

„Sicher!" erwiderte Käthchen, schalkhaft lächelnd. „Doch laß uns horchen was sie sprechen, vielleicht kennst du deinen Liebhaber an der Stimme."

Sie setzten sich auf den Fußboden neben der Öffnung und lauschten; die angenehme Wärme, die von dem Ofen heraufdrang und ihre Neugierde ließen sie eine Zeitlang die empfindliche Kälte der Märznacht vergessen; endlich richtete sich Hedwig unmutig auf. „Meinst du, wir werden klug werden aus diesem Geplauder, wovon man nur die Hälfte versteht? Sie schwatzen wieder, wie immer, vom Wohl des Landes, vom Herzog, von Süß, von allem; was geht das uns an! Komm! es ist gar schaurig hier und kalt. Mädchen, so steh doch auf!"

Aber Käthchen winkte ihr zu schweigen; man hörte jetzt eben den Obrist Röder mit bestimmter und vernehmlicher Stimme etwas vorlesen, die tiefe Stille umher unterbrach nur zuweilen ein schnell verrauschendes Murmeln des Unwillens. Jetzt sprach der alte Lanbek; Käthchens fröhliche Züge gingen nach und nach in Staunen und Angst über, endlich, als die Männer unten wieder laut, aber beifällig zusammen sprachen und die Gläser anstießen, flog eine hohe Röte über das schöne Gesicht des Mädchens, ihre Augen leuchteten, als sie vorsichtig die Klappe schloß, die Lampe ergriff und mit ihrer Schwester den Rückweg einschlug.

„Hast du was verstanden?" fragte Hedwig; „du schienst auf einmal so aufmerksam; was haben sie denn Besonderes gesprochen?"

„Ich weiß nicht alles, ich kann nicht alles sagen", erwiderte Käthchen nachdenkend; „mir ist's, als hätte mir alles geträumt. Höre – aber schweig! es könnte uns alle unglücklich machen. Das sind gefährliche Menschen in Vaters Zimmer unten. Mir graut, wenn ich daran denke, was daraus entstehen kann."

„So sprich doch, einfältiges Kind! ich bin zwei Jahre älter als du, und du sollst keine Geheimnisse vor mir haben."

„Denke dir", fuhr Käthchen mit leiser Stimme fort, „der Süß will uns katholisch machen und die Landschaft umstürzen; da verlöre der Vater und alle andern verlören ihre Stellen!"

„Katholisch!" rief Hedwig mit Entsetzen, „da müßten wir ja Nonnen werden, wenn wir ledig blieben? nein, das ist abscheulich!"

„Ach, warum nicht gar", erwiderte Käthchen, lächelnd über den Jammer ihrer Schwester, „da müßte es viele Nonnen geben, wenn alle, die keine Männer bekommen, ins Kloster gingen; aber sei ruhig, es kommt nicht so weit. In drei Tagen, sagte Röder, werde der Herzog verreisen, und während er in Philippsburg ist, wollen die Männer da unten den Juden und alle seine Gehülfen im Namen der Landschaft gefangennehmen, und dann dem Herzog beweisen, wie schlecht seine Minister waren."

„Ach Gott, ach Gott! das geht nicht gut", sagte Hedwig weinend; „alles werden sie verlieren, denn der Herzog traut allen eher als denen von der Landschaft; ich weiß ja, was mir einmal die Obristjägermeisterin über den Vater sagte. Du wirst sehen, es geht unglücklich!"

„Und wenn auch", antwortete Käthchen, „so sind wir die Töchter eines Mannes, der, was er tut, zum Besten seines Vaterlandes tut. Das kann uns trösten." Das mutige Mädchen holte aus dem Schranke eine mit vielen schönen Kupfern geschmückte Bibel. Sie gab der weinenden Schwester das Neue Testament, um sich an den Kupfern und Reimsprüchen zu zerstreuen. Sie selbst schlug sich das Alte Testament auf. Sie verbarg ihre eigene Besorgnis um ihren Vater unter einem Liedchen, das sie leise vor sich hinsang, während ihre schönen Finger emsig die vergelbten Blätter von einem Bilde zum andern durcheilten.

12

Es gibt im Leben einzelner Staaten Momente, wo der aufmerksame Beschauer noch nach einem Jahrhundert sagen wird, hier, gerade hier mußte eine Krise eintreten; ein oder zwei Jahre nachher wären dieselben Umstände nicht mehr von derselben Wirkung gewesen. Es ist dann dem endlichen Geist nicht mehr möglich, eine solche Fügung der Dinge sich hinwegzudenken, und aus der unendlichen Reihe von möglichen Folgen diejenigen aneinanderzuknüpfen, die ein ebenso notwendig verkettetes Ganze bilden, als ein verflossenes Jahrhundert mit allen seinen historischen Wahrheiten. Hier zeigte sich der *Finger Gottes*, pflegt man zu sagen, wenn man auf solche wichtige Augenblicke im Leben eines Staates stößt. Es hat aber zu allen Zeiten Männer gegeben, die, mochte ihr eigener Genius, mochte das Studium der Geschichte sie leiten, solche Momente geahnet, berechnet haben, und sie wirkten dann am überraschendsten, wenn sie sich nicht begnügten, solche Krisen vorhergesehen zu haben, sondern wenn sie Mut genug besaßen, zu rechter Zeit selbst einzuschreiten,

Kraft genug, um eine Rolle durchzuführen. Die Geschichte hat längst über die kurze Regierung der Minister Karl Alexanders entschieden. Sie flucht keinem Sterblichen, sonst müßte sie die Tränen und Seufzer Württembergs in schwere Worte gegen die Urheber seines Unglücks im Jahre 1737 verwandeln; aber sie gedenkt mit Liebe einiger Männer, die sich nicht von dem Strome der allgemeinen Verderbnis hinreißen ließen, die ahneten, es müsse anders kommen, die vor dem Gedanken nicht zitterten, eine Änderung der Dinge herbeizuführen, und die auch dann mit Ruhe und Gelassenheit die Sache ihres Landes führten, als *ein Höherer* es übernommen hatte, einen unerwartet schnellen Wechsel der Dinge herbeizuführen, indem er zwei feurige Augen schloß und ein tapferes Herz stillestehen hieß.

Wer sollte es diesem heiteren Stuttgart und seinen friedlichen Straßen ansehen, daß es einst der Schauplatz so drückender Besorgnisse war? Wie beruhigt über den Gang der Dinge sind die Enkel derer, die in jenem verhängnisvollen März jede Stunde für das Schicksal ihrer Familien, für die alten Rechte ihres Landes, selbst für ihren Glauben zittern mußten.

Wer den übermütigen Süß in seiner Karosse, mit sechs Pferden bespannt, durch die „reiche Vorstadt" fahren sah, wie er stolz lächelnd auf die bleichen, feindlichen Gesichter herabblickte, die ihm überall begegneten; wer den schrecklichen Hallwachs, seinen innigen Freund und Ratgeber, neben ihm sah, und bedachte, wie viele verderbliche Pläne dieser Mann ersonnen, wie viele unerhörte Monopole er eingeführt habe und wie er immer neue zu erfinden trachte; wer das unbegrenzte Vertrauen kannte, das der Herzog in diese Menschen setzte, der mußte wohl an der Möglichkeit der Rettung verzweifeln.

Dazu kamen noch die sonderbaren und widersprechenden Gerüchte, die im Umlauf waren. Die einen sagten, der Herzog sei nach Philippsburg und Kehl gereist, habe aber das Regiment nicht an den Geheimen Rat, sondern das Siegel dem Juden Süß gegeben; andere widersprachen und behaupteten, man habe den Herzog an einem Fenster des Ludwigsburger Schlosses gesehen, auch seien seine Pferde noch dort und er sei nicht abgereist. In einem Dorf an der österreichischen Grenze im Oberland sollen die Katholiken plötzlich über die protestantischen Einwohner hergefallen sein, und als letztere den Kampfplatz behaupteten, sei eine Kompanie Kreistruppen über die Grenze herein ins Dorf gerückt. Am sonderbarsten klang das Gerücht, das sich überdies noch bestätigte, der Oberfinanzrat Hallwachs habe ein kostbares Meßgewand beim Hofsticker bestellt, und ihm befohlen, es bis zum 18. März fertigzumachen, und wenn er mit fünfzig Gesellen arbeiten müßte; bring er es nicht fertig, so werde er eingesetzt. Ein lutherischer Geistlicher, den man mit Namen nannte, soll den Kindern in der Schule Kreuzchen aus Holz geschnitzt geschenkt haben, mit den Worten: „Nur wenn ihr diese in Händen haltet, könnet ihr recht beten." Endlich erzählte man sich als etwas Verbürgtes, der Jude habe zum Herzog über der Tafel gesagt: „Ihre Stände, Durchlaucht, sind eigentliche Widerstände; aber sie stehen schon so lange, daß sie müde und matt sind." Karl Alexander habe ihm lächelnd zur Antwort gegeben: „C'est vrai; allons donc leur donner des chaises, et une fois assis, ils ne se leveront plus." Auch jene Männer, die entschlossen waren, dem drohenden Verderben zuvorzukommen, hörten diese Gerüchte. Aber sie waren dabei kalt und ruhig; wußten sie ja doch, Württemberg stehe eine solche Veränderung bevor, daß es entweder erleichtert oder so tief ins Unglück gestürzt werden würde, daß der Jammer des einzelnen davor verstummen müßte. Man erzählt sich, sie haben alles, was dazu gehört, einem mächtigen und bösartigen Feind mit Hülfe des Landvolks zu begegnen, vorbereitet gehabt, und wenn ihr Unternehmen gelingen sollte, so verdankten sie es nur den wenigen hellstrahlenden Namen einiger Männer aus der Landschaft; denn an diese war man in Württemberg gewöhnt das Interesse des Landes zu ketten.

Es war spät abends den 11. März, als der Landschaftskonsulent Lanbek mit seinem Sohne und dem Kapitän Reelzingen in seiner Wohnstube beim Wein saß. Die beiden Lanbek waren ernst und düster, der Kapitän aber konnte auch jetzt seinen fröhlichen Lebensmut nicht verbergen, denn er teilte seine Aufmerksamkeit und sein Gespräch zwischen der Fensternische, wo die beiden Schwestern Gustavs saßen, und zwischen den beiden Männern an seiner Seite. Hedwig sah bleich und still vor sich hin auf ihre Nadeln, aber auf Käthchens Gesichtchen lag eine höhere Röte als gewöhnlich, und alle Augenblicke zeigte sie die weißen Zähne und die schönen Grübchen in ihren Wangen, denn der Kapitän wußte wieder wunderschöne „Späße und Geschichten".

„Wie ist Euer Pferd, Kapitän?" fragte der alte Lanbek.

„Mein Fuchs ist ein besserer Infanterist als ich selbst", erwiderte er; „wenn ich die sechs ersten Stunden Trab und bergauf Schritt reite, so kann ich die nächsten sechs bequem Galopp reiten. Er hat nur *einen* Fehler, den, daß er noch nicht bezahlt ist, und macht mir durch diese Untugend oft großen Jammer."

„Ihr könnt", fuhr der Alte fort, „wenn ihr von der Galgensteige an scharf Trab reitet, zwischen eilf und zwölf Ludwigsburg passieren; um vier Uhr müßt ihr in Heilbronn sein, und dort laßt ihr die Pferde ruhen; zwischen acht und zehn Uhr seid ihr morgen in Öhringen."

„Aber, Vater", fiel Gustav ein, „wäre es nicht ratsamer, gegen Heidelberg zu reiten? ich wollte darauf wetten, wir sind gegen Öhringen hin nicht mehr sicher. Bedenken Sie, daß der Deutschorden dort tief herein sich erstreckt, daß sie in Mergentheim gewiß von dem Bischof in Würzburg unterrichtet sind, daß –"

„Daß", fuhr der Vater fort, „ihr auf der Straße nach Heidelberg vielmehr auffallet, und daß ihr, wenn ihr etwa die Gegend nicht mehr rein fändet, eine letzte Zuflucht bei meinem alten Herrn und Gönner, dem Herzog in Neustadt, habt, der euch gewiß in den ersten Tagen nicht herausgibt. Ist dann Karl Alexander zufrieden mit dem, was wir hier getan, so könnet ihr immer zurückkehren, wo nicht, so gehet ihr, wie schon gesagt, weiter nach Frankfurt."

„Gott! daß ich euch in einer solchen Krisis zurücklassen soll!" rief Gustav mit Tränen; „daß ich vielleicht an eurem Unglück schuld bin; daß alles schlecht gehen kann, wenn Süß meine Flucht erfährt und sich an Ihnen, Vater, rächt! Nein, ich kann, ich darf nicht gehen!"

„Nein, Vater", fiel Hedwig ein, indem sie noch bleicher als zuvor herbeieilte und ihres Vaters Hand ergriff, „er darf uns nicht verlassen; oh, ihr habt schreckliche Dinge vor, ich weiß es wohl, ihr wollt eine Verschwörung gegen die mächtigen Menschen machen. Lassen Sie ab davon, Vater, Süß und die andern werden Ihnen verzeihen; ach, mich tötet die Angst!"

„Geh, Mädchen", sprach Käthchen, die auch herangetreten war; „was Männer tun und was unser Vater tut, geht uns nicht an. Aber warum soll denn gerade jetzt Gustav so schnell hinweg? Er könnte uns allen so nützlich sein."

„Weil ich keine Jüdin zur Tochter mag", sagte der Alte streng, „darum soll er fort. Weil ich ein Briefchen seiner Charmanten aufgefangen und mit Protest an den Juden geschickt habe, und weil dieser jetzt wütet und euren Bruder mit Gewalt zum Schwager haben oder auf Neuffen setzen will, darum soll und muß er ihm jetzt aus dem Wege gehen. Doch, ich wollte dir in dieser Stunde nicht wehe tun, Gustav; wir scheiden als Freunde, und alles andere soll vergessen sein; wer weiß, wann und wo wir uns wiedersehen!"

Indem der Alte die letzten Worte sprach und seinem Sohn die Hand reichte, wurde schnell und heftig an der Türe gepocht, und ehe noch jemand antwortete, trat plötzlich eine Gestalt in einen Mantel gehüllt ein. „Was soll dies?" fuhr der alte Lanbek auf, „wer drängt sich so bei Nacht in mein Haus, wer sind Sie?"

„Blankenberg!" rief Hedwig, als jener den Mantel abwarf, und trat schnell und errötend einige Schritte vor.

„Verzeihung, Herr Konsulent", sprach der junge Mann eilend, „die Not muß mich entschuldigen. Gustav, du mußt im Augenblick fort; der Lieutenant Pinassa schrieb mir soeben, daß er dich auf Befehl des General Römchingen heute nacht zwischen eilf und zwölf Uhr aufheben müsse. Der ehrliche Junge möchte dich nicht gern im Nest treffen."

„Dank, Dank", erwiderte der Alte, indem er Blankenberg die Hand drückte. „Trinket aus, Kinder, und macht den Abschied schnell; hier, mein lieber Reelzingen", fuhr er fort, und drückte dem überraschten Kapitän einen großen Beutel in die Hand; „man kann nicht wissen, ob sich euer Weg nicht teilt. Sie sind so edelmütig, meinen Sohn zu begleiten."

„Und mit Geld wollen Sie dies lohnen?" unterbrach ihn der Kapitän unmutig; „Parole d'honneur, Herr! ich begleite meinen Bruder, weil wir alte Amicisten sind, und nicht wegen Ihrer Spießen. Da soll mich doch –"

„Reelzingen", sagte Käthchen mit ihrer süßen Stimme, „Ihr versteht doch gar keinen Scherz; es sind lauter Kupfermünzen, und ich habe dem Vater den Beutel gegeben, Euch in April zu schicken."

„Ich verstehe", flüsterte der Kapitän, indem er errötend dem schönen Mädchen die Hand küßte. „Ich will Euch dafür etwas Schönes von Frankfurt mitbringen."

„Bringet mir", antwortete sie, indem sie die Tränen nicht mehr zurückhalten konnte, „nur unsern Gustav wohlbehalten zurück, und", sie setzte durch Tränen lächelnd hinzu, „machet mir keine tollen Streiche, die Euch verraten könnten."

„Die Pferde sind vor dem Seetor", sprach der Alte zu Reelzingen und seinem Sohn; „ihr dürft nicht das Tor selbst passieren, denn die erste Runde ist schon vorüber. Begleiten Sie meinen

Sohn, Herr von Blankenberg, durch die Gärten und bringen Sie mir Nachricht, wie sie fortgekommen sind."

Der junge Lanbek umarmte Vater und Geschwister, die Schwestern folgten ihm und seinen Freunden weinend bis unter die Gartentüre, und als nachher Hedwig ihre jüngere Schwester bitter tadelte, weil sie erlaubt habe, daß der Kapitän sie auf den Mund küsse, antwortete jene: „Du hast gefehlt, nicht ich, daß du es unterlassen hast; solche Höflichkeit waren wir einem Manne schuldig, der für unsern Bruder so viel tut."

„Ei", erwiderte Hedwig errötend, „Blankenberg hat ihn eigentlich doch auch gerettet."

13

Die beiden jungen Männer ritten schweigend durch die finstere Nacht hin. Kein Stern war am Himmel, und der Wind heulte um die Berge. „Hu! siehst du dort?" flüsterte Reelzingen, als sie an dem eisernen Galgen vorbeiritten, den einst (1597) Herzog Friedrich dem Alchimisten Honauer aus dem Metall errichten ließ, das er in Gold zu verwandeln versprochen hatte; „schau, diese ungeheure Menge Raben, es ist, als witterten sie eine neue Beute."

Sein Freund blickte schweigend hinauf, schlug aber plötzlich wieder die Augen nieder, denn ihm war, als sehe er Leas feine, liebliche Gestalt klagend unter dem Galgen sitzen. „Fest genug ist diese Schandsäule aus Eisen", fuhr der Kapitän fort, „um alle Schurken im Lande zu tragen; aber wollte man das Gold mit aufhängen, das sie eingesackt haben, würde selbst dieser Galgen, wie ein morscher Stab, zusammenbrechen! Wie diese Raben schaurige Melodien singen! Doch wie? – Dieu nous garde, Camarade! Gib deinem Roß die Sporen, wahrhaftig, dort sitzt ein Gespenst am Galgen!"

Es war, als ob die Pferde selbst diesen Ort des Schreckens fürchteten, denn auf diesen Ruf jagten sie mit Sturmeseile den Berg hinan und waren nicht mehr ruhig, bis man das Gekreisch der Raben nicht mehr hörte.

Es liegt eine kleine Brücke zwischen Stuttgart und Ludwigsburg, von welcher das Volk viel Schauerliches zu erzählen weiß; so viel ist gewiß, daß schon Unerklärliches dort vorgefallen ist, und daß mancher Mann sein Gebet spricht, wenn er nachts allein über diese Stelle reitet. Die Sage sagt, daß der Sohn des Konsulenten und sein Freund, der muntere Kapitän, glücklich und in kurzer Zeit bis an jene Brücke gekommen seien; dort aber seien ihre Pferde nicht mehr von der Stelle gegangen und haben geschnaubt und gezittert. Die jungen Leute spornten und gebrauchten ihre Peitschen, als eine alte zitternde Stimme rief: "Gebt einem alten Mann doch ein Almosen!"

"Wer wird bei Nacht und Nebel den Beutel ziehen? Zurück Alter, von der Brücke weg, unsere Pferde scheuen vor Euch, zurück, sag ich, oder Ihr sollt meine Peitsche fühlen!"

"Nicht so rasch, junges Blut! nicht so rasch!" sagte der Alte, dessen dunkle Gestalt sie jetzt auf dem Brückengeländer sitzen sahen; "Eile mit Weile! kommet noch früh genug, gebt einem alten Mann ein Almosen!"

"Jetzt ist meine Geduld zu Ende", rief der Kapitän und schwang seine Peitsche in der Luft. "Ich zähle drei, wenn du nicht weg bist, hau ich zu."

Der Alte hüstelte und kicherte; Gustav kam es vor, als wachse seine dunkle Gestalt ins Unendliche und – ein langer Arm streckte einen großen Hut heran und zum dritten Mal, aber drohend und mit furchtbarer Stimme, krächzte der Mann von der Brücke: "Einem alten Mann gib ein Almosen! es wird dir Glück bringen, und reite nicht so schnell; vor zwölf Uhr darfst du nicht dort sein."

Reelzingen ließ kraftlos und zitternd seinen Arm sinken; er gestand nachher, daß ihn eine kalte Hand angefaßt habe. Gustav aber zog mit pochendem Herzen die Börse und warf ein Silberstück in den großen Hut. "Wieviel Uhr ist's, Alter?" fragte er.

"Weiß keine Stund als zwölf Uhr", sprach die Gestalt, die wieder auf dem Geländer zusammenkauerte, mit dumpfer Stimme. "Dank dir, sollst Glück haben; reit zu!" Er sagte es und stürzte rücklings mit einem dumpfen Fall in den Sumpf, über den die Brücke führte. Entsetzt gab Reelzingen seinem Pferde die Sporen, daß es sich hoch aufbäumte und dann in zwei Sprüngen über die Brücke setzte. Gustav aber hielt erschrocken sein Pferd an, stieg ab und blickte über das Geländer der Brücke. Es rührte sich nichts. "Alter!" rief er hinab, "hast du Schaden genommen? Kann ich dir helfen?" – Keine Antwort, und alles war still unten wie im Grabe.

Jetzt faßte auch den jungen Lanbek eine unerklärliche Angst;

er fühlte, als er aufstieg, wie sein Pferd zitterte; er wagte es nicht, sich noch einmal nach dem grauenvollen Ort umzusehen, als er seinem Freund nachjagte.

„Das ist jetzt das zweite Mal, daß er mir begegnet ist", flüsterte Reelzingen tief aufatmend, als Lanbek wieder an seiner Seite war.

„Wer?" fragte dieser betroffen.

„Der Teufel", antwortete der Kapitän.

Lanbek gab ihm keine Antwort auf die sonderbare Rede, und sie jagten weiter durch die Nacht hin. In Zuffenhausen schlug es Viertel vor zwölf Uhr, als sie durchritten; in den meisten Häusern brannten noch die Kerzen, und da und dort hörte man geistliche Lieder aus den Stuben. Der Nachtwächter stieß eben ins Horn und rief die Stunde; der Kapitän hielt an und fragte ihn, was diese späten Gesänge und Gebete zu bedeuten haben.

„Ach Herr! das ist eine arge Nacht", antwortete dieser; „es hat ein Mann an vielen Häusern gepocht und befohlen, die Leute sollen die ganze Nacht bis zwölf Uhr beten."

„Wer ist der Mann?" fragte Lanbek staunend.

„Alte Leute, Herr, die ihn gesehen haben, versichern, es sei unser alter Pfarrer gewesen; Gott hab ihn selig, er ist seit zwanzig Jahren tot; aber es war ja nichts Unchristliches was er verlangte, drum beten und singen sie in den Lichtkarzstuben und spinnen dazu."

„Diese Nacht kann mich noch wahnsinnig machen", rief der Kapitän, indem sie wegritten. „Gustav, ich glaube heute nacht geht er leibhaftig auf der Erde um; ich denke, es wäre jetzt gerade die beste Zeit, den alten Burschen zu zitieren, wenn man etwa schnell Obrist werden oder zweimal hunderttausend spanische Quadrupel haben möchte."

„Tor!" antwortete der Freund; „der, den du meinst, hat mit dem Gebet nichts gemein."

Es war, als ob ihre Pferde nur zum Schein die Beine aufhöben, denn jede Viertelstunde, die sie zurücklegten, schien zu einer neuen anzuwachsen. Noch immer wollte Ludwigsburg nicht erscheinen, und die Nacht war so finster, daß sie auch an der Gegend nicht erkennen konnten, ob sie fehlgeritten oder ob sie der Stadt schon nahe seien. Endlich, nachdem sie etwa wieder eine halbe Stunde geritten sein mochten, sahen sie in der Entfernung von etwa tausend Schritten Lichter schimmern, fanden aber auch zugleich ihren Weg durch vier Pferde versperrt, die, an einen Reisewagen gespannt, quer über die Landstraße standen.

„Führ deine Pferde hinweg, Fuhrmann!" rief der Kapitän, „oder meine Peitsche wird sie bald weggetrieben haben; warum versperrst du den Weg?"

„Gemach, ihr Herrn, soll gleich geschehen", antwortete ein Mann, der von dem Wagen stieg. Aber die Zeit die er dazu brauchte, die herabgefallenen Zügel aufzunehmen und zu ordnen, dauerte dem raschen Soldaten zu lange, er versuchte über die schlaff liegenden Stränge des vordersten Gespanns wegzusetzen und forderte seinen Freund auf, ein Gleiches zu tun; doch wie es in solchen Fällen blinder Eile zu geschehen pflegt, in demselben Augenblick zog der Mann am Wagen die Zügel an, und das Pferd des Kapitäns blieb mit einem Fuß in den straff aufgerichteten Strängen hängen.

Lanbek sprang ab, um dem Freund zu helfen, der Kutscher lief bedauernd herzu, und eben war der Fuß des unbezahlten Rosses frei, als man einige Reiter in aller Eile von der Stadt herbeijagen hörte. Der erste mochte einen Vorsprung von fünfhundert Schritten, aber kein gutes Pferd haben, denn der Kapitän unterschied deutlich, daß es kurzen Paradegalopp ging; die Tritte der nachfolgenden Pferde schlugen zwar minder kräftig auf, waren aber flüchtiger. „Platz – allons! – Platz!" rief der erste Reiter; aber in demselben Augenblick hörten auch die beiden jungen Männer eine bekannte Stimme, die mit dem wildesten Ausdruck rief: „Halt, Jude! oder ich schieß dich mitten durch den Leib."

Unter dem Volke in Württemberg hört man zuweilen noch einen Reim, der diesen merkwürdigen Moment bezeichnet; er heißt:

> „Da sprach der Herr von Röder:
> Halt oder stirb entweder!"

Und der alte Obrist war es auch, der in diesem Augenblick seinen Begleitern weit voran, eine Pistole in der Hand, ansprengte, den ersten Reiter wütend am Arm packte und schrie: „Wohinaus, Jude? Warum so schnell zu Roß, als ich dir nachrief zu warten?"

„Mäßigt Euch, Herr Obrist", erwiderte der erste mit stolzem Ton, in welchem aber doch einige Angst durchzitterte; „ich gehe nach Stuttgart, der Frau Herzogin Durchlaucht zu sagen, was in diesem Augenblick für Maßregeln –"

„Das ist auch mein Weg, Herr!" erwiderte der Obrist mit furchtbarer Stimme; „und keinen Augenblick geht Ihr von meiner Seite, sonst werde ich mit meiner Pistole Beschlag auf Euch legen. Platz da, wer steht hier im Weg?"

„Der Kapitän von Reelzingen von der ersten Kompanie und der Expeditionsrat Lanbek."

„Guten Abend, meine Herrn!" fuhr Röder fort. „Habt Ihr geladene Pistolen, Kapitän?"

„Ja, mein Herr Obrist", war die Antwort des Soldaten, indem er sie aus den Halftern losmachte.

„Ich kommandiere Euch, in welchem Auftrag Ihr jetzt auch sein möget, auf der linken Seite des Herrn Ministers Süß zu reiten. Bei Eurem Dienst und Eurer Ehre als Edelmann, sobald er Miene macht zu entfliehen, jagt ihm eine Kugel nach. Die Verantwortung nehme ich auf mich."

„Herr Expeditionsrat", rief Süß, „ich nehme Euch zum Zeugen, daß mir hier schändliche Gewalt geschieht. Obrist Röder, ich warne Sie noch einmal; dieser Auftritt soll gerochen werden!"

„Aber Herr von Röder", flüsterte Gustav; „ums Himmels willen, übereilen Sie nichts, bedenken Sie, was daraus entstehen kann. Bedenken Sie", setzte er lauter hinzu, „den furchtbaren Zorn des Herzogs."

„Der Herzog ist tot", sagte Röder laut genug, daß es alle hören konnten.

„Karl Alexander tot?" rief der Kapitän, auf den alle Begebenheiten dieser Nacht mit einemmal in schrecklichen Erinnerungen hereinstürzten.

„Hat man sichere Nachricht? Gott! welch ein Fall!" sagte Gustav besorgt. „War er in Kehl?"

„Er ist in Ludwigsburg vor einer Viertelstunde schnell und plötzlich gestorben. Drum ist es unsre Pflicht, diesen Herrn da, der sich mit der Regierung sehr stark beschäftigte, schnell an das verwaiste Staatsruder zu bringen."

„Wie, in Ludwigsburg sagt Ihr", rief Lanbek, „und schnell gestorben? Oh, ewige Vorsicht!"

„In diesem Ludwigsburg hier", sagte Röder wehmütig, „und im Bette am Schlag gestorben. Friede mit seiner Asche! er war ein tapferer Herr. Aber jetzt weiter, ihr Freunde, daß die Nachricht nicht vor uns nach Stuttgart kömmt!"

„Meine Herrn", rief Süß mit einer Stimme, die Zorn und Angst beinahe erstickte, „noch bin ich Minister, und erinnere Sie an das

Edikt des Herzogs, das mich von aller Verantwortung freispricht; ich sage Ihnen, es kann Ihnen allen schlimm gehen, wenn Sie sich mit Herrn von Röder verbinden. Im Namen des Herzogs und seines Erben befehle ich Ihnen, von mir abzulassen."

„Jetzt hat dein Reich ein Ende, Jude", rief der Kapitän, lachte wild, riß ihm den Zaum aus der Hand und schlug sein Pferd mit der langen Peitsche auf den Rücken; der Obrist ritt an der rechten Seite, seine Pistole in der Hand; der Zug setzte sich in Galopp, und Gustav folgte halb träumend durch das singende Dorf, an dem alten Mann, der heiser lachend wieder auf der Brücke saß, und an dem Galgen vorüber, wo die Raben krächzten und mit den Flügeln schlugen. Erst hier, als er einen scheuen Blick nach der Richtstätte warf, fiel ihm mit ängstlicher Ahnung Lea und ihr unglückliches Schicksal bei.

14

Als die Stuttgarter am Morgen nach dieser verhängnisvollen Nacht erwachten, wurden sie von zwei beinahe ganz unglaublichen Nachrichten überrascht. Der Herzog sei, statt außer Landes verreist zu sein, in dieser Nacht zu Ludwigsburg schnell gestorben. Er war ein gesunder, kräftiger Mann gewesen, dem mancher, der ihn gesehen, wohl noch zwanzig – dreißig Jahre gegeben hätte. Die Klagen um seinen Tod verstummten beinahe vor der Freude über eine andere Nachricht; der Jude Süß sei mit mehreren der höchsten Hofherren im Ludwigsburger Schloß gewesen, als der Herzog so plötzlich starb; er habe sich alsobald, nachdem er die Leiche gesehen, aufs Pferd geschwungen und sei halb wahnsinnig Stuttgart zugeritten; Herr von Röder aber, ein Mann, mit dem sich nicht spaßen lasse, habe ihn eingeholt und bewacht nach Stuttgart geführt. Man lachte über die sonderbare Täuschung des Juden, als er nämlich von der Frau Herzogin, welcher er noch in der Nacht aufgewartet hatte, um zu kondolieren, heraustrat und eine Eskorte nach Haus verlangte, weil er wichtige Akten holen müsse, schloß sich ein Lieutenant mit sechs Mann an ihn an. Am Ende des Korridors machte ihm ein Hauptmann das Kompliment und folgte mit zwölf Mann; jener meinte zwar lächelnd, „es sei zu viel Ehre", als er aber an Lanbeks Haus um die Ecke bog, und vier Schildwachen vor seinem Palais bemerkte, als er oben an der Treppe Bajonette blitzen sah und Lea bleich, verstört und weinend ihm entgegenstürzte, da merkte er, welche Stunde geschlagen habe, und rief: „Ciel, je suis perdu!"

Obgleich das Testament des verstorbenen Herzogs im Fall seines Todes eine Administration bestellt hatte, welche seinen Ministern angenehmer gewesen wäre, so übernahm doch Herzog Rudolph von Neustadt, trotz seines hohen Alters, als der nächste Agnat, die Administration, und das Land fühlte sich erleichtert und zufrieden dabei. Er ließ, außer anerkannt schlechten Menschen, jeden in der Würde, in der er unter der vorigen Regierung stand, und es war dies wirklich eine Art von Gnadenakt, wenn man bedenkt, daß früher zwei Dritteile aller Ämter im Lande *gekauft* worden waren. Nur *einer* war nicht zufrieden mit dem Amt, das ihm der Herzog Administrator mit den huldreichsten Ausdrücken bestätigt hatte; es war der junge Lanbek. Er wurde nicht nur als Expeditionsrat aufs neue ernannt, sondern, als der alte Röder, im Feuer der Freundschaft für den Landschaftskonsulenten, dessen Sohn als einen klugen Kopf und trefflichen Juristen schilderte, wählte ihn der Herzog sogar in die Kommission, die den Prozeß gegen den Juden Süß zu führen hatte. Der alte Lanbek fühlte sich dadurch nicht wenig geehrt und nannte seinen Sohn mehrere Male den Stolz und die Stütze seines Alters; aber Gustav machte diese Wahl unaussprechlich unglücklich. Nicht als ob er nicht, wie jeder andere Bürger, den Mann verdammt hätte, der das Land in so tiefes Elend gestürzt; nicht als ob es gegen sein Gewissen gewesen wäre, Verbrechen ans Licht zu ziehen, die man so künstlich verborgen hatte; aber Lea – es war ja ihr Bruder, den er richten sollte, und dieser Gedanke war es, der ihm dieses Geschäft zum Abscheu machte. Kleine Seelen sättigen sich gerne an Rache, und manchem wäre es eine innige Freude gewesen, einen Mann, der noch vor kurzem so hoch stand, jetzt in der tiefsten Kasematte der Festung zu besuchen, mit herrischer Stimme ihn von seinem Lager aufzujagen und ihn zu martern und zu peinigen. Dieser Mann hatte sich noch überdies gegen Gustav persönlich verfehlt, er hatte ihn mit dem empörendsten Übermut behandelt, ihm sogar mit demselben Gefängnis gedroht, in welchem er jetzt selbst bange, um künftige Freiheit, vielleicht selbst um sein Leben, schmachtete. Aber das Herz des jungen Mannes war zu groß, als daß es hätte freudig pochen sollen, als er zum ersten Mal als Richter in den Kerker des Mannes trat, der jetzt entblößt von aller irdischen Herrlichkeit, angetan mit zerlumpten Kleidern, bleich, verwildert sich langsam aus seinen rasselnden Ketten aufrichtete. Erinnerte ihn doch jetzt noch dieses Gesicht an die Züge eines unglücklichen, geliebten Wesens, und er konnte sich kaum der Tränen enthalten, als nach dem Schlusse des Verhörs der Gefangene sprach: „Herr Lanbek, es gibt ein unglückliches, unschuldiges Mädchen, das wir beide kennen; als man in meinem Hause versiegelte, haben sie die rohen Menschen auf die Straße gestoßen – sie war ja eine Jüdin und verdiente also kein Mitleid. – Mir, Herr, ist kein Pfenning geblieben, womit ich ihr Leben fristen könnte; ich weiß nicht, wo sie ist – wenn Sie etwas von ihr hören sollten – sie hat nichts als das Kleid, das sie trug, als man sie von der Schwelle stieß – geben Sie ihr aus Barmherzigkeit ein Almosen."

Der junge Mann ließ seinen Tränen freien Lauf, als er allein den Berg von Hohen-Neuffen herabstieg; er erfuhr zwar nachher, daß ihn der Jude belogen habe, daß er, obgleich man über 500 000 Gulden in Gold und Juwelen in seinem Hause fand, doch beinahe 100 000 in Frankfurt in sichern Händen habe, und Gustav konnte leicht einsehen, daß ihn Süß durch diese Vorstellungen von Elend nur habe weich stimmen wollen; aber dennoch konnte er den Gedanken nicht entfernen, daß Lea verlassen und unglücklich sei, und dieser Gedanke wurde immer peinlicher, als er trotz seiner Nachforschungen keine Spur von ihr entdecken konnte.

Der Frühling, Sommer und Herbst waren vorübergegangen, und noch immer dauerte der Prozeß. Es waren Dinge zur Sprache gekommen, wovor selbst den kältesten Richtern graute; aber obgleich der junge Lanbek der Kommission mit edlem Unwillen vorstellte, daß noch vier andere Männer nicht minder schuldig seien als Süß, so schien man doch nur gegen diesen ernstlich verfahren zu wollen, weil ihn der allgemeine Haß als den Schuldigsten bezeichnete.

Es war an einem trüben Oktoberabend; der alte Konsulent war seit einigen Tagen verreist und sein Sohn arbeitete im Bibliothekzimmer an einem neuen Verhör, als seine jüngere Schwester, jetzt die glückliche Braut des Kapitän Reelzingen, ernster als gewöhnlich zu ihm eintrat. Sie sprach anfangs Gleichgültiges, schien aber nur mit Mühe eine Träne unterdrücken zu können, die endlich wirklich in dem sanften Auge glänzte, als sie fragte, ob er ihr nicht zürnen werde, wenn sie eine bekannte Person zu ihm führe? Er sah sie staunend und verwundert an, doch noch ehe er eine Antwort zu geben vermochte, eilte Käthchen weinend aus dem Zimmer und trat bald darauf mit einem verschleierten Mädchen wieder ein. Noch ehe die trübe Kerze ihre Umrisse deutlich zeigte, noch ehe sie den Schleier zurückschlug, sagte ihm sein ahnendes Herz, wen er vor sich habe; errötend sprang er auf, aber schon hatte die Unglückliche sich vor ihm niedergeworfen, den Schleier zurückgeschlagen, und Lea war es, welche die einst so geliebten Augen düster und bittend zu ihm aufschlug und die bleichen, magern Hände, ineinander gerungen, flehend nach ihm hinstreckte: „Barmherzigkeit!" rief sie, „nur nicht sterben lassen Sie ihn; man sagt, er müsse sterben; seine einzige Hoffnung ruht noch auf Ihnen. Wo soll ich Worte nehmen, Ihr großmütiges Herz zu erweichen? welche Sprache soll ich erdenken, an ein Ohr zu sprechen, das mich einst so wohl verstand?" – Tränen ließen sie nicht weiterreden, und auch Käthchen weinte bitterlich. Voll von Schmerz und Überraschung faßte Gustav ihre kalten Hände und richtete sie auf; er sah sie an – wie schmerzlich war ihm ihr Anblick! Ihre Wangen waren bleich und eingefallen, die schönen Augen lagen tief, und der Mund, der sonst nur zum Lächeln geschaffen schien, zeigte, daß er jenes süße Lächeln längst nicht mehr kenne. Das schwarze Haar, das um die weiße Stirne hing, und das bleiche Gesicht vollendeten das Gespenstige ihres Anblicks.

„Lea! unglückliche Lea!" rief der junge Mann, „wie lange haben Sie sich verborgen gehalten und Ihren Freunden den letzten Trost geraubt, zu wissen, ob es Ihnen an nichts gebricht, ob die Freunde etwas für Sie tun können?"

„Ach! das ist es nicht, um was ich Ihre edelmütige Schwester gebeten habe, mich hieher zu führen"; sagte sie schmerzlich lächelnd. „Warum soll es mir denn nicht gut gehen? Ich habe alle meine Hoffnungen und Träume längst begraben, ich pflanzte die Erinnerungen als Blumen auf das Grab, und begieße diese Blumen mit meinen Tränen. Nein! Sie waren immer so großmütig gegen Unglückliche, geben Sie mir nur den Trost, daß mein Bruder nicht sterben muß; ach! es ist so bitter zu sterben, und was nützt sein Tod diesem Lande?"

„Lea", antwortete der junge Mann verlegen, „gewiß, es ist bis jetzt noch nicht davon die Rede gewesen, und ich glaube auch nicht – Sie dürfen sich trösten – es wird nicht so weit kommen."

„Es wird, und in Ihrer Hand liegt sein Schicksal", flüsterte sie;

„er hat es mir gesagt, ich habe ihn gesprochen; wenn nur der Brief nicht wäre, der Brief kann mich verderben. O Gustav! halten Sie ihn jahrelang, auf immer im Gefängnis, was liegt an ihm, wenn er in Ketten sitzt? Nur nicht sterben; Gustav, sein Sie edelmütig – vergessen Sie den Brief, um den niemand weiß als Sie – mit jener schwachen Kerze dort können Sie das Leben eines Menschen retten."

„Bruder", sagte Katharina näher tretend, indem sie seine Hand faßte, „tu es, dein Gewissen kann nicht gefährdet werden, denn er ist ja auf immer unschädlich gemacht; verbrenne den Brief, er kann sich ja verloren haben."

Der junge Mann sah die weinenden Mädchen an; ein unabweisbares Gefühl kämpfte in ihm, er schwankte einen Augenblick, und Lea, die diesen Kampf in seinen Mienen las, faßte seine Hand, drückte sie stürmisch an ihr Herz, zog sie zärtlich an ihre Lippen. „Er will!" rief sie entzückt; „oh, ich wußte es wohl, er ist edel; er will sich nicht wie die andern an dem Unglücklichen rächen, der ihn einst beleidigt hat, er läßt ihn nicht sterben, belastet mit Sünden, er läßt ihn leben und fromm und weise werden. Wie gütig bist du, o Gott, daß du noch deiner Engel einen gesendet hast auf diese öde Erde, der mit der offenen Hand der Barmherzigkeit segnet, und nicht mit dem flammenden Schwert der Rache den Verbrecher zerschmettert!"

„Nein – nein – es ist nicht möglich!" sprach Lanbek mit tiefem Schmerz. „Sieh Lea, mein Leben möchte ich hingeben, um deine Ruhe zu erkaufen, aber meine Ehre! Gott! meinen guten Namen! es ist nicht möglich! sie wissen um den Brief, einige haben ihn gelesen und – morgen soll ich ihn vortragen. Käthchen! sprich, ich beschwöre dich, kann, darf ich es tun?"

Käthchen weinte, und eine leise Bewegung ihres Hauptes schien anzudeuten, daß es auch ihr unmöglich scheine. Lea aber hatte ihm mit starren Blicken zugehört; über die bleichen Wangen ergoß sich die Röte der Angst, sie beugte sich vor, als könne sie die schreckliche Verneinung nicht recht vernehmen; sie sah, als sich Gustav auf seine Schwester berief, mit einem Blick voll schmerzlicher Zuversicht nach dieser hin, sie streckte die Hand krampfhaft aus, wie ein Ertrinkender, der nach dem schwachen Zweig am Ufer die Hand ausstreckt – vergebens.

„So muß er sterben", sagte sie nach einer Weile leise, „und du – *du* brichst ihm den Stab? das war es also, warum ich lebte und – liebte? es ist ein sonderbares Rätsel, das Leben! Hätte ich dies gedacht, als ich noch ein fröhliches Kind war? hätte ich gedacht, daß wir so untergehen müßten?"

„Armes, unglückliches Mädchen!" sprach Käthchen und schloß sie in ihre Arme. „Ach, gewiß, er kann nicht anders handeln, ich sehe es selbst ein; und wenn es dich trösten kann, komm zu mir, sooft du willst, du sollst gewiß treue Teilnahme finden –"

„Lea", unterbrach sie ihr Bruder, „wenn wir etwas für Sie tun können; Sie sind an Wohlstand gewöhnt – dieses Kleid hier sagt mir, daß Sie in Not sind."

„Komm, Lea", fuhr Käthchen fort, „wir sind beinahe von derselben Größe, nimm von meinen Tüchern, von meinen Kleidern, du machst mir Freude, wenn du es tun willst."

„Das Vermögen Ihres Bruders, das er außer Landes besitzt", sagte Gustav, „soll und muß für Sie gerettet werden, Sie haben die nächsten Ansprüche, und ich will gewiß das Meinige tun."

„Guter Gustav", unterbrach sie ihn, indem sie sich zu einem Lächeln zwang; „lassen wir das; die Leute sagen, daß er sein Vermögen den Armen dieses Landes entzogen habe. Da hatte er unrecht, und es wäre besser, er hätte dieses Land nie gesehen; aber ebenso unrecht wäre es von mir, von diesem Golde Gebrauch zu machen, das ihm den Tod bringen wird. Aber von dir, liebes schönes Mädchen, nehme ich ein Tuch an, weil es jetzt so kalt wird. Ich höre, du bist Braut; sei doch recht glücklich! Möchten dies die letzten Tränen sein, die jetzt in deinen Wimpern hängen, und wenn du weinen mußt, so sei es nur fremdes Unglück, um das dein schönes Herz trauert."

„Lea", sagte der junge Mann mit tiefem Schmerz, „ich kann dich nicht so hinweglassen; es ist die trügerische Ruhe der Verzweiflung, die aus dir spricht. Besuche doch meine Schwester; sage wo du wohnst. – Ach, wenn du Mangel littest! – Scheide nicht im Groll von mir, Lea! Gott weiß, daß ich nicht anders konnte!"

„Und auch ich weiß es, Gustav, und war ein törichtes Mädchen, dich auf diese gefährliche Probe zu stellen; unser Unglück ist so groß, daß eine kleine Hülfe mit deiner Ehre, mit deiner Ruhe zu teuer erkauft wäre. Lebet wohl! ich brauche wenig, vielleicht bald gar nichts mehr, und sollte ich etwas nötig haben, so bin ich nicht zu stolz, zu dieser Freundin zu kommen, der einzigen, die mir das Unglück erworben hat."

„Und vergibst du?" sagte Gustav mit Tränen.

„Ich habe nichts zu vergeben", erwiderte sie, indem sie ihm

mit mehr Fassung, als die beiden Geschwister erhalten hatten, die Hand bot. „Lebe wohl, Freund! Ich gehe, meine Blumen zu begießen. Möge der Gott meiner Väter dich so glücklich machen, als es dein reiches Herz verdient!" Sie sagte es, warf noch einen Blick voll Liebe auf ihn und ging, von Käthchen begleitet.

Der junge Mann blickte ihr wehmütig nach; es war ihm, als hätte diese Stunde einen mächtigen Einfluß auf sein Leben, aber er ahnete auch, daß er das unglückliche Mädchen zum letzten Mal gesehen habe.

15

Es würde unsere Leser ermüden, wollten wir sie von dem Prozeß des Juden Süß noch länger unterhalten. Es ging damals wie ein Lauffeuer durch alle Länder und wird da und dort noch heute erwähnt, daß am 4. Februar 1738 die Württemberger ihren Finanzminister wegen allzu gewagter Finanzoperationen aufgehenkt haben. Sie hingen ihn an einen ungeheuren Galgen von Eisen in einem eisernen Käficht auf. Im Dekret des Herzog Administrator heißt es: „Ihme zu wohlverdienter Straff, jedermänniglich aber zum abscheulichen Exempel." Beides, die Art, wie dieser unglückliche Mann mit Württemberg verfahren konnte, und seine Strafe, sind gleich auffallend und unbegreiflich zu einer Zeit, wo man schon längst die Anfänge der Zivilisation und Aufklärung hinter sich gelassen, wo die Blüte der französischen Literatur mit unwiderstehlicher Gewalt den gebildeteren Teil Europas aufwärtsriß.

Man wäre versucht, das damalige Württemberg der schmählichsten Barbarei anzuklagen, wenn nicht ein Umstand einträte, den Männer, die zu jener Zeit gelebt haben, oft wiederholen, und der, wenn er auch nicht die Tat entschuldigt, doch ihre Notwendigkeit darzutun scheint. „Er mußte", sagen sie, „nicht sowohl für seine eigenen schweren Verbrechen als für die Schandtaten und Pläne mächtiger Männer am Galgen sterben." Verwandtschaften, Ansehen, heimliche Versprechungen retteten die andern, den Juden – konnte und mochte niemand retten, und so schrieb man, wie sich der alte Landschaftskonsulent Lanbek ausdrückte, „was die übrigen verzehrt hatten, auf *seine Zeche*". Es sind seitdem neunzig Jahre verflossen, und wir wissen nicht, ob damals der schmähliche Tod dieses Mannes die Gemüter über alles Frühere beruhigte und befriedigte. Ein Edikt des Administrators wenigstens scheint es nicht ganz zu beweisen, denn er sah sich genötigt zu *verordnen*: „daß die Untertanen alle widrigen Nachreden und ungleichen Urteile über den hochseligen Herrn, bei Strafe und Ahndung, vermeiden, und denselben im schuldigst-respektueusesten Andenken halten sollten".

Der alte Lanbek tat das letztere auch ohne dies Edikt, denn sooft der Name Karl Alexanders genannt wurde, lüftete er mit besorgter Miene sein Mützchen und sagte: „Gott habe ihn selig!" Er folgte auch dem hochseligen Herrn noch unter der Vormundschaft Rudolphs von Neustadt. Man sagt, sein Sohn habe nie wieder gelächelt und selbst Schwager Reelzingen konnte ihm mit den herrlichsten Späßen keine heitere Miene abgewinnen. Noch Anno 93 sah man ihn als einen hohen, magern Greis an einem Stock über die Straße schreiten; seine Miene war ernst und düster, aber sein Auge konnte zuweilen weich und teilnehmend sein. Er hat nie geheiratet, und die Sage ging damals, daß er nur einmal und ein unglückliches Mädchen geliebt habe, das ihren Tod im Neckar freiwillig fand. Männer, die ihn gekannt haben, versichern, daß er gewöhnlich kalt und verschlossen, dennoch sehr interessant in der Unterhaltung gewesen sei, wenn man ihn auf gewisse metaphysische Untersuchungen brachte, mit welchen er sich in seinem hohen Alter hauptsächlich beschäftigte. Er starb, betrauert von vielen, die ihn und sein Schicksal kannten, und beweint von den Armen und Unglücklichen. Mein Großvater pflegte von ihm zu sagen: „Es war einer von jenen Menschen, die, wenn sie einmal recht unglücklich gewesen sind, sich nicht mehr an das Glück gewöhnen mögen."

DIE SÄNGERIN

„Das ist ein sonderbarer Vorfall", sagte der Kommerzienrat Bolnau zu einem Bekannten, den er auf der Breiten Straße in B. traf; „gesteht selbst, wir leben in einer argen Zeit."

„Ihr meint die Geschichte im Norden?" entgegnete der Bekannte, „habt Ihr Handelsnachrichten, Kommerzienrat? Hat Euch der Minister der Auswärtigen aus alter Freundschaft etwas Näheres gesagt."

„Ach, geht mir mit Politik und Staatspapieren; meinetwegen mag geschehen was da will. Nein, ich meine die Geschichte mit der Fiametti."

„Mit der Sängerin? wie? ist sie noch einmal engagiert? man sagte ja, der Kapellmeister habe sich mit ihr überworfen –"

„Aber um Gottes willen", rief der Kommerzienrat und blieb staunend stehen; „in welchen Spelunken treibet Ihr Euch umher, daß Ihr nicht wisset, was sich in der Stadt zuträgt? So wisset Ihr nicht, was der Fiametti arriviert?"

„Kein Wort, auf Ehre; was ist es denn mit ihr?"

„Nun, es ist weiter nichts mit ihr, als daß sie heute nacht totgestochen worden ist."

Der Kommerzienrat galt unter seinen Bekannten für einen Spaßvogel, der, wenn er morgens von eilf bis Mittag seine Promenaden in der Breiten Straße machte, die Leute gerne aufhielt und ihnen irgend etwas aus dem Stegreife aufband. Der Bekannte war daher nicht sehr gerührt von dieser Schreckensnachricht, sondern antwortete: „Weiter wisset Ihr also heute nichts, Bolnau? Ihr müßt doch nachgerade mit Eurem Witz zu Rande sein, weil Ihr die Farben so stark auftraget. Wenn Ihr mich übrigens ein andermal wieder stellet in der Breiten Straße, so besinnt Euch auf etwas Vernünftigeres, sonst bin ich genötigt, einen Umweg zu machen, wenn ich von der Kanzlei nach Hause gehe."

„Er glaubt's wieder nicht!" rief der Spaziergänger; „seht nur, er glaubt's wieder nicht! Wenn ich gesagt hätte der Kaiser von Marokko sei erstochen worden, so hättet Ihr die Nachricht mit

Dank eingesteckt und weitergetragen, weil sich dort schon Ähnliches zugetragen hat. Aber wenn eine Sängerin hier in B. totgestochen wird, da will keiner glauben, bis man den Leichenzug sieht. Aber Freundchen, diesmal ist's wahr, so wahr ich ein ehrlicher Mann bin."

„Mensch! bedenket, was Ihr sagt!" rief der Freund mit Entsetzen. „Tot sagtet Ihr? die Fiametti totgestochen?"

„Tot war sie vor einer Stunde noch nicht, aber sie liegt in den letzten Zügen, soviel ist gewiß."

„Aber sprechet doch ums Himmels willen! wie kann man denn eine Sängerin totstechen? leben wir denn in Italien? für was ist denn eine wohllöbliche Polizei da? Wie ging es denn zu? Totgestochen!"

„Schreiet doch nicht so mörderlich!" erwiderte Bolnau besänftigend; „die Leute fahren schon mit den Köpfen aus allen Fenstern und schauen nach dem Straßenlärm. Ihr könnet ja sotta voce jammern, soviel Ihr wollt. Wie es zuging? Ja sehet, da liegt es eben; das weiß bis jetzt kein Mensch. Gestern nacht war das schöne Kind noch auf der Redoute, so liebenswürdig, so bezaubernd wie immer, und heute nacht um zwölf Uhr wird der Medizinalrat Lange aus dem Bette geholt, Signora Fiametti liege am Sterben; sie habe eine Stichwunde im Herzen. Die ganze Stadt spricht schon davon, aber natürlich das tollste Zeug. Es sind allerdings fatale Umstände dabei, daß man nicht ins reine kommen kann; so darf z. B. niemand ins Haus, als der Arzt und die Leute, die sie bedienen. Auch bei Hof weiß man es schon und es kam ein Befehl, daß die Wache nicht am Haus vorbeiziehen dürfe; das ganze Bataillon mußte den Umweg über den Markt nehmen."

„Was Ihr sagt! aber weiß man denn gar nicht, wie es zuging? hat man denn gar keine Spur?"

„Es ist schwer, sich aus den verschiedenen Gerüchten auf das Wahre durchzuarbeiten. Die Fiametti, das muß man ihr lassen, ist eine sehr anständige Person, der man auch nicht das geringste nachsagen kann. Nun wie aber die Leute sind, besonders die Frauen, wenn man da von dem ordentlichen Lebenswandel des armen Mädchens spricht, zuckt man die Achsel und will von ihrem frühern Leben allerlei wissen; von ihrem frühern Leben! sie hat kaum siebzehn Jahre und ist schon anderthalb Jahre hier! Was ist das für ein früheres Leben!"

„Haltet Euch nicht so lange beim Eingang auf", unterbrach ihn der Bekannte, „sondern kommt auf das Thema. Weiß man nicht, wer sie erstochen hat?"

„Nun das sage ich ja eben; da soll es nun wieder ein abgewiesener oder eifersüchtiger Liebhaber sein, der sie umbrachte. Sonderbar sind allerdings die Umstände. Sie soll gestern auf der Redoute mit einer Maske, die niemand kannte, ziemlich lange allein gesprochen haben. Sie ging bald nachher weg und einige Leute wollten gesehen haben, daß dieselbe Maske zu ihr in den Wagen stieg. Weiter weiß niemand etwas Gewisses. Aber ich werde es bald erfahren, was an der Sache ist."

„Ich weiß, Ihr habt so Eure eigenen Kanäle, und gewiß habt Ihr auch bei der Fiametti einen dienstbaren Geist. Es gibt Leute, die Euch die Stadtchronik nennen."

„Zuviel Ehre, zuviel Ehre", lachte der Kommerzienrat und schien sich ein wenig geschmeichelt zu fühlen. „Diesmal habe ich aber keinen andern Spion, als den Medizinalrat selbst. Ihr müßt bemerkt haben, daß ich, ganz gegen meine Gewohnheit, nicht die ganze Straße hinauf und hinab wandle, sondern mich immer zwischen der Carls- und Friedrichsstraße halte."

„Wohl habe ich dies bemerkt, aber ich dachte, Ihr macht Fensterparade vor der Staatsrätin Baruch."

„Geht mir mit Baruch! wir haben seit drei Tagen gebrochen, meine Frau sah das Verhältnis nicht gerne, weil jene so hoch spielt. Nein, der Medizinalrat Lange kommt alle Tage um 12 Uhr durch die Breite Straße, um ins Schloß zu gehen und ich stehe hier auf dem Anstand, um ihn sogleich aufs Korn zu nehmen, wenn er um die Ecke kommt."

„Da bleibe ich bei Euch", sprach der Freund, „die Geschichte der Fiametti muß ich genauer hören. Ihr erlaubt es doch, Bolnau?"

„Wertester, geniert Euch ganz und gar nicht", entgegnete jener; „ich weiß, Ihr speiset um zwölf Uhr, lasset doch die Suppe nicht kalt werden. Überdies könnte Lange vor Euch nicht recht mit der Sprache herauswollen; kommt lieber nach Tisch ins Kaffeehaus, dort sollet Ihr alles hören. – Machet übrigens, daß Ihr fortkommt, dort biegt er schon um die Ecke."

„Ich halte die Wunde nicht für absolut tödlich", sprach der Medizinalrat Lange, nach den ersten Begrüßungen; „der Stoß scheint nicht sicher geführt worden zu sein. Sie ist schon wieder ganz bei Besinnung, und die Schwäche abgerechnet, die der große

Blutverlust verursachte, ist in diesem Augenblick wenigstens keine Spur von Gefahr."

„Das freut mich", erwiderte der Kommerzienrat und schob vertraulich seinen Arm in den des Doktors, „ich begleite Ihn noch die paar Straßen bis ans Schloß; aber sag Er mir doch ums Himmels willen etwas Näheres über diese Geschichte; man kann ja gar nicht ins klare kommen, wie sich alles zugetragen."

„Ich kann Ihm schwören", antwortete jener, „es liegt ein furchtbares Dunkel über der Sache. Ich war kaum eingeschlafen, so weckt mich mein Johann mit der Nachricht, man verlange mich zu einem sehr gefährlichen Kranken. Ich warf mich in die Kleider, renne hinaus, im Vorsaal steht ein Mädchen, bleich und zitternd, und flüstert so leise, daß ich es kaum hörte, ich solle meinen Verbandzeug zu mir stecken. Schon das fällt mir auf; ich werfe mich in den Wagen, lasse die bleiche Mamsell auf den Bock zu Johann sitzen, daß sie den Weg zeige, und fort geht es, bis in den Lindenhof. Ich steige vor einem kleinen Hause ab und frage die Mamsell, wer denn der Kranke sei?"

„Ich kann mir denken wie Er staunte –"

„Wie ich staunte, als ich hörte, es ist Signora Fiametti! Ich kannte sie zwar nur vom Theater, hatte sie sonst kaum zwei-, dreimal gesehen, aber die geheimnisvolle Art, wie ich zu ihr gerufen wurde, das Verbandzeug, das ich zu mir stecken sollte, ich gestehe Ihnen, ich war sehr gespannt, was der Sängerin zugestoßen sein sollte. Es ging eine kurze Treppe hinan, eine schmale Hausflur entlang. Das Mädchen ging voran, ließ mich einige Augenblicke im Dunkeln warten und kam mir dann schluchzend und noch bleicher als zuvor entgegen. ,Treten Sie ein, Herr Doktor', sagte sie, ,ach! Sie werden zu spät kommen, sie wird's nicht überleben.' Ich trat ein, es war ein schrecklicher Anblick."

Der Medizinalrat schwieg, sinnend und düster, es schien sich ein Bild vor seine Seele zu drängen, das er umsonst abzuwehren suchte. „Nun, was sah Er?" rief sein Begleiter, ungeduldig über diese Unterbrechung; „Er wird mich doch nicht so zwischen Türe und Angel stehenlassen wollen?"

„Es ist mir manches in meinem Leben begegnet", fuhr der Doktor fort, nachdem er sich gesammelt hatte, „manches, wovor mir graute, manches, das mich erschreckte aber nichts, was mir das Herz so in der Brust umdrehte, wie dieser Anblick. In einem matt erleuchteten Zimmer lag ein bleiches, junges Weib auf dem

Sofa, vor ihr kniete eine alte Magd und preßte ihr ein Tuch auf das Herz. Ich trat näher; weiß und starr wie eine Büste lag der Kopf der Sterbenden zurück, die schwarzen, herabfallenden Haare, die dunkeln Brauen und Wimpern der geschlossenen Augen bildeten einen schrecklichen Kontrast mit der glänzenden Blässe der Stirn, des Gesichtes, des schönen Halses. Die weißen, faltenreichen Gewänder, die wohl zu ihrer Maske gehört hatten, waren von Blut überströmt, Blut auf dem Fußboden, und von dem Herzen schien der rote Strahl auszugehen – dies alles stellte sich mir in einem Augenblick dar, es war Fiametti, die Sängerin."

„O Gott, wie mich das rührt!" sprach der Kommerzienrat bewegt, und zog ein langes, seidenes Tuch hervor, um sich die Augen zu wischen; „geradeso lag sie noch letzten Sonntag vor acht Tagen in der Oper ‚Othello' da, als sie die Desdemona spielte. Schon damals war der Effekt so grausam wahr und wahrhaft greulich, daß man meinte, der Mohr habe sie in der Tat erdolcht; und jetzt ist es wirklich so weit mit ihr gekommen! Was mich das rührt!"

„Habe ich Ihm nicht jede übermäßige Rührung verboten?" unterbrach ihn der Arzt; „will Er mit Gewalt wieder seine Zufälle bekommen?"

„Er hat recht", sagte der Kommerzienrat Bolnau und fuhr schnell mit dem Tuch in die Tasche; „Er hat recht; meine Konstitution ist nicht für den Effekt. Erzähl Er nur weiter, ich werde die Tafelscheiben am Kriegsministerio im Vorbeigehen zählen, das hilft gegen solche Anfälle."

„Zähl Er nur, und wenn es nicht hilft, so kann Er auch noch den obern Stock des Palais mitnehmen. Die alte Magd nahm das Tuch weg, und mit Erstaunen erblickte ich eine Wunde, wie von einem Messerstich, die dem Herzen sehr nahe war. Es war nicht Zeit, mich mit Fragen aufzuhalten, so viele derselben mir auch auf der Zunge schwebten, ich untersuchte die Wunde und legte den Verband um. Die Verwundete hatte während der ganzen Operation kein Zeichen von Leben gezeigt; nur, als ich die Wunde sondierte, war sie schmerzlich zusammengezuckt. Ich ließ sie ruhen und bewachte ihren Schlummer."

„Aber das Mädchen und die alte Magd, hat Er denn diese nicht gefragt, woher die Wunde rühre?"

„Ich will es Ihm nur gestehen, Kommerzienrat, weil Er mein alter Freund ist; ja, als für die Kranke im Augenblick nichts

mehr zu tun war, habe ich ihnen rund genug erklärt, daß ich
weiter keine Hand mehr an die Dame legen werde, wenn sie mir
nicht alles beichten."

„Und was sagten sie? so sprech Er doch!"

„Nach eilf Uhr war die Sängerin zu Hause gekommen, und
zwar von einer großen männlichen Maske begleitet. – Ich mochte
bei dieser Nachricht die beiden Weiber etwas sehr zweideutig
angesehen haben, denn sie fingen aufs neue an zu weinen, und
beteuerten mir mit den außerordentlichsten Schwüren, ich solle
doch nichts Schlechtes von ihrer Herrschaft denken; es sei die
lange Zeit, seit sie ihr dienen, nie nach vier Uhr abends ein Mann
über ihre Schwelle gekommen; das kleinere Mädchen, das wohl
Romane mußte gelesen haben, wollte sogar behaupten, Signora
sei ein Engel von Reinheit."

„Das behaupte ich auch", sagte der Kommerzienrat, indem er
gerührt die Scheiben des Palais, dem sie sich näherten, zu zählen
anfing; „das sagte ich auch; der Fiametti kann man nichts Böses
nachsagen, sie ist ein liebes, frommes Kind, und was kann sie
denn davor, daß sie schön ist und ihr Leben durch Gesang fristen muß?"

„Glaub Er mir", entgegnete Lange, „ein Arzt hat hierin
einen untrüglichen psychologischen Maßstab. Ein Blick auf die en-
gelreinen Züge des unglücklichen Mädchens überzeugte mich
mehr von ihrer Tugend, als die Schwüre ihrer Zofen. Doch höre
Er weiter: die Sängerin trat mit dem Fremden in dieses Zimmer
und hieß ihr Mädchen hinausgehen. Diese war vielleicht aus
Neugierde, was wohl dieser nächtliche Besuch zu bedeuten habe,
der Türe nahe geblieben; sie hörte einen heftigen Wortwechsel,
der zwischen ihrer Dame und einer tiefen, hohlen Männerstimme
in französischer Sprache geführt wurde; Signora seie endlich in
heftiges Weinen ausgebrochen, der Mann habe schrecklich geflucht; plötzlich hörte sie ihre Dame einen gellenden Schrei ausstoßen, sie kann sich vor Angst nicht mehr zurückhalten, reißt
die Türe auf und in demselben Augenblicke fährt die Maske an
ihr vorbei und durch den Gang an die Treppe. Sie folgt ihm
einige Schritte, vor der Treppe hört sie ein schreckliches Gepol-
ter, er mußte hinuntergestürzt sein. Von unten dringt ein Äch-
zen und Stöhnen herauf wie das eines Sterbenden, aber es graut
ihr, sie wagt keinen Schritt weiter vorzugehen. Sie geht zurück
in die Türe – die Sängerin liegt in ihrem Blute, und schließt
nach wenigen Augenblicken die Augen. Das Mädchen weiß sich

nicht zu raten, sie weckt die alte Magd, ihrer Herrschaft einstweilen beizustehen, und springt zu mir, um vielleicht Signora noch zu retten."

„Und die Fiametti hat noch nichts geäußert? hat Er sie nicht befragt?"

„Ich ging sogleich auf die Polizei und weckte den Direktor; er ließ noch um Mitternacht alle Gasthöfe, alle Gassenkneipen, alle Winkel der Stadt durchsuchen, aus dem Tore ist in jener Stunde niemand passiert, und von jetzt an wird jedermann strenge untersucht. Die Hausleute, die im obern Stock wohnen, erfuhren die ganze Sache erst, als die Polizei das Haus durchsuchte; unbegreiflich war es, wie der Mörder entspringen konnte, da er durch seinen Fall hart beschädigt sein mußte, denn man fand viel Blut unten an der Treppe, und es ist mir nicht unwahrscheinlich, daß er sich im Falle durch seinen eigenen Dolch verwundet hat. Es ist um so unbegreiflicher, wie er entkam, da die Haustüre verschlossen war. Die Fiametti selbst erwachte um zehn Uhr und gab dem Polizeidirektor zu Protokoll, daß sie im strengsten Sinne *nicht* wisse, auch nicht einmal *ahne*, wer die Maske sein könne. Alle Ärzte und Chirurgen sind verpflichtet, wenn sie zu einem Patienten kommen, der durch einen Fall oder eine Messerwunde lädiert ist, solches anzuzeigen, weil man vielleicht auf diesem Wege dem Mörder auf die Spur kommen könnte. So stehen die Sachen. Ich bin aber überzeugt wie von meinem Leben, daß ein tiefes Geheimnis zugrunde liegt, das die Sängerin nicht entdecken will; denn die Fiametti ist nicht die Person, die sich von einem ihr völlig unbekannten Mann nach Hause begleiten läßt. Das scheint auch ihr Mädchen, das beim Verhör zugegen war, zu ahnen. Denn als sie sah, daß Signora nichts wissen wolle, gab sie nichts von dem Wortwechsel an, den sie gehört hatte, mir aber warf sie einen bittenden Blick zu, sie nicht zu verraten. ‚Es ist eine entsetzliche Geschichte', sagte sie, als sie mich nachher zur Treppe begleitete, ‚aber keine Welt brächte mich dazu, etwas zu verraten, was Signora nicht bekannt werden lassen will.' Sie gestand mir noch etwas, das auf die ganze Sache vielleicht Licht verbreiten würde."

„Nun, und darf ich diesen Umstand nicht auch wissen?" fragte der Kommerzienrat; „Er sieht, wie ich gespannt bin; spann Er ab, spann Er ab, um Gottes willen, ich könnte sonst leicht meine Zufälle bekommen!"

„Höre Er, Bolnau, besinn Er sich, lebt noch ein Bolnau außer

Ihm in dieser Stadt? existiert noch irgendein anderer in der Welt, und wo, sag Er wo?"

„Außer mir keine Seele in dieser Stadt", antwortete Bolnau; „als ich vor acht Jahren hieher zog, freute es mich, daß ich nicht Schwarz, Weiß oder Braun, nicht Meier, Miller oder Bauer heiße, weil damit allerlei unangenehme Verwechslungen geschehen. In Kassel war ich der einzige Mann in meiner Familie, und sonst gibt es auf Gottes Erdboden keinen Bolnau mehr, als meinen Sohn, den unglücklichen Musiknarren, der ist verschollen, seit er nach Amerika segelte. Aber warum fragt Er nach meinem Namen, Doktor?"

„Nun, Er kann es nicht sein, Kommerzienrat, und Sein Sohn ist in Amerika. Aber es ist schon Viertel über zwölf Uhr, Prinzeß Sophie ist krank, ich habe mich nur zu lang mit Euch verschwatzt; lebt wohl à revoir!"

„Nicht von der Stelle", rief Bolnau und hielt ihn fest am Arm, „saget mir zuvor, was das Mädchen noch gesagt hat."

„Nun ja, aber reinen Mund gehalten, Bolnau! ihr letztes Wort, ehe sie in jene tiefe Ohnmacht sank, war ‚Bolnau'."

Man hatte den Kommerzienrat Bolnau noch nie so ernst und düster schleichen sehen wie damals, als ihn der Doktor Lange vor dem Palais verließ. Sonst war er munter und rüstig einhergeschritten und wenn er mit dem freundlichsten Lächeln alle Mädchen und Frauen grüßte, mit den Männern viel lachte und ihnen allerlei Neues erzählte, so hätte man ihm noch keine sechzig Jahre zugetraut. Er schien auch alle Ursache zu haben, fröhlich und guter Dinge zu sein; er hatte sich ein hübsches Vermögen zusammenspekuliert, hatte sich, als es genug schien, mit seiner Frau in B. zu Ruhe gesetzt und lebte nun in Freude und Jubel jahraus jahrein. Er hatte einen einzigen Sohn gehabt, dieser sollte die Laufbahn des alten Herrn auch durchlaufen, und handeln und sich umtun im Kommerz, so wollte er es haben.

Der Sohn aber lebte und webte nur im Reich der Töne, die Musik war ihm alles, der Handel und Kommerz des Vaters war ihm zu gemein und niedrig. Der Vater hatte einen harten Sinn, der Sohn auch, der Vater brauste leicht auf, der Sohn auch, der Vater stellte gleich alles auf die Spitze, der Sohn auch; kein Wunder, daß sie nicht miteinander leben konnten. Und als der Sohn sein zwanzigstes Jahr zurückgelegt hatte, war der Vater fünfzig, da brach er auf, sich zur Ruhe zu setzen und wollte dem

Sohn den Handel geben. Es war auch bald alles in Richtigkeit
und Ruhe, denn in einer schönen Sommernacht war der Sohn
nebst einigen Klavierauszügen verschwunden, kam auch richtig
nach England und schrieb ganz freundschaftlich, daß er nach
Amerika gehen werde. Der Kommerzienrat wünschte ihm Glück
auf den Weg und begab sich nach B.

Der Gedanke an den Musiknarren, wie er seinen Sohn nannte,
trübte ihm zwar manche Stunde, denn er hatte ihn ersucht, sich
nie mehr vor ihm sehen zu lassen und es stand nicht zu erwarten,
daß dieser ungerufen wiederkehre; es wollte ihn zuweilen bedünken, als habe er doch töricht getan, als er ihn durchaus im
Kommerz haben wollte; aber Zeit, Gesellschaft und heitere Laune
ließen diese trüben Gedanken nicht lange aufkommen; er lebte
in Jubel und Freude, und wer ihn recht heiter sehen wollte,
durfte nur zwischen eilf Uhr und Mittag durch die Breite Straße
wandeln. Sah er dort einen langen, hagern Mann, dessen sehr
moderne Kleidung, dessen Lorgnette und Reitpeitsche, dessen
bewegliche Manieren nicht mehr recht zu seinen grauen Haaren
passen wollten, sah er diesen Mann nach allen Seiten grüßen,
alle Augenblicke bei diesen oder jenen stille stehen und schwatzen und mit den Armen fechten, so konnte er sich darauf verlassen, es war der Kommerzienrat Bolnau.

Aber heute war dies alles ganz anders. Hatte ihn schon zuvor
die Ermordungsgeschichte der Sängerin fast zu sehr affiziert,
so war ihm das letzte Wort des Doktors in die Glieder geschlagen.
„Bolnau" hatte die Fiametti noch gesagt, ehe sie vom Bewußtsein kam. Seinen eigenen ehrlichen Namen hatte sie unter so verfänglichen Umständen ausgesprochen! Seine Knie zitterten und
wollten ihm die Dienste versagen, sein Haupt senkte sich auf die
Brust sorgenvoll und gedankenschwer. Bolnau! dachte er, Königlicher Kommerzienrat! wenn sie jetzt stürbe, die Sängerin, wenn
das Mädchen dann ihr Geheimnis von sich gäbe, und den Polizeidirektor mit den näheren Umständen des Mordes und mit dem
verhängnisvollen Wort bekannt machte! Was könnte dann nicht
ein geschickter Jurist aus einem einzigen Wort argumentieren,
besonders wenn ihn die Eitelkeit anfeuert, in einer solchen cause
célèbre seinen Scharfsinn zu zeigen. Er lorgnettierte mit ver-
zweiflungsvoller Miene das Zuchthaus, dessen Giebel aus der
Ferne ragte. Dorthin, Bolnau! aus ganz besonderer Gnade und
Rücksicht auf mehrjährige Dienste.

Er atmete schwerer, er lüftete die Halsbinde, aber erschreckt fuhr er zurück, war dies nicht der Ort, wo man das hänfene Halsband umknüpfte, war nicht dies die Stelle, wo das kalte Schwert durchging?

Begegnete ihm ein Bekannter und nickte ihm zu, so dachte er: holla, der weiß schon um die Sache, und will mir zu verstehen geben, daß er wohlunterrichtet sei. Ging ein anderer vorüber ohne zu grüßen, so schien ihm nichts gewisser, als daß man ihn nicht kennen wolle, sich nicht mit dem Umgang eines Mörders beflecken wolle. Es fehlte wenig, so glaubte er selbst, er seie schuldig am Mord und es war kein Wunder, daß er einen großen Bogen machte um das Polizeibüro zu vermeiden; denn konnte nicht der Direktor am Fenster stehen, ihn erblicken und heraufrufen? „Wertester, beliebt es nicht, ein wenig heraufzuspazieren, ich habe ein Wort mit Ihnen zu sprechen." Verspürt er nicht schon ein gewisses Zittern, fühlt er nicht jetzt schon seine Züge sich zu einem Armensündergesicht verziehen, nur weil man glauben könnte er seie der, den die Sängerin mit ihrem letzten Worte angeklagt.

Und dann fiel ihm wieder ein, wie schädlich eine solche Gemütsbewegung für seine Konstitution seie; ängstlich suchte er nach Fensterscheiben um sich ruhig zu zählen, aber die Häuser und Straßen tanzten um ihn her, der Glockenturm schien sich höhnisch vor ihm zu neigen, ein wahnsinniges Grauen erfaßte ihn, er rannte durch die Straßen, bis er erschöpft in seiner Behausung niedersank, und seine erste Frage war, als er wieder ein wenig zu sich gekommen, ob nicht ein Polizeidiener nach ihm gefragt habe?

Als gegen Abend der Medizinalrat Lange zu seiner Kranken kam, fand er sie um vieles besser, als er sich gedacht hatte. Er setzte sich an ihrem Bette nieder, und besprach sich mit ihr über diesen unglücklichen Vorfall. Sie hatte ihren Arm auf die Kissen gestützt, in der zartgeformten Hand lag ihr schöner Kopf. Ihr Gesicht war noch sehr bleich, aber selbst die Erschöpfung ihrer Kräfte, schien ihr einen eigentümlichen Reiz zu geben. Ihr dunkles Auge hatte nichts von jenem Feuer, jenem Ausdruck verloren, der den Doktor, obgleich er ein bedächtiger Mann und nicht mehr in den Jahren war, wo Phantasie der Schönheit zu Hülfe kommt, schon früher von der Bühne aus angezogen hatte. Er mußte sich gestehen, daß er selten einen so schönen Kopf, ein so liebliches Gesicht gesehen hatte; ihre Züge waren nichts weniger als regelmäßig, und dennoch übten sie durch ihre Verbindung und Harmonie einen Zauber aus, für welchen er lange keinen Grund wußte; doch dem psychologischen Blicke des Medizinalrates blieb dieser Grund nicht verborgen; es war jene Reinheit der Seele, jener Adel der Natur, was diese jungfräulichen Züge mit einem überraschenden Glanz von Schönheit übergoß. „Es scheint, Sie studieren meine Züge, Doktor", sprach die Sängerin lächelnd; „Sie sitzen so stumm und sinnend da, starren mich an, und scheinen ganz zu vergessen, was ich fragte. Oder ist es zu schrecklich, als daß ich es hören sollte? darf ich nicht erfahren was die Stadt über mein Unglück sagt?"

„Was wollen Sie alle diese törichten Vermutungen hören, die müßige Menschen erfinden und weitersagen? Ich habe eben darüber nachgedacht, wie rein sich Ihre Seele auf Ihren Zügen spiegle, Sie haben Frieden in sich, was kümmert Sie das Urteil der Menschen?"

„Sie weichen mir aus", entgegnete sie, „Sie wollen mir entschlüpfen, indem Sie mir schöne Dinge sagen. Und mich sollte das Urteil der Menschen nicht kümmern? welches rechtliche Mädchen darf sich so über die Gesellschaft, in welcher sie lebt, hinwegsetzen, daß es ihr gleich gilt, was man von ihr spricht? Oder glauben Sie etwa", setzte sie ernster hinzu, „ich werde nichts darnach fragen, weil ich einem Stand angehöre, dem man nicht viel zutraut? Gestehen Sie nur, Sie halten mich für recht leichtsinnig."

„Nein, gewiß nicht; ich habe immer nur Schönes von Ihnen gehört, Mademoiselle Fiametti, von Ihrem stillen, eingezogenen Leben, und daß Sie mit so sicherer Haltung in der Welt stehen, obgleich Sie so einsam und mancher Kabale ausgesetzt sind. Aber warum wollen Sie gerade wissen, was die Menschen sagen? wenn ich nun als Arzt solche Neuigkeiten nicht für zuträglich hielt?"

„Bitte, Doktor, bitte, foltern Sie mich nicht so lange", rief sie, „sehen Sie, ich lese in Ihren Augen, daß man nicht gut von mir spricht. Warum mich in Ungewißheit lassen, die gefährlicher für die Ruhe ist, als die Wahrheit selbst?"

Diesen letzten Grund fand der Medizinalrat sehr richtig; und konnte in seiner Abwesenheit nicht irgendeine geschwätzige Frau sich eindringen, und noch Ärgeres berichten, als er sagen konnte? „Sie kennen die hiesigen Leute", antwortete er, „B. ist zwar ziemlich groß, aber, du lieber Gott, bei einer solchen Neuigkeit *der* Art zeigt es sich, wie kleinstädtisch man ist. Es ist wahr, Sie sind das Gespräch der Stadt, dies kann Sie nicht wundern, und weil man nichts Bestimmtes weiß, so – nun so macht man sich allerhand seltsame Geschichten. So soll z. B. die männliche Maske, die man auf der Redoute mit Ihnen sprechen sah und die ohne Zweifel dieselbe ist, welche diese Tat beging, ein –"

„Nun, so reden Sie doch aus", bat die Sängerin in großer Spannung, „vollenden Sie!"

„Es soll ein früherer Liebhaber gewesen sein, der Sie in – in einer andern Stadt geliebt hat, und aus Eifersucht umbringen wollte."

„Von *mir* das! oh, ich Unglückliche!" rief sie schmerzlich bewegt, und Tränen glänzten in ihren schönen Augen; „wie hart sind doch die Menschen gegen ein so armes, armes Mädchen, das ohne Schutz und Hilfe ist! Aber reden Sie aus, Doktor, ich beschwöre Sie! es ist noch etwas anderes zurück, das Sie mir nicht sagten. In welcher Stadt, sagen die Leute, soll ich –"

„Signora, ich hätte Ihnen mehr Kraft zugetraut", sprach Lange, besorgt über die Bewegung seiner Kranken. „Wahrlich, ich bereue es, nur so viel gesagt zu haben; ich hätte es nie getan, wenn ich nicht fürchtete, daß andere mir unberufen zuvorkämen."

Die Sängerin trocknete schnell ihre Tränen; „Ich will ruhig sein", sagte sie, wehmütig lächelnd, „ruhig will ich sein wie ein Kind; ich will fröhlich sein, als hätten mir diese Menschen, die mich jetzt verdammen, ein tausendstimmiges ‚Bravo' zugerufen. Nur erzählen Sie weiter, lieber, guter Doktor!"

„Nun, die Leute schwatzen dummes Zeug", fuhr jener ärgerlich fort. „So soll, als Sie letzthin im ‚Othello' auftraten, in einer der ersten Ranglogen ein fremder Graf gewesen sein; dieser will Sie erkannt, und vor etwa zwei Jahren in Paris in einem schlechten Hause gesehen haben. – Aber, mein Gott, Sie werden immer blässer –"

„Es ist nichts, der Schein der Lampe fiel nur etwas matter herüber, weiter, weiter!"

„Nun dieses Gerede blieb von Anfang nur in den ersten Zirkeln, nach und nach kam es aber ins Publikum, und da dieser Vorfall hinzukömmt, verbindet man beides und versetzt das frühere Verhältnis zu Ihrem Mörder in jenes berüchtigte Haus in Paris."

Auf den ausdrucksvollen Zügen der Kranken hatte während dieser Rede die tiefste Blässe mit flammender Röte gewechselt. Sie hatte sich höher aufgerichtet, als solle ihr kein Wort dieser schrecklichen Kunde entgehen, ihr Auge haftete starr und brennend auf dem Mund des Arztes, sie atmete kaum, ihr Herz schien stillzustehen. „Jetzt ist's aus", rief sie mit einem schmerzlichen Blick zum Himmel, indem Tränen ihrem Auge entstürzten, „jetzt ist es aus, wenn *er* dies hörte, so war es zuviel für seine Eifersucht. Warum bin ich nicht gestern gestorben, ach! da hätte ich meinen guten Vater gehabt, und meine süße Mutter hätte mich getröstet, über den Hohn dieser grausamen Menschen!"

Der Dokor staunte über diese rätselhaften Worte; er wollte eben ein tröstendes, besänftigendes Wort zu ihr sprechen, als die Türe mit Geräusch aufflog, und ein großer, junger Mann hereinfuhr. Sein Gesicht war auffallend schön, aber ein wilder Trotz verfinsterte seine Züge, sein Auge rollte, sein Haar hing verwildert um die Stirne. Er hatte ein großes zusammengerolltes Notenblatt in der Faust, mit welchem er in der Luft herumfuhr, und gleichsam agierte, ehe er Atem zum Sprechen fand. Bei seinem Anblick schrie die Sängerin laut auf, der Doktor glaubte anfangs aus Angst, aber es war Freude, denn ein holdes Lächeln zog um ihren Mund, ihr Auge glänzte ihm durch Tränen entgegen, „Carlo!" rief sie, „Carlo! endlich kommst du, nach mir zu sehen!"

„Elende!" rief der junge Mann, indem er majestätisch den Arm mit der langen Notenrolle nach ihr ausstreckte; „laß ab von deinem Sirenengesang, ich komme – dich zu richten!"

„O Carlo!" unterbrach ihn die Sängerin, und ihre Töne klangen schmelzend und süß wie die Klänge der Flöte, „wie kannst du so zu deiner Giuseppa sprechen!"

Der junge Mann wollte mit tragischem Pathos antworten, aber der Doktor, dem dieser Auftritt für seine Kranke zu angreifend schien, warf sich dazwischen. „Wertester Herr Carlo", sagte er, indem er ihm eine Prise bot, „belieben Sie zu bedenken, daß Mademoiselle in einem Zustand ist, wo solche Szenen allzusehr ihre schwachen Nerven affizieren!"

Jener schaute ihn groß an und wandte die Notenrolle gegen ihn; „Wer bist du, Erdenwurm?" rief er mit tiefer, dröhnender Stimme; „wer bist du, daß du dich zwischen mich stellst und meinen Zorn?"

„Ich bin der Medizinalrat Lange", entgegnete dieser und schlug die Dose zu, „und in meinen Titeln befindet sich nichts von einem Erdenwurme. Ich bin hier Herr und Meister, solange Signora krank ist, und ich sage Ihnen im guten, packen Sie sich hinaus, oder modulieren Sie Ihr Presto assai zu einem anständigen Larghetto."

„Oh, lassen Sie ihn doch, Doktor", rief die Kranke ängstlich, „lassen Sie ihn doch, bringen Sie ihn nicht auf! er ist mein Freund, Carlo wird mir nichts Böses tun, was ihm auch die schlechten Menschen wieder von mir gesagt haben."

„Ha! du wagst es noch zu spotten! Aber wisse, ein Blitzstrahl hat die Tore deines Geheimnisses gesprengt und hat die Nacht erhellt, in welcher ich wandelte. Also darum sollte ich nicht wissen, was du warst, woher du kamst? darum verschlossest du mir den Mund mit deinen Küssen, wenn ich nach deinem Leben fragte? Ich Tor! daß ich von einer Weiberstimme mich bezaubern ließ, und nicht bedachte, daß sie nur Trug und Lug ist! Nur im Gesang des Mannes wohnt Kraft und Wahrheit. Ciel! wie konnte ich mich von den Rouladen einer Dirne betören lassen!"

„O Carlo", flüsterte die Kranke, „wenn du wüßtest, wie deine Worte mein Herz verwunden, wie dein schrecklicher Verdacht noch tiefer dringt als der Stahl des Mörders!"

„Nicht wahr, Täubchen", schrie jener mit schrecklichem Lachen, „deine Amorosi sollten blind sein, da wäre gut mit ihnen spielen? Der Pariser muß doch ein wackerer Kerl sein, daß er endlich doch noch das fromme Täubchen fand!"

„Jetzt aber wird es mir doch zu bunt, Herr", rief der Doktor und packte den Rasenden am Rock; „auf der Stelle marschier Er sich zu dem Zimmer hinaus, sonst werde ich die Hausleute rufen, daß sie Ihn expedieren."

„Ich gehe schon, Erdenwurm, ich gehe", schrie jener und stieß den Medizinalrat zurück, daß er ganz bequem in einen Fauteuil niedersaß; „ja ich gehe, Giuseppa, um nimmer wiederzukehren. Lebe wohl oder stirb lieber, Unglückliche, verbirg deine Schmach unter der Erde. Aber jenseits verbirg deine Seele an einen Ort, wo ich dir nie begegnen möge; ich würde der Seligkeit fluchen, wenn ich sie mit dir teilte, weil du mich hier so schändlich um meine Liebe, um mein Leben betrogen." Er rief es, indem er noch etwas weniges mit den Noten agierte, aber sein wildes, rollendes Auge schmolz in Tränen, als er den letzten Blick auf die Geliebte warf, und schluchzend rannte er aus dem Zimmer.

„Ihm nach, halten Sie ihn auf", rief die Sängerin, „führen Sie ihn zurück, es gilt meine Seligkeit!"

„Mitnichten, Wertgeschätzte", entgegnete Doktor Lange, indem er sich aus seinem Lehnstuhl aufrichtete; „diese Szene darf nicht fortgespielt werden: Ich will Ihnen etwas Niederschlagendes aufschreiben, das Sie alle Stunden zwei Eßlöffel voll einnehmen werden."

Die Unglückliche war in ihre Kissen zurückgesunken und ihre Kräfte waren erschöpft, sie verlor das Bewußtsein von neuem.

Der Doktor rief das Mädchen und suchte mit ihrer Hülfe die Kranke wieder ins Leben zurückzubringen, doch konnte er sich nicht enthalten, während er die Essenzen einflößte, das Mädchen tüchtig auszuschmälen. „Habe ich nicht befohlen, man solle niemand, gar niemand hereinlassen, und jetzt läßt man diesen Wahnsinnigen zu, der Ihr braves Fräulein beinahe zum zweiten Male ums Leben brachte."

„Ich habe gewiß sonst niemand hereingelassen", sprach die Zofe weinend; „aber ihn konnte ich doch nicht abweisen; sie schickte mich ja heute schon dreimal in sein Haus, um ihn zu beschwören, nur auf einen kleinen Augenblick zu kommen; ich mußte ja sogar sagen, sie sterbe und wolle ihn vor ihrem Tode nur noch ein einziges Mal sehen!"

„So? und wer ist denn dieser –"

Die Kranke schlug die Augen auf. Sie sah bald den Doktor, bald das Mädchen an, ihre Blicke irrten suchend durchs Zimmer. „Er ist fort, er ist auf ewig hin", flüsterte sie; „ach, lieber Doktor, gehen Sie zu Bolnau!"

„Aber, mein Gott, was wollen Sie nur von meinem unglücklichen Kommerzienrat, er hat sich über Ihre Geschichte schon genug alteriert, daß er zu Bette liegen muß; was kann denn er Ihnen helfen?"

„Ach, ich habe mich versprochen", erwiderte sie, „zu dem fremden Kapellmeister sollen Sie gehen, er heißt Boloni und logiert im ‚Hotel de Portugal'."

„Ich erinnere mich, von ihm gehört zu haben", sprach der Doktor, „aber was soll ich bei diesem tun?"

„Sagen Sie ihm, ich wolle ihm alles sagen, er soll nur noch einmal kommen – doch nein, ich kann es ihm nicht selbst sagen; Doktor, wenn Sie – ja ich habe Vertrauen zu Ihnen, ich will Ihnen alles sagen, und dann sagen Sie es wieder dem Unglücklichen, nicht wahr?"

„Ich stehe zu Befehl; was ich zu Ihrer Beruhigung tun kann, werde ich mit Freuden tun."

„Nun so kommen Sie morgen frühe, ich kann heute nicht mehr

so viel sprechen. Adieu, Herr Medizinalrat; doch noch ein Wort; Babette, gib dem Herrn Doktor sein Tuch!"

Das Mädchen schloß einen Schrank auf und reichte dem Doktor ein Tuch von gelber Seide, das einen starken, angenehmen Geruch im Zimmer verbreitete.

„Das Tuch gehört nicht mir", sprach jener, „Sie irren sich, ich führe nur Schnupftücher von Leinwand."

„Unmöglich!" entgegnete das Mädchen! „wir fanden es heute nacht am Boden; ins Haus gehört es nicht, und sonst war noch niemand da als Sie."

Der Doktor begegnete den Blicken der Sängerin, die erwartungsvoll auf ihm ruhten. „Könnte nicht dieses Tuch jemand anders entfallen sein?" fragte er mit einem festen Blick auf sie.

„Zeigen Sie her", erwiderte sie ängstlich, „daran hatte ich noch nicht gedacht." Sie untersuchte das Tuch und fand in der Ecke einen verschlungenen Namenszug; sie erbleichte, sie fing an zu zittern.

„Es scheint, Sie kennen dieses Tuch und die Person die es verloren hat", fragte Lange weiter; „es könnte zu etwas führen, darf ich es nicht mit mir nehmen? darf ich Gebrauch davon machen?"

Giuseppa schien mit sich zu kämpfen; bald reichte sie ihm das Tuch, bald zog sie es ängstlich und krampfhaft zurück. „Es sei", sagte sie endlich; „und sollte der Schreckliche noch einmal kommen und mein wundes Herz diesmal besser treffen, ich wage es; nehmen Sie, Doktor. Ich will Ihnen morgen Erläuterungen zu diesem Tuche geben."

Man kann sich denken, wie ausschließlich diese Vorfälle die Seele des Medizinalrat Lange beschäftigten. Seine sehr ausgebreitete Praxis war ihm jetzt ebensosehr zur Last, als sie ihm vorher Freude gemacht hatte, denn verhinderten ihn nicht die vielen Krankenbesuche, die er vorher zu machen hatte, die Sängerin am andern Morgen recht bald zu besuchen, und jene Aufschlüsse und Erläuterungen zu vernehmen, denen sein Herz ungeduldig entgegenpochte? Doch zu etwas waren diese Besuche in dreißig bis vierzig Häusern gut, er konnte, wie er zu sagen pflegte, hinhorchen, was man über die Fiametti sage, vielleicht konnte er auch über ihren sonderbaren Liebhaber, den Kapellmeister Boloni, eines oder das andere erfahren.

Über die Sängerin zuckte man die Achseln. Man urteilte um

so unfreundlicher über sie, je ärgerlicher man darüber war, daß so lange nichts Offizielles und Sicheres über ihre Geschichte ins Publikum komme. Ihre Neider, und welche ausgezeichnete Sängerin, wenn sie dazu schön und achtzehn alt ist, hat deren nicht genug? ihre Neider gönnten ihr alles, und machten hämische Bemerkungen, die Gemäßigten sagten: „So ist es mit solchem Volke; einer Deutschen wäre dies auch nicht passiert." Ihre Freunde beklagten sie, und fürchteten für ihren Ruf beinahe noch mehr, als für ihre Gesundheit. Das arme Mädchen! dachte Lange, und beschloß um so eifriger ihr zu dienen.

Vom Kapellmeister wußte man wenig, weder Schlechtes, noch Gutes. Er war vor etwa dreiviertel Jahren nach B. gekommen, hatte sich im „Hotel de Portugal" ein Dachstübchen gemietet und lebte sehr eingezogen und mäßig. Er schien sich von Gesangstunden und musikalischen Kompositionen zu nähren. Alle wollten übrigens etwas Überspanntes, Hochfahrendes an ihm bemerkt haben; die, welche ihn näher kennengelernt hatten, fanden ihn sehr interessant, und schon mancher Musikfreund soll sich ein Couvert an der Abendtafel im Hotel de Portugal bestellt haben, nur um seine herrliche Unterhaltung über die Musik zu genießen. Aber auch diese kamen darin überein, daß es mit Boloni nicht ganz richtig sei, denn er vernachlässige, verachte sogar den weiblichen Gesang, während er mit Entzücken von Männerstimmen, besonders von Männerchören spreche. Er hatte übrigens keine näheren Bekannten, keinen Freund, von seinem Verhältnis zur Sängerin Fiametti schien niemand etwas zu wissen.

Den Kommerzienrat Bolnau fand er noch immer unwohl und im Bette; er schien sehr niedergeschlagen, und sprach mit unsicherer, heiserer Stimme allerlei Unsinn über Dinge, die sonst gänzlich außer seinem Gesichtskreise lagen. Er hatte eine Sammlung berühmter Rechtsfälle um sich her, in welcher er eifrig studierte; die Frau Kommerzienrätin behauptete, er habe die ganze Nacht darin gelesen, und hie und da schrecklich gewinzelt und gejammert. Seine Lektüre betraf besonders die unschuldig Hingerichteten, und er äußerte gegen den Medizinalrat, es liege eigentlich für den Menschenfreund ein großer Trost in der Langsamkeit der deutschen Justiz, denn es lasse sich erwarten, daß wenn ein Prozeß zehn, und mehrere Jahre daure, die Unschuld doch leichter an den Tag komme, als wenn man heute gefangen und morgen gehangen werde.

Die Sängerin Fiametti, für welche der Doktor endlich ein

Stündchen erübrigt hatte, war düster und niedergeschlagen, als
seie keine Hoffnung mehr für sie auf Erden. Ihr Auge war trübe,
sie mußte viel geweint haben, die Wunde war über alle Erwartung gut; aber mit ihrem zunehmenden körperlichen Wohlbefinden schien die Ruhe und Gesundheit ihrer Seele zu schwin-
den. „Ich habe lange darüber nachgedacht", sagte sie, „und fand,
daß Sie, lieber Doktor, doch auf höchst sonderbare Weise in mein
Schicksal verwebt werden. Ich kannte Sie vorher nicht; ich gestehe, ich wußte kaum, daß ein Medizinalrat Lange in B. exi-
stiere. Und jetzt, da ich mit einem Schlage so unglücklich geworden bin, sendet mir Gott einen so teilnehmenden, väterlichen
Freund zu."

„Mademoiselle Fiametti", erwiderte Lange, „der Arzt hat an
manchem Bette mehr zu tun, als nur den Puls an der Linken zu
fühlen, Wunden zu verbinden und Mixturen zu verschreiben.
Glauben Sie mir, wenn man so allein bei einem Kranken sitzt,
wenn man den inneren Puls der Seele unruhig pochen hört, wenn
man Wunden verbinden möchte, die niemand siehet, da wird auf
wunderbare Weise der Arzt zum Freunde, und der geheimnisvolle Zusammenhang zwischen Körper und Seele scheint auch in
diesem Verhältnisse auffallend zu wirken."

„So ist es", sprach Giuseppa, indem sie zutraulich seine Hand
faßte; „so ist es, und auch meine Seele hat einen Arzt gefunden.
Sie werden vielleicht viel für mich tun müssen. Es möchte sein,
daß Sie sogar vor den Gerichten in meinem Namen handeln
müssen. Wenn Sie einem armen Mädchen, das sonst gar keine
Stütze hat, dieses große Opfer bringen wollen, so will ich mich
Ihnen entdecken."

„Ich will es tun", sprach der freundliche Alte, indem er ihre
Hand drückte.

„Aber bedenken Sie es wohl; die Welt hat meinen Ruf angegriffen, sie klagt mich an, sie richtet, sie verdammt mich. Wenn
nun die Menschen auch auf Sie höhnisch deuten, daß Sie der ver-
rufenen Sängerin, der schlechten Italienerin, ach! *meiner* sich angenommen haben? werden Sie das ertragen können?"

„Ich will es", rief der Doktor mit Ernst und Heftigkeit. „Erzählen Sie!"

„Mein Vater", erzählte die Sängerin, „war Antonio Fiametti,
ein berühmter Violinspieler, der Ihnen aus jüngern Jahren nicht
unbekannt sein kann, denn sein Ruf hatte durch die Konzerte,

die er an Höfen und in großen Städten gab, sich überall verbreitet. Ich kann mir ihn nur noch aus meiner frühesten Kindheit denken, wie er mir die Skala vorgeigte, die ich schon im dritten Jahre sehr richtig nachsang. Meine Mutter war zu ihrer Zeit eine vorzügliche Sängerin gewesen, und pflegte in den Konzerten des Vaters einige Arien und Kanzonetten vorzutragen. Ich war vier Jahre alt, als mein Vater auf der Reise starb und uns in Armut zurückließ. Meine Mutter mußte sich entschließen, durch Singen uns fortzubringen. Sie heiratete nach einem Jahre einen Musiker, der ihr von Anfang sehr geschmeichelt haben soll, nachher aber zeigte es sich, daß er sie nur geheiratet, um ihre Stimme zu benützen. Er wurde Musikdirektor in W–b–g, einer kleinen deutschen* Stadt in Frankreich, und da fing erst unser Leiden recht an.

Meine Mutter bekam noch drei Kinder und verlor ihre Stimme so sehr, daß sie beinahe keinen Ton mehr singen konnte. Dadurch war die größte Geldquelle meines Stiefvaters versiegt, denn seine Konzerte waren nur durch meine Mutter glänzend und zahlreich gewesen. Er plagte sie von jetzt an schrecklich; mir wollte er gar nicht mehr zu essen geben, bis er endlich auf ein Mittel verfiel, mich brauchbar zu machen. Er marterte mich ganze Tage lang, und geigte mir die schwersten Sachen von Mozart, Gluck, Rossini und Spontini ein, die ich dann Sonntag abends mit großem Applaus absang; das arme Schepperl, so hatte man meinen Namen Giuseppa verketzert, wurde eines jener unglücklichen Wunderkinder, denen die Natur ein schönes Talent zu ihrem größten Unglück gegeben hat; der Grausame ließ mich alle Tage singen, er peitschte mich, er gab mir tagelang nichts zu essen, wann ich nicht richtig intoniert hatte; die Mutter aber konnte meine Qualen nicht mehr lange sehen, es war, als ob ihr Leben in ihren stillen Tränen dahinfließe, an einem schönen Frühlingsmorgen fanden wir sie tot. Was soll ich Sie von meinen Marterjahren unterhalten, die jetzt anfingen? Ich war eilf Jahre alt, und sollte die Haushaltung führen, die kleinen Geschwister erziehen, und dabei noch singen lernen für die Konzerte! Oh, es war eine Qual der Hölle!

Um diese Zeit kam oft ein Herr zu uns, der dem Vater immer einen Sack voll Fünffrankenstücke mitbrachte. Ich kann nicht ohne Grauen an ihn denken. Es war ein großer, hagerer Mann

---

* Wahrscheinlich im Elsaß. D. H.

von mittlerem Alter; er hatte kleine, blinzende, graue Augen, die ihn durch ihren unangenehmen stechenden Ausdruck vor allen Menschen, die ich je gesehen, auszeichneten. Mich schien er besonders liebgewonnen zu haben. Er lobte, wenn er kam, meine Größe, meinen Anstand, mein Gesicht, meinen Gesang. Er setzte mich auf seine Knie, obgleich mich ein unwillkürliches Grauen von ihm wegdrängte; er küßte mich trotz meines Schreiens, er sagte wohlgefällig: ‚Noch zwei – drei Jahr, dann bist du fertig, Schepperl!‘ Und er und mein Stiefvater brachen in ein wildes Lachen bei dieser Prophezeiung aus. An meinem fünfzehnten Geburtsfest sagte mein Stiefvater zu mir: ‚Höre, Schepperl: du hast nichts, du bist nichts, ich geb dir nichts, ich will nichts von dir, habe auch hinlänglich genug an meinen drei übrigen Ranken; die Christel (meine Schwester) wird jetzt statt deiner das Wunderkind; was du hast, dein bißchen Gesang, hast du von mir, damit wirst du dich fortbringen; der Oncle in Paris will dich übrigens aus Gnade in sein Haus aufnehmen.‘ ‚Der Oncle in Paris?‘ rief ich staunend, denn bisher wußte ich nichts von einem solchen. ‚Ja der Oncle in Paris‘, gab er zur Antwort, ‚er kann alle Tage kommen.‘

Sie können sich denken, wie ich mich freute; es ist jetzt drei Jahre her, aber noch heute ist die Erinnerung an jene Stunden so lebhaft in mir, als wäre es gestern gewesen. Das Glück, aus dem Hause meines Vaters zu kommen, das Glück, meinen Oncle zu sehen, der sich meiner erbarme; das Glück, nach Paris zu kommen, wo ich mir den Sitz des Putzes und der Seligkeit dachte, ich war berauscht von so vielem Glück; sooft ein Wagen fuhr, sah ich hinaus, ob nicht der Oncle komme, mich in sein Reich abzuholen. Endlich fuhr eines Abends ein Wagen vor unserem Hause vor. ‚Das ist dein Oncle‘, rief der Vater; ich flog hinab, ich breitete meine Arme aus nach meinem Erretter – grausame Täuschung! es war der Mann mit den Fünffrankenstücken.

Ich war beinahe bewußtlos in jenen Augenblicken, aber dennoch vergesse ich die teuflische Freude nie, die aus seinen grauen Augen blitzte, als er mich hoch aufgewachsen fand; noch immer klingt mir seine krächzende Stimme in den Ohren: ‚Jetzt bist du recht, mein Täubchen, jetzt will ich dich einführen in die große Welt.‘ Er faßte mich mit der Hand, mit der andern warf er einen Geldsack auf den Tisch; der Sack fuhr auf, ein glänzender Regen von Silber- und Goldstücken rollte auf den Boden; meine drei kleine Geschwister und der Vater jubelten, rutschten auf dem Boden umher, und lasen die Stücke auf – es war – mein Kaufpreis.

Schon den folgenden Tag ging es nach Paris. Der hagere Mann, ich vermochte es nicht, ihn Oncle zu nennen, predigte mir beständig vor, welch glänzende Rolle ich in seinem Salon spielen werde. Ich konnte mich nicht freuen, eine Angst, eine unerklärliche Bangigkeit waren an die Stelle meiner Freude, meines Glückes getreten. Vor einem großen erleuchteten Hause hielt der Wagen; wir waren in Paris. Zehn bis zwölf schöne, allerliebste Mädchen hüpften die breiten Treppen herab uns entgegen. Sie herzten und küßten mich, und nannten mich ‚Schwester Giuseppa‘; ich fragte den Hagern, ‚sind dies Ihre Töchter mein Herr?‘ ‚Oui, mes bonnes enfantes‘, rief er lachend und die Mädchen und die zahlreiche Dienerschaft stimmten ein mit einem rohen, schallenden Gelächter.

Schöne Kleider, prachtvolle Zimmer zerstreuten mich. Ich wurde am folgenden Abend herrlich gekleidet; man führte mich in den Salon. Die zwölf Mädchen saßen im schönsten Putz an Spieltischen, auf Kanapees, am Flügel. Sie unterhielten sich mit jungen und älteren Herren sehr lebhaft. Als ich eintrat, brachen alle auf, gingen mir entgegen und betrachteten mich. Der Herr des Hauses führte mich zum Flügel, ich mußte singen; allgemeiner Beifall wurde mir zuteil; man zog mich ins Gespräch, meine ungebildeten, halb italienischen Ausdrücke galten für Naivetät; man bewunderte mich, ich erröte heute noch, mit welchen Worten mir man dieses sagte. So ging es mehrere Tage herrlich und in Freuden. Ich lebte ungeniert, ich hätte zufrieden leben können, wenn ich mich nicht höchst unbehaglich, beinahe bänglich in diesem Hause, in dieser Gesellschaft gefühlt hätte, in meiner naiven Unschuld glaubte ich, so sei nun einmal die große Welt und man müsse sich in ihre Sitten fügen. Eines fiel mir jedoch auf, als ich an einem Abende zufällig an der Treppe vorbeiging, sah ich, daß die Herren, die uns besuchten, dem Portier Geld gaben, dafür blaue oder rote Karten bekamen und solche einem Bedienten vor dem Salon wieder übergaben. Ein junger Stutzer, der an mir vorüberkam, wies mir mit zärtlichen Blicken eine dieser roten Karten; ich weiß heute noch nicht, warum ich darüber errötete. Aber hören Sie weiter, was sich bald zutrug.

Sehen Sie lieber Doktor, hier habe ich ein kleines unscheinbares Papier. Diesem bin ich meine Rettung schuldig. Ich fand es eines Morgens unter den Brötchen meines Frühstücks; ich weiß nicht, von welcher gütigen Hand es kam, aber möge der Himmel das Herz belohnen, das sich meiner erbarmte! Es lautet:

,Mademoiselle!

Das Haus, welches Sie bewohnen, ist ein Freudenhaus; die Damen, die Sie um sich sehen, sind Freudenmädchen; sollten wir uns in Giuseppa geirrt haben? Wird sie einen kurzen Schimmer von Glück mit langer Reue erkaufen wollen?'

Es war ein schreckliches Licht, es drohte mich völlig zu erblinden, denn es zerriß beinahe zu plötzlich meinen unschuldigen Kindersinn und den Traum von einer unbesorgten, glücklichen Lage. Was war zu tun? Ich hatte in meinem Leben noch nicht gelernt, Entschlüsse zu fassen. Der Mann, dem dieses Haus gehörte, war mir wie ein fürchterlicher Zauberer, der jeden meiner Gedanken lesen könne, der jetzt schon darum wissen müsse, was ich erfahren. Und dennoch wollte ich lieber sterben, als noch einen Augenblick hier verweilen. – Ich hatte ein Mädchen gerade über von unserer Wohnung, zuweilen italienisch sprechen hören; ich kannte sie nicht – aber kannte ich denn sonst jemand in dieser ungeheuren Stadt? diese vaterländischen Klänge erweckten Zutrauen in mir; zu ihr wollte ich flüchten, ich wollte sie auf den Knieen anflehen, mich zu retten.

Es war sieben Uhr frühe; ich war meiner ländlichen Gewohnheit treu geblieben, stand immer frühe auf, und pflegte gleich nachher zu frühstücken, und dies rettete mich. Um diese Zeit schliefen noch alle, sogar ein großer Teil der Domestiken. Nur der Portier war zu fürchten. Doch konnte er denken, daß jemand aus diesem Tempel der Herrlichkeit entfliehen werde? Ich wagte es; ich warf mein schwarzes unscheinbares Mäntelchen um mich, eilte die Treppe hinab, meine Knie schwankten, als ich an der Loge des Portiers vorbeiging; er bemerkte mich nicht, drei Schritte, und ich war frei.

Rechts über die Straße hinüber wohnte das italienische Mädchen. Ich sprang über die breite Straße, ich pochte am Haus, ein Diener öffnete. Ich fragte nach der Signora mit dem schwarzen Lockenköpfchen, die italienisch spreche. Der Diener lachte, und sagte, ich meine wohl die kleine Exzellenza Seraphine; ,Dieselbe, dieselbe', antwortete ich, ,führen Sie mich geschwind zu ihr.' Er schien anfangs Bedenken zu tragen, weil es noch so frühe am Tag sei, doch meine Bitten überredeten ihn. Er führte mich in dem zweiten Stock in ein Zimmer, hieß mich warten und rief dann eine Zofe, der Exzellenza mich zu melden. Ich hatte mir gedacht, das hübsche italienische Mädchen werde meines Standes sein; ich schämte mich, einer Höhern mich zu entdecken, aber man ließ mir keine Zeit, mich zu besinnen; die Zofe erschien, mich vor das Bett ihrer Gebieterin zu führen. Ja, sie war es, es war die schöne junge Dame, die ich hatte italienisch sprechen hören. Ich stürzte vor ihr nieder, und flehte sie um ihren Schutz an; ich mußte ihr meine ganze Geschichte erzählen. Sie schien gerührt und versprach mich zu retten. Sie ließ den Diener, der mich heraufgeführt hat, kommen und legte ihm das strengste Stillschweigen auf; dann wies sie mir ein kleines Stübchen an, dessen Fenster in den Hof gingen, gab mir zu arbeiten und zu essen, und so lebte ich mehrere Tage in Freude über meine Rettung, in Angst über meine Zukunft.

Es war das Haus des Gesandten eines kleinen deutschen Hofes, in welches ich aufgenommen war. Die Exzellenza war seine Nichte, eine geborne Italienerin, die bei ihm in Paris erzogen worden war. Sie war ein gütiges, liebenswürdiges Geschöpf, dessen Wohltaten ich nie vergessen werde. Sie kam alle Tage zu mir und tröstete mich; sie sagte mir, daß der Gesandte durch seine Bedienten in dem Hause des argen Mannes nachgeforscht habe. Man seie sehr in Bestürzung, suche es aber zu verbergen. Die Diener drüben flüstern geheimnisvoll, es habe sich eine Mamsell aus einem Fenster des zweiten Stocks in den Kanal der Seine gestürzt. Sonderbare Fügung! Mein Zimmer war ein Eckzimmer und sah mit der einen Seite nach der Straße, die andere ging schroff hinab in einen Kanal. Ich erinnerte mich, an jenem Morgen ein Fenster dieser Seite geöffnet zu haben; wahrscheinlich war es *offen* geblieben, und so mochte man sich mein Verschwinden erklären. Signora Seraphina sollte um diese Zeit nach Italien zurückkehren, sie war so gütig, mich mitzunehmen. Ja, sie tat noch mehr für mich; sie bewog ihre Eltern in Piacenza, daß sie mich wie ihr Kind in ihr Haus aufnahmen; sie ließ mein Talent ausbilden, ihr habe ich Freiheit, Leben, Kunst, oh! vielleicht mehr, als ich weiß, zu danken. In Piacenza lernte ich den Kapellmeister Boloni, der übrigens kein Italiener ist, kennen; er schien mich zu lieben, aber er sagte es mir nicht. Ich nahm bald nachher den Ruf an das hiesige Theater an. Man schätzte mich hier, man hat mir sonst wohlgewollt, mein Leben und mein Ruf war unsträflich, ach, ich habe in dieser langen Zeit nie einen Mann bei mir gesehen, als – ich kann Ihnen dieses schöne

Verhältnis ohne Erröten gestehen – als Boloni, der mir bald hieher nachgereist war. Sie haben mein Leben jetzt gehört, sagen Sie mir, habe ich etwas getan, um so bittere Strafe zu verdienen? Habe ich so Entsetzliches verschuldet?"

Als die Sängerin geendet hatte, ergriff der Medizinalrat lebhaft ihre Hand. „Ich wünsche mir Glück", sagte er, „den wenigen Menschen, die Sie auf Ihrem Lebensweg gefunden haben, beitreten zu können. Meine Kräfte sind zwar zu schwach, um für Sie tun zu können, was die treffliche kleine Exzellenza für Sie tat, aber ich will suchen, Ihr trauriges Geschick entwirren zu helfen, ich will den Brausewind, Ihren Freund, zu versöhnen suchen. Aber sagen Sie mir nur, was ist denn Herr Boloni eigentlich für ein Landsmann?" „Da fragen Sie mich zu viel", erwiderte sie ausweichend; „ich weiß nur, daß er ein Deutscher von Geburt ist, und wenn ich nicht irre, wegen Familienverhältnissen vor mehreren Jahren sein Vaterland verließ. Er hielt sich in England und Italien auf, und kam vor etwa drei Vierteljahren hieher."

„So, so? aber warum haben Sie ihm das, was Sie mir erzählen, nicht schon früher selbst gesagt?"

Giuseppa errötete bei dieser Frage; sie schlug die Augen nieder, und antwortete: „Sie sind mein Arzt, mein väterlicher Freund, es ist mir, wenn ich zu Ihnen spreche, als spräche ein Kind zu seinem Vater. – Aber konnte ich denn dem jungen Mann von diesen Dingen erzählen? Und ich kenne ja seine schreckliche Eifersucht, seinen leicht gereizten Argwohn, ich konnte es nie über mich vermögen, ihm zu sagen, welchen Schlingen ich entflohen war."

„Ich ehre, ich bewundere Ihr Gefühl; Sie sind ein gutes Kind; glauben Sie mir, es tut einem alten Mann wohl, auf solche dezente Gefühle aus der alten Zeit zu stoßen; denn heutzutag gilt es für guten Ton, sich über dergleichen wegzusetzen. Aber noch haben Sie mir nicht alles erzählt; der Abend auf der Redoute, jene schreckliche Nacht? –"

„Es ist wahr, ich muß Ihnen noch weiter sagen. Ich habe, sooft ich im stillen über meine Rettung nachdachte, die Vorsehung gepriesen, daß man in jenem Hause glaubte, ich habe mich selbst getötet; denn es war mir nur zu gewiß, daß, wenn jener Schreckliche nur die entfernte Ahnung von meinem Leben habe, er kommen werde, sein Opfer zurückzuholen oder es zu verderben; denn er mochte manches Fünffrankenstück für mich bezahlt haben. Deswegen habe ich, solange ich in Piacenza war, manches schöne Anerbieten fürs Theater abgelehnt, weil ich mich scheute, öffentlich aufzutreten. Als ich aber etwa anderthalb Jahre dort war, brachte mir eines Morgens Seraphina ein Pariser Zeitungsblatt, worin der Tod des Chevalier de Planto angezeigt war."

„Chevalier de Planto?" unterbrach sie der Arzt; „hieß so jener Mann, der Sie aus dem Hause Ihres Stiefvaters führte?"

„So hieß er; ich war voll Freude, meine letzte Furcht war verschwunden, und es stand nichts mehr im Wege, meinen Wohltätern nicht mehr beschwerlich zu fallen. Schon einige Wochen nachher kam ich nach B. Ich ging vorgestern abend auf die Redoute, und ich will Ihnen nur gestehen, daß ich recht freudig gestimmt war. Boloni durfte nicht wissen, in welchem Kostüm ich erscheinen würde, ich wollte ihn necken und dann überraschen. Auf einmal, wie ich allein durch den Saal gehe, flüstert eine Stimme in mein Ohr: ,Schepperl! was macht dein Oncle?' Ich war wie niedergedonnert; diesen Namen hatte ich nicht mehr gehört, seit ich den Händen jenes Fürchterlichen entgangen war; mein Oncle! ich hatte ja keinen, und nur einer hatte gelebt, der sich vor der Welt dafür ausgab, der Chevalier de Planto. Ich hatte kaum so viel Fassung zu erwidern: ,Du irrst dich, Maske!' ich wollte hinwegeilen, mich unter dem Gewühl der Menge verbergen, aber die Maske schob ihren Arm in den meinigen und hielt mich fest. ,Schepperl!' sprach der Unbekannte, ,ich rate dir, ruhig neben mir herzugehen, sonst werde ich den Leuten erzählen, in welcher Gesellschaft du dich früher umhergetrieben.' Ich war vernichtet, es wurde Nacht in meiner Seele, nur ein Gedanke war in mir lebhaft, die Furcht vor der Schande. Was konnte ich armes, hilfloses Mädchen machen, wenn dieser Mensch, wer er auch sein mochte, solche Dinge von mir aussagte? die Welt würde ihm geglaubt haben, und Carlo! ach, Carlo wäre nicht der letzte gewesen, der mich verdammt hätte. Ich folgte dem Mann an meiner Seite willenlos. Er flüsterte mir die schrecklichsten Dinge zu; meinen Oncle, wie er den Chevalier nannte, habe ich unglücklich gemacht, meinen Vater, meine Familie ins Verderben gestürzt. Ich konnte es nicht mehr aushalten, ich riß mich los und rief nach meinem Wagen. Als ich mich aber auf der Treppe umsah, war diese schreckliche Gestalt mir gefolgt. ,Ich fahre mit dir nach Hause, Schepperl', sprach er mit schrecklichem Lachen; ,ich habe noch ein paar Worte mit dir zu reden.' Die Sinne vergingen mir, ich fühlte, daß ich ohnmächtig werde, ich wachte erst wieder im Wagen auf, die Maske saß neben mir. Ich stieg aus und ging auf mein Zimmer, er folgte; er fing sogleich wieder an zu reden, in der Todesangst, ich möchte verraten werden, schickte ich Babette hinaus.

,Was willst du hier, Elender', rief ich voll Wut, mich so beleidigt zu sehen. ,Was kannst du von mir Schlechtes sagen? Ohne meinen Willen kam ich in jenes Haus; ich verließ es, als ich sah, was dort meiner warte.'

,Schepperl, mache keine Umstände, es gibt nur zwei Wege, dich zu retten. Entweder zahlst du auf der Stelle zehntausend Franken, sei es in Juwelen oder Gold, oder du folgst mir nach Paris; sonst weiß morgen die ganze Stadt mehr von dir, als dir lieb ist.' Ich war außer mir; ,Wer gibt dir dieses Recht, mir solche Zumutungen zu machen?' rief ich; ,wohlan! sage der Stadt, was du willst; aber auf der Stelle verlasse dieses Haus! ich rufe die Nachbarn.'

Ich hatte einige Schritte gegen das Fenster getan, er lief mir nach, packte meinen Arm; ,Wer mir das Recht gibt?' sprach er, ,dein Vater, Täubchen, dein Vater'; ein teuflisches Lachen tönte aus seinem Mund, der Schein der Kerze fiel auf ein Paar graue, stechende Augen, die mir nur zu bekannt waren. In demselben Moment war mir klar, wen ich vor mir hatte; ich wußte jetzt, daß sein Tod nur ein Blendwerk war, das er zu irgendeinem Zweck erfunden hatte; die Verzweiflung gab mir übernatürliche Kraft; ich rang mich los, ich wollte ihm seine Maske abreißen. ,Ich kenne Euch, Chevalier de Planto', rief ich, ,aber Ihr sollt den Gerichten Rechenschaft über mich geben müssen.' ,So weit sind wir noch nicht, Täubchen', sagte er, und in demselben Augenblick fühlte ich sein Eisen in meiner Brust, ich glaubte zu sterben." –

Der Doktor schauderte; es war heller Tag und doch graute ihm, wie wenn man im Dunkeln von Gespenstern spricht. Er glaubte das heisere Lachen dieses Teufels zu hören, er glaubte hinter den Gardinen des Bettes die grauen, stechenden Augen dieses Ungeheuers glänzen zu sehen. „Sie glauben also", sagte er nach einer Weile, „daß der Chevalier nicht tot ist, daß es derselbe ist, der Sie ermorden wollte?"

„Seine Stimme, sein Auge überzeugten mich; das Tuch, das ich Ihnen gestern gab, machte es mir zur Gewißheit. Die Anfangslettern seines Namens sind dort eingezeichnet."

„Und geben Sie mir Vollmacht, für Sie zu handeln? darf ich alles, was Sie mir sagten, selbst vor Gericht angeben?"

„Ich habe keine Wahl, alles! Aber nicht wahr, Doktor, Sie gehen zu Boloni und sagen ihm, was ich Ihnen sagte? Er wird Ihnen glauben, er kannte ja auch Seraphine."

„Und darf ich nicht auch wissen", fuhr der Medizinalrat fort, „wie der Gesandte hieß, in dessen Haus Sie sich verbargen?"

„Warum nicht? es war ein Baron Martinow."

„Wie?" rief Lange in freudiger Bewegung, „der Baron Martinow? ist er nicht in .... schen Diensten?"

„Ja, kennen Sie ihn? er war Gesandter des .... schen Hofes in Paris und nachher in Petersburg."

„O dann ist es gut, sehr gut", sagte der Medizinalrat und rieb sich freudig die Hände. „Ich kenne ihn, er ist seit gestern hier; er hat mich rufen lassen; er wohnt im Hotel de Portugal."

Eine Träne blinkte in dem Auge der Sängerin und von frommen Empfindungen schien ihr Herz bewegt. „So mußte ein Mann", sagte sie, „den ich viele hundert Meilen entfernt glaubte, hieher kommen, um die Wahrheit meiner Erzählung zu bekräftigen! Gehen Sie zu ihm; ach, daß auch Carlo zuhören könnte, wenn er Ihnen versichert, daß ich die Wahrheit sprach!"

„Er soll es, er soll mit mir, ich will es schon machen. Adieu, gutes Kind; sein Sie recht ruhig, es muß Ihnen noch gut gehen auf Erden, und nehmen Sie die Mixtur recht fleißig, alle Stunden zwei Löffel voll!" So sprach der Doktor und ging. Die Sängerin aber dankte ihm durch ihre freundlichen Blicke. Sie war ruhiger und heiter; es war, als habe sie eine große Last mit ihrem Geheimnis hinweggewälzt; sie sah vertrauungsvoller in die Zukunft, denn ein gütiges Geschick schien sich des armen Mädchens zu erbarmen.

Der Baron Martinow, dem Lange früher einmal einen wichtigen Dienst zu leisten Gelegenheit gehabt hatte, nahm ihn freundlich auf, und gab ihm über die Sängerin Fiametti die genügendsten Aufschlüsse. Er bestätigte nicht nur beinahe wörtlich ihre Erzählung, sondern er brach auch in die lautesten Lobeserhebungen ihres Charakters aus; ja er versprach, wohin er in dieser Stadt kommen würde, überall zu ihren Gunsten zu sprechen, und die Gerüchte zu widerlegen, die über sie im Umlauf waren. Er hat auch Wort gehalten, denn hauptsächlich seinem Ansehen und der edelmütigen Art, womit er sich der Italienerin annahm, schrieben es ihre Freunde zu, daß die Gesinnungen des Publikums über sie in wenigen Tagen wie durch einen Zauberschlag sich änderten. Der Medizinalrat Lange aber stieg an jenem Tage, als er vom Gesandten kam, aus der Beletage des Hotel de Portugal noch einige Treppen höher, in die Mansarden; in Nro. 54 sollte der Kapellmeister wohnen. Er stand vor der Türe still, um Atem zu schöpfen, denn die steilen Treppen hatten ihn angegriffen. Sonderbare Töne drangen aus dieser Türe in sein Ohr. Es schien ein Schwerkranker darin zu sein, denn er vernahm ein tiefes Stöhnen und Seufzen, das aus der tiefsten Brust aufzusteigen schien. Dann klangen wieder schreckliche französische und italienische Flüche dazwischen, wie wenn Ungeduld dem Jammer Luft machen will, und ein heiseres Lachen der Verzweiflung bildete wieder den Übergang zu jenen tiefen Seufzern. Der Medizinalrat schauderte. Habe ich doch schon neulich etwas weniges Wahnsinn an dem Maestro verspürt, dachte er, sollte er vollends übergeschnappt sein, oder ist er krank geworden aus Schmerz? Er hatte schon den Finger gekrümmt um anzuklopfen, als sein Blick noch einmal auf die Nummer der Türe fiel; es war 53. Wie hatte er sich doch so täuschen können; fast wäre er zu einem ganz fremden Menschen eingetreten. Unwillig über sich selbst ging er eine Türe weiter; hier war 54; hier lautete es auch ganz anders. Eine tiefe schöne Männerstimme sang ein Lied, begleitet von dem Pianoforte; der Medizinalrat trat ein, es war jener junge Mann, den er gestern bei der Sängerin gesehen.

Im Zimmer lagen Notenblätter, Gitarre, Violinen, Saiten und anderer Musikbedarf umher, und mitten unter diesen Trümmern stand der Kapellmeister in einem weiten, schwarzen Schlafrock, eine rote Mütze auf dem Kopf und eine Notenrolle in der Hand; der Doktor hat nachher gestanden, es sei ihm bei seinem Anblick Marius auf den Trümmern von Karthago eingefallen.

Der junge Mann schien sich seiner von gestern zu erinnern und empfing ihn beinahe finster; doch war er so artig, einen Stoß Notenblätter mit einem Ruck von einem Sessel auf den Boden zu werfen, um seinem Besuch Platz anzubieten; er selbst stieg mit großen Schritten im Zimmer umher und sein fliegender Schlafrock nahm geschickt den Staub von Tischen und Büchern.

Er ließ den Medizinalrat nicht zum Wort gelangen, er überschrie ihn. „Sie kommen von ihr?" rief er. „Schämen sich Ihre grauen Haare nicht, der Kuppler eines solchen Weibes zu werden? Ich will nichts mehr hören; ich habe mein Glück zu Grabe getragen, Sie sehen, ich traure um meine Seligkeit; ich habe meinen schwarzen Schlafrock an, schon dies sollte Ihnen, wenn Sie sich entfernt auf Psychologie verstehen, ein Zeichen sein, daß ich jene Person für mich als gestorben ansehe. O Giuseppa, Giuseppa!"

„Wertester Herr Kapellmeister", unterbrach ihn der Doktor, „so hören Sie *mich* nur an –"

„Hören? was wissen Sie von Hören? Lauschen Sie, wenn Sie von Hören sprechen; ich will prüfen, ob du Gehör hast, Alter! Siehe, das ist das Weib", fuhr er fort, indem er den Flügel aufriß und einiges spielte, das übrigens dem Doktor, der kein großer Musikkenner war, vorkam wie andere Musik auch; „hören Sie dieses Weiche, Schmelzende, Anschmiegende? Aber bemerken Sie nicht in diesen Übergängen das unzuverlässige, flüchtige, charakterlose Wesen dieser Geschöpfe? Aber hören Sie weiter", sprach er mit erhobener Stimme und glänzendem Auge, indem er die weiten Ärmel des Trauerschlafrockes zurückschüttelte; „wo Männer wirken, ist Kraft und Wahrheit; hier kann nichts Unreines aufkommen, es sind heilige, göttliche Laute!" Er hämmerte mit großer Macht auf den Tasten umher, aber dem Doktor wollte es wieder bedünken, als seie dies nur ganz gewöhnliche Musik.

„Sie haben da eine sonderbare Charakteristik der Menschen", sagte er, „da wir doch einmal so weit sind, dürfte ich Sie nicht bitten, Verehrter! daß Sie mir doch einmal einen Medizinalrat auf dem Klavier vorstellten?"

Der Musiker sah ihn verächtlich an; „Wie magst du nur mit einem schlechten, quiekenden Cis hereinfahren, Erdenwurm, wenn ich den herrlichen, strahlenwerfenden Akkord anschlage!"

Die Antwort des Doktors wurde durch ein Klopfen an der Tür unterbrochen; eine kleine verwachsene Figur trat herein, machte eine Reverenz und sprach: „Der kranke Herr auf Nro. 53 läßt den Herrn Kapellmeister höflichst ersuchen, doch nicht so gar erschrecklich zu hantieren und zu haselieren, was maßen derselbe von gar schwacher Konstitution und dem zeitlichen Hinscheiden nahe ist."

„Ich lasse dem Herrn meinen gehorsamsten Respekt vermelden", erwiderte der junge Mann, „und meinetwegen könne er abfahren, wann es ihm gefällig. Es graut mir ohnedies alle Nacht vor seinem Jammern und Stöhnen, und das Greulichste sind mir seine gottlosen Flüche und sein tolles Lachen. Meint vielleicht der Franzose, er seie allein Herr im Hotel de Portugal? Geniert er mich, so geniere ich ihn wieder."

„Aber verzeihen Euer Hochedelgeboren", sagte der verwachsene Mensch, „er treibt's nicht mehr lange, wollen Sie ihm nicht die letzten Augenblicke –"

„Ist er so gar krank, der Herr?" fragte der Medizinalrat teilnehmend, „was fehlt ihm, wer behandelt ihn? wer ist er?"

„Wer er ist, weiß ich gerade nicht; ich bin der Lohnlakai; ich denke, er nennt sich Lorier und ist aus Frankreich; vorgestern war er noch wohlauf aber etwas melancholisch, denn er ging gar nicht aus, hatte auch keine Lust die Merkwürdigkeiten dieser Stadt zu sehen, aber am andern Morgen fand ich ihn schwerkrank im Bette; es scheint, er hat in der Nacht einen Schlaganfall bekommen. Aber um alle Welt will er keinen Arzt. Er flucht gräßlich, wenn ich frage, ob ich keinen zu ihm führen solle. Er pflegt und verbindet sich selbst; ich glaube, er hat auch eine alte Schußwunde aus dem Krieg, die jetzt wieder aufgegangen ist."

Man hörte in diesem Augenblicke den Kranken nebenan mit heiserer Stimme rufen und einige Verwünschungen ausstoßen. Der Lohnlakai schlug drei Kreuze und flog hinüber.

Der Doktor versuchte noch einmal, ob seine Reden bei dem verstockten Liebhaber keinen Eingang fänden, und wirklich schien es diesmal zu gelingen. Er hatte eine Partitur in die Hand genommen, aus welcher er mit leiser Stimme vor sich hinsang; der Doktor benützte diese ruhigere Stimmung und fing an ihm das Leben der Sängerin zu erzählen. Anfangs schien der Kapellmeister nicht darauf zu achten; er las emsig in seiner Partitur und tat, als sei außer ihm niemand im Zimmer; nach und nach aber wurde er aufmerksamer, er hörte auf zu singen; bald hob sich zuweilen sein Auge über die Partitur und streifte glühend über des Doktors Gesicht, dann ließ er das Notenheft senken, und sah den Erzähler fest an, sein Interesse schien mehr und mehr zu wachsen, seine Augen glänzten, er rückte näher, er faßte den Arm des Mediziners, und als dieser seine Erzählung schloß, sprang er in großer Bewegung auf, und rannte im Zimmer auf und nieder. „Ja", rief er, „es liegt Wahrheit darin, ein Schein von Wahrheit, eine Wahrscheinlichkeit; es ist möglich, es könnte etwa so gewesen sein; Teufel! könnte es nicht auch eine Lüge sein?"

„Das heißt man glaube ich decrescendo in Ihrer werten Kunst,

Herr Kapellmeister; aber warum denn bei dieser Sache so von der Wahrheit bis zur Lüge herabsteigen? Wenn ich Ihnen nun einen Bürgen für die Wahrheit stellte? Maestro, wie dann?"

Boloni blieb sinnend vor ihm stehen: „Ha! wer dieses könnte, Medizinalrat, in Gold wollte ich dich fassen, schon dieser Gedanke verdient groß und königlich belohnt zu werden. Ja! wer mir Bürge wäre! – Es ist alles so finster – verworrene Labyrinthe – kein Ausgang – kein leitendes Gestirn!"

„Wertgeschätzter Freund", unterbrach ihn der Doktor; „ich ertappe Sie hier auf einer Reminiszenz aus Schillers ‚Räubern', so in der Cottaschen Taschenausgabe stehet, wenn ich mich recht erinnere. Demungeachtet weiß ich einen solchen Bürgen, ein solches leitendes Gestirn."

„Ha! wer mir einen solchen gäbe!" rief jener; „er sei mein Freund, mein Engel, mein Gott – ich will ihn anbeten!"

„Es ist zwar in der angeführten Stelle von einem Schwert die Rede, womit man der Otternbrut eine brennende Wunde versetzen will; nichtsdestoweniger aber will ich Sie überzeugen; jener Gesandte, der die arme Giuseppa in seinem Hause aufnahm, logiert zufällig hier im Hause auf Nr. 6; belieben Sie einen Frack anzuziehen und ein Halstuch umzuknüpfen, so werde ich Sie zu ihm führen; er hat mir versprochen, Sie zu überzeugen."

Der junge Mann drückte gerührt die Hand des Arztes, doch auch jetzt noch konnte er ein gewisses erhabenes Pathos nicht verbergen. „Ihr wart mein guter Engel", sagte er; „wie vielen Dank bin ich für diesen Wink Euch schuldig; ich fahre nur geschwind in meinen Frack, und sogleich folg ich Euch zu dem Gesandten."

Die Aussöhnung mit dem Geliebten schien beinahe noch von größerer Wirkung auf die Sängerin zu sein, als die kunstreichsten Tränklein ihres Arztes. Ihre Gesundheit besserte sich in den nächsten Tagen zusehends, und bald war sie so weit hergestellt, daß sie die Besuche ihrer teilnehmenden Freunde außer dem Bette empfangen konnte. Diese Wendung ihres Zustandes mochte der Direktor der Polizei abgewartet haben, um die Sache weiterzuverfolgen. Er war ein umsichtiger Mann und der Ruf sagte von ihm, daß ihm nicht leicht einer entgehe, auf den er einmal sein Auge geworfen, sollte er auch hundert und mehrere Meilen entfernt sein. Von dem Medizinalrat war ihm die Geschichte der Sängerin mitgeteilt worden, er hatte sodann mit dem

Baron Martinow noch weitere Rücksprache genommen, und einiges erfahren, was ihm von großem Interesse schien. Der Gesandte hatte ihm nämlich gestanden, daß er von dem Vorfall mit der jungen Fiametti Gelegenheit genommen, das ruchlose Leben des Chevalier de Planto höheren Orts zu berühren. Er hatte nicht versäumt, hauptsächlich den Umstand, daß jenes arme Kind eigentlich verkauft wurde, ins rechte Licht zu setzen. Jenes berüchtigte Haus wurde kurze Zeit darauf von der Polizei aufgehoben, und der Baron schien dies hauptsächlich den Schritten, die er in der Sache getan, zuzuschreiben. Auch er hatte von dem Tod des Chevaliers gehört, glaubte aber mit dem Polizeidirektor, daß dies nur ein Kunstgriff gewesen sei, um sein Gewerbe sicherer fortzusetzen, denn beide hegten keinen Zweifel, jener Mordversuch an der Sängerin könne nur von diesem schrecklichen Menschen herrühren. Wie schwer war es aber der Spur dieses Mörders zu folgen; die Fremden, die sich damals zu B. aufhielten, waren, wie der Direktor versicherte, alle unverdächtig; nur zwei Umstände konnten zu Gewisserem führen; das Schnupftuch, welches sich im Zimmer der Fiametti gefunden hatte, könnte, wenn man irgendwo ein ähnliches sah, zur Entdeckung leiten; es war daher die genaueste Beschreibung davon in den Händen aller jener Nähterinnen und Waschfrauen, welche die Garderobe der Fremden in B. zu besorgen pflegten. Sodann glaubte der Direktor aus psychologischen Gründen annehmen zu können, daß ein zweiter Versuch auf das Leben der Sängerin bald folgen würde, im Falle sich nämlich der Mörder noch in der Nähe aufhielte.

Sobald daher die Sängerin wieder bei Kräften war, begleitete der Direktor der Polizei den Doktor Lange, sooft er sie besuchte; es wurden dort manche Maßregeln besprochen, manche schienen gut, aber nicht wohl auszuführen, manche wurde geradehin verworfen. Giuseppa selbst kam endlich auf einen Gedanken, der den beiden Männern sehr einleuchtete. „Der Doktor", sagte sie, „hat mir erlaubt in der nächsten Woche wieder auszugehen; wenn er nichts dagegen hat, würde ich auf der letzten Redoute des Karnevals zuerst wieder unter den Leuten erscheinen; es hat etwas Anziehendes für mich, mich dort, wo mein Unglück eigentlich anfing, zum erstenmal zu zeigen. Wenn wir dafür sorgen, daß dies in B. hinlänglich bekannt wird, und wenn der Chevalier noch hier ist, so bin ich wie von meinem Leben überzeugt, daß er, unter irgendeiner Maske sich wieder in meine Nähe dringt. Er wird sich zwar hüten zu sprechen, er wird durch nichts sich verraten, aber seine Anschläge auf mein Leben wird er nicht ruhen lassen, und ich will ihn aus Tausenden erkennen. Seine Größe, seine Gestalt, vor allem seine Augen werden mir ihn kenntlich machen. Was meinen Sie, meine Herrn?"

Der Plan schien nicht übel. „Ich wollte wetten", sagte der Direktor, „wenn er erfährt, Sie kommen auf diesen Ball, so bleibt er nicht aus; sei es auch nur, um den Gegenstand seiner Rache wiederzusehen und seiner Wut neue Nahrung zu geben. Ich denke übrigens, Sie sollten keine Larve vors Gesicht nehmen, er wird Sie dann um so leichter erkennen, um so eher in Ihre Nähe, in seine Falle gehen; ich werde ein paar tüchtige Bursche in Dominos stecken und sie Ihnen zur Eskorte geben; auf ein Zeichen von Ihnen soll der alte Fuchs gefangen sein."

Babette, das Kammermädchen der Sängerin war während dieses Gespräches ab- und zugegangen; sie hatte gehört, wie ihre Dame entschlossen sei, den Mörder oder seine Gehülfen ausfindig zu machen, sie glaubte es sich selbst schuldig zu sein, nach Kräften zu dieser Entdeckung beizutragen. Sie paßte daher den Direktor ab, faßte sich ein Herz und sagte, sie habe schon neulich den Doktor auf einen Umstand aufmerksam gemacht, der zur Entdeckung führen könnte, er scheine aber nicht darauf zu achten.

„Kein Umstand ist bei solchen Vorfällen gering, meine liebe Kleine", antwortete der Mann der Polizei; „wenn Sie irgend etwas wissen –"

„Ich glaube fast, Signora ist zu diskret und will nicht recht mit der Sprache heraus; als sie den Stich bekam und in meinen Armen ohnmächtig wurde, war ihr letzter Seufzer – ‚Bolnau‘."

„Wie?" rief der Direktor entrüstet, „und das verschwieg man mir bis jetzt? einen so wichtigen Umstand; haben Sie auch recht gehört, ‚Bolnau‘?"

„Auf meine Ehre", sagte die Kleine und legte die Hand beteuernd auf das Herz, „‚Bolnau‘, sagte sie und so schmerzlich, daß ich nicht anders glaube, als so heißt der Mörder; aber bitte, verraten Sie mich nicht!"

Der Direktor hatte den Grundsatz, daß kein Mensch, er sehe so ehrlich aus als er wolle, zu gut zu einem Verbrechen sei. Der Kommerzienrat Bolnau, und einen andern wußte er nicht in dieser Stadt, war ihm zwar als ein geordneter Mann bekannt, aber – hatte man nicht Beispiele, daß gerade solche Leute, denen man vor der Welt nichts nachsagen konnte, der Justiz am meisten zu schaffen machten? konnte er nicht mit diesem Chevalier de Planto unter einer Decke spielen? Er setzte unter diesen Betrachtungen seinen Weg weiter fort, er näherte sich der Breiten Straße, es fiel ihm bei, daß um diese Zeit der Kommerzienrat sich dort zu ergehen pflege; er beschloß, ihm ein wenig auf den Zahn zu fühlen. Richtig dort kam er die Straße herab, er grüßte rechts, er grüßte links, er sprach alle Augenblicke mit einem Bekannten, er lächelte, wenn er weiterging, vor sich hin, er schien munter und guter Dinge zu sein. Er mochte etwa noch fünfzig Schritte vom Direktor entfernt sein, als er diesen ansichtig wurde; er erbleichte, er wandte um und wollte in eine Seitenstraße einbiegen. Ein verdächtiger, sehr verdächtiger Umstand! dachte der Direktor, lief ihm nach, rief seinen Namen und brachte ihn zum Stehen. Der Kommerzienrat war ein Bild des Jammers; er brachte in hohlen Tönen ein „bon jour, bon jour" hervor, er schien lächeln zu wollen, aber die Augen gingen ihm über und sein Gesicht verzog sich krampfhaft; seine Knie zitterten, seine Zähne schlugen hörbar aneinander.

„Ei ei, Sie machen sich recht rar. Habe Sie schon ein paar Tage nicht an meinem Fenster vorbeigehen sehen; Sie scheinen nicht recht wohl zu sein?" setzte der Direktor mit einem stechenden Blicke hinzu, „Sie sind so blaß; fehlt Ihnen etwas?"

„Nein – es ist nur so ein kleines Frösteln – ich war wirklich einige Tage nicht wohl, aber gottlob, es geht mir besser."

„So? Sie waren nicht wohl?" fragte jener weiter; „das hätte ich kaum gedacht; ich glaubte, Sie doch noch vor wenigen Tagen auf der Redoute recht munter zu sehen."

„Ja freilich; aber gleich den folgenden Tag mußte ich mich legen; ich bekam meine Zufälle wieder, aber ich bin jetzt ganz wieder hergestellt."

„Nun, da werden Sie nicht versäumen die nächste Redoute zu besuchen; es ist die letzte und soll sehr brillant werden; ich hoffe Sie dort zu sehen; bis dahin adieu! Herr Kommerzienrat."

„Werde nicht mankieren!" rief ihm der Kommerzienrat Bolnau mit jammervollen Mienen nach; „der hat Verdacht!" sprach er zu sich; „der weiß etwas von dem Wort der Sängerin. Zwar sie soll wieder hergestellt sein; aber kann nicht der Verdacht im Herzen dieses Polizisten um sich fressen? Kann er mich nicht aus Argwohn beobachten lassen? Die geheime Polizei wird mich verfolgen; auf allen meinen Schritten und Tritten sehe ich schlaue, fremde Gesichter. Ich darf nichts mehr reden, so wird es rapportiert, gedeutet; ich werde, o Gott im Himmel, ich werde ein unruhiger Kopf, ein gefährliches Individuum; und doch lebte ich still und harmlos wie Wilhelm Tell im 4. Akt!"

So sprach der unglückliche Bolnau bei sich; seine Angst vermehrte sich, als er über die verfängliche Frage wegen der nächsten Redoute nachdachte; „Er meint gewiß, ich werde mich nicht in die Nähe der Sängerin wagen, aus bösem Gewissen; aber ich muß hin, ich muß ihm diesen Verdacht benehmen! und doch – wird mich nicht in ihrer Nähe ein Zittern und Beben überfallen, gerade weil er glauben kann, ich werde aus Gewissensbissen und Angst zittern?" Er quälte sich ab mit diesen Vorstellungen, sie beschäftigten ihn tagelang, er erinnerte sich, daß ein berühmter Schriftsteller in einer Schrift bewiesen habe, daß man Angst vor der Angst haben könne, und dies schien ihm ganz sein Fall zu sein. Aber er fühlte, daß er sich ein Herz fassen und der Gefahr entgegengehen müsse. Er ließ sich vom Maskenverleiher den prachtvollen Anzug des Pascha von Janina holen; er zog ihn alle Tage an und übte sich vor einem großen Spiegel, recht unbefangen aus seiner Maske hervorzuschauen. Er machte sich aus seinem Schlafrock eine Puppe und setzte sie auf einen Sessel; sie stellte die Sängerin Fiametti vor. Er ging als Pascha um sie her, näherte sich ihr und sprach: „Es freuet mich unendlich, Sie in so erwünschtem Wohlbefinden zu sehen." Am dritten Tag konnte er seine Lektion schon ganz ohne Zittern sagen, daher legte er sich noch Schwereres auf. Er wollte recht artig und unbefangen sein und ihr einen Teller mit Bonbons und Punsch offerieren. Er übte sich mit einem Glas Wasser, das er auf einen Teller setzte. Von Anfang klirrte es schrecklich in seiner zitternden Hand; aber auch diese Schwachheit überwand er, ja er konnte ganz lustig dazu sagen: „Verehrte, beliebt Ihnen nicht etwas weniges Punsch und etliche Bonbons?" Es ging trefflich; kein Sterblicher sollte ihn beben sehen. Ali Pascha von Janina fühlte Mut in sich, trotz seiner Angst vor der Angst auf die Redoute zu gehen.

Der Medizinalrat Lange hatte es sich nicht nehmen lassen, die Genesene zum erstenmal wieder unter die Leute zu führen. Sie hatte es ihm gerne zugesagt; hatte er doch durch seine treue Pflege, durch die väterliche Sorgfalt, womit er sich ihrer angenommen, ein Recht auf ihre wärmste Dankbarkeit gewonnen. So kam er mit ihr auf die Redoute und er schien sich nicht wenig auf den Platz an der Seite des schönen, interessanten Mädchens zugut zu tun. Die Leute in B. sind ein sonderbares Volk. In den ersten Tagen hatte man von den nobelsten Salons bis hinab in die Bierschenken von der Sängerin Übles gesprochen, als aber Männer von Gewicht sich ihrer annahmen, als angesehene Damen sich öffentlich für sie erklärten, drehte sich die Fahne nach dem Wind, und die B. . . liefen, gerührt über das Schicksal des armen Kindes, in den Straßen umher, und starben bald vor Entzücken, daß sie genesen. Als sie in den Saal der Redoute trat, schien alles nur auf sie als die Königin des Festes gewartet zu haben; man jubelte und jauchzte, man klatschte in die Hände und rief „bravo!" als hätte sie eben die schwersten Rouladen zustande gebracht. Auch dem Medizinalrat fiel sein Anteil am Beifall zu: „Sehet der ist's", riefen sie, „das ist ein geschickter Mann, der hat sie gerettet."

Die Sängerin fühlte sich freudig bewegt von diesem Beifall der Menge; ja sie hätte, berauscht von dem Gemurmel der Glückwünschenden, beinahe vergessen, daß sie noch ein ernsterer Zweck in diesen Saal geführt habe; aber die vier handfesten Dominos, die ihren Schritten folgten, die Fragen des Doktors, ob sie die grauen Augen des Chevaliers noch nicht ansichtig geworden, erinnerten sie immer wieder an ihr Vorhaben. Ihr selbst und dem Doktor war es nicht entgangen, daß ein langer, hagerer Türke (man hieß in B. sein Kostüm den „Ali Bassa") sich immer in ihre Nähe dränge; und sooft der Strom der Masken ihn wegriß, immer war er ihnen wieder zur Seite. Die Sängerin stieß den Doktor an und winkte mit den Augen nach dem Pascha hin. Er erwiderte ihren Wink und sagte: „Ich habe ihn schon lange bemerkt." Der Pascha näherte sich mit ungewissen Schritten; die Sängerin klammerte sich fester an Langes Arm; er war jetzt ganz nahe, starre, graue Äuglein guckten aus der Maske und eine hohle Stimme sprach zu ihr: „Es freut mich unendlich, wertgeschätzte Mamsell, Sie in so erwünschtem Wohlsein zu sehen." Die Sängerin wandte sich erschreckt ab und schien zu zittern; auch die Maske fuhr bei diesem Anblick bebend zurück, und verschwand unter der Menge. „Ist er es?" rief der Medizinalrat; „fassen Sie sich doch; es gilt hier, ruhig und mit Umsicht zu handeln; glauben Sie er ist es?" „Noch weiß ich es nicht gewiß", entgegnete sie; „aber ich glaube seine Augen zu erkennen."

Der Medizinalrat gab den 4 Dominos die Weisung, recht genau auf diesen Pascha achtzugeben, und ging mit der Dame weiter. Aber kaum hatte er einige Gänge durch den Saal gemacht, so erschien der Türke wieder; doch hielt er sich mehr in der Entfernung, als beobachte er die Sängerin.

Der Doktor trat mit seiner Dame an ein Buffet, um ihr auf den gehabten Schrecken eine Tasse Tee zu verordnen; er sah sich um — auch hier wieder der Türke. Und siehe da, jetzt hatte er auf einem Tellerlein ein Glas Punsch und einige Bonbons; er nähert sich der Sängerin, seine Augen funkeln, das Glas hüpft und klappert in seltsamen Klängen auf dem zitternden Teller; er ist an ihrer Seite, er bietet ihr den Teller, und sagt: „Verehrte, beliebt Ihnen nicht etwas weniges Punsch und etliche Bonbons?" Die Sängerin sah ihn starr an, sie erbleichte, sie stieß den Teller zurück und rief: „Ha! der Schreckliche! er ist's, er ist's, er will mich vergiften!"

Der Pascha von Janina stand stumm und regungslos, er schien jeden Gedanken an Verteidigung aufzugeben; willenlos ließ er sich von den vier handfesten Dominos hinwegführen.

Beinahe in demselben Augenblicke wurde der Doktor heftig an seinem schwarzen Mantel gezogen; er sah sich um, jener kleine verwachsene Lohnlakai aus dem „Hotel de Portugal" stand vor ihm, bleich und von Schrecken entstellt: „Um Gottes Barmherzigkeit willen Herr Medizinalrat kommen Sie doch gefälligst mit mir auf Nr. 53, eben will der Teufel den französischen Herrn holen."

„Was schwatzt Er da?" sagte der Doktor unwillig und wollte ihn auf die Seite schieben, um dem Gefangenen auf die Polizeidirektion zu folgen; „was geht es mich an, wenn ihn der Satan zu sich nimmt?"

„Aber ich bitte Sie", rief der Kleine beinahe heulend, „er kann vielleicht doch gerettet werden; Hochdieselben sind ja Stadtphysikus allhier und verpflichtet, zu den Fremden in den Hotellern zu kommen."

Der Medizinalrat unterdrückte einen Fluch, der ihm auf der Zunge schwebte; er sah, daß er diesem unangenehmen Gang nicht ausweichen könne, er winkte den Kapellmeister Boloni herbei, übergab ihm die Sängerin, und eilte mit dem kleinen Menschen nach dem Hotel de Portugal.

Es war still und öde in diesem großen Gasthof, Mitternacht war beinahe schon vorüber, die Lampen in den Gängen und

Treppen brannten düster und trübe; es war dem Medizinalrat
unheimlich zumut, als er zu dem einsamen Kranken hinanstieg.
Der Lakai schloß die Türe auf, der Doktor trat ein, wäre aber
beinahe wieder zurückgesunken. Denn ein Wesen, das seit einigen Tagen unablässig seine Phantasie im Wachen und im Schlafe
beschäftigt hatte, saß hier wirklich und verkörpert im Bette. Es
war ein großer, hagerer, ältlicher Mann, er hatte eine spitzig auf-
stehende wollene Schlafmütze tief in die Stirne gezogen, seine
enge Brust, seine langen dünnen Arme waren mit Flanell über-
kleidet, unter der Mütze ragte eine große, spitzige Nase aus
einem mageren, braungelben Gesicht hervor, das man schon tot
und erstorben geglaubt hätte, wären es nicht ein Paar graue,
stechende Augen gewesen, die ihm noch etwas Leben und einen
schrecklichen, grauenerregenden Ausdruck gaben. Seine langen
dünnen Finger, die mit den hageren Gelenken weit aus den Ärmeln hervorragten, hatte er zusammengekrümmt, er kratzte mit
heiserem, wahnsinnigen Lachen auf der Bettdecke.

„Schaut! er kratzt sich schon sein Grab!" flüsterte der kleine
Mensch, und weckte damit den Doktor aus seinem Hinstarren
auf den Kranken. So, geradeso, hatte sich dieser den Chevalier
de Planto gedacht, dieses tückische graue Auge, diese unheilver-
kündenden Züge, diese dürre, gespensterhafte Figur – es war
hier alles, was die Sängerin von jenem schrecklichen Manne gesagt hatte. Doch er besann sich, kam er denn nicht jetzt eben von
der Verhaftung jenes Chevaliers? Konnte nicht ein anderer
Mann auch graue Augen haben? war es zu verwundern, daß ein
Kranker abgefallen und bleich war? Der Doktor lachte sich
selbst aus, fuhr mit der Hand über die Stirne, als wolle er diese
Gedanken hinwegwischen und trat an das Bett. – Doch, noch
nie hatte er in so langen Jahren am Bette eines Kranken Grauen
und Furcht gefühlt – hier, es war ihm unerklärlich, hier befiel
ihn eine Beengung, ein Schauer, den er umsonst abzuschütteln
suchte, und er fuhr unwillkürlich zurück, als er die feuchte, kalte
Hand in der seinigen fühlte, als er lange umsonst nach einem
Puls suchte.

„Der dumme Kerl", rief der Kranke mit heiserer Stimme, indem er bald Französisch, bald schlechtes Italienisch und gebro-
chenes Deutsch untereinanderwarf, „der dumme kleine Kerl hat
mir, glaube ich, einen Doktor gebracht. Sie werden mir verzeihen, ich habe nie viel von Ihrer Kunst gehalten. Das einzige,
was mich heilen kann, sind die Bäder von Genua; ich habe der

Bête schon befohlen, daß er mir Postpferde bestellt; ich werde heute nacht noch abfahren."

„Freilich wird er abfahren", murmelte der kleine Mensch; „aber mit sechs kohlschwarzen Rappen; und nicht nach Genua, wo der selige Fiesco ertrunken, sondern dahin, wo Heulen und Zähneklappern."

Der Doktor sah, daß hier wenig mehr zu machen sei; er glaubte die Vorzeichen des nahen Todes in den Augen, in den unruhigen Bewegungen des Kranken zu lesen, selbst jene Sehnsucht zu reisen und hinaus ins Weite zu kommen, war schon oft der Vorbote eines schnellen Endes gewesen. Er riet ihm daher, sich ruhig niederzulegen und versprach ihm einen kühlen Trank zu bereiten.

Der Kranke lachte grimmig; „Liegen, ruhig liegen?" antwortete er. „Wann ich liege, höre ich auf zu atmen; ich muß sitzen, im Wagen muß ich sitzen, fort, weit fort! – Was sagt der kleine Mensch? hat er die Pferde bestellt? kleiner Hund, hast du mein Gepäck in Ordnung?"

„Ach Herr und Vater!" krächzte der Kleine, „jetzt denkt er an sein Gepäck; ja einen schweren Pack Sünden nimmt er mit, der Unmensch. Es ist nicht an den Himmel zu malen, was er geflucht und gotteslästerliche Reden geführt hat."

Der Medizinalrat faßte noch einmal die Hand des Kranken. „Fassen Sie Vertrauen zu mir", sagte er; „vielleicht kann Ihnen die Kunst doch noch nützen; Ihr Diener sagt mir, es seie Ihnen eine Schußwunde wieder aufgegangen; lassen Sie mich untersuchen." Murrend bequemte sich der Kranke dazu, er deutete auf seine Brust. Der Arzt nahm einen schlechtgemachten Verband weg, er fand – eine Stichwunde nahe am Herzen. – Sonderbar! es war dieselbe Größe, derselbe Ort, wie die Wunde der Sängerin.

„Das ist eine frische Wunde, ein Stich!" rief der Doktor, und sah den Kranken mißtrauisch an. „Woher haben Sie diese Wunde?"

„Sie glauben wohl, ich habe mich geschlagen? nein beim Teufel! ich hatte ein Messer in der Brusttasche, fiel eine Treppe herab und habe mich ein wenig geritzt."

Ein wenig geritzt! dachte Lange; und doch wird er an dieser Wunde sterben.

Er hatte indessen Limonade bereitet und bot sie dem Kranken; dieser führte sie mit unsicherer Hand zum Munde, sie schien ihn

zu erquicken; er war einige Momente still und ruhig, doch, als
er sah, daß er einige Tropfen auf die Decke gegossen hatte, fing
er an zu fluchen und verlangte ein Schnupftuch. Der Lakai flog
zu einem Koffer, schloß auf und brachte ein Tuch heraus – der
Doktor sah hin, eine schreckliche Ahnung stieg in ihm auf – er
sah wieder hin, es war dieselbe Farbe, derselbe Stoff, es war das
Tuch, das man bei der Sängerin gefunden. Der kleine Mensch
wollte es dem Kranken überreichen, er stieß es zurück; „Gehe zu
allen Teufeln, du Tier! wie oft muß ich es sagen, Eau d'Héliotrope darauf!" Der Diener holte eine kleine Flasche hervor und
besprengte das Tuch; ein angenehmer Geruch verbreitete sich im
Zimmer – es war dasselbe Parfüme, das jenes gefundene Tuch an
sich getragen.

Der Medizinalrat bebte an allen Gliedern; es war kein Zweifel
mehr, er hatte hier den Mörder der Sängerin Fiametti, er hatte
den Chevalier de Planto vor sich. Es war ein Hülfloser, ein
Kranker, ein Sterbender, der hier im Bette saß, aber dem Doktor
war es, als könne er alle Augenblicke aus dem Bette fahren und
nach seiner Kehle greifen, er ergriff seinen Hut, es trieb ihn fort
aus der Nähe des Schrecklichen.

Der kleine Lakai packte ihn am Rock, als er ihn gehen sah;
„Ach Wohledler!" stöhnte er, „Sie werden mich doch nicht bei ihm
allein lassen wollen? Ich halte es nicht aus; wenn er jetzt stürbe
und dann sogleich als flanellenes Gespenst mit der Zipfelmütze
auf dem Schädel im Zimmer auf und ab spazierte! Um Gottes
Barmherzigkeit willen, verlassen Sie mich nicht!"

Der Kranke grinzte fürchterlich und lachte und fluchte untereinander, er schien dem Kleinen zu Hülfe kommen zu wollen,
er streckte ein langes, dürres Bein aus dem Bette, er krallte die
dünnen Finger nach dem Doktor. Doch dieser hielt es nicht mehr
aus; der Wahnsinn schien ihn anzustecken, er warf den Kleinen
zurück und floh aus dem Zimmer, noch auf den untersten Treppen hörte er das gräßliche Lachen des Mörders.

Am Morgen nach dieser Nacht fuhr ein hübscher Stadtwagen
vor dem Hotel de Portugal vor; es stiegen drei Personen, eine
verschleierte Dame und zwei ältliche Herrn heraus und stiegen
die Treppe hinan. „Ist der Herr Oberjustizreferendarius Pfälle
schon oben?" fragte der eine dieser Herren den Kellner, der sie
hinaufführte; dieser bejahte und der Herr fuhr fort: „Und doch
ist es eine sonderbare Fügung des Schicksals, daß er die Treppe

hinabstürzt und sich selbst den Dolch in die Brust stößt! daß er sich selbst verhindert zu entfliehen! daß gerade Sie, Lange, zu ihm beschieden werden!"

„Gewiß", sagte die verschleierte Dame, „finden Sie aber nicht auch ein eigentliches Verhängnis in diesen Schnupftüchern? Das eine mußte er bei mir liegenlassen, welcher Zufall! das andere muß er gerade in dem Augenblick verlangen, wo der Doktor noch bei ihm ist."

„Es mußte so gehen", erwiderte der zweite Herr, „man kann nichts sagen, als es mußte so kommen. Aber in diesem Strudel hätte ich beinahe etwas vergessen; sagen Sie, was ist es denn mit dem Pascha von Janina? Signora mußte sich offenbar getäuscht haben. Sie haben ihn wieder auf freien Fuß gesetzt? wer war der arme Teufel?"

„Mitnichten und im Gegenteil", sprach der erstere, „ich habe mich überzeugt, daß es ein Mitschuldiger des Chevalier ist, dem ich schon lange auf der Spur bin. Ich habe ihn schon hieher bringen lassen, er wird mit dem Mörder konfrontiert werden."

„Nicht möglich!" rief die Dame; „ein Mitschuldiger?"

„Ja! ja!" sagte der Herr mit schlauem Lächeln, „ich weiß allerlei, wenn man mir es auch nicht angibt. Aber gottlob, wir sind oben, hier ist ja gleich Nro. 53. Mademoiselle, haben Sie die Güte, einstweilen hier auf 54 einzutreten; der Kapellmeister hat es erlaubt und wird Sie nicht hinauswerfen; dafür wollte ich stehen. Wann das Verhör an Sie kommt, werde ich Sie rufen."

Wir brauchen nicht erst zu sagen, daß diese drei Personen die Sängerin, der Doktor und der Direktor waren; sie kamen, um den Chevalier de Planto eines Mordversuches anzuklagen. Der Direktor und der Medizinalrat traten ein; der Kranke saß noch ebenso im Bette, wie ihn der Doktor in der Nacht gesehen; nur schienen beim Tageslicht seine Züge noch grasser, der Ausdruck seiner Augen, die schon zu erstarren anfingen, noch schauerlicher. Er sah bald den Doktor, bald den Direktor mit seelenlosen Blicken an, dann schien er nachzusinnen, was hier in seinem Zimmer vorgehe, denn der Referendarius Pfälle, ein kurzer, junger Mann mit roten Wangen und kleinen Äuglein hatte sich einen Tisch zurechtgestellt, einen Stoß Papier vor sich hingelegt und hielt eine lange Schwanenfeder in der Rechten um zu protokollieren.

„Bête, was wollen diese Herren?" rief der Kranke mit schwacher Stimme dem kleinen Lakaien zu; „du weißt ja, ich nehme keine Besuche an."

Der Direktor trat dicht vor ihn hin, sah ihn fest an, und sagte mit Nachdruck: „Chevalier de Planto!"

„Qui vive", schrie der Kranke und fuhr mit der Rechten an die Schlafmütze, als wolle er militärisch salutieren.

„Mein Herr, Sie sind der Chevalier de Planto?" fuhr jener fort.

Die grauen Augen fingen an zu glänzen, er warf stechende Blicke auf den Direktor und den Referendar, schüttelte mit höhnischer Miene den Kopf und antwortete: „Der Chevalier ist längst tot."

„So? wer sind denn Sie; antworten Sie, ich frage im Namen des Königs."

Der Kranke lachte: „Ich nenne mich Lorier; Bête, gib dem Herrn meine Pässe!"

„Ist nicht nötig; kennen Sie dies Tuch, mein Herr?"

„Was werde ich es nicht kennen. Sie haben es da von meinem Stuhl weggenommen; wozu diese Fragen, wozu diese Szenen? Sie genieren mich, mein Herr!"

„Belieben Sie auf Ihre linke Hand zu schauen", sagte der Direktor; „dort halten Sie ja Ihr Tuch; dieses hier fand sich im Hause einer gewissen Giuseppa Fiametti."

Der Kranke warf einen wütenden Blick auf die Männer; er ballte seine Faust und knirschte mit den Zähnen; er schwieg hartnäckig, obgleich der Direktor seine Fragen wiederholte. Dieser gab jetzt dem Doktor einen Wink, er ging hinaus und erschien bald darauf mit der Sängerin, dem Kapellmeister Boloni und dem . . . . schen Gesandten in dem Zimmer.

„Herr Baron von Martinow", wandte sich der Direktor zu diesem, „erkennen Sie diesen Mann für denselben, den Sie in Paris als Chevalier de Planto kannten?"

„Ich erkenne ihn für denselben", antwortete der Baron, „und wiederhole meine Aussagen über ihn, die ich früher zu Protokoll gab."

„Giuseppa Fiametti! erkennen Sie ihn für denselben, der Sie aus dem Hause Ihres Stiefvaters führte, in sein Haus nach Paris brachte, für denselben, den Sie eines Mordversuches beschuldigen?"

Die Sängerin bebte bei dem Anblick des fürchterlichen Mannes; sie wollte antworten, aber er selbst ersparte ihr jedes Geständnis. Er richtete sich höher auf, seine wollene Mütze schien spitziger aufzustehen, seine Arme waren steif, er schien sie mit Mühe zu bewegen, aber seine Finger krallten sich krampfhaft auf und zu; seine Stimme schlich sich nur noch leise und heiser aus der Brust herauf, selbst sein Lachen und seine Flüche wurden beinahe zum Geflüster. „Kommst du mich zu besuchen, Schepperl?" sagte er; „das ist schön von dir; nicht wahr, du weidest dich recht an meinem Anblick? Es ist mir wahrhaftig leid, daß ich dich nicht besser getroffen, ich hätte dir dadurch den Schmerz erspart, deinen Oheim vor seiner Abreise von diesen deutschen Tieren verhöhnt zu sehen."

„Was brauchen wir weiter Zeugnis?" unterbrach ihn der Direktor; „Herr Referendarius Pfälle, schreiben Sie einen Verhaftungsbefehl gegen —"

„Was tun Sie?" rief der Doktor, „sehen Sie denn nicht, daß ihm der Tod schon am Herzen ist? Er treibt es keine Viertelstunde mehr. Eilen Sie, wenn Sie noch etwas zu fragen haben."

Der Direktor befahl dem Lakai, den Gerichtsdiener zu rufen, sie sollen den Gefangenen heraufbringen; der Kranke sank mehr und mehr zusammen, sein Auge schien stillzustehen, es hatte nur eine Richtung, nach der Sängerin, aber auch jetzt noch schien Wut und Ingrimm daraus hervorzublitzen. „Schepperl", sprach er wieder, „du hast mich unglücklich gemacht, zugrunde gerichtet, darum verdientest du den Tod; du hast deinen Vater zugrund gerichtet, sie haben ihn auf die Galeere geschickt, weil er dich mir um Geld verkauft hat; er hat mich beschworen, dich umzubringen; es tut mir leid, daß ich gezittert habe. Verflucht seien diese Hände, die nicht einmal mehr sicher stoßen konnten!" Seine greulichen Verwünschungen, die er über sich und Giuseppa ausstieß, wurden durch eine neue Erscheinung unterbrochen. Zwei Gerichtsdiener brachten einen Mann in türkischer Kleidung; es war der unglückliche Ali Pascha von Janina — der Turban bedeckte das jammervolle Haupt des Kommerzienrats Bolnau. Alle erstaunten über diesen Anblick, besonders schien der Kapellmeister sehr betreten; er erblaßte und errötete und wandte sein Gesicht ab. „Monsieur de Planto", sprach der Direktor, „kennen Sie diesen Mann?" Der Kranke hatte die Augen geschlossen; er riß sie mühsam auf, und sagte: „Gehet zu allen Teufeln, ich kenne ihn nicht."

Der Türke sah die Umstehenden mit kummervoller Miene an;

„Ich wußte wohl, daß es so kommen werde", sprach er mit weinerlichem Tone. „Es hat mir schon lange geahnet. Aber Mademoiselle Fiametti, wie konnten Sie doch einen unschuldigen Mann so ins Unglück bringen?"

„Was ist denn mit diesem Herrn?" fragte die Sängerin; „ich kenne ihn nicht. Herr Direktor, was hat denn dieser getan?"

„Signora", sprach der Direktor mit tiefem Ernst, „vor den Gerichten gilt keine Nachsicht oder irgendeine Schonung, Sie müssen diesen Herrn kennen; es ist der Kommerzienrat Bolnau. Ihr eigenes Kammermädchen hat eingestanden, daß Sie bei dem Mord seinen Namen ausgerufen haben."

„Freilich!" klagte der Pascha, „meinen Namen genannt unter so verfänglichen Umständen!"

Die Sängerin erstaunte, eine tiefe Röte flog über ihr schönes Gesicht, sie ergriff in großer Bewegung den Kapellmeister bei der Hand: „Carlo", rief sie, „jetzt gilt es zu sprechen, ich kann es nicht verschweigen; ja, Herr Direktor, ich werde diesen teuren Namen genannt haben, aber ich meinte nicht jenen Herrn, sondern –"

„Mich!" rief der Kapellmeister und trat hervor, „ich heiße, wenn es mein lieber Vater dort erlaubt, Karl Bolnau!"

„Karl! Musikant! Amerikaner!" rief der Türke und umarmte ihn; „das ist das erste gescheute Wort in deinem Leben, du hast mich aus einem großen Jammer befreit."

„Wenn sich die Sache so verhält", sagte der Direktor, „so sind Sie frei, und wir haben in dieser Sache nur mit gegenwärtigem Herrn Chevalier de Planto zu tun." Er wandte sich um zu dem Bette; dort stand der Arzt und hielt die Hand des Mörders in der seinigen; er legte sie ernst und ruhig auf die Decke und drückte ihm die starren Augen zu. „Direktor", sagte er, „der macht es jetzt mit einem höheren Richter aus."

Man verstand ihn; sie gingen aus dem Gemach des furchtbaren Toten und traten drüben bei dem Kapellmeister, dem glücklichen, wiedergefundenen Sohne des Pascha ein; die Sängerin verbarg ihr Gesicht an der Brust des Geliebten, ihre Tränen strömten heftig, aber es waren die letzten, die sie ihrem unglücklichen Schicksal weinte; denn der Pascha ging lächelnd um das schöne Paar, er schien an einem großen Entschluß zu arbeiten; er besprach sich heimlich mit dem Medizinalrat und trat von diesem zu seinem Sohn und der Sängerin. „Liebste Mademoiselle", sprach er, „ich habe Ihretwegen vieles ausgestanden, Sie haben meinen Namen so verfänglich genannt, daß ich Sie bitte ihn mit dem Ihrigen zu vertauschen. Sie haben gestern meinen Teller mit Punsch verschmäht, werden Sie mich wieder zurückstoßen, wenn ich Ihnen gegenwärtigen Herrn Karl Bolnau, meinen musikalischen Sohn präsentiere, mit der Bitte ihn zu ehelichen?"

Sie sagte nicht nein; sie küßte mit Freudentränen seine Hand, der Kapellmeister schloß sie mit Entzücken in seine Arme und schien diesmal sein erhabenes Pathos ganz vergessen zu haben. Der Kommerzienrat aber faßte des Doktors Hand: „Lange, sage Er, hätte ich denken können, daß es so kommen würde, als Er mir den Schrecken in alle Glieder jagte; als ich die Scheiben des Palais zählte und Er mir sagte, ihr letztes Wort war Bolnau!"

„Nun! was will Er weiter!" antwortete der Medizinalrat lächelnd; „es war doch gut, daß ich es Ihm damals sagte; wer weiß, ob alles so gekommen wäre ohne das *letzte Wort der Sängerin.*"

DIE LETZTEN RITTER VON MARIENBURG

1. Ein Poet

„Guten Morgen, Neffe der Musen," rief mit munterem Ton der junge Rempen einem Bekannten zu, dem er am Markt begegnete; „Ihre Augen leuchten, Ihre Mienen drücken eine gewisse Behaglichkeit aus, und ich wollte wetten, Sie haben heute schon gedichtet."

„Wie man will, bester Stallmeister", entgegnete jener, „in Reimen zwar nicht, aber an meinem neuen Romane habe ich ein paar Kapitel geschrieben."

„Wie, an einem neuen Romane? das ist göttlich, auf Ehre! aber bitte Sie, warum so geheim mit solchen Dingen, so verschlossen gegen die nächsten Bekannte und Freunde? Sonst ließen Sie doch hin und wieder ein Wörtchen fallen über Anordnung und Charakter; lasen mir und andern einige Strophen, wie kömmt es denn, daß dies alles nun vorüber ist?"

„War es euch denn wirklich interessant?" fragte der Dichter nicht ohne wohlgefälliges Lächeln; „ich muß gestehen, mir selbst kommt, wenn ich etwas niedergeschrieben, alles so leer, so gemein, so langweilig vor, daß ich mich ennuyierte, wenn ich es nur in den Revisionsbogen wieder durchlas, da dachte ich denn, es möchte euch auch so gehen –"

„Uns! gewiß, es machte uns immer Vergnügen!"

„Gut, lassen Sie uns dort bei dem Italiener eintreten und etwas trinken, dabei will ich Ihnen den Plan meines neuen –"

„Wie!" rief der Freund des Dichters lachend, „so frühe am Tage schon in die Restauration? sind wir denn Leute aus einer neumodischen Novelle, daß wir gleich anfangs, des Tages nämlich, in einem Wirtshause sitzen müssen, als ob es außer der Kirche und der Weinstube kein öffentliches Leben mehr geben könnte!"

„Wie kommen Sie nur auf diese Vergleichung!" entgegnete jener. „Wie oft waren wir morgens bei Primavesi!"

„Es ging mir nur so durch den Kopf", sprach der Stallmeister;

„Gestehen Sie selbst, seit Tieck mit Marlowe und Greene im Wirtshause zusammenkam, glauben sie alle, es könne keinen schicklicheren Ort geben, um eine Novelle anzufangen; erinnern Sie sich nur an die Almanachs des letzten Jahres; doch Sie selbst sind ja solch ein Stück von einem Poeten, und wenn Sie durchaus heute mit dem Italiener anfangen wollen, so mögen Sie Ihren Willen haben."

„Sie werden erwartet, Herr Doktor Zundler", sagte der Italiener, als die beiden Männer in den Keller traten; „der Buchhändler Kaper sitzt schon seit einer Viertelstunde im Eckstübchen und fragte oft nach Ihnen."

Der Stallmeister machte Miene, sich entfernen zu wollen, Doktor Zundler aber faßte hastig seine Hand: „Bleiben Sie immer!" rief er. „Kommen Sie mit zu dem Buchhändler; er wird wohl von meinem neuen Romane gehört haben und mir Verlag anbieten; da können Sie einmal sehen, wie unsereiner Geschäfte macht, habe ich ja selbst schon oft Ihren Pferdeeinkaufen beigewohnt."

Der Stallmeister folgte; in einer Ecke sah er einen kleinen bleichen Mann, der hastig an einem Rippchen zehrte, und sooft er einen Bissen getan, Lippen und Finger ableckte; er erinnerte sich, diese Figur hie und da durch die Straßen schleichen gesehen zu haben, und hatte den Mann immer für einen Krämer gehalten; jetzt wurde ihm dieser als Buchhändler Kaper vorgestellt. Zur Verwunderung des Stallmeisters sprach er nicht zuerst den Dichter, sondern ihn selbst an: „Herr Stallmeister", sprach er, „schon lange habe ich mich gesehnt, Ihre werte Bekanntschaft zu machen. Wenn Sie oft an meinem Gewölbe vorbeiritten, ritten, ich darf sagen, wie ein Gott, da sagte ich immer zu meinem Buchhalter, und auf Ehre es ist wahr, ‚Winkelmann', sagte ich (Sie kennen ihn ja, Herr Doktor), ‚Winkelmann, es fehlt uns schon lange an einem tüchtigen Pferde- und Bereiterbuch. Der Pferdealmanach erscheint schon lange nicht mehr und was letzthin der Herr Baptist bei den Kunstreitern geschrieben, ist auch mehr für Dilettanten, obgleich die Vignette schön ist', Sie haben ja den Menschen persönlich gesehen, Herr Doktor; ‚nun', sagte ich, ‚ein solches Buch zu schreiben wäre der Herr Stallmeister von Rempen ganz der Mann. Etwa fürs erste 18–20 Bogen, statt der Kupfer nehmen wir Lithographien –'"

„Bemühen Sie sich nicht", erwiderte der junge Rempen, mit Mühe das Lachen unterdrückend. „Ich bin zum Büchermachen verdorben; es geht mir nicht von der Hand, und überdies, Herr Kaper, bei unserem Metier, gerade bei unserem, muß der Jüngere sich bescheiden. Da kömmt es auf Erfahrung an."

„Und ich dächte, Sie hätten Verlag genug", sagte der Doktor, wie es schien, etwas ärgerlich, von dem Buchhändler nicht gleich beachtet worden zu sein.

„O ja, Herr Doktor, Verlag genug, was man so verlegene Bücher nennt, ich könnte Deutschland in allen Monaten die ein R haben mit Krebsen versehen; Sie wissen ja selbst."

„Ich will nicht hoffen", rief der Dichter hocherrötend, „daß Sie damit etwa mein griechisches Epos meinen –"

„Mitnichten, gewiß nicht, wir haben doch hundert etwa abgesetzt und die Kosten so ziemlich gedeckt, und der Herr Doktor werden mir nicht übelnehmen, wenn ich sage, es war eine frühe Arbeit, eine Jugendarbeit; hat doch Schiller auch nicht gleich mit dem ‚Tell' angefangen, sondern zuerst die ‚Räuber' geschrieben, und überdies noch die erste Ausgabe bei Schwan und Götz, wo Franz Moor noch in den Turm kömmt, die gar nicht so gut ist als die zweite; aber seit man Ihre vortreffliche Novelle in der ‚Amathusia für 27', seit man Ihre Rezensionen und Kritiken und die Sonette vor vier Wochen gelesen hat, läßt sich Großes erwarten."

Der Dichter schien beruhigt. „Ich habe Sie immer für einen Mann von gesundem Urteil gehalten, Herr Kaper", sprach er mit gütigem Lächeln; „haben Sie vielleicht schon von meinem neuen Roman gehört?"

„Ich habe, ich habe", erwiderte der Buchhändler mit schlauer Miene; „und wo, raten Sie, wo ich davon gehört habe? Sie erraten nicht? Warum kommen denn der Herr Doktor so gern in mein Gewölbe? Etwa wegen meiner Leihbibliothek, auf welche Sie immer zu schimpfen belieben, oder wegen des Vis-à-vis?"

„Wie!" rief der junge Mann und drückte die Hand des Buchhändlers, „hätte etwa Elise –"

„Elise Wilkow meinen Sie?" fragte der Stallmeister, etwas näher rückend.

„Ja, meine Herren! Fräulein Wilkow", fuhr Herr Kaper, vertraulich flüsternd fort, „doch nicht zu laut, wenn ich bitten darf, denn soeben hat sich der Oberjustizreferendair Palvi dorthin gepflanzt in seine tägliche Ecke –"

„Welcher ist es?" fragte der Stallmeister, sich umkehrend; „ich hörte mancherlei von diesem Menschen, sonderbares Gerede von

den einen und hohes Lob von andern; der junge Mann, der so
düster in sein Glas sieht, ist Palvi?"

„Es ist nicht viel an ihm", bemerkte der Dichter. „Auf der Universität – ich war noch ein Jahr mit ihm in Göttingen – war
er so eine Art von Poetaster; einmal las ich ein paar gute Gedanken von ihm, die er zu einem Feste gemacht hatte; hier
treibt er ein elendes, wüstes Leben und kömmt selten in gute
Gesellschaft."

„Aber gerade wegen Fräulein Wilkow dürfen wir vor ihm
nicht zu laut werden", flüsterte der Buchhändler. „Ich weiß, er
kam, als er noch auf Schulen war, zuweilen hinüber ins Haus,
und wie mir meine Tochter sagte, soll einmal ein Verhältnis zwischen den beiden Leutchen –"

„Wie –?" rief der Stallmeister gespannt.

„Possen!" entgegnete der Dichter, indem er auf seinen eleganten Anzug einen Blick herabwarf, „er sieht aus wie ein Landstreicher; bringen Sie mir Elise auch nicht in Gedanken mit
diesem Menschen zusammen. Ich weiß, sie liebt die Poesie; alles
Erhabene, Schöne gefällt ihr, und sagen Sie aufrichtig, hat sie
von meinem Roman gesprochen?"

„Sie hat, und wie! Sie ist ein belesenes Frauenzimmer, das
muß man ihr lassen; keine in der Stadt ist so delikat in der Auswahl ihrer Lektüre. So kommt es, daß sie immer in einer Art von
Verbindung mit mir steht, und wenn ich etwas Neues habe,
bringe ich es gleich hinüber, denn ich selbst habe es in meinen
alten Tagen gerne, wenn ein so schönes Kind ‚lieber Herr Kaper'
zu mir sagt und gütig und freundlich ist. Es war letzten Sonntag, als ich ihr den Roman, ‚Die letzten Ritter von Marienburg',
brachte, noch unaufgeschnitten, ich hatte ihn selbst noch nicht
gelesen. Sie hatte eine kindische Freude, und sprach recht freundlich und viel. Und wie wir so plaudern, komme ich auf Ihre Novelle, welche sie ungemein lobte, und Stil und Erfindung pries.
Und so sagte sie denn, ob ich auch schon gehört, daß Sie einen
neuen Roman schreiben?"

„Ja", fiel der Dichter feurig ein, „und einen Roman schreibe,
Kaper, wie Deutschland, Europa noch keinen besitzt!"

„Historisch doch?" fragte der Buchhändler zweifelhaft.

„Historisch, rein geschichtlich, aber dies unter uns!"

„Historisch! das möchte ich auch raten", sprach der Verleger,
eine große Prise nehmend. „Das ist gegenwärtig die Hauptsache.
Wenn man es so bedenkt, es ist doch eine sonderbare Sache um

den deutschen Buchhandel. Ich war Kommis in Leipzig, als ‚Wilhelm Meister' zuerst erschien. ‚Werther' und ‚Siegwart' waren Mode gewesen, hatten Nachahmung gefunden lange Zeit. Aber mein Prinzipal sagte: ‚Er wird sehen, Kaper (damals sprach man noch per Er mit den Subjekten), Er wird sehen, über kurz oder lang geschieht eine Veränderung.' So war's auch; wir hielten anfänglich nicht viel auf den ‚Wilhelm Meister', es schien uns ein gar konfuses Buch; aber siehe da, man schrieb allenthalben nach diesem Muster, und mancher hat sich ein schönes Stück Geld damit gemacht. Wieder eine Weile, ich hatte meine eigene Handlung etabliert, lag mir oft das Wort meines alten Prinzipals im Sinn, alles im Buchhandel ist nur Mode; wer eine neue angibt, ist Meister; wie ich mich noch auf etwas Neues besinne, und einen Menschen suche, der etwas Tüchtiges schreiben täte – da haben wir's, kömmt Fouqué mit den Helden und Altdeutschen, und alles machte nach. Und jetzt hat Walter Scott wieder eine neue Mode gemacht; ich möchte mir die Haare ausraufen, daß ich keine Taschenausgabe machte, und nichts bleibt übrig als etwa deutsche historische Romane, die gehen noch."

„Fürwahr!" bemerkte der Stallmeister lächelnd, „so habe ich bisher ohne Brille gelesen, und der deutsche Parnaß ist in ganz andern Händen, als ich dachte. Nicht um das Interesse der Literatur scheint es sich zu handeln, sondern um das Interesse der Verkäufer?"

„Ist alles so ganz genau verknüpft", antwortete Herr Kaper mit großer Ruhe, „hängt alles so sehr zusammen, daß es sich um den Namen nicht handelt! Deutsche Literatur! was ist sie denn anders, als was man alljährlich zweimal in Leipzig kauft und verkauft? Je weniger Krebse, desto besser das Buch, pflegen wir zu sagen im Buchhandel."

„Aber der Ruhm?" fragte der junge Rempen.

„Der Ruhm? Herr, was nützt mich Ruhm ohne Geld? Gebe ich eine Sammlung gelehrter Reisen mit Kupfern heraus, die mich schweres Geld kosteten, so hat zwar meine Firma den Ruhm, das Buch verlegt zu haben. Aber wer kauft's, wer nimmt's, wer liest das Ding? Sechs Bibliotheken und ein paar Büchersammler, das ist alles, und wer geprellt ist, bin ich. Nein, Herr von Rempen! Eine vergriffene Auflage von einem Roman, eine Messe von höchstens dreißig Krebsen, das ist Ruhm, der echte, nämlich Ruhm mit Geld."

„Das ist also ungefähr wie Tee mit Rum, es schmeckt besser", erwiderte der Stallmeister, „aber ich meinte den schriftstellerischen Ruhm."

„I nun, das ist etwas anderes", antwortete er — „den haben die Herren neben dem Honorar umsonst. Und den weiß man sich zu machen, sehn Sie —"

2. Die Kritiker

Doch die Forschungen des Herrn Kaper wurden hier auf eine unangenehme Weise durch einen Lärm unterbrochen, der im Laden des Italieners entstand. Neugierig sah man nach der Türe, welche durch ein Glasfenster einen Überblick über den unteren Teil des Gewölbes gewährte. Ein ältlicher und zwei jüngere Herren schienen im heftigen Streit begriffen; jeder sprach, jeder focht mit den Händen; der eine stürzte endlich mit hochgeröteten Wangen aus dem Laden, die beiden andern, noch keuchend vom Wortkampf, traten in das Gewölbe, wo die Freunde saßen.

„Herr Rat! was ist mit Ihnen vorgefallen!" rief Doktor Zundler beim Anblick des älteren Mannes, der, ein gedrucktes Blatt in der Hand zerknitternd, atemlos auf einen Stuhl sank. „Haben Sie denn nicht gelesen, Doktor Zundler", antwortete für den älteren der jüngere Mann, der unmutig und dröhnenden Schrittes im Zimmer auf und ab ging, „nicht gelesen, wie wir blamiert sind, nicht gelesen, daß man uns alle zusammen hier eine poetische Badegesellschaft, eine Bänkelsängerbande nennt?"

„Tod und Teufel!" fuhr der Doktor auf. „Wer wagt es, diese Sprache zu führen? wer wagt die ersten Geister der Nation auf diese Art zu benennen? Ich will nicht von mir sagen; was habe ich viel getan um auf einigen Ruhm Anspruch machen zu können? aber was für andere Männer finden sich hier! Sind es nicht — die schönsten Zierden der Nation? So jung Sie sind, Professor, sind denn nicht alle Blätter voll Ihres Lobes wegen Ihrer Trauerspiele, und unser Rat —"

„Aber büßen sollen sie es mir, büßen", rief der letztere, „so wahr ich lebe, und Zundler, Sie müssen mithelfen und alle, die ins Freitagskränzchen kommen. Hab ich es mir darum sauer werden lassen zwanzig Jahre lang, daß man jetzt über mich herfällt, und wegen nichts, als wegen der Rezension über den dummen Roman ,Die letzten Ritter von Marienburg' sonst wegen nichts!"

„‚Die letzten Ritter von Marienburg'", fragte der Buchhändler, der als Mann vom Fache mitsprechen zu müssen glaubte; „mich gehorsamst zu empfehlen Herr Rat, aber ist es nicht bei Wenz in Leipzig erschienen, 3 Bände Oktav, Preis 4 Taler netto?"

„Und ich will nun einmal diese Schule nicht aufkommen lassen", fuhr der Erboste fort, ohne auf Herrn Kaper zu hören; „woher kommt es, daß man keine Verse mehr lesen will, daß man die Lyrik verachtet, sei sie auch noch so duftig und gefeilt, daß man über die tiefsinnigsten Sonette weggeht, wie über Lückenbüßer, woher, als von diesen Neuerungen?"

„Aber so zeigen Sie doch, ich bitte", flüsterte der Doktor, das zerknitterte Papier fassend; „ist es denn wirklich so arg, so niederschlagend?"

„Lesen Sie immer", erwiderte der Rat gefaßter, „lesen Sie meinetwegen laut, es ist doch in jedermanns Händen; die Herren sind ja ohnedies Zeugen meines Schmerzens gewesen, und mögen auch Zeugen sein, wie man Redakteure und Mitarbeiter eines der gelesensten Blätter behandelt!"

Der junge Mann entrollte das Blatt. „Wie? in den ‚Blättern für literarische Unterhaltung'? Nein, das hätte ich mir nicht träumen lassen; die waren ja sonst immer so nachbarlich, so freundlich mit uns! Ist es die Kritik, die anfängt ‚Ehe wir noch dieses Buch –'"

„Ebendiese, nur zu!"

„‚Die letzten Ritter von Marienburg', historischer Roman von Hüon. 3 Bände. Leipzig. Fr. Wenz.

Ehe wir noch dieses Buch in die Hände bekamen, lasen wir in den ‚Blättern für belletristisches Vergnügen' eine Kritik, welche uns beinahe den Mut benahm, diesen dreibändigen historischen Roman nur zu durchblättern. Man kann zwar gewöhnlich auf das Urteil dieser Blätter nicht viel halten. Es sind so wenige Männer von Gehalt damit beschäftigt, daß der wissenschaftlich Gebildete von diesen Urteilen sich nie bestimmen lassen kann; doch machte diese Kritik eine Ausnahme. Es ist nämlich eine Seltenheit, daß die ‚Blätter für belletristisches Vergnügen' etwas durchaus tadeln; selten ist ihnen etwas schlecht genug; aber diesmal hieben sie so unbarmherzig und greulich ein, daß wir im ersten Augenblick, auf die kritische Ehrlichkeit solcher Leute trauend, glaubten, dieser Roman müsse die tiefste Saite der Schlechtigkeit berührt haben. Doch zu einer guten Stunde entschlossen wir uns, nachzusehen, wie tief man es in der deutschen Literatur dermalen gebracht habe. Wir lasen. Aber welch ein Geist wehte uns aus diesen Blättern an! Welch mächtiges, erhabenes Gebäude stieg vor unseren Blicken auf; ein Gebäude in so hohem, erhabenen Stil, wie die Marienburg selbst; wir fühlten uns fortgerissen, versetzt in ihre Hallen; der letzte Großkomtur und seine Ritter traten uns lebend entgegen und noch einmal ertönte jene alte Feste vom Waffenspiel und den kräftigen Stimmen ihrer tapfern Bewohner. Wir wollen den Dichter nicht tadeln, daß ein Hauch von Melancholie über seinem Gemälde schwebt, der keine laute Freude, kein behagliches Vergnügen gestattet. Wo ein so großartiges Schicksal waltet, wo ein ganzes, großes Geschlecht untergeht, da muß ja wohl auch die zarte Liebe, die nur einen Frühling blühte, mit zu Grabe gehen. In diesem außerordentlichen Buche ist ein Geist unter uns getreten, so originell, so groß, so frei, daß er keine Vergleichung zuläßt. Er nennt sich Hüon, zwar ein angenommener Name, aber gut gewählt, denn der Verfasser scheint uns nicht minder würdig, von Oberon mit Horn und Becher beschenkt zu werden, als jener tapfere Paladin Karls des Großen. Mit Vergnügen müssen einen solchen Jünger Meister wie Goethe und Tieck willkommen heißen, und unsere Zeit darf sich glücklich preisen, einen Mann wie diesen geboren zu haben.

Aber mit tiefer Indignation müssen wir hiebei einer Klique von Menschen gedenken, die diese edle Blume schon in ihrem Keim in den Staub drücken wollten. Freilich ist er euch zu groß, zu erhaben, ihr kleinen belletristischen Seelen; möge immer diese poetische Badegesellschaft in ihrem lauen Versewasser auf und nieder tauchen, nur bespritze sie nicht mit ihrem Schlammwasser den Wanderer, der am Ufer geht und sich verachtend abwendet. Ein Glück ist es übrigens, daß man anfängt in der guten Gesellschaft auf reinere Melodien zu horchen, daß man diese Bänkelsänger dem Straßenpöbel überläßt." 190.

Für den Stallmeister war es ein interessantes Schauspiel, die Gesichter der Zuhörer zu mustern, während der Dichter mit schnarrendem Tone diese Kritik ablas. Der Buchhändler, der ihm zunächst saß, versteckte schlecht seine Neugierde und eine gewisse Behaglichkeit hinter einer unmutigen Miene. Vielleicht hatte ihm der Hofrat einmal ein Verlagswerk schlecht rezensiert, oder der Theaterdichter hatte ihm nichts zum Verlegen gegeben, oder irgendeiner der „Badegesellschaft" hatte ihn beleidigt; er dachte, wie so viele kleine Seelen im ähnlichen Falle: Gottlob, es ist dafür gesorgt, daß die Rezensenten sich immer selbst wieder rezensieren. Der Rat hatte den Mund auf seinen Stockknopf gepreßt und seine Augen irrten auf dem Boden, der Theaterdichter zwang sich zu einer Art von vornehmer Ruhe, die ihm vorhin völlig gefehlt hatte; sein „Ohe!" oder „Ei!" das er hin und wieder mit einem kurzen Lachen herauspreßte, klang unnatürlich. Am merkwürdigsten war dem jungen Rempen ein stiller Zuhörer, der scheinbar ohne Teilnahme in der Ecke saß, der Referendär Palvi. Als der Doktor zu lesen anhub, lauschte er mit niedergeschlagenen Augen, dann ergoß sich plötzlich eine brennende Röte über seine Stirne und Wangen; sie verschwand ebenso schnell als der glänzende Blick seiner großen Augen, den er auf den Lesenden warf, und wer diesen Blick, dieses flüchtige Erröten nicht gesehen, konnte vor- und nachher glauben, er schenke weder diesen Literatoren noch der Ursache ihres Aufbrausens einige Aufmerksamkeit.

„Nun was sagen Sie dazu?" fragte der Theaterdichter, nachdem Dr. Zundler geendet hatte. „Sie sind ja auch mit gemeint, denn zahlreiche Stanzen, Sonette, Triolette und Kritiken finden sich von Ihrer Arbeit in den ‚Blättern fürs belletristische Vergnügen'."

„Schweigen kann man nicht!" rief der Doktor entrüstet. „Ja, wir stehen alle für *einen*, und alle, die ins Freitagskränzchen kommen, müssen beleidigt sein, müssen sich rächen. Ich habe in Berlin einen Bekannten, in den ‚Gesellschafter' laß ich es rücken durch die dritte Hand, oder vielleicht nimmt es Dr. Saphir in die ‚Schnellpost' auf, ich kenn ihn noch von Wien."

„In meinen Theaterkritiken mache ich Ausfälle", fuhr der Theaterdichter fort; „ach! wenn nur Marienburg nicht preußisch wäre, ich wollte mich rächen, wollte, oh! aber so könnte man alles für Anzüglichkeit nehmen. Und gegen die ‚Blätter für literarische Unterhaltung' kann ich nicht schimpfen, ich habe noch drei Trauerspiele dort liegen, die noch nicht rezensiert sind. Aber wo ein Loch offen ist, will ich einen Ausfall machen!"

„Ich will untergehen", sagte der Rat pathetisch, indem er seinen Wein bezahlte und den Hut ergriff, „fallen will ich, oder siegreich hervorschreiten aus diesem Kampf. Die ganze Lyrik ist in mir beleidigt, auch alle Romantiker, denn wir haben auch Romanzen gemacht, und diese Hermaphroditen von Geschichte und Dichtung, diese Novellenprosaiker, diese Scott-Tieckianer, diese – genug, ich werde sie stürzen; und damit guten Morgen!"

Als dieser Rat nach seinem dixi mit vorgeschobenen Knieen aus dem Zimmer ging, war er zwar nicht anzusehen, wie ein Ritter, der zum Turnier schreitet, der Professor aber und der Doktor Zundler folgten ihm in schweigender Majestät; sie schienen als seine Knappen oder Pagen Schild und Lanze dem neuen Orlando furioso nachzutragen.

3. Ein prosaisches Herz

Bei dem Stallmeister hatte diese Szene, nachdem das Komische, was sie enthielt, bald verflogen war, einen störenden, unangenehmen Eindruck hinterlassen. Er hatte sich mit der schönen Literatur von jeher gerade nur so viel befaßt, als ihm nötig schien, um nicht für ungebildet zu gelten; und auch hier war er mehr seiner Neigung, als dem herrschenden Geschmacke gefolgt. Er wußte wohl, daß man ihn bemitleiden würde, wollte er öffentlich gestehn, daß er Smolletts „Peregrine Pickle" für den besten Roman und einige sangbare Lieder von Kleist für die angenehmsten Gedichte halte; er behielt dieses Geheimnis für sich, brummte, wenn er morgens ausritt, sein Liedchen, ohne zu wissen, welcher Klasse der Lyrik es angehöre, und las, wenn er sich einmal ein literarisches Fest bereiten wollte, ausgesuchte Szenen im „Peregrine Pickle". Ein paar Almanachs, ein paar schöngeistige Zeitschriften durchflog er, um, wenn er darüber befragt wurde, nicht erröten zu müssen. So kam es, daß er vor Schriftstellern oder Leuten, „die etwas drucken ließen", große Ehrfurcht hatte, denn seine Seele war zu ehrlich, um ohne Gründe von Menschen schlecht zu denken, deren Beschäftigung ihm so fremd war, als der Hippogryph seinen Ställen. Um so verletzender wirkte auf ihn der Anblick dieser erbosten Literatoren. „Man tadelt es an Schauspielern", sprach er zu sich, „daß sie außerhalb des Theaters oft roh und ungebildet sich zeigen; daß sie Tadel, auch den gerechten, nicht ertragen wollen, und öffentlich darüber schimpfen und schelten. Aber zeigten sich denn *diese* Leute besser? Ist es nicht an sich schon fatal, seinen Unmut über eine Beschimpfung zu äußern? muß man das Wirtshaus zum Schauplatz seiner Wut machen und sich so weit vergessen, daß man wie ein Betrunkener sich gebärdet? Und wie schön ließen diese Leute sich in die Karten sehen! Also weil sie beleidigt sind (vielleicht mit Recht), wollen sie wieder beleidigen, wollen ihre Privatsache zu einer öffentlichen machen? Das also sind die Leiter der Bildung, das die feinfühlenden Dichter, die, wie Freund Zundler sagt, Instrumente sind, die nie einen Mißton von sich geben?"

Nicht ohne Kummer dachte er dabei an ein Wesen, das ihm vor allen teuer war. Der Buchhändler hatte nicht mit Unrecht geäußert, daß Elise Wilkow ein sehr belesenes Frauenzimmer sei. Nach Rempens Ansichten über die Stellung und den Wert der Frauen schien sie ihm beinahe zu gelehrt, in Stunden des Unmuts nannte er es wohl gar überbildet. Er hatte es niemand, kaum sich selbst gestanden, daß sie seine stillen Huldigungen nicht unbemerkt ließ, daß sie ihm manchen gütigen Blick schenkte aus dem er vieles deuten konnte. Er war zu bescheiden um zu glauben, daß dieses liebenswürdige Geschöpf ihn lieben könnte, und dennoch verletzte ihn ihr ungleiches, zweifelhaftes Betragen. Es war eine gewisse Koketterie des Geistes, die das liebenswürdige Mädchen in seinen Augen entstellte. Wenn er zuweilen in freundlichem Geplauder mit ihr war, wenn sie so traulich, so natürlich ihm von ihrem Hauswesen, ihren Blumen, ihren Vergnügungen erzählte, wenn er sich ganz selig fühlte, daß sie so lange, so gerne zu ihm spreche, so führte gewiß ein feindlicher Dämon einen jener Literatoren oder Dichter herbei, deren diese gute Stadt zwei Dutzende zählte, und Elise war wie ausgetauscht. Ihre schönen Augen schimmerten dann vor Vergnügen, ihr schlanker Hals bog sich vor, und ohne auf eine Frage des guten Stallmeisters zu achten, ohne seine Antwort abzuwarten, befand man sich mit Blitzesschnelle in einem kritischen oder literarischen Geplänkel, wo Rempen zwar die ungemeine Belesenheit, das schnelle Urteil, den glänzenden Witz seiner Dame bewundern, sie selbst aber bedauern mußte, daß sie dieser Art von Gespräch, diesem gesuchten Vergnügen sichtbarer entgegenkam, als es sich für ein Mädchen von achtzehn Jahren schickte.

„Und an dieses Volk, an diesen literarischen Pöbel wirft sie ihre glänzendsten Gedanken, ihre zartesten Empfindungen, wirft sie Blicke und Worte weg, die einen andern als diese gedruckten Seelen überglücklich machen würden. Und fühlen sie es denn? sind sie dadurch geehrt, entzückt? Nur mit ihnen spricht sie über das, was sie gelesen, als ob sonst niemand lesen könnte, nur ihnen zeigt sie, was sie gefühlt, als ob gerade diese Versmacher und Rezensenten die gefühlvollsten Leute wären, und ein so schönes, liebenswürdiges Wesen zu würdigen verständen. Nein, diese Toren sehen es überdies noch als einen schuldigen Tribut, als eine geringe Anerkennung ihrer eminenten Verdienste an, wenn die Krone aller Mädchen mit ihnen schwatzt wie mit ihresgleichen, während andere wackere Leute in der Ferne stehen. Und diese Menschen, die sich heute so niedrig gebärdeten, bilden ihren Hofstaat, dies sind die genialen Männer, mit welchen sie so gerne spricht!"

Diese Gedanken beschäftigten ihn den ganzen Tag. Sein Stallpersonale konnte sich heute gar nicht in ihn finden. Der gutmütige, milde Herr war zu einem rauhen, mürrischen Gebieter geworden. Die Stallknechte klagten es sich beim Füttern; acht Pferde hatte er hinausgejagt durch dick und dünn, und jedes hatte einen andern Fehler gehabt; die Bereiter hatte er zum erstenmal streng getadelt, und als es Abend wurde, war man im Stall darüber einig, dem Stallmeister von Rempen müsse etwas Außerordentliches begegnet sein, vielleicht sei er sogar in Ungnade gefallen. Man bedauerte ihn, denn sein leutseliges Wesen hatte ihn zum Liebling seiner Untergebenen gemacht.

Und wahrlich! der Abend dieses Tages war nicht dazu gemacht, diese düsteren Gedanken zu zerstreuen. Der Geheimrat von Rempen, sein Oheim, gab alle vierzehn Tage einen großen Klub, in welchem er, das Unmögliche möglich zu machen, die getrenntesten Extreme zu vereinigen suchte; dieser Klub hatte sich früher in drei verschiedene Abteilungen getrennt. Es war in jener Stadt eine literarische Sozietät, deren Mitglied der alte Rempen war; sie versammelte sich um zu lesen, zu rezensieren, gelehrt zu sprechen; an einem andern Tage war großer, umwechselnder Singtee, an einem dritten Abend Tanzunterhaltung. „Tria juncta in uno, drei Köpfe unter einem Hut", sagte der alte Rempen und lud sie alle zusammen ein. Der bunteste Wechsel schien ihm die interessanteste Unterhaltung, und darum preßte er wie ein Seelenverkäufer Literatoren, Soldaten, Justizleute, lese-, gesang- und tanzlustige Damen und packte sie in seinen Salon zusammen, zu Tee und Butterbrot, in der festen Überzeugung, die wahre Springwurzel der Unterhaltung gefunden zu haben. Für seinen Neffen aber vereinigten sich Himmel und Fegfeuer in diesem Klub. Er hörte Elisen singen; seine nahe Verwandtschaft zu dem alten Rempen, der keinen Sohn hatte, machte es ihm möglich, wie ein Kind des Hauses, nicht wie ein Gast aufzutreten, und mit Elisen ungestört zu tanzen und zu plaudern. Aber seine

Höllenqualen begannen, wenn er den Oheim, umgeben von einem Kreise älterer und jüngerer Herren, mit wichtiger Miene etwas erklären sah, wenn er endlich ein Buch aus der Tasche zog, durchblätterte, es im Kreise umherzeigte und die Herren vor Freude stöhnten – „Ah – etwas Neues, schon gelesen? göttlich – vorlesen, bitte vorlesen – Professor am besten lesen – in den Saal und lesen." – „Lesen, vorlesen!" tönte es dann von dem Munde älterer Damen und jener Herren, die nicht tanzen wollten, und Elise – nahm mit einer kurzen Verbeugung Abschied, drängte sich in den literarischen Kreis, wurde als Königin des guten Geschmacks begrüßt, hatte gewöhnlich das Buch schon gelesen, stimmte für die Vorlesung und war für den armen Stallmeister auf den ganzen Abend verloren.

Mit diesen trüben Erinnerungen gelangte er an das Haus seines Oheims. Er war eben im Begriff einzutreten, als das Gespräch zweier Männer, die sich diesem Hause näherten, seine Aufmerksamkeit auf sich zog. Soviel der matte Schein einer fernen Laterne erraten ließ, war der eine ein ältlicher, dürftig gekleideter Mann, der andere jünger, höher und festlich gekleidet.

„Brüderchen!" sprach der Ältere mit einem Akzent, der nicht dieser Gegend angehörte; „Brüderchen, bleib mir aus dem fatalen Haus! Sooft Ihr wieder herauskommt, seid Ihr zwei, drei Tage ein geschlagener Mann. Laßt die Bursche dort oben in Gotts Namen auf Stelzen gehen und Unsinn schwatzen, bleibet aber nur Ihr hinweg, 's ist noch Euer Tod!"

„Ich muß sie sehen, Alter!" sprach der Jüngere, „ich muß sie hören. Es gehört zu meinem Glück, sie gesehen zu haben."

„Ihr seid ein Narr!" erwiderte der andere, „sie mag Euch nicht, sie will Euch nicht. Ihr seid ein armer Teufel und gehört nicht in diese Sozietät. Aber fassen kann ich Euch nicht! 's gehört ein Wort dazu, nur ein Wörtchen, ein bißchen von einem Geständnis und Ihr könnt vielleicht glücklich sein. Geh fort, geh fort; scherwenze in der nobeln Welt, werde ein Schuft wie alle, und vergiß den alten, armen Bunker, lebe wohl, will nichts mehr von dir."

Er wollte unmutig weggehen, aber der junge Mann hielt ihn auf. „Sei vernünftig", bat er; „willst auch du mich noch elend machen? tu es immer, laß mich liegen wie einen Hund, wenn du es über dein Herz vermagst. Ich bin ja ohnedies unglücklich genug."

„Jammere nur nicht so!" sprach der Alte gerührt, „geh hinauf wenn du es nicht lassen kannst; aber bleibe nicht da, wenn sie vorlesen, du ärgerst dich! Komm zu mir!"

„Ich komme", erwiderte der Jüngere nach einigem Nachsinnen. „Um 10 Uhr will ich kommen. Wohin?"

„Heute in den ‚Entenzapfen', im ‚Rosmarin' ist heilloses Volk, Schneider und Schuster und die Affen und Bären aus den Druckereien, es ist heute Montag. Aber Brüderchen, im ‚Entenzapfen' ist Cerevis, man trinkt es in Augsburg nicht besser."

Ein Wagen mit hellglänzenden Laternen rollte in diesem Augenblick auf das Haus zu, der junge Mann sagte eilig zu, und der Alte schlich langsam die Straße hin. Der Stallmeister konnte sich kaum von seinem Erstaunen erholen. Wer konnte aus so sonderbarer Gesellschaft in den Tanzsaal seines Oheims kommen? noch sonderbarer schien es ihm, daß man diesen glänzenden Klub, der alle geistreiche und noble Welt der Stadt vereinigte, verlassen wollte, um in dem ‚Entenzapfen' Bier zu trinken, in einer Winkelkneipe, die er kaum dreimal von seinen Stallknechten hatte rühmen gehört. Er setzte dem sonderbaren Gast, der flüchtig die Treppe hinaneilte, nach, er holte ihn im hellerleuchteten Korridor ein, er ging an ihm vorüber, sah sich um, und erblickte das düstere Auge und die markierten Züge des Referendärs Palvi.

Verworrene Gedanken flogen vor seiner Seele vorüber, als er ihn erkannte; seine Worte „Ich muß sie sehen", der Wink des Buchhändlers, Palvi sei früher in einem Verhältnis zu Elisen gestanden, Staunen über die sonderbaren Reden mit dem Alten, wunderliche Sagen, die er früher über diesen Palvi vernommen, alle diese Gedanken wollten auf einmal zur Klarheit dringen, und machten, daß er sich vornahm, über *eines* wenigstens sich diesen Abend Gewißheit zu verschaffen, über sein Verhältnis zu Elisen.

4. Ein Singtee

Der größte Teil der Gesellschaft hatte sich schon versammelt, als die jungen Männer eintraten. Des Stallmeisters scharfes Auge durchirrte den Damenkreis, der an den Wänden hin sich ausbreitete; er fand endlich Elisen an einem fernen Fenster im Gespräch mit seiner Tante; aber ihr schönes Gesicht hatte nicht den Ausdruck von Heiterkeit und Laune, die er sonst so gerne sah, sie lächelte nicht, sie schien verstimmt. Es kostete ihn einige künstlich angeknüpfte Gespräche, einige Neuigkeiten vom Hofe, im Vorübergehen erzählt, um sich an jenes Fenster durchzuwinden.

Die Tante sprach so eifrig, Elise hörte so aufmerksam zu, daß er endlich die herabhängende Hand der Tante erfassen und ehrerbietig küssen mußte, um sich bemerklich zu machen. Elisens Wangen glühten, als sie ihn erblickte, und die Tante rief staunend: „Wie gerufen, Julius! ich sprach soeben mit dem Fräulein von dir, kannst dir etwas darauf einbilden, so gut wird es dir nicht alle Tage."

„Und was war der Inhalt Ihres Gespräches, wenn man fragen darf?"

„Deine Klagen von letzthin", erwiderte die Tante lachend. „Dein Kummer, daß dich das Fräulein mitten in der Rede stehengelassen habe, um mit irgendeinem eminenten Dichter zu verkehren. Doch am besten machst du dies mit Fräulein Elise selbst aus", setzte sie hinzu und ging weiter.

Elise schien sich wirklich einer kleinen Schuld bewußt, denn sie schlug die Augen nieder und zögerte zu sprechen; als aber Rempen bei seinem unmutigen Schweigen verharrte, sagte sie halb lächelnd, halb verlegen: „Ich gestehe, es war nicht artig, und sicher würde ich es mir gegen einen Fremden nicht erlaubt haben; aber daß *Sie* mir dergleichen übelnehmen, da Sie meine Weise doch kennen –"

„So stünde ich Ihnen denn näher, als jene gelehrten und berühmten Herren?" erwiderte er, freudig bewegt. „Darf es sogar als ein Zeichen Ihres Zutrauens nehmen, wenn Sie mich so plötzlich verlassen um zu jenen zu sprechen?"

„Sie sind zu schnell, Herr Stallmeister!" sagte sie. „Ich meinte nur, weil Sie meine Eltern kennen, und ich viel zu Ihrer Tante komme, müsse man die Konvenienz nicht so genau berechnen. Und muß man denn im Leben alles so ängstlich berechnen?"

Sie bemerkte dies halb zerstreut, und es entging Rempen nicht, daß ihr Auge eine andere Richtung genommen habe, als zu ihrer Rede passe; er verfolgte diesen Blick und traf auf Palvi, der mit einem ältlichen Herrn sprach, und zugleich seine Blicke brennend und düster auf Elisen heftete. Ein tiefer Atemzug stahl sich aus ihrer Brust, als sie ihre Augen, die weder zärtlich noch freudig glänzten, von ihm abwandte. Sie errötete, als sie bemerkte, wie ihr Nachbar die Richtung ihrer Blicke bemerkt habe, und halb verlegen, halb zerstreut flüsterte sie: „Wie kömmt doch *er* hieher zu Ihrem Oncle?"

Der Stallmeister war so boshaft sie zu fragen, wen sie denn meine.

„Den Referendär Palvi", antwortete sie leichthin, als wollte sie ihre vorige Frage verbessern, „er ist vielleicht mit Ihrem Hause bekannt?"

„Ich kenn ihn nicht", erwiderte der Stallmeister etwas ernst; „doch warum sollte er nicht hier sein? Kennen Sie ihn vielleicht? man sagt, es sei ein Mann von schönen Talenten, der –"

„Wie freut es mich, dich wieder gesund zu sehen, Chlotilde!" rief seine Nachbarin und hüpfte auf ein Mädchen zu, das sechs Schritte von ihr entfernt stand; verblüfft, als hätte er einen dummen Streich begangen, stand der Stallmeister und sah ihr nach.

Man hatte indessen um Ruhe und Stille gebeten; ein Fräulein von kleiner Gestalt, aber gewaltiger Stimme wollte sich hören lassen und stellte sich zu diesem Zweck auf ein gepolstertes Fußbänkchen hinter ein elegantes Notenpult. Die Männer setzten sich Stühle hinter die Frauen, die Frauen machten erwartungsvolle Mienen und es war so tiefe Stille in dem großen Zimmer, daß man nur die Bedienten hin und wieder: „Ist's gefällig" brummen hörte, wenn sie Tee anboten. Beim ersten Takt, den man zur Begleitung des kleinen Fräuleins auf dem Flügel anschlug, entwich der junge Rempen in ein Nebenzimmer, um ungestört seinen Gedanken nachzuhängen; er zog weiter, wandelte ein paarmal im Salon auf und ab, bog dann in die nächste Türe. dem Ende der Enfilade zu. Im letzten Zimmer saß ein Mann in einem Sofa, der die Stirne in die Hand gelegt hatte. Bei Rempens Nähertreten wendete er den Kopf, und den Stallmeister hatte seine schnelle Ahnung nicht betrogen, es war Palvi.

„Auch Sie scheinen die Musik nicht in der Nähe zu lieben", sagte Julius, indem er sich zu ihm auf das Ruhebett setzte; „kaum bis hierher dringen die zärteren Töne."

„Es geht mir damit wie mit dem Geruch starkduftender Blumen", erwiderte Palvi mit angenehmer Stimme. „Mit diesen Düften in einem verschlossenen Zimmer zu sein, macht mich krank und traurig, aber im Freien, so aus der Ferne atme ich ihren Balsam mit Wollust ein, ich unterscheide und errate dann jede einzelne Nuance, ich möchte sagen, jede Schattierung, jeden Ton, jeden Übergang des Geruches."

„Sie haben recht, jede Musik gewinnt durch Entfernung",

bemerkte Rempen; „aber das Jammervollste ist mir, jemand singen sehen zu müssen. Besonders ängstigt mich die kleine Person, die jetzt eben etwas vorträgt. Sie ist nett, beinahe zierlich gebaut, aber alle Gliederchen en miniature. Nun stellt man sie immer auf ein Fußbänkchen, damit sie gesehen wird. Hinter ihr steht der Musikdirektor mit der Violine. Von Anfang macht es sich ganz gut. Der Direktor spielt Piano und verzieht höchstens den Mund links und rechts nach dem Strich seines Fiedelbogens, nach und nach kömmt er ins Feuer, ‚Forte, piu forte', flüstert er und wakkelt mit dem Kopf; jetzt fängt auch die Kleine an sich zu heben; anfänglich wiegt sie sich auf den Zehen und bewegt die Ellbogen, als nähme sie einen kleinen Anlauf zum Fliegen; doch crescendo mit des Musikers Perpendikularbewegungen schreiten ihre Gebärden vor, sie weht und rudert mit den Armen, sie hebt und senkt sich, bis sie im höchsten Ton auf den Zehenspitzen aushält und – wie leicht kann da die Fußbank umschlagen!"

Der Referendär lächelte flüchtig; „Beinahe noch verschiedener als beim Lachen gebärden sich die Menschen, wenn sie singen", sagte er. „Haben Sie nie in einer evangelischen Kirche die Mienen der Weiber unter dem Gesang betrachtet? betrachten Sie ein zartes, schwärmerisches Kind von 16 Jahren, das mit rundgewölbten Lippen, Frieden und Andacht in den Zügen, die zarten Wimpern über die feuchten Augen herabgesenkt, ihren Schöpfer lobt. Sie können aus den vielen Hunderten ihre Stimme nicht herausfinden, und doch sind Sie überzeugt, sie müsse weich, leise, melodisch sein. Setzen Sie neben das Kind zwei ältliche Frauen, die eine wohlbeleibt, mit gutgenährten Wangen und Doppelkinn, die Augen gerade vor sich hin starrend, die andere etwas vergelbt, mit runzlichen, dürren Zügen und spitzigem Kinn, auf die gebogene Nase eine Brille geklemmt – und Sie werden erraten können, daß die Dicke einen hübschen Baßton murmelnd singt, die andere in die höchsten Nasentöne und Triller hinaufsteigt."

„Sie scheinen genau zu beobachten", antwortete lachend der Stallmeister. „Es fehlt nur noch, daß Sie die dicke Frau mit dem murmelnden Baßton für die Mutter der Kleinen, die spitzige aber für ihre ledige Tante ausgeben, eine alte Jungfer, die nicht sowohl von unserem Herrgott als von den Nachbarinnen gehört sein will. Was sagen Sie aber zu der sonderbaren Gewohnheit der Primadonna unserer Oper? In den tiefen Tönen ist ihr hübsches Gesicht ernsthaft, beinahe melancholisch, wenn sie aber aufsteigt, klärt es sich auf, und hat sie nur erst die oberen doppelt gestrichenen hinter sich, so schließt sie die Augen wie zu einem seligen Traum, sie lächelt freundlich und hold, und lächelt, bis sie wieder abwärts geht. Gleichgültig ist ihr dabei, was sie für Worte singt. Sie könnte in den tiefsten Tönen: ‚Ich liebe dich, meines Herzens Wonne' singen, und ungemein ernsthaft dabei aussehen, und könnte ebenso leicht ‚Ich sterbe, Verräter!' in den höchsten Rouladen schreien, und ganz hold und anmutig dazu lächeln. Wie erklären Sie dies?"

„Es ist nicht schwer zu erklären", entgegnete Palvi nach einigem Nachsinnen, „die tiefen Töne fallen ihr etwas schwer; sie muß drücken, etwa wie man einen großen Bissen hinabwürgt, und unmöglich kann sie das mit heiterem Gesicht; mit den hohen Tönen geht es aber wohl folgendermaßen zu: als sie noch jung war und die höheren Töne sich erst in ihrer echten Kraft bildeten, mochte sie einen Lehrmeister haben, der ihr unerbittlich alle Tage die Skala bis oben hinauf vorgeigte. Für einen klaren höchsten Ton bekam sie wohl ein Stück Kuchen, ein Tuch oder sonst dergleichen etwas; je höher sie es nun brachte, desto freudiger strahlte ihr Gesicht vor Vergnügen über ihre eigenen Töne, und so mochte sie sich angewöhnt haben, mit der freundlichsten Miene zu singen ‚Ich verzweifle.'"

In diesem Augenblick ertönte eine reine, volle Frauenstimme in so schmelzenden, süßen Tönen, daß die beiden Männer unwillkürlich ihre Rede unterbrachen und lauschten. Eine leichte Röte flog über Rempens Gesicht, denn er erkannte diese Stimme. Sein Auge begegnete dem dunkeln Auge Palvis, das wohl eine Weile prüfend auf seinen Zügen verweilt haben mochte.

„Kennen Sie die Stimme?" fragte Rempen, etwas befangen.

„Ich kenne sie", erwiderte jener und stand auf.

„Und wollen Sie sich den Genuß vermindern und näher treten?"

„Ich möchte wohl auch die Worte des Textes hören", entschuldigte sich jener nicht ohne Verlegenheit.

Der Stallmeister folgte ihm; Palvi schwebte schnellen, aber leisen Schrittes über den Boden hin, und setzte sich unweit des Zimmers wieder, wo Elise sang, auf ein Banquett, indem er Rempen durch einen stummen Wink einlud, sich neben ihn zu setzen. Sie lauschten; es war die bekannte Melodie einer jener alten französischen Romanzen, die, indem sie durch ihren ungekünstelten Wohllaut dem Ohre schmeicheln, in mutigen Tönen das Herz erheben; aber ein deutscher Text war untergelegt, Worte, von welchen die Sängerin selbst wunderbar ergriffen schien, denn sie trug sie mit einem Feuer vor, das ihre Zuhörer mit erfaßte.

Der junge Rempen fühlte sein Herz von Liebe zu der Sängerin, wie von dem hohen Schwung ihres Gesanges mächtiger gehoben; aber mit Verwunderung und Neugierde sah er die tiefe Bewegung, die sich auf den Zügen seines Nachbars ausdrückte. Seine Augen strahlten, sein Haupt hatte sich mutig und stolz aufgerichtet, und um Wangen und Stirne wogte ein dunkle Röte auf und ab, jene Röte, die ein erfülltes, von irgendeiner mächtigen Freude überraschtes Herz verrät.

Mit gekrümmtem Rücken auf den Zehenspitzen schlich jetzt der Oheim Rempen heran. Schon von weitem drückte er seinem Neffen durch beredtes Mienenspiel seinen Beifall über den herrlichen Gesang aus, und als er nahe genug war, flüsterte er: „Heute singt sie wieder wie die Pasta, voll Glut, voll Glut; und der schöne Text, den sie untergelegt hat! – er ist aus einem neuen Roman, ‚Die letzten Ritter von Marienburg'."

Der junge Mann winkte seinem Oheim ungeduldig, stille zu sein; der Alte schlich weiter zu einer andern Gruppe, und die beiden lauschten wieder ungestört, bis der Gesang geendet war.

5. Die letzten Ritter von Marienburg

Rauschender Beifall füllte nun das Gemach, man drängte sich um die Sängerin, und auch Rempen folgte seinem Herzen, das ihn zu Elisen zog. Aber schon war sie von einem halben Dutzend jener Literatoren umlagert, die ihn immer verdrängten. „Welch herrliches Lied!" hörte er den Doktor Zundler sagen, „welche Kraft, welche Fülle von Mut, und wie zart gehalten!" Doch dem Stallmeister entging nicht, daß der Hofrat, der ebenfalls bei der Gruppe stand, den jungen Doktor durch einen freundschaftlichen Rippenstoß aufmerksam darauf zu machen schien, daß er etwas Ungeschicktes gesagt habe. Er erschrak, errötete, und fragte in befangener Verlegenheit, woher das Fräulein das schöne Lied habe?

„Es ist aus den ‚Letzten Rittern von Marienburg', von Hüon."
Ein Gemurmel des Staunens und Beifalls lief durch die dichten Massen, als man diesen Titel hörte. „Wie, ein neuer Roman? –

Ah! derselbe, welchen die ‚Blätter fürs belletristische Vergnügen'
so tüchtig ausg – Sie sind ja da, leise, leise. – – Wo kann man den
Roman sehen?" – So wogte das Gespräch und Geflüster auf
und ab, bis der Wirt des Hauses mit triumphierendem Lächeln
ein Damenkörbchen an seidenen Bändern in die Höhe hielt, es
öffnete und ein Buch hervorzog. Er schlug den Titel auf, er zeigte
ihn der gespannten Gesellschaft, und mit freudigem Staunen las
man in großen gotischen Lettern: „Die letzten Ritter von Marienburg." – „Vorlesen, bitte, vorlesen", tönte es jetzt von dreißig, vierzig schönen Lippen, und selbst die jungen Männer, die
sonst diese Unterhaltung weniger liebten, stimmten für die Vorlesung. Aber eine nicht geringe Schwierigkeit fand sich jetzt in
der Wahl des Vorlesers; denn jene Literatoren, die sonst in diesem Zirkel dieses Amt bekleidet hatten, stemmten sich heute bestimmt dagegen; der eine war erhitzt, der andere hatte Katarrh,
der dritte war heiser, und allen war die Unlust anzusehen, daß
nicht ihre eigenen Produkte, sondern fremde Geschichten vorgelesen werden sollten.

„Ich wüßte keinen Besseren vorzuschlagen", sagte endlich ein
Kriminalpräsident von großem Gewicht, „als dort meinen Referendär Palvi; wenigstens zeugen seine Referate von sehr guter
Lunge und geschmeidiger Kehle." Indem der Kriminalpräsident
seinen eigenen Witz belachte, und im Chorus sechs Juristen
pflichtgemäß mit einstimmten, verbeugte sich der junge Mann,
an welchen die Rede ging, während eine flüchtige Röte über sein
Gesicht zog, und zur Verwunderung der Gesellschaft, die ihn sehr
wenig kannte, ergriff er das Buch und die Tasche und fragte bescheiden, welcher von den Damen beides gehöre?

Dem Stallmeister, der hinter ihm stand, hatte dies längst sein
scharfes Auge gesagt. Elise war flüchtig errötet, als der Onkel den
Beutel emporgehoben und das Buch daraus hervorgeholt hatte.
Als aber Palvi anfragte, als er mit seinem dunkeln Auge den
Kreis der Damen überstreifte und bei ihr stille stand, da goß sich
ein dunkler Karmin über Stirne, Wangen und den schönen Hals
des Fräuleins, sie schien überrascht, verlegen, und als jene Röte
ebenso schnell verflog, schien sie sogar ängstlich zu sein. „Das
Buch gehört mir, Herr von Palvi", sagte sie schnell und mit einem
kurzen Blick auf ihn. „Und werden Sie erlauben, daß daraus
vorgelesen wird? daß *ich* daraus vorlese?" fragte er weiter.

„Ich habe hier nichts zu bestimmen", erwiderte sie ohne auf-
zusehen, „doch das Buch steht zu Diensten."

„Nun, dann nicht gesäumt!" rief der Oheim; „Sessel in den Kreis und ruhig sich gesetzt, und andächtig zugehört, denn ich denke, wir werden einen ganz angenehmen Genuß haben."

Man tat nach seinem Vorschlag; in bunten Kreis setzte sich die zahlreiche Gesellschaft, und sei es, daß man auch hier Fräulein Elise als literarische Königin ansah, oder war es eine sonderbare Fügung des Zufalls, der Vorleser kam so gerade ihr gegenüber zu sitzen, daß, sooft sie die Augen aufhob, diese schönen Augen auf ihn fallen mußten.

„Aber, Freunde", bemerkte die Dame vom Hause, „dieser Roman hat, soviel ich weiß, drei Bände; wollen wir sie alle anhören, so kommt unsre junge Welt heute nicht mehr zum Tanzen, und wir andern nicht zum Spiel; ich denke, man wählt die schönsten Stellen aus."

„Wer aber soll sie wählen?" fiel ihr Gatte ein; „das Ding ist nagelneu, niemand hat es gelesen; doch Fräulein Wilkow wird uns helfen können. Können Sie nicht schöne Stellen andeuten und uns den Faden des übrigen geben?"

Man bat so allgemein, so dringend, daß Elise nach einigem Zögern nachgab. „Der Roman", sagte sie, „spielt, wenn ich mir die Jahrszahl richtig gemerkt habe, in den Jahren 1455-1456 in und um Marienburg in Ostpreußen. Der Deutsche Orden ist von seinen früheren einfachen und reinen Sitten abgekommen; dies und innerer Zwiespalt, wie Neid und Anfeindungen von allen Seiten her, drohen einen baldigen Umsturz der Dinge herbeizuführen, wie denn auch durch den Verrat böhmischer Ordenssoldaten, gegen Ende des dritten Teils, Marienburg für den Orden auf immer verlorengeht. Auf diesen geschichtlichen Hintergrund ist aber die interessante Geschichte eines Verhältnisses zwischen einem jungen deutschen Ritter und einem Edelfräulein aufgetragen. Sie ist die Tochter des Kastellans von Marienburg, eines geheimen und furchtbaren Feindes des Ordens, der, anscheinend dem Deutschmeister befreundet, nur dazu in Marienburg lebt, um jede Blöße des Ordens den Polen zu verraten. Der Roman beginnt in der Ordenskirche, wo die Ritter und viele Bewohner von Marienburg und der Umgegend bei einem feierlichen Hochamte versammelt sind, um den Tag zu feiern, an welchem vor vielen Jahren der erste Komtur mit seinem Konvent in dieser Burg einzog. Der letzte Meister, Ulrich von Elrichshausen, ein Mann, der sich dem nahenden Verderben noch entgegenstemmen will, hält eine eindringliche Rede an die Ordensglieder. Der Gottesdienst endet mit einer feierlichen, lateinischen Hymne. Indem zwei der jüngsten Ritter, nach der Sitte bei solchen Gelegenheiten, den vornehmsten fremden Besuchern das Geleite bis in den Vorhof geben, bemerkt der eine von ihnen, daß der andere im Vorbeistreifen ein kleines Päckchen in die Hand einer verschleierten Dame gedrückt habe. Die Kirche ist leer, und im zweiten Kapitel fragt nun der erstere den zweiten um die Bedeutung dessen, was er gesehen. Er ist sein Waffenbruder, ein Bündnis, das nach der Sitte der Zeit fester als irgendein Freundschaftsband galt, und Elrichshausen, der Neffe des Meisters, der Held des Romans, gesteht ihm endlich sein Verhältnis zu der Dame; erzählt ihm von seinem Leben, seinen trostlosen Aussichten.

Der Freund ratet ab, Kuno aber verschmäht jede Warnung, und bittet jenen, er möchte ihn an diesem Abend zu einer Zusammenkunft mit der Geliebten begleiten. Diese Zusammenkunft in einem verfallenen Teil des älteren Schlosses ist so schauerlichschön, daß ich möchte, sie würde ganz gelesen."

Palvi las. Wer je ein Buch, das er sonst nicht kannte, in Gesellschaft vorgelesen, der weiß, daß etwas Beunruhigendes in dem Gedanken liegt, daß man mit gehaltener Sicherheit auf einem Felsenpfade gehen soll, den man noch nie betreten. Dieses beängstigende Gefühl wächst, wenn es ein Gespräch ist, das man vorträgt. Man kann den Atem, den Rhythmus, den Ausdruck der Empfindung nicht richtig abmessen und verteilen, man weiß nicht, ob jetzt die höchste Höhe der Lust ausgedrückt ist, ob jetzt der Dichter die tiefste Saite der Wehmut berührt habe, ob er nicht noch tiefere Akkorde anschlagen werde; und der Zuhörer pflegt diese Unsicherheit störend mitzuempfinden. Aber wunderbar las dieser junge Mann, den ein zufälliger Scherz seines Vorgesetzten zum Vorleser gestempelt hatte. Es war, als lese er nicht mit den Augen, sondern mit der Seele ohne dieses Organ, als spreche er etwas längst Gedachtes, eine Erinnerung aus, als kenne er den Inhalt, den Geist dieser Blätter, und sein Gedächtnis habe das Buch nur wegen der zufälligen Wortstellung vonnöten. Wenn das, was er las, nicht durch Inhalt und Form so großartig, dieses Gespräch zweier Liebenden so neu, so bedeutungsvoll gewesen wäre, diese Art, etwas vorzutragen, hätte zur Bewunderung hinreißen müssen.

Wir fürchten zu ermüden, wollten wir den Gang der Gefühle im Gespräch dieser Liebenden verfolgen. Wir bemerken nur, daß der jüngere Teil dieser Gesellschaft mächtig davon ergriffen wurde, daß Fräulein Elise, die anfangs den Vorleser mit scheuen, staunenden Blicken angesehen hatte, in tiefer Rührung die Augen senkte, und kaum so viel Fassung fand, ihre Erzählung weiter fortzusetzen.

„Die Liebenden", sagte sie, „so wenig Trost im Schluß dieser Szene lag, sind zufrieden in dem Gedanken an die Gegenwart. Je dunkler aber die Zukunft vor ihnen liegt, desto angenehmer dünkt es ihnen, die Gegenwart mit schönen Träumen auszufüllen. Der Deutschmeister bekommt die Nachricht, daß der Kaiser, von den Einflüsterungen Polens halb besiegt, dem Orden zürne, ihm namentlich innere Zügellosigkeit vorwerfe. Der Meister versammelt daher ein Kapitel, wo er die Ritter anredet. Diese Stelle ist eine der trefflichsten im Buche, denn der Verfasser befriedigt hier auf wunderbare Weise zwei Interessen. Indem der Meister die Verhältnisse des Ordens bis auf die zartesten Nuancen aufdeckt und berechnet, bekommt der Leser nicht nur ein schönes Bild von dem einsichtsvollen, umsichtigen Ulerich von Elrichshausen, von der erhabenen Würde eines Nachfolgers so großer Meister, von der gebietenden Stellung eines Herrschers auf Marienburg, sondern er bekommt auch auf ungezwungene und natürliche Weise eine Übersicht über die historische Basis des Romans. Der Meister schärft die Haus- und Sittengesetze, und schließt mit einer furchtbaren Drohung für den Übertreter.

Der Held des Romans, voll schönen Glaubens an alles Edle und Reine, sieht in seiner Freundschaft für Wanda, so heißt das Fräulein, kein Unrecht. Er setzt, begleitet von seinem Freunde, die nächtlichen Zusammenkünfte fort. In einer derselben ist ein wunderschönes Märchen eingewoben, eine Sage, die man auch mir in meiner Kindheit oft erzählt haben muß, denn sie klang mir wie alte Erinnerungen."

Sie hielt inne; mit einem Blick voll Liebe und Wehmut fragte Palvi, ob er das Märchen lesen solle? Sie nickte ein kurzes Ja, und er las. Der junge Rempen hatte während des Märchens sein Auge fest auf Elisen gerichtet. Er bemerkte, daß sie anfangs heiter zuhörte, mit einem Gesicht, wie man eine bekannte Lieblingsmelodie hört und die kommenden Wendungen zum voraus erratet; nach und nach wurde sie aufmerksamer; es kamen einige sonderbare Reime vor, die Palvi so rasch und mit so eigenem, singendem Tone vortrug, daß sie dadurch tief ergriffen schien; Erinnerungen schienen in ihr auf und nieder zu tauchen, sie preßte die Lippen zusammen, als unterdrücke sie einen inneren Schmerz; er sah, wie sie bleich und immer blässer wurde, er sah sie endlich ihrer Nachbarin etwas zuflüstern, sie standen beide auf, aber ebenso schnell sank Elise wieder kraftlos auf ihren Stuhl zurück.

Die Bestürzung der Gesellschaft war allgemein. Die Damen sprangen herzu, um zu helfen, aber sei es, daß, wie es oft zu geschehen pflegt, gerade das unangenehme Gefühl dieser störenden, geräuschvollen Hülfe sie wieder emporraffte, oder war es wirklich nur etwas Vorübergehendes, ein kleiner Schwindel, was sie befiel, sie stand beinahe in demselben Moment wieder aufrecht, bleich, aber lächelnd, und konnte sich bei der Gesellschaft entschuldigen, diese Störung veranlaßt zu haben.

An Erzählen und Vorlesen war übrigens nach diesem Vorfall diesen Abend nicht wohl wieder zu denken, und man nahm mit Vergnügen den Vorschlag an, sich am übernächsten Nachmittage in einem öffentlichen Gartensalon zu versammeln und die „Ritter von Marienburg" gemeinschaftlich zu genießen.

Der Stallmeister fühlte sich von dieser Szene auf mehr als eine Weise ergriffen; er konnte zwar Palvi nichts vorwerfen; er hatte zwei Worte mit Elisen, und diese öffentlich gesprochen; es war, wenn er selbst auch wirkliche Rechte auf das Fräulein gehabt hätte, kein Grund zur Eifersucht da, denn sie schien jenen sogar zu scheuen, zu fliehen; aber dennoch lag etwas so Rätselhaftes in Palvis Betragen, etwas so schmerzlich Rührendes in seinen Mienen, und doch wieder in seinem ganzen Wesen eine so gehaltene Würde, daß Rempen sich vornahm, was es ihn auch kosten möge, Aufschluß über ihn zu suchen. Der Oheim war bemüht, die frühere Ordnung und Freude herzustellen. Spieltische wurden aufgetragen, und aus dem Salon lud eine Violine und die lockenden Akkorde einer Harfe die junge Welt zum Tanzen ein.

Mit bewachenden Blicken folgte der Stallmeister Palvi, der, noch immer das Buch in der Hand haltend, gedankenvoll umherging. In einer Vertiefung des Fensters saß Elise. Eben ging eine Freundin von ihr weg und Rempen nahm wahr, wie sich Palvi ihr zögernd nahte, wie er ihr mit einer tiefen Verbeugung das Buch überreichte. Schnell trat auch er hinzu, und nur die breite, dunkelrote Gardine trennte ihn von den beiden.

„Elise", hörte er den jungen Mann sagen, „seit zehn Monaten zum erstenmal wird es mir möglich, so nahe zu stehen, nur *eine* Bitte habe ich –"

„Schweigen Sie", sagte sie in leisen, aber leidenschaftlichen Tönen, „ich will nichts hören, nichts sprechen, ich habe Ihnen schon einmal gesagt, ich verachte Sie."

„Nur das *Warum* möchte ich wissen", bat er beinahe weinend; „nur *ein* Wörtchen, vielleicht möchten Sie mich doch verkennen."

„Ich kenne Sie zu gut", erwiderte sie unmutig, „einen so niedrigen, gemeinen Menschen kann ich nur verabscheuen."

„Gemein, niedrig?" rief er bitter, „und dennoch schwöre ich, daß ich Ihnen Achtung abzwingen will; diesen gemeinen, niedrigen Mann sollen Sie schätzen müssen! Wissen Sie, ich bin –"

„Daß Sie ein recht elender Mensch sind, weiß ich lange; darum bitte ich, entfernen Sie sich; diesen Zirkel werde ich aber nie mehr besuchen, wenn es Ihnen noch einmal einfallen sollte, mich anzureden."

Bei diesen Worten stand sie rasch auf und entfernte sich mit einer kurzen Verbeugung gegen den unglücklichen jungen Mann.

So wichtig diese Worte, so bedeutungsvoll diese Szene war, konnte sie doch dem Stallmeister kein deutlicheres Licht geben. Palvi durfte wagen, sie mit „Elise" anzureden, sie behauptete, ihn ganz zu kennen, sie sprach so heftig ihre Gefühle aus, daß ihren Haß notwendig Liebe geboren haben mußte! Er sah Palvi, nachdem er noch eine Weile in der Vertiefung des Fensters verweilt hatte, nach der Tür des Vorsaals gehen. Er folgte ihm dahin, wie zufällig nahm er zugleich mit jenem seinen Mantel um.

„Auch Sie scheinen kein Freund des Tanzes zu sein", redete er den Referendär an.

„Ich habe es längst aufgegeben", antwortete er, „aber Sie, Sie ein Glücklicher, und nicht tanzen?"

„Ein Glücklicher?" erwiderte der Stallmeister freundlich; „davon möchte ich mir doch noch eine nähere Definition erbitten. Überhaupt, hier wird mir so langweilig zumute, und zu Hause geht mir die Tanzmusik im Kopfe herum; gehen wir, wenn Sie nichts Besseres vorhaben, nicht irgendwohin zusammen?"

Palvi schien in einiger Verlegenheit zu sein. „Ich weiß nicht, was mir Ihre Gesellschaft so wünschenswert macht", antwortete er; „ich möchte die Hälfte der Nacht mit Ihnen verplaudern, und dennoch, werden Sie es glauben? – ich rechnete darauf, früh diese Gesellschaft zu verlassen, und habe einem Freunde den übrigen Teil des Abends zugesagt."

„Wohlan!" fuhr der Stallmeister fort, „wenn Sie nichts gar zu Wichtiges zu besprechen haben, so folge ich Ihnen dahin."

Der junge Mann errötete; „Das Haus ist abgelegen", sagte er, „und für solche Gäste nicht ganz passend."

„Und wenn es der ‚Entenzapfen' wäre", rief Rempen; „es soll ja vortreffliches Cerevis dort geben."

Mit einer Mischung von Staunen und Freude blickte ihn der Referendär an, doch ehe er noch fragen konnte, sprach Rempen weiter: „Verzeihen Sie meiner Neugierde, die diesmal die Diskretion überwog. Der Zufall machte mich zum Zeugen, als ein wunderlicher alter Herr Sie einlud, und schon damals wünschte ich, mit von der Partie zu sein, um so mehr", setzte er verbindlich hinzu, „da ich diesen Abend so manchen point de réunion zwischen uns fand."

„Gut, so folgen Sie mir. – Sie werden ein Original kennenlernen, das aber mehr unsere Aufmerksamkeit verdient, als die schwachen Kopien dort oben, die doch immer für Originale gelten möchten, ja sich selbst dafür halten. Ich meine jene Poeten und Literatoren, die uns heute morgen ein so wunderbares Schauspiel gegeben haben."

„In seiner Art diesen Abend ein nicht minder sonderbares", entgegnete Rempen; „oder sollte Ihnen entgangen sein, wie ungezogen sie sich benahmen, als man verlangte, dieser Roman sollte vorgelesen werden; schien es nicht, als wollten sie durch stilles, höhnisches Lächeln, durch ihre kalte Entschuldigung zum Vorlesen, nicht bei Stimme zu sein, durch so manche Zeichen ihres Mißfallens der Gesellschaft die Überzeugung aufdringen, als sei das Buch schlecht und unwürdig? Man kann nicht verlangen, daß sie sich – wollen sie einmal ungesittet sein – im Keller eines Italieners Fesseln anlegen; sie bezahlen dort und ihre Rede ist frei; aber in einer Gesellschaft wie diese mußten sie sich den Gesetzen des Anstandes fügen."

„Ich wollte vieles wetten", bemerkte Palvi, „der Mann, zu dem ich Sie jetzt führe, ob er gleich in seinen Gewohnheiten und Sitten wenig gesellschaftliche Bildung verrät, würde sich weniger unschicklich benommen haben."

„Und wer ist er denn?" fragte der Stallmeister.

„Er gehört einem Schlag von Leuten an, die man in unsern Ländern jetzt weniger, oder nicht so auffallend und originell sieht, als früher; ein sogenannter württembergischer Magister. Bitte zum voraus, glauben Sie nicht, daß in diesem Begriffe etwas Lächerliches liege, denn eine nicht geringe Zahl würdiger, gelehrter Männer unserer Zeit gehören diesem Stande an. Es gab in früherer Zeit, ob jetzt noch, weiß ich nicht, in jenem Lande eine Pflanzschule für tiefe Gelehrsamkeit. Es gingen Philologen, Philosophen, Astronomen, Mathematiker in Menge daraus hervor; zum Beispiel ein Kepler, ein Schelling, Hegel und dergleichen. Vor zwanzig Jahren soll man allenthalben in Deutschland Leute aus dieser Schule gesehen haben; den Titel Magister bekommen sie als Geleitsbrief mit. Sie waren gewöhnlich mit tiefen Kenntnissen ausgerüstet, aber vernachlässigt in äußern Formen, in Sprache und Ausdruck sonderbar, und spielten eine um so auffallendere Figur, als sie gewöhnlich, ihrer Stellung nach, als Lehrer an Universitäten, als Erzieher in brillanten Häusern, in der Gesellschaft durch ihr Äußeres den Rang nicht ausfüllten, den ihnen ihre Gelehrsamkeit gab. Eine solche Figur aus alter Zeit ist mein Freund. Er ging schon vor dreißig Jahren aus seinem Vaterlande, hat aber weder in Kurland, noch in Sachsen seine Eigenheiten abgelegt. Er lebt hier, abgeschieden von der Welt, in einem Dachstübchen; ich halte ihn für einen der tiefsten Denker des Zeitalters, dabei ist er ein liebenswürdiger Dichter, und dennoch ist sein Name gänzlich unbekannt. Die gelehrtesten Rezensionen in den Leipziger und Haller Blättern sind von seiner Hand; manche Entdeckung, mancher tiefgedachte Satz, womit jetzt die neuen Philosophen ihre Werke aufputzen, sind von ihm, er hat sie spielend hingeworfen."

„Also ein literarischer Eremit", rief Rempen aus, indem er, nicht ohne kleinen Schauder, an der Seite des Referendärs durch enge, schmutzige Gäßchen ging; „eine Nachteule der Minerva in bester Form?"

„Wenn es heutzutage wieder einen Diogenes geben könnte", erwiderte jener, „ich glaube, er müßte im Kostüm meines Magisters erscheinen. Dieses ehrliche, kluge, ein wenig ernste Gesicht, die kunstlos um den Kopf hängenden Haare, das verschossene Hütchen, der abgetragene Rock, den er mit keinem andern vertauschen mag, die sonderbare, beinahe zärtliche Neigung zu einer alten, schwarzgerauchten Pfeife, dazu ein dunkelbraunes Meerrohr mit silbernem Knopfe, und diese ganze Gestalt in der düstern, schwärzlichen Spelunke, in welche wir eben treten wollen – nehmen Sie dies alles zusammen, und Sie werden finden, das Urbild eines modernen zynischen Philosophen ist fertig, nur würde er einen Alexander nicht um ein wenig Sonne, sondern um ein bißchen Feuer für seine Pfeife bitten."

Durch einen Vorplatz, wo das trübe Licht einer schmutzigen

Laterne einen zweifelhaften Schein auf Kornsäcke und umgestürzte Bierfäßchen warf, traten jetzt die beiden jungen Männer in das größere Schenkzimmer des „Entenzapfen". Der Wirt, dick und angeschwollen von dem Kosten seines eigenen Getränkes, schlief in einem Lehnsessel hinter dem Ofen; einige abgerissene Gestalten spielten bei einem Stümpfchen Licht mit schmierigen Karten, und sahen die Vorübergehenden mit matten, schläfrigen Augen an.

Palvi ging vorüber in ein zweites, kleineres Gemach, das für bessere Gäste eingerichtet schien. Derselbe Alte, den Rempen diesen Abend flüchtig gesehen, saß dort allein hinter einer Kanne Bier. Auf den Tisch hatte er mit Kreide einen mathematischen Satz gemalt. Er schaute, die Stirne in die Hand gestützt, aufmerksam auf seine Berechnung nieder, und nur große Tabakswolken, die er hin und wieder ausstieß, zeigten, daß er lebe und atme. Erst auf den Abendgruß seines jungen Freundes richtete er sich auf und zeigte ein ernstes, gleichgültiges Gesicht, dem nur das glänzende, ungemein interessante Auge einiges Leben verlieh.

Die Gegenwart eines Fremden schien ihm unangenehm aufzufallen. Kurz abgebrochen, indem er hastig mit dem Rockärmel die Figuren von dem Tische abwischte, sagte er: „Seid lange ausgeblieben."

„Dafür bringe ich aber einen seltenen Gast mit", erwiderte der junge Mann, „der das ‚Entenbier' versuchen will."

„Literator?" fragte der Alte etwas mürrisch.

„Wo denkst du hin, Magister; ein hiesiger Literator und der ‚Entenzapfen'! Nein, er ist nicht von diesen, sondern heißt Herr von Rempen und ist Stallmeister."

„Da haben der Herr die echte Quelle gefunden", sprach der Alte freundlich und mit einer Herzlichkeit, die ihn sogar angenehm machte. „Der ‚Entenzapfen' hat solid Getränke. Setzet Euch, da bringt die Kellnerin schon die Kannen."

Der Stallmeister erschrak vor der großen Kanne, die ihm das niedliche Kellermädchen mit den roten Lippen kredenzte; aber die Neugierde nach dem Magister, der Drang, von Palvi nähere Aufschlüsse über Elisens Betragen zu erhalten, milderten seinen Schauder vor dem „Entenzapfen".

„Es hat einen eigenen Reiz für mich", sagte er, um die Anrede des Alten zu erwidern, „so aus einer glänzenden Gesellschaft, wo alles voll Glanz und Putz, voll Berechnung und eitlen

Benehmens ist, mich in die Einsamkeit einer solchen Schenke zu begeben. Man wird so leicht verführt, jenes schimmernde Wesen für wahres Leben, für ein Ideal der Gesellschaft zu nehmen, und nur ein plötzlicher, recht greller Tausch kann von diesem Wahne retten, besonders wenn man das Glück hat, Männer zu finden, die zu vernünftigem Gespräch bereitwillig sind."

„Ich kann mir's denken aus früherer Zeit", entgegnete der Alte mit ironischem Lächeln. „Nun, hat man wieder anständig geschnattert und gezwitschert, Tee getrunken und göttlichem Gesange gelauscht, und als man gar ästhetisch zu werden, vorzulesen anfing, seid Ihr aus Angst davongelaufen?"

„Nein", antwortete Rempen, „solange gelesen wurde, blieben wir."

„Wie?" rief der Magister. „Und Ihr habt es über Euch vermocht, Herr Referendär, allerlei rosenfarbene Poesie anzuhören?"

„Man las ‚Die letzten Ritter von Marienburg'", belehrte ihn der Stallmeister.

„Ei der Tausend!" sagte der Alte mit einem sonderbaren Seitenblick auf Palvi, „konnte man doch solche Speise vertragen, ohne den ästhetischen Gaumen und Magen zu verderben? Hat sich denn die Welt gedreht, oder waren unsre hiesigen Schöngeister nicht zugezogen?"

„Doch, sie waren dabei", erwiderte Rempen, „sie wagten es nicht, sich dagegenzusetzen, obgleich der Zorn aus ihren Augen sprühte, denn noch diesen Morgen hatten sie sich bündig und deutlich erklärt." Und nun erzählte er den Auftritt im Keller des Italieners, mit einer Geläufigkeit, über welche er sich selbst wundern mußte. Mehrere Male wurde er von einem schnellen, kurzen Lachen des Alten unterbrochen, als er aber mit dem furchtbaren Bündnisse der literarischen Trias endete, brach der alte Mann in so herzliches Gelächter aus, daß der Wirt zum „Entenzapfen" mit einem tiefen Gestöhne erwachte und sich im Sessel umwälzte.

„Der Herr Stallmeister erzählen gut", sprach dann der Magister, indem er Tränen, die das Lachen hervorgelockt hatte, verwischte. „Ich kenne sie, diese Bursche, diesen Chorus von Halbwissern. Sie sind geachteter beim Stadtpublikum und auf dem Landsitze, als der wahre Gelehrte, sie sind die Vornehmern unter den Musensöhnen und machen ungebeten die Honneurs auf dem Parnaß, als wären sie Prinzen des Hauses oder zum mindesten

Kammerjunker; um so weniger können sie es verschmerzen, wenn ihre Blöße aufgedeckt und ihre Schande ans Licht gestellt wird. Sie fühlen ihr Nichts, sie sehen es einander ab, aber sie wollen es sich nicht merken lassen."

„Am sonderbarsten und unerklärlichsten scheint mir ihre Wut gegen das, was man jetzt historischen Roman nennt", bemerkte der Stallmeister. „Ich bin zu wenig im Getriebe der Literatur bewandert, um es mir erklären zu können."

„Danken Sie Gott", erwiderte der Alte, „daß Sie ein heiteres, rüstiges Handwerk erlernt haben, und von diesem unseligen, feindlichen Treiben nichts wissen. Kommt mir doch diese schöne Literatur jetzt vor wie scharfer Essig. Mit gehöriger Zutat vom Öl des Lebens, Philosophie, ist sie die Würze Eurer Tage; aber kostet sie gesondert, so ist sie scharf, abstoßend; betrachtet sie genau, etwa durch ein tüchtiges Glas, so sehet Ihr das Acidum aufgelöst in eine Welt von kleinen Würmern, die sich wälzen und einander anfallen, über einander wegkriechen."

„Pfui! aber ihr Verhältnis zum historischen Roman?"

„Sie gebärden sich", antwortete Bunker, „als ob sie gegen irgendeine Erscheinung des Zeitgeistes ankämpfen könnten, wie Pygmäen gegen einen Riesen. Als ob nicht schon die ‚Ilias' so gut historisch gewesen wäre, als irgendein Roman des Verfassers von ‚Waverley'. Und ist nicht ‚Don Quijote' der erste aller historischen Romane? Doch nehmen Sie nähere Beispiele bei uns. Spricht sich nicht in ‚Wilhelm Meister' das Element eines historischen Romans geheimnisvoll aus? Müssen wir nicht den Begebenheiten, in die der Held verwickelt ist, eine gewisse Zeitgeschichte unwillkürlich unterlegen? Müssen wir nicht das Lager des Prinzen als eine notwendige historische Dekoration damaliger Zeit ansehen? Und die ‚Unterhaltungen deutscher Ausgewanderten', sind sie nicht eine historische Novelle? Wir betraten also zum mindesten keinen neuen Boden, kein neues, zweifelhaftes Gebiet."

„Und welch kleiner Schritt", bemerkte Palvi, „welch natürlicher Übergang ist vom historischen Drama, wie wir es bei Goethe finden, zum modernen geschichtlichen Roman. Sie sind ihm schon um vieles näher, als die historischen Schauspiele Shakespeares. Wie im Romane, sprechen dort die Helden nicht großartige Gefühle aus. Sie halten nicht gedehnte Reden, sondern ihre Reden erzählen von den schlummernden Entschlüssen ihrer Seele, und wir erblicken in einer einzelnen

Wendung Motive, ahnen Handlungen, die sich nachher verwirklichen.

Die Völker scheinen sich in unsern Tagen zu scheiden und scharf abzugrenzen; doch diese Scheidung ist nur scheinbar, denn die Menschheit ist durch so viele Erfindungen sich näher gerückt worden. Wir gehören mehr und mehr der Welt an. Wir sprechen von entfernten Polarländern oder von Amerika mit einer Bestimmtheit, einem Gefühle der Nähe, wie unsre Großväter von Frankreich sprachen. Wir sind jetzt erst Europäer geworden. Darum ist uns nichts mehr fremd, was in diesem alten Weltteile geschieht. Der Unterschied der Sprache hat aufgehört, denn Dank sei es unsern gewandten Übersetzern, es ist, als ob Scott und Irving in Frankfurt oder Leipzig lebten."

„Gewiß!" fiel Rempen ein, „auch in der Gesellschaft sind sich die verschiedenartigsten Elemente näher getreten. Unsere jungen Männer erzählen jetzt von einer Reise nach London oder Rom mit mehr Bescheidenheit oder Gleichgültigkeit, als sonst einer von einer Reise an einen zwanzig Meilen entfernten Hof erzählte. Aber ist uns durch alles dies, da wir in einer so breiten Gegenwart leben, die Geschichte nicht viel mehr fern, als nahe gerückt?"

„Ich gebe zu", sagte der Alte, „das ernste Studium der Historie, aber nicht das rein menschliche Interesse daran. Die Geschichte war sonst die Geschichte der Könige, und an ihre oft unbedeutende Person knüpfte sich das Leben unsterblicher Männer. Die neuere Zeit, so große Veränderungen um uns her, haben uns anders denken gelehrt. Es ist die Geschichte der Meinungen, es sind die Schicksale gewisser Prinzipien, die wir kennenlernen möchten. Ihr Kampf erscheint in jedem Zeitalter mehr oder minder und unter der verschiedensten Gestalt, und dieser Kampf der Meinung ist es, was jeder Periode ihr Interesse gibt, er ist es, der, dem Romane zum Grunde gelegt, unsere Teilnahme auf unbeschreibliche Weise anzieht."

„Ich ahne, daß Sie recht haben", erwiderte der Stallmeister; „gleichwohl kann ich diese Idee meinen bisherigen Ansichten noch nicht recht anpassen. Denn wie vertragen sich zum Beispiel mit dieser welthistorischen Ansicht jene sonderbaren Figuren Walter Scotts, die bald als rohe Hochländer, bald als Räuber, als Fischer in die Geschichte unmittelbar eingreifen und so anziehend erscheinen?"

„Das ist es ja gerade, was ich sagte", antwortete der Magister.

„Wir ahnen in der Geschichte des Landes und des Volkes, die uns Professoren auf Kathedern vortragen, daß es nicht immer die Könige und ihre Minister waren, die Großes, Wunderbares, Unerwartetes herbeiführten. Da oder dort hat die Tradition den Schatten, den Namen eines Mannes aufbehalten, von dem die Sage geht, er habe großen und geheimnisvollen Anteil an wichtigen Ereignissen gehabt. Solche Schatten, solche fabelhafte Wesen schafft die Phantasie des Dichters zu etwas Wirklichem um; in den Mund eines solchen Menschen, in sein und seiner Verbündeten geheimnisvolles Treiben legt er die Idee, legt er den Keim zu Taten und Geschichten, die man im Handbuch nur als geschehen nachliest, vergebens nach ihren Ursachen forschend. Indem solche Figuren die Ideen persönlich vorstellen, bereiten sie dem Leser hohen Genuß, und oft ein um so romantischeres Interesse, je unscheinbarer sie durch Bildung und die Stellung in der bürgerlichen Gesellschaft anfänglich erscheinen."

„Und so hielten Sie es für möglich, daß auch die deutsche Geschichte interessante Stoffe für historische Romane bieten könnte?" fragte Rempen; „mir schien sie immer zu zerrissen, zu flach, zu wenig romantisch und großartig."

„Das letztere glaube ich nicht", erwiderte Palvi; „und muß denn gerade der Hintergrund, das historische Faktum, das Erhabene sein? Ist es nicht der Zweck des Romans, Charaktere in ihren verschiedenen Nuancen, Menschen in ihren wechselseitigen Beziehungen zu schildern? und kann sich nicht ein großartiger Charakter in einer Tat, einem Zwiste erproben, der für die allgemeine Geschichte von geringerer Bedeutung ist? Oder glauben Sie, weil Tieck in die Cevennen flüchtete, um einen historischen Hintergrund zu holen, er habe damit sagen wollen, unsere Geschichte biete keinen Stoff, der seines hohen Genius würdig wäre?"

„Diese ,Ritter von Marienburg'", nahm der Alte das Wort, „beschäftigen sich mit keinem großartigen historischen Ereignisse. Schon fünfzig Jahre, ehe das Unglück des Ordens in Ostpreußen wirklich hereinbricht, gewahrt man, daß er sich nie mehr zu seinem alten Glanze erheben, daß früher oder später die Elemente selbst, die seine Größe beförderten, seinen Sturz bereiten werden. Er fällt, denn er hat seinen Beruf erfüllt. Aber an die geschichtliche Figur des Großmeisters, an die Täler der Nogat, an die Mauern der erhabenen Burg weiß jener Hüon Fäden anzuknüpfen, woraus er ein erhabenes Gewebe schafft. Ich möchte sagen, er baut aus den Trümmern jenes gestrandeten Schiffes eine Hütte, worin sich bequem wohnen läßt."

„Nun verstehe ich Sie", rief der Stallmeister, „und weil sie diesen Standpunkt nicht erreichten, weil sie diese höhere Ansicht nicht erfassen mögen, kämpfen jene Leutchen gegen diesen historischen Roman. Es ist Brotneid, sie wollen ihn nicht aufkommen lassen, weil er die Kunden an sich ziehen könnte."

„Hat er nicht recht, der Herr Stallmeister?" wandte sich der Magister lächelnd an seinen Nachbar. „Sie schimpfen alle aufeinander und zusammen auf jedes Größere, diese Kleinmeister. Mich freut es nur, daß mein Doktor Zundler auch bei der furchtbaren Freitags-Trias ist."

„Ihr Doktor Zundler?" fragte Rempen befremdet. „Kennen Sie ihn?"

„Ob ich ihn kenne?" erwiderte der Alte lachend.

„Der Herr Stallmeister macht keinen schlimmen Gebrauch davon", sagte Palvi zu dem Magister, „und zu größerem Verständnis der Poesie ist es ihm nützlich, wenn er es weiß. Bist du es zufrieden, Alter?"

„Es sei; aber der Herr Stallmeister wird diskret sein", antwortete der Alte.

„Was werde ich erfahren?" fragte Rempen. „Wie geheimnisvoll werden Sie auf einmal!"

„Sie kennen den Doktor Zundler, einen der ersten Lyriker dieser Stadt", sprach Palvi, „sein Ruhm war früher gerade nicht sehr groß, doch etwa seit einem halben Jahre regt er die Flügel mächtig. Hier sitzt der Deukalion, der sie ihm gemacht hat."

„Wie soll ich dies verstehen?" erwiderte der Stallmeister.

„Unser Magister hier ist ein sonderbarer Kauz", fuhr jener fort, „einer seiner bedeutendsten Fehler ist Ängstlichkeit, sonderbar verschwistert mit Gleichgültigkeit. Er hätte es weit bringen können auf dem deutschen Parnaß, aber er war zu ängstlich, um etwas drucken zu lassen. Doch wie vermöchte ein dichterischer Genius, von diesem Hindernisse sich besiegen zu lassen; er dichtete fort, für sich."

„Ich machte Verse", fiel der Alte gleichgültig ein.

„Du hast gedichtet!" sagte Palvi. „Aber seine besten Arbeiten, seine gründlichsten Forschungen hat er um acht Groschen den Bogen in Journale verzettelt, weil er sich scheute, seinen Namen auf ein Titelblatt zu setzen; und von den glühendsten Poesien seiner Jugend fand ich die einzigen Spuren in halbverbrannten Fidibus. In meinen Augen bist du entschuldigt, guter Magister, durch deine Erziehung und die Art und Weise deines Vaterlandes. Wer hat sich dort zu deiner Zeit um einen Geist, wie der deine war, bekümmert? Was hat man für einen Mann getan, der nicht in die vier Kardinaltugenden, in die vier Himmelsgegenden der Brotwissenschaft, in die vier Fakultäten paßte? Haben sie ja sogar Schiller zwingen wollen, Pflaster zu streichen, und Wieland floh das Land der Abderiten, weil es dort keinen Raum für ihn gab, als den Posten eines Stadtschreibers, den er freilich so schlecht als möglich ausgefüllt haben mochte."

„Mensch, nichts Bitteres gegen mein schönes Vaterland", sagte der Alte mit sehr ernstem Blick; „es war die Wiege großer Männer."

„Du sagst es", erwiderte Palvi, „die *Wiege,* aber nicht das *Grab;* und dieser Umstand mag seine eigenen Ursachen haben. Zum mindesten findet man in Odessa wie am Mississippi, in Polen und in Rio Janeiro, und überdies noch auf den Kathedern aller bekannten Universitäten deine Landsleute. Doktor Zundler nun, um von diesem zu reden, hatte das Glück, eines Tages eine Wohnung zu beziehen, in deren Giebel unser Magister ein Freilogis bewohnt, weil er den Knaben des Hausherrn zum Gelehrten bilden soll. Doktor Zundler hat, um sich zum Dichter zu bilden, viel gelesen, und hat den großen Menschenkennern bald abgemerkt, daß sie auf Originale Jagd machen. Er stellt sich daher alle Tage zwei Stunden mit seinem Glas unter das Fenster, und stellt Betrachtungen über die Menschen an, wie der selige Hoffmann in ‚Vetters Eckfenster', nur, behauptet man, mit verschiedenem Erfolg. Denn der selige Kammergerichtsrat guckte durch das Kaleidoskop, das ihm eine Fee geschenkt, der Doktor Zundler aber durch ein ganz gewöhnliches Opernglas. Da sah er einigemal den Magister und – nun, Bunkerchen, erzähle."

Ein behagliches Lächeln verbreitete sich über das Gesicht des Alten; er trank in längeren Zügen aus seinem Glas und erzählte dann: „Eines Tages sagte mir meine Aufwärterin, daß sich der wunderschöne, reiche Herr in der Beletage nach mir erkundigt habe, wer ich wäre, was ich triebe und dergleichen. Bald darauf kam ein schön geputzter Herr in mein Stübchen, beguckte mich von allen Seiten, fragte mich allerlei, und wunderte sich ungemein, daß ich ein Gelehrter sei. Er hatte mich, meiner Physiognomie nach, für einen unglücklichen Musiker gehalten. Sein Staunen wuchs, als er einige poetische Versuche, die am Boden lagen, aufnahm und las. Er wollte nicht glauben, daß sie von mir herrühren, und nahm sie endlich ‚aus reinem Interesse', wie er sagte, mit. Den folgenden Tag schickte er mir ein paar Flaschen Wein. Es freute mich, ich hatte gehört, daß er reich sei; ich bin arm, und trank den Wein. Als ich die erste Flasche hinunter hatte und warm war, ging die Tür auf und mein Doktorchen kam herein. Ein Wort gab das andere; man kam auf Poesie, ich machte wenig daraus, er viel; er schwatzte mir etwas vor von einer Erbschaft, die er gewinnen könne von seinem Oheim, einem portierten Verehrer der Musen. Seine bisherigen Versuche haben aber nur den Unwillen des Erblassers erregt. So machte es sich von selbst, daß ich ihm meinen ganzen Kram von Poesie anbot; mich selbst amüsierten diese Verse nur solang ich sie entwarf und ausarbeitete; ob sie das Publikum lese, ob es mich dabei nenne, war ja so gleichgültig! Im Scherz ging ich einen Akkord ein, daß ich ihm auch eine Novelle und später einen Roman schriebe. Er gibt mir dafür Wein, Knaster, zuweilen Geld, und ich habe das Bequeme, daß niemand, weder in Lob noch Tadel, meinen Namen nennt, was mir unausstehlich ist, und daß ich mich mit keinem Journalredakteur, mit keinem Buchhändler, keinem Rezensenten herumbeißen muß."

„Ist dies nicht köstlich, Stallmeister?" fragte Palvi lachend. „Was halten Sie von diesem trefflichen Lyriker, von diesem Zundler, der ohne fremden Stahl und Stein kein Feuer gibt?"

„Ist es möglich!" rief der junge Rempen staunend aus. „Ist eine solche lächerliche Niederträchtigkeit jemals erhört worden! Und diesen Menschen konnte auch ich für einen Dichter halten, konnte den Genius bewundern, der auf einmal über ihn gekommen? Und auch *sie*, auch *sie*", fuhr er in Gedanken versunken fort, „auch *sie* ehrt und achtet ihn darum, zeichnet ihn aus, spricht mit ihm über seine neuesten Werke. Es ist um rasend zu werden!"

Palvi sah den jungen Mann bei diesen Worten teilnehmend, beinahe gerührt an; er schien mit Mühe eine tiefe Wehmut zu bekämpfen, aber der Alte fuhr fort: „Solch belletristisches Ungeziefer, das sich vom Marke anderer mästet, hätte ich schon längst gern in der Nähe geschaut, und so studierte ich diesen Hohlkopf. Wenn allerlei Mittel von außen her einen Dichter machen könnten, er müßte es längst sein. Denken Sie sich, er trägt, wenn er sich zum Dichten niedersetzt, einen Schlafrock, dessen Unterfutter aus einem Schlafrock gefertigt ist, den einst Wieland trug. Hoffmanns Dintengefäß hat er in Berlin erstanden; von einem Sattler in Weimar aber den ledernen Überzug eines Fauteuil, in welchem Goethe oft gesessen. Mit diesem hat er seinen Stuhl beschlagen lassen, und so will er seine Phantasie gleichsam a posteriori erwärmen. Auch liegt auf seinem Tisch eine heilige Feder, Schiller soll damit geschrieben haben. Er hat gehört, daß große Dichter gern trinken, darum geht er morgens ins Weinhaus und zwingt sich zu einer Flasche Rheinwein. Abends aber, wenn er schon ganz dumm und schläfrig ist, trinkt er schwarzen Kaffee mit Rum, und liegt dann in schrecklichen Geburtsschmerzen und ist gewärtig, irgendeine neue ‚Maria Stuart‘ oder ‚Jungfrau von Orleans‘ hervorzubringen."

Während der Magister Bunker also sprach, schlug es eilf Uhr, und nicht sobald hatte er den ersten dumpfen Ton der Glocke vernommen, als er hastig sein Glas austrank, einige Groschen auf den Tisch legte, dem erstaunten Stallmeister mit einer gewissen freundlichen Rührung die Hand bot, und sie ihm und Palvi herzlich drückte. Dann aber rannte er so eilends aus dem „Entenzapfen", daß Rempen nicht einmal sein freundliches „Gute Nacht" erwidern konnte.

„Sie staunen", sprach der Referendär, „daß uns der sonderbare Mensch so plötzlich und verwirrt verläßt. Er wohnt bei einem strengen Mann, der immer fünf Minuten nach eilf Uhr die Haustüre schließt. Weil nun der arme Magister eigentlich als Almosen sein Freilogis genießt, darf er keinen Hausschlüssel führen, wie Leute, die ordentlich bezahlen, und so jagt er, wie ein Gespenst, das mit dem Hahnenschrei in sein Grab entweicht."

„Ist dieser Mensch glücklich oder unglücklich zu nennen?" fragte Rempen nicht ohne Bewegung.

„Ich denke glücklich", erwiderte Palvi sehr ernst; „wer wenig hofft, hat nichts zu fürchten; er ist ruhig. Die Zeit mildert ja alles, und für die Erinnerung ist er kalt geworden."

„Hat er je geliebt?"

„Er hat geliebt, die Tochter jenes Hauses in Kurland, wo er Erzieher war. Er muß sehr liebenswürdig gewesen sein, denn die junge Gräfin starb nachher aus Kummer. Er selbst aber brachte zwei Jahre tiefer Schwermut in einem Irrenhause zu."

„Gott, welch ein Schicksal!" rief der junge Mann gerührt. „Wer hätte dies ahnen können? er hat uns eine so heitere Außenseite gezeigt."

„Wozu soll er seinen Schmerz zur Schau tragen?" entgegnete Palvi; „er gehört nur sein, und er verschließt ihn mit den

Trümmern besserer Tage in seiner Brust. Ich denke, es ist dies die einzige Art, wie Männer leiden müssen."

„Es müßte mich alles täuschen", sagte Rempen nach einer Pause, „oder auch Sie lieben nicht glücklich. Nennen Sie mich nicht unbescheiden. Sie haben mir zuviel Interesse eingeflößt, als daß nicht meine wärmste Teilnahme bei dieser Frage wäre."

Der Referendär sah ihn überrascht, doch nicht gerade verwundert an; sein ernstes, dunkles Auge schien die Züge des Fragenden noch einmal zu prüfen. „Es gibt wenige Menschen", antwortete er, „die diese Frage an mich gerichtet hätten. Doch an Ihnen freut mich gerade diese Offenheit. Ich weiß, Sie meinen Elise Wilkow; ich liebe sie."

„Und werden wiedergeliebt?" fragte Rempen errötend.

„Ich zweifle; doch möchte ich von Ihnen nicht verkannt werden, darum will ich Ihnen die kurze Geschichte dieser Liebe geben. Meine Eltern, sie sind beide tot, lebten in dieser Stadt. Unser Haus war mit den Wilkows sehr befreundet, denn mein und Elisens Großvater sind aus demselben Lande hier eingewandert. Ich bin um so viel älter denn Elise, daß uns unsre Kinderspiele nicht zusammenführten. Wohl aber durfte ich, als auch meine Mutter starb, das Haus hin und wieder besuchen, und ich faßte in einem noch sehr jungen Herzen eine glühende Neigung für das schöne Kind. Nach den ersten Jahren meines Universitätslebens kam ich hieher. Sie war herrlich herangeblüht und gestand mir, daß sie mir recht gut sei. Elise war damals fünfzehn Jahre alt. Ich kam in rohe Gesellschaften. Mein Vermögen und mein Stipendium reichten nur das erstemal hin, meine Schulden zu decken. Das zweitemal drückte mich eine bei weitem geringere Verlegenheit bei weitem unangenehmer, weil ich keinen Rat wußte. Sie hatte es erfahren, und durch fremde Hand wurden meine Schulden getilgt. Mädchen in guten Ständen, in einem soliden Hause aufgewachsen, wissen nicht, wie leicht ein armer Teufel in solche Verlegenheit kömmt. Sie schmälte mich in den Ferien und hielt mich für einen schlechten Menschen. Ich versprach Fleiß und solides Leben. Das Unglück eines meiner Freunde, der einen andern erschoß, riß mich mit fort und wieder ins Elend. Auch da hat sie mir wieder geholfen und mich zu Ehren gebracht. Bei so vielen Wohltaten konnte mich vor mir selbst nur der Gedanke entschuldigen, daß es die Hand der Geliebten sei, die mich gerettet, daß ich diese Hand einst auf immer in die meinige legen werde.

Ich raffte mich zusammen, und bald darauf gelang es mir durch Fleiß, hier angestellt zu werden. Meine Stellung zu Elisen war aber eine ganz andere geworden. Der alte Wilkow hatte erfahren, wie mich seine Tochter unterstützt hatte, und verbot mir schon beim ersten Besuch sein Haus, aus dem einfachen Grunde, weil ich *arm* und *leichtsinnig* sei.

Elise selbst lebte in großen, glänzenden Zirkeln, wo ich keinen Zutritt hatte, verkehrte mit allerlei schönen Geistern, und galt für die Krone der jungen Damen. Ich konnte sie höchstens in öffentlichen Gärten, auf Bällen und Konzerten, im Theater sehen. Und nur ihr freundlicher Blick konnte mich für so viel Entsagung trösten, konnte mich von dem beinahe Unbegreiflichen überzeugen, daß dieses allgemein angebetete Geschöpf – mich liebe."

Der Stallmeister suchte vergebens seine Bewegung zu verbergen. Ein hohe Röte lag auf seinem Gesicht, und sein Auge hing voll Erwartung an den Lippen Palvis.

„Beruhigen Sie sich", sagte dieser, als er den unangenehmen Eindruck bemerkte, den seine Erzählung auf den jungen Mann machte. „Fürchten Sie nichts, ich werde bald zu Ende sein. Ich war glücklich und zufrieden; ich kannte ihre Vorliebe für Poesie, und die Liebe ermutigte mich, einen Versuch zu wagen, der mich ihr noch werter machen sollte. Ich strengte alle meine Kräfte an, um sie mit etwas Gelungenem zu überraschen. Da brachte man mir eines Tages einen Brief. Ich erkannte ihre Züge, ich riß ihn auf und – sie schrieb mit kurzen, aber heftigen Worten, daß sie sich auf ewig von mir lossage, daß sie mich in tiefer Seele verachte; warum? werde mir mein eigenes Gewissen sagen. Ich versuchte mancherlei Wege, um mich ihr zu nahen, mein Gewissen sprach mich von irgendeinem Fehler gegen die Geliebte frei, darum wollte ich mir Gewißheit über das Warum verschaffen. Sie wich überall aus, und noch heute – heute abend in jenem Zirkel hat sie alle meine Hoffnungen zertrümmert."

In dem edelmütigen Herzen des jungen Rempen siegte Mitleiden über jedes andere Gefühl. Er faßte die Hand des unglücklichen, ihm so interessanten Mannes; er gelobte ihm bei Elisen für ihn zu sprechen, sie um die Ursache ihres Betragens zu befragen.

Aber jener erwiderte mit dem Stolze, den unverdiente Kränkung gibt: „Vertrauen ist die erste Bedingung der Liebe. Wo Vertrauen fehlt, da war nie Liebe, oder sie ist jedem Zufall ausgesetzt. Ich habe Elise auf immer verloren, selbst wenn sie mich wieder lieben würde."

„Und in diesem Zustand wollen Sie hier fortleben?" fragte Rempen seine Hand ergreifend; „wollen Elisen sehen und dabei immer fühlen, daß Sie verachtet sind!"

„Nein, gewiß nicht", erwiderte jener mit düstrem Lächeln; *„mein* Geschäft in dieser Stadt ist zu Ende. Es bleibt mir nur noch übrig, die Geliebte vor Menschen zu warnen, die ihrer nicht wert sind. Diesen literarischen Pöbel, der ihr so unendlich wert scheint, will ich noch vor ihren Augen entlarven; und ich glaube ihr damit nützlich zu sein, denn die Stellung, die Elise jetzt eingenommen, würde sie später nimmer glücklich machen. Sie selbst werden mir dazu helfen, mein Freund; schlagen Sie ein, wir wollen unsere Penelope von diesen Freiern erretten."

„Wohlan!" rief der Stallmeister, indem er aufbrach, „vielleicht findet sich morgen schon Gelegenheit, wenn uns ‚Die letzten Ritter von Marienburg' versammeln; aber dann", setzte er entschlossen hinzu, „noch *einen* Versuch, um auch Sie glücklich zu machen!"

Der schöne Frühlingstag und die Furcht, für ungebildet zu gelten, wenigstens durch ihr Nichterscheinen geringes Interesse an der schönen Literatur zu verraten, vereinigte den größten Teil des Rempenschen Klubs in dem Gartensaal, den man zum Sammelplatz bestimmt hatte. Der junge Rempen war zu Pferd herausgekommen, geraume Zeit vor den übrigen Gästen, gedankenvoll setzte er sich auf den Altan des Hauses und schaute in den Fluß hinab. Wie so gern hätte er sich schon heute am frühen Morgen Gewißheit verschafft, warum Elise so plötzlich mit Palvi gebrochen, auf eine Weise gebrochen, die notwendig, er gestand es sich mit Schmerz, auf den Charakter des jungen Mannes einen düstern Schatten werfen mußte. Oft verwünschte er den gestrigen Tag, und daß er diesen Menschen kennengelernt habe, nur um ihn heute unaussprechlich zu achten, und vielleicht morgen zu verlieren, zu – bedauern; denn verachten? nein, es konnte keinen Fall geben, der ihm diesen Mann hätte verächtlich machen können. War es denn möglich, daß eine so großartige Seele etwas Gemeinem, Niedrigen sich hingeben konnte? „Er ist arm", sagte der gutmütige Rempen zu sich, „er muß dürftig sein, denn seine Stelle kann ihn nicht ernähren; vielleicht hat er wieder Schulden gemacht, sie hat es erfahren, und deutet als Leichtsinn, was vielleicht Not ist? Aber kann, selbst wenn es Leichtsinn wäre, dieser den Geliebten in ihren Augen verächtlich, elend machen?" Wie ergrimmte er in seiner Gedankenfolge über jene Schranken, welche das Herkommen und die „gute Sitte" um vornehme Häuser und ihre Töchter gezogen, wie unnatürlich erschien es ihm, daß der Geliebte die Zürnende nicht in ihrem Hause, auf dem Wege, überall befragen, vielleicht versöhnen konnte, daß vielleicht ein kleines, aber sichtbares Ausweichen, eine scharfe und laut gesprochene Rede dazu gehörte, ihn, nach den Sitten der Gesellschaft, auf immer von sich zu entfernen! „Oder wie? sollte sie ihn vielleicht nie geliebt haben?" setzte er getrösteter hinzu. – „Es wäre möglich, daß ihm diese Gewißheit weniger schmerzlich wäre, als ihr Haß; aber – darf sie ihn deswegen *hassen*?"

Ein großer Zug von Damen und Herren hatte während dieser Gedanken des jungen Rempen den Berg erstiegen, und war jetzt in den Gartensaal getreten.

Noch fehlte Elise, aber man konnte nur um so ungezwungener ihren Geschmack und ihre Belesenheit bewundern. Auch Palvi wurde gebührendes Lob gespendet; man hatte selten mit dieser Gewandtheit, mit diesem Ausdruck etwas vorlesen gehört, und die Bewunderung stieg, als man sich sagte, daß er wahrscheinlich diesen Roman nicht zuvor gelesen habe. Elise kam mit Onkel und Tante Rempen angefahren, und Julius vergaß so ganz seine vorigen Gedanken, seine Vorsätze, daß er vor Freude errötend herbeisprang, sie aus dem Wagen zu heben, daß er halb unbewußt ihre Hand drückte, und dies erst erkannte, als er diesen Druck erwidert fühlte. Alle jene düstern Bilder, die auf dem Altan vor seiner Seele vorübergezogen, verschwanden vor dem Glanz ihrer Schönheit. Er hatte sie nie so reizend, so wundervoll gesehen, wenigstens so huldreich war sie nie gegen ihn gewesen. Den Grund davon gestand ihm in einer Ecke des Saals die Tante. Er hatte den Zirkel gestern abend so bald verlassen, daß Elise glaubte, sie habe ihn gekränkt. Dieser Gedanke erfüllte ihn jetzt so ganz, daß er in ihre Nähe eilte, daß er mit ihr sprach und scherzte, und erst durch die wiederholte Mahnung seines Onkels darauf aufmerksam gemacht werden konnte, daß die Gesellschaft sich bereits im Kreise gesetzt habe, und die Erzählung des Fräuleins Wilkow erwarte.

„Mein Unfall", sprach sie mit leichtem Erröten, „hat mich gestern, wenn ich nicht irre, gerade bei der Zusammenkunft der Ritter mit dem Fräulein, getroffen. Des Fräuleins Vater, der

nicht nur von außen, sondern auch im Innern dem Orden durch
Zwischenträgerei und Uneinigkeit zu schaden sucht, hat überall
Spione. Erwünscht ist ihm, daß ihm einer die Anzeige von jenem
nächtlichen Rendezvous macht. Er denkt keinen Augenblick daran, daß es seine Tochter sein könnte, sondern schleicht sich mit
Knechten in jene Ruinen und überfällt zuerst den Freund; die
Dame und ihre Amme, die immer zugegen war, entfliehen; es
kommt zum Gefecht, die Knechte werden in die Flucht geschlagen, und auch der Alte zieht sich zurück, doch nicht ohne sich
vorher mit einem Zeichen von seinem Gegner versehen zu haben.

Den andern Tag versammelt der Großmeister ein Kapitel. Er
entdeckt den Rittern diesen Vorfall und beschwört die Schuldigen, sich zu nennen. Sie schweigen. Noch einmal fordert er sie
vergebens auf, und zeigt dann der Versammlung eine goldne
Kette, woran ein Siegelring befestigt ist. Das Wappen wird erkannt, und der Freund sieht sich genötigt, zu gestehen. Er über-
sieht mit klarem Blick seine Lage; die geschärften Gesetze müssen ihn schuldig sprechen, darum ist für ihn keine Rettung. Doch
glaubt er, da er selbst verloren ist, seinen Freund retten zu können. Er gesteht, in den Ruinen mit einer Dame gesprochen zu
haben. Der Meister ist tief ergriffen von diesem Geständnis; es
ist ein tapferer, junger Mann, den das Urteil trifft, er wurde von
vielen geliebt. Peinlich ist die Lage des Helden selbst, und
treffend die Beschreibung, wie die Furcht vor Entehrung, die
Hoffnung, der Freund könne gerettet werden, ihn bald zur Entdeckung antreiben, bald davon zurückhalten. Das Urteil der Ritter wird gesammelt. Es lautet: ‚Entehrender Ausschluß aus dem
Orden.' Jetzt aber erzählt der Meister, daß noch ein zweiter Johanniter diesen Fehltritt geteilt habe; er verspricht, die Strafe in
Entlassung zu mildern, wenn der Schuldige den Mitschuldigen
entdecke. Jener schweigt und verratet ihn nicht. Da stürzt der
Neffe des Meisters hervor, und bekennt seine ganze Schuld.
Diese Szene, der Schmerz des alten Ulrich von Elrichshausen
und der Wettstreit der Freunde, von welchen jeder der Schuldige
sein will, ist so treffend, daß man sie hören muß."

Jetzt erst sah man sich nach dem Vorleser um. Doktor Zundler sprang nach dem Buch, das auf dem Tische lag, um zu lesen,
und hatte sich schon mit freundlichem, zuversichtlichem Lächeln
Elisen genähert, als der alte Rempen plötzlich aus den dichten
Reihen der Männer Palvi hervorführte. „Nein, nein", sagte er,
„hier steht der Mann, der uns gestern gezeigt hat, wie gut er

einen Roman vorlese; ich denke, bester Doktor, Ihre Stimme paßt mehr zum Leichten, Lyrischen." Mit spöttischem, halb verlegenem Lächeln reichte der Doktor das Buch hin, und Palvi las, wenn es möglich war, noch schöner als am gestrigen Abend. Diese erhabene und so unglückliche Freundschaft, die Zeremonien ihrer Ausstoßung aus dem Orden, ihre letzten Worte, als sie das Schloß verlassen, lockten in manches Auge Tränen der Wehmut, und Elise selbst schien so gerührt, daß Palvi mehrere Kapitel weiterlas, um ihr Fassung zu geben. Unsern Lesern ist dieser Roman zu bekannt, als daß wir nicht besorgen müßten, sie durch längere Auseinandersetzung zu ermüden. Jene interessanten Abteilungen, wo die beiden verstoßenen Ritter an den romantischen Ufern der Nogat umherstreifen, jene glücklichen Schilderungen eines schönen Landes, die Nachrichten über die alten Preußen, in deren Mitte der Orden zwei Jahrhunderte zuvor den Samen der Kultur getragen hatte; ihre altertümlichen Gebräuche, die unverkennbaren Spuren heidnischer Sitten, auf sonderbare Weise mit christlichem Ritus vermischt, dies alles, getragen und veredelt von der tiefen Melancholie Kunos, von seines Freundes Seelenstärke und heiterm, unverzagtem Mut, spannte die Zuhörer und riß sie hin.

Elise hatte sich bald wieder so weit gefaßt, daß sie mit Ruhe weitererzählen konnte. Sie erzählte, wie die beiden Vertriebenen die Verräterei des Ordenskastellans entdecken, der die Polen heimlich nach Marienburg rief; wie sie unter Gefahr und Beschwerden sich durch die aufrührerischen Preußen nach Marienburg durchschlagen, den Meister warnen und verborgen auf Gelegenheit harren, dem Orden zu nützen. Mit großer Begeisterung las Palvi jene Schlachtszenen, worin der Meister, bei einem Ausfall auf die Polen, von seinem Neffen gerettet wird, wo der Freund die heilige Fahne des Ordens, der ihn verstoßen, aus dem dichtesten Haufen der Feinde zurückbringt, und diese erhabene Tat mit einer tödlichen Wunde zahlt. Tiefe Rührung brachten jene Stellen hervor, wo der Sterbende seinem Freund so manches Rätselhafte in seinem Betragen auflöst, und ihm gesteht, daß auch er selbst Wanda aufs innigste geliebt habe. Der Schmerz um den Sterbenden bewegt Kuno zu dem romantischen Entschluß, seiner Liebe auf immer zu entsagen, besonders da ein Verdacht in ihm keimt, daß sie ihn weniger geliebt, als den Freund. Die nächtliche Bestattung dieses edeln Menschen, die Wiederaufnahme Kunos in den Orden waren von ergreifender

Wirkung, nicht minder rührend Wandas Versuche, den Geliebten noch einmal zu sprechen, und als sie sich vergessen glaubt, ihr schnelles Hinwelken.

Der Kastellan ist von dem Czirwenka, dem Hauptmann der böhmischen Besatzung, der dessen Geständnis fürchtet, selbst getötet worden; verlassen, verwaist, auch von der Liebe verlassen, will sie nur so lange noch in der Nähe des Geliebten weilen, bis der Frühling heraufkommt; doch nicht nur diese zarte Blume, auch der Orden trägt den Tod im Herzen, und beide sollten den letzten Frühling in Marienburg sehen.

Der Großmeister Ulrich von Elrichshausen kann sich mit seinen Rittern nicht mehr gegen den Aufstand der Preußen und gegen seine eigenen Söldner halten. Er will den Orden nach Deutschland führen, und bedingt sich von den Verrätern freien Abzug. Schon sind die Pferde gerüstet, der Zug will aufbrechen, und die Ritter nehmen mit blutenden Herzen von den Hallen dieser Burg Abschied. Und als alle noch einmal ihr Teuerstes mustern, was sie verlassen sollen, kann Kuno dem letzten Ruf der Geliebten nicht widerstehen; er will zu ihr und – findet sie sterbend. Sie schien nur noch so viel Leben in sich zu tragen, um ihn von ihrer Treue, ihrer Liebe zu versichern. Indessen hat Czirwenka die Tore geöffnet. Sechshundert Polen ziehen ein, und, statt dem Orden freien Abzug zu gönnen, wird der Großmeister vom Pferde gerissen, verspottet und verhöhnt. Kuno verläßt die sterbende Geliebte, um ihm beizuspringen; ein heftiges Gefecht entspinnt sich in den Höfen; einem großen Teil der Ritter, den Meister in der Mitte, gelingt es, zu entkommen, aber Kuno mit sechs andern tapfern Ordensbrüdern, welche die Fahnenwache bildeten, werden von den übrigen abgeschnitten; kämpfend ziehen sie sich über die breiten Stufen bis in den großen Rempter zurück, wo sonst die Ordensfahne stand. Der Entschluß, sie lebend nicht zu übergeben, beseelt sie, sie pflanzen das Panier an seinem alten Standpunkt auf und umgeben es. Lange gelingt es ihnen, das Siegeszeichen so vieler Schlachten zu verteidigen. Aber die Polen dringen immer heftiger ein; Übermacht und Verrat siegen, und über ihre Fahnen gebreitet, sterben *die letzten Ritter von Marienburg*.

Es entstand eine Pause, als Palvi geendet hatte; es schien niemand zuerst jene Stille stören zu wollen, die unter zwei oder drei heilig und rührend, in größeren Gesellschaften peinigend ist. Doch je erhabener das Gefühl ist, welches zu einer solchen

Ruhe zwingt, desto ängstlicher sind die Menschen, mit etwas Gemeinem diese Nachklänge tieferer Empfindungen zu unterbrechen. Sie rennen dann auf allen vieren durch die Speisekammer ihrer Erinnerung, um etwas Feines, Eingemachtes, Kandiertes vorzusetzen, statt ihre frischen natürlichen Gefühle sprechen zu lassen.

„Dieser ganze Roman", lispelte endlich eine Dame, deren Blässe und feuchte Augen auf zarte Nerven schließen ließen, „kommt mir vor, wie jener Ausspruch Jean Pauls: ‚Wie manche stille Brust ist nichts, als der gesunkene Sarg eines erblaßten, geliebten Bildes.' Dieser Hüon liebt gewiß unglücklich, und darum gefällt er sich in diesem tragischen Geschick."

„Gerade dies kommt mir überaus komisch vor", bemerkte der Hofrat, dem Neid und Verdruß um die Nasenflügel spielten; „dieser Mensch hat zu wenig Tiefe, zu wenig Empfindung, um die Wehmut, das Unglück zu zeichnen, doch ich habe mich an einem andern Ort hinlänglich darüber ausgesprochen. Gewiß, es ist so, wie ich sage. Es steht ja gedruckt, mein Urteil", setzte er hinzu, indem er sich vornehm in den Stuhl zurücklehnte.

„Doch glaube ich, auch gegen ein gedrucktes Urteil findet noch Appellation statt", sagte der junge Rempen mit gleichgültiger Miene.

„Wieso?" rief der Hofrat errötend.

Rempen war etwas betroffen, aber die muntern Augen seines Oheims, der hinter dem Stuhl des Hofrates stand, winkten ihm, fortzufahren. „Ich meine, ich habe so etwas gelesen, das Ihr Urteil, bester Hofrat, völlig umstieß", entgegnete er; „übrigens ist ein gedrucktes Urteil immer nur das Urteil eines einzelnen, und dem einzelnen muß erlaubt sein, dagegen zu streiten. Ich zum Beispiel finde diesen Roman besser, als Sie ihn gemacht haben. Auch glaube ich, Tiefe des Gefühls müsse dem abgehen, der dies in den ‚Letzten Rittern von Marienburg' nicht findet."

Der Oheim hatte solches wohl nicht geahnet, denn er und die ganze Gesellschaft schienen erstaunt über die Kühnheit des Stallmeisters.

„Solche historische Romane", nahm der Professor das Wort, „sind nur Fabrikarbeiten. Die Form ist gegeben, und wie leicht, wie sicher läßt sich diese Form von jedem handhaben! Nehmen Sie irgendeinen Lappen der Welthistorie, zerreißen ihn in kleine Fetzen und kleiden die hergebrachten Personen von A bis Z darein, so haben Sie einen historischen Roman. Die weitere

Entwicklung ist leicht, besonders wenn man es sich so leicht macht, wie dieser Hüon, und nur genugsam Floskeln eingestreut sind; wenn das Tränentuch häufig als Panier aufgepflanzt wird, so kann der Eindruck nicht verfehlt werden."

„Und doch deucht mir", erwiderte Palvi, „es ist bei weitem schwerer, einen Roman zu dichten, der den Forderungen einer wahren, vernünftigen und billigen Kritik entspricht, als ein Drama zu schreiben."

„Und was nennen Sie denn eine vernünftige und billige Kritik, Herr Referendarius?" fragte Doktor Zundler mit ungemein klugem und spöttischem Gesicht.

„Man muß ein Buch", erwiderte Palvi mit großer Ruhe, „man muß besonders ein Gedicht zuerst nach den Empfindungen beurteilen, die es in uns hervorruft, denn auf Gefühl ist ja ein solches Werk berechnet; es soll angenehm unterhalten, durch den Wechsel freudiger und wehmütiger Szenen befriedigen. Und dann erst, wenn unser Herz darüber entschieden hat, daß das Buch ein solches sei, das unsere Gefühle erhoben, befriedigt hat, dann erst erlaube man dem Verstand, sein Urteil darüber zu fällen, und ihm bleibt es übrig, nachzuweisen, was in Anordnung oder Stil gefehlt ist."

„Da müßte man am Ende alle Herzen abstimmen lassen", sagte der Hofrat mitleidig lächelnd, „müßte umherfragen: hat's gefallen oder nicht? ehe man ein öffentliches Urteil fällt. Aber dem ist nicht so; unsere Journale waren es von jeher, denen zu loben oder zu verdammen zustand, und der gebildete, geläuterte Geschmack ist es, der dort richtet."

„Überhaupt dächte ich", setzte Doktor Zundler mit zärtlichem Seitenblick auf Elisen hinzu, „man kann über Dinge dieser Art in Gesellschaft eine gebildete Dame mit Vergnügen hören, wie schon Goethe im ‚Tasso' sagt, aber ein öffentliches Urteil müssen nur Leute vom Fach fällen, und nur Leute vom Fach können dagegen opponieren."

„Und halten Sie sich etwa für einen Mann vom Fach?" fragte Palvi mit großem Nachdruck.

Der Doktor verbarg seinen Unmut über diese Frage nur mühsam hinter einem lächelnden Gesicht. „Ich denke, die Welt zählt mich zu Deutschlands Dichtern", sagte er.

„Die Welt", antwortete der Referendär, „die betrogene Welt, aber nicht ich; sowenig als ich meinen Dekopisten für ein Genie halte."

Die Gesellschaft fiel aus ihrer Spannung in eine sonderbare Bewegung. Die Damen sahen unmutig auf Palvi, ein Teil der Männer lachte über des Doktors auffallenden Mangel an Fassung, ein anderer Teil mißbilligte laut solche Reden in einer guten Gesellschaft.

„Herr von Palvi", rief endlich Zundler bebend, man wußte nicht, ob vor Wut oder Schrecken, „wie soll ich Ihre sonderbaren Reden verstehen?"

„Ja, ja, Doktor", sagte der Stallmeister laut lachend, „auch mit meiner Bewunderung hat es ein Ende; man sagt, Sie haben sich Ihre Gedichte und sonstigen schönen Sachen machen lassen."

„Machen lassen?" fragte der Chorus der Literatoren mit Bestürzung.

„Hat sie machen lassen?" rief die Gesellschaft.

„Wer wagt, dies zu sagen?" schrie der Doktor, indem er bleich und atemlos aufsprang.

„Nun, leider derjenige selbst, der sie Ihnen verfertigt hat", antwortete Rempen mit großer Ruhe, „der Magister Bunker; er logiert oben in Ihrem Hause."

Der entlarvte Dichter versuchte noch einige Worte zu sprechen; er war anzusehen, wie der Kopf eines Enthaupteten; die Augen drehen sich noch, die Lippen scheinen Worte zu sprechen, aber der Geist ist entflohen, der diesen Organen Leben gab. Eilig drängte er sich dann durch den Kreis, stürzte nach seinem Hut, und verließ den Saal und die vor Verwunderung verstummte Gesellschaft.

„Ist es denn wahr?" sprach endlich die von Angst und Sorge erbleichte Elise, indem sie den Stallmeister sehr ernst ansah.

„Gewiß, mein Fräulein!" erwiderte dieser lächelnd; „ich würde der Gesellschaft diese Szene erspart haben, aber ich war zu tief über die freche Stirne erbittert, womit dieser Mensch mich und Sie alle hinterging. Doch hören Sie von dem wunderlichen Mann, der ihm alles dichtete."

Man setzte sich schweigend, und Rempen erzählte; während seiner Erzählung schlich sich der Redakteur der „Blätter für belletristisches Vergnügen" aus dem Saal, ihm folgten seine Genossen, beschämt und ergrimmt über sich, den Doktor und die ganze Welt. Der Gesellschaft aber gereichte die Erzählung des Stallmeisters zu nicht geringem Vergnügen. Die gute Stimmung war wieder hergestellt, der Punsch, den der alte Rempen als Nachsatz von gestern gab, löste die Zungen, man fühlte sich weniger beengt, seit die öffentlichen Schiedsrichter hinweggegangen waren, man sprach allgemein das Lob des vorgelesenen Romans aus. Auch die Toasts wurden nicht vergessen, und als Julius von Rempen die Gesundheit aller wahrhaften Dichter und ihrer gründlichen Kritiker ausgebracht hatte, wagte es Elise mit glänzenden Augen, aber tief errötenden Wangen, die Gesellschaft aufzufordern, auf das Wohl des neuen Hüon und „Der letzten Ritter von Marienburg" zu trinken.

Elise hatte dem Stallmeister, als er beim Nachhausefahren neben dem Wagen ritt, erlaubt, sie den andern Tag zu besuchen; er kam, er fand sie allein und gütiger gegen ihn gesinnt, als je. Sie neckte ihn über seine Eingriffe in die literarische Welt und riet ihm, nie etwas drucken zu lassen, denn er habe alle Rezensenten gegen sich aufgebracht.

„Und sind denn nicht auch Sie mir einige Minuten gram gewesen", fragte er lächelnd, „weil es einer Ihrer Freier war, den ich entlarvte?"

„Einer meiner Freier?" fragte sie hocherrötend, „Zundler? Sie irren sich."

„Oh, Sie schenkten ihm oft ein geneigtes Ohr", fuhr er fort, „verabschiedeten mich oft mitten im Gespräch, um auf die Worte dieses großen Dichters zu lauschen!"

„Gewiß nicht, Rempen!" antwortete sie verlegen. „Und *einer* meiner Freier, sagten Sie? als ob ich deren viele hätte!"

„Ich kenne wenigstens einige", erwiderte er mit lauerndem Blick.

„Und wen?"

„Zum Beispiel Palvi."

„Palvi!" rief sie erbleichend. „Was wollen Sie mit Palvi? Ich kenne ihn nicht."

„Elise", erwiderte der Stallmeister sehr ernst, „Sie kennen ihn. Der Zufall ließ mich vorgestern hören, daß Sie ihm selbst sagten, wie gut Sie ihn kennen. Sie lieben ihn."

„Nimmermehr!" rief sie mit glühendem Gesicht. „Er ist ein Abscheulicher! Glauben Sie, ich werde einen Elenden lieben, der – mein Kammermädchen anbetet?"

„Elise! Palvi?"

„Ja, ich gestehe es", flüsterte sie, in Tränen ausbrechend, „Ihnen gestehe ich es, es gab eine Zeit, wo ich für diesen Menschen alles hätte tun können. Ich kannte ihn noch aus meiner Kindheit und auch später, er war mir wert. Aber hören Sie: schon oft hatte mir mein eingebildetes Kammermädchen von einem schönen Herrn erzählt, der sie immer anrede, ihr von Liebe vorschwatze, und dem sie recht herzlich zugetan sei. Eines Tages stand sie dort am Fenster; auf einmal schlägt sie die Hände zusammen vor Freude, bittet mich, ans Fenster zu treten, und ruft: ‚Sehen Sie, der dort in der Türe des Buchladens steht, der ist der schöne Herr.' Sie macht mir Platz, ich trete arglos hin, und aus dem Laden tritt in diesem Augenblick –"

„Wie, doch nicht Palvi?" rief der Stallmeister, ergrimmt über das schlechte Betragen eines Mannes, den er geachtet hatte.

„Er selbst", flüsterte Elise und drückte ihre weinenden Augen in ihr Tuch.

Der Stallmeister überließ das unglückliche Mädchen einige Minuten der Erinnerung an einen tiefen Kummer, hatte er ja doch selbst diese Pause nötig, um sich zu sammeln. Liebe, Mitleiden, so viele andere Empfindungen stürmten auf ihn ein, rissen ihn hin, Elisens Hand zu ergreifen und sie an seine brennenden Lippen zu ziehen. Erschreckt, überrascht blickte sie ihn an; doch schien ein günstiges Gefühl für ihn ihren strafenden Blick zu mildern.

„Und darf ein Mann", sprach er bewegt, „zu Ihnen von Liebe reden, nachdem Sie so Bitteres von uns erfahren? Darf er sagen, er würde treu sein bis in den Tod, wenn Sie ihm nur einen Teil jener Liebe schenken könnten, die jener ganz besaß?"

„Julius, was fällt Ihnen ein?" rief sie mit bebenden Lippen, doch ohne ihm ihre Hand zu entziehen. „Wozu –"

„Elise«, fuhr er fort, „ich kann einem so großen und schönen Herzen, wie das Ihrige ist, wenig Trost geben; aber die Zeit mildert, und kann nicht treue und aufmerksame Liebe selbst schönere Vorzüge ersetzen?"

Sie wollte antworten, sie errötete und schwieg, aber ihren Blick voll Liebe und Wehmut durfte er günstig für sich deuten; er schloß sie in seine Arme, und küßte ihren schönen Mund.

„Aber mein Gott, Rempen", sagte sie, indem sie sich sanft von ihm loszumachen suchte, „was machen Sie doch?"

„Ich habe dich ja längst geliebt", fuhr er fort, „hatte nur *einen* Wunsch, ich glaubte dein Herz nicht mehr frei, und zögerte; jetzt, da ich weiß, daß nur Gram, aber keine fremde Liebe in diesem Herzen wohnt, jetzt mußte ich dieses lästige Geheimnis von mir werfen. Aber wie? – zürnen Sie mir vielleicht über alles dieses?"

„Julius!" rief sie erschreckt von dem wehmütigen Ton, womit er die letzten Worte sagte.

Dieser Name, so sanft und wohlwollend ausgesprochen, ihr ängstlicher, zärtlicher Blick sagten ihm mehr, als alle Worte. „Und darf ich mit dem Vater reden, Elise? darf ich?" setzte er hinzu.

Sie errötete und erbleichte ebenso schnell wieder, sie sah ihn eine kleine Weile prüfend an, eine Träne trat in ihre schönen Augen, aber um ihren Mund zog ein flüchtiges, feines Lächeln; sie drückte seine Hand; eine kleine Bewegung des Hauptes und die hohe Röte, die wieder über ihre Wangen ging, sagten ja, und schnell, wie vom Wind hinweggetragen, war sie in ein anderes Zimmer entschlüpft.

Der Stallmeister war in jeder Hinsicht eine so gute und anständige Partie, daß der alte Wilkow, als der Geheimerat von Rempen für seinen Neffen warb, keinen Anstand nahm, seine Zusage zu geben. Der junge Mann selbst war so von seinem süßen Glück erfüllt, daß er lange nicht an die Begebenheiten dachte, die diesem wichtigen Schritt vorangegangen waren. Endlich erinnerte ihn ein Zufall an Palvi; so unangenehm diese Erinnerung war, so fühlte er doch als Mann und als künftiger Gatte Elisens, daß er diesem Menschen, mochte er sich auch wirklich schlecht gezeigt haben, Erklärung schuldig sei. Und wie bebte seine Hand, als er ihm in wenigen Zeilen sagte, daß Elisens Widerwillen unüberwindlich sei, daß er ihn versichern könne, daß sie niemals einen Mann mehr lieben werde, welchen sie aufzugeben nicht unrecht gehabt, daß er selbst versuchen wolle, Palvis Stelle bei ihr zu ersetzen. Ja, seine Hand, sein Herz bebte, als er diese Buchstaben niederschrieb; es konnte ihn nicht beruhigen, daß er sich ins Gedächtnis recht lebhaft zurückrief, wie niedrig und elend dieser Mensch an einer so zarten, heiligen Liebe, wie sie Elise gab, gefrevelt habe. Die edelen Züge, das Auge dieses Mannes standen vor ihm; sein so hoher und liebenswürdiger Geist, so fein in Urteil und Benehmen – und dennoch so wenig sittliche Würde? Die Erinnerung an jenen Abend, wo sich ihm dieser Mann so ernst und doch so herzlich genähert hatte, wo er ihm sein inneres Leben aufschloß, und ein verarmtes Herz bei solchem Reichtum der Gedanken, eine tief verwundete Seele bei solcher Gesundheit des Geistes zeigte, machte ihn so wehmütig, daß er nahe daran war, die kaum geschriebenen Zeilen zu zerreißen; aber der Gedanke an Elise, die Vermutung, daß dieser

DIE LETZTEN RITTER VON MARIENBURG

Palvi so schöne Empfindung, so tiefe Rührung nur geheuchelt haben müsse, erkälteten schnell seine warme Teilnahme. Entschlossen schickte er den Brief ab, und doch deuchte es ihn, als er seinen Boten verschwinden sah, er habe einen Todespfeil auf ein edles Herz entsendet.

Der alte Herr von Rempen erinnerte sich mehrerer Fälle, wo die feierliche Verlobung gräflicher, sogar fürstlicher Paare gleich den andern oder dritten Tag, nachdem die Werbung angenommen worden, vor sich gegangen war. Er stand daher um so weniger an, seinen Neffen und Elisens Vater zu gleicher Eilfertigkeit zu treiben, als er selbst gleich nach dieser Szene, wobei, seiner Meinung nach, sein Segen notwendig war, auf mehrere Wochen auf das Land gehen wollte. So kam es, daß sich der Stallmeister durch den verhängnisvollen Zug der Umstände in die ruhige Bucht eines schönen, häuslichen Glückes versetzt sah, als er sich kaum noch auf hoher See glaubte oder wenigstens von Klippen träumte, an welchen seine Hoffnung auf immer scheitern konnte. Am Morgen jenes festlichen Tages, der zu seiner Verlobung angesetzt war, brachte ihm ein Knabe einen Brief; die Hand, die ihn überschrieben, war ihm unbekannt. Er öffnete und fand den Namen des Magister Bunker unterzeichnet. So unangenehm auch die Erinnerungen sein mochten, mit welchen dieser Name in Verbindung stand, so machte doch das Andenken an diesen alten Mann und die wenigen rührenden Worte des Briefes tiefen Eindruck auf ihn; er bat, der Stallmeister möchte dem Knaben zu ihm folgen; er habe ihm notwendig etwas zu eröffnen, und sei selbst zu schwach und angegriffen, als daß er über die Straße gehen könnte. Rempen fürchtete anfangs ein Zusammentreffen mit Palvi. Als aber der Knabe auf seine Frage, ob Herr von Palvi bei dem Alten sei, antwortete: „Ach nein! der ist schnell ganz weggereist und kommt nimmer wieder, und der alte Herr Magister hat geweint wie ein Kind", nahm er eilends seinen Hut und folgte.

Der Knabe führte ihn durch mehrere Seitenstraßen in einen abgelegenen Teil der Stadt, wo arme Leute und Handwerker wohnten, bis vor ein kleines, aber reinliches Haus. Dort stieg er eine Treppe hinan und öffnete dem Stallmeister eine Türe. Es war ein Zimmer voll Verwirrung und Unordnung, in das sie traten. Papiere und Bücher lagen am Boden zerstreut, und die Trümmer einer Gitarre mischten sich mit ausgeleerten Flaschen und alten Schuhen. Auf den Stühlen lagen Kleidungsstücke, auf dem schlechten Kanapee aber saß, den Kopf in die Hand gestützt, ein Mann, in welchem Rempen den Alten erkannte. Beim Geräusch, das ihr Eintritt verursachte, wandte er den Kopf um und hatte Tränen in den alten Augen.

„Vergeben Sie mir!" sagte er, indem er mit Mühe sich aufraffte. „Meine Füße trugen mich nicht mehr zu Ihnen, und meine Hand zittert – ich mußte meine Botschaft mündlich geben."

„Was ist vorgegangen!" rief der junge Mann bestürzt. „Sie sind krank, Sie weinen, um wen? und von wem eine so feierliche Botschaft?"

Der Alte trocknete sich die Augen. „Er hat viel auf Sie gehalten", sprach er, „noch gestern und vorgestern hat er immer von Ihnen gesprochen, und innig bedauert, daß er Sie so spät erst kennengelernt hat. Sie hätten können herzliche Freunde werden, denn Sie sind keiner von den schuftigen Gesellen, die er verabscheute."

„Mein Gott, Sie sprechen von Palvi? wo ist er?"

„Möge ihn ein gütiger Arm vor den Wellen des Flusses bewahrt haben", erwiderte der Alte sehr ernst; „doch nicht wahr, junger Mann, es gehört größere Kraft dazu einen Kummer zu tragen, als sich von ihm zerbrechen zu lassen? nicht wahr? ich glaube es wenigstens, und er ist eine kräftige Seele, er kann nicht zum Selbstmörder werden."

Rempen verhüllte sein Gesicht, er konnte den tiefen Gram des Alten nicht länger sehen. Aber dieser zog ihm ängstlich die Hand von den Augen. „O lesen Sie doch", sagte er; „lesen Sie genau, prüfen Sie jedes Wort, nicht wahr, es steht nichts darin, daß er sich töten wolle?"

Rempen nahm das Blatt. Es war in wenigen Worten ein kurzer, aber ergreifender Abschied an den Alten. Er müsse ihn und diese Stadt verlassen, schrieb er. Als Grund gab er nur flüchtig sein unglückliches Verhältnis zu Elisen an, von welchem der Alte völlig unterrichtet schien. Rempen suchte den Alten zu trösten; es sei so natürlich, sagte er, daß Palvi sich zerstreuen wolle, daß er vielleicht nur eine kleine Reise mache –

Aber der Alte schüttelte mit bitterem Lächeln den Kopf. „Er kommt nicht wieder; und ach! ich habe keine Freude und keinen Freund mehr! Er hat alle seine kleinen Rechnungen bezahlt, und mir" – setzte er weinend hinzu – „mir hat er seine Bücher und alles hinterlassen. – Doch mein Auftrag; Sie sehen, wie sehr er

Sie schätzte, hier ist ein Paquet mit Büchern an Sie, die Adresse schrieb er noch heute morgen, und in einem kleinen Zettelchen, das er darauf gelegt hat, bittet er mich Sie bei allem, was heilig sei, zu versichern, daß er kein schlechter Mensch gewesen sei, daß er Sie liebe und in Ihrem Glück sein eigenes finde."

Indem der Magister noch diese Worte sprach, hörte man ein Geräusch auf der Treppe, eilende Schritte nahten dem Zimmer, die Türe ging auf und ein Zeitungsblatt in der Hand stürzte der Buchhändler Kaper in das Zimmer. „Wo ist er?" rief er erhitzt und atemlos. „Wo ist der große und unvergleichliche Hüon, unser Scott, unser letzter Ritter! Wo ist Blüte und Kern unserer Literatur? Ich meine den Herrn Referendär von Palvi, der hier logiert, wenn ich nicht irre", setzte er hinzu, als er den Gesuchten nicht im Zimmer fand.

„Er ist verreist", antwortete der Alte.

„Himmel, komme ich zu spät?" fuhr Kaper fort, „wissen Sie nicht, hat Hüon schon einen Verleger zum nächsten Historischen? daß wir es erst heute erfahren müssen – Ei! ei! gratuliere, Herr Stallmeister, zu meiner schönen Nachbarin – aber wer hätte das gedacht, daß wir den göttlichen Hüon in den eigenen Mauern hätten, daß es dieser Herr von Palvi wäre!"

„Wie!" rief der Stallmeister, indem er den Alten staunend anblickte. – „Er wäre Hüon?"

„Da steht's, da steht's gedruckt im Konversationsblatt", schrie der Buchhändler, seine Zeitung dem jungen Rempen überreichend.

„Hüon", sagte der Alte, „er war Hüon. Wohl hat er den Ungläubigen die Backenzähne ausgezogen, und vergebens kämpften sie gegen meinen edlen, jugendlichen Paladin, aber sein Geschick wollte, er sollte Hüon ohne Rezia sein!"

Noch einmal öffnete sich die Türe, und spie, wie das Tor im Löwengarten des König Franz, zwei Leoparden auf einmal aus. Es waren der Hofrat und der dramatische Professor, die hereinstürzten. „Wo ist er?" riefen sie; „vergessen sei alle Fehde! wir hatten ja einen ganz andern im Verdacht, der Autor dieses Romans zu sein; darum, gewiß nur darum haben wir ihn gehauen. Ins Freitagskränzchen soll er kommen, Mitarbeiter soll er werden am ‚Belletristischen Vergnügen'! den Zundler soll er uns ersetzen, der treffliche Hüon." So schrien sie durcheinander, aber mit Hohn und Verachtung blickte sie der Alte an. „Ihr findet ihn nicht mehr", sagte er. „Er ist hinweg für immer."

„Hat er etwa einen Ruf bekommen?" rief der Professor.

„Ha!" rief ihm der Hofrat nach, „das ist ja wohl Zundlers rätselhafter Magister? Herrlicher Fund! wir zahlen 10 Taler per Bogen, Wertgeschätzter; arbeiten Sie mit an unserem Blatt, was Sie wollen; Gedichte, Novellen, Rezensionen, Kunstgefühle, wir nehmen alles auf!"

„Zurück!" entgegnete der alte Mann mit mehr Hoheit, als ihm Rempen zugetraut hatte; „ich habe einen Freund verloren, eine große schöne Seele, und bin nicht gesonnen, ihn mit euch und euren Talern zu ersetzen! Dort am Boden liegen Palvis Papiere – teilt euch unter seinen poetischen Nachlaß."

Er sprach es, nahm den Stallmeister unter dem Arm und verließ mit ihm langsam das Zimmer. Kaper, der Hofrat und der Professor stürzten wie Drachen auf den Boden und über die Papiere her, und mitten in seinem Kummer mußte der Stallmeister lächeln, als ihm der Alte auf der Treppe entdeckte, jene werden nur Fragmente von juristischen Relationen und unbedeutende Kriminalakten finden. Als aber der Alte an der Türe des Hauses, mühsam und auf seinen Stab gestützt, an den Häusern herschleichen wollte, ergriff Rempen seinen Arm von neuem, und führte ihn trotz seiner Widerrede bis zu seiner Wohnung. Dort setzte sich der Magister auf einen Stein, um Kräfte zu gewinnen, denn sein Stübchen lag fünf Stockwerke hoch.

Elise saß zu derselben Stunde vor der Toilette. Gedankenvoll sah sie vor sich hin, indem das Kammermädchen ihre Haare ordnete. Vielleicht hatte der tägliche Anblick dieser Zofe den Stachel entheiligter Liebe nur immer noch tiefer in das Herz gedrückt; und dennoch vermochte sie es nicht über sich, dieses Mädchen wegzuschicken; es war der Stolz einer erhabenen Seele, was sie von diesem Schritt abhielt, der vielleicht auch von ihren Eltern getadelt worden wäre, denn das Mädchen diente treu und geschickt. Doch so tief diese Wunde sein mochte, Elise suchte in diesem Augenblick ihren Schmerz zu übertäuben. Wenn nach den Gesetzen der Natur das Wesen in uns zu derselben Zeit verschiedentlich beschäftigt sein könnte, wenn es möglich wäre, in dem nämlichen Moment in dem Herzen so ganz anders zu fühlen, als man oben, hinter den Augen denkt, so müßte Elisens Seele in dieser Stunde nach verschiedenen Richtungen sich geteilt haben. Im Hintergrund ihres Herzens flüsterten tiefe, wehmütige Töne, die Erinnerung einer schönen Zeit, sie sangen in klagenden Weisen jene Tage, wo Elise auf der ersten Stufe der Jugend das Auge des Geliebten verstand. In volleren Akkorden rauschten diese Erinnerungen, als sie von Stunden seliger Liebe, von Trennung und der Wonne des Wiederfindens sprachen. Verloren, verloren durch seine eigene Schuld, weinte dann ihre Seele; untergegangen ein so großer, schöner Geist in Leichtsinn und Niedrigkeit! Doch diese Gefühle schlichen nur gleich Schatten vorbei; sie suchte mit aller Gewalt des Geistes den Blick von diesen Erscheinungen abzuwenden, sie dachte an das ruhige, klare Wesen ihres zukünftigen Gatten, sein bescheidenes und doch so würdiges Betragen, seine reine Herzensgüte. Sie rief sich alles dies hervor, ja sie versuchte zu lächeln, um freundlichere Gefühle dadurch zu erringen, aber – es gelang ihr ruhig, doch nicht heiter zu werden.

Der Putz war vollendet, sie richtete sich vor dem hohen Spiegel auf, und die Freude an ihrer eigenen hübschen Gestalt verdrängte auf Augenblicke jene düsteren, wehmütigen Bilder. „Nein, und wenn er noch so proper angetan wäre", sagte in diesem Augenblick das Kammermädchen, „mich soll er nicht mehr anreden dürfen!"

„Ich habe dir gesagt, du sollst nicht mehr von solchen Dingen reden", rief Elise mit der Röte des Unmutes auf den Wangen.

„Ach Gott! gnädiges Fräulein, ich will ja auch gar nichts mehr von dem schlechten Menschen wissen, aber ich sagte nur so, weil er wieder in Herrn Kapers Laden steht."

Elise zitterte, sie wollte von dem Spiegel hinwegeilen, aber unwiderstehlich zog es sie an das Fenster. Sie warf einen Blick hinüber, und unter jener Türe stand Zundler.

„Wie!" rief sie, kaum ihrer Worte mächtig, der Zofe zu, „ist es denn dieser?"

„I, freilich! aber werden Sie mir nur nicht böse!"

„Und dieser auch, den du *damals* meintest?" fuhr sie mit bebenden Lippen fort.

„Wer denn anders?" entgegnete jene ruhig; „aber ich weiß jetzt, er ist ein schlechter Mensch, und jetzt weiß ich auch, wie er heißt: Doktor Zundler."

„Geh, geh, bringe die Kleider weg", flüsterte Elise, indem sie ihr glühendes Gesicht halb bewußtlos in die Kissen des Sofas drückte; das Mädchen eilte erschrocken hinweg, und die unglückliche Braut war mit ihrem Gram allein. Welche Gefühle stürmten auf sie ein! Beschämung, Liebe, Unmut über sich selbst. Sie sprang auf; ein Gang durch das Zimmer machte sie mutiger. Sie wollte Rempen alles gestehen, sie war einen Augenblick überzeugt, er werde so edel sein, zurückzutreten, Palvi werde leicht zu versöhnen sein. Aber die Stadt wußte, daß heute ihre Verlobung sei; ihr Vater hatte dem Geliebten sogar das Haus verboten, würde er jemals einwilligen, sie glücklich zu machen? Nein! Scham vor der Welt, Reue, Angst warfen sie nieder. Bleich, erschöpft und zitternd fand sie der Stallmeister, als er bald darauf ernster, als zu diesem fröhlichen Tag sich schickte, in Elisens Zimmer trat.

„Ich muß Ihnen eine sonderbare Nachricht geben", sagte er bewegt, indem er sich zu ihr setzte, und beschäftigt mit seinen Gedanken, ihre Verwirrung nicht bemerkte. „Palvi ist weggereist und zwar auf immer."

„Er ist tot!" rief sie; „gewiß, schnell, sagen Sie es nur heraus, er hat sich getötet!"

„Nein", erwiderte Rempen, „er hat mir einen Brief zurückgelassen, worin er Sie und mich zum letztenmal begrüßt; er ist nach Frankreich gegangen, dorthin lautet auch sein Paß, wie mir soeben mein Onkel erzählte."

Elise schwieg. Sie fühlte, daß sie in diesem Augenblick erst ihn ganz verloren habe; aber sie hatte Kraft genug, jeden Laut des Kummers zu unterdrücken.

„Doch was Sie noch mehr befremden wird", fuhr er fort, „jenen Roman, den Sie uns letzthin erzählt haben, hat uns der Autor selbst vorgelesen."

„Palvi!" rief sie in so eigenem Ton, daß der Stallmeister erschrak. „Er wäre –"

„Hüon, der Autor der ‚Letzten Ritter von Marienburg'. Es steht schon in öffentlichen Blättern, und hier schickt er mir und Ihnen dieses Werk." Der Stallmeister öffnete ein Paquet und gab Elisen die Bücher. Sie öffnete eines derselben; ihr Blick fiel auf das Märchen, woraus Palvi mit so sonderbarem Accent einige Worte gelesen, und jetzt erst stieg eine längst verbleichte Erinnerung in ihr auf. Es war ein Märchen, das Palvis Vater den Kindern so oft erzählt hatte.

Eine große Träne schwamm in ihrem schönen Auge und fiel herab auf diese Zeilen.

In diesem Augenblick öffneten sich die Flügeltüren; mit feierlichem Gesicht und überladen mit seinen Orden, trat der Geheimerat von Rempen herein. Mit Anstand trat er vor das

DIE LETZTEN RITTER VON MARIENBURG

Fräulein, ihr den Arm zu bieten. „Die Familien sind im Salon versammelt", sprach er; „ist es gefällig die Ringe zu wechseln? Doch wie! sind Sie so sehr in unsere Literatur verliebt, daß Sie sogar gerade vor der Verlobung Lesestunden mit meinem Neffen halten? Was lesen Sie denn, wenn man fragen darf?"

Mit einem schmerzlichen Lächeln stand Elise auf und nahm seinen Arm. „Etwas Altes in neuer Form", erwiderte sie, „ein Märchen von untergegangener Liebe!"

„Ei! ei!" setzte der Oheim lächelnd und mit dem Finger drohend hinzu; „etwas solches vor der Verlobung; und wie heißt denn der Titel?" fragte er, indem er sie in den Saal führte. „‚Die letzten Ritter von Marienburg'."

DAS BILD DES KAISERS

> Ne crains pas cependant, ombre encore inquiète
> Que je vienne outrager ta majesté muette!
> Non — la lyre aux tombeaux n'a jamais insulté.
> A. de Lamartine

I

In dem Cabriolet des Eilwagens, der zweimal in der Woche von Frankfurt nach Stuttgart geht, reisten vor einigen Jahren an einem der schönsten Tage des Septembers zwei junge Männer. Der eine von ihnen war erst eine Station hinter Darmstadt eingestiegen und hatte dem früheren Passagier schon beim ersten Anblick durch sein schmuckes Äußere und den freundlichen Gruß, womit er sich neben ihn setzte, die Furcht, der Zufall möchte ihm eine unangenehme Nachbarschaft geben, völlig benommen. Der Fortgang der Reise bewies, daß er nicht unrichtig geurteilt hatte, wenn er seinen Reisegefährten für einen wohlgezogenen, anständigen Mann hielt. Was er sprach, war, wenn nicht gerade heiter, doch offen und verständig; nicht selten sogar überraschten den Reisenden leicht hingeworfene Äußerungen, Gedanken seines Nachbars, die von feiner Bildung, gesellschaftlicher Erfahrung und einer Belesenheit zeugten, die er denn doch hinter dem etwas groben Jagdrock und der unscheinbaren Ledermütze nicht gesucht hätte. Überhaupt deuchte es diesem Reisenden, er müsse, je weiter er im Süden vordrang, desto öfter und nicht ohne Beschämung dem Lande und den Bewohnern Vorurteile abbitten, die man in der Ferne, vom Hörensagen, besonders in einem Alter von vierundzwanzig Jahren, so leicht annimmt.

Wie anders war ihm dieses Land im Brandenburgischen geschildert worden! Manche Reisende hatten zwar diese Bergstraße, dieses Neckartal gelobt, doch erschien dann ihre Beschreibung matt und klein gegen die Wunder der Schweiz, zu welchen sie auf dieser Straße geeilt waren. Über die Bewohner war aber in seiner Heimat nur *eine* Stimme. Hier, bald hinter Darmstadt, fangen die Schwaben an, erzählte man dem jungen Reisenden in Berlin mit einem mitleidigen Blick auf die Karte, mit einem noch mitleidigeren auf ihn, der diese Länder besuchen wolle. Da geht alles gesellschaftliche Leben, alle Bildung aus; ein rohes, ungesittetes Volk, das nicht einmal gutes Deutsch sprechen kann. Und leider! nicht nur die untersten Klassen leiden an diesem Mangel, auch die besseren Stände haben einen Anstrich von eingeschränktem ungalantem Wesen und reden so elendes Deutsch, daß sie vor Fremden, um nicht erröten zu müssen, französisch sprechen. Das war der Reisepfennig, den man ihm nach Schwaben mitgab, und in dem jungen und romantischen Kopf des jungen Brandenburgers hatten diese Sagen sich endlich während der schönen Muße, die ihm die Sandkunststraßen und die schnapsenden Postillons seines Vaterlandes gönnten, so sonderbar gestaltet, daß er sich selbst wie einer jener wohlerzogenen, jungen Herren in einem Scottischen Roman erschien, die von den wehmütigen Erinnerungen an die feinsten Zirkel, an Theater und alle Genüsse der großen Welt erfüllt, von London ausreisen, um das *Hochland* und seine *barbarischen Bewohner* zu besuchen.

Doch, als die herrliche Welt jener Berge voll Obst und Wein und jene gesegneten Täler sich vor seinen Blicken auftaten, als die schönen Dörfer mit ihren roten Dächern, mit ihren reinlichen, fröhlichen Menschen seinem erstaunten Auge sich zeigten, als da und dort, zwischen prachtvollen Buchenwäldern eine alte Burg und ein Schloß mit schimmernden Fenstern auftauchte, da fiel er beinahe in das andere Extrem; er strömte über von Lob und Bewunderung und bemitleidete die arme, flache Mark, ihren kahlen Sandboden, ihre mageren Tannen und ihre bleichen Bewohner, von welchen vielleicht Tausende aus dem Leben gingen, ohne nur eine jener üppigen Trauben gesehen zu haben, die hier in unendlicher Fülle durch das grüne Laub schimmerten, und ein schwacher Trost für seinen Patriotismus war, daß die Natur seine Landsleute durch höhere Einsicht, eine wohllautendere Sprache und feinere Bildung in etwas wenigstens entschädigt habe.

Der junge Mann an seiner Seite schien übrigens, obgleich man seiner Sprache den südlichen Accent anfühlte, die Gesetze des Anstandes nicht minder gut zu verstehen als der Brandenburger; zum mindesten verriet keine seiner Fragen Neugierde, über dessen Stand, Vaterland und Reisezweck etwas zu erfahren, er benahm sich zuvorkommend, aber würdig, schien geneigter zu antworten als zu fragen, und übernahm es, ohne sich dadurch belästigt zu fühlen, den Fremden über Namen und Geschichte der Burgen und Städte, die ihm auffielen, zu unterrichten.

So ruhig und kalt übrigens der junge Mann im Jagdkleid über diese Dinge Aufschluß gab, so waren es doch zwei Punkte, über welche er wärmer und länger sprach. Einmal, als sein Nebensitzer über die gute Gesellschaft in Schwaben einige seiner sonderbaren Begriffe preisgab, sah ihn der Grüne mit Verwunderung an, fragte ihn auch, ob er vielleicht auf einem andern Wege schon früher in Schwaben gewesen sei, und als jener es verneinte, erwiderte er:

„Ich weiß, man macht sich hin und wieder, besonders in Norddeutschland, sonderbare Begriffe von uns. Ob mit Recht, mögen Sie selbst entscheiden, wenn Sie einige Zeit in unserer Mitte verweilt haben. Doch möchte ich Ihnen raten, zuvor etwas unbefangener die mögliche Quelle solcher Urteile zu betrachten. Ich gebe zu, daß eine gewisse nachteilige Ansicht über mein Vaterland seit Jahrhunderten besteht; zum mindesten sind die Schwabenstreiche nicht erst in unseren Tagen bekannt geworden. Doch scheint ein großer Teil dieser aberwitzigen Dinge aus einer gewissen Eifersucht der Volksstämme hervorzugehen, und aus der Kleinstädterei, die von jeher in unserem lieben Deutschland herrschte. In Schwaben z. B. erzählt man alle jene Sonderbarkeiten, die andere uns aufbürden, von den Östreichern; daß aber dieses Vorurteil selbst in neueren Zeiten, selbst durch die Fortschritte der Kultur und das regere gesellige Leben nicht geschwächt wurde, hat zwei wichtige Gründe, die größere Schuld aber liegt nicht auf der Seite von Süddeutschland."

„Bitte!" rief der brandenburgische Reisende etwas ungläubig, „ich sollte doch nicht denken –"

„Man beurteilt unsere Sitten nach meinen Landsleuten, die man in Norddeutschland sieht. Wenn nun diese auch die vernünftigsten Menschen wären, es würden ihnen doch zwei Mängel anhängen, die sie in Ihren Augen in Nachteil setzen. Einmal die Sprache –"

„Bitte!" erwiderte sein Gefährte verbindlich. „Nicht alle, Sie zum Beispiel drücken sich allerliebst aus."

„Ich drücke mich aus, wie ich denke, und so macht es ein guter Teil meiner Landsleute auch, weil wir aber die Diphthongen anders aussprechen als ihr, die Endsilben entweder nach unserer altertümlichen Form ändern, oder im Sprechen übereilen, klingt euch unsere Sprache auffallend, hart, beinahe gemein. Die meisten Schwaben, die Sie bei sich sehen, sind junge Männer, die von der Universität kommen und die Anstalten in Norddeutschland besuchen, oder Kaufleute, die ihr Handelsweg dahin führt. Diese Menschen legen nun Ihren Landsleuten durchaus ihren eigenen Maßstab an und tun sehr unrecht daran. In Ihrem Lande wird den äußeren Formen und dem Benehmen des Knaben und des Jünglings einige Aufmerksamkeit geschenkt, er wird sehr bald in die geselligen Kreise gezogen; bei uns findet dies vielleicht erst um acht oder zehn Jahre später statt."

„Nun, das ist es ja gerade, was ich sagte", entgegnete jener, „diese Formen gewinnt keiner durch sich selbst, und dies ist also ein Fehler Ihrer Erziehung –"

„Vorausgesetzt, daß jene Formen wirklich so trefflich, daß sie das sind, was dem zukünftigen Bürger eines Staates vor allem als nützlich und notwendig einzuimpfen ist."

„Das soll es ja nicht! aber so auf dem Wege mitnehmen kann er sie doch wohl", meinte der Fremde.

„Wenn er sie nur so mitnimmt, verliert er sie auch gelegentlich", erwiderte der Schwabe. „Doch, das ist nicht der Punkt, wovon wir sprechen. Ich behaupte nur, man hat in Norddeutschland unrecht, unsere Sitten und unsere Gesellschaft nach Leuten zu beurteilen, die der Gesellschaft eigentlich noch nicht angehört hatten, die vielleicht in die Welt geschickt wurden, um ihre Sitten abzuschleifen. Oder wollten Sie nach einigen jungen Gelehrten, die gerade aus der Studierstube zu Ihnen kamen und sich vielleicht ungeschickt in Sprache und Manieren zeigten, die Landsleute dieser Menschen beurteilen?"

„Gewiß nicht, aber gestehen Sie selbst, man hört doch selbst von der guten Gesellschaft in Schwaben so sonderbare Gerüchte, von ihren Sitten und Gebräuchen, von ihren Frauen und Mädchen."

„Vielleicht kaum so sonderbar", versetzte der Jäger lächelnd, „als man bei uns von den Sitten Ihrer Damen hört; denn unsere Mädchen stellen sich die *norddeutschen* Damen gewiß immer mit irgendeinem gelehrten Buch in der Hand vor. Die zweite Quelle des Irrtums über mein Vaterland sind aber *Ihre* reisenden Landsleute und die eigentümlichen Verhältnisse unseres Familienlebens. In Norddeutschland fällt es nicht schwer, in Familienkreisen Zutritt zu bekommen, durch einen Bekannten zehn zu erwerben. In Schwaben ist es anders: man ist heiter, gesellig *unter sich* – der Fremde wird als etwas Fremdes angestaunt, aber eher vermieden als eingeladen, doch werden *Sie* für diese scheinbare Kälte immer eine Entschädigung finden. Ihre Landsleute öffnen die Tür, aber selten das Herz, meine Schwaben sind vorsichtiger, aber sie schließen sich an den, welchen sie liebgewonnen, mit einer Herzlichkeit an, die Sie bei künstlichen und verfeinerten Sitten umsonst suchen."

„Und also liegt eine zweite Quelle unserer Vorurteile", fragte der Fremde, „darin, daß meine Landsleute eigentlich gar nicht in Ihren besseren Kreisen einheimisch wurden?"

„Gewiß!" sagte der Nachbar. „Lernen Sie, wenn Ihnen das Glück wohlwill, in die Kreise unserer bessern Stände zu kommen, lernen Sie uns näher kennen, lassen Sie sich nicht durch Ihre eigenen Ansichten über Leben und Sitte durchaus leiten, und Sie werden ein gutes, herzliches Völkchen finden, gebildet genug, um, wenn man nur die rechte Saite anschlägt, sich mit den Gebildetsten zu messen, vernünftig genug, um die Grenzen guter Sitten festzuhalten, und das Lächerliche der Unsitte zu belächeln."

Der Fremde aus der Mark lächelte. Er liebt sein Land, dachte er, und er verteidigt es mit Wärme, weil er es nicht sinken lassen will oder Besseres nie gesehen hat. Er entschuldigte bei sich die warme Verteidigung des Schwaben, aber dennoch konnte er es sich nicht versagen, einen kleinen Triumph über jenen zu feiern. Er machte ihn mit der Geläufigkeit der Zunge und jener Übung über ein *Nichts* schnell und vieles zu sprechen – die man im Norden unseres Vaterlandes häufiger als im Süden treffen soll – auf andere große Vorzüge aufmerksam, welche die nördlichen Provinzen Deutschlands vor den südlichen voraushaben. Er zählte immer zwanzig Schriftsteller und Dichter seiner Heimat gegen *einen* im Süden, und der Schwabe konnte endlich dem Schwall seiner Beredsamkeit nur dadurch Einhalt tun, daß er, als sie um eine Ecke der Landstraße bogen, auf die erhabenen Ruinen von Heidelberg hinwies; der Fremde betrachtete sie staunend und mit Entzücken. Ihre rötlichen Steinmassen waren von der sinkenden Herbstsonne noch höher gerötet, und der Abend ließ die Bäume und Gesträuche, die in den verfallenen Mauern wachsen, im dunkelsten, wundervollsten Grün erscheinen. Durch die hohen, offenen Fensterbogen blickte der schwärzliche Wald hervor, den Gipfel des Berges umzog jener duftige Schleier, welcher allen Gegenständen so eigenen geheimnisvollen Reiz verleiht,

DAS BILD DES KAISERS

und von oben herab spiegelten sich die rötlichen Abendwölkchen und der dunkelblaue Himmel in den Fluten des Neckars.

„Und haben Sie solche Poesie in der Mark?" fragte der Jäger mit gutmütigem Lächeln.

Der Fremde schien es nicht zu hören, unverwandt hingen seine Blicke an diesem reizenden Schauspiel, er mochte fühlen, daß es sich an solchen Stellen über Poesie nicht gut streiten lasse.

Nach diesem Vorfall kehrte übrigens auf dem Gesicht des Jägers die vorige Ruhe und Unbefangenheit zurück, er stritt über keinen Gegenstand, schien sogar über manche Dinge sich behutsam auszudrücken.

Als aber das Gespräch unter den beiden Reisenden, da die hereinbrechende Nacht ihre Aufmerksamkeit auf die Gegend hemmte, auf einige neuere Ereignisse und auf Politik kam, schien es dem jungen Mann aus der Mark, obgleich er die Züge seines Nachbars nicht mehr gut unterscheiden konnte, sein Atem gehe schneller, seine Rede werde wärmer, kurz, man habe einen Punkt der Unterredung getroffen, welcher für den Schwaben von hohem Interesse sei. Man sprach von der Gestalt und der inneren Kraft Deutschlands. Mit einer gewissen Erbitterung zog jener eine Parallele zwischen jetzt und sonst, die nicht gerade zum Vorteil der neueren Zeit ausfiel. Der Fremde, dessen Grundsätze im ganzen nicht mit diesen Ansichten übereinstimmen mochten, gab ihm dennoch, nicht ohne einiges Selbstgefühl, die letzten Sätze zu. Unglücklicherweise fing er seinen Satz: *„Ich bin ein Preuße"* an, und reizte dadurch unwillkürlich den Unmut des jungen Mannes noch mehr auf. Denn dieser vergaß nun jede Rücksicht der Klugheit; mit einer Beredsamkeit, die an jedem andern Orte dienlich gewesen wäre, suchte er seine Meinung durchzuführen, und nichts war ihm zu hoch, das er nicht mit seinem eigenen Maßstab gemessen hätte. Der Preuße, der solche Leute nur vom Hörensagen und unter dem gefährlichen Namen „Köpenicker" kannte, erschrak über diese Äußerungen. Konnte nicht der Postillon, konnte nicht ein Passagier im Bauch des Wagens diese Reden vernommen haben! Spandau, Köpenick, Jülich und alle möglichen *festen Plätze* schwebten vor seiner aufgeregten Phantasie, und das beste Mittel, seinen Nachbar zum Stillschweigen zu bringen, schien ihm, wenn er sich in die Ecke drückte und sich schlafend stellte.

2

Als die beiden Reisenden am Morgen nach dieser gefährlichen Nacht erwachten, sahen sie in geringer Entfernung die Türme von Heilbronn aus dem Nebel tauchen. „Hier endet meine Fahrt", sagte der Herr im grünen Rock, indem er auf die Stadt deutete, „und Ihnen danke ich es", setzte er mit einem freundlichen Blick auf seinen Nachbar hinzu, „daß ich diesmal diesen Wagen ungern verlasse. Wie angenehm wäre mir noch ein Tag in Ihrer Gesellschaft vergangen!"

„Es ist mein Los schon seit vierzehn Tagen gewesen", erwiderte der Brandenburger. „Der enge Raum macht nachbarlich, Menschen, welche vielleicht in einer größern Stadt, selbst wenn sie Zimmernachbarn gewesen wären, jahrelang unter sich kein Wort gewechselt hätten, treten sich nahe durch den so natürlichen Drang nach Mitteilung. Der Platz an meiner Seite wechselte öfter, als in einer Schlacht, doch darf ich mir Glück wünschen, Sie wenigstens so lange zu meinem Nachbar gehabt zu haben, denn so bin ich auf die angenehmste Weise in Ihr Vaterland eingeführt worden."

„Werden Sie länger in Württemberg verweilen?"

„Ich besuche Verwandte meiner Mutter", erwiderte der Fremde; „je nachdem sie und die Residenz mir gefallen, werde ich länger oder kürzer verweilen."

„Wir werden uns schwerlich wiedersehen", sagte der Grüne, „ich wüßte wenigstens nicht, was mich nach Stuttgart treiben sollte. Vergessen Sie aber nie, was ich Ihnen über den Charakter meiner Landsleute sagte. Können Sie nach ihrer Denkungsart, nach ihren Sitten sich ein wenig richten, so werden Sie überall gesucht und willkommen sein. Unsern Damen sind Sie dann als Fremder nur um so interessanter und unsern Männern – nun da kömmt es immer auf den Zirkel an, in welchem Sie leben; nur müssen Sie", setzte er mit einem Lächeln hinzu, das zwischen Ironie und gutmütiger Freundlichkeit schwebte, „nie zu deutlich und fühlbar machen – –"

„Nun?" rief der Fremde erwartungsvoll, als jener innehielt.

„Daß Sie kein Deutscher, sondern ein Preuße sind."

Das schmetternde Horn des Postillons und das Rasseln des schweren Wagens auf dem Steinweg übertönte die Antwort des Fremden. Den Passagieren ward in dieser Stadt eine kleine Rast vergönnt, und der Fremde wollte seinen Nachbar vom Eilwagen noch einmal zum Frühstück einladen. Doch schon unter der Türe des Posthauses überreichte diesem ein alter Reitknecht mehrere Briefe; er riß den einen hastig, errötend auf und sein Reisegefährte bemerkte im Vorübergehen, daß es die Handschrift einer Dame sei. Der Fremde trat etwas verstimmt in dem Wirtshaus ans Fenster; er sah den Jäger angelegentlich mit seinem Diener sprechen und bald darauf führte man zwei schöne Pferde vor. In demselben Augenblick trat der grüne Herr eilends in den Saal, seine Augen suchten und fanden den Reisegefährten, er trat zu ihm, doch nur um schnell, aber herzlich von ihm Abschied zu nehmen, und so konnte ihn der Brandenburger zu seinem großen Verdruß nicht einmal nach dem Haus und der Familie Käthchens von Heilbronn fragen, eine Frage, die er sich unter seinen Reisenotizen aufgezeichnet und doppelt unterstrichen hatte. Doch der Anblick des Jägers, wie er sich so leicht in den Sattel des schönen, stolzen Pferdes schwang, wie er so majestätisch über den Markt hin sprengte, söhnten ihn mit der beinahe unhöflichen Hast aus, womit jener von ihm Abschied genommen hatte. Er gestand sich, selten eine so wohlgebaute Gestalt mit einem so schönen, ausdrucksvollen Gesicht vereint gesehen zu haben.

„Wer war dieser Herr im grünen Kleid?" fragte er den Kellner, der am andern Fenster dem Reiter nachblickte.

„Mit dem Namen kann ich nicht dienen", antwortete jener; „ich weiß nur, daß man ihn ‚Herr Baron' nennt, daß sein Vater einige Stunden von hier am Neckar Güter hat, und daß sie sehr reich sein sollen; in die Stadt kömmt er selten."

Nicht ganz zufrieden mit dieser Erklärung setzte sich der junge Mann wieder in den Wagen. Sein Vater, der früher einmal in diesem Lande gewesen war, hatte ihm so viel Sonderbares von „schwäbischen Baronen" erzählt, daß er in seinem liebenswürdigen und gewandten Reisegefährten keinen solchen vermutet hätte. Sein neuer Nachbar, der ihm gleich in der ersten Viertelstunde vertraute, daß er ein Hopfenhändler aus Bayern sei, machte ihm den Verlust den er erlitten, nur um so fühlbarer, und da er am Hopfenbau wenig Unterhaltung fand, beschäftigte er sich damit, über den Charakter des jungen Mannes, der ihn verlassen hatte, nachzudenken und dann noch einmal alle Erwartungen und Hoffnungen zu durchlaufen, die er sich von seinen Verwandten, zu welchen er reiste, gemacht hatte. Von dem Oheim versprach er sich für seine Unterhaltung wenig; er mußte nach seiner Berechnung ein vorgerückter Sechziger sein; mürrisch, ungesellig und eigensinnig hatte ihn sein Vater schon vor fünfundzwanzig Jahren gekannt, und solche Eigenschaften pflegen sich im Alter nicht zu verbessern. Desto mehr versprach sich der junge Mann von Fräulein Anna, seiner Cousine. Von einem seiner Freunde, der längere Zeit in Schwaben gelebt hatte, war sie ihm als eine Zierde dieses Landes genannt worden. Ein angenehmes, trauliches Verhältnis von fünf bis sechs Wochen schien ihm ganz wünschenswert, und so eifrig war seine Berechnung der Mittel, die ihm zu Gebot standen, sich liebenswürdig zu zeigen, so gewiß war er sich des Eindrucks bewußt, den seine Person, sein Wesen unfehlbar machen müsse, für so leicht zu erobern hielt er das Herz eines „Fräuleins in Schwaben", daß ihm nicht einmal der Gedanke kam, die schöne Cousine Anna könne sich vielleicht schon versehen haben.

Er ließ sich, in der Residenz angekommen, sogleich nach dem Hause führen, wo sein Oheim sonst gewohnt hatte,

> aber mit dem Donnerworte
> ward ihm aufgetan,
> die du suchest –

wohnen schon seit langer Zeit auf einem Landgut, sie werden auch im nächsten Winter nicht zurückkehren, und selbst dies Haus gehört ihnen nicht mehr eigen.

Der Reisende aus Brandenburg war schnell entschlossen. Er benützte diesen Tag, um sich die freundliche Stadt zu betrachten, und eilte dann denselben Weg, welchen er hergekommen war, zurück, nach dem unteren Neckartal, wo der Landsitz seines Oheims lag.

Je näher er dieser reizenden Gegend kam, desto angenehmer war es ihm, daß er einige Wochen auf dem Lande zubringen sollte. Er wußte aus eigener Erfahrung, daß man auf dem Lande, abgeschnitten von den Zerstreuungen der Stadt und jener Formen enthoben, die man dort für schön und notwendig, hier für überflüssig und lästig hält, schnell bekannt und befreundet wird, daß man sich, auf eine kleine Gesellschaft beschränkt, schneller naherückt. – Etwa eine Stunde von dem Gut bog der Weg von der Hauptstraße ab. Der Kutscher, den er gemietet hatte, deutete auf einen Fußpfad, der in den Wald lief; der Fahrweg wende sich um den ganzen Berg her, sagte er, doch auf diesem Pfad könne man zu Fuß in bei weitem kürzerer Zeit zum Schloß

Thierberg hinaufgelangen. Der junge Mann stieg aus; er war bisher auf einem Bergrücken gefahren, sah nun eine mäßige, mit Wald bewachsene Anhöhe vor sich, und schloß, weil er gehört hatte, das Schloß seines Oheims liege im Neckartal, man müsse von dieser Höhe eine weite Aussicht in das Tal genießen. Er ließ den Wagen weiterfahren und stieg den Seitenpfad hinan. Ein Wald von prachtvollen Buchen nahm ihn auf. Nie hatte er diesen Baum so kräftig, so majestätisch gesehen, zwischendurch erblickte er hie und da Eichen und schöne Eschen und zu seiner nicht geringen Verwunderung Waldkirschbäume von ungewöhnlicher Höhe. Nach und nach wurde ihm das Steigen schwerer; der Berg schien sich auf einmal steiler zu erheben, und er war oft versucht, die unbequeme Eleganz zu verwünschen, in welche ihn sein Berliner Schneider gekleidet hatte. Endlich hatte er den Gipfel erreicht, aber noch öffnete sich keine Aussicht. Die Bäume schienen dichter zu werden, je mehr sich der Pfad wieder senkte, und als sich, um seine Ungeduld zu vermehren, der kleine Pfad in zwei noch kleinere teilte, die nach verschiedenen Richtungen liefen, schmälte er auf den Kutscher und auf seine eigene Torheit, die ihn verleitet hatten, in einem fremden Wald sich zu verirren. Er schlug endlich den Weg rechts ein und sah, nachdem er einige Hundert Schritte gegangen war, zu seiner großen Freude ein buntes Kleid durch das Laub schimmern.

Er verdoppelte seine Schritte und war nicht wenig betroffen, als er plötzlich vor einer jungen Dame stand, die im Schatten einer alten Eiche auf einer Bank saß. Sie hatte ein Buch in der Hand, von welchem sie, als sein Schritt in den abgefallenen Blättern rauschte, langsam und ruhig ihre schönen Augen erhob; doch auch sie schien betroffen, als es ein junger, städtisch gekleideter Herr war, den sie in dieser Einsamkeit vor sich sah; sie errötete flüchtig, aber sie senkte ihren Blick nicht, der fragend an dem unerwarteten Besuch hing. Der junge Mann verbeugte sich einigemal, ehe er recht wußte, was er sagen wollte. Ist wohl das schöne Mädchen Cousine Anna? war alles, was er in diesem Augenblick zu denken und sich zu fragen vermochte, und erst als er sich diese Frage schnell bejaht hatte, trat er näher zu der jungen Dame, die indessen ihr Buch schloß und von ihrem Bänkchen aufstand. „Bitte um Vergebung", sagte er, „wenn ich Sie gestört haben sollte; ich fürchte von dem Wege abgekommen zu sein. Kann ich hier nach dem Schloß des Herrn von Thierberg kommen?"

„Auf diesem Fußpfad nicht wohl, wenn Sie hier nicht bekannt sind", erwiderte sie mit einer tiefen, aber klangvollen Stimme; „Sie haben oben einen Fußpfad links gelassen, der nach dem Schloß führt." Sie verbeugte sich nach diesen Worten, und der junge Mann ging seinen Weg zurück; doch kaum hatte er einige Schritte gemacht, so zog ihn ein unwiderstehliches Gefühl zurück. Das schöne Mädchen stand noch einmal von ihrem Sitz auf, als sie ihn zurückkehren sah, doch diesmal schien Bestürzung ihre Wangen zu färben, und eine gewisse Ängstlichkeit blickte aus ihren großen Augen. Auf die Gefahr hin für unbescheiden zu gelten, fragte der Reisende, ob er vielleicht die Ehre gehabt habe, mit Fräulein von Thierberg zu sprechen?

„Ich heiße so", antwortete sie etwas befangen.

„Eh bien, ma chère cousine!" sagte er lächelnd, indem er sich artig verbeugte; „so habe ich das Vergnügen, Ihnen Ihren Vetter Rantow vorzustellen."

„Wie, Vetter Albert!" rief sie freudig, „so haben Sie endlich doch Wort gehalten? Wie wird sich der Vater freuen! Und was macht Onkel und die liebe Tante, und wie sind Sie gereist?" so drängte sich eine Frage nach der andern über die schönen Lippen, und Vetter Rantow fand, verloren in sein Glück eine schöne Muhme zu besitzen, keine Worte, alle nach der Reihe zu beantworten. Wie reizend, wie naiv klang ihm die Sprache! Er konnte nicht sagen, daß sie gegen irgendeine Regel des Stils gesündigt hätte, und doch deuchte es ihm, es seien ganz andere Worte, ganz andere Töne, als die er in seinem Vaterland gehört hatte. Er fühlte, er sei zu schnell gereist, als daß er allmählich auf diesen Kontrast vorbereitet worden wäre.

„Dies ist mein Lieblingsspaziergang", sagte sie, indem sie langsam neben ihm herging. „Zwar ist der Weg im Tal noch angenehmer, der Neckar macht schöne Windungen, alte Burgen schmücken die Höhen – und die unsrige spielt dabei nicht die schlechteste Rolle, wenigstens was das Altertum betrifft – Dörfer und sogar ein Städtchen sieht man Tal auf und ab; aber der Rückweg ins Schloß hinauf ist dann so steil und mühsam, und auf der Straße gehen mir zu viele Leute. Der Wald hier liegt nicht höher als das Schloß, in einem halben Stündchen geht man herüber und ist dann so köstlich einsam, als säße man in seinem Boudoir bei verschlossenen Türen."

„Bis dann der Zufall einen Vetter aus Preußen hereinwehen muß, der die köstliche Einsamkeit stört", unterbrach sie Rantow.

„Im ganzen genommen", fuhr sie fort, „ist es im Schloß gerade auch nicht geräuschvoll. Es ist so einsam als irgendein bezaubertes Schloß in ‚Tausendundeinenacht'. Außer der Dienerschaft und im hinteren Flügel dem Amtmann, den man nie zu sehen bekömmt, sind wir, der Vater und ich, die einzigen Bewohner; ja die Einsamkeit im Schloß ist oft so schrecklich und traurig, daß ich mich lieber in die Waldeinsamkeit flüchte, wo das Rauschen der Bäume und der Gesang der Vögel doch noch einiges Leben verkünden."

3

Überrascht stand der junge Mann stille, als sie aus dem dichten Holz durch eine Wendung des Weges auf einmal dem Schloß gegenüberstanden. Die Bewohner des südlichen Deutschlands sind von Jugend auf an Anblicke dieser Art gewöhnt. Man trifft in Franken und Schwaben selten ein Tal von der Länge einiger Stunden, in welches nicht eine Burg oder zum mindesten „ein gebrochener Turm und ein halbes Tor" herabschauten. Die natürliche Beschaffenheit des Landes, die vielen Berge und kleinen Flüsse, überdies die eigentümliche Verfassung des zahlreichen Landadels begünstigten oder nötigten in früherer Zeit zu diesen befestigten Wohnungen. Aber der Norden unseres Vaterlandes trägt weniger Spuren dieser alten Zeit; die weiten Ebenen boten keine so natürliche Befestigung, wie die Felsen und Gebirgsausläufer des Süden, und hatte auch hier und dort eine solche Feste im platten Land gestanden, so war sie nur desto schneller dem Verfall und der Zerstörung preisgegeben. Die Nachbarn teilten sich brüderlich in die teuren Steine, und ihr Gedächtnis verwehte der Wind, der über die Ebene hinstrich. Darum war es dem jungen Mann aus der Mark ein so überraschender Anblick, sich in solcher Nähe einer dieser altertümlichen Burgen gegenüberzusehen, um so überraschender, da er durch diese düsteren, tiefen Tore als Gast einziehen, in jenem altertümlichen Gemäuer wohnen sollte. Doch bald erfüllte kein anderer Gedanke mehr als der malerische Anblick, der sich ihm darbot, seine Seele. Der alte schwärzlich graue Wartturm war auf der Mittagsseite von oben bis in den Graben hinab mit einem Mantel von Efeu umhängt. Aus den Ritzen der Mauer sproßten Zweige und grüne Ranken, und um das Tor zog sich ein breites Rebengeländer, dessen zarte

Blätter und Fasern sich mit sanfter Gewalt um die rostigen Angeln und Ketten der Zugbrücke geschlungen hatten. Zur rechten Seite des Schlosses hinderte der dunkle Wald die Aussicht, aber links, an den hohen Mauern vorüber tauchte das Auge hinab in die Tiefe des schönen fruchtbaren Neckartals, schweifte hinauf, den Fluß entlang, zu Dörfern und Weilern und weit über die Weinberge hin nach fernen, blauen Gebirgen.

„Das ist unser Thierberg", sagte das Fräulein; „es scheint, die Gegend habe einigen Reiz für Sie, Vetter, und ich möchte Ihnen wahrlich raten, recht oft aus dem Fenster zu sehen, um vor unserer Einsamkeit und diesem häßlichen alten Gemäuer nicht zu erschrecken!"

„Ein häßliches Gemäuer nennen Sie diese alte Burg?" rief der Gast; „kann man etwas Romantischeres sehen, als diese Türme mit Efeu bewachsen, diesen Torweg mit den alten Wappen, diese Zugbrücke, diese Wälle und Graben? Glaubt man nicht das Schloß von Bradwardine oder irgendein anderes aus Scottischen Romanen zu sehen? Erwartet man nicht, ein Sickingen, ein Götz werde uns jetzt eben aus dem Tor entgegentreten –"

„Für diesmal höchstens ein Thierberg", erwiderte das Fräulein lachend, „und auch von diesen spukt nur noch einer in den fatalen Mauern. Dergleichen Türme und Zinnen liebe ich ungemein in einem Roman oder in Kupfer gestochen, aber zwischen diesen Mauern zu wohnen, so einsam, und winters, wenn der Wind um diese Türme heult und das Auge nichts Grünes mehr sieht, als jenen Eppich dort am Turm – Vetter! mich friert schon jetzt wieder, wenn ich nur daran denke. Doch kommt, Herr *Ritter*, das Burgfräulein will Euch selbst einführen."

Der düstere, schattenreiche Hof, in welchen sie traten, kühlte etwas die warme Begeisterung des Gastes. Er sah sich flüchtig um, als sie durchhin gingen, und bemerkte, daß der Platz für ein Turnier denn doch nicht groß genug gewesen sein müsse, erschrak vor einem halb zerstörten Turm, dessen Rudera drohend über die Mauer hereinhingen, erstaunte über den scharfen Zahn der Zeit, der in die dicke Mauer mächtige Risse genagt und dem Auge eine freie Aussicht in das Tal hinab geöffnet hatte, und gab in seinem Herzen schon auf den ausgetretenen Stufen der Wendeltreppe, wo ein heftiger Zugwind durch schlecht verwahrte Fenster blies, der Bemerkung seiner Cousine über die Wohnlichkeit des Hauses vollkommen Beifall. Sechs bis acht Hunde begrüßten in einer großen, mit Backsteinen gepflasterten Halle das Fräulein mit freundlichem Klaffen und Wedeln und ein gefesselter Raubvogel, der in einer Ecke auf der Stange saß, stieß ein unangenehmes Geschrei aus und schwenkte die Flügel. „Das ist nun unsere Antichambre, unser Hofgesinde", sagte Anna, indem sie lächelnd auf die Tiere zeigte; „verwünschte Prinzen und Prinzessinnen, die Sie entzaubern können. Doch lassen Sie uns jetzt eintreten", setzte sie nach einer Weile ernster hinzu, „in diesem Zimmer ist der Vater."

Sie öffnete eine hohe, schwere Flügeltüre und durch das altfränkisch ausstaffierte Gemach fiel der Blick des Jünglings auf einen alten Mann, der in einer tiefen Fensterwölbung saß, wie es schien, in ein Zeitungsblatt vertieft. Bei dem Gruß seiner Tochter sah er sich um, und als er den Fremden erblickte und Anna seinen Namen nannte, stand er auf und ging ihm langsam, aber festen Schrittes entgegen. Mit Bewunderung sah sein Neffe die hohe, gebietende Gestalt, die ihn unwillkürlich an jenen Wartturm dieser Burg erinnerte, den so viele Jahre nicht einzustürzen vermochten, und dessen Alter nur der Efeu anzeigte, der sich an ihm emporgeschlungen hatte. Zwar hatte die Zeit in diese fünfundsechzigjährige Stirne Furchen gegraben, um die Schläfe fielen dünne graue Haare und der Bart und die Augenbrauen waren silberweiß geworden, aber das Auge leuchtete noch ungetrübt, und der Nacken trug den Kopf noch so aufrecht, wie in jugendlicher Kraft, und die Hand gab einen beinahe kräftigeren Druck, als der Neffe zu erwidern vermochte.

„Bist willkommen in Schwaben", sagte er mit tiefer, kräftiger Stimme; „'s war ein vernünftiger Einfall meiner Frau Schwester, daß sie dich herausschickte; mach dir's bequem; setz dich zu mir ans Fenster, und du, Anna, bringe Wein."

So war der Empfang auf Thierberg; so herzlich und offen er aber auch sein mochte, so konnte doch der junge Mann mehrere Stunden lang ein gewisses unbehagliches Gefühl nicht verdrängen. Er hatte sich den Oheim ganz anders gedacht; er glaubte nach der Beschreibung, die ihm sein Vater gemacht hatte, einen rauhen, aber fröhlichen alten Landjunker zu finden, der seine Hasen hetzt, mit Laune die Händel seiner Bauern schlichtet, von seinen Kleppern gerne erzählt und zuweilen mit seinen Freunden und Nachbarn ein Glas über Durst trinkt; er bedachte nicht, wie fünfundzwanzig Jahre und eine so verhängnisvolle Zeit, wie die, welche dazwischen lag, auf diesen Mann gewirkt haben konnten. Das ruhige, ernste Auge des Oheims, das

prüfend auf seinen Zügen zu ruhen schien, die ungesuchten aber
gründlichen Fragen, womit er den Neffen über sein bisheriges
Leben und Treiben ins Gebet nahm, das ironische Lächeln, das
hie und da bei einer Äußerung des jungen Mannes um seinen
Mund blitzte, dies alles, und das ganze gewichtige Wesen des
Alten, imponierten ihm auf eine Weise, die ihm höchst unbequem
war; er konnte sich kein Herz fassen, den Oheim ebenso traulich
zu behandeln, wie jener ihn, er kam sich vor wie ein angehender
Staatsdiener, dem ein Minister Audienz gibt, und es war dies
zu seinem nicht geringen Verdruß das zweite Mal, daß er sich
über die „Landjunker in Schwaben" getäuscht sah.

Auch seine Base erschien ihm ganz anders, als er sie gedacht
hatte. Er fand zwar alle jene liebenswürdige Natürlichkeit, jenes
unbefangene, ungesuchte Wesen, was man ihm an den Töchtern
dieses Landes gerühmt hatte, aber diese Unbefangenheit schien
nicht aus Unwissenheit, sondern aus einem feinen, sichern Takt
hervorzugehen, und was sie sprach, zeugte von einem so trefflich
gebildeten Geist, daß ihre Natürlichkeit nur darin zu bestehen
schien, daß sie alles Geistreiche, sei es witzig oder erhaben, wie
etwas Natürliches, Angeborenes vorbrachte, daß es nie als etwas
Erlerntes, als etwas Gesuchtes erschien. Am ärgerlichsten war es
ihm, daß sie ihn schon nach den ersten Stunden zu durchschauen
schien; die ausgesuchten Artigkeiten, die er ihr sagte, zog sie ins
Komische, den feineren Komplimenten wich sie auf unbegreifliche Art aus, wollte er ihr nur den zarten, in Berlin gebildeten
jungen Mann zeigen, so nannte sie ihn gewiß immer Herrn von
Rantow. Und dennoch mußte er sich gestehen, daß er nie so viel
Harmonie der Bewegung, der Miene, der Gestalt und der Stimme
gesehen habe; ihr ganzes Wesen erschien ihm wie das Hauskleid,
das sie jetzt eben trug. Es war einfach und von bescheidenen
Farben, und dennoch kleidete es ihre feine, schlanke Gestalt mit
jener geschmackvollen Eleganz, die auch dem anspruchlosesten
Gewand einen geheimnisvollen Zauber verleiht; ein Toilettenge-
heimnis, worüber, soviel der junge Mann sich erinnerte, noch nie
ein Modejournal Aufschluß gab und das ihm mehr das Zeichen
und Symbol einer harmonischen Seele, als die Folge einer sorgfältigen Erziehung zu sein schien.

Dieselbe Übereinstimmung glaubte er zwischen dem alten
Herrn und dem Gemach zu finden, in welches er zuerst geführt
worden war. Es war der verblichene Glanz eines früheren Jahrhunderts, was ihm von den Wänden und Hausgeräten entgegen-

blickte. Die schweren gewirkten Tapeten, mit Leisten befestigt, die einst vergoldet waren und deren Farbe jetzt ins Dunkelbraune spielte; die breiten Armstühle mit ausgeschweiften, zierlich geschnitzten Beinen, die Polster, mit grellen Farben künstlich ausgenäht, mit Papageien, Blumentöpfen und den Bildern längst begrabener Schoßhündchen geziert. Wie manchen Wintertag mochten seine Ahnfrauen über dieser mühsamen Arbeit gesessen sein, die ihnen vielleicht einst für das Vollendetste galt, was der menschliche Geschmack je ersonnen, und die jetzt ihrem Urenkel geschmacklos, schwerfällig, und hätten sich nicht so ehrwürdige Erinnerungen daran geknüpft, beinahe lächerlich erschien. Und doch kam ihm dies alles, der ehrwürdigen Gestalt seines Oheims gegenüber, wie durch Altertum und langjährige Gewohnheit geheiligt vor. Er sah, man sei in Thierberg erhaben über den Wechsel der Mode, und wenn er hinzufügte, was ihm sein Vater über die mancherlei Unglücksfälle und die mißlichen Umstände, worin sich der Oheim befand, gesagt hatte, so fühlte er sich beschämt, daß er diese Umgebungen nur einen Augenblick habe grotesk und sonderbar finden können; er fühlte, daß er unverschuldeter Armut, wenn sie sich in so ernstem und würdigem Gewande zeige, seine Achtung nicht versagen könne, ja, vor diesen Wänden, diesem Geräte, und vor dem unscheinbaren, groben Hausrock des Oheims erschien er sich selbst, wenn er einen Blick auf seine modische und höchst unbequeme Tracht warf, wie ein Tor, beherrscht von einem Phantom, das ein Weiser lächelnd an sich vorübergleiten läßt.

Dies waren die Eindrücke, welche der erste Abend in Thierberg auf die Seele des jungen Rantow machte. So ernst sie aber am Ende auch sein mochten, so konnte er doch ein Lächeln nicht unterdrücken, als mit dem Schlage acht Uhr, den die alte Schloßuhr zögernd und zitternd angab, eine Flügeltüre am Ende des Zimmers aufsprang, ein kleiner Kerl in einem verschossenen, bortierten Rock, der ihm weit um den Leib hing, hereintrat, sich dreimal verbeugte und dann feierlich sprach: „Le souper est servi."

„S'il vous plait", sagte der Alte mit ernsthaftem Gesicht und einer Verbeugung zu seinem Neffen, reichte seinen Arm der schönen Anna und ging langsamen Schrittes dem Speisezimmer zu.

4

Mit den Flügeltüren des Speisesaales und dem ersten Blick, den er hineinwarf, hatte sich übrigens dem Gast aus Brandenburg ein weites Feld der Erinnerung geöffnet. Von diesem gemalten Plafond, der die Erschaffung der Welt vorstellte, von dem schweren Kronleuchter, den der Engel Gabriel als Sonne aus den Wolken herabhängen ließ, von den gelben Gardinen von schwerer Seide hatte ihm seine Mutter oft gesprochen, wenn sie von ihrem väterlichen Schloß in Schwaben und von dem ungemeinen Glanz erzählte, welcher einst durch ihre hochselige Frau Großmutter, die Tochter eines reichen Ministers, in die Familie und in die schöneren Appartements zu Thierberg gekommen sei. Schon seine Mutter hatte in ihrer Kindheit diese Prachtstücke mit großer Ehrfurcht vor ihrem Altertum betrachtet, und seit dieser Zeit hatten sie zum mindesten dreißig bis vierzig Jahre gesehen.

„Das ist der Familiensaal", sagte während der Tafel der alte Thierberg, als er die neugierigen Blicke sah, womit sein Neffe dieses Gemach musterte. „Vorzeiten soll man es *die Laube* genannt haben, und meine Ahnherrn pflegten hier zu trinken. Mein Großvater selig ließ es aber also einrichten und schmücken; er war ein Mann von vielem Geschmack, und hatte in seiner Jugend mehrere Jahre am Hof Ludwigs XIV. zugebracht. Auch meine Frau Großmutter war eine prächtige Dame, und sie beide haben das Innere des Schlosses auf diese Art eingeteilt und dekoriert."

„Am Hofe Ludwigs XIV.!" rief der junge Mann mit Staunen. „Das ist eine schöne Zeit her; wie mancherlei Gäste mag dieser Saal seit jener Zeit gesehen haben!"

„Viele Menschen und wunderbare Zeiten", erwiderte der alte Herr. „Ja, es ging einst glänzend zu auf Thierberg, und unsere Gäste befanden sich bei uns nicht schlimmer, als bei jedem Fürsten des Reichs. Man konnte kein fröhlicheres Leben finden, als das auf diesen Schlössern, solange unsere Ritterschaft noch blühte. Da galt noch unser Ansehen, unsere Stimme; man war ein Edelmann so gut als der König von Frankreich, und ein Freiherr war ein freier Mann, der nichts über sich kannte als seinen gnädigen Herrn, den Kaiser, und Gott; jetzt –"

„Vater!" unterbrach ihn Anna, als sie sah, wie die Ader auf seiner Stirne anschwoll, und wie eine dunkle Röte, ein Vorbote nahenden Sturmes, auf seinen Wangen aufzog. „Vater!" rief sie mit zärtlichen Tönen, indem sie seine Hand ergriff, „nichts mehr über dies Thema; Sie wissen, wie es Sie immer angreift!"

„Törichtes Mädchen!" erwiderte der alte Herr, halb unwillig, halb gerührt von der bittenden Stimme seiner schönen Tochter; „warum sollte ein Mann nicht stark genug sein, nach Jahren von *dem* zu sprechen, was er zu dulden und zu tragen stark genug war? Der Vetter kennt nur unsere Verhältnisse, wie sie jetzt sind. Er ist geboren zu einer Zeit, wo diese Stürme gerade am heftigsten wüteten, und aufgewachsen in einem Lande, wo die Ordnung der Dinge längst schon anders war; er kann sich also nicht so recht denken, was die Vorfahren seiner Mutter waren, und deshalb will ich ihn belehren."

Der Freiherr nahm nach diesen Worten sein großes Glas, auf dessen Deckel die sechszehn Wappenschilde seines Hauses, aus Silber getrieben, angebracht waren, und trank, um Kraft zu seiner Belehrung zu sammeln, einen langen, tüchtigen Zug. Doch Fräulein Anna sah an ihm vorüber den Gast mit besorglichen, bittenden Blicken an; er verstand diesen Wink und suchte den Oheim von dieser Materie abzubringen.

„Es ist wahr", fiel er ein, noch ehe jener das Glas wieder auf den Tisch gesetzt hatte, „in Preußen sind die Verhältnisse anders und sind seit langer Zeit anders gewesen. Aber sagen Sie selbst, kann man ein Land in Europa finden, das meinem Vaterland gliche? Ich gebe zu, daß andere Länder an Flächeninhalt, an Seelenzahl uns bei weitem überwiegen, aber nirgends trifft man auf so kleinem Raum eine so kräftige, durch innere Tugend imponierende Macht: es ist das Sparta der neuen Zeit. Und nicht ein glücklicher Boden oder ein milder Himmel bewirkten so Großes; sondern der Genius großer Männer hat ein Preußen geschaffen, weil sie es verstanden, die schlummernden Kräfte zu wecken, dem Volke selbst zeigten, welche Stellung es einnehmen müsse; weil sie *Preußen* geworden sind, ist auch ein Preußen erstanden."

Der alte Herr hatte seinem Neffen ruhig zugehört, bei den letzten Worten aber zog sich sein Gesicht zu solcher Ironie zusammen, daß der Brandenburger errötete. „Der Sohn meines Nachbars, des Generals von Willi, würde sagen, wenn er dich hörte: ‚O Deutschland, Deutschland, da sieht man, wie dein Elend aus deiner eigenen Zersplitterung hervorgeht! sie wollen nicht mehr Griechen, sondern Platäer, Korinther, Athener, Thebaner und gar – Spartaner heißen!' Ich wünsche nur", setzte er lächelnd hinzu, „daß die Spartaner nicht zum zweitenmal einen Epaminondas im Felde finden mögen. Die Schlacht bei Leuktra war kein Meisterstück der Kriegskunst unserer modernen Spartaner."

„Unser Unglück bei Jena", sagte der junge Mann verdrüßlich, „kann man weder dem Volk, noch dem König zuschreiben, und ich glaube, wir haben uns an Napoleon hinlänglich gerächt; wir haben nicht nur Deutschland wieder frei gemacht, sondern ihn selbst entthront."

„So? Das seid *ihr* gewesen?" fragte der Oheim; „Gott weiß, ich tat bis jetzt sehr unrecht, daß ich dieses Ereignis der halben Million Soldaten zuschrieb, die man aus ganz Europa gegen ihn zusammenhetzte. Warst du vielleicht selbst mit dabei, Neffe? Du kannst wahrscheinlich als Augenzeuge reden?"

Der Neffe errötete und schickte einen ängstlichen Blick nach Anna, die ihr Lächeln kaum unterdrücken konnte. „Ich war damals noch auf der Schule", antwortete er, „und es hat mich nachher oft geärgert, daß ich nicht mit dabei war. Ich gebe zu, daß die andern auch mitgeholfen haben, aber in allen Schlachten waren es nur die Preußen, die entschieden haben; denken Sie nur an Waterloo."

„Sei überzeugt, ich denke daran", erwiderte der alte Herr mit großem Ernst, „und denke mit Vergnügen daran. Wenn *einer* ein Feind jenes Mannes ist, so bin ich es; denn er hat uns und alles unglücklich gemacht, und das alte schöne Reich umgekehrt wie einen Handschuh. Aber das mit deinen Landsleuten weißt du denn doch nicht recht. Ich glaube schwerlich, daß eure jungen Soldaten, wenn sie auch wirklich so begeistert waren, wie man sagte, so viele Stöße auf ihr Zentrum ausgehalten hätten, als am achtzehnten Juni jene Engländer, die schon in allen Weltteilen gedient hatten."

„Nicht die Jahre sind es", sagte jener, „die in solchen Augenblicken Kraft geben, sondern das Selbstbewußtsein, der Stolz einer Nation und die Begeisterung des Soldaten für seine Sache; und die hat der Preuße vollauf."

„Ich habe in meiner Jugend auch ein paar Jahre gedient", entgegnete der Oheim, „Anno 85 bei den Kreistruppen. Damals waren die Soldaten noch nicht begeistert, darum kenne ich das Ding nicht. Nächstens wird mich aber mein Nachbar, der General, besuchen, mit diesem mußt du darüber sprechen."

„Wie dem auch sei", fuhr der Gast fort, „es freut mich innig, daß Sie über den Hauptpunkt, über den Unwillen gegen die Franzosen und im Haß gegen diesen Korsen, mit mir übereinstimmen. Bei uns zu Hause behauptet man, daß er in Süddeutschland leider noch immer als eine Art Heros angesehen, und es ist lächerlich zu sagen, von vielen sogar als ein Beglükker der Menschheit verehrt werde."

„Sprich nicht zu laut, Freund!" erwiderte der alte Herr, „wenn du es nicht mit dieser jungen Dame hier gänzlich verderben willst. Sie ist gewaltig *napoleonisch* gesinnt."

„Sie werden darum nicht schlechter von mir denken", sagte Anna hocherrötend, „weil ich einen Mann nicht geradehin verdammen mag, dessen unverzeihlicher Fehler der ist, daß er ein großer Mensch war."

„Großer Mensch!" rief der Alte mit blitzenden Augen, „den Teufel auch, großer Mensch! was heißt das? Daß er den rechten Augenblick erspähte, um wie ein Dieb eine Krone zu stehlen? Daß er mit seinen Bajonetten ein treffliches Reich über den Haufen warf, seine herrliche, natürliche Form zertrümmerte, ohne etwas Besseres an die Stelle zu setzen, großer Mensch!"

„Sie sprechen so, weil –"

„Anna, Anna!" fiel er seiner Tochter in die Rede, „meinst du, ich spreche nur darum so, weil er uns elend machte? weil er dieses Tal und diesen Wald mir entriß, weil er diese Menschen, die mir und meinen Ahnen als ihren Herren dienten, an einen andern verschenkte? Weil die ungebetenen Gäste, die er uns schickte, das bißchen aufzehrten oder einsteckten, was mir noch geblieben war? Es ist wahr, an jenem Tage, wo man ein fremdes Siegel über das alte Wappen der Thierberge klebte, wo man mein Vieh zählte und schätzte, meine Weinberge nach dem Schuh ausmaß, meine Wälder lichtete und die erste Steuer von mir eintrieb, an jenem Tage sah ich nur mich und den Fall meines Hauses; aber ging es der ganzen Reichsritterschaft besser, mußten wir nicht sogar erleben, daß ein Mann von der Insel Korsika erklärte, es gebe keinen deutschen Kaiser und kein Deutschland mehr?"

„Gott sei es geklagt", sagte der junge Rantow, „und uns wahrhaftig hat er es nicht besser gemacht."

„Ihr, gerade ihr seid selbst schuld daran", fuhr der alte Herr immer heftiger fort. „Ihr hattet euch längst losgesagt vom Reich, hattet kein Herz mehr für das Allgemeine, wolltet einen eigenen Namen haben und tatet euch viel darauf zugut. Ihr sahet es vielleicht sogar gern, daß man uns Schaft für Schaft entzweibrach, weil man uns fürchtete, solange die übrigen Speere *ein* Band umschlang. Habt ihr nicht gesehen, wie weit es kam, als man in Sparta jeden Griechen einen Fremden nannte? Verdammt sei dieses Jahrhundert der Selbstsucht und Zwietracht, verdammt diese Welt von Toren, welche Eigenliebe und Herrschsucht Größe nennt!"

„Aber lieber Vater –" wollte das Fräulein besänftigend einfallen, doch der alte Herr war nach seinen letzten Worten schnell aufgestanden, und der kleine Mensch in der thierbergischen Livree eilte auf seinen Wink mit zwei Kerzen herbei.

„Gute Nacht", wandte er sich noch einmal zu seinem Neffen; „stoße dich nicht daran, wenn du mich zuweilen heftig siehst; 's ist so meine Natur. Schlafet wohl, Kinder!" setzte er ruhiger hinzu, „wenn die Gegenwart schlecht ist, muß man von besseren Zeiten träumen." Anna küßte ihm gerührt die Hand, und die erhabene Gestalt des alten Herrn schritt langsam der Türe zu. Rantow war so betroffen von allem, was er gehört und gesehen, daß es ihm sogar entging, welche komische Figur der Diener machte, der seinem Herrn zu Bette leuchtete. Die weite Staatslivree, die er trug, hing beinahe bis zum Boden herab, und die langen bortierten Aufschläge bedeckten völlig die Hände, welche die silbernen Leuchter trugen. Er war anzusehen wie ein großer Pilgrim, der einen Kalvarienberg hinan auf den Knien rutscht. Um so erhabener war der Kontrast des Mannes, der ihm folgte; er erschien, als er durch den altfränkischen Saal unter den Familiengemälden seiner Ahnen vorbeischritt, wie ein wandelndes Bild „der guten alten Zeit".

Als der alte Herr das Gemach verlassen hatte, stand das Fräulein mit einer Verbeugung gegen ihren Gast auf und trat in ein Fenster. Der junge Mann fühlte an ihrem Schweigen, daß er diesen Abend Saiten berührt haben müsse, die man anzutasten sonst vielleicht sorgfältig vermied. Sie blickte hinaus in die Nacht und Rantow trat an ihre Seite; er hatte oft erprobt, wie sich Mißverständnisse leichter lösen, wenn man sie in einen Scherz kehrt, als wenn man mit Ernst oder Wehmut darüber spricht. Mit solch einem Scherz wollte er Anna versöhnen; doch als er zu ihr ans Fenster trat, war der Anblick, der sich ihm darbot, so überraschend, daß kein heiteres Wort über seine Lippen schlüpfen konnte. Das tiefe, schwärzliche und doch so reine Blau, das nur ein südlicher Himmel im Mondlicht zeigt, hatte er noch nie gesehen. Über Wald und Weinberge herab goß der Mond seltsame

Streiflichter und im Tal schimmerten seinen Glanz nur die zitternden Wellen des Neckars und die Spitze des dunkeln Kirchturms zurück. Der falbe Schein dieses Lichtes der Nacht hatte Annas Züge gebleicht und in ihren schönen Augen schwamm eine Träne. Jetzt erst, als alles so still und lautlos war, vernahm man aus der Ferne die gehaltenen Töne einer Flöte, und diese Klänge verbanden sich so sanft mit dem milden Schimmer des Mondes, daß man zu glauben versucht war, es seien *seine* Strahlen, die so melodisch sich auf die Erde niedersenkten. Ein seliges Lächeln zog über Annas Gesicht; ihr glänzender Blick hing an einer Waldspitze, die weit in das Tal vorsprang und ihre tieferen Atemzüge schienen der Flöte zu antworten.

„Wie prachtvoll ist selbst die Nacht in Ihrem Tal", sprach nach einer Weile der Gast. „Wie schön wölbt sich der Himmel darüber hin, und der Mond scheint nur für diesen stillen Winkel der Erde geschaffen zu sein."

Anna öffnete das hohe Bogenfenster. „Wie warm und mild es noch draußen ist!" sagte sie, indem sie freundlich in das Tal hinabschaute. „Kein Lüftchen weht."

„Aber die Bäume neigen sich doch her und hin", erwiderte er, „sie rauschen, gewiß vom Wind bewegt."

„Kein Lüftchen weht!" wiederholte sie und hielt ihr weißes Tuch hinaus. „Sehen Sie, nicht einmal dieses leichte Tuch bewegt sich. Und kennen Sie denn nicht die alte Sage von den Bäumen? Nicht der Nachtwind ist es, der ihre Blätter bewegt, sie flüstern jetzt und erzählen sich, und wer nur ihre Sprache verstünde, könnte manches Geheimnis erfahren."

„Vielleicht könnte man dann auch erfahren, wer der Flötenspieler ist", sagte der Vetter, indem er Anna schärfer ansah; denn schon war er so eifersüchtig auf seine schöne Base geworden, daß ihm die süßen Töne vom Wald her und ihr Tuch, das sie noch immer aus dem Fenster hielt, in Wechselwirkung zu stehen schienen.

„Das kann ich Ihnen auch ohne die Bäume verraten", erwiderte sie lächelnd, indem sie das Tuch zurücknahm. „Das ist ein munterer Jägerbursche, der seinem Mädchen einen guten Abend spielt."

„Dazu ist aber die Entfernung doch beinahe zu groß", fuhr er fort, „manche Töne werden nicht ganz deutlich."

„Im Dorf unten hört man es besser als hier oben", sagte sie gleichgültig und schloß das Fenster; „überdies sagt ja das Sprichwort: das Ohr der Liebe hört noch weiter als der Argwohn."

„Schön gesagt", rief der junge Mann, „doch das *Auge* des Argwohns sieht weiter, als das der Liebe."

„Sie haben recht", entgegnete sie, „aber nur bei Tag, nicht bei Nacht."

Diese, wie es schien, ganz absichtlos gesagten Worte überraschten den jungen Mann so sehr, daß er beschämt die Augen niederschlug. Er warf sich seine Torheit vor, daß er nur einen Augenblick glauben konnte, es sei ein Liebhaber dieses arglosen Kindes, der dort im Walde musiziere.

„Und nun gute Nacht, Vetter", fuhr Anna fort, indem sie eine Kerze ergriff. „Träumen Sie etwas recht Schönes, man sagt ja, der erste Traum in einem Hause werde wahr; Hanns! leuchte dem Herrn Baron ins rechte Turmzimmer! Und dies noch", setzte sie auf französisch hinzu, als der Diener näher trat; „vermeiden Sie mit meinem Vater über Dinge zu sprechen, die ihn so tief berühren. Er ist sehr heftig, doch gilt sein Zorn nie der Person, sondern der Meinung. Es war *meine* Schuld, daß ich Sie nicht zuvor unterrichtet habe, morgen will ich nähere Instruktionen erteilen; – gute Nacht!"

Sinnend über dieses sonderbare und doch so liebenswürdige Wesen folgte der Gast dem Diener, und die dumpfhallenden Gänge und Wendeltreppen, das vieleckigte, in wunderlichen Spitzbogen gewölbte Gemach, das altertümliche Gardinenbette, so manche Gegenstände, die er sonst aufmerksam betrachtet hätte, blieben diesmal ohne Eindruck auf seine Seele, die nur eifrig beschäftigt war, den Charakter und das Benehmen Annas zu prüfen und zu mustern.

5

Als der Gast am folgenden Morgen nach einer sorgfältigen Toilette hinabging, um mit seinen Verwandten zu frühstücken, konnte er sich anfänglich in dem alten Gemäuer nicht zurechtfinden. Ein Diener, auf welchen er stieß, führte ihn dem Saal zu, und an den Gängen und Treppen, die er durchwandern mußte, bemerkte er erst, was ihm gestern nicht aufgefallen war, daß er im entlegensten Teil dieser Burg geschlafen habe. Auf sein Befragen gestand ihm der Diener, daß sein Gemach das einzige sei, das man auf jener Seite noch bewohnen könne, und außer dem Wohnzimmer mit den gewirkten Tapeten, dem Schlafzimmer des alten Herrn, dem Saal, dem kleinen Zimmerchen in einem andern Turm, wo Fräulein Anna wohne, sei nur noch das ungeheure Bedientenzimmer, das früher zu einer Küche gedient habe, und die Wohnung des Amtmanns einigermaßen bewohnbar; die übrigen Gemächer seien entweder schon halb eingestürzt, oder werden zu Fruchtböden und dergleichen benützt. Der stolze Sinn des Oheims und die fröhliche Anmut seiner Tochter standen in sonderbarem Widerspruch mit diesen öden Mauern und verfallenen Treppen, mit diesen sprechenden Bildern einer vornehmen Dürftigkeit. Der junge Mann war, wenn nicht an Pracht, doch an eine gewisse reinliche Eleganz in seiner Umgebung selbst an den Treppen und Wänden gewöhnt, und er konnte daher nicht umhin, seine Verwandten, die in so großer, augenscheinlicher Entbehrung lebten, für sehr unglücklich zu halten. Das romantische Interesse, das der erste Anblick dieser Burg für ihn gehabt hatte, verschwand vor dieser traurigen Wirklichkeit, und wenn er sich dachte, wie die Mauerrisse und Spalten, durch welche jetzt nur die warme Morgensonne hereinfiel, den Stürmen des Winters freien Durchgang lassen mußten, war ihm Annas Furcht vor dieser Jahrszeit wohl erklärlich.

„Und ein so zartes Wesen diesen rauhen Stürmen ausgesetzt", sagte er zu sich, „ein so reicher und gebildeter Geist ohne Umgang, vielleicht ohne Lektüre, einen ganzen Winter lang in diesen Mauern vom Schnee und Wetter gefangengehalten, einsam bei dem ernsten, feierlichen, alten Mann! Und dieser ehrwürdige Alte, der einst bessere Tage gesehen, durch die Ungunst der Zeit in unverschuldete Dürftigkeit und Entbehrung versetzt!" Von so gutmütiger Natur war das Herz des jungen Mannes, daß er vor der Türe des Saales halb und halb den Entschluß faßte, um die schöne Anna zu freien, sie in die Mark zu führen, oder wenn ihm das Leben in Schwaben besser gefallen sollte, mit ihr in die Residenz zu ziehen und für den Sommer Thierberg wieder instand setzen zu lassen.

Der Alte empfing ihn mit einem herzlichen Morgengruß und derben Händedruck, und Anna erschien ihm heute noch freundlicher und zutraulicher, als gestern. Das Tagewerk der Knechte wurde in seiner Gegenwart angeordnet und mit Wonne sah er Anna eine Geschäftigkeit im Hauswesen entfalten, die er der feingebildeten jungen Dame nicht zugetraut hätte. Auch über ihre eigenen Geschäfte sprachen die Bewohner des Schlosses. Der Alte wollte vormittags mit seinem Verwalter rechnen, Anna den

Gast unterhalten und einen Spaziergang mit ihm ins Tal hinab machen. Nach Tisch wollte sie bei einigen Damen in der Nachbarschaft Besuche abstatten, der Alte das Stück Wald, das ihm noch eigen gehörte, mustern und Albert sollte ihn begleiten. Der Abend sollte sie alle zum Spiel vereinigen. So angenehm dem jungen Mann die Aussicht war, einen ganzen Vormittag mit der schönen Cousine zu verleben, so erschreckte ihn doch ein so langer Waldspaziergang mit dem ernsten Oncle, der alle Augenblicke die sonderbarsten, vielseitigsten Kenntnisse verriet und in so hohem Alter noch ein Wortgedächtnis hatte, vor welchem jenem graute. „Wie, wenn er dich den ganzen Nachmittag ausfragte, was du gelernt hast!" sagte er zu sich. „Wie schnöde wird es dann an den Tag kommen, welche Lehrstühle und Säle in Berlin du *nicht* besucht, und wie schnell wird er ahnen, *welche* du besucht hast." Einiger Trost für ihn war seine geläufige Zunge und ein wenig Disputierkunst, das einzige, was ihm von seinem Hofmeister übriggeblieben war. Doch wie einen zum Galgen Verdammten das Henkermahl noch erfreut, das ihm der Nachrichter zu- und anrichten muß, so richtete sich seine geängstigte Seele an der schönen Gegenwart auf. Und welcher Himmel ging ihm erst auf, als der Oncle, nachdem er schon Hut und Stock ergriffen hatte, sich noch einmal zu seinem Neffen wandte. „Noch etwas!" sagte er zu ihm, „solange Thierberg steht, ist es Sitte, daß die nächsten Verwandten gleicher Linie mit du unter sich reden; ich denke du wirst mit Anna keine Ausnahme machen, weil du hundert Meilen nördlicher geboren bist."

Anna lächelte und schien es ganz in der Ordnung zu finden, aber mit freudeglühenden Wangen sagte der junge Mann zu; dankbar blickte er dem alten Oheim nach, der ihm in diesem Augenblick wie ein Bote der Liebe erschien. Leider vergaß er dabei, daß dieses *Du* nicht das süße, heimliche Du der Liebe sei, und daß ein so nahes Verhältnis zwar der Freundschaft förderlich, für die entstehende Liebe aber ein Hindernis sein könnte.

„Und du wolltest mir gestern abend noch Instruktionen geben", sagte er, indem er sich in das Fenster zu dem Fräulein setzte. „Es ist mir angenehm, wenn du mir recht viel vom Oncle sagst, ich habe ihn mir durchaus anders gedacht, und daher kam nun wohl gestern abend mein Mißgriff."

„Wie hast du dir ihn denn gedacht?" fragte Anna.

„Nun, ich setzte mir aus dem, was Mutter und Vater erzählten, ein Bild zusammen, das nun freilich nicht paßt. Seit mein

Vater Kammerjunker an eurem Hofe war und nachher die Mutter nach Preußen heimführte, mögen es doch etwa dreißig Jahre sein. Damals war wohl Oncle etwa fünf- bis sechsunddreißig Jahre alt und man nannte ihn noch immer den Junker, denn der Großvater Thierberg lebte noch. Mein Vater beschreibt ihn nun gar komisch, wenn er auf ihn zu sprechen kommt. Er war hier im Schloß aufgewachsen, unter der Aufsicht seines Herrn Papa und seiner Frau Mama. Die guten Großeltern könnte ich malen. Sie müßten in den geblümten und ausgenähten Fauteuils sitzen, aufrecht und anständig frisiert; die Großmama in einem blauseidenen Reifrock, der Großpapa in einem verschossenen Hofkleid. Sie sind die regierende Familie in ihrem Land, der Amtmann und der Pastor ihr Hofstaat. Der Erbprinz lernte hier nicht viel mehr, als sich anständig verbeugen, die Hand küssen, reiten und jagen, und die Prinzessinnen sollen ihn an Bildung weit übertroffen haben. Die zwei Jahre Garnisonsleben bei den Reichstruppen hatten ihn nicht gerade verfeinert, und so soll er immer zur größten Lust der Verwandten gedient haben, wenn er um die Zeit, da man alljährlich die Remontepferde von Leipzig brachte, in die Residenz kam. Meine Mutter wurde damals bei Oncle Wernau erzogen und mein Vater kam täglich in das Haus. Wenn dann dein Vater im Herbst zu Besuch kam, verhehlte er nicht, daß er nur gekommen sei, um die schönen Remontepferde zu betrachten, zog den ganzen Tag bei Bereitern und in den Ställen umher, freute sich, mit seiner großen Pferdekenntnis glänzen zu können, und unterhielt abends die glänzende Gesellschaft bei Wernaus durch sein sonderbares Wesen, das zwar nie linkisch oder unanständig, aber im höchsten Grad naiv, ungezwungen und komisch war. Mein Vater sagte oft: ‚Er war ein Bild der guten alten Zeit, nicht jener steifen Zeit, wo man den Hofton und die Reifröcke in jedem Winkel des Landes affektierte, sondern einer viel früheren. Er war das Muster eines schwäbischen Landjunkers.'"

Der junge Mann hielt inne in seiner Beschreibung, als er sah, daß seine Zuhörerin lächelte. „Du findest vielleicht diese Züge unwahr", sagte er, „weil sie auf heute nicht mehr passen und doch versichere ich –"

„Mir fiel nur", erwiderte sie, „als du dies das Bild eines schwäbischen Landjunkers nanntest, jenes Buch ein, das beinahe mit denselben Zügen einen Landjunker in – Pommern schildert. Du versetzt nun dieses Bild in mein Vaterland, in dieses Schloß sogar; sonderbar ist es übrigens, daß beinahe kein Zug mehr zutrifft. In dem gut gemalten Bild eines Jünglings muß man sogar die Züge des Greisen wiedererkennen, doch hier –"

„Das wollte ich ja eben sagen; ich fand den Oncle so ganz und durchaus anders, daß ich selbst nicht begreifen konnte, wie er einst jener muntere, naive Junge habe sein können."

„Ich spreche ungern mit Männern über Männer, ich meine, es passe nicht für Mädchen", nahm Anna das Wort, „über meinen Vater vollends habe ich nie – *beinahe* nie gesprochen", setzte sie errötend hinzu, „doch mit dir will ich eine Ausnahme machen. *Ich* zwar kenne den Vater nicht anders, als wie er jetzt ist; es ist möglich, daß er vor dreißig Jahren etwas anders war, aber bedenke, Vetter Albert, durch welche Schule er ging! Alles, alles was ihm einst lieb und wert war, hat diese furchtbare Zeit niedergewühlt. Oder meinst du, jene Verhältnisse, so sonderbar und unnatürlich sie vielleicht erscheinen, seien ihm nicht teuer gewesen? Wie oft, wenn die alten Herren von der vormaligen Reichsritterschaft im Saal waren und sich besprachen über die gute alte Zeit, wie oft hätte ich da weinen mögen aus Mitleid mit den Greisen, die sich nun so schwer in diese neuen Gestaltungen finden!"

„Aber ging es ganz Europa besser? denke an Spanien, Frankreich, Italien, Polen und das ganze Deutschland", erwiderte der Gast.

„Ich weiß, was du sagen willst", fuhr sie eifrig fort, „man soll über dem Unglück und der Umwühlung eines Weltteils so kleine Schmerzen vergessen; aber wahrlich, so weit sind wir Menschen noch nicht. Auf diesen Standpunkt erhebe sich wer kann, und ich meine, er wird auch in seiner Großherzigkeit wenig Trost, weder für sich noch für das Allgemeine finden. Und ich möchte überdies noch behaupten, daß unter allen, die überall gelitten haben, vielleicht gerade diese Ritterschaft nicht am wenigsten litt. Andere Wunden, die man nur dem Vermögen schlägt, heilen mit der Zeit, doch wo, nicht durch Revolution, sondern im Namen gesetzlicher Gewalt, so alte, lang gewöhnte Bande zersprengt, und Formen, die auf ewig gegründet schienen, zertrümmert werden, das eine Stück hierhin das andere dorthin gerissen – da werden die teuersten Interessen in innerster Seele verwundet. Wenn so die alten Hauptleute und Räte der Ritterschaft, einige Komturs und deutsche Ritter um die Tafel sitzen, so glaubt man oft Gespenster, Schatten aus einer andern Welt zu sehen. Doch wenn man dann bedenkt, daß dies alles, was sie einst erfreute, so lange vor ihnen zu Grabe ging, und diese Titel von der jungen Welt nicht mehr verstanden werden, so kann man mit ihnen recht traurig werden."

„Es ist wahr", bemerkte der Gast, „und man muß gerecht sein; sie wurden von früher Jugend in der Achtung und im ritterlichen Eifer für jene alten Formen erzogen, glänzten vielleicht eben im ersten Schimmer einer neuen Amtswürde, als das Unglück hereinbrach und alles auflöste; und wie schwer ist es, alten Gewohnheiten zu entsagen, alte Vorurteile abzulegen!"

„Um so schwerer", setzte Anna hinzu, „wenn man ein Recht und gesetzliche Ansprüche darauf zu haben glaubt. Hätte man jene Bande sanft gelöst, man würde sich nach und nach gewöhnt haben; so aber war es das Werk eines Augenblicks. Vermögen, Ansehen und Würden gingen zugleich verloren und mancher wurde geflissentlich gekränkt. So wurde der Unmut über die Veränderungen zur Erbitterung. Der Vater hat oft erzählt, wie sie ihm an *einem* Tage alle Familienwappen von den Wänden gerissen, das Vieh geschätzt, Pferde weggeführt, die Braupfannen versiegelt und für Staatseigentum erklärt haben; die Mutter war krank, der Vater außer sich gebracht durch höhnische Behandlung der neuen Beamten, und um das Unglück vollkommen zu machen, legten sie fünfundsiebzig Franzosen in dieses Schloß, die nicht plündern, aber ungestraft stehlen durften, und wenn sie weiterzogen, nur ebenso vielen neuen Gästen Platz machten."

„Wahrhaftig!" rief Albert, „ein solches Schicksal hätte wohl auch den fröhlichsten Junker ernst machen müssen!"

„Wie es ging, weiß ich nicht; nur so viel nahm ich mir aus Gesprächen ab, daß er seit jener Zeit ganz verändert sei. Er hielt sich meistens zu Hause, las viel und studierte manches. Er gilt jetzt in der Gegend für einen Mann, der viel weiß, und muß in manchen Fällen Rat geben. Doch um auf die Instruktionen zu kommen, die ich dir erteilen wollte, so kannst du sie aus dem, was ich dir erzählte, selbst abnehmen. Berühre nie die früheren politischen Verhältnisse, wenn du ihn nicht wehmütig machen willst, sprich nie von dem Kaiser –"

„Von welchem Kaiser?" unterbrach sie der Vetter.

„Nun von Napoleon, wollte ich sagen; er sieht ihn als den Urheber aller seiner Leiden an, und wenn etwa der General in diesen Tagen kommen sollte, laß dich in keinen politischen Diskurs ein; sie sind schon oft heftig aneinandergeraten."

„Wer ist denn der General", fragte Albert, „hat nicht dein Vater mich gestern aufgefordert mit ihm über die neuere Kriegszucht zu sprechen?"

„Der General Willi ist unser Nachbar", erwiderte Anna, „und wohnt eine halbe Stunde von hier, den Neckar abwärts. Er gehört so sehr der neueren Zeit an, als der Vater der alten, und ich kann ihm seine Art zu denken ebensowenig verargen, als meinem Vater. Er machte in den früheren Feldzügen eine sehr schnelle Karriere und der Kaiser selbst soll ihn im Feldzug von 1809 beredet haben, unsern Dienst zu verlassen und in die Garde zu treten. Er war mit in Rußland, wurde bei Chalons gefangen und zog sich nachher gänzlich zurück. Hier hat er nun ein Gut gekauft, ist ein sehr vermöglicher Mann und lebt im Stillen seinen Erinnerungen. Du kannst dir denken, daß ein Mann, der in solchen Verhältnissen seine schönsten Jahre lebte, wohl auch noch heute von der Sache, für welche er einst focht, eingenommen ist; er ist, was man so nennt, ein eigensinniger Napoleonist, und hat wenigstens so gut als irgendeiner Grund dazu."

„Wenn er ein Franzose wäre", entgegnete Albert, „dann möchte es ihm hingehen. Aber für einen Deutschen schickt es sich doch wahrhaftig nicht. Es war keine *Sache,* für welche er focht, sondern ein Phantom."

„Streiten wir nicht darüber", fiel ihm Anna ins Wort. „Ich bin überzeugt, wenn du diesen liebenswürdigen, edlen Mann kennenlernst, wirst du ihm seinen Enthusiasmus vergeben."

„Wie alt ist er denn?" fragte jener befangen.

„Ein guter Fünfziger", erwiderte Anna lächelnd. „Mir aber scheint er, wie gesagt, für seine Gesinnungen ein so gutes Recht zu haben als der Vater. Wurde ja doch auch, was *ihm* groß und erhaben deuchte, zerstört und verhöhnt, und du weißt, daß dies nicht der Weg ist, die Menschen mit dem Neueren auszusöhnen. Die beiden Herren haben große Zuneigung zueinander gefaßt, obgleich sie in ihren Meinungen so schroff einander gegenüberstehen. Oft kömmt es unter ihnen zu so heftigem Streit, daß ich immer einmal einen wirklichen Bruch der nachbarlichen Verhältnisse voraussehe. Ich glaube, wenn mehr Damen zugegen wären, würde es nie so weit kommen, aber leider hat auch der General vor einigen Jahren seine Frau verloren. Sie war eine treffliche Frau, und meine Mutter schätzte sie sehr; der Vater konnte es ihr aber nie vergeben, daß sie eine Bürgerliche war, und seine Schwester, die jetzt eben bei ihm ist, pflegt immer nur auf kurze Zeit einzukehren."

Der alte Thierberg, der in diesem Augenblick von seinem Amtmann zurückkam, unterbrach dieses Gespräch, das der junge Mann noch lange hätte fortsetzen mögen, denn Base Anna erschien ihm, wenn sie lebhaft sprach, wenn ihre Augen während ihrer Rede immer heller glänzten, und ihre zarten Züge jede ihrer Empfindungen abspiegelten, immer reizender, liebenswürdiger zu werden, und er glaubte aus dem Vergnügen, das ihr die Unterhaltung mit ihm zu gewähren schien, nicht mit Unrecht einen günstigen Schluß für sich ziehen zu dürfen.

6

Von allen seinen früheren reichsfreiherrlichen Rechten war dem alten Thierberg nur die Ernennung, oder wie man es dort nannte, die Präsentation des Schulmeisters übriggeblieben, und er verwünschte auch diesen letzten Rest ehemaliger Größe und Gewalt, als er nachmittags zwei Schulamtskandidaten mit dem Thierberger Prediger ins Schloß treten sah. Er hieß seinen Neffen allein in den Wald vorausgehen und versprach bald zu folgen. Der junge Mann wanderte langsam jenen Weg hinan, welchen ihn Anna zuerst geführt hatte. Oft stand er stille und sah zurück auf diese altertümliche Burg, und gerne verweilte sein Auge auf jenem Turm, in dessen Zimmerchen Anna wohnte. Wie liebte er dieses klare, ruhige, natürliche Wesen, gepaart mit so viel Anstand und mit so feiner Bildung! Er konnte sich auf nichts Ähnliches besinnen. Oft wollten zwar in seiner Erinnerung die Damen der Mark diesem Schwabenkind den Vorrang streitig machen. Es deuchte dem jungen Mann, er habe elegantere Formen gesehen, gewandter, zierlicher sprechen gehört, er rief sich jede einzelne Schönheit, die ihn sonst bezauberte, zurück, aber er bekannte, daß es gerade diese Unbefangenheit, diese Ruhe sei, was ihm so überraschend, so neu, so liebenswürdig erschien. Sie ist zu verständig, zu ruhig, zu klar, um jemals recht lieben zu können, fuhr er in seinen Gedanken fort, aber schätzen wird sie mich, sie wird Interesse an mir finden. Und gerade diese Klarheit, diese Art, über das Leben zu denken, muß ihr andere, bessere Verhältnisse längst wünschenswert gemacht haben. Bequeme, elegante Wohnung, eine geschmackvolle Garderobe, Wagen, Pferde, Bediente, eine ausgesuchte Bibliothek, das sind die Dinge, welche in einem solchen kalten Herzen die Liebe ersetzen; so unbefangen sie ist, so weiß sie doch in ihrer Unbefangenheit die Dame recht wohl zu spielen, und wirklich – es muß ihr als Frau von Rantow allerliebst stehen!

Der junge Mann war unter diesen Träumen einer schönen Zukunft auf einer Höhe angelangt, wo er einen Teil des reizenden Neckartales überschauen konnte. Vorwärts zu seiner Linken gewahrte er eine Waldspitze, die weit vorsprang, und ihm die Aussicht auf den andern Teil des Tales verdeckte. Er verglich sie mit der Lage des Schlosses und fand, es müsse dieselbe Bergspitze sein, von welcher gestern jene süßen Flötenklänge herübertönten. Von dort aus, hatte ihm Anna gesagt, könne man einen weiten, freien Blick über das ganze Tal genießen, und rasch beschloß er, nicht erst den Oheim abzuwarten, sondern im Genuß einer herrlichen Aussicht auf jener Waldecke seinen Gedanken nachzuhängen. Er hatte sich die Richtung gut gemerkt, und nicht lange, so trat er auf diesen reizenden Platz heraus. Das Tal schwenkte sich in einem schönen Bogen an Thierberg vorüber um diese Bergecke. Rechts und bei weitem näher, als Albert gedacht hatte, lag die Burg, durch eine breite Waldschlucht von dieser Stelle getrennt. Man konnte mit einem guten Fernglas deutlich in die Fenster von Thierberg sehen, und der junge Mann ergötzte sich eine Zeitlang an den Zügen des Pastors und seines Oheims, die in eifrigem Gespräch an der Fensterbrüstung standen. Auch Annas Turmfenster war geöffnet, aber statt ihrer holden Züge sah man nur einen kleinen Orangenbaum, den sie an die Sonne gestellt hatte. In der Mitte des Tales zog in kleineren Bogen der Neckar hin, viele freundliche Halbinseln bildend, und in kleiner Entfernung entdeckte das Auge des jungen Mannes ein neues Schloß, in dessen Fenstern sich die Mittagssonne spiegelte. Es war in gefälligem, italienischem Stil aufgebaut, die Säulen und der Balkon, schlank und zierlich, machten einen sonderbaren Kontrast mit den dunkeln schweren Mauern des Thierbergs zu seiner Rechten, und wie diese Burg auf der Nordseite des Gebirges auf einem steilen Waldberg hing, so ruhte jenes schöne Lustschloß auf der Südseite gegenüber an einem sanften Rebhügel, dessen reinlich und nett angelegten Geländer und Spaliere sich bis an den Fluß herabzogen. Albert war in diesen reizenden Anblick versunken, und dachte nach über diesen Gegensatz, welchen die beiden Schlösser, wie Bilder der alten und neuen Zeit, hervorbrachten, als feste Männertritte hinter ihm durch das Gebüsch rauschten, und ihn aus seinen Betrachtungen weckten. Er wandte sich um, und war vielleicht nicht weniger erstaunt, als der Mann, der jetzt durch die letzten Büsche brach und vor ihm stand. – Es war sein Gefährte vom Eilwagen. Er hatte eine Jagdtasche übergeworfen, trug eine Büchse unter dem Arm, und zwei große Windhunde stürzten hinter ihm aus dem Gebüsch.

„Wie! ist es möglich!" rief der Jäger, und blieb verwunderungsvoll stehen; „ich hätte mir noch eher einfallen lassen, hier auf einen Adler, denn auf Sie zu stoßen!"

„Sie sehen, ich benütze Ihren Rat", erwiderte der junge Mann, „ich durchspüre jeden Winkel Ihres Landes nach schönen Aussichten –"

„Aber wie kommen Sie *hieher*?" fuhr jener fort, indem er ihn aufmerksamer betrachtete, „und Sie sind auch nicht auf der Reise, wie ich sehe, haben Sie sich in der Nähe eingemietet?"

Albert deutete lächelnd auf die alte Burg hinüber. „Dort – und gestehen Sie", sagte er, „ich hätte keinen schöneren Punkt wählen können."

„In Thierberg?" rief der Jäger mit steigendem Erstaunen, indem er auf einen Augenblick leicht errötete; „wie, ist es möglich, in Thierberg? oder sind vielleicht gar Thierbergs die Verwandten, die –"

„Die ich in der Stadt besuchen wollte und hier auf ihrem Landsitz traf. Ich segne übrigens diesen Geschmack meines Oheims", setzte Albert mit einer Verbeugung hinzu, „da er mich aufs neue in die Nähe meines angenehmen Reisegesellschafters führte."

„So wären Sie vielleicht ein Rantow aus Preußen?" fragte der Jäger aufs neue.

„Allerdings", antwortete der Gefragte, „aber wie folgern Sie dies? sind Sie vielleicht mit meinem Oheim bekannt?"

„Ich besuche ihn zuweilen", sagte jener mit einem langen Seitenblick auf das alte Schloß, „ich bin gerne dort; doch beinahe hätte ich das Glück gehabt, Ihre Bekanntschaft noch früher zu machen; ich reiste vor einem Jahr in Ihre Heimat, und auf den Fall, daß mich meine Straße über Fehrbellin geführt hätte, war ich mit einem Brief an Ihre Eltern versehen, mit einem Brief von Ihrem Oheim selbst. – Aber, habe ich zuviel gesagt, wenn ich von den Reizen unseres Neckartales sprach? Finden Sie nicht alles hier vereinigt, was man immer für das Auge wünschen kann?"

„Ich dachte schon vorhin darüber nach", versetzte Rantow; „wie verschieden ist der Charakter dieser beiden Berge zur Seite des Tales! Hier dieser dunkle Wald, mit Schluchten und Felsenrissen, durch welche sich Bäche herabgießen, die alte Burg, halb Ruine, auf diese jäh abbrechende Wand hinausgerückt. Jenseits die sanften, wellenförmigen Rebhügel, mit bläulichroter Erde und dem sanften Grün des Weins. Und diese Kontraste durch das lieblichste Tal, durch den Fluß vereinigt, der bald hierhin bald dorthin zu den Bergen sich wendet! Wahrhaftig, es müßte nichts Angenehmeres sein, als auf einer dieser grünen Halbinseln ein einsames Idyllenleben zu führen!"

„Ja", entgegnete der Jäger lächelnd, „wenn der Fluß nicht in jedem Frühjahre austräte, und Damon, die Hütte und – seine Daphne zu entführen drohte! Aber waren Sie schon unten im Tal?"

„Noch nicht, und wenn etwa Ihr Weg hinabführt, werde ich Sie gerne begleiten."

Der Jäger lockte seine Hunde und schlug dann einen Seitenpfad ein, der in die Tiefe führte. Rantow, der hinter ihm ging, bewunderte den schlanken Bau, den kräftigen Schritt und die gewandten Bewegungen des jungen Mannes. Er war einigemal versucht zu fragen, wer er sei, wo er wohne; aber es lag etwas so Bestimmtes, Überwiegendes in seinem ganzen Wesen, daß er diese Frage immer wieder auf eine bequemere Zeit verschob. Im Tal wandte sich der Jäger stromabwärts; Kinder und Alte, die ihnen begegneten, grüßten ihn überall freundlich und zutraulich; manche blieben wohl auch stehen und schauten ihm nach. Oft stand er stille und machte den Fremden auf jeden schönen Punkt aufmerksam, erzählte ihm von der Lebensart der Leute, von ihren Sitten und ländlichen Festen.

Der Weg bog jetzt um den Berg und plötzlich standen sie dem neuen Schloß gegenüber, das Albert von der Höhe herab gesehen hatte. „Welch herrliches Gebäude!" rief er, „wie malerisch liegt es in diesen Weinbergen! Wem gehört dieses Schloß?"

„Meinem Vater", erwiderte der Jäger freundlich. „Ich denke, Sie setzen mit mir über und versuchen den Wein, der auf diesen Hügeln wächst?"

Gerne folgte der junge Mann dieser einfachen Einladung; sie gingen ans Ufer, wo der Jäger einen Kahn losband; er ließ seinen Gast einsteigen und ruderte ihn leicht und kräftig über den Fluß. Auf reinlichen, mit feinem Kies bestreuten Wegen, durch hohe Spaliere von Wein gingen sie dem Schloß zu, dessen einfach schöne Formen in der Nähe noch deutlicher und angenehmer hervortraten, als aus der Ferne betrachtet. Unter dem schattigen Portal, das vier Säulen bildeten, saß ein Mann, der aufmerksam in einem Buche las. Als die jungen Männer näher kamen, stand er auf und ging ihnen einige Schritte entgegen. Er war groß, aufrecht und hager, und etwa zwischen fünfzig und sechszig Jahre alt. Ein schwarzes, blitzendes Auge, eine kühn gebogene Nase, die dunkelbraune Gesichtsfarbe und eine hohe, gebietende Stirne, wie seine ganze Haltung, gaben ihm etwas Auffallendes, Überraschendes. Er trug einen einfachen militärischen Oberrock, ein rotes Band im Knopfloch, und noch ehe er ihm vorgestellt wurde, wußte der junge Rantow aus diesem allem, daß es der General Willi sei, vor welchem er stand. Ihn selbst stellte der junge Willi als Vetter der Thierbergs und als seinen Reisegefährten vor.

Der General hatte eine tiefe, aber angenehme Stimme; er antwortete: „Mein Sohn hat mir von Ihnen gesagt; Ihre Mutter kenne ich wohl, habe sie früher in der Residenz gesehen. Als wir nach Schlesien marschierten, wurde ich nach Berlin geschickt; ich blieb vier Wochen bei der Feldpost dort, und ritt während dieser Zeit mehreremal nach Fehrbellin hinüber, Ihre Eltern zu besuchen."

„Wahrhaftig!" rief der junge Mann; „ich erinnere mich, mehrere französische und deutsche Offiziere damals in unserem Haus gesehen zu haben; es müßte mich alles täuschen, Herr General, oder ich kann mich noch Ihrer erinnern. Ihre Uniform war grün und schwarz und einen großen grünen Busch trugen Sie auf dem Hut. Sie ritten einen großen Rappen."

„Ach ja, die alte Leda!" sagte der General; „sie hat treu ausgehalten bis an die Beresina; dort liegt sie zwanzig Schritte von der Brücke im Sumpf. Es war ein gutes Tier, und in der Garde nannte man sie le diable noir. – Grüne Büsche sagen Sie? – richtig, ich diente damals unter den Schwarzen Jägern von Württemberg. Ein braves Korps, bei Gott! Wie haben sich diese Leute bei Linz geschlagen!"

„War es damals", bemerkte Rantow, „als Marschall Vandamme, den Gott verdamme, äußerte: Ces bougres là se battent comme nous!?"

„Sie haben da eine sonderbare Übersetzung des Namens Vandamme, doch – ach! Sie sind ein Preuße, gut! ich gebe zu, der General Vandamme war verhaßt, besonders in der süddeutschen

Armee; er wußte es auch recht gut, aber seine Bewunderung über
die Bravour jener Soldaten hätte er vielleicht artiger, aber nie
mit mehr Wahrheit ausdrücken können."

Sie waren unter diesen Worten bis unter das Portal des Hauses
getreten; ein Buch lag dort aufgeschlagen, der junge Willi sah es
lächelnd an und sagte: „Zum sechstenmal, mein Vater?"

„Zum sechstenmal", erwiderte jener, indem auch durch seine
ernsten Züge ein leichtes Lächeln ging. „Sie sehen, Herr von Rantow, man zieht oft die Kinder nur dazu auf, daß sie ihre Eltern
nachher wieder aufziehen. So kann er es nicht recht leiden, daß
ich gewisse Bücher oft lese; und doch ist es ein guter Grundsatz,
nicht vielerlei Bücher, aber wenige gute öfter zu lesen."

„Sie haben recht", erwiderte Rantow, „und darf ich wissen,
welches Buch Sie zum sechstenmal lesen?" Der General bot es
ihm schweigend.

„Ah! die schöne Fabel von 1812", rief Albert, „der Feldzug
des Grafen Segur? Nun, ein Gedicht wie dieses darf man immer
wieder lesen, besonders wenn man wie Sie den Gegenstand kennengelernt hat."

„Sie nennen es Gedicht?" fragte der General. „Da Sie nicht
aus Erfahrung sprechen können, ist wohl General Gourgaud Ihr
Gewährsmann. Aber ich kann Sie versichern, in diesem Buch ist
so furchtbare Wahrheit, so traurige Gewißheit, daß man das
wenige, was Dichtung ist, darüber vergessen kann. Die Figuren
in diesem Gemälde leben, man sieht ihren schwankenden Marsch
über die Eisfelder, man sieht brave Kameraden im Schnee verscheiden, man sieht ein Riesenwerk, jene große, kampfgeübte
Armee durch die Ungunst des Schicksals in viele tausend traurige
Trümmer zerschlagen. Aber ich liebe es, unter diesen Trümmern
zu wandeln, ich liebe es an jene traurigen, über das Eis hin-
schwankenden Männer mich anzuschließen, denn ich habe ihr
Glück und – ihr Unglück geteilt."

„Ich bewundere nur deine Geduld, Vater", erwiderte der
Sohn; „du kannst diese französische Tiraden, die, wenn man
sie in nüchternes Deutsch auflöst, beinahe lächerlich erscheinen,
lesen und immer wieder lesen! Ich erinnere mich aus diesem
berühmten Buch einer solchen Stelle, die im Augenblick das Gefühl besticht, nachher, mich wenigstens, lächeln machte. Die
Armee hat sich in größter Unordnung hinter Wilna zurückgezogen. Die Russen sind auf den Fersen. Eine Zeitlang imponiert
ihnen noch die Nachhut des Heeres, aber bald löst sich auch

diese auf, und die ersten der Russen, indem sie einen Hohlweg heraufdringen, mischen sich schon mit den letzten der Franzosen. Segur schließt seine Periode mit den Worten: ‚Ach! es gibt keine französische Armee mehr! – Doch es gibt noch eine‘, fährt er fort: ‚Ney lebt noch; er reißt dem nächsten das Gewehr aus der Hand‘ usw. Kurz, der edle Marschall tut in übertriebenem Eifer noch einige Schüsse auf den Feind und repräsentiert gleichsam in sich selbst die halbe Million Soldaten, die Napoleon gegen Rußland ins Feld führte. Ist dies nicht mehr als dichterisch, ist dies nicht lächerlich überstiegen?"

„Ich erinnere mich noch recht wohl jenes Moments, und so grausam unser Schicksal, so gedrängt unser Rückzug war, so ließ er uns doch einige Augenblicke frei, diesem Krieger und seiner wahrhaft antiken Größe unsere Bewunderung zu zollen. Wenn du bedenkst, wie es von großer Wichtigkeit war, daß er mit wenigen Tapfern jenes Defilee eine Zeitlang gegen den Feind behauptete, daß er und die Seinen allerdings in diesem Augenblick noch die einzigen wirklichen Kombattanten waren, die den Russen die Spitze boten, so wird dich jener Ausdruck weniger befremden; ich wenigstens danke es Segur, daß er auch jenem erhabenen Moment einen Denkstein setzte."

„Also ist jene Szene wahr?" fragte Rantow.

„Gewiß! und eine schöne, großartige Idee liegt darin, daß man weiß, wer von der großen Armee zuletzt gegen die Russen schlug, daß es Ney war, welchen jener hohe Ruhm, der ihm sogar aus diesem Rückzug sproßte, die Handgriffe des gemeinen Soldaten nicht vergessen ließ. Er war, wie Hannibal, der letzte beim Rückzug."

„Was sagen Sie aber über jenen, welcher der Erste in der Armee und der erste beim Rückzug war?" bemerkte Rantow.
„Ich glaube, zwanzig Jahre früher hätte er jeden Schritt mit seinen Garden verteidigt –"

„Und zwanzig Jahre später vielleicht auch", fiel ihm der General ins Wort, „und wäre vielleicht als Greis eines schönen Todes mit seinen Garden gestorben. Anno 13, werden Sie aber wohl wissen, war er Kaiser eines Landes, von welchem er, ohne Nachricht, ohne Hülfe, auf so viele hundert Meilen getrennt war. Was hielt ihn bei der Armee, nachdem unser Unglück entschieden war? Glauben Sie nicht, daß er etwas Ähnliches, wie den Abfall Ihres York, geahnt hat! Mußte er nicht in Frankreich frische Mannschaft holen?"

„Warum zog er gegen Asien zu Feld, der neue Alexander", sagte Rantow spöttisch lächelnd, „wenn er ahnte, daß das Preußenvolk in seinem Rücken nur darauf laure, ihm den Todesstreich zu geben? War dies die gerühmte Klugheit des ersten Mannes des Jahrhunderts?"

„Glauben Sie, junger Mann", erwiderte der General, „der Kaiser war erhaben über einen solchen Verdacht. Er wußte, daß Ihr König ein Mann von Ehre sei, der ihn im Rücken nicht überfallen werde; er wußte auch, daß Preußen zu klug sei, um à la Don Quijote die große Armee allein anzugreifen."

„Preußen war ihm nichts schuldig", rief der junge Mann errötend; „man weiß, wie Buonaparte selbst seine Friedensbündnisse gehalten hat; man war nicht schuldig, zu warten, bis es dem großen Mann gefällig sei, die Kriegserklärung anzunehmen. Der Gefesselte hat das Recht, in jedem günstigen Augenblicke seine Fesseln zu zerreißen, und sollte er auch den damit zertrümmern müssen, der sie ihm anlegte."

„Nun, Vater", setzte der junge Willi hinzu, „das ist es ja, was ich schon lange sagte, wenn ich den Aufstand des ganzen Deutschlands in Schutz nahm. Wer gab den Franzosen das Recht, uns in Ketten und Bande zu schlagen? Unsere Torheit und ihre Macht! Wer gab *uns* das Recht, ihnen das Schwert zu entwinden und die Spitze gegen sie selbst zu wenden? *Ihre* Torheit und unsere *Macht.*"

„Ich gebe zu", antwortete der General mit Ruhe, „daß man im Volk, vielleicht auch unter Politikern, also spricht und sprechen darf. Niemals aber darf der Soldat diese Sprache führen, um eine schlechte Tat zu beschönigen. Es gibt manche glänzende Verrätereien in der Geschichte; die Zeiten, wo sie begangen wurden, waren vielleicht mit der Gegenwart so sehr beschäftigt, daß man die Verräter gepriesen hat; aber die Nachwelt, welche die Gegenstände in hellerem Lichte sieht, hat immer gerecht gerichtet, und manchen glänzenden Namen ins schwarze Register geschrieben. Auch die Sache des Kaisers wird die Nachwelt führen. So viel ist aber gewiß, daß zu allen Zeiten, wo es Soldaten gibt, einer, der seine Fahne verläßt, immer für einen Schurken gelten wird."

„Ich gebe dies zu", erwiderte Rantow, „nur sehe ich nicht ein, wie dies den übereilten Zug nach Rußland entschuldigen könnte."

„Meinen Sie denn, der Zustand Preußens sei uns so unbekannt gewesen?" fragte der General; „man wußte so ziemlich, wie es dort aussah. Ich war von Mainz bis Smolensk im Gefolge des Kaisers und namentlich in deutschen Provinzen oft an seiner Seite, weil ich die Gegenden kannte, und manchmal in seinem Namen Fragen an die Einwohner tun mußte. In den preußischen Stammprovinzen fiel ihm und uns allen die Haltung und das Ansehen der jungen Leute auf. Das ganze Land schien von Beurlaubten angefüllt, und doch waren es immer nur die jungen Männer, die hier geboren und erzogen waren. Die Haare waren ihnen militärisch verschnitten, ihre Haltung war aufgerichtet, geregelt; sie standen selten wie faule, müßige Gaffer da, wenn der Kaiser und sein Gefolge vorüberzog. Nein, sie machten Front, wenn sie ihn sahen, die Füße standen eingewurzelt, der linke Arm straff angezogen und an die Seite gedrückt, das Auge hatte die regelrechte Richtung und die rechte Hand machte ihren Soldatengruß. Es waren dies keine Bauerbursche mehr, sondern Soldaten, und der Kaiser wußte wenigstens, daß nicht die ganze preußische Armee mit ihm ziehe."

„Er ließ einen gefährlichen, beleidigten Feind in seinem Rükken", bemerkte Rantow.

„Ein gefährlicher Feind, Herr von Rantow, ist etwa eine beleidigte Schlange, aber nicht eine Armee, nicht Männer von Ehrgefühl. Das preußische Heer hatte sich mit der großen Armee vereinigt, und sobald dies geschehen war, stand sie unter dem Oberbefehl des ersten Kriegers dieser Armee; in dieser Eigenschaft hatten wir weder von ihnen noch von den Zurückgebliebenen etwas zu fürchten; die Untergebenen band ihr Eid an ihre Fahnen, und die Generale, die Repräsentanten dieser Fahnen, band ihre Ehre. Wenn Sie die Sache aus diesem natürlichen Gesichtspunkt betrachten wollen, so werden Sie am Betragen des Kaisers bei Beginn jenes unglücklichen Feldzuges nichts Übereiltes oder Unkluges finden."

„Das preußische Heer, das gezwungen mit ausrückte", erwiderte der junge Mann, „gehörte nicht diesem Kaiser der Franzosen, sondern seinem rechtmäßigen König, und in demselben Augenblick, als dieser sie ihrer Pflichten gegen jenen ersten Krieger entband –"

„Konnten sie gegen uns selbst die Waffen richten", fiel der General ein; „da haben Sie vollkommen recht; sie konnten ihre Karrees bilden, uns den Gehorsam weigern, und, im Fall des Zwanges, Feuer auf unsere Kolonnen geben, sie konnten sich im

Angesicht der Armee mit den Russen vereinigen, sie durften dies alles tun —"

„Nun ja — das war es ja eben, was ich meinte —"

„Nein, Herr! das war es *nicht*", fuhr jener eifrig fort. „Nur erst, verstehn Sie wohl, *nur dann erst* wann ihr König sie ihres Eides entband, konnten sie den Gehorsam verweigern, sie *mußten* es sogar, auch auf die Gefahr hin, zugrunde zu gehen. Solange dies nicht der Fall war, handelten sie, wenn sie feindlich auftraten, als Verräter an ihrer Ehre und sogar an ihrem König; denn die Ehre des Königs, der die Befehlshaber gewählt hatte, bürgte gleichsam für ihr Betragen."

„Nun — wenn ich auch dies von den Befehlshabern zugebe", erwiderte Rantow, „so hat wenigstens die Armee immerhin ihre Pflicht getan."

„In diesem Fall nimmermehr!" rief der General; „wenn der Chef keinen Befehl seines Herrn vorweisen kann, um seine Schritte zu entschuldigen, und dennoch seine Schuldigkeit nicht tut, oder sogar zum Verräter wird, und zum Verräter, nicht für sich allein, sondern mit einem ganzen Korps, so hat jeder Offizier, jeder Soldat hat das Recht ihn vor der Front vom Pferd zu schießen!"

„Ei, Vater! —" rief der junge Willi.

„Mein Gott, dies denn doch nicht", rief zugleich der Fremde; „einen General en chef vom Pferd zu schießen!"

„Und wenn man es unterlassen hat", fuhr jener mit blitzenden Augen fort, „so hat man seine Pflicht versäumt. Aber ich kenne noch recht wohl jene schändliche Zeit und die Motive, die damals die Handlungen der Menschen lenkten; Wölfe und Tiger waren sie geworden, die menschliche Natur hatte man ausgezogen, Treue, Ehre, Glauben, alles verloren, und für Heroismus galt damals, was sonst für eine Schandtat gegolten hätte!"

„Nun, etwas Herrliches und Erhabenes, was sich damals offenbarte, werden Sie doch nicht leugnen können", sprach der Märker, „der allgemeine Enthusiasmus, womit das ganze Volk aufstand, war doch wirklich erhaben, ergreifend!"

„Das ganze Volk? — aufstand?" rief der General bitter lachend, „da müßte Deutschland erst auferstehen, ehe die Deutschen aufstünden. Es war bei manchem ein schöner, aber unkluger Eifer, bei einigen Haß, bei vielen Übermut, bei den meisten war es Sache der Mode; und Sie vergessen, daß Östreich, Bayern, Württemberg, daß Schwaben und Franken nicht, was Sie sagen, aufstanden, und denn doch auch zu Deutschland gehörten. Und Ihre Enthusiasten selbst, vor diesen wären wir gewiß nie aus Sachsen gewichen!"

„Wenn es ihnen auch an jenen gerühmten Eigenschaften eines alten, gedienten Soldaten gebrach, wahrhaftig, ihr Wille war schön, ihre Taten groß, und ihre Einheit, ihre Aufopferung ersetzte vieles –"

„Einheit? Aufopferung? Wir nahmen, es war schon auf französischem Boden, einmal ein solches Individuum gefangen. Es war ein junger, schön geputzter Mann. Der Kaiser hatte von diesen Volontärs sprechen gehört, man hatte ihm ihre Kleidung, ihre Haltung überaus komisch beschrieben; er ließ daher den Gefangenen vortreten. Als dieser den Kaiser erblickte, geriet er in augenscheinliche Verwirrung, dachte nicht mehr daran, daß er selbst Soldat geworden sei, und gegen den größten Krieger zu Feld ziehe, sondern er nahm seinen Tschako am Schild, riß ihn nach gewöhnlicher, bürgerlicher Weise vom Kopf, daß der schöne Federbusch elendiglich in den Kot hing, und kratzte mit dem Fuß hinten aus. Der Kaiser ließ ihn durch mich fragen, ob er unter den deutschen Freiwilligen diene? Jener aber verbeugte sich noch einmal und sagte: ‚Ich bin vom Frankfurter Korps der Rache.' Der Kaiser konnte ein Lächeln nicht unterdrücken, und als er weiterritt, wandte er sich noch einmal um. Der Sohn der Rache stand noch immer ganz verblüfft unter einem Haufen von Franzosen, und jetzt erst schien er aus einem Traum zu erwachen, er mochte sich auf die schöne *Zeile* zurückwünschen. Der arme Teufel sah aus, als wäre er ein Volontaire malgré lui, als hätte er nur seinem Schatz zu Gefallen sich in dem Korps der Rache einschreiben lassen. Und dieser Rächer kehrte nicht mehr hinter den Ladentisch seines Vaters heim. Ich sah ihn sechs Tage nachher, ohne Beine, sterbend wieder, seine eigenen Landsleute hatten ihn in unsern Reihen getötet. Und von solchen Menschen verlangen Sie Einheit – Aufopferung?"

Der Preuße hatte dem General unmutig zugehört, es kam ihm vor, als liege in den Zügen dieses Mannes Spott und Verachtung einer Sache, die er immer als etwas Ungeheures, Welthistorisches, Großartiges zu betrachten gewöhnt gewesen war. Der junge Willi sah diese unangenehmen Gefühle, die mit der Ehrfurcht vor dem General in Rantows Brust zu kämpfen schienen. Er nahm daher schnell das Wort und sagte: „Du warst damals auf feindlicher Partei, lieber Vater, du sahst alles in einem andern

Lichte, und ich zweifle, ob nicht eure jungen Konskribierten sich auf ähnliche Weise benommen hätten. Aber wahr bleibt es immer, und jedem unbefangenen Auge noch jetzt sichtbar, daß damals ein erhabener, ungewöhnlicher Geist unter dem Volke, hauptsächlich im Norden wehte; die Mittelstände vorzüglich haben gezeigt, daß sie einer bewunderungswürdigen Kraftäußerung fähig seien, und darauf, so schlecht auch die Zeiten sind, kann man noch immer einige Hoffnung gründen."

Rantow sah den jungen Mann bei den letzten Worten befremdet an, als wüßte er sich diesen Satz nicht zu erklären; doch erfreut, seine eigenen Gesinnungen wiederholt zu hören, wandte er sich wieder an den General. „Er hat recht", sagte er, „auf feindlicher Seite konnten Sie das rührende Bild dieser Aufopferung nicht so genau kennen lernen. Aber die großen Worte unserer Redner, die feurigen, aufrufenden Lieder unserer Sänger, die begeisternde Aufopferung unserer Frauen, sie gaben verbunden mit dem Mut, der frommen Kraft und der gottgeweihten Hingebung unserer Jünglinge und Männer, Szenen, die ebenso erhaben als unvergeßlich sind."

„Und wofür denn dieses alles?" fragte der alte Soldat, „wozu so große Aufopferungen? was hat man damit erreicht und errungen? ließ sich dies alles nicht voraussehen?"

„Und was haben denn Sie, Herr General, auf jener Seite erreicht und errungen? Das ist einmal das Schicksal alles menschlichen Lebens und Treibens, daß man kämpft, sich hingibt, aufopfert, um am Ende nichts, oder wenig zu erreichen. Zwanzig Jahre haben Sie jenem Mann geweiht, jenem Eigensüchtigen, der nur sich und immer nur sich bedachte? Jetzt liegt er auf einem öden Felsen, seine Genossen sind zerstreut aufgerieben - was, was haben denn Sie gewonnen?"

„Ein Endchen rotes Band und die Erinnerung", antwortete er lächelnd, indem er mit einer Träne im Auge auf seine Brust herabsah. Es lag etwas so Ergreifendes, Erhabenes in dem Wesen des Mannes, als er diese Worte sprach, daß Rantow, errötend, als hätte er eine Torheit gesagt, seine Augen von ihm abwandte und betreten den Sohn ansah. Doch dieser schien nicht auf das Gespräch zu merken, er blickte unverwandt und eifrig auf ein kleines Gebüsch am Fluß, von welchem man eben das Plätschern eines Ruders vernahm; jetzt teilten sich die Zweige der Weiden, und ein schöner Mädchenkopf bog sich lächelnd daraus hervor.

7

„Unsere schöne Nachbarin!" rief der General freundlich, und eilte auf sie zu, ihr die Hand zu bieten; die jungen Männer folgten, und mittelst seiner trefflichen Lorgnette entdeckte Rantow zu seinem nicht geringen Vergnügen, daß es Anna sei, die hier so plötzlich, gleich einer Najade, aus dem Fluß auftauchte. Der General küßte sie auf die Stirne, und bot ihr dann den Arm, sie grüßte seinen Sohn kurz und freundlich, fragte flüchtig nach des Generals Schwester, und verweilte dann mit einem Ausdruck der Verwunderung auf ihrem Gast; „Du hier, Vetter Albert?" rief sie, indem sie ihm die Hand bot; „nun das muß ich gestehen, für so klug hätte ich dich nicht gehalten, deinen schönen Verstand in Ehren, daß du sogleich die angenehmste Gesellschaft in der ganzen Gegend auffinden würdest; welcher Zauberer hat dich denn hieher gebracht?"

„Mein Sohn", sagte der General, „hatte das Glück, Ihren Vetter auf seiner kleinen Reise kennenzulernen, und fand ihn jenseits in Ihrem Forst –"

„Und lud mich ein, ihn hierher zu begleiten", fuhr Rantow fort, „wo ich schon wieder wie gestern das Unglück hatte, zu streiten und immer heftiger zu widersprechen. Du lächelst, Anna? Aber es ist, als brächte es hier das Klima so mit sich; zu Hause bin ich der friedfertigste Kerl von der Welt, habe vielleicht in zwei Jahren nicht so viel disputiert, als hier in zwei Tagen, und wie käme ich vollends mit Herren, wie der Herr General oder mein Oncle, in Streit?"

„Ist es möglich?" fragte der General, „mit Herrn von Thierberg, mit Ihrem Vater, Ännchen, kommt er in Streit? Ich dachte doch, da Sie mit mir in politischen Ansichten so gar nicht übereinstimmen, Sie müßten von Ihres Oheims Grundsätzen eingenommen sein."

„Nun, so ganz unmöglich ist eine dritte oder vierte Meinung doch nicht", bemerkte der junge Willi lächelnd; „ich bin gewiß nicht von Ihrem politischen Glaubensbekenntnis, und glaube, daß sich mit der Welt jetzt etwas machen ließe, wenn *ihr* nicht fünfzehn Jahre früher mit Feuer und Schwert regiert und reformiert und die Menschen eingeschüchtert hättet; aber mit Herrn von Thierberg lebe ich deswegen doch in ewigem Kampf, und wir beide haben unsere gegenseitige Bekehrung längst aufgegeben."

„Demagogen streiten gegen alle Welt", erwiderte ihm Anna

lächelnd und doch, wie es schien, ein wenig unmutig. „Sie sind ein Incurable in diesem Spital der Menschheit; haben Sie je gehört, daß ein solcher politischer Ritter von la Mancha, solch ein irrender Weltverbesserer, von Grund aus kuriert worden wäre?"

„Ich sehe, Sie wollen den Krieg auf *mein* Land spielen", sagte Robert, „Sie wollen, wie immer, meine Ansichten zur Zielscheibe Ihres liebenswürdigen Witzes machen, und doch soll es Ihnen nicht gelingen, mich aus der Fassung zu bringen, heute wenigstens gewiß nicht. Sie kennen wohl die schönen Eigenschaften Ihrer Fräulein Cousine noch nicht ganz, Rantow? Nehmen Sie sich um Gottes willen in acht, ihr zu trauen!"

„Freund", entgegnete Rantow, „in diesem Süddeutschland finde ich mich selbst nicht mehr; es ist alles ganz anders, man denkt, man spricht anders, als ich gewöhnt bin, und so mag ich mir selbst kein Urteil mehr zutrauen, am wenigsten über Anna."

„General!" rief Anna, „Sie führen nachher hoffentlich meine Verteidigung gegen Ihren Herrn Sohn?"

„Nun merken Sie auf, Rantow!" sprach der junge Willi; „daß dieses Fräulein die Schönste im ganzen Neckartal, von Heidelberg bis Tübingen, ist, behaupten nicht nur alle reisenden Studenten, sondern auch sie selbst weiß es nur allzugut und hat sich ganz darnach eingerichtet; sie ist aber dabei so spröde wie Leandra im eben angeführten ‚Don Quijote'. Nach ihren politischen Ansichten, denn sie ist gewaltig politisch, ist sie ein Amphibion. Sie hält es bald mit dem Alten, bald mit der neuen Zeit. Sie ist gewaltig stolz, daß sie vierundsechzig Ahnen hat, auf ihrem Stammschloß lebt, und daß schon Anno 950 ein Thierberg einen Acker gekauft hat. Auf der andern Seite ist sie durch und durch Napoleonisch. Sie hat den ersten Lügner seiner Zeit, den ‚Moniteur', öfter gelesen, als die Bibel, trägt ein Stückchen Zeug, das Montholon meinem Vater schickte, und das angeblich von Napoleons letztem Lager stammt, in einem Ring, singt nichts als kaiserliche Lieder von Béranger und Delavigne, und kurz – sie liebt eben jenen Mann mit Enthusiasmus, der den Glanz ihrer vierundsechzig Ahnen in den Staub geworfen hat."

„Sind Sie nun zu Ende?" fragte Anna, ruhig lächelnd, indem sie ihren Ring an die Lippen zog. „Weißt du aber auch, Vetter, daß er den ärgsten Anklagepunkt, das schwärzeste Verbrechen in seinen Augen, aus Edelmut verschwiegen hat? Nämlich das, daß ich kein sogenanntes deutsches Mädchen bin, daß ich nicht jetzt schon in meinem Kämmerlein mich im Spinnen übe, wie es einer deutschen Maid frommt, und keine Lorbeerkränze für die Stirne der künftigen Sieger flechte. Weißt du denn auch, wer dieser Herr ist? Das ist ein Glied eines ungeheuren, unsichtbaren Bundes, der nächstens das Oberste zuunterst kehren wird; nun, bei euch soll es ja noch mehrere solcher Staatsmänner geben. Aber, Herr von Willi, wie ist mir doch, ist es denn wahr, was man mir letzthin erzählte, daß unter euren geheimen Gesetzen eine ausdrücklich gegen junge Damen von Adel gerichtet sei und also laute: ‚Wenn ein biderber deutscher Ritter um eine Jungfrau freit, die ehemals der adeligen Kaste angehörte, und solche aus törichtem Hochmut ihre Hand versagt, soll ihr Name öffentlich bekanntgemacht, und sie selbst für wahnsinnig erklärt werden.'"

Das Pathos, womit Anna diese Worte vorbrachte, war so komisch, daß der General und Rantow unwillkürlich in Lachen ausbrachen; der junge Willi aber errötete, und unmutig entgegnete er: „Wie mögen Sie sich nur immer über Dinge lustig machen, die Ihnen so ferne liegen, daß Sie auch nicht das geringste davon fühlen können. Ich gebe zu, daß es Ihnen in Ihrem Stand, in Ihren Verhältnissen recht angenehm und behaglich scheinen mag, weil Sie freiere Formen und natürlichere Sitten nicht kennen, keine Ahnung davon haben. Warum aber mit Spott Gefühle verfolgen, die wenigstens in Männerbrust mächtig und erhaben wirken, und zu allem Schönen und Guten begeistern?"

„Wie ungezogen!" erwiderte Anna. „Sie haben mit Spott begonnen, und meine Ahnen und den Kaiser der Franzosen schlecht behandelt, und nehmen es nun empfindlich auf, wenn man über die Herren Demagogen und ihre Träume scherzt! Wahrlich, wenn nicht Ihr Vater ein so braver Mann und mein getreuester Anhänger wäre, Sie sollten es entgelten müssen. Doch zur Strafe will ich Sie über das Gedicht examinieren, das Sie mir für meinen Vater versprochen haben." Sie nahm bei diesen Worten Roberts Arm und ging mit ihm den Baumgang hin, und Albert Rantow hätte in diesem Augenblick viel darum gegeben, an der Stelle des jungen Willi neben ihr gehen zu dürfen, denn nie hatte ihm ihr Auge so schön, ihre Stimme so klangvoll und rührend gedeucht, als in diesem Augenblick.

„Sie ist ein sonderbares, aber treffliches Kind", sagte der General, indem er ihr lächelnd nachblickte. „Wenn sie ihm doch alle seine Schwärmereien aus dem Kopfe reden könnte! Aber so wird er nie glücklich werden; denken Sie, Rantow! er hat oft Stunden, wo es ihm lächerlich, ja töricht erscheint, daß er in meinem bequemen Schloß wohnt, und Nachbar Görge und Michel, die doch auch ‚deutsche Männer' sind, nur mit einer schlechten Hütte sich begnügen müssen. Das ist eine sonderbare Jugend, das nennen sie jetzt Freiheitssinn! Und doch ist er sonst ein so wackerer und vernünftiger Junge."

„Ein liebenswürdiger, trefflicher Mensch", bemerkte Albert, indem er oft unruhige Blicke nach jenen Bäumen streifen ließ, unter welchen Willi und Anna wandelten; „ich darf Ihnen sagen, daß ich über seine Gewandtheit, über die feinen gesellschaftlichen Formen staunte, die er so unbefangen entwickelt, er muß viel und lange in guten Zirkeln gelebt haben; und dennoch so sonderbare, spießbürgerliche Pläne!"

„Er war in London, Paris und Rom", sagte der General gleichgültig, „und er lebte dort unter meinen Freunden. Ich glaube, Lafayette und Foy haben mir ihn verzogen."

„Wie! Lafayette, Foy, hat er diese gesehen?" fragte Rantow staunend.

„Er war täglich in der Umgebung beider Männer, und sie fanden an dem Jungen mehr, als ich erwarten konnte. Da hörte er nun die Amerikaner und die Herren von der linken Seite; und weil er er manche der exaltiertesten Schreier als meine alten Freunde kannte, glaubte er in seinem jugendlichen Eifer, es müsse alles wahr sein, was sie schwatzen, und fand sich am Ende geschickt, selbst mit zu reformieren. Da ist er nun mit allen unruhigen Köpfen in diesem ruhigen Deutschland bekannt. Keine Woche vergeht, ohne daß sie einen jener ‚deutschen Radikalreformer', mit langen Haaren, Stutzbärtchen, Beilstöcken und sonderbaren Röcken in meinen Hof bringt; sie nennen ihn Bruder, und sind so wunderliche Leute, daß sie alle Briefe an meinen Robert mit einem ‚deutschen Gruß zuvor' anfangen."

„Ich kenne diese Leute!" bemerkte Albert mit wegwerfender Miene; „sie zeigen sich auch bei uns zu Hause. Aber wie kann nur ein Mann von so glänzenden Anlagen für ein anständigeres Leben und für die gute Gesellschaft, wie Robert, mit so gemeinen Menschen umgehen, die im Bier ihr höchstes Glück finden, rauchend durch die Straßen gehen, in gemeinen Schenken umherliegen, und alles Noble, Feine geringachten?"

„*Gemein*, lieber Herr von Rantow, habe ich sie noch nie ge-

DAS BILD DES KAISERS

funden", erwiderte der General lächelnd, „was ich unter ‚gemein' verstehe; daß sie rauchen, macht sie höchstens für einen Nichtraucher unangenehm, daß sie Bier trinken, geschieht wohl aus Armut, denn meinen Wein haben sie nicht verachtet, und von der bonne société denken sie gerade wie ich; sie langweilen sich dort, und finden das Steife gezwungen und das Gezierte lächerlich. Sonst fand ich sie unterrichtet, vernünftig, und nur in ihrer Kleidung und ihren Träumereien dachte ich mit Anna an Don Quijote, und fand es komisch, daß sie sich berufen glauben, die Welt zu erlösen von allem Übel."

Der junge Mann verbeugte sich stillschweigend gegen den General, als wolle er ihm dadurch seinen Beifall zu erkennen geben; bei sich selbst aber dachte er: Ich lasse mich aufknüpfen, wenn er nicht selbst raucht, und lieber Stettiner und Josty als Franzwein trinkt; doch einem alten Soldaten kann man es verzeihen, wenn er roh und unhöflich ist. Er sah sich zugleich wieder nach Anna um; das Gespräch schien von beiden Seiten mit großem Interesse geführt zu werden, die Gegenwart des Generals verhinderte ihn, von seiner Lorgnette Gebrauch zu machen, und doch war sie ihm nie so nötig gewesen, als in diesem Augenblick, denn er glaubte gesehen zu haben, wie der junge Willi Annas Hand ergriff, und – an seine Lippen führte. Der General mochte die Unruhe und Zerstreuung des jungen Mannes bemerken; er ging mit Rantow dem Baumgang zu, und als Anna sie herankommen sah, ging sie ihnen mit Willi entgegen. Des Generals Schwester, eine würdige Dame, welcher Annas Besuch galt, kam in diesem Augenblick herzu, und da in ihrer Gegenwart nichts Politisches, das zum Streit führen konnte, abgehandelt werden durfte, so zog es die Gesellschaft vor, ihrer Einladung zu folgen, und unter der Halle des Schlosses den Wein des Generals und die schönen Früchte seiner Gärten zu kosten. Man beschloß, daß der General und sein Sohn morgen den Besuch auf Thierberg erwidern sollten, und so schieden die beiden Willi, als ihre Gäste in den Kahn stiegen, mit Ehrfurcht von Anna, mit der Herzlichkeit alter Freunde von Rantow.

8

Der Gast aus der Mark, obgleich er in jedem Damenkreis seiner Heimat mit jener Sicherheit aufgetreten war, welche man sich durch Erziehung und gehöriges Selbstvertrauen erwirbt, obgleich er sich in Berlin manches schwierigen Sieges hatte rühmen können, fühlte sich doch nie in seinem Leben so befangen, als an jenem Abend, wo er mit Anna am Neckar hin nach Thierberg zurückkehrte. Tausend Zweifel plagten und quälten ihn, und jetzt erst, als ihm der letzte Blick, den Anna dem jungen Willi zugeworfen hatte, zu feurig für bloße Achtung, zu zögernd für gute Nachbarschaft geschienen hatte, jetzt erst fühlte er, wie mächtig schon in ihm die Neigung zu seiner schönen Base geworden sei. Zwar, wenn er seine eigene Gestalt, sein ausdrucksvolles Gesicht, sein sprechendes Auge, seine gewählte und reiche Sprache, seine eleganten Formen, die Sicherheit und Gewandtheit seines Geistes, kurz, wenn er alle seine Vorzüge mit Robert Willis Eigenschaften maß, so glaubte er sich doch ohne Anmaßung trösten zu können; fehlte doch jenem, wenn er sich auch gut auszudrücken vermochte, jener unnachahmliche Tonfall der Sprache, fehlte ihm, wenn man ihm auch Anstand und Würde nicht streitig machen konnte, jene letzte Vollendung und Feinheit eines modischen Wundervogels (incroyabilis Linn.), jenes unnachahmliche Genie des Geschmackes, das angeboren sein muß; es fehlt ihm, so schloß der Berliner mit heimlichem Lächeln bei sich selbst, jenes je ne sais quoi, das den Geschöpfen Gottes das Siegel der Veredlung und Vollendung aufdrückt, und auch den gewöhnlichsten Menschen zu einem homme comme il faut macht! Aber Anna ist hier auf dem Lande, ist in Schwaben aufgewachsen, fuhr er fort, sie könnte, ehe sie mich sah, mit Robert Willi – „Anna, eine Frage", sprach er ängstlich zu ihr, nachdem sie eine geraume Weile still fortgewandelt waren, „und nimm doch diese Frage nicht übel auf! Liebst du diesen jungen Willi? Stehst du mit ihm in einem Verhältnis?"

Das Fräulein vom Thierberg errötete leicht über diese Frage, und die Röte konnte ebensogut der Frage, als dem Gegenstand gelten, den sie berührte. „Wie kömmst du auf diesen Einfall, Vetter", erwiderte sie, „und meinst du denn, wenn ich auch das Unglück haben sollte, *diesen* Willi zu lieben, was mir übrigens noch nie in den Sinn kam, ich würde etwa dich zum Vertrauten in meinen Herzensangelegenheiten wählen, weil ich dich schon seit zwei Tagen kenne? Mein Gott, Vetter", setzte sie schalkhaft lächelnd hinzu, „was seid ihr doch für närrische Leute in Preußen!"

„Ich will mich ja durchaus nicht in dein Geheimnis drängen,

hochedle und gestrenge Dame", sagte er, "aber meinst du denn, dein langes und, wie es schien, interessantes Gespräch mit ihm sollte mir nicht aufgefallen sein? Meinst du, ich glaube, ihr habt nur von Versen gesprochen?"

"Wenn ich nun sagte, wir *haben* nur von Versen gesprochen", entgegnete sie eifrig, "so *müßtest* du es doch glauben. Leuten, die gerne Arges denken, fällt alles auf. Diesmal übrigens hat sich dein Scharfsinn nicht betrogen; das übrige Gespräch drehte sich auch noch um etwas anderes als Verse, um ein Geheimnis, ein gar wichtiges Geheimnis."

"Also doch?" – rief der junge Mann, mit ungläubiger Miene. "Siehst du, also doch?"

"Doch", antwortete sie lächelnd, "und weil du so artig bist, will ich dich auch mit ins Geheimnis ziehen, vielleicht kannst du behülflich sein; er riet mir selbst, es dir zu entdecken."

"Wie?" entgegnete er bitter, "meinst du, ich sei nur deshalb nach Schwaben gekommen, um Herrn von Willis Liebesboten an meine Base zu machen? Da kennst du mich wahrhaftig schlecht; eher sage ich deinem Vater die ganze Geschichte, und ich glaube nicht, daß er sich einen solchen Tugendbünder, einen solchen Weltverbesserer und Demagogen zum Schwiegersohn wählen wird."

Anna war verwundert stehengeblieben, als sie diesen heftigen Ausbruch seiner Leidenschaft vernahm. "Habe die Gnade und höre zuvor, um was man dich bitten wird", sagte sie, und wie es schien, nicht ohne Empfindlichkeit; "so viel weiß ich aber, daß, wäre ich ein junger Herr, und überdies ein Berliner, ich mich gegen Damen ganz anders betragen würde." Bestürzt wollte Albert etwas zur Entschuldigung erwidern, aber mit freundlicherer Miene und gütigeren Blicken fuhr sie fort: "Du weißt, und hast es heute selbst gehört, wie sehr der General seinen Napoleon liebt und verehrt; nun ist nächstens sein Geburtstag, der zufällig auf einen berühmten Schlachttag des Kaisers fällt, und da will ihn sein Sohn mit etwas Napoleonischem erfreuen. Er hat sich durch einen Bekannten in Berlin eine Kopie jenes berühmten Bildes von David verschafft, das Buonaparte zu Pferd noch als *Konsul* vorstellt. Es ist kein übler Gedanke, denn so nimmt er sich am besten aus, er ist noch jung, mager, und das interessante, feurige Gesicht unter dem Hut mit der dreifarbigen Feder, ist malerischer, eignet sich mehr für die Darstellung eines Helden, als wie er nachher abgebildet wird. Und dieses Bild des Kaisers ist unser Geheimnis."

„Aber was soll *ich* hiebei tun?" fragte Albert, der wieder freier atmete, da kein anderes, gefürchtetes Geständnis ihn bedrohte.

„Höre weiter; dieses Bild wird in diesen Tagen ankommen, und zwar nicht bei Generals, sondern bei uns, in meinem eigenen Zimmer wird es bis am Vorabend des Geburtstages bleiben, und dann müssen wir beide dafür sorgen, daß der General, während das Bild hinübergeschafft wird, nicht zu Hause, oder wenigstens so beschäftigt sei, daß er nichts bemerkt. Während der Nacht wird dann das Bild im Salon aufgehängt und bekränzt, und wenn dann morgens der gute Willi zum Frühstück in den Salon tritt, ist es sein Held, der ihn an diesem feierlichen Tage zuerst begrüßt!"

„Gut ausgedacht", erwiderte Rantow lächelnd, „und wenn es nur nicht dieser Held wäre, wollte ich noch so gerne meine Hülfe anbieten, doch – auch so werde ich mitspielen; hast ja du mich darum gebeten!" Sein Ton war so zärtlich, als er dies sagte, daß ihn Anna überrascht ansah, er bemerkte es, und fuhr, indem er ihren Arm näher an seine Brust zog, fort: „Du kannst ja ganz über mich gebieten, Anna, ach! daß du immer über mich gebieten möchtest! Wie freut es mich, daß du nicht schon liebst, nicht schon versagt bist! Darf ich bei dem Oncle um dich werben?"

In Anna schien es zu kämpfen, ob sie bei diesen Worten wie über eine Torheit lächeln, oder erzürnt weinen solle, wenigstens wechselte auf sonderbare Weise die Farbe ihres schönen Gesichtes mit Röte und Blässe. Sie zog ihren Arm schnell aus seiner Hand und sagte: „So viel kann ich dir sagen, Vetter, daß uns hier in Schwaben nichts unerträglicher ist, als Empfindsamkeit und Koketterie, und daß wir diejenigen für Toren halten, die nach zwei Tagen schon Bündnisse für die Ewigkeit schließen wollen."

„Anna!" fiel ihr der junge Mann mit bittender Gebärde ins Wort, „glaubst du nicht an die Allgewalt der Liebe? Wenn auch ihre Dauer unsterblich ist, so ist doch ihr Anfang das Werk eines Augenblicks, und ich –"

„Kein Wort mehr, Albert", rief sie unmutig, „wenn ich nicht alles dem Vater sagen, und ihn um Schutz gegen deine Torheit anrufen soll! Das wäre dir wohl bequem", fuhr sie gefaßter und lächelnd fort, „um deine Langeweile in Thierberg zu vertreiben, einen kleinen Roman zu spielen? Spiele ihn in Gottes Namen, wenn du nichts Besseres zu tun weißt, *mich* wirst du vielleicht trefflich damit unterhalten, nur verlange nicht, daß ich die zweite Rolle darin übernehme."

„O Anna!" sprach er seufzend, „verdiene ich diesen Spott? Ich meine es so redlich, so treu! Das Los, das ich dir bieten kann, ist nicht glänzend, aber es ist doch so, daß du vielleicht zufrieden, glücklich sein könntest."

„Werde nur nicht tragisch", erwiderte sie; „alles höre ich lieber, als solches Pathos. Spott verdienst du auf jeden Fall, und zum mindesten kann er dich heilen. Komm, sei vernünftig; begleite mich recht artig und wie es sich ziemt nach Hause. Aber sei überzeugt, wenn noch ein einziges Wort dieser Art über deine Lippen kömmt, so beschäme ich dich vor dem nächsten besten Bauer und rufe ihn heran, und wenn du im Schloß oben diese Torheiten fortsetzt, so werde ich nie mehr mit dir allein sein." Der Ton, womit sie dies aussprach, klang zwar bestimmt, mutig und befehlend, doch schien ihr schalkhaftes Auge und ihr lächelnder Mund dem strengen Befehl zu widersprechen, und Rantow, den diese widersprechenden Zeichen verwirrten, begnügte sich zu schweigen, zu seufzen, mit Blicken zu sprechen, und einen erneuerten Kampf auf einen glücklicheren Moment zu verschieben. Mit großer Besonnenheit und Ruhe knüpfte sie ein Gespräch über den General an, und so gelangten sie, weniger verstimmt, als man hätte denken sollen, nach Thierberg. Der Alte ließ sich ihre Ausflüge erzählen, und schien nicht unzufrieden, daß Albert diese neue Bekanntschaft gemacht habe. „Es sind wackere Leute, diese Willis, und das ganze Tal hat ihnen Wohltaten zu danken. Es soll wenige hohe Offiziere von der Bildung und den ausgezeichneten Kenntnissen des Generals geben, und den jungen habe ich selbst schon auf dem Korn gehabt und gefunden, daß er tiefe, gründliche Kenntnisse hat, und mit Eifer Studien treibt, die man heutzutage unter der jüngern Generation selten findet. Ein kluges, gewandtes, feuriges Bürschchen; aber, aber – diese verschrobenen, überspannten Ansichten. Ich glaube, er würde mich in meinem eigenen Hause anfallen, wollte ich sagen, daß das Bauernpack immer Bauernpack bleibe, und wenn man sie auch noch so frei von Lasten, noch so gelahrt machte, daß die Bürgerlichen bei ihrem Leist bleiben, und nicht an der erhabenen Figur des Staates künsteln und pinseln und meiseln sollen. Aber das kommt nur daher, weil der alte Tor unter seinem Stand geheiratet hat; da will nun der Junge den Fehler gutmachen, indem er die Vettern und Basen und das ganze

Verwandtschaftsgesindel seiner hochseligen Frau Mutter, spießbürgerlichen Angedenkens, recht hoch stellt!"

„Aber, Vater", bemerkte Anna, „daß er es aus diesem Grund tut, kannst du doch nicht behaupten. Ich gebe zu, er stellt uns alle insgesamt etwas tief und die andern an unsere Seite, aber er ist ein Enthusiast, und hat von Freiheit und Volksleben Begriffe, die sich nie ausführen lassen."

„Lehre mich die Menschen nicht kennen, Kind!" sagte der Alte lächelnd. „Eitelkeit ist der Grundtext in jedem, die Variationen mögen heißen, wie sie wolllen; aber was sagst du zu dem Vater, Neffe?"

„Bei uns würde man ihn steinigen, wollte er öffentlich aussprechen, was ich heute habe hören müssen. Ja, in einer Gesellschaft von Preußen sollte er einmal solch ein Wort sagen, ich glaube, man würde weder sein Alter noch seinen Stand berücksichtigen. Sein ganzes Gespräch ist ein Triumphgesang der Vergangenheit und ein Fluch der Gegenwart; ich glaube, er hält es für die größte Sünde, daß wir das schmähliche Joch abgeschüttelt, und die übrigen, vielleicht gegen ihren Willen, mit befreit haben. Eine Schande, daß ein deutscher Mann etwas solches nur denken kann. Aber bei nächster Gelegenheit will ich ihm sagen, wie sehr ich vom Grund des Herzens seinen Kaiser und alle Franzosen hasse."

„Das hat er von mir schon oft gehört", erwiderte Herr von Thierberg, „mehr denn zwanzigmal, ich hasse sie alle, allesamt wie die Hölle!"

„Alle, Vater, *alle*?" fragte Anna mit Bedeutung.

„Nein, du hast recht, Kind! *Einen* nehme ich aus, den ich täglich loben und preisen möchte. Hätte er nicht so verzweifelt gut französisch gesprochen, ich hätte geglaubt, es sei ein Engel vom Himmel. Leider war und blieb er nur ein Franzose."

„Und wer ist denn dieser eine, den Sie so feierlich ausnehmen?" fragte Albert.

„Siehe, das ist eine wunderliche Geschichte", fuhr der Oheim fort; „doch ich will sie dir erzählen, es ist ein schönes Stück. Ich machte im Jahr 1800 eine Reise nach Italien mit meiner seligen Frau. Ehe wir uns dessen versahen, brach der Krieg aus, und da wir vernahmen, daß Moreau gegen Deutschland ziehe, beschloß ich, meine Frau bei einer befreundeten Familie in Rom zurückzulassen und allein, um desto schneller reisen zu können, nach Schwaben heimzukehren. Ich wählte, teils weil ich dort am we-

DAS BILD DES KAISERS

nigsten auf Franzosen zu stoßen hoffte, teils weil einer meiner
Vettern die Besatzung in der kleinen Festung Bard kommandierte, teils der Neuheit der Gegend wegen die Straße über
den Großen Bernhard, der bald nachher durch den Übergang des
Konsuls Buonaparte so berühmt wurde. Dort am Fuße des Berges, auf der Schweizer Seite, überfielen mich fünf zerlumpte Kerls
von der französischen Armee, die ich hier freilich nicht vermuten
konnte. Ich zeigte ihnen meinen Paß, aber es half nichts, sie rissen mich und meinen Reitknecht, den alten Hanns, den du noch
hier siehst, vom Pferd, zogen uns Rock und Stiefeln aus, nahmen
mir Uhr und Börse, und eben wollten sie auch meinen Mantel-
sack untersuchen, als eine schreckliche Stimme hinter uns *Halt*
gebot.

Die Räuber sahen sich um und ließen, wie vom Donner gerührt,
die Arme sinken, denn es war ein französischer Offizier, der
hinter uns zu Pferd hielt, und sie hielten, man muß selbst dem
Teufel Gerechtigkeit widerfahren lassen, strenge Mannszucht.
‚Wer sind Sie, mein Herr?‘ fragte er, nachdem er abgestiegen war.
Ich erzählte ihm kurz meine Verhältnisse und den Zweck meiner
Reise; er nahm meinen Paß, sah ihn durch und fragte mich, ob
ich solchen den Soldaten gezeigt habe. Als ich es bejahte, wandte
er sich an die Bursche, die noch immer kerzengerade und verlegen dastanden: ‚Seid ihr Soldaten? seid ihr Franzosen?‘ rief er
zürnend und sah, trotz seinem schlechten Oberrock, sehr vornehm aus; ‚auf der Stelle kleidet ihr diesen Herrn und seinen
Diener an, ordnet sein Gepäck, und geht dann, wohin ihr beor-
dert seid.‘ Noch nie bin ich so schnell bedient worden; ein junger
Kerl wollte mir gegen meinen Willen die Stiefeln anziehen, und
bat mich mit Tränen im Auge, es zu erlauben. Solchen Gehorsam
habe ich nie in der Reichsarmee gesehen. Ich sagte es auch dem
Offizier, der sich, nachdem wir fertig waren, zu mir ins Gras
setzte und für seine Landsleute Vergebung und Entschuldigung
erbat; ich sagte ihm, daß dieser ganze Vorfall durch jenen schönen Anblick von Disziplin aufgewogen werde. Ehe ich mich
dessen versah, waren wir in ein tiefes Gespräch über die Zeitereignisse, und namentlich über das Schicksal des Adels verwickelt.
Ich stritt lebhaft für unsern alten Reichsadel, aber kurz und bestimmt, und so artig als möglich, wußte er meine besten Gründe
zu widerlegen. Ich merkte wohl aus allem, und er gestand es
auch offen, daß er ein ci-devant sei. Er gestand auch zu, daß
eine Republik in neueren Zeiten etwas Schwieriges, beinahe

Unnatürliches sei, daß Institute wie der Adel nützlich, ja gewissermaßen notwendig seien, behauptete aber, daß der Adel überall von neuem geboren werden, und nur aus kriegerischem Verdienst und Ruhm hervorgehen müsse."

„Wie?" fiel ihm Rantow ins Wort, „so allgemein dachte man schon damals in jener Armee an das, was nachher jener sogenannte Kaiser wirklich ausführte? Das ist wunderbar!" – „Auch mir sind nachmals", erzählte der alte Thierberg, „da Napoleon die Ehrenlegion und Dotationen schöpfte, oft die Worte meines guten Kapitäns eingefallen. Diesen gewann ich in *einer* Stunde, die wir zusammen sprachen, so lieb, als wäre er kein Franzose, als wären wir langjährige Freunde. Endlich mahnte ihn die Feldmusik eines ferne heranziehenden Regiments zum Aufbruch. Ich schenkte ihm meine silberne Feldflasche, die er erst nach langem Streit und endlich lachend annahm; mir gab er dafür eine kleine Ausgabe des Tacitus und eine von den bunten Federn auf seinem Hut, womit sich damals die republikanischen Offiziere schmückten. Die Bajonette des Regiments blitzten über den nächsten Hügel herab, und die Musiker begannen eben ihr ‚Allons enfants', als er aufs Pferd stieg; er gab mir noch einige Verhaltungsregeln, drückte mir lächelnd die Hand, und unter dem ‚Marchons, ça ira!' setzte er den Berg hinan. Noch heute steht dieser liebenswürdige, interessante junge Mann vor meinen Augen, wie er den Fuß der Alpe hinanritt, der Wind in seinem Mantel, in seinen Federn wehte, und er grüßend noch einmal sein geistreiches Gesicht nach mir umwandte. Damals, aber nur einen Augenblick lang, und ich weiß heute noch nicht warum, schlug mein Herz für diese Franzosen, und solange ich die Musik hören konnte, sang ich das Allons enfants und das Marchons ça ira mit. Nachher freilich schämte ich mich meiner Schwäche, haßte dieses Volk, nach wie vorher, und nur mein Retter in der Not, mein Kapitän steht in meinem dankbaren Gedächtnis."

„Allerdings ein wunderbarer Fall", sagte Rantow, als der Alte nicht ohne tiefe Rührung geendet hatte; „artige und honette Leute gab es zwar immer unter diesen Truppen, aber die gute Disziplin war ungleich seltener. Ich hätte mögen den Schrecken jener fünf Soldaten sehen."

„Nun Hanns", sagte Anna zu dem Diener, der aufmerksam und gespannt zuhorchte, „du hast sie ja gesehen."

„Ich sag Ihnen, gnädiges Fräulein, wie aus Stein gemeißelt standen sie vor dem Kapitän und schämten sich, und Augen hat er auf sie dargemacht, wie der Lindwurm auf den Ritter Sankt Georg. Als die Franzosen nachher zu uns herauskamen, bin ich oft halbe Tage lang an der Landstraße von Heidelberg gestanden, und habe sie Regiment für Regiment defilieren lassen, aber der Kapitän war nie dabei; der ist wohl schon lange tot."

„Ehre und Segen mit seinem Andenken, wo er auch sein möge", sprach der alte Thierberg. „Ist er gestorben, so hat er doch alles, was nachher in der Welt Ungerechtes und Frevelhaftes geschah, nicht mehr mitmachen müssen. Vielleicht hat er sich auch vom Dienst zurückgezogen, als der Diktator sich zum Kaiser machte, denn mein braver Kapitän, der so nobel dachte, kann kein Freund des übermütigen Korsen gewesen sein."

Anna lächelte, aber sie mochte das Lieblingsthema ihres alten Vaters, die Geschichte „vom besten Franzosen" nicht durch eine Apologie jenes großen Sohnes einer kleinen Insel stören.

9

Man hatte sich heute früher getrennt als sonst, und Albert, den der Schlaf noch nicht besuchen wollte, stand unter dem Bogenfenster seines altertümlichen Zimmers und schaute in das Tal hinab. Er dachte nach über alle Worte seiner schönen Cousine, er fand so viel Stoff, sie anzuklagen und sich zu bedauern, daß er das erstemal in seinem Leben im Ernste sich selbst sehr schwermütig erschien. Dieses eine Mal, nach so vielen flatterhaften und flüchtigen Geschichten, war er sich recht klar und deutlich bewußt, ernstlich zu lieben; niemals zuvor hatte er einem Gedanken an ein häusliches Verhältnis, an das Glück der Ehe Raum gegeben, und nur erst diesem fröhlichen, unbefangenen Geschöpf war es gelungen, seine Ansichten über seine Zukunft ernster, seine Gefühle würdiger zu machen. Er wunderte sich, gerade da zurückgewiesen zu werden, wo er es wirklich redlich meinte, es befremdete ihn, gerade in jenen *Augen* als flüchtig und kokett zu erscheinen, die ihn so unwiderstehlich angezogen, gefesselt hatten; er schämte sich, daß bei diesem natürlichen Kind seine sonst überall anerkannten Vorzüge ohne Wirkung bleiben sollten; er sah darin ein *böses* Vorzeichen, denn seine bisherige Erfahrung hatte ihn gelehrt, daß die Überraschung, daß der erste Eindruck entscheiden müsse.

Aus diesen Gedanken weckte ihn eine Flöte, die wie am

gestrigen Abend süße Töne vom Wald herüberhauchte. Aufs neue erwachte in ihm der Gedanke, daß diese Serenade wohl Anna gelten könnte. Er sah schärfer nach dem Wald hinüber, und, er irrte sich nicht, es war jene Waldecke, die er heute besucht hatte, woher die Töne kamen. Schnell warf er seinen Mantel über, eilte hinab, und bat den alten Hanns, ihm das Tor zu öffnen; er gab vor, auf einem Platz im Wald, unweit des Schlosses, ein Taschenbuch zurückgelassen zu haben, dem der Nachttau schaden könnte. Die Flötenklänge, die immer weicher und schmelzender wurden, dienten ihm zu Führern nach jener Waldecke; immer eifriger drang er durch das Gebüsch, denn er hatte einen Blick nach der Burg hinübergeworfen und gesehen, daß ein weißes Tuch von Annas Fenster wehte. Schon sah er die Umrisse des Flötenspielers, schon rief er: „Halt, Freund Musikus, ich werde die zweite Stimme spielen", da schlug dicht neben ihm ein Hund an, und als er erschreckt auf die Seite sprang, stürzte er über die Wurzeln einer alten Eiche unsanft zur Erde.

Als er sich nach einer Weile wieder aufgerichtet hatte und auf den Platz zutrat, wo der Mann mit der Flöte gesessen war, fand er weder von ihm noch von dem Hund eine Spur, wohl aber hörte er tief unten am Berg die Büsche rauschen und das Gesträuch knacken. Beschämt wandte er sich ab und sah nach dem Schloß hinüber. Ein heller Schein war an Annas Fenster, aber es war kein Tuch, wie er geglaubt hatte, sondern der Mond, der in den Gläsern sich spiegelte. Er warf sich seine Unbesonnenheit, seine Hast und Eile, sein Mißtrauen, seine Eifersucht vor. Er suchte für das Entweichen des Flötenspielers die gewöhnlichen und prosaischen Gründe auf, er *wollte* Anna unschuldig finden, und dennoch wurde er nicht ruhig.

So stand er in dem Anblick der vom Mondlicht übergossenen Burg da, als er plötzlich mit einem Schrei des Schreckens auffuhr, denn eine kalte Hand rührte an die seinige; er sah sich um, und eine dunkle Gestalt stand vor ihm. Ehe er noch fragen, sich nur fassen konnte, fühlte er, daß man ein Papier in seine Hand gedrückt habe, und zugleich stürzte sich dieses geheimnisvolle Wesen in den Wald, doch war es nicht so ätherischer Natur, daß es nicht im Forteilen das Gesträuch zerknickt und Zweige abgestoßen hätte. Albert wurde es ganz unheimlich an diesem Ort. Sein aufgeregtes Blut, die tiefe Stille der Nacht, das schaurige Dunkel der Buchen, und gegenüber die altergraue Burg, ihre Fenster vom Monde so sonderbar beleuchtet, daß er geheim-

nisvolle Schatten in den hohen Gemächern hin und her schleichen
sah - es war ihm so bange, daß er schnell seinen Weg zurück-
eilte, daß er im Wald laut auftrat, nur um sich selbst in dieser
unheimlichen Stille zu hören.

Die Laterne des alten Hanns warf ihm ein tröstliches Licht
aus dem Tor entgegen. Eilends ließ er den Alten mit der Lampe
voran nach seinem Zimmer gehen, er entrollte das Papier und
erschrak vor einem fremden Unglück, denn die wenigen Zeilen
lauteten:

„Dein Brief traf mich erst heute, die Antwort ein andermal.
S. Z. N. und noch drei andere wurden heute frühe verhaftet und
nach der Festung geführt. Ich weiß nicht, ob Du Dich schuldig
fühlst, aber vernünftig wäre es, wenn Du Dich auf die Beine
machtest. In *Deiner* Lage kann es nicht schaden. Ich schickte diese
Zeilen an den gewöhnlichen Platz; Gott gebe, daß sie Dich treffen. Was Du auch tun wirst, Robert, sei diskret und nenne mich
nie."

Wer der unglückliche Flötenspieler gewesen sei, sah jetzt
Albert deutlich; doch zu großmütig, um aus dieser Verwechse-
lung einen Vorteil ziehen zu wollen, faßte er rasch den Entschluß, den jungen Willi zu retten. Aber fremd und unbekannt
in dieser Gegend, deuchte es ihm unmöglich, dies allein auszuführen. Er schickte schnell den alten Hanns nach dem Turm, wo
Anna wohnte, er ließ sie dringend bitten, ihm nur auf zwei
Minuten in einer sehr wichtigen Sache Gehör zu geben. Er
folgte dem Alten bis an die Türe des Saales, und dort blieb er in
dem großen weiten Gemach allein, um seine Cousine zu erwarten. Zu jeder andern Zeit hätte der Anblick, der sich ihm hier
darbot, mächtig auf seine Seele wirken müssen. Ein ungewisses
Licht schimmerte durch die Fenster und fiel auf die Gemälde seiner Ahnen. Ihre Gestalten schienen lebendiger hervorzutreten,
ihre Gesichter waren bleicher als sonst, und die ausgestreckte
Hand einer längstverstorbenen Frau von Thierberg schien sich
zu bewegen. Dazu rauschten die Bäume und murmelte der Fluß
auf so eigene Weise, daß man glauben konnte, dieses Geräusch
gehe von den Gewändern der Verstorbenen aus.

In diesen Augenblicken aber hatte er nur ein Ohr für die immer leiser schallenden Tritte des alten Dieners; sein Auge hing
erwartungsvoll an der Türe, sein Herz pochte unruhig einer
Gewißheit entgegen, die keine erfreuliche sein konnte.

Bald tönten die Schritte wieder den Korridor herauf; er

strengte sein Ohr an, ob er nicht auch den leichten Tritt seiner
Base vernehme, die Türe öffnete sich, und sie erschien mit Hanns
und ihrem Mädchen, er sah ihrer Kleidung und ihren Augen an,
daß sie noch nicht geschlummert hatte. Noch ehe sie fragen
konnte, reichte er ihr schnell das Billett und sagte französisch
in wenigen Worten, wie er es erhalten habe. Eine hohe Röte
flammte über das schöne Gesicht, solange er sprach, sie wagte es
nicht, die zarten Augenlider aufzuschlagen; doch kaum hatte sie
einen Blick auf die Zeilen geworfen, so erbleichte sie, sah ihn mit
großen Augen erschrocken an, und zitterte so heftig, daß sie sich
an dem Tisch halten mußte.

„Ich muß sogleich hinübereilen", sagte er näher tretend, „und
nur darum habe ich dich rufen lassen, daß du mir ein Mittel
angebest, wie ich durch den Fluß komme. Ich möchte bei den
Domestiken nicht gerne Aufsehen erregen."

„Zu Pferd, schnell zu Pferd", rief sie hastig, indem sie bebend
seine Hand ergriff; „schwimm hinüber, und dann schnell nach
Neckareck."

„Aber bei Nacht?" erwiderte er zaudernd, „ich kenne die Stellen nicht, wo man durchkommen kann, der Fluß ist tief und reißend."

„Führe *mir* des Vaters Pferd heraus, Hanns!" wandte sie sich
an den erschrockenen Diener; „schnell, du begleitest mich, ich will
selbst hinüber!"

„Führe es heraus, Alter, aber für mich!" fiel Rantow unmutig ein; „wie magst du mich so verkennen, Anna? Du wirst mir
den Weg zu einer Stelle zeigen, wo ich durch den Neckar kommen kann."

„Nein, so geht es nicht!" sagte sie beinahe weinend und sank
auf einen Stuhl nieder; „du wirst nicht hinüberkommen. Führe
ihn durchs Dorf hinab, Hanns, mach unsern Kahn los und schiffe
den Vetter hinüber; du mußt zu Fuß hinüber, Albert, in einer
halben Stunde kannst du dort sein. O Gott! ich habe es ja schon
lange geahnt, daß es so kommen würde; sag *ihm*, er soll nicht
zögern, ich wolle ihn überall lieber wissen, als in einem Kerker!"

Der junge Mann drückte ihr schweigend die Hand und winkte
dem Alten, zu gehen. Nie zuvor hätte er sich für fähig gehalten,
so schönen Hoffnungen so schnell zu entsagen, aber der Gedanke
an die schöne, kummervolle Anna, die er bis jetzt nur lächelnd
gesehen hatte, spornte ihn zu immer schnelleren Schritten, und
so mächtig ist in einem Herzen, das die Selbstsucht noch nicht

ganz umsponnen hat, das Gefühl, in einem entscheidenden Moment Hülfe oder Rettung zu geben, daß er in diesem Augenblick in dem jungen Willi nur einen Unglücklichen, und nicht Annas Geliebten sah.

Am Ufer schloß der Alte schnell den Kahn los und bat den Gast, sich ruhig niederzusetzen; aber dennoch konnte Albert diesem Gebot nicht völlig Folge leisten, denn als sie ungefähr die Mitte des Neckars erreicht hatten, hörte man deutlich den Hufschlag von Pferden und das Rollen eines Wagens von der Landstraße her, die sich jenseits dem Ufer näherte. Er richtete sich auf, trotz dem Schelten des Alten und dem unruhigen Schaukeln des Kahns, und sah im Schein einiger Laternen einen Wagen mit vier Pferden, von einigen, wie es schien, bewaffneten Reitern begleitet, vorüberfahren. „Ist dies eine Hauptstraße?" fragte er den alten Hanns; „kann dies vielleicht ein Postwagen sein, der dort fährt?"

„Hab hier noch nie einen gesehen", erwiderte jener mürrisch; „und um einen Postwagen zu sehen, möchte ich kein kaltes Bad im Neckar wagen."

„Schnell! wo geht man nach Neckareck, nach dem Gut des Generals?" fragte Albert, welcher besorgte, er möchte zu spät gekommen sein. „Spute dich, Alter!"

„So lassen Sie mich doch den Kahn erst wieder anschließen!" sagte Hanns; „doch wenn Sie Eile haben, nur hier links immer die Straße fort, sie führt gerade auf das Schloß zu; ich will schon nachkommen."

Der junge Rantow lief mehr, als er ging; der Alte keuchte mühsam hinter ihm her, aber sooft er ihn erreicht hatte, lief jener wieder schneller, als würde er verfolgt. Endlich sah er das Schloß mit seinen weißen Säulen durch die Nacht schimmern; es fiel ihm ängstlich auf, daß viele Fenster erleuchtet waren, und als er näher kam, sah er deutlich Menschen an den Fenstern hin und her laufen. Der Schrecken dieser Nacht und die ungewöhnlich schnelle Bewegung hatten seine Kräfte beinahe erschöpft, aber dieser beunruhigende Anblick trieb ihn zu noch raschcrem Laufen, in wenigen Minuten langte er an dem Schloß an, aber er mußte sich an die Pforte lehnen und nach Atem suchen, ehe er eintrat.

Der erste, dem er an der erleuchteten Treppe begegnete, war der Gardist, ein alter, französischer Kriegsgefährte des Generals, der jetzt mehr den Haushofmeister als den Diener spielte. Er schien bleicher als sonst, und schlich trübselig die Treppe herab.

„Wo ist Euer junger Herr?" rief Albert hastig, „führt mich schnell zu ihm."

„Sacre bleu!" antwortete der Gardist erstaunt, als er den jungen Mann erkannte; „weiß es Fräulein Anna schon? o la pauvre enfant!"

„Wo ist Robert", rief Rantow drängender.

„Il est prisonnier", erwiderte er traurig; „auf die Festung gebracht comme ennemi de la patrie, comme démocrate; vier Dragons de la gensdarmerie haben ihn eskortiert, oh, mein armer Monsieur Robert!"

„Führt mich zum General!" sagte Rantow, als er diese Nachricht hörte.

„Monsieur le Général est sorti."

„Wohin?" rief der junge Mann, unwillig darüber, daß er jedes Wort dem alten Soldaten abfragen mußte.

„Mit seinem Sohn à la capitale, zu fragen: was Monsieur de Willi verschuldet."

Als Rantow sah, daß hier nichts mehr zu tun sei, suchte er einen andern Bedienten auf, und ließ sich die näheren Umstände der Verhaftung erzählen. Er hörte, daß spät abends, in Roberts Abwesenheit, ein Kommissär angekommen sei, der, nach einer kurzen Rücksprache mit dem General, die Papiere des jungen Willi untersucht und teilweise versiegelt habe. Darauf sei Robert nach Hause gekommen und habe sich gutwillig darein ergeben, dem Kommissär zu folgen; er habe seinem Vater das Wort darauf gegeben, daß man ihn unschuldig finden werde; das letztere hatte der General einem Bedienten befohlen, am nächsten Morgen dem Herrn von Thierberg und seiner Familie zu sagen; er habe sich dann zu Pferd gesetzt und sei, nur von einem Bedienten begleitet, vom Schloß weggeritten. Der junge Willi selbst hatte weder nach Thierberg noch sonst wohin Aufträge zurückgelassen.

Soviel erfuhr Albert, und diese Nachrichten waren nicht dazu geeignet, ihn auf dem Rückweg freudiger zu stimmen. Er konnte auf den Trost, welchen Robert seinem Vater gegeben, keine große Hoffnung bauen, und vor allem war ihm vor dem Augenblick bange, wo er die schmerzliche Kunde der trauernden Anna bringen sollte.

10

Es waren seit jener traurigen Nacht mehrere Wochen verstrichen; sie deuchten der armen Anna ebenso viele Monate. Das Laub der Bäume fing schon an, sich zu bräunen, der Herbst mit seinem fröhlichen Gefolge war in das Tal eingezogen, Gesang und Jubel schallte von den Rebhügeln, schallte antwortend aus dem Fluß herauf, welcher Kähne, mit Trauben schwer belastet, abwärts trug. Als würde einem verwegenen, in diesen Bergen eingedrungenen Feind ein Gefecht geliefert, so krachte Büchsen- und Pistolenfeuer aus den Weinbergen, doch nicht das Wutgeschrei zurückgeworfener Kolonnen, sondern das Jauchzen einer freudeberauschten Menge stieg auf, wenn die Gewehre recht laut knallten, oder wenn die vorspringenden Ecken der Bergreihen die tiefere Stimme eines Pfundböllers zehnfach nachriefen.

Mit verschiedenen Empfindungen sahen die Bewohner des Schlosses Thierberg diesem fröhlichen Treiben von einer altertümlichen Terrasse des Schlosses zu. Der junge Rantow blickte unverwandt und mit glänzenden Augen auf dieses Schauspiel, das ihm ebenso neu als anziehend erschien. Er hatte in seiner Heimat, im Kreise vertrauter Freunde, oft bemerkt, wie der Wein, diese Himmelsgabe, die Wangen freundlicher färbte, die Zungen löste, und zu traulichem Gespräch, wohl auch zum Gesang, selbst die Ernsteren fortriß; doch nie hatte er gedacht, daß eine noch rauschendere Freude, ein höherer Jubel mit der Bereitung des fröhlichen Trankes sich verbinden könnte. Wie poetisch deuchte ihm dieses lebhafte Gemälde! Welch frische, natürliche Bilder zeigte ihm sein Opernglas! Diese Gruppen hatte der Zufall geordnet, und doch schienen sie ihm reizender, als was die Kunst je erfunden. „Siehe", sagte er zu Anna, die, den schönen Kopf auf den Arm gestützt, ihm gegenüber saß und zuweilen einen ernsten Blick über das Tal hingleiten ließ, „siehe, dort gegenüber jenen Alten mit den silbergrauen Haaren; wie viele solche Herbste mag er schon gesehen haben! Wahrlich, ich könnte an der Gruppe um ihn her seine Lebensgeschichte studieren. Der blonde Knabe, der ihm eben die große Traube brachte, ist wohl sein Enkel; den jungen Burschen, der mit der Pritsche die Mädchen neckt und durch seine Scherze von der Arbeit abhält, indem er sie anzutreiben scheint, halte ich für seinen jüngern Sohn; siehe, jenes Mädchen hat seinen Schlag derb erwidert, sie ist wohl das Liebchen des muntern Burschen, denn sie lachen alle und verspotten ihn. Dieser gebräunte, breite Mann von vierzig, der soeben den ungeheuern, mit Trauben gefüllten Korb auf seine Schultern hob, ist wohl der ältere Sohn und des blonden Knaben Vater. So hast du die vier Altersstufen, die sie wohl alle ohne viele Änderung durchlaufen mögen."

„Gewiß, ohne viele Änderung und ohne viel Vergnügen", bemerkte der alte Herr von Thierberg, der gleichgültig hinabblickte, „das ewige Einerlei seit vielen Hundert Jahren. Der Kleine dort wird jetzt bald in die Schule getrieben und von seinem Schulmeister täglich geprügelt, gerade wie vorzeiten sein Großvater. Der junge Bursche wird bald Soldat, oder auf ein paar Jahre Knecht in der Stadt. Kömmt er dann nach Hause, und der Vater ist tot, so bekommt er sein kleines Stückchen Erde und glaubt heiraten zu müssen; und hat er vier Kinder, so werden sie, wenn auch er einst stirbt, das armselige Erbe unter sich teilen, und gerade viermal ärmer sein, als er. So treibt es sich herauf und herab; zu dem Pulver, das sie heute verschießen, haben sie ein ganzes Jahr gespart, um doch auch *einen* Tag zu haben, an welchem sie sich betäuben können; und das nennen sie lustig sein! das nennen die Städter ein Fest, ein malerisches Volksvergnügen!"

„Nein! Sie sehen es zu düster an, Oheim!" entgegnete der Gast. „Mir scheint, ich gestehe es, eine wundervolle Poesie in diesem Treiben zu liegen. Diese Menschen sind so behende, so lebendig, so regsam. Stellen Sie einmal meine Märker hieher, wie unbeholfen und ungeschickt sie sich benehmen würden! Ich schäme mich heute noch der Unerfahrenheit, die ich letzthin zeigte; ich nahm in einem Ihrer Weinberge einem hübschen Mädchen das gebogene Messer ab und versprach, sie zu unterstützen; als ich die erste Traube abgeschnitten hatte und sie in das Körbchen legte, betrachtete das Mädchen nur den Stiel der Traube und sagte lächelnd: ‚*Er* hat wohl noch nicht oft Trauben geschnitten"; und siehe, ich hatte, statt schief zu schneiden, gerade geschnitten. Nein! mir scheint diese Weinlese ein fortdauernder Festtag der Natur, eine liebliche, verkörperte Poesie."

„Poesie?" erwiderte Anna, indem sie einen trüben, wehmütigen Blick auf die Berge gegenüber warf; „eine Poesie, die mir das Herz durchschneidet. Mir erscheint dieses fröhliche Treiben wie ein Bild des Lebens. Unter langem Jammer und Ungemach *ein* Tag der Freude, der durch seine hellen freundlichen Strahlen das öde Dunkel umher nur deutlicher zeigt, aber nicht aufhellt! Oh, kenntest du erst das Leben dieser Armen näher! Wenn du sie beim ersten Erwachen des Frühlings sehen könntest! Jeder Winter verwüstet ihre steilen Gärten; der Schnee löst sie auf und reißt ihre beste, fruchtbarste Erde mit sich hinab. Aber rastlos zieht jung und alt heraus. Die Erde, die ihnen das Wasser nahm, tragen sie wieder hinauf, und legen sie sorglich um ihre Reben her. Vom frühesten Morgen, in der Glut des Mittags, bis am späten Abend, steigen sie, schwer beladen, die steilen, engen Treppen hinan. Welche Freude, wenn dann der Weinstock schön steht und nach den Blüten treibt; aber wie bitter ist zugleich ihre Sorge, denn der kleinste Frost kann ihre zarte Pflanze vernichten. Und fällt nun der böse Tau oder eine kalte Nacht, wie schauerlich ist dann ihr Geschäft anzusehen. Alle, selbst die kleinsten Kinder, strömen noch vor Tag in den Weinberg. Dort legen sie alte Stücke von Kleidern und Tüchern unter die Rebstöcke und brennen sie an, daß der qualmende Rauch die zarte Pflanze schützen möchte. Wie arme Seelen, ins Fegfeuer verbannt, schleichen sie um die kleinen, zuckenden Feuer und durch die Schleier, die der Rauch um sie zieht. Die Kleinen rennen umher, sie können noch nicht berechnen, welches Unglück sie sehen, aber die Männer und Weiber wissen es wohl; es ist *eine* kühle Morgenstunde, die das Werk langer, mühesamer Wochen zerstört, und sie ohne Rettung noch tiefer in die Armut senkt."

„Wahrhaftig! Du bist krank, Anna!" sagte der alte Herr, indem er lächelnd zu ihr trat, und, doch nicht ohne leise Besorglichkeit, seine Hand auf ihre schöne Stirne legte; „du warst ja doch sonst so fröhlich im Herbst, gabst solchen bösen Gedanken niemals Raum und freutest dich mit den Fröhlichen. Bist du krank?"

Anna errötete und suchte fröhlicher zu scheinen, als sie es war. „Krank bin ich nicht, lieber Vater", erwiderte sie, „aber ich bin doch alt genug, um sogenannte Herbstgedanken haben zu dürfen. Man kann doch nicht immer fröhlich sein, und – mein Gott!" rief sie, indem sie errötend aufsprang – „ist er es nicht? – seht dort! –"

„Willi?" – rief Rantow verwundert, und wandte sich nach der Seite, wohin Anna deutete.

„Wer denn?" sagte der Alte, indem er bald seine zitternde und verwirrte Tochter, bald seinen Gast ansah. „Wie kömmst du nur auf Willi? Wer soll denn kommen? So sprechet doch!"

Aber in diesem Augenblicke trat auch schon der, dem Annas
Ausruf gegolten hatte, herein, es war der *alte Gardist.* Er war
noch nicht ganz auf die Terrasse getreten, als schon Anna, jede
andere Rücksicht vergessend, zu ihm hinflog, seine Hand ergriff
und eine Frage aussprechen wollte, zu welcher ihr der Atem
fehlte. Der alte Soldat zog lächelnd seine Hand zurück, grüßte
mit militärischem Anstand, und berichtete, in Form eines militärischen Rapports, daß der General noch diesen Abend zu Hause
eintreffen, und –"

„Ist er frei?" unterbrach ihn Anna.

„– und seinen Sohn mitbringen werde, der auf sein Ehrenwort und die Kaution, die der Herr General gestellt habe, aus
der Haft entlassen worden sei."

In Annas Augen drängten sich Tränen, sie zitterte heftig und
setzte sich nieder; der alte Thierberg, durch diesen Anblick überrascht, preßte die Lippen zusammen und blickte seine Tochter
unwillig an, und Albert, der in den Zügen seines Oheims las,
daß jener ein Geheimnis ahne, dessen Teilnehmer er bis jetzt
allein gewesen war, fühlte sich befangen; er fürchtete für Anna,
und erst in diesem Augenblick wurde es ihm deutlich, daß es für
ihn selbst besser gewesen wäre, sich nie in diese Angelegenheit zu
mischen. „Ich lasse dem Herrn General danken und Glück wünschen", sagte nach einer peinlichen Pause Herr von Thierberg zu
dem Grenadier und winkte ihm, zu gehen. „Wünsche nur", fuhr
er fort, indem er auf der Terrasse mit heftigen Schritten auf und
ab ging, „wünsche nur, daß die paar Wochen Gefängnis eine
gute Wirkung auf den Herrn Weltstürmer gehabt haben mögen!
Ein paar Monate hätten nicht schaden können, wäre es auch nur
gewesen, um das heiße Blut abzukühlen und die vorschnelle
Zunge zu fesseln. Aber das alles ist das Erbteil seiner hochweisen
Frau Mama! Ein junger Mann von unbeflecktem Adel hätte sich
so weit nicht verirrt; aber das gewinnt man bei solchen Heiraten;
weil sie sah, daß man in unserm Zirkel ihre Abkunft nicht vergessen habe, hat sie ihrem Sohn solche tolle, republikanische
Ideen eingeprägt und ihn zu einem Toren, wo nicht zu einem
verderblichen Menschen gemacht." Diese und andere Worte stieß
er schnell und heftig aus, und plötzlich blieb er vor seiner Tochter
stehen, sah sie mit grimmigen Blicken an und sagte dann: „Ich
glaube jetzt in der Tat, daß du kränker bist, als ich dachte; geh
auf dein Zimmer! – ich werde mit dem Vetter diesen Abend
allein speisen; geh!"

Das arme Kind ging hinweg, ohne ein Wort zu sagen; sie mochte die Natur ihres Vaters kennen und wissen, daß jeder Widerspruch seinen Zorn steigere, sie mochte auch fühlen, was in diesem Augenblick in seiner Seele vorgehe, wo sie zu wenig Macht über sich besaß, um ihr Geheimnis zu verbergen.

Als sie weggegangen war, schritt der Alte wieder eine Zeitlang schweigend hin und her; dann trat er zu seinem Neffen und fragte mit bewegter Stimme: „Was sagst du zu dem Auftritt, den wir da gesehen haben? Meinst du wirklich, es wäre möglich?"

„Ich kann Sie nicht verstehen, lieber Oheim."

„Nicht verstehen, Junge? so soll ich es denn selbst in den Mund nehmen? Wisse – ich habe entdeckt, daß Anna den – den von drüben – nun daß sie den Sohn des Generals liebt. Zum Teufel, Junge! Du erwiderst nichts? wie magst du so – so gleichgültig aussehen, wenn von der Ehre deiner Familie die Rede ist? Rede!"

„Ich kann nichts hierin sehen", entgegnete der junge Mann trotzig, „was etwa der Thierbergschen Ehre zu nahe treten könnte. Der alte Willi ist von Adel, ist ein berühmter General, ist reich –"

„Also abkaufen sollen wir uns unsere Ehre lassen, abhandeln? – Bursche, wenn du nicht mein Neffe wärest – Gott strafe mich, aber ich kenne mich selbst nicht, wenn ich in Wut bin. – Reich? Siehe, für so schlecht und niederträchtig halte ich mein Kind selbst nicht, daß es daran gedacht haben sollte. Siehe dich um – so weit du sehen kannst, war einst alles – alles mein; ich habe nichts mehr, als diese verfallenen Türme und eine Hufe Landes, wie der gemeinste Bauer, aber auch dieses soll diese Nacht noch hinfahren, in den Schuldturm soll man mich werfen, mich auspfänden, mein altes Wappen entzweischlagen, wenn ich je zugebe –"

„Oheim!" fiel ihm der Neffe erbleichend ins Wort: „Bedenken Sie sich zuvor, ehe Sie einen solchen Frevel aussprechen! Was kann dieser junge Mann dafür, daß sein Vater reich ist? beträgt er sich denn aufgeblasen? macht er Ansprüche auf seinen Reichtum? Ich sagte es ja vorhin nur so in der Übereilung."

„Nein, das tun sie nicht die Willis", antwortete nach einer Pause der Alte; „das ist noch ihre gute Seite. Aber das macht ihn nicht besser. Seine Grundsätze sind es, die ich hasse; er ist mein bitterster Feind!"

„Wie wäre dies möglich?" erwiderte Rantow beruhigend; „wie könnte *er Ihr* persönlicher Feind sein!"

„Was persönlicher Feind!" rief Thierberg heftiger, „solche Feindschaft kenne ich nicht, und mein Feind müßte ein anderer sein, als dieser Knabe; aber ein Todfeind bin ich all diesem Wesen, diesen Neuerungen, diesem Deutschtum, Bürgertum, Kosmopolitismus, und welche Namen sie dem Unsinn geben mögen, und dessen treuester Anhänger eben dieser junge Mensch da ist. Das ganze erste Viertel des neunzehnten Jahrhunderts hatte den verdammten Geschmack dieses Unwesens, und man wird sehen, wohin es im jetzigen kömmt, wenn diese Menschen und ihre Gesinnungen um sich greifen; aber, so wahr Gott lebt, man soll von dem letzten Thierberg nicht sagen können, daß er in seinen alten Tagen einem dieser Weltverbesserer die Hand zur Unterstützung gereicht hätte!"

„Aber, Oheim!" fiel Albert ein, dem es in diesem entscheidenden Augenblicke keine Sünde deuchte, gegen seine eigene Überzeugung zu sprechen, „gibt es denn in diesem Jahrhundert auch nur *eine* Familie, die nicht, wenn man sie einzeln durchginge, die verschiedensten Gesinnungen in sich schlösse? Wird denn der einzelne Mann dadurch schlechter, daß er eine andere Meinung hat, als wir? Ist nicht Protestant und Katholik in den Augen des Vernünftigen gleich viel wert? Denkt nicht der General selbst ganz verschieden von seinem Sohn?"

„Laß mir den Glauben aus dem Spiel, Neffe!" entgegnete jener; „darüber zu richten geht weder dich noch mich an. Aber dieser General vollends, der meinen Todfeind als Schutzpatron anbetet, und diesen Buonaparte für den heiligen Georg hält, der den Lindwurm des veralteten Jahrhunderts tötete; *diesen* in *meiner* Familie! Es würde mich töten."

„Aber wissen Sie denn, ob auch der junge Willi Ihre Tochter liebt? Hat denn Anna irgend etwas gestanden?"

Der Alte sah seinen Neffen bei dieser Frage lange und erschrocken an; dann fuhr er nach einigem Nachsinnen gefaßter fort. „Nein! einer solchen Schmach halte ich sie nicht fähig; meinst du, *meine* Tochter werde sich in einen solchen – Menschen verlieben, ohne daß er sie zuvor mit tausend Künsten dazu verlockte? Nein! dazu ist sie mir noch immer zu gut; aber – ich will mir Gewißheit verschaffen!"

Er sprach es, und noch ehe ihn Rantow aufhalten konnte, eilte der alte Mann hinweg, um seine Tochter zur Rede zu stel-

DAS BILD DES KAISERS 705

len. Düster schaute ihm der Gast aus der Mark nach. „Wahrlich, wenn die Aktien so stehen, werde ich weder Brautführer noch Hochzeitgast in Thierberg sein", sprach er, „der Alte müßte sich denn durch ein Wunder in einen Demagogen, oder der Demagoge in einen rechtgläubigen Verehrer der alten Reichsritterschaft verwandeln."

11

Es hatte dem General Willi nicht geringe Mühe gekostet, von seinem Sohn das Unglück einer längeren Gefangenschaft abzuwenden. Sein Ansehen war zwar in der Hauptstadt jenes Landes, welchem sein Gut angehörte, durch den Wechsel der Verhältnisse und Meinungen nicht gesunken; man verehrte in ihm einen Mann von hohem Verdienst, militärischer Umsicht und Tapferkeit, und es gab manche, die ihn wegen seiner treuen und ausdauernden Anhänglichkeit an jenen Mann, der einst das Schicksal Europas in der Rechten getragen, bewunderten; es gab viele, die ihm, wenn sie auch diese Bewunderung nicht teilten, doch wegen der Beharrlichkeit und Charakterstärke, die er in den Tagen des Unglücks entfaltet hatte, wohlwollten. Dennoch mußte er sein ganzes Ansehen aufbieten, manche Türe öffnen, um seinem Sohn, den man *des Verdachtes, mit Verdächtigen in Verbindung zu stehen,* beschuldigte, nützen zu können.

Der General war ein Mann von zu großem Rechtsgefühl, als daß er, wenn er seinen Sohn schuldig glaubte, diese Schritte für ihn getan hätte. Aber es genügte ihm an der einfachen Versicherung seines Sohnes. „Ich teile", hatte er ihm gesagt, als er verhaftet wurde, „ich teile im allgemeinen die Gesinnungen jener Männer, die man jetzt zur Untersuchung zieht, aber — ich teile weder ihre Pläne, noch die Ansichten, die sie über die Mittel zum Zweck haben. Ich habe nur *gedacht,* nie *gehandelt,* habe mir selbst gelebt, nicht mit andern, und Beschuldigungen, welche andere treffen mögen, werden nie auf mich kommen." So war es denn gelungen, den jungen Willi auf so lange frei zu machen, als nicht stärkere Beweise, die gegen ihn vorgebracht würden, seine Anwesenheit vor den Gerichten notwendig machten, eine Schonung, die er nur der Fürsprache seines Vaters und dem Vertrauen verdankte, das man in die Bürgschaft des Generals Willi setzte.

Sie konnten sich beide wohl denken, welches Aufsehen dieser Vorfall in der Umgegend von Neckareck gemacht haben mußte; hätten sie in einer Stadt gewohnt, so würden sie sich wohl damit begnügt haben, ihren Bekannten von ihrer Rückkunft Nachricht zu geben; aber die Sitte auf dem Land fordert größere Aufmerksamkeit für gute Nachbarn; man mußte fünf oder sechs Familien im Umkreis von drei Stunden besuchen, mußte ihre Neugierde über diesen Vorfall umständlich befriedigen; kurz, man mußte sich zeigen, wie man sich etwa nach einer überstandenen Krankheit bei den Bekannten wieder zeigt und für ihre Teilnahme Dank sagt. Als aber der General mit seinem Sohn am dritten Tag nach ihrer Rückkehr nach Thierberg aufbrach, war es noch ein anderer Grund, als Höflichkeit gegen gute Nachbarn, was sie dorthin zog. Der junge Willi mochte in den einsamen Wochen seiner Gefangenschaft Zeit gefunden haben, über sein Leben und Treiben nachzudenken, er mochte gefunden haben, daß ihn jene politischen Träume, welchen er nachgehängt hatte, nicht befriedigen könnten, daß es ein höheres, reineres Interesse gebe, wodurch sein Leben Bedeutung und Gehalt, seine Seele Ruhe und Zufriedenheit gewänne.

Der General lächelte, als ihm Robert sein Verhältnis zu Anna entdeckte, und die Wünsche auszusprechen wagte, die sich mit dem Gedanken an die Geliebte verbanden. Er lächelte und gestand seinem Sohn, daß er längst dieses Verhältnis geahnet, daß er gewünscht habe, das unruhige Treiben des jungen Mannes möchte eine festere Richtung annehmen. „Ich kenne dich", sagte er ihm, „wärest du zu jener Zeit jung gewesen, wo wir in Europa umherzogen, um Krieg zu führen, so hätte deine Phantasie mit aller Kraft die großartigen Bilder des Krieges ergriffen, ich hätte dir den ersten Raum geöffnet, du selbst hättest dann deine Laufbahn gemacht. Daß du in diesen stillen Feiertagen des Jahrhunderts nicht dienen willst, kann ich dir nicht übelnehmen. Des Umherschweifens in der Welt bist du satt, das Leben in den Salons genügt dir nicht, so bleibe bei mir; besorge an meiner Statt meine Güter, ich kann dabei nur gewinnen; ich gewinne Zeit für mich und meine Erinnerungen, gewinne dich, und –" setzte er mit einem freundlichen Händedruck hinzu, „wenn du anders deiner Sache gewiß bist, gewinne ich Anna."

Sie besprachen dieses Kapitel auch auf dem Weg nach Thierberg wieder, und Robert gab seinem Vater Vollmacht, bei dem Alten um Anna für ihn zu werben. Sie verhehlten sich nicht, daß eine nicht unbedeutende Schwierigkeit im Charakter des alten Thierberg liegen könne; ihre Gesinnungen hatten so oft die seinigen beinahe feindlich durchkreuzt; man hatte sich wegen Meinungen so oft gezankt, man war oft unzufrieden, beinahe verstimmt auseinandergegangen; aber sie trösteten sich damit, daß er doch nie persönliche Abneigung gezeigt habe, und die Vorteile, die für Thierberg aus dieser Verbindung hervorgingen, erschienen so bedeutend, daß der General, als sie über die Zugbrücke ritten, sich schon im Geiste als Vater der schönen Anna zu sehen glaubte, und vertrauungsvoll auf das Thierbergische Wappen über dem alten Portal zeigte: „‚Mut gewinnt‘, führen sie als Symbol im Wappen", flüsterte er seinem Sohn zu, „das fügt sich trefflich, denn weißt du noch, was der Wahlspruch *deiner* Ahnen war?"

„*Der Will' ist stark!*" rief der junge Willi, freudig errötend. „*Mut gewinnt* – und der *Will' ist stark!*"

Im Schloßhof empfing Rantow die Angekommenen; er entschuldigte seinen Oheim mit einem kleinen gichtischen Anfall, der ihn verhindere, die steile Treppe herabzusteigen und seinen Gästen entgegenzugehen. Er sagte dies schnell und nicht ohne einige Verlegenheit, die er hinter einem Schwall von Glückwünschen für Robert Willi zu verbergen suchte. Nach den Verhältnissen, die gegenwärtig in den alten Mauern von Thierberg herrschten, konnte nicht leicht etwas störender wirken, als dieser Besuch. Man hatte zwar den Vetter aus der Mark nicht mit in das Geheimnis gezogen; der Vater schien es zu bereuen, daß er sich nur so weit gegen seinen Neffen ausgesprochen habe, und Anna hatte mit ihm seit einigen Tagen nie mehr über Willi gesprochen, sei es auf ein Verbot ihres Vaters, sei es aus Argwohn, er möchte dem Alten ihr Geheimnis verraten haben. Seit jenem Abend jedoch, wo die Rückkehr Roberts angekündigt worden war, herrschte eine Spannung, die um so drückender wurde, da die ganze Gesellschaft zwar aus dreierlei Parteien, aber – nur aus drei Personen bestand.

Anna sprach wenig, hielt sich meist auf ihrem Zimmer auf, wohin Albert noch niemals eingeladen worden war; der Alte war mürrisch, aufbrausender als sonst gegen seine Diener, gegen seinen Gast herzlich, wie zuvor, aber ernster und einsilbiger, gegen seine Tochter kalt und gleichgültig. Er trank, trotz der bittenden Blicke, die Anna zuweilen nach ihm hinzusenden wagte, mehr Wein, als gewöhnlich, schimpfte dann auf die ganze Welt, verschlief den Nachmittag, und ließ sich abends den Amtmann holen, um ein Spiel mit ihm zu machen. Dann setzte sich Anna mit ihrer Arbeit in ein Fenster, ließ sich von dem Vetter etwas vorlesen, aber Tränen, die hin und wieder auf ihre Hand herabfielen, zeigten dem jungen Mann, wie wenig ihr Geist mit dem beschäftigt sei, was er eben las. Der Anfall von Gicht, der über den Alten kam, machte die Sache womöglich noch schlimmer; man sah, wie er alle Kraft aufbot, seine Schmerzen zu unterdrücken, nur um der natürlichen Hülfe seiner Tochter weniger zu bedürfen, und wenn Fälle eintraten, wo er diese Hülfe nicht abweisen konnte, wenn das schöne Kind bleich und mit Tränen im Auge vor ihm kniete, um seine Beine in warme Tücher zu hüllen, da wandte er sich ab, pfiff irgendein altes Liedchen, nannte sich einen Mann, der bald in die Grube fahren müsse, und fand es schön, daß doch ein Enkel der Thierberge zugegen sein werde, wenn man den letzten dieses Namens beisetze.

Rantow wußte zwar, daß sein Oheim das Gastrecht gegen seine Nachbarn nicht verletzen werde, aber diese letzten Tage fielen ihm schwer auf die Seele, als er die Fremden die Treppe hinanführte, und er sah voraus, daß die beiden Willis gewiß nichts dazu beitragen würden, die Verstimmung aufzulösen.

Der Empfang war übrigens herzlicher, als er sich gedacht hatte; es gibt eine gewisse höfliche Freundlichkeit, die man sich angewöhnen kann, ohne sich dessen bewußt zu werden. Besonders auffallend erscheint diese Eigenschaft, wenn sich Männer begrüßen, von welchen wir wissen, daß sie keiner Heuchelei fähig sind, und die dennoch, sei es durch Meinungen, sei es durch Verhältnisse, sich feindlich gegenüberstehen. So schien es auch der alte Thierberg nicht über sich vermögen zu können, sein gewohntes: „Ah! schön, schön! Freut mich – Platz genommen!" diesmal mit einem kälteren und förmlicheren Gruß zu vertauschen, und die fünfhundertjährige Gastfreundschaft dieser Burg schien die unwillkommenen Gäste in ihre schützenden Arme zu schließen. *Ein* Blick von Anna hatte dem jungen Willi gesagt, was hier vorgegangen sei; er fand sie blaß, ihre Stimme nicht so fest, wie sonst, es lag Kummer um den holden Mund, und ihre Augen schienen weicher geworden zu sein. Er pries im stillen ihren richtigen Takt, daß sie mehr zu dem General sprach, als zu ihm, denn er hätte, von diesem Anblick ergriffen, nicht Fassung genug gehabt, Gleichgültiges mit ihr zu reden. Rantow, der einen ganz andern Auftritt erwartet hatte, wunderte sich,

DAS BILD DES KAISERS

daß auch in diesem „ehrlichen Schwaben", wo ihm sonst alles so offen und ehrlich deuchte, vier Menschen, die sich so nahestanden, ein so falsches Spiel unter sich spielen könnten, ihre Gedanken, ihre Leidenschaften unter einer so ruhigen Hülle zu verdecken wüßten. Er sah staunend bald den jungen Willi und den alten Thierberg an, die ganz ruhig und abgemessen sich über die Ereignisse der letzten Wochen besprachen; bald hörte er auf das Gespräch zwischen dem General und der Geliebten seines Sohnes, die dasselbe Thema, nur mit Veränderungen, abhandelten, wobei übrigens Anna eine solche Ruhe an den Tag legte, daß sie nie hastig fragte, von nichts mehr, als schicklich, ergriffen war. Der General wandte sich im Gespräch, und ging mit ihr langsam im Saal auf und ab, er stellte sich endlich, wie zufällig, in einen tiefen Fensterbogen, und Albert entging es nicht, daß er sich dort schnell zu dem schönen Mädchen herabbückte, ihr etwas zuflüsterte, was eine tiefe Röte auf ihre Wangen jagte; sie schien erschrocken, sie faßte seine Hand, sie sprach leise aber heftig zu ihm, aber er – lächelte, schien sie zu beruhigen, zu trösten, und so stolz und zuversichtlich war seine Stirne, waren seine Züge, als müßte er in diesem Augenblick seine Division ins Feuer führen, um den schwankenden Sieg zu entscheiden.

Der Gast aus der Mark ahnete, daß dort in jenem Fensterbogen ein Entschluß gefaßt oder mitgeteilt worden sei, der auf Annas Schicksal sich beziehe, und das Herz pochte ihm, wenn er an den eisernen Trotz seines Oheims dachte. Die Diener hatten indessen Wein herbeigebracht, man setzte sich in eines der weiten Fenster, und wenn nur die Gemüter der fünf Menschen, die um den kleinen Tisch saßen, weniger befangen waren, der schöne Tag, der Anblick des herrlichen Tales, das vor ihnen lag, hätte sie zu immer höherer Freude stimmen müssen.

Der General, dem es peinlich sein mochte, daß das Gespräch nach und nach zu stocken anfing, bat Anna um ein Lied, und ein Wink ihres Vaters bekräftigte diese Bitte. Man brachte ihre Gitarre herbei, der junge Willi stimmte die Saiten, aber waren es die Worte des Generals, war es der Anblick ihres Vaters, war es die lang ersehnte Nähe des Geliebten, was sie verwirrte, sie errötete und gestand, daß sie in diesem Augenblick kein passendes Lied zu singen wüßte. Man schlug vor, man verwarf, bis Rantow beifiel, wie man einst in Berlin eine berühmte schöne Sängerin von einer ähnlichen Verlegenheit befreite; er schnitt kleine Zettel und ließ jeden ein Lied aufschreiben; dann faltete er die

Papiere geschickt und zierlich zusammen, schüttelte sie als Lose durcheinander und ließ die Sängerin eines wählen.

Sie wählte, sie öffnete das Los und errötete sichtbar, indem sie den General besorgt anblickte. „Das hat niemand anders als Sie geschrieben", sagte sie, „warum denn gerade *dieses* Lied? Es ist nicht immer politisch, ein politisches Lied zu singen!"

„Wenn es nun aber mein Lieblingslied ist?" erwiderte Willi; „ich appelliere an Ihren Vater; stand nicht die Wahl durchaus frei?"

„Gewiß!" antwortete der Alte, „du singst Anna; und wenn das Lied Politik enthalten sollte – nun, erdichtete Politik kann man ja immer noch ertragen."

Sie nickte schweigend Gehorsam zu; aber von jenem Augenblick an, wo sie mit einem kurzen, aber kräftigen Vorspiel den Gesang anhob, schien auf ihren lieblichen Zügen eine Art von Begeisterung aufzugehen; eine zarte Röte spielte auf ihren Wangen, ihre Augen glänzten, und um den schönen Mund, der die Töne so voll und rund hervorströmen ließ, spielte anfangs ein Lächeln, das mehr und mehr in Wehmut überging. Es war eine französische Ode, aus welcher sie einige Stellen vortrug; die Melodie, bald heiter, ermunternd, bald erhaben und triumphierend, bald ernst und getragen schmiegte sich an das wechselnde Versmaß und den Gedankengang der Strophen, und so süß war ihre Stimme, so ausdrucksvoll ihr Vortrag, so hinreißend ihr ganzes Wesen, das mit dem Gesang sich zu verschmelzen schien, daß die Männer, wenn sie gleich über den Gegenstand die verschiedensten Gesinnungen hegten, doch von dem Strom der Töne mit fortgerissen wurden. Wie erhaben war ihr Vortrag, als sie sang:

„Cachez ce lambeau tricolore . . .
C'est sa voix: il aborde, et la France est à lui."

Ernst, beinahe traurig, doch nicht ohne Triumph, fuhr sie fort:

„Il la joue, il la perd; l'Europe est satisfaite
Et l'aigle, qui, tombant aux pieds du Léopard,
Change en grand capitaine un héros de hasard,
Illustre aussi vingt rois, dont la gloire muette
N'eût jamais retenti chez la postérité;
 Et d'une part dans sa défaite,
Il fait à chacun d'eux une immortalité."*

---

* Sept Messéniennes nouvelles par M. C. Delavigne. 1re Le Départ.

Als sie geendet hatte, legte sie die Gitarre nieder und ging, während die Männer noch in verlegener Stille saßen, schnell hinweg.

„Il la joue, il la perd", sprach der alte Thierberg lachend, „eine große Wahrheit! und dieser Dichter, wer er auch sein mag, konnte jenen Mann nicht besser schildern; seine ganze Größe bestand ja nur darin, daß er das rouge et noir so hoch als möglich spielte, und der alte Satz, daß der *kaltblütigste* Spieler endlich gewinnt, bestätigte sich an ihm. Der Leopard hat doch die Bank gesprengt, und Wellington wird es eben darum keinen Kummer machen, wenn man ihn héros de hazard nennt."

„Wie lächerlich sind solche Hyperbeln", rief Rantow, „als ob zwanzig Könige ihren Nachruhm, ihre Unsterblichkeit diesem Sommerkönig zu verdanken hätten! Was uns betrifft wenigstens, so wird man eingestehen müssen, daß der Ruhm der preußischen Waffen älter ist, als der des sogenannten Siegers von Italien, und nicht erst von der großen Nation geadelt werden mußte."

„Und dennoch", erwiderte der General mit großer Ruhe, „dennoch wird man *einst* nicht sagen, es war Buonaparte, der zur Zeit dieses oder jenes Königs lebte – man wird sagen, Herr von Rantow, sie waren Zeitgenossen Napoleons; doch was den Obergeneral des englischen Heeres in der Bataille von Mont St. Jean betrifft, so möchte es die Frage sein, ob ihm der Titel héros de hazard sehr angenehm ist; so viel ist wenigstens gewiß, daß er jene Schlacht nicht gewonnen, sondern *nur – nicht verloren* hat."

„Es ist ein Glück für die Welt", bemerkte Thierberg lächelnd, „daß man Ihren Satz umkehren kann, und daß er dann noch höhere Wahrheit enthält; Ihr Herr und Meister hat jene Schlacht zwar *nicht gewonnen,* aber desto gewisser *verloren."*

„Er hat sie verloren", antwortete der General; „was die Welt damit verlor, will ich nicht aussprechen, aber jene Strophe, womit Anna ihren Gesang schloß, drückt aus, wer noch am Abend jenes unglücklichen Tages, als Cäsar und sein Glück von der Übermacht zerschmettert wurden, als meine braven Kameraden auf Mont St. Jean den letzten Atem aushauchten – der *Größere* war."

„Der Größere! und dies können Sie noch fragen, General?" entgegnete heftig der junge Mann aus der Mark. „Als die

Strahlen der Abendröte über jenes denkwürdige Feld streiften, beleuchtend die Schande Frankreichs und sein verwirrtes Heer, als blutend, aber unbesiegt, das englische Heer jene Hügel deckte und Deutschlands Völker stolzen Schrittes in die Ebene herabstiegen, um den Kampf siegend zu entscheiden – denken Sie sich, ich bitte, jenen erhabenen Moment, und sagen Sie mir, wer da der Größere war?"

„Der Gott des Zufalls", erwiderte der General. „Mächtiger war er wenigstens als jener alte Held, der auch noch an seinem letzten Schlachttage zeigte, welche mächtige Kluft zwischen dem Genie und roher, wohlgenährter, tierischer Kraft befestigt sei. Er ist gefallen, nicht, weil ihm England oder Deutschland gewachsen war, sondern, weil er früher oder später fallen *mußte,* weil er einen Vertilgungskrieg gegen sich selbst führte, der seine Kräfte aufrieb, oder können Sie mir beweisen, daß an jenem Tage von Waterloo das Genie des englischen Feldherrn oder gar *Ihres* Blücher ihn besiegte?"

„Seien wir gerecht", nahm der junge Willi das Wort; „geben wir zu, daß ihm keiner seiner militärischen Gegner gewachsen war, so beweist dies noch immer nicht für jene innere Größe, für jene moralische Erhabenheit, welche die Mitwelt mit sich fortreißt, ihr Jahrhundert bildet, und Segen noch auf die späte Nachwelt bringt. Napoleon war ein großer Soldat – aber kein großer Mensch."

„Sohn!" erwiderte der General, „wie kannst du in irgendeinem Fach des Wissens groß, größer als sonst ein Mann des Jahrhunderts werden, *ohne ein großer Mensch* zu sein? Die Maschine ist es nicht, nicht dieser Körper ist es, was sie groß macht, es ist der Geist. Jene veralteten Formen Europas, von klugen Männern vor tausend Jahren ausgedacht, stürzten zusammen, weil es Formen waren, die der Geist verlassen hatte; sie brachen ein vor den Blitzen seines Genies, sie hatten das Schicksal jener Leichname, die in Grüften eingeschlossen, in ihren fürstlichen Leichenprunk gehüllt, Jahrhunderte überdauern, weil sie die Kerkerluft ihres Grabes nicht vermodern läßt. Berühre sie mit *lebendiger* Hand, hauche sie an mit *freiem* Odem und – sie zerfallen in Asche!"

„Dies beweist nicht gegen mich", sagte Willi –

„Und wo ist denn das große und feste Reich, das der große Mann gründete?" unterbrach ihn Thierberg; „Sie vergleichen unsere schönen, alten Institutionen, Gott möge es Ihnen verzei-

hen, mit einem Leichnam, aber was war denn jener korsische
Kaiserthron, was sein Staatsgebäude, als ein Kartenhaus?"

„Ich habe nie gesagt, daß Napoleon der Mann war, einen
großen Staat zu gründen", antwortete der alte Willi; „Frankreich war unter ihm ein Lager, dessen erste Posten die Rheinbundstaaten bildeten. Er hätte vielleicht ein Ende genommen,
das seiner oder Frankreichs unwürdig gewesen wäre, wenn er
einige Jahre in beständiger Ruhe und Frieden regiert hätte."

„So war also das Ende, welches er nahm, seiner würdig?"
fragte Rantow lächelnd.

„Nicht der Platz, auf welchem wir stehen", versetzte der
General, nicht ohne Wehmut, „nicht der Raum, sei er groß oder
klein, gibt uns Würde oder Schmach. *Wir* sind es, die uns und
unseren Posten adeln oder schänden. Die Welt hat gelacht und
gehöhnt, als man den größten Geist des Jahrhunderts auf eine
öde Insel verbannte. Dort, an der höchsten Felsenspitze, haben sie
den alten Adler angeschlossen, wo er nur in die Sonne, auf den
weiten Ozean und in einige treue Herzen sah. Aber man hat
nicht bedacht, wie vielen Stoff zum Lachen man der Nachwelt
gebe; es war nicht *Strafe,* was ihn dorthin verbannte, *wer* in
Europa konnte *ihn strafen?* Es war — Furcht. So mußte es kommen, daß man in ihm noch immer den *Gefürchteten* sah; und
manche Herzen, die sich von ihm abgewendet hatten, fingen an,
ihn wieder zu lieben; pflegt doch das Unglück die Menschen zu
versöhnen und — es war ja nichts an seine Stelle getreten, was
ihn hätte vergessen machen können."

„Glauben Sie etwa, Herr Nachbar", sagte Thierberg, „es hätte
wieder ein solcher Attila auftreten müssen, nur um die Zeitungsschreiber zu unterhalten? Vergessen wird man wohl jenen Namen noch lange nicht, aber — man wird ihn verdammen."

„Mancher hat ein persönliches Recht dazu, und ich kann *ihn*
darum nur beklagen, nicht entschuldigen, daß sein Gang über die
Erde nicht die gebahnte Straße ging. Aber man wird auch mit
andern Gefühlen sich seiner erinnern. Die Großen der Erde scheinen zwar nicht viel von ihm gelernt zu haben, desto mehr vielleicht die Kleinen. Er hat sich seine Bahn so erhaben aufgerissen, als Alexander, er hat sie verfolgt wie Cäsar, man hat ihm
gedankt, wie dem Hannibal, auf jenem Felsen hat er gelebt,
wie Seneca, und seine letzten Tage waren eines Sokrates würdig."

„In diesem Punkt werden wir nimmer einig", erwiderte der

alte Thierberg; „was mich betrifft, so kömmt er mir vor, als habe er seine Laufbahn eröffnet wie ein Aventurier, habe sie verfolgt, wie ein Räuber, habe mit seinem Raub verfahren, wie ein verzweifelter Spieler, und habe geendet, wie ein – Komödiant!"

„Wir sind noch nicht seine Nachwelt", bemerkte Robert Willi. „Erst wenn alle Parteien, die persönliches Interesse aussprachen, von der Erde verschwunden sind, dann erst wird man mit klarem Auge richten. Mein Held ist er nicht, aber in seinen italienischen Feldzügen erscheint er wie ein Wesen höherer Art, und dies wenigstens werden auch Sie zugeben, Herr von Thierberg."

„Es ist möglich", versetzte der Alte, „er hat damals mein Staunen, meine Bewunderung erregt; aber wie schnell wurde ich von meiner Vorliebe geheilt! Wenn er damals den Bourbons den Thron zurückgegeben hätte – die Macht hatte er dazu – so wäre er mir wie ein Engel erschienen."

„Dies war wegen seiner Armee, die anders dachte, unmöglich", antwortete der General.

„Sie erinnern sich", fuhr der Alte fort, „daß ich Ihnen öfter von einem französischen Kapitän erzählte, der mich in der Schweiz aus großer Verlegenheit rettete; – der einzige Franzose, den ich achte, und für den ich noch jetzt alles tun könnte. Mit diesem sprach ich damals auch über *diesen* Punkt. Ich sagte ihm, daß Frankreich ohne Rettung verlorengehe, wenn es in der ewigen, sich immer von neuem gebärenden Revolution fortfahre. Nur ein König an der Spitze könne es retten. – Er gab es zu; er sagte mir, daß die Bourbons eine große Partei in Paris hätten und daß mein Gedanke vielleicht erfüllt würde. Ich fragte ihn, wie der Konsul Buonaparte, der damals an der Spitze stand, darüber dächte. ,Er äußert sich nicht', erwiderte mir der Kapitän, ,aber wenn ich ihn recht verstehe', setzte er lächelnd hinzu, ,so wird Frankreich bald nur *einen* Meister haben.' Ich deutete dies Wort meines neuen Freundes damals auf die Zurückkunft der Bourbons, leider ist es an Buonaparte selbst in Erfüllung gegangen."

Der junge Willi war schon zu Anfang dieser Rede aufgestanden; er hatte Annas Vater die Geschichte von seinem Kapitän schon einige dutzendmal erzählen gehört, und sein Blut wallte in diesem Augenblick noch zu unruhig, als daß er sie von neuem anhören mochte; er ging mit zögernden Schritten im Saal auf und nieder; als aber der alte Thierberg im Gespräch mit dem General auf die jetzigen Verhältnisse Frankreichs einging, ein Punkt, über den sie niemals in Streit gerieten, gesellte sich auch Rantow zu dem jungen Willi. Er ließ sich von ihm die Geschichte der letzten Wochen noch einmal wiederholen, führte ihn unbemerkt in das nächste Zimmer und dann auf die breite Hausflur. Dort hielt er plötzlich inne und flüsterte dem erstaunten jungen Mann ins Ohr: „Sie dürfen vor mir kein Geheimnis mehr haben; Anna hat mir alles entdeckt und auf meinen Beistand können Sie sich verlassen." Noch einen Augenblick zweifelte Robert, weil ihm diese Nachricht zu neu und unerwartet kam; als aber Rantow ins einzelne einging und ihm erzählte, was in jener Schreckensnacht vorgefallen sei, als er ihm entdeckte, wie ungünstig gegenwärtig die Verhältnisse seien, da stand jener nicht länger an, die Hülfe, die ihm geboten wurde, anzunehmen, er bat Albert, ihm, wenn es möglich wäre, Gelegenheit zu verschaffen, mit Anna zu sprechen.

Der Gast aus der Mark dachte einige Augenblicke nach, ob er dies möglich machen könnte. Anna hatte ihn selbst zwar nie auf ihr Boudoir im Turm eingeladen, aber er hoffte in solcher Begleitung nicht unwillkommen zu sein; das einzige, was ihn hätte abhalten können, war die Furcht vor dem Zorn seines Oheims, im Fall diese Zusammenkunft entdeckt würde, aber die Lust, wo er nicht selbst die Rolle übernehmen konnte, wenigstens die Intrige zu unterstützen, siegte über jede Bedenklichkeit; er winkte dem jungen Willi, ihm zu folgen. Der Gang nach Annas Turm war ihm bekannt. Nach der Lage ihrer Fenster mußte ihr Gemach noch zwei Stockwerke höher liegen, als der Saal. Sie stiegen eine enge, steile Treppe von Holz hinan, die unter jedem Tritte, so behutsam sie auch stiegen, ächzte. Zum nicht geringen Schrecken begegnete ihnen auf dem ersten Stock der alte Hanns, der sie verwundert ansah. Albert winkte seinem Gefährten, nur immer voranzugehen, er selbst nahm, ohne in seiner Bestürzung zu bedenken, ob es klug sein möchte, den alten Diener auf die Seite: „Hanns!" sagte er, „wenn du deinem Herrn ein Wort –" „Oh", erwiderte jener schlau lächelnd, „da hat es gute Wege, sowenig als in jener Nacht, da Sie mich beinahe in den Neckar warfen, ich bin so still wie ein toter Hund." Beruhigt folgte Rantow dem Liebhaber; sie hatten bald das Ende der Treppe erreicht und standen nun auf einer Art von Vorsaal; die Reinlichkeit und Zierlichkeit, die hier herrschte, ließ ahnen, daß man sich nicht mehr weit von Annas Gemach befinde. Zwei Türen gingen auf diesen Vorplatz; sie wählten auf gutes Glück die nächste, pochten an – keine Antwort. Sie pochten wieder; jetzt tat sich die zweite Türe auf, und Anna erschien auf der Schwelle.

Sie errötete, als sie die beiden jungen Männer sah, doch, als habe dieser Besuch nichts Auffallendes an sich, lud sie dieselben durch einen freundlichen Wink ein, näher zu treten. „Ihr kommt wohl um die schöne Aussicht von meinem Turm zu betrachten?" sagte sie; „jetzt erst fällt mir bei, daß du nie hier warst, Albert, aber so ganz bin ich schon an diesen herrlichen Anblick gewöhnt, daß es mir nicht einmal einfiel, dich hieher einzuladen."

12

Das Gemach war klein, die Geräte gehörten einer früheren Zeit an, aber dennoch war alles so freundlich und geschmackvoll geordnet, daß Rantow, nachdem er die Aussicht geprüft, die nächsten Umgebungen gemustert, und alles recht genau angesehen hatte, dieses Zimmer für das schönste im Schloß erklärte. Nur eine breite Kiste, von schlechtem Holz zusammengezimmert, die auf einer Kommode stand, schien ihm nicht mit den übrigen Gerätschaften zu harmonieren. So ungerne er die beiden Liebenden, die, anscheinend in die Aussicht auf das Tal hinab vertieft, eifrig zusammen flüsterten, stören mochte, so war doch seine Neugierde, zu wissen, was der geheimnisvolle Schrank verberge, zu groß, als daß er nicht seine Base darüber befragt hätte.

„Bald hätte ich das Beste vergessen!" rief sie aus; „das Bild für Ihren Vater ist heute angekommen, Robert; ich habe es hieher gestellt, weil mein Vater nie hieher kömmt und weil ich es doch auch betrachten wollte." Sie rückte unter diesen Worten den Deckel des Schranks, Willi half ihn herabnehmen, und das Bild eines Reiters, der auf einem wilden Pferd eine Anhöhe hinansprengt, wurde sichtbar.

„Buonaparte!" rief Rantow, als ihm die kühnen, geistvollen Züge aus der Leinwand entgegensprangen.

„Erkennst du ihn?" fragte Anna lächelnd. „Das war der Sieger von Italien!"

„Ich hätte nicht geglaubt, daß die Kopie so gut gelingen

könnte", bemerkte Willi; „aber wahrlich, David war ein großer Maler. Wie edel ist diese Gestalt gehalten, wie glücklich der Einfall, diesen hochstrebenden Mann nicht in der gebietenden Stellung eines Obergenerals, sondern in einer Kraftäußerung aufzufassen, die einen mächtigen Willen, und doch eine so erhabene Ruhe in sich schließt."

„Ich kenne das Original", sagte Rantow, „es ist in der Galerie zu Berlin aufgestellt, und ich finde diese Kopie trefflich; für Liebhaber des Gegenstandes, worunter ich nicht gehöre, gewinnt dieses Gemälde um so höheres Interesse, als die Idee dazu von Napoleon selbst ausging. Man sagt, David habe ihn malen wollen als Helden, den Degen in der Hand, auf dem Schlachtfelde; Buonaparte aber erwiderte die merkwürdigen Worte: ‚Nein! mit dem Degen gewinnt man keine Schlachten; ich will *ruhig* gemalt sein – auf einem wilden Pferde.'"

„Dank dir für diese Anekdote", erwiderte Anna, „sie macht mir das Bild um so lieber, und nicht wahr, Robert", setzte sie hinzu – „auch dein Vater soll durch seine Originalität nur noch mehr erfreut werden."

„Anna!" unterbrach die Beschauenden eine dumpfe, wohlbekannte Stimme. Sie sahen sich um, der alte Thierberg, auf seinen Diener gestützt, stand mit hochrotem, zürnendem Gesicht und zitternd vor ihnen; der General, welcher seitwärts stand, schien verlegen und ängstlich. Aber so schnell war dieser Schreck, so groß die Furcht Annas vor ihrem Vater, und so furchtbar sein Anblick, daß sie zu schwanken anfing, und hätte der General sie nicht unterstützt, sie wäre in die Kniee gesunken.

„Sind das die gerühmten Sitten Ihres Herrn Sohnes", wandte sich der Alte bitter lachend zu dem General, indem er bald den Sohn, bald den Vater ansah; „heißt das, wie Sie mir vorzumalen suchten, sich in den zartesten Grenzen des Anstandes halten? Herr! wie kommen Sie dazu, mit meiner Tochter *allein* auf ihrem Zimmer zu sein."

„Oncle –" rief Rantow, um ihn zu belehren.

„Schweig, Bursche!" antwortete ihm der zürnende Alte, indem er immer den jungen Willi mit glühenden Blicken ansah.

„Ich denke", erwiderte dieser ruhig und mit stolzer Fassung, „die Erziehung Ihrer Tochter und Annas Sitten müßten Ihnen Bürge sein, daß ein Mann, selbst wenn er allein käme, sie besuchen dürfte, vorausgesetzt, sie will ihn empfangen, und über den letzteren Punkt steht nach allen Gesetzen der guten Sitte der jungen Dame selbst, nicht aber Ihnen, Herr von Thierberg, die Entscheidung zu."

Diese Worte schienen seinen Eifer noch mehr zu entflammen, er atmete tief auf, aber in diesem Augenblick trat sein Neffe mutig dazwischen und redete ihn auf eine Weise an, die, wie ihn sein kurzer Aufenthalt bei den Thierbergs gelehrt hatte, die Wirkung nicht verfehlen konnte. „Herr von Thierberg", rief er bestimmt und mit ernster Miene, „Sie haben mir vorhin zu schweigen geboten, ich werde aber nicht schweigen, wenn man meiner Ehre zu nahe tritt; ich bin es gewesen, der Herrn von Willi hieher führte, ich bin es gewesen, der ihn hier unterhielt, und er hat mich hieher begleitet, weil ich ihn darum gebeten habe."

„Du warst zugegen?" fragte der Oheim mit etwas gemilderter Stimme. „Aber, was Teufel geht dich das Zimmer meiner Tochter an? was hattest du hier zu suchen?"

Mit einer theatralischen Wendung und sprechender Miene wandte sich der Neffe gegen die Hinterwand des Zimmers, deutete mit dem ausgestreckten Arm hin und sprach: „Hier steht, was ich suchte."

Der Alte trat mit schnelleren Schritten, als seine Krankheit erlaubte, näher. Er betrachtete das Bild und blieb mit einem Ausruf des Erstaunens stehen; seine trotzige Miene klärte sich auf, seine Stirn entfaltete sich, sein blitzendes Auge schimmerte nur noch von Rührung und Freude. „Gott im Himmel!" rief er aus, indem er das Mützchen abnahm, das er beständig trug. „Wer hat mir das getan, woher, woher habt ihr ihn? Wer hat ihn meinen Gedanken nachgebildet, wer hat mir diese Züge, diese Augen hier, hier aus meinem Herzen herausgestohlen?"

Die Männer sahen sich staunend an, betreten richtete sich Anna auf und trat näher, denn sie besorgte, ihr alter Vater rede irre. „Wer hat dies Bild hieher gestellt?" fragte er nach einer Pause, indem er sich umwandte, und alle sahen Tränen in seinen Augen glänzen.

„Ich, mein Vater", sagte Anna zögernd.

„O du gutes Kind!" fuhr er fort, indem er sie in seine Arme schloß, „wie Unrecht habe ich dir vorhin getan! Als ich in dieses Zimmer trat, glaubte ich, du habest mich tief gekränkt und doch hast du mich so unendlich erfreut! – Kennst du ihn, Hanns?" wandte er sich an seinen Diener, „kennst du ihn nicht wieder?"

„Gott straf mich – er ist's!" erwiderte der alte Reitknecht.

„Solche schreckliche Augen machte er gegen die fünf Buschklepper, die uns auszogen, o das war ein braver Herr!"

Die, welche den Herrn und seinen Diener so sprechen hörten, konnten sich von ihrem Staunen kaum erholen, sie sahen sich lächelnd an, als ahnen sie eine sonderbare Fügung des Geschicks, als sei ein schweres Gewitter segnend über ihnen hinweggezogen. Der General aber, der bald Anna, bald das Bild mit blitzenden Augen betrachtet hatte, trat näher heran und fragte den alten Thierberg, wen er denn in diesem Bilde wiedererkenne?

„Das ist derselbe treffliche Kapitän", antwortete er, „der mich am Fuß des St. Bernhard aus der Gewalt ruchloser Soldaten errettete; wie? er ist derselbe, von welchem ich Ihnen so oft erzählte; das Muster eines braven Mannes, eines gebildeten und klugen Soldaten."

„Nun, so bitte ich Sie", fuhr der General mit inniger Rührung fort, indem auch ihm eine Träne im Auge schwamm, „ich bitte Sie im Namen dieses Mannes, den ich auch kannte, Sie mögen ihm vergeben, wenn er nachher anders handelte, als Sie damals dachten!"

„Wie? Sie haben ihn gekannt?" rief der Alte dringend, indem er die Hand des Generals faßte, „wer war er, wie heißt er, lebt er noch?"

„Er ist tot – seinen Namen kannte die Welt – dieser Mann hier ist –"

„Nun?" drängte der Alte den General, dem die Stimme zu brechen schien. – „Wer? doch nicht –"

„Dieser Mann", rief der General mit einem feurigen Blick auf das Gemälde, „dieser Mann war – Napoleon Buonaparte, der Kaiser der Franzosen."

Der Alte setzte seine Mütze auf; er drückte die Augen zu und in seinem Gesichte kämpfte Unmut mit Rührung. Doch als er nach einer Weile das Bild wieder ansah, schien er es nicht über sich zu vermögen, dem stolzen Reiter gram zu werden; „Du also?" sprach er zu ihm, „du warst dieser – kühne Mann? Das war also deine Meinung? Du hast mir mein Kleid, meinen Hut und meine Börse zurückgegeben, um mir nachher mein alles zu rauben?"

„Vater", sagte Anna schmeichelnd, „wie glücklich waren Sie aber dennoch! Der erste Mann des Jahrhunderts hat so traulich zu Ihnen gesprochen."

„Ja, das haben wir", erwiderte der Alte lächelnd und nicht

ohne Stolz, „recht freundlich haben wir uns unterhalten, ich und er, und er schien Gefallen an mir zu finden. Ich habe nicht gehört, daß der erste Konsul sich je gegen einen so offen ausgesprochen hätte, wie damals gegen mich; ‚Frankreich wird nicht mehr lange ohne König sein', waren seine eigenen Worte; du hast es erfüllt, kleiner Schelm! – Ha! und geradeso sah er aus, so warf er noch einmal den stolzen Kopf herüber, als er sein Roß den Berg hinantrieb und die Feldmusik des Regimentes herüberklang. General Willi – es war doch ein großer Geist!"

„Gewiß!" sagte der General freudig gerührt, indem er dem Alten die Hand drückte. „Aber, wie kam nur dies Bild hieher zu Ihnen, Anna?"

„Darf ich es verschweigen, Robert?" antwortete sie; „nein, er hat es ja doch schon gesehen. Ihr Sohn wollte Sie an Ihrem Geburtstag damit überraschen, und ich erlaubte, daß das Bild einstweilen hier aufgestellt würde."

Der alte Thierberg hatte aufmerksam zugehört; er schien überrascht und ging auf den jungen Willi zu, dem er seine Hand bot. „Junger Mann", sagte er, „ich habe Ihnen vorhin bitter Unrecht getan, ich sehe jetzt, daß Sie ein schönerer Zweck auf dieses Zimmer führte, als ich anfangs dachte; werden Sie mir meine übereilten Worte, meine Hitze vergeben?"

Robert errötete. „Gewiß, Herr von Thierberg", antwortete er, „und wenn Sie noch zehnmal heftiger gewesen wären, so konnten Sie mich zwar kränken, aber niemals beleidigen; es ist hier nichts zu vergeben."

„Wirklich?" erwiderte der alte Herr sehr freundlich, „und, wenn ich fragen darf – wo haben Sie das Bild gekauft? Könnte man nicht sich auch ein Exemplar verschaffen? Ich möchte doch den grand capitaine, *meinen* Kapitän in meinem Zimmer haben."

„Wie ich meinen Vater kenne", sagte der junge Mann, „so wird er dieses Bild vielleicht noch lieber in Ihrem Hause, als in dem seinigen sehen. Ich bitte, erlauben Sie, daß ich es dort aufhänge."

„Sie machen mir ein großes Geschenk, lieber Robert", sagte Thierberg; „wohin ist es mit unsern Gesinnungen gekommen? Ich glaube, wir denken im Grunde gleich über diesen Buonaparte, und doch sind *Sie* es, der mir ihn anbietet, und mir macht es Freude, ihn anzunehmen. Ich habe wenige Bilder, aber einige alte, gute; suchen Sie sich etwas aus, nehmen Sie dafür aus meinem Schloß, was Sie wollen."

„Halt!" rief der General, „bei diesem Handel bin ich auch beteiligt; ich kenne den unglücklichen Geschmack meines Sohnes und weiß, wie wenig er auf *alte* Bilder hält; wollen Sie ihm nicht ein *jüngeres* dafür geben? Thierberg, vor diesem Bilde, das nun auch für Sie von Bedeutung ist, wiederhole ich meine Werbung. Ihre Anna um diesen Napoleon."

Der alte Herr war betreten, er warf verlegene Blicke auf die Umstehenden, endlich haftete sein Auge auf Davids Gemälde. „Du hast viel verschuldet", sprach er, „Europas alte Ordnung hast du umgeworfen, und nun nach deinem Tode willst du dich in meine Haushaltung mischen?"

„Herr Baron!" sagte der alte Hanns mit gerührter Stimme, „nehmen Sie es einem alten Diener nicht ungnädig auf, aber wissen Sie noch, was Sie zu dem braven Kapitän sagten, und was Sie mir oft erzählt haben? Monsieur, haben Sie gesagt, wenn Sie einst durch Schwaben kommen und in unsere Gegend, so vergessen Sie nicht auf Thierberg einzusprechen, daß Sie mich nicht zu Ihrem ewigen Schuldner machen."

Herr von Thierberg aber strich sich nachdenklich mit der Hand über die Stirne, warf noch einen zögernden Blick auf das Bild, und führte dann Anna zu Robert Willi. „Nimm sie hin!" sagte er fest und ernst. „Ich habe es nicht tun wollen, aber vielleicht war es gut, daß dies alles so kommen mußte; nimm sie hin!"

Mit großer Rührung umarmte der General den alten Mann, und indem Robert überrascht und selig seine Braut, wir wissen nicht ob zum erstenmal an seine Lippen drückte, schüttelte der Gast aus der Mark, um nicht ganz teilnahmlos zu erscheinen, dem alten Diener herzlich die Hand. Albert hat nachher erzählt, daß er in jenem feierlichen Augenblick, trotz seines inneren Widerstrebens, gut Napoleonisch gesinnt gewesen sei, und zum erstenmal in seinem Leben jene Macht und Überlegenheit gefühlt und anerkannt habe, die jener große Geist auf die Gemüter zu üben pflegte.

Er erzählte auch, daß der alte Thierberg jenen sonderbaren Tausch niemals bereut habe; er fand in seinem Schwiegersohne Eigenschaften, die er ihm nie zugetraut hatte, und als er ihn bei der Verwaltung der Güter seines Vaters mit Rat und Tat unterstützte, lebte er im Glücke seiner Kinder die Tage seiner eigenen Jugend wieder.

Von der Hochzeit des jungen Paares sprach der Gast aus der

Mark nicht gerne, man sah ihm an, daß er lieber selbst mit der liebenswürdigen Anna vor den Altar getreten wäre. Einen Zug aber aus diesem glänzenden Tag pflegte er bei Wiederholung dieser Geschichte nie zu vergessen, vielleicht nur um jene schwärmerischen Anhänger Napoleons und seinen neubekehrten Oheim ins Komische zu ziehen. Der alte Gardist des Generals, erzählte er, habe alle Domestiken und einige junge Burschen zum Vivatschreien abgerichtet, und die schöne Braut mit ins Geheimnis gezogen; er habe seine Leute unter die Türen des großen Saales im Schlosse Thierberg gestellt, und als nun mancher Toast ausgebracht war, sei auch Anna mit dem Kelchglas aufgestanden, und habe mit ihrer süßen Stimme „dem Bild des Kaisers" die Ehre eines Toasts gegeben. Da wurde der Jubel rauschend, die Gäste stießen an, Hanns und der Gardist schwangen zum Zeichen ihre Mützen, und wohl aus fünfzig Kehlen schallte ein jauchzendes: „Vive l'Empereur!"

ANHANG

ANMERKUNGEN

Verzeichnis der Siglen und Abkürzungen

Anm.	=	Anmerkung(en)
AT	=	Altes Testament
Bl.	=	Blatt, Blätter
Drescher	=	Hauffs Werke in sechs Teilen. Auf Grund der Hempelschen Ausgabe neu herausgegeben mit Einleitungen und Anmerkungen versehen von Max Drescher. Berlin–Leipzig–Wien–Stuttgart o. J. [1908]. In: Goldene Klassiker-Bibliothek. Hempels Klassiker-Ausgaben in neuer Bearbeitung.
E	=	Erstdruck
Engelhard	=	Wilhelm Hauff. Werke (I und II). Herausgegeben von Hermann Engelhard. Stuttgart 1961 f.
Güntter	=	Briefe, Gedichte und Entwürfe von Wilhelm Hauff. Mitgeteilt von Otto Güntter. Schwäbischer Schillerverein Marbach–Stuttgart. Einunddreißigster Rechenschaftsbericht über das Jahr 1. April 1926/27. Stuttgart 1927. S. 64 ff.
GWb	=	Deutsches Wörterbuch von Jacob Grimm und Wilhelm Grimm. Leipzig 1854 ff.
H.	=	Wilhelm Hauff
Hofmann	=	Wilhelm Hauff. Eine nach neuen Quellen bearbeitete Darstellung seines Werdeganges. Mit einer Sammlung seiner Briefe und einer Auswahl aus dem unveröffentlichten Nachlaß des Dichters von Hans Hofmann. Frankfurt a. M. 1902.
Hs	=	Handschrift
Jh.	=	Jahrhundert
Krauß	=	Wilhelm Hauffs sämtliche Werke in sechs Bänden. Mit Einleitungen und Anmerkungen herausgegeben von Rudolf Krauß. Leipzig o. J. [1912]. In: Hesses Neue Leipziger Klassiker-Ausgaben.
m. d. T.	=	mit dem Titel
Mendheim	=	W. Hauffs Werke. Herausgegeben von Max Mendheim. Kritisch durchgesehene und erläuterte Ausgabe. Erster [bis Vierter] Band. Leipzig

	und Wien o. J. [1891]. In: Meyers Klassiker-Ausgaben.
NT	= Neues Testament
Paul/Betz	= Hermann Paul, Deutsches Wörterbuch. 5. völlig neubearbeitete und erweiterte Auflage von Werner Betz. Tübingen 1966.
Riecke	= Meine Eltern, ihre Geschwister und ihre Freunde. Von Karl Riecke. Als Handschrift gedruckt. Stuttgart 1897.
Roggenhausen	= Peter Roggenhausen, Hauff-Studien I, II und III. Archiv f. d. Studium der neueren Sprachen und Literaturen, 156. Bd., 1929, S. 161 ff., und 157. Bd., 1930, S. 13 ff. und S. 161 ff.
Schwab	= Wilhelm Hauffs sämmtliche Schriften, geordnet und mit einem Vorwort versehen von Gustav Schwab. Erstes [bis Sechsunddreißigstes] Bändchen. Stuttgart, 1830.
Sp.	= Spalte
T	= Textvorlage
u. d. T.	= unter dem Titel
zit.	= zitiert

MÄRCHEN

Erstdrucke:
Mährchen-Almanach auf das Jahr 1826, für Söhne und Töchter gebildeter Stände. Herausgegeben von Wilhelm Hauff. Erster Jahrgang. Stuttgart. Druck u. Verlag der J. B. Metzler'schen Buchhandlung. 1826. (= T)
Mährchenalmanach für Söhne und Töchter gebildeter Stände auf das Jahr 1827 herausgegeben von Wilhelm Hauff mit Kupfern Stuttgart bei Gebrüder Franckh. 1827. (= T)
Mährchenalmanach für Söhne und Töchter gebildeter Stände auf das Jahr 1828 herausgegeben von Wilhelm Hauff mit Kupfern Stuttgart bei Gebrüder Franckh. 1828. (= T)

H's Märchen zählen zu den – auch heute noch – bekanntesten und beliebtesten seiner Werke. Die drei in den Jahren 1826–1828 erschienenen Almanache wurden schon 1832 in einer Gesamtausgabe u. d. T. *Märchen für Söhne und Töchter gebildeter Stände* zusammengefaßt, die bis 1890 neunzehn Auflagen erreichte. Daneben erschienen zahlreiche, z. T. kostbar ausgestattete und illustrierte Einzelausgaben.

Die Anfänge von H's Märchendichtungen reichen bis in seine Schulzeit zurück, wo er wohl auch schon solche zunächst im Kreise der Geschwister und Freunde vorgetragenen Erzählungen niederschrieb. Einen größeren, interessierten Zuhörerkreis fand der junge Hauslehrer in der Familie des Barons von Hügel in Stuttgart. Dort erhielt er auch die Anregung, eine eigene Sammlung von Märchen in Form eines in Fortsetzungen erscheinenden Jahrbuchs für die Jugend herauszugeben. Den ersten Jahrgang stellte H. in kurzer Zeit zusammen und versah ihn mit einem einleitenden Vorspann; als *Almanach auf das Jahr 1826* kam er im November 1825 in der J. B. Metzlerschen Buchhandlung heraus, die schon ein Jahr vorher H's Sammlung von Volks- und Kriegsliedern verlegt hatte.

Deutlich erkennbar ist in diesen Märchen die Beeinflussung durch die orientalischen Erzählungen aus *Tausendundeine Nacht*, die in Europa durch die 1704 ff. veröffentlichte Sammlung *Les milles et une Nuits traduits en François* von Jean Antoine Galland (1646–1715) zuerst bekannt geworden waren. Die erste große deutsche Übersetzung gaben Habicht, v. d. Hagen und Schall in 15 Bänden 1825 heraus.

Darüber hinaus finden sich in einzelnen Figuren und Motiven Anklänge an die *Kinder- und Hausmärchen* der Brüder Grimm (3 Bde., 1812–1822) sowie an zeitgenössische Räuber- und Ritterromane und die phantastischen Erzählungen E. T. A. Hoffmanns.

Im einzelnen lassen sich für die Märchen des ersten Almanachs folgende Quellen und Vorlagen nachweisen:

Für *Märchen als Almanach:* Das *Mährlein* von Peter Klug (1799).

Für *Die Geschichte vom Kalif Storch:* Die *Geschichte vom König Papagei* in *Tausendundeine Nacht* und die französische Sammlung *Cabinet des fées* (Genf 1786) nach den *Soirées bretonnes, contes de fées* (1712) von Thomas Simon Geulette.

Für *Die Geschichte vom Gespensterschiff: Van Evert oder der Ursprung der Matrosensage vom fliegenden Holländer*, Stuttgarter Morgenblatt 1824, Nr. 45.

Für *Die Geschichte von der abgehauenen Hand:* Das Mordmotiv und das Motiv der abgehauenen Hand finden sich in der *Geschichte des jüdischen Arztes* und der *Geschichte des christlichen Kaufmanns* in *Tausendundeine Nacht*; weitere Anregungen erhielt H. durch die Erzählung *Der Grünmantel von Venedig* von H. Clauren (1818).

Für *Die Errettung Fatmes:* Unmittelbare Quelle war die Novelle *Almansor* (1804) von Christian Jakob Contessa (1767–1825).

Für *Die Geschichte vom kleinen Muck:* Einsiedel, *Die Prinzessin mit der langen Nase* (nach der Sammlung *Cabinet des fées*, Genf 1786, und dem *Volksmärchen von den drei Junggesellen, die auszogen, ihr Glück zu suchen* in: *Italienische Miscellen* von Philipp Joseph Rehfues, Tübingen 1804/06).

Für *Das Märchen vom falschen Prinzen:* Eine unmittelbare Quelle ist bisher nicht nachgewiesen worden; für einzelne Motive finden sich Vorbilder in *Tausendundeine Nacht*, in den Märchen der Brüder Grimm, in Voltaires Roman *Zadig ou la destinée* (Kap. 19) und in Shakespeares *Kaufmann von Venedig*.

Der *Märchenalmanach für Söhne und Töchter gebildeter Stände auf das Jahr 1827* erschien nicht mehr in der Metzlerschen Buchhandlung, sondern im Verlag der Gebrüder Franckh, die auch H's Romane herausbrachten. In dieser zweiten Sammlung stammen außer der Rahmenerzählung nur vier Beiträge von Hauff selbst. Außerdem wurden das Märchen *Der arme Stephan* von dem Archäologen und Kunstschriftsteller Gustav Adolf Schöll (1805–1882) und die Erzählung *Der gebackene Kopf* von James Justinian Morier (1780–1849) aus dessen *Adventures of Hajji Baba of Isphahan* in der Übersetzung von Rudolf Wald (Leipzig 1824) aufgenommen sowie *Das Fest der Unterirdischen* und das Märchen von *Schneeweißchen und Rosenrot* von Wilhelm Grimm (1786–1859), der wohl vor allem auf Betreiben des Verlags um einen Beitrag gebeten worden war. (In unserer Ausgabe sind diese fremden Texte weggelassen, H's Rahmenerzählung ist jedoch ungekürzt wiedergegeben.)

H. schickte das gesamte von ihm durchgesehene Manuskript am 7. Juli 1826 aus Paris an den Verleger, überließ jedoch die Redaktion des Almanachs im einzelnen seinem Bruder Hermann. Diesem schrieb er unter dem 26. August aus Bremen: „Herzlichen Dank für Deine Mühe, die Du auf m. Mährchen-Almanach verwendest: Ich kann mir wohl denken, daß Du auf manche Schwürigkeit stößst! Schölls Mährchen ist allerdings voll Unrichtigkeiten, und wenn ich nicht irre habe ich auch einige angestrichen, im übrigen aber hast Du –: vollkommene Vollmacht zu ändern und zu streichen wie es Dir gut dünkt, und Du handelst darin in meiner Person, als Redacteur." Auch die Grimmschen „Ammenmährchen" sagten H. nicht recht zu, die Hauptsache sei aber doch, so fährt er fort, „daß wir seinen Namen haben, der nun einmal viel gilt". Auch in anderen Almanachen müsse ja „minder gutes Zeug ... die Lücken füllen" und schließlich „Aufgeben möchte ich aber doch diesen Mährchenalmanach nicht. 1. weil er sehr ehrenvoll schon in seinem ersten Jahrgang aufgenommen wurde und überall Beifall fand; 2. weil er mir doch immer eine sichere Einnahme von einigen hundert Gulden trägt." (Vgl. Engelhard, Bd. 2, S. 870.)

Von den Beiträgen H's zu diesem zweiten Märchenalmanach geht die Geschichte *Abner, der Jude, der nichts gesehen hat* hauptsächlich auf das 3. Kapitel: *Le chien et le cheval* des Romans *Zadig ou la destinée* von Voltaire (François Arouet, 1694–1778) zurück.

Unmittelbare Quelle für die satirische Erzählung *Der Affe als Mensch* mag E. T. A. Hoffmanns *Nachricht von einem gebildeten jungen Mann* aus den *Kreisleriana* in Bd. 4 der *Phantasien in Callots Manier* (1815) gewesen sein; im übrigen ist sie ein Tribut H's an die Jocko-Mode der damaligen Zeit. Jocko, der Affe in Menschengestalt, war zum erstenmal in einem beliebten und häufig kopierten Drama des Franzosen Joseph de Pougens (1755–1833) aufgetreten.

Der dritte, Ende 1827 ebenfalls im Verlag der Gebrüder Franckh

ANMERKUNGEN 729

erschienene *Märchenalmanach* (auf das Jahr 1828) vereinigt hauptsächlich Sagenstoffe. Zwar wurden in diesen Almanach keine Texte anderer Autoren aufgenommen, doch ist die Erzählung *Die Höhle von Steenfoll* kein eigenes Werk H's, sondern eine kaum veränderte Bearbeitung seiner Vorlage *The Nikkur Holl* aus dem 1. Bd. der *Tales of a Voyageur to the Arctic Ocean* (London 1826) des englischen Schriftstellers Robert Pearce Gillies (1788–1858) nach der deutschen Übersetzung von Eduard v. Bülow, *Erzählungen eines Reisenden nach dem nördlichen Eismeer* (Leipzig 1826/27).

Für die *Sage vom Hirschgulden* hat H. Gustav Schwabs *Sage von den drei Brüdern* in *Die Neckarseite der Schwäbischen Alb* als Quelle benutzt. Für die Erzählungen *Das kalte Herz* und *Saids Schicksale* lassen sich, wenn auch keine unmittelbaren Vorlagen, so doch zahlreiche Motive aus zeitgenössischen Werken wie aus den Märchen aus *Tausendundeine Nacht* als Quellen nachweisen.

(Zu dem gerade für die drei Märchenalmanache sehr komplexen Quellenproblem vgl. im einzelnen die ausführlichen Erläuterungen bei Roggenhausen, Bd. 157, S. 20 ff. und S. 161 ff., und Mendheim, Bd. 4, S. 445 ff., sowie die Einleitung zu den Märchen bei Drescher, Bd. 1, S. 45 ff.).

MÄRCHEN ALS ALMANACH

7 *Almanach:* ursprünglich Bezeichnung für einen Kalender, der mit poetischen Beilagen und Illustrationen geschmückt wurde. Diese wurden später zum Hauptbestandteil, und man verzichtete schließlich auf den Kalender. Hier also: Jahrbuch.
10 *einschwärzen:* einschmuggeln.

DIE KARAWANE

12 *Mekka:* Stadt in Saudiarabien; der berühmteste und heiligste Wallfahrtsort der Mohammedaner (Geburtsstadt Mohammeds), ein Kreuzungspunkt alter Karawanenstraßen.
13 *Bagdad:* Hauptstadt des Irak. – *Der große Prophet:* Beiname Mohammeds, des Stifters der islamischen Religion. – *Großvezier:* (Vezier: veraltet für: Wesir) Titel des höchsten Staatsbeamten in den orientalischen Ländern.
14 *Sorbet:* oder *Scherbet:* (arab.) kühlendes orientalisches Getränk, das aus Fruchtsäften hergestellt wird.

Die Geschichte von Kalif Storch

14 *Kalif:* (arab.) „Statthalter", Titel der islamischen Herrscher, als der rechtmäßigen Nachfolger Mohammeds.
16 *Mutabor:* (lat.) Ich werde verwandelt werden.

18 *Medina:* (arab.: Medînet el Nebî, „Stadt des Propheten") neben Mekka der wichtigste islamische Wallfahrtsort; dort befindet sich das Grab Mohammeds.

Die Geschichte von dem Gespensterschiff

25 *Balsora:* heute Basra oder Bassora; irakische Hafenstadt am Schatt el Arab, einst ein berühmter, wichtiger Handelsplatz.
26 *Koran:* (arab.) „Lesung", „Vortrag" der göttlichen Offenbarung; das Religionsbuch der Mohammedaner.
31 *Karawanserei:* (aus pers. kârwân sarai, „Serail") Unterkunft, Herberge für Karawanen.
33 *Zante:* italienischer Name für die Insel Zakynthos im Ionischen Meer. – *Derwisch:* (pers., „Bettler") mohammedanischer Bettelmönch. – *Sultan:* (arab., „Herrscher") im islamischen Orient Titel selbständiger Herrscher.
34 *Sindbad:* Der berühmte Reisende Sindbad ist eine der Hauptfiguren in der Märchensammlung *Tausendundeine Nacht.*
35 *Muselmann:* richtig: Muselman; verderbt aus arab.: Muslimîn, Mohammedaner.

Die Geschichte von der abgehauenen Hand

35 *Pforte: Die Hohe Pforte:* Bezeichnung für Hof und Palast des Sultans in Konstantinopel, dann allgemein für die türkische Regierung. Der Name geht wahrscheinlich auf die alte orientalische Gewohnheit zurück, nach der die Tore der Städte und Paläste als Versammlungsplätze und Gerichtsstellen dienten. – *Franken:* orientalische Bezeichnung für das westliche Europa und die Europäer; hier sind speziell Frankreich und die Franzosen gemeint.
36 *Stambul:* Istanbul.
37 *Dardanellen:* Meerenge zwischen der Ägäis und dem Marmarameer. – *Zechine: (ital: zecchino)* alte venezianische Goldmünze.
38 *Ponte Vecchio:* (ital., „alte Brücke") die älteste Brücke über den Arno in Florenz. – *Der Rotmantel:* ein Name und eine Gestalt, die H. in Anlehnung an die Erzählung *Der Grünmantel von Venedig* von H. Clauren bildete.
39 *astrachanischer Pelz:* oder *Astrachan:* das Fell von Frühgeburten oder Junglämmern des südrussischen Astrachanschafes.
50 *Kadi:* (arab./türk.) Richter.

Die Errettung Fatmes

50 *Korsar:* (ital.) Seeräuber, auch Seeräuberschiff.
54 *Bassa:* oder *Pascha:* (türk.) Titel hoher türkischer Staatsbeamter und Heerführer.
57 *Kapudan-Bassa:* (türk.) Großadmiral der türkischen Flotte.

Die Geschichte von dem kleinen Muck

66 *Nicea:* heute Isnik; Stadt in der alten Landschaft Bithynien im nordwestlichen Kleinasien.
68 *Damaszenerdolch: damaszieren:* feine, flammige Zeichnungen in Stahl oder Eisen, vor allem in Waffen, schmieden; ein aus dem Orient stammendes Verfahren, das besonders in Damaskus geübt wurde. – *Moschee:* (aus arab.: mesdschid, „Anbetungsort") das mohammedanische Gotteshaus.
74 *überfangen:* überholen.
81 *Aga:* (türk., „Herr") Titel höherer Beamter am türkischen Hof.
82 *Mufti:* (arab.) islamischer Gesetzeskundiger und Gesetzausleger; Berater der mohammedanischen Richter.

Das Märchen vom falschen Prinzen

82 *Alessandria:* oder *Alexandrien:* Gemeint ist die ägyptische Stadt Alexandria.
83 *Freitag:* bei den Mohammedanern der heilige Ruhetag.
84 *Elfi-Bei: Bei, Bey* oder *Beg:* (türk., „Herr") höherer türkischer Titel, der dem Namen seines Trägers nachgesetzt wurde.
85 *Ramadan:* oder *Ramasan:* der neunte Monat des mohammedanischen Jahres, der heilige Fastenmonat der islamischen Religion.
86 *Scheik:* oder *Scheich:* (arab.) Ältester und Oberhaupt eines arabischen Beduinenstammes.
87 *Kaftan:* (pers./türk.) orientalisches Gewand; ein langärmeliger, vorn offener, langer Überrock.
88 *Wechabiten:* oder *Wahhabiten:* die Anhänger einer um 1750 von Mohammed Ibn-Abd-el-Wahhab gegründeten reformerischen Sekte, die den Islam in seiner ursprünglichen Reinheit wiederherstellen wollte.
89 *Amethist:* Amethyst (griech.), ein Halbedelstein. – *Emir:* (arab.) Herrscher, Fürst; Titel unabhängiger Stammesfürsten im Orient.
91 *Zirkassierin:* Tscherkessin; die Tscherkessen sind ein kaukasischer Volksstamm.
92 *Gänge:* hier soviel wie: Schritte.
95 *Zemzem:* oder *Semsem:* heilige Quelle bei der Kaaba-Moschee in Mekka; der Sage nach von Gott für die fliehende Hagar in der Wüste geschaffen. Mohammed verhieß den daraus Trinkenden die Vergebung ihrer Sünden. – *Abassiden:* Abbasiden, mohammedanisches Fürstengeschlecht, das sich von Abbas, einem Onkel Mohammeds, ableitete und von 750–1258 über Bagdad herrschte.
98 *Birket:* (arab.) soviel wie: Landsee. – *el Had:* ein Brunnen oder natürlicher Wasserbehälter in den nordafrikanischen Ländern. – *weil der Prophet hindurchgezogen ist:* Alt-Kairo oder Fostât wurde erst 640, also nach Mohammeds Tod (632), gegründet.

101 „Santo sacramento‹: (ital.) „heiliges Sakrament!" – ‚Maledetto diavolo‹: (ital.) verfluchter Teufel.
102 Moslemiten: eigentlich: Mosleminen, Anhänger des Islam. – jene Landung: Gemeint ist Napoleons Feldzug in Ägypten (1798/99).
103 Mamelucken: (arab., „Kaufsklaven") später freigelassene türkische Sklaven, die für den Heeresdienst nach Ägypten eingeführt worden waren und im 13. Jh. dort zur Herrschaft gelangten. Die Mamelucken wurden während des französischen Ägyptenfeldzuges von Napoleon bei den Pyramiden besiegt. (Vgl. die vorhergehende Anm.)

Der Scheik von Alessandria und seine Sklaven

104 der Tartar: (richtig: Tatar) Die Tataren waren ursprgl. ein mongolischer Volksstamm, später wurde der Name gebräuchlich für die türkisch sprechenden Völker Ostasiens. Hier also: Tatarenfürst. – Reis-Effendi: bis 1836 gebräuchlicher Titel des Ministers für auswärtige Angelegenheiten in der Türkei. – Kapidschi-Baschi: Titel des Aufsehers über die Kapidschi oder Kapudschi, die Türhüter des Serails am türkischen Hof.
105 Betel: ein bei den orientalischen Völkern beliebtes Kaumittel, bereitet aus den Blättern des ostindischen Betelpfeffers, der Arekanuß und gebranntem Kalk.
106 Moskowiter: Bezeichnung für die Bewohner Moskaus, dann allgemein für: Russen.
107 Krieg mit uns führten: Vgl. die Anm. zu S. 102 (jene Landung). – Frankistan: das Land der Franken, Frankreich.
108 Giaur: oder Gjaur: (von arab.: kâfir, türk. kiâfir, „Leugner") Ungläubiger; islam. Bezeichnung für Nichtmohammedaner, vor allem Schimpfname für Christen. – ihren Sultan umgebracht: Gemeint ist die Hinrichtung König Ludwigs XVI., am 21. Januar 1793.
109 Schalem aleikum: richtig: Selam aleikum: Grußformel der Mohammedaner; soviel wie: „Friede sei mit Euch", „Heil über Euch".

Der Zwerg Nase

112 Harun al Raschid: (765–809) der wegen seiner angeblichen Gerechtigkeitsliebe und Großherzigkeit berühmteste Kalif aus der Dynastie der Abbasiden, der Beherrscher Bagdads. Held aus Tausendundeine Nacht. Die Geschichte berichtet dagegen auch von seiner Grausamkeit und Verschwendungssucht. – von acht Jahren: Vgl. dagegen S. 120, wo H. das Alter des Knaben zu dieser Zeit mit zwölf Jahren angibt.
128 St. Benedikt: Benedikt von Nursia (um 480–543), der Stifter des Benediktinerordens und Gründer des Klosters Monte Cassino.

ANMERKUNGEN 733

132 *Gotland:* schwedische Ostseeinsel.
133 *Aleppo:* Stadt im nördlichen Syrien; eines der wichtigsten Handelszentren des Orients.
138 f. *Mahomed:* ältere Schreibung für Mohammed. – *Fabeln ... vom Fuchs und vom törichten Raben ...:* Fabeln nach Aesop und Phaedrus, vgl. auch Lessings Nachdichtung: *Fabeln in Prosa.*
139 *das Wort Salomos:* Der israelische König Salomo galt im Orient nicht nur als Weiser, sondern auch als Zauberer. – *Giaffar:* Gestalt aus *Tausendundeine Nacht.*

Abner, der Jude, der nichts gesehen hat

140 *Mogador:* Hafen- und Handelsstadt an der Atlantikküste Marokkos. – *Muley Ismael:* wegen seiner Grausamkeit berüchtigter Tyrann aus der Dynastie der Aliden, von 1672–1727 Herrscher über Marokko. – *Fez:* oder *Fes:* Haupt- und Residenzstadt im nördlichen Marokko; die vorher selbständige Landschaft Fes wurde im 16. Jh. mit Marokko vereinigt. – *mit der spitzen Mütze:* der spitze, sog. „Judenhut"; die im Mittelalter seit dem 12. Jh. von der Obrigkeit vorgeschriebene Kopfbedeckung der Juden; entweder weiß mit gelbem Rand oder orangegelb mit weißem Rand. – *Philister:* semitischer Volksstamm, gegnerisches Nachbarvolk der Israeliten. Später ein Spottname – vor allem in der Studentensprache – für einen engherzigen, nur auf Gelderwerb bedachten Spießbürger. – *Schule:* hier: Synagoge.
141 *Trense:* Pferdezaum.
142 *Talmud:* (hebr.) das wichtigste Religionsgesetzbuch des nachbiblischen Judentums (aus dem 2. Jh. n. Chr.), das auch erbauliche Betrachtungen, Parabeln, Legenden u. ä. enthält. – *Die Ungnade des Königs ...:* Vgl. AT, Sprüche Salomonis, Kap. 19, Vers 12. – *Parforcejagd:* Hetzjagd.
143 *Strahl:* keilförmig verlaufender Wulst an der Sohle des Pferdehufes. – *Race:* (frz.) Rasse, Stamm. – *Kuppel:* Koppel. – *bei Hiob:* Vgl. AT, Buch Hiob, Kap. 39, Vers 21–23.
144 *Marmel:* (lat.) veraltet für: Marmor. – *von fünfzehn Fäusten: Faust:* altes österreichisches Längenmaß für Pferde, etwa 10,5 cm. – *das Männchen mit dem Pfeilbündel:* Prägung auf alten holländischen Dukaten.
145 *Ein entschlüpftes Wort ...:* Vgl. Wilhelm Müllers (1794–1827) Epigramme *Das geflügelte Wort:* „Ist das Wort der Lipp entflohen, du ergreifst es nimmermehr, / Fährt die Reu auch mit vier Pferden augenblicklich hinterher" (in: *Zeitung für die elegante Welt,* Leipzig, 25.–30. Mai 1826). – *Atlas:* Gebirge in Nordwestafrika.
146 *Sabbat:* der heilige Ruhetag der Israeliten, von Freitag- bis Samstagabend gefeiert.

148 *Der arme Stephan:* Vgl. die Vorbemerkung zu den Märchen, S. 728.
150 *Der gebackene Kopf:* Vgl. die Vorbemerkung zu den Märchen, S. 728. – *Vogel Rock:* in den arabischen Märchen ein Vogel von fabelhafter Größe und Stärke.
151 *Es ist dem echten Muselmann verboten ...:* Die islamische Religion verbietet die Darstellung von Menschen und Tieren.
152 *Scheherazade:* (pers.) die Erzählerin der Märchen aus *Tausendundeine Nacht.* – *Prinz Biribinker:* Dieser und die folgenden Märchentitel sind der Sammlung *Tausendundeine Nacht* entnommen.
153 *Minarett:* Turm der Moschee mit einer umlaufenden Galerie für den Gebetsrufer, den Muezzin.

Der Affe als Mensch

154 sich „*schmieren*" *lassen:* sich bestechen lassen. – *Ferman:* (pers., „Befehl") ein im Namen des Sultans ausgefertigter Erlaß. – *visiert:* hier: amtlich beglaubigt, mit einem Visum versehen.
155 *die Flur:* ursprgl. ein nur als Femininum gebräuchliches Wort, später in der hier gemeinten Bedeutung „Hausflur" vorwiegend maskulin. – *Partie:* alte, noch im 19. Jh. gebräuchliche Schreibung für Partei; ebenso „Partie nehmen", „Partie ergreifen" (vgl. Paul/ Betz, S. 480).
156 *bis dato:* (ital.) bis heute, bis jetzt. – *God damn:* englischer Fluch.
157 *Cercle:* (frz.) Kreis, Zirkel; übertragen: vornehmer Gesellschaftskreis.
158 *Ekossaise ... Française:* Gesellschaftstänze. – *glacierte Handschuhe:* Handschuhe aus Glacéleder. – *Entrechats:* Kreuzsprünge.
161 *Rumor:* (lat.) veraltet für: Lärm, Unruhe. – *den Kranz werfen:* die acht im Kreis um den mittelsten, den „König", stehenden Kegel zu Fall bringen.
162 *Philidor:* François André Danican-Philidor (1726–1795), französischer Komponist und berühmter Schachspieler, der auf Reisen durch England, Holland und Deutschland seine Schachkunst zur Schau stellte. – *matt machen:* im Schachspiel besiegen. – *Kreuzer:* alte, kleine deutsche Scheidemünze. – *Kronentaler:* eine im 18. Jh. zuerst in Frankreich geprägte Silbermünze. – *Dukaten:* (von ital.: ducato) aus Italien stammende Goldmünze, entspricht der Zechine.
163 *Sonett:* (ital.) ursprünglich italienische, einem strengen Aufbauschema folgende Gedichtform von vierzehn Zeilen.
166 *Perspektiv:* (lat.) kleines Fernrohr.
167 *Mosjöh:* verballhornt aus frz. Monsieur, „Herr"; meist in etwas abschätziger Bedeutung.
168 *honett:* (frz.) ehrbar, ehrenhaft, anständig. – *Homo Troglodytes Linnaei:* (lat.) homo: „der Mensch"; Troglodytes: Schimpanse;

ANMERKUNGEN 735

also soviel wie: Linnäischer Menschenaffe. Eine scherzhafte Wortbildung H's in Anlehnung an die fast ausnahmslos unter lateinischen Titeln erschienenen Werke des schwedischen Naturforschers Karl von Linné (1707–1778), der sich bis 1762 Linnäus nannte. – *bälgen:* die Haut, den „Balg" abziehen.
171 *Toman:* oder *Thomaund, Tomond:* persische Goldmünze.
173 *Das Fest der Unterirdischen* und *Schneeweißchen und Rosenrot:* Vgl. die Vorbemerkung zu den Märchen auf S. 728.

Die Geschichte Almansors

178 *Dragoman:* (arab.) Dolmetscher, Übersetzer.
180 *Ägypten besiegt:* Napoleon zog sich aus Ägypten zurück, nachdem die französische Flotte in der Seeschlacht von Abukir am 1. August 1799 von den Engländern unter Admiral Nelson entscheidend geschlagen worden war. Die restlichen französischen Truppen verließen das Land 1801. – *Votre serviteur:* (frz.) Ihr, Euer Diener. – *Koptisch:* die in Ägypten etwa vom 2.–17. Jh. gesprochene Sprache, seit dem 10. Jh. durch das Arabische immer mehr verdrängt.
182 *ihren ersten Feldherrn:* Napoleon wurde 1804 zum Kaiser der Franzosen gekrönt. – *Petit-Caporal:* (frz.) „kleiner Korporal", unter seinen Soldaten üblicher Beiname des jungen Napoleon.
183 *Janitscharen-Aga:* (türk.) Titel des Oberbefehlshabers über die Kerntruppe des türkischen Heeres, die Janitscharen. – *Reis-Effendi ... Kapudan-Pascha:* Vgl. die Anm. zu S. 104 und S. 57.
186 *die Engländer, führten damals Krieg mit dem Kaiser auf der See:* Der Seekrieg zwischen England und Frankreich wurde durch den Sieg Lord Nelsons über die französische Flotte bei Trafalgar (am 2. April 1801) entschieden, der England die uneingeschränkte Seeherrschaft verschaffte. – *Kaper:* (niederländ.) Seeräuberschiff.

Das Wirtshaus im Spessart

190 *Zirkelschmidt:* Zirkelschmied, Feinmechaniker. – *vom Spessart so mancherlei erzählt:* Zu H's Zeiten war der Spessart noch als Schlupfwinkel für Räuber und Landstreicher gefürchtet.

Die Sage vom Hirschgulden

195 *Hirschgulden:* alte württembergische Münze, benannt nach dem als Schildhalter des württembergischen Wappens dienenden goldenen Hirsch. – *Hohenzollern:* die Stammburg des Geschlechts der Zollern oder Hohenzollern am Nordwestrand der Schwäbischen Alb; zu H's Lebzeiten eine Ruine, die Mitte des 19. Jhs. restauriert wurde.

199 *Brocken:* der höchste Berg des Harzes, im Volksmund auch Blocksberg genannt. Der Sage nach sollten dort vor allem in der Walpurgis- und Johannisnacht die Hexen ihre Zusammenkünfte abhalten.

200 f. *Schalksberg ... Hirschberg:* Burgen im Kreis Balingen, südlich des Hohenzollern.

209 *Feldschlange:* altes Geschütz mit besonders langem Rohr. – *Stückkugel:* als Geschoß verwendete massive Eisenkugel.

211 *abgeschätzt:* abgewertet, entwertet.

212 *ausbieten:* veraltet, aber noch im Schwäbischen gebräuchlich für: kündigen, jem. befehlen, einen Ort zu verlassen (vgl. Paul/Betz, S. 56).

Das kalte Herz (Erste Abteilung)

216 *Mynheers:* (holländ.) „meine Herren"; scherzhafte Bezeichnung für die Holländer.

217 *Köhler-Munk-Peter:* in der Originalausgabe hier *Michel,* später jedoch immer Peter. – *kölnische Pfeifen:* Pfeifen aus weißem, in der Nähe von Köln vorkommendem Ton; auch Gipspfeifen genannt. – *Sechsbätzner:* alte Silbermünze in Süddeutschland und der Schweiz. Der *Batzen* ist angeblich zuerst gegen Ende des 15. Jhs. in Bern geprägt worden mit dem Bild des Berner Wappens, dem Bären oder Bätz, woher der Name abgeleitet wird. Der *Batzen* hatte einen Wert von 4, der Sechsbätzner also von 24 Kreuzern.

218 *Nibelungenhort:* Der Sage nach soll der von Siegfried gewonnene Hort der Nibelungen im Rhein bei Bingen versenkt worden sein.

219 *Tannenbühl:* ein mit Tannen bewachsener Hügel.

220 *spielen:* hier soviel wie: losen. – *daß Ihr Witwe seid, und ich Euer einziger Sohn:* mit dieser Begründung konnte häufig die Freistellung vom Militärdienst erwirkt werden.

222 *Kunkel:* Spinnrocken, Spindel. – *‚G'stair':* Gelenk, Steuerruder. – *Ehni:* Großvater.

223 *der Floß:* heute: *das* Floß; ursprgl. nur im Maskulinum gebräuchlich.

224 *Weberbaum:* die dicke Walze im Webstuhl, worauf die Webkette aufgerollt wird. Daher später Bezeichnung für eine gewaltig große Stange. Vor allem im Zusammenhang mit Riesen als „Goliathischer Weberbaum" (GWb XIII, Sp. 2657 f.). – *Seelenverkäufer:* Menschen-, Sklavenhändler. Leute, die für ihren Gewinn durch List und Betrug andere zu Kriegs- oder Matrosendiensten preßten (GWb X, 1, Sp. 36 f.).

225 *Kartätsche:* altes, mit Bleikugeln gefülltes Artilleriegeschoß.

232 *ein Bot:* ein Angebot. – *Beinglas:* Milchglas; ein milchweißes Glas, das aus Bleiglas unter Zusatz von phosphorsaurem Kalk,

ANMERKUNGEN 737

sog. Knochenasche, hergestellt wurde. – *Bete:* Abkürzung von Elisabeth.
233 *knöcheln:* würfeln; da die Würfel früher aus Tierknöcheln hergestellt wurden, nannte man sie auch Knöchel.
234 *verschleißen:* verkaufen. – *vergantet:* versteigert.
235 *Satz:* hier: Einsatz. – *Pasch:* Wurf, bei dem alle Würfel die gleiche Augenzahl zeigen.

Saids Schicksale

239 *nach Mekka, zum Grab des Propheten:* Das Grab Mohammeds befindet sich nicht in Mekka, sondern in Medina; in Mekka wurde er geboren.
249 *die Geschichte von dem Seiler, die Geschichte von dem Topf mit Oliven:* Erzählungen aus *Tausendundeine Nacht.*
250 *Bastonade:* richtig: *Bastonnade;* im Orient gebräuchliche Bestrafung durch Schläge auf die Fußsohlen. – *Aleppo:* Vorher hatte H. Balsora als Vaterstadt Saids angegeben, (vgl. S. 239 u. ö.), von hier an schreibt er Aleppo.
254 *Ariman:* nach der Glaubenslehre Zoroasters oder Zarathustras der oberste der bösen Geister.
257 *Allahit Allah:* aus *lâ ilâha illallâh* (arab.) „Es gibt keine Gottheit außer Allah"; Formel, mit der der Glaube an den einzigen, allmächtigen Gott des Islam ausgedrückt wird. Häufig auch in der Schreibung „Allah il Allah" wiedergegeben.
273 *Mutterfäßchen:* eigentlich das Faß, in dem der Wein zur Gärung angesetzt wird; hier: ein Fäßchen mit besonders gutem Wein.

Die Höhle von Steenfoll

278 *Kirchwall:* richtig: *Kirkwall,* die Hauptstadt der schottischen Orkney-Inseln, auf der Insel Mainland oder Pomona gelegen.
282 *auf diese Weise:* d. h. unter Anrufung Gottes.
283 *Maelstrom:* oder *Malstrom:* (norweg.) eine gefährliche Meeresströmung zwischen den norwegischen Lofoteninseln, die durch den Wechsel von Ebbe und Flut hervorgerufen wird.
284 *Piktenaltar:* ein (heidnischer) Altar der Pikten, der keltischen Ureinwohner Schottlands.
287 *Spanisches Rohr:* ein aus der vor allem in Südostasien und Westafrika vorkommenden Rohrpalme verfertigter Stock.
288 *Batavia:* die Hauptstadt Niederländisch-Ostindiens, auf der Insel Java.

Das kalte Herz (Zweite Abteilung)

311 *sich betreten lassen:* jem. an sich herantreten lassen, sich erweichen lassen.

324 *Kordon:* (frz.) Postenkette, Absperrung.
327 *Saffian:* (pers.) Saffianleder, feines Ziegenleder.

NOVELLEN

Die zunächst in verschiedenen Zeitschriften und Taschenbüchern veröffentlichten Novellen erschienen 1828, wenige Monate nach H's Tod, in einer von ihm selbst noch eingerichteten Gesamtausgabe in drei Teilen: *Novellen von Wilhelm Hauff. Erster [bis Dritter] Theil. Stuttgart, Gebrüder Franckh. 1828.* Für diese Sammlung hat H. die Texte weitgehend überarbeitet und dem ersten Band eine Einleitung in Form eines fingierten Briefes an W. A. Spöttlich (d. i. Willibald Alexis) vorangestellt, in der er seine Versuche in dieser Gattung vor dem Leser und der Kritik rechtfertigt. Die Anordnung der Novellen entspricht nicht ganz der chronologischen Reihenfolge der Erstdrucke.

Unserem Text wurde diese Ausgabe, auch in der Reihenfolge, als Druckvorlage zugrunde gelegt.

Vertrauliches Schreiben an Herrn W. A. Spöttlich
Vizebataillons-Chirurgen a. D. und Mautbeamten
in Tempelhof bei Berlin

Erstdruck:
Novellen von Wilhelm Hauff. Erster Theil. Stuttgart, Gebrüder Franckh. 1828. (S. 3 ff.) (= T)

331 *W. A. Spöttlich:* Mit dieser scherzhaften Anrede ist der Schriftsteller und Kritiker Willibald Alexis (Wilhelm Häring, 1797 bis 1871) gemeint. H. hatte den Redakteur des *Berliner Conversations-Blattes für Poesie, Literatur und Kritik* während seines Aufenthaltes in Berlin im Herbst 1826 kennengelernt und stand seitdem mit ihm in Verbindung. Im Februar 1827 war im *Berliner Conversations-Blatt* eine Korrespondenz H's aus Stuttgart erschienen (vgl. Bd. 3, S. 141, dieser Ausgabe), im Mai desselben Jahres wurden seine *Phantasien im Bremer Ratskeller* dort erstmals veröffentlicht (vgl. Bd. 3, S. 5). – *Mautbeamten:* Zollbeamten; eine Anspielung auf Alexis' Tätigkeit als Kritiker. – *Lopez de Vega:* Der spanische Dramatiker Lope Felix de Vega Carpio (1562–1635) schrieb auch acht Novellen. – *Boccaz:* Gemeint ist Giovanni Boccaccio (1313–1375), der Verfasser des *Decamerone*. – *Calderon:* Der spanische Dichter Don Pedro Calderon de la Barca (1600–1681) hat jedoch nur Schauspiele veröffentlicht. – *Tieck:* Ludwig Tieck (1773–1853), von H. als Novellist hoch geschätzt. – *Scott:* Walter Scott (1771–1832), Verfasser von Romanen und Novellen mit Stoffen aus der englischen und schottischen Ge-

ANMERKUNGEN 739

schichte. – *Cervantes:* Der vor allem durch seinen Roman *Don Quijote* berühmte spanische Dichter Miguel de Cervantes Saavedra (1547–1616) verfaßte zwölf *Novelas ejemplares* („Musternovellen"), die 1613 gesammelt erschienen. – *ein Tempelhofer:* Hier ist der in Tempelhof bei Berlin wohnende Willibald Alexis (Wilhelm Häring) gemeint, der unter dem Einfluß Scotts und Tiecks Romane aus der brandenburgischen Geschichte schrieb. – *Springwurzel:* eine Wurzel, durch deren Zauberkraft Schlösser aufspringen; nach dem Volksaberglauben gewinnt man sie, indem man das Nest eines Spechts mit einem Keil verschließt, worauf der Vogel die Springwurzel herbeiholt und nach dem Gebrauch fallen läßt.

333 *Medisance:* (frz.) üble Nachrede. – *Exordium:* (lat.) Einleitung, Eingang einer Rede. – *Almanach:* Jahrbuch mit poetischen Beiträgen. – *Ambra:* oder *Amber:* (arab.) eine auf dem Meer schwimmende Absonderung des Pottwals, aus der ein wohlriechender Duftstoff hergestellt wird.

334 *Scheerau:* ein von H. frei erfundener Name, vgl. auch *Die Bücher und die Lesewelt,* Bd. 3, S. 55 ff., dieser Ausgabe. – *Jean Paul:* der Dichter Jean Paul Friedrich Richter (1763–1825), der seine Werke unter dem Namen Jean Paul veröffentlichte. Er lebte eine Zeitlang in Weimar, wo er in enger Verbindung zu den Hofkreisen stand, und trat später in Meiningen in vertraute Beziehungen zum Hof des Herzogs Georg. – *mater dolorosa:* (lat.) Schmerzensmutter; Bezeichnung einer Darstellung der Muttergottes im Schmerz über die Leiden Christi. – *in S.:* in Stuttgart.

334 f. *in der Boisseréeschen Galerie:* Die berühmte Sammlung altdeutscher Gemälde der Brüder Sulpiz (1783–1854) und Melchior Boisserée (1786–1851) sowie ihres Freundes Johann Baptist Bertram (1776–1841) befand sich von 1818–1827 in Stuttgart und wurde dann von König Ludwig I. von Bayern für die Pinakothek in München erworben.

335 *Strixner:* Die *Sammlung altnieder- und oberdeutscher Gemälde der Brüder S. und M. Boisserée und J. Bertrams, lithographiert von J. N. Strixner* erschien 1822. – *lithographieren:* in Stein zeichnen; Platten für den Steindruck herstellen. – *Ostende:* belgischer Seehafen. – *Mahomed:* oder *Mohammed:* der Stifter der islam. Religion. – *eine rechtswidrige Täuschung des Publikums:* wohl eine Anspielung auf den von H. Clauren angestrengten Prozeß gegen H's Roman *Der Mann im Mond* (vgl. die Vorbemerkung zum *Mann im Mond* in Bd. 1, S. 857, dieser Ausgabe). – *in „Dichtung und Wahrheit":* Vgl. *Der neue Paris, Knabenmärchen* in Goethes *Dichtung und Wahrheit,* Erster Teil, 2. Buch.

Die Bettlerin vom Pont des Arts

Drucke:
Morgenblatt für gebildete Stände, Nr. 276–305 vom 18. November bis 22. März 1826. (= E)
Novellen von Wilhelm Hauff. Erster Theil. Stuttgart, Gebrüder Franckh. 1828. (S. 19 ff.) (= T)

Die Novelle *Die Bettlerin vom Pont des Arts* entstand während H's großer Bildungsreise im Jahr 1826. Einen ersten Entwurf dazu hatte er bereits in Paris niedergeschrieben, am 20. Oktober schickte er das inzwischen ausgearbeitete Manuskript aus Leipzig an den Verleger Johann Friedrich Cotta als Beitrag für dessen *Morgenblatt für gebildete Stände* (vgl. Engelhard, Bd. 2, S. 877 f.).

Pariser Eindrücke spiegeln sich hier ebenso wie frühere Stuttgarter Erlebnisse; dort hatte H. auch das Porträt, das in der Novelle eine so bedeutungsvolle Rolle spielt, in der Sammlung altdeutscher Gemälde der Brüder Boisserée kennengelernt.

Als unmittelbare Quelle sind – zumindest für einen Teil der Geschichte – Georg Reinbecks Erzählung *Schwärmerei* und Carl Wilhelm Contessas *Manon* (1811) nachgewiesen worden (vgl. Roggenhausen, Bd. 157, S. 16 f.). Neben Anklängen an Werke Tiecks, E. T. A. Hoffmanns und Jean Pauls zeigt sich in dieser Novelle – wie in dem vorher entstandenen *Othello* – noch besonders stark der Einfluß der sentimentalen „Salonliteratur", die H. später in der Person des Schriftstellers H. Clauren so heftig bekämpfte.

336 *Motto:* 2. Strophe aus Schillers Gedicht *Klage der Ceres.* – *Gasthof „Zum König von England":* ein zu H's Zeiten bekannter Stuttgarter Gasthof. – *Prado:* (von lat.: pratum, „Wiese", „Anger") eine Parkanlage in Madrid, nach der auch das angrenzende königliche Museum benannt wurde.

337 *Ästimation:* (lat.) Achtung, Hochachtung. – *beef theak:* (engl.) richtig: Beefsteak, gebratene Rindslende.

338 *Xeres:* (span.) Süßwein aus der Umgebung der Stadt Jerez de la Frontera, Sherry. – *Konjekturen:* veraltet für: Vermutungen. – *Galerie der Brüder Boisserée und Bertram:* Vgl. die Anm. zu S. 334 f.

339 *Kalaf ... Prinzessin Turandot:* Vgl. Schillers *Turandot, Prinzessin von China. Ein tragikomisches Märchen nach Gozzi* (I, 3). – *Lucas Cranach:* der Maler und Kupferstecher Lucas Cranach der Ältere (1472–1553).

340 *in C.:* in Köln (H. schreibt auch sonst Cöln); dort befand sich die Boisseréesche Sammlung zuerst. – *San Jago di Capostella:* (richtig: Compostela) die Hauptstadt der spanischen Provinz Galicien, in deren Kathedrale der Leib des Apostels Jakobus (San Jago) begraben sein soll; ein berühmter Wallfahrtsort.

343 *Valencia:* die Hauptstadt der gleichnamigen spanischen Provinz.
345 *Pietro Ximenes:* ein Malagawein. – *Buffen:* Puffärmel. – *Mantillo:* (span.) Umhang, Mantel.
346 *Konfitüren:* gezuckerte und eingemachte Früchte.
347 *Granada:* die Hauptstadt der span. Provinz Granada. – *Pampeluna:* Gemeint ist die ehemalige Festung Pamplona, die Hauptstadt der Provinz Navarra in Nordspanien.
352 *Brienne:* Bei Brienne fand am 29. Januar 1814 eine Schlacht zwischen dem Heer Napoleons I. und den Truppen der Alliierten unter Blücher statt.
353 *Eldorado:* ein sagenhaftes, goldreiches Land in Südamerika, das die spanischen Eroberer im 16. und 17. Jh. suchten. Hier irrtümlich für *Escorial:* Schloß und Augustinerkloster nordwestlich von Madrid, als Residenz für König Philipp II. erbaut. Unter der Kathedrale befindet sich die Gruft der spanischen Könige.
357 *laborieren:* (lat.) leiden.
358 *bei Gesandtschaften eingeteilt:* Gesandtschaften zugeteilt, attachiert.
359 *Prätention:* (lat.) Anspruch, Anmaßung. – *Hufeland:* Christoph Wilhelm Hufeland (1762–1836), berühmter Mediziner, Professor in Jena und Berlin; von seinen Werken wurde am bekanntesten die *Makrobiotik, oder die Kunst, das Leben zu verlängern* (1796).
362 *Reflexionen:* (lat.) Betrachtungen.
366 *Whist, Boston, Pharo:* (richtig: Pharao) beliebte englische bzw. französische Kartenspiele. – *Dandy:* (engl.) Geck, Stutzer.
367 *Fonds:* (frz.) Bestand, Vorrat.
368 *brillieren:* (von frz.: briller) glänzen, scheinen.
369 *Schaffnerin:* veraltet für: Haushälterin, Verwalterin.
370 *des Kaisers:* d. h. Napoleons I.
375 *horrend:* (lat.) schrecklich, übermäßig. – *ausschwärzen:* aus- oder einschmuggeln. – *sich exaltieren:* sich erregen, sich begeistern.
376 *Dulcinea:* scherzhaft für die „Angebetete", die „Holde", nach der von Cervantes' Don Quijote verehrten Dulcinea von Toboso. – *Piaster:* eine früher im europäischen Handelsverkehr gebräuchliche Bezeichnung für den spanisch-südamerikanischen Peso, eine Silbermünze.
377 *Mammon:* verächtliche Bezeichnung für Geld, Reichtum. – *wieviel wiegst du:* d. h. wieviel Geld besitzt du. – *Sentiment:* (frz.) Gefühl, Empfindung. – *Savoir vivre:* (frz.) „zu leben wissen", Lebensart, feines Benehmen.
378 *Kopulationszeugnis:* Heiratsurkunde. – *konfiszieren:* einziehen, beschlagnahmen. – *Almanachs:* literarische, meistens illustrierte Jahrbücher.
381 *Devonshire:* Grafschaft im Südwesten Englands, mit der Hauptstadt Exeter.

382 *Quadrupel:* alte spanische Goldmünze.
384 *ein treues Tableau:* (frz.) ein genaues Abbild, Gemälde. – *Hesperus: Hesperus oder 45 Hundsposttage, eine Biographie;* Titel eines 1795 erschienenen Romans von Jean Paul.
385 *Victor ... Klothilde:* Gestalten aus Jean Pauls *Hesperus.* – *Walter Scott:* schottischer Dichter (1771–1832), dessen Romane und Erzählungen aus der englischen und schottischen Geschichte damals bereits in zahlreichen deutschen Übersetzungen bekannt waren. – ,*Walladmor':* In seinem 1823 anonym erschienenen historischen Roman *Walladmor* hat Willibald Alexis (Wilhelm Häring, 1798 bis 1871) den Stil Scotts täuschend nachgeahmt. – *Duodez:* (von lat.: duodecim, „zwölf") Bezeichnung für ein Buch in Zwölftelbogengröße; daher übertragen: etwas Kleines, Lächerliches. – *Le Beaut ... Lord [Horion] ... Emanuel [Dahore]:* Gestalten in Jean Pauls *Hesperus.*
386 *wie Jakob:* Jakobs Lager war ein Stein (vgl. AT, 1. Mos., Kap. 28, Vers 11 ff.). – *Hoboe:* andere Schreibung für Oboe (von frz.: Hautbois). – *Äolsharfe:* Windharfe. – *Harmonika:* Hier ist eine Glasharmonika gemeint. – *Joachime:* ebenfalls eine Figur aus Jean Pauls *Hesperus.*
387 *Don Quijote:* Bezeichnung für einen die Wirklichkeit verkennenden und dadurch lächerlich wirkenden Schwärmer, nach dem Titelhelden in Cervantes' Roman *Don Quijote.*
390 *Rue Taranne ...:* Hier folgen Namen von bekannten Straßen und Plätzen in Paris. – *Marsfeld:* (frz. Champ de Mars) ein am damaligen westlichen Stadtende von Paris gelegener großer Platz, auf dem militärische Übungen abgehalten wurden. – *Louvre:* ehemals Palast der französischen Könige, seit 1793 Kunstmuseum.
391 *Sous ... Franc:* frz. Münzen, Kleingeld.
392 *Samariterszene:* nach der biblischen Gestalt des Barmherzigen Samariters; vgl. NT, Ev. Luk., Kap. 10, Vers 33 ff. – *Sirenen:* nach der griech. Sage weibliche Meerwesen, die auf einer Insel hausten und Vorüberfahrende durch ihren Gesang anlockten, um sie zu verderben; *Sirene* daher übertragen für: Verführerin.
393 *frequenter:* (lat.) belebter, mehr besucht.
394 *Spital des Incurables:* (frz.) Hospital für unheilbar Kranke. – *École de Médecine:* (frz.) Medizinschule; die medizinische Fakultät der Pariser Universität. – *Souterrain:* (frz.) Kellergeschoß. – *Eau de vie:* (frz.) „Lebenswasser", Branntwein.
395 *schrauben:* „aufziehen", necken.
396 *Napoleons:* oder *Napoleondors:* frz. Goldmünzen mit dem eingeprägten Bild Napoleons.
398 *Franken:* deutsche Schreibweise für frz. Franc(s).
400 ,*Dimanche! à revoir!':* (frz.) auf Wiedersehen am Sonntag. – *in Montmorency im Garten des großen Dichters:* In der Eremitage

ANMERKUNGEN

in Montmorency lebte der französische Dichter und Philosoph Jean Jacques Rousseau (1712–1778) einige Jahre als Gast seiner Freundin, der Frau von Epinay. Hier entstanden die Romane *Die neue Heloïse* (1761) und *Emile* (1762) und der *Gesellschaftsvertrag* (1762). H. verkehrte während seines Pariser Aufenthaltes bei einer deutschen Familie, die dort ein Sommerhaus besaß (vgl. H's Brief an seine Mutter vom 19. Juni 1826; Engelhard Bd. 2, S. 853 ff.).

401 *Jabot:* (frz. eigentlich: Kropf der Vögel) Hemdkrause, die an Herrenhemden im 18. und frühen 19. Jh. üblichen Rüschen. – *Restauration der Bourbons:* Nach der ersten Abdankung Napoleons am 6. April 1814 kehrten mit Ludwig XVIII. die Bourbonen auf den französischen Thron zurück. – *während der hundert Tage:* Gemeint ist Napoleons „Herrschaft der Hundert Tage" nach seiner Rückkehr von der Insel Elba im März 1815 bis zu seiner endgültigen Niederlage in der Schlacht bei Waterloo am 18. Juni. – *Mont St. Jean:* belgisches Dorf, nach dem die Schlacht bei Waterloo oder Belle Alliance in Frankreich auch benannt wird.

403 *Venezianeraugen:* eine aus Seide verfertigte Halbmaske, die vornehme Damen zum Schutz der Gesichtshaut trugen.

405 *Dichtung und Wahrheit:* Anspielung auf Goethes Autobiographie *Dichtung und Wahrheit*, die dieser selbst in der Einleitung zum 1811 erschienenen 1. Teil als eine „halb poetische, halb historische Behandlung" der Tatsachen bezeichnete (vgl. Hamburger Ausgabe, Bd. 9, S. 10).

406 *Dezenz:* (lat.) veraltet für: Anstand, Zurückhaltung.

407 *sich alterieren:* sich aufregen.

409 *Nimm Raison:* (frz.) nimm Vernunft an, sei vernünftig.

413 *Billet doux:* (frz.) Liebesbrief.

415 *Domestiken:* (lat.) „Hausgenossen", Dienstboten.

418 *Mohnkörner:* Der Mohnzweig ist das Attribut des griechischen Gottes Hypnos, der den Schlaf auf die Menschen senkt.

424 *Assisen:* (lat./frz.) Sitzungen eines Schwurgerichts; hier: Beisitzer, Zuhörer.

430 *Ostende:* Vgl. Anm. zu S. 335. – *Schaluppe:* Küstenfahrzeug, Beiboot.

432 *Stückkugeln:* als Geschosse verwendete massive Eisenkugeln.

OTHELLO

Drucke:
Abend-Zeitung, Dresden und Leipzig, Nr. 66–76 vom 18.–30. März 1826. (= E)
Novellen von Wilhelm Hauff. Erster Theil. Stuttgart, Gebrüder Franckh. 1828. (S. 241 ff.) (= T)

„Ihrer gütigen Einladung zu folgen, sende ich Ihnen anbei eine Novelle ‚*Othello*', die ich in diesem Winter ausgearbeitet habe, für Ihre Abendzeitung. Überzeugt, alles getan zu haben, was in meinen Kräften steht, um Ihren mir so schätzenswerten Beifall zu erhalten, kann ich nichts zur Empfehlung dieser Arbeit hinzufügen", schrieb H. am 27. Februar 1826 aus Stuttgart an Karl Winkler (Theodor Hell), der ihn zur Mitarbeit an der von ihm redigierten Dresdener Abendzeitung aufgefordert hatte. Und er fährt fort: „Ich bin, wie Sie vielleicht aus anderen Arbeiten gesehen haben, nichts weniger als Fatalist, was man aus dieser Arbeit etwa folgern könnte; ich habe das Faktum (dem einige wirkliche Fälle zugrunde liegen), zweifelhaft hingestellt und dem Leser überlassen, was er davon denken mag. Diesen Stoff habe ich aber nicht unbearbeitet lassen mögen, weil er mir in der Tat einiges Interesse zu haben scheint ... Sollte die Novelle ‚Othello' Ihnen für Ihr ehrenwertes Blatt passend scheinen, so will ich sie Ihnen unter den Bedingungen überlassen, welche Sie mir vorgeschlagen." (Vgl. Engelhard, Bd. 2, S. 849 f.)

In dieser Novelle hat H. Stuttgarter Eindrücke sowie Ereignisse aus der jüngeren Geschichte des württembergischen Fürstenhauses verarbeitet, wie sein oben zitierter Brief an Karl Winkler andeutet. Daneben ist der Einfluß der damals beliebten „Schicksalstragödien", wie sie Zacharias Werner (*Der vierundzwanzigste Februar,* 1809) und Adolf Müllner (*Der neunundzwanzigste Februar,* 1812, und *Die Schuld,* 1816) verfaßten, unverkennbar, wenn H. sich auch ausdrücklich dagegen verwahrt, hier etwa „als Fatalist" mißverstanden zu werden. (Zur Quellenfrage vgl. im einzelnen Roggenhausen, Bd. 157, S. 13 f.)

434 *Motto:* aus der Abteilung *Gott, Gemüt und Welt* der *Sprüche in Reimen,* die Goethe zuerst in der von 1815–1819 bei Cotta erschienenen Gesamtausgabe seiner Werke veröffentlichte. – *Don Juan:* oder *Don Giovanni:* Titelheld der 1787 zum erstenmal in Prag aufgeführten gleichnamigen Oper von Wolfgang Amadeus Mozart (1756–1791). – *Amphitheater:* ursprünglich das griechische Freilichttheater, dessen Sitze in einem Halbrund angeordnet waren; hier: Zuschauerraum. – *Diadem:* (griech.) kostbarer Stirnreif; übertragen: die „Krone" einer festlichen Gesellschaft. – *agieren:* hier: „mit den Händen sprechen", sprechende Handbewegungen machen.

435 *mystifizieren:* jemand täuschen, verwirren, etwas einreden. – *Mon Dieu!:* (frz.) mein Gott! – *Tournüre:* (frz.) Haltung, Gewandtheit. – *meschant:* (frz., méchant) schlecht, böse, schlimm. – *Amoroso:* (ital.) Liebhaber.

436 *etwas Pikantes:* hier: etwas Reizvolles, Anzügliches. – *präsentieren:* hier: bei Hofe vorstellen, einführen. – *ignorieren:* (lat.) jemand absichtlich übersehen, nicht beachten.

ANMERKUNGEN

437 *Leporello:* der Diener Don Juans, mit dessen Arie *Keine Ruh bei Tag und Nacht* die Oper *Don Giovanni (Don Juan)* beginnt. – *Lanciers: (frz.)* Lanzenreiter, Ulanen. – *Ressourcen:* (frz.) Hilfsmittel, Erwerbsquelle. – *Kościuszko:* Tadeusz Kościuszko (1746 bis 1817), polnischer Feldherr und Nationalheld, der Anführer des letzten Aufstandes gegen die Teilung Polens. Er wurde am 10. Oktober 1794 von der russischen Armee bei Maciejowice vernichtend geschlagen, verwundet und gefangengenommen. 1796 wieder freigelassen, lebte er später in Amerika, Frankreich und der Schweiz. – *Adler:* Das polnische Wappen führt einen gekrönten Adler in rotem Feld.

439 ,*Othello*‘: 1816 komponierte Oper von Gioachino Rossini (1792 bis 1868). – *Desdemona:* die Gemahlin Othellos; ihr „Schwanengesang" ist die Arie *Im Schatten einer Weide.* – *nach Shakespeare:* Das Trauerspiel *Othello* von William Shakespeare (1564–1616) wurde bereits im 17. Jh. von deutschen Volksbühnen aufgeführt (erstmals 1766). In Christoph Martin Wielands (1733–1813) Übersetzung *Shakespear. Theatralische Werke. Aus dem Englischen übersetzt von Herrn Wieland. Zürich 1762–1766* (8 Bände) findet es sich im 7. Bd. u. d. T. *Der Mohr von Venedig.* Eine neue Bearbeitung bot die erste deutsche Gesamtausgabe der Shakespeareschen Dramen in 13 Bdn. (Zürich 1775–1782) von Johann Joachim Eschenburg (1743–1820). – *Evenement:* (frz.) Ereignis. – *eine neue geistreiche Übersetzung:* Vgl. die vorletzte Anm.

440 *eine lebendige Weiße Frau:* Die „Weiße Frau" heißt ein Gespenst, das der Sage nach in mehreren fürstlichen Schlössern Deutschlands bei freudigen oder traurigen Begebenheiten erschienen sein soll und durch sein Auftreten namentlich die Erkrankung oder den Tod von Mitgliedern des Regentenhauses anzeigte (vgl. Minutoli, *Die weiße Frau,* Berlin 1850).

441 *vive Poniatowsky, vive l'emp-[ereur]:* (frz.) Es lebe Poniatowsky, es lebe der Kai-[ser]. Der polnische General Fürst Jozef Anton Poniatowsky (1763–1813) befehligte im Rußlandfeldzug von 1812 das polnische Korps der „Großen Armee" Napoleons, der ihn 1813 zum Marschall von Frankreich ernannte. *Der Kaiser:* Napoleon.

442 *vom achten Regiment:* Name des unter Poniatowsky 1813 in der Völkerschlacht bei Leipzig (16.–19. Oktober) im napoleonischen Heer kämpfenden Korps. – *Depeschen:* amtliche Schreiben, die zwischen den Ministerien für auswärtige Angelegenheiten und den diesen unterstellten diplomatischen Agenten gewechselt werden. Der Name leitet sich her von der Notwendigkeit ihrer schleunigen Besorgung, daher später allgemein für: Eilbrief.

443 *Napoleon:* oder *Napoleondor:* eine zuerst unter Napoleon I. geprägte Goldmünze im Wert von 20 Francs, mit dem Bild des Kai-

sers. – *Mosjaisk:* (richtig: Moschaisk) russische Stadt im Gouvernement Moskau, nach der auch fälschlich die Schlacht an der Moskwa vom 7. September 1812 genannt wird. – *Redoute:* (frz.) veraltet für: geschlossene Schanze. – *Kartätschen:* Artilleriegeschosse. – *En avant:* (frz.) vorwärts.

444 *Doch gilt es morgen:* ungenau zitiert aus dem Reiterlied in *Wallensteins Lager* von Friedrich von Schiller. – *die Geschichte von der Beresinabrücke:* Der Rückzug der von der russischen Armee verfolgten Truppen Napoleons über den Fluß Beresina (im Gouvernement Minsk) vollzog sich in totaler Verwirrung und unter großen Verlusten, da die Russen vorher die Brücke zerstört hatten, um dem Gegner den Weg abzuschneiden.

445 *Chronique scandaleuse:* (frz.) Skandalgeschichte. – *Kollekt:* (lat.) Sammlung.

446 *Der Regisseur:* Nach Krauß (Bd. 5, S. 427) ist der berühmte Tenor des Stuttgarter Hoftheaters Johann Baptist Krebs gemeint, der seit 1823 nur noch als Regisseur auftrat. – *delektieren:* (lat.) ergötzen, laben. – *submissest:* (lat.) untertänigst. – *exhibitieren:* richtig: *exhibieren* (lat.) vorzeigen, vorbringen, einreichen.

447 *Brandassekuranzen:* (lat.) Brandversicherungen.

448 *Schröder:* Der Schauspieler und Dramaturg Friedrich Ludwig Schröder (1744–1816), seit 1771 Direktor der Hamburger Schauspielbühne, war maßgeblich an der Einführung der Shakespeareschen Werke auf dem deutschen Theater beteiligt, die er z. T. in eigenen Bearbeitungen herausbrachte. – *Akteur:* (frz.) Schauspieler.

449 *in Margine:* (lat.) am Rande. – *es gibt viele Dinge . . .:* Zitat nach Shakespeares *Hamlet* (I, 5): "There are more things in heaven and earth, Horatio,/ Than are dreamt of in your philosophy." – *Aktrice:* (frz.) Schauspielerin.

450 *der Herzog:* Gemeint ist der seit 1744 regierende Herzog Karl Eugen von Württemberg, der am 24. Oktober 1793 starb. – *solenn:* (lat.) veraltet für: feierlich, festlich.

452 *wie der steinerne Gast:* in Mozarts *Don Giovanni*.

456 *aus den 'Krakauern':* Gemeint ist das Singspiel *Das Wunder oder die Krakauer und die Bergbewohner* (Warschau 1794), nach einem Text von Adalbert Boguslawsky komponiert von Johann Stefani.

457 *Köhlerglauben:* blinder Glaube an die Worte eines anderen; ursprünglich: unbedingter Kirchenglaube. Die Bezeichnung geht auf eine Legende zurück, nach der ein Köhler auf die Frage eines Theologen, was er glaube, antwortete: "Was die Kirche glaubt", und auf die weitere Frage, was denn die Kirche glaube, zur Antwort gab: "Was ich glaube."

458 *generös:* (frz.: généreux) großmütig, freigebig, edel.

459 *Krankheitstante:* Vgl. S. 440, Z. 3 f.: "Ich hatte eine unverheiratete

Tante ..." – *gleich dem Mädchen aus der Fremde:* Vgl. Schillers Gedicht *Das Mädchen aus der Fremde.*

460 *Kamee:* (frz.) ein erhaben geschnittener Halb- oder Edelstein.
462 *Lorgnette:* (frz.) Stielbrille.
463 *Chiffern:* oder *Chiffren:* (frz.) Geheimzeichen; hier die Anfangsbuchstaben eines Namens.
464 *Bracelet:* (frz.) Armband. – *Komplott:* (frz.: complot) Verschwörung, geheime Abmachung. – *Boudoir:* (frz.) veraltet für: das Zimmer einer Dame.
465 *... der Stahl schon gezückt:* Irrtum H's; sowohl in Shakespeares Drama wie in der Rossinischen Oper wird Desdemona von Othello nicht erstochen, sondern erwürgt.
467 *Dragoner:* eine nach dem frz. dragon, „Drache", benannte Feuerwaffe, dann die damit bewaffneten Reiter; umgsprl. für eine resolute, kräftige Person (vgl. Paul/Betz, S. 136).
468 *Fauteuil:* (frz.) Lehnstuhl, Sessel. – *Garde de Dame:* (frz.) Damenwache, „Anstandsdame".
469 *Tabouret:* (frz.) „Schemel", „Hocker", ein niedriger Stuhl ohne Lehne.
470 *Avignon:* Stadt in der Provence, an der Rhone gelegen.
471 *Plumeau:* (frz., von: la plume, „die Feder") Federdeckbett.
472 *Cour:* (frz.) Hof; hier: Versammlung, Gesellschaft bei Hofe.
473 *Dolch:* Vgl. die Anm. zu S. 465 *(... der Stahl ...).* – *notifizieren:* veraltet für: notieren, aufzeichnen, vermerken.

JUD SÜSS

Drucke:
Morgenblatt für gebildete Stände, Nr. 157–182 vom 2.–31. Juli 1827. (= E)
Novellen von Wilhelm Hauff. Zweiter Theil. Stuttgart, Gebrüder Franckh. 1828. (S. 5 ff.) (= T)

Die historischen Ereignisse, vor deren Hintergrund diese Novelle spielt, lagen zu H's Lebzeiten noch keine hundert Jahre zurück. Er habe, so schrieb er am 19. Juni 1827 an den Verleger Johann Friedrich Cotta, „versucht, ein möglichst lebendiges Bild jener für unser Vaterland so verhängnisvollen Zeit zu geben, ohne jedoch irgendein Interesse gegenwärtig lebender, hoher oder niederer Personen zu verletzen". (Vgl. Engelhard, Bd. 2, S. 903 f.) Er weist auf das sorgfältige Quellenstudium hin, das er betrieben habe, wozu er hauptsächlich die schon für seinen Roman *Lichtenstein* benutzten Werke über die Geschichte Württembergs heranzog (vgl. hierzu Albert Mannheimer, *Die Quellen zu Hauffs Jud Süß,* Diss. Gießen, 1909). Auch in H's eigener Familie hatte es unmittelbare Zeugen jener Vorgänge gegeben, so den Großvater Johann Wolfgang Hauff (1721–1801), württembergischer

Landschaftskonsulent unter der Regierung des Herzogs Karl Eugen, dessen Elternhaus in Stuttgart einst dem Haus des Ministers Süß-Oppenheimer benachbart war. In ihm glaubte H's Neffe Julius Klaiber das Vorbild für die Gestalt des alten Lanbek zu erkennen. Deutlich wird in dieser Novelle die zwiespältige Haltung des frühen 19. Jhs. in der Frage der Judenemanzipation, der Abscheu einerseits vor der Ächtung und Verfolgung jener Menschen noch „zu einer Zeit, wo man schon längst die Anfänge der Zivilisation und Aufklärung hinter sich gelassen" (S. 537) zu haben glaubte, denen man selbst aber doch nur mit großen Vorurteilen zu begegnen vermochte. Daß H. hier keine Ausnahme bildete, beweist auch das Frankfurter Kapitel in seinen *Memoiren des Satan.*

474 *Motto:* 1. Strophe des Prologs zu dem Trauerspiel *Ernst, Herzog von Schwaben* (1817) von Ludwig Uhland (1787–1862). Das Drama wurde am 29. Oktober 1819 zur Feier der württembergischen Verfassung auf dem Stuttgarter Hof- und Nationaltheater gegeben, zu welcher Gelegenheit Uhland den Prolog schrieb. – *Jud Süß:* Der jüdische Kaufmann Joseph Süß-Oppenheimer (1692–1738) wurde unter der Regierung des Herzogs Karl Alexander von Württemberg (1733–1737) zum Direktor des staatlichen Münzwesens und Geheimen Finanzrat ernannt. Der ständigen Finanznot des Fürsten schaffte er durch Münzverschlechterung, Wuchergeschäfte, Stellenhandel und ähnliche, das Land bedrückende Maßnahmen Abhilfe und machte sich dadurch beim Volke verhaßt. Nach dem plötzlichen Tod des Herzogs am 12. März 1737 wurde er verhaftet, in einem gegen ihn angestrengten Prozeß zum Tode verurteilt und am 4. Februar 1738 in einem eisernen Käfig öffentlich gehängt. – *Edikt:* (lat.) amtlicher Erlaß.

475 *Domino:* Maskenkostüm, ein langer Mantel mit weiten Ärmeln und einer Kapuze. – *Solitär:* ein einzeln gefaßter Brillant. – *Bajute:* der große Kragen des Dominomantels. – *Seidenflor:* dünnes, leichtes Seidengewebe.

476 *parole d'honneur!:* (frz.) auf Ehre. – *Cartesius:* Gemeint ist der französische Philosoph René Descartes (1596–1650); von ihm stammt der berühmte Lehrsatz: „Cogito, ergo sum." („Ich denke, also bin ich.") – *Mazette:* (frz.) Schindmähre; frz. Schimpfwort.

477 *Sarazene:* Sarazenen hießen im Altertum die Bewohner des nordwestlichen Arabien. Im Mittelalter allgemeine Bezeichnung für Araber, später für alle Mohammedaner. – *Charmante:* (frz.) veraltet für: Liebste. – *dein „Allah":* Anspielung auf die Glaubensformel der Mohammedaner „Allahit Allah" (aus arab. lâ ilâha illalâh): „Es gibt keine Gottheit außer Allah." – *Gaudeamus igitur juvenes dum sumus:* (lat.) „Laßt uns fröhlich sein, solange wir noch jung sind." Anfang eines bekannten Studentenliedes.

478 *Römer:* kelchförmiges, bauchiges Weinglas. – *Terz-Quart-Terz:* „Terz" und „Quart" sind Grundhiebe beim Fechten. – *Senior:* (lat.) „der Ältere", Vorsitzender einer Studentenverbindung. – *Amizistenorden:* Name einer Studentenverbindung. – *Rosenthal:* Straße in Leipzig, in der sich eine Studentenkneipe befand. – *hors de combat:* (frz.) kampfunfähig. – *Musen:* in der griech. Mythologie die Göttinnen der Dichtung, der Musik und des Tanzes, später auch der Wissenschaften. Daher „Musensöhne", als scherzhafte Bezeichnung für Studenten. Die Musen verlassen also soviel wie: das Studium aufgeben. – *Minerva:* die röm. Göttin des Handwerks, der Künste und Wissenschaften. – *Bellona:* röm. Kriegsgöttin, die Gefährtin des Mars. – *Hieber:* Schläger, Fechtsäbel. – *Stichblatt:* die zum Schutz der Hand am Griff von Schwertern und Degen angebrachte Platte. – *Prinz Eugen:* Prinz Franz Eugen von Savoyen (1663–1736), durch seine Erfolge in den Türkenkämpfen und im Spanischen Erbfolgekrieg berühmter österreichischer Feldherr und Staatsmann.

479 *juris utriusque Doctor:* (lat.) Doktor beider Rechte, d. h. des römischen und des kanonischen Rechts. – *Landschaftskonsulent:* Ratgeber, juristischer Berater der Landstände. – *Aktuarius:* (lat.) „Aktenbewahrer", Gerichtsreferendar. – *substituiert:* (lat.) unterstellt. – *sich prostituieren:* (lat.) sich bloßstellen, sich lächerlich machen. – *Pro poena:* (lat.) zur Strafe. – *in loco:* (lat.) am Orte. – *Präses:* (lat.) Vorsitzender, Präsident (hier einer Studentenverbindung). – *O tempora, o mores!:* (lat.) „o Zeiten! o Sitten!" Aus Ciceros erster Rede gegen Catilina. – *Füchse:* Bezeichnung der Verbindungsstudenten in den ersten beiden Semestern.

481 *Steinlach:* ein südlicher Nebenfluß des Neckar.

482 *Mausche:* oder *Mauschel:* (jidd. für: Moses) ein Schimpfname für „Jude".

483 *gut katholisch werden:* Anspielung auf eine angeblich von Süß-Oppenheimer angezettelte Verschwörung zur Katholisierung Württembergs, dessen Herzog Karl Alexander während seiner Kriegsdienste als österreichischer General in Wien zum Katholizismus übergetreten war.

484 *See Tiberias:* (arab.: Tibarije) andere Bezeichnung für den See Genezareth nach einer am Westufer des Sees gelegenen Stadt.

485 *Kollation:* (lat./frz.) veraltet für: Erfrischung, Imbiß. – *Armida:* Gestalt einer Zauberin von verführerischer Schönheit in dem Versepos *Das befreite Jerusalem* des italienischen Dichters Torquato Tasso (1544–1595). – *Kanaan:* das vorisraelitische Palästina; später das von den Israeliten in Besitz genommene Jordanland. – *Rebekka:* die Gattin Isaaks und die Mutter von Jakob und Esau; vgl. AT, 1. Mos., Kap. 24. – *Jephtha:* einer der israel. Richter, der sein Volk von den Ammonitern befreite und dafür, einem Gelübde

gemäß, seine Tochter Jahve opferte; vgl. AT, Buch der Richter, Kap. 11. – *Poschen:* (von frz.: poche, „Tasche") steife, runde Taschen, die früher von den Damen statt des Reifrocks um die Hüften getragen wurden.
487 *Freibrief:* Urkunde, durch die einer Person bestimmte Freiheiten gewährt werden.
491 *Bon jour:* (frz.) guten Tag. – *Dejeuner:* (frz.) Frühstück. – *prätendieren:* (lat.) behaupten, Anspruch erheben. – *contra rationem:* (lat.) wider die Vernunft. – *Dieu me garde!:* (frz.) Gott schütze mich! – *Ästimation:* (lat.) Achtung. – *Confidence:* (frz.) Vertrauen. – *in spe:* (lat.) wörtlich „in der Hoffnung", zukünftig.
492 *Prälaten:* (lat.) geistliche Würdenträger. – *Leibschwadron:* Schwadron: alte Bezeichnung für Reiterabteilung; *Leibschwadron:* Leibregiment zu Pferde. – *Portepee:* (frz.) Degen-, Säbelquaste; daher übertragen: Offiziersehre. – *O mon Dieu!:* (frz.) O mein Gott!
493 *Musen:* hier soviel wie *Musensöhne,* d. h. Studenten; vgl. die Anm. zu S. 478. – *prävenieren:* (lat.) wörtlich: zuvorkommen; hier: im voraus benachrichtigen, rechtzeitig aufmerksam machen. – *Amour:* (frz.) Liebschaft. – *Liaison:* (frz.) Verbindung.
495 *Laissez cela:* (frz.) Laßt das! Lassen Sie das! – *Landschaft:* hier: die Versammlung der ständischen Vertreter eines Landes oder einer Provinz.
496 *Mort de ma vie:* (frz.) Tod meines Lebens! – *Neuffen oder Asperg:* württembergische Staatsgefängnisse in den Burgen Hohenneuffen und Hohenasperg. – *Kasematten:* abgesicherte Gewölbe in Festungen. – *Schwabenalter:* das 40. Lebensjahr, in dem nach dem Volksmund die Schwaben erst anfangen, klug zu werden. – *Nazarener:* von dem Namen der Stadt Nazareth abgeleitete Bezeichnung der ersten Christen, vgl. NT, Apostelgeschichte, Kap. 24, Vers 5.
497 *Faszikel:* (lat.) Aktenbündel, Heft. – *Expeditionsrat:* früherer Titel des Leiters einer staatlichen Verwaltungsstelle. – *Delikatesse:* (frz.) Zartgefühl.
498 *Kinder Abrahams:* Bezeichnung für die Juden, nach deren biblischem Stammvater Abraham.
499 *Avancement:* (frz.) Beförderung. – *Exekution:* (lat.) Vollstreckung eines Urteils, Hinrichtung. – *poussieren:* (frz.) hier vordrängen, vorrücken, voranbringen.
500 *pour rien:* (frz.) für nichts. – *Tarocks:* die Trümpfe beim Tarock, einem Kartenspiel. – *Spadi:* von frz. spadille, Pik-As; der höchste Trumpf im Tarockspiel.
501 *Allongeperücke:* Staatsperücke mit lang herabfallenden Locken, die im 17. Jh. in Mode kam; sie wurde vom Leibfriseur Ludwigs XIV. erfunden.
503 *Kabale:* (hebr.) veraltet für: Intrige, Ränkespiel.
504 *unter dem Herzog Alexander:* Herzog Karl Alexander von Würt-

ANMERKUNGEN 751

temberg hatte vor seinem Regierungsantritt als österreichischer General gegen die Türken und Franzosen gekämpft und war zeitweilig Statthalter in Belgrad. – *Prinz Eugenius:* Vgl. die Anm. zu S. 478. – *Obrist von Röder:* Eberhard Ernst von Röder (1665–1743) zeichnete sich in den Kämpfen gegen die Türken und Franzosen aus und wurde später preußischer Generalfeldmarschall. – *Malplaquet:* französisches Dorf; dort besiegten die Truppen Prinz Eugens und des Herzogs v. Marlborough während des Spanischen Erbfolgekrieges am 11. September 1809 die Franzosen unter Villars. – *Peterwardein:* eine Festung an der Donau in Ungarn, wo Prinz Eugen am 5. August 1716 die Türken besiegte. – *kassieren:* hier: absetzen.

505 *Redoute:* (frz.) veraltet für: Maskenball. – *Rapport:* (frz.) Meldung, Bericht. – *General Römchingen:* richtig: Remchingen; ein Anhänger Süß-Oppenheimers.

507 *nous verrons!:* (frz.) wir werden sehen! – *Partieen:* veraltet für: Parteien. – *Hallwachs ... Metz:* der Expeditionsrat und Waisenhauspfleger Hallwachs und der Regierungsrat Metz waren, wie der General Remchingen, ergebene Anhänger des Juden Süß; sie wurden später mit ihm zusammen auf dem Asperg inhaftiert. – *das Institut:* hier soviel wie: Ständeversammlung.

508 *Brenz:* Johann Brenz (1499–1570), protestantischer Prediger und Propst in Stuttgart, war der Reformator Württembergs. – *Krummstab:* Der Krummstab, auch Bischofs- oder Hirtenstab genannt, gehört zu den ältesten nachweisbaren Insignien der christlichen Bischöfe. *Einen Krummstab aufpflanzen* hier soviel wie: einen katholischen Bischof einsetzen, das Land katholisch machen.

509 *das praevenire ... spielen:* zuvorkommen. – *Kehl ... Philippsburg:* zwei ehemals wichtige Festungen in Baden.

511 *Rahel:* im AT die jüngere Tochter Labans und Gattin ihres Vetters Jakob, der sie nach zweimal siebenjährigem Dienst bei ihrem Vater zur Frau bekam; vgl. AT, 1. Mos., Kap. 29 ff. – *Staketen:* Lattenzaun.

512 *Reskript:* (lat.) amtliche Verfügung, Erlaß.

513 *charmiert:* (frz.) entzückt.

514 *sich echauffieren:* (frz.) sich erhitzen, erregen. – *die Cour machen:* den Hof machen.

519 *vraiment:* (frz.) wahrhaft.

522 *Monopol:* (griech.) Vorrecht, alleiniger Anspruch. – *Ludwigsburger Schloß:* Schloß Ludwigsburg, seit 1718 mehrmals Residenz der württembergischen Fürsten, wurde unter Herzog Eberhard Ludwig (1676–1733), dem Vorgänger Karl Alexanders, zu einer prächtigen Barockanlage ausgebaut.

523 *eingesetzt:* hier: ins Gefängnis gesetzt. – *C'est vrai ... plus:* (frz.) Das ist wahr; laßt uns ihnen also Stühle geben, und wenn

sie sich einmal gesetzt haben, werden sie nicht wieder aufstehen.
524 *Öhringen:* Kreisstadt in Nordwürttemberg und Residenz der Fürsten Hohenlohe, kam 1806 an Württemberg. – *Deutschorden ... Mergentheim:* Der in der Zeit der Kreuzzüge entstandene geistliche Deutsche Ritterorden war seit dem Verlust seiner ostdeutschen Gebiete auf die verstreuten süd- und westdeutschen Besitzungen beschränkt. Von 1527 bis 1803 war Mergentheim der Sitz der 1530 von Kaiser Karl V. in den Reichsfürstenstand erhobenen Hoch- oder Deutschmeister des Ordens, der sich der Säkularisation im Reich widersetzte und 1809 von Napoleon in allen Rheinbundstaaten aufgehoben wurde. Mergentheim fiel dann an Württemberg. – *Herzog in Neustadt:* Vgl. die Anm. zu S. 532.
525 *aufheben:* hier: jemand plötzlich ergreifen und gefangennehmen. – *die ... Runde:* der Rundgang der Wache.
526 *Herzog Friedrich:* Herzog Friedrich I. (1593–1608), versuchte als ein Vertreter des fürstlichen Absolutismus die Macht der württembergischen Landstände zu brechen und machte sein Land zu einem Reichslehen. Er unterstützte Kunst und Wissenschaft und beschäftigte sich auch mit Goldmacherei. – *Alchimist: (arab.)* Goldmacher. – *Honauer:* Der Alchimist Georg Honauer wurde am 2. April 1597 auf Befehl Herzog Friedrichs gehängt. – *Dieu nous garde:* (frz.) Gott schütze uns.
528 *Lichtkranzstuben:* Spinnstuben. – *Quadrupel:* alte span. Goldmünze.
529 *allons:* (frz.) vorwärts.
532 *Ciel, je suis perdu!:* (frz.) „Himmel, ich bin verloren!" – *Herzog Rudolph von Neustadt:* (richtig: Neuenstadt). Nach dem plötzlichen Tod Karl Alexanders übernahm zunächst Herzog Karl Rudolph aus der Nebenlinie Württemberg-Neuenstadt als Vormund die Regierung für dessen erst neunjährigen Sohn Karl Eugen; 1738 trat Herzog Friedrich Karl von Württemberg-Öls an seine Stelle. – *der nächste Agnat:* (lat.) der nächste Blutsverwandte der männlichen Linie.
537 *Dekret:* (lat.) Verordnung, richterliche Verfügung. – *Herzog Administrator:* der als „Verwalter" des Landes regierende Herzog.
538 *Mein Großvater:* Johann Wolfgang Hauff (1721–1801), württembergischer Landschaftskonsulent unter der Regierung des Herzogs Karl-Eugen, vgl. auch die Vorbemerkung S. 747 f.

Die Sängerin

Drucke:
Frauentaschenbuch für das Jahr 1827, herausgegeben von Georg Döring. Nürnberg, bei Joh. Leonh. Schrag. (S. 226 ff.). (= E)
Novellen von Wilhelm Hauff. Zweiter Theil. Stuttgart, Gebrüder Franckh. 1828. (S. 159 ff.). (= T)

ANMERKUNGEN

Im Dezember 1825 hatte Georg Döring H. um einen Beitrag für den Jahrgang 1827 des von ihm herausgegebenen *Frauentaschenbuchs* gebeten, der zur Herbstmesse 1826 erscheinen sollte; am 5. März bestätigte er „mit dem ausgezeichnetsten Vergnügen" den Eingang des Manuskripts der *Sängerin* (vgl. Güntter, S. 127 f.). In H's Nachlaß ist eine erste Skizze des Sujets – ohne Titel und Datum – erhalten, die vielleicht schon zu jener während der Tübinger Studienjahre als Niederschlag seiner „Lesewut" angelegten Sammlung interessanter Stoffe gehört, die er später auszuarbeiten gedachte: „Josephine wird von teutschen Eltern in einer kleinen Stadt des Elsaß erzogen, ihr Vater ist Musiklehrer. Ein ihr fürchterl. Mann kommt alle Jahre, ihr Vater ist ihm Geld schuldig. D[ie] Schulden wachsen. Er macht Handel mit Mädchen und verk[au]ft s[ein]e Tochter. Man sagt ihr, man wolle sie in ein Institut bringen. Ankunft in Paris. si[e] bekommt 1 Zettel worin si[e] gewarnt wird sie seie in schlechten Händen. Flucht mit einem deutschen Gesandten. Sie wird Sängerin, Verhältnis zu dem jungen –. Der Vater wird es nie zugeben. Der Böse kommt, siehet sie, sucht sie auf und sucht sie zu töten. Ihr Ruf wird angegriffen, der junge Schu[–]lzried will brechen. Die Polizei legt sich darein, sie behauptet ihn an der Maske zu erkennen. D[ie] Redoute. Sch–lzried wählt s[ich] e[in] sch[önes?] Kostüm; er wird gefangen. Sacktuch mit eigener Parfümerie. Der Arzt wird zu einem Kranken geholt. Der Wirt sagt er sei schon längst tot. D[er] Kranke verlangt ein Sacktuch. Ähnl. Stoff und Parfüm. Er wird befragt, gesteht. Der Alte und junge Schulzried kommen dazu. er stirbt und hinterläßt bedeutendes Vermögen. heuratsanzeige im Hamb[urgischen] Correspondenten." (Hofmann, S. 257 f.)

Über H's Bearbeitung dieses recht kolportagehaften Themas schrieb Wolfgang Menzel in seiner Rezension des *Frauentaschenbuchs* im *Literaturblatt* (Nr. 76, vom 22. September 1826): „Unter den Erzählungen zeichnet sich ‚Die Sängerin' von Wilhelm Hauff durch leichten Stil und heiteres Kolorit am meisten aus. Zu bedauern aber ist, daß dieses schöne Talent an so gar unbedeutende, anekdotenmäßige, ideenlose Gegenstände verschwendet wird. Zwischen die Mode und die Poesie gestellt, sollte dieser junge Dichter doch ein wenig schwanken, bevor er sich blindlings der ersten in die Arme wirft." (Vgl. auch Günther Koch, Claurens Einfluß auf Hauff, Euphorion IV, 1897, S. 804 ff.)

539 *Fiametti:* in unserer Ausgabe stets so genannt, ebenfalls in E.; dagegen in T. zunächst (bis S. 555) *Bianetti*, später jedoch auch immer *Fiametti*. – *arrivierte:* (von frz.: arriver) zustieß, passierte.
540 *sotta voce:* (ital., richtig: sottovoce) mit gedämpfter Stimme, leise. – *Redoute:* (frz.) Ball, Tanzfest.
543 *in der Oper ‚Othello':* Gemeint ist die nach Shakespeares *Othello* komponierte Oper (1816) von Gioachino Rossini (1792–1868). –

erdolcht: Irrtum H's; sowohl in Shakespeares Drama wie in der Oper von Rossini wird Desdemona von Othello erwürgt (vgl. auch die Anm. zu S. 465: *der Stahl schon gezückt . . .*). – *Zufälle:* veraltet für: krankhafte Anfälle.

544 *ein Engel von Reinheit:* Anspielung auf die typisierte Ausdrucksweise zeitgenössischer Trivialromane.

545 *lädiert:* (lat.) verletzt, beschädigt.

546 *à revoir!:* (frz., richtig: au revoir) auf Wiedersehen! – *Kommerz:* (lat.) veraltet für: Handel.

547 *Lorgnette:* (frz.) Stielbrille. – *affizieren:* (lat.) angreifen, reizen. – *argumentieren:* (lat.) folgern, einen Beweis führen. – *cause célèbre:* (frz.) berühmter, merkwürdiger Rechtsfall.

548 *hänfen:* aus Hanf verfertigt.

549 *Kabale:* (aus neuhebr.: kabbālā; „Geheimlehre") Intrige, Ränkespiel.

550 *in den ersten Zirkeln:* in den vornehmsten Gesellschaftskreisen.

552 *modulieren:* (lat.) abwandeln, in eine andere Tonart übergehen; hier soviel wie: mäßigen. – *Presto assai . . . Larghetto:* (ital.) Tempobezeichnungen in der Musik. *Presto assai:* ziemlich schnell; *Larghetto:* mäßig langsam. – *Ciel!* (frz.) Himmel! – *Rouladen:* (frz.) kunstvolle, „rollende" Läufe im Gesang. – *Amorosi:* (ital., Sing.: amoroso) Liebhaber. – *expedieren:* (lat.) abfertigen, befördern; hier: hinausbefördern, hinauswerfen. – *Fauteuil:* (frz.) Sessel, Lehnstuhl.

553 *ausschmälen:* auszanken. – *sich alterieren:* (frz.) sich aufregen.

555 *Couvert:* (frz.) Tafelgedeck. – *gewinzelt:* alte Schreibung für: gewinselt.

557 *Skala:* (ital.) Treppe, Leiter; daher auch: Tonleiter. – *Kanzonetten:* (ital.) kleine Gesangsstücke, Liedchen. – *W-b-g:* vielleicht Weißenburg im unteren Elsaß. – *Gluck:* Christoph Willibald Gluck (1714–1787), deutscher Opernkomponist. – *Rossini:* Gioachino Rossini (1792–1868), zu H's Lebzeiten in ganz Europa enthusiastisch gefeierter italienischer Opernkomponist, lebte seit 1824 in Paris. – *Spontini:* Gasparo Spontini (1778–1851), italienischer Opernkomponist, lebte eine Zeitlang in Paris und wurde 1820 Generalmusikdirektor in Berlin. – *Ranken:* veraltete Schreibung für Rangen, ungezogene Bengel. – *D. H.:* der Herausgeber, d. h. Hauff.

559 ,*Oui, mes bonnes enfantes*': (frz.) Ja, meine guten Kinder.

560 *Domestiken:* Dienstboten.

561 *Piacenza:* Hauptstadt der gleichnamigen Provinz in Oberitalien.

565 *Petersburg:* St. Petersburg, heute Leningrad, war von 1712–1917 Hauptstadt des russischen Reiches und Residenz des Zaren.

566 *Beletage:* (frz.) wörtlich: das schöne Stockwerk; das üblicherweise am besten ausgestattete erste Stockwerk über dem Erdgeschoß. –

ANMERKUNGEN 755

Marius auf den Trümmern von Karthago: Als der im Kampf gegen seinen Rivalen Lucius Cornelius Sulla unterlegene und zur Flucht gezwungene römische Feldherr und Konsul Gaius Marius (156–86 v. Chr.) an der afrikanischen Küste landen wollte, jedoch von einem Boten des römischen Statthalters zurückgewiesen wurde, soll er – nach Plutarchs Bericht – diesem zugerufen haben: „So melde ihm [dem Prätor], daß du den Gaius Marius auf den Trümmern von Karthago als Flüchtling habest sitzen sehen!" „Eine Äußerung", so fährt Plutarch fort, „worin er auf treffende Weise zugleich das Schicksal dieser Stadt und den Umschlag seines Glükkes als Warnungsbeispiel aufstellte." (Vgl. Plutarchs ausgewählte Biographien. Achtes Bändchen. Stuttgart 1865, S. 63 f.)

567 *wo Männer wirken ...:* Vgl. hierzu auch H's Rede *Über die Macht des Gesanges,* im 3. Bd. dieser Ausgabe, S. 294. – *haselieren:* (frz.) Lärm machen, sich toll gebärden.

568 *genieren:* (frz.) stören, lästig fallen. – *decrescendo:* (ital.) abnehmend; Bezeichnung für eine Verminderung der Tonstärke in der Musik.

569 *wer mir Bürge wäre ... Gestirn:* Worte Karl Moors in Schillers Drama *Die Räuber* (IV, 5). – *in der Cotta'schen Taschenausgabe:* Cotta: einer der Verleger der Werke Schillers; ab 1805 erschienen dort mehrere Ausgaben der *Räuber.* – *er sei mein Freund ... anbeten:* ebenfalls aus den *Räubern* (I, 2). – *Ihr wart mein guter Engel ... schuldig:* Zitat aus Schillers *Don Carlos* (IV, 12).

571 *Domino:* Maskenkostüm, bestehend aus einem langen Mantel mit weiten Ärmeln und einer Kapuze. – *Eskorte:* (frz.) Geleit, Bedeckung.

572 *mankieren:* (von frz. manquer) veraltet für: fehlen, verfehlen.

573 *rapportieren:* (frz.) melden, Bericht erstatten. – *wie Wilhelm Tell im 4. Akt:* „Ich lebte still und harmlos", heißt es in dem großen Monolog des Wilhelm Tell in Schillers Schauspiel (IV, 3). – *den prachtvollen Anzug des Pascha von Janina:* eine damals auf Karnevalsbällen und Redouten beliebte Maske. Der Pascha Ali von Janina spielte im Freiheitskampf der Griechen gegen die Türken eine wichtige Rolle. (Vgl. auch R. F. Arnold, *Der deutsche Philhellenismus, Euphorion,* 2. Ergänzungsheft, 1896, S. 99.)

577 *Bête:* (frz.) Tier, Dummkopf. – *wo der selige Fiesco ertrunken:* Vgl. *Die Verschwörung des Fiesco zu Genua. Ein republikanisches Trauerspiel* von Friedrich v. Schiller (V, 16). – *dahin, wo Heulen und Zähneklappern:* Vgl. NT, Ev. Matth., Kap. 8, Vers 12 u. ö.

578 *Eau d' Héliotrope:* ein in Frankreich aus den Blüten des sog. Vanilleheliotrop hergestelltes Parfüm. – *Pfälle:* Kneipname von H's Studienfreund, dem Juristen Moritz Pfaff (1803–1875), der auch in den *Mitteilungen aus den Memoiren des Satan* auftritt (vgl. Bd. 1 dieser Ausgabe, S. 489).

580 *Qui vive:* (frz., wörtlich: wer lebt) Wer da!
581 *auf die Galeere geschickt:* Bis ins 19. Jh. hinein war es vor allem in Frankreich üblich, Schwerverbrecher zur Ruderarbeit auf den Galeeren zu verurteilen, wo sie in Ketten gelegt und angeschmiedet wurden.

DIE LETZTEN RITTER VON MARIENBURG

Drucke:
Frauentaschenbuch für das Jahr 1828. Nürnberg bei Joh. Leonh. Schrag. (S. 248 ff.) (= E)
Novellen von Wilhelm Hauff. Dritter Theil. Stuttgart, Gebrüder Franckh. *1828.* (S. 5 ff.) (= T)

Die Novelle entstand, ebenso wie *Die Sängerin,* als Beitrag für das von Georg Döring herausgegebene *Frauentaschenbuch.* In einem Brief vom 8. April 1827 dankt dieser für das ihm zugesandte Manuskript (vgl. Güntter, S. 129); im Herbst, wenige Wochen vor H's Tod, wurde das *Frauentaschenbuch für das Jahr 1828* ausgeliefert.

Ein damals vielbehandeltes historisches Thema, den Untergang des Deutschordensschlosses Marienburg, nahm H. hier zum Anlaß für eine Satire auf den Literaturbetrieb seiner Zeit, auf die überall florierenden Lesekränzchen und „ästhetischen Klubs" wie auf die in den literarischen Zeitschriften erbittert ausgetragenen Rezensentenfehden – so z. B. um die seit dem Erscheinen der ersten Werke Walter Scotts so beliebten historischen Romane. Einen ironischen Schlußpunkt unter diese Satire setzt H's Kritik seines eigenen Werkes innerhalb einer kurz vor seinem Tode für das *Literaturblatt* verfaßten Besprechung der *Taschenbücher für 1828: „Die letzten Ritter von Marienburg,* Novelle von W. Hauff. Auch wieder einmal eine Novelle, doch gottlob keine historische, wie wir beim ersten Anblick geargwohnt hatten; lieber wäre es uns gewesen, wenn Herr Hauff seinen Stoff, wie es im ersten Kapitel geschieht, durchaus zu einer Satire der historischen Romane, nicht aber zu einer ziemlich unnötigen Belobung derselben benützt hätte. Auch ist es nicht sehr bescheiden, daß der Herr Verf. den Roman, ‚Die letzten Ritter von Marienburg', so oft als trefflich und unvergleichlich schildert, da er doch selbst es ist, der die Skizze davon entworfen hat.

Die letzten Partieen der Novelle sind abgerissener und eilender, als die ersten, und verfehlen dadurch den Charakter der besonnenen Ruhe und Rundung, den die Novelle haben soll. Herr Hauff scheint sich zwar diesmal in Hinsicht auf Sprache und Anordnung mehr Mühe gegeben zu haben, als im vorjährigen Frauentaschenbuch; aber auch hier sind die Figuren nur skizziert, flüchtig angedeutet und gelangen somit nicht zu echterm, farbigem Leben. Das Motiv, aus welchem Fräulein Elise den Dichter Palvi aufgibt, ist, wenn ein natürliches, doch jedenfalls

ANMERKUNGEN 757

kein poetisches." (Vgl. die Journalistischen Schriften in Bd. 3 dieser Ausgabe, S. 237.)

584 *ennuyieren:* (frz.) langweilen.

585 *seit Tieck mit Marlowe und Greene ...:* Anspielung auf den Anfang der Novelle *Dichterleben* (1826) von Ludwig Tieck (1773 bis 1853), wo die englischen Dramatiker Christopher Marlowe (1564 bis 1593) und Robert Greene (1558–1592) zusammen in einem Wirtshaus auftreten. – *Almanach:* ursprgl. Kalender, dann Jahrbuch mit poetischen Beiträgen. – *der Buchhändler Kaper:* Nach Krauß war H's Verleger Friedrich Franckh das Modell für diese Figur. – *Vignette:* (frz.) Titelbild, Verzierung. – *Lithographie:* (griech.) Steinzeichnung, Steindruck.

586 *Metier:* (frz.) Beruf, Gewerbe. – *ich könnte Deutschland in allen Monaten, die ein R. haben, mit Krebsen versehen:* Nach einer alten Regel soll man die leichtverderblichen sog. Meeresfrüchte wie Muscheln, Austern und Krebse nur in den Monaten, die ein „r" im Namen haben, also nicht in der heißen Zeit von Mai bis August, essen. „Krebse" nannte man früher im Buchhandel auch scherzhaft die vom Sortimenter nicht abgesetzten und daher an den Verlag zurückgegebenen Bücher. Mit diesem Wortspiel will der Buchhändler Kaper hier also auf die große Zahl der unverkäuflichen Werke seines Verlages verweisen. – *mein griechisches Epos:* eine Anspielung auf die zahlreichen poetischen Verherrlichungen des griechischen Freiheitskampfes, die damals in Deutschland erschienen. – *die erste Ausgabe bei Schwan und Götz: ...:* Die 1782 bei C. F. Schwan in Mannheim und danach 1788 ebenda bei C. F. Schwan und G. C. Götz erschienene Ausgabe von Schillers Trauerspiel *Die Räuber* enthielt nicht die erste Fassung des Dramas, sondern die für die Mannheimer Uraufführung am 13. Januar 1782 hergestellte und anschließend für den Druck noch einmal revidierte Bühnenbearbeitung. Hier wird Franz Moor am Schluß von den Räubern in das Verlies geworfen, in dem er seinen Vater gefangengehalten hatte; in der bereits 1781 anonym veröffentlichten Urfassung dagegen, die den meisten späteren Ausgaben zugrunde gelegt wurde, erdrosselt er sich selbst. – *Amathusia für 27:* ein von H. frei erfundener Titel. – *Vis-à-vis:* (frz.) Gegenüber.

587 *Poetaster:* (neulat.) Dichterling, Versemacher. – *Historisch! ... Das ist gegenwärtig die Hauptsache:* Vgl. weiter unten die Anm. zu *Walter Scott.*

588 *Kommis:* (frz.) veraltet für: Handlungsgehilfe. – *Wilhelm Meister ...:* Goethes *Wilhelm Meisters Lehrjahre* erschien 1795, *Die Leiden des jungen Werther* 1774; der sentimentale Roman *Siegwart, eine Klostergeschichte* (1776) von Johann Martin Miller (1750–1840) war eine der ersten Nachahmungen des *Werther.* – *Subjekt:* (lat.) eine meist in verächtlichem Sinn gebrauchte

Bezeichnung für eine untergeordnete Person. – *Fouqué:* Der Dichter Friedrich Heinrich Karl Freiherr de la Motte-Fouqué (1777–1843) schrieb romantische Ritterromane und Schauspiele um Gestalten aus der deutschen Sagenwelt; u. a. eine Dramatisierung des Siegfried-Stoffes: *Der Held des Nordens* (1810) und den Roman *Der Zauberring* (3 Bde., 1813), der in die Zeit der germanischen Völkerwanderung zurückführt. – *Walter Scott:* Die historischen Romane des schottischen Dichters Walter Scott (1771–1832) erschienen seit 1815 auch in zahlreichen Übersetzungen in Deutschland und begründeten eine literarische Mode, die schon in den zwanziger Jahren den deutschen Büchermarkt beherrschte. (Vgl. K. Wenger, *Historische Romane deutscher Romantiker. Untersuchungen über den Einfluß Walter Scotts.* Bern 1905.) – *der deutsche Parnaß:* Der Parnassos, ein Gebirgskamm im nördlichen Griechenland, galt in der Sage als Heiligtum des Apoll und Sitz der Musen; *der deutsche Parnaß* daher soviel wie: die deutsche Dichtkunst, die deutsche Literatur. – *in Leipzig:* Leipzig war seit dem 18. Jh. das Hauptzentrum des deutschen Buchhandels; zweimal jährlich, im Frühjahr und Herbst, wurden dort Buchmessen abgehalten.

590 *Sonett:* (ital.) ursprünglich italienische, einem strengen Aufbauschema folgende Gedichtform von vierzehn Zeilen. – *in den ‚Blättern für literarische Unterhaltung‘:* Die Blätter für literarische Unterhaltung, eine der bekanntesten deutschen literarisch-kritischen Zeitschriften, erschienen von 1820–1898 (bis 1826 zunächst u. d. T. *Literarisches Conversationsblatt*) im Verlag von F. A. Brockhaus in Leipzig. Seit Beginn des Jahres 1827 gehörte auch H. zu ihren Mitarbeitern (vgl. die Journalistischen Schriften in Bd. 3 dieser Ausgabe). – *Hüon:* Hauptfigur in Wielands Versepos *Oberon* (1780); vgl. die Anm. zu S. 591. – *Blätter für belletristisches Vergnügen:* ein in Anlehnung an die oben genannte Zeitschrift frei erfundener Titel.

591 *Großkomtur:* Gemeint ist hier der Hochmeister der Deutschordensritter; den Titel Großkomtur trug dessen erster Stellvertreter, der gleichzeitig Aufseher über den Schatz und die Vorräte des Ordens war. – *von Oberon mit Horn und Becher beschenkt:* Vgl. Wielands romantisches Heldengedicht *Oberon* (2. Gesang, Strophe 48 ff.), dessen Hauptfigur Hüon von Bordeaux zu den aus den altfranzösischen Heldenliedern, den „chansons de geste", bekannten Rittern aus dem Karlskreis gehört. – *Paladin:* der zum Palast (lat.: palatium) Gehörige; daher übertragen: Ritter. Vor allem als Bezeichnung für die Helden aus dem Kreis um Karl den Großen gebräuchlich. – *Indignation: (lat.)* Unwille, Entrüstung. – *190:* In den *Blättern für literarische Unterhaltung* wurden die Beiträge nicht mit den Namen der Verfasser, sondern mit Kenn-

ANMERKUNGEN

ziffern gezeichnet. (Vgl. auch die Anmerkung zu H's Beiträgen für diese Zeitschrift in Bd. 3 dieser Ausgabe.)

592 *Literator:* (lat.) Literat, berufsmäßiger Schriftsteller; hier in abschätziger Bedeutung, etwa: Schreiberling. – *Stanze:* (ital.) achtzeilige, ursprünglich italienische Strophenform, auch *ottave rime* genannt. – *Triolett:* (frz.) einstrophiges Gedicht von acht Zeilen mit nur zwei Reimklängen, in dem die erste Zeile dreimal erscheint. – *‚Der Gesellschafter‘:* Titel einer von 1814 bis 1847 in Berlin erscheinenden literarischen Zeitschrift, die von Friedrich Wilhelm Gubitz (1786–1870) redigiert wurde. – *Dr. Saphir:* Der Journalist Moritz Gottlieb Saphir (1795–1858) lebte bis 1825 in Wien, dann in Berlin, wo er 1826–1829 das wegen seiner satirischen Schärfe gefürchtete Witzblatt *Berliner Schnellpost für Literatur, Theater und Geselligkeit* herausgab. – *Marienburg:* Vgl. die Anm. zu S. 604. – *Romanze:* (von span. romance) volkstümliches lyrisch-episches Heldengedicht, in der Romantik besonders beliebt. – *Hermaphrodit:* (griech.) Zwitter.

593 *Dixi: (lat.)* Ich habe gesprochen. – *Orlando furioso: Der rasende Roland* (1516), Titel eines Epos des italienischen Dichters Ludovico Ariosto (1474–1533) um den berühmtesten Helden aus dem Sagenkreis um Karl den Großen. – *Smolletts „Peregrine Pickle“:* Der Roman *Peregrine Pickle* (1751) von Thomas Smollett (1721–1771) zeichnet sich durch drastische Realistik und derben Humor aus, entsprach also nicht dem in den hier geschilderten ästhetisch-literarischen Zirkeln „herrschenden Geschmacke". – *Kleist:* Ewald Christian von Kleist (1715–1759), preußischer Offizier unter Friedrich dem Großen und Dichter gefühlvoller, patriotischer Gesänge; er schrieb eine berühmte *Ode an die preußische Armee*. – *Hippogryph:* (griech.) „Roßgreif", Fabeltier; in Wielands *Oberon* (1. Gesang, Strophe 1) dem geflügelten Dichterroß Pegasos gleichgesetzt.

595 *eminent:* (lat.) hervorragend, außerordentlich. – *Sozietät:* (lat.) veraltet für: Gesellschaft, Genossenschaft. – *Tria juncta in uno:* (lat.) drei verbunden in einem. – *Seelenverkäufer:* Menschen-, Sklavenhändler. Vor allem Bezeichnung für gewissenlose Werbeoffiziere, die durch List oder Betrug junge Leute zum Kriegsdienst preßten. – *Springwurzel:* Eine Wurzel, die nach altem Volksaberglauben durch ihre Zauberkraft Schlösser und Riegel aufzusprengen vermochte. Um sie zu bekommen, sollte man das Nest eines Spechts mit einem Keil verschließen, dann würde der Vogel sie herbeiholen und nach dem Gebrauch fallen lassen. Hier soviel wie: Geheimrezept.

596 *scherwenzen:* auch *scharwenzeln, scherwenzeln:* (von frz. servant, „Diener") dienstfertig tun, sich dienernd hin und her bewegen.

597 *Cerevis:* (lat. cerevisia) Bier.

598 *Konvenienz:* (lat.) Herkommen, Schicklichkeit.
599 *Enfilade:* (frz., von: enfiler, „einfädeln", „auf einen Faden ziehen") Zimmerflucht; eine Folge von Zimmern, die so angeordnet sind, daß man bei geöffneten Mitteltüren vom ersten bis zum letzten Raum durchblicken kann.
600 ,*forte, piu forte*': (ital.) stark, noch stärker. – *Perpendikularbewegungen:* Bewegungen, die denen des Pendels (Perpendikels) einer Wand- oder Standuhr ähneln.
601 *Rouladen:* (frz.) „rollende", kunstvolle Läufe im Gesang. – *Banquette:* (frz.) gepolsterte Bank ohne Lehne.
602 *die Pasta:* Gemeint ist Giuditta Pasta (1798–1865), eine damals in ganz Europa berühmte und gefeierte italienische Opernsängerin.
603 *Karmin:* ein feurigroter Farbstoff, der aus der Kochenille, einer Schildlaus, gewonnen wird; dann auch allgemeine Bezeichnung für ein intensives Feuerrot.
604 *Marienburg:* Ordensburg des Deutschen Ritterordens in Westpreußen, im 13. Jh. erbaut, seit Anfang des 14. Jhs. Sitz des Deutschmeisters, fiel 1457 nach mehrjähriger Belagerung an den König von Polen, dem die Söldner des Ordens das Schloß verkauften. 1772 wurden Stadt und Schloß Marienburg von den Truppen Friedrichs des Großen erobert und kamen an Preußen. Im 19. Jh. begannen die Restaurierungsarbeiten an dieser berühmten Burg. – *Kastellan:* Schloßvogt, Schloßaufseher. – *Komtur:* (frz.) Oberster einer Komturei, d. h. eines Verwaltungsbezirks von Ordensgütern. – *Konvent:* Zusammenkunft, Versammlung der Ritter. Die Marienburg war zunächst Sitz eines Konvents von zwölf Ritterbrüdern und Verwaltungszentrum des Komtureibezirks Marienburg gewesen. – *Ulrich von Elrichshausen:* Gemeint ist Ludwig von Erlichshausen, Deutschmeister des Ordens von 1450 bis 1467. Er bat 1454 König Kasimir IV. von Polen um Hilfe gegen den Aufstand des preußischen Städtebundes, wurde dann aber von den Polen selbst angegriffen; 1457 mußte er die Marienburg verlassen und verlegte seine Residenz nach Königsberg, wo er 1467 starb. H's idealisierende Charakteristik dieses letzten auf der Marienburg residierenden Deutschmeisters entspricht nicht seiner eher ungünstigen Beurteilung in der Geschichtsschreibung, wo gerade Ulrich v. Erlichshausen als einer der für den inneren Zerfall des Ordens Verantwortlichen genannt wird. – *Kapitel:* Versammlung der Ordensritter.
609 *point de réunion:* (frz.) Berührungspunkt, Anknüpfungspunkt.
610 *eine Pflanzschule für tiefe Gelehrsamkeit:* Gemeint ist das evangelisch-theologische Seminar in Tübingen, das sog. Tübinger Stift (1537 gegründet), zu dessen berühmtesten Absolventen außer dem hier zitierten Mathematiker Johannes Kepler und den Philo-

sophen Schelling und Hegel auch Hölderlin und Hauff (von 1820–1824 „Stiftler") gehören. – *eine Nachteule der Minerva:* Im alten Griechenland galt die Eule wegen ihres Aufenthaltes an einsamen Orten und wegen ihres nächtlichen Umherschweifens als das Symbol ernsten, unermüdlichen Studiums; sie war das Attribut der Athene, der Göttin der Weisheit (in der römischen Mythologie Minerva). – *Diogenes:* Diogenes von Sinope (4. Jh. v. Chr.), griech. Philosoph und berühmtester Anhänger der von Antisthenes begründeten Schule der Kyniker (oder Zyniker), denen absolute Bedürfnislosigkeit als höchstes Gut galt. Nach einer Anekdote soll er auf den Befehl Alexanders des Großen, sich eine Gnade zu erbitten, geantwortet haben: „Geh mir aus der Sonne", worauf dieser, zur Seite tretend, erwiderte: „Wäre ich nicht Alexander, so möchte ich wohl Diogenes sein." – *Meerrohr:* oder *Spanisches Rohr:* Bezeichnung für einen aus den schlanken Trieben der Palmengattung Calmus hergestellten Spazierstock. – *zynisch:* Vgl. die vorletzte Anm.

612 *Trias:* (griech.) Dreiheit. – *Honneurs.:* (frz.) Ehrenerweisungen; *die Honneurs machen:* soviel wie: die Gäste willkommen heißen.

613 *Acidum:* (lat.) Säure. – *die ‚Ilias‘: ...:* Bekanntlich ist das Thema von Homers *Ilias* der Untergang der kleinasiatischen Stadt Troja. – *der Verfasser von ‚Waverley‘:* d. i. Walter Scott, der erst seine letzten Werke (ab 1827) unter seinem vollen Namen veröffentlichte; alle früheren trugen auf dem Titelblatt – nach dem ersten, 1814 anonym erschienenen Roman *Waverley* – den Vermerk: *Vom Verfasser des Waverley.* – *Don Quijote:* berühmter, zeitsatirischer Roman von Miguel de Cervantes Saavedra (1547 bis 1616). – *Das Lager des Prinzen:* Vgl. Goethes Roman *Wilhelm Meisters Lehrjahre* (3. Buch). – *‚Unterhaltungen deutscher Ausgewanderten‘:* In diesem zuerst 1795 in Schillers *Horen* erschienenen Werk von Goethe sind sieben Geschichten durch eine Rahmenerzählung verbunden, die an politische Zeitereignisse anknüpft; daher von H. als „historische Novelle" bezeichnet.

614 *Irving:* Die Romane und Reisebeschreibungen des amerikanischen Dichters Washington Irving (1783–1859) waren damals in Deutschland bereits durch eine Reihe von Übersetzungen, die meist gleichzeitig mit den Originalen erschienen, bekannt geworden und erfreuten sich ähnlicher Beliebtheit wie die Werke Scotts.

615 *weil Tieck in die Cevennen flüchtete:* Anspielung auf Tiecks Novelle *Der Aufruhr in den Cevennen* (1826), die vor dem Hintergrund des Hugenottenaufstandes in den Cevennen zu Beginn des 18. Jhs. spielt. – *das Unglück des Ordens:* Vgl. die Anm. zu S. 604 *(Marienburg).* – *Nogat:* östlicher Mündungsarm der Weichsel, an dessen Ostufer die Marienburg liegt.

616 *Deukalion:* nach der griechischen Mythologie der Sohn des

Prometheus und Stammvater der Hellenen. Von H. hier offensichtlich verwechselt mit Daidalos (griech., „Künstler"), dem ältesten Künstler und Erfinder in der griechischen Sage. Er verfertigte für sich und seinen Sohn Ikaros künstliche Flügel aus Wachs und Federn, mit denen sie übers Meer zu fliegen versuchten, wobei Ikaros tödlich abstürzte. Auf diese Sage bezieht sich H's Gleichnis.

617 *Schiller zwingen wollen, Pflaster zu streichen:* Anspielung auf die ursprüngliche Bestimmung Schillers zum Mediziner. – *Wieland floh das Land der Abderiten:* In seinem satirischen Roman *Die Abderiten* (1774) verspottete Wieland unter dem Bild der Schildbürger des antiken Abdera das deutsche Kleinstädtertum seiner Zeit, wie er es selbst als Kanzleibeamter in seiner Vaterstadt Biberach kennengelernt hatte. 1769 verließ er Biberach und folgte einem Ruf an die Erfurter Universität, seit 1772 lebte er als Hofrat in Weimar. – *Odessa:* russische Hafenstadt am Schwarzen Meer. – *wie der selige Hoffmann in ‚Vetters Eckfenster':* Des Vetters Eckfenster ist der Titel einer Erzählung von E. T. A. Hoffmann (1776–1822), der von 1816 bis zu seinem Tode Rat am Königlichen Kammergericht in Berlin war. – *Beletage:* (frz.) wörtlich: das schöne Stockwerk; das gewöhnlich am besten ausgestattete erste Stockwerk über dem Erdgeschoß.

618 *portiert:* (von frz. se porter, „sich hinneigen") jemandem geneigt, günstig sein, für etwas Vorliebe hegen. – *Akkord:* hier: Übereinkommen, Vertrag. – *Knaster:* (niederl.) ursprünglich für: schlechter Tabak.

619 *a posteriori:* (lat.) „aus dem Späteren", aus der Erfahrung abgeleitet. Begriff in der Kantischen Philosophie; hier scherzhaft soviel wie: von hinten. – *‚Maria Stuart'* oder *‚Jungfrau von Orleans':* Titel zweier Dramen von Schiller.

622 *unsre Penelope von diesen Freiern retten:* Penelope, die Gattin des Odysseus, wurde, als dieser verschollen schien, von zudringlichen Freiern bedrängt, die sie jahrelang hinzuhalten versuchte, indem sie erklärte, sie müsse erst das Leichengewand für ihren Schwiegervater Laertes fertigstellen, bevor sie sich für einen von ihnen entscheiden könne; was sie am Tage gewebt hatte, trennte sie jedoch nachts wieder auf. – *Altan: (ital.)* Balkon, Söller.

624 *Johanniter:* Der Johanniter- oder Malteserorden ist der älteste der geistlichen Ritterorden des Mittelalters; seine Regeln wurden später von den Deutschordensrittern übernommen, die jedoch nicht mit den Johannitern identisch sind.

625 *Unsern Lesern ist dieser Roman zu bekannt:* Die Geschichte der Marienburg wurde in der ersten Hälfte des 19. Jhs. in zahlreichen poetischen und historischen Werken beschrieben, unter den letzteren waren zu H's Lebzeiten am bekanntesten Johann Gustav Büschings *Das Schloß der Deutschen Ritter zu Marienburg* (1823)

ANMERKUNGEN

und die *Geschichte Marienburgs, der Stadt und des Haupthauses des Deutschen Ritterordens in Preußen* (1824) von dem Historiker Johannes Voigt. Roggenhausen vermutet jedoch, daß H. am ehesten die von Ludwig von Auer 1824 zum Besten der Wiederherstellung der Burg herausgegebene und in ganz Deutschland verbreitete Flugschrift *Kriegsgeschichtliche Denkwürdigkeiten des Ordenshauptbauses und der Stadt Marienburg* als Quelle benutzt haben könnte (vgl. Roggenhausen, Bd. 157, S. 18).

626 *den Orden nach Deutschland führen:* Nach dem Verlust seiner Gebiete im Osten zog sich der Deutsche Ritterorden auf die verstreuten süd- und westdeutschen Besitzungen zurück. 1527 wurde Mergentheim der Sitz der Hochmeister des Ordens. – *Rempter:* oder *Remter:* (von lat.: refectorium) Versammlungs- und Speisesäle in den Burgen der geistlichen Ritterorden und in Klöstern. Der „große Rempter" der Marienburg war besonders berühmt.

627 *Appellation:* (lat./frz.) Berufung.

628 *wie schon Goethe im ,Tasso' sagt:* vielleicht eine Anspielung auf das Gespräch zwischen der Prinzessin Leonore von Este und Leonore Sanvitale im ersten Aufzug von Goethes Schauspiel *Torquato Tasso* (1790). – *Dekopist:* Abschreiber.

630 *Toast:* (engl.) Trinkspruch.

635 *Konversationsblatt:* Gemeint ist wahrscheinlich das *Berliner Conversations-Blatt für Poesie, Literatur und Kritik,* von Fr. Förster und W. Häring (d. i. Willibald Alexis) 1827–1829 herausgegeben, zu dessen Mitarbeitern auch H. zählte. (Vgl. die Journalistischen Schriften in Bd. 3 dieser Ausgabe.) – *Rezia*: die Geliebte und spätere Gattin Hüons in Wielands *Oberon.* – *das Tor im Löwengarten des Königs Franz:* Vgl. Schillers Gedicht *Der Handschuh.*

636 *juridische Relationen:* juristische Berichte, Mitteilungen.

637 *proper:* sauber, nett.

DAS BILD DES KAISERS

Drucke:

Taschenbuch für Damen. Auf das Jahr 1828. Stuttgart und Tübingen. Verlag der J. G. Cotta'schen Buchhandlung. (S. 313 ff.). (= E)

Novellen von Wilhelm Hauff. Dritter Theil. Stuttgart, Gebrüder Franckh. *1828.* (S. 137 ff.). (= T)

H's letzte Novelle erschien Ende 1827 in dem Cotta'schen *Taschenbuch für Damen. Auf das Jahr 1828,* dessen Vorbereitung und Redaktion H. bereits im Sommer 1826 übernommen hatte (vgl. seine Briefe an Cotta vom 29. Juli und 17. September 1826; Engelhard, Bd. 2, S. 864 ff. und 874 ff.).

Ein kurzes Exposé – ohne Titel und Datum – ist im Nachlaß erhalten (abgedruckt bei Güntter, S. 154): „Novelle. Ein junger Mann aus Norddeutschl. kommt nach Schwaben in d. Familie eines Aristokraten d. eine Tochter hat die verliebt ist in einen Demagogen der d. Sohn ist von einem Napoleonisten (alter Soldat als Diener)."

Wenn man in den Streitgesprächen dieser drei – des „Aristokraten", des „Demagogen" und des „Napoleonisten" – um das zu H's Zeiten vieldiskutierte Thema der Napoleonverehrung auch eine gewisse Beeinflussung durch Tiecks Erzählung *Die Gesellschaft auf dem Lande* (1825) erkennen mag (vgl. Roggenhausen, Bd. 157, S. 19), so sind hier doch stärker als in H's früheren Arbeiten eigene Erlebnisse und Erfahrungen verarbeitet. Das Vorbild für den „Napoleonisten", den General Willi, fand H. in dem Kriegsratspräsidenten Ernst Eugen Freiherr v. Hügel (1774–1849), in dessen Haus er vom Oktober 1824 bis April 1826 als Erzieher der Söhne lebte. Dieser hatte als württembergischer Offizier an mehreren Feldzügen Napoleons teilgenommen und gehörte auch später noch zu dessen begeisterten Anhängern. Einen ebenso entschiedenen Gegner Napoleons hatte H. dagegen 1826 in dem Bremer Bürgermeister Johann Smidt (1773–1857) kennengelernt, der 1814/15 die Freie Stadt Bremen auf dem Wiener Kongreß vertreten hatte. Das überhebliche „preußische" Vorurteil gegen die Eigenart seiner schwäbischen Landsleute, das er in dem jungen Rantow bespöttelt, war H. wohl ebenfalls während seiner Reise durch Norddeutschland – vor allem in Berlin – mehrfach begegnet.

Anfang November 1827 schrieb H. an Heinrich Brockhaus, in dessen Verlag die *Blätter für literarische Unterhaltung* erschienen: „Sie werden demnächst das neue Damentaschenbuch zum Rezensieren bekommen ... Bitte lassen Sie meine Novelle nicht zu arg heruntermachen. Ich gebe zu, ich habe die Preußen schwer beleidigt ... aber ich konnte es einmal nicht anders machen ... Darum bitte ich Sie, geben Sie das Büchlein wenigstens keinem Preußen zum Rezensieren, sondern einem Sachsen, diese sind gewiß wenigstens unparteiisch." (Vgl. Engelhard, Bd. 2, S. 915.)

Und in einem kurz vor seinem Tod an Willibald Alexis gerichteten Brief heißt es: „Wenn Sie meine Novelle lesen, so bitte ich Sie, sehen Sie die Meinungen, die ausgesprochen werden, nicht als die meinigen, sondern als Farben der Personen an ..." (Vgl. Engelhard, Bd. 2, S. 915).

640 *Motto:* Anfang der 5. Strophe – „Bonaparte" – aus den *Méditations Poétiques* (1826) von Alphonse de Lamartine (1790–1869): „Fürchte indessen nicht, noch unruhiger Schatten, / Daß ich komme, deine stumme Majestät zu höhnen! / Nein – die Leier hat an Gräbern noch niemals geschmäht." – *Cabriolet:* Bezeichnung für die vordere kleine, meist offene und nur mit einer Sitzreihe versehene Abteilung großer Postkutschen.

641 *in einem Scottischen Roman:* eine der zahlreichen Anspielungen

ANMERKUNGEN 765

H's auf die Romane Walter Scotts (1771–1832), die vornehmlich im schottischen Hochland spielen.
642 *Schwabenstreiche:* seit dem Ende des 18. Jhs. gebräuchliche Bezeichnung für eine einfältige, törichte Handlung, für die vielleicht das Volksmärchen von den Sieben Schwaben die Grundlage gegeben hat.
644 *die erhabenen Ruinen von Heidelberg:* Hier ist das Heidelberger Schloß gemeint, das im pfälzischen Erbfolgekrieg 1689 und 1693 von den Franzosen zerstört worden war. – *„Köpenicker":* die damals wegen ihrer national-liberalen Gesinnung verfolgten sog. „Demagogen", die in Festungsgefängnissen wie Spandau, Jülich und Köpenick gefangengesetzt wurden.
647 *Käthchen von Heilbronn:* Hauptfigur in dem historischen Ritterspiel *Das Käthchen von Heilbronn oder die Feuerprobe* (zuerst 1808 im *Phöbus,* Buchausgabe 1810) von Heinrich v. Kleist (1777–1811). Ihr Urbild war eine Bürgermeisterstochter aus Heilbronn, wo das „Käthchenhaus" noch heute an sie erinnert.
648 *aber mit dem Donnerworte ... :* frei nach Schillers Ballade *Ritter Toggenburg* (5. Strophe).
648 f. *Schloß Thierberg:* Vorbild für den Schauplatz dieser Novelle war das im unteren Neckartal gelegene Schloß Guttenberg, das sich damals im Besitz des Barons v. Hügel befand.
650 *„Eh bien, ma chère cousine!":* (frz.) Nun wohl, meine liebe Kusine! – *Boudoir:* (frz.) eigentlich „Schmollwinkel" (vom frz. bouder, „schmollen", „maulen"), veraltete Bezeichnung für das Zimmer der Dame, meist ein elegant eingerichtetes kleines Kabinett.
651 *Tausendundeinenacht:* Titel einer arabischen Sammlung von Märchen und Erzählungen, die in Europa zuerst durch die 1704 ff. veröffentlichte Übersetzung *Les milles et une Nuits traduits en François* von Jean Antoine Galland (1646–1715) bekannt geworden war. Eine erste große deutsche Ausgabe in 15 Bänden von Habicht, v. d. Hagen und Schall erschien 1825.
652 *das Schloß von Bradwardine:* in Scotts Roman *Waverley* (1814). – *ein Sickingen, ein Götz:* Franz v. Sickingen (1481–1523) und Götz v. Berlichingen (1480–1562), berühmte Ritter aus der Zeit der Bauernkriege. – *Eppich:* Efeu. – *Rudera:* (lat.) Trümmer, Mauerreste.
653 *Antichambre:* (frz.) Vorzimmer; hier soviel wie: Hofstaat. – *Klepper:* Pferd, Gaul; eigentlich ein minderwertiges Pferd.
655 *bordiert:* (frz.) mit Borten besetzt. – *„Le souper est servi":* (frz.) Das Abendessen ist aufgetragen. – *„S'il vous plait":* (frz.) Wenn es Ihnen beliebt, bitte.
656 *am Hof Ludwigs XIV.:* Die prächtige Hofhaltung Ludwigs XIV. (mit dem Beinamen „der Sonnenkönig", 1643–1715) in Versailles wurde zum großen Vorbild für die europäischen Fürsten.

657 *das Sparta der neuen Zeit:* Bezeichnung für den preußischen Staat, der wegen seiner militärischen Zucht und kriegerischen Tüchtigkeit damals gerne mit dem Sparta des griech. Altertums verglichen wurde. – *Platäer, Korinther ...:* Anspielung auf die damalige deutsche Kleinstaaterei, die hier in Beziehung gesetzt wird zu den rivalisierenden, häufig gegeneinander Krieg führenden Stadtstaaten des alten Griechenland.

658 *Epaminondas:* (um 420–362 v. Chr.), der berühmteste Staatsmann und Feldherr Thebens. – *Leuktra:* In der Schlacht bei Leuktra (371 v. Chr.) besiegte Epaminondas die Spartaner auf Grund seiner zum erstenmal angewandten neuen Taktik der „schiefen Schlachtordnung". Hier eine Anspielung auf die entscheidende Niederlage Preußens durch Napoleon bei Jena am 14. Oktober 1806. – *Waterloo:* Der endgültige Sieg der europäischen Allianz gegen Napoleon in der Schlacht bei Waterloo (18. Juni 1815) konnte schließlich, als der Widerstand der von Wellington befehligten englischen Armee bereits zu erlahmen drohte, durch das rechtzeitige Eingreifen der preußischen Truppen unter Blücher errungen werden. – *am achtzehnten Juni jene Engländer:* Vgl. die vorhergehende Anm.

659 *diesen Korsen:* d. i. Napoleon, der am 15. August 1769 auf der Insel Korsika geboren wurde. – *Heros:* (griech.) Held, Halbgott. – *keinen deutschen Kaiser ... mehr:* Die dem unter Napoleons Protektorat stehenden Rheinbund beigetretenen deutschen Fürsten erklärten am 1. August 1806 ihre Trennung vom Reich, worauf Kaiser Franz II. die Krone niederlegte. Dies bedeutete das Ende des alten deutschen Reiches. In den Rheinbundstaaten ließ Napoleon Reformen nach französischem Vorbild durchführen. – *längst losgesagt ...:* Anspielung auf die Entwicklung Preußens zu einer europäischen Großmacht, die bereits im 18. Jh., unter der Regierung Friedrichs des Großen, im offenen Gegensatz zum habsburgischen Kaiserhaus stand.

660 *Kalvarienberg:* (von lat. calvaria, „Schädel"), „Schädelstätte", ursprünglich Bezeichnung des biblischen Golgatha; dann eine meist auf einem Hügel gelegene katholische Wallfahrtsstätte, zu der ein Pfad mit bildlichen Darstellungen des Kreuzweges Christi führt.

662 *Gardinenbett:* ein vollständig von Vorhängen umschlossenes Bett. – *Nachrichter:* veraltet für: Henker, Scharfrichter.

665 *Remontepferde:* (von frz. remonter, „erneuern", „neu beritten machen") zur Auffrischung des Pferdebestandes berittener Truppen bestimmte Jungpferde, die jeweils auf eigens angesetzten Remontemärkten angekauft und ein Jahr lang in sog. Remontedepots auf den Einsatz vorbereitet wurden. – *affektieren:* (lat.) zur Schau tragen. – *jenes Buch ..., das ... einen Landjunker in – Pommern schildert:* Gemeint ist der Roman *Siegfried von Linden-*

berg. Eine komische Geschichte (1779) von Johann Gottwerth Müller (genannt v. Itzehoe, 1743–1828).
666 *Komtur:* Ordensritter, Inhaber einer Komturei, d. h. eines Verwaltungsbezirks von Ordensgütern. Schloß Guttenberg, dem Schauplatz dieser Novelle, lag die damals zum Besitz des Deutschen Ritterordens gehörende Burg Horneck gegenüber.
668 *Feldzug von 1809:* Hier ist der Feldzug gegen die Erhebung Österreichs gemeint, bei dem ein württembergisches Truppenkontingent auf napoleonischer Seite kämpfte. – *Garde:* (frz.) Wache, Leibwache eines Fürsten; hier die berühmten Gardetruppen Napoleons. – *mit in Rußland:* d. h. im Rußlandfeldzug Napoleons von 1812. – *Chalons:* Châlons-sur-Marne, die Hauptstadt des französischen Departements Marne, wurde am 5. Februar 1814 von den Alliierten unter York erobert.
670 *in ... italienischem Stil:* d. h. in dem von etwa 1770 bis 1830 vorherrschenden neoklassizistischen Stil.
671 *Fehrbellin:* Stadt im damaligen brandenburgisch-preußischen Regierungsbezirk Potsdam.
672 *Damon ... und ... Daphne:* Name des Schäfers und seiner Schäferin, die als typische Figuren in der Idyllendichtung des 18. Jhs. auftraten.
673 *rotes Band:* das Ordenszeichen der 1802 von Napoleon I. gestifteten französischen Ehrenlegion. – *Beresina:* rechter Nebenfluß des Dnjepr. Auf dem Rückzug von Moskau erlitt die napoleonische Armee beim Übergang über die Beresina schwere Verluste. – *le diable noir:* (frz.) der schwarze Teufel. – *Linz:* Dort besiegte am 17. Mai 1809 ein württembergisch-sächsisches Hilfskorps Napoleons die österreichischen Truppen. – *Marschall Vandamme:* Dominique Joseph Vandamme, Graf von Hüneburg (1771–1830), ein durch seine Tapferkeit ebenso wie durch seine Grausamkeit berühmter französischer General unter Napoleon. – *Ces bougres ...:* (frz.) Diese Schufte dort schlagen sich wie wir.
674 *der Feldzug des Grafen Ségur:* Paul Philippe, Graf von Ségur (1780–1873), französischer General, nahm seit 1802 an allen Feldzügen N's teil. Gemeint ist sein 1824 veröffentlichtes, berühmtes Werk *Histoire de Napoléon et de la grande armée pendant l'année 1812* (Geschichte Napoleons und der Großen Armee während des Jahres 1812), das als „Gedicht" bezeichnet wird, da es Napoleons Rußlandfeldzug aus einem sehr subjektiven Blickwinkel beschreibt. – *General Gourgaud:* Gaspard Gourgaud (1783 bis 1852), ebenfalls General unter Napoleon, war ein scharfer Kritiker des Ségurschen Werkes, zu dem er eine Gegendarstellung u. d. T. *Examen critique* (Paris 1825) verfaßte. – *Tiraden:* (frz.) Wortschwall, Redefluß. – *Wilna:* Nach der Katastrophe an der

Beresina zogen sich die Reste der „Großen Armee" in eine Stellung bei Wilna zurück, wo Napoleon sie verließ und nach Paris eilte, um ein Ersatzheer zu werben. – *imponieren:* hier soviel wie: Widerstand leisten.

675 *Ney:* Michel Ney, Herzog v. Elchingen, Fürst von der Moskwa (1769–1815), Marschall und Pair von Frankreich, einer der hervorragendsten Generäle Napoleons. Er befehligte beim Rückzug aus Rußland die Nachhut der französischen Armee. Nach dem Sturz des Kaisers 1814 ging er zu den Bourbonen über, schloß sich aber bei Napoleons Rückkehr aus Elba noch einmal diesem an und zeichnete sich in der Schlacht von Waterloo durch besondere Tapferkeit aus. 1815 wurde er vom Gerichtshof der Pairs von Frankreich zum Tode verurteilt und erschossen. – *die halbe Million Soldaten:* Die von Napoleon für den Rußlandfeldzug aufgebotene Armee hatte eine Stärke von 450 000 Mann. – *Defilee:* (frz.) Engpaß, Hohlweg. – *Kombattanten:* (frz.) „Mitkämpfer"; Bezeichnung für die am Gefecht unmittelbar beteiligten „Frontkämpfer". – *Hannibal:* berühmter Feldherr von Karthago (247–183 v. Chr.). – *der erste beim Rückzug:* Anspielung auf Napoleons Entfernung von seinen Truppen nach den Kämpfen an der Beresina. Er kehrte damals in einem Eilmarsch nach Paris zurück, um sein wankendes Regime zu festigen und eine neue Armee aufzustellen. – *Abfall Ihres York:* Der preußische Feldmarschall Graf Hans David Ludwig Yorck von Wartenburg (1759–1830) sicherte in dem am 30. Dezember 1812 geschlossenen Vertrag von Tauroggen dem russischen General Diebitsch auf eigene Verantwortung die Neutralität der von ihm befehligten Truppen zu und gab damit den Auftakt für die Erhebung Preußens gegen die napoleonische Herrschaft.

676 *der neue Alexander:* Anspielung auf den asiatischen Eroberungsfeldzug Alexanders des Großen (336–323), mit dem Napoleons russisches Unternehmen hier verglichen wird. – *à la Don Quijote:* (frz.) wie Don Quijote; gemeint ist dessen berühmter Kampf gegen die von ihm für ein feindliches Heer gehaltenen Windmühlen. – *den übereilten Zug nach Rußland:* Die französische Armee hatte am 24. Juni 1812 ohne Kriegserklärung gegen Rußland den Njemen überschritten.

677 *Smolensk:* Dort lieferte Napoleon am 17. August 1812 den Russen eine siegreiche Schlacht, die ihm den Weg nach Moskau bahnte. – *Karree:* (frz.) Gefechtsaufstellung der Fußtruppen im Viereck.

678 *General en chef:* (frz.) kommandierender General.

679 *aus Sachsen gewichen:* Der Abfall Yorcks (vgl. die Anm. zu S. 675) und die Erhebung Preußens zwangen die letzten Überlebenden der Armee Napoleons Brandenburg und Schlesien zu

räumen und bis hinter die Oder zurückzuweichen, worauf die Russen gemeinsam mit den ihnen inzwischen verbündeten preußischen Truppen im April 1813 Sachsen besetzten. – *Volontär:* (frz.) Kriegsfreiwilliger; hier: Angehöriger eines der damals gegen Napoleon aufgebotenen Freiwilligenkorps. – *Tschako:* militärische Kopfbedeckung ungarischen Ursprungs; eine hohe Mütze mit flachem, rundem Deckel. – *Zeile:* eine bekannte Straße in Frankfurt am Main. – *Volontaire malgré lui:* (frz.) Freiwilliger wider Willen.

680 *Konskribierte:* (lat.) zwangsweise zum Kriegsdienst ausgehobene Soldaten. – *auf einem öden Felsen:* Napoleon war 1821 als Verbannter auf der Insel St. Helena gestorben und dort beerdigt worden; erst 1840 wurde der Leichnam nach Paris überführt und in einem prächtigen Grabmal im Invalidendom beigesetzt. – „*Ein Endchen rotes Band*": Vgl. die Anm. zu S. 673.

681 *Lorgnette:* (frz.) Stielbrille. – *Najade:* (griech.) Quellnymphe.

682 *Incurables:* (frz.) Unheilbare. – *Ritter von la Mancha:* Don Quijote. – *Amphibion:* (griech.) wörtlich: ein doppelleibiges Wesen, d. h. ein sowohl mit Lungen wie mit Kiemen ausgestattetes Tier. – *daß sie vierundsechzig Ahnen hat:* d. h. daß sie ihre ebenbürtig adlige Abstammung durch mindestens sechs Generationen belegen kann. Der Nachweis der Ahnen, die sog. „Ahnenprobe", war eine wichtige Institution des auf die Geburtsstände begründeten alten germanischen Rechts; zu Beginn des 19. Jhs. hatte sie jedoch auf Grund der Säkularisation bereits jegliche rechtliche Bedeutung verloren. Hier ein ironischer Hinweis auf das überholte Standesbewußtsein der Thierbergs. – ,*Moniteur*': (frz., „Anzeiger", „Ratgeber") Titel der französischen Staatszeitung, 1789 als *Gazette nationale ou le Moniteur universel* von dem Pariser Buchdrucker Panckoucke gegründet, seit 1800 Amtsblatt der Regierung Napoleons. – *Montholon:* Charles Tristan Montholon, Graf von Lee (1783–1853), Generaladjutant Napoleons, folgte diesem in die Verbannung nach St. Helena und wurde von ihm mit der Vollstreckung seines Testaments und der Bewahrung eines Teils seiner Manuskripte betraut. – *Béranger:* Pierre Jean de Béranger (1780–1857), volkstümlicher französischer Liederdichter, bekämpfte in seinen politischen Gesängen die Restauration, was ihm 1821 und 1828 Prozesse von seiten der Regierung eintrug. – *Delavigne:* Casimir Jean François Delavigne (1793–1843), patriotischer Dichter, schrieb historische Dramen und politisch-satirische Elegien. Neben Béranger der Hauptvertreter des Liberalismus in der französischen Dichtung nach 1815.

683 *biderb:* altertümelnd für: rechtschaffen, bieder.

684 *Lafayette:* Marie Joseph Paul Roch Yves Gilbert Motier, Marquis de Lafayette (1757–1834), französischer Staatsmann und

General, nahm am nordamerikanischen Freiheitskrieg teil und spielte später in der Französischen Revolution eine wichtige Rolle, versagte jedoch Napoleon die Gefolgschaft. – *Foy:* Maximilien Sébastien Foy (1775–1825), erfolgreicher General unter Napoleon; seit 1819 Deputierter in der französischen Nationalversammlung, wo er an der Spitze der liberalen Opposition stand. – *Amerikaner und die Herren von der linken Seite:* Vgl. die beiden vorhergehenden Anm. – *jener ‚deutschen Radikalreformer'* ...: Anspielung auf die Deutschtümelei innerhalb der national-liberalen Burschenschaften.

685 *bonne société:* (frz.) gute Gesellschaft. – *Stettiner ... Josty:* Biersorten. – *Franzwein:* d. h. französischer Wein.

686 *incroyabilis Linn.:* (frz. von incroyable, „unglaublich, sonderbar, erstaunlich") *Incroyables* nannte man die zweispitzigen Hüte mit großen, vorn und hinten aufgeschlagenen Krempen, die in Frankreich zur Zeit des Direktoriums Mode waren; danach Bezeichnung für die jungen Stutzer, zu deren Kleidung sie gehörten. *Incroyabilis Linn.*, „Linnäischer Incroyable", hier scherzhaft für einen solchen modischen „Wundervogel", in Anlehnung an die grundlegende Systematik der Tier- und Pflanzenwelt des schwedischen Naturforschers Carl v. Linné (1707–1778). – *je ne sais quoi:* (frz.) ich weiß nicht was; hier etwa: jenes gewisse Etwas. – *homme comme il faut:* (frz.) Mensch, wie er sein muß, wie es sich gehört.

687 *Tugendbünder:* „Tugendbund" nannte sich ein 1808 in Königsberg gegründeter „sittlich-wissenschaftlicher Verein", dessen öffentlich erklärter Zweck die Linderung der Not und Hebung der Sittlichkeit in Preußen waren, dessen eigentliches Ziel jedoch in der Befreiung von der französischen Herrschaft lag. 1809 wurde der Bund auf Betreiben Napoleons vom preußischen König verboten. – *jenes berühmten Bildes von David:* Gemeint ist Jacques Louis Davids (1748–1825) Gemälde mit dem Titel *Bonaparte, den St. Bernhard überschreitend* (1800). Das Original hängt in Versailles; von den vier Repliken, die David davon malte, wurde eine – aus dem Besitz des Kaisers in St. Cloud – 1815 von Blücher als Siegestrophäe nach Berlin gebracht und dort im Schloß ausgestellt.

690 *Moreau:* Jean Victor Moreau (1761–1813), französischer General, befehligte 1796 und 1800 die Rheinarmee; 1804 wurde er der Teilnahme an einem republikanischen Komplott gegen Napoleon bezichtigt und verbannt, später kämpfte er auf russischer Seite als Generaladjutant Alexanders I.

691 *Festung Bard:* Bergfeste an einem Engpaß in der Provinz Turin, wo im Mai 1800 vierhundert Österreicher die französischen Truppen acht Tage lang aufzuhalten vermochten. – *den Großen Bern-*

ANMERKUNGEN

hard ...: Anspielung auf Napoleons Zug über den Großen St. Bernhard und seinen entscheidenden Sieg über die Österreicher am 14. Juni 1800 bei Marengo. – *ci-devant:* (frz.) wörtlich: ehemals, damals; zur Zeit der Französischen Revolution Bezeichnung für ehemalige adlige und fürstliche Personen.

692 *Ehrenlegion:* 1802 von Napoleon gestifteter hoher französischer Militär- und Zivilverdienstorden. – *Dotation:* (lat.) Schenkung; Ausstattung mit Einkünften und Gütern als Belohnung für besondere Verdienste. – *schöpfte:* ältere Form für *schuf.* – *Tacitus:* Publius Cornelius Tacitus (um 50 – nach 116), römischer Geschichtsschreiber. – *‚Allons enfants' ... ‚Marchons, ça ira':* Zitate aus der Marseillaise, dem französischen Revolutionslied, das zur Nationalhymne wurde. – *honett:* (frz.) ehrenhaft, anständig.

693 *Ritter Sankt Georg:* Der heilige Georg tötete nach der Legende einen Lindwurm oder Drachen, der eine Königstochter verschlingen wollte. – *defilieren:* (frz.) vorbeimarschieren, parademäßig vorbeiziehen. – *Apologie:* (griech.) Verteidigungsrede.

694 *Serenade:* (ital./frz.) Abendmusik, Ständchen.

696 *Domestiken:* (lat./frz.) Dienstboten.

698 *Sacre bleu!:* (frz.) Fluchwort; etwa: heiliges Donnerwetter! – *o la pauvre enfant!:* (frz.) oh, das arme Kind! – *„Il est prisonnier":* (frz.) Er ist Gefangener. – *comme ennemi ... démocrate:* (frz.) als Feind des Vaterlandes, als Demokrat. – *eskortieren:* (frz.) geleiten, bedecken. – *„Monsieur le Général est sorti":* (frz.) Der Herr General ist ausgegangen. – *à la capitale:* (frz.) in die Hauptstadt.

699 *Pfundböller:* Feuerwerkskanone.

703 *Hufe:* altes Maß für bäuerlichen Grundbesitz.

704 *Kosmopolitismus:* (griech.) Weltbürgertum.

710 *Cachez ce lambeau ...:* (frz.) „Verbergt diesen dreifarbigen Fetzen .../ Das ist seine Stimme: er landet, und Frankreich gehört ihm." – *Il la joue ...:* (frz.) „Er spielt darum, er verliert es; Europa ist befriedigt; / Und der Adler, der, zu den Füßen des Leoparden niederfallend, / Einen Helden des Zufalls in einen großen Feldherrn verwandelt, / Macht so auch zwanzig Könige berühmt, deren stummer Ruhm / Sonst niemals bei der Nachwelt erklungen wäre. / Und aus einem Anteil an seiner Niederlage, / Bereitet er jedem von ihnen eine Unsterblichkeit." Diese Verse stammen aus der ersten der *Nouvelles Messéniennes* (1822), einer Elegiensammlung von Delavigne (vgl. die Anm. zu S. 682).

711 *rouge et noir:* (frz.) Rot und Schwarz; die Farben im Roulettespiel. – *die Bank sprengen:* ebenfalls ein Ausdruck aus dem Glückspiel: so hoch gewinnen, daß die Bank des Spielveranstalters zahlungsunfähig wird. – *Wellington:* Arthur Wellesley, Herzog von Wellington (1769–1852), britischer Feldherr, Sieger über

Napoleon in der Schlacht bei Waterloo. – *héros de hazard:* (frz.) Held des Zufalls; vgl. oben die Verse von Delavigne. – *Hyperbeln:* (griech.) Übertreibungen. – *Sommerkönig:* Gemeint ist Napoleons neuerliche „Herrschaft der hundert Tage" seit seiner Rückkehr aus der Verbannung im März 1815 bis zur Niederlage bei Waterloo am 18. Juni. – *Sieger von Italien:* Anspielung auf Napoleons siegreichen Feldzug in Oberitalien (1796/97), der seinen Ruhm als glänzender Feldherr begründete. – *Bataille von Mont St. Jean:* in Frankreich übliche andere Bezeichnung für die Schlacht von Waterloo. – *jene Schlacht nicht gewonnen ...:* Vgl. die Anm. zu S. 658 *(Waterloo).*

712 *Blücher:* Gebhard Leberecht, Fürst Blücher von Wahlstatt (1742 bis 1819); Feldmarschall und Befehlshaber der preußischen Truppen in der Schlacht bei Waterloo.

713 *Rheinbundstaaten:* Vgl. die Anm. zu S. 659 *(keinen deutschen Kaiser ... mehr).* – *öde Insel:* St. Helena. – *Seneca:* Der römische Philosoph Lucius Annäus Seneca (4–65) verbrachte acht Jahre als Verbannter auf der Insel Korsika – wo Napoleon geboren wurde –, war später Erzieher des jungen Nero und wurde im Jahr 65 zum Tode durch Selbstmord verurteilt.

714 *Aventurier:* (frz.) Abenteurer. – *Bourbons:* Das Herrscherhaus der Bourbonen wurde durch die Französische Revolution gestürzt und nach Napoleons Verbannung 1814 mit Ludwig XVIII. wieder eingesetzt.

717 *in der Galerie zu Berlin:* Vgl. die Anm. zu S. 687 *(jenes berühmten Bildes von David).*

719 *Buschklepper:* veraltet für: Strauchdieb.

720 *grand capitaine:* (frz.) großer Feldherr.

722 *„Vive l'Empereur!":* (frz.) Es lebe der Kaiser!

ZUM TEXT DER AUSGABE

Zu den allgemeinen Richtlinien für die Textherstellung siehe Band I, Seite 870, dieser Ausgabe. Die Druckvorlagen für die hier wiedergegebenen Werke Hauffs sind in den Anmerkungen dieses Bandes im einzelnen genannt. – Das nachfolgende Verzeichnis der Textänderungen führt alle Stellen auf, an denen der Text der Vorlage infolge einer Konjektur geändert wurde, mit Ausnahme eindeutiger Setzerfehler, die stillschweigend berichtigt wurden. Nach Seiten- und Zeilenzahl – Leerzeilen und Kolumnentitel sind bei der Zählung nicht berücksichtigt – folgt in Kursivdruck die Lesart unserer Ausgabe, nach dem Doppelpunkt, ebenfalls kursiv, die Lesart der Textvorlage. Der Hinweis „nach E" bedeutet, daß wir bei der Textänderung dem Erstdruck gefolgt sind.

11/ 2	*friedliche : friedlichen*	98/ 1	*gelangte : gelangten*
13/11	*suchte, : suchte;*	102/31	*Frage: : Frage;*
13/14	*Ja, : ja:*	104/12	*streichend, : streichend;*
19/19	*dem : den*	107/ 1	*Gazelle : Gaselle*
20/ 7	*sein : seine*	142/10	*anführen, : anführen:*
23/30	*sie. : sie;*	143/40	*aus, : aus*
34/32	*Schwank : Schrank*	147/24	*wenn : Wenn*
37/13	*Auch : Ach*	147/35	*auftischen! : auftischen?*
40/25	*Nehmt : Nimmt*	154/ 5f.	*Paschas : Baschas*
43/35	*Signore : Segnore*	155/37	*Orang-Utan : Orang-outang ; so auch i. f.*
45/11	*Z, : Z.*		
46/ 5	*So : So,*	161/35	*das : dem*
54/34	*begegneten : begegnete*	183/12	*fuhr er : fuhr*
55/ 9	*Fremdling!" : Fremdling!–*	186/11	*sei. : sey?*
		193/32	*nach : noch*
70/24	*unartig; : unartig,*	194/38	*Sagen : Lagen*
71/35	*ihm : ihn*	201/ 4	*Alb : Alp ; entsprechend jeweils*
73/25	*Spanne : Spange*		
74/12	*Körperlein : Körpelein*	211/31	*Schalksberg : Schalksburg*
85/ 7	*Serujah : Seruiah; so jeweils*	215/21	*aufgeschossener : aufgeschlossener*
85/17	*ihm : ihn*	216/31	*Sage : Lage*
91/18	*hälst, : hältst*	217/28	*Peter : Michel*
95/ 7	*einzuhalten : inzuhalten (nach Spatium)*	227/15	*seine : eine*
		229/22	*sehn : sehen*

232/19 Tannenwipfeln : Tannen-
wispeln
234/10f. verschleißen : verschließen
243/ 2 Said : Said,
248/29 zurücksinken : zurück-
senken
249/36 nun : um
260/32 möchte : möchten
270/21 Stirne : Stimme
282/28 seine : ihre
284/20 noch : noch,
292/41 Größe : Größe,
293/14 nur : nun
305/31f. Schelm, kannst : Schelm.
Kannst
310/17 Wald, : Wald
311/21 altes : kaltes
313/29 denn : dann
316/ 5 suchen! : suchen?
320/33 wir : sie
325/ 3 Gerücht : Gericht
327/35 deinen : deine
337/13 Montanjo : Mantanjo
337/27 Pedro : Pietro ; entspre-
chend jeweils (in Vorlage
steht öfters Petro)
342/23 verbeugt' : verbeugt
344/22 Anzeichen : Anzeigen
372/ 7 sie fuhr fort : fuhr fort ;
nach E
375/19 Josephe : Meta ; nach E
376/ 1 Josephes : Metas ; nach
E
377/34 Äpfel : Apfel ; nach E
385/25 Parodie : Parodie ; nach
E
385/36 jener : jenem ; nach E
389/30 vom : von ; nach E
390/24 vom : von ; nach E
394/10 feiner : seiner ; nach E
398/28 kommen : können ; nach
E
405/27 wie : wie es ; nach E
410/13 traurig. : traurig;

410/18 liebt – : liebt.–
411/37 aus der : aus ; nach E
423/ 2 Wüste. : Wüste? ; nach
E
427/26 könnten : könnte ; nach
E
428/11 er. : er;
432/35 der : des ; nach E
443/ 8f. klangloser : klagloser
443/40 preßte : preßt
444/32 Neige : Reizen ; E hat
Neigen
449/29 antwortete : antworte
471/ 1 Freund, : Freund;
480/ 6 konnte, : konnte; nach E
499/17 ich dich : dich ; nach E
501/38 ersten : ersten,
513/ 8f. kennenlernen." : kennen
lernen."! ; nach E
516/11 stützte : stürzte ; nach E
529/12 Eile : Eilen ; nach E
535/15 ihr : sein ; nach E
535/16 ihre : seine ; nach E
539/ 3 Breiten : breiten ; so jeweils
545/21 Patienten kommen : Patienten
548/ 4 nickte : neckte ; nach E
557/40 im : in ; nach E
559/ 5 seinem : seinen
560/29 mich, : mich
565/ 8 u. 9f. Martinow : Marte-
now
565/31 Martinow : Martenov
567/ 5f. Giuseppa, Giuseppa :
Giuseppe, Giuseppe ;
nach E
567/29 Cis : Eis ; E hat Fis
572/ 3 spielen? : spielen ; nach
E
573/41 die : der ; nach E
574/11 man jubelte : Man jubelte
583/ 5 ehelichen : eheligen ; nach
E

594/30	Urteil, : Urteil ; nach E	634/39	kleinen : kleine ; nach E
597/25f.	gestanden, : gestanden. ; nach E	673/30	Beresina : Berecina
		694/37	zerknickt : zernickt
600/12	nähme : nähre	704/19	durchginge, : durchginge ; nach E
624/13	schweigen : schwiegen		
627/20	gedrucktes Urteil : gedrucktes ; nach E	714/33	deutete : deute
		720/ 2	und er : und Er
634/11	Botschaft? : Botschaft. ; nach E		

INHALT

Märchen

Märchen-Almanach auf das Jahr 1826 für Söhne und Töchter gebildeter Stände 7

  Märchen als Almanach 7
  Die Karawane 12
    Die Geschichte von Kalif Storch 14
    Die Geschichte von dem Gespensterschiff 25
    Die Geschichte von der abgehauenen Hand 35
    Die Errettung Fatmes 50
    Die Geschichte von dem kleinen Muck 66
    Das Märchen vom falschen Prinzen 82

Märchen-Almanach für Söhne und Töchter gebildeter Stände auf das Jahr 1827 104

  Der Scheik von Alessandria und seine Sklaven 104
    Der Zwerg Nase 112
    Abner, der Jude, der nichts gesehen hat 140
    Der Affe als Mensch 153
    Die Geschichte Almansors 177

Märchen-Almanach für Söhne und Töchter gebildeter Stände auf das Jahr 1828 190

  Das Wirtshaus im Spessart 190
    Die Sage vom Hirschgulden 195
    Das kalte Herz. Erste Abteilung 215
    Saids Schicksale 239
    Die Höhle von Steenfoll 277
    Das kalte Herz. Zweite Abteilung 303

Novellen

Vertrauliches Schreiben an Herrn W. A. Spöttlich 331
Die Bettlerin vom Pont des Arts 336
Othello 434
Jud Süß 474
Die Sängerin 539

Die letzten Ritter von Marienburg 584
Das Bild des Kaisers 640

Anhang 723

  Anmerkungen 725
  Zum Text der Ausgabe 773

Alle Rechte, einschließlich derjenigen des
auszugsweisen Abdrucks und der photo-
mechanischen Wiedergabe, vorbehalten.
© 1970 by Winkler-Verlag München.
Gesamtherstellung: Graph. Großbetrieb
Friedrich Pustet, Regensburg. Gedruckt
auf Persia-Bibeldruck-Papier der Papier-
fabrik Schoeller & Hoesch, Gernsbach/
Baden. Printed in Germany 1975